2016년판

생활 행정법

윤 양 수 著

온누리디앤피
DESIGN & PRESS

머리말

오늘날 국가는 국민생활에 지대(至大)한 영향을 미치는 여러 가지 작용을 한다. 국가작용은 삼권분립주의에 기(基)하여 크게 입법(立法)·행정(行政)·사법(司法)으로 나누어지는데, 이 중 행정은 법률제정과 재판 이외의 국가업무를 정부기관을 비롯한 관계기관들이 관련 실정법들에 따라 수행하는 작용이라 할 수 있다.

국민생활의 안전 확보, 사회질서 유지, 문화진흥, 과학기술개발, 생활능력이 약한 국민에 대한 사회보장, 농·어촌 발전, 도시기반 정비, 산업·경제발전, 공공시설의 설치·관리, 공익사업 시행, 국가안전보장, 국민생활여건 향상 등, 정부(政府)와 지방자치단체의 행정과제(行政課題)들은 대폭 늘어나고, 정부의 역할에 대한 국민의 기대와 요구도 점차 커지고 있다.

행정은 행정기관들이 자유롭게 할 수 있는 것이 아니며, 법치주의·법치행정원칙에 따라 법의 규율을 받으면서 행해지는데, 행정의 준거(準據)가 되는 주된 법이 행정법(行政法, '행정에 관한 국내공법')이다.

정부의 상존업무(常存業務)와 국민을 위한 새로운 과업들을 적정하게 수행하기 위하여 필요한 법률안 또는 법률개정안들을 정부가 국회에 제출하여 행정에 관한 법률들이 제정·개정되기도 하므로, 행정법은 국민의 기대와 요구에 정부가 어느 정도 부응할 수 있는지를 가늠할 수 있게 하는 법이라고 하겠다.

「행정법」으로 통칭되는 행정에 관한 수많은 국내공법들은 그 내용에 따라 크게 ① 행정작용을 담당할 행정기관들의 설치·구성·소관사무·권한·상호관계 등을 정하는 '행정조직(行政組織)에 관한 법', ② 공공목적을 위한 국가·지방자치단체(소속 행정기관)의 구체적인 과업·시책·책무와 다양한 법적·사실적 행정작용의 근거·기준·절차·방식, 국민의 공법상의 권리·의무 등을 정하는 '행정작용(行政作用)에 관한 법', ③ 행정작용으로 인하여 침해된 국민의 권익을 구제하기 위한 제도와 절차 등을 정하는 '행정구제(行政救濟)에 관한 법'으로 분류할 수 있다.

위의 행정법의 분류 중 특히 정부기능수행의 주된 근거가 되는 행정작용에 관한 법들은, 그 수가 워낙 많고, 행정과제의 증가와 사회사정의 변화, 새로운 공공정책 추진의 필요 등에 부응하여 수시(隨時)로 새 법률이 제정되고 기존 법률이 개정되기도 하므로, 일반인들은 현재 어떤 법률들이 시행되고 있는지도 제대로 알기 어려운 실정이다.

이 책은 위 분류의 행정조직에 관한 법, 행정작용에 관한 법(이는 다시 주된 목적을 기준으로 여러 분야로 나뉨), 행정구제에 관한 법의 기본적 이론을 약술하고, 위의 분류·분야에 속하는 현행(2016.1.1. 현재) 법률들(총 1,250여개 법률)을 확인하며, 그 중 66개의 주요 법률들을 개설(槪說)하는 내용으로 되어 있다.

이 책의 곳곳에 서술사항과 관련된 최근까지의 다수 행정판례 사건번호들이, 일부 절의 말미에 소수의 행정판례 요지들이 적혀 있기도 하다.

독자들이 이 책을 읽을 때에는, 첫 페이지부터 순차로 읽어나가거나 관심 있는 어느 개별 법률의 내용을 먼저 읽기보다, 우선 모든 장(章)·절(節)의 서두(序頭)·개관 항목의 서술내용들을 다 읽고 행정법의 체계와 기본적 논제·원리·개념, 행정의 각종 행위형식의 특성 등과 그에 관한 이론을 터득한 후에 읽고자 하는 부분을 읽는 것이 좋을 것이다.

이 책의 면수(面數)를 적절히 유지하기 위하여 기재된 여러 법률들의 내용을 보다 상세히 서술하지 못한 것이 아쉽기만 하다.

독자들이 행정법의 실체와 국민생활여건형성기능을 파악하고 행정작용에 관한 수많은 법률들에 따른 정부의 과업들과 현실의 행정을 이해하는 데에 이 책이 약간이나마 도움이 될 수 있기를 바란다.

이 책의 출판과정에서 애써주신 온누리디앤피의 김용택 사장님과 관계자 여러분께 감사드린다.

2016. 1. 7.

윤 양 수 (e-mail : yangsoo@jejunu.ac.kr)

차례

제1장

행정조직(行政組織)에 관한 법

인간은 누구나 고립된 생활을 하지 못하고 국가의 국민으로서 생활한다. 국가를 이루지 않은 다수자(多數者)의 생활에는 '만인(萬人)의 만인에 대한 투쟁'이 벌어지는 사회혼란이 야기될 수 있다. 국민공동체로서의 국가는 이러한 혼란을 막고, 국민생활에서의 안전·질서의 확보와 공공복리증진 등을 위하여 다양한 작용을 한다.

과거 군주국가시대에는 국가작용이 군주의 뜻에 따라 이루어짐으로써 국민의 인권이 유린될 소지가 많았으나, 현대 민주국가에서는 국민의 기본권(基本權)이 보장되고, 국가운영의 기본원리로서 법치주의·삼권분립주의 등이 채택되고 있다.

법치주의(法治主義)는 입법(立法)·행정(行政)·사법(司法) 등 모든 국가작용이 법(헌법·법률 기타 법규)에 따라 행해져야 한다는 원리이다.

삼권분립주의(三權分立主義)는 국가권력을 입법권·행정권·사법권으로 분립시키고 분립된 권력 상호간의 견제·균형관계의 유지를 통하여 국가권력의 남용을 방지함으로써 국민의 자유를 보장하려는 자유주의적 정치조직원리이다.

우리나라 헌법은 제40조("입법권은 국회에 속한다."), 제66조 제4항("행정권은 대통령을 수반으로 하는 정부에 속한다."), 제101조 제1항("사법권은 법관으로 구성된 법원에 속한다.")의 규정으로써 기본적으로 삼권분립주의를 취하고 있다.

그런데 국가는 증대된 행정과제의 효율적 처리를 위하여 행정권의 일부를 지방자치단체와 개별 법률들에 의하여 설립된 공사(公社)·공단(公團) 등 공법인(公法人)에게 나누어주고, 지방자치단체를 포함한 공법인들이 일정한 범위에서 자치행정을 수행할 수 있도록 하기도 한다. 이들 공법인들은 국가의 분신(分身)으로서 법령이 정한 바에 따라 국가적(공적) 행정업무의 일부를 맡아 처리한다.

행정권(行政權)의 귀속주체인 국가와 지방자치단체 기타 공법인들을 통칭하여 행정주체(行政主體)라고 한다. 행정주체는 공공목적을 달성하기 위한 작용을 함에 있어서 소속 기관들을 통하여 할 일을 한다.

행정주체 중 국가와 지방자치단체의 행정사무를 분담하기 위하여 설치된 기관을 행정기관(行政機關)이라 하고, 행정기관의 구성체계를 행정조직(行政組織)이라 하며, 행정기관들의 설치·구성·사무·권한·상호관계 등 행정조직에 관하여 규정하고 있는 여러 실정법(實定法)들을 포괄하여 행정조직법(行政組織法)이라 한다.

행정조직법은 입법조직법(立法組織法)·사법조직법(司法組織法), 그리고 행정작용법(行政作用法)·행정구제법(行政救濟法)과 대비되는 개념이기도 하다.

국가행정기관을 흔히 정부기관이라 하고, 국가행정기관의 구성체계를 정부조직이라 하며, 국가행정기관들에 의하여 행해지는 행정을 국가행정이라 한다.

지방자치단체나 공사·공단 등 국가 외의 공법인이 자신의 기관을 통하여 공적 사무를 처리하는 행정은 간접국가행정(間接國家行政)이라 할 수 있다.

지방자치단체 등 공법인은 법률에 근거하여 일정한 국가적 공권(國家的 公權)을 부여받고, 국가로부터 특별한 감독과 지원 등을 받으며 소관 업무를 수행한다. 위에서 국가적 공권이란 행정주체가 공적 목적을 위한 작용과정에서 사인(私人)·사법인(私法人) 등에 대하여 행사할 수 있는 공법(公法)상의 권리를 말한다.

행정조직에 관한 법으로는 국가행정조직의 기본구조를 정한 헌법을 비롯하여 법률·대통령령·총리령·부령·조례 등이 있다. 국가행정조직에 관한 대표적 법률이 정부조직법이고, 지방자치단체의 행정조직에 관한 대표적 법률이 지방자치법이다.

넓은 의미의 행정조직법에는 행정기관의 설치·구성·권한·상호관계 등에 관한 법뿐만 아니라, 행정기관 구성원인 공무원의 선임·복무·책임·윤리 등에 관한 국가공무원법·지방공무원법·공직자윤리법 등 각종 공무원관련법도 포함된다.

행정조직법은 행정주체가 행정작용을 행할 수 있게 하기 위한 법이라 하겠다.

제1절

헌법

헌법(憲法)은 국가의 기본법(基本法)·최고법(最高法)으로서, 국가운영의 기본적 원칙(제1~9, 119~127조), 국민의 기본권보장(제10~37조), 국가의 기본조직(제40~118조) 등을 정하고 있다. 국가의 입법·행정·사법의 모든 작용이 국민의 기본권존중, 공공복리증진과 자유민주주의적 질서 등 헌법상의 이념·가치를 구현하기 위해 이루어지지만, 특히 행정은 국민의 일상생활과 관련하여 헌법상의 이념·가치를 구현하기 위한 작용을 하며, 그러한 점에서 행정의 준거가 되는 행정법은 헌법의 구체화법(具體化法)이라고도 할 수 있다.

헌법상의 자유민주주의, 국민주권주의, 국민의 기본권 존중주의, 실질적 법치주의, 권력분립주의, 복리국가주의, 문화국가주의, 균형적 경제성장주의, 국제평화주의, 행정조직법정주의, 지방분권주의 등의 기본원리들은 행정조직·행정작용·행정구제를 포함한 모든 국가작용에서 지표(指標)가 되는 원칙들이다.

이 중 헌법 제107조 등에 규정된 실질적 법치주의(實質的 法治主義)는, 법률내용의 정당성 여부에 불구하고 국가작용이 법률에 따라 행해지기만 하면 된다는 형식적(맹목적) 법치주의와는 달리, 모든 국가작용이 법률에 어긋나지 않게 행하여져야 할 뿐만 아니라 더 나아가 국가작용을 규율하는 법률의 내용이 정의(正義)와 헌법상의 국민의 기본권보장 취지에 부합되는 것이어야 한다는 원칙이다.

헌법상의 권력분립주의(헌법 40·66④·101①)·행정조직법정주의(行政組織法定主義, 헌법 96·100·118 등)·지방분권주의(헌법 117·118)와 공무원의 국민에 대한 책임주의(헌법 7) 등은 특히 행정조직법에서의 중요원리가 된다.

행정조직의 기본적 틀은 헌법에 규정되어 있다. 즉, 헌법 제4장(제66~100조)의 정부(政府)에 관한 규정들과 헌법 제8장(제117·118조)의 지방자치에 관한 규정들은 우리나라 행정조직의 근간(根幹)을 정한 것이다.

행정조직·행정작용·행정구제에 관한 법들은 대부분 헌법상의 이념·원리를 구현하기 위한 것들이고, 행정법의 범주에 포함되는 법들은 헌법의 어느 규정의 취지와 상관(相關)되는 것이 보통이므로, 우선 헌법 전문(全文)을 기재한다.

『대한민국 헌법』

(헌법 제10호, 1987.10.29 개정, 1988.2.25 시행)

전문(前文)

유구한 역사와 전통에 빛나는 우리 대한국민은 3·1운동으로 건립된 대한민국임시정부의 법통과 불의에 항거한 4·19민주이념을 계승하고, 조국의 민주개혁과 평화적 통일의 사명에 입각하여 정의·인도와 동포애로써 민족의 단결을 공고히 하고, 모든 사회적 폐습과 불의를 타파하며, 자율과 조화를 바탕으로 자유민주적 기본질서를 더욱 확고히 하여 정치·경제·사회·문화의 모든 영역에 있어서 각인의 기회를 균등히 하고, 능력을 최고도로 발휘하게 하며, 자유와 권리에 따르는 책임과 의무를 완수하게 하여, 안으로는 국민생활의 균등한 향상을 기하고 밖으로는 항구적인 세계평화와 인류공영에 이바지함으로써 우리들과 우리들의 자손의 안전과 자유와 행복을 영원히 확보할 것을 다짐하면서 1948년 7월 12일에 제정되고 8차에 걸쳐 개정된 헌법을 이제 국회의 의결을 거쳐 국민투표에 의하여 개정한다.

제1장 총강

제1조 ① 대한민국은 민주공화국이다.

② 대한민국의 주권은 국민에게 있고, 모든 권력은 국민으로부터 나온다.

제2조 ① 대한민국의 국민이 되는 요건은 법률로 정한다.

② 국가는 법률이 정하는 바에 의하여 재외국민을 보호할 의무를 진다.

제3조 대한민국의 영토는 한반도와 그 부속도서로 한다.

제4조 대한민국은 통일을 지향하며, 자유민주적 기본질서에 입각한 평화적 통일 정책을 수립하고 이를 추진한다.

제5조 ① 대한민국은 국제평화의 유지에 노력하고 침략적 전쟁을 부인한다.

② 국군은 국가의 안전보장과 국토방위의 신성한 의무를 수행함을 사명

으로 하며, 그 정치적 중립성은 준수된다.

제6조 ① 헌법에 의하여 체결·공포된 조약과 일반적으로 승인된 국제법규는 국내법과 같은 효력을 가진다.

② 외국인은 국제법과 조약이 정하는 바에 의하여 그 지위가 보장된다.

제7조 ① 공무원은 국민전체에 대한 봉사자이며, 국민에 대하여 책임을 진다.

② 공무원의 신분과 정치적 중립성은 법률이 정하는 바에 의하여 보장된다.

제8조 ① 정당의 설립은 자유이며, 복수정당제는 보장된다.

② 정당은 그 목적·조직과 활동이 민주적이어야 하며, 국민의 정치적 의사형성에 참여하는데 필요한 조직을 가져야 한다.

③ 정당은 법률이 정하는 바에 의하여 국가의 보호를 받으며, 국가는 법률이 정하는 바에 의하여 정당운영에 필요한 자금을 보조할 수 있다.

④ 정당의 목적이나 활동이 민주적 기본질서에 위배될 때에는 정부는 헌법재판소에 그 해산을 제소할 수 있고, 정당은 헌법재판소의 심판에 의하여 해산된다.

제9조 국가는 전통문화의 계승·발전과 민족문화의 창달에 노력하여야 한다.

제2장 국민의 권리와 의무

제10조 모든 국민은 인간으로서의 존엄과 가치를 가지며, 행복을 추구할 권리를 가진다. 국가는 개인이 가지는 불가침의 기본적 인권을 확인하고 이를 보장할 의무를 진다.

제11조 ① 모든 국민은 법 앞에 평등하다. 누구든지 성별·종교 또는 사회적 신분에 의하여 정치적·경제적·사회적·문화적 생활의 모든 영역에 있어서 차별을 받지 아니한다.

② 사회적 특수계급의 제도는 인정되지 아니하며, 어떠한 형태로도 이를 창설할 수 없다.

③ 훈장 등의 영전은 이를 받은 자에게만 효력이 있고, 어떠한 특권도 이에 따르지 아니한다.

제12조 ① 모든 국민은 신체의 자유를 가진다. 누구든지 법률에 의하지 아니하고는 체포·구속·압수·수색 또는 심문을 받지 아니하며, 법률과 적법한 절차에 의하지 아니하고는 처벌·보안처분 또는 강제노역을 받지 아니한다.

② 모든 국민은 고문을 받지 아니하며, 형사상 자기에게 불리한 진술을 강요당하지 아니한다.

③ 체포·구속·압수 또는 수색을 할 때에는 적법한 절차에 따라 검사의 신청에 의하여 법관이 발부한 영장을 제시하여야 한다. 다만, 현행범인인 경우와 장기 3년 이상의 형에 해당하는 죄를 범하고 도피 또는 증거인멸의 염려가 있을 때에는 사후에 영장을 청구할 수 있다.

④ 누구든지 체포 또는 구속을 당한 때에는 즉시 변호인의 조력을 받을 권리를 가진다. 다만, 형사피고인이 스스로 변호인을 구할 수 없을 때에는 법률이 정하는 바에 의하여 국가가 변호인을 붙인다.

⑤ 누구든지 체포 또는 구속의 이유와 변호인의 조력을 받을 권리가 있음을 고지받지 아니하고는 체포 또는 구속을 당하지 아니한다. 체포 또는 구속을 당한 자의 가족 등 법률이 정하는 자에게는 그 이유와 일시·장소가 지체 없이 통지되어야 한다.

⑥ 누구든지 체포 또는 구속을 당한 때에는 적부의 심사를 법원에 청구할 권리를 가진다.

⑦ 피고인의 자백이 고문·폭행·협박·구속의 부당한 장기화 또는 기망 기타의 방법에 의하여 자의로 진술된 것이 아니라고 인정될 때 또는 정식재판에 있어서 피고인의 자백이 그에게 불리한 유일한 증거일 때에는 이를 유죄의 증거로 삼거나 이를 이유로 처벌할 수 없다.

제13조 ① 모든 국민은 행위시의 법률에 의하여 범죄를 구성하지 아니하는 행위로 소추되지 아니하며, 동일한 범죄에 대하여 거듭 처벌받지 아니한다.

② 모든 국민은 소급입법에 의하여 참정권의 제한을 받거나 재산권을 박탈당하지 아니한다.

③ 모든 국민은 자기의 행위가 아닌 친족의 행위로 인하여 불이익한 처우를 받지 아니한다.

제14조 모든 국민은 거주·이전의 자유를 가진다.

제15조 모든 국민은 직업선택의 자유를 가진다.

제16조 모든 국민은 주거의 자유를 침해받지 아니한다. 주거에 대한 압수나 수색을 할 때에는 검사의 신청에 의하여 법관이 발부한 영장을 제시하여야 한다.

제17조 모든 국민은 사생활의 비밀과 자유를 침해받지 아니한다.

제18조 모든 국민은 통신의 비밀을 침해받지 아니한다.

제19조 모든 국민은 양심의 자유를 가진다.

제20조 ① 모든 국민은 종교의 자유를 가진다.

② 국교는 인정되지 아니하며, 종교와 정치는 분리된다.

제21조 ① 모든 국민은 언론·출판의 자유와 집회·결사의 자유를 가진다.

② 언론·출판에 대한 허가나 검열과 집회·결사에 대한 허가는 인정되지 아니한다.

③ 통신·방송의 시설기준과 신문의 기능을 보장하기 위하여 필요한 사항은 법률로 정한다.

④ 언론·출판은 타인의 명예나 권리 또는 공중도덕이나 사회윤리를 침해하여서는 아니 된다. 언론·출판이 타인의 명예나 권리를 침해한 때에는 피해자는 이에 대한 피해의 배상을 청구할 수 있다.

제22조 ① 모든 국민은 학문과 예술의 자유를 가진다.

② 저작자·발명가·과학기술자와 예술가의 권리는 법률로써 보호한다.

제23조 ① 모든 국민의 재산권은 보장된다. 그 내용과 한계는 법률로 정한다.

② 재산권의 행사는 공공복리에 적합하도록 하여야 한다.

③ 공공필요에 의한 재산권의 수용·사용 또는 제한 및 그에 대한 보상은 법률로써 하되, 정당한 보상을 지급하여야 한다.

제24조 모든 국민은 법률이 정하는 바에 의하여 선거권을 가진다.

제25조 모든 국민은 법률이 정하는 바에 의하여 공무담임권을 가진다.

제26조 ① 모든 국민은 법률이 정하는 바에 의하여 국가기관에 문서로 청원할 권리를 가진다.

② 국가는 청원에 대하여 심사할 의무를 진다.

제27조 ① 모든 국민은 헌법과 법률이 정한 법관에 의하여 법률에 의한 재판을 받을 권리를 가진다.

② 군인 또는 군무원이 아닌 국민은 대한민국의 영역 안에서는 중대한 군사상 기밀·초병·초소·유독음식물공급·포로·군용물에 관한 죄 중 법률이 정한 경우와 비상계엄이 선포된 경우를 제외하고는 군사법원의 재판을 받지 아니한다.

③ 모든 국민은 신속한 재판을 받을 권리를 가진다. 형사피고인은 상당한 이유가 없는 한 지체 없이 공개재판을 받을 권리를 가진다.

④ 형사피고인은 유죄의 판결이 확정될 때까지는 무죄로 추정된다.

⑤ 형사피해자는 법률이 정하는 바에 의하여 당해 사건의 재판절차에서 진술할 수 있다.

제28조 형사피의자 또는 형사피고인으로서 구금되었던 자가 법률이 정하는 불기소처분을 받거나 무죄판결을 받은 때에는 법률이 정하는 바에 의하여 국가에 정당한 보상을 청구할 수 있다.

제29조 ① 공무원의 직무상 불법행위로 손해를 받은 국민은 법률이 정하는 바에 의하여 국가 또는 공공단체에 정당한 배상을 청구할 수 있다. 이 경우 공무원 자신의 책임은 면제되지 아니한다.

② 군인·군무원·경찰공무원 기타 법률이 정하는 자가 전투·훈련 등 직무집행과 관련하여 받은 손해에 대하여는 법률이 정하는 보상 외에 국가 또는 공공단체에 공무원의 직무상 불법행위로 인한 배상은 청구할 수 없다.

제30조 타인의 범죄행위로 인하여 생명·신체에 대한 피해를 받은 국민은 법률이 정하는 바에 의하여 국가로부터 구조를 받을 수 있다.

제31조 ① 모든 국민은 능력에 따라 균등하게 교육을 받을 권리를 가진다.

② 모든 국민은 그 보호하는 자녀에게 적어도 초등교육과 법률이 정하는 교육을 받게 할 의무를 진다.

③ 의무교육은 무상으로 한다.

④ 교육의 자주성·전문성·정치적 중립성 및 대학의 자율성은 법률이 정하는 바에 의하여 보장된다.

⑤ 국가는 평생교육을 진흥하여야 한다.

⑥ 학교교육 및 평생교육을 포함한 교육제도와 그 운영, 교육재정 및 교원의 지위에 관한 기본적인 사항은 법률로 정한다.

第32조 ① 모든 국민은 근로의 권리를 가진다. 국가는 사회적·경제적 방법으로 근로자의 고용의 증진과 적정임금의 보장에 노력하여야 하며, 법률이 정하는 바에 의하여 최저임금제를 시행하여야 한다.

② 모든 국민은 근로의 의무를 진다. 국가는 근로의 의무의 내용과 조건을 민주주의원칙에 따라 법률로 정한다.

③ 근로조건의 기준은 인간의 존엄성을 보장하도록 법률로 정한다.

④ 여자의 근로는 특별한 보호를 받으며, 고용·임금 및 근로조건에 있어서 부당한 차별을 받지 아니한다.

⑤ 연소자의 근로는 특별한 보호를 받는다.

⑥ 국가유공자·상이군경 및 전몰군경의 유가족은 법률이 정하는 바에 의하여 우선적으로 근로의 기회를 부여받는다.

第33조 ① 근로자는 근로조건의 향상을 위하여 자주적인 단결권·단체교섭권 및 단체행동권을 가진다.

② 공무원인 근로자는 법률이 정하는 자에 한하여 단결권·단체교섭권 및 단체행동권을 가진다.

③ 법률이 정하는 주요방위산업체에 종사하는 근로자의 단체행동권은 법률이 정하는 바에 의하여 이를 제한하거나 인정하지 아니할 수 있다.

第34조 ① 모든 국민은 인간다운 생활을 할 권리를 가진다.

② 국가는 사회보장·사회복지의 증진에 노력할 의무를 진다.

③ 국가는 여자의 복지와 권익의 향상을 위하여 노력하여야 한다.

④ 국가는 노인과 청소년의 복지향상을 위한 정책을 실시할 의무를 진다.

⑤ 신체장애자 및 질병·노령 기타의 사유로 생활능력이 없는 국민은 법률이 정하는 바에 의하여 국가의 보호를 받는다.

⑥ 국가는 재해를 예방하고 그 위험으로부터 국민을 보호하기 위하여 노력하여야 한다.

第35조 ① 모든 국민은 건강하고 쾌적한 환경에서 생활할 권리를 가지며, 국가와 국민은 환경보전을 위하여 노력하여야 한다.

② 환경권의 내용과 행사에 관하여는 법률로 정한다.

③ 국가는 주택개발정책 등을 통하여 모든 국민이 쾌적한 주거생활을 할 수 있도록 노력하여야 한다.

제36조 ① 혼인과 가족생활은 개인의 존엄과 양성의 평등을 기초로 성립되고 유지되어야 하며, 국가는 이를 보장한다.

② 국가는 모성의 보호를 위하여 노력하여야 한다.

③ 모든 국민은 보건에 관하여 국가의 보호를 받는다.

제37조 ① 국민의 자유와 권리는 헌법에 열거되지 아니한 이유로 경시되지 아니한다.

② 국민의 모든 자유와 권리는 국가안전보장·질서유지 또는 공공복리를 위하여 필요한 경우에 한하여 법률로써 제한할 수 있으며, 제한하는 경우에도 자유와 권리의 본질적인 내용을 침해할 수 없다.

제38조 모든 국민은 법률이 정하는 바에 의하여 납세의 의무를 진다.

제39조 ① 모든 국민은 법률이 정하는 바에 의하여 국방의 의무를 진다.

② 누구든지 병역의무의 이행으로 인하여 불이익한 처우를 받지 아니한다.

제3장 국회

제40조 입법권은 국회에 속한다.

제41조 ① 국회는 국민의 보통·평등·직접·비밀선거에 의하여 선출된 국회의원으로 구성한다.

② 국회의원의 수는 법률로 정하되, 200인 이상으로 한다.

③ 국회의원의 선거구와 비례대표제 기타 선거에 관한 사항은 법률로 정한다.

제42조 국회의원의 임기는 4년으로 한다.

제43조 국회의원은 법률이 정하는 직을 겸할 수 없다.

제44조 ① 국회의원은 현행범인인 경우를 제외하고는 회기 중 국회의 동의 없

이 체포 또는 구금되지 아니한다.

② 국회의원이 회기 전에 체포 또는 구금된 때에는 현행범인이 아닌 한 국회의 요구가 있으면 회기 중 석방된다.

제45조 국회의원은 국회에서 직무상 행한 발언과 표결에 관하여 국회 외에서 책임을 지지 아니한다.

제46조 ① 국회의원은 청렴의 의무가 있다.

② 국회의원은 국가이익을 우선하여 양심에 따라 직무를 행한다.

③ 국회의원은 그 지위를 남용하여 국가·공공단체 또는 기업체와의 계약이나 그 처분에 의하여 재산상의 권리·이익 또는 직위를 취득하거나 타인을 위하여 그 취득을 알선할 수 없다.

제47조 ① 국회의 정기회는 법률이 정하는 바에 의하여 매년 1회 집회되며, 국회의 임시회는 대통령 또는 국회재적의원 4분의 1 이상의 요구에 의하여 집회된다.

② 정기회의 회기는 100일을, 임시회의 회기는 30일을 초과할 수 없다.

③ 대통령이 임시회의 집회를 요구할 때에는 기간과 집회요구의 이유를 명시하여야 한다.

제48조 국회는 의장 1인과 부의장 2인을 선출한다.

제49조 국회는 헌법 또는 법률에 특별한 규정이 없는 한 재적의원 과반수의 출석과 출석의원 과반수의 찬성으로 의결한다. 가부동수인 때에는 부결된 것으로 본다.

제50조 ① 국회의 회의는 공개한다. 다만, 출석의원 과반수의 찬성이 있거나 의장이 국가의 안전보장을 위하여 필요하다고 인정할 때에는 공개하지 아니할 수 있다.

② 공개하지 아니한 회의내용의 공표에 관하여는 법률이 정하는 바에 의한다.

제51조 국회에 제출된 법률안 기타의 의안은 회기 중에 의결되지 못한 이유로 폐기되지 아니한다. 다만, 국회의원의 임기가 만료된 때에는 그러하지 아니하다.

제52조 국회의원과 정부는 법률안을 제출할 수 있다.

제53조 ① 국회에서 의결된 법률안은 정부에 이송되어 15일 이내에 대통령이

공포한다.

② 법률안에 이의가 있을 때에는 대통령은 제1항의 기간 내에 이의서를 붙여 국회로 환부하고, 그 재의를 요구할 수 있다. 국회의 폐회 중에도 또한 같다.

③ 대통령은 법률안의 일부에 대하여 또는 법률안을 수정하여 재의를 요구할 수 없다.

④ 재의의 요구가 있을 때에는 국회는 재의에 붙이고, 재적의원과반수의 출석과 출석의원 3분의 2 이상의 찬성으로 전과 같은 의결을 하면 그 법률안은 법률로서 확정된다.

⑤ 대통령이 제1항의 기간내에 공포나 재의의 요구를 하지 아니한 때에도 그 법률안은 법률로서 확정된다.

⑥ 대통령은 제4항과 제5항의 규정에 의하여 확정된 법률을 지체없이 공포하여야 한다. 제5항에 의하여 법률이 확정된 후 또는 제4항에 의한 확정법률이 정부에 이송된 후 5일 이내에 대통령이 공포하지 아니할 때에는 국회의장이 이를 공포한다.

⑦ 법률은 특별한 규정이 없는 한 공포한 날로부터 20일을 경과함으로써 효력을 발생한다.

제54조 ① 국회는 국가의 예산안을 심의·확정한다.

② 정부는 회계연도마다 예산안을 편성하여 회계연도 개시 90일전까지 국회에 제출하고, 국회는 회계연도 개시 30일전까지 이를 의결하여야 한다.

③ 새로운 회계연도가 개시될 때까지 예산안이 의결되지 못한 때에는 정부는 국회에서 예산안이 의결될 때까지 다음의 목적을 위한 경비는 전년도 예산에 준하여 집행할 수 있다.

1. 헌법이나 법률에 의하여 설치된 기관 또는 시설의 유지·운영.
2. 법률상 지출의무의 이행.
3. 이미 예산으로 승인된 사업의 계속.

제55조 ① 한 회계연도를 넘어 계속하여 지출할 필요가 있을 때에는 정부는 연한을 정하여 계속비로서 국회의 의결을 얻어야 한다.

② 예비비는 총액으로 국회의 의결을 얻어야 한다. 예비비의 지출은 차기국회의 승인을 얻어야 한다.

제56조 정부는 예산에 변경을 가할 필요가 있을 때에는 추가경정예산안을 편성하여 국회에 제출할 수 있다.

제57조 국회는 정부의 동의 없이 정부가 제출한 지출예산 각항의 금액을 증가하거나 새 비목을 설치할 수 없다.

제58조 국채를 모집하거나 예산외에 국가의 부담이 될 계약을 체결하려 할 때에는 정부는 미리 국회의 의결을 얻어야 한다.

제59조 조세의 종목과 세율은 법률로 정한다.

제60조 ① 국회는 상호원조 또는 안전보장에 관한 조약, 중요한 국제조직에 관한 조약, 우호통상항해조약, 주권의 제약에 관한 조약, 강화조약, 국가나 국민에게 중대한 재정적 부담을 지우는 조약 또는 입법사항에 관한 조약의 체결·비준에 대한 동의권을 가진다.

② 국회는 선전포고, 국군의 외국에의 파견 또는 외국군대의 대한민국 영역 안에서의 주류에 대한 동의권을 가진다.

제61조 ① 국회는 국정을 감사하거나 특정한 국정사안에 대하여 조사할 수 있으며, 이에 필요한 서류의 제출 또는 증인의 출석과 증언이나 의견의 진술을 요구할 수 있다.

② 국정감사 및 조사에 관한 절차 기타 필요한 사항은 법률로 정한다.

제62조 ① 국무총리·국무위원 또는 정부위원은 국회나 그 위원회에 출석하여 국정처리상황을 보고하거나 의견을 진술하고 질문에 응답할 수 있다.

② 국회나 그 위원회의 요구가 있을 때에는 국무총리·국무위원 또는 정부위원은 출석·답변하여야 하며, 국무총리 또는 국무위원이 출석요구를 받은 때에는 국무위원 또는 정부위원으로 하여금 출석·답변하게 할 수 있다.

제63조 ① 국회는 국무총리 또는 국무위원의 해임을 대통령에게 건의할 수 있다.

② 제1항의 해임건의는 국회재적의원 3분의 1 이상의 발의에 의하여 국회재적의원 과반수의 찬성이 있어야 한다.

제64조 ① 국회는 법률에 저촉되지 아니하는 범위 안에서 의사와 내부규율에

관한 규칙을 제정할 수 있다.

② 국회는 의원의 자격을 심사하며, 의원을 징계할 수 있다.

③ 의원을 제명하려면 국회재적의원 3분의 2 이상의 찬성이 있어야 한다.

④ 제2항과 제3항의 처분에 대하여는 법원에 제소할 수 없다.

第65條 ① 대통령·국무총리·국무위원·행정각부의 장·헌법재판소 재판관·법관·중앙선거관리위원회 위원·감사원장·감사위원 기타 법률이 정한 공무원이 그 직무집행에 있어서 헌법이나 법률을 위배한 때에는 국회는 탄핵의 소추를 의결할 수 있다.

② 제1항의 탄핵소추는 국회재적의원 3분의 1 이상의 발의가 있어야 하며, 그 의결은 국회재적의원 과반수의 찬성이 있어야 한다. 다만, 대통령에 대한 탄핵소추는 국회재적의원 과반수의 발의와 국회재적의원 3분의 2 이상의 찬성이 있어야 한다.

③ 탄핵소추의 의결을 받은 자는 탄핵심판이 있을 때까지 그 권한행사가 정지된다.

④ 탄핵결정은 공직으로부터 파면함에 그친다. 그러나 이에 의하여 민사상이나 형사상의 책임이 면제되지는 아니한다.

제4장 정부

제1절 대통령

第66條 ① 대통령은 국가의 원수이며, 외국에 대하여 국가를 대표한다.

② 대통령은 국가의 독립·영토의 보전·국가의 계속성과 헌법을 수호할 책무를 진다.

③ 대통령은 조국의 평화적 통일을 위한 성실한 의무를 진다.

④ 행정권은 대통령을 수반으로 하는 정부에 속한다.

第67條 ① 대통령은 국민의 보통·평등·직접·비밀선거에 의하여 선출한다.

② 제1항의 선거에 있어서 최고득표자가 2인 이상인 때에는 국회의 재적의원 과반수가 출석한 공개회의에서 다수표를 얻은 자를 당선자로 한다.

③ 대통령후보자가 1인일 때에는 그 득표수가 선거권자 총수의 3분의 1 이상이 아니면 대통령으로 당선될 수 없다.

④ 대통령으로 선거될 수 있는 자는 국회의원의 피선거권이 있고 선거일 현재 40세에 달하여야 한다.

⑤ 대통령의 선거에 관한 사항은 법률로 정한다.

제68조 ① 대통령의 임기가 만료되는 때에는 임기만료 70일 내지 40일전에 후임자를 선거한다.

② 대통령이 궐위된 때 또는 대통령 당선자가 사망하거나 판결 기타의 사유로 그 자격을 상실한 때에는 60일 이내에 후임자를 선거한다.

제69조 대통령은 취임에 즈음하여 다음의 선서를 한다.

"나는 헌법을 준수하고 국가를 보위하며 조국의 평화적 통일과 국민의 자유와 복리의 증진 및 민족문화의 창달에 노력하여 대통령으로서의 직책을 성실히 수행할 것을 국민 앞에 엄숙히 선서합니다."

제70조 대통령의 임기는 5년으로 하며, 중임할 수 없다.

제71조 대통령이 궐위되거나 사고로 인하여 직무를 수행할 수 없을 때에는 국무총리, 법률이 정한 국무위원의 순서로 그 권한을 대행한다.

제72조 대통령은 필요하다고 인정할 때에는 외교·국방·통일 기타 국가안위에 관한 중요정책을 국민투표에 붙일 수 있다.

제73조 대통령은 조약을 체결·비준하고, 외교사절을 신임·접수 또는 파견하며, 선전포고와 강화를 한다.

제74조 ① 대통령은 헌법과 법률이 정하는 바에 의하여 국군을 통수한다.

② 국군의 조직과 편성은 법률로 정한다.

제75조 대통령은 법률에서 구체적으로 범위를 정하여 위임받은 사항과 법률을 집행하기 위하여 필요한 사항에 관하여 대통령령을 발할 수 있다.

제76조 ① 대통령은 내우·외환·천재·지변 또는 중대한 재정·경제상의 위기에 있어서 국가의 안전보장 또는 공공의 안녕질서를 유지하기 위하여 긴급한 조치가 필요하고 국회의 집회를 기다릴 여유가 없을 때에 한하여 최소한으로 필요한 재정·경제상의 처분을 하거나 이에 관하여 법률의 효력을 가지는 명령을 발할 수 있다.

② 대통령은 국가의 안위에 관계되는 중대한 교전상태에 있어서 국가를 보위하기 위하여 긴급한 조치가 필요하고 국회의 집회가 불가능한 때에 한하여 법률의 효력을 가지는 명령을 발할 수 있다.

③ 대통령은 제1항과 제2항의 처분 또는 명령을 한 때에는 지체 없이 국회에 보고하여 그 승인을 얻어야 한다.

④ 제3항의 승인을 얻지 못한 때에는 그 처분 또는 명령은 그때부터 효력을 상실한다. 이 경우 그 명령에 의하여 개정 또는 폐지되었던 법률은 그 명령이 승인을 얻지 못한 때부터 당연히 효력을 회복한다.

⑤ 대통령은 제3항과 제4항의 사유를 지체 없이 공포하여야 한다.

제77조 ① 대통령은 전시·사변 또는 이에 준하는 국가비상사태에 있어서 병력으로써 군사상의 필요에 응하거나 공공의 안녕질서를 유지할 필요가 있을 때에는 법률이 정하는 바에 의하여 계엄을 선포할 수 있다.

② 계엄은 비상계엄과 경비계엄으로 한다.

③ 비상계엄이 선포된 때에는 법률이 정하는 바에 의하여 영장제도, 언론·출판·집회·결사의 자유, 정부나 법원의 권한에 관하여 특별한 조치를 할 수 있다.

④ 계엄을 선포한 때에는 대통령은 지체 없이 국회에 통고하여야 한다.

⑤ 국회가 재적의원 과반수의 찬성으로 계엄의 해제를 요구한 때에는 대통령은 이를 해제하여야 한다.

제78조 대통령은 헌법과 법률이 정하는 바에 의하여 공무원을 임면한다.

제79조 ① 대통령은 법률이 정하는 바에 의하여 사면·감형 또는 복권을 명할 수 있다.

② 일반사면을 명하려면 국회의 동의를 얻어야 한다.

③ 사면·감형 및 복권에 관한 사항은 법률로 정한다.

제80조 대통령은 법률이 정하는 바에 의하여 훈장 기타의 영전을 수여한다.

제81조 대통령은 국회에 출석하여 발언하거나 서한으로 의견을 표시할 수 있다.

제82조 대통령의 국법상 행위는 문서로써 하며, 이 문서에는 국무총리와 관계 국무위원이 부서한다. 군사에 관한 것도 또한 같다.

第83조 대통령은 국무총리·국무위원·행정각부의 장 기타 법률이 정하는 공사의 직을 겸할 수 없다.

第84조 대통령은 내란 또는 외환의 죄를 범한 경우를 제외하고는 재직 중 형사상의 소추를 받지 아니한다.

第85조 전직대통령의 신분과 예우에 관하여는 법률로 정한다.

제2절 행정부

제1관 국무총리와 국무위원

第86조 ① 국무총리는 국회의 동의를 얻어 대통령이 임명한다.

② 국무총리는 대통령을 보좌하며, 행정에 관하여 대통령의 명을 받아 행정각부를 통할한다.

③ 군인은 현역을 면한 후가 아니면 국무총리로 임명될 수 없다.

第87조 ① 국무위원은 국무총리의 제청으로 대통령이 임명한다.

② 국무위원은 국정에 관하여 대통령을 보좌하며, 국무회의의 구성원으로서 국정을 심의한다.

③ 국무총리는 국무위원의 해임을 대통령에게 건의할 수 있다.

④ 군인은 현역을 면한 후가 아니면 국무위원으로 임명될 수 없다.

제2관 국무회의

第88조 ① 국무회의는 정부의 권한에 속하는 중요한 정책을 심의한다.

② 국무회의는 대통령·국무총리와 15인 이상 30인 이하의 국무위원으로 구성한다.

③ 대통령은 국무회의의 의장이 되고, 국무총리는 부의장이 된다.

第89조 다음 사항은 국무회의의 심의를 거쳐야 한다.

1. 국정의 기본계획과 정부의 일반정책.
2. 선전·강화 기타 중요한 대외정책.
3. 헌법개정안·국민투표안·조약안·법률안 및 대통령령안.
4. 예산안·결산·국유재산처분의 기본계획·국가의 부담이 될 계약 기타 재정에 관한 중요사항.

5. 대통령의 긴급명령·긴급재정경제처분 및 명령 또는 계엄과 그 해제.
6. 군사에 관한 중요사항.
7. 국회의 임시회 집회의 요구.
8. 영전수여.
9. 사면·감형과 복권.
10. 행정각부간의 권한의 획정.
11. 정부안의 권한의 위임 또는 배정에 관한 기본계획.
12. 국정처리상황의 평가·분석.
13. 행정각부의 중요한 정책의 수립과 조정.
14. 정당해산의 제소.
15. 정부에 제출 또는 회부된 정부의 정책에 관계되는 청원의 심사.
16. 검찰총장·합동참모의장·각군참모총장·국립대학교총장·대사 기타 법률이 정한 공무원과 국영기업체관리자의 임명.
17. 기타 대통령·국무총리 또는 국무위원이 제출한 사항.

제90조 ① 국정의 중요한 사항에 관한 대통령의 자문에 응하기 위하여 국가원로로 구성되는 국가원로자문회의를 둘 수 있다.

② 국가원로자문회의의 의장은 직전대통령이 된다. 다만, 직전대통령이 없을 때에는 대통령이 지명한다.

③ 국가원로자문회의의 조직·직무범위 기타 필요한 사항은 법률로 정한다.

제91조 ① 국가안전보장에 관련되는 대외정책·군사정책과 국내정책의 수립에 관하여 국무회의의 심의에 앞서 대통령의 자문에 응하기 위하여 국가안전보장회의를 둔다.

② 국가안전보장회의는 대통령이 주재한다.

③ 국가안전보장회의의 조직·직무범위 기타 필요한 사항은 법률로 정한다.

제92조 ① 평화통일정책의 수립에 관한 대통령의 자문에 응하기 위하여 민주평화통일자문회의를 둘 수 있다.

② 민주평화통일자문회의의 조직·직무범위 기타 필요한 사항은 법률로 정한다.

제93조 ① 국민경제의 발전을 위한 중요정책의 수립에 관하여 대통령의 자문에 응하기 위하여 국민경제자문회의를 둘 수 있다.

② 국민경제자문회의의 조직·직무범위 기타 필요한 사항은 법률로 정한다.

제3관 행정각부

제94조 행정각부의 장은 국무위원 중에서 국무총리의 제청으로 대통령이 임명한다.

제95조 국무총리 또는 행정각부의 장은 소관사무에 관하여 법률이나 대통령령의 위임 또는 직권으로 총리령 또는 부령을 발할 수 있다.

제96조 행정각부의 설치·조직과 직무범위는 법률로 정한다.

제4관 감사원

제97조 국가의 세입·세출의 결산, 국가 및 법률이 정한 단체의 회계검사와 행정기관 및 공무원의 직무에 관한 감찰을 하기 위하여 대통령 소속하에 감사원을 둔다.

제98조 ① 감사원은 원장을 포함한 5인 이상 11인 이하의 감사위원으로 구성한다.

② 원장은 국회의 동의를 얻어 대통령이 임명하고, 그 임기는 4년으로 하며, 1차에 한하여 중임할 수 있다.

③ 감사위원은 원장의 제청으로 대통령이 임명하고, 그 임기는 4년으로 하며, 1차에 한하여 중임할 수 있다.

제99조 감사원은 세입·세출의 결산을 매년 검사하여 대통령과 차년도 국회에 그 결과를 보고하여야 한다.

제100조 감사원의 조직·직무범위·감사위원의 자격·감사대상공무원의 범위 기타 필요한 사항은 법률로 정한다.

제5장 법원

제101조 ① 사법권은 법관으로 구성된 법원에 속한다.

② 법원은 최고법원인 대법원과 각급법원으로 조직된다.

③ 법관의 자격은 법률로 정한다.

제102조 ① 대법원에 부를 둘 수 있다.

② 대법원에 대법관을 둔다. 다만, 법률이 정하는 바에 의하여 대법관이 아닌 법관을 둘 수 있다.

③ 대법원과 각급법원의 조직은 법률로 정한다.

제103조 법관은 헌법과 법률에 의하여 그 양심에 따라 독립하여 심판한다.

제104조 ① 대법원장은 국회의 동의를 얻어 대통령이 임명한다.

② 대법관은 대법원장의 제청으로 국회의 동의를 얻어 대통령이 임명한다.

③ 대법원장과 대법관이 아닌 법관은 대법관회의의 동의를 얻어 대법원장이 임명한다.

제105조 ① 대법원장의 임기는 6년으로 하며, 중임할 수 없다.

② 대법관의 임기는 6년으로 하며, 법률이 정하는 바에 의하여 연임할 수 있다.

③ 대법원장과 대법관이 아닌 법관의 임기는 10년으로 하며, 법률이 정하는 바에 의하여 연임할 수 있다.

④ 법관의 정년은 법률로 정한다.

제106조 ① 법관은 탄핵 또는 금고 이상의 형의 선고에 의하지 아니하고는 파면되지 아니하며, 징계처분에 의하지 아니하고는 정직·감봉 기타 불리한 처분을 받지 아니한다.

② 법관이 중대한 심신상의 장해로 직무를 수행할 수 없을 때에는 법률이 정하는 바에 의하여 퇴직하게 할 수 있다.

제107조 ① 법률이 헌법에 위반되는 여부가 재판의 전제가 된 경우에는 법원은 헌법재판소에 제청하여 그 심판에 의하여 재판한다.

② 명령·규칙 또는 처분이 헌법이나 법률에 위반되는 여부가 재판의 전제가 된 경우에는 대법원은 이를 최종적으로 심사할 권한을 가진다.

③ 재판의 전심절차로서 행정심판을 할 수 있다. 행정심판의 절차는 법률로 정하되, 사법절차가 준용되어야 한다.

제108조 대법원은 법률에 저촉되지 아니하는 범위 안에서 소송에 관한 절차, 법원의 내부규율과 사무처리에 관한 규칙을 제정할 수 있다.

제109조 재판의 심리와 판결은 공개한다. 다만, 심리는 국가의 안전보장 또는 안녕질서를 방해하거나 선량한 풍속을 해할 염려가 있을 때에는 법원의 결정으로 공개하지 아니할 수 있다.

제110조 ① 군사재판을 관할하기 위하여 특별법원으로서 군사법원을 둘 수 있다.

② 군사법원의 상고심은 대법원에서 관할한다.

③ 군사법원의 조직·권한 및 재판관의 자격은 법률로 정한다.

④ 비상계엄하의 군사재판은 군인·군무원의 범죄나 군사에 관한 간첩죄의 경우와 초병·초소·유독음식물공급·포로에 관한 죄 중 법률이 정한 경우에 한하여 단심으로 할 수 있다. 다만, 사형을 선고한 경우에는 그러하지 아니하다.

제6장 헌법재판소

제111조 ① 헌법재판소는 다음 사항을 관장한다.

1. 법원의 제청에 의한 법률의 위헌여부 심판.
2. 탄핵의 심판.
3. 정당의 해산 심판.
4. 국가기관 상호간, 국가기관과 지방자치단체 간 및 지방자치단체 상호간의 권한쟁의에 관한 심판.
5. 법률이 정하는 헌법소원에 관한 심판.

② 헌법재판소는 법관의 자격을 가진 9인의 재판관으로 구성하며, 재판관은 대통령이 임명한다.

③ 제2항의 재판관 중 3인은 국회에서 선출하는 자를, 3인은 대법원장이 지명하는 자를 임명한다.

④ 헌법재판소의 장은 국회의 동의를 얻어 재판관 중에서 대통령이 임명한다.

제112조 ① 헌법재판소 재판관의 임기는 6년으로 하며, 법률이 정하는 바에 의

하여 연임할 수 있다.

② 헌법재판소 재판관은 정당에 가입하거나 정치에 관여할 수 없다.

③ 헌법재판소 재판관은 탄핵 또는 금고 이상의 형의 선고에 의하지 아니하고는 파면되지 아니한다.

제113조 ① 헌법재판소에서 법률의 위헌결정, 탄핵의 결정, 정당해산의 결정 또는 헌법소원에 관한 인용결정을 할 때에는 재판관 6인 이상의 찬성이 있어야 한다.

② 헌법재판소는 법률에 저촉되지 아니하는 범위 안에서 심판에 관한 절차, 내부규율과 사무처리에 관한 규칙을 제정할 수 있다.

③ 헌법재판소의 조직과 운영 기타 필요한 사항은 법률로 정한다.

제7장 선거관리

제114조 ① 선거와 국민투표의 공정한 관리 및 정당에 관한 사무를 처리하기 위하여 선거관리위원회를 둔다.

② 중앙선거관리위원회는 대통령이 임명하는 3인, 국회에서 선출하는 3인과 대법원장이 지명하는 3인의 위원으로 구성한다. 위원장은 위원 중에서 호선한다.

③ 위원의 임기는 6년으로 한다.

④ 위원은 정당에 가입하거나 정치에 관여할 수 없다.

⑤ 위원은 탄핵 또는 금고 이상의 형의 선고에 의하지 아니하고는 파면되지 아니한다.

⑥ 중앙선거관리위원회는 법령의 범위 안에서 선거관리·국민투표관리 또는 정당사무에 관한 규칙을 제정할 수 있으며, 법률에 저촉되지 아니하는 범위 안에서 내부규율에 관한 규칙을 제정할 수 있다.

⑦ 각급 선거관리위원회의 조직·직무범위 기타 필요한 사항은 법률로 정한다.

제115조 ① 각급 선거관리위원회는 선거인명부의 작성 등 선거사무와 국민투표

사무에 관하여 관계 행정기관에 필요한 지시를 할 수 있다.

② 제1항의 지시를 받은 당해 행정기관은 이에 응하여야 한다.

제116조 ① 선거운동은 각급 선거관리위원회의 관리하에 법률이 정하는 범위 안에서 하되, 균등한 기회가 보장되어야 한다.

② 선거에 관한 경비는 법률이 정하는 경우를 제외하고는 정당 또는 후보자에게 부담시킬 수 없다.

제8장 지방자치

제117조 ① 지방자치단체는 주민의 복리에 관한 사무를 처리하고 재산을 관리하며, 법령의 범위 안에서 자치에 관한 규정을 제정할 수 있다.

② 지방자치단체의 종류는 법률로 정한다.

제118조 ① 지방자치단체에 의회를 둔다.

② 지방의회의 조직·권한·의원선거와 지방자치단체의 장의 선임방법 기타 지방자치단체의 조직과 운영에 관한 사항은 법률로 정한다.

제9장 경제

제119조 ① 대한민국의 경제질서는 개인과 기업의 경제상의 자유와 창의를 존중함을 기본으로 한다.

② 국가는 균형 있는 국민경제의 성장 및 안정과 적정한 소득의 분배를 유지하고, 시장의 지배와 경제력의 남용을 방지하며, 경제주체간의 조화를 통한 경제의 민주화를 위하여 경제에 관한 규제와 조정을 할 수 있다.

제120조 ① 광물 기타 중요한 지하자원·수산자원·수력과 경제상 이용할 수 있는 자연력은 법률이 정하는 바에 의하여 일정한 기간 그 채취·개발 또는 이용을 특허할 수 있다.

② 국토와 자원은 국가의 보호를 받으며, 국가는 그 균형있는 개발과 이용을 위하여 필요한 계획을 수립한다.

제121조 ① 국가는 농지에 관하여 경자유전의 원칙이 달성될 수 있도록 노력하여야 하며, 농지의 소작제도는 금지된다.

② 농업생산성의 제고와 농지의 합리적인 이용을 위하거나 불가피한 사정으로 발생하는 농지의 임대차와 위탁경영은 법률이 정하는 바에 의하여 인정된다.

제122조 국가는 국민 모두의 생산 및 생활의 기반이 되는 국토의 효율적이고 균형 있는 이용·개발과 보전을 위하여 법률이 정하는 바에 의하여 그에 관한 필요한 제한과 의무를 과할 수 있다.

제123조 ① 국가는 농업 및 어업을 보호·육성하기 위하여 농·어촌종합개발과 그 지원 등 필요한 계획을 수립·시행하여야 한다.

② 국가는 지역간의 균형 있는 발전을 위하여 지역경제를 육성할 의무를 진다.

③ 국가는 중소기업을 보호·육성하여야 한다.

④ 국가는 농수산물의 수급균형과 유통구조의 개선에 노력하여 가격안정을 도모함으로써 농·어민의 이익을 보호한다.

⑤ 국가는 농·어민과 중소기업의 자조조직을 육성하여야 하며, 그 자율적 활동과 발전을 보장한다.

제124조 국가는 건전한 소비행위를 계도하고 생산품의 품질향상을 촉구하기 위한 소비자보호운동을 법률이 정하는 바에 의하여 보장한다.

제125조 국가는 대외무역을 육성하며, 이를 규제·조정할 수 있다.

제126조 국방상 또는 국민경제상 긴절한 필요로 인하여 법률이 정하는 경우를 제외하고는, 사영기업을 국유 또는 공유로 이전하거나 그 경영을 통제 또는 관리할 수 없다.

제127조 ① 국가는 과학기술의 혁신과 정보 및 인력의 개발을 통하여 국민경제의 발전에 노력하여야 한다.

② 국가는 국가표준제도를 확립한다.

③ 대통령은 제1항의 목적을 달성하기 위하여 필요한 자문기구를 둘 수 있다.

제10장 헌법개정

제128조 ① 헌법개정은 국회재적의원 과반수 또는 대통령의 발의로 제안된다.

② 대통령의 임기연장 또는 중임변경을 위한 헌법개정은 그 헌법개정 제안 당시의 대통령에 대하여는 효력이 없다.

제129조 제안된 헌법개정안은 대통령이 20일 이상의 기간 이를 공고하여야 한다.

제130조 ① 국회는 헌법개정안이 공고된 날로부터 60일 이내에 의결하여야 하며, 국회의 의결은 재적의원 3분의 2 이상의 찬성을 얻어야 한다.

② 헌법개정안은 국회가 의결한 후 30일 이내에 국민투표에 붙여 국회의원선거권자 과반수의 투표와 투표자 과반수의 찬성을 얻어야 한다.

③ 헌법개정안이 제2항의 찬성을 얻은 때에는 헌법개정은 확정되며, 대통령은 즉시 이를 공포하여야 한다.

부칙 〈생략〉

【憲裁(헌법재판소 결정) 2004.2.26, 2001헌마718. "우리 헌법은 국가권력의 남용으로부터 국민의 자유와 권리를 보호하려는 법치국가의 실현을 기본이념으로 하고 있고, 자유민주주의 헌법의 원리에 따라 국가의 기능을 입법·행정·사법으로 분립하여 견제와 균형을 이루게 하는 권력분립제도를 채택하고 있어, 행정과 사법은 법률에 기속되므로, 국회가 특정한 사항에 대하여 행정부에 위임하였음에도 불구하고 행정부가 정당한 이유 없이 이를 이행하지 않는다면 권력분립의 원칙과 법치국가의 원칙에 위배되는 것이다."】

【大判(대법원 판결) 2014.1.16, 2011두6264. "어느 시행령이나 조례의 규정이 모법(母法)에 저촉되는지가 명백하지 않는 경우에는 모법과 시행령 또는 조례의 다른 규정들과 그 입법 취지, 연혁 등을 종합적으로 살펴 모법에 합치된다는 해석도 가능한 경우라면 그 규정을 모법위반으로 무효라고 선언해서는 안 된다. 이러한 법리는, 국가의 법체계는 그 자체 통일체를 이루고 있는 것이므로 상·하규범 사이의 충돌은 최대한 배제되어야 한다는 원칙과 더불어, 민주법치국가에서의

규범은 일반적으로 상위규범에 합치할 것이라는 추정원칙에 근거하고 있을 뿐만 아니라, 실제적으로도 하위규범이 상위규범에 저촉되어 무효라고 선언되는 경우에는 그로 인한 법적 혼란과 법적 불안정은 물론, 그에 대체되는 새로운 규범이 제정될 때까지의 법적 공백과 법적 방황은 상당히 심각할 것이므로 이러한 폐해를 회피하기 위해서도 필요하다."】

【大決(대법원 결정) 2013.07.11, 2013아12. "헌법 제75조는 '대통령은 법률에서 구체적으로 범위를 정하여 위임받은 사항에 관하여 대통령령을 발할 수 있다.'고 규정하여 위임입법의 헌법상 근거를 마련함과 동시에 위임은 구체적으로 범위를 정하여 하도록 하여 그 한계를 제시하고 있는데, 그 한계는 예측가능성이라 할 것이다. 이때 '예측가능성'이란 법률에 이미 대통령령으로 규정될 내용 및 범위의 기본사항이 구체적으로 규정되어 있어서 누구라도 당해 법률로부터 대통령령 등에 규정될 내용의 대강을 예측할 수 있어야 함을 의미하고, 이러한 예측가능성의 유무는 당해 특정조항 하나만을 가지고 판단할 것은 아니고 관련 법조항 전체를 유기적·체계적으로 종합 판단하여야 하며, 각 대상법률의 성질에 따라 구체적·개별적으로 검토하여 법률조항과 법률의 입법 취지를 종합적으로 고찰할 때 합리적으로 그 대강이 예측될 수 있는 것이라면 위임의 한계를 일탈하지 아니한 것이다."】

【憲裁 2014.12.19, 2013헌다1. "우리 헌법 제8조 제4항이 의미하는 민주적 기본질서는, 개인의 자율적 이성을 신뢰하고 모든 정치적 견해들이 각각 상대적 진리성과 합리성을 지닌다고 전제하는 다원적 세계관에 입각한 것으로서, 모든 폭력적·자의적 지배를 배제하고, 다수를 존중하면서도 소수를 배려하는 민주적 의사결정과 자유·평등을 기본원리로 하여 구성되고 운영되는 정치적 질서를 말하며, 구체적으로는 국민주권의 원리, 기본적 인권의 존중, 권력분립제도, 복수정당제도 등이 현행 헌법상 주요한 요소라고 볼 수 있다."】

【憲裁 2000.8.31, 97헌가12. "헌법 제11조 제1항이 규정하고 있는 평등원칙은 법치국가질서의 근본요청으로서 모든 국가기관에게 법을 적용함에 있어서 정당한 근거 없이 개인이나 일정한 인적 집단을 불평등하게 대우하는 것을 금지한다. 따라서 모든 사람은 평등하게 법규범을 통해서 의무를 부담하고 권리를 부여받으며, 반대로 모든 공권력주체에 대해서는 일정한 사람들에게 유리하거나 불리하게 법

을 적용하거나 적용하지 않는 것이 금지된다. 그러나 헌법 제11조 제1항의 규범적 의미는 이와 같은 '법 적용의 평등'에서 끝나지 않고, 더 나아가 입법자에 대해서도 그가 입법을 통해서 권리와 의무를 분배함에 있어서 적용할 가치평가의 기준을 정당화할 것을 요구하는 '법 제정의 평등'을 포함한다."】

【憲裁 1998.2.27, 95헌바5. "오늘날의 법치주의는 국민의 권리·의무에 관한 사항을 법률로써 정해야 한다는 형식적 법치주의에 그치는 것이 아니라 그 법률의 목적과 내용 또한 기본권보장의 헌법이념에 부합되어야 한다는 실질적 적법절차를 요구하는 법치주의를 의미한다."】

【憲裁 1997.3.27, 94헌마196·225, 97헌마83병합. "헌법 제37조 제2항에 의하면 국민의 자유와 권리는 국가안전보장·질서유지 또는 공공복리를 위하여 필요한 경우에 한하여 법률로써 제한할 수 있으며, 그 경우에도 자유와 권리의 본질적인 내용을 침해할 수 없다고 규정하여 국가가 국민의 기본권을 제한하는 내용의 입법을 함에 있어서 준수하여야 할 기본원칙을 천명하고 있다. 따라서 기본권제한 입법은 입법목적의 정당성과 그 목적달성을 위한 방법의 적정성, 입법으로 인한 피해의 최소성, 그리고 그 입법에 의해 보호하려는 공익과 침해되는 사익의 균형성을 모두 갖추어야 한다는 것이며, 이를 준수하지 않은 법률 내지 법률조항은 기본권제한의 입법적 한계를 벗어난 것으로서 헌법에 위반된다."】

【憲裁 2009.5.28, 2006헌라6. "헌법은 제117조와 제118조에서 '지방자치단체의 자치'를 제도적으로 보장하고 있는바, 그 보장의 본질적 내용은 자치단체의 보장, 자치기능의 보장 및 자치사무의 보장이다. 이와 같이 헌법상 제도적으로 보장된 자치권 가운데에는 자치사무의 수행에 있어 다른 행정주체(특히 중앙행정기관)로부터 합목적성에 관하여 명령·지시를 받지 않는 권한도 포함된다고 볼 수 있다. 다만, 이러한 헌법상의 자치권의 범위는 법령에 의하여 형성되고 제한된다. 헌법도 제117조 제1항 후단에서 '법령의 범위 안에서 자치에 관한 규정을 제정할 수 있다.'고 하였고, 제118조 제2항에서는 '지방자치단체의 조직과 운영에 관한 사항은 법률로 정한다.'고 규정하고 있다. 그러나 지방자치단체의 자치권은 헌법상 보장을 받고 있으므로 비록 법령에 의하여 이를 제한하는 것이 가능하다고 하더라도 그 제한이 불합리하여 자치권의 본질을 훼손하는 정도에 이른다면 이는 헌법에 위반된다고 보아야 할 것이다."】

제 2 절

정부조직법

정부(政府)는 광의(廣義)로 입법부·행정부·사법부 등 모든 국가기관을 의미하며(예; 전자정부법에서의 정부), 협의(狹義)로 입법부·사법부와 구별되는 집행부(執行府)를 의미한다.

헌법은 제4장의 「정부」에서 대통령과 행정부를 통합하여 규정하고, 제66조 제4항에서 "행정권은 대통령을 수반으로 하는 정부에 속한다."라고 규정하고 있다. 따라서 현행 헌법에서의 정부는 입법부·사법부와 구별되는 집행부, 즉 협의의 정부를 의미하는 것이라고 할 수 있다.

이러한 의미(협의)의 정부의 기관은 곧 국가의 행정기관(입법·사법기관 제외)이고, 정부조직은 대통령·국무회의·대통령소속기관·국무총리·국무총리소속기관·행정각부·행정각부소속기관·감사원 등으로 구성된다고 하겠다.

헌법은 제66~100조에서 대통령과 국무총리의 지위·책무·권한 등과 국무회의 및 감사원 등 일부 대통령소속기관에 관하여 직접 규정하였으며, 제96조에서 "행정각부의 설치·조직과 직무범위는 법률로 정한다."라고 규정하였다.

위의 헌법 제96조에 따라 제정된 정부조직법은 대통령소속기관·국무총리소속기관과 행정각부의 설치·소관사무 등을 정한 외에, 중앙행정기관의 설치와 직무범위는 법률로 정하도록 하였으며(同法 2①), 행정위원회 등 합의제 행정기관도 다른 법률로 설치할 수 있도록 규정하고(同法 5), 중앙행정기관에 두는 보조기관(同法 2④)·보좌기관(同法 2⑤)·특별지방행정기관(同法 3)·부속기관(同法 4)은 대통령령 등으로도 정할 수 있도록 규정하고 있다.

그리하여 정부조직에 관한 법률로서 정부조직법 외에 감사원법·국가인권위원회법 등 여러 법률들이 있으며, 행정작용법·행정구제법의 범주에 속하는 법률들이 공정거래위원회·조세심판원·중앙토지수용위원회 등 독립적으로 행정업무를 수행하는 합의제 행정기관들의 설치를 규정한 경우도 많다.

이 절에서 행정법의 기초적 논제들인 법치행정원칙, 공법·사법과 행정상 법률관계, 행정법의 의의·법원(法源), 행정법관계 등에 관하여도 약술한다.

Ⅰ. 법치주의·법치행정원칙과 정부조직법

(1) 법치주의(法治主義)

1789년 프랑스 대혁명 당시 공포된 「인간 및 시민의 권리선언」 제16조에 "모든 권리의 보장이 확보되지 않고 권력분립이 규정되지 않은 사회는 헌법을 가진 것이 아니다."라고 선언된바 있거니와, 현대 민주국가에서는 국민의 기본권 보장을 최고의 헌법이념으로 하면서 국민의 자유·권리를 보호하기 위하여 법치주의·권력분립주의 등을 채택하고 있다.

법치주의는 헌법과 법률에 따라 국가를 운영하여야 한다는 원칙으로서, 자의적(恣意的)인 인간의 지배를 배제하고 개인은 물론 국가기관도 법이 정한 바에 따라야 한다는 법우월(法優越)의 원칙이다.

법치주의는 권력분립주의와 연계되어 국민의 대표기관인 의회(국회)가 제정한 법률에 따라 행정과 사법(재판)이 수행되도록 하는 원칙, 즉 '국회의 법률제정'과 '법률에 따른 행정' 및 '법률에 의한 재판'의 원칙으로 구현된다.

그런데 오늘날의 법치주의는 헌법(107①·111①ⅰ)상의 위헌법률심사제도(違憲法律審査制度)에 기(基)하여, 내용면에서 헌법과 정의(正義)에 부합(符合)하는 법률에 따라 모든 국가작용이 이루어져야 한다는 '실질적 법치주의'라고 할 수 있다.

(2) 법치행정원칙(法治行政原則)과 정부조직법

행정영역에서의 법치주의를 법치행정원칙이라 하는데, 이는 행정조직과 행정작용이 법에 따라 적법하게 이루어져야 하고, 위법한 행정작용으로 인한 국민권익 침해는 사법심사(司法審査) 등을 통하여 구제(救濟)되어야 한다는 원칙이다.

법치행정원칙은 행정권에 대하여 억제적 기능과 아울러 촉진적 기능을 수행한다. 즉, 법치행정원칙은 법률에 의한 행정의 통제·기속으로써 행정권의 자의적 행사를 억제하고 권력적 행정영역에서 개인의 권리·자유를 보장하는 기능을 수행하며, 복리행정(福利行政)영역에서는 행정기관에 대하여 국민생활이익을 증진시킬 수 있는 일정한 과업·임무와 행정수단을 부여(賦與, 授權)함으로써 그 활동을 촉진하고, 행정작용의 공정성과 그 절차의 적정성을 확보하는 기능을 한다.

법치행정원칙을 구성하는 구체적 원칙으로서 법률우위원칙과 법률유보원칙 등이 있다. 법률우위원칙(法律優位原則)은 행정이 법률에 위반되지 않고 적법하게 행해져야 한다는 원칙('행정의 적법성 원칙')으로서, 모든 행정영역에 적용된다.

법률우위원칙에서의 법률은 맹목적 법치주의에서의 법률처럼 내재적 제약을 받지 않는 절대적 우위가 인정되는 것이 아니라 헌법원리에 부합되고 정의에 합치되는 것이어야 하므로, 법률우위원칙은 곧 합헌적(合憲的) 법률우위원칙을 의미한다.

법률유보원칙(法律留保原則)은 행정의 조직·작용에 있어서 법률의 근거가 있어야 한다는 원칙이다. 그런데 모든 행정작용에 법률유보원칙을 획일적으로 엄격히 적용할 경우에 법적 근거가 없으면 행정의 속수무책이 야기되는 등 행정작용의 탄력성이 없어질 수 있으므로, 행정작용에서의 법률유보원칙의 적용범위가 논쟁대상이 될 수 있다.

과거에 법률유보원칙은 행정기관이 공적 목적을 위하여 국민의 권익을 제한하거나 국민에게 의무·부담을 과하는 등의 침익적(侵益的) 행정작용에만 적용된다는 주장이 있었으나, 법치행정원칙의 내실(內實)을 다지기 위해 모든 침익적 행정과 권력적 행정은 물론, 사회보장적 급부행정(給付行政) 등 다른 행정영역에도 법률유보원칙이 적용되어야 한다는 주장이 점차 늘어나고 있다.

침익적·권력적 행정작용은 법률유보원칙의 적용범위에 관한 어느 학설에 따르더라도 법률유보원칙의 적용 대상에 포함된다. 그런데 최근에 제정·개정되는 행정관련 법률들에서 민간 협회·단체 등에 대한 자금지원 규정들이 많아지는 등, 국민에게 일정한 이익을 주는 수익적(授益的) 급부행정의 근거 법규들이 다수 제정·시행됨으로써, 실제적으로 법률유보원칙의 적용영역은 크게 확대되고 있다.

행정조직에서는 법률우위원칙과 법률유보원칙이 엄격히 적용된다.

행정주체의 행정사무를 분담하고 행정상의 일정한 권한을 행사하는 각종·각급 행정기관들의 설치·구성·사무·권한·상호관계 등 행정조직에 관한 사항이 법으로 정해져야 한다는 원칙을 행정조직법정주의(行政組織法定主義)라 한다.

헌법 제96조에 따라 제정된 정부조직법은 국가행정사무의 체계적이고 능률적인 수행을 위하여 국가행정기관의 설치·조직과 직무범위의 대강을 정함을 목적으로 하고 있다(同法 1).

정부조직법은 국가행정기관들의 설치·업무 등을 정부조직법이 아닌 다른 법령(법률·대통령령·총리령·부령 등)으로 정할 수 있는 근거도 규정하고 있는데, 정부조직법을 포함한 국가·지방자치단체의 행정조직에 관한 여러 법규들을 검토함에 있어서는 행정조직을 구성하는 행정기관의 의의와 종류부터 파악할 필요가 있다.

II. 행정기관의 의의·종류와 정부조직에 관한 법령들

(1) 행정기관의 의의

행정기관이란 국가나 지방자치단체의 행정사무를 분담 처리하기 위하여 법령(지방자치단체의 조례 포함)에 따라 설치된 기관을 말한다.

국민공동체인 국가나 지방자치단체는 스스로 활동하지 못하고, 행정기관을 통하여 행정작용을 한다. 따라서 국가·지방자치단체가 공공목적을 위한 다양한 행정작용을 함에 있어서는 우선 행정조직법으로써 행정작용을 분담 수행할 많은 행정기관들을 설치하고 행정사무와 행정권한을 분장(分掌)시켜야만 한다.

행정기관은 법령에 의거하여 일정한 권한을 행사하며 그에 따른 책임도 지지만, 원칙적으로 권리의 주체는 될 수 없다(국가 등 행정주체는 공법·사법상의 권리주체가 될 수 있다). 예컨대 각종 세법에 의한 국세(國稅)나 지방세의 부과·징수권은 행정주체인 국가·지방자치단체에게 있는 것이고, 행정기관인 세무서장이나 지방자치단체의 장은 국세·지방세를 부과·징수하는 업무를 수행하는 권한을 가지며, 징세기관(徵稅機關)이 징수한 세수금(稅收金)은 징세기관의 수입이 되지 않고 조세부과·징수에 관한 권리의 주체인 국가·지방자치단체의 재원(財源)이 된다. 예외적으로 행정기관이 소송 등의 당사자가 되었을 경우에 소송(또는 쟁송)법상 당사자로서의 권리주체(당사자능력자)가 될 수는 있다(大判 2006.2.10, 2002다49040).

(2) 법적 지위·권한·기능에 따른 행정기관의 종류

1) 행정청(行政廳)

행정청이란 소관사무에 관하여 국가 또는 지방자치단체의 행정의사(行政意思)를 결정·표시하는 권한을 가진 행정기관을 말한다. 즉, 행정청은 법령에 의거하여 소관업무의 처리 등에 관한 국가나 지방자치단체의 의사(뜻)를 결정하고 외부에 표시할 수 있는 행정기관이다. 행정청이 법령상의 직무범위 안에서 적법하게 결정·표시한 행정의사는 행정주체(국가·지방자치단체)의 의사로서 효력을 발한다.

행정청은 그 구성원의 수에 따라 독임제 행정청(예; 대통령·국무총리·행정각부장관·처장·청장, 지방자치단체의 장 등)과 합의제 행정청(예; 감사원, 국가인권위원회, 국민권익위원회, 방송통신위원회, 금융위원회, 공정거래위원회, 중앙토지수용위원회, 행정심판위원회 등)으로 나누어진다(大判 1997.6.27, 95누17380).

대통령·국무총리·행정각부장관·처장(관)·청장 등과 같이 소관사무에 관하여 전국에 효력을 미치는 국가의 행정의사를 결정·표시할 수 있는 행정기관은 국가의 중앙행정청이며, 소관사무에 관하여 국내의 일정 지역에 효력을 미치는 국가의 행정의사를 결정·표시할 수 있는 행정기관은 국가의 지방행정청이고, 소관사무에 관하여 지방자치단체의 행정의사를 결정·표시할 수 있는 지방자치단체의 장 등은 지방자치단체의 행정청이다.

행정청은 법령에 의거하여 국민의 권리·의무에 직접 영향을 미치는 허가·인가·승인·의무부과·권리제한·영업정지·권리부여 등 각종 처분(후술 제2장 제1절 Ⅲ. 참조)을 행할 수 있으며, 원칙적으로 행정청이 아닌 보조기관·보좌기관·의결기관·심의기관 등은 그 명의(名義)로 국민에 대하여 처분을 행할 수 없다.

따라서 행정기관으로부터 자신의 권익에 영향을 미치는 어떤 처분을 받은 국민은 그 처분이 정당한 처분권한을 가진 행정청에 의하여 행해진 것인지 부터 확인해볼 필요가 있다. 정당한 처분권한을 갖지 아니한 행정기관이 행한 처분은 위법·무효인 처분이 될 수 있다.

그런데 행정절차법은 제2조 제1호에서 '행정청'을 행정에 관한 의사를 결정하여 표시하는 국가 또는 지방자치단체의 기관과 그 밖에 법령 또는 자치법규에 따라 행정권한을 가지고 있거나 위임 또는 위탁받은 공공단체 또는 그 기관이나 사인(私人)으로 규정하여, 행정청의 권한을 위임·위탁받은 공공단체·기관·사인도 행정청의 개념에 포함시키고 있다.

행정심판법도 "행정청이란 행정에 관한 의사를 결정하여 표시하는 국가 또는 지방자치단체의 기관, 그 밖에 법령 또는 자치법규에 따라 행정권한을 가지고 있거나 위탁을 받은 공공단체나 그 기관 또는 사인을 말한다."라고 규정하고 있다(同法 2ⅳ). 행정소송법상의 '행정청'의 개념도 위의 행정절차법·행정심판법에서의 행정청의 개념과 같다(同法 2②). 따라서 행정청의 보조기관이나 다른 공공단체·사인 등도 법령에 따라 행정청의 권한을 위임·위탁받은 경우에 수임(受任)·수탁(受託)사무를 처리하는 범위에서 행정청의 지위에 설 수 있다(후술 Ⅵ. 참조).

정부조직법이나 지방자치법에서는 '행정청'이라는 개념을 사용하지 않고, 행정청에 상응하는 용어로서 '행정기관의 장'이나 '지방자치단체의 장' 등의 용어를 쓰고 있다. 즉, 정부조직법 제7조 제1항("각 행정기관의 장은 소관사무를 통할하고 소속공무원을 지휘·감독한다.") 등에서의 '행정기관의 장'은 행정청이다.

그런데 정부조직법은 제6조 제1항에서 "행정기관은 법령으로 정하는 바에 따라 그 소관사무의 일부를 보조기관 또는 하급행정기관에 위임하거나 다른 행정기관·지방자치단체 또는 그 기관에 위탁 또는 위임할 수 있다."라고 규정하고 있는바, 이 규정 첫 부분에서의 '행정기관'은 행정기관의 장인 행정청을 의미하는 것이라 하겠으며, 이를 '행정기관의 장'으로 개정하는 것이 바람직하다고 본다. 이는 위 규정에 따라 사무의 일부를 위임받는 보조기관 등도 후술하는 바와 같이 행정기관의 일종이기 때문이다.

2) 보조기관(補助機關)

보조기관이란 행정청에 소속되어 행정청의 권한행사를 보조함을 임무로 하는 행정기관이다. 보조기관은 행정청의 의사결정에 직접 관여하는 계선(系線)기관이며, 각 부·처·청의 차관·차장·실장·국장·과장 등이 그 예이다.

정부조직법은 보조기관에 관하여 "중앙행정기관의 보조기관은 이 법과 다른 법률에 특별한 규정이 있는 경우를 제외하고는 차관·차장·실장·국장 및 과장으로 한다. 다만, 실장·국장 및 과장의 명칭은 대통령령으로 정하는 바에 따라 본부장·단장·부장·팀장 등으로 달리 정할 수 있으며, 실장·국장 및 과장의 명칭을 달리 정한 보조기관은 이 법을 적용할 때 실장·국장 및 과장으로 본다."라고 규정하고(同法 2③), 보조기관의 설치와 사무분장은 법률로 정한 것을 제외하고는 대통령령으로 정하며, 다만, 과의 설치와 사무분장은 총리령 또는 부령으로 정할 수 있도록 규정하고 있다(同法 2④).

3) 보좌기관(補佐機關)

보좌기관은 정책의 기획, 계획의 입안, 연구·조사, 심사·평가 및 홍보 등을 통하여 행정청 또는 그 보조기관을 내부적으로 지원함으로써 간접적으로 행정청의 업무수행을 보좌하는 행정기관이다.

정부조직법은 "행정각부에는 장관이 특히 지시하는 사항에 관하여 장관과 차관을 직접 보좌하기 위하여 차관보를 둘 수 있으며, 중앙행정기관에는 그 기관의 장, 차관·차장·실장·국장 밑에 정책의 기획, 계획의 입안, 연구·조사, 심사·평가 및 홍보 등을 통하여 그를 보좌하는 보좌기관을 대통령령으로 정하는 바에 따라 둘 수 있다. 다만, 과에 상당하는 보좌기관은 총리령 또는 부령으로 정할 수 있다."라고 규정하고 있다(同法 2⑤).

4) 의결기관(議決機關)

의결기관은 행정에 관한 의사를 의결의 형식으로 결정할 수 있는 권한을 가진 합의제 행정기관이며, 이를 '심의·의결기관'이라고도 한다. 의결기관은 행정에 관한 의사를 의결할 수 있을 뿐이고 그 행정의사를 외부에 표시할 권한을 갖지 못하며, 그 의결사항은 관계 행정청을 기속한다.

의결기관과 달리, 합의제 행정기관 중 스스로 의결한 행정의사를 자신의 명의로 외부에 표시할 수 있는 기관은 '합의제 행정청'이며, 일정한 사항에 대하여 심의만 할 수 있을 뿐 그 심의결과로 나온 결론이 관계 행정청을 기속하지 못하는 기관은 단순한 '심의기관'이다.

5) 자문기관(諮問機關)

자문기관은 행정청의 자문에 응하여 또는 자진하여 행정청에게 의견을 제공함을 주임무로 하는 기관이다. 자문기관이 제공한 의견은 행정청을 기속하지 못한다.

6) 감사기관(監査機關)

감사기관은 행정기관의 사무처리나 회계 등을 감찰하여 행정운영의 개선·향상을 도모하는 것을 주임무로 하는 기관이다. 감사원은 국가의 세입·세출의 결산, 국가와 법률이 정한 단체의 회계검사, 행정기관과 공무원의 직무에 관한 감찰을 하기 위하여 헌법(제97조) 및 감사원법에 따라 설치된 감사기관이며, 각급 행정관서에 설치된 감사관(또는 감사실·감사위원회) 등도 감사기관이다.

7) 영조물기관(營造物機關)

영조물기관은 영조물의 관리·운영을 임무로 하는 기관이다(예; 국·공립학교, 국·공립병원). 위에서 '영조물'이란 국가 등 행정주체가 특정한 공적 목적에 계속적으로 제공하기 위하여 설립한 인적(人的) 구성원과 물적(物的) 시설의 종합체를 말한다. 「공공기관의 운영에 관한 법률」에 따라 지정된 공공기관들(후술 제4절 Ⅲ. 참조) 중에는 영조물기관이면서 후술하는 부속기관에 해당하는 기관들이 많다.

8) 부속기관(附屬機關)

부속기관은 행정권을 직접 행사하는 기관에 부속되어 있으면서 그 기관을 지원하는 기관이다. 이에는 연구기관·교육훈련기관·문화기관·의료기관 등이 있다.

정부조직법은 제4조에서 "행정기관에는 그 소관사무의 범위에서 필요한 때에는 대통령령으로 정하는 바에 따라 시험연구기관·교육훈련기관·문화기관·의료기관·제조기관 및 자문기관 등을 둘 수 있다."라고 하여 '부속기관'의 설치 근거를 정하고 있는데, 자문기관도 부속기관의 일종으로 되고 있음에 유의할 필요가 있다.

(3) **정부조직법상의 중앙행정기관·지방행정기관 등과 정부조직에 관한 법령들**

정부조직법은 법률상 지위·권한·기능에 따른 위의 여러 종류의 행정기관들의 집합적(集合的) 기관으로서 중앙행정기관·지방행정기관에 관하여 규정하고 있다.

1) 정부조직법상의 중앙행정기관

정부조직법은 제2조 제2항에서 "중앙행정기관은 이 법과 다른 법률에 특별한 규정이 있는 경우를 제외하고는 부·처 및 청으로 한다."라고 규정하고, 제26~43조에서 '부'(행정각부)와 그 소속 '청'의 설치·소관사무에 관하여, 제22조의2~25조에서 국무총리소속의 '처'의 설치·소관사무에 관하여 규정하고 있다.

그런데, 위에서 중앙행정기관으로 적시(摘示)된 '부·처 및 청'은 정부에 두는 관서(官署) 자체를 의미하는 것이며, 이 경우의 중앙행정기관은 중앙행정청과 그 보조기관·보좌기관·부속기관 등을 포함하는 중앙행정관서(中央行政官署)를 뜻하는 것이라 할 수 있고, 위의 '중앙행정기관'에서의 '행정기관'은 '집합적 행정기관'을 의미하는 것이라 하겠다. 이들 중앙행정기관의 장은 중앙행정청이다.

위 정부조직법 제2조 제2항의 규정은 同法 제2조 제1항("중앙행정기관의 설치와 직무범위는 법률로 정한다.")과 더불어 정부조직법이 아닌 다른 법률로써 '부·처 및 청이 아닌 중앙행정기관'의 설치도 인정하고 있는 것이다.

그리고 정부조직법은 제5조에서 "행정기관에는 그 소관사무의 일부를 독립하여 수행할 필요가 있는 때에는 법률로 정하는 바에 따라 행정위원회 등 합의제 행정기관을 둘 수 있다."라고 규정하고 있다.

그리하여 부·처·청이 아닌 중앙기관의 설치·직무에 관한 법률들이 다수 있다.

2) 중앙행정기관에 관한 정부조직법 외의 법률들

정부조직법 외에 중앙행정기관의 설치에 관하여 규정한 주요 단행 법률로서 ① 감사원의 조직·직무범위 등에 관하여 규정한 감사원법, ② 국민권익위원회의 설치·업무 등을 규정한 「부패방지 및 국민권익위원회의 설치와 운영에 관한 법률」, ③ 금융위원회의 설치·업무 등을 규정한 「금융위원회의 설치 등에 관한 법률」, ④ 방송통신위원회에 관하여 규정한 「방송통신위원회의 설치 및 운영에 관한 법률」, ⑤ 국가인권위원회의 설립 등에 관한 국가인권위원회법, ⑥ 공정거래위원회에 관하여 규정한 「독점규제 및 공정거래에 관한 법률」, ⑦ 원자력안전위원회에 관하여 규정한 「원자력안전위원회의 설치 및 운영에 관한 법률」, ⑧ 국가정보원에 관한 국가정보원법, ⑨ 경제사회발전노사정위원회에 관한 경제사회발전노사정위원회법, ⑩ 민주평화통일자문회의에 관한 민주평화통일자문회의법, ⑪ 국민경제자문회의에 관한 국민경제자문회의법, ⑫ 국가과학기술자문회의에 관한 국가과학기술자문회의법, ⑬ 중앙노동위원회 등에 관한 노동위원회법, ⑭ 친일반민족행위진상규명위원회에 관한 「일제강점하 반민족행위 진상규명에 관한 특별법」, ⑮ 사행산업통합감독위원회에 관한 사행산업통합감독위원회법 등이 있다(이들 기관들 중에는 중앙행정관서, 합의제 행정청인 기관들과 자문기관들이 있다).

또한 중앙행정기관의 소관사무의 일부를 독립적으로 수행하기 위하여 타 법률에 의거하여 대통령소속기관·국무총리소속기관 또는 행정각부소속기관으로 설치된 '합의제 행정기관'의 다른 예로서, 행정규제기본법에 따른 규제개혁위원회, 개인정보보호법에 따른 개인정보보호위원회, 한국은행법에 따른 금융통화위원회, 국세기본법에 따른 조세심판원, 「공익사업을 위한 토지 등의 취득 및 보상에 관한 법률」에 따른 중앙토지수용위원회, 행정심판법에 따른 중앙행정심판위원회, 국가배상법에 따른 본부배상심의회, 특허법에 따른 특허심판원, 「해양사고의 조사 및 심판에 관한 법률」에 따른 중앙해양안전심판원 등 다수의 합의제 행정기관들이 있다(이들 기관들 중에는 합의제 행정청인 기관들과 심의·의결기관들이 있다).

위의 합의제 행정기관들의 설치·업무 등을 규정한 법률들이 행정조직법의 범주가 아니라 행정작용법이나 행정구제법의 범주에 포함되는 법률인 경우도 있다.

이와 같이 행정에 관한 실정법에는 행정조직법의 범주에 포함되는 법률에 행정작용·행정구제에 관한 규정이 들어있기도 하며, 행정작용법의 범주에 포함되는 법률에 행정조직·행정구제에 관한 규정이, 행정구제법의 범주에 포함되는 법률에 행정조직·행정작용에 관한 규정이 들어있는 경우가 있다. 그리하여 행정법을 크게 행정조직법·행정작용법·행정구제법으로 분류하는 것은 상대적인 것이라 하겠다.

그런데 헌법 제7장(선거관리) 제114조 제7항의 위임에 따라 각급 선거관리위원회의 조직·직무범위 등을 규정한 선거관리위원회법이나 국회법·법원조직법·헌법재판소법 등은 중요한 국가기관의 조직·운영에 관한 법률들이긴 하나, 좁은 의미의 정부의 기관에 관한 법률들은 아니라 하겠다. 그렇지만 중앙선거관리위원회사무처·국회사무처·법원행정처·헌법재판소사무처 등의 기관운영이나 그 작용에 행정조직·행정작용에 관한 법리(法理)가 적용되는 경우가 많다. 전자정부법은 제2조에서 위의 각 기관을 '행정기관'으로 명기하고, 행정심판법은 제6조 제1항에서 위의 각 기관의 장을 '행정청'으로 명기하고 있기도 하다.

3) 정부조직법상의 지방행정기관과 관련 법규

정부조직법은 제3조 제1항에서 "중앙행정기관에는 소관사무를 수행하기 위하여 필요한 때에는 특히 법률로 정한 경우를 제외하고는 대통령령으로 정하는 바에 따라 지방행정기관을 둘 수 있다."라고 규정하고 있는데, 여기서의 지방행정기관은 국가의 행정사무를 일정한 지역에서 처리하는 국가의 지방행정관서(집합적 지방행정기관)를 의미하는 것이다.

위의 규정에 따라 중앙행정기관의 소관사무를 수행하기 위하여 설치된 국가의 지방행정기관을 '특별지방행정기관'이라 하며, 법무부소속의 출입국관리사무소·교도소, 환경부소속의 지방환경청·환경출장소, 국토교통부소속의 지방국토관리청, 경찰청소속의 지방경찰청·경찰서, 국세청소속의 지방국세청·세무서, 관세청소속의 세관 등이 그 예이다. 이들 특별지방행정기관은 지방자치단체의 기관이 아니라 국가의 지방행정기관이며, 특별지방행정기관의 설치에 관한 법령은 정부조직에 관한 법이고, 특별지방행정기관의 장은 국가의 지방행정청이다.

위의 정부조직법 제3조 제1항에 따라 「법무부와 그 소속기관 직제」·「경찰청과 그 소속기관 직제」·「국세청과 그 소속기관 직제」 등 중앙행정기관소속 특별지방행정기관의 설치 등을 규정한 대통령령이 다수 있다.

4) 정부조직법상의 보조기관·보좌기관·부속기관과 관련 법규

정부조직법 제2조 제4항(보조기관설치 근거규정)과 제2조 제5항(보좌기관설치 근거규정) 및 제4조(부속기관설치 근거규정)에 따라 중앙행정기관의 보조기관·보좌기관·부속기관의 설치·업무 등을 정한 대통령령(하나의 중앙행정기관의 보조기관·보좌기관·부속기관과 소속 심의기관 등을 하나의 대통령령으로 규정한 경우가 많음)이 다수 있으며(예; '기획재정부와 그 소속기관 직제', '미래창조과학부와 그 소속기관 직제', '법제처 직제'), 대통령령에 따라 보조기관·보좌기관의 설치 등에 관하여 규정한 총리령(예; '법제처 직제 시행규칙'), 부령(예; '교육부와 그 소속기관 직제 시행규칙')들도 있는데, 이들 대통령령·총리령·부령들은 모두 정부조직에 관한 법규들이다.

정부조직법은 중앙행정기관의 차관보·실장·국장 및 이에 상당하는 보좌기관의 보임(同法 2⑥), 교육부·외교부·국방부의 보조기관·차관보·보좌기관의 보임(補任), 법무부·국민안전처·병무청·방위사업청·경찰청의 보조기관·보좌기관의 보임(同法 2⑦)에 대하여도 규정하고 있다.

(4) 설치근거에 따른 행정기관의 분류와 정부조직에 관한 기타 법률

행정기관은 그 설치근거에 따라 헌법에 의해 설치된 기관(헌법기관), 법률에 의해 설치된 기관(법률기관), 법규명령(대통령령·총리령·부령)에 의해 설치된 기관, 지방자치단체의 조례에 의해 설치된 기관 등으로 분류할 수도 있다.

정부조직에 관한 법의 범주에 포함될 수 있는 기타 법률로서, ① 「행정기관 소속 위원회의 설치·운영에 관한 법률」, ② 「책임운영기관의 설치·운영에 관한 법률」, ③ 「정부출연연구기관 등의 설립·운영 및 육성에 관한 법률」, ④ 「공공기관의 운영에 관한 법률」, ⑤ 「정부업무평가 기본법」 등도 있다.

Ⅲ. 대통령과 국무회의 및 대통령소속기관

(1) 대통령의 지위와 권한

헌법은 제66조 제1항에서 "대통령은 국가의 원수(元首)이며, 외국에 대하여 국가를 대표한다."라고 규정하고, 대통령은 국가의 독립, 영토의 보전, 국가의 계속성과 헌법을 수호할 책무를 지며, 조국의 평화적 통일을 위한 성실한 의무를 진다고 규정하고 있다(헌법 66②③).

헌법에 따르면, 대통령은 국정최고책임자로서 국가중요정책에 대한 국민투표부의권(헌법 72), 헌법개정안제안권(헌법 128), 긴급재정경제처분권·긴급재정경제명령권 및 긴급명령권(헌법 76)을 가지고, 행정에 관하여 외교권(조약의 체결·비준권, 외교사절의 신임·접수·파견권, 선전·강화권, 헌법 73), 국군통수권(헌법 74), 계엄선포권(헌법 77), 대통령령제정권(헌법 75), 국무총리·국무위원·행정각부장관·공무원 임면권(헌법 86·87·94·78), 행정각부통할권(헌법 86②), 영전수여권(헌법 80), 정당해산제소권(헌법 8④), 재정에 관한 권한(헌법 54②)을 가지며, 입법(立法)에 관여할 수 있는 권한으로서 법률안제출권(헌법 52), 법률안거부권(헌법 53②), 임시국회소집권(헌법 47①)을 가지고, 사법(司法)에 관하여 대법원장 및 대법관 임명권(헌법 104①②), 헌법재판소의 장 및 재판관 임명권(헌법 111②④), 사면권(赦免權, 헌법 79)을 가진다.

헌법이 대통령의 지위·책무·권한 등에 관하여 위와 같이 여러 조문에서 규정하고 있기 때문에, 정부조직법은 대통령에 관하여 대통령의 행정감독권(同法 11①②), 국무회의 주재권(同法 12①)만을 규정하고 있다. 정부조직법상의 대통령의 행정감독권은 대통령이 정부의 수반으로서 법령에 따라 모든 중앙행정기관의 장을 지휘·감독하며, 국무총리와 중앙행정기관의 장의 명령·처분이 위법·부당하다고 인정하면 이를 중지 또는 취소할 수 있는 권한을 의미한다.

(2) 국무회의

국무회의는 헌법에 따라 정부의 권한에 속하는 중요한 정책을 심의하는 국가의 최고정책심의기관이며(헌법 88①), 대통령·국무총리와 15인 이상 30인 이하의 국무위원으로 구성한다(헌법 88②). 국무회의는 의결기관이 아닌 심의기관이며, 국무회의의 심의사항은 헌법 제89조에 열기(列記)되어 있다.

정부조직법에 따르면, 대통령은 국무회의 의장으로서 회의를 소집하고 이를 주재한다(同法 12①). 국무회의의 의장이 사고로 직무를 수행할 수 없는 경우에는 부의장인 국무총리가 그 직무를 대행하고, 의장과 부의장이 모두 사고로 직무를 수행할 수 없는 경우에는 기획재정부장관이 겸임하는 부총리, 교육부장관이 겸임하는 부총리 및 정부조직법 제26조 제1항에 규정된 순서에 따라 국무위원이 그 직무를 대행한다(同法 12②). 국무위원은 정무직으로 하며 의장에게 의안을 제출하고 국무회의의 소집을 요구할 수 있다(同法 12③). 국무회의의 운영에 관하여 필요한 사항은 대통령령으로 정한다(同法 12④).

국무조정실장·인사혁신처장·법제처장·국가보훈처장·식품의약품안전처장 그 밖에 법률로 정하는 공무원은 필요한 경우 국무회의에 출석하여 발언할 수 있으며, 소관사무에 관하여 국무총리에게 의안의 제출을 건의할 수 있다(同法 13①②).

(3) 정부조직법상의 대통령소속기관

헌법은 대통령의 자문기관으로서 국가안전보장회의(헌법 91), 민주평화통일자문회의(헌법 92), 국민경제자문회의(헌법 93)의 설치에 관하여 규정하고 있다.

정부조직법은 대통령소속기관으로서 대통령비서실·국가안보실·대통령경호실·국가정보원의 설치에 관하여 규정하고 있다.

1) 대통령비서실

정부조직법에 따르면, 대통령의 직무를 보좌하기 위하여 대통령비서실을 두며, 대통령비서실에 실장 1명을 두되, 실장은 정무직으로 한다(同法 14①②).

2) 국가안보실

국가안보에 관한 대통령의 직무를 보좌하기 위하여 국가안보실을 두며, 국가안보실에 실장 1명을 두되, 실장은 정무직으로 한다(同法 15①②).

3) 대통령경호실

대통령 등의 경호를 담당하기 위하여 대통령경호실을 두며, 대통령경호실에 실장 1명을 두되, 실장은 정무직으로 한다. 대통령경호실의 조직·직무범위 그 밖에 필요한 사항은 따로 법률로 정한다(同法 16①②③). 이에 따라 「대통령 등의 경호에 관한 법률」이 제정·시행되고 있다.

4) 국가정보원

국가안전보장에 관련되는 정보·보안 및 범죄수사에 관한 사무를 담당하기 위하여 대통령 소속으로 국가정보원을 두며, 국가정보원의 조직·직무범위 그 밖에 필요한 사항은 따로 법률로 정한다(同法 17①②). 이에 따라 국가정보원법이 제정·시행되고 있다.

Ⅳ. 국무총리와 국무총리소속기관

(1) 국무총리

헌법은 대통령중심제 정부형태를 취하면서도 국무총리를 두도록 규정하고 있다.

국무총리는 대통령의 보좌기관으로서의 지위와 정부의 제2인자적(第二人者的) 행정청의 지위를 가진다(헌법 86①②). 정부조직법은 국무총리가 대통령의 명을 받아 각 중앙행정기관의 장을 지휘·감독하며, 중앙행정기관의 장의 명령이나 처분이 위법 또는 부당하다고 인정될 경우에는 대통령의 승인을 받아 이를 중지 또는 취소할 수 있도록 규정하고 있다(同法 18①②).

국무총리는 ① 국무위원 및 행정각부의 장의 임명제청권과 해임건의권, ② 대통령 궐위·유고시(有故時)의 대통령권한대행권, ③ 국무회의에서의 심의권, ④ 국회출석발언권, ⑤ 행정각부통할권, ⑥ 대통령의 국사행위(國事行爲)에의 부서권(副署權), ⑦ 총리령제정권, ⑧ 서울특별시행정에 대한 조정권 등의 권한을 가진다.

(2) 정부조직법상의 국무총리소속기관(부총리와 5처·2실)

1) 부총리

정부조직법은 국무총리가 특별히 위임하는 사무를 수행하기 위하여 부총리 2명을 두되, 부총리는 국무위원으로 보하며, 기획재정부장관과 교육부장관이 겸임하도록 규정하고 있다(同法 19①②③).

i) 기획재정부장관이 겸임하는 부총리는 경제정책에 관하여 국무총리의 명을

받아 관계 중앙행정기관을 총괄·조정한다(同法 19④).

ⅱ) 교육부장관이 겸임하는 부총리는 교육·사회 및 문화 정책에 관하여 국무총리의 명을 받아 관계 중앙행정기관을 총괄·조정한다(同法 19⑤).

국무총리가 사고로 직무를 수행할 수 없는 경우에는 기획재정부장관이 겸임하는 부총리, 교육부장관이 겸임하는 부총리의 순으로 직무를 대행하고, 국무총리와 부총리가 모두 사고로 직무를 수행할 수 없는 경우에는 대통령의 지명이 있으면 그 지명을 받은 국무위원이, 지명이 없는 경우에는 정부조직법 제26조 제1항에 규정된 순서에 따른 국무위원이 그 직무를 대행한다(同法 22).

2) 국민안전처

국민의 안전 및 재난에 관한 정책의 수립·운영 및 총괄·조정, 비상대비, 민방위, 방재, 소방, 해양에서의 경비·안전·오염방제 및 해상에서 발생한 사건의 수사에 관한 사무를 관장하기 위하여 국무총리 소속으로 국민안전처를 둔다(同法 22의2①).

국민안전처에 장관 1명과 차관 1명을 두되, 장관은 국무위원으로 보하고, 차관은 정무직으로 한다. 국민안전처장관은 안전 및 재난에 관하여 국무총리의 명을 받아 관계 중앙행정기관을 총괄·조정하며, 소관사무에 관하여 지방행정의 장을 지휘·감독한다(同法 22의2②⑤⑥).

ⅰ) 중앙소방본부

국민안전처에 소방사무를 담당하는 중앙소방본부를 두고, 중앙소방본부에 본부장 1명을 두되, 소방총감인 소방공무원으로 보한다. 중앙소방본부장은 소관사무에 관하여 국민안전처장관의 지휘아래 인사 및 예산에 대한 독자적인 권한을 수행한다(同法 22의2③④, '국민안전처와 그 소속기관 직제' 15).

ⅱ) 해양경비안전본부

국민안전처에 해양에서의 경비·안전·오염방제 및 해상에서 발생한 사건의 수사에 관한 사무를 담당하는 해양경비안전본부를 두고, 해양경비안전본부에 본부장 1명을 두되 치안총감인 경찰공무원으로 보한다. 해양경비안전본부장은 소관사무에 관하여 국민안전처장관의 지휘아래 인사 및 예산에 대한 독자적인 권한을 수행한다(同法 22의2③④, '국민안전처와 그 소속기관 직제' 19).

3) 인사혁신처

공무원의 인사·윤리·복무 및 연금에 관한 사무를 관장하기 위하여 국무총리 소속으로 인사혁신처를 둔다. 인사혁신처에 처장 1명과 차장 1명을 두되, 처장은 정무직으로 하고, 차장은 고위공무원단에 속하는 일반직공무원으로 보한다(同法 22의3①②).

4) 법제처

국무회의에 상정될 법령안(法令案)·조약안과 총리령안 및 부령안의 심사와 그 밖에 법제에 관한 사무를 전문적으로 관장하기 위하여 국무총리 소속으로 법제처를 두며, 법제처에 처장 1명과 차장 1명을 두되, 처장은 정무직으로 하고, 차장은 고위공무원단에 속하는 일반직공무원으로 보한다(同法 23①②).

5) 국가보훈처

국가유공자 및 그 유족에 대한 보훈, 제대군인의 보상·보호 및 보훈선양에 관한 사무를 관장하기 위하여 국무총리 소속으로 국가보훈처를 두며, 국가보훈처에 처장 1명과 차장 1명을 두되, 처장은 정무직으로 하고, 차장은 고위공무원단에 속하는 일반직공무원으로 보한다(同法 24①②).

6) 식품의약품안전처

식품·의약품의 안전에 관한 사무를 관장하기 위하여 국무총리 소속으로 식품의약품안전처를 두며, 식품의약품안전처에 처장 1명과 차장 1명을 두되, 처장은 정무직으로 하고 차장은 고위공무원단에 속하는 일반직공무원으로 보한다(同法 25①②).

7) 국무조정실

각 중앙행정기관의 행정의 지휘·감독, 정책 조정 및 사회위험·갈등의 관리, 정부업무평가 및 규제개혁에 관하여 국무총리를 보좌하기 위하여 국무조정실을 두며, 국무조정실에 실장 1명을 두되, 실장은 정무직으로 한다. 국무조정실에 차장 2명을 두되, 차장은 정무직으로 한다(同法 20①②③).

8) 국무총리비서실

국무총리의 직무를 보좌하기 위하여 국무총리비서실을 두며, 국무총리비서실에 실장 1명을 두되, 실장은 정무직으로 한다(同法 21①②).

V. 행정각부 및 소속 청

행정각부(行政各部)는 대통령과 국무총리의 통할 하에 정부의 권한에 속하는 행정사무를 부문별로 집행하는 중앙행정기관이다.

정부조직법은 행정각부로서 17부, 즉 ① 기획재정부, ② 교육부, ③ 미래창조과학부, ④ 외교부, ⑤ 통일부, ⑥ 법무부, ⑦ 국방부, ⑧ 행정자치부, ⑨ 문화체육관광부, ⑩ 농림축산식품부, ⑪ 산업통상자원부, ⑫ 보건복지부, ⑬ 환경부, ⑭ 고용노동부, ⑮ 여성가족부, ⑯ 국토교통부, ⑰ 해양수산부를 두도록 규정하고 있다(同法 26①).

행정각부에 장관 1명과 차관 1명을 두되, 장관은 국무위원으로 보하고, 차관은 정무직으로 한다. 다만, 기획재정부·미래창조과학부·외교부·문화체육관광부·산업통상자원부·국토교통부에는 차관 2명을 둔다(同法 26②). 장관은 소관사무에 관하여 지방행정의 장을 지휘·감독한다(同法 26③).

그런데 위의 정부조직법 제26조 제3항이나 제22조의2 제6항에서의 '지방행정의 장'은 부적절한 용어이며, 이를 '지방행정기관의 장'으로 개정되는 것이 바람직하다.

정부조직법은 각 행정기관의 장의 권한(同法 7①④⑤), 차관(국민안전처에 두는 본부장 포함) 또는 차장(국무조정실 차장 포함)의 권한(同法 7②), 각 행정기관에 배치할 공무원의 종류와 정원 등에 관한 규율법규(同法 8①②), 행정기관 또는 소속기관을 설치하거나 공무원의 정원을 증원할 경우의 예산상의 조치(同法 9)에 대하여도 규정하고, 국무조정실의 실장 및 차장, 부·처·청의 처장·차관·청장·차장·실장·국장 및 차관보와 국민안전처에 두는 본부장은 정부위원이 된다고 규정하고 있다(同法 10).

행정각부 중에는 청(廳)이 설치된 부(部)도 있다. 청은 행정각부의 관장사무 중에서 보조기관인 1개 국(局)의 사무로 하기에는 그 업무량이 과다하고, 그 처리에 있어서 어느 정도의 독자성을 인정할 필요가 있는 사무를 관장하기 위하여 행정각부장관 소속으로 설치된 기관이다.

행정각부별 소관사무는 후술하는 바와 같이 정부조직법 제27~43조에 규정되어 있으나, 행정각부와 처·실·청 및 독립적으로 직무를 수행하는 주요 합의제 행정기관들(공정거래위원회·금융위원회 등)이 수행할(또는 수행하는) 구체적 업무는 정부조직법상의 행정기관별 소관사무 규정과 더불어 이 책 제2장의 여러 절에 분산 기재된 행정작용에 관한 많은 법률들에 의하여 정해진다.

소관 행정기관이 명기된 대부분의 행정작용에 관한 법률들은 일정한 행정업무를 관계 행정기관들에게 부여하고 그 업무 수행의 근거·방식·절차 등을 규정하고 있는바, 이는 국민의 기대와 요구에 따르는 정부의 구체적 역할을 규정하고 있는 것이라고 할 수 있다.

행정각부·처·실·청 등이 아래의 정부조직법 제27~43조와 전술한 同法 제14~25조에 규정된 소관업무들을 수행함에 있어서, 국민의 권리·의무에 영향을 미치거나 권력적으로 업무를 수행할 경우에는 반드시 별도의 법률의 근거가 있어야 한다.

(1) **기획재정부**

기획재정부장관은 중장기 국가발전전략수립, 경제·재정정책의 수립·총괄·조정, 예산·기금의 편성·집행·성과관리, 화폐·외환·국고·정부회계·내국세제·관세·국제금융, 공공기관 관리, 경제협력·국유재산·민간투자 및 국가채무에 관한 사무를 관장한다. 기획재정부에 차관보 1명을 둘 수 있다(同法 27①②).

i) 국세청

내국세의 부과·감면 및 징수에 관한 사무를 관장하기 위하여 기획재정부장관 소속으로 국세청을 둔다(同法 27③).

ii) 관세청

관세의 부과·감면 및 징수와 수출입물품의 통관 및 밀수출입단속에 관한 사무를 관장하기 위하여 기획재정부장관 소속으로 관세청을 둔다(同法 27⑤).

iii) 조달청

정부가 행하는 물자(군수품 제외)의 구매·공급 및 관리에 관한 사무와 정부의 주요시설공사계약에 관한 사무를 관장하기 위하여 기획재정부장관 소속으로 조달청을 둔다(同法 27⑦).

iv) 통계청

통계의 기준설정과 인구조사 및 각종 통계에 관한 사무를 관장하기 위하여 기획재정부장관 소속으로 통계청을 둔다(同法 27⑨).

(2) 교육부

교육부장관은 인적자원개발정책, 학교교육·평생교육, 학술에 관한 사무를 관장한다. 교육부에 차관보 1명을 둘 수 있다(同法 28①②).

(3) 미래창조과학부

미래창조과학부장관은 과학기술정책의 수립·총괄·조정·평가, 과학기술의 연구개발·협력·진흥, 과학기술인력 양성, 원자력 연구·개발·생산·이용, 국가정보화기획·정보보호·정보문화, 방송·통신의 융합·진흥 및 전파관리, 정보통신산업, 우편·우편환 및 우편대체에 관한 사무를 관장한다(同法 29).

(4) 외교부

외교부장관은 외교, 경제외교 및 국제경제협력외교, 국제관계 업무에 관한 조정, 조약 기타 국제협정, 재외국민의 보호·지원, 재외동포정책의 수립, 국제정세의 조사·분석에 관한 사무를 관장한다. 외교부에 차관보 1명을 둘 수 있다(同法 30①②).

(5) 통일부

통일부장관은 통일 및 남북대화·교류·협력에 관한 정책의 수립, 통일교육, 그 밖에 통일에 관한 사무를 관장한다(同法 31).

(6) 법무부

법무부장관은 검찰·행형·인권옹호·출입국관리 그 밖에 법무에 관한 사무를 관장한다(同法 32①).

i) 검찰청

검사에 관한 사무를 관장하기 위하여 법무부장관 소속으로 검찰청을 둔다. 검찰청의 조직·직무범위 그 밖에 필요한 사항은 따로 법률로 정한다(同法 32②③).

이에 따라 검찰청법이 제정·시행되고 있다.

(7) **국방부**

국방부장관은 국방에 관련된 군정 및 군령과 그 밖에 군사에 관한 사무를 관장한다. 국방부에 차관보 1명을 둘 수 있다(同法 33①②).

i) 병무청

징집·소집 그 밖에 병무행정에 관한 사무를 관장하기 위하여 국방부장관 소속으로 병무청을 둔다(同法 33③).

ii) 방위사업청

방위력 개선사업, 군수물자 조달 및 방위산업 육성에 관한 사무를 관장하기 위하여 국방부장관 소속으로 방위사업청을 둔다(同法 33⑤).

(8) **행정자치부**

행정자치부장관은 국무회의의 서무, 법령 및 조약의 공포, 정부조직과 정원, 상훈, 정부혁신, 행정능률, 전자정부, 개인정보보호, 정부청사의 관리, 지방자치제도, 지방자치단체의 사무지원·재정·세제, 낙후지역 등 지원, 지방자치단체간 분쟁조정 및 선거·국민투표의 지원에 관한 사무를 관장한다. 국가의 행정사무로서 다른 중앙행정기관의 소관에 속하지 아니하는 사무는 행정자치부장관이 이를 처리한다. 행정자치부에 차관보 1명을 둘 수 있다(同法 34①②③).

i) 경찰청

치안에 관한 사무를 관장하기 위하여 행정자치부장관 소속으로 경찰청을 둔다. 경찰청의 조직·직무범위 그 밖에 필요한 사항은 따로 법률로 정한다(同法 34④⑤). 이에 따라 경찰법이 제정·시행되고 있다.

(9) **문화체육관광부**

문화체육관광부장관은 문화·예술·영상·광고·출판·간행물·체육·관광, 국정에 대한 홍보 및 정부발표에 관한 사무를 관장한다. 문화체육관광부에 차관보 1명을 둘 수 있다(同法 35①②).

i) 문화재청

문화재에 관한 사무를 관장하기 위하여 문화체육관광부장관 소속으로 문화재청을 둔다(同法 35③).

(10) 농림축산식품부

농림축산식품부장관은 농산·축산, 식량·농지·수리, 식품산업진흥, 농촌개발 및 농산물 유통에 관한 사무를 관장한다. 농림축산식품부에 차관보 1명을 둘 수 있다(同法 36①②).

i) 농촌진흥청

농촌진흥에 관한 사무를 관장하기 위하여 농림축산식품부장관 소속으로 농촌진흥청을 둔다(同法 36③).

ii) 산림청

산림에 관한 사무를 관장하기 위하여 농림축산식품부장관 소속으로 산림청을 둔다(同法 36⑤).

(11) 산업통상자원부

산업통상자원부장관은 상업·무역·공업·통상, 통상교섭 및 통상교섭에 관한 총괄·조정, 외국인 투자, 산업기술 연구개발정책 및 에너지·지하자원에 관한 사무를 관장한다. 산업통상자원부에 차관보 1명을 둘 수 있다(同法 37①②).

i) 중소기업청

중소 및 중견기업에 관한 사무를 관장하기 위하여 산업통상자원부장관 소속으로 중소기업청을 둔다(同法 37③).

ii) 특허청

특허·실용신안·디자인 및 상표에 관한 사무와 이에 대한 심사·심판사무를 관장하기 위하여 산업통상자원부장관 소속으로 특허청을 둔다(同法 37⑤).

(12) 보건복지부

보건복지부장관은 보건위생·방역(防疫)·의정(醫政)·약정(藥政)·생활보호·자활지원(自活支援)·사회보장·아동(영·유아 보육을 포함)·노인 및 장애인에 관한 사무를 관장한다(同法 38①). 보건복지부장관의 소관사무 중 감염병 및 각종 질병에 관한 방역·조사·검역·시험·연구 및 장기이식관리에 관한 사무를 분장하기 위하여 보건복지부장관 소속으로 질병관리본부를 둔다(同法 38②).

(13) **환경부**

환경부장관은 자연환경·생활환경의 보전 및 환경오염방지에 관한 사무를 관장한다(同法 39①).

i) 기상청

기상관련 사무를 관장하기 위하여 환경부장관 소속으로 기상청을 둔다(同法 39②).

(14) **고용노동부**

고용노동부장관은 고용정책의 총괄, 고용보험, 직업능력개발훈련, 근로조건의 기준, 근로자의 복지후생, 노사관계의 조정, 산업안전보건, 산업재해보상보험과 그 밖에 고용과 노동에 관한 사무를 관장한다(同法 40).

(15) **여성가족부**

여성가족부장관은 여성정책의 기획·종합, 여성의 권익증진 등 지위향상, 청소년 및 가족(다문화가족과 건강가정사업을 위한 아동업무를 포함)에 관한 사무를 관장한다(同法 41).

(16) **국토교통부**

국토교통부장관은 국토종합계획의 수립·조정, 국토 및 수자원의 보전·이용 및 개발, 도시·도로 및 주택의 건설, 해안·하천 및 간척, 육운·철도 및 항공에 관한 사무를 관장한다. 국토교통부에 차관보 1명을 둘 수 있다(同法 42①②).

(17) **해양수산부**

해양수산부장관은 해양정책, 수산, 어촌개발 및 수산물 유통, 해운·항만, 해양환경, 해양조사, 해양자원개발, 해양과학기술연구·개발 및 해양안전심판에 관한 사무를 관장한다(同法 43①).

Ⅵ. 행정청의 권한대리와 사무의 위임·위탁

(1) 행정청의 권한대리(權限代理)

정부조직법상의 '행정기관의 장'을 포함한 행정청의 권한은 일정한 경우에 타자(他者) 또는 타기관(他機關)에 의하여 행사될 수 있다. 행정청의 권한대리와 권한(사무)위임·위탁의 경우가 그 예이다.

행정청의 권한대리란 행정청의 권한의 전부 또는 일부를 다른 기관(대리자)이 피대리청(被代理廳, 본래 권한을 가진 행정청)을 위한 것임을 표시하여 자기의 이름으로 행하고 그 행위가 피대리청의 행위로서의 효력을 발생하는 것을 말한다.

정부조직법은 행정청의 권한대리에 관하여, 제7조 제2항에서 행정각부장관이나 처장(관)·청장·실장이 사고로 직무를 수행할 수 없으면 차관(국민안전처에 두는 본부장 포함) 또는 차장이 그 직무를 대행하도록 규정하고 있다.

행정청의 권한대리에는 법정(法定) 사유가 발생하여 이루어지는 법정대리(法定代理)와 행정청이 타자에게 대리권을 부여하여 이루어지는 수권대리(授權代理)가 있다. 법정대리는 흔히 행정청(행정기관의 장)의 직무대행이라 한다.

행정청의 대리에 있어서는 대리자가 피대리청의 대리 또는 직무대리·직무대행 등의 직함을 붙여 피대리청의 대리자임을 표시하고 대리행위를 하여야 한다.

대리자가 대리관계를 밝힘이 없이 자신의 명의로 행정처분을 한 경우에 그 행정처분에 대한 항고소송의 피고는 그 처분명의자가 된다(大決 2006.2.23, 2005부4).

(2) 행정청의 사무(또는 권한)의 위임(委任)·위탁(委託)

정부조직법은 제6조 제1항에서 행정기관이 법령으로 정하는 바에 따라 그 소관사무의 일부를 보조기관·하급행정기관에 위임하거나 다른 행정기관·지방자치단체 또는 그 기관에 위임·위탁할 수 있고, 위임·위탁을 받은 기관이 특히 필요한 경우에는 법령으로 정하는 바에 따라 위임·위탁받은 사무의 일부를 보조기관·하급행정기관에 재위임할 수 있도록 규정하고 있다(大判 2000.2.8, 97누3767).

행정청의 '사무위임'이란 법령에 근거하여 행정청이 그의 사무(또는 권한)의 일부를 다른 행정기관(보조기관 또는 하급행정기관) 등에게 이전(移轉)하고, 수임기관(受任機關)이 자기의 이름과 책임으로 그 사무를 처리하게 하는 것을 말하며, 이를 행정청의 '권한위임'이라고도 한다. 권한위임이 이루어진 사무의 처리에 관하여 항고소송이 제기될 경우에는 수임기관이 그 피고가 된다(大判 1993.5.27, 93누6621).

행정청의 권한(사무)위임은 권한이양(權限移讓) 또는 권한이관(權限移管)과는 다른 것이다. 권한의 이양 또는 이관은 법령에 의하여 일정한 행정기관의 권한이 다른 행정기관의 권한으로 변동되는 것을 의미한다.

사무위임(권한위임)은 내부위임(內部委任)이나 전결(專決)과도 다른 것이다. 내부위임이나 전결(위임전결)은 행정청이 그의 일정한 권한을 실질적으로 하급행정기관 또는 보조기관에게 위임하면서, 대외적으로는 위임자의 명의로 그 권한을 행사하게 하는 것을 의미한다(大判 1995.11.28, 94누6475).

내부위임·전결의 경우에 수임자(受任者)는 자신의 명의로 권한을 행사할 수 없다(大判 1998.2.27, 97누1105. 大判 1991.10.8, 91누520. 大判 1989.9.12, 89누671).

한편, 행정청의 '사무위탁(事務委託)'이란 법률에 규정된 행정청의 사무나 권한 중 일부를 지휘계통을 달리하는 다른 행정기관에게 맡겨 그의 권한과 책임 아래 처리(권한행사)하도록 하는 것을 말하며, 법률에 규정된 행정청의 사무 중 일부를 행정기관·지방자치단체가 아닌 법인·단체 또는 개인에게 맡겨 그의 명의(名義)로 그의 책임 아래 처리하도록 하는 것을 '민간위탁(民間委託)'이라 한다.

행정기관은 법령으로 정하는 바에 따라 그 소관사무 중 조사·검사·검정·관리업무 등 국민의 권리·의무와 직접 관계되지 아니하는 사무를 지방자치단체가 아닌 법인·단체 또는 그 기관이나 개인에게 위탁할 수 있다(정부조직법 6③).

행정청의 사무위임·위탁은 법령상의 사무·권한의 분배에 변경을 초래하는 것이므로 법령에 명문의 근거가 있는 경우에 한하여 할 수 있다(大判 1995.8.22, 94누5694). 사무위임·위탁은 각 개별 법률의 위임근거규정에 의거하여 그 시행령인 대통령령에서 구체적으로 범위를 정하여 위임·위탁하는 형식으로 이루어지는 경우가 많다(大判 1997.6.19, 95누8669).

행정청의 사무위임·위탁의 근거법규로는 정부조직법 제6조의 규정과 행정작용에 관한 수다한 개별 법령상의 위임규정 외에 대통령령인 「행정권한의 위임 및 위탁에 관한 규정」, 지방자치법 제102조·제103조·제104조의 규정 등도 있어서, 현재 행정청의 사무(권한)위임·위탁은 상당히 많이 이루어지고 있는 실정이다(大判 2007.8.23, 2005두3776. 大判 1995.7.11, 94누4615. 大判 1990.2.27, 89누5287).

「행정권한의 위임 및 위탁에 관한 규정」은 사무의 위임·위탁이 이루어졌을 경우에 위임·위탁기관은 수임·수탁기관의 수임·수탁사무 처리에 대하여 지휘·감독하고, 그 처리가 위법·부당하다고 인정될 때에는 이를 취소·정지시킬 수 있으며, 수임·수탁사무의 처리에 관한 책임은 수임·수탁기관에 있고(大判 1994.6.14, 94누1197), 위임·위탁기관의 장은 그에 대한 감독책임을 지며, 수임·수탁사무에 관한 권한을 행사할 때에는 수임·수탁기관의 명의로 하도록 규정하고 있다(同규정 6·8①②).

행정청의 사무(권한)위임·위탁은 사무처리상의 권한을 가진 기관이 법령의 범위에서 스스로 권한을 행사하고 책임도 져야한다는 '권한·책임의 귀일(歸一)원칙'에 어긋나는 면이 있다.

따라서 가급적 행정사무의 위임·위탁을 줄이고, 불가피하게 위임·위탁하지 않으면 아니 될 행정사무들에 대하여는 그 사무에 관한 권한을 다른 기관에게 이양·이관함으로써 사무처리기관의 소명과 책임을 분명히 할 필요가 있다고 하겠다.

특히 중앙행정기관의 사무위임 중 지방자치단체의 기관에 대한 사무위임에는 실제로 위임받은 사무를 처리하는 지방자치단체의 기관에게 자율적 처리권의 보장 없이 책임만 지우는 문제점이 내포되고 있다.

그리하여 2013.5.28. 제정·공포된 「지방분권 및 지방행정체제개편에 관한 특별법」이 제11조 제1항에서 국가는 "그 권한 및 사무를 적극적으로 지방자치단체에 이양하여야 하며, 그 과정에서 국가사무 또는 시·도의 사무로서 시·도 또는 시·군·구의 장에게 위임된 사무는 원칙적으로 폐지하고 자치사무와 국가사무로 이분화(二分化)하여야 한다."라고 규정함으로써, 원칙적으로 기관위임사무(지방자치단체의 장에게 위임된 국가사무)를 폐지하기로 한 것은 바람직한 것이다.

그런데 앞에서 살핀바와 같이 국가의 행정사무를 처리하는 각종·각급의 정부기관들(각종 위원회 포함)이 법률·대통령령·총리령·부령 등에 의하여 매우 다양하게 설치되어 있고, 행정기관의 사무위임·위탁(민간위탁 포함)도 많이 이루어지고 있는 현실에서, 행정업무의 중복·누락 방지, 각 행정기관들의 책임·권한의 부조화(不調和) 해소, 책임회피 방지, 능률제고, 경비절감(經費節減)과 행정조직에 관련된 적폐(積弊)의 시정(是正) 등을 위하여, 행정사무를 처리하는 각종·각급 행정기관들의 업무실태와 행정사무의 위임·위탁실태를 파악하고 관련 법령들의 규정내용을 종합적·체계적·주기적(週期的)으로 검토·분석하여 행정조직을 지속적으로 정비(整備)·혁신해 나갈 필요가 있다고 하겠다.

Ⅶ. 상급행정청의 산하 하급기관에 대한 감독

행정각부장관은 해당 부(部)에만 인정되는 특수한 권한을 행사할 수 있을 뿐만 아니라 일반적인 권한으로서, ① 부령제정권, ② 법률안 및 대통령령안의 국무회의 제출권, ③ 소속공무원에 대한 인사권(임용제청권 및 임용권), ④ 행정처분권, ⑤ 소관사무통할권, ⑥ 산하 하급기관 및 소속공무원에 대한 지휘·감독권, ⑦ 해당 부의 사무를 처리하는 지방행정기관의 장에 대한 감독권(大判 2007.9.20, 2005두6935) 등을 가진다.

정부조직법은 위의 ⑤⑥의 권한과 관련하여, 각 행정기관의 장이 소관사무를 통할하고 소속공무원을 지휘·감독하며(同法 7①), 소속 청에 대하여 중요정책수립에 관하여 그 청의 장을 직접 지휘할 수 있고(同法 7④), 부·처의 장은 그 소관사무의 효율적 추진을 위하여 필요한 경우에는 국무총리에게 소관사무와 관련되는 다른 행정기관의 사무에 대한 조정을 요청할 수 있도록 규정하고 있다(同法 7⑤).

위의 소관사무통할권과 산하 하급기관 및 소속공무원에 대한 지휘·감독권은 행정각부장관뿐만 일반적인 상급행정청의 권한이라 할 수 있다.

복잡 다양한 행정을 수행하는 현대 행정조직은 수다한 행정기관 상호간의 협력·조정을 도모하고, 전체적으로 조화 있는 행정을 통일성 있게 그리고 신속하게 처리할 수 있는 합리적·능률적인 조직이 되어야 하며, 행정기관 상호간에 상하(上下)의 계층(階層)을 이루고 상급행정청의 하급기관에 대한 지휘·감독을 통하여 공공목적 달성을 위한 행정의사(行政意思)의 통일이 이루어지도록 해야 한다.

상급행정청의 하급기관에 대한 감독(監督)이란 상급행정청이 산하 하급기관에 대하여 그 권한행사의 적법성과 합목적성을 확보하기 위하여 행하는 통제적 작용을 말하며, 이를 권한감독이라고도 한다. 상급행정청의 산하 하급기관에 대한 감독권의 범위나 감독방법은 행정기관의 종류와 사무의 성질에 따라서 다를 수 있지만, 보통으로 인정되는 권한감독의 방법으로는 다음과 같은 것들이 있다.

(1) **감시권**(監視權)

감시권은 상급행정청이 산하 하급기관의 직무행위나 업무처리실태 등을 확인하고 그 실정을 파악하는 권한이다. 즉, 상급행정청이 하급기관으로부터 보고를 받거나 하급기관에 대하여 사무감사 등을 할 수 있는 권한이다. 이는 다른 감독권 행사의 전제가 되는 감독수단이라 할 수 있으며, 그 개별적인 법적 근거가 반드시 있어야 하는 것은 아니나, 감독권 자체에 대한 일반적·추상적인 법적 근거는 필요하다고 하겠다. 감시권은 하급기관의 위법·부당한 업무처리를 사전에 예방하기 위한 예방적(豫防的) 감독수단이라 할 수 있으나, 하급기관의 위법·부당한 업무처리가 이루어진 후에 그것을 시정하기 위한 교정적(矯正的) 감독수단이 되는 경우도 있다.

(2) **훈령권**(訓令權)

훈령권은 상급행정청이 산하 하급기관의 권한행사에 대하여 지휘·명령하는 권한이며, 훈령권의 발동인 명령을 훈령(訓令)이라 한다. 훈령은 상급행정청의 산하 하급기관에 대한 명령으로서, 소속 상관(上官)이 하급공무원에 대하여 발하는 직무명령(職務命令)과는 다른 것이다. 즉, 훈령은 하급기관의 권한행사에 관한 명령이고 하급행정기관의 기관의사(機關意思)를 기속(또는 구속)하는 것인데 비하여, 직무명령은 공무원의 직무에 관하여 발해지는 것이고 공무원 개인을 기속하는 것이다.

훈령은 공무원의 보직변경 등으로 인하여 실효(失效)될 수 없으나 직무명령은 공무원의 보직변경 등으로 인하여 실효된다. 그러나 행정기관 구성원이 공무원이므로 훈령은 직무명령으로서의 성질을 갖기도 한다.

훈령은 대통령령인 「행정업무의 효율적 운영에 관한 규정」 제4조의 '공문서의 종류' 중 제2호의 '지시문서'에 해당하며, 협의의 훈령과 지시·예규·일일명령으로 세분되기도 한다.

① 협의의 훈령은 상급행정청이 산하 하급기관에 대하여 상당한 기간에 걸쳐 그 권한행사를 지휘하기 위하여 발하는 명령이고, ② 지시(指示)는 상급행정청이 하급기관에 대하여 개별적·구체적으로 발하는 명령이며, ③ 예규(例規)는 반복적 행정사무의 처리기준을 제시하기 위하여 상급행정청이 하급기관에 대하여 발하는 명령이고, ④ 일일명령(日日命令)은 당직·출장 등 일일업무에 관하여 발하는 명령이다.

훈령은 원칙적으로 행정조직 내부의 규범일 뿐, 행정조직 내·외부에 구속력을 발하는 법규(法規)가 아니고, 따라서 일반국민을 구속하는 효력이 없으며, 관계 공무원의 훈령위반은 원칙적으로 위법이 되지 않고 공무원의 직무상 의무위반이 되어 훈령을 위반한 공무원이 징계를 받을 수 있게 된다(大判 1999.9.21, 97누5114).

국무총리·행정각부장관·처장(관)·청장 등 국가의 중앙행정기관장이 산하 하급기관에 대하여 발하는 훈령·예규 등을 행정법이론상 '행정규칙'이라 하며, 이러한 행정규칙도 원칙적으로 행정조직 내부의 규범이고 법규가 아닌 것으로 본다.

그러나 법률이 관계 중앙행정기관장에게 법령의 내용을 보충하는 행정기준 등을 정할 수 있도록 규정하고(예; 식품위생법 제48조 제1항은 식품의약품안전처장이 식품별로 '식품안전관리인증기준'을 정하여 고시할 수 있도록 하고 있음), 그러한 법률의 위임에 따라 제정·고시(告示)된 소위 '법령보충적 행정규칙'(후술 제2장 제1절 Ⅱ. 참조)은 법규로 인정된다.

(3) 인가권(認可權)

인가권은 하급행정기관이 일정사항에 대하여 어떤 조치를 하는 경우에 상급행정청이 그에 대하여 인가·승인을 하는 권한이다. 법령의 명시적 규정에 의한 상급행정청의 인가는 하급기관이 행하는 조치의 유효요건이 된다. 하급기관의 일정한 업무에 대한 상급행정청의 감독권의 일환으로서 행하는 인가는 행정청이 국민에 대하여 행하는 인가처분(제2장 제1절 Ⅲ. 참조)과는 다른 것이다.

(4) **취소·정지권**(取消·停止權)

취소·정지권은 상급행정청이 직권 또는 사인(私人) 등의 신청에 의하여 산하 하급기관의 위법·부당한 처분(행정행위) 등을 취소하거나 정지시키는 권한이다. 여기서 처분 등의 취소란 그 처분 등의 효력을 처분시에 소급하여 또는 장래에 향하여 영구적으로 소멸시키는 것을 말하며, 정지란 그 처분 등의 효력을 일시적으로 정지시키는 것을 말한다. 이러한 취소·정지권의 행사에는 법적 근거가 필요하다는 설(說)과 필요 없다는 설이 대립되어 있다. 상급행정청은 특별한 근거규정이 없는 한 위법·부당한 처분 등을 행한 산하 하급기관에 대하여 취소·정지를 명할 수 있을 뿐이라는 견해가 비교적 많은 편이다.

정부조직법(11②·18②)과 지방자치법(169①)은 대통령·국무총리·주무부장관 또는 시·도지사 등 상급행정청이 산하 하급기관의 위법·부당한 명령이나 처분을 취소·정지시킬 수 있는 근거를 규정하고 있다.

(5) **주관쟁의결정권**(主管爭議決定權)

주관쟁의결정권은 상급행정청이 산하 하급기관 상호간에 주관권한(主管權限)에 대한 다툼(이를 '주관쟁의'라 함)이 있는 경우에 그 주관쟁의에 관하여 판정하는 권한이다. 주관쟁의에는 행정기관들이 서로 자기의 권한(사무)이라고 주장하는 '적극적 주관쟁의'와 서로 자기의 권한이 아니라고 주장하는 '소극적 주관쟁의'가 있다.

행정절차법은 "행정청의 관할이 분명하지 아니한 경우에는 해당 행정청을 공통으로 감독하는 상급행정청이 그 관할을 결정하며, 공통으로 감독하는 상급행정청이 없는 경우에는 각 상급행정청이 협의하여 그 관할을 결정한다."라고 규정하고 있다(同法 6②). 주관쟁의 당사자 쌍방의 상급행정청간의 협의가 이루어지지 않을 때에는 최종적으로 국무회의의 심의(헌법 89ⅹ)를 거쳐 대통령이 결정하게 된다.

Ⅷ. 공무원관련법

국가·지방자치단체의 기관구성원이면서 공무(公務)를 담당하는 자를 공무원이라 한다. 협의의 공무원은 각종 공무원관련법규에 의거하여 공무원임용을 받고 근무관계적 기속(羈屬)을 엄격히 받는 공무원을 의미하며, 광의의 공무원은 협의의 공무원뿐만 아니라 선거로 선출된 공직자나 합의제 행정기관의 비상임 위원 등 비상근직(非常勤職) 기관구성원도 포함하는 개념이다.

공무원은 국가 또는 지방자치단체의 공무를 수행하며, 국민전체에 대한 봉사자이고 국민에 대하여 책임을 지는 지위에 있으며(헌법 7①), 공무원관련법과 소속기관의 '공직자 행동강령' 등 여러 공직관련 규범의 준수의무를 진다.

공무원관련법으로서 ① 국가공무원법, ② 지방공무원법, ③ 교육공무원법, ④ 외무공무원법, ⑤ 경찰공무원법, ⑥ 소방공무원법, ⑦ 국가정보원직원법, ⑧「공무원인재개발법」, ⑨「지방공무원 교육훈련법」, ⑩ 공직자윤리법, ⑪「교원지위향상을 위한 특별법」, ⑫ 공무원연금법, ⑬「공무원직장협의회의 설립·운영에 관한 법률」, ⑭「공무원의 노동조합 설립 및 운영 등에 관한 법률」, ⑮「교원의 노동조합 설립 및 운영 등에 관한 법률」, ⑯「공무원범죄에 관한 몰수 특례법」, ⑰「경찰공무원 보건안전 및 복지 기본법」, ⑱「소방공무원 보건안전 및 복지 기본법」, ⑲ 검사정원법, ⑳「검사의 보수에 관한 법률」, ㉑ 검사징계법, ㉒ 군무원인사법, ㉓ 군인보수법, ㉔ 군인연금법 등이 있다.

협의의 공무원의 권리·의무의 내용은 공무원의 종류에 따라 차이가 있으나, 일반적으로는 공무원에게 직무집행권·보수청구권·연금수급권 등의 권리와, ① 법령준수의무, ② 성실히 직무를 수행할 의무, ③ 소속 상관의 직무상 명령에 복종할 의무, ④ 청렴의무, ⑤ 정치활동금지의무, ⑥ 품위유지의무 등이 인정된다.

Ⅸ. 공법·사법과 행정상 법률관계

(1) 법률관계(法律關係)

행정주체(국가·지방자치단체 등)에 대한 개인 등의 정보공개청구권·사회보장수급권·조세납부의무·청소년유해매체물표시의무 등 각종 권리·의무나 국가·지방자치단체에 대한 공무원의 권리·의무, 상급행정청의 하급기관에 대한 지휘·감독권 등은 관계법이 정하는 바에 따라 인정된다. 권리·의무·권한 등이 법에 따라 인정된다는 것은 각종 권리·의무·권한이 법의 규율을 받음을 의미하는 것이다.

법의 규율(또는 적용)을 받는 각종 권리·의무·권한 등에 관한 당사자 상호간의 관계를 법률관계라고 한다.

법률관계는 법이 적용되는 관계로서, 어떤 권리를 가진(가질) 자와 그 권리에 상응하는 의무를 진(질) 자 간에 형성되는 권리·의무관계, 어떤 권한을 가진 자와 그 권한행사를 수용할 자 간에 형성되는 해당 권한행사에 관한 관계 등을 의미한다.

연인(戀人) 상호간에 사랑으로, 친구 간에 우정으로, 이웃 사람 간에 인정(人情)·윤리로 여러 가지 문제를 해결해나가는 경우에는 그 당사자 상호간에 법률의 규율이나 적용이 필요 없으며, 법률관계가 생기지 아니한다.

즉, 보통의 순수한 연인관계·친구관계·윤리관계·종교관계 등에는 법이 적용되지 않으며, 법률관계에만 법이 적용된다. 그런데 연인관계·친구관계·이웃관계 등에서 당사자 상호간에 어떤 권리·의무나 권한에 관한 주장이 서로 다르게 제기되고 법률의 적용으로써 상호간의 갈등을 해결해야 할 경우에는 연인·친구·이웃 간에도 법률관계가 형성될 수 있으며, 법률의 적용으로써 갈등이 해결되면 법률관계는 소멸한다.

어떤 권리·의무나 법적 권한 등의 발생은 그에 관련된 당사자 간의 법률관계의 발생을 의미하며, 권리·의무나 법적 권한 등의 소멸은 법률관계의 소멸을 뜻한다.

법률관계는 법률의 규율(또는 적용)을 받는 권리·의무 등의 귀속자(歸屬者)인 당사자 간의 관계이고, 법률관계의 내용은 주로 당사자의 권리·의무이며, 각종 권리·의무는 수시(隨時)로 발생·변경·소멸될 수 있고, 그에 따라 법률관계도 수시로 변동할 수 있다.

(2) 공법(公法)·사법(私法)과 공법관계·사법관계

국민은 국가·지방자치단체의 구성원으로서 국민공동체(국가·지방자치단체)의 발전과 공익증진(公益增進)에 협조하고, 다른 사람과의 관계에서 자기의 권익을 당당히 향유하는 생활을 할 수 있어야 할 것이다.

위와 같은 국민의 일반적 희구(希求)에 상응하여, 법에도 공익의 보호·실현을 위해 국민생활에 특수한 법적 규율이 요구되는 경우와 권리주체인 각 국민 상호간의 합리적 이해조절이 요구되는 경우가 있게 되는데, 전자(前者)의 요구에 부응하기 위한 법이 공법이고 후자(後者)의 요구에 부응하기 위한 법이 사법이라 할 수 있다.

즉, 법은 크게 공익의 보호·실현을 위하여 국민생활에 특수한 법적 규율을 하는 공법과 권리주체인 각 국민 상호간의 합리적 이해조절을 도모하는 (각자에게 그의 것을 갖게 하기 위한) 사법으로 분류할 수 있다.

'공법'은 국가안전보장·질서유지·공공복리증진 등 공적 목적을 위하여 사인(私人)에 대한 공권력 행사권 등을 국가·지방자치단체(또는 그 기관)에게 부여하는 법과 공공성이 강한 법률관계를 규율하는 법이라 할 수 있다. 공적 목적을 위한 공공기관의 설치·조직·업무·시책·권한·권한행사절차·업무수행방식·분쟁해결제도 등과 공적 권리·의무에 관하여 규정하고 있는 실정법은 공법이라 하겠다.

'사법'은 각 권리주체들의 사적(私的) 자치의 원칙을 존중하면서 그 상호간의 합리적 이해조절을 목적으로 하는 법이라 할 수 있다.

공법의 규율을 받는(공법이 적용되는) 법률관계를 '공법상의 법률관계' 또는 '공법관계'라 하고, 사법의 규율을 받는(사법이 적용되는) 법률관계를 '사법상의 법률관계' 또는 '사법관계라' 한다.

즉, 법률관계는 헌법·행정법 등 공법의 규율을 받는 법률관계인 공법관계(公法關係)와 민법·상법 등 사법의 규율을 받는 법률관계인 사법관계(私法關係)로 구분할 수 있다. 연인·친구 등 사인 간에 형성될 수 있는 법률관계는 사법관계이다.

공법관계에서는 공법상의 권리('공권')와 공법상의 의무('공의무')가, 사법관계에서는 사법상의 권리('사권')와 사법상의 의무('사의무')가 주된 논점(論點)이 된다.

행정작용 중 공공목적을 위한 권력적 행정작용에는 공법이 적용된다.

사법은 주로 사인 상호간의 법률관계에 적용되지만, 행정주체가 국고(國庫)의 지위에서 행하는 비권력적·사경제적 행정작용(국고작용)에도 적용된다. 국고작용이 제한적으로 공법의 적용(규율)을 받는 경우도 있다.

(3) 행정과 행정상 법률관계

행정은 행정주체(실제로는 국가·지방자치단체의 행정기관)가 법의 규율을 받으면서 사법(司法) 이외의 국가목적(공공목적)을 적극적으로 실현하기 위하여 행하는 작용을 의미한다. 행정은 법집행(法執行)작용이며, 관련법에 의거하여 관계 행정기관들이 재원(財源)·자원(資源)을 투입하면서, 국민안전·질서의 확보, 공공복리증진, 국가의 존립·발전 등 여러 가지 공공목적을 위한 다양한 과업들을 수행하는 작용이 그 주된 내용이 된다.

오늘날 사회적 법치국가의 이념 하에 국가기능이 확대되고 국가의 급부(給付) 등에 대한 국민의 기대가 늘어나면서(憲裁 2005.5.26, 99헌마513, 2004헌마190 병합), 국민생활의 행정의존도(行政依存度)도 급격히 높아지고 있다.

법치행정원칙에 기(基)하여 행정은 법에 따라 행해지며, 행정을 규율하는 법은 행정조직·행정작용·행정구제 등에 관한 여러 가지 사항을 정한다.

행정주체의 행정사무를 분담하는 주요 행정기관의 설치와 행정작용·행정구제에 관한 기본적인 사항은 헌법에 규정되고 있지만, 행정조직·행정작용·행정구제를 보다 더 구체적으로 규율하기 위하여 제정되는 특수한 법 및 그러한 법의 체계가 「행정법」이다. 행정법은 '행정에 관한 국내공법(國內公法)'이라고 흔히 정의된다.

'행정상 법률관계'란 행정과 관련하여 형성되는 법률관계를 말하며, 행정주체(또는 행정기관)가 그 법률관계의 한쪽 또는 양쪽 당사자가 된다. 행정상 법률관계를 규율하는 법에는 공법·사법이 포함된다.

행정상 법률관계 중에서 행정법 등 공법에 의하여 규율되는 법률관계를 '행정상 공법관계'라 한다. '행정상 공법관계'에서는 공공목적달성을 위하여 관계 법률에 따라 행정주체에게 해당 법률관계의 상대방보다 우월한 의사주체(意思主體)로서의 지위가 인정되며, 공권·공의무의 발생·변경·소멸이 법률 또는 법률에 의거한 행정청의 일방적인 의사(처분 등)에 의하여 이루어지는 경우가 많은데, 이는 행정상 공법관계 또는 행정법관계(행정법의 규율을 받는 법률관계)의 특수성이기도 하다.

행정상 법률관계 중에서 민법 등 사법에 의하여 규율되는 법률관계를 '행정상 사법관계'라 한다(예; 행정기관의 비품구입관계). '행정상 사법관계'는 그 법률관계의 당사자에 행정주체(또는 행정기관)가 포함되는 점에서 사인 상호간에 형성되는 순수한 '사법관계'와 구별된다. 행정상 사법관계에서는 원칙적으로 해당 법률관계의 양당사자의 법적 지위의 대등성(對等性)이 인정되고, 권리·의무의 발생·변경·소멸이 사적자치(私的自治)의 존중원칙에 따라 당사자의 자유로운 의사(意思)에 의해 이루어지는 것이 보통이다. 행정상 사법관계에 제한적으로 공법이 적용되는 경우도 있다.

그런데 행정상 법률관계는 구체적인 상황과 관계 법규에 따라 수시로 변동한다. 즉, 예컨대 행정주체가 국·공유 일반재산(잡종재산)인 건물을 개인(기업 포함)에게 매각하는 경우에는 행정주체와 그 개인 간에 '행정상 사법관계'가 형성되고, 그 개인으로부터 해당 건물에 대한 취득세·등록세 등을 징수하는 경우나 그 개인이 불하받은 건물을 대수선하기 위해 관계 행정청의 허가를 받는(또는 행정청에 신고해야 하는) 경우에는 행정주체와 그 개인 간에 '행정상 공법관계'가 형성되며, 그 개인의 취득세·등록세 납부로써 취득세·등록세와 관련된 행정상 공법관계는 소멸되고, 그 건물소유자에 대하여 행정청이 재산세를 부과하는 경우에는 행정주체와 그 개인 간에 새로운 내용(권리·의무)의 행정상 공법관계가 형성된다.

국가·지방자치단체에 대한 공무원의 근무관계(이를 '공무원관계'라고도 함)는 과거에 '특별권력관계'로 인식되기도 하였으나, 오늘날에는 그것이 공적 목적을 달성하기 위하여 인정되는 '특수기능적 법률관계' 또는 '특별행정법관계'로 인식되고 있다.

국가·지방자치단체에 대하여 국가공무원·지방공무원은 법에 따라 일정한 권리·의무를 인정받으므로, 국가·지방자치단체와 공무원간에는 법률관계가 형성되고, 공무원의 권리·의무를 정하는 법이 공법(公法)인 행정법이므로, 행정주체에 대한 공무원의 근무관계는 일단 '행정법관계' 또는 '행정상 공법관계'라 할 수 있으며, 공무원이 행정주체의 기관구성원으로서 공무를 수행하는 위치에 있고 일반국민과는 다르게 특별한 법적 권리·의무를 인정받으므로, 공무원의 근무관계를 특수기능적 법률관계 또는 특별한 행정법관계(特別行政法關係)라 할 수 있는 것이다.

국가·지방자치단체와 개인·기업체·공무원 등 간에 형성되는 행정상 공법관계(또는 공법상의 법률관계)의 내용이 되는 것은 주로 공권·공의무이다.

행정상 공법관계에서의 공권(공법상의 권리)은 행정주체가 개인 등에게 행사할 수 있는 '국가적 공권'과 개인 등이 행정주체에 대하여 행사할 수 있는 '개인적 공권'으로 분류할 수 있으며, 행정상 공법관계에서의 공의무(공법상의 의무)는 개인 등이 행정주체에 대하여 지는 '개인적 공의무'와 행정주체가 개인 등에 대하여 지는 '국가적 공의무'로 분류할 수 있다.

행정상 공법관계에서의 공권·공의무는 주로 행정법 등 공법에 따라(또는 근거하여) 인정되며, 개인적 공권·공의무가 공법상 계약이나 자연적 사실(예; 과세대상물건의 멸실) 등에 의하여 성립·변동될 수도 있다(제2장 제1절 Ⅰ. 참조).

개인적 공권에 대한 실정법상의 명문규정이 없어도 국가 등 행정주체에게 일정한 공법상의 의무를 과하는 강행법규(强行法規)가 존재하고 그 법규가 단순히 공익의 보호·실현만을 목적으로 하는 것이 아니라 관계인의 개인적 이익도 보호하고자 하는 것인 경우에는 '개인적 공권'이 인정될 수 있다.

Ⅹ. 행정법과 행정법관계

(1) 행정법

행정법은 그 규율대상(행정조직·행정작용·행정구제에 관한 사항)이 극히 광범·다양하기 때문에 단일법전화(單一法典化)되어 있지 않고, 행정조직·행정작용·행정구제에 관한 수많은 공법들로 이루어지고 있다.

행정법은 행정을 규율하는 주된 법이지만, 모든 행정이 행정법만의 규율을 받는 것은 아니다. 예컨대 행정작용 중에서 행정주체(실제로는 행정기관)가 사경제주체의 지위에서 사법적 효과(사권·사의무의 발생·변경·소멸 등)를 야기하는 사법행위(국고행위)를 행하는 경우에는 민법·상법 등 사법의 규율을 받기도 한다. 즉, 국고작용도 행정에 포함되지만, 그에 적용되는 사법은 행정법에 포함되지 아니한다.

행정에 관한 모든 법이 아니라, '행정에 관한 국내공법(國內公法)'만을 의미하는 행정법은 헌법의 이념·원리·취지에 따라 국가발전과 공공복리증진 등의 공공목적을 구체적으로 실현하기 위한 법으로서의 특성을 지니고 있으며, 국민생활여건의 주요 형성요인이 되는 법이라 할 수 있다.

행정법의 법원(法源, 법의 존재형식 또는 법의 인식근거)에는 성문법원(成文法

源)과 불문법원(不文法源)이 있다.

행정법의 성문법원으로는 행정에 관한 헌법규정과 다수의 법률(국내행정에 관련된 국제조약·국제법규 포함), 상위법령에 따른 법규명령(대통령령·총리령·부령)·행정규칙(훈령·예규·고시 등), 지방자치단체의 조례·규칙이 있으며, 이들은 헌법을 정점으로 하여 단계적 체계를 구축하고 하위법(下位法)이 상위법(上位法)을 어길 수 없는 관계에 있다.

위에서 '행정에 관한 헌법규정'이란 헌법규정들 중 행정조직에 관한 헌법 제4장과 제8장, 행정작용의 원칙·지도원리가 되는 헌법 제1장과 제2장 및 제9장, 행정구제에 관한 헌법 제5장의 제107조와 제6장의 제111조 등이다.

위의 '법률'이란 국회가 헌법상의 입법절차에 따라 제정한 행정에 관한 법규범을 말하며, 행정관련 법률들은 헌법에 버금가는 중요한 행정법원(行政法源)이 된다.

행정에 관한 법률들이 상호 모순·저촉되는 경우에는 원칙적으로 구법(舊法)보다 신법(新法)이, 일반법보다 특별법이 우선 적용된다(大判 2012.5.24, 2010두16714).

성문(成文)의 행정법규가 없을 경우에 보충적으로 적용할 수 있는 행정법의 불문법원(不文法源)으로는 행정관습법(大判 1994.3.25, 93다45701. 大判 1983.6.14, 80다3231), 행정판례법, 조리(條理)가 있다. 그런데 대법원의 판례가 법률해석의 일반적인 기준을 제시한 경우에 유사한 사건을 재판하는 하급심법원의 법관은 판례의 견해를 존중하여 재판하여야 하는 것이나, 판례가 사안이 서로 다른 사건을 재판하는 하급심법원을 직접 기속하는 효력이 있는 것은 아니다(大判 1996.10.25, 96다31307).

성문의 행정법규들은 전국에 걸쳐 모든 국민에게 적용되는 것이 원칙이지만, 그 적용을 받는 자가 제한되는 경우도 많고, 지역적 특별법령이나 지방자치단체의 조례·규칙은 일정한 지역에서만 효력을 발한다.

성문 법령은 그 시행일부터 폐지일까지 효력을 발한다. 법령의 소급적용, 특히 행정법규의 소급적용은 일반적으로 법치주의원리에 반하고, 개인의 권리·자유에 부당한 침해를 가하며, 법률생활의 안정을 위협하는 것이 되므로, 이를 인정하지 않는 것이 원칙이고(법령불소급의 원칙), 다만 법령을 소급적용하더라도 일반 국민의 이해에 직접 관계가 없는 경우, 오히려 그 이익을 증진하는 경우, 불이익이나 고통을 제거하는 경우 등의 특별한 사정이 있는 경우에 한하여 예외적으로 법령의 소급적용이 허용될 수 있다(大判 2007.7.26, 2005두2612. 大判 2005.5.13, 2004다8630).

행정법은 헌법의 구체화법(具體化法)이라 할 수 있는데, 우리나라 헌법은 행정법의 기본원리로서 ① 실질적 법치주의(헌법 10~37, 40, 107, 111①), ② 민주행정주의(헌법 7, 54, 61~63, 65, 67①, 96, 100, 114⑦), ③ 지방분권주의(헌법 117, 118), ④ 복리국가주의(헌법 31~36), ⑤ 문화국가주의(헌법 9), ⑥ 균형적 경제성장주의(헌법 119②), ⑦ 사법제도국가주의(司法制度國家主義, 행정소송사건을 법원이 심리·판결하도록 하는 원칙, 헌법 107②) 등을 천명하고 있다.

(2) 행정법관계

행정상 법률관계 중에서 특히 행정법의 규율(또는 적용)을 받는 당사자 간의 법률관계를 '행정법관계(行政法關係)'라 한다. 행정법관계는 '행정상 공법관계' 또는 '공법상의 법률관계'에 해당한다(大判 1993.7.13, 92다47564). 행정주체와 국민간의 행정법관계는 행정법 중 주로 행정작용에 관한 법들의 규율을 받는다(행정조직법의 범주에 포함되는 지방자치법 등이 주민의 공권·공의무를 규정하기도 한다).

행정작용에 관한 행정법들은 행정주체인 국가·지방자치단체와 그 구성원인 사인(私人) 간의 법률관계를 규율하는 경우에 공익의 실현자인 행정주체에게 행정의 상대방(사인)보다 우월적(優越的) 지위를 인정하는 것이 보통이다. 즉, 행정작용에 관한 행정법은 행정주체(실제로는 행정기관)가 관계법이 정한 바에 따라 일방적으로 사인 등에게 일정한 의무를 과할 수 있게 하고, 그 의무의 불이행시에 자력(自力)으로 (법원의 힘을 빌지 않고) 강제집행을 할 수 있게 하기도 하는데, 이는 대등한 당사자 간의 법률관계인 사법관계에서와는 달리, 부대등한 당사자 간의 법률관계인 행정법관계(행정상 공법관계)에서 인정되는 특수성이라 할 수 있다.

행정법관계에서는 위와 같은 행정주체의 우월성·자력집행성 외에 행정처분의 공정력(公定力)·불가쟁력(不可爭力)·불가변력(不可變力) 등이 인정되고(제2장 제1절 Ⅲ. 참조), 사법관계에서와는 다른 국민권익구제제도들이 시행되며(제3장 참조), 공권·공의무의 이전제한(移轉制限) 등의 특수성도 인정된다.

행정법관계는 행정법의 규율을 받지만, 행정법이 행정법관계만을 규율하는 것은 아니다(여기서의 행정법관계는 행정에 관련된 구체적인 공권·공의무관계를 뜻함).

즉, 행정작용에 관한 행정법들 중에는 행정주체와 행정의 상대방 간의 공권·공의무에 관한 사항을 정하는(행정법관계를 규율하는) 법규들도 있고, 공공복리증진·국민생활여건향상 등을 위한 행정주체·행정기관의 비권력적인 사실적 행정작용의 근거·절차나 그에 관한 시책 등을 규정하는 법규들도 있으며, 행정작용에 관한 하나의 법률 중에 '행정법관계의 형성·변동에 관한 규정'들과 '비권력적인 사실적 행정작용에 관한 규정'들이 함께 들어있는 경우도 많다.

위에서 '비권력적인 사실적 행정작용'이란 권리·의무의 발생·변경·소멸 등 법률효과발생을 직접 목적으로 하지 않고 사실상의 상태변화·결과발생 등을 직접 목적으로 하여 행하는 행정주체의 비권력적인 작용을 말하며, 이는 행정상 사실행위(제2장 제1절 Ⅴ. 참조)를 통하여 이루어진다,

관계 행정기관의 생활폐기물 수거·처리에 관하여 규정한 폐기물관리법 규정과 같이, '비권력적인 사실적 행정작용'에 관한 법률 또는 법률규정들은 행정주체와 일정한 요건의 국민 간의 행정법관계를 규율(또는 규정·형성)하지 않지만, 관계 행정기관의 국민복지증진을 위한 일정한 과업과 그 수행에 관하여 규정함으로써 일반 공중의 생활이익을 증대시키는 효과를 내는 것이 보통이다(제2장 제1절 Ⅰ. 참조).

「농업·농촌 및 식품산업 기본법」과 같이, 주로 국가가 시행할 일정한 정책·시책 등을 정하는 법률들도 원칙적으로 구체적인 공권·공의무관계로서의 행정법관계를 형성·규율하는 법으로 보기 어렵다고 하겠다.

제3절

지방자치법

오늘날 지방자치(地方自治)는 민주주의 국가에서 거의 예외 없이 실시되고 있으며, 풀뿌리 민주주의(grass-roots democracy)를 구현하는 제도로 평가되고 있다. 실질적인 민주주의의 실현을 위해서는 각 지역에서 주민의 뜻에 따른 지방행정이 이루어질 수 있도록 하는 지방자치가 요구된다.

지방자치는 지역의 공공적 사무를 지역주민의 의사(意思)에 기(基)하여 독립된 법인격(法人格)을 가진 지방자치단체가 자주적으로 처리하는 제도를 의미하며, 민주주의의 원천이라고 할 수 있다.

지방자치에는 주민자치적 요소와 단체자치적 요소가 필요하다.

주민자치적 요소는 일정한 지역의 주민이 그 지역 내의 공공적 사무를 스스로(또는 주민의 의사에 따라) 처리하도록 하는 것이며, 지방의회의원·지방자치단체장의 주민직접선거, 주민의 행정참여 등은 주민자치를 위한 것이다.

단체자치적 요소는 일정한 지역을 기초로 하는 공법인(公法人)인 지방자치단체로 하여금 그 지역의 행정사무를 자주적으로 처리하도록 하는 것이다.

지방자치단체(地方自治團體)란 국가 밑에서 국가영토 내의 일정한 지역을 자기의 관할구역으로 하여, 그 지역 내의 모든 주민에 대하여 법률이 정한 범위에서 지배권을 행사할 수 있는 주민단체를 말한다.

지방자치단체는 공법인으로서 공법·사법상의 권리·의무의 주체가 될 수 있고, 일정한 자치사무와 그것을 법률이 정한 범위에서 자율적으로 처리할 수 있는 자치권을 가지며, 간접국가행정의 한 주체이다.

헌법은 제117조에서 "① 지방자치단체는 주민의 복리에 관한 사무를 처리하고 재산을 관리하며, 법령의 범위 안에서 자치에 관한 규정을 제정할 수 있다. ② 지방자치단체의 종류는 법률로 정한다."라고 규정하여 지방자치제도를 보장하고 있는바, 헌법에 의하여 보장되는 지방자치제도의 본질적 내용이 되는 것은 지방자치단체의 존립보장·자치사무보장·자치기능보장이라고 하는 것이 일반적 견해이다(憲裁 2009.5.28, 2006헌라6. 憲裁 1997.4.24, 95헌바48).

Ⅰ. 지방자치의 의의·유형과 지방자치관련 법률들

(1) 지방자치의 의의(意義)와 유형

지방행정은 지방에서의 여러 가지 공공적 사무(예; 공원·유원지·도로·하수도·저수지·배수구·박물관의 설치·관리, 쓰레기수거, 지역학교의 설치·운영, 농수산물유통센터의 개설·경영, 환경오염방지 등)의 처리에 관한 행정을 의미한다.

지방행정의 수행방식에는 지방의 공공적 사무도 모두 국가사무로 하고 국가의 행정기관들을 지방에 설치하여 그들 기관으로 하여금 각 지역의 공공적 사무를 처리하게 하는 직접국가행정방식과, 국가와는 별개의 공법인(公法人)인 지방자치단체를 설치하고 그의 자치사무를 인정하며 각 지방자치단체로 하여금 지역주민의 의사에 따라 공공적 사무를 처리하게 하는 지방자치(地方自治)방식이 있다.

현재에도 부분적으로 이루어지고 있는 직접국가행정방식의 지방행정의 예로는 전술한 정부조직법 제3조 제1항에 따른 특별지방행정기관이 소관 사무를 처리하는 행정을 들 수 있다.

지방자치는 국가 전체의 민주정치의 토대가 되고, 국가권력의 수직적(垂直的) 분립기능과 권력통제기능, 다원적 민주주의 실현기능(憲裁 1991.3.11, 91헌마21), 주민근거리행정(住民近距離行政) 확보기능 등을 수행하며, 지방자치를 통하여 국민의 참정권을 신장시키고(憲裁 1999.11.25, 99헌바28), 지역주민의 공동체의식·주인의식·참여의식·책임의식·자율의식·민주주의정신 등 국민의 공공심(公共心)을 계발(啓發)할 수 있으므로, 민주주의국가에서의 일반적인 지방행정 수행방식이 되고 있다.

그러나 지방자치에서도 지방자치단체가 자율적으로 처리할 수 있는 자치사무가 적고, 재원(財源)이 불충분하여 중앙정부로부터 많은 재정지원과 그에 따른 감독을 받으면서 지방행정을 수행하는 경우에는 지방자치의 의의가 약화될 수밖에 없다.

그런데 지방자치의 역사적·사회적·제도적 배경의 차이에 따라 지방자치에는 주민자치형태와 단체자치형태의 유형이 있을 수 있다.

주민자치(住民自治)는 정치적 관점에서의 자치라고 할 수 있으며, 민주주의원리에 의해 지역주민이 스스로의 의사와 책임으로 지역의 공공적 사무를 처리한다는 의미의 자치이다. 주민자치에서는 지역의 공공적 사무를 지역주민의 의사에 따라 처리할 지방의회의 의원과 지방자치단체의 장(長)을 주민직접선거로 선출토록 하는 것이 필요하다.

단체자치(團體自治)는 법적 관점에서의 자치라고 할 수 있으며, 지방분권주의에 의해 국가로부터 독립된 법인격을 가진 지방자치단체가 일정한 범위의 자치사무를 자율적으로 처리한다는 의미의 자치이다. 단체자치에서는 공법상·사법상 독립된 법인격주체(권리·의무의 주체)로서의 지방자치단체의 존립과 그 자치사무 및 자치권을 보장하는 것이 필요하다.

주민자치와 단체자치는 구조적으로 불가분의 관계에 있다고 할 수 있다. 이는 '주민자치'에 있어서도 주민 모두가 자치행정에 임하는 것이 아니라, 주민이 지방자치단체를 구성하고 그 단체로 하여금 자치행정을 할 수 있게 하는 것이어서 단체자치를 필요로 하게 되며, '단체자치'에서도 주민의 참여를 전제로 하는 경우에만 민주주의의 이념을 구현할 수 있고 지방자치의 이상적인 모습을 확보할 수 있을 것이기 때문이다.

그리하여 오늘날 주민자치와 단체자치는 상호 대립적인 것이 아니라 서로 보완적 관계의 것이며, 그 결합의 정도와 내용은 각 나라의 사정에 따라 다소 상이하게 나타날 수 있는 것으로 인식되고 있다.

우리나라의 지방자치도 독자적인 법인격이 인정되는 지방자치단체가 일정범위의 자치사무를 자율적으로 처리하는 단체자치적 요소와, 지역주민이 직접 선출한 지방자치단체장과 지방의회의원들이 주민의 뜻에 따라 지역의 공공적 사무를 처리하는 주민자치적 요소가 결합된 형태로 이루어지고 있다.

(2) 지방자치관련 법률들과 지방자치법

지방자치관련 법률로서, ① 지방자치법, ② 「지방분권 및 지방행정체제개편에 관한 특별법」, ③ 주민투표법, ④ 「주민소환에 관한 법률」, ⑤ 지방재정법, ⑥ 지방세기본법, ⑦ 지방세법, ⑧ 지방세특례제한법, ⑨ 지방교부세법, ⑩ 「지방세외수입금의 징수 등에 관한 법률」, ⑪ 「공유재산 및 물품 관리법」, ⑫ 주민등록법, ⑬ 지방공기업법, ⑭ 지방공무원법, ⑮ 「지방자치단체에 두는 국가공무원의 정원에 관한 법률」, ⑯ 「지방공무원 교육훈련법」, ⑰ 「지방소도읍 육성 지원법」, ⑱ 「지방자치단체 기금관리기본법」, ⑲ 「지방자치단체를 당사자로 하는 계약에 관한 법률」, ⑳ 「지방자치단체 출자·출연 기관의 운영에 관한 법률」, ㉑ 「지방자치단체출연 연구원의 설립 및 운영에 관한 법률」, ㉒ 「한국지방행정연구원 육성법」, ㉓ 대한지방행정공제회법, ㉔ 한국지방재정공제회법, ㉕ 도로명주소법, ㉖ 「서울특별시 행정특례에 관한 법률」, ㉗ 「세종특별자치시 설치 등에 관한 특별법」, ㉘ 「제주특별자치도 설치 및 국제자유도시 조성을 위한 특별법」, ㉙ 「서해 5도 지원 특별법」, ㉚ 「이북5도에 관한 특별조치법」, ㉛ 「충청북도 청주시 설치 및 지원특례에 관한 법률」, ㉜ 「지방교육자치에 관한 법률」, ㉝「지방교육재정교부금법」, ㉞ 「지역개발 및 지원에 관한 법률」, ㉟ 「지역특화발전특구에 대한 규제특례법」 등이 있다(위의 ⑰㉒㉘㉙㉞㉟의 법률들은 제2장 제7절의 조성행정에 관한 법의 범주에 포함될 수 있는 법률들이기도 하다). 이 중 지방자치에 관한 기본적 법률은 지방자치법이다.

지방자치법은 지방자치단체의 종류와 조직 및 운영에 관한 사항을 정하고, 국가와 지방자치단체 사이의 기본적인 관계를 정함으로써 지방자치행정의 민주적·능률적 수행과 지방의 균형적 발전을 도모하며, 대한민국을 민주적으로 발전시키려는 것을 목적으로 하고 있다(同法 1). 지방자치법의 주요내용은 다음과 같다.

II. 지방자치단체의 종류·구역·사무

(1) 지방자치단체의 종류

지방자치법은 지방자치단체를 ① 특별시·광역시·특별자치시·도·특별자치도(이를 '광역지방자치단체'라 함)와 ② 시·군·구(이를 '기초지방자치단체'라 함)의 두 가지 종류로 구분하고 있다(同法 2①). 이들 광역지방자치단체와 기초지방자치단체를 보통지방자치단체(普通地方自治團體)라고도 한다.

특별시·광역시·특별자치시·도·특별자치도(이하 '시·도'라 함)는 정부의 직할(直轄)로 두고, 시(市)는 도의 관할 구역 안에, 군(郡)은 광역시·특별자치시·도의 관할 구역 안에 두며, 구(이를 '자치구'라고도 함)는 특별시·광역시·특별자치시의 관할 구역 안에 둔다(同法 3②).

시는 그 대부분이 도시의 형태를 갖추고 인구 5만 이상이 되어야 하며(同法 7①), 시와 군을 통합한 지역이나 인구 5만 이상의 도시 형태를 갖춘 지역이 있는 군 등 일정한 지역은 '도농(都農) 복합형태의 시'로 할 수 있다(同法 7②). 자치구의 자치권의 범위는 법령으로 정하는 바에 따라 시·군과 다르게 할 수 있다(同法 2②).

지방자치법은 위의 보통지방자치단체 외에 특정한 목적을 수행하기 위하여 필요하면 따로 특별지방자치단체를 설치할 수 있게 하고, 특별지방자치단체의 설치·운영에 관하여 필요한 사항은 대통령령으로 정하도록 규정하고 있다(同法 2③④).

(2) 지방자치단체의 명칭·구역

지방자치단체의 명칭·구역은 종전과 같이 하고, 명칭·구역을 바꾸거나 지방자치단체를 폐지·설치하거나 나누거나 합칠 때에는 법률로 정한다(同法 4①. 憲裁 2006.8.31, 2003헌라1. 憲裁 2004.9.23, 2000헌라2. 憲裁 1994.12.29, 94헌마201).

「공유수면 관리 및 매립에 관한 법률」에 따른 매립지와 「공간정보의 구축 및 관리 등에 관한 법률」상의 지적공부(地積公簿)에 등록이 누락되어 있는 토지가 속할 지방자치단체는 일정한 절차를 거쳐서 행정자치부장관이 결정한다(同法 4③. 憲裁 2015.7.30, 2010헌라2. 大判 2013.11.14, 2010추73).

특별시·광역시·특별자치시가 아닌 인구 50만 이상의 시(이를 '대도시'라 함)에는 자치구가 아닌 구(이를 '행정구'라 함)를 둘 수 있고, 군에는 읍·면을 두며, 시와 구(자치구 포함)에는 동을, 읍·면에는 리를 둔다(同法 3③).

지방자치법은 행정구·읍·면·동 등의 명칭·구역과 설치·폐지(同法 4의2), 지방자치단체의 구역을 변경하거나 폐치(廢置)·분합(分合)할 때의 사무와 재산의 승계(同法 5. 大判 1995.12.8, 95다36053. 大判 1991.10.22, 91다5594), 지방자치단체의 사무소 소재지와 행정구·읍·면·동의 사무소 소재지(同法 6), 읍의 설치기준(同法 7③)에 대하여도 규정하고 있다.

(「제주특별자치도 설치 및 국제자유도시 조성을 위한 특별법」은 제주특별자치도에 기초지방자치단체가 아닌 '행정시'를 두도록 규정하고, 제주특별자치도의 의

회·자치조직·자치경찰, 특별지방행정기관의 사무 이관, 국제화 교육환경 조성, 관광산업·국제자유도시개발 등 사무처리에 대한 특례들을 규정하고 있으며, 특히 제주특별자치도와는 별개의 법인격주체로서 공기업체인 제주국제자유도시개발센터를 설립하여 同法 제170조에서 정한 여러 가지 사업을 수행토록 함으로써 제주특별자치도의 자치권에 일정한 제약을 주고 있으나, 이 책에서는 그 특례들에 관한 서술을 생략한다.)

(3) 지방자치단체의 사무

1) 자치사무(自治事務)

지방자치법은 제9조 제1항에서 "지방자치단체는 관할 구역의 자치사무와 법령에 따라 지방자치단체에 속하는 사무를 처리한다."라고 규정하고, 제9조 제2항에서 ① 지방자치단체의 구역·조직·행정관리 등에 관한 사무, ② 주민의 복지증진에 관한 사무, ③ 농림·상공업 등 산업진흥에 관한 사무, ④ 지역개발과 주민의 생활환경시설의 설치·관리에 관한 사무, ⑤ 교육·체육·문화·예술의 진흥에 관한 사무, ⑥ 지역민방위 및 지방소방에 관한 사무 등에 걸쳐 그 전형적인 것들을 지방자치단체의 자치사무로 예시(例示)하고 있다.

위에서 지방자치단체의 자치사무란 지방자치단체가 자신의 고유한 업무로서 자기책임 하에 자율적으로 처리할 수 있는 사무를 말한다. 위의 지방자치법 제9조 제2항은 지방자치단체의 자치사무를 예시한 것이므로, 여기에 예시되지 아니한 자치사무도 있을 수 있으며, 예시되지 않은 사무로서 국가사무로 명시되지 아니한 지방의 공공적 사무는 자치사무로 보아 지방자치단체가 처리할 수 있다고 할 것이다. 지방자치법은 제11조에서 지방자치단체가 처리할 수 없는 국가사무를 명시하고 있다.

그런데 지방자치법 제9조 제2항의 단서에 "법률에 이와 다른 규정이 있으면 그러하지 아니하다."라고 규정되어 있기 때문에, 제9조 제2항 본문에서 지방자치단체의 자치사무로 예시된 사무들이 모두 지방자치단체의 자치사무가 되는 것은 아니며, 다른 개별 법률에 의하여 국가의 사무로 규정될 수도 있다고 할 것이다.

지방자치법은 광역지방자치단체와 기초지방자치단체 간의 사무배분의 기준을 정하고(同法 10①), 광역지방자치단체와 기초지방자치단체의 사무가 서로 경합하면 시·군 및 자치구에서 먼저 처리하며(同法 10③), 인구 50만명 이상의 시('대도시')에 대하여는 도가 처리하는 사무의 일부를 직접 처리할 수 있도록 하고 있다(同法 10①ⅱ단서). 지방자치단체의 종류별 사무는 대통령령으로 정한다(同法 10②).

지방자치단체는 그 사무를 처리할 때 주민의 편의와 복리증진을 위하여 노력하여야 하며, 조직과 운영을 합리적으로 하고 그 규모를 적정하게 유지하여야 한다(同法 8①②). 지방자치단체는 법령이나 상급 지방자치단체의 조례를 위반하여 그 사무를 처리할 수 없다(同法 8③).

2) 단체위임사무(團體委任事務)·기관위임사무(機關委任事務)

지방자치단체에서 처리되는 사무에는 자치사무 외에 단체위임사무·기관위임사무가 있다. 단체위임사무는 '법령에 따라 지방자치단체에 속하는 사무'(同法 9①), 즉 법령에 의하여 국가 또는 다른 공공단체로부터 당해 지방자치단체에게 위임된 사무를 말하나, 그 예는 매우 적은 실정이다.

기관위임사무는 법령에 근거하여 국가 또는 다른 공공단체로부터 당해 지방자치단체의 장 등 기관에 위임된 사무를 말한다. 지방자치법은 제102조에서 "시·도와 시·군 및 자치구에서 시행하는 국가사무는 법령에 다른 규정이 없으면 시·도지사와 시장·군수 및 자치구의 구청장에게 위임하여 행한다."라고 규정하고, 제103조에서 "지방자치단체의 장은 그 지방자치단체의 사무와 법령에 따라 그 지방자치단체의 장에게 위임된 사무를 관리하고 집행한다."라고 규정하고 있으며, 실제로 기관위임사무가 많은 실정이다.

지방자치단체의 장이 처리하는 사무가 자치사무인지 아니면 기관위임사무인지를 판단함에 있어서는 그에 관한 법령의 규정 형식과 취지를 우선 고려하여야 하지만, 그 외에도 그 사무의 성질이 전국적으로 통일적인 처리가 요구되는 사무인지 여부나 그에 관한 경비부담과 최종적인 책임귀속의 주체 등도 아울러 고려하여야 할 것이다(大判 2015.9.10, 2013추517. 大判 2003.4.22, 2002두10483).

지방자치단체의 장이 국가사무를 위임받아 처리하는 경우에, 지방자치단체장은 국가의 지방행정기관의 지위에 있게 되며(大判 2009.6.11, 2008도6530. 大判 1984.7.10, 82누563), 그 사무의 소관 중앙행정기관장의 감독을 받는다.

3) 자치사무·단체위임사무·기관위임사무 구분의 효과

지방자치단체에서 처리되는 사무가 관계법령에 의하여 자치사무·단체위임사무·기관위임사무로 구분됨으로써 야기되는 효과는 다음과 같다.

첫째, 지방자치단체의 자치사무에 대한 감독청의 감독은 사후(事後) 교정적(矯正的) 감독으로서 합법성 감독(위법한 사무처리에 대한 시정명령 등)에 그침을 원칙으로 하나, 단체위임사무 및 기관위임사무에 대하여는 합법성 감독 외에 합목적성 감독(부당한 사무처리에 대한 시정명령 등)도 행할 수 있으며(同法 169①), 기관위임사무에 대하여는 감독청이 훈령·지시 등의 방법으로 사전(事前) 예방적(豫防的) 감독도 할 수 있다. 그러므로 자치사무의 처리에는 지방자치단체의 자치권이 많이 보장되지만 기관위임사무의 경우에는 그것을 처리하는 지방자치단체의 자치권이 거의 보장되지 않는다.

둘째, 자치사무는 지방자치단체 자신의 사무이므로 그 처리비용은 해당 지방자치단체가 전부 부담하고, 단체위임사무와 기관위임사무의 처리에 소요되는 경비는 위임주체가 부담하는 것이 원칙이다(지방재정법 20·21②).

셋째, 지방자치단체의 자치사무를 집행하면서 공무원이 고의 또는 과실로 법령에 위반하여 타인에게 손해를 발생시킨 경우 또는 공물(公物)·영조물 관리의 하자(瑕疵)로 인하여 타인에게 손해가 발생한 경우에는 해당 지방자치단체가 그 손해배상책임을 진다. 그러나 기관위임사무의 위법한 처리로 인하여 발생한 손해나 수임(受任)한 공물관리의 하자로 인하여 발생한 손해에 대하여는 궁극적으로 위임주체가 배상책임을 지는 것이 원칙이다.

넷째, 자치사무 및 단체위임사무에 대하여는 지방의회가 의결·사무감사·행정조사·조례제정 등의 방법으로 그 사무처리에 관여할 수 있지만, 기관위임사무에 대하여는 원칙적으로 그것이 불가하며, 법령의 위임이 없는 한 기관위임사무에 대하여는 지방의회가 조례를 제정할 수 없다. 그리고 단체위임사무 및 기관위임사무에 대하여는 국회와 시·도의회(기초지방자치단체에 대한 경우)가 직접 감사하기로 한 사무 이외의 것에 대해서만 지방의회가 감사를 행할 수 있다(지방자치법 41③).

그런데 지방자치법이 제9조 제2항에서 지방자치단체의 사무를 예시하고 있으나 개별 법률이 달리 규정한 경우에 예외가 인정되는 상황에서(同法 9②단서), 개별

법률들이 일정한 사무의 처리주체를 지방자치단체의 장으로 규정하고 있는 경우가 많은데, 이러한 경우에 그 사무가 해당 지방자치단체의 사무인지, 아니면 국가사무로서 지방자치단체의 장에게 위임된 기관위임사무인지가 분명치 않는 문제점이 나타날 수 있다.

그리하여 「지방분권 및 지방행정체제개편에 관한 특별법」 제11조 제1항에 따른 지방자치단체의 자치사무와 국가사무의 분명한 2분화가 촉구(促求)되며, 지방자치단체에서 처리되는 기관위임사무를 단체위임사무(또는 법정수임사무)로 전환할 필요가 있다고 하겠다.

판례는 지방자치단체의 대중교통 소외지역 주민에 대한 택시운행요금의 보조금 지급사무(大判 2015.6.24, 2014추545), 지역주민에게 통행료를 지원하는 사무(大判 2008.6.12, 2007추42), 지방선거사무(憲裁 2008.6.26, 2005헌라7), 도시가스사업법 소정의 직역별 가스공급시설의 공사계획수립·공고와 도시가스요금 및 기타 공급조건에 관한 공급규정의 승인 사무(大判 2001.11.27, 2001추57), 학교급식의 실시에 관한 사무(大判 1996.11.29, 96추84), 호적사무(大判 1995.3.28, 94다45654), 의료기관 감독사무(大判 1994.9.13, 94누3599) 등을 지방자치단체의 자치사무라고 판시하고, 부랑인선도시설 및 정신질환자요양시설의 지도·감독사무(大判 2006.7.28, 2004다759), 골재채취법상 골재채취등록 및 골재채취허가사무(大判 2004.6.11, 2004추34), 서울신용보증재단의 사무 중 업무감독과 감독상 필요한 명령에 관한 사무(大判 2003.4.22, 2002두10483), 「발전소주변지역에 관한 법률」 소정의 발전소주변지역에 대한 지원사업사무(大判 1999. 9.17, 99추30), 도시재개발법에 의한 사업시행변경인가·관리처분계획인가사무(大判 1995.11.14, 94누13572), 자동차운전면허시험 관리사무(大判 1991.12.24, 91다34097) 등을 국가사무라고 판시한바 있다.

Ⅲ. 주민의 권리

지방자치단체의 주민(住民)은 지방자치단체의 구역 내에 주소를 가진 사람이다(同法 12). 지방자치단체의 주민 중 자신이 속한 지방자치단체에서 참정권(선거권·피선거권·주민투표권·주민소환투표권 등)을 행사할 수 있는 주민을 특히 공민(公民)이라 부르기도 한다.

우리나라에서는 지방자치를 실시함에 있어서 일정지역의 주민공동체인(주민을 인적 구성요소로 하는) 지방자치단체를 두고 지방자치단체의 장과 지방의회의원을 주민의 직접 선거로 선출하며, 이들 주민대표기관이 주민의 의사에 따라 지방자치단체의 공적(公的) 사무를 처리할 수 있도록 하는 대의제(代議制) 민주주의 방식, 즉 간접민주주의제도를 기본적으로 취하고, 더불어 주민이 지방자치단체의 기관의 행위를 통제·시정(是正)하거나 지방자치단체의 의사결정에 참여할 수 있는 직접민주주의제도도 부분적으로 채택하고 있다.

지방자치법에서 인정되고 있는 주민의 권리 중 지방선거참여권(同法 13②)은 지방자치에 있어서 간접민주주의의 구현에 필수적인 것이고, 주민투표권(同法 14), 조례의 제정·개폐청구권(同法 15), 주민감사청구권(同法 16), 주민소송제기권(同法 17), 주민소환권(同法 20)은 지방자치에 있어서 직접민주주의의 구현과 주민참여·주민통제의 확대를 위해 인정되는 것이라고 할 수 있다.

(1) 공공시설이용권·행정수혜권(行政受惠權)

지방자치단체의 주민은 법령으로 정하는 바에 따라 소속 지방자치단체의 재산과 공공시설을 이용할 권리와 그 지방자치단체로부터 균등하게 행정의 혜택을 받을 권리를 가진다(同法 13①).

(2) 지방선거참여권

국민인 주민은 법령으로 정하는 바에 따라 그 지방자치단체에서 실시하는 지방의회의원과 지방자치단체의 장의 선거('지방선거'라 함)에 참여할 권리를 가진다(同法 13②). 지방선거에 관하여 이 법에서 정한 것 외에 필요한 사항은 따로 법률로 정하게 되어 있는데(同法 29), 공직선거법이 지방선거에 관하여도 규정하고 있다.

(3) 주민투표권

지방자치단체의 장은 주민에게 과도한 부담을 주거나 중대한 영향을 미치는 지방자치단체의 주요 결정사항을 주민투표에 부칠 수 있는데(同法 14①), 이 경우 19세 이상의 주민은 주민투표에 참여할 수 있다.

주민투표의 대상·발의자·발의요건·투표절차 등을 정한 법률로서 주민투표법이 있다(憲裁 2005.12.22, 2004헌마530. 大判 2002.4.26, 2002추23).

(4) 조례의 제정·개폐 청구권

19세 이상의 주민(해당 지방자치단체의 관할 구역에 주민등록이 되어 있는 사람 등)은 이 법과 조례로 정하는 주민 수 이상의 연서(連署)로 해당 지방자치단체의 장에게 조례를 제정하거나 개정하거나 폐지할 것을 청구할 수 있다(同法 15①). 다만, ① 법령을 위반하는 사항, ② 지방세·사용료·수수료·부담금의 부과·징수 또는 감면에 관한 사항, ③ 행정기구를 설치하거나 변경하는 것에 관한 사항이나 공공시설의 설치를 반대하는 사항에 대하여는 위의 청구를 할 수 없다(同法 15②).

(5) 주민의 감사청구권

지방자치단체의 19세 이상의 주민은 일정 수 이상의 연서(連署)로, 시·도에서는 주무부장관에게, 시·군 및 자치구에서는 시·도지사에게 그 지방자치단체와 지방자치단체장의 권한에 속하는 사무의 처리가 법령에 위반되거나 공익을 현저히 해친다고 인정되면 감사를 청구할 수 있다. 다만, 수사나 재판에 관여하게 되는 사항 등 일정한 사항은 감사청구의 대상에서 제외된다(同法 16①).

주민감사청구는 사무처리가 있었던 날이나 끝난 날부터 2년이 지나면 제기할 수 없으며, 주무부장관이나 시·도지사는 감사청구를 수리한 날부터 원칙적으로 60일 이내에 감사청구된 사항에 대하여 감사를 끝내야 하며, 감사결과를 청구인의 대표자와 해당 지방자치단체의 장에게 서면으로 알리고, 공표하여야 한다(同法 16②③).

주무부장관이나 시·도지사는 위의 감사결과에 따라 기간을 정하여 해당 지방자치단체의 장에게 필요한 조치를 요구할 수 있으며, 그 조치요구내용과 지방자치단체의 장의 조치결과를 청구인의 대표자에게 서면으로 알리고, 공표하여야 한다(同法 16⑥⑦).

(6) **주민소송제기권**

지방자치법상의 주민소송이란 지방자치단체의 재정(財政)에 관한 사항에 대하여 위의 주민감사청구를 한 주민이 감사기관의 감사해태(監査懈怠) 또는 감사결과나 그에 따른 이행조치에 불복이 있는 경우 그 위법한 재정상의 행위나 직무태만에 대하여 해당 지방자치단체의 장 등을 상대로 제기하는 소송을 말한다(同法 17①).

주민소송은 지방자치단체의 공금(公金) 지출에 관한 사항, 재산의 취득·관리·처분에 관한 사항, 지방자치단체를 당사자로 하는 매매·임차·도급 그 밖의 계약의 체결·이행에 관한 사항 또는 지방세·사용료·수수료·과태료 등 공금의 부과·징수의 태만(怠慢)에 관한 사항에 대하여 주민감사청구(同法 16)를 한 주민이, 그 감사청구한 사항과 관련 있는 기관이나 직원의 위법한 행위나 직무해태사실에 대하여 제기할 수 있으며, 지방자치단체의 재정에 관한 사항이 아닌 것에 대하여는 주민소송을 제기할 수 없다(大判 2011.12.22, 2009두14309).

주민소송은 다음의 4가지 유형으로 한정되고, 유형별로 제소기간(提訴期間)이 정해져 있다(同法 17①②④).

① 재정상의 당해 행위를 계속할 경우 회복이 곤란한 손해를 발생시킬 우려가 있는 경우에는 그 행위의 전부나 일부의 중지를 요구하는 소송(위법한 재정상 행위의 중지청구소송).

② 행정처분인 재정상 행위의 취소·변경을 요구하거나 효력의 유무 등의 확인을 요구하는 소송(위법한 재정상 행위의 취소 또는 무효등확인청구소송).

③ 공금부과·징수의 해태사실의 위법확인을 요구하는 소송(재정상 부작위의 위법확인청구소송. 大判 2015.9.10, 2013두16746).

④ 해당 지방자치단체의 장 및 직원, 지방의회 의원, 재정상 잘못된 행위와 관련이 있는 상대방에게 손해배상청구나 부당이득반환청구 또는 변상명령을 할 것을 요구하는 소송(손해배상·부당이득반환 또는 변상명령청구소송).

그런데 지방자치법은 지방자치단체의 재정에 관한 사항에 대하여 주민감사청구를 한 주민들이 주민소송을 제기할 수 있도록 하는 주민감사청구전치주의(住民監査請求前置主義)를 정하고 있다(同法 17①). 따라서 실제로 주민소송을 제기하려면 시·도는 500명, 인구 50만 이상의 대도시는 300명, 그 밖의 시·군·자치구는

200명을 넘지 아니하는 범위에서 해당 지방자치단체의 조례로 정하는 수(數) 이상의 주민들이 서명하여(同法 16①) 주민감사청구부터 하여야 한다.

이와 같이 다수 주민의 연서로 주민감사청구를 하지 않고서는 지방자치단체의 기관의 위법한 재정(재무회계)상 행위(조치)나 직무태만에 대하여 주민소송을 제기할 수 없도록 하는 주민감사청구전치주의는 지방재정의 건전성·투명성을 확보하기 위한 주민소송제도의 효능을 크게 떨어뜨릴 수 있다고 본다.

(7) 주민소환권

주민은 그 지방자치단체의 장 및 지방의회의원(비례대표 지방의회의원은 제외)을 소환할 권리를 가진다(同法 20①). 주민소환의 투표 청구권자·청구요건·절차 및 효력 등은 따로 법률로 정하는데(同法 20②), 이들 사항을 정한 법률이 「주민소환에 관한 법률」이다(憲裁 2015.1.29, 2013헌마221. 憲裁 2011.3.31, 2008헌마355. 憲裁 2009.3.26, 2007헌마843).

(8) 주민의 의무

주민은 법령으로 정하는 바에 따라 소속 지방자치단체의 비용을 분담하여야 하는 의무를 진다(同法 21).

Ⅳ. 조례와 규칙

(1) 자치조례와 위임조례의 규정사항

지방자치단체는 법령의 범위 안에서 그 사무에 관하여 조례(條例)를 제정할 수 있다. 다만, 주민의 권리 제한 또는 의무 부과에 관한 사항이나 벌칙을 정할 때에는 법률의 위임이 있어야 한다(同法 22. 大判 2009.5.28, 2007추134. 大判 1995.5.12, 94추28. 憲裁 1995.4.20, 92헌마264·279병합. 大判 1992.7.28, 92추31).

위에서 '법령의 범위 안에서'란 헌법·법률·법규명령(제2장 제1절 Ⅱ. 참조) 등에 위반되지 아니하는 범위를 의미하는 것이다(大判 2015.5.14, 2013추98. 大判 2014.11.13, 2013추111. 大判 2014.2.13, 2013추67. 大判 2013.5.23, 2012추

176. 大判 2009.9.24, 2009추53. 大判 2007.2.9, 2006추45. 大判 2004.7.22, 2003추44. 大判 2003.9.23, 2003추13. 大判 2001.12.11, 2001추64. 大判 2001. 11.27, 2001추57. 大判 2000.11.10, 2000추36. 大判 1997.4.11, 96추138. 大判 1994.4.26, 93추175).

조례는 지방자치단체가 법령의 범위 안에서 지방자치단체의 사무에 관하여 지방의회의 의결로써 제정하는 자치법규이다. 위에서 '지방자치단체의 사무'는 지방자치법 제9조 제1항에 의하여 '관할구역의 자치사무와 법령에 따라 지방자치단체에 속하는 사무', 즉 자치사무와 단체위임사무를 뜻하는 것이고, 이들 사무에 관하여 제정되는 조례를 자치조례(自治條例)라고 한다(大判 2015.6.24, 2014추545. 大判 2006.10.12, 2006추38. 大判 2004.7.22, 2003추51. 大判 2001.11.27, 2001추57. 大判 2000.5.30, 99추85. 大判 1999.4.27, 99추23. 大判 1992.6.23, 92추17).

조례가 법령에 위반되지 않아야 한다는 법령우위원칙(法令優位原則)과 관련하여, ① 법령이 이미 규정하고 있는 어떤 사항에 대하여 법령과 다른 목적의 조례를 제정하여 규율할 수 있는지의 문제, ② 동일 사항에 대하여 법령과 목적은 같지만 규율범위를 확대하거나 규율의 정도를 강화하는 내용의 조례를 제정할 수 있는지의 문제가 제기될 수 있다.

위 ①의 문제에 관하여, 대법원은 법령과 조례가 동일 사항에 대하여 서로 다른 목적을 위하여 규율하는 것이고 조례의 적용으로 인하여 법령규정의 목적과 효과가 저해되지 아니하는 경우에는 당해 조례가 위법이 되지 아니한다고 판시한 바 있다(大判 2014.2.27, 2012두15005. 大判 2007.12.13, 2006추52. 大判 2006. 10.12, 2006추38).

위 ②의 문제에 관하여, 대법원은 법령과 조례가 같은 목적으로 동일 사항을 규율하고 있지만 법령의 취지가 전국에 걸쳐 일률적으로 규율하려는 것이 아니고 각 지방자치단체가 그 지방의 실정에 맞게 별도로 규율하는 것을 용인하는 취지라고 해석되는 경우에는 당해 조례가 위법이 되지 아니한다고 판시한바 있다(大判 2000.11.24, 2000추29. 大判 1997.4.25, 96추244).

지방자치단체에서 처리되는 사무 중 기관위임사무는 본래 지방자치단체의 사무가 아니므로, 법령이 조례로써 규정하도록 위임하고 있지 않은 한, 조례규정사항에서 원칙적으로 제외된다.

그런데 실제로는 여러 법률들이 기관위임사무의 처리에 있어서 일정한 사항을 지방자치단체의 조례로 정하도록 개별적·구체적으로 위임하고, 이에 근거하여 기관위임사무에 관한 조례가 많이 제정·시행되고 있는바, 이러한 조례를 위임조례(委任條例)라고 한다. 위임조례는 법령의 구체적·개별적 위임이 있는 경우에 그 위임된 사항에 관해서만 제정할 수 있다(大判 2012.10.25, 2010두25077. 大判 1999.9.17, 99추30. 大判 1995.5.12, 94추28).

지방자치법은 ① 조례로써 조례위반행위에 대하여 1천만원 이하의 과태료를 정할 수 있도록 하고(同法 27①), ② 사기(詐欺)나 그 밖의 부정한 방법으로 사용료·수수료·분담금의 징수를 면한 자에 대하여는 그 징수를 면한 금액의 5배 이내의 과태료를, 공공시설을 부정사용한 자에 대하여는 50만원 이하의 과태료를 부과하는 규정을 조례로 정할 수 있도록 하고 있다(同法 139②).

따라서 법률의 위임 없이 다른 벌칙이나 제재(制裁) 등을 조례로써 정할 수는 없다고 할 것이다(大判 1995.6.30, 93추83).

(2) 조례의 제정절차

조례안(條例案)을 포함하여 지방의회에서 의결할 의안은 지방의회 재적의원 5분의 1 이상이나 의원 10인 이상의 연서(連書)로 발의하거나, 지방자치단체의 장이(교육·학예·체육·과학에 관한 것은 교육감이) 발의한다(同法 66①. 지방교육자치에 관한 법률 20 i). 조례안의 예고에 대하여도 규정되어 있다(同法 66의2①②).

조례는 지방의회의 의결을 거쳐 제정된다(同法 39①). 조례안이 지방의회에서 의결된 때에는 지방의회의장은 의결된 날부터 5일 이내에 지방자치단체의 장에게 이를 이송하여야 하고, 지방자치단체의 장(또는 교육감)은 지방의회의장으로부터 조례안을 이송 받은 때에는 20일 이내에 이를 공포하여야 한다(同法 26①②).

지방자치단체의 장이 지방의회의장으로부터 이송 받은 조례안에 대하여 이의(異議)가 있는 때에는 이송 받은 날부터 20일 이내에 이유를 붙여 지방의회에 환부(還付)하고 그 재의(再議)를 요구할 수 있다. 이 경우 지방자치단체의 장은 조례안의 일부에 대하여 또는 조례안을 수정하여 재의를 요구할 수 없다(同法 26③).

환부된 조례안에 대하여 지방의회가 재적의원 과반수의 출석과 출석의원 3분의 2 이상으로 전과 같은 의결을 하면 그 조례안은 조례로서 확정된다(同法 26④). 조례안을 이송 받은 날부터 20일 이내에 지방자치단체의 장이 공포하지 아니하거나 재의요구를 하지 아니한 때에도 그 조례안은 조례로서 확정된다(同法 26⑤).

확정된 조례는 지방자치단체의 장이 지체 없이 공포하여야 한다. 확정된 조례가 지방자치단체의 장에게 이송된 후 5일 이내에 지방자치단체의 장이 공포하지 아니하면 지방의회의장이 이를 공포한다(同法 26⑥).

지방자치단체의 장은 지방의회에서 재의결(再議決)된 조례안이 법령에 위반된다고 판단할 경우에 대법원에 제소(提訴)할 수 있다(同法 172③. 大判 2007.12.13, 2006추52. 大判 2000.12.12, 99추61. 大判 1994.5.10, 93추144).

조례는 불특정다수인에 대해 구속력을 가지는 법규로서 일정한 경우(처분성이 인정되는 경우)에 항고소송의 대상이 되고 헌법소원의 대상도 된다(憲裁 2013.12.26, 2012헌마196. 大判 1996.9.20, 95누8003. 憲裁 1994.12.29, 92헌마216).

(3) 규칙

규칙(規則)은 지방자치단체의 장이 법령이나 조례가 위임한 범위에서 그(지방자치단체장의) 권한에 속하는 사무에 관하여 제정하는 자치법규이다(同法 23). 규칙은 법령이나 조례를 위반할 수 없다(大判 2002.9.27, 2000두7933).

규칙은 법령이나 조례가 위임한 사항과 지방자치단체의 장의 전권적(專權的) 권한에 속하는 사항(자치사무·단체위임사무·기관위임사무 포함) 및 조례의 시행에 필요한 사항에 관하여 제정할 수 있다(교육감의 소관에 속하는 교육·학예 사무에 관하여는 교육규칙이 제정될 수 있다).

주민의 권리·의무에 영향을 미치는 규칙은 반드시 법령 또는 조례의 구체적·개별적 위임이 있어야 제정할 수 있다. 규칙에 대하여는 벌칙을 위임하고 있지 아니하므로, 규칙으로 벌칙을 정할 수는 없다.

(4) 조례·규칙의 보고 등

조례와 규칙은 특별한 규정이 없으면 공포한 날부터 20일이 지나면 효력을 발생한다(同法 26⑧). 조례나 규칙을 제정하거나 개정하거나 폐지할 경우 조례는 지방의회에서 이송된 날부터 5일 이내에, 규칙은 공포예정 15일 전에 시·도지사는 행정자치부장관에게, 시장·군수 및 자치구의 구청장은 시·도지사에게 그 전문(全文)을 첨부하여 각각 보고하여야 하며, 보고를 받은 행정자치부장관은 이를 관계 중앙행정기관의 장에게 통보하여야 한다(同法 28).

시·군 및 자치구의 조례나 규칙은 시·도의 조례나 규칙을 위반하여서는 아니 된다(同法 24). 지방자치단체를 나누거나 합하여 새로운 지방자치단체가 설치되거나 지방자치단체의 격이 변경되면 그 지방자치단체의 장은 필요한 사항에 관하여 새로운 조례나 규칙이 제정·시행될 때까지 종래 그 지역에 시행되던 조례나 규칙을 계속 시행할 수 있다(同法 25).

Ⅴ. 지방의회

(1) 지방의회(地方議會)의 설치와 지방의회의원

지방자치단체에 주민의 대의기관인 지방의회를 둔다(同法 30). 지방의회는 지방의회의원으로 구성하며, 지방의회의원은 주민이 보통·평등·직접·비밀선거로 선출한다(同法 31). 지방의회의원의 임기는 4년으로 한다(同法 32).

지방자치법은 지방의회의원에게 의정활동비, 공무로 여행할 때의 여비, 월정수당을 지급하도록 규정하고, 그 지급기준은 대통령령으로 정하는 범위에서 해당 지방자치단체의 의정비심의위원회에서 결정하는 금액 이내로 하여 지방자치단체의 조례로 정하도록 하고 있다(同法 33①②. 大判 2014.5.16, 2011두9324. 大判 2009.1.30, 2007두13487).

이 법은 지방의회의원의 직무로 인한 상해(傷害)·사망의 경우의 보상(同法 34), 지방의회의원의 겸직 등 금지(同法 35), 지방의회의원의 의무(同法 36), 지방의회의원의 체포 및 확정판결시 관계기관의 통지(同法 37), 지방의회의원의 윤리강령과 윤리실천규범의 제정 등(同法 38)에 대하여도 규정하고 있다.

(2) 지방의회의 권한

1) 지방의회의 의결권

지방의회는 ① 조례의 제정·개정 및 폐지, ② 예산의 심의·확정, ③ 결산의 승인, ④ 법령에 규정된 것을 제외한 사용료·수수료·분담금·지방세 또는 가입금의 부과와 징수, ⑤ 기금의 설치·운용, ⑥ 대통령령으로 정하는 중요재산의 취득·처분, ⑦ 대통령령으로 정하는 공공시설의 설치·처분, ⑧ 법령과 조례에 규정된 것을 제외한 예산 외의 의무부담이나 권리의 포기, ⑨ 청원의 수리와 처리, ⑩ 외국 지방자치단체와의 교류협력에 관한 사항, ⑪ 그 밖에 법령에 따라 그 권한에 속하는 사항에 대하여 의결한다(同法 39①. 大判 2001.11.27, 2001추57).

지방자치단체는 위의 의결사항 외에 조례로써 지방의회에서 의결되어야 할 사항을 따로 정할 수 있다(同法 39②. 大判 2000.11.24, 2000추29).

지방의회는 새로운 재정부담을 수반하는 조례나 안건을 의결하려면 미리 지방자치단체의 장의 의견을 들어야 한다(同法 132. 大判 2004.4.23, 2002추16).

2) 서류제출요구권과 출석·답변요구권

지방의회나 그 위원회는 그 의결로 안건의 심의와 직접 관련된 서류의 제출을 지방자치단체의 장에게 요구할 수 있다(同法 40①).

지방의회 또는 그 위원회는 지방자치단체의 장이나 관계 공무원에 대하여 지방의회 또는 그 위원회에 출석하여 답변할 것을 요구할 수 있으며, 이러한 요구를 받은 자는 출석·답변하여야 한다. 다만, 특별한 사유가 있는 경우에 지방자치단체의 장은 관계공무원으로 하여금 출석·답변하게 할 수 있다(同法 42②).

3) 행정사무감사·조사권

지방의회는 매년 1회 그 지방자치단체의 사무에 대하여 시·도에서는 14일의 범위에서, 시·군 및 자치구에서는 9일의 범위에서 감사를 실시하고, 지방자치단체의 사무 중 특정사안에 관하여 본회의 의결로 본회의나 위원회에서 조사하게 할 수 있다(同法 41①). 조사를 발의할 때에는 이유를 명시한 서면으로 하여야 하며, 재적의원 3분의 1 이상의 연서(連署)가 있어야 한다(同法 41②).

지방자치단체 및 그 장이 위임받아 처리하는 국가사무와 시·도의 사무에 대하여 국회와 시·도의회가 직접 감사하기로 한 사무 외에는 그 감사를 각각 해당 시·도의회와 시·군 및 자치구의회가 할 수 있다. 이 경우 국회와 시·도의회는 그 감사결과에 대하여 그 지방의회에 필요한 자료를 요구할 수 있다(同法 41③).

지방의회는 본회의의 의결로 감사 또는 조사 결과를 처리하며, 감사 또는 조사 결과 해당 지방자치단체나 기관의 시정을 필요로 하는 사유가 있을 때에는 그 시정을 요구하고, 그 지방자치단체나 기관에서 처리함이 타당하다고 인정되는 사항은 그 지방자치단체나 기관으로 이송한다(同法 41의2①②).

4) 결산승인권

지방의회는 지방자치단체의 결산에 대한 심사·승인권을 가지며, 결산의 심사결과 위법 또는 부당한 사항이 있는 경우에 지방의회는 본회의 의결 후 지방자치단체 또는 해당 기관에 변상 및 징계 조치 등 그 시정을 요구하고, 지방자치단체 또는 해당 기관은 시정요구를 받은 사항을 지체 없이 처리하여 그 결과를 지방의회에 보고하여야 한다(同法 134①).

5) 청원의 수리·처리권

지방의회는 의원의 소개(紹介)를 얻어 제출된 주민의 청원을 수리·처리할 수 있는데, 법령에 어긋나거나 재판에 간섭하는 내용의 청원은 수리하지 아니한다(同法 73·74). 지방의회의 의장은 청원서를 접수하면 소관 위원회나 본회의에 회부하여 심사하게 한다(同法 75①).

청원 중에서 지방자치단체의 장이 처리함이 타당하다고 인정되는 것은 의견서를 첨부하여 지방자치단체장에게 이송한다. 이 경우 지방자치단체장은 이송된 청원을 처리하고 그 처리결과를 지체 없이 지방의회에 보고하여야 한다(同法 76①②).

6) 선결처분(先決處分)에 대한 승인권

지방의회는 지방자치단체의 장이 행한 선결처분(同法 109①)에 대하여 지체 없이 보고를 받고 승인할 권한을 가진다. 지방자치단체의 장이 행한 선결처분이 지방의회의 승인을 얻지 못한 때에는 그 효력을 상실한다(同法 109②③).

7) 자율권

지방의회는 그 조직·의원신분·운영 등의 사항에 대하여 스스로 결정·규제할 수 있는 권한, 즉 자율권을 가진다.

지방의회가 자율권을 행사할 수 있는 사항으로는 지방의회의 개회·휴회·폐회와 회기의 결정(同法 47①), 의장·부의장·임시의장의 선출(同法 48①·52·53), 의장·

부의장의 불신임(同法 55), 위원회위원의 선임(同法 56③), 특별위원회(윤리특별위원회 포함)의 설치(同法 56②·57), 회의규칙의 제정(同法 71), 의원의 사직허가(同法 77)·자격심사(同法 79)·징계(同法 86. 大判 2015.1.29, 2014두40616), 회의의 질서유지(同法 82), 의원경찰권(議院警察權)의 행사(同法 85②③), 결산검사위원의 선임(同法 134①) 등이 있다.

지방의회는 내부운영에 관하여 지방자치법에 규정된 것을 제외하고 필요한 사항을 규칙으로 정할 수 있다(同法 43).

(3) 지방의회의 회의·위원회 등

1) 지방의회의 회의

지방의회는 매년 2회 정례회를 개최한다. 정례회의 집회일, 그 밖에 정례회의 운영에 관하여 필요한 사항은 대통령령으로 정하는 바에 따라 해당 지방자치단체의 조례로 정한다(同法 44①②).

지방의회의장은 지방자치단체의 장이나 재적의원 3분의 1 이상의 의원이 요구하면 15일 이내에 임시회를 소집하여야 한다. 임시회의 소집은 집회일 3일 전에 공고하여야 한다. 다만, 긴급할 때에는 그러하지 아니하다(同法 45②③).

지방의회의 개회·휴회·폐회와 회기는 지방의회가 의결로 정하며, 연간 회의 총일수와 정례회·임시회의 회기는 해당 지방자치단체의 조례로 정한다(同法 47①②).

지방의회는 재적의원 3분의 1 이상의 출석으로 개의(開議)한다. 회의 중 위의 의사정족수에 미치지 못할 때에는 의장은 회의를 중지하거나 산회(散會)를 선포한다(同法 63①②).

지방의회의 의결 사항은 이 법에 특별히 규정된 경우 외에는 재적의원 과반수의 출석과 출석의원 과반수의 찬성으로 의결한다. 의장은 의결에서 표결권을 가지며, 찬성과 반대가 같으면 부결된 것으로 본다(同法 64①②).

지방의회에 제출된 의안은 회기 중에 의결되지 못한 것 때문에 폐기되지 아니한다. 다만, 지방의회의원의 임기가 끝나는 경우에는 그러하지 아니하다. 지방의회에서 부결된 의안은 같은 회기 중에 다시 발의하거나 제출할 수 없다(同法 67·68).

2) 지방의회의 위원회

지방의회는 조례로 정하는 바에 따라 위원회를 둘 수 있다. 위원회의 종류는 소관 의안과 청원 등을 심사·처리하는 상임위원회와 특정한 안건을 일시적으로 심사·처리하기 위한 특별위원회의 두 가지로 한다. 위원회의 위원은 본회의에서 선임한다(同法 56①②③).

지방의회의원의 윤리심사 및 징계에 관한 사항을 심사하기 위하여 윤리특별위원회를 둘 수 있다(同法 57).

위원회는 그 소관에 속하는 의안과 청원 등 또는 지방의회가 위임한 특정한 안건을 심사하며(同法 58), 그 직무에 속하는 사항에 관하여 의안을 제출할 수 있다(同法 66②). 위원회는 본회의의 의결이 있거나 의장 또는 위원장이 필요하다고 인정할 때, 재적위원 3분의 1 이상의 요구가 있는 때에 개회한다(同法 61①). 폐회 중에는 지방자치단체의 장도 의장 또는 위원장에게 이유서를 붙여 위원회의 개회를 요구할 수 있다(同法 61②). 위원회에는 위원장과 위원의 자치입법활동을 지원하기 위하여 전문지식을 가진 위원('전문위원'이라 함)을 둔다(同法 59①).

위원회에서 본회의에 부칠 필요가 없다고 결정된 의안은 본회의에 부칠 수 없다. 다만, 위원회의 결정이 본회의에 보고된 날부터 폐회나 휴회 중의 기간을 제외한 7일 이내에 의장이나 재적의원 3분의 1 이상이 요구하면 그 의안을 본 회의에 부쳐야 하며, 그러한 요구가 없으면 그 의안은 폐기된다(同法 69①②).

3) 지방의회의 회의운영 등

지방의회의 회의는 공개한다. 다만, 의원 3명 이상이 발의하고 출석의원 3분의 2 이상이 찬성한 경우나 의장이 사회의 안녕질서 유지를 위하여 필요하다고 인정하는 경우에는 공개하지 아니할 수 있다(同法 65①).

지방자치법은 지방자치단체의 장이 지방의회에 부의할 안건의 공고(同法 46), 지방의회 의장·부의장의 수와 선출·임기(同法 48①②③), 지방의회 의장의 직무(同法 49·50), 지방의회 부의장의 직무(同法 51), 지방의회의 의장·부의장 유고시의 임시의장 선출(同法 52), 의장·부의장의 보궐선거(同法 53), 의장·부의장 선거시의 의장직무 대행(同法 54), 의장·부의장에 대한 불신임의 의결(同法 55), 지방자치단체의 장이 예산상 또는 기금상의 조치를 수반하는 의안을 발의할 경우의 예상되는 비용에 대한 추계서 및 재원조달방안에 관한 자료 첨부(同法 66의3①), 지방의회의 의장이나 의원의 제척(同法 70)에 대하여도 규정하고 있다.

지방의회는 회의의 운영에 관하여 이 법에서 정한 것 외에 필요한 사항은 회의 규칙으로 정한다(同法 71).

이 법은 지방의회의 회의록(同法 72), 지방의회에 대한 청원서의 제출(同法 73), 청원의 불수리(同法 74), 청원의 심사·처리(同法 75), 청원의 이송과 처리보고(同法 76), 지방의회 의원의 사직(同法 77), 의원의 퇴직(同法 78), 의원의 자격심사(同法 79), 의원의 자격상실 의결(同法 80), 지방의회 의원의 궐원 통지(同法 81), 회의의 질서유지(同法 82), 의원의 모욕 등 발언의 금지(同法 83), 발언방해 등의 금지(同法 84), 방청인에 대한 단속 및 의원경찰권(議院警察權)의 행사(同法 85①②③), 의원 징계의 사유(同法 86), 의원 징계의 요구(同法 87), 의원 징계의 종류와 의결(同法 88), 의원 징계에 관한 회의규칙(同法 89), 지방의회 사무처 등의 설치(同法 90), 지방의회 사무직원의 정원과 임명(同法 91. 憲裁 2014.1.28, 2012헌바216), 지방의회 사무직원의 직무와 신분보장(同法 92), 결산검사위원의 선임(同法 134①)에 대하여도 규정하고 있다.

Ⅵ. 지방자치단체의 장 등 집행기관

지방자치단체의 일반사무집행기관(一般事務執行機關)은 지방자치단체의 장과, 그 보조기관(부지사·부시장·부군수·부구청장 등), 소속 행정기관(직속기관인 소방기관·교육훈련기관·보건진료기관·시험연구기관·중소기업지도기관 등과, 사업소·출장소 등), 하부행정기관(행정구청장·행정시장·읍장·면장·동장 등)으로 나누어지며, 교육·학예사무집행기관(教育·學藝事務執行機關)은 교육감 및 그 보조기관·하급교육행정기관(교육장)으로 분류될 수 있다. 지방자치단체에는 위의 기관들로부터 직무상 독립하여 특정사무를 처리하는 인사위원회·지방소청심사위원회·교육소청심사위원회 등도 있다.

(1) 지방자치단체의 장

지방자치단체의 장이란 특별시장·광역시장·특별자치시장·도지사·특별자치도지사·시장·군수·자치구청장을 말한다(同法 93). 지방자치단체의 장은 주민이 보통·평등·직접·비밀선거로 선출하고, 그 임기는 4년이며, 계속 재임은 3기에 한한다(同法 94·95).

지방자치법은 지방자치단체장의 겸임 등의 제한(同法 96), 지방자치단체의 폐치·분합시의 지방자치단체장의 선임(同法 97), 지방자치단체장의 사임(同法 98), 지방자치단체장의 퇴직(同法 99), 지방자치단체장의 퇴직시의 사무인계(同法 106), 지방자치단체장의 체포 및 확정판결시의 통지(同法 100)에 대하여도 규정하고 있다.

지방자치단체의 장은 다음과 같은 권한을 가진다.

1) 지방자치단체의 대표권과 사무총괄·관리·집행권

지방자치단체의 장은 지방자치단체의 최고집행기관인 행정청으로서 지방자치단체를 대표하고, 지방자치단체의 사무를 총괄·관리·집행하며, 자치사무에 관한 각종 행정처분권을 가진다(同法 101·103). 그런데 지방자치단체의 장의 지방자치단체 대표권은 지방자치단체의 교육행정청인 교육감 등 다른 독립적 집행기관에는 미치지 아니한다.

2) 위임사무 관리·집행권

지방자치단체의 장은 그 관할구역 내에서 시행되는 국가의 행정사무(특별지방행정기관이 관장하는 사무 제외)를 일반적으로 위임받아 관리·집행하고(同法 102), 위임사무에 관한 행정처분 등을 할 수 있으며(同法 103), 국가사무를 위임받아 관리·집행할 때에는 그 사무를 주관하는 중앙행정기관장의 지휘·감독을 받는다.

3) 규칙제정권

지방자치단체의 장은 법령이나 조례가 위임한 범위 안에서 그(지방자치단체장의) 권한에 속하는 사무에 관하여 규칙을 제정할 수 있다(同法 23).

4) 사무의 위임·위탁권

지방자치단체의 장은 조례나 규칙으로 정하는 바에 따라 그 권한에 속하는 사무의 일부를 보조기관, 소속 행정기관 또는 하부행정기관에 위임할 수 있고, 관할 지방자치단체나 공공단체 또는 그 기관(사업소·출장소 포함)에 위임하거나 위탁할 수 있으며, 그 권한에 속하는 사무 중 조사·검사·검정·관리업무 등 주민의 권리·

의무와 직접 관련되지 아니하는 사무를 법인·단체 또는 그 기관이나 개인에게 위탁할 수 있다(同法 104①②③. 大判 2011.2.10, 2010추11. 大判 1997.2.14, 96누15428. 大判 1996.12.23, 96추114).

지방자치단체의 장이 위임받거나 위탁받은 국가사무의 일부를 다시 다른 기관에게 위임하거나 위탁하는 경우에는 미리 그 사무를 위임하거나 위탁한 기관의 장의 승인을 받아야 한다(同法 104④).

5) 소속 직원의 임면·감독권

지방자치단체의 장은 소속 직원을 지휘·감독하고 법령과 조례·규칙으로 정하는 바에 따라 그 임면·교육훈련·복무·징계 등에 관한 사항을 처리한다(同法 105. 大判 2001.2.23, 2000추67).

6) 선결처분권

지방자치단체의 장은 지방의회가 성립되지 아니한 때(의원이 구속되는 등의 사유로 의결정족수에 미달하게 된 때를 말함)와 지방의회의 의결사항 중 주민의 생명과 재산보호를 위하여 긴급하게 필요한 사항으로서 지방의회를 소집할 시간적 여유가 없거나 지방의회에서 의결이 지체되어 의결되지 아니할 때에는 선결처분(先決處分)을 할 수 있다(同法 109①). '선결처분'이란 지방자치단체장이 지방의회의 의결을 거쳐야 할 사항에 대하여 지방의회의 의결을 거치지 않고 행하는 처분을 말한다.

선결처분은 지체 없이 지방의회에 보고하여 승인을 받아야 하고, 지방의회에서 승인을 받지 못하면 그 선결처분은 그때부터 효력을 상실하며, 이에 관한 사항은 지체 없이 공고하여야 한다(同法 109②③④).

7) 광역지방자치단체의 장의 기초지방자치단체에 대한 행정감독권

광역지방자치단체의 장은 관내 기초지방자치단체 또는 그 장이 위임받아 처리하는 국가사무 및 광역지방자치단체사무에 관하여 지도·감독권을 가지며(同法 167①②), 관내 기초지방자치단체의 장이 그 기초지방자치단체의 사무에 관하여 행한 명령이나 처분이 법령에 위반되거나 현저히 부당하여 공익을 해한다고 인정될 때에는 기간을 정하여 서면으로 그 시정을 명하고, 그 기간 내에 이행하지 아니할 때에는 이를 취소하거나 정지할 수 있다. 그러나 기초지방자치단체장의 처

분이나 명령이 자치사무에 관한 것인 때에는 법령위반의 경우에 한하여 위와 같이 할 수 있다(同法 169①. 大判 2007.3.22, 2005추62).

광역지방자치단체의 장은 관내 기초지방자치단체의 장이 법령의 규정에 의하여 그 의무에 속하는 국가의 위임사무나 광역지방자치단체의 위임사무의 관리·집행을 명백히 해태하고 있다고 인정되는 때에는 기간을 정하여 서면으로 그 이행할 사항을 명령할 수 있으며, 기초지방자치단체의 장이 그 기간 내에 이를 이행하지 아니할 때에는 해당 지방자치단체의 비용부담으로 대집행을 하거나 행정·재정상 필요한 조치를 할 수 있다(同法 170①②).

광역지방자치단체의 장은 관내 기초지방자치단체의 자치사무에 관하여 보고를 받거나 서류·장부 또는 회계를 감사할 수 있다. 이 경우 감사는 법령위반사항에 대하여만 실시한다(同法 171①).

8) 주민감사청구건의 처리권

광역지방자치단체의 장은 관내 기초지방자치단체와 그 장의 권한에 속하는 사무의 처리가 법령에 위반되거나 공익을 현저히 해친다고 인정되는 경우에 일정 수 이상의 기초지방자치단체 주민들에 의하여 제기되는 주민감사청구에 대하여 감사를 실시하고 처리할 수 있다(同法 16).

9) 주민투표부의권

지방자치단체의 장은 주민에게 과도한 부담을 주거나 중대한 영향을 미치는 지방자치단체의 주요 결정사항 등을 주민투표에 붙일 수 있다(同法 14).

10) 지방의회에 대한 권한

지방자치단체의 장은 지방의회 임시회의 소집을 요구할 수 있으며(同法 45②), 지방의회에 안건을 부의할 수 있고(同法 46), 지방의회에서 의결할 의안을 발의할 수 있다(同法 66①). 지방자치단체의 장이나 관계 공무원은 지방의회나 그 위원회에 출석하여 행정사무의 처리상황을 보고하거나 의견을 진술하고 질문에 응답할 수 있다(同法 42①).

지방자치단체의 장은 지방의회의 의결이 ① 월권(越權) 또는 법령에 위반되거나 공익을 현저히 해한다고 인정되는 때, ② 예산상 집행할 수 없는 경비가 포함되어 있다고 인정되는 때, ③ 법령상 의무적으로 부담하여야 할 경비나 비상재해로 인한 시설의 응급복구를 위하여 필요한 경비를 줄이는 내용인 때에는 그 의결사항을 이송 받은 날부터 20일 이내에 이유를 붙여 재의(再議)를 요구할 수 있다(同法 107①, 108①②).

위와 같은 재의요구에 따라, 지방의회의 재의의 결과 지방의회가 재적의원 과반수의 출석과 출석의원 3분의 2 이상의 찬성으로 전(前)과 같은 의결을 하면 그 의결사항은 확정된다(同法 107②).

조례안이나 조례안 외의 사항에 대한 지방의회의 재의결내용이 법령에 위반된다고 인정하면 지방자치단체의 장은 재의결된 날부터 20일 이내에 대법원에 제소(提訴)할 수 있으며(제3장 제4절 Ⅶ. 참조), 이 경우 그 재의결(再議決)의 집행정지결정도 신청할 수 있다(同法 107③, 172③).

(2) 지방자치단체의 장의 보조기관과 소속 행정기관 및 하부행정기관

지방자치법은 지방자치단체장의 보조기관인 부단체장으로서 특별시·광역시 및 특별자치시에 부시장, 도와 특별자치도에 부지사, 시에 부시장, 군에 부군수, 자치구에 부구청장을 둘 것과(同法 110①), 부단체장이 지방자치단체의 장의 권한을 대행하는 경우도 규정하고 있다(同法 111).

지방자치단체는 그 사무를 분장하기 위하여 필요한 행정기구와 지방공무원을 두며, 행정기구의 설치와 지방공무원의 정원은 인건비 등 대통령령으로 정하는 기준에 따라 그 지방자치단체의 조례로 정한다(同法 112①②).

지방공무원의 임용·시험·자격·보수·복무·신분보장·징계·교육훈련 등에 관하여는 따로 법률로 정한다(同法 112④). 이에 따른 법률로서 지방공무원법이 있다.

지방자치단체는 그 소관 사무의 범위 안에서 필요하면 대통령령이나 대통령령으로 정하는 바에 따라 지방자치단체의 조례로 자치경찰기관(제주특별자치도에 한함), 소방기관, 교육훈련기관, 보건진료기관, 시험연구기관 및 중소기업지도기관 등을 직속기관으로 설치할 수 있다(同法 113. 大判 2005.8.19, 2005추48).

지방자치단체는 특정 업무를 효율적으로 수행하기 위하여 필요하면 대통령령으로 정하는 바에 따라 그 지방자치단체의 조례로 사업소를 설치할 수 있으며(同法 114), 원격지 주민의 편의와 특정지역의 개발 촉진을 위하여 필요하면 대통령령으로 정하는 바에 따라 그 지방자치단체의 조례로 출장소를 설치할 수 있다(同法 115).

지방자치단체는 그 소관 사무의 일부를 독립하여 수행할 필요가 있으면 법령이나 그 지방자치단체의 조례로 정하는 바에 따라 합의제 행정기관을 설치할 수 있고(同法 116①), 그 소관 사무의 범위에서 법령이나 그 지방자치단체의 조례로 정하는 바에 따라 심의회·위원회 등의 자문기관을 설치·운영할 수 있다(同法 116의2①. 大判 2009.9.24, 2009추53. 大判 2000.11.10, 2000추36).

지방자치단체의 장의 하부행정기관장으로서 자치구가 아닌 구(행정구)에 구청장, 읍에 읍장, 면에 면장, 동에 동장을 둔다(同法 117). 행정구의 구청장은 일반직 지방공무원으로 보하되 시장이 임명하며, 읍장·면장·동장은 일반직 지방공무원으로 보하되 시장·군수 및 자치구의 구청장이 임명한다(同法 118①②).

행정구의 구청장은 시장의, 읍장·면장은 시장이나 군수의, 동장은 시장(구가 없는 시의 시장을 말함)이나 구청장(자치구의 구청장 포함)의 지휘·감독을 받아 소관 국가사무와 지방자치단체의 사무를 맡아 처리하고 소속 직원을 지휘·감독한다(同法 119).

(3) 교육·학예사무에 관한 집행기관(교육감 등)

지방자치법은 제121조에서 지방자치단체의 교육·과학 및 체육에 관한 사무를 분장하기 위하여 별도의 기관을 두며, 그 기관의 조직과 운영에 관하여 필요한 사항은 따로 법률로 정하도록 규정하고 있는데, 이에 따라 제정된 법률이 「지방교육자치에 관한 법률」이다.

「지방교육자치에 관한 법률」은 지방자치단체의 교육·과학·기술·체육 그 밖의 학예(이하 '교육·학예'라 함)에 관한 사무를 광역지방자치단체의 사무로 규정하고(同法 2. 大判 2014.12.24, 2010다69704. 大判 2014.2.27, 2012추183), 시·도의 교육·학예에 관한 사무의 집행기관인 행정청으로서 교육감을 두도록 하고 있다(同法 18①). 교육감은 주민의 보통·평등·직접·비밀선거로 선출하며(同法 43·51. 憲裁 2015.11.26, 2014헌마662), 그 임기는 4년이고, 계속 재임은 3기에 한한다(同法 21. 大判 2001.5.8, 99다69341).

「지방교육자치에 관한 법률」에 따르면, 교육감은 교육·학예에 관한 소관 사무로 인한 소송이나 재산의 등기 등에 대하여 해당 시·도를 대표한다(同法 18②).

국가행정사무 중 시·도에 위임하여 시행하는 사무로서 교육·학예에 관한 사무는 원칙적으로 교육감에게 위임하여 행하며(同法 19), 국가의 행정사무를 수임하여 처리하는 경우에 교육감은 국가의 지방행정청으로서의 지위를 가진다.

교육감 소속하에 국가공무원으로 보하는 보조기관인 부교육감 1인(인구 800만명 이상이고 학생 170만명 이상인 시·도는 2인)을 두되, 대통령령이 정하는 바에 따라 고위공무원단에 속하는 일반직공무원이나 장학관으로 보한다. 부교육감은 해당 시·도교육감이 추천한 자를 교육부장관의 제청으로 국무총리를 거쳐 대통령이 임명한다(同法 30①②).

교육감 소속하에 두는 다른 보조기관의 설치·운영에 관하여 필요한 사항은 대통령령이 정한 범위 안에서 시·도의 조례로 정한다(同法 30⑤).

시·도의 교육·학예에 관한 사무를 분장하게 하기 위하여 1개 또는 2개 이상의 시·군 및 자치구를 관할구역으로 하는 하급교육행정기관으로서 교육지원청을 두며, 교육지원청에 교육장(教育長)을 두되 장학관으로 보하고, 그 임용에 관하여 필요한 사항은 대통령령으로 정한다(同法 34①③).

교육장은 시·도의 교육·학예에 관한 사무 중에서 공·사립의 유치원·초등학교·중학교·공민학교·고등공민학교 및 이에 준하는 각종 학교의 운영·관리에 관한 지도·감독, 그 밖에 조례로 정하는 사무를 위임받아 분장한다(同法 35).

Ⅶ. 지방자치단체의 재정

(1) 재정(財政)운영의 기본원칙

지방자치법에 따르면, 지방자치단체는 그 재정을 수지균형(收支均衡)의 원칙에 따라 건전하게 운영하여야 하고, 국가는 지방재정의 자주성과 건전한 운영을 조장하여야 하며, 국가의 부담을 지방자치단체에 넘겨서는 아니 된다(同法 122①②).

국가는 국가행정기관 및 그 소속 기관, 「공공기관의 운영에 관한 법률」 제4조에 따른 법인·단체 또는 기관, 국가가 출자·출연한 기관(재단법인·사단법인 등 포함), 국가가 설립·조성·관리하는 시설 또는 단지 등을 지원하기 위하여 설치된 기관(재단법인·사단법인 등 포함)의 신설·확장·이전·운영과 관련된 비용을 지방자치단체에 부담시켜서는 아니 된다(同法 122③).

지방자치단체는 국가시책을 달성하기 위하여 노력하여야 하며, 국가시책을 달성하기 위하여 필요한 경비에 대한 국고보조율과 지방비부담률은 법령으로 정한다(同法 123①②). 지방자치단체의 장이나 지방자치단체조합은 따로 법률로 정하는 바에 따라 지방채를 발행할 수 있다(同法 124①).

지방자치단체의 장은 따로 법률로 정하는 바에 따라 지방자치단체의 채무부담의 원인이 될 계약의 체결이나 그 밖의 행위를 할 수 있으며, 공익을 위하여 필요하다고 인정하면 미리 지방의회의 의결을 받아 보증채무부담행위를 할 수 있다(同法 124②③).

지방자치단체는 조례나 계약에 의하지 아니하고는 그 채무의 이행을 지체할 수 없으며, 법령이나 조례의 규정에 따르거나 지방의회의 의결을 받지 아니하고는 채권에 관하여 채무를 면제하거나 그 효력을 변경할 수 없다(同法 124④⑤).

(2) 예산과 결산

지방자치법에 따르면, 지방자치단체의 회계연도는 매년 1월 1일에 시작하여 12월 31일에 끝난다(同法 125). 지방자치단체의 회계는 일반회계와 특별회계로 구분하며, 특별회계는 법률이나 지방자치단체의 조례로 설치할 수 있다(同法 126①②).

지방자치단체의 장은 회계연도마다 예산안을 편성하여 시·도는 회계연도 시작 50일 전까지, 시·군 및 자치구는 회계연도 시작 40일 전까지 지방의회에 제출하여야 하며(同法 127①), 예산안을 시·도의회에서는 회계연도 시작 15일 전까지, 시·군 및 자치구의회에서는 회계연도 시작 10일 전까지 의결하여야 한다(同法 127②).

지방의회는 지방자치단체의 장의 동의 없이 지출예산 각 항의 금액을 증가하거나 새로운 비용항목을 설치할 수 없다(同法 127③).

지방자치법은 한 회계연도를 넘어 계속하여 경비를 지출할 필요가 있는 경우의 계속비(同法 128), 예측할 수 없는 예산 외의 지출이나 예산초과지출에 충당하기 위한 예비비(同法 129①②), 예산을 변경할 필요가 있는 경우의 추가경정예산안(同法 130①), 지방자치단체를 신설하는 경우의 예산(同法 131의2)에 대하여도 규정하고 있다.

지방의회에서 새로운 회계연도가 시작될 때까지 예산안이 의결되지 못하면 지방자치단체의 장은 지방의회에서 예산안이 의결될 때까지 ① 법령이나 조례에 따라 설치된 기관이나 시설의 유지·운영, ② 법령상 또는 조례상 지출의무의 이행, ③ 이미 예산으로 승인된 사업의 계속을 위한 경비는 전년도 예산에 준하여 집행할 수 있다(同法 131).

지방의회의 의장은 예산안이 의결되면 3일 이내에 지방자치단체의 장에게 이송하여야 하며, 지방자치단체의 장은 예산을 이송받으면 지체 없이 시·도에서는 행정자치부장관에게, 시·군 및 자치구에서는 시·도지사에게 각각 보고하고, 그 내용을 고시하여야 한다. 다만, 재의요구를 할 때에는 그러하지 아니하다(同法 133①②).

지방자치단체의 장은 출납 폐쇄 후 80일 이내에 결산서와 증빙서류를 작성하고 지방의회가 선임한 검사위원의 검사의견서를 첨부하여 다음 연도 지방의회의 승인을 받아야 한다(同法 134①).

지방자치단체의 장은 결산에 대한 지방의회의 승인을 받으면 5일 이내에 시·도에서는 행정자치부장관에게, 시·군 및 자치구에서는 시·도지사에게 각각 보고하고 그 내용을 고시하여야 한다(同法 134②).

(3) 수입과 지출

지방자치단체는 법률로 정하는 바에 따라 지방세를 부과·징수할 수 있고(同法 135), 공공시설의 이용 또는 재산의 사용에 대하여 사용료를 징수할 수 있으며(同法 136), 그 지방자치단체의 사무가 특정인을 위한 것이면 그 사무에 대하여 수수료를 징수할 수 있고(同法 137①), 그 재산 또는 공공시설의 설치로 주민의 일부가 특히 이익을 받으면 이익을 받는 자로부터 그 이익의 범위에서 분담금을 징수할 수 있다(同法 138). 지방세에 관한 법률로서 지방세기본법과 지방세법 등이 있다.

사용료·수수료 또는 분담금의 징수에 관한 사항은 조례로 정한다. 다만, 국가가 지방자치단체나 그 기관에 위임한 사무와 자치사무의 수수료 중 전국적으로 통일할 필요가 있는 수수료에 관한 사항은 다른 법령의 규정에도 불구하고 대통령령으로 정하는 표준금액으로 징수하되, 지방자치단체가 다른 금액으로 징수하고자

하는 경우에는 표준금액의 100분의 50의 범위에서 조례로 가감 조정하여 징수할 수 있다(同法 139①).

사용료·수수료 또는 분담금은 공평한 방법으로 부과하거나 징수하여야 하며, 그 징수는 지방세 징수의 예에 따른다(同法 140①②).

사용료·수수료 또는 분담금의 부과나 징수에 대하여 이의가 있는 자는 그 처분을 통지받은 날부터 90일 이내에 그 지방자치단체의 장에게 이의신청할 수 있으며, 지방자치단체의 장은 이의신청을 받은 날부터 60일 이내에 이를 결정하여 알려야 한다(同法 140③④).

사용료·수수료 또는 분담금의 부과나 징수에 대하여 행정소송을 제기하려면 위의 이의신청에 대한 결정을 통지받은 날부터 90일 이내에 처분청을 당사자로 하여 소를 제기하여야 한다. 위의 이의신청의 결정기간 내에 결정의 통지를 받지 못하면 그 결정기간이 지난날부터 90일 이내에 소를 제기할 수 있다(同法 140⑤⑥).

지방자치단체는 그 자치사무의 수행에 필요한 경비와 위임된 사무에 관하여 필요한 경비를 지출할 의무를 진다. 다만, 국가사무나 지방자치단체의 사무를 위임할 때에는 이를 위임한 국가나 지방자치단체에서 그 경비를 부담하여야 한다(同法 141).

(4) 지방자치단체의 재산과 공공시설 등

지방자치단체는 행정목적을 달성하기 위한 경우나 공익상 필요한 경우에는 재산을 보유하거나 특정한 자금을 운용하기 위한 기금(基金)을 설치할 수 있으며, 재산의 보유, 기금의 설치·운용에 관하여 필요한 사항은 조례로 정한다(同法 142①②).

지방자치단체의 재산은 법령이나 조례에 따르지 아니하고는 교환·양여(讓與)·대여하거나 출자 수단 또는 지급 수단으로 사용할 수 없다(同法 143).

지방자치단체는 주민의 복지를 증진하기 위하여 공공시설을 설치할 수 있으며, 공공시설의 설치와 관리에 관하여 다른 법령에 규정이 없으면 조례로 정한다. 공공시설은 관계 지방자치단체의 동의를 받아 그 지방자치단체의 구역 밖에 설치할 수 있다(同法 144①②③).

지방자치단체의 재정에 관하여 이 법에 정한 것 외에 필요한 사항은 따로 법률로 정한다(同法 145). 지방자치단체의 재정에 관한 법률로서 지방재정법이 있다.

지방자치단체는 주민의 복지증진과 사업의 효율적 수행을 위하여 지방공기업을 설치·운영할 수 있으며, 지방공기업의 설치·운영에 관하여 필요한 사항은 따로 법률로 정한다(同法 146①②). 지방공기업에 관한 법률로서 지방공기업법이 있다.

Ⅷ. 지방자치단체 상호간의 관계 등

(1) 지방자치단체 상호간의 관계

지방자치단체 상호간의 관계에 관하여 지방자치법은 지방자치단체 상호간의 협력(同法 147), 지방자치단체 상호간의 분쟁조정(同法 148), 지방자치단체중앙분쟁조정위원회의 설치와 구성(同法 149) 및 운영(同法 150), 지방자치단체나 그 장의 사무위탁(同法 151), 관계 지방자치단체 간의 행정협의회의 구성(同法 152)·조직(同法 153)·규약(同法 154), 행정협의회의 자료제출요구(同法 155)와 협의사항의 조정(同法 156), 행정협의회의 협의 및 사무처리의 효력(同法 157), 협의회의 규약변경 및 폐지(同法 158), 지방자치단체조합의 설립(同法 159)과 조직(同法 160), 지방자치단체조합회의와 지방자치단체조합장의 권한(同法 161), 지방자치단체조합의 규약(同法 162), 규약변경 및 해산(同法 164), 지방자치단체조합에 대한 지도·감독(同法 163), 지방자치단체의 장 등의 협의체(同法 165)에 대하여 규정하고 있다.

(2) 지방자치단체에 대한 국가의 지도·감독

지방자치단체에 대한 국가의 지도·감독에 관하여 지방자치법은 지방자치단체의 사무에 대한 지도와 지원(同法 166), 국가사무나 시·도사무 처리에 대한 지도·감독(同法 167), 중앙행정기관과 지방자치단체 간의 협의조정을 위한 국무총리 소속의 행정협의조정위원회의 설치(同法 168), 지방자치단체장의 위법·부당한 명령·처분의 시정(同法 169. 大判 2014.2.27, 2012추183. 大判 2007.3.22, 2005추62), 지방자치단체장에 대한 직무이행명령(同法 170), 지방자치단체의 자치사무에 대한 감사(同法 171), 지방자치단체에 대한 감사 절차(同法 171의2), 지방의회 의결의 재의요구와 제소(同法 172. 大判 2013.11.28, 2012추15)에 대하여 규정하고 있다(憲裁 2009.5.28, 2006헌라6. 憲裁 2008.5.29, 2005헌라3. 大判 2002.5.31, 2001추88).

(3) 서울특별시·세종특별자치시·제주특별자치도 등의 행정특례

지방자치법은 제174조 제1항에서 "서울특별시의 지위·조직 및 운영에 대하여는 수도로서의 특수성을 고려하여 법률로 정하는 바에 따라 특례를 둘 수 있다."라고 규정하고 있으며, 이에 따라 「서울특별시 행정특례에 관한 법률」이 제정·시행되고 있다.

지방자치법은 제174조 제2항에서 "세종특별자치시와 제주특별자치도의 지위·조직 및 행정·재정 등의 운영에 대하여는 행정체제의 특수성을 고려하여 법률로 정하는 바에 따라 특례를 둘 수 있다."라고 규정하고 있으며, 이에 따라 「세종특별자치시 설치 등에 관한 특별법」과「제주특별자치도 설치 및 국제자유도시조성을 위한 특별법」이 제정·시행되고 있다.

지방자치법은 제175조에서 "서울특별시·광역시 및 특별자치시를 제외한 인구 50만 이상 대도시의 행정, 재정운영 및 국가의 지도·감독에 대하여는 그 특성을 고려하여 관계 법률로 정하는 바에 따라 특례를 둘 수 있다."라고 규정하였으며, 제173조에서 "특별시장이나 광역시장은 지방재정법에서 정하는 바에 따라 해당 지방자치단체의 관할 구역 안의 자치구 상호 간의 재원을 조정하여야 한다."라고 특별히 규정하고 있다.

【大判 2014.2.27, 2012추145. "지방자치법 제22조, 제9조에 의하면, 지방자치단체가 조례를 제정할 수 있는 사항은 지방자치단체의 고유사무인 자치사무와 개별 법령에 의하여 지방자치단체에 위임된 단체위임사무에 한하고, 국가사무가 지방자치단체의 장에게 위임되거나 상위 지방자치단체의 사무가 하위 지방자치단체의 장에게 위임된 기관위임사무에 관한 사항은 원칙적으로 조례의 제정범위에 속하지 않는다. 그리고 법령상 지방자치단체의 장이 처리하도록 규정하고 있는 사무가 자치사무인지 기관위임된 국가사무에 해당하는지를 판단할 때에는 법령의 규정 형식과 취지를 우선 고려해야 할 것이지만, 그 밖에도 사무의 성질이 전국

적으로 통일적인 처리가 요구되는 사무인지 여부나 경비부담과 최종적인 책임귀속의 주체 등도 아울러 고려하여 판단해야 한다."】

【大判 2007.12.13, 2006추52. "지방자치단체의 조례는 그것이 자치조례에 해당하는 것이라도 법령에 위반되지 않는 범위 안에서만 제정할 수 있어서 법령에 위반되는 조례는 그 효력이 없지만, 조례가 규율하는 특정사항에 관하여 그것을 규율하는 국가의 법령이 이미 존재하는 경우에도 조례가 법령과 별도의 목적에 기하여 규율함을 의도하는 것으로서 그 적용에 의하여 법령의 규정이 의도하는 목적과 효과를 전혀 저해하는 바가 없는 때 또는 양자가 동일한 목적에서 출발한 것이라고 할지라도 국가의 법령이 반드시 그 규정에 의하여 전국에 걸쳐 일률적으로 동일한 내용을 규율하려는 취지가 아니고 각 지방자치단체가 그 지방의 실정에 맞게 별도로 규율하는 것을 용인하는 취지라고 해석되는 때에는 그 조례가 국가의 법령에 위배되는 것은 아니라고 보아야 한다."】

제4절

「공공기관의 운영에 관한 법률」

일반적으로 공공기관(公共機關)은 공적 목적을 위하여 설치·운영되는 기관을 의미하며, 이에는 국가·지방자치단체의 공무(公務)를 수행하는 모든 기관은 물론 국가·지방자치단체의 출연(出捐)·재정지원으로써 운영되는 공사(公社)·공단(公團)·영조물기관까지 포함된다.

그런데 「공공기관의 운영에 관한 법률」은 기획재정부장관이 국가·지방자치단체가 아닌 법인·단체·기관(이를 '기관'이라 함)으로서 ① 다른 법률에 따라 직접 설립되고 정부가 출연한 기관, ② 정부지원액이 총수입액의 2분의 1을 초과하는 기관, ③ 정부가 100분의 50 이상의 지분을 가지고 있거나 100분의 30 이상의 지분을 가지고 임원 임명권한 행사 등을 통하여 당해 기관의 정책결정에 사실상 지배력을 확보하고 있는 기관 등을 '공공기관'으로 지정할 수 있도록 하고(同法 4①), 공공기관을 공기업(公企業)·준정부기관(準政府機關)과 기타 공공기관으로 구분하여 지정하도록 규정하고 있다(同法 5①②).

그리하여 「공공기관의 운영에 관한 법률」에 따라 지정되는 '공공기관'은 국가·지방자치단체의 행정기관을 포함하지 않고, 정부의 투자·출자 또는 재정지원 등으로 설립·운영되는 기관(법인·단체·기관)만을 의미한다.

이러한 공공기관 중에는 각종 공사·공단 등 간접국가행정의 한 주체인 특수법인(特殊法人)과 정부조직법 제4조의 '부속기관'에 해당하는 많은 영조물기관들이 포함되므로, 그에 관한 법적 규율의 내용도 검토할 필요가 있다.

공공기관의 임·직원은 일반적으로 공무원의 신분을 가지지 아니하나, 업무수행과 관련해서는 공무원에 준하는 책임을 지는 경우가 많다.

국가·지방자치단체의 일부사무를 위임·위탁받아 처리하는 공공기관의 장은 국민의 권익에 영향을 미치는 일처리를 하는 경우에 행정절차법(2 i)·행정심판법(2iv)·행정소송법(2②)의 규정에 따라 행정청의 지위를 가지며, 공공기관의 장이 행한 국민권익에 관한 결정·조치 등은 행정청의 처분이 되고 행정소송(항고소송)의 대상이 되기도 한다(행정소송법 2①②).

Ⅰ. 간접국가행정

국가는 직접 자신의 기관(국가기관)에 의하여 행정을 행하는 외에, 국가로부터 독립된 법인격을 가진 공법인(公法人)을 설립하고 그에게 일정한 행정권을 부여하여 일정한 공적 업무를 수행할 수 있게 하고 있다(憲裁 2006.11.30, 2005헌마855). 이 경우 국가로부터 그 존립목적을 부여받아 설립된 공법인에 의한 행정을, 국가 스스로 행하는 행정(직접국가행정)에 대비하여, 간접국가행정이라 한다.

간접국가행정을 행하는 주요 공법인으로는 지방자치단체와 공사(公社)·공단(公團) 등 특수법인을 들 수 있다(憲裁 2001.1.18, 98헌바75·89, 99헌바89병합).

「공공기관의 운영에 관한 법률」은 국가·지방자치단체가 아닌 개별 법률에 따라 설립된 특수법인(간접국가행정의 일부 주체)들과 국가의 영조물기관(同法상의 공공기관 중 법인격을 갖지 아니한 기관) 등의 운영에 관하여 주로 규정하고 있다.

위에서 '영조물기관'이란 행정주체가 특정한 공적 목적을 위하여 설치한 인적(人的)·물적(物的) 수단의 종합체로서 법인격을 갖지 아니한 것을 말한다. 영조물기관에는 정부조직법 제4조에 따른 '행정기관의 부속기관'에 해당하는 것들이 많다.

Ⅱ. 공공기관의 설치에 관한 법률들

「공공기관의 운영에 관한 법률」은 공공기관의 운영에 관한 기본적인 사항과 자율경영 및 책임경영체제의 확립에 관하여 필요한 사항을 정하여 경영을 합리화하고 운영의 투명성을 제고함으로써 공공기관의 대국민 서비스 증진에 기여함을 목적으로 하고 있다(同法 1). 다른 법률들에 의하여 설치된 공공기관들의 운영에 관하여 주로 규정하고 있는 이 법은 그 내용면에서 이 책 제2장의 공익사업행정에 관한 법이나 경제행정에 관한 법의 범주에 포함될 수 있으나, 간접국가행정의 일부 주체들을 확인하기 위하여 제1장에서 살피기로 한다.

「공공기관의 운영에 관한 법률」에 따라 공공기관으로 지정될 수 있는 법인·단체·기관의 설립·설치에 관한 법률들은 많다.

즉, 국가·지방자치단체가 아닌 독자적 법인격주체(法人格主體)인 공사·공단의 설립에 관한 단행법들로서, ① 한국철도공사법, ② 한국수자원공사법, ③ 한국도로공사법, ④ 한국토지주택공사법, ⑤ 한국공항공사법, ⑥ 인천국제공항공사법, ⑦ 한국관광공사법, ⑧ 한국농수산식품유통공사법, ⑨ 「한국농어촌공사 및 농지관리기금법」, ⑩ 한국조폐공사법, ⑪ 한국투자공사법, ⑫ 대한무역투자진흥공사법, ⑬ 한국가스공사법, ⑭ 한국광물자원공사법, ⑮ 한국석유공사법, ⑯ 한국전력공사법, ⑰ 대한석탄공사법, ⑱ 한국주택금융공사법, ⑲ 항만공사법, ⑳ 「금융회사부실자산 등의 효율적 처리 및 한국자산관리공사의 설립에 관한 법률」, ㉑ 「수도권매립지관리공사의 설립 및 운영 등에 관한 법률」, ㉒ 한국교육방송공사법, ㉓ 교통안전공단법, ㉔ 한국철도시설공단법, ㉕ 한국산업안전보건공단법, ㉖ 한국산업인력공단법, ㉗ 한국보훈복지의료공단법, ㉘ 한국환경공단법, ㉙ 정부법무공단법 등이 있다.

위의 법률들 외에도 국가·지방자치단체가 아닌 법인·단체(협회 등)·기관(연구원 등)의 설치에 관한 법률들이 다수 있다. 국민연금공단의 설립을 규정한 국민연금법, 국민건강보험공단의 설립을 규정한 국민건강보험법, 근로복지공단의 설립을 규정한 산업재해보상보험법, 한국소비자원의 설립을 규정한 소비자기본법, 한국식품산업협회·식품안전정보원·한국식품안전관리인증원의 설립을 규정한 식품위생법, 한국소방안전협회의 설립을 규정한 소방기본법, 한국콘텐츠진흥원의 설립을 규정한 문화산업진흥기본법, 한국문화재재단의 설립을 규정한 문화재보호법, 상공회의소와 대한상공회의소의 설립을 규정한 상공회의소법, 주택도시보증공사의 설립을 규정한 주택도시기금법 등이 그 예이며, 국책은행에 관한 법으로서 한국은행법, 한국수출입은행법, 중소기업은행법, 한국산업은행법 등도 있다.

「공공기관의 운영에 관한 법률」은 기획재정부장관이 국가·지방자치단체가 아닌 법인·단체·기관(이들을 통틀어 '기관'이라 함)으로서 다른 법률에 따라 직접 설립되고 정부가 출연한 기관 등, 이 법에서 정한 일정한 요건을 갖춘 기관을 '공공기관'으로 지정할 수 있도록 하고, 구성원 상호 간의 상호부조·복리증진·권익향상 또는 영업질서 유지 등을 목적으로 설립된 기관이나, 지방자치단체가 설립하고 그 운영에 관여하는 기관 및 방송법에 따른 한국방송공사와 한국교육방송공사법에 따른 한국교육방송공사는 공공기관으로 지정할 수 없도록 규정하고 있다(同法 4①②).

따라서 지방자치단체의 조례에 의하여 설립된 지방공사·공단이나 지방자치단체의 출연으로 운영되는 지방자치단체의 공공기관들은 「공공기관의 운영에 관한 법률」상의 공기업이나 공공기관의 개념에 포함되지 아니하며, 지방공기업법과 「지방자치단체 출자·출연 기관의 운영에 관한 법률」 등의 적용을 받는다.

「공공기관의 운영에 관한 법률」규정에 따라 기획재정부장관이 일정한 요건을 갖춘 법인·단체·기관을 공기업이나 준정부기관 및 기타 공공기관으로 지정하는 행위는 행정청의 확인처분(제2장 제1절 Ⅲ. 참조)이라 할 수 있다. 그러나 공사·공단 등 공법인이 설립되는 것은 법률이 직접 독자적 권리·의무 주체인 법인을 창설(법률에 의한 새로운 권리주체의 신설)하는 것으로서 행정청의 처분이 아니다.

「공공기관의 운영에 관한 법률」에 따라 지정된 공공기관에 대하여 다른 법률에 이 법과 다른 규정이 있을 경우 이 법에서 그 법률을 따르도록 한 때를 제외하고는 이 법을 우선하여 적용하며(同法 2②), 정부는 공공기관의 책임경영체제를 확립하기 위하여 공공기관의 자율적 운영을 보장하여야 한다(同法 3).

Ⅲ. 공기업·준정부기관과 기타 공공기관

이 법에 따르면, 기획재정부장관은 공공기관을 공기업·준정부기관과 기타 공공기관으로 구분하여 지정하되, 공기업·준정부기관은 직원 정원이 50인 이상인 공공기관 중에서 지정하며, 공기업은 자체수입액이 총수입액의 2분의 1 이상인 기관 중에서, 준정부기관은 공기업이 아닌 공공기관 중에서 지정한다(同法 5①②).

기획재정부장관은 위의 '공기업'을 '시장형 공기업'(자산규모가 2조원 이상이고, 총수입액 중 자체수입액이 대통령령이 정하는 기준(85%) 이상인 공기업)과 '준시장형 공기업'(시장형 공기업이 아닌 공기업)으로 구분 지정하고, '준정부기관'을 '기금관리형 준정부기관'(국가재정법에 따라 기금을 관리하거나 기금의 관리를 위탁받은 준정부기관)과 '위탁집행형 준정부기관'(기금관리형 준정부기관이 아닌 준정부기관)으로 구분 지정하며(同法 5③), 공공기관 중 공기업과 준정부기관을 제외한 기관을 '기타 공공기관'으로 지정한다(同法 5④).

위의 규정에 따라 지정된 공공기관의 총수는 2016.1.1. 현재 316개이며, 이중 공기업은 30개(시장형 공기업 14개, 준시장형 공기업 16개), 준정부기관은 86개

(기금관리형 준정부기관 17개, 위탁집행형 준정부기관 69개), 기타 공공기관은 200개로서, 그 주요 공공기관은 다음과 같다.

【시장형 공기업】 ① 한국전력공사, ② 한국공항공사, ③ 한국광물자원공사, ④ 부산항만공사, ⑤ 인천국제공항공사, ⑥ 한국남동발전(주), ⑦ 한국남부발전(주), ⑧ 한국동서발전(주), ⑨ 한국서부발전(주), ⑩ 한국중부발전(주), ⑪ 한국수력원자력(주), ⑫ 한국가스공사, ⑬ 한국석유공사, ⑭ 한국지역난방공사.

【준시장형 공기업】 ① 한국철도공사, ② 한국도로공사, ③ 한국수자원공사, ④ 한국방송광고진흥공사, ⑤ 인천항만공사, ⑥ 한국토지주택공사, ⑦ 한국관광공사, ⑧ 제주국제자유도시개발센터, ⑨ 주택도시보증회사, ⑩ 한국마사회, ⑪ 울산항만공사, ⑫ 여수광양항만공사, ⑬ 한국조폐공사, ⑭ 대한석탄공사, ⑮ 한국감정원, ⑯ 해양환경관리공단.

【기금관리형 준정부기관】 ① 국민연금공단, ② 공무원연금공단, ③ 근로복지공단, ④ 기술신용보증기금, ⑤ 사립학교교직원연금공단, ⑥ 서울올림픽기념국민체육진흥공단, ⑦ 신용보증기금, ⑧ 영화진흥위원회, ⑨ 예금보험공사, ⑩ 중소기업진흥공단, ⑪ 한국무역보험공사, ⑫ 한국문화예술위원회, ⑬ 한국방송통신전파진흥원, ⑭ 한국언론진흥재단, ⑮ 한국원자력환경공단, ⑯ 한국자산관리공사, ⑰ 한국주택금융공사.

【위탁집행형 준정부기관】 ① 국민건강보험공단, ② 교통안전공단, ③ 국립공원관리공단, ④ 건강보험심사평가원, ⑤ 국제방송교류재단, ⑥ 농림수산식품교육문화정보원, ⑦ 대한무역투자진흥공사, ⑧ 한국국토정보공사, ⑨ 도로교통공단, ⑩ 독립기념관, ⑪ 선박안전기술공단, ⑫ 한국에너지공단, ⑬ 정보통신산업진흥원, ⑭ 중소기업기술정보진흥원, ⑮ 한국가스안전공사, ⑯ 한국교육학술정보원, ⑰ 한국농수산식품유통공사, ⑱ 한국농어촌공사, ⑲ 한국보훈복지의료공단, ⑳ 한국산업기술진흥원, ㉑ 한국산업단지공단, ㉒ 한국환경산업기술원, ㉓ 한국소방산업기술원, ㉔ 한국소비자원, ㉕ 한국수산자원관리공단, ㉖ 한국시설안전공단, ㉗ 한국해양수산연수원, ㉘ 한국원자력안전기술원, ㉙ 한국인터넷진흥원, ㉚ 한국장학재단, ㉛ 한국전기안전공사, ㉜ 한국전력거래소, ㉝ 한국정보화진흥원, ㉞ 한국철도시설공단, ㉟ 한국콘텐츠진흥원을 포함한 69개 공공기관.

【기타 공공기관】 ① 한국사회적기업진흥원, ② 한국공정거래조정원, ③ 국가평생교육진흥원, ④ 동북아역사재단, ⑤ 한국사학진흥재단, ⑥ 국토연구원, ⑦ 과학기술정책연구원, ⑧ 경제인문사회연구회, ⑨ 산업연구원, ⑩ 통일연구원, ⑪ 한국교육과정평가원, ⑫ 한국교육개발원, ⑬ 한국농촌경제연구원, ⑭ 한국법제연구원, ⑮ 한국행정연구원, ⑯ 한국노동연구원, ⑰ 한국개발연구원, ⑱ 한국직업능력개발원, ⑲ 한국환경정책평가연구원, ⑳ 한국해양수산개발원, ㉑ 한국형사정책연구원, ㉒ 한국여성정책연구원, ㉓ 한국국방연구원, ㉔ 코레일관광개발(주), ㉕ 중소기업은행, ㉖ 한국산업은행, ㉗ 한국예탁결제원, ㉘ 한국수출입은행, ㉙ 한국투자공사, ㉚ 농업정책보험금융원, ㉛ 한국문화재재단 , ㉜ 국민생활체육회, ㉝ 대한체육회, ㉞ 태권도진흥재단, ㉟ 한국문화정보원, ㊱ 한국문화예술교육진흥원, ㊲ 기초과학연구원, ㊳ 별정우체국연금관리단, ㊴ 한국건설기술연구원, ㊵ 한국과학기술정보연구원, ㊶ 한국생산기술연구원, ㊷ 한국원자력연구원, ㊸ 한국과학기술원, ㊹ 대한법률구조공단, ㊺ 정부법무공단, ㊻ 국립중앙의료원, ㊼ 국립암센터, ㊽ 대한적십자사, ㊾ 한국사회복지협의회, ㊿ 한국의료분쟁조정중재원, (51) 한국산업기술시험원, (52) 한국식품안전관리인증원, (53) 한국양성평등교육진흥원, (54) 한국국제교류재단, (55) 신용보증재단중앙회, (56) 중소기업유통센터, (57) 북한이탈주민지원재단, (58) 한국해양과학기술원, (59) 수도권매립지관리공사를 포함한 200개 공공기관.

이 법에 따르면, 주무기관의 장은 법률에 따라 정부의 출연근거가 규정되는 기관, 정부지원액이 총수입액의 2분의 1을 초과할 것으로 추계되는 기관, 정부가 단독으로 또는 정부와 공공기관이 합하여 자본금의 100분의 30 이상을 출자하는 것으로 규정되는 기관을 신설하고자 할 때에는 그 법률안을 입법예고하기 전에 기획재정부장관에게 그 기관 신설의 타당성에 대하여 심사를 요청하여야 한다(同法 7①).

Ⅳ. 공공기관의 운영

(1) 공공기관운영위원회

「공공기관의 운영에 관한 법률」에 따르면, 기획재정부장관 소속하에 공공기관운영위원회(이하 '운영위원회'라 함)를 둔다. 운영위원회는 ① 공기업·준정부기관과 기타 공공기관의 지정, 지정해제와 변경지정, ② 기획재정부장관에게 심사 요청된 공공기관의 신설 심사, ③ 공공기관의 경영공시, ④ 경영공시의무 위반에 대한 인사상 조치, ⑤ 공공기관의 기능조정, ⑥ 공공기관의 혁신지원, ⑦ 시장형 공기업과 준시장형 공기업의 선임비상임이사(先任非常任理事) 임명, ⑧ 공기업·준정부기관의 임원 임명, ⑨ 공기업·준정부기관의 경영실적 평가, ⑩ 공기업·준정부기관의 경영지침에 관한 사항 등을 심의·의결한다(同法 8). 이 법은 운영위원회의 구성(同法 9), 운영위원회의 회의(同法 10)에 관하여도 규정하고 있다.

(2) 공공기관의 경영공시(經營公示) 등

공공기관은 ① 경영목표와 예산 및 운영계획, ② 결산서, ③ 임원 및 운영인력 현황, ④ 인건비 예산과 집행 현황, ⑤ 자회사와의 거래내역 및 인력교류 현황, ⑥ 고객만족도 조사 결과, ⑦ 경영실적 평가 결과(공기업·준정부기관에 한함), ⑧ 감사 또는 감사위원회의 감사보고서(지적사항 및 처분요구사항과 그에 대한 조치계획 포함), ⑨ 주무기관의 장의 공공기관에 대한 감사결과(지적사항 및 처분요구사항과 그에 대한 조치계획 포함) 등과, ⑩ 그 밖에 공공기관의 경영에 관한 중요한 사항으로서 기획재정부장관이 운영위원회의 심의·의결을 거쳐 공시하도록 요청한 사항을 공시하여야 한다. 다만, 주무기관의 장은 국가안보상 필요하다고 인정하는 경우 기획재정부장관과 협의하여 일부를 공시하지 아니하도록 할 수 있다(同法 11①). 공공기관은 위의 각 호의 사항을 인터넷 홈페이지를 통하여 공시하여야 하고, 사무소에 필요한 서류를 비치하여야 한다(同法 11②).

기획재정부장관은 위의 규정에 따라 각 공공기관이 공시하는 사항 중 주요사항을 별도로 표준화하여 이를 통합공시할 수 있으며(同法 12①), 국민에게 직접 서비스를 제공하는 공공기관은 ① 기본 임무, ② 제공하는 서비스의 내용과 바람직한 서비스의 수준, ③ 제공하는 서비스에 대한 불만처리, 시정 절차 및 배상 등의 책임, ④ 제공하는 서비스의 향상을 위한 노력 및 계획 등이 포함된 고객헌장을 제정하여 공표하여야 하고(同法 13①), 그 공공기관의 서비스를 제공받는 국민을 대상으로 연 1회 이상 고객만족도 조사(통합조사 가능)를 실시하여야 한다(同法 13②).

기획재정부장관은 주무기관의 장과 협의한 후 운영위원회의 심의·의결을 거쳐 공공기관이 수행하는 기능의 적정성을 점검하고 기관통폐합, 기능 재조정 및 민영화(民營化) 등에 관한 계획을 수립하여야 하며, 필요한 때에는 운영위원회의 심의·의결을 거쳐 원활한 계획집행을 위하여 필요한 조치를 주무기관의 장에게 요구할 수 있다(同法 14①③). 공공기관은 경영효율성 제고 및 공공서비스 품질 개선을 위하여 지속적인 경영혁신을 추진하여야 한다(同法 15①).

(3) **공기업·준정부기관의 운영**

이 법은 공기업·준정부기관의 정관(定款)에 기재할 사항과 정관에 대한 주무기관장의 인가(同法 16①②), 공기업·준정부기관의 이사회 설치 및 그 기능과 이사회에 보고할 사항(同法 17①②), 이사회의 구성(同法 18), 이사회의 회의(同法 19), 감사위원회 등 위원회의 설치(同法 20), 선임비상임이사(同法 21), 이사회의 기관장 해임 요청(同法 22①), 비상임이사의 감사 요청 및 자료 요구(同法 22②③), 기금관리형 준정부기관의 기금운용심의회 설치(同法 23)에 관하여 규정하고 있다.

공기업·준정부기관에 임원으로 기관장을 포함한 이사와 감사(감사위원회를 두지 않을 경우)를 두며, 이사는 상임 및 비상임으로 구분한다(同法 24①②).

이 법은 공기업·준정부기관의 상임이사의 정수와 감사(同法 24③④⑤), 공기업·준정부기관의 임원의 임면(同法 25·26), 사원총회가 있는 공기업·준정부기관의 임원 선임에 관한 특례(同法 27), 공기업·준정부기관의 임원의 임기(同法 28), 공기업·준정부기관의 임원추천위원회의 설치 및 구성(同法 29), 공기업·준정부기관의 임원후보자 추천 기준(同法 30), 이사회와 기관장 후보자의 계약안(契約案) 및 임원추천위원회의 기관장 후보자와의 계약안 협의후 주무기관의 장에 대한 협의결과 통보(同法 31①②), 주무기관의 장의 기관장 임명예정자와의 계약 체결 및 그 내용 변경(同法 31③④), 기관장의 해당 기관 상임이사와의 성과계약 체결 및 그 이행실적 평가(同法 31⑥), 공기업·준정부기관의 임원의 직무(同法 32), 공기업·준정부기관의 임원의 보수기준(同法 33), 공기업·준정부기관의 임원의 결격사유(同法 34), 이사·감사의 의무와 책임(同法 35), 비상임이사와 감사에 대한 직무수행실적 평가(同法 36), 임직원의 겸직제한(同法 37)에 대하여도 규정하고 있다.

공기업·준정부기관의 회계연도는 정부의 회계연도에 따른다(同法 38). 공기업·

준정부기관의 회계는 경영성과와 재산의 증감·변동 상태를 명백히 표시하기 위하여 그 발생 사실에 따라 처리한다(同法 39①). 공기업·준정부기관은 공정한 경쟁이나 계약의 이행을 해칠 것이 명백하다고 판단되는 사람·법인 또는 단체 등에 대하여 2년의 범위 내에서 일정기간 입찰참가자격을 제한할 수 있다(同法 39②).

이 법은 공기업·준정부기관의 중장기(中長期)재무관리계획의 수립(同法 39의2), 공기업·준정부기관의 예산 편성(同法 40), 공기업·준정부기관의 준예산(同法 41), 공기업·준정부기관의 운영계획 수립(同法 42), 공기업·준정부기관의 결산서 제출(同法 43), 공기업의 자본금 전입 협의(同法 43의2), 공기업·준정부기관의 회계감사인의 선임(同法 43의3), 회계감사인·이사·감사 또는 감사위원회 위원 등의 공기업·준정부기관 또는 제3자에 대한 손해배상책임(同法 43의4), 공기업·준정부기관의 물품구매와 공사계약의 위탁(同法 44), 정부의 공기업·준정부기관 자본금 출자의 방법(同法 45)에 대하여 규정하고 있다.

이 법은 공기업·준정부기관의 장의 경영목표 수립(同法 46), 기획재정부장관과 주무기관장에 대한 공기업·준정부기관의 경영실적 등의 보고(同法 47), 기획재정부장관의 공기업·준정부기관의 경영실적 평가 및 공기업·준정부기관경영평가단의 구성·운영(同法 48), 기획재정부장관의 공기업·준정부기관의 경영상황 등에 관한 연차보고서의 작성·공표(同法 49), 기획재정부장관의 공기업·준정부기관의 경영지침 통보(同法 50), 기획재정부장관과 주무기관의 공기업·준정부기관에 대한 감독(同法 51), 공기업·준정부기관의 업무와 회계에 관한 감사원 감사(同法 52), 공기업·준정부기관에 대한 감사결과 등의 국회 제출(同法 52의2)에 대하여도 규정하고 있다.

또한 이 법은 공기업·준정부기관의 임직원, 운영위원회의 위원과 임원추천위원회의 위원으로서 공무원이 아닌 사람에 대한 벌칙 적용에서의 공무원 의제(同法 53), 주식이 대통령령으로 정하는 증권시장에 상장되지 아니한 공기업·준정부기관에 대한 소수주주권의 행사와 주주제안(同法 54), 회계감사인, 회계감사인에 소속된 공인회계사, 감사 또는 회계감사인선임위원회의 위원의 비위행위에 대한 벌칙(同法 55), 공기업·준정부기관의 회계업무를 담당하는 자의 비위행위에 대한 벌칙(同法 56)에 대하여도 규정하고 있다.

이 법에 따라 지정된 공공기관(공기업·준정부기관·기타 공공기관)들은 그 설립을 규정한 개별 법률들에 의거한 주무 행정청(예; 한국철도공사에 대한 국토교통부장관, 한국광물자원공사에 대한 산업통상자원부장관, 한국마사회에 대한 농림축산식품부장관, 한국관광공사에 대한 문화체육관광부장관, 근로복지공단에 대한 고용노동부장관, 사립학교교직원연금공단에 대한 교육부장관, 신용보증기금에 대한 금융위원회, 도로교통공단에 대한 경찰청장, 한국소비자원에 대한 공정거래위원회, 한국투자공사에 대한 기획재정부장관, 한국문화재재단에 대한 문화재청장, 기초과학연구원에 대한 미래창조과학부장관 등)의 감독을 받고, 이 법 및 감사원법에 따라 감사원의 감사를 받기도 한다.

기술된 바와 같이, 이 법에 따른 공공기관들은 이 법에 의거하여 기획재정부장관과 그 소속하에 설치된 공공기관운영위원회의 통제를 받는데, 공기업·준정부기관으로 지정된 법인·단체·기관들은 경영공시, 경영평가, 이사회 등 임원 임면과 예산편성·회계·경영지침 등에 대하여 많은 통제를 받고, '기타 공공기관'으로 지정된 법인·단체·기관들은 경영공시, 고객만족도 조사 등에 관하여 비교적 적은 통제를 받는다.

제2장
행정작용(行政作用)에 관한 법

국가나 지방자치단체(실제로는 행정기관들)가 공공목적 달성을 위하여 행하는 모든 법률적 작용과 사실적 작용을 '행정작용'이라 하며, 그에 관한 수많은 국내공법(國內公法)들을 포괄하여 행정작용법이라 한다. 위에서 '법률적(또는 법적) 작용'이란 국민의 권리·의무에 직접 영향을 미치는 작용을 말하며, '사실적 작용'이란 도로보수공사·

쓰레기수거·공원관리·기술지원 등과 같이 국민의 권리·의무에는 직접 영향을 미치지 않고 어떤 상태나 결과에 변화를 초래하는 작용을 말한다.

행정작용은 정부조직법에 따른 중앙행정기관별로 그 분야를 분류할 수도 있으며, 행정작용의 직접 목적과 내용에 따라 행정작용의 분야를 ① 국민의 생명·건강의 안전과 사회질서유지를 위한 안전·질서행정, ② 국민복지증진을 위한 복리행정, ③ 국가의 존립·기능유지를 위한 행정으로 크게 분류할 수도 있다.

위의 복리행정은 다시 그 내용에 따라 ① 도로·공원 등 여러 가지 공물을 설치·관리함으로써 국민생활편익에 기여하는 공물행정, ② 각종 공익사업을 시행함으로써 국민생활의 질을 향상시키는 공익사업행정, ③ 일정한 사업·산업의 지원·육성을 위한 조성행정(助成行政), ④ 사회보험·공공부조·사회서비스제공 등에 관한 사회보장행정, ⑤ 합리적 국토관리를 위한 토지행정, ⑥ 환경보전을 위한 환경행정, ⑦ 균형있는 국민경제발전을 위한 경제행정 등의 여러 분야로 분류할 수 있다.

그리고 국가의 존립·기능유지를 위한 행정('국가목적적 행정')은 그 내용에 따라 ① 재무행정, ② 군사행정, ③ 남북협력·외교행정으로 분류할 수 있다.

이 장(章)에서는 행정작용의 직접 목적과 내용에 따른 분야별 행정작용에 관한 현행 법률들을 확인하고, 그 중 일부 주요 법률들의 내용을 살피기로 한다.

그런데 행정주체가 행하는 행정작용의 법적·사실적 형식을 행정법이론상 '행정의 행위형식'이라 하며, 각각의 '행정의 행위형식'에 따라 그 요건·효과나 관련 분쟁의 해결을 위한 쟁송방법(爭訟方法) 등이 다를 수 있음에 유념할 필요가 있다.

한편, 행정작용은 관계법이 행정작용과정에서 거쳐야 할 일정한 행정절차를 규정하고 있는 경우에 그 절차를 거쳐 행해지며, 일정한 공공목적을 위하여 관계법에 의거하여 개인 등에게 과해진 의무가 불이행된 경우에 그 의무의 이행을 확보하기 위한 조치(행정작용의 실효성확보수단)들을 불가피하게 수반(隨伴)하게 된다.

그리하여 이 장에서 각 분야별 행정작용에 관한 일부 주요 법률들의 내용(제4~14절)을 살피기에 앞서, '행정의 행위형식'과 '행정절차에 관한 법' 및 '행정작용의 실효성확보에 관한 법'의 기본적 이론과 그 개요부터 먼저 제1~3절에서 고찰하기로 한다. 행정의 실효성확보작용은 특수한 유형의 행정의 행위형식이라 할 수 있다.

제1절

행정의 행위형식

행정작용법의 규율대상인 행정작용의 내용은 국가기능의 변화에 따라 시대적으로 달라져왔다고 할 수 있다. 구미(歐美)에서 군주주의체제에 대한 시민적 항의로서 일어난 영국의 명예혁명(1688)과 미국의 독립(1776) 그리고 프랑스의 대혁명(1789) 등을 계기로 하여, 18세기의 절대주의적 군주국가는 19세기의 자유주의적 법치국가로 대치되었고, 다시 독일의 '바이마르'(Weimar) 헌법(1919)을 기점으로 하여 20세기 이후 사회적 법치국가로 발전하였다.

19세기의 구미 국가는 자유주의사상에 기(基)하여 주로 국방과 질서유지를 담당하고, 나머지 국민생활에 관한 것은 최대한으로 개인의 자유에 방임하였었는데, 20세기 이후에는 모든 민주국가들이 국민의 자유보장이나 사회질서유지와 같은 소극적인 기능뿐만 아니라, 국민생활에 필요한 각종 급부(給付)를 제공하고 모든 국민의 인간다운 생활을 보장하며 국민생활여건을 바람직하게 형성하기 위한 적극적·능동적인 복리행정작용을 활발히 전개하고 있다.

광범·다양한 내용의 행정작용에 관한 법리(法理) 검토에 있어서 그 비중이 크게 다루어지는 것은 다음의 두 가지이다.

즉, 그 첫째는 행정주체(실제로는 행정기관)가 행정목적달성을 위하여 구체적인 행정작용을 행함에 있어서 취하는 법적·사실적 행위형식(行爲形式) 중에서 주요한 것들을 개개의 행정작용의 목적이나 기능과는 관계없이 횡단적(橫斷的)·통칙적(通則的)으로 고찰하여 각각의 법적 특색을 밝히는 것이고, 그 둘째는 행정작용을 주로 그 직접목적과 내용별로 분류하여 각 분야별 행정작용의 특색을 포착하고 이를 체계화하며, 각 분야별 행정작용에 관한 법규들에 내재되어 있는 법원리 등을 도출하는 것이다.

이 중 전자(前者), 즉 행정의 행위형식에 관한 것은 일반 행정작용법의 주된 연구대상으로서 이 절(제1절)에서 개설(槪說)하고, 후자(後者)는 분야별(또는 특별) 행정작용법의 연구대상으로서 후술하는 제4~14절에서 그 개요를 살피기로 한다.

Ⅰ. 개관(행정상 법률관계의 변동과 행정작용의 형태)

(1) 행정상 법률관계의 변동원인

'행정상 법률관계'는 행정과 관련하여 형성되는 법률관계(주로 권리·의무관계)를 의미하는데, 이는 수시(隨時)로 발생·변경·소멸(이를 '변동'이라 함)하기도 한다.

행정작용으로 인하여 사인(私人)의 권리·의무에 변동이 생기거나 권익이 침해된 경우는 행정주체와 그 사인 간의 행정상 법률관계에 변동이 일어난 것이며, 경우에 따라 행정구제(行政救濟, 후술 제3장 참조)문제가 야기될 수 있다.

그러나 행정작용으로 인하여 행정상 법률관계에 변동이 생기지 아니하는 경우도 있으며, 이러한 경우에는 행정구제문제도 야기되지 아니한다.

행정작용 중 국민의 권리·의무에 직접 영향을 미치는 '법률적 작용'은 행정상 법률관계의 변동원인이 되며, 국민의 권리·의무에는 직접 영향을 미치지 않고 어떤 상태나 결과에 변화를 일으키는 '사실적 작용'은 원칙적으로 행정상 법률관계의 변동원인이 되지 아니한다.

행정작용이 아닌 다른 요인에 의하여 행정상 법률관계가 변동되는 경우도 있다.

여기서 행정작용을 포함하여 행정주체와 국민 간의 행정상 법률관계를 변동시키는 원인들을 개괄적으로 살펴볼 필요가 있다.

1) 법령의 규정에 의한 행정상 법률관계의 변동과 법규하명(法規下命)

법령이 직접 국민에게 일정한 권리를 부여하거나 작위(作爲)·부작위(不作爲) 등의 의무를 부과함으로써, 법령의 규정에 의하여 행정상 법률관계가 성립 또는 변동되는 경우가 많다. 국민기초생활보장법·의료급여법 등 여러 사회보장관계법이 일정한 국민에게 사회보장수급권을 인정하고, 여러 세법(稅法)이 납세의무자에게 각종 조세신고납부의무와 과세자료 신고의무 등을 부과하고 있는 것이 그 예이다.

행정영역에서 법령이 직접 불특정다수의 관계자에게 일정한 의무(작위의무·부작위의무·급부의무·수인의무 등)를 부과하는 것을 행정법이론상 '법규하명'이라 한다. 도로교통법에 의한 일정 장소에서의 주·정차(駐·停車)의 금지나 주취(酒醉) 중 운전금지, 식품위생법에 의한 위해(危害)식품의 제조·판매금지, 청소년보호법에 의한 청소년유해행위금지, 국민건강보험법에 의한 국민건강보험에의 가입의무,

「독점규제 및 공정거래에 관한 법률」에 의한 불공정거래행위금지, 「물가안정에 관한 법률」에 의한 매점매석행위금지 등이 그 예이다.

법률이 불특정다수 관계자의 일정한 작위의무사항이나 부작위의무(금지)사항 등을 대통령령·총리령·부령·고시 등으로 정하도록 위임한 바에 따라 행정입법(후술 Ⅱ. 참조)에서 관계자의 작위·부작위의무 등을 정한 것도 법규하명에 해당한다.

법규하명은 법규명령(대통령령·총리령·부령) 자체와 구별되는 개념이고 행정청의 처분으로서의 하명(의무부과처분)과도 다른 것이다.

법규하명으로써 과해진 의무를 위반한 자에 대하여는 벌칙규정에 의거하여 행정벌(후술 제3절 3. 참조)이 과해지는 것이 보통이다.

2) 행정청의 처분 등에 의한 행정상 법률관계의 변동

법령에 의거한 행정청의 처분이나 처분성이 있는 행정작용에 의하여 행정상 법률관계가 변동되는데, 이 경우에 행정쟁송(行政爭訟)이 많이 야기되기도 한다.

'처분'이란 행정청이 행하는 구체적 사실에 관한 법 집행으로서의 공권력의 행사 또는 그 거부 등으로서, 국민의 권리·의무에 직접 영향을 미치는 행정청의 각종 조치(예; 건축허가·조세부과·영업정지처분 등)라고 할 수 있다(후술 Ⅲ. 참조).

'처분성이 있는(또는 처분적인) 행정작용'이란 행정기관이 행하는 작용 중에서 처분은 아니지만 국민의 권리·의무에 영향을 미치는 권력적 작용으로서 처분과 유사한 성질을 지닌 작용을 말하며, 구속적 행정계획(후술 Ⅳ. 참조), 행정상 즉시강제(후술 Ⅴ. 참조), 행정강제(후술 제3절 1. 2. 참조) 등이 그 예이다.

원래 사실행위(후술 Ⅴ. 참조)인 행정조사도 비권력적으로 행해지면 처분성이 인정될 수 없지만, 그것이 권력적으로 행해지는 경우에는 조사를 받는 당사자의 권익에 직접 영향을 미치므로 처분성이 있는 행정작용이 될 수 있다.

3) 기타의 법적 행위 등에 의한 행정상 법률관계의 변동

행정상 법률관계는 공법상 계약(후술 Ⅶ. 참조), 행정상 사법행위(후술 Ⅷ. 참조) 등 행정주체의 비권력적인 기타의 법적 행위나 공법상 부당이득(大判 2009.9.10, 2009다11808. 大判 2000.4.11, 99다4238), 행정작용이 아닌 사인(私人)의 공법행위(후술 제2절 1. Ⅲ. 참조) 등에 의하여 형성·변경되기도 한다.

4) 자연적 사실로 인한 행정상 법률관계의 변동

행정상 법률관계가 자연적 사실로 인하여 변동되는 경우도 있다. 그 예로는 권리·의무의 주체인 자가 사망하거나 소멸시효(大判 2006.2.10, 2003두5686. 大判 1991.7.26, 91다5631)·취득시효·제척기간 등 일정한 기간이 경과하거나 선거권취득연령(19세)도달, 과세대상 물건의 멸실 등을 들 수 있다.

5) 행정작용으로 인하여 행정상 법률관계에 변동이 생기지 아니하는 경우

행정작용 중에는 국민에 대하여 법률효과(권리·의무의 발생·변경·소멸)를 야기함을 직접 목적으로 하지 않고 어떤 상태 등의 변화를 직접 목적으로 하는 '행정상 사실행위(事實行爲)'로 이루어지는 '사실적 행정작용'에 해당하는 작용들도 많다.

행정상 사실행위 중 '비권력적 사실행위'는 원칙적으로 행정상 법률관계를 발생 또는 변경시키지 아니한다. 다만, 행정기관이나 관계 공무원이 비권력적 사실행위를 행하면서 사인에게 불측(不測)의 피해를 입힌 경우와 같이, 예외적으로 비권력적 사실행위로 인하여 행정주체와 사인 간에 법률관계가 형성될 수는 있다.

도로법에 따른 도로의 개설·관리, 하수도법에 따른 공공하수도 설치·관리나 하수·분뇨의 유출·처리, 「도시공원 및 녹지 등에 관한 법률」에 따른 도시공원·공원녹지 등의 조성·관리, 폐기물관리법에 따른 생활폐기물의 수거·처리, 하천법에 따른 하천관리, 도서관법·「박물관 및 미술관 진흥법」·「체육시설의 설치·이용에 관한 법률」에 따른 도서관·박물관·미술관·체육시설의 설치·관리, 문화산업진흥기본법에 따른 문화산업진흥을 위한 기술의 개발과 조사·연구사업의 지원, 중소기업기본법에 따른 중소기업의 경영·기술의 지도 및 집단화·협동화 촉진, 「농업·농촌 및 식품산업기본법」·「농어촌도로 정비법」·「농어촌마을 주거환경 개선 및 리모델링 촉진을 위한 특별법」·종자산업법 등에 따른 농어촌도로포장·농어촌주택개량·우량종묘공급 등, 많은 법률들에 의거하여 '비권력적인 행정상 사실행위'가 행정작용에서 다양하게 행해지고 있다.

도로법에 의거하여 도로가 개설·관리되어도 원칙적으로 그것이 도로이용자에게 도로이용의 반사적 이익(反射的 利益)을 줄 수 있지만 행정상 법률관계를 형성하지 아니하는 것처럼(大判 1992.9.22, 91누13212), 비권력적인 '행정상 사실행위' 내지 '사실적 행정작용'은 특별한 사유가 없는 한 행정상 법률관계(행정법관계 포함)의 변동원인이 되지 아니하므로, 행정구제법상의 큰 관심사항도 되지 아니한다.

그러나 '비권력적인 사실적 행정작용'은 국민생활여건을 개선·향상시키고 공공복리를 증진함에 있어서 매우 중요한 의미를 지닌다. 이는 매일 이루어지고 있는 생활폐기물이나 하수의 수거·이송·처리 등과 같이, 행정주체가 상당한 재원(財源)을 투입하면서 공공복리증진을 위하여 행하는 다양한 공물행정·공익사업행정·조성행정 등이 기본적으로 비권력적인 사실적 행정작용으로 행해지고, 그러한 작용이 현실적으로 일반 공중의 생활이익을 크게 증대시키는 경우가 많기 때문이다.

오늘날 관계 법률에 근거하여 다양하게 행하여지고 있는 비권력적인 사실적 행정작용에서 관련 정책·계획형성과정에의 국민참여 및 국민의사반영, 구체적 공공시설설치·사업시행·사업지원 등의 필요성·타당성·시의성(時宜性) 검토 및 비용·효과의 사전 분석 평가제도 확립, 비권력적 공익사업·공물관리 등의 위탁·대행시의 적법성·적정성 확보(생활폐기물 수집·운반을 대행하게 할 경우의 관계 행정청의 준수사항을 규정한 폐기물관리법 제14조 제8항 참조), 공공시설관리·공익사업경영의 효율성·공공성의 지속적 확보방안 수립 등이 필요한 실정이다.

6) 공법관계형성·국민생활여건형성·행정절차 등에 관한 법

행정작용에 관한 법들 중 위 1) 항목에 기재된 법률들과 같이 일정한 요건의 국민에 대한 권리·의무를 규정하는 법들과, 위 2)·3) 항목의 처분·공법상 계약 등 행정상 공법관계의 변동을 직접 야기하는 '행정의 행위형식'들에 관하여 규정하는 법률 또는 법률규정(이하 '법규'라 함)들은 행정상 공법관계형성에 관한 법으로서의 성격이 강한 법규라 하겠다. 다만, 위 3) 항목의 행정상 사법행위에 관한 법규는 원칙적으로 행정상 사법관계를 형성·변동시킨다.

그러나 위 5) 항목에 기재된 법들과 같이 국민복지증진을 위한 '비권력적인 사실적 행정작용'의 시책·근거 등을 주로 규정한 법규들은 국민생활여건형성에 관한 법으로서의 성격이 강한 법규들이라 할 수 있다.

위에서 '행정상 공법관계형성에 관한 법'은 국가·지방자치단체(또는 행정기관)와 국민 간에 주장할 수 있는 공권(公權)이나 공의무를 주로 규정하는 법을 의미하며, 이러한 법에는 행정심판이나 행정소송의 제기에 관한 규정도 흔히 들어 있다.

한편, '국민생활여건형성에 관한 법'은 국민생활에 필요한 시설·사업·여건 등 바람직한 사회적·물적 상태의 조성(造成)에 관한 사항을 주로 규정하는 법을 의

미하며, 이러한 법에는 행정심판·행정소송의 제기에 관한 규정이 별로 없다.

그런데 식품위생법의 위해식품 제조·판매금지규정이 행정상 공법관계의 형성에 관한 규정이면서, 식품위생분야에서 안전한 국민생활여건의 형성에 기여할 수 있듯이, 행정상 공법관계형성에 관한 법규들이 국민생활여건형성에 기여하기도 한다.

또한, 비권력적인 사실적 행정작용에 관하여 주로 규정하는 법규들이 행정입법(후술 Ⅱ. 참조)의 근거를 정하는 경우가 있으며, 부수적으로 수도법상의 수도사용료부과규정, 도로법상의 도로점용허가규정, 공익사업을 위한 토지수용규정, 긴급상황에서의 인적·물적 공용부담 부과근거규정 등과 같이 일정한 경우에 행정상 공법관계를 형성·변동시킬 수 있도록 규정하는 경우도 있다.

후술하는 제2절에서의 행정절차법 등 일정한 행정작용과정에서의 행정주체의 시책과 더불어 국민의 절차적 권리와 그에 상응하는 행정기관의 절차적 의무를 주로 규정하는 법규(행정절차에 관한 법)들이 행정상 공법관계를 형성하기도 한다.

(2) 행정작용의 형태와 행정의 행위형식

행정주체(실제로는 행정기관)의 행정작용의 형태는 여러 가지 기준에 따라 다양하게 분류될 수 있다.

1) 법적 행위(法的 行爲)와 사실행위(事實行爲)

행정작용 중 '법률적 작용'은 행정주체의 '법적 행위'로 이루어지고, '사실적 작용'은 행정주체의 '행정상 사실행위'로 이루어진다. 행정주체의 법적 행위와 사실행위의 구분은 직접적인 법률효과의 발생 여부를 기준으로 한 것이다.

행정주체의 '법적 행위'란 일정한 법률효과, 즉 어떠한 권리 또는 의무의 발생이나 변경·소멸 등을 일으키는 행위를 말한다. 행정입법상의 법규하명, 법령에 의거한 행정청의 처분, 구속적 행정계획 등은 행정주체의 법적 행위의 예이다.

법적 행위로써 야기되는 법률효과는 공법적 효과(공법상의 권리·의무의 발생·변경·소멸)나 사법적 효과(사법상의 권리·의무의 변동)를 불문하며, 그 법률효과의 귀속주체도 개인·단체·법인·공공기관·국가·지방자치단체를 불문한다.

법적 행위는 다시 그것이 공법(公法)의 규율을 받는가, 아니면 사법(私法)의 규율을 받는가에 따라 공법행위(公法行爲)와 사법행위(私法行爲)로 분류할 수 있다.

행정주체의 '공법행위'란 헌법·행정법 등 공법의 규율을 받으며 공법적 효과를 야기(惹起)하는 행위를 말하고(예; 행정입법·처분·공용수용·공법상 계약 등), 행정주체의 '사법행위'란 민법·상법 등 사법의 규율을 받으며 사법적 효과를 야기하는 행위를 말한다(예; 행정작용 중의 사법상 계약 등).

공법행위에는 행정주체(행정기관)의 공법행위와 사인(私人)의 공법행위가 있는데, 일반적인 '사인의 공법행위'는 행정주체가 아닌 사인이 행하는 것으로서 행정작용의 형태에 포함되지 않는다(다만, 공무수탁사인의 공법행위는 예외).

그런데 행정기관(행정주체)의 공법행위에 부수적으로 사법적 효과가 발생하고, 사법행위에 부수적으로 공법적 효과가 발생하는 경우도 있다. 즉, 공용수용(公用收用)과 같은 공법행위가 소유권의 변동이라는 사법적 효과를 발생시키기도 하며, 국유 부동산의 매매라는 사법행위에 따라 부동산 소유권의 취득·상실이라는 사법적 효과 외에 부수적으로 취득세 납부의무발생의 공법적 효과가 야기되기도 한다.

'사실적 행정작용'에서 행정주체가 행하는 '행정상 사실행위'란 전술한 바와 같이, 일정한 법률효과의 발생을 직접 목적으로 하지 않고 사실상의 새로운 결과나 상태의 변화를 직접 목적으로 하여 행하는 일체의 행위를 말한다(후술 V. 참조).

2) 권력적 행정작용과 비권력적 행정작용

행정작용을 행함에 있어서 행정주체(행정기관)의 공권력 행사가 전제되는지 여부에 따라 행정작용을 권력적 행정작용과 비권력적 행정작용으로 분류할 수 있다.

'권력적 행정작용'은 행정주체가 개인 등에 대하여 우월한 공권력 주체의 지위에서 행하는 작용이다. 행정주체가 처분으로써 권력적으로 개인 등에 대하여 권리·의무를 발생·변경·소멸시키는 작용이 그 예이다.

'비권력적 행정작용'이란 행정주체가 공적 사업·시설 등의 경영·관리주체의 지위에서 비권력적으로 급부·조성(助成)·장려·관리·보호·조정·권고 등을 행하는 작용을 말한다. 비권력적 행정작용의 행위형식의 예로는 공법상 계약, 행정지도, 비구속적(非拘束的) 행정계획, 비권력적인 행정상 사실행위 등을 들 수 있다.

3) 일반적·추상적 규율과 개별적·구체적 규율

'일반적·추상적 규율'은 행정주체가 불특정 다수인을 상대로 동종(同種)의 여러 사안에 대하여 규율하는 법적 행위이며(예; 행정입법), '개별적·구체적 규율'은 행정주체가 특정인을 상대로 특정 사안에 대하여 규율하는 법적 행위이다(예; 처분). 이와 같은 두 가지의 기본적 행위형식을 토대로 하여 다시 '일반적·구체적 규율'과 '개별적·추상적 규율' 등의 행정작용형태의 분류도 가능하다.

4) 대인적(對人的) 작용과 대물적(對物的) 작용

대인적 작용은 행정주체가 직접 사람에 대하여 규율하는 작용이며, 대물적 작용은 행정주체가 직접적으로는 물건·시설의 상태 등에 대하여 조치하고 물건의 소유주나 관리자 등 사람에 대해서는 간접적으로 법적 효과가 미치도록 하는 작용이다.

5) 수익적(授益的) 작용과 침익적(侵益的) 작용

수익적 작용은 행정주체가 개인 등에게 이익을 주는 행정작용으로서, 각종 사회보장급부를 지급·제공하는 작용이 그 예이다. 침익적 작용은 공공목적을 위하여 개인 등에게 일정한 의무를 과하거나 권리를 제한하는 등 불이익을 주는 작용이다.

6) 일방적 행위와 쌍방행위

일방적 행위는 행정주체가 상대방보다 우월한 지위에서 일방적·권력적으로 행하는 행위이고(예; 처분), 쌍방행위는 행정주체가 상대방과 대등한 지위에서 상대방과의 의사합치(意思合致)를 통해서 행하는 비권력적 행위이다(예; 공법상 계약).

7) 공식적(公式的) 행정작용과 비공식적(非公式的) 행정작용

공식적 행정작용이란 행정기관이 각종 처분이나 행정강제 등을 행하는 경우와 같이 그 근거·절차·요건·효과 등이 법에 정하여져 있고 법적 효력(구속력 등)을 발생하는 행정작용을 말한다.

비공식적 행정작용이란 그 근거·형식이나 절차 등이 법에 정하여져 있지 않은 경우에 행정기관이 공공목적을 위하여 법에 의거하지 않고 행하는, 개인·단체 등과의 교섭·타협 등의 행위를 의미한다.

위와 같은 행정작용의 형태분류를 토대로 하여 구체적인 '행정의 행위형식'으로서 ① 행정입법, ② 처분(행정행위), ③ 행정계획, ④ 행정상 사실행위·즉시강제, ⑤ 행정상 확약, ⑥ 공법상 계약, ⑦ 행정상 사법행위 등을 고찰할 필요가 있으

며, 이에 관하여는 후술 Ⅱ.~Ⅸ. 항목에서 서술한다.

(3) 행정의 행위형식에 따른 상이한 분쟁해결제도

행정작용이 잘못 행하여져서 행정주체(행정기관)와 사인(私人) 간에 분쟁이 발생한 경우에 그 해결방법은 행정의 행위형식에 따라 서로 다른 점이 있다.

행정심판법(同法 2ⅰ)이나 행정소송법(同法 2①ⅰ)은 행정청이 행하는 구체적 사실에 관한 법집행으로서의 공권력의 행사 또는 그 거부와 그 밖에 이에 준하는 행정작용을 '처분'으로 정의(定義)하고, 하자 있는 처분 등에 대하여 항고쟁송(행정청의 공권력 행사·불행사 등의 위법·부당 여부를 다투는 행정심판·행정소송)을 제기할 수 있도록 규정하고 있다.

즉, 항고쟁송의 대상이 될 수 있는 것은 '처분'과 처분성(處分性)이 있는 (또는 처분적인) 행정작용이며(大判 2012.6.14, 2010두19720), 국민의 권익에 직접 영향을 미치는 구속적 행정계획이나 행정상 확약도 항고쟁송의 대상이 될 수 있고, 행정상 사실행위 중 권력적 사실행위도 항고쟁송의 대상이 될 수 있다.

행정입법은 그것이 별도의 집행행위(행정입법에 따른 처분 등) 없이 직접 구체적으로 특정 국민의 권익을 침해하는 경우(처분적 행정입법인 경우)에 항고쟁송의 대상이 될 수 있다(후술 Ⅱ. 참조).

그러나 비구속적인 행정계획이나 비권력적 사실행위는 원칙적으로 항고쟁송의 대상이 되지 아니하며, 행정상 법률관계의 형성·변동요인도 되지 아니한다.

공법상 계약에 관한 분쟁은 행정심판의 대상이 될 수 없고, 행정소송 중 항고소송(행정청의 공권력행사 등에 대하여 제기하는 소송)이 아니라 당사자소송(공법상의 법률관계에 대하여 제기하는 소송)의 대상이 된다(그러나 실제로는 민사소송으로 제소되는 경우도 있다).

행정주체가 일방 당사자가 되어 체결하는 사법상 계약이나 기타 행정청의 사법행위(私法行爲)는 행정상 사법관계에서의 행위이고 민사소송의 대상이 된다.

항고소송이나 당사자소송은 행정상 공법관계에서 야기된 분쟁사건에 관한 소송들이며(이들 소송에 관하여는 이 책 제3장 제4절 Ⅱ. Ⅲ. Ⅳ. Ⅴ.에서 서술함), 민사소송은 사법관계에서 야기된 분쟁사건에 관한 소송이다.

따라서 구체적·개별적인 행정작용에 있어서 근거가 되고 적용되는 법규가 공법규정인지 사법규정인지를(공법에 사법규정이 들어있는 경우도 있음) 확인하고 그 법률관계를 구분하는 것과, 관계법규에 의거하여 행정청 등 행정기관이 실제로 행하는 행위·조치들이 법적으로 어떠한 성질을 가지는 '행정의 행위형식'이며, 그 행정작용이 권력적 작용인지 아니면 비권력적 작용인지를 판단하는 것은, 행정작용에서 야기되는 분쟁사건의 해결에 있어서 기본적이고도 매우 중요한 일이라 하겠다.

한편, 원칙적으로 법적 분쟁의 대상이 되지 아니하는 비권력적인 사실적 행정작용에서는 그 사실적 행정작용의 시의성(時宜性)·적정성 및 비용·효과의 분석과 국민의사반영 등이 중요 관심사가 될 수 있으며, 사실적 작용의 위탁·대행이 이루어지는 경우(예; 공공시설관리위탁, 공익사업대행, 용역시행)에는 행정주체와 수탁자(受託者)간의 행정상 법률관계가 형성되고, 그에 관한 적법성확보가 요구된다.

II. 행정입법

'행정입법(行政立法)'이란 행정기관이 법조(法條)의 형식으로 일반적·추상적 규범을 정립(定立)하는 작용을 말하며, 행정기관에 의하여 제정된 일반적·추상적 규범 자체를 행정입법이라고도 한다. 위에서 '일반적·추상적 규범'이란 불특정 다수인에 대하여 적용되고 불특정 다수의 경우(사안)에 적용되는 규범이라는 뜻이다.

오늘날 행정과제의 증대에 따라 여러 가지 공공목적을 실현하기 위한 기술적 내용을 담은 수다한 행정관련 법률들이 제정되고, 그에 부수(附隨)하여 행정입법이 많아지고 그 기능도 증대되고 있다(憲裁 2006.12.28, 2005헌바59. 憲裁 2004.10.28, 99헌바91).

헌법은 제40조에서 "입법권은 국회에 속한다."라고 규정하면서도, 제75조에서 대통령령, 제95조에서 총리령·부령, 제76조에서 국가위기시의 대통령의 긴급명령, 긴급재정·경제명령의 제정근거를 규정하여 행정입법을 인정하고 있다.

위의 헌법 제40조에 따른 국회의 '입법(법률제정)'과 헌법 제75·76·95조에 따라 대통령·국무총리·행정각부장관이 정립하는 '행정입법'은 다른 것이다.

행정기관에 의하여 제정된 규범이라는 의미의 행정입법 중에서, 국민과 국가기관 등을 구속하는 법규로서의 성질을 가지는 것을 '법규명령'이라 하며, 원칙적으로 행정조직 내부에서만 구속력을 발하는 규범을 '행정규칙' 또는 '행정명령'이라 한다.

(1) **법규명령(法規命令)**

'법규명령'은 행정조직 내부에서만이 아니라 일반국민에 대하여도 구속력을 미치는 법규인 행정입법을 의미하며, 보통으로는 대통령령·총리령·부령을 뜻한다.

위에서 '법규'란 국민과 국가기관을 구속하고 재판규범이 되는 성문(成文)의 법규범을 말한다. 법규명령은 「법령 등 공포에 관한 법률」에 따라 공포되어야 한다.

헌법 제76조에 의거한 국가위기시의 대통령의 긴급명령이나 긴급재정·경제명령은 법률대위명령(法律代位命令)으로서 법률과 같은 효력을 지니는 법규명령이다.

그러나 일반적 법규명령인 헌법 제75·95조에 따른 대통령령·총리령·부령은 법률종속명령(法律從屬命令)으로서 법률에 위반될 수 없다.

법규명령은 내용면에서 상위법령(上位法令)이 위임한 사항에 관하여 규정한 위임명령(委任命令)과 상위법령의 시행에 필요한 사항에 관하여 규정한 집행명령(執行命令)으로 구분할 수도 있으나, 하나의 법규명령에 위임명령규정과 집행명령규정이 혼재하는 경우가 많다. 상위법령이 위임한 사항에 관하여 규정한 법규명령을 '위임입법(委任立法)'이라고도 한다(大判 2004.7.22, 2003두7606).

법규명령 중 '대통령령'은 법률에서 구체적으로 범위를 정하여 위임받은 사항과 법률을 집행하기 위하여 필요한 사항에 관하여 대통령이 발하는 법규명령으로서, 보통 행정각부에서 입안하고 법제처의 심사와 국무회의의 심의를 거쳐 제정된다(大判 2010.4.29, 2009두17797). 대부분의 법률에 부속된 「시행령」은 대통령령이며, 정부조직법상의 행정각부·처·청의 소속기관 직제(職制)도 대통령령으로 정해져 있다. 「법제업무 운영규정」 등과 같은 독자적 명칭의 대통령령들도 있다.

'총리령·부령'은 국무총리·행정각부장관이 법률·대통령령의 위임사항 또는 소관 상위법령의 집행에 필요한 사항에 관하여 법제처의 심사를 거쳐 제정하는 법규명령이다. 총리령·부령은 보통 법률·대통령령에 부속된 「시행규칙」의 형식으로 제정되며, 법률이나 대통령령에 위반될 수 없다(大判 2005.1.28, 2002도6931. 憲裁

2002.8.29, 2000헌바50, 2002헌바56병합).

위임명령으로서의 대통령령·총리령·부령은 헌법상의 근거규정(헌법 제75·95조)에 기(基)하여, 개별적·구체적인 상위법령의 위임이 있을 때에 제정할 수 있다(大決 2007.10.26, 2007아32. 大判 2000.10.19, 98두6265).

그러나 집행명령은 새로운 법규사항을 정하는 것이 아니므로 상위법령의 개별적·구체적인 위임이 없더라도 상위법령의 시행에 필요한 사항에 관하여 권한 있는 기관이 직권으로 제정할 수 있다.

따라서 상위법령의 구체적 위임 없이 제정된 법규명령은 집행명령의 성질을 갖게 되며, 그로써는 새로이 국민의 권리·의무에 관한 사항을 정하지 못한다.

(2) **행정규칙(行政規則)**

'행정규칙'은 중앙행정청을 포함한 상급행정청이 산하 하급기관에 대하여 그 조직이나 활동을 규율하기 위하여 발하는 일반적·추상적 규범을 의미하며, 훈령·예규 등이 그 예이다(大判 1987.9.29, 86누484).

행정규칙은 원칙적으로 행정조직 내부의 규범이고 국민에 대하여 구속력을 미치는 법규가 아니지만(大判 1998.10.13, 97누13764. 大判 1994.8.9, 94누3414), 후술 (3)항에 서술된 바와 같이 행정규칙에 법규로서의 효력이 인정되는 경우도 있다.

행정규칙은 조직규칙·근무규칙·영조물규칙 등으로 분류할 수 있다.

1) 조직규칙

조직규칙은 행정조직 내부에서 행정기관의 설치·조직이나 내부적 권한분배·사무처리절차 등을 규율하는 행정규칙으로서, 법률·법규명령의 직제(職制) 규정에 따른 사무분장규정·위임전결규정 등이 그 예이다.

2) 근무규칙

근무규칙은 상급행정청이 하급기관 및 그 구성원의 근무에 관한 사항을 계속적으로 규율하기 위하여 발하는 행정규칙으로서, 행위통제(지도)규칙이 그의 주요내용을 이룬다.

행위통제규칙은 상급행정청이 산하(傘下) 하급행정기관 및 그 구성원을 행위면에서 통제·지도하기 위하여 발하는 규칙으로서, 이에는 규범해석규칙·재량준칙·

규범구체화규칙 등이 있다.

① 규범해석규칙(또는 해석준칙)은 법규의 적용, 특히 법규상 불확정개념(不確定槪念)의 적용에 있어서 상급행정청이 하급행정기관의 법령해석을 통일시키고 행정의 합리화를 기하기 위하여 법규정의 의미내용에 관하여 정하는 행정규칙이다.

② 재량준칙은 상급행정청이 하급행정기관의 재량권행사에 관한 기준을 정하는 행정규칙이다(大判 1998.9.8, 98두6272). 재량준칙은 재량권행사의 통일을 도모하고 평등한 법집행확보, 자의적(恣意的) 재량권행사방지, 행정에 대한 예측가능성 확보, 공무원의 사무처리부담경감 등의 기능을 한다.

③ 규범구체화규칙이란 원자력행정이나 환경행정과 같이 고도의 전문지식과 기술이 필요한 분야에서, 관계 법률이 필요한 규율을 구체적으로 정하지 못하고 그 규율을 사실상 행정기관에 맡긴 경우에, 관계 행정기관이 법률의 명시적인 위임 없이 법률의 규율내용을 구체화하기 위해 제정하는 행정규칙을 말한다.

규범구체화규칙은 행정규칙의 형식을 취하면서도 일정한 경우에 법규명령의 효력을 가질 수 있는 점에서 후술하는 '법령보충적 행정규칙'과 같으나, 법령의 명시적인 위임 없이 제정되는 점에서 법령의 위임에 근거하여 제정되는 법령보충적 행정규칙과 다르다고 하겠다.

3) 영조물규칙

영조물규칙이란 영조물의 관리청이 영조물기관의 조직이나 영조물의 관리·이용관계 등을 규율하기 위하여 제정하는 행정규칙을 말한다. 국립대학학칙·국립도서관규칙 등이 그 예이다(大判 2015.6.24, 2013두26408).

(3) 법령보충적 행정규칙(法令補充的 行政規則)

'법령보충적 행정규칙'이란 상위법령의 구체적인 위임에 따라 법령내용을 보충하는 기준 등을 정한 것으로서 법규성이 인정되는 행정규칙을 말한다(大判 2006.4.27, 2004도1078. 憲裁 1992.6.26, 91헌마25).

법령보충적 행정규칙은 상위법령이 관계 중앙행정청으로 하여금 일정한 행정기준·규칙을 정하여 고시하도록 규정하고 있는 경우에 그에 따라 중앙행정청이 제정·고시한 행정기준·규칙을 의미하며(大判 1987.9.29, 86누484), 그것의 법적 형식이 고시(告示)로 되어 있는 경우에(예; 식품위생법 제10조 제1항에 따른 식품의약품안전처 고시 제2014-19호 '식품 등의 표시기준'), '고시'로 표현되기도 한다(大判 2004.5.28, 2002두4716).

'고시'는 대통령령인 「행정업무의 효율적 운영에 관한 규정」에 따르면, 법령이 정하는 바에 따라 일정한 사항을 일반에게 알리는 문서를 뜻하며, 행정청이 일정한 사항을 공표·공고하는 의미로 '고시'라는 용어가 많이 사용기도 하지만, 고시에 담겨진 내용에 따라 '법령보충적 행정규칙'이 되기도 한다(大判 2011.9.8, 2009두23822. 大判 2003.9.26, 2003두2274).

본래 행정규칙은 법규가 아닌 행정조직 내부규범인 점에서 법규인 법규명령과 구별되는 것인데, '법령보충적 행정규칙'은 형식면에서는 행정청이 일정한 행정기준을 정한 행정규칙이지만, 상위법령의 수권(授權)에 따라 제정·고시되고 근거 법령과 결합하여 관련된 불특정 다수의 국민에 대하여 구속력을 발하며, 일반의 행정규칙과 달리 법규명령으로서의 성질과 효력을 지닌다(憲裁 2004.10.28, 99헌바91).

법령의 위임에 따른 '법령보충적 행정규칙'과 달리, 행정조직 내부에서 법령의 수권(또는 위임) 없이도 상급행정청이 산하 하급행정기관에 대하여 그 조직이나 활동을 규율하기 위하여 발하는 훈령·예규 등 일반적인 행정규칙은 원칙적으로 행정조직 내부에서만 그 효력을 미치고 법규라 할 수 없다.

그런데 재량권행사의 기준을 정한 재량준칙 등 일반적인 행정규칙이 그 정한 바에 따라 되풀이 시행되고 행정관행이 이루어져서 행정사무를 처리할 때에 행정기관이 평등원칙이나 신뢰보호원칙(후술 제2절 Ⅰ. 참조)에 따라 그 행정규칙을 준수해야하는 경우에, 그 행정규칙은 대외적·법적 구속력(법규성)을 가지는 것으로 볼 수 있다(憲裁 2001.5.31, 99헌마413).

법규성이 있는 행정규칙을 위반한 행위는 위법행위가 된다.

(4) 하자(瑕疵)있는 행정입법에 대한 쟁송

헌법은 제107조에서 "① 법률이 헌법에 위반되는 여부가 재판의 전제가 된 경우에는 법원은 헌법재판소에 제청하여 그 심판에 의하여 재판한다. ② 명령·규칙 또는 처분이 헌법이나 법률에 위반되는 여부가 재판의 전제가 된 경우에는 대법원은 이를 최종적으로 심사할 권한을 가진다."라고 규정하고 있다.

위 헌법규정은 법령(법률·대통령령·총리령·부령 등)에 대한 사법적(司法的) 통제방법으로서 법령이 위헌·위법인 경우에도 그 법령 자체를 헌법재판소나 법원이 직접 심사할 수 없고, 법령의 위헌·위법 여부가 관련 소송사건의 재판을 위한 선결문제(先決問題)가 된 경우에 한하여 헌법재판소나 법원이 법령의 위헌·위법 여부를 심사할 수 있도록 하는 구체적 규범통제제도(具體的 規範統制制度)를 채택하고 있다. 이러한 헌법상의 구체적 규범통제제도 하에서는 보통으로 법률이나 행정입법은 일반적·추상적 규범으로서 구체적인 처분이 아니므로 항고쟁송의 대상이 될 수 없다(大判 1987.3.24, 86누656).

그리하여 하자있는 행정입법에 따른 처분 등에 의하여 권익침해를 받은 자가 침해된 권익을 구제받기 위하여 소송을 제기하고 계쟁처분(係爭處分) 등의 근거가 된 행정입법이 위헌·위법임을 주장하는 경우에만 사법기관이 그 행정입법의 위헌·위법 여부를 심사하게 되며, 권익침해를 받고 제소(提訴)하지 아니한 사람은 하자있는 행정입법에 대하여 다툴 수 없게 된다. 다만, 별도의 집행행위(법령에 의거한 처분 등)가 없어도 직접적이고 구체적으로 국민의 권익을 침해하는 처분적(처분성이 있는) 행정입법이 헌법소원이나 항고쟁송의 대상이 될 수 있는 경우가 있다(大判 2006.9.22, 2005두2506. 大判 1996.9.20, 95누8003. 憲裁 1993.5.13, 92헌마80. 憲裁 1990.10.15, 89헌마178).

Ⅲ. 처분(행정행위)

(1) 처분(處分)의 의의

행정의 행위형식 중 '처분(또는 행정처분)'이란 행정청이 행하는 구체적 사실에 관한 법집행으로서의 공권력의 행사 또는 그 거부와 그 밖에 이에 준하는 행정작용을 말한다(행정절차법 2ii, 행정심판법 2i, 행정소송법 2①i). 개인·법인 등의 권리·의무를 설정·변경·소멸시키는 등 국민의 권리·의무에 직접 영향을 미치는 행정청의 각종 허가·인가·면허·영업정지·시정명령·허가취소·조세부과·조세면제 등이 그 예이다.

처분은 행정법이론상의 '행정행위(行政行爲)'와 거의 같은 개념이다. 행정법이론상의 행정행위는 '행정청이 법 아래서 구체적 사실에 관한 법집행으로서 행하는 권력적·단독적인 공법행위'를 뜻한다는 것이 일반적인 견해이다.

하자(瑕疵)있는 처분이나 처분성이 있는(국민의 권리·의무에 직접 영향을 미치는 처분과 유사한 성질을 지닌) 행정작용에 대하여는 항고쟁송을 제기할 수 있다.

위에서 '항고쟁송(抗告爭訟)'이란 위법·부당한 것이라고 여겨지는 행정청의 공권력행사 등에 대하여 제기하는 쟁송으로서, 처분 등의 취소·변경이나 무효확인 등을 청구하는 행정심판·행정소송(항고소송)을 말한다(후술 제3장 제3·4절 참조).

판례는 항고소송의 대상이 되는 행정처분이란 '행정청의 공법상의 행위로서 특정사항에 대하여 법규에 의한 권리의 설정 또는 의무의 부담을 명하거나 기타 법률상 효과를 발생하게 하는 등 국민의 구체적인 권리·의무에 직접적 변동을 초래하는 행위를 말하는 것'이라 하고 있다(大判 2008.4.24, 2008두3500).

(2) 처분의 특성

처분은 행정청이 법 아래서 구체적 사실에 관한 법집행으로서 행하는 행위 중 권력적으로 국민의 권리나 의무에 직접 영향을 미치는 행위이다. 예컨대 '미성년자에게 주류를 판매한 일반음식점 영업주에 대하여는 영업허가를 철회할 수 있다.'라는 법규정이 있고, 그에 의거하여 관계 행정청이 실제로 미성년자에게 주류를 판매한 사실이 있는 일반음식점 영업주에 대하여 영업허가철회라는 처분을 행한 경우, 그것은 바로 구체적 사실에 관한 법집행이며, 개인에게 허가했던 영업을 더 이상 하지 못하게 하는(부작위의무를 부과하는) 공권력 행사인 것이다.

따라서 처분은 법정립작용(法定立作用)인 행정입법과 달리, 법 아래서 행정청이 구체적 사실에 관한 법집행(法執行)으로서 행하는 행위로서, 보통 특정인(또는 특정 범위내의 사람들)과 특정한 사안(시간적·공간적·사항적으로 특정한 행위·영업·물품 등)에 대하여 그 효력을 발생하므로 원칙적으로 개별적·구체적 규율성(직접 규율을 받는 사람·대상이 개별적으로 제한되고 구체적으로 한정되는 성질)을 가진다. 이 점은 불특정다수인에 대해 장래에 향하여 계속적으로 되풀이 하여 구속력을 발하는 법령이 일반적·추상적 규율성(불특정다수인의 행위나 사업 등을 지속적으로 규율하는 성질)을 갖는 것과 다른 것이다.

행정청의 처분으로써 일정한 의무가 과해진 경우에는 그 처분을 받은 특정인이 그 의무를 이행해야 하는 것이지만(후술하는 대물적 처분과 일반처분의 경우에는 불특정다수의 관계자가 의무를 지기도 함), 법령에 의해 직접 부과된 의무, 즉 법규하명(앞의 Ⅰ. 참조)으로써 과해진 의무를 이행해야 할 자는 특정인이 아니라 불특정다수의 관계자들이다.

법규하명은 법규로써 불특정다수의 관계자들에게 일정한 의무를 부과하는 것인데, 행정청의 처분으로써는 처분의 상대방에 대하여 일정한 의무의 부과·해제나 일정한 권리의 부여·제한·박탈 등 당사자의 권리·의무에 여러 형태로 변화를 야기할 수 있는 점도 법규하명과 처분의 큰 차이점이라 하겠다.

처분은 행정청이 권력적으로 개인 등에게 권리·의무를 설정·변경·소멸시키는 등 국민의 권리·의무에 직접 영향을 미치는 공법행위인 점에서 공권력 행사로서의 성질을 가지지 않는 사법상 계약 등 사법행위나 공법상 계약과 구별된다.

한편, 허가·특허·인가 등의 처분에 대한 신청이 있는 경우에 관계 행정청이 그 신청된 처분을 거부하는 것은 행사하여야 할 공권력행사를 거부하는 것이고, 이러한 공권력행사의 거부가 국민의 권리의무에 직접 영향을 미치는 경우에는 '거부처분(拒否處分)'으로서 처분의 일종이 된다(大判 2002.7.26, 2000두9762).

그러나 행정주체가 한쪽 당사자가 되어 체결하는 공법·사법상 계약(이를 '행정계약'이라고도 함)에서의 상대방의 청약(請約)에 대한 행정청의 거부는 공권력행사의 거부가 아니므로 거부처분이라 할 수 없고, 항고쟁송의 대상도 되지 아니한다.

(3) 처분의 종류

1) 처분의 구성요소 및 법률효과의 발생원인에 따른 분류

행정법이론상 처분(행정행위)은 그 구성요소 및 법률효과의 발생원인에 따라 법률행위적(法律行爲的) 처분과 준법률행위적(準法律行爲的) 처분으로 나눌 수 있다.

가) 법률행위적 처분

'법률행위적 처분'은 행정청의 의사표시(효과의사의 표시)를 요소로 하고 그 효과의사(법률효과를 원하는 의사)의 내용에 따라 법률효과(권리·의무의 발생·변경·

소멸)가 야기되는 처분이다.

즉, 행정청이 처분의 상대방에게 일정한 의무부과·의무해제·권리부여·권리박탈 등 일정한 법률효과의 발생을 원하는 의사표시를 하고 그 의사에 따라 상대방에게 일정한 법률효과가 야기되는 처분이 법률행위적 처분이다.

그런데 처분은 법집행작용의 한 방식이므로, 법률행위적 처분에서의 행정청의 의사표시는 공무원의 자유로운 심리적 의사의 표시가 아니라 관련 법규정에 담겨 있는 의사를 표시하는 것이라는 의미를 가진다.

법률행위적 처분은 다시 명령적 처분과 형성적 처분으로 나눌 수 있다.

① 명령적(命令的) 처분은 행정청이 사인(개인, 사법인)에게 특정한 의무를 부과하거나 의무를 해제하는 내용의 처분, 즉 개인 등의 자연적 자유를 제한하거나 제한되었던 개인 등의 자연적 자유를 회복시키는 처분이다. 이에 해당하는 것은 후술하는 의무부과처분(하명)·허가·면제 등이다.

② 형성적(形成的) 처분은 행정청이 상대방에 대하여 특정한 권리·능력 또는 포괄적 법률관계(예; 공무원 근무관계) 기타 법률상의 힘을 설정·변경·소멸시키는 처분이며, 이에 해당하는 것은 후술하는 특허·인가 등이다.

형성적 처분은 처분의 상대방에게 제3자에 대하여 주장할 수 있는 법률상의 힘을 설정·변경·소멸시키는 것을 내용으로 하는 점에서, 개인의 자연적 자유의 제한 또는 회복을 내용으로 하는 명령적 처분과 다르다고 할 수 있다.

나) 준법률행위적 처분

'준법률행위적 처분'은 행정청의 의사표시 이외의 정신작용(판단·인식·관념 등)의 표시를 요소로 하고, 관계 법규가 정한 바에 따라 법률효과가 발생하는 처분이다. 즉, 준법률행위적 처분은 행정청이 처분의 상대방에게 직접 어떤 권리나 의무에 변화를 일으키려는 의사(효과의사)를 표시하는 것이 아니라, 어떤 사실·상태·법률관계 등의 정부(正否)·존부(存否) 등에 대한 판단·인식·관념 등의 정신작용(효과의사 이외의 정신작용)을 표시하고 관련 법규가 정한 바에 따라 법률효과가 발생하는 처분이다. 이에 해당하는 것은 후술하는 확인·공증·통지·수리 등이다.

준법률행위적 처분의 예로서, 청소년보호법상의 청소년유해매체물 결정·고시는 어떤 매체물이 청소년에게 유해한 것으로 판단하는 관계 행정기관의 정신작용이 표시된 행위인데(대물적 처분), 그러한 결정을 받은 매체물을 유통하지 말아야 할 부작위의무가 청소년보호법에 따라 매체물 제작자·판매자 등에게 발생한다.

일반적으로 행정청이 후술하는 침익적 처분 외의 법률행위적 처분을 행할 경우에는 준법률행위적 처분을 행할 경우에 비하여 재량권을 행사할 수 있는 범위가 넓으며, 법률행위적 처분을 행할 경우에는 준법률행위적 처분을 행할 경우에 비하여 처분에 부관(附款)을 붙임에 있어서 제한을 적게 받는다.

2) 처분의 내용에 따른 분류

처분 내용을 기준으로 한 처분의 종류에서의 각 개념은 처분 내용의 성질상의 차이에 따른 행정법이론상의 개념으로서 실정법상의 용어와 다른 경우도 있다.

가) 의무부과처분(하명)

의무부과처분(義務賦課處分)이란 행정청이 처분의 상대방에게 일정한 작위·부작위·급부·수인(受忍) 등의 의무를 과하는 처분을 말하며, 이를 하명(下命)이라고도 하고, 이 중 부작위의무를 과하는 것을 특히 금지(禁止)라고 한다.

의무부과처분은 개인의 자연적 자유를 제한하고 개인에게 의무를 과하는 것이어서 침익적(侵益的, 또는 부담적) 행위이며, 법령의 근거가 있는 경우에만 행할 수 있다.

하명(의무부과처분)은 하명의 효력이 직접 사람에게 미치는지 아니면 물건에(사람에게는 간접적으로) 미치는지에 따라 대인적 하명(예; 운전면허정지)과 대물적 하명(예; 차량운행정지)으로 분류할 수 있다.

하명은 그 내용에 따라 상대방에 대하여 작위·부작위·급부·수인 등의 일정한 공법상의 의무를 발생시킨다. 하명의 효과는 그 수명자(受命者)에게 발생하는 것이 원칙이나, 대물적 하명의 경우에는 수명자의 지위를 승계하는 자에게도 미친다.

하명에 의하여 과해진 의무를 불이행한 자에 대하여는 행정상 강제집행(후술 제3절 1. 2. 참조)이 행하여지고, 의무를 위반한 자에 대하여는 행정벌(제3절 3. 참조)이 과하여지는 것이 보통이다.

나) 허가(許可)

허가란 행정청이 법령에 의한 일반적인 상대적 금지를 특정한 경우에 해제하여 상대방에게 일정한 행위를 할 수 있도록 하는 처분을 말한다(예: 건축허가, 영업

허가). 허가는 상대적 금지가 이루어지고 있는 경우에만 가능하고, 어떠한 경우에도 해제될 수 없는 절대적 금지(예; 음주운전금지)의 경우에는 할 수 없다(大判 2005.7.29, 2003두3550. 大判 2002.4.26, 2000다16350).

허가는 법규에 의한 일반적 금지를 해제하여 상대방으로 하여금 적법하게 일정한 행위를 할 수 있게 하는 효과를 내지만, 허가를 받은 자에게 어떤 새로운 배타적·독점적 권리나 능력을 부여하는 것은 아니다. 즉, 허가는 제한되었던 개인 등의 자연적 자유를 회복시키는 것일 뿐 상대방에게 새로운 권리를 설정하는 것이 아니라는 점에서 후술하는 특허와 구별된다.

그런데 허가는 단순한 자유회복에 그치는 것이 아니라, 헌법상의 국민의 기본권을 적법하게 행사할 수 있게 하는 효과도 낼 수 있다. 실제로 허가를 받은 자는 직업선택의 자유나 영업의 자유 등 일정한 자유를 누릴 수 있으며, 그것은 헌법상의 자유권을 향유하는 것이 된다. 그리하여 허가와 후술하는 특허의 구별이 상대화 되어가고 있다고 할 수 있다.

그러나 허가는 헌법상의 국민의 일정한 자유권을 적법하게 행사할 수 있게 함에 그치고, 국민에게 새로운 권리를 부여하거나 그 권리를 확대시켜 주는 것이 아니라는 점에서, 새로운 권리·능력 등의 설정행위인 특허와 구별된다고 하겠다.

허가요건을 갖추었음에도 허가권자가 허가를 하지 않는 것은 부당한 금지유지(禁止維持)이고, 그 자체가 정당한 이유 없이 국민의 자유권을 제한하는 것이 되므로, 허가는 법령에 특별한 규정이 없는 한 원칙적으로 기속처분으로 볼 수 있는 면이 있다(大判 2000.3.24, 97누12532). 그러나 허가를 재량처분으로 볼 수 있는 경우도 있고(大判 2004.3.25, 2003두12837), 허가요건이 모두 갖추어졌지만 중대한 공익상의 이유 때문에 행정청이 허가를 거부할 수 있는 경우도 있다(大判 2003.3.28, 2002두12113. 大判 2001.1.30, 99두3577. 大判 1999.4.23, 97누14378).

허가는 법령에 특별한 규정이 없는 한 문서에 의하여 행해짐이 원칙이다(행정절차법 24). 허가의 유무 및 내용을 객관적으로 명백히 하기 위하여 개별법에서 허가증·면허증 등의 교부와 같은 형식을 취하도록 하는 경우도 많다.

허가는 제한되었던 국민의 자연적 자유를 회복시키는 것이므로, 허가의 결과 상대방이 얻는 이익은 원칙적으로 반사적 이익이라 할 수 있으나, 그 이익이 법률상 보호받는 이익(법적보호이익)으로 인정되는 경우도 있다(大判 2003.7.11, 2001두6289. 憲裁 2000.1.27, 99헌마660. 大判 1989.12.22, 89누46).

그런데 일정한 사업추진상의 여러 가지 민원과 사업자의 불편을 해소하기 위하여 최근에 특정 법률에 의한 어떤 허가(또는 인가·면허)를 받으면, 관계된 다른 법령상의 인·허가 등을 받은 것으로 의제(擬制)하도록 하는 법규들이 많이 제정되고 있으며, 행정규제완화책의 일환으로서 종래 사업규제의 전형적인 형태였던 허가제(許可制)를 등록제(登錄制) 또는 신고제(申告制)로 전환한 법률들도 나오고 있다.

위의 등록제는 원래 공적 장부(帳簿)에 법이 정한 일정한 사항을 등재함으로써 일정한 법적 효과가 생기게 하는 제도이다. 각종 사업규제 등에서 허가제 대신 등록제를 채택한 법령이 등록결격사유, 등록의 취소, 무등록자(無登錄者)에 대한 처벌 등에 관하여 규정하고, 관계 행정청에게 등록요건 등을 심사하여 등록 접수 여부를 결정할 수 있도록 규정하는 경우의 등록제는 사실상 허가제의 기능을 하는 것이라고 할 수 있다(大判 2003.10.23, 2003두8005).

신고(申告)는 그를 인정하는 개별법령에 따라 그 성격이 다를 수 있다. 행정절차법에서는 신고행위 자체만으로 법률효과를 완성시키는 자체완결적(自體完結的) 행위로서의 신고('수리를 요하지 아니하는 신고')에 관하여 규정하고 있다.

그런데 허가제를 대체하여 신고제를 취한 개별법령이 관계 행정청에게 신고내용을 심사하고 일정한 요건에 해당하는 경우에만 신고를 수리(受理)하여 신고필증을 교부하도록 하며, 신고를 하지 아니하거나 신고를 하고 사업을 경영하는 과정에서 일정한 의무를 위반한 자에게 제재를 과할 수 있도록 규정하는 경우의 신고제는 사실상 허가제의 기능을 하는 것이라고 할 수 있으며, 이러한 경우의 신고는 '수리를 요하는 신고' 또는 '행정요건적 신고'라고도 한다(후술 제2절 1. Ⅲ. 참조).

다) 면제(免除)

면제란 법령에 의하여 일반적으로 부과되어 있는 작위의무·급부의무·수인의무를 일정한 경우에 행정청이 특정인에 대하여 해제하는 처분이다(예; 조세면제).

면제는 작위의무·급부의무·수인의무의 해제라는 점에서 부작위의무(금지)의 해제인 허가와 구별되지만, 의무의 해제라는 점에서는 허가와 그 법적 성질이 같다. 따라서 위의 허가에 대한 서술은 면제에도 그대로 적용될 수 있다고 하겠다.

라) 특허(特許)

특허는 행정청이 상대방에게 새로운 권리를 설정해주는 처분이다. 실정법에서는 특허를 허가·면허 등으로 표현하는 경우가 있고, 그 성질이 특허가 아닌데도 특허라는 용어를 사용하는 경우도 있다(예; 특허법상의 발명특허).

특허의 예로는 도시가스사업법상의 도시가스사업허가, 「공유수면관리 및 매립에 관한 법률」상의 공유수면매립면허(大判 1989.9.12, 88누9206), 여객자동차운수사업법상의 자동차운수사업면허(大判 1992.4.28, 91누10220), 개인택시운송사업면허(大判 1996. 10. 11, 96누6172), 도로법상의 도로점용허가(大判 2002.10.25, 2002두5795), 수산업법·내수면어업법상의 어업면허(大判 1999.5.14, 98다14030), 「공익사업을 위한 토지 등의 취득 및 보상에 관한 법률」상의 사업인정(大判 2005. 4.29, 2004두14670), 하천법상의 하천점용허가, 국유재산법·「공유재산 및 물품관리법」상의 국·공유 행정재산의 사용·수익허가(大判 1998.2.27, 97누1105) 등을 들 수 있다.

특허는 공익상의 필요에 따라 행정청이 특정인에게 새로운 권리를 부여하는 것이며, 특허를 할 것인지의 여부는 법령에 특별한 규정이 없는 한 행정청의 재량에 속하는 것이 원칙이다.

특허에 의하여 특허를 받은 자에게 발생된 권리는 공권(예; 공물사용권·공기업경영권)인 것이 보통이나 사권(예; 광업권·어업권)인 경우도 있다. 대인적(對人的) 특허의 효과는 타인에게 이전될 수 없지만, 대물적(對物的) 특허는 일정한 제한(행정청의 승인을 받는 등) 아래 그 효과가 이전될 수 있는 경우가 있다.

허가와 특허는 모두 수익적(授益的) 처분이고, 부관(附款)을 붙일 수 있으며, 허가나 특허를 받고 행하는 사업에 대한 행정청의 감독이 가능하고, 허가나 특허를 받아야 함에도 불구하고 받지 않고 행하는 사업(자) 등이 강제집행·행정벌의 대상이 될 수 있는 공통점이 있다.

그러나 허가는 상대방에 대하여 제한되었던 자연적 자유를 회복시키는 명령적 처분이고, 원칙적으로 기속행위이며, 상대방의 신청 없이 불특정 다수인에 대하여 행해지는 경우도 있을 수 있고, 허가를 받은 자가 얻는 이익은 원칙적으로 반사적 이익이며, 허가대상사업은 사익적(私益的) 사업이고 그에 대한 행정청의 감독은 사회

공공의 질서유지를 위한 소극적 감독과 최소한의 감독에 그치는 것이 원칙이다.

이에 비하여 특허는 상대방에게 권리를 설정하는 형성적 처분이고, 원칙적으로 재량행위이며, 상대방의 신청에 의하여 특정인에 대하여서만 행하여지고, 특허를 받은 자가 얻는 이익은 권리로서의 이익이며, 특허대상사업은 공익성이 인정되는 사업(예; 가스사업·운수사업)이고 그에 대하여 행정청은 적극적으로 감독·보호·지원 등을 할 수 있다.

마) 인가(認可)

인가란 행정청이 당사자의 법률행위를 보충하여 그 법률상 효과를 완성시켜 주는 처분이다. 인가는 행정청이 직접 자기와 관계없는 다른 법률관계의 당사자의 법률행위를 보충하여 완전히 유효하게 완성시켜 주는 처분으로서, 보충행위라고도 한다.

인가는 형성적 처분의 일종이며, 특별한 규정이 없는 한 기속처분에 속한다고 할 수 있다. 실정법에서는 인가를 허가·승인 등으로 표현하는 경우도 있다.

인가는 공익에 반(反)하는 사인(私人)의 일정한 법률행위를 배제할 목적으로 인정되는 것이다. 즉, 실정법이 계약 기타 일정한 법률행위의 성립을 당사자의 자유에 맡기면서도 때로는 그 내용이 공익에 반할 수도 있기 때문에, 행정청이 공익에 반하지 않는다고 판단하여 인가한 때에만 사인의 법률행위의 효과가 완성되도록 함으로써, 공익에 반하는 사인의 법률행위가 방지될 수 있는 것이다.

인가의 예로는 허가사업·특허사업의 양도양수인가(大判 1994.8.23, 94누4882), 비영리법인의 설립인가·임원취임승인·정관변경허가(大判 2000.1.28, 98두16996. 大判 1996.5.16, 95누4810), 도시개발법에 의한 도시개발조합설립인가 및 도시개발사업계획인가(大判 2000.9.5, 99두1854. 大判 1994.10.14, 93누22753), 특허기업의 운임·요금인가, 지방채기채(地方債起債)승인, 토지거래허가구역내의 토지거래계약허가(大判 1991.12.24, 90다12243), 사립학교법인 설립인가·이사취임승인(大判 2001.5.29, 99두7432. 大判 1987.8.18, 86누152), 외국인 토지취득허가 등을 들 수 있다.

인가는 다른 법률관계의 당사자의 법률행위에 대한 행정청의 동의(同意)행위이며, 그것을 필요로 하는 타인의 법률행위의 효력요건이 된다. 따라서 인가를 받아야 하는 행위를 인가를 받지 않고 행하였을 경우, 그 행위는 무효이나, 특별한 규정이 없는 한 행정상의 강제집행 또는 행정벌의 대상은 되지 않는다.

인가는 항상 법률행위에 대하여 할 수 있고 사실행위(법률효과를 야기하지 않는 행위)는 인가의 대상이 되지 않는다. 인가의 대상이 되는 법률행위 중에는 일반 국민의 행위인 경우도 있고, 공공단체나 특허기업체의 행위인 경우도 있으며, 공법상의 행위인 경우도 있고(예; 공공조합설립·지방채기채 등), 사법상의 행위인 경우도 있다(예; 특허기업의 사업양도 등).

인가는 항상 신청에 기하여 행하여지며, 행정청은 사인으로부터 인가의 신청이 있을 경우에 인가 여부만을 결정할 수 있고, 법령에 특별규정이 없는 한 수정인가(개인 등의 인가신청내용과 다른 내용의 인가)는 인정되지 않는다.

인가는 인가의 대상이 된 사인의 법률행위의 효력을 완전히 발생시키는 효과를 낸다. 인가의 효과는 인가대상인 법률행위의 당사자에게만 발생하며 타인에게 이전되지 아니하는 것이 원칙이다.

인가는 타자(他者)의 법률행위의 효력을 보충하는 것에 불과하므로, 인가의 대상인 기본적 행위(타자의 법률행위)가 불성립 또는 무효인 경우에는 인가를 받더라도 그 기본적 행위가 유효한 것으로 되지 아니한다.

또한 인가의 대상인 타자의 법률행위에 취소원인이 있을 때에는 인가 후에도 이를 취소할 수 있으며, 인가 대상인 기본적 행위(타자의 법률행위)가 취소되면 인가도 그 존립의 바탕을 잃어 실효(失效)된다.

허가와 인가의 차이점은 다음과 같다. ① 허가는 명령적 처분의 일종이나, 인가는 형성적 처분의 일종이다. ② 허가의 대상은 사실행위일 때도 있고 법률행위일 때도 있으나, 인가의 대상은 언제나 법률행위이다. ③ 허가는 불특정 다수인에 대하여도 행하여질 수도 있으나, 인가는 특정인에 대하여서만 행하여진다. ④ 허가는 신청이 없이도 행하여질 수 있으나, 인가는 반드시 신청을 필요로 한다. ⑤ 허가는 원칙적으로 일정한 행위(사실행위·법률행위)의 적법요건이 되지만, 인가는 언제나 일정한 법률행위의 유효요건이 된다. ⑥ 허가를 받아야 하는데도 허가를 받지 않고 행한 행위는 원칙적으로 그 효력이 부인되지 않고 강제집행 또는 행정벌의 대상이 되지만, 인가를 받아야 하는데도 인가를 받지 않고 행한 행위는 무효이고 원칙적으로 강제집행이나 행정벌의 대상이 되지 않는다. ⑦ 허가의 경우에는 신청의 내용과 다른 내용의 수정허가도 가능한 것으로 보고 있으나, 인가의 경우에는 신청의 내용과 다른 수정인가는 허용되지 아니한다.

위와 같이 일반적으로 허가와 인가는 성질이 다른 것이지만, 근래에는 허가와 인가의 성질을 공유하는 처분들이 인정되는 경우도 있다(예; '국토의 계획 및 이용에 관한 법률' 제118조에 의한 토지거래계약에 대한 허가).

바) 공법상 대리(代理)

공법상 대리란 공법상 타인(제3자)이 행하여야 할 일을 행정청이 대신 함으로써 그 타인이 스스로 행한 것과 같은 법적 효과를 발생시키는 처분을 말한다.

공법상 대리는 보통 행정청이 ① 공법인 등을 감독하기 위하여(예; 감독청에 의한 공법인의 임원임명·정관작성), ② 개인의 보호를 위하여(예; 행여병사자의 유류품처분), ③ 당사자 간의 협의 불성립시에 그 조정을 위하여(예; 환경분쟁의 조정·재정), ④ 국가의 행정목적 달성을 위하여(예; 체납처분절차상의 압류재산에 대한 한국자산관리공사의 공매 대행) 행하여지는 경우가 많다.

공법상 대리는 당사자의 수권(授權)에 의한 것이 아니라 법률의 규정에 의하여 공권력의 발동으로서 행하여지는 것이므로 법정대리(法定代理)라고 할 수 있다.

그러나 위의 공법상 대리는 처분(행정행위)의 일종인 대리이고 행정작용법상의 개념이며, 행정조직 내부에서 행해지는 행정조직법상의 개념인 행정청의 권한의 대리(직무대리)와는 다른 것이다.

사) 확인(確認)

확인이란 일정한 사실이나 법률관계의 존부(存否)·정부(正否) 또는 법적 요건에의 적부(適否) 등에 관하여 의문이나 다툼이 있는 경우에 행정청이 이를 공적으로 판단·확정하는 행위를 말한다.

확인은 실정법상으로 결정(도로구역·하천구역·당선인·국가시험합격자·소득금액 등의 결정), 지정(용도구역·지구 등의 지정), 재결(행정심판의 재결), 검정(교과서 검정), 특허(발명특허), 재정(연금액의 재정) 등의 용어로 사용되기도 한다.

확인은 어떤 사실 또는 법률관계의 존부나 적부 등에 관한 불확정이나 분쟁이 전제(前提) 또는 가상(假想)되어 행정청이 행하는 판단작용이므로 법선언적(法宣言的) 행위이고 준사법적(準司法的) 행위이며, 행정청의 효과의사가 아닌 판단의 표시행위로서 준법률행위적 처분이다.

확인은 행정분야별로 ① 행정조직법상 확인(예; 당선자결정·공무원시험합격자결정), ② 안전·질서행정법상 확인(예; 화재위험물·인체유해식품·청소년유해매체물 결정), ③ 급부행정법(공물행정법·공익사업행정법·조성행정법·사회보장행정법)상 확인(예; 발명특허, 문화재 지정, 도로구역·하천구역 결정, 사회보장수급자 결정), ④ 규제행정법(토지행정법·환경행정법·경제행정법)상 확인(예; 용도지역·지구·구역 결정, 시장지배적 사업자 인정), ⑤ 재정법상 확인(예; 소득금액 결정), ⑥ 군정법상 확인(예; 군사시설보호구역 지정), ⑦ 쟁송법상 확인(예; 이의신청·행정심판의 재결) 등으로 분류할 수도 있다.

또한 확인은 쟁송절차를 거치느냐의 여부에 따라 쟁송확인과 직권확인으로 구분할 수 있다. 확인은 일반적으로 일정한 법정절차를 거쳐 행해진다.

확인은 특정한 사실 또는 법률관계의 존재나 정당성 여부를 공적으로 확정하는 효과를 발생한다. 또한 확인은 준사법적 행위이므로 그 내용을 행정청이 임의로 취소·변경할 수 없는 불가변력(不可變力)이 생긴다.

아) 공증(公證)

공증이란 행정청이 특정한 사실이나 법률관계의 존재를 공적으로 증명하는 처분을 말한다. 각종의 등기·등록·증명서 발급이 그 예이다. 공증은 특정한 사실이나 법률관계에 대하여 의문이나 다툼이 없는 것을 전제로 하는 점에서, 의문이나 다툼이 있을 수 있음을 전제로 하는 확인과 구별될 수 있다.

그러나 확인이 공증(증명서 등)의 형식으로 대외적으로 표시되는 경우도 있는데, 이러한 경우에는 확인과 공증의 구별이 확실치 않을 수 있다.

공증은 행정청이 어떠한 사실 또는 법률관계의 존부(存否)를 진실한 것으로 인식하여 그것을 공적으로 증명하는 인식의 표시행위로서 준법률행위적 처분이며, 공증의 요건을 다 갖춘 경우에는 공증하지 않을 수 없으므로 기속처분에 속하고, 문서 및 일정한 서식이 요구되는 요식행위임이 원칙이다.

공증의 예로는 ① 등기(예; 부동산등기), ② 등록(예; 차량등록·주민등록·광업원부등록, 憲裁 1999.6.24, 97헌마315), ③ 토지대장·건축물대장·선거인명부 등 공부(公簿)에의 등재·기재(大判 2009.2.12, 2007두17359. 2004.4.22, 2003두

9015), ④ 증명서발급(예; 국가시험합격증·졸업증서·인감증명서·주민등록초본의 발급, 영수증 교부, 각종 인가·허가·특허·등록·신고필증의 발급, 여권의 발급), ⑤ 검인·증인의 압날(예; 일정 제품에 대한 검사결과 합격품의 표시) 등이 있다.

공증의 일반적 효과는 공증된 사항에 대하여 반증(反證)에 의하지 않고는 전복(顚覆)되지 않는 공적 증거력을 발생시키는 데 있다. 이 외에 관계 법률이 정하는 바에 따라 공증에 다른 효과가 발생할 수 있다. 예컨대 부동산등기부에의 등기는 권리성립요건이 되고, 광업원부에의 등록은 광업권설정의 유효요건이 되며, 선거인명부에의 등재는 선거권행사의 요건이 된다.

자) 통지(通知)

통지란 행정청이 특정인 또는 불특정 다수인에 대하여 어떤 사실이나 의사(意思)를 알리는 처분을 말한다. 불특정 다수인에 대한 통지를 공고·공시라고도 한다.

일반적으로 행정청이 사인에게 어떤 사실 등을 알리는 것에는 사실행위인 통지와 준법률행위적 처분인 통지가 있다. '사실행위인 통지'는 행정기관의 홍보를 위한 각종 정보제공 등과 같이 행정청의 행위이지만 법률효과가 발생하지 않는 것들이다.

'준법률행위적 처분인 통지'는 일정한 법률효과가 수반되는 통지이다(예; 행정대집행의 계고, 납세의 독촉, 소득금액변동통지, 농지법에 따른 농지처분의무통지 등. 大判 2006.4.20, 2002두1878. 大判 2003.11.14, 2001두8742). 이러한 통지는 하나의 독립된 처분이라는 점에서 처분 등의 예고행위인 사전통지행위나 이미 성립된 처분의 효력발생요건으로서의 통지(예; 영업정지처분의 송달·교부) 등과 구별된다.

처분인 통지는 보통 법령에 의거하여 행해지며 기속행위에 속한다. 통지는 문서에 의함이 보통이고, 일반인에게는 공고·고시 등의 방법으로도 행할 수 있다.

통지의 효과는 직접 법령에 의하여 발생하며, 그 내용은 개별 법령의 규정에 따라 다르다. 예컨대 공용수용절차에서의 사업인정의 고시는 사업자에게 공용수용권을 발생시키며, 대집행의 계고는 상대방에게 수인의무를 발생시킨다.

차) 수리(受理)

수리란 행정청이 행정청에 대한 타인의 일정한 행위를 유효한 것으로 인정하여 수령하는 처분을 말한다. 행정청이 사인으로부터 허가신청·국가시험지원·행정심판청구·사직원제출·혼인신고 등과 같은 각종 신청·청구·신고를 수리하는 것이 그 예이다(大判 2005.12.23, 2005두3554. 大判 2003.2.14, 2001두7015).

준법률행위적 처분인 수리는 행정청의 수동적 행위로서, 행정청이 타인의 행위를 유효한 행위라고 판단하여 받아들이는 인식(認識)표시행위이고 독립적인 처분이라는 점에서, 단순한 사실행위인 문서도달이나 접수와 다르다.

행정청은 법적 요건을 갖춘 사인의 신고 등을 수리하여야 하므로, 수리는 일반적으로 기속처분에 속한다고 할 수 있다.

처분인 수리는 관계 법률이 정한 바에 따라 관계 행정청에게 일정한 의무를 발생시키는 등 법률효과를 야기한다. 각종 신청·청구를 수리한 행정청에게 신청·청구된 사안의 처리의무가 발생하고, 혼인신고의 수리에 의하여 당사자에게 구체적인 권리·의무가 발생하는 것이 그 예이다.

3) 처분의 효과에 따른 분류

처분은 그 효과를 기준으로, 허가·인가·특허처분 등과 같이 당사자에게 이익을 주는 '수익적(授益的) 처분'과, 허가취소·영업정지·조세부과처분 등과 같이 당사자에게 불이익을 주는 '침익적(侵益的) 처분', 그리고 도로점용료도 함께 부과하는 도로점용허가와 같이 당사자에게 이익과 불이익을 동시에 주는 '복효적(複效的) 처분'으로 분류할 수 있다. 행정절차법에서 가장 중시하는 것은 침익적 처분이다.

침익적 처분은 행정청이 공공목적을 위하여 법적 근거가 있는 경우에만 행할 수 있고, 침해적(侵害的) 처분, 부담적(負擔的) 처분, 불이익처분이라고도 한다.

4) 법에의 기속정도(羈束程度)에 따른 처분의 분류

법에의 기속정도에 따라, 처분은 행정청이 처분을 행할 때에 일정한 범위에서 재량권을 행사할 수 있는 재량처분('재량행위')과 재량권을 행사하지 못하고 관계 법규가 정한 바대로 행하여야 하는 기속처분('기속행위')으로 분류할 수 있다.

행정작용에 관한 실정법들이 처분을 행하는 행정청에게 일정한 범위에서 재량권을 행사할 수 있도록 하는 경우가 많은데, 이는 행정청이 구체적 사정에 적합한 타당한 처분을 할 수 있도록 하기 위한 것이며, 행정청이 권한행사를 자유롭게 할 수 있도록 하기 위한 것은 결코 아니다(법으로부터 자유로운 처분은 있을 수 없다).

관계 법률이 특별히 규정하고 있지 않은 한, 일반적으로 침익적 처분은 기속행위성을 지니고 수익적 처분은 재량행위성을 지니는 것으로 볼 수 있다(大判

2007.5.10, 2005두13315. 大判 2005.4.28, 2004두8910). 그러나 수익적 처분인 건축허가·음식점영업허가 등은 허가요건을 갖추었지만 허가하지 않을 경우에 국민의 기본권인 거주의 자유(헌법 14)나 직업선택의 자유(헌법 15)가 침해되는 결과를 초래할 수 있으므로, 허가요건이 구비되면 관계 행정청이 허가해야 하는 기속행위로서의 성질을 지닌다고 해야 할 것이다(大判 2000.3.24, 97누12532).

그리하여 기속처분과 재량처분의 구분은 당해 처분의 근거가 된 법규의 체제·형식과 그 문언, 당해 처분이 속하는 행정 분야의 주된 목적과 특성, 당해 처분 자체의 개별적 성질과 유형 등을 모두 고려하여 판단함이 타당하다고 하겠다(大判 2007.12.13, 2005다66770. 大判 2007.6.29, 2006두4097. 大判 2001.2.9, 98두17593).

행정청에게 재량권이 인정된 재량처분의 경우에도 행정청은 아무런 제약 없이 재량권을 행사할 수 있는 것은 아니며, 일정한 한계 내에서 재량권을 행사하여야 한다(大判 2013.10.31, 2013두9625).

법이 정한 재량의 범위(재량권의 외적 한계)를 넘어서 재량권을 행사하는 것을 재량권의 일탈(逸脫) 또는 재량권의 유월(踰越)이라 한다.

한편, 재량권을 인정한 법률상의 목적(입법취지)이나 비례원칙·평등원칙·부당결부금지원칙 등 행정법상의 일반원칙을 위반하거나 법률의 착오 또는 부정(不正)한 동기 등으로 인하여 행정청이 재량권의 내적 한계를 벗어나서 재량권을 부적절하게 행사하는 것을 재량권의 남용(濫用)이라 한다.

판례에서 인정된 재량권 남용에 해당하는 사유로서는 ① 평등원칙위반(大判 2015.1.29, 2014두40616), ② 사실오인(大判 2001.7.27, 99두2970), ③ 공익원칙위반(大判 2003.3.28, 2002두12113), ④ 비례원칙위반(大判 2001.8.24, 2000두7704), ⑤ 자의(恣意)·독단(大判 1958.10.31, 4290행상186), ⑥ 법리오해(大判 2001.4.10, 99다33960), ⑦ 입법정신위반(大判 1997.11.28, 97누12952), ⑧ 신의성실원칙위반(大判 1986.8.19, 85누291), ⑨ 신뢰보호원칙위반(大判 1998.5.8, 98두4061), ⑩ 정상참작위반(大判 1969.9.30, 69누110), ⑪ 처분 이유 불명시(大判 1971.10.12, 71누49), ⑫ 목적위반(大判 1996.4.26, 95누18727), ⑬ 부당결부금지원칙위반(大判 1997.3.11, 96다49650), ⑭ 적정형량원칙위반(大判 1996.11.29,

96누8567), ⑮ 법적 안정성 박탈(大判 1987.9.8, 87누373), ⑯ 사회통념상 현저한 타당성 상실(大判 1991.7.23, 90누8954), ⑰ 기득권침해(大判 1992.4.14, 91누9251), ⑱ 조리(條理)위반(大判 1990.8.28, 89누8255) 등이 있다.

행정청이 재량권의 외적·내적 한계를 넘어서 행한 처분, 즉 재량권 일탈·남용의 처분은 위법한 것이 되고 행정소송(항고소송)의 대상이 된다(大判 2004.5.28, 2004두961. 大判 1984.1.31, 83누451).

5) 심사 사항을 기준으로 한 처분의 분류

행정청이 처분과정에서 심사하는 사항을 기준으로, 처분은 대인적(對人的) 처분과 대물적(對物的) 처분 및 혼합적(混合的) 처분으로 분류할 수도 있다.

① 대인적 처분은 사람의 능력·기술·경험과 같은 인적(人的) 사정을 심사·판단하여 행하는 처분(예; 의사면허·운전면허처분 등)이며, 그 처분의 효과는 처분의 당사자에게만 미친다.

② 대물적 처분은 물건의 객관적 사정을 심사·판단하여 행하는 처분(예; 건축허가·문화재지정·청소년유해매체물결정·자동차정비검사불합격처분 등)이며, 그 처분의 효과는 그 물건과 관련된 자들에게 미친다.

③ 혼합적 처분은 인적·물적 사정을 모두 고려하여 행하는 처분(예; 전당포영업허가 등)이며, 그 처분의 효과의 이전성(移轉性)이 제한되기도 한다.

6) 처분의 일방성(一方性) 여부에 따른 분류

처분은 행정청이 상대방의 신청이나 동의를 받고 행하는 처분(예; 영업허가처분·공무원임명처분 등)과 행정청이 일방적으로 행하는 처분(예; 조세부과처분 등)으로 분류할 수도 있다.

7) 일반처분(一般處分)

'일반처분'이란 구체적(또는 특정적) 사항과 관련하여 일응 불특정 다수인을 대상으로 하여 행하는 행정청의 단독적·권력적 규율행위를 말한다. 일반처분은 그 규율의 수범자(受範者)가 불특정 다수인이라는 점에서는 일반적이나, 그 규율대상이 시간·공간 등의 관점에서 특정된다는 점에서 구체적 규율의 성격을 가진다.

일반처분에는 ① 특정 사안과 관련하여 일정한 기준에 의해 결정되는 불특정 다수인을 직접적 규율대상으로 하는 대인적 일반처분(예; 특정일·일정한 장소에서의 집회금지나 통행금지처분)과, ② 직접적 규율대상은 물건이고 사람에 대해서는 물건과의 관계를 통하여 간접적으로 규율하는 대물적 일반처분(예; 공물인 도로의 공용개시행위나 주차금지구역 지정행위)이 있다.

8) 재결(裁決)

재결은 행정기관인 행정심판위원회·토지수용위원회 등 일정한 재결기관이 행정상의 법률관계에 관한 분쟁에 대하여 일정한 심리절차를 거쳐 판단·확정하는 행위로서, 준법률행위적·확인행위적 처분으로서의 성질을 가지며, 소송에서의 판결과 성질이 유사한 점에서 준사법행위(準司法行爲)라 할 수 있다.

재결은 재결대상·재결기관·재결절차면에서 특수성이 인정되는 처분이라 하겠으나, 행정소송법이 제2조 제1항 제1호에서 "'처분 등'이라 함은 행정청이 행하는 구체적 사실에 관한 법집행으로서의 공권력의 행사 또는 그 거부와 그 밖에 이에 준하는 행정작용(이하 '처분'이라 한다) 및 행정심판에 대한 재결을 말한다."라고 하여, 처분과 행정심판 재결을 구분하고 있으므로, 재결은 처분의 성질을 지닌, 처분과 유사한 행위라고 함이 타당할 것이다.

9) 공용부담부과행위(公用負擔賦課行爲)

'공용부담부과행위'란 행정주체(실제로는 행정기관)가 주로 공공복리증진 목적을 위하여 법규에 의거하여 권력적으로 개인 등에게 일정한 인적(人的)·물적(物的) 부담을 과하는 행위를 말한다. 공용부담부과행위는 공공복리증진 등을 위하여 행해지며, 손실보상의 문제를 수반하는 경우가 많은 점에서 특수한 유형의 처분에 해당한다고 하겠다.

공용부담부과행위는 그 내용을 기준으로 하여 행정청이 개인 등에게 작위·부작위·급부의무 등을 과하는 '인적(人的) 공용부담부과행위'와 특정 재산권·물건 등에 대하여 수용·사용·제한 등의 부담을 과하는 '물적(物的) 공용부담부과행위'로 나눌 수 있다.

가) 인적 공용부담부과행위

'인적 공용부담부과행위'란 공적 목적을 위하여 법률에 근거하여 관계 행정청이 개인 등에게 일정한 작위·부작위 또는 급부의 의무를 부과하는 행위를 말한다. 인적 공용부담을 과하는 행정청의 행위는 처분이라 할 수 있으나, 그 요건 등이 특별히 정해지는 특징이 있다.

행정청이 과하는 인적 공용부담은 일정한 공익사업 등과 특별한 관계에 있는 자에게 과해지는 수익자부담·원인자부담·손상자(또는 손궤자)부담 등으로 나눌 수 있다. ① 수익자부담(受益者負擔)은 일정한 공익사업으로 인하여 특별한 이익을 받는 자에게 과해지는 부담이고(大判 1989.6.13, 88누8616), ② 원인자부담(原因者負擔)은 당해 공익사업을 필요하게 만든 원인을 조성한 자에게 과해지는 부담이며, ③ 손상자부담(損傷者負擔)은 특정한 공물 등에 손상을 입힌 행위를 한 자에게 과해지는 부담이다.

인적 공용부담은 과해지는 부담(의무)의 내용을 기준으로 하여 ① 급부의무로서의 부담금(수익자부담금·원인자부담금·손상자부담금 등), ② 작위의무로서의 시설부담(施設負擔), ③ 부작위의무로서의 부작위부담(不作爲負擔), ④ 위기극복을 위한 응급부담(應急負擔)으로서의 노역부담·물품부담 등으로 분류할 수 있다.

위의 시설부담은 특정한 공익사업을 위하여 그 사업과 특별한 관계에 있는 자에게 공사(工事) 기타 일정한 시설을 할 의무를 과하는 부담이다. 이는 부담의무자가 자기의 책임 하에 일정한 공사·시설을 완성할 의무를 지는 것이며, 시설부담으로 과해지는 의무는 공법상의 의무이고, 그 의무이행은 반드시 유상(有償)이 아닌 점에서 사법상의 도급(都給)과 구별된다. 시설부담은 그 발생원인에 따라 수익자부담인 것과 원인자부담인 것으로 나눌 수 있다.

위의 부작위부담이란 특정한 공익사업을 위하여 일정한 부작위의무가 과해지는 부담을 말한다. 부작위부담은 내용면에서 일반적인 부작위의무부과(금지)와 비슷하나, 그 목적이 특정 공익사업을 위한 것이라는 점에 차이가 있다. 어촌소득(漁村所得)을 늘리기 위하여 특정 어류(魚類)증식사업을 실시하면서 치어포획(稚魚捕獲)을 금지하는 것이 그 예이다.

나) 물적(物的) 공용부담부과행위

공적 목적을 위하여 사인(私人)의 재산권 등에 대하여 수용·사용·제한 등의 부담을 과하는 '물적 공용부담부과행위'는 헌법 제23조 제3항("공공필요에 의한 재산권의 수용·사용 또는 제한 및 그에 대한 보상은 법률로써 하되, 정당한 보상을 지급하여야 한다.") 및 관계 법률의 근거규정에 따라 행해지며, 물적 공용부담에는 공용제한·공용수용·공용사용 등이 있다(후술 제9절 1. Ⅲ. 참조).

공용제한(公用制限)은 법령에 의거한 행정청의 일정한 지역·지구(접도구역·용도지역·용도지구·보호구역 등)·문화재 등의 지정행위에 따라 관계자들의 재산권 행사에 관계법이 정한 일정한 제한이 과해지는 것이라는 점에서, 법령이 불특정 다수의 관계자들에게 직접 일정한 의무를 부과하는 법규하명과는 다른 것이다.

공용제한이 이루어지도록 하는 행정청의 일정한 지역·지구·문화재 등의 지정행위는 행정청의 확인처분이라 할 수 있으며, 공용제한으로 인하여 사회통념상 당연히 수인(受忍)하여야 할 사회적 제약의 범위를 넘어 상대방에게 특별한 희생을 입힌 경우에는 손실보상의 문제가 야기될 수 있다.

공용수용(公用收用)이 이루어지도록 하는 토지수용위원회의 토지 등의 수용에 관한 재결(裁決)은 준사법행위(準司法行爲)의 성질을 지닌 처분과 유사한 것이라 할 수 있으나, 재결기관·재결절차에 있어서 일반적인 처분과 다른 면이 있다.

공용사용(公用使用)을 할 수 있도록 하는 토지수용위원회의 공용사용허가는 행정청의 처분에 해당하지만, 공용사용허가를 받은 자에게 손실보상의 의무가 인정되는 특징이 있다('공익사업을 위한 토지 등의 취득 및 보상에 관한 법률' 38·39 참조).

다) 위기극복을 위한 긴급상황에서의 인적·물적 공용부담부과행위

화재, 재난·재해, 그 밖의 위급한 상황이 발생한 현장에서 관계 행정청이 법령에 근거하여 위기가 발생한 현장의 주변에 있는 사람들에게 위기극복에 필요한 일을 하게 하거나('노역부담'), 필요한 물품을 제공토록 하거나('물품부담'), 위기 사태수습에 필요한 개인의 물품 등을 소유자의 의사 여하에 불구하고 사용('공용사용')하는 경우가 있는바, 이와 같이 긴급상황에서 과해지는 인적·물적 공용부담은 우발부담(偶發負擔)·응급부담(應急負擔)이라 할 수 있다.

'긴급상황에서의 인적·물적 공용부담부과행위'는 위기상황에서 위기극복에 필요한 범위에서 관계 행정청이 행하는 특수한 처분 또는 즉시강제적 작용이라 하겠으며, 그로 인하여 발생한 특별한 손실에 대하여는 보상함이 원칙이다.

관계 행정청이 긴급상황에서의 인적·물적 공용부담을 과할 수 있는 근거는 소방기본법·도로법·하천법·수난구호법 등에 규정되어 있으며, 긴급상황에서의 인적·물적 공용부담부과행위에 관하여 규정한 법률들은 그로 인하여 피해를 입은 자에

대한 손실보상에 관하여도 규정하고 있다.

(4) **처분의 부관(附款)**

'부관'이란 행정청이 처분을 행하면서 처분의 본래의 효력을 제한하거나 보충하기 위하여 처분에 붙이는 종(從)된 의사표시를 말한다. 부관에는 조건·기한·부담·철회권유보·법률효과일부배제 등이 있다. 실정법에서는 부관이 조건·제한이라는 용어로 쓰이기도 한다.

부관은 본체인(주된) 처분과 불가분의 관계를 가지기 때문에 주(主)된 처분에의 부종성(附從性)을 그 특질로 하며, 행정청의 의사표시에 의하여 이루어지는 것으로서, 직접 법규에 의하여 처분의 효과가 제한되는 법정부관(예; 자동차검사의 유효기간을 정한 자동차관리법시행규칙 제74조)과 구별된다.

부관은 법령에 저촉되지 아니하는 범위 내에서 붙일 수 있고, 부관이 붙여진 처분의 목적을 위해 필요한 범위 내에서만 붙일 수 있으며, 주된 처분의 본질적 효력을 저해하지 않아야 하고(大判 1990.4.27, 89누6808), 평등원칙·비례원칙·부당결부금지원칙 등 행정법상의 일반원칙에 위반되지 아니하여야 하며(大判 2002.9.24, 2000두5661. 大判 1992.4.28, 91누4300), 그 내용이 명확하고 실현가능해야 한다.

부관은 처분에 붙여지는 것이어서 부관에 이의(異議)가 있어도 부관만을 따로 떼어서 행정쟁송의 대상으로 할 수 없음이 원칙이나, 다만 부관 중 부담은 본체(本體)인 처분과 분리될 수 있어서 독립된 행정쟁송의 대상이 될 수 있는 것으로 본다(大判 2001.6.15, 99두509).

그런데 행정법규가 처분을 행할 경우에 부관을 붙일 수 있는 근거를 명시하고 있는 경우에는 행정청이 필요한 범위 내에서 부관을 붙일 수 있지만, 법규상의 명시적 근거가 없는 경우에는 관계 법규의 취지가 행정청에 대하여 부관을 붙일 권한을 수권(授權)한 것이라고 합리적으로 해석되는 경우에 한하여 부관을 붙일 수 있다고 할 것이다(大判 2000.2.11, 98누7527). 이는 행정작용과정에서 행정기관이 신축성과 유연성을 가지고 공익과 제3자의 이익을 보호하기 위한 수단으로 처분에 부관을 붙일 수 있으나, 그 부관이 과도(過度)할 경우에는 상대방에게 불이익을 주는 역기능도 낼 수 있기 때문이다.

일반적으로 기속처분의 경우에는 행정청이 법규에 엄격히 기속되기 때문에 법규에 특별한 근거가 없는 한 부관을 붙이기 어렵고(大判 1993.7.27, 92누13998), 재량처분의 경우에는 공익을 위하여 행정청이 부관을 붙이기 용이하며, 경우에 따라 부관이 당위적(當爲的)인 것이 될 수도 있다고 하겠다(大判 2001.3.9, 99다64278).

1) 조건(條件)

부관의 일종인 조건은 처분의 효력의 발생 또는 소멸을 장래의 불확실한 사실의 성취 여부에 의존시키는 행정청의 의사표시를 말하며, 조건에는 처분의 효력의 발생에 관한 정지조건과 처분의 효력의 소멸에 관한 해제조건이 있다.

정지조건(停止條件)은 조건의 성취로 당연히 처분의 효력이 발생하는 경우의 조건(예; 일정한 시설을 갖출 것을 조건으로 한 식품영업허가)이며, 해제조건(解除條件)은 조건의 성취로 처분의 효력이 당연히 소멸하는 경우의 조건(예; 일정한 위해식품을 제조한 경우에는 영업허가의 효력이 소멸될 것으로 한 경우)이다.

2) 기한(期限)

처분에 붙여지는 부관 중 기한이란 처분의 효력의 발생·소멸 또는 계속을 시간적으로 정한 부관을 말한다(大判 2005.11.10, 2004다7873). 기한에는 처분의 효력이 발생하는 시기(始期)와 처분의 효력이 소멸하는 종기(終期)가 있는데, 시기와 종기가 동시에 붙여지는 경우도 있다(예; 몇년 몇월 몇일부터 몇년 몇월 몇일까지의 도로점용 허가).

3) 부담(負擔)

부담이란 행정청이 처분을 행하면서 처분의 상대방에게 작위(作爲)·부작위·급부·수인(受忍) 등의 별도의 의무를 부과하는 부관을 말하며, 수익적 처분에 붙여지는 것이 보통이다(大判 2007.7.12, 2007두6663. 大判 2000.2.11, 98누7527).

4) 철회권유보(撤回權留保)

철회권유보란 처분에 부가하여 행정청이 일정한 경우에 처분을 철회하여 그 효력을 소멸시킬 수 있음을 정한 부관을 말한다(大判 2003.5.30, 2003다6422).

5) 법률효과일부배제(法律效果一部排除)

법률효과일부배제란 행정청이 처분을 하면서 처분에 일반적으로 인정되는 효력의 일부를 배제(영업허가를 하면서 영업시간을 제한하는 것 등)시키는 부관을 말한다.

(5) 처분의 성립요건과 효력발생요건

처분이 유효하게 성립되기 위해서는 관계 법규에 특별한 요건이 정해진 경우에 그 요건을 다 갖추고, 다음과 같은 일반적인 내부적 성립요건도 갖추어야 한다.

즉, 처분은 주체면에서 정당한 권한을 가진 행정청이 권한 내의 사항에 대하여 정상적인 의사(意思)에 기(基)하여 처분을 행하여야 하며, 내용면에서 처분이 법과 공익에 적합하고 법적으로나 사실상으로 실현가능하며 명확한 내용의 것이어야 하고(大判 2007.1.12, 2004두7146. 大判 2006.4.13, 2005두15151), 절차면에서 사전에 거쳐야 할 법정(法定) 절차가 있는 경우에는 그 절차를 거쳐서 처분이 행해져야 하며(大判 2007.4.12, 2006두20150. 大判 2004.7.8, 2002두8350), 형식면에서 법이 일정한 형식을 갖출 것을 요구하고 있는 처분은 문서 기타 법정형식(法定形式)을 갖추어야 한다(大判 1976.6.8, 75누63).

처분 중 상대방의 신청이나 동의(협력)를 요하는 처분(예; 영업허가·공무원임명 등)에서는 상대방의 신청이나 동의가 처분의 적법요건 또는 효력발생요건이 되며, 그것이 결여된 처분은 위법이 되고 취소 또는 무효가 될 수 있다.

처분은 외부에 표시되어야 비로소 성립되며, 법령이나 부관에 의한 특별한 제한이 없는 한, 원칙적으로 성립과 동시에 효력을 발생한다. 그러나 통지·고시를 요하는 처분은 당사자(상대방) 등에게의 통지·고시가 그 처분의 발효(發效)요건이 된다(大判 2007.6.14, 2004두619. 大判 2004.4.9, 2003두13908. 大判 2003.7.22, 2003두513).

(6) 처분의 효력

성립·발효요건을 갖춘 처분은 그 근거 법규와 처분의 성질 등에 따라 구체적으로 상이(相異)한 효력을 발할 수 있지만, 일반적으로는 구속력·공정력·존속력(불가쟁력·불가변력) 등을 발한다.

1) 구속력(拘束力)

처분의 구속력이란 처분이 그 내용에 따라 상대방과 관계인 및 관계 행정청에 대하여 야기하는 일정한 법적 효과를 말하고, 이를 처분의 내용적 구속력이라고도 한다. 조세부과처분이 그 내용에 따라 상대방에게 납세의무를 지게 하는 것이 그 예이다. 이러한 구속력은 적법한 모든 처분에 당연히 인정되는 실체법적 효력이다.

2) 공정력(公定力)

처분의 공정력이란 처분이 중대·명백한 하자(흠)를 지녀 당연 무효가 되지 않은 한, 그 성립에 하자가 있더라도, 권한 있는 기관에 의하여 취소될 때까지는 누구든지 그 처분의 구속력을 부인하지 못하게 하는 효력을 말한다(大判 1991.4.23, 90누8756).

행정심판법과 행정소송법은 하자있는 처분에 대하여 취소심판 또는 취소소송을 제기하여 그 효력을 다툴 수 있도록 하면서도, 취소심판 또는 취소소송의 제기는 원칙적으로 계쟁(係爭) 처분의 효력이나 그 집행 또는 절차의 속행에 영향을 주지 아니한다는 집행부정지원칙을 규정하고 있는데(행정심판법 30①, 행정소송법 23①), 이는 처분의 공정력의 간접적 근거가 된다.

처분의 공정력은 일단 유효하게 성립한 처분에 인정되는 효력이므로, 처음부터 당연 무효인 처분에는 공정력이 인정되지 않는다. 그리고 공정력은 처분이 갖는 효력의 하나이므로, 처분이 아닌 비권력적 행위나 사실행위·사법행위(私法行爲)·공법상 계약 등에는 공정력이 인정되지 아니한다.

3) 불가쟁력(不可爭力)

처분의 불가쟁력이란 처분의 상대방 기타 이해관계인이 행정심판·행정소송 등을 제기할 수 있는 기간의 경과 등으로 인하여 더 이상 처분의 효력을 다툴 수 없게 되는 효력을 말한다(大判 2001.1.16, 99두10988).

4) 불가변력(不可變力)

처분의 불가변력은 일정한 사실 또는 법률관계의 정부(正否) 또는 존부(存否) 등에 관하여 공적으로 확정·선언하는 행위 등 일정한 처분에 대하여는 처분을 행한 행정청(처분청)이 스스로 취소·변경을 하지 못하게 되는 효력이다. 처분의 불가쟁력·불가변력을 합쳐서 처분의 존속력(存續力) 또는 확정력(確定力)이라 한다.

(7) 처분의 하자(瑕疵)

처분의 하자(흠)란 처분으로서 완전한 효력을 발생함에 장애가 되는 요인을 말한다. 처분은 성립요건과 발효요건을 모두 갖춘 경우에 완전히 그 효력을 발할 수 있는 것인데, 그 필요한 요건을 다 갖추지 못한 경우에는 '하자있는 처분'이 되어 그 효력발생에 지장을 받게 된다. 처분에 하자가 있는지 여부는 일반적으로 처분이 외부에 표시된 시점을 기준으로 판단한다.

하자있는 처분의 유형으로는 행정청이 성문법령 및 행정법의 일반원칙 등을 위반하거나 재량권을 일탈(逸脫)·남용한 위법처분(違法處分)과, 재량처분을 행할 때에 법이 정한 재량권의 범위 내에서 재량권을 잘못 행사한 부당처분(不當處分)이 있다.

오기(誤記)·오산(誤算) 기타 이에 준하는 명백한 표면상의 오류가 있는 처분은 행정청이 직권 또는 신청에 의하여 지체 없이 그 오류(誤謬)를 정정할 수 있는 것이어서(행정절차법 25), 하자있는 처분과 구별된다고 하겠다.

그런데 '처분의 하자'나 '하자있는 처분의 효력'에 관하여는 실정법이 별로 규정하고 있지 않으며, 이론과 판례에서는 중대·명백한 하자(내용적으로 중대한 법규위반이고 외관상 명백한 하자)가 있는 처분은 무효로 하고, 중대·명백하지 않은 하자가 있는 처분은 취소할 수 있는 것으로 보는 것이 주된 견해라고 할 수 있다.

그리하여 '무효(無效)인 처분'은 처분이 외관상으로는 존재하나 중대·명백한 하자로 말미암아 처음부터 그 법률적 효력을 전혀 발생하지 못하는 처분을 의미하며(大判 2007.4.12, 2006두20150. 大判 2005.6.24, 2004두10968), '취소(取消)할 수 있는 처분'은 그 성립에 하자(중대·명백하지 아니한 하자)가 있음에도 불구하고 취소권을 가진 행정청 또는 법원에 의하여 취소될 때까지는 유효한 처분으로서 효력을 발하고, 취소권을 가진 기관이 취소하였을 때에 비로소 그 효력을 잃게 되는 처분을 의미한다(大判 1993.2.9, 92누4567. 大判 1989.3.28, 89도149).

처분의 무효원인(無效原因)이 되는 중대·명백한 하자의 예로는 정당한 권한을 갖지 아니한 자의 처분, 내용면에서 법률상·사실상 실현불능인 처분, 내용이 불명확한 처분, 중대·명백하게 법규에 위반된 처분 등을 들 수 있다(大判 2004.7.22, 2002두10704. 大判 2000.9.8, 99두11257).

한편, 처분이 ① 내용면에서 경미한 법규위반이거나 부당한 경우, ② 경미한 절차나 형식을 결여한 경우, ③ 사기(詐欺)·강박(强迫)·증뢰(贈賂) 등 상대방의 부정행위에 의해 이루어진 경우, ④ 행정청의 착오의 결과로서 위법·부당하게 된 경우 등에는 취소할 수 있는 것이 된다고 할 것이며, ⑤ 공서양속(公序良俗)에 위배되거나 공익에 반하는 처분도 취소할 수 있는 것으로 보는 견해가 유력하다(大判 2007.3.15, 2006두15806. 大判 2004.4.16, 2003두7019. 大判 2001.6.29, 2000다17339. 大判 1994.10.28, 92누9463).

(8) 처분의 하자의 승계와 치유

처분의 하자의 승계(承繼)란 두개 이상의 처분이 일련의 절차로 연속하여 행하여진 경우에, 후행(後行)처분에는 하자가 없더라도 선행(先行)처분의 하자가 후행처분에 승계되어서 후행처분이 하자있는 처분으로 인정되는 것을 말한다.

처분의 하자의 승계 여부는 선행처분과 후행처분이 서로 결합하여 하나의 법적 효과를 완성하는 경우(예; 대집행의 계고와 대집행영장에 의한 통지, 체납처분에 있어서의 압류와 공매처분)에는 그 선행처분의 하자가 후행처분에 승계되며(大判 1996.2.9, 95누12507. 大判 1993.2.9, 92누4567), 양(兩)처분이 서로 독립하여 별개의 법적 효과의 발생을 목적으로 하는 경우(예; 조세부과처분과 체납처분, 공무원에 대한 직위해제처분과 면직처분)에는 선행처분의 하자가 후행처분에 승계되지 아니하나, 개별적·구체적 사정을 고려하여 선행처분에 있는 무효원인인 중대·명백한 하자가 후행처분에 승계될 수 있다고 할 것이다(大判 1999.4.27, 97누6780. 大判 1988.6.28, 87누1009).

처분의 하자의 치유(治癒)란 처분의 성립 당시의 하자로 인하여 취소할 수 있는 처분이 사후(事後)의 보정적(補正的) 행위나 어떤 사실(시간경과 등)에 의하여 그 처분을 취소시킬 필요가 없어진 경우에 그 하자에도 불구하고 적법한 것으로 다루어지는 것을 말한다. 처분의 하자의 치유는 처분의 무용(無用)한 반복을 피하고 당사자의 법적 안정성을 위해 인정될 수 있는 것이지만, 행정의 법률적합성의 원칙을 저해(沮害)해서는 아니 되므로 예외적으로 인정되어야 할 것이다(大判 2002.7.9, 2001두10684. 大判 2001.6.26, 99두11592).

(9) 처분의 취소(取消)와 철회(撤回)

처분의 취소란 일반적으로 일단 유효하게 성립한 처분을 그 성립에 하자가 있음을 이유로 권한 있는 기관이 그 법률상의 효력을 원칙적으로 처분의 성립시(成立時)에 소급하여 상실시키는 별개의 독립된 처분을 말한다. 처분의 취소에는 관계 행정청에 의한 직권취소와 행정심판재결·행정소송판결에 의한 쟁송취소가 있다(大判 2006.5.25, 2003두4669. 大判 2006.2.10, 2003두5686. 大判 2004.7.22, 2003두7606).

처분의 철회란 하자 없이 적법·유효하게 성립한 처분에 대하여 처분청이 사후에 발생한 새로운 사정을 이유로 장래에 향하여(철회시점 이후부터) 처분의 효력을 소멸시키는 독립된 처분을 말한다(大判 2006.5.11, 2003다37969. 大判 2004.7.22, 2003두7606).

이에 비하여 처분의 무효는 중대·명백한 하자로 말미암아 처분이 처음부터(처분의 성립시부터) 당연히 그 효력을 전혀 발생하지 못하는 것을 의미한다.

처분의 취소와 철회는 처분의 성립 후에 처분의 효력을 소멸시키는 행위인 점에서 같으나, 처분의 철회는 '변화하는 사정에의 적응'을 일차적 목적으로 하는 점에서 '하자의 시정(是正)'을 직접 목적으로 하는 처분의 취소와 차이가 있다고 하겠다.

Ⅳ. 행정계획

행정의 행위형식 중 '행정계획(行政計劃)'은 행정기관이 장래 일정한 시점에서의 행정목표를 실현하기 위하여 필요한 행정수단들을 종합·조정하여 설정한 미래활동의 기준 내지 설계라고 할 수 있다. 행정계획은 미래지향적·다면적인 현대행정에서 많이 쓰이는 행정의 행위형식이다(大判 2007.4.12, 2005두1893).

행정계획은 계획대상의 종합성·부문성에 따라 종합계획과 부문별 계획으로, 계획의 시행기간에 따라 장기계획과 중기계획(2~5년) 및 연도별 계획으로, 계획의 시행지역에 따라 전국계획·지방계획·지역계획으로, 계획내용의 구체화 정도에 따라 기본계획과 시행계획으로 분류할 수 있다.

행정계획에는 직접 국민에 대해서든 행정조직 내부에서든 법적 구속력을 갖는

'구속적 행정계획'(憲裁 2003.6.26, 2002헌마402)과 유도적·정보제공적(또는 지침적) 기능은 수행하되 법적 구속력를 갖지 아니하는 '비구속적 행정계획'이 있다(大判 1993.7.13, 93누36).

국민에 대하여 직접 구속력을 발하는(작위·부작위·급부·수인 등의 의무를 부과하는) 구속적 행정계획은 처분성을 지닌 계획이고 항고소송의 대상이 된다(大判 2004.4.28, 2003두1806. 大判 2003.9.23, 2001두10936. 大判 1982.3.9, 80누105).

국민에 대하여 직접 구속력을 발하지 않는 비구속적적 행정계획은 원칙적으로 처분성이 인정되지 않고 항고소송의 대상도 되지 아니하지만, 헌법재판소는 "비구속적 행정계획안이나 행정지침이라도 국민의 기본권에 직접적으로 영향을 끼치고, 앞으로 법령의 뒷받침에 의하여 그대로 실시될 것이 틀림없을 것으로 예상될 수 있을 때에는, 공권력행위로서 예외적으로 헌법소원의 대상이 될 수 있다."고 판시한바 있다(憲裁 2000.6.1, 99헌마538·543·544·545·546·549병합).

각종 행정작용관련 실정법들에는 공공목적을 위한 행정계획의 수립에 관한 규정들이 많이 있다. 그 중에는 행정조직 내부에서 관계 행정기관에 대하여 구속력을 발하는 계획에 관한 규정들이 많으며, 「국토의 계획 및 이용에 관한 법률」상의 '도시·군관리계획' 관련 규정과 같이 직접 국민의 권익에 영향을 미치는(대외적 구속력을 발하는) 행정계획에 관한 규정들도 있다.

일반적으로 행정작용에 관한 법규들에는 어떤 경우에(법률요건부분) 관계 행정기관이 어떤 조치를 할 수 있는지를 정하는(법률효과부분) 규정들이 많은데, 행정계획에 관한 규정들은 계획의 목적과 계획의 수립근거 및 수립절차를 정하고 계획의 내용에 관하여는 추상적으로 정하거나 정하고 있지 않은 것이 보통이라 할 수 있다(大判 2002.10.11, 2000두8226).

그리하여 행정계획수립기관은 행정계획을 수립함에 있어서 행정계획목표달성을 위한 수단의 선택이나 그 수단의 시간적 순서 등 계획내용에 관하여 광범한 재량 내지는 형성(形成)의 자유를 가지는바, 행정계획의 수립과정에서 행정계획수립기관이 갖는 계획형성상의 재량을 계획재량(計劃裁量)이라 한다.

이러한 계획재량이 인정되는 경우에, 행정계획수립기관은 계획재량을 법령이나 비례원칙 등 행정법의 일반원칙에 위반되지 않게 행사하여야 하며, 법정(法定) 절차에 따라 관계된 공익·사익 등을 정당하게 형량(衡量)하여 행정계획을 수립해야 한다(大判 2014.7.10, 2012두2467. 大判 2012.1.12, 2010두5806. 大判 2011.2.24, 2010두21464. 大判 2007.1.25, 2004두12063. 大判 2000.3.23, 98두2768).

Ⅴ. 행정상 사실행위와 즉시강제

(1) 행정상 사실행위(事實行爲)

'행정상 사실행위'란 행정기관이 행하는 행위 중 일정한 법률효과의 발생을 직접 목적으로 하지 않고 어떤 사실상의 새로운 결과나 상태의 변화를 직접 목적으로 행하는 행위를 말한다. 행정상 사실행위로써 이루어지는 작용이 사실적 행정작용이다.

그런데 행정상 사실행위는 법률효과의 발생을 직접 목적으로 하지 않을 뿐, 법률효과를 간접적으로 발생시키는 경우가 있다. 예컨대, 행정기관(구성원)이 도로보수공사(道路補修工事)와 같은 행정상 사실행위를 잘못함으로 인하여 개인 등이 손해를 입은 경우에는 행정주체측이 손해배상의무를 지게 되는 등 일정한 법률효과가 야기될 수 있으며, 이러한 경우에 행정상 사실행위로 인하여 손해를 입은 사람은 국가나 지방자치단체를 상대로 하여 손해배상청구소송을 제기할 수도 있다.

행정상 사실행위에는 행정조직 내부에서의 사실행위(예; 문서작성·자료정리)와 행정조직 외부에서의 사실행위가 있는데, 행정상 사실행위는 보통으로 외부적 사실행위를 지칭한다.

행정기관이 행정조직 외부에서 행하는 행정상 사실행위는 '권력적 사실행위'와 '비권력적 사실행위'로 분류할 수 있다(憲裁 1994.5.6, 89헌마35).

1) 권력적 사실행위

'권력적 사실행위'란 법령의 근거가 있는 경우에 공권력을 행사하여 행하는 사실행위를 말하며, 행정대집행법에 의거한 대집행의 실행행위(후술 제3절 1. Ⅰ. 참조), 국세징수법에 의거한 체납처분에서의 재산압류(제3절 2. 참조), 권력적 행정조사(제2절 4. 참조), 행정상 강제집행의 한 방법인 직접강제(제3절 1. Ⅱ. 참조), 관세법에 의거한 위법한 관세물품의 영치행위 등이 그 예이다.

행정대집행법에 의거한 대집행의 실행이 이루어지는 경우에 대집행의 대상인 작위의무는 그 의무를 부과한 당초의 처분(또는 법령)에 의하여 과해진 것이고, 대집행의 계고나 대집행영장에 의한 통지는 당사자에게 대집행 실행에 저항하지 말아야 할 수인의무(受忍義務)를 지게하며, 대집행의 실행 자체는 관계 행정청이 당사자에게 직접적으로 권리·의무의 변화를 일으키지 않으면서, 공권력을 행사하여 물적인 위법상태의 제거 등 사실상태의 변화나 새로운 사실상의 결과를 야기할 뿐이다.

이와 같이 행정기관이 직접적으로 법률효과를 야기하지 않으면서 공권력을 행사하여 물적인 위법상태의 제거 등 사실상태의 변화나 새로운 사실상의 결과를 야기하는 작용을 '권력적 사실행위'라 한다. 권력적 사실행위는 관계 행정기관의 권력적 법집행작용이라는 점에서 처분적 성질을 지닌 작용이라 할 수 있다.

후술하는 행정상 즉시강제와 같이 법적 행위로서의 수인의무를 부과하는 처분과 물리적 집행행위가 결합되어 행해지는 권력적 사실행위도 있다.

판례는 수갑·포승을 채운 상태에서의 구속된 피의자에 대한 신문(訊問)행위(憲裁 2005.5.26, 2001헌마728), 미결 수용중인 자에 대한 이송(大判 1992.8.7, 92두30), 동장의 주민등록직권말소행위(大判 1994.8.26, 94누3223), 교도소장의 수형자 서신 검열행위(憲裁 1998.8.27, 96헌마398), 단수조치(大判 1979.12.28, 79누218), 공매처분(大判 1984.9.25, 84누201) 등에 권력행위성을 인정한바 있다.

2) 비권력적 사실행위

'비권력적 사실행위'란 행정기관(또는 관계공무원)이 직접적으로 당사자의 권리·의무에는 변화를 일으키지 않고 비권력적으로 바람직한 사실상의 상태나 새로운 결과의 발생을 위하여 행하는 행위를 말한다. 행정지도(후술 제2절 1. Ⅵ. 참조)·도로관리·공원관리·댐관리·하수처리·배수로설치·제방설치·소독약살포·정보제공·취업알선·쓰레기수거·우량종묘공급·권유·상담, 녹지의 수목식재, 박물관·공공체육시설의 설치·운영 등이 그 예이다(憲裁 2001.10.25, 2001헌마113).

비권력적 사실행위는 소관 행정기관이 공적 목적을 위하여 국민의 권익을 침해하지 않고 법률에 어긋나지 아니하는 범위에서 법적 근거 없이도 할 수 있는 것으로 본다. 비권력적 사실행위에는 처분성이 인정되지 아니한다(大判 1993.10.26,

93누6331). 행정작용 중에는 '비권력적 사실행위'로써 이루어지는 '비권력적인 사실적 행정작용'이 압도적으로 많다.

(2) 행정상 즉시강제

'행정상 즉시강제'란 급박한 사회적 위해(危害)를 제거할 필요가 있지만 미리 당사자에게 일정한 의무를 명할 시간적 여유가 없는 경우 또는 성질상 의무를 명하여서는 목적달성이 곤란한 경우에, 관계 행정기관(또는 소속공무원)이 직접 개인의 신체나 재산·가택에 공권력을 행사하여 행정상(공익상) 필요한 상태를 실현하는 작용을 말하며, 대인적(對人的)·대물적(對物的)·대가택(對家宅) 즉시강제로 분류할 수 있다.

대인적 즉시강제는 행정기관(소속공무원)이 사람의 신체에 실력을 가하여 행정상 필요한 상태를 실현하는 강제작용이며, 경찰관직무집행법상의 보호조치, 「감염병의 예방 및 관리에 관한 법률」상의 강제격리·교통차단 등이 그 예이다.

대물적 즉시강제는 행정기관이 일정한 시설이나 물건에 실력을 가하여 행정상 필요한 상태를 실현하는 작용이며, 소방기본법상의 강제처분, 식품위생법상의 물건의 수거·폐기·압류 등이 그 예이다.

대가택 즉시강제는 점유자나 소유자의 의사(意思)에 관계없이, 사인(私人)의 가택·창고·영업소 등에 출입하여 행정상 필요한 상태를 실현하는 작용이며, 경찰관직무집행법상의 위험방지를 위한 가택출입, 식품위생법상의 영업장소 등에의 출입·검사, 조세범처벌절차법상의 수색·압수 등이 그 예이다.

행정상 즉시강제와 행정상 강제집행(특히 직접강제, 제3절 1. Ⅱ. 참조)은 공권력을 행사하여 행정상 필요한 상태를 실현하는 권력적 사실행위라는 점에서는 서로 같다. 그러나 양자는 행정기관의 공권력행사의 원인과 성질이 서로 다르다.

직접강제를 포함하여 행정상 강제집행은 사전(事前)에 당사자에게 부과된 의무의 불이행이 있는 경우에 행할 수 있는 것이지만, 행정상 즉시강제는 사전에 당사자에게 의무를 부과하는 것을 반드시 요구하지 아니하므로 당사자의 의무불이행을 전제로 하지 않으며, 의무를 부과하는 행위(법적 행위)와 그 의무를 강제로 실현시키는 작용(사실행위)이 결합되어 동시에 행하여지는 것이다(예; 마약사범단속).

즉, 행정상 즉시강제는 그 근거법령에 의하여 직접·간접으로 부과된 추상적 의무를 전제로 하여, 그 의무를 구체적으로 확정함과 동시에 의무를 과하는 법적 행위와 그 의무의 내용을 실현시키는 사실행위가 결합된 것이라 할 수 있다.

행정상 즉시강제의 근거를 규정하고 있는 법률로는 「경찰관 직무집행법」·소방기본법·「마약류관리에 관한 법률」·「감염병의 예방 및 관리에 관한 법률」·식품위생법·조세범처벌절차법·관세법 등 여러 법률이 있으며, 법률의 근거 없이는 행정상 즉시강제를 할 수 없다.

행정상 즉시강제를 행함에 있어서는 그 작용이 법령에 적합하지 않으면 아니되며(법적합성), 묵과(默過)할 수 없는 위해(危害)의 현존(現存) 또는 위해발생의 확실성이 있어야 하고(급박성의 원리), 다른 수단으로는 행정목적달성이 불가능하며(보충성의 원리), 즉시강제가 당해 행정상 위해의 제거·방지를 위하여 필요하고 적합하며 상당(相當)한 것이어야 하고(비례성의 원리), 적극적인 공익증진목적을 위해서가 아니라 사회공공의 안녕질서유지나 국민생활안정의 소극적인 목적을 위한 것이어야(소극성의 원리) 한다.

행정상 즉시강제로써 개인의 신체의 구속과 주거의 침해 등이 이루어지기도 하므로, 헌법 제12조 제3항 및 제16조의 영장주의(令狀主義)가 행정상 즉시강제에도 그대로 적용되는지가 문제된다. 이에 관한 학설로서는 영장불요설·영장필요설·절충설 등이 있다. 이 중 절충설은 국민의 기본권보장을 위해 인정되는 헌법상의 영장주의가 형사사법권의 행사뿐만 아니라 행정상 즉시강제권의 행사에도 적용되어야 하지만, 행정상 즉시강제의 특수성에 비추어 사전에 법관의 영장을 구할 수 없는 급박한 경우에는 영장주의가 적용되지 않을 수 있다고 하는 견해인데, 이것이 다수설이다(憲裁 2002.10.31, 2000헌가12).

Ⅵ. 행정상 확약

'행정상 확약(確約)'은 행정청이 사인(私人) 등에 대하여 일정한 처분 등을 하거나 하지 않을 것을 약속하는 행위이다. 과세자료를 자진 신고하는 자에게 조세감면을 해주겠다는 약속이나 어느 법인에게 장래 공유수면매립면허를 해주겠다는 약속 등 각종 인·허가의 발급약속(내인가·내허가), 공무원 임용의 내정(內定) 등이 그 예이다(大判 1995.1.20, 94누6529).

「민원 처리에 관한 법률」 제30조의 대규모 경제적 비용이 수반되는 민원사항에 대한 사전심사 결과의 통보, 폐기물관리법 제25조 제2항에 따른 폐기물처리 사업계획서에 대한 적합통보, 「제주특별자치도 설치 및 국제자유도시 조성을 위한 특별법」 제146조의 사업시행예정자 지정 등도 행정상 확약의 예라고 할 수 있다.

실제로, 예컨대 여객자동차운송사업을 하고자 하는 자는 많은 차량과 넓은 차고지(車庫地)를 확보하여야 하는데, 관계 행정청으로부터 미리 사업면허(특허)에 대한 확약을 받을 수 있다면 안정적으로 사업 준비를 할 수 있게 될 것이다. 이러한 경우에서 확인될 수 있듯이, 행정상 확약은 행정기관과 국민간의 민주적 의사소통의 길을 열어주고 국민의 행정에 대한 예측가능성과 신뢰를 확보하게 하는 순기능을 수행할 수 있는 것이다.

행정청이 적법하게 행한 확약은 신뢰보호의 원칙에 기(基)하여 행정청에 대하여 확약의 내용을 이행할 의무를 지게 할 것이다.

행정상 확약이 있은 후에 불가항력이나 기타 사유로 행정청이 확약내용을 이행할 수 없을 정도로 확약의 기초가 된 사실이나 여건이 변경된 경우에는 확약이 실효(失效)되는 것으로 봐야 하며(大判 1996.8.20, 95누10877), 이 경우에 귀책사유가 없는 상대방의 신뢰보호를 위한 손실보상 등 손해전보(損害塡補)의 문제가 야기될 수 있을 것이다(大判 1996.11.29, 95다21709).

Ⅶ. 공법상 계약

행정주체가 한쪽 또는 양쪽 당사자가 되어 체결하는 계약을 '행정계약(行政契約)'이라 하는데, 이 중 공법적 효과를 발생시키는 계약은 공법상 계약이 되고, 사법적 효과를 발생시키는 계약은 사법상 계약이 된다.

'공법상 계약'은 일정한 행정목적을 위하여 행정주체와 국민 사이 또는 행정주체 상호간에 양당사자의 반대방향의 의사(意思)의 합치로써 공법적 효과(공법상의 권리·의무의 발생·변경·소멸 등)를 발생시키는 공법행위라고 할 수 있다(大判

2002.11.26, 2002두5948. 大判 2001.12.11, 2001두7794). 공물관리의 민간위탁, 오물수거사업 등 공익사업의 민간위탁·대행이나 각종 용역시행에서 행정주체와 민간수탁자(民間受託者) 간에 체결되는 계약은 기본적으로 공법상 계약이라 하겠다.

쌍방행위인 공법상 계약에서는 상대방의 청약 또는 승낙의 의사표시가 공법상 계약의 존재요건이 되며, 상대방의 청약 또는 승낙의 의사표시가 없으면 공법상 계약은 존재하지 않게 된다.

공법상 계약은 계약체결과정에 공권력이 행사되지 아니하므로 처분과 다르고, 항고쟁송의 대상이 되지 않지만, 행정소송 중 당사자소송(공법상의 법률관계에 관한 소송, 제3장 제4절 V. 참조)의 대상이 된다(大判 1995.12.22, 95누4636).

행정계약 중 사법적 효과의 발생을 목적으로 하는 사법상 계약은 민사소송의 대상이 된다.

공법상 계약은 법률에 특별히 다르게 규정된 경우를 제외하고는 그 성립이나 내용의 객관적 명확성을 도모하기 위하여 문서의 형식으로 함이 원칙이다. 공법상 계약의 체결은 「국가를 당사자로 하는 계약에 관한 법률」 등 관계 법령상의 요건과 절차에 따라야 한다.

공법상 계약의 체결방법으로는 일반경쟁·제한경쟁·지명경쟁 및 수의계약의 방법이 있다('국가를 당사자로 하는 계약에 관한 법률' 7). 공법상 계약의 체결에는 감독청 또는 관계 행정청의 인가를 받아야 하거나 감독 행정청에게 보고하여야 하는 경우도 있다.

Ⅷ. 행정상 사법행위

'행정상 사법행위(私法行爲)'는 행정주체(행정기관)가 사경제주체(私經濟主體)의 지위에서 사법(私法)의 규율을 받으며 행하는 행위이며, 행정계약의 일종인 사법상 계약이나 행정주체의 물품구입·국유재산매각행위·공공시설공사도급행위 등이 그 예이다(大判 1995.5.12, 94누5281. 大判 1983.9.27, 83누292).

행정상 사법행위로써는 사법적 효과가 발생하는 것이 원칙이며(大判 1999.6.22, 99다7008. 大判 1992.10.27, 91누3871), 부수적으로 공법적 효과가 발생할 수도 있다.

행정주체가 국·공유 일반재산(잡종재산)을 매각하는 등 행정상 사법행위를 하는 경우에 원칙적으로 민법 등 사법의 적용을 받지만, 국유재산법·물품관리법·「국가를 당사자로 하는 계약에 관한 법률」·「공유재산 및 물품관리법」·「지방자치단체를 당사자로 하는 계약에 관한 법률」 등의 규율도 받는다(大判 2010.11.11, 2010다59646).

Ⅸ. 기타의 행위형식

(1) 비공식적 행정작용

행정작용은 행정입법·행정행위·행정계획 등과 같이 요건·절차·효과 등이 법에 규정되어 있는 공식적인 행정작용으로 행해지는 것이 보통이지만, 법외적(法外的) 작용인 이른바 비공식적 행정작용이 행해지는 경우도 있다. 이는 오늘날 행정주체가 해결하여야 할 과제가 늘어나고 그 과제의 복잡성·전문성·이해관계의 다양성으로 인해 행정과정에서 행정과제의 해결을 위한 민관(民官)의 협력·타협 등 탄력적 수단이 필요한 경우가 있기 때문이다.

'비공식적 행정작용'이란 관계 행정청이 법에 의거하지 않고 행하는 작용으로서, 법적 구속력도 발생하지 않는 행정작용이라고 할 수 있다.

비공식적 행정작용은 법적 구속력을 발생하지 않을지라도 법령과 평등원칙·비례원칙·부당결부금지원칙·신뢰보호원칙 등 행정법의 일반원칙(후술 제2절 1. Ⅰ. 참조)을 준수하는 범위 내에서 행해져야 한다. 이는 모든 행정작용에 법률우위원칙(제1장 제2절 Ⅰ. 참조)이 적용되기 때문이다.

따라서 비공식적 행정작용에 있어서 행정주체가 법령에 위반하여 양보하거나 합의하는 것은 허용되지 않는다. 또한 비공식적 행정작용에 있어서는 행정기관 상호간의 권한존중 등 행정조직법상의 여러 원칙도 당연히 지켜져야 한다.

(2) 자동화(自動化)된 행정작용

전자정부법에 따른 행정기관 등의 행정자료·정보 등의 전자적 처리를 통하여, 오늘날 국민에 대한 자동화된 행정작용이나 자동행정결정이 많이 이루어지고 있다.

자동화된 행정작용이란 컴퓨터 등 자동정보처리장치에 의하여 자동적으로 행해지는 행정작용을 말한다. 자동화된 행정작용은 다수의 동일한 또는 동종(同種)의 처분 등을 행하는 대량행정(大量行政)에서 자동기기(自動器機)에 의한 자동행정결정을 거쳐 이루어지는데, 교통신호기의 작동, 연금급여액의 결정·지급, 조세·건강보험료 등 각종 공과금(公課金)의 산정(算定)·부과 등이 그 예이다.

자동행정결정이란 행정기관이 프로그램을 작성하고 구체적인 데이터를 입력함으로써 전자데이터처리장치에 의하여 이루어지는 행정결정을 말하며, 이를 행정자동결정이라고도 한다.

자동행정결정은 행정청(또는 관계공무원)이 작성한 프로그램과 데이터에 따라 자동기계장치에 의하여 행정결정이 이루어지는 것으로서, 그것이 국민의 권익에 영향을 미치는 경우에는 처분으로서의 성질을 지닌다.

자동행정결정은 행정청이 법이 정한 요건을 갖춘 경우에 법이 정한 일정한 처분 등을 하여야 하는 대량적 기속처분(羈束處分) 등에 허용될 수 있는 것이다.

행정청이 구체적 사정을 고려하여 재량권의 범위 안에서 타당성 있게 행해야 하는 재량처분(裁量處分)은 원칙적으로 자동행정결정의 대상이 되기에 적합하지 않다고 할 것이다.

【大判 1987.9.29, 86누484. "상급행정기관이 하급행정기관에 대하여 업무처리지침이나 법령의 해석적용에 관한 기준을 정하여서 발하는 이른바 행정규칙은 일반적으로 행정조직 내부에서만 효력을 가질 뿐 대외적인 구속력을 갖는 것은 아니지만, 법령의 규정이 특정 행정기관에게 그 법령내용의 구체적 사항을 정할 수 있는 권한을 부여하면서 그 권한행사의 절차나 방법을 특정하고 있지 아니한 관계로 수임행정기관이 행정규칙의 형식으로 그 법령의 내용이 될 사항을 구체적으로 정하고 있다면, 그와 같은 행정규칙, 규정은 행정규칙이 갖는 일반적 효력으로서가 아니라, 행정기관에 법령의 구체적 내용을 보충할 권한을 부여한 법령규정의 효력에 의하여 그 내용을 보충하는 기능을 갖게 된다 할 것이므로, 이와 같은 행정규칙, 규정은 당해 법령의 위임한계를 벗어나지 아니하는 한 그것들과 결합

하여 대외적인 구속력이 있는 법규명령으로서의 효력을 갖게 된다.”】

【憲裁 1998.4.30, 97헌마141. “고시 또는 공고의 법적 성질은 일률적으로 판단될 것이 아니라 고시에 담겨진 내용에 따라 구체적인 경우마다 달리 결정된다고 보아야 한다. 즉, 고시가 일반·추상적 성격을 가질 때는 법규명령 또는 행정규칙에 해당하지만, 고시가 구체적인 규율의 성격을 갖는다면 행정처분에 해당한다.”】

【大判 2008.4.24, 2008두3500. “항고소송의 대상이 되는 행정처분이라 함은 행정청의 공법상의 행위로서 특정사항에 대하여 법규에 의한 권리의 설정 또는 의무의 부담을 명하거나 기타 법률상 효과를 발생하게 하는 등 국민의 구체적인 권리·의무에 직접적 변동을 초래하는 행위를 말하는 것이고, 행정권 내부에서의 행위나 알선, 권유, 사실상의 통지 등과 같이 상대방 또는 기타 관계자들의 법률상 지위에 직접적인 법률적 변동을 일으키지 아니하는 행위 등은 항고소송의 대상이 될 수 없다.”】

【大判 1992.1.21, 91누1264. “행정행위의 부관은 행정행위의 일반적인 효력이나 효과를 제한하기 위하여 의사표시의 주된 내용에 부가되는 종된 의사표시이지 그 자체로서 직접 법적 효과를 발생하는 독립한 처분이 아니므로, 현행 행정쟁송제도 아래서는 부관 그 자체만을 독립한 쟁송의 대상으로 할 수는 없는 것이 원칙이나, 행정행위의 부관 중에서도 행정행위에 부수하여 그 행정행위의 상대방에게 일정한 의무를 부과하는 행정청의 의사표시인 부담의 경우에는 다른 부관과는 달리 행정행위의 불가분적인 요소가 아니고 그 존속이 본체인 행정행위의 존재를 전제로 하는 것일 뿐이므로 부담 그 자체로서 행정쟁송이 될 수 있다.”】

【大判 2013.5.23, 2010두24975. “하자 있는 행정처분이 당연무효가 되기 위하여는 그 하자가 법규의 중요한 부분을 위반한 중대한 것으로서 객관적으로 명백한 것이어야 하며, 하자가 중대하고 명백한지 여부를 판별할 때에는 그 법규의 목적, 의미, 기능 등을 목적론적으로 고찰함과 동시에 구체적 사안 자체의 특수성에 관하여도 합리적으로 고찰함을 요한다. 행정청이 어느 법률관계나 사실관계에 대하여 어느 법률의 규정을 적용하여 행정처분을 한 경우에 그 법률관계나 사실관계에 대하여는 그 법률의 규정을 적용할 수 없다는 법리가 명백히 밝혀져 그 해석에 다툼의 여지가 없음에도 행정청이 위 규정을 적용하여 처분을 한 때에는

그 하자가 중대하고도 명백하다고 할 것이나, 그 법률관계나 사실관계에 대하여 그 법률의 규정을 적용할 수 없다는 법리가 명백히 밝혀지지 아니하여 그 해석에 다툼의 여지가 있는 때에는 행정관청이 이를 잘못 해석하여 행정처분을 하였더라도 이는 그 처분 요건사실을 오인한 것에 불과하여 그 하자가 명백하다고 할 수 없다."】

【大判 2013.12.12, 2011두3388. "어느 행정행위가 기속행위인지 재량행위인지는 이를 일률적으로 규정지을 수는 없는 것이고, 당해 처분의 근거가 된 규정의 형식이나 체재 또는 문언에 따라 개별적으로 판단해야 한다. 또한 침익적 행정행위의 근거가 되는 행정법규는 엄격하게 해석·적용하여야 하고 그 행정행위의 상대방에게 불리한 방향으로 지나치게 확장해석하거나 유추해석해서는 안 되며, 그 입법 취지와 목적 등을 고려한 목적론적 해석이 전적으로 배제되는 것은 아니라고 하더라도 그 해석이 문언의 통상적인 의미를 벗어나서는 안 된다."】

【大判 2006.5.25, 2003두4669. "행정행위를 한 처분청은 그 행위에 하자가 있는 경우에는 별도의 법적 근거가 없더라도 스스로 이를 취소할 수 있고, 다만 수익적 행정처분을 취소할 때에는 이를 취소하여야 할 공익상의 필요와 그 취소로 인하여 당사자가 입게 될 기득권과 신뢰보호 및 법률생활 안정의 침해 등 불이익을 비교·교량한 후 공익상의 필요가 당사자가 입을 불이익을 정당화할 만큼 강한 경우에 한하여 취소할 수 있으며, 나아가 수익적 행정처분의 하자가 당사자의 사실은폐나 기타 사위(詐僞)의 방법에 의한 신청행위에 기인한 것이라면 당사자는 처분에 의한 이익이 위법하게 취득되었음을 알아 취소가능성도 예상하고 있었다 할 것이므로, 그 자신이 처분에 관한 신뢰이익을 원용할 수 없음은 물론 행정청이 이를 고려하지 아니하였다고 하여도 재량권의 남용이 되지 않는다."】

【大判 2014.7.24, 2012두23501. "행정처분은 근거 법령이 개정된 경우에도 경과규정에서 달리 정함이 없는 한 처분 당시 시행되는 개정 법령과 거기에서 정한 기준에 의하는 것이 원칙이고, 그러한 개정 법령의 적용과 관련하여서는 개정 전 법령의 존속에 대한 국민의 신뢰가 개정 법령의 적용에 관한 공익상의 요구보다 더 보호가치가 있다고 인정되는 경우에 그러한 국민의 신뢰를 보호하기 위하여 적용이 제한될 수 있는 여지가 있다. 따라서 보상금 신청 후 처분 전에 보상

기준과 대상에 관한 관계 법령의 규정이 개정된 경우 처분 당시에 시행되는 개정 법령에 정한 기준에 의하여 보상금지급 여부를 결정하는 것이 원칙이지만, 행정청이 신청을 수리하고도 정당한 이유 없이 처리를 지연하여 그 사이에 법령 및 보상 기준이 변경된 경우에는 변경된 법령 및 보상 기준에 따라서 한 처분은 위법하다."】

【大判 2011.2.24, 2010두21464. "행정계획이란 행정에 관한 전문적·기술적 판단을 기초로 하여 특정한 행정목표를 달성하기 위하여 서로 관련되는 행정수단을 종합·조정함으로써 장래의 일정한 시점에 일정한 질서를 실현하기 위한 활동기준을 설정하는 것이다. 그런데 관계 법령에는 추상적인 행정목표와 절차만을 규정하고 있을 뿐 행정계획의 내용에 관하여는 별다른 규정을 두고 있지 아니하므로, 행정주체는 구체적인 행정계획을 입안·결정할 때 비교적 광범위한 형성의 자유를 가진다. 다만, 행정주체가 갖는 이와 같은 형성의 자유는 무제한적인 것이 아니라 그 행정계획에 관련되는 자들의 이익을 공익과 사익 사이에서는 물론이고 공익 상호간과 사익 상호간에도 정당하게 비교·교량하여야 한다는 제한이 있으므로, 행정주체가 행정계획을 입안·결정함에 있어서 이익형량을 전혀 행하지 아니하거나 이익형량의 고려 대상에 마땅히 포함시켜야 할 사항을 누락한 경우 또는 이익형량을 하였으나 정당성과 객관성이 결여된 경우, 그 행정계획결정은 형량에 하자가 있어 위법하게 된다."】

제2절

행정절차에 관한 법

1. 행정절차법
2. 전자정부법
3. 행정규제기본법
4. 행정조사기본법

일반적으로 행정절차(行政節次)는 행정기관이 일정한 행정작용을 할 때에 사전(事前)에 거치는 절차를 의미한다. 행정작용과정에서 당사자가 일정한 사항에 관하여 사전에 의견을 진술할 수 있도록 하는 등의 행정절차를 법으로 규정함으로써 행정의 민주성·공정성·타당성·투명성·신뢰성을 확보할 수 있으므로, 행정작용에서의 민주적 행정절차를 법률로 정할 필요가 있다.

행정절차에 관한 실정법으로는 처분·신고·행정예고·행정지도·행정상 입법예고의 절차에 관한 일반법인 행정절차법이 있으며, 특정 사무처리에서의 일정한 절차(이를 '특별행정절차'라 함)를 정한 개별 법률들도 있다.

행정절차법은 처분절차에서 국민에게 불이익을 주는 침익적 처분의 사전고지(事前告知)와 이유제시 및 당사자의 의견진술기회보장 등을 규정하고 있다. 따라서 특별히 관계법이 예외를 규정하고 있지 않은 한, 침익적 처분을 하는 행정청은 사전에 처분의 내용·이유 등을 당사자에게 알려야 한다.

다른 개별 법률이 정하고 있는 특별행정절차의 예로는 「국토의 계획 및 이용에 관한 법률」이 정하고 있는 도시·군관리계획 수립절차, 도시개발법상의 도시개발사업 시행절차, 행정심판·특허심판·해양안전심판·공무원소청심사 등에 관한 법률들이 정하고 있는 심리절차, 「공익사업을 위한 토지 등의 취득 및 보상에 관한 법률」상의 토지수용재결절차 등을 들 수 있다.

전자정부법은 행정업무의 전자적 처리를 위한 기본원칙과 절차 및 추진방법 등에 관하여, 행정규제기본법은 규제개혁위원회의 설치와 규제의 신설·강화절차 및 규제심사절차 등에 관하여, 행정조사기본법은 행정기관이 행하는 행정조사의 기본원칙·방법과 행정조사절차 등에 관하여 규정하고 있는바, 이들 법률들의 주요내용과 더불어 관련 특별행정절차도 살필 필요가 있다.

1. 행정절차법

Ⅰ. 행정절차법과 행정법의 일반원칙

(1) 행정절차법의 목적과 적용범위

입법절차(立法節次)·사법절차(司法節次)가 그러하듯이, 긴급한 상황에서의 조치 등 특수한 경우를 제외하고, 일반적으로 다양하게 행해지는 행정작용의 절차도 국가작용의 민주화(民主化)·적정화(適正化)를 위해 법으로 정해져야 할 것이다. 이는 헌법 전문(前文) 중의 '조국의 민주개혁'과 헌법 제1조의 민주주의 원리상 행정과정에서의 민주화도 필요하기 때문이다.

행정절차법은 행정절차에 관한 공통적인 사항을 규정하여 국민의 행정 참여를 도모함으로써 행정의 공정성·투명성 및 신뢰성을 확보하고 국민의 권익을 보호함을 목적으로 하고 있다(同法 1).

이 법은 처분·신고·행정상 입법예고·행정예고·행정지도의 절차와 국민에게 영향을 미치는 주요 정책 등에 대한 전자적 토론에 관하여 규정하고(同法 제2~7장), 이 법상의 행정절차가 적용되지 않는 경우도 규정하고 있다(同法 3②).

이 법의 시행으로써 국민이 특별한 사유가 없는 한 행정기관으로부터 예고 없이 뜻밖의 불이익처분을 받지 않을 수 있게 되었으며, 정보통신망을 이용한 전자적 정책토론에도 참여할 수 있는 등의 여건이 형성되었다고 할 수 있다.

그렇지만 이 법이 보다 더 다양한 행정작용의 절차에 적용할 수 있는 법이 되도록 내용을 보완할 필요가 있다고 하겠다.

(2) 행정법의 일반원칙

행정절차법은 "행정청이 행하는 행정작용은 그 내용이 구체적이고 명확하여야" 한다고 하여 명확성의 원칙을 규정하고 있으며(同法 5), 신의성실의 원칙과 신뢰보호의 원칙도 규정하고 있다(同法 4①②). 위의 '신의성실의 원칙'과 '신뢰보호의 원칙'은 '비례의 원칙(과잉금지의 원칙)', '평등의 원칙', '행정의 자기구속의 법리'

및 '부당결부금지의 원칙' 등과 더불어 중요한 행정법의 일반원칙이기도 하다.

'행정법의 일반원칙'이란 학설과 판례에 의하여 정립된, 행정을 기속하는 헌법 또는 조리(條理)상의 일반적 원리를 말한다.

1) 신의성실(信義誠實)의 원칙

행정절차법은 제4조 제1항에서 "행정청은 직무를 수행할 때 신의에 따라 성실히 하여야 한다."라고 하여 신의성실의 원칙을 규정하고 있다, 신의성실의 원칙은 모든 당사자가 권리의 행사나 의무의 이행을 할 때에 상호간의 신의에 어긋나지 않도록 성실하게 행동해야 한다는 원칙으로서, 행정목적을 달성하기 위하여 행정기관이 활동하는 경우에나, 개인이 행정기관을 상대로 그의 권리를 방어 내지 관철하는 경우에 적용되는 기본적 법원칙이다(大判 2005.10.28, 2005다45827).

신의성실의 원칙은 과거에 주로 사적(私的) 자치가 존중되는 사법관계에서 강조되었으나 오늘날에는 공법관계·사법관계를 막론한 모든 법률관계에서 당사자들이 준수하여야 할 일반원칙이 되고 있다(大判 2004.7.22, 2002두11233).

2) 신뢰보호(信賴保護)의 원칙

행정절차법은 제4조 제2항에서 "행정청은 법령 등의 해석 또는 행정청의 관행이 일반적으로 국민들에게 받아들여졌을 때에는 공익 또는 제3자의 정당한 이익을 현저히 해칠 우려가 있는 경우를 제외하고는 새로운 해석 또는 관행에 따라 소급하여 불리하게 처리하여서는 아니 된다."라고 하여 신뢰보호의 원칙도 명시하고 있다.

신뢰보호의 원칙이란 행정청의 법령해석·관행·결정, 공적 견해표명 등 어떤 언동(이를 '선행조치'라고도 함)의 정당성이나 존속(存續)에 대한 개인 등의 보호가치(保護價値) 있는 신뢰는 보호되어야 한다는 원칙을 말한다(大判 2007.10.29, 2005두4649. 大判 1997.9.26, 96누10096). 위에서 '보호가치 있는 신뢰'란 행정청의 선행조치(先行措置)의 존재와 그 적법성 등에 대한 사인 등의 귀책사유 없는 정당한 신뢰를 말한다(大判 2014.11.27, 2013두16111. 大判 2006.2.24, 2004두13592).

대법원은 "행정상 법률관계에서 신뢰보호의 원칙이 적용되기 위해서는, 첫째, 행정청이 개인에 대하여 신뢰의 대상이 되는 공적인 견해를 표명하여야 하고, 둘째, 행정청의 견해표명이 정당하다고 신뢰한 데 대하여 개인에게 귀책사유가 없어 그 신뢰가 보호가치 있는 것이어야 하며, 셋째, 개인이 견해표명을 신뢰하고 이에 따라 어떠한 행위를 하였어야 하고, 넷째, 행정청이 견해표명에 반하는 처분을 함으로써 견해표명을 신뢰한 개인의 이익이 침해되는 결과가 초래되어야 하는 것이다."라고 판시한바 있다(大判 1997.9.26, 96누10096).

3) 비례(比例)의 원칙

행정법의 일반원칙 중 '비례의 원칙'은 광의(廣義)로는 행정작용에서 정당한 행정목적과 그 실현을 위한 수단 사이에 합리적인 비례관계가 유지되어야 한다는 원칙이며, 이를 과잉금지(過剩禁止)의 원칙이라고도 한다(大判 1997.9.26, 96누10096).

광의의 비례원칙(과잉금지의 원칙)은 "국민의 모든 자유와 권리는 국가안전보장·질서유지 또는 공공복리를 위하여 필요한 경우에 한하여 법률로써 제한할 수 있으며, 제한하는 경우에도 자유와 권리의 본질적인 내용을 침해할 수 없다."라고 규정한 헌법 제37조 제2항이 그 근거가 된다(憲裁 1993.12.23, 93헌가2).

광의의 비례원칙은 적합성의 원칙, 필요성의 원칙, 상당성의 원칙으로 구성된다(憲裁 1990.9.3, 89헌가95).

① 적합성(適合性)의 원칙은 행정기관이 취한 수단이나 조치는 그 의도하는 목적을 달성하는 데에 적합한 것이어야 한다는 원칙이다.

② 필요성(必要性)의 원칙은 목적달성을 위해 취하는 수단이나 조치는 필요한 범위에서 관계인에 대하여 최소한의 침해를 야기하는 것이어야 하고 필요 이상의 것이어서는 아니 된다는 원칙이며, 이를 최소침해(最小侵害)의 원칙이라고도 한다.

③ 상당성(相當性)의 원칙은 어떤 행정조치가 설정된 목적의 실현을 위하여 적합하고 필요한 것이라 할지라도, 그 행정조치의 정도는 공익상의 필요의 정도와 상당한 균형을 유지해야 한다는 원칙이다(大判 2004.7.22, 2003두7606).

즉, 상당성의 원칙은 행정기관이 선택한 수단의 행사나 조치·처분으로 인한 '개인의 자유·권리에 대한 침해'와 '그를 통해 실현하고자 하는 공익' 사이에 합리적인 비례관계가 있어야 한다는 원칙으로서, 이를 협의의 비례원칙이라고도 한다(大判 2006.4.14, 2004두3854. 大判 1997.11.28, 97누12952).

협의의 비례원칙(상당성의 원칙)은 쉽게 요약하여 행정기관이 실제로 크지 아니한 공익(公益) 목적을 위하여 사익(私益)을 크게 침해해서는 아니 된다는 원칙이라 할 수 있다. 이 원칙에 의하여 어떤 행정조치를 취함으로써 '침해되는 사익'이 그 조치로 인하여 '보호·실현되는 공익'보다 막대한 경우에는 그 조치를 취할 수 없게 된다(大判 2013.6.28, 2011다40397. 大判 2012.3.29, 2011두23375).

이 원칙은 행정기관으로 하여금 공익의 보호·실현을 위한 행정작용을 함에 있어서 공익과 사익의 균형성을 확보하고 관련된 사익이나 사권도 충분히 고려하면서 공익을 추구하도록 하는 기능을 수행한다(大判 1993.5.27, 93누2803).

4) 평등(平等)의 원칙

'평등의 원칙'은 헌법상의 원칙으로서, 특별히 차별할만한 합리적 사유와 정당한 근거가 없는 한, 모든 기관이 국민을 공평하게 처우하여야 한다는 원칙이며, 법적용에서 뿐만 아니라 법제정(입법)에서도 적용되는 원칙이다(憲裁 2001.2.22, 2000헌마25. 憲裁 2000.8.31, 97헌가12. 憲裁 1992.4.28, 90헌바24).

5) 행정의 자기구속(自己拘束)의 법리(法理)

'행정의 자기구속의 법리'란 한마디로 행정청이 스스로 정립한 기준을 지키면서 일처리를 하여야 한다는 원칙으로서, 행정청이 상대방에 대하여 어떤 결정을 하는 경우에 같은 사안(事案)에 있어서 이미 다른 제3자에게 행한 결정과 같은 결정을 하도록 구속을 받는다는 원리이다(憲裁 2001.5.31, 99헌마413).

6) 부당결부금지(不當結付禁止)의 원칙

'부당결부금지의 원칙'은 행정기관이 어떤 행정조치를 함에 있어서 그 조치와 실체적 관련이 없는 상대방의 반대급부(反對給付)나 귀책사유 등과 결부(조건 또는 사유로 하는 등)시켜서는 아니 된다는 원칙이다(大判 2012.5.24, 2012두1891).

(3) 행정절차법 총칙의 기타규정

행정절차법은 행정청의 관할에 속하지 아니하는 사안(事案)을 접수한 경우의 사안이송(同法 6①), 행정청의 관할이 분명하지 아니한 경우의 상급행정청의 하급행정청 관할 결정(同法 6②), 행정의 원활한 수행을 위한 행정청 상호간 협조(同法 7), 행정기관의 인원·장비 부족 등 사실상의 이유로 독자적인 직무 수행이 어려운 경우 등의 행정청간 행정응원(同法 8), 행정절차에서의 당사자 등의 자격(同法 9), 당사자 등의 지위 승계(同法 10), 다수의 당사자 등이 공동으로 행정절차에 관한 행위를 할 경우의 대표자 선정(同法 11), 당사자 등의 대리인 선임(同法

12), 당사자 등의 대표자·대리인의 통지(同法 13), 우편·교부·정보통신망을 이용한 문서송달(同法 14), 문서송달의 효력발생시기(同法 15), 당사자 등에게 책임이 없는 사유에 따른 기간 및 기한의 특례(同法 16)에 대하여도 규정하고 있다.

II. 처분절차

(1) 처분신청의 문서주의

행정절차법에 따르면, 행정청에 대하여 처분(處分)을 구하는 신청은 특별한 규정이 없는 한 문서(전자문서 포함)로 하여야 한다(同法 17①②).

행정청은 처분의 신청을 받았을 때에는 다른 법령 등에 특별한 규정이 있는 경우를 제외하고는 그 접수를 보류 또는 거부하거나 부당하게 되돌려 보내서는 아니 되며, 신청을 접수한 경우에는 신청인에게 접수증을 주어야 한다(同法 17④).

행정청은 처분의 신청에 구비서류의 미비 등 흠이 있는 경우에는 보완에 필요한 상당한 기간을 정하여 지체 없이 신청인에게 보완을 요구하여야 한다(同法 17⑤).

행정청은 신청인의 편의를 위하여 처분의 처리기간(處理期間)을 종류별로 미리 정하여 공표하고(同法 19①), 필요한 처분기준(處分基準)을 해당 처분의 성질에 비추어 되도록 구체적으로 정하여 공표하여야 한다(同法 20①).

(2) 침익적(侵益的) 처분의 사전통지·이유제시 및 불복신청의 고지(告知)

행정청은 당사자에게 의무를 부과하거나 권익(權益)을 제한하는 처분, 즉 침익적 처분(침해적 처분, 부담적 처분, 불이익처분이라고도 함)을 하는 경우에는 원칙적으로 미리(처분을 하기 전에) ① 처분의 제목, ② 당사자의 성명 또는 명칭과 주소, ③ 처분하려는 원인이 되는 사실과 처분의 내용 및 법적 근거, ④ 처분 및 그 원인에 대한 의견을 제출할 수 있다는 뜻과 의견을 제출하지 아니하는 경우의 처리방법, ⑤ 의견제출기관의 명칭과 주소, ⑥ 의견제출기한, ⑦ 그 밖에 필요한 사항을 당사자 등에게 통지하여야 한다(同法 21①. 大判 2013.5.23, 2011두25555. 大判 2007.9.21, 2006두20631. 大判 2004.5.28, 2004두1254).

예외적으로 위의 사전통지를 아니할 수 있는 경우도 규정되어 있으며(同法 21

④), 사전 통지를 하지 아니하는 경우에는 행정청이 처분을 할 때에 당사자 등에게 통지를 하지 아니한 사유를 알려야 한다. 다만, 신속한 처분이 필요한 경우에는 처분 후 그 사유를 알릴 수 있다(同法 21⑥. 大判 2014.5.16, 2012두26180).

행정청이 당사자에게 침익적 처분을 할 때에 법령에 따라 청문·공청회를 실시하지 아니하는 경우에는 당사자 등에게 의견제출의 기회를 주어야 한다(同法 22③).

위와 같은 사전절차(事前節次)를 거친 후, 처분을 할 때에는 행정청이 원칙적으로 문서(당사자의 동의가 있으면 전자문서로 할 수 있음)로 해야 하며(同法 24①), 당사자에게 처분의 근거와 이유를 제시하고(同法 23①), 당사자에게 그 처분에 관하여 행정심판 및 행정소송을 제기할 수 있는지 여부, 기타 불복(不服)을 할 수 있는지 여부, 불복청구절차 및 불복청구기간 그 밖에 필요한 사항을 알려야 한다(同法 26. 大判 2013.11.14, 2011두18571).

(3) 당사자 등의 의견제출

처분을 받을 당사자 등은 행정청이 처분을 하기 전에 처분을 행할 행정청에게 서면이나 말(구술)로 또는 정보통신망을 이용하여 의견제출을 할 수 있고, 의견제출을 하는 경우 그 주장을 입증하기 위한 증거자료를 첨부할 수 있다(同法 27①②).

행정청은 당사자 등이 말로 의견제출을 하였을 때에는 서면으로 그 진술의 요지와 진술자를 기록하여야 한다(同法 27③). 당사자 등이 정당한 이유 없이 의견제출 기한까지 의견제출을 하지 아니한 경우에는 의견이 없는 것으로 본다(同法 27④).

행정청은 처분을 할 때에 당사자 등이 제출한 의견이 상당한 이유가 있다고 인정하는 경우에는 이를 반영하여야 한다(同法 27의2).

(4) 청문(聽聞)

청문이란 행정청이 행정결정이나 처분 등을 하기에 앞서 이해관계인으로 하여금 자기에게 유리한 주장·증거를 제출하고 의견을 진술하게 함으로써 사실조사를 하는 절차를 말한다(大判 2007.11.16, 2005두15700).

행정청은 처분을 할 때 다른 법령 등에서 청문을 실시하도록 규정하고 있는 경우, 행정청이 필요하다고 인정하는 경우, 인허가의 취소와 신분·자격의 박탈 및 법인이나 조합 등의 설립허가취소를 함에 있어서 당사자 등이 의견제출기한 내에 청문신청을 한 경우에는 청문을 한다(同法 22①). 행정청은 청문을 하려면 청문이 시작되는 날부터 10일전까지 ① 처분의 제목, ② 당사자의 성명 또는 명칭과 주소, ③ 처분하려는 원인이 되는 사실과 처분의 내용 및 법적 근거, ④ 청문주재자의 소속·직위 및 성명, ⑤ 청문의 일시 및 장소, ⑥ 청문에 응하지 아니하는 경우의 처리방법, ⑦ 기타 필요한 사항을 당사자 등에게 통지하여야 한다(同法 21②).

청문은 행정청이 소속직원 또는 대통령령으로 정하는 자격을 가진 사람 중에서 선정하는 사람이 주재하되, 행정청은 청문 주재자의 선정이 공정하게 이루어지도록 노력하여야 한다(同法 28①). 청문주재자는 청문을 시작할 때에 먼저 예정된 처분의 내용과 그 원인이 되는 사실 및 법적 근거 등을 설명하여야 하고, 청문과정에서 당사자 등은 의견을 진술하고 증거를 제출할 수 있으며, 참고인이나 감정인 등에게 질문할 수 있다(同法 31①②).

청문은 당사자가 공개를 신청하거나 청문주재자가 필요하다고 인정하는 경우에 공개할 수 있으나, 공익 또는 제3자의 정당한 이익을 현저히 해칠 우려가 있는 경우에는 공개하여서는 아니 된다(同法 30).

(5) 공청회(公聽會)

공청회란 행정청이 공개적인 토론을 통하여 처분이나 일정한 행정사안(行政事案)에 대하여 당사자 등이나, 전문지식과 경험을 가진 사람, 그 밖의 일반인으로부터 의견을 널리 수렴하는 절차를 말한다.

행정청은 처분을 할 때 다른 법령 등에서 공청회를 개최하도록 규정하고 있는 경우와 해당 처분의 영향이 광범위하여 널리 의견을 수렴할 필요가 있다고 행정청이 인정하는 경우에는 공청회를 개최한다(同法 22②. 大判 2007.4.12, 2005두1893).

행정청은 공청회를 개최하려면 공청회 개최 14일전까지 ① 제목, ② 일시 및 장소, ③ 주요내용, ④ 발표자에 관한 사항, ⑤ 발표신청 방법 및 신청기한, ⑥ 정보통신망을 통한 의견제출, 그 밖에 공청회 개최에 필요한 사항을 당사자 등에게 통지하고 관보·공보·인터넷 홈페이지 또는 일간신문 등에 공고하는 등의 방법으로 널리 알려야 한다(同法 38①). 행정청은 위의(제38조에 따른) 공청회와 병행하여서만 정보통신망을 이용한 공청회('전자공청회'라 함)를 실시할 수 있다. 행정청은 전자공청회를 실시하는 경우 의견제출 및 토론 참여가 가능하도록 적절한 전자적 처리능력을 갖춘 정보통신망을 구축·운영하여야 한다(同法 38의2①②).

공청회의 주재자는 공청회를 공정하게 진행하여야 하며, 공청회의 원활한 진행을 위하여 발표내용을 제한할 수 있고, 질서유지를 위하여 발언중지 및 퇴장명령 등 행정자치부장관이 정하는 필요한 조치를 할 수 있다(同法 39①). 발표자는 공청회의 내용과 직접 관련된 사항에 대하여만 발표하여야 한다(同法 39②).

공청회의 주재자는 발표자의 발표가 끝난 후에는 발표자 상호간에 질의 및 답변을 할 수 있도록 하여야 하며, 방청인에게도 의견을 제시할 기회를 주어야 한다(同法 39③). 행정청은 처분을 할 때에 공청회, 전자공청회 및 정보통신망 등을 통하여 제시된 사실 및 의견이 상당한 이유가 있다고 인정하는 경우에는 이를 반영하여야 한다(同法 39의2).

(6) 행정절차상의 하자(瑕疵)있는 처분

법령에 정해진 절차를 위반하여 이루어진 처분 등은 행정절차상 하자(흠)가 있는 것이 된다. 행정절차상의 하자에 관하여 관계 법령에 명문규정이 없는 한, 중대·명백한 절차상의 하자는 처분 등의 무효사유가 된다고 하는 것이 통설이다.

그런데 중대·명백한 절차상의 하자의 내용에 관해서는 이론(異論)이 있다. 즉, 예컨대 법이 정한 청문절차를 거치지 아니하고 처분을 행한 경우에 그 절차의 하자가 당해 처분의 무효원인이 되는지 여부에 관하여, 그 절차가 행정의 전단(專斷) 또는 경솔로부터 私人을 보호하고 처분 내용의 정당성을 담보하기 위한 필수불가결한 절차로 보아지는 한 원칙적으로 무효원인으로 보아야 한다는 무효설과, 행정절차는 어디까지나 실체법상의 목적을 합리적으로 달성하기 위한 수단이라 할 것이므로 당해 처분의 취소사유가 된다는 취소설이 있다(大判 2001.4.13, 2000두3337).

행정절차법이 규정하고 있는 침익적 처분에서의 사전통지나 이유제시 또는 당사자의 의견청취 등의 절차를 준수하지 않은 경우에는 국민의 절차적 권리가 침해된 것으로 볼 수 있기 때문에, 이들 절차를 명백히 위반한 처분 등은 원칙적으로 그 효력이 부인(무효 또는 취소)되어야 할 것이다(大判 2004.7.8, 2002두8350).

행정절차의 하자를 이유로 처분취소판결이 선고되면, 처분청은 그 판결 취지에 따라 절차를 바르게 거쳐서 새로이 처분을 하여야 한다(大判 2007.3.15, 2006두15806).

Ⅲ. 신고절차와 사인(私人)의 공법행위

행정절차법은 제3장에서 신고(申告)에 관하여 규정하고 있다.

'신고'는 개인 등이 행정기관에 대하여 일정한 사실을 통지함으로써 공법적 효과가 발생하는 행위이며, 사인의 공법행위에 해당한다(大決 1993.7.6, 93마635).

위에서 '사인의 공법행위'란 공법관계에서 공법적 효과를 발생시키는 사인의 행위를 말하며, 행정기관에 대한 사인의 각종 청구·신고·신청·청원·동의(同意) 등이 그 예이다(大判 1978.7.25, 76누276). 사인이 행정기관에게 행하는 신고·신청·청구 등 사인의 공법행위에 대하여는 관계 행정청이 그 수리·응답·처리의무 등의 공법적 의무를 지게 되는데, 이는 사인의 공법행위가 야기하는 공법적 효과라고 할 수 있다(大判 2012.12.13, 2011두29144. 大判 2011.7.28, 2005두11784).

사인의 공법행위 중에는 사인이 국가나 지방자치단체의 기관(또는 그 구성원)의 지위에서 행하는 공법행위도 있다. 법령에 의하여 일정한 행정권한을 위탁받은 사인(이를 '공무수탁사인'이라 함. 예; 소득세원천징수의무자, 별정우체국장, 상선의 선장 등)이 행하는 공법행위(이러한 행위들은 행정작용의 특수한 유형이 될 수 있음), 사인이 선거권자의 일원으로서 행하는 투표행위 등이 그 예이며, 이들 행위는 일반적인 사인의 공법행위와 다른 면이 있다.

일반적인 사인의 공법행위는 사인이 행하는 행위인 점에서 처분 등과 같은 행정기관의 공법행위와 다르며, 행정기관의 작용이 아니므로 행정의 행위형식에는 포함되지 않는다. 사인의 공법행위는 공법관계에서 공법적 효과를 야기하는 점에서 사법관계에서 사법적 효과가 야기되는 사법행위(私法行爲)와 구별된다.

행정절차법 제3장에서의 신고는 사인의 공법행위로서 개인 등이 행정기관에 대하여 행하는 일방적 통고행위이며, 이와 같은 신고가 적법요건을 갖추고 행정기관에 도달하면 신고의무가 이행된 것으로 보게 된다. 이러한 신고는 '자체완결적

(또는 수리를 요하지 아니하는) 신고'로서, 그 형식적 요건을 갖춘 경우에 관계 행정기관은 신고의 수리(受理)를 거부할 수 없다.

신고 중에는 관계 행정기관이 개인 등의 신고내용을 심사하여 그 수리 여부를 결정할 수 있는 것도 있는데, 이러한 신고는 '수리를 요하는(또는 행정요건적) 신고'라고도 하며(大判 2015.10.29, 2013두11475. 大判 2009.6.18, 2008두10997. 大判 2007.1.11, 2006두14537. 大判 2000.5.26, 99다37382), 그 신고의 수리행위가 허가·인가 등의 성격을 가지는 면이 있다.

행정절차법은 제3장에서 자체완결적(自體完結的) 신고의 절차에 관하여, 법령 등에서 행정청에 일정한 사실을 통지함으로써 의무가 끝나는 신고를 규정하고 있는 경우, 신고를 관장하는 행정청은 신고에 필요한 구비서류·접수기관 등을 게시(인터넷 등을 통한 게시 포함)하거나 이에 대한 편람을 갖추어 누구나 열람할 수 있도록 하고(同法 40①), 신고서의 기재사항에 흠이 없고 필요한 구비서류가 첨부되어 있으며, 그 밖에 법령 등에 규정된 형식상의 요건에 적합할 경우에는 신고서가 접수기관에 도달된 때에 신고 의무가 이행된 것으로 보도록 규정하고 있다(同法 40②).

이 법에 따르면, 행정청은 신고요건을 갖추지 못한 신고서가 제출된 경우에는 지체 없이 상당한 기간을 정하여 신고인에게 보완을 요구하고(大判 2004.10.15, 2003두6573), 신고인이 보완기간 내에 보완을 하지 아니하였을 때에는 그 이유를 구체적으로 밝혀 해당 신고서를 되돌려 보내야 한다(同法 40③④).

Ⅳ. 행정상 입법예고절차

'행정상 입법예고(立法豫告)'란 법령 등을 입법할 때에 관계 행정청이 국민의 의견을 수렴하기 위하여 그 입법안을 미리 공고하는 것을 말하며, 이는 입법의 사전절차이다. 행정절차법 제4장에 규정된 행정상 입법예고절차의 주요내용은 다음과 같다.

1) 입법안(立法案)의 예고

법령 등을 제정·개정 또는 폐지(이하 '입법'이라 함)하고자 할 때에는 당해 입법안을 마련한 행정청은 이를 예고하여야 한다. 다만, ① 신속한 국민의 권리 보호 또는 예측 곤란한 특별한 사정의 발생 등으로 입법이 긴급을 요하는 경우, ② 상위 법령 등의 단순한 집행을 위한 경우, ③ 입법내용이 국민의 권리·의무 또는 일상생활과 관련이 없는 경우, ④ 단순한 표현·자구를 변경하는 경우 등 입법내용의 성질상 예고의 필요가 없거나 곤란하다고 판단되는 경우, ⑤ 예고함이 공공의 안전 또는 복리를 현저히 해칠 우려가 있는 경우의 어느 하나에 해당하는 때에는 예고를 하지 아니할 수 있다(同法 41①).

2) 예고방법·절차

행정청은 입법안의 취지·주요내용 또는 전문(全文)을 관보·공보나 인터넷·신문·방송 등을 통해 널리 공고하여야 하며(同法 42①), 입법예고기간은 예고할 때 정하되, 특별한 사정이 없으면 40일(자치법규는 20일) 이상으로 한다(同法 43). 행정청은 입법안을 예고할 때 의견접수기관·의견제출기간 그 밖에 필요한 사항을 함께 공고하여야 한다(同法 44②).

3) 의견제출 및 처리

입법예고가 있는 때에는 누구든지 그 입법안에 대하여 의견을 제출할 수 있으며, 행정청은 입법안에 대한 의견이 제출된 경우 특별한 사유가 없으면 이를 존중하여 처리하여야 하고, 의견을 제출한 자에게 그 제출된 의견의 처리결과를 통지하여야 한다(同法 44①③④). 행정청은 입법안에 관하여 공청회를 개최할 수 있으며, 이 경우의 공청회에 관하여는 처분에 대한 공청회의 관련 규정을 준용한다(同法 45①②).

V. 행정예고절차

행정절차법 제5장은 행정예고절차(行政豫告節次)에 관하여 다음과 같은 내용을 규정하고 있다. 즉, 행정청은 ① 국민생활에 매우 큰 영향을 주는 사항, ② 많은 국민의 이해가 상충되는 사항, ③ 많은 국민에게 불편이나 부담을 주는 사항, ④ 그 밖에 널리 국민의 의견을 수렴할 필요가 있는 사항에 대한 정책·제도 및 계획을 수립·시행하거나 변경하려는 경우에 이를 예고하여야 한다. 다만, 예고로 인하여 공공의 안전 또는 복리를 현저히 해칠 우려가 있거나 그 밖에 예고하기 곤란한 특별한 사유가 있는 경우에는 예고하지 아니할 수 있다(同法 46①).

위의 행정예고는 국민생활에 큰 영향을 주는 사항 등에 관한 정책·제도·계획 등을 수립할 경우에 거쳐야 할 사전절차이다. 행정예고기간은 예고내용의 성격 등을 고려하여 정하되, 특별한 사정이 없으면 20일 이상으로 한다(同法 46③).

행정청은 매년 자신이 행한 행정예고의 실시 현황과 그 결과에 관한 통계를 작성하고, 이를 관보·공보 또는 인터넷 등의 방법으로 공고하여야 한다(同法 46의2).

행정예고의 방법, 의견제출 및 처리, 행정예고된 사항에 대한 공청회 및 전자공청회에 관하여는 원칙적으로 행정상 입법예고절차 관련 규정을 준용한다(同法 47).

Ⅵ. 행정지도절차

'행정지도(行政指導)'란 행정기관이 그 소관사무의 범위 안에서 일정한 행정목적을 실현하기 위하여 특정인에게 일정한 행위를 하거나 하지 아니하도록 지도·권고·조언 등을 하는 행정작용을 말한다(同法 2iii).

행정지도는 행정기관이 행정목적을 위하여 상대방의 일정한 행위(작위·부작위 등)를 기대하여 행하는 '비권력적 사실행위'로서, 그 자체로서는 상대방에 대하여 직접적인 구속력을 발하지 않으며, 단지 상대방의 임의적(任意的)·자발적인 협력을 얻어 행정목적을 실현하려는 행위이다(大判 2005.7.8, 2005두487. 憲裁 2003.6.26, 2002헌마337, 2003헌마7·8병합. 大判 1999.7.23, 96다21706. 大判 1998.7.10, 96다38971. 大判 1994.12.13, 93다49482. 憲裁 1993.7.29, 89헌마31).

행정지도는 그 목적달성에 필요한 최소한도에 그쳐야 하고, 행정지도의 상대방의 의사에 반하여 부당하게 강요하여서는 아니 되며, 행정기관은 행정지도의 상대방이 행정지도에 따르지 아니하였다는 것을 이유로 불이익한 조치를 하여서는 아니 된다(同法 48①②).

행정지도를 하는 자는 그 상대방에게 그 행정지도의 취지 및 내용과 신분을 밝혀야 하며, 행정지도가 말(구술)로 이루어지는 경우에 상대방이 그 취지·내용 및 신분을 적은 서면의 교부를 요구하면 그 행정지도를 하는 자는 직무수행에 특별한 지장이 없으면 이를 교부하여야 한다(同法 49①②). 행정지도의 상대방은 해당 행정지도의 방식·내용 등에 관하여 행정기관에 의견제출을 할 수 있다(同法 50).

행정기관이 같은 행정목적을 실현하기 위하여 많은 상대방에게 행정지도를 하려는 경우에는 특별한 사정이 없으면 행정지도에 공통적인 내용이 되는 사항을 공표하여야 한다(同法 51).

Ⅶ. 전자적 정책토론을 통한 국민참여 확대 등

행정절차법은 행정청이 행정과정에 국민의 참여를 확대하기 위하여 다양한 참여방법과 협력의 기회를 제공하도록 노력하여야 한다고 규정하고 있다(同法 52).

행정청은 국민에게 영향을 미치는 주요 정책 등에 대하여 국민의 다양하고 창의적인 의견을 널리 수렴하기 위하여 정보통신망을 이용한 정책토론(이를 '전자적 정책토론'이라 함)을 실시할 수 있으며, 효율적인 전자적 정책토론을 위하여 과제별로 한시적인 토론 패널을 구성하여 해당 토론에 참여시킬 수 있고, 패널의 구성에 있어서 공정성 및 객관성이 확보될 수 있도록 노력하여야 한다(同法 53①②).

행정청은 전자적 정책토론이 공정하고 중립적으로 운영되도록 하기 위하여 필요한 조치를 할 수 있다. 토론 패널의 구성, 운영방법, 그 밖에 전자적 정책토론의 운영을 위하여 필요한 사항은 대통령령으로 정한다(同法 53③④).

행정절차에 드는 비용은 행정청이 부담한다. 다만, 당사자 등이 자기를 위하여 스스로 지출한 비용은 그러하지 아니하다(同法 54). 행정청은 행정절차의 진행에 필요한 참고인이나 감정인 등에게 예산의 범위에서 여비와 일당을 지급할 수 있다. 위의 비용의 지급기준 등에 관하여는 대통령령으로 정한다(同法 55①②).

행정자치부장관(행정상 입법예고의 경우에는 법제처장)은 행정절차법의 효율적인 운영을 위하여 노력하여야 하며, 필요한 경우에는 그 운영 상황과 실태를 확인할 수 있고, 관계 행정청에 관련 자료의 제출 등 협조를 요청할 수 있다(同法 56).

법령 등의 공포절차에 관하여 규정한 「법령 등 공포에 관한 법률」도 있다.

【大判 1997.9.26, 96누10096. "비례의 원칙(과잉금지의 원칙)이란 어떤 행정목적을 달성하기 위한 수단은 그 목적달성에 유효적절하고, 또한 가능한 한 최소

침해를 가져오는 것이어야 하며, 아울러 그 수단의 도입으로 인한 침해가 의도하는 공익을 능가하여서는 아니 된다는 헌법상의 원칙을 말하는 것이다."】

【憲裁 1990.9.3, 89헌가95. "과잉금지의 원칙이라는 것은 국가가 국민의 기본권을 제한하는 내용의 입법 활동을 함에 있어서 준수하여야 할 기본원칙 내지 입법 활동의 한계를 의미하는 것으로서, 국민의 기본권을 제한하려는 입법의 목적이 헌법 및 법률의 체제상 그 정당성이 인정되어야 하고, 그 목적의 달성을 위하여 그 방법이 효과적이고 적절하여야 하며, 입법권자가 선택한 기본권제한의 조치가 입법목적달성을 위하여 설사 적절하다 할지라도 보다 완화된 형태나 방법을 모색함으로써 기본권의 제한은 필요한 최소한도에 그치도록 하여야 하며, 그 입법에 의하여 보호하려는 공익과 침해되는 사익을 비교형량할 때 보호되는 공익이 더 커야 한다는 헌법상의 원칙이다. 위와 같은 요건이 충족될 때 국가의 입법작용에 비로소 정당성이 인정되고 그에 따라 국민의 수인(受忍)의무가 생겨나는 것으로서, 이러한 요구는 오늘날 법치국가의 원리에서 당연히 추출되는 확고한 원칙으로서 부동의 위치를 점하고 있으며, 헌법 제37조 제2항에서도 이러한 취지의 규정을 두고 있는 것이다."】

【大判 2013.5.23, 2011두25555. "행정청이 침해적 행정처분을 하면서 당사자에게 사전통지를 하거나 의견제출의 기회를 주지 아니하였다면, 사전통지를 하지 아니하거나 의견제출의 기회를 주지 아니하여도 되는 예외적인 경우에 해당하지 아니하는 한, 그 처분은 위법하여 취소를 면할 수 없다."】

【大判 1994.12.13, 93다49482. "이른바 행정지도라 함은 행정주체가 일정한 행정목적을 실현하기 위하여 권고 등과 같은 비강제적인 수단을 사용하여 상대방의 자발적 협력 내지 동의를 얻어내어 행정상 바람직한 결과를 이끌어내는 행정활동으로 이해되고, 따라서 적법한 행정지도로 인정되기 위하여는 우선 그 목적이 적법한 것으로 인정될 수 있어야 할 것이므로, 주식매각의 종용이 정당한 법률적 근거 없이 자의적으로 주주에게 제재를 가하는 것이라면 이 점에서 벌써 행정지도의 영역을 벗어난 것이라고 보아야 할 것이고, 만일 이러한 행위도 행정지도에 해당된다고 한다면 이는 행정지도라는 미명하에 법치주의의 원칙을 파괴하는 것이라고 하지 않을 수 없다."】

2. 전자정부법

(1) 서설

오늘날 정보통신기술 및 전자적(電子的) 자료처리 기법(技法)의 발달에 따라 행정업무가 전자적으로 처리되고 전자문서(電子文書)를 기본으로 하는 행정이 본격화되고 있는데, 이를 뒷받침하는 법률이 전자정부법이다.

전자정부법은 전자정부(電子政府)를 통하여 행정을 효율화하고 국가경쟁력을 제고시키기 위한 법이면서, 전자적 행정절차에 관한 법이기도 하다.

이 법에서 '전자정부'란 정보기술을 활용하여 행정기관 및 공공기관(이들 기관을 이하에서 '행정기관 등'이라 함)의 업무를 전자화하여 행정기관 등의 상호간 행정업무 및 국민에 대한 행정업무를 효율적으로 수행하는 정부를 말한다(同法 2 i).

위의 '행정기관'이란 국회·법원·헌법재판소·중앙선거관리위원회의 행정사무를 처리하는 기관, 중앙행정기관(대통령소속기관과 국무총리소속기관 포함) 및 그 소속기관, 지방자치단체를 말한다(同法 2ii).

'공공기관'이란 「공공기관의 운영에 관한 법률」에 따른 법인·단체·기관, 지방공기업법에 따른 지방공사 및 지방공단, 특별법에 따라 설립된 특수법인, 각급 학교, 그 외에 대통령령으로 정하는 법인·단체 또는 기관을 말한다(同法 2iii).

전자정부법은 행정업무의 전자적 처리를 위한 기본원칙, 절차 및 추진방법 등을 규정함으로써 전자정부를 효율적으로 구현하고, 행정의 생산성·투명성·민주성을 높이는 것을 목적으로 하고 있다(同法 1).

이 법의 시행으로써 국민이 자신의 방에서 인터넷을 통하여 행정기관 등에 각종 민원을 전자문서로 신청하고 그 처리결과를 통지받을 수 있으며, 다양한 행정정보나 국민생활에 필요한 여러 가지 정보를 쉽게 얻을 수 있게 되어, 국민과 행정기관 간의 간격이 좁아지고 관민간(官民間) 교섭환경(交涉環境)이 과거에 비하여 크게 변화되었다고 할 수 있다.

이 법에서 '행정정보'란 행정기관 등이 직무상 작성하거나 취득하여 관리하고 있는 자료로서 전자적 방식으로 처리되어 부호·문자·음성·음향·영상 등으로 표현된 것을 말하며(同法 2vi), '전자문서'란 컴퓨터 등 정보처리능력을 지닌 장치에 의하여 전자적인 형태로 작성되어 송·수신되거나 저장되는 표준화된 정보를 말하고(同法 2vii), '전자화문서'란 종이문서와 그 밖에 전자적 형태로 작성되지 아니한 문서를 정보시스템이 처리할 수 있는 형태로 변환한 문서를 말한다(同法 2viii).

이 법에 따르면, 행정기관 등의 장은 전자정부 구현을 촉진하고 국민의 삶의 질을 향상시킬 수 있도록 이 법을 운영하고 관련 제도를 개선하여야 하며, 정보통신망의 연계 및 행정정보의 공동이용 등에 적극 협력하여야 한다(同法 3①).

행정기관 등은 전자정부의 구현·운영·발전을 추진할 때 ① 대민서비스의 전자화 및 국민편익의 증진, ② 행정업무의 혁신 및 생산성·효율성의 향상, ③ 정보시스템의 안전성·신뢰성의 확보, ④ 개인정보 및 사생활의 보호, ⑤ 행정정보의 공개 및 공동이용의 확대, ⑥ 중복투자의 방지 및 상호운용성 증진을 우선적으로 고려하고 이에 필요한 대책을 마련하여야 하며, 정보기술아키텍처를 기반으로 하여야 한다(同法 4①②).

위에서 '정보기술아키텍처'란 일정한 기준과 절차에 따라 업무·응용·데이터·기술·보안 등 조직 전체의 구성요소들을 통합적으로 분석한 뒤 이들 간의 관계를 구조적으로 정리한 체제 및 이를 바탕으로 정보화 등을 통하여 구성요소들을 최적화(最適化)하기 위한 방법을 말한다(同法 2).

중앙사무관장기관의 장은 전자정부의 구현·운영·발전을 위하여 5년마다 행정기관 등의 기관별 계획을 종합하여 전자정부기본계획을 수립하여야 한다(同法 5①).

위의 '중앙사무관장기관'이란 국회소속기관에 대하여는 국회사무처, 법원소속기관에 대하여는 법원행정처, 헌법재판소소속기관에 대하여는 헌법재판소사무처, 중앙선거관리위원회소속기관에 대하여는 중앙선거관리위원회사무처, 정부의 중앙행정기관 및 그 소속기관과 지방자치단체에 대하여는 행정자치부를 말한다(同法 2iv).

전자정부기본계획의 수립 절차 등에 관하여 필요한 사항은 국회규칙, 대법원규칙, 헌법재판소규칙, 중앙선거관리위원회규칙 및 대통령령으로 정한다(同法 5④).

행정기관 등의 장은 5년마다 해당 기관의 전자정부의 구현·운영·발전을 위한 기관별 계획을 수립하여 중앙사무관장기관의 장에게 제출하여야 한다(同法 5의2①).

(2) 전자정부서비스의 제공 및 활용

'전자정부서비스'란 행정기관 등이 전자정부를 통하여 다른 행정기관 등 및 국민·기업 등에 제공하는 행정서비스를 말한다(同法 2ⅴ).

행정기관 등의 장은 해당 기관에서 처리할 민원사항(民願事項) 등에 대하여 민원인이 전자문서로 신청·신고·제출 등(이하 '신청 등'이라 함)을 하게 할 수 있으며(同法 7①), 민원사항 등을 처리할 때 그 처리결과를 민원인 본인이 원하거나 민원사항 등을 전자문서로 신청 등을 하였을 경우에는 이를 전자문서로 통지·통보·고지 등(이하 '통지 등'이라 함)을 할 수 있다(同法 7②).

민원인은 민원사항을 종이문서로 신청 등을 할 수 있고, 그 처리결과를 종이문서로 받기를 원하면 종이문서로 받을 수 있지만('민원 처리에 관한 법률' 8·27), 전자문서로 받기를 원하면 민원처리결과를 전자문서로 받을 수 있다.

민원인이 행정기관에 대하여 전자문서로 민원사항의 신청 등을 하는 행위나 민원처리결과를 전자문서로 받기를 원하는 의사표시를 하는 것은 사인(私人)의 공법행위(앞의 1. Ⅲ. 참조)에 해당한다.

행정기관 등의 장이 민원사항 등을 전자문서나 전자화문서로 신청 등을 하게 하거나 통지 등을 하는 경우에는 인터넷을 통하여 미리 그 민원사항 등의 신청 등 또는 통지 등의 종류와 처리절차를 국민에게 공표하여야 한다(同法 7⑤). 전자화문서의 활용 및 진본성(眞本性) 확인 등을 위하여 필요한 사항은 국회규칙, 대법원규칙, 헌법재판소규칙, 중앙선거관리위원회규칙 및 대통령령으로 정한다(同法 7⑥).

행정기관 등의 장은 민원인이 첨부·제출하여야 하는 증명서류 등 구비서류가 행정기관 등이 전자문서로 발급할 수 있는 문서인 경우에는 직접 그 구비서류를 발급하는 기관으로부터 발급받아 업무를 처리하여야 한다(同法 8①).

행정기관 등의 장은 민원인이 해당 기관을 직접 방문하지 아니하고도 전자적으로 민원사항 등을 처리할 수 있도록 관계 법령의 개선, 필요한 시설 및 시스템의 구축 등 제반 여건을 마련하여야 하며(同法 9①), 전자적 민원처리제도를 시행하기 위하여 인터넷에 전자민원창구를 설치·운영할 수 있다. 다만, 전자민원창구를 설치하지 아니하였을 때에는 중앙사무관장기관이 설치·운영하는 통합전자민원창구에서 민원사항 등을 처리하게 할 수 있다(同法 9②③).

행정자치부장관은 민원인에게 중앙행정기관과 그 소속 기관, 지방자치단체 및 공공기관(이하 '중앙행정기관 등'이라 함)이 보유한 본인의 건강검진일, 예방접종일, 운전면허갱신일 등 생활정보를 열람할 수 있는 서비스(이를 '생활정보 열람서비스'라 함)를 제공할 수 있다. 이 경우 행정자치부장관은 다른 중앙행정기관 등의 장과 협의하여 통합전자민원창구와 다른 중앙행정기관 등의 정보시스템을 연계할 수 있다(同法 9의2①).

행정기관 등의 장은 민원사항 등을 처리할 때 해당 민원인 등의 신원을 확인할 필요가 있는 경우에는 전자서명법에 따른 공인전자서명이나 국회규칙, 대법원규칙, 헌법재판소규칙, 중앙선거관리위원회규칙 및 대통령령으로 정하는 방법으로 그 신원을 확인할 수 있다(同法 10).

행정기관 등의 장은 당사자가 원하여 전자문서로 고지서 등의 통지 등을 할 때에는 인터넷을 통하여 미리 그 통지 등의 종류와 절차를 공표하여야 한다(同法 11③).

행정기관 등의 장은 민원관련 법령, 민원사무관련 편람, 민원사무의 처리기준 등 민원과 관련된 정보와 그 밖에 국민생활과 관련된 행정정보로서 국회규칙, 대법원규칙, 헌법재판소규칙, 중앙선거관리위원회규칙 및 대통령령으로 정하는 행정정보 등을 별도로 인터넷을 통하여 국민에게 제공하여야 하며, 관보·신문·게시판 등에 싣는 사항을 별도로 인터넷을 통하여 국민에게 제공할 수 있다(同法 12①②).

중앙행정기관 등의 장은 소관 법령에 따라 노인·장애인·보훈대상자 등 일정한 요건을 갖춘 사람에게 제공하는 재화·서비스 등을 '공공서비스'로 지정하여 그 목록을 행정자치부장관에게 통보하여야 한다. 공공서비스의 목록이 변경되는 경우에도 또한 같다(同法 12의2①).

행정자치부장관은 위의 공공서비스 목록을 등록하고 관리·활용하기 위한 시스템(이를 '등록시스템'이라 함)을 구축·운영할 수 있다. 이 경우 다른 중앙행정기관 등의 정보시스템을 연계할 수 있으며 해당 기관과 협의하여야 한다(同法 12의3①).

특별자치시장·특별자치도지사·시장·군수·자치구청장은 민원인이 공공서비스 목록의 열람을 신청하면 등록시스템을 통하여 민원인에게 필요한 공공서비스 목록을 제공할 수 있으며, 공공서비스 목록을 제공받은 민원인이 공공서비스의 제공을 신청하면 해당 신청서를 해당 중앙행정기관 등의 장에게 이송하여야 한다(同

法 12의4①②).

행정기관 등의 장은 첨단 정보통신기술을 활용하여 국민·기업 등이 언제 어디서나 활용할 수 있는 행정·교통·복지·환경·재난안전 등의 서비스(이를 '유비쿼터스 기반의 전자정부서비스'라 함)를 제공하여야 하며, 이에 필요한 시책을 마련하여야 한다(同法 18①).

이 법은 행정정보의 전자적 제공을 받은 자의 수수료 부담(同法 13), 세금·수수료·과태료·과징금·범칙금·벌금·과료 등의 전자적 납부(同法 14), 국민에 대한 법령에 따른 전자적 급부제공(同法 15), 국민의 복지향상 및 편익증진, 국민생활의 안전보장, 창업 및 공장설립 등 기업활동의 촉진 등을 위한 전자정부서비스의 개발·제공(同法 16), 전자정부서비스에 대한 이용자의 참여 및 의사표현기회 보장(同法 17), 국민의 전자정부서비스 활용을 위한 대책(同法 19), 국민에게 전자정부서비스를 효율적으로 제공하기 위한 인터넷 기반의 통합정보시스템(이를 '전자정부 포털'이라 함)의 구축·관리 및 활용 촉진(同法 20①), 전자정부서비스와 민간이 제공하는 서비스의 결합 및 활용(同法 21①), 전자정부서비스의 이용실태 조사·분석(同法 22), 전자정부서비스의 효율적 관리(同法 23), 전자적 대민서비스 보안대책(同法 24)에 대하여도 규정하고 있다.

(3) 행정업무의 전자적 처리절차

전자정부법에 따르면, 행정기관 등의 문서는 전자문서를 기본으로 하여 작성·발송·접수·보관·보존·활용되어야 한다. 다만, 업무의 성격상 또는 그 밖의 특별한 사정이 있는 경우에는 그러하지 아니하다. 행정기관 등이 해당 기관에서 접수하거나 발송하는 문서의 서식은 전자문서에 적합하도록 하여야 한다(同法 25①②).

위와 같이 전자정부법은 행정에 관한 문서로서 과거의 종이문서 대신에 전자문서를 기본으로 하고 행정기관 등이 접수·발송하는 문서서식은 전자문서에 적합하게 하도록 함으로써, 행정기관 등의 업무처리가 전자화(電子化)되도록 하고 있는데, 이러한 경우에도 행정절차에서의 특수성(행정전자서명·공인전자서명 등)을 제외하고, 법률우위원칙·법률유보원칙이나 처분 등 행정의 행위형식에 관한 이론, 행정조직·행정구제에 관한 법리(法理) 등 행정법의 일반이론이 여전히 적용된다.

행정기관 등이 작성하는 전자문서는 그 문서에 대하여 결재(국회규칙, 대법원규칙, 헌법재판소규칙, 중앙선거관리위원회규칙 및 대통령령으로 정하는 전자적인 수단에 의한 결재를 말함)를 받음으로써 성립한다. 행정기관 등의 보조기관·보좌기관이 위임전결(委任專決)하거나 대결(代決)한 전자문서는 그 보조기관·보좌기관의 행정전자서명으로 발송할 수 있다(同法 26①②).

이 법에 따른 전자문서·전자화문서는 다른 법률에 특별한 규정이 있는 경우를 제외하고는 종이문서와 같은 효력을 갖는다(同法 26③).

행정기관이 작성하는 전자문서에는 행정전자서명을 사용하며, 공인전자서명을 사용할 수도 있다(同法 29①).

'행정전자서명'이란 전자문서를 작성한 행정기관 등이나 그 기관에서 직접 업무를 담당하는 사람의 신원과 전자문서의 변경 여부를 확인할 수 있는 정보로서 그 문서에 고유한 것을 말하며(同法 2ix), '공인전자서명'이란 전자서명법에 의하여 전자서명생성정보가 당사자(가입자)에게 유일하게 속할 것 등 일정한 요건을 갖춘 자의 공인인증서에 기초한 전자서명을 말한다(전자서명법 2iii).

개인·법인 또는 단체가 본인임을 확인할 필요가 있는 전자문서를 행정기관 등에 송신하려는 경우에는 공인전자서명 또는 다른 법령에 따라 본인임을 확인하기 위하여 인정되는 전자적 수단을 이용하여 송신하여야 한다. 다만, 공공기관이 행정기관과 전자문서를 유통하는 경우에는 행정전자서명을 이용하여 송신·수신하여야 한다(同法 27①).

이 법은 전자문서의 발송시기 및 도달시기(同法 28), 행정전자서명의 인증(同法 29), 행정지식의 전자적 관리(同法 30), 전자적 시스템의 상호연계 및 통합(同法 30의2), 데이터활용공통기반시스템의 구축·활용(同法 30의3), 공개된 인터넷 데이터의 수집·활용(同法 30의4), 정보통신망을 통한 의견수렴(同法 31), 온라인 영상회의 활용 등 행정기관의 전자적 업무수행(同法 32①), 행정업무 및 민원사무의 전자화를 통한 종이문서의 감축(同法 33①②)에 대하여도 규정하고 있다.

행정기관 등의 장은 전자적 민원처리 및 업무의 수행을 위하여 정보시스템 또는 행정정보를 이용하려는 업무담당자 등의 본인 여부 및 접근권한 등을 국회규칙, 대법원규칙, 헌법재판소규칙, 중앙선거관리위원회규칙 및 대통령령으로 정하는 방법으로 관리하고 확인하여야 한다(同法 34).

이 법은 행정정보의 처리업무를 방해할 목적으로 행정정보를 위조·변경·훼손하거나 말소하는 행위, 행정정보 공동이용을 위한 정보시스템을 정당한 이유 없이 위조·변경·훼손하거나 이용하는 행위 등 행정정보를 취급·이용하는 자의 금지행위도 규정하고 있다(同法 35).

(4) **행정정보의 공동이용**

행정기관 등의 장은 수집·보유하고 있는 행정정보를 필요로 하는 다른 행정기관 등과 공동으로 이용하여야 하며, 다른 행정기관 등으로부터 신뢰할 수 있는 행정정보를 제공받을 수 있는 경우에는 같은 내용의 정보를 따로 수집하여서는 아니 된다(同法 36①).

행정정보를 수집·보유하고 있는 행정기관 등(이를 '행정정보보유기관'이라 함)의 장은 다른 행정기관 등과 은행 및 대통령령으로 정하는 법인·단체·기관으로 하여금 행정정보보유기관의 행정정보를 공동으로 이용하게 할 수 있다(同法 36②).

행정자치부장관은 행정정보의 원활한 공동이용을 위하여 행정자치부장관 소속으로 행정정보 공동이용센터(이하 '공동이용센터'라 함)를 두고 대통령령으로 정하는 바에 따라 행정정보의 공동이용에 필요한 시책을 추진하게 할 수 있다(同法 37①).

공동이용센터를 통하여 공동으로 이용할 수 있는 행정정보는 ① 민원사항 등의 처리를 위하여 필요한 행정정보, ② 통계정보·문헌정보·정책정보 등 행정업무의 수행에 참고가 되는 행정정보, ③ 행정기관 등이 법령 등에서 정하는 소관 업무의 수행을 위하여 불가피하게 필요하다고 인정하는 행정정보이며(同法 38①), 국가의 안전보장과 관련된 행정정보, 법령에 따라 비밀로 지정된 행정정보 또는 이에 준하는 행정정보는 공동이용 대상정보에서 제외할 수 있다(同法 38②).

이 법은 공동이용센터를 통한 행정정보 공동이용의 신청(同法 39①)과 행정자치부장관의 승인 및 승인하여서는 아니 될 정보(同法 39②), 행정정보 공동이용에 대한 행정정보보유기관장의 동의·협조(同法 39③), 행정정보 공동이용의 심사·승인·협의의 의제(同法 40), 행정정보 공동이용 승인의 철회·정지(同法 41), 개인정보가 포함된 행정정보를 공동이용할 경우의 정보주체의 사전동의(同法 42),

정보주체의 열람청구권(同法 43), 행정정보 공동이용에 따른 비용 청구(同法 44)에 대하여도 규정하고 있다.

(5) 전자정부 운영기반의 강화

행정자치부장관은 관계 행정기관 등의 장과 협의하여 정보기술아키텍처를 체계적으로 도입하고 확산시키기 위한 기본계획을 수립하여야 하며, 이 기본계획에 따라 '범정부 정보기술아키텍처'를 수립하여야 하고, 정보기술아키텍처의 도입·운영 및 정보시스템의 구축·운영에 관한 지침을 정하여 고시하여야 하며, 행정기관 등의 장은 이를 준수하여야 한다(同法 45①②③).

이 법은 기관별 정보기술아키텍처 도입·운영(同法 46), 정보기술아키텍처 참조모형의 개발·보급(同法 47①), 정보통신기술에 적합한 업무 재설계 및 시행(同法 48), 정보시스템 구축사업을 할 때의 상호운용성 확보 등을 위한 기술평가(同法 49), 전자문서·행정코드 및 행정기관 등에서 공통적으로 사용되는 행정업무용 컴퓨터 등의 표준화(同法 50), 행정기관 등이 보유한 정보자원 중 공유서비스의 지정 및 활용(同法 51), 행정기관 등을 통합·연계하는 정보통신망의 구축(同法 52), 정보화인력 개발계획의 수립(同法 53), 행정기관이 보유하고 있는 정보자원의 통합관리(同法 54), 지역정보통합센터의 설립·운영(同法 55), 정보통신망 등의 보안대책 수립·시행(同法 56), 정보시스템 장애에 대한 예방·대응(同法 56의2), 행정기관 등의 정보시스템 감리(同法 57), 정보시스템 감리법인의 등록(同法 58), 정보시스템 감리법인의 준수사항(同法 59. 大判 2013.11.14, 2011두18571), 정보시스템 감리원의 자격과 교육(同法 60), 정보시스템 감리법인 등의 결격사유(同法 61), 감리법인의 등록취소(同法 62), 등록취소처분 등을 받은 감리법인이 감리업무를 계속할 수 있는 경우(同法 63)에 대하여도 규정하고 있다.

(6) 전자정부 구현을 위한 시책 추진 등

행정기관 등의 장은 전자정부의 구현·운영·발전을 위한 사업(이를 '전자정부사업'이라 함)을 적극적으로 추진하여야 하며, 행정자치부장관은 행정기관 등의 장이 전자정부사업을 효율적으로 추진할 수 있도록 행정적·재정적·기술적 지원 등 필요한 지원을 할 수 있고, 지원되는 사업(이를 '전자정부지원사업'이라 함)의 선정·관리 등 필요한 사항은 대통령령으로 정한다(同法 64①②③).

행정기관 등의 장은 전자정부사업을 효율적으로 수행하기 위하여 ① 대국민(對國民) 서비스 및 행정의 효율성에 미치는 영향이 큰 사업, ② 사업의 난이도가 높아 특별한 관리가 필요한 사업, ③ 그 밖에 사업의 원활한 수행을 위하여 행정기관 등의 장이 전자정부사업관리의 위탁이 필요하다고 인정하는 사업에 대하여 관리·감독하는 업무(이를 '전자정부사업관리'라 함)의 전부 또는 일부를 전문지식과 기술능력을 갖춘 자에게 위탁할 수 있으며, 대상이 되는 전자정부사업의 구체적인 범위 및 전자정부사업관리를 수탁(受託)할 수 있는 자의 자격요건은 대통령령으로 정한다(同法 64의2①).

이 법은 전자정부사업관리자의 책무(同法 64의3), 지역정보화사업의 추진 및 지원(同法 65), 전자정부의 구현·운영 등을 위한 시범사업의 추진(同法 66), 전자정부사업 관련 중복투자 방지 등을 위한 중앙사무관장기관장과의 사전협의(同法 67), 전자정부사업 등의 성과 분석·진단(同法 68), 전자정부사업 등에 필요한 자료제출·협조(同法 69), 전자정부의 국제협력(同法 70), 행정정보 공동이용에 관한 업무, 정보기술아키텍처의 도입 및 활용에 관한 업무 등을 종합적으로 추진하기 위한 전문기관의 지정(同法 71), 한국지역정보개발원의 설립(同法 72), 이 법에 따른 중앙사무관장기관장의 권한 등의 위임·위탁(同法 73), 행정정보를 공동이용하는 사무와 감리업무 등에 종사하거나 종사하였던 사람의 비밀누설 금지(同法 74), 이 법상의 업무에 종사하는 사람 중 공무원이 아닌 사람에 대한 형법규정 적용 시의 공무원 의제(同法 75), 이 법 규정 위반자에 대한 벌칙(同法 76), 양벌규정(同法 77), 과태료부과(同法 78)에 대하여도 규정하고 있다.

(7) 문서·정보의 전자적 작성·처리·이용 등에 관한 기타의 법률들

전자정부법 외에, 각종 문서·자료·정보의 전자적 작성·처리·이용 등에 관한 법률로서, ① 전자문서의 안전성과 신뢰성을 확보하고 그 이용을 활성화하기 위하여 전자서명에 관한 기본적인 사항을 정한 전자서명법, ② 전자문서를 작성하여 송·수신하거나 전자거래를 하는 민간인·민간업체간의 전자문서 및 전자거래의 법률관계를 명확히 하고 전자문서·전자거래의 안전성·신뢰성을 확보하기 위한 「전자문서 및 전자거래 기본법」, ③ 전자금융거래의 안전성·신뢰성을 확보하기 위한 전자금융거래법, ④ 지상·지하·수상·수중 등 공간상에 존재하는 자연 또는 인공적인 객체에 대한 위치정보 및 이와 관련된 공간적 인지(認知)에 필요한 공간정보관련 산업(이를 '공간정보산업'이라 함)의 경쟁력을 강화하기 위한 「공간정보산업 진흥법」, ⑤ 국가공간정보체계의 효율적인 구축·활용·관리에 관한 기본적 사항과 한국국토정보공사(韓國國土情報公社)의 설립을 규정한 「국가공간정보 기본법」, ⑥ 「전자조달의 이용 및 촉진에 관한 법률」, ⑦ 「전자어음의 발행 및 유통에 관한 법률」, ⑧ 「민사소송 등에서의 전자문서 이용 등에 관한 법률」, ⑨ 「약식절차에서의 전자문서 이용 등에 관한 법률」, ⑩ 「형사사법절차 전자화 촉진법」 등도 시행되고 있다.

3. 행정규제기본법

(1) 규제개혁의 필요성

행정규제기본법은 행정규제에 관한 기본적인 사항을 규정하여 불필요한 행정규제를 폐지하고 비효율적인 행정규제의 신설을 억제함으로써 사회·경제활동의 자율과 창의를 촉진함을 목적으로 하고 있다(同法 1).

이 법에서 '행정규제'(이하 '규제'라 함)란 국가나 지방자치단체가 특정한 행정목적을 실현하기 위하여 국민의 권리를 제한하거나 의무를 부과하는 것으로서 법령 등이나 조례·규칙에 규정되는 사항을 말하며(同法 2ⅰ), '기존규제'란 이 법 시행 당시 다른 법률에 근거하여 규정된 규제와 이 법 시행 후 이 법에서 정한 절차에 따라 규정된 규제를 말한다(同法 2ⅲ).

국민생활의 안전과 공공복리증진 등을 위하여 개인·기업의 활동 등에 일정한 규제가 필요하기도 하지만, 규제들 중에 꼭 필요하지 않은 규제나 필요 이상의 과도한 규제가 있을 수 있으며, 그러한 규제들은 민주국가에서 보장되어야 할 국민의 권익을 부당하게 침해하는 규제가 되고 국민의 삶의 질을 떨어뜨리며 국가경쟁력의 지속적 향상에도 지장을 주는 것이 되므로 개혁되어야 할 것이다.

부당·부적절한 규제가 법령으로 정해지고, 그 집행(시행)으로써 국민의 권익이 침해된 경우에는 그 권익침해가 외형상 적법한 것이 되므로 침해된 권익을 구제받을 길이 없다.

따라서 꼭 필요하지 않은 규제나 필요 이상의 과도한 규제의 개선은 부당한 국민권익침해를 사전에 예방하는 효과를 낼 수 있으며, 민주국가에서 지속적으로 추진해야 할 중요한 국가적 과제라고 아니할 수 없다.

헌법 전문(前文) 중의 "모든 영역에 있어서 각인의 기회를 균등히 하고, 능력을 최고도로 발휘하게 하며"라는 규정과, 헌법상의 여러 가지 국민의 기본권 규정, 헌법 제119조 제1항의 "대한민국의 경제질서는 개인과 기업의 경제상의 자유와 창의를 존중함을 기본으로 한다."라는 규정 등은 국민권익을 부당하게 침해하는 불필요·부적절한 규제가 개혁되어야 하는 논거가 될 수 있다.

행정규제기본법의 시행으로써 불합리한 기존규제가 개선되고, 규제를 신설하거나 강화하는 경우에 규제영향분석 등 신중한 심사절차를 거치게 되어, 부적절한 행정규제로 인한 국민권익침해를 막을 수 있는 토대가 마련되었다고 할 수 있다.

이 법은 규제에 관하여 다른 법률에 특별한 규정이 있는 경우를 제외하고는 이 법에서 정하는 바에 따르도록 규정하고 있으며(同法 3①), 국회·법원·헌법재판소·선거관리위원회·감사원의 사무나 형사(刑事)·행형(行刑)·보안처분에 관한 사무 등 이 법의 적용을 받지 아니하는 사항도 규정하고 있다(同法 3②).

지방자치단체는 이 법에서 정하는 취지에 따라 조례·규칙에 규정된 규제의 등록 및 공표(公表), 규제의 신설이나 강화에 대한 심사, 기존규제의 정비, 규제심사기구의 설치 등에 필요한 조치를 하여야 한다(同法 3③).

이 법은 제5조에서 다음과 같은 규제의 원칙을 정하고 있다. 즉, ① 국가나 지방자치단체는 국민의 자유와 창의를 존중하여야 하며, 규제를 정하는 경우에도 그 본질적 내용을 침해하지 아니하도록 하여야 한다. ② 국가나 지방자치단체가 규제를 정할 때에는 국민의 생명·인권·보건 및 환경 등의 보호와 식품·의약품의 안전을 위한 실효성이 있는 규제가 되도록 하여야 한다. ③ 규제의 대상과 수단은 규제의 목적 실현에 필요한 최소한의 범위에서 가장 효과적인 방법으로 객관성·투명성 및 공정성이 확보되도록 설정되어야 한다.

(2) 규제법정주의(規制法定主義)

이 법에 따르면, 규제는 법률에 근거하여야 하며, 그 내용은 알기 쉬운 용어로 구체적이고 명확하게 규정되어야 한다(同法 4①).

규제는 법률에 직접 규정하되, 규제의 세부적인 내용은 법률 또는 상위법령(上位法令)에서 구체적으로 범위를 정하여 위임한 바에 따라 대통령령·총리령·부령 또는 조례·규칙으로 정할 수 있다. 다만, 법령에서 전문적·기술적 사항이나 경미한 사항으로서 업무의 성질상 위임이 불가피한 사항에 관하여 구체적으로 범위를 정하여 위임한 경우에는 고시(告示) 등으로 정할 수 있다. 행정기관은 법률에 근거하지 아니한 규제로 국민의 권리를 제한하거나 의무를 부과할 수 없다(同法 4②③. 大判 2012.11.22, 2010두22962. 大判 2008.12.11, 2006도7642. 大判 2007.

1.11, 2004두10432).

위 규정은 규제법정주의를 정한 것이며, 위에서의 고시는 법령보충적 행정규칙인 고시(앞의 제1절 Ⅱ. 참조)이다.

위의 규제법정주의에 관한 규정이 정하고 있는 바와 같이, 규제는 법률에서 정해질 수 있고, 상위법령의 위임에 따라 대통령령·총리령·부령·고시 또는 지방자치단체의 조례·규칙으로 정해질 수도 있으므로(실제로는 관계 행정기관이 정한 행정기준 등에 의한 규제도 있음), 규제를 정하는 법률의 제정이나 행정입법 과정에서 신중한 검토가 요구된다고 하지 않을 수 없다.

그런데 불필요하거나 부적절한 규제 또는 상위법령의 취지에 어긋나는 규제로서 개폐함이 마땅한 규제는 그 규제법규의 소관기관이나 관계 공무원들이 앞장서서 해당 법규정의 개폐를 주선(周旋)하는 방법으로 개혁해야 할 것이다. 이는 구체적 규범통제제도(앞의 제1절 Ⅱ. 참조)가 취해지고 있는 현재의 법제(法制)에서 민간인이 불합리한 규제를 정한 법규정의 개폐를 소구(訴求)하는 것이 어렵기 때문이다.

모든 행정규제는 공통적으로 일정한 공적 목적을 위한 것이고 그 규제로써 관계 당사자의 사익(私益)이 침해되는 특성을 지니는데, 규제를 정함에 있어서는 규제의 목적인 공익과 그로 말미암아 침해되는 사익을 충분히 형량하고, 실제로 크지 아니한 공익을 위하여 관련된 사익을 크게 침해·제한하는 일이 없도록 해야 할 것이다.

(3) 규제개혁위원회의 설치와 규제의 등록

이 법은 정부의 규제정책을 심의·조정하고 규제의 심사·정비 등에 관한 사항을 종합적으로 추진하기 위하여 대통령 소속으로 규제개혁위원회를 두도록 규정하고 있다(同法 23).

규제개혁위원회는 위원장 2명을 포함한 20명 이상 25명 이하의 위원으로 구성하며, 위원장은 국무총리와 학식·경험이 풍부한 사람 중에서 대통령이 위촉하는 사람이 된다(同法 25①②).

이 법은 규제개혁위원회의 심의·조정사항(同法 24), 구성 및 의결(同法 25·26), 분야별 분과위원회의 설치 및 심의·의결(同法 28①②), 전문위원 및 조사요원(同法 29), 관계 행정기관에 대한 설명 또는 자료·서류제출 요구, 이해관계인 등의 의견진술 요구, 관계 행정기관 등에 대한 현지조사(同法 30①), 관계 행정기관장의 규제심사 등과 관련한 의견진술 및 자료제출(同法 30②), 전문성을 갖춘 사무기구의 설치, 전문 연구기관의 지정(同法 31①②)에 대하여도 규정하고 있다.

중앙행정기관의 장은 소관 규제의 명칭·내용·근거·처리기관 등을 규제개혁위원회에 등록하여야 한다. 규제개혁위원회는 등록된 규제사무 목록을 작성하여 공표하고, 매년 6월 말일까지 국회에 제출하여야 하며, 직권으로 조사하여 등록되지 아니한 규제가 있는 경우에는 관계 중앙행정기관장에게 지체 없이 규제개혁위원회에 등록하게 하거나 그 규제를 폐지하는 법령 등의 정비계획을 제출하도록 요구하여야 하며, 관계 중앙행정기관장은 특별한 사유가 없으면 그 요구에 따라야 한다(同法 6①②③). 정부의 '규제정보 포털'도 운영되고 있다.

(4) **규제를 신설·강화하려는 경우의 규제영향분석**

이 법은 규제로 인하여 국민의 일상생활과 사회·경제·행정 등에 미치는 여러 가지 영향을 미리 예측·분석함으로써 규제의 타당성을 판단하는 기준을 제시하는 것을 '규제영향분석'이라 하고 있다(同法 2ⅴ).

중앙행정기관장은 규제를 신설하거나 강화(규제의 존속기한 연장 포함)하려면 ① 규제의 신설 또는 강화의 필요성, ② 규제 목적의 실현 가능성, ③ 규제 외의 대체수단(代替手段)의 존재 여부 및 기존규제와의 중복 여부, ④ 규제의 시행에 따라 규제를 받는 집단과 국민이 부담하여야 할 비용과 편익의 비교 분석, ⑤ 규제의 시행이 중소기업기본법 제2조에 따른 중소기업에 미치는 영향, ⑥ 경쟁 제한적 요소의 포함 여부, ⑦ 규제 내용의 객관성과 명료성, ⑧ 규제의 신설 또는 강화에 따른 행정기구·인력 및 예산의 소요, ⑨ 관련 민원사무의 구비서류 및 처리절차 등의 적정 여부를 종합적으로 고려하여 규제영향분석을 하고 규제영향분석서를 작성하여야 한다(同法 7①).

중앙행정기관장은 위의 규제영향분석서를 입법예고 기간 동안 국민에게 공표하여야 하고, 제출된 의견을 검토하여 규제영향분석서를 보완하며, 의견을 제출한 자에게 제출된 의견의 처리 결과를 알려야 하고, 규제영향분석의 결과를 기초로 규제의 대상·범위·방법 등을 정하고 그 타당성에 대하여 자체심사를 하여야 한다. 이 경우 관계 전문가 등의 의견을 수렴하여 심사에 반영하여야 한다(同法 7②③).

중앙행정기관장은 규제를 신설하거나 강화하려는 경우에 존속시켜야 할 명백한 사유가 없는 규제는 존속기한 또는 재검토기한을 설정하여 그 법령 등에 규정하여야 한다(同法 8①). 위의 규제 존속기한 또는 재검토기한은 규제의 목적을 달성하기 위하여 필요한 최소한의 기간 내에서 설정되어야 하며, 그 기간은 원칙적으로 5년을 초과할 수 없다(同法 8②).

중앙행정기관장은 법률에 규정된 규제의 존속기한 또는 재검토기한을 연장할 필요가 있을 때에는 그 규제의 존속기한 또는 재검토기한의 3개월 전까지 규제의 존속기한 또는 재검토기한 연장을 내용으로 하는 개정안을 국회에 제출하여야 한다(同法 8⑤).

중앙행정기관장은 규제를 신설하거나 강화하려면 공청회, 행정상 입법예고 등의 방법으로 행정기관·민간단체·이해관계인·연구기관·전문가 등의 의견을 충분히 수렴하여야 한다(同法 9).

(5) 규제를 신설·강화하려는 경우의 규제심사절차

중앙행정기관장은 규제를 신설하거나 강화하려면 규제개혁위원회에 심사를 요청하여야 한다. 이 경우 법령안(法令案)에 대하여는 법제처장에게 법령안 심사를 요청하기 전에 하여야 한다(同法 10①).

중앙행정기관장이 위의 심사를 요청할 때에는 규제안(規制案)에 ① 규제영향분석서, ② 자체심사 의견, ③ 행정기관·이해관계인 등의 제출의견 요지를 첨부하여 규제개혁위원회에 제출하여야 한다(同法 10②).

규제개혁위원회는 심사를 요청받은 날부터 10일 이내에 그 규제가 국민의 일상생활과 사회·경제활동에 미치는 파급 효과를 고려하여 심사를 받아야 할 규제(이하 '중요규제'라 함)인지를 결정하여야 하며, 그 결정을 하였을 때에는 지체 없이 그 결과를 관계 중앙행정기관장에게 통보하여야 한다(同法 11①③).

규제개혁위원회는 중요규제라고 결정한 규제에 대하여는 심사 요청을 받은 날부터 원칙적으로 45일 이내에 심사를 끝내야 하고, 관계 중앙행정기관의 자체심사가 신뢰할 수 있는 자료와 근거에 의하여 적절한 절차에 따라 적정하게 이루어졌는지 심사하여야 하며, 심사를 마쳤을 때에는 지체 없이 그 결과를 관계 중앙행정기관장에게 통보하여야 한다(同法 12①②④).

이 법은 긴급한 규제의 신설·강화에 대한 심사(同法 13), 규제의 신설·강화의 철회·개선 권고(同法 14), 재심사 요청(同法 15) 등에 관해서도 규정하고, 중앙행정기관장이 규제개혁위원회의 심사를 받지 아니하고 규제를 신설하거나 강화하여서는 아니 된다고 규정하고 있다(同法 16①).

중앙행정기관장은 법제처장에게 신설되거나 강화되는 규제를 포함하는 법령안의 심사를 요청할 때에는 그 규제에 대한 규제개혁위원회의 심사의견을 첨부하여야 한다. 법령안을 국무회의에 상정(上程)하는 경우에도 또한 같다(同法 16②).

(6) 기존규제의 정비 등

누구든지 규제개혁위원회에 기존규제의 폐지 또는 개선(이하 '정비'라 함)에 관한 의견을 제출할 수 있다(同法 17①).

위의 제출된 의견을 규제개혁위원회에서 심사할 필요가 있다고 인정한 경우나 그 밖에 규제개혁위원회가 이해관계인·전문가 등의 의견을 수렴한 결과 특정한 기존규제에 대한 심사가 필요하다고 인정한 경우에 규제개혁위원회는 기존규제의 정비에 관하여 심사할 수 있다(同法 18①).

중앙행정기관장은 매년 소관 기존규제 중 정비가 필요한 규제를 선정하여 정비하여야 하며, 정비 결과를 대통령령으로 정하는 바에 따라 규제개혁위원회에 제출하여야 하고(同法 19①②), 기존규제에 대한 점검결과 존속시켜야 할 명백한 사유가 없는 규제는 존속기한 또는 재검토기한을 설정하여 그 법령 등에 규정하여야 한다(同法 19의2①).

규제개혁위원회는 매년 중점적으로 추진할 규제분야나 특정한 기존규제를 선정하여 기존규제의 정비지침을 작성하고 중앙행정기관장에게 통보하여야 한다. 이 경우 규제개혁위원회는 정비지침에 특정한 기존규제의 정비 기한을 정할 수 있다(同法 20①).

중앙행정기관장은 위의 정비지침에 따라 그 기관의 규제정비계획을 수립하여 규제개혁위원회에 제출하여야 하며, 규제개혁위원회는 중앙행정기관별 규제정비계획을 종합하여 정부의 규제정비종합계획을 수립하고, 국무회의의 심의를 거쳐 대통령에게 보고한 후 그 내용을 공표하여야 한다(同法 20②③).

중앙행정기관장은 수립·공표된 정부의 규제정비종합계획에 따라 소관 기존규제를 정비하고 그 결과를 대통령령으로 정하는 바에 따라 규제개혁위원회에 제출하여야 하며(同法 21①), 규제개혁위원회가 정비 기한을 정하여 통보한 특정한 기존규제에 대하여는 그 기한까지 정비를 끝내고 그 결과를 규제개혁위원회에 통보하여야 한다. 다만, 규제개혁위원회가 정한 기한까지 정비를 끝내지 못한 경우에는 지체 없이 그 사유를 구체적으로 밝혀 규제개혁위원회에 그 기존규제의 정비계획을 제출하고, 정비를 끝낸 후 그 결과를 통보하여야 한다(同法 21②).

규제개혁위원회는 기존규제가 정비된 경우 정부의 조직과 예산을 관장하는 관계 중앙행정기관장에게 이를 통보하여야 하며, 통보를 받은 관계 중앙행정기관장은 기존규제의 정비에 따른 정부의 조직 또는 예산의 합리화 방안을 마련하여야 한다(同法 22①②).

규제개혁위원회는 효과적인 규제 개선을 위하여 각급 행정기관의 규제제도의 운영 실태와 개선사항을 확인·점검하여야 하고, 확인·점검 결과를 평가하여 국무회의와 대통령에게 보고하여야 하며(同法 34①②), 확인·점검 및 평가 결과 규제 개선에 소극적이거나 이행 상태가 불량하다고 판단되는 경우 대통령에게 그 시정에 필요한 조치를 건의할 수 있다(同法 34④).

규제개혁위원회는 매년 정부의 주요 규제개혁 추진상황에 관한 백서(白書)를 발간하여 국민에게 공표하여야 한다(同法 35).

국무조정실장은 규제관련제도를 연구하고 규제개혁위원회의 운영에 필요한 지원을 하여야 한다(同法 36).

공무원이 규제개선업무를 능동적으로 추진함에 따라 발생한 결과에 대하여 그 공무원의 행위에 고의나 중대한 과실이 없는 경우에는 불리한 처분이나 부당한 대우를 받지 아니한다(同法 37①). 중앙행정기관장은 규제개선업무추진에 뚜렷한 공로가 있는 공무원은 포상하고, 인사상 우대조치 등을 하여야 한다(同法 37②).

규제개혁위원회의 위원 중 공무원이 아닌 위원·전문위원 및 조사요원은 형법이나 그 밖의 법률에 따른 벌칙을 적용할 때에는 공무원으로 본다(同法 32).

(7) **행정규제의 합리화를 위한 기타 법률**

행정규제기본법 외에, 행정규제의 합리화를 위한 법률로서, ① 토지이용규제기본법(후술 제9절 3. 참조), ②「토지이용 인·허가 절차 간소화를 위한 특별법」(2016.1.21.시행), ③「지역특화발전특구에 대한 규제특례법」, ④「기업활동 규제완화에 관한 특별조치법」, ⑤「산업단지 인·허가 절차 간소화를 위한 특례법」등도 있다.

4. 행정조사기본법

(1) 서설

행정작용에서는 식품업소·공중위생업소가 위생기준 등을 준수하고 있는지, 기업이 관계법을 준수하고 있는지, 소방시설을 갖추어야 할 건축물에 필요한 소방시설이 설치되어 있는지 여부 등에 대한 실태조사와 같이, 공공목적과 적정행정(適正行政)을 위한 행정조사가 많이 행해지며, 행정조사과정에서 당사자에게 상당한 부담이 과해지기도 한다.

행정조사(行政調査)란 행정기관이 정책을 결정하거나 직무를 수행하는 데 필요한 정보나 자료를 수집하기 위하여 현장조사·문서열람·시료채취 등을 하거나 조사대상자에게 보고요구·자료제출요구 및 출석·진술요구를 행하는 활동을 말한다(행정조사기본법 2 i).

행정조사는 행정작용에 필요한 자료를 얻기 위한 준비적·보조적 작용이며, 조사대상자의 자발적인 협조를 얻어 실시하는 행정조사인 경우에는 비권력적 사실행위라고 할 수 있으나, 조사대상자의 의사(意思) 여하에 불구하고 권력적 사실행위로서 행정조사가 이루어지는 경우도 많다.

그리하여 행정조사에 관한 기본원칙·방법 및 행정조사절차 등에 관한 공통적인 사항을 규정함으로써 행정의 공정성·투명성 및 효율성을 높이고, 국민의 권익을 보호하기 위하여 행정조사기본법이 제정·시행되고 있다(同法 1).

행정조사기본법은 행정조사에 관하여 다른 법률에 특별한 규정이 없는 경우에 적용되며, 행정조사를 한다는 사실이나 조사내용이 공개될 경우 국가의 존립을 위태롭게 하거나 국가의 중대한 이익을 현저히 해칠 우려가 있는 국가안전보장·통일 및 외교에 관한 사항, 조세·형사·행형 및 보안처분에 관한 사항, 금융감독기관의 감독·검사·조사 및 감리에 관한 사항, 공정거래위원회의 법률위반행위 조사에 관한 사항 등 이 법의 적용을 받지 아니하는 사항도 규정하고 있다(同法 3①②).

(2) 행정조사의 근거와 기본원칙 및 행정조사운영계획

1) 행정조사의 근거

행정조사기본법에 따르면, 행정기관은 법령 등에서 행정조사를 규정하고 있는 경우에 한하여 행정조사를 실시할 수 있다. 다만, 조사대상자의 자발적인 협조를 얻어 실시하는 행정조사의 경우에는 그러하지 아니하다(同法 5).

따라서 행정조사를 행하려면 원칙적으로 구체적인 법률의 근거가 있어야 한다. 소방기본법·식품위생법·공중위생관리법·국세징수법·「마약류 관리에 관한 법률」 등 행정조사의 근거를 규정하고 있는 법률들이 많이 있다.

2) 행정조사의 기본원칙

행정조사기본법은 제4조에서 행정조사의 기본원칙을 다음과 같이 규정하고 있다. 즉, ① 행정조사는 조사목적을 달성하는데 필요한 최소한의 범위 안에서 실시하여야 하며, 다른 목적 등을 위하여 조사권을 남용하여서는 아니 된다. ② 행정기관은 조사목적에 적합하도록 조사대상자를 선정하여 행정조사를 실시하여야 한다. ③ 행정기관은 유사하거나 동일한 사안에 대하여는 공동조사 등을 실시함으로써 행정조사가 중복되지 아니하도록 하여야 한다. ④ 행정조사는 법령 위반에 대한 처벌보다는 법령 등을 준수하도록 유도하는 데 중점을 두어야 한다. ⑤ 다른 법률에 따르지 아니하고는 행정조사의 대상자 또는 행정조사의 내용을 공표하거나 직무상 알게 된 비밀을 누설하여서는 아니 된다. ⑥ 행정기관은 행정조사를 통하여 알게 된 정보를 다른 법률에 따라 내부에서 이용하거나 다른 기관에 제공하는 경우를 제외하고는 원래의 조사목적 이외의 용도로 이용하거나 타인에게 제공하여서는 아니 된다.

이 법은 행정기관의 장이 행정조사의 목적, 법령준수의 실적, 자율적인 준수를 위한 노력, 규모와 업종 등을 고려하여 명백하고 객관적인 기준에 따라 행정조사의 대상을 선정하도록 규정하고 있다. 조사대상자는 조사대상 선정기준에 대한 열람을 행정기관의 장에게 신청할 수 있다(同法 8①②).

3) 행정조사운영계획

행정기관의 장은 매년 12월말까지 다음 연도의 행정조사운영계획을 수립하여 국무조정실장에게 제출하여야 한다. 다만, 행정조사운영계획을 제출해야 하는 행정기관의 구체적인 범위는 대통령령으로 정한다. 행정조사운영계획에는 조사의 종류, 조사방법, 공동조사 실시계획, 중복조사 방지계획, 그 밖에 대통령령으로 정하는 사항이 포함되어야 한다(同法 6①③).

행정조사는 법령 등 또는 행정조사운영계획으로 정하는 바에 따라 정기적으로 실시함을 원칙으로 한다. 다만, ① 법률에서 수시(隨時)조사를 규정하고 있는 경우, ② 법령 등의 위반에 대하여 혐의가 있는 경우, ③ 다른 행정기관으로부터 법령 등의 위반에 관한 혐의를 통보 또는 이첩받은 경우, ④ 법령 등의 위반에 대한 신고를 받거나 민원이 접수된 경우, ⑤ 그 밖에 행정조사의 필요성이 인정되는 사항으로서 대통령령으로 정하는 경우에는 수시조사를 할 수 있다(同法 7).

(3) 행정조사의 방법과 행정조사절차

1) 행정조사의 방법

행정조사는 그 목적을 달성하기 위하여 여러 가지 방법으로 행하여지는바, 조사방법에 따라 직접조사와 간접조사로, 그 대상에 따라 대인적(對人的) 조사와 대물적(對物的) 조사 및 대가택(對家宅) 조사로 구분할 수 있다.

직접조사는 직접적으로 사람의 신체 또는 재산에 실력을 가하여 행하는 조사이며, 답변이 강요된 질문이나 가택·신체에 대한 수색 등이 그 예이다.

간접조사는 사람의 신체·재산에 실력을 행사함이 없이 일정한 사항에 대하여 보고 또는 자료제출을 하게 함으로써 행하는 조사이다.

대인적 조사는 사람에 대한 조사로서 신체의 수색, 불심검문·질문 등이 그 예이고, 대물적 조사는 물건에 대한 조사로서 시료채취·문서열람이나 물건의 검사 등이 그 예이며, 대가택 조사는 개인의 주거·영업소 등에 대한 조사로서 가택출입·임검·가택수색 등이 그 예이다.

2) 행정조사절차

행정조사는 조사대상자의 사생활의 평온을 저해할 우려가 있으므로 사전에 피조사자(被調査者)에 대하여 조사의 일시·장소·이유 등을 통지하는 것이 요청된다.

이 법은 행정기관의 장이 조사대상자의 출석·진술을 요구하는 때에는 당해 행정조사와 관련하여 필요한 사항이 기재된 출석요구서를(同法 9①③), 조사대상자에게 조사사항에 대하여 보고를 요구하는 때에는 보고요구서를(同法 10①), 장부·서류나 그 밖의 자료의 제출을 요구하는 때에는 필요한 사항이 기재된 자료제출요구서를 발송하도록 규정하고 있다(同法 10②).

또한 이 법은 조사원이 가택·사무실 또는 사업장 등에 출입하여 현장조사를 실시하는 경우에 행정기관의 장은 당해 행정조사와 관련하여 필요한 사항이 기재된 현장출입조사서 또는 법령 등에서 현장조사시 제시하도록 규정하고 있는 문서를 조사대상자에게 발송하도록 하고, 현장조사는 원칙적으로 해가 뜨기 전이나 해가 진 뒤에는 할 수 없으며, 현장조사를 하는 조사원은 그 권한을 나타내는 증표를 지니고 이를 조사대상자에게 내보이도록 규정하고 있다(同法 11①②③).

위의 출석요구서·보고요구서·자료제출요구서·현장출입조사서 등은 행정조사를 실시하고자 하는 행정기관의 장이 조사개시 7일 전까지 조사대상자에게 서면으로 통지하여야 한다. 다만, 조사의 사전통지가 적절하지 않은 일정한 경우에는 행정조사의 개시와 동시에 출석요구서 등을 조사대상자에게 제시하거나 행정조사의 목적 등을 조사대상자에게 구두로 통지할 수 있다(同法 17①).

이 법은 출석요구서의 내용공개 금지(同法 17②), 조사의 사전통지 내용에 대한 조사대상자의 의견제출(同法 21①②), 조사원의 교체 신청과 교체(同法 22①④)에 대하여도 규정하고, 행정기관의 장이 법령 등에 특별한 규정이 있는 경우를 제외하고는 행정조사의 결과를 확정한 날부터 7일 이내에 그 결과를 조사대상자에게 통지하도록 규정하고 있다(同法 24).

(4) 자율신고제도의 운영 등

행정기관의 장은 법령 등에서 규정하고 있는 조사사항을 조사대상자로 하여금 스스로 신고하도록 하는 자율신고제도를 운영할 수 있으며, 조사대상자가 신고한 내용이 거짓의 신고라고 인정할 만한 근거가 있거나 신고내용을 신뢰할 수 없는 경우를 제외하고는 그 신고내용을 행정조사에 갈음할 수 있다(同法 25①②).

행정기관의 장은 조사대상자가 자율적으로 행정조사사항을 신고·관리하고, 스스로 법령준수사항을 통제하도록 하는 체제(이하 '자율관리체제'라 함)의 기준을 마련하여 고시할 수 있다(同法 26①).

이 법은 조사대상자 및 조사대상자단체의 자율관리체제의 구축·신고(同法 26

②), 자율관리체제 구축에 대한 지원(同法 26③), 자율신고자와 자율관리체제를 구축하고 기준을 준수한 자에 대한 행정조사 감면 또는 행정·세제상의 지원(同法 27), 인터넷 등 정보통신망을 통한 조사자료의 제출 및 그에 관한 비밀유지(同法 28①②)에 대하여도 규정하고 있다.

국무조정실장은 행정조사의 효율성·투명성 및 예측가능성을 제고하기 위하여 각급 행정기관의 행정조사 실태, 공동조사 실시현황 및 중복조사 실시 여부 등을 확인·점검하여야 하며, 확인·점검결과를 평가하여 대통령령으로 정하는 절차와 방법에 따라 국무회의와 대통령에게 보고하여야 한다(同法 29①②).

제3절

행정작용의 실효성확보에 관한 법

1. 행정대집행법과 직접강제·이행강제금
2. 국세징수법에 의한 강제징수
3. 행정형벌과 질서위반행위규제법
4. 행정작용의 실효성확보를 위한 기타의 방법

'행정작용의 실효성확보'란 공공목적을 위하여 법령이나 처분 등으로써 국민에게 일정한 의무가 과해진 경우에 그 의무의 이행을 확보하는 것을 말하며, 이를 위한 전통적 방법으로서 행정상 강제집행과 행정벌 부과 등이 있다.

'행정상 강제집행'이란 행정법규나 처분으로써 과해진 의무를 의무자 스스로 이행하지 아니한 경우에, 관계 행정기관이 의무자의 신체 또는 재산 등에 공권력을 행사하여, 그 의무를 이행시키거나 이행된 것과 같은 상태를 실현하는 작용을 말하며, 그 구체적 방법으로는 ① 행정상 대집행, ② 직접강제, ③ 이행강제금 부과, ④ 행정상 강제징수 등이 있다. 행정상 대집행에 관하여 행정대집행법이, 체납된 국세의 강제징수에 관하여 국세징수법이 규정하고 있으며, 직접강제와 이행강제금 부과에 대하여는 개별법이 규정한 경우들이 있다.

'행정벌'이란 행정상의 의무를 위반한 자에게 일반통치권에 의거하여 과하는 제재로서의 처벌을 말한다. 행정벌은 다시 일정한 행정법규위반자에게 법규가 정한 바에 따라 형법상의 형벌(징역·벌금·구류·과료·몰수 등)을 과하는 '행정형벌'과 과태료를 과하는 '행정질서벌'로 나누어진다. 행정작용에 관한 여러 법률들의 말미에 있는 벌칙규정과 과태료부과규정이 그 근거가 된다.

행정형벌은 형사소송법이 정한 절차에 따라 과해진다. 과태료의 부과절차와 과태료 재판 등에 관하여는 질서위반행위규제법이 규정하고 있다.

행정작용의 실효성확보를 위한 기타의 방법으로서 개별법에 의거한 관허(官許)사업의 제한, 수익적 처분의 철회·정지, 과징금·부과금·가산금·가산세·범칙금의 부과, 의무위반사실(또는 의무위반자명단)의 공표 등도 있다.

1. 행정대집행법과 직접강제·이행강제금

Ⅰ. 행정대집행법

(1) 서설

행정상 대집행(또는 행정대집행)이란 행정법규나 행정처분으로써 과해진 대체적 작위의무(代替的 作爲義務)를 당사자가 불이행한 경우에 행정청이 의무자가 이행해야 할 의무를 스스로 행하거나 또는 제3자에게 행하게 하고, 그 비용을 의무자로부터 징수하는 작용을 말한다. 위의 '대체적 작위의무'란 타인이 행하더라도 의무자가 스스로 이행한 것과 동일한 상태를 실현할 수 있는 성질의 작위의무를 말한다.

행정상 대집행의 요건·절차 등을 정한 법률로서 행정대집행법이 있으며, 도로법·「옥외광고물 등 관리법」·폐기물관리법 등 행정작용에 관한 여러 개별법들이 행정상 대집행을 할 수 있는 근거를 규정하고 있다.

행정대집행법은 제2조에서 "법률(법률의 위임에 의한 명령, 지방자치단체의 조례를 포함한다)에 의하여 직접 명령되었거나 또는 법률에 의거한 행정청의 명령에 의한 행위로서 타인이 대신하여 행할 수 있는 행위를 의무자가 이행하지 아니하는 경우 다른 수단으로써 그 이행을 확보하기 곤란하고 또한 그 불이행을 방치함이 심히 공익을 해할 것으로 인정될 때에는 당해 행정청은 스스로 의무자가 하여야 할 행위를 하거나 또는 제3자로 하여금 이를 하게 하여 그 비용을 의무자로부터 징수할 수 있다."라고 규정하고 있다(大判 2010.6.24, 2010두1231).

(2) 대집행권자

행정대집행법에 따르면, 대집행(代執行)을 할 수 있는 권한은 당초에 의무를 명하는 처분을 행한 행정청('처분청')이나 의무를 직접 부과하는 법령의 집행 소관 행정청이 갖는다(이들 행정청을 이하에서 '관계 행정청'으로 표기한다).

대집행의 실행행위는 관계 행정청이 직접 할 수도 있고 제3자에게 대행시킬 수도 있다. 대집행의 실행행위를 관계 행정청이 직접 행하는 경우는 '자기집행(自己

執行)'이라 할 수 있고, 제3자가 대행(代行)하는 경우는 '타자집행(他者執行)'이라 할 수 있다(大判 2011.9.8, 2010다48240).

타자집행의 경우에도 대집행의 주체는 관계 행정청이며, 대집행을 실행하는 제3자는 관계 행정청의 위임을 받아 대집행을 행하는 것이라 하겠다.

(3) 대집행의 대상과 요건

대집행의 대상인 의무는 법령이 직접 부과한 의무나 행정처분으로써 부과된 의무 중 대체적(代替的) 작위의무이다.

그런데 법령에 의하여 직접 부과된(법규하명으로 과해진) 의무는 보통 불특정 다수인의 의무로서의 성질을 가지므로 일반적으로는 대집행의 대상이 되기 어려우며, 처분적 법령(법령에 의거한 처분 없이 직접 일정한 국민에게 의무를 과하는 법령)이나 행정청의 처분으로써 부과되어진 일정한 의무가 불이행된 경우는 대집행의 대상이 될 수 있다.

대집행의 대상인 의무는 대체적 작위의무에 한정된다. 따라서 부작위의무(不作爲義務)·수인의무(受忍義務)는 물론이고, 작위의무라도 예방접종·신체검사·건강진단 등을 받을 의무, 증인으로 출석할 의무, 퇴거의무 등과 같이 제3자가 대신하여 이행할 수 없는 비대체적(非代替的) 작위의무는 대집행의 대상이 되지 아니한다(大判 2005.9.28, 2005두7464. 大判 2005.8.19, 2004다2809. 大判 1998.10.23, 97누157. 大判 1996.6.28, 96누4374).

대집행을 하기 위해서는 의무자의 대체적 작위의무의 불이행이 있고, 다른 수단으로써는 그 의무의 이행을 확보하기 곤란하며(보충성), 그 의무불이행을 방치함이 심히 공익을 해치는 것으로 인정되어야 한다(同法 2).

여기서 의무자가 대체적 작위의무를 불이행한 경우에도, 그 의무를 이행토록 할 다른 방법이 없고, 그 의무의 불이행 자체가 공익을 크게 해치는 것으로 인정되어야만 대집행을 할 수 있는 점에 유의할 필요가 있다. 즉, 대체적 작위의무의 불이행만으로써 대집행을 할 수 있는 요건이 충족되는 것은 아니다(大判 1993.2.23, 92누16423. 大判 1992.8.14, 92누3885. 大判 1991.8.27, 91누5136. 大判 1991.3.12, 90누10070. 大判 1989.7.11, 88누11193. 大判 1989.3.28, 87누930).

(4) 대집행의 절차

대집행의 절차는 다음의 4단계로 이루어진다.

1) 대집행의 계고(戒告)

행정상 대집행을 하려면 관계 행정청이 의무자에게 상당한 이행기간을 정하여 그 기간 내에 의무를 이행하지 아니할 경우에는 대집행을 한다는 뜻을 미리 문서로써 알려야 하는바, 이를 대집행의 계고라고 한다(同法 3①). 이는 행정청의 처분이다.

대집행의 계고를 함에 있어서는 대집행할 행위의 내용 및 범위가 구체적으로 특정되어야 한다(大判 1997.2.14, 96누15428). 대집행의 계고는 의무의 이행을 최고(催告, 재촉)함과 아울러 기한 내에 의무를 이행하지 않을 경우에는 대집행을 할 뜻을 알리는 통지행위이며, 문서에 의하지 아니한 계고는 무효라 할 것이다.

위의 상당한 이행기간이란 사회통념상 의무의 이행에 필요한 기간이며, 대집행의 요건은 원칙적으로 계고시에 충족되어야 한다.

대집행을 하기 위해서는 원칙적으로 계고를 하여야 하지만, 비상시(非常時) 또는 위험이 절박한 경우에 대집행의 급속한 실시를 요하여 그 절차를 거칠 여유가 없을 때에는 계고를 생략할 수 있다(同法 3③).

2) 대집행영장(代執行令狀)에 의한 통지(通知)

의무자가 대집행의 계고를 받고도 지정된 기한까지 의무를 이행하지 아니할 경우에, 관계 행정청은 대집행영장으로써 대집행을 할 시기(時期), 대집행을 실행하기 위하여 파견되는 집행책임자의 성명과 대집행에 요하는 비용의 개산(槪算)에 의한 견적액을 의무자에게 통지하여야 한다(同法 3②). 이 통지도 비상시 또는 위험이 절박한 경우에 대집행의 급속한 실시가 요구되어 통지절차를 거칠 여유가 없는 때에는 생략할 수 있다(同法 3③). 대집행영장에 의한 통지도 행정청의 처분이다.

3) 대집행의 실행(實行)

대집행의 실행은 의무자의 물건·재산 등에 공권력을 행사하여 의무가 이행된 것과 같은 상태를 실현하는 작용이며, 권력적 사실행위이다.

행정상 대집행은 원칙적으로 해가 뜨기 전이나 해가 진 후에는 하여서는 아니되며, 행정청은 대집행을 할 때 대집행 과정에서의 안전 확보를 위하여 필요하다고 인정하는 경우 현장에 긴급 의료장비나 시설을 갖추는 등 필요한 조치를 하여야 한다(同法 4①②).

대집행을 하기 위하여 현장에 파견되는 집행책임자는 그가 집행책임자라는 것을 표시한 증표를 휴대하여 대집행시에 이해관계인에게 제시하여야 한다(同法 4③).

4) 대집행비용의 징수

대집행에 소요된 비용은 관계 행정청이 실제에 요한 비용액과 납기일을 정하여 원래의 의무자에게 문서로써 그 납부를 명하여야 하며(同法 5), 국세징수법의 예에 의하여 강제징수할 수 있다(同法 6①).

대집행비용에 대하여는 행정청이 국세에 다음가는 순위의 선취득권을 가진다(同法 6②). 대집행비용을 징수하였을 때에는 그 징수금은 사무비의 소속에 따라 국고 또는 지방자치단체의 수입으로 한다(同法 6③).

(5) **대집행에 대한 구제(救濟)**

행정대집행법은 제7조에서 "대집행에 대하여는 행정심판을 제기할 수 있다."라고 규정하고, 제8조에서 "전조(前條)의 규정은 법원에 대한 출소(出訴)의 권리를 방해하지 아니 한다."라고 규정하고 있다. 따라서 대집행에 대하여 불복(不服)하는 자는 행정심판이나 행정소송을 제기할 수 있다(大判 1996.2.9, 95누12507).

대집행의 계고나 대집행영장에 의한 통지는 각각 독자적 의의를 가지는 처분이므로 그를 대상으로 하여 행정심판 또는 행정소송을 제기할 수 있다.

대집행의 대상인 의무를 명하는 당초의 처분(원처분)이 위법인 경우에는 그 원처분이 당연무효가 아닌 이상 그 원처분의 취소를 구하는 행정쟁송(행정심판·행정소송)을 제기하여 다투어야 할 것이다. 대집행비용산정(代執行費用算定)의 위법을 이유로 대집행비용부과처분의 취소·변경을 구하는 행정쟁송도 제기할 수 있다.

그러나 대집행의 실행은 보통 단기간에 이루어지며, 대집행 실행 후의 대집행 취소청구의 소(訴)는 소익(訴益)을 인정받기 어려울 것이므로, 대집행의 실행이 종료된 후에는 원칙적으로 대집행의 취소를 구하는 행정쟁송을 제기할 수 없고, 대집행의 위법을 이유로 하는 손해배상 또는 원상회복의 청구만을 할 수 있을 것이다(大判 1993.6.8, 93누6164).

II. 직접강제

(1) 의의

'직접강제(直接强制)'란 행정상 강제집행의 일종으로서, 행정상 의무의 불이행이 있는 경우에 관계 행정기관이 직접 의무자의 신체 또는 재산에 실력을 가하여 의무자가 의무를 이행한 것과 같은 상태를 실현하는 작용을 말한다. 예컨대, 강제로(직접 공권력을 행사하여) 무허가 영업소·사업장을 폐쇄조치하는 행위 등이 이에 해당한다(大判 2001.2.23, 99두6002).

직접강제는 작위의무·부작위의무·수인의무의 불이행이 있는 경우에 할 수 있는 권력적 사실행위이나, 강제집행수단 중에서 가장 강력한 수단이고 국민의 기본권을 침해할 가능성이 높기 때문에, 비례의 원칙을 준수하면서 강제집행의 최후수단으로 활용되어야 할 것이다.

직접강제는 사전(事前)에 부과된 의무를 당사자가 불이행한 경우에 행할 수 있는 것인 점에서 사전의 의무부과와 의무불이행을 필요적 전제(前提)로 하지 아니하는 행정상 즉시강제와 구별된다.

(2) 근거와 피해구제

직접강제는 법률의 근거가 있어야 할 수 있다. 직접강제의 근거에 관한 일반법은 없으나, 식품위생법·공중위생관리법·축산물위생관리법·대기환경보전법·농약관리법·약사법 등 여러 개별법이 직접강제를 할 수 있는 경우들을 규정하고 있다.

직접강제에 불복하는 자는 직접강제가 보통 단기간에 종료되므로 그 취소나 무효확인을 구하는 행정쟁송을 제기하기 어렵지만, 국가배상법에 따라 공무원의 위법한 직접강제로 인하여 입은 피해에 대한 배상을 청구할 수 있다.

III. 이행강제금

(1) 의의

'이행강제금(履行强制金)'이란 행정청이 법령에 의거하여 행정상의 의무불이행자(義務不履行者)에게 장차 의무를 이행시키기 위하여 과하는 금전적 부담을 말하며(이러한 제재를 집행벌이라고도 함), 이행강제금의 부과는 행정상의 의무이행을 확보하기 위한 것이다. 이행강제금의 부과는 건축법·농지법·「부동산 실권리자명의 등기에 관한 법률」·은행법·「독점규제 및 공정거래에 관한 법률」·노인복지법·근로기준법 등 여러 법률에서 인정되고 있다(憲裁 2004.2.26, 2001헌바80·84·102·103, 2002헌바26병합).

이행강제금의 부과는 행정상 강제집행의 한 수단이며, 일정한 금액의 부과라는 심리적 압박에 의하여 장래에 향하여 의무자에게 의무를 이행시키려는 것이므로, 그 의무의 이행이 있기까지는 반복적으로 이행강제금을 부과할 수 있는 것이기는 하나, 그 부과회수가 제한되는 경우도 있다(大決 2002.8.16, 2002마1022).

(2) 이행강제금의 부과절차

건축법(제80조)이나 농지법(제62조) 등은 이행강제금의 과징(課徵)절차에 관하여, 행정상 의무를 명한 행정청은 의무자에게 의무의 이행에 필요한 상당한 기간을 정하여 그 기간 내에 의무를 이행하지 않을 때에는 이행강제금을 부과·징수한다는 뜻을 문서로 알린 후 이행강제금을 부과하며(大判 2015.6.24, 2011두2170), 이행강제금의 납부기간 내에 의무자가 의무를 이행하지 않고 이행강제금을 납부하지 아니한 때에는 「지방세외수입금의 징수 등에 관한 법률」에 따라 징수하도록 규정하고 있다. 이행강제금 납부의무는 일신전속적인 성격을 지니고 있다고 하겠다(大決 2006.12.8, 2006마470).

(3) 이행강제금에 대한 불복

이행강제금 부과에 대하여 불복하는 자는 개별 법률에 특별한 불복절차규정이 있는 경우에는 그에 따르고, 개별 법률에 특별한 불복절차규정이 없는 경우에는 행정심판법과 행정소송법에 따라 행정심판과 행정소송을 제기할 수 있다.

【大判 1987.3.10, 86누860. "건축법에 위반하여 증·개축하여 철거의무가 있다 하더라도 그 철거의무를 대집행하기 위한 계고처분을 하려면 다른 방법으로는 그

이행의 확보가 어렵고 그 불이행을 방치함이 심히 공익을 해하는 것으로 인정되는 경우에 한한다. 대수선 및 구조변경허가의 내용과 다르게 건물을 증·개축하여 그 위반결과가 현존하고 있다고 할지라도, 그 공사결과 건물모양이 산뜻하게 되었고, 건물의 안정감이 더하여진 반면 그 증평부분을 철거함에는 많은 비용이 소요되고 이를 철거하여도 건물의 외관만을 손상시키고 쓰임새가 줄 뿐인 경우라면 건축주의 철거의무불이행을 방치함이 심히 공익을 해하는 것으로 볼 수 없다."】

【大判 2011.5.26, 2010도10305. "이 사건 행정대집행은 그 주된 목적이 법외단체인 전공노(全公勞)의 위 사무실에 대한 불법사용을 중지시키기 위하여 사무실 내에 비치되어 있는 전공노의 물품을 철거하고 사무실을 폐쇄함으로써 부산광역시 청사의 기능을 회복하는 데 있다고 보이므로, 이 사건 행정대집행은 전체적으로 대집행의 대상이 되는 대체적 작위의무인 철거의무를 대상으로 한 것으로 적법한 공무집행에 해당한다고 볼 수 있고, 그 집행을 행하는 공무원들에 대항하여 피고인들과 전공노 소속 부산광역시청 공무원들이 폭행 등 행위를 한 것은 단체 또는 다중의 위력으로 공무원들의 적법한 직무집행을 방해한 것이 된다."】

【大判 2005.9.28, 2005두7464. "행정대집행법 제2조는 '행정청의 명령에 의한 행위로서 타인이 대신하여 행할 수 있는 행위를 의무자가 이행하지 아니하는 경우'에 대집행할 수 있도록 규정하고 있는데, 이 사건 용도위반 부분을 장례식장으로 사용하는 것이 관계 법령에 위반한 것이라는 이유로 장례식장의 사용을 중지할 것과 이를 불이행할 경우 행정대집행법에 의하여 대집행하겠다는 내용의 이 사건 처분은, 이 사건 처분에 따른 '장례식장 사용중지 의무'가 원고 이외의 '타인이 대신'할 수도 없고, 타인이 대신하여 '행할 수 있는 행위'라고도 할 수 없는 비대체적 부작위 의무에 대한 것이므로, 그 자체로 위법함이 명백하다고 할 것인데도, 원심은 그 판시와 같은 이유를 들어 이 사건 처분이 적법하다고 판단하고 말았으니, 거기에는 대집행계고처분의 요건에 관한 법리를 오해한 위법이 있다고 할 것이다."】

2. 국세징수법에 의한 강제징수

(1) 행정상 강제징수(强制徵收)와 국세징수법

'행정상 강제징수'란 행정법규에 의거하여 부과된 금전급부의무(金錢給付義務)의 불이행이 있는 경우에, 관계 행정청이 의무자의 재산에 공권력을 행사하여 그 의무가 이행된 것과 같은 상태를 실현하는 작용을 말한다.

관계 법률에 의거하여 국민에게 일정액의 세금 등 공과금(公課金)이 부과되었으나 그것을 납부해야 할 의무자가 납기(納期) 내에 납부하지 아니한 경우에, 그 불이행된 금전급부의무에 대한 가장 전형적인 이행확보수단이 행정상 강제징수이다.

국세징수법은 국세의 징수에 필요한 사항을 규정하여 국세수입의 확보를 목적으로 하고 있으며(同法 1), 후술하는 제12절의 재무행정에 관한 법에 속하는 것이지만, 이 법에서 규정하고 있는 국세의 강제징수가 행정상 강제집행의 일종인 '행정상 강제징수'이고 행정작용의 실효성확보에 관한 것이므로, 이 절에서 국세징수법의 개요를 살피기로 한다.

국세징수법은 제1장(총칙)에서 이 법과 다른 법률과의 관계(同法 2), 국세체납액의 징수 순위(同法 4), 일정한 경우의 납세자의 납세증명서 제출(同法 5), 세무서장의 납세증명서 발급(同法 6), 미납국세 등의 열람(同法 6의2), 국세 체납자에 대한 관허사업의 제한(同法 7), 일정한 경우의 세무서장의 체납자료 제공(同法 7의2), 이자소득 또는 배당소득에 대한 지급명세서 등의 재산조회 및 체납처분에의 활용(同法 7의3), 대통령령으로 정하는 금액 이상의 국세를 체납한 자에 대한 출국금지 요청(同法 7의4)에 대하여 규정하고, 제2장(징수)에서 국세의 징수절차(제1절), 징수유예(제2절), 독촉(제3절)에 관하여, 제3장에서 체납처분에 관하여 규정하고 있는데, 이 중 독촉과 체납처분관련 규정이 국세의 강제징수에 관한 규정들이다.

그런데 다른 여러 공과금관련 개별법들이 부과된 금전급부의무의 불이행이 있을 때에는 국세징수법상의 강제징수의 예에 따라 강제징수할 수 있도록 규정하고 있으므로, 국세징수법은 국세의 징수에 관한 법이면서도 행정상 강제징수절차에 관한 사실상의 일반법이라 할 수 있다.

(2) **국세징수법상의 국세징수 및 징수유예(徵收猶豫)에 관한 규정**

국세징수법은 국세의 징수에 관하여 납세자가 세법이 정하는 바에 따라 국세를 신고납부하는 경우의 납부서에 적어야 할 사항(同法 8), 세무서장의 납세 고지(同法 9), 납세고지서의 발급 시기(同法 10), 납부기한의 지정(同法 11), 제2차 납세의무자에 대한 납부 고지(同法 12), 양도담보권자로부터의 징수절차(同法 13), 납기 전에 국세를 징수할 수 있는 경우(同法 14)를 규정하고 있다.

국세징수법상의 징수유예란 납세자가 재해(災害) 또는 도난으로 재산에 심한 손실을 받은 때, 사업에 현저한 손실을 받은 때, 질병이나 중상해(重傷害)로 장기 치료를 요하는 때 등 일정한 사유가 있는 경우에, 세무행정청이 납세의무자에게 납세의 고지를 유예하거나 결정한 세액을 분할하여 고지함으로써, 납기가 도래한 납세의무의 이행을 일정한 기간 동안 유예하여 주는 것을 말한다.

이 법은 국세의 징수유예에 관하여 국세 납기 시작 전 징수유예를 할 수 있는 경우(同法 15), 납세고지서의 송달 불능으로 인한 징수유예와 부과 철회(同法 16), 고지된 국세 등의 징수유예(同法 17), 징수유예에 관한 담보(同法 18), 징수유예의 효과(同法 19), 징수유예의 취소(同法 20)에 관하여 규정하고 있다.

(3) **국세징수법상의 강제징수절차**

국세를 납부기한까지 완납하지 아니하였을 때에 이루어지는 국세징수법상의 강제징수는 독촉과 체납처분의 절차로 진행되는데, 체납처분은 다시 재산압류, 압류재산의 매각, 청산의 3단계 절차로 행하여진다.

1) 독촉(督促)

독촉은 금전급부의무의 불이행이 있는 경우에 관계 행정청이 상당한 이행기간을 정하여 의무자에게 의무이행을 최고(催告)하고, 그 기한까지 의무를 이행하지 않을 때에는 체납처분을 할 뜻을 알리는 행위이며, 처분이다. 독촉은 체납처분의 전제조건이고, 공법상 금전채권의 소멸시효 진행을 중단시키는 요인이 되기도 한다.

국세징수법에 따르면, 국세를 납기까지 완납하지 않은 경우 세무서장은 납기경과후 10일 이내에 납세의무자에게는 독촉장을, 납세자가 납세의무를 이행할 수 없는 경우에 납세자에 갈음하여 납세의무를 지는 제2차 납세의무자에게는 납부최고서(納付催告書)를 각각 발부하여야 하며, 이들 경우 납부기한은 발부일부터 20일 이내이다(同法 23①②③).

국세를 납부기한까지 완납하지 아니한 때에는, 그 납부기한이 지난날부터 체납세액의 100분의 3에 상당하는 가산금(加算金)을 징수하며, 납기경과 후 매 1월이 지날 때마다 체납세액의 1천분의 12에 상당하는 가산금(이를 '중가산금'이라 함)을 위의 가산금에 가산하여 징수하나, 체납된 국세의 납세고지서별·세목별 세액이 100만원 미만인 경우에는 중가산금(重加算金)을 징수하지 아니한다. 중가산금을 가산하여 징수하는 기간은 60개월을 초과하지 못한다(同法 21①②③).

2) 체납처분(滯納處分)

체납처분은 조세 기타 공법상의 금전채권의 강제집행절차를 의미하는데, 재산압류·매각·청산의 순으로 진행된다.

가) 재산압류(財産押留) ; 재산압류는 금전급부의무자가 독촉을 받고도 기한까지 의무를 이행하지 않은 경우에 관계 행정청이 의무자의 재산에 대하여 사실상·법률상의 처분(매각 등)을 금지시키고 그것을 확보하는 강제보전행위(强制保全行爲)이다(大判 2001.8.21, 2000다12419. 大判 1982.7.13, 81누360).

국세징수법에 따르면, 납세의무자가 독촉장 또는 납부최고서를 받고 지정된 기한까지 국세와 가산금을 완납하지 아니한 때, 기타 법정(法定) 사유가 있어서 납세자가 납기 전에 납부고지를 받고 지정된 기한까지 국세와 가산금을 완납하지 아니한 때에 세무서장이 체납자의 재산을 압류한다(同法 24①. 大判 2015.11.12, 2013다215263).

압류대상인 재산은 납세의무자의 소유인 금전적 가치가 있는 모든 재산(동산·유가증권·채권·부동산·무체재산권 포함)이다(同法 제3장 제4·5·6·7절).

그러나 국세징수법은 체납자의 최저생활의 보장, 수학(修學)의 계속, 국민보건의 유지, 생업의 유지, 사회보장제도의 확보 등의 견지에서 의무자의 생활필수품이나 임금·급여 등 일정한 재산에 대하여는 압류를 금지 또는 제한하고 있다(同法 31~33).

세무공무원이 체납처분을 하기 위하여 질문·검사 또는 수색을 하거나 재산을 압류할 때에는 그 신분을 표시하는 증표를 지니고 이를 관계자에게 보여 주어야 하며(同法 25①), 재산을 압류할 때에는 압류조서를 작성하여야 한다(同法 29①).

나) 압류재산의 매각(賣却) ; 매각은 압류재산을 금전으로 환가(換價)하는 것을 말한다(大判 1984.9.25, 84누201). 세무서장은 압류한 동산·유가증권·부동산·무체재산권 등과 체납자를 대위(代位)하여 받은 물건(통화 제외)을 공매(公賣)하며, 공매는 입찰 또는 경매(정보통신망을 이용한 것 포함)의 방법으로 한다(同法 61①·67①). 예외적으로 수의계약(隨意契約)에 의하는 경우도 있다(同法 62①).

압류재산을 공매하려면 매수대금의 납부기한, 공매재산의 명칭·소재·수량·품질·매각예정가격, 입찰 또는 경매의 장소와 일시, 개찰의 장소와 일시, 공매보증금을 받을 경우 그 금액, 공매재산이 공유물의 지분인 경우 공유자(체납자 제외)에게 우선매수권이 있다는 사실, 매각결정 기일, 공매재산의 매수인으로서 일정한 자격을 필요로 하는 경우 그 사실 등 일정한 사항을 공고하여야 한다(同法 67②).

세무서장은 위의 공매공고를 하였을 때에는 즉시 그 내용을 체납자, 납세담보물 소유자, 공매재산이 공유물의 지분인 경우 공매공고의 등기 또는 등록 전일(前日) 현재의 공유자, 공매재산에 대하여 공매공고의 등기 또는 등록 전일 현재 전세권·질권·저당권 또는 그 밖의 권리를 가진 자에게 통지하여야 한다(同法 68. 大判 2012.7.26, 2010다50625. 大判 2011.3.24, 2010두25527. 大判 2008.11.20, 2007두18154).

공매는 위의 공매공고를 한 날부터 10일이 지난 후에 한다. 다만, 그 재산을 보관하는 데에 많은 비용이 들거나 재산의 가액이 현저히 줄어들 우려가 있으면 10일이 지나기 전이라도 할 수 있다(同法 70).

공매를 집행하는 공무원은 매각결정 기일 전에 체납자 또는 제3자가 그 체납액을 완납하면 공매를 중지하여야 한다. 여러 재산을 한꺼번에 공매하는 경우에 그 일부의 공매대금으로 체납액 전액에 충당될 때에는 남은 재산의 공매는 중지하여야 한다(同法 71①②. 大判 2014.8.20, 2012두14842).

체납자나 세무공무원은 압류재산을 매수하지 못한다(同法 66). 매각은 세무서장이 행하나, 한국자산관리공사(韓國資産管理公社)에 공매를 대행시킬 수도 있다(同法 61⑤. 大判 2013.6.28, 2011두18304. 大判 2007.7.27, 2006두8464. 大判 1997.2.28, 96누1757).

다) 청산(清算) ; 청산이란 압류재산의 매각대금을 압류재산에 관계되는 체납액과 기타의 공과금·담보채권 등에 배분하고 잔여액(殘餘額)이 있을 경우 이를 체납자에게 지급하는 것을 말하며, 이를 배분(配分)이라고도 한다.

세무서장은 압류재산의 매각대금이 압류재산에 관계되는 체납액, 교부청구를 받은 체납액·지방세 또는 공과금, 압류재산에 관계되는 전세권·질권 또는 저당권에 의하여 담보된 채권, 우선변제권이 있는 임차보증금 반환채권, 기타의 채권의 총액에 부족한 때에는 민법이나 기타 법령에 따라 배분할 순위와 금액을 정하여 배분한다(同法 81④). 국세관계 체납액에 배분함에 있어서는 체납처분비·국세·가산금의 순으로 배분한다(同法 4).

(4) **국세의 강제징수에 관한 국세징수법상의 기타 규정**

국세징수법은 세무서장이 이 법에 따른 국세의 납부 독촉과 최고(催告)에도 불구하고 납부되지 아니한 체납액을 징수하기 위하여 「금융회사부실자산 등의 효율적 처리 및 한국자산관리공사의 설립에 관한 법률」에 따라 설립된 한국자산관리공사에 체납자의 주소 또는 거소 확인, 체납자의 재산 조사 등 일정한 업무를 위탁할 수 있도록 규정하고 있다(同法 23의2①).

또한 이 법은 체납자의 재산압류에 대한 통지(同法 24④), 압류의 즉시해제(同法 24⑤), 체납자의 재산을 압류하기 위한 세무공무원의 수색의 권한과 방법 및 질문·검사권(同法 26·27), 수색 또는 검사를 할 때의 참여자 설정(同法 28), 체납처분 집행 중의 출입제한(同法 28의2), 압류조서 작성 및 참여자 서명날인(同法 29), 국세의 징수 면탈(免脫)을 위한 체납자의 사해행위(詐害行爲)의 취소(同法 30), 급여채권의 압류 제한(同法 33), 국세를 징수하기 위하여 필요한 재산 외의 재산의 압류 금지(同法 33의2), 압류시 제3자의 권리보호(同法 33의3), 질권(質權)이 설정된 재산의 압류(同法 34), 가압류·가처분 재산에 대한 체납처분의 효력(同法 35), 천연과실(天然果實) 또는 법정과실(法定果實)에 대한 압류의 효력(同法 36), 상속 또는 합병의 경우의 체납처분의 효력(同法 37)에 관하여 규정하고 있다.

이 법은 동산과 유가증권의 압류(同法 38), 압류 동산의 사용·수익(同法 39), 유가증권에 관한 채권의 추심(同法 40), 채권의 압류 절차(同法 41), 채권 압류의 효력(同法 42), 채권 압류의 범위(同法 43), 계속수입의 압류(同法 44), 부동산 등의 압류 절차(同法 45), 항공기 등의 압류 절차(同法 46), 부동산 등의 압류의 효력(同法 47), 저당권자 등에 대한 압류 통지(同法 48), 압류 부동산 등의 사용·수익(同法 49), 압류한 재산에 대한 제3자의 소유권 주장(同法 50), 무체재산권(無體財產權) 등의 압류(同法 51), 국유·공유 재산에 관한 권리의 압류(同法 52)에 관하여도 규정하고 있다.

이 법은 국세 체납자의 재산압류 해제요건과 해제(同法 53·54), 압류재산을 보관함에 따라 작성하는 문서에 관한 인지세와 등록면허세의 면제(同法 55), 교부청구(同法 56), 참가압류(同法 57), 참가압류의 효력(同法 58), 참가압류의 해제에 대한 압류해제에 관한 규정의 준용(同法 59), 교부청구의 해제(同法 60)에 대하여도 규정하고 있다.

위에서 교부청구(交付請求)란 이미 다른 국세·지방세·공과금 등의 체납으로 체납처분을 받아 강제환가절차(强制換價節次)가 개시된 경우에 그 집행기관에 대하여 체납세액과 체납처분비의 교부를 청구하여 그 강제환가절차에서 배당을 받는 제도를 말하며, 참가압류(參加押留)란 압류하고자 하는 재산이 이미 다른 집행기관의 체납처분에 의하여 압류되어 있는 재산인 경우에 교부청구에 갈음하여 그 압류에 참가하는 제도를 말한다.

교부청구 외에 참가압류제도를 인정한 이유는 교부청구만에 의하는 경우에 이미 압류한 집행기관이 압류를 해제하면 교부청구도 효력이 상실되는 결함을 보완하기 위해서이다.

이 법은 압류재산 중 공매대상 재산에 대한 현황조사(同法 62의2), 매각예정가격의 결정(同法 63), 공매 장소(同法 64), 공매보증금(同法 65), 공매공고에 대한 등기 또는 등록의 촉탁(同法 67의2), 공매공고의 등기 또는 등록 전까지 등기되지 아니하거나 등록되지 아니한 일정한 채권을 가진 자의 배분요구(同法 68의2), 공매재산명세서의 작성 및 비치(同法 68의3), 일정한 경우의 공매의 취소 및 공고(同法 69), 공매공고 기간(同法 70), 공매의 중지(同法 71), 공매공고 등기 또는 등록 말소(同法 71의2)에 관하여 규정하고 있다.

이 법은 공매참가의 제한(同法 72), 입찰과 개찰 및 낙찰(同法 73), 공유자(共

有者)의 우선매수권(同法 73의2), 차순위 매수신고(同法 73의3), 재공매(同法 74), 매각결정 및 매수대금의 납부기한(同法 75), 매수대금의 납부최고(同法 76), 매수대금 납부의 효과(同法 77), 매각결정의 취소(同法 78), 매각재산의 권리이전 절차(同法 79), 압류한 금전이나 압류재산의 매각대금 등 배분금전의 범위(同法 80), 금전배분기일의 지정(同法 80의2), 금전배분 방법(同法 81), 국유·공유 재산 매각대금의 배분(同法 82), 압류한 금전이나 압류재산 매각대금 등의 배분계산서 작성(同法 83), 배분계산서에 대한 이의제기(同法 83의2), 배분한 금전 중 채권자 또는 체납자에게 지급하지 못한 금전의 예탁(同法 84)에 대하여도 규정하고 있다.

이 법은 체납처분의 목적물인 총재산의 추산가액이 체납처분비에 충당하고 남을 여지가 없을 경우 등의 체납처분의 중지와 그 공고(同法 85), 체납처분을 유예할 수 있는 경우(同法 85의2)도 규정하고, 지방국세청과 대통령령으로 정하는 세무서에 국세체납정리위원회를 두도록(同法 87) 규정하고 있다.

3. 행정형벌과 질서위반행위규제법

Ⅰ. 행정형벌

(1) 행정형벌(行政刑罰)의 의의

'행정형벌'이란 행정법상의 의무위반에 대하여 형법에 규정된 형(刑)을 과하는 벌(罰)을 말한다. 행정작용에 관한 많은 법률들은 말미부분에서 해당 법률의 어떤 규정을 위반한 자에게 벌금이나 징역 등 형법에 규정된 형벌을 과할 것을 벌칙으로 규정하고 있는데, 그러한 행정법규상의 벌칙규정에 의하여 과해지는 형벌이 행정형벌이며, 이를 과하는 것은 행정법상의 의무이행을 확보하기 위한 것이다(大判 2011.11.10, 2011도11109).

우리나라 형법은 제8조에서 "본법 총칙은 타 법령에 정한 죄에 적용한다. 단, 그 법령에 특별한 규정이 있는 때에는 예외로 한다."라고 규정하고 있다. 이는 행정범(行政犯)에 대하여도 원칙적으로 형법총칙이 적용됨을 의미함과 동시에, 행정범의 특수성을 고려하여 행정법령에 행정범에 관한 특별한 규정이 있으면 형법총칙 적용이 배제됨을 명시하고 있는 것이다.

형법은 제13조에서 "죄의 성립요소인 사실을 인식하지 못한 행위는 벌하지 아니한다. 단, 법률에 특별한 규정이 있는 경우에는 예외로 한다."라고 규정하고, 제14조에서 "정상의 주의를 태만함으로 인하여 죄의 성립요소인 사실을 인식하지 못한 행위는 법률에 특별한 규정이 있는 경우에 한하여 처벌한다."라고 규정하고 있는데, 이들 규정은 행정범에도 당연히 적용된다.

즉, 형사범이나 행정범의 성립에 있어서는 원칙적으로 고의가 있음을 요건으로 하고, 과실만 있는 행위는 특별히 법률에 규정이 있을 때에 처벌할 수 있다(大判 2010.2.11, 2009도9807). 또한 고의의 성립에 있어서 행위자에게 범죄사실의 인식 외에 위법성의 인식가능성이 필요한 것도 형사범이나 행정범에 공통하다고 하겠다(大判 2011.3.24, 2010도13345). 다만, 행정범은 행정법규에 의하여 비로소 죄가 되는 것이고, 그 행정법규는 수시로 개폐될 수 있기 때문에, 행정범에 있어서는 행위자의 위법성 인식가능성이 없는 경우도 발생할 수 있다.

따라서 형법 제16조의 "자기의 행위가 법령에 의하여 죄가 되지 아니하는 것으로 오인한 행위는 그 오인에 정당한 이유가 있는 때에 한하여 벌하지 아니 한다."는 규정이 행정범에 대하여 언제나 적용될 수는 없을 것이며, 개별법에서 형법 제16조의 적용을 배제하는 명문규정을 두는 경우(예; 담배사업법 31)도 있다(大判 2006.2.24, 2005도7673).

행정형벌은 행정법규에 의거한 과태료(행정질서벌)와 더불어, 행정법상의 의무위반자에 대하여 행정주체가 일반통치권에 근거하여 과하는 제재(制裁)의 일종이며, 행정형벌과 행정질서벌(과태료)을 포괄하여 행정벌(行政罰)이라 한다.

형법 등 형사법규에 의거하여 과해지는 형사벌은 형사법상의 범죄행위에 대한 벌로서 법규 제정 이전부터 원래 반도덕성(反道德性)·반사회성(反社會性)이 인정되는 비행(非行)에 대한 벌이라 할 수 있는데, 행정법규에 의거하여 과해지는 행정벌은 원칙적으로 원래 반도덕적 행위에는 해당되지 않는다고 할지라도(반도덕적 행위성이 인정될 수 있는 경우도 있음) 특정한 행정목적의 실현을 위하여 제정된 국가의 실정법을 위반했기 때문에 과해지는 벌이라 할 수 있다.

(2) 행정형벌의 과벌절차(科罰節次)

행정형벌은 행정관련 실정법상 부과근거규정이 있는 경우에 형사소송법에 의한 형사소송절차를 거쳐 법원의 선고에 의하여 과하는 것이 원칙이며, 특별과벌절차(特別科罰節次)로서 통고처분절차와 즉결심판절차가 인정되고 있다.

1) 통고처분(通告處分)

현행법상 조세범(租稅犯)·관세범(關稅犯)·출입국사범(出入國事犯)·교통사범(交通事犯) 등에 대한 벌금·과료(科料) 등의 행정형벌에 관한 특별과벌절차로서 통고처분제도가 있다. 위의 '과료'는 행정질서벌인 과태료(過怠料)와 달리 행정형벌의 일종이다.

통고처분은 절차의 간이·신속을 도모하기 위하여 형사소송절차에 갈음하여 행정청이 일정한 벌금 또는 과료에 상당하는 금액의 납부를 명하는 준사법적(準司法的) 행위이다(조세범처벌절차법 15·17, 관세법 311·316, 출입국관리법 102·

105, 도로교통법 163·164 참조).

통고처분을 받은 자가 법정기간(조세범·관세범인 경우 15일, 출입국사범·교통사범인 경우 10일) 내에 통고된 내용을 이행하면, 일사부재리(一事不再理)의 원칙이 적용되어 다시 소추(訴追)하지 못하나, 법정기간 내에 그 통고내용을 이행하지 않으면 통고처분의 효력이 상실되며, 이 때 당해 행정청의 고발에 의하여 형사소송절차로 이행된다.

통고처분 자체에 대하여는 불복(不服)이 있더라도 행정쟁송으로 다툴 수 없으며, 따라서 통고처분은 행정의 행위형식으로서의 일반적인 처분과는 다른 것이다(大判 2007.5.11, 2006도1993. 憲裁 2003.10.30, 2002헌마275. 大判 2002.11.22, 2001도849).

2) 즉결심판(卽決審判)

즉결심판이란 20만원 이하의 벌금이나 구류(拘留) 또는 과료(科料)에 처할 범죄사건에 대하여 경찰서장 또는 해양경비안전서장의 청구에 의하여 법원이 「즉결심판에 관한 절차법」이 정하는 바에 따라 처리하는 절차를 말한다.

즉결심판에서는 관할경찰서장 또는 관할해양경비안전서장의 청구에 의하여 판사가 피고인에게 벌금이나 구류 또는 과료를 과할 수 있으며, 즉결심판에 의하여 과해진 형벌은 경찰서장 또는 해양경비안전서장에 의하여 집행된다(즉결심판에 관한 절차법 2·3·18).

즉결심판으로 유죄를 선고할 때에 판사는 형(刑) 및 범죄사실과 적용법조를 명시하고 피고인이 정식재판을 청구할 수 있다는 것을 고지하여야 한다(同法 11①).

판사는 구류의 선고를 받은 피고인이 일정한 주소가 없거나 또는 도망할 염려가 있을 때에는 5일을 초과하지 아니하는 기간 경찰서유치장(지방해양경비안전관서의 유치장 포함)에 유치할 것을 명령할 수 있다(同法 17①).

즉결심판에 불복이 있는 피고인은 즉결심판의 선고·고지를 받은 날부터 7일 이내에 정식재판청구서를 경찰서장 또는 해양경비안전서장에게 제출하여야 하며, 이 청구서를 받은 서장은 지체 없이 판사에게 이를 송부하여야 한다(同法 14①). 즉결심판은 정식재판의 청구에 의한 판결이 있는 때에는 그 효력을 잃는다(同法 15).

이러한 즉결심판절차는 일반형사범에 대하여도 적용되므로, 행정형벌에만 적용되는 특별과벌절차는 아니라고 하겠다.

II. 질서위반행위규제법

(1) 행정법규상의 과태료(過怠料)와 질서위반행위규제법상의 질서위반행위

행정작용에 관한 여러 법률들은 말미에 그 법률의 일부 규정상의 의무를 위반한 자에게 일정액의 '과태료'를 부과할 것을 정하고 있다. 행정법규에 의하여 부과되는 과태료를 행정법이론상 '행정질서벌'이라 한다(憲裁 1994.4.28, 91헌바14).

행정질서벌과 행정형벌은 다 함께 행정벌이므로, 동일 행정범에 대하여 양자를 병과(竝科)할 수는 없다고 할 것이다. 그러나 법규(또는 의무) 위반사실의 동일성이 인정되지 않는 경우에는 행정질서벌인 과태료와 행정형벌의 병과가 가능하다고 하겠다(大判 1996.4.12, 96도158. 憲裁 1994.6.30, 92헌바38).

질서위반행위규제법은 법률(지방자치단체의 조례 포함)상의 의무를 위반하여 과태료를 부과하는 행위를 '질서위반행위'로 정의하고 있는데, 다만, 대통령령으로 정하는 사법상(私法上)·소송법상 의무를 위반하여 과태료를 부과하는 행위와 대통령령으로 정하는 법률에 따른 징계사유에 해당하여 과태료를 부과하는 행위는 이 법상의 질서위반행위 개념에서 제외시키고 있다(同法 2 i).

질서위반행위규제법은 법률상 의무의 효율적인 이행을 확보하고 국민의 권익을 보호하기 위하여 질서위반행위의 성립요건과 과태료의 부과·징수 및 재판 등에 관한 사항을 규정하는 것을 목적으로 하고 있으며(同法 1), 일정한 범위에서 행정작용의 실효성을 확보하기 위한 법의 하나라고 할 수 있다.

이 법의 시행으로써 행정작용에 관한 수많은 법률들에 의거한 과태료부과의 절차와 이의제기시(異議提起時)의 과태료 재판절차가 통일적으로 이루어지고 있다.

이 법은 제5조에서 "과태료의 부과·징수, 재판 및 집행 등의 절차에 관한 다른 법률의 규정 중 이 법의 규정에 저촉되는 것은 이 법으로 정하는 바에 따른다."라고 규정하고 있다.

1) 질서위반행위의 성립요건으로서의 고의·과실과 위법성 인식

이 법은 "고의 또는 과실이 없는 질서위반행위는 과태료를 부과하지 아니한다."

라고 하여(同法 7), 고의 또는 과실이 있어야만 질서위반행위가 성립하는 것으로 규정하고 있다.

일반적으로 고의(故意)란 사람이 자기의 행위로 인하여 위법한 결과가 발생할 것을 인식하면서 그 행위를 행하는 심리상태를 뜻하고, 과실(過失)이란 자기의 행위로 인한 위법한 결과의 발생을 부주의(不注意)로 인식하지 못하고 그 행위를 하는 심리상태를 말한다.

또한 이 법은 "자신의 행위가 위법하지 아니한 것으로 오인(誤認)하고 행한 질서위반행위는 그 오인에 정당한 이유가 있는 때에 한하여 과태료를 부과하지 아니 한다."라고 규정하고 있다(同法 8).

2) 책임연령과 심신장애

이 법에 따르면, 14세가 되지 아니한 자의 질서위반행위는 다른 법률에 특별한 규정이 없는 한 과태료를 부과하지 아니하고(同法 9), 심신장애로 인하여 행위의 옳고 그름을 판단할 능력이 없거나 그 판단에 따른 행위를 할 능력이 없는 자의 질서위반행위는 과태료를 부과하지 아니하며, 심신장애로 인하여 이러한 능력이 미약한 자의 질서위반행위는 과태료를 감경하게 되어 있다(同法 10①②).

3) 법인(法人) 등 사용자의 책임

법인의 대표자, 법인 또는 개인의 대리인·사용인 및 그 밖의 종업원이 업무에 관하여 법인 또는 그 개인에게 부과된 법률상의 의무를 위반한 때에는 법인 또는 그 개인에게 과태료를 부과한다(同法 11①).

4) 다수인이 가담한 질서위반행위

2인 이상이 질서위반행위에 가담한 때에는 각자가 질서위반행위를 한 것으로 본다. 신분에 의하여 성립하는 질서위반행위에 신분이 없는 자가 가담한 때에는 신분이 없는 자에 대하여도 질서위반행위가 성립하며, 신분에 의하여 과태료를 감경 또는 가중(加重)하거나 과태료를 부과하지 아니하는 때에는 그 신분의 효과가 신분이 없는 자에게는 미치지 아니한다(同法 12①②③).

5) 수개의 질서위반행위의 처리

하나의 행위가 2 이상의 질서위반행위에 해당하는 경우에는 각 질서위반행위에 대하여 정한 과태료 중 가장 중한 과태료를 부과한다. 위의 경우를 제외하고 2

이상의 질서위반행위가 경합하는 경우에는 각 질서위반행위에 대하여 정한 과태료를 각각 부과한다. 다만, 다른 법령(지방자치단체의 조례 포함)에 특별한 규정이 있는 경우에는 그 법령으로 정하는 바에 따른다(同法 13①②).

(2) **과태료의 부과절차**

질서위반행위규제법은 과태료의 통일적인 부과·징수·불복절차를 다음과 같이 규정하고 있다.

1) 사전통지 및 당사자의 의견제출

행정청이 질서위반행위에 대하여 과태료를 부과하고자 하는 때에는 미리 당사자에게 과태료부과의 원인이 되는 사실과 과태료금액 및 적용법령 등 과태료부과에 관하여 필요한 사항을 기재한 서면으로 통지하고, 10일 이상의 기간을 정하여 의견을 제출할 기회를 주어야 한다. 이는 과태료부과의 사전절차(事前節次) 규정이다.

당사자는 의견제출 기한 이내에 행정청에 의견을 제출하거나 필요한 자료를 제출할 수 있으며, 행정청은 당사자가 제출한 의견에 상당한 이유가 있는 경우에는 과태료를 부과하지 아니하거나 통지한 내용을 변경할 수 있다(同法 16①②③).

2) 과태료의 부과

행정청은 당사자의 의견제출 절차를 마친 후에 서면(상대방이 동의할 경우 전자문서 포함)으로 과태료를 부과하여야 한다. 위의 서면에는 질서위반행위, 과태료 금액, 그 밖에 대통령령으로 정하는 사항을 명시하여야 한다(同法 17①②).

3) 자진납부자에 대한 과태료 감경

행정청은 당사자가 의견제출 기한 이내에 과태료를 자진하여 납부하고자 하는 경우에는 대통령령으로 정하는 바에 따라 과태료를 감경(減輕)할 수 있다. 당사자가 위의 감경된 과태료를 납부한 경우에는 해당 질서위반행위에 대한 과태료 부과 및 징수절차는 종료된다(同法 18①②).

4) 과태료 부과의 제척기간(除斥期間)

행정청은 질서위반행위가 종료된 날(다수인이 질서위반행위에 가담한 경우에는 최종행위가 종료된 날)부터 5년이 경과하면 해당 질서위반행위에 대하여 과태료를 부과할 수 없다. 그러나 행정청은 법원의 과태료 재판(약식재판 포함)에 따른 결정이 있는 경우에는 그 결정이 확정된 날부터 1년이 경과하기 전까지는 과태료를 정정(訂正) 부과하는 등 해당 결정에 따라 필요한 처분을 할 수 있다(同法 19①②).

(3) 과태료 부과에 대한 불복절차(不服節次)

1) 이의제기(異議提起)

행정청의 과태료 부과에 불복하는 당사자는 과태료 부과 통지를 받은 날부터 60일 이내에 해당 행정청에 서면으로 이의제기를 할 수 있다. 이의제기가 있는 경우에는 행정청의 과태료 부과처분은 그 효력을 상실한다(同法 20①②. 大決 2014.10.16, 2014아132).

2) 법원에의 통보

과태료부과에 대하여 당사자로부터 이의제기를 받은 행정청은 이의제기를 받은 날부터 14일 이내에 이에 대한 의견 및 증빙서류를 첨부하여 관할 법원에 통보하여야 한다. 행정청은 사실상 또는 법률상 같은 원인으로 말미암아 다수인에게 과태료를 부과할 필요가 있는 경우에는 다수인 가운데 1인에 대한 관할권이 있는 법원에 위의 이의제기 사실을 통보할 수 있다. 행정청이 과태료부과에 대한 당사자의 이의제기 사실을 관할 법원에 통보한 경우에는 이를 즉시 당사자에게 통지하여야 한다(同法 21①②③. 大判 2012.10.11, 2011두19369).

3) 과태료 재판(裁判)

과태료부과에 대한 당사자의 이의제기 사실을 행정청으로부터 통보받은 관할 법원(당사자의 주소지의 지방법원 또는 그 지원)은 이를 즉시 검사에게 통지하고(同法 30), 심문기일을 열어 당사자의 진술과 검사의 진술의견 또는 서면의견을 들어야 하며(同法 31①②), 행정청의 참여가 필요하다고 인정하는 때에는 행정청으로 하여금 심문기일에 출석하여 의견을 진술하게 할 수 있다(同法 32①).

행정청은 법원의 허가를 받아 소속 공무원으로 하여금 심문기일에 출석하여 의견을 진술하게 할 수 있다(同法 32②).

법원은 직권으로 사실의 탐지와 필요하다고 인정하는 증거의 조사를 하여야 하며(同法 33①), 사실탐지·소환 및 고지에 관한 행위는 촉탁할 수 있다(同法 34).

법원은 상당하다고 인정하는 때에는 심문(審問) 없이 과태료 재판(약식재판)을 할 수 있으나(同法 44), 당사자와 검사가 약식재판의 고지를 받은 날부터 7일 이내에 이의신청을 할 수 있고(同法 45①), 이러한 이의신청을 법원이 적법한 것으로 인정하는 경우 약식재판은 그 효력을 잃게 되며, 법원은 심문을 거쳐 다시 재판하여야 한다(同法 50①②).

법원의 과태료 재판은 이유를 붙인 결정으로써 하며(同法 36①), 결정은 당사자와 검사에게 고지함으로써 효력이 생긴다(同法 37①). 당사자와 검사는 과태료 재판에 대하여 즉시항고를 할 수 있고, 이 항고는 집행정지의 효력이 있다(同法 38).

과태료 재판절차의 비용은 과태료에 처하는 선고가 있는 경우에는 그 선고를 받은 자의 부담으로 하고, 그 외의 경우에는 국고(國庫)의 부담으로 한다. 항고법원이 당사자의 신청을 인정하는 과태료 재판을 한 때에는 항고절차의 비용과 전심(前審)에서 당사자의 부담이 된 비용은 국고의 부담으로 한다(同法 41①②).

4) 과태료 재판의 집행(執行)

과태료 재판은 검사의 명령으로써 집행한다. 과태료 재판의 집행절차는 민사집행법에 따르거나 국세 또는 지방세 체납처분의 예에 따른다(同法 42①②).

검사는 과태료를 최초 부과한 행정청에 대하여 과태료 재판의 집행을 위탁할 수 있고, 위탁을 받은 행정청은 국세 또는 지방세 체납처분의 예에 따라 집행한다. 지방자치단체의 장이 과태료 재판의 집행을 위탁받은 경우에는 그 집행한 금원(金員)은 당해 지방자치단체의 수입으로 한다(同法 43①②).

과태료는 행정청의 과태료 부과처분이나 법원의 과태료 재판이 확정된 후 5년간 징수하지 아니하거나 집행하지 아니하면 시효로 인하여 소멸한다(同法 15①).

【大判 2000.5.26, 98두5972. "과태료와 같은 행정질서벌은 행정질서유지를 위한 의무의 위반이라는 객관적 사실에 대하여 과하는 제재이므로 반드시 현실적인 행위자가 아니라도 법령상 책임자로 규정된 자에게 부과된다."】

4. 행정작용의 실효성확보를 위한 기타의 방법

행정작용의 실효성을 확보하기 위한 기타의 방법으로서 ① 관허사업(官許事業)의 제한과 수익적(授益的) 처분의 철회·정지, ② 과징금·범칙금·가산금·가산세 부과 등 금전상의 제재, ③ 의무위반사실·의무위반자명단의 공표 등도 있다.

이러한 방법들은 행정작용의 실효성확보 강화라는 측면과 함께 국민의 기본권 보장의 약화 문제를 야기할 수 있으므로 그 실시과정에서 신중한 검토가 요청된다. 이는 다양한 행정법상의 의무이행확보수단들도 국민의 법률생활의 안정성·예측가능성이나 인간의 존엄·가치존중과 조화를 이룰 수 있도록 행사되어야 할 것이기 때문이다.

Ⅰ. 관허사업의 제한과 수익적 처분의 철회·정지

(1) 관허사업의 제한

관허사업의 제한이란 행정법상의 의무를 위반 또는 불이행한 자에 대하여 관계행정청이 허가·인가 등을 거부하는 것을 말한다.

관허사업의 제한에는 제한되는 관허사업이 당사자의 의무위반과 직접 관련된 관허사업인 경우가 있고(예; 건축법 79②③), 당사자의 의무위반과 직접 관련이 없는 일반적인 관허사업인 경우도 있다(예: 국세징수법 7①②④).

(2) 수익적 처분의 철회·정지

수익적 처분의 철회·정지란 허가·인가·특허 등 수익적 처분을 받아 영업을 하고 있는 자가 법령위반상태를 야기한 경우에, 관계 법규에 의거하여 행정청이 당해 영업의 허가 등을 철회하거나 효력정지시킴으로써 당사자에게 불이익을 주어 행정법상의 의무이행을 간접적으로 강제하는 것을 말한다(예; 계량에 관한 법률 13, 도시가스사업법 9① 등).

II. 과징금·부과금·범칙금·가산금·가산세 부과 등 금전상의 제재

(1) **과징금**(過徵金)

과징금이란 행정법상의 의무를 위반하거나 불이행한 자에 대하여 그 위반행위로써 얻은 경제적 이익을 박탈하기 위해 부과하거나 또는 사업의 취소·정지에 갈음하여 부과하는 금전적 부담을 말한다. 다만, 세법에 근거한 금전적 부담은 제외된다.

과징금의 부과에는 법률의 근거가 있어야 한다.「독점규제 및 공정거래에 관한 법률」·여객자동차운수사업법·도시가스사업법·주차장법·관광진흥법·식품위생법·전기사업법·「부동산 실권리자명의 등기에 관한 법률」 등 여러 법률들이 과징금부과에 관하여 규정하고 있다(大判 2010.7.15, 2010두7031. 大判 2007.7.12, 2005두17287. 大判 2007.7.12, 2006두4554. 大判 1998.4.10, 98두2270).

많은 법률들에서 과징금제가 도입되는 것은 행정법상의 의무위반자에 대한 제재가 일반인에 대한 불편을 야기하지 않고 행해질 수 있으며, 형사벌 부과에 따른 전과자(前科者)의 양산을 피할 수 있기 때문이라 하겠다.

과징금은 소관 행정청이 부과하며, 납부하지 않을 경우 국세 또는 지방세 체납처분의 예에 따라 징수할 수 있는 것이 보통이다. 과징금의 부과행위는 행정심판법·행정소송법상의 처분에 해당하며 이에 불복(不服)할 경우 행정쟁송을 제기할 수 있다.

(2) **부과금**(賦課金)

과징금의 일종으로서의 부과금이란 어떤 사업의 추진비용에 충당하기 위하여 일정한 의무의 위반자로부터 징수하는 금전을 의미하며, 주로 환경관련 법률에서 인정되고 있다. 환경개선사업의 경비에 충당할 목적으로 배출허용기준을 초과하여 오염물질을 배출한 사업자에 대해 배출부과금을 부과·징수하는 것(대기환경보전법 35. 수질 및 수생태계 보전에 관한 법률 41)이 그 예이다.

(3) **범칙금**(犯則金)

범칙금이란 도로교통법 등을 위반한 범칙자가 통고처분에 의하여 납부하는 금전을 말한다. 도로교통법은 同法 제156조 각호 또는 제157조 각호의 죄(20만원 이하의 벌금이나 구류 또는 과료에 처해지는 죄)에 해당하는 위반행위를 범칙행위로, 범칙행위를 행한 일정한 범칙자가 국고(國庫) 또는 제주특별자치도의 금고에 납부하여야 할 금전을 범칙금으로 규정하고(同法 162①③), 범칙금은 통고처분에 의하여 부과·징수할 수 있도록 규정하고 있다(同法 163①②).

(4) 가산금(加算金)

가산금은 행정상 금전급부의무의 불이행(체납)에 대한 제재로서 과하는 금전부담이다. 가산금부과는 금전급부의무의 이행을 확보하기 위한 간접적 강제수단이다.

가산금의 예로는, 국세징수법 등에 의하여 과해지는 것으로서, 체납(滯納)된 세액(稅額)에 일정액(체납국세의 3%)을 과하는 가산금(同法 21①)과, 체납된 국세를 납부하지 아니한 때에 납부기한이 지난날부터 매 1월이 지날 때마다(최장 60개월 한도) 체납된 국세액의 1천분의 12에 상당하는 금액을 가산하여 징수하는 중가산금(同法 21②)을 들 수 있다(大判 2006.3.9, 2004다31074).

(5) 가산세(加算稅)

가산세란 세법(稅法)에서 규정하는 조세관련 신고 등의 의무를 성실히 이행하지 아니한 자에게 세법에 따라 산출한 세액에 일정액을 가산하여 징수하는 금액을 말한다. 다만, 가산금은 포함하지 아니한다(국세기본법 2ⅳ).

국세기본법은 국세 세목에 따른 무신고가산세, 과소신고·초과환급신고가산세, 납부불성실·환급불성실가산세, 원천징수납부 등 불성실가산세(同法 47의2·3·4·5)를 인정하고 있다(憲裁 2005.2.24, 2004헌바26. 大判 2005.1.27, 2003두13632. 憲裁 2003.9.25, 2003헌바16. 大判 2002.4.12, 2000두5944).

Ⅲ. 의무위반사실(또는 의무위반자명단)의 공표

의무위반사실(또는 의무위반자명단)의 공표(公表)란 행정법상의 의무위반이나 의무의 불이행이 있는 경우에 그 의무위반사실이나 의무위반자의 명단을 일반에게 공표하는 것을 말한다. 이는 행정법상의 의무위반자에 대하여 그 명예나 신용을 실추시키는 제재(制裁)로서, 의무이행을 간접적으로 강제하기 위한 수단이 된다. 조세의 고액체납자의 명단·사업명의 공시(公示)나 환경오염물질 배출업소의 명단공개 등이 그 예이다.

이러한 공표제도에 관하여 그 근거가 되는 일반법은 없으나, 이를 인정하는 개별 법률들이 적지 않다. 「독점규제 및 공정거래에 관한 법률」·「자원의 절약과 재활용촉진에 관한 법률」·식품위생법 등이 그 예이다.

의무위반사실의 공표는 상대방에게 신용훼손과 경제적 손실을 줄 뿐만 아니라 상대방의 인격권을 침해하는 측면이 있기 때문에 법률의 근거가 필요하며, 법률의 범위 내에서도 공표의 필요성과 상대방의 프라이버시권(사생활의 비밀과 자유에 대한 권리) 간의 이익형량을 하여야 하는 등 일정한 조리상의 제약을 받는다(憲裁 2003.6.26, 2002헌가14. 大判 2003.2.28, 2002두6170. 大判 1993.11.26, 93다18389).

【憲裁 2003.10.30, 2002헌마275. "통고처분의 상대방이 범칙금을 납부하지 아니하여 즉결심판, 나아가 정식재판의 절차로 진행되었다면 당초의 통고처분은 그 효력을 상실한다 할 것이므로, 이미 효력을 상실한 통고처분의 취소를 구하는 헌법소원은 권리보호의 이익이 없어 부적법하다. 도로교통법상의 통고처분은 처분을 받은 당사자의 임의의 승복을 발효요건으로 하고 있으며, 행정공무원에 의하여 발하여 지는 것이지만, 통고처분에 따르지 않고자 하는 당사자에게는 정식재판의 절차가 보장되어 있다. 통고처분제도는 경미한 교통법규 위반자로 하여금 형사처벌절차에 수반되는 심리적 불안, 시간과 비용의 소모, 명예와 신용의 훼손 등의 여러 불이익을 당하지 않고 범칙금 납부로써 위반행위에 대한 제재를 신속·간편하게 종결할 수 있게 하여주며, 교통법규 위반행위가 홍수를 이루고 있는 현실에서 행정공무원에 의한 전문적이고 신속한 사건처리를 가능하게 하고, 검찰 및 법원의 과중한 업무 부담을 덜어 준다. 또한 통고처분제도는 형벌의 비범죄화 정신에 접근하는 제도이다. 이러한 점들을 종합할 때, 통고처분 제도의 근거규정인 도

로교통법 제118조 본문이 적법절차원칙이나 사법권을 법원에 둔 권력분립원칙에 위배된다거나, 재판청구권을 침해하는 것이라 할 수 없다."】

【大決 2006.12.8, 2006마470. "구 건축법상의 이행강제금은 구 건축법의 위반행위에 대하여 시정명령을 받은 후 시정기간 내에 당해 시정명령을 이행하지 아니한 건축주 등에 대하여 부과되는 간접강제의 일종으로서 그 이행강제금 납부의무는 상속인 기타의 사람에게 승계될 수 없는 일신전속적인 성질의 것이므로 이미 사망한 사람에게 이행강제금을 부과하는 내용의 처분이나 결정은 당연무효이고, 이행강제금을 부과받은 사람의 이의에 의하여 비송사건절차법에 의한 재판절차가 개시된 후에 그 이의한 사람이 사망한 때에는 사건 자체가 목적을 잃고 절차가 종료한다."】

【大判 2013.12.12, 2012두20397. "'개발제한구역의 지정 및 관리에 관한 특별조치법' 제30조 제1항, 제30조의2 제1항 및 제2항의 규정에 의하면 시정명령을 받은 후 그 시정명령의 이행을 하지 아니한 자에 대하여 이행강제금을 부과할 수 있고, 이행강제금을 부과하기 전에 상당한 기간을 정하여 그 기한까지 이행되지 아니할 때에 이행강제금을 부과·징수한다는 뜻을 문서로 계고하여야 하므로, 이행강제금의 부과·징수를 위한 계고는 시정명령을 불이행한 경우에 취할 수 있는 절차라 할 것이고, 따라서 이행강제금을 부과·징수할 때마다 그에 앞서 시정명령 절차를 다시 거쳐야 할 필요는 없다."】

【大判 2005.11.10, 2004도2657. "헌법 제117조, (구)지방자치법 제3조 제1항, 제9조, 제93조, (구)도로법 제54조, 제83조, 제86조의 각 규정을 종합하여 보면, 국가가 본래 그의 사무의 일부를 지방자치단체의 장에게 위임하여 그 사무를 처리하게 하는 기관위임사무의 경우에는 지방자치단체는 국가기관의 일부로 볼 수 있는 것이지만, 지방자치단체가 그 고유의 자치사무를 처리하는 경우에는 지방자치단체는 국가기관의 일부가 아니라 국가기관과는 별도의 독립한 공법인이므로, 지방자치단체 소속 공무원이 지방자치단체 고유의 자치사무를 수행하던 중 도로법 제81조 내지 제85조의 규정에 의한 위반행위를 한 경우에는 지방자치단체는 도로법 제86조의 양벌규정에 따라 처벌대상이 되는 법인에 해당한다."】

제4절

안전·질서행정에 관한 법

1. 개관(概觀)	2.「경찰관 직무집행법」	3. 소방기본법
4. 식품위생법	5. 공중위생관리법	6. 청소년보호법

국민의 생명·건강의 안전을 확보하고 사회질서를 유지하는 것은 국가·지방자치단체의 기본적 과제이다. 국민생활의 안전과 사회질서유지를 직접 목적으로 하는 행정을 '안전·질서행정'이라 할 수 있다.

안전·질서행정은 국민의 생명·건강의 안전과 사회질서에 대한 위험·장해요인을 예방·제거할 수 있는 모든 기관들에 의하여 행해진다.

뜻밖의 화재, 풍수해, 버스·기차·항공기·선박 사고, 건물 붕괴, 도로함몰, 유해식품, 전염병, 유독가스·방사능 누출 등 국민의 생명·건강의 안전을 위협할 수 있는 요인들이 내포된 공작물(工作物)·제품 등의 안전성 확보는 해당 공작물·제품 등을 제조·관리·운영하는 자(개인·기업·단체 등)와 그에 관하여 통제·감독하는 모든 기관들의 최우선의 책무라고 할 수 있다.

안전·질서행정은 소극적으로 국민의 안전과 사회질서유지를 직접 목적으로 하는 점에서, 적극적으로 국민생활향상과 국민복지증진을 직접 목적으로 하는 복리행정작용(후술 제5절~제11절에 서술하는 행정작용)과 다른 면이 있다.

안전·질서행정에서는 다양한 국민생활영역에서 발생할 수 있는 국민의 생명·자유·재산 등에 대한 위해요인(危害要因)의 방지(防止)·제거와 사회질서위해요인의 예방·제지(制止)가 중요시된다. 그리하여 안전·질서행정을 수행하는 기관들이 관계 법률에 따라 국민의 안전과 사회질서에 대한 위해요인을 제거하기 위하여 권력적 수단을 동원하는 경우도 많게 된다.

안전·질서행정에 관한 여러 법률들에 따라 국민안전·사회질서를 위해 일정한 규제를 받는 개인·영업자들과 행정주체간의 법률관계는 행정상 공법관계이며, 관련된 개인·영업자들이 규제받는 사항에 대하여 지는 각종 의무는 국가·지방자치단체(행정주체)에 대한 공법상의 의무(공의무)이다.

1. 개관(槪觀)

Ⅰ. 질서(秩序)

헌법은 국민의 기본권보장을 최고이념으로 하면서도, 제37조 제2항에서 "국민의 모든 자유와 권리는 국가안전보장·질서유지 또는 공공복리를 위하여 필요한 경우에 한하여 법률로써 제한할 수 있으며"라고 하여, 국민의 기본권을 국가안전보장·질서유지·공공복리 목적을 위하여 필요한 경우에 법률로써 제한할 수 있도록 규정하고 있다. 위 헌법 제37조 제2항에서의 '질서'는 헌법 전문(前文)상의 '자유민주적 기본질서'를 포함하여 '공공의 안녕과 질서'를 의미하는 것이라 할 것이다.

위에서 '공공의 안녕'은 개인의 생명·신체·건강·자유·재산과 같은 개인적 법익(法益)과 국가적 공동체의 존속 및 기능과 같은 국가적 법익이 침해되지 아니하는 상태를 뜻하고, '공공의 질서'는 국민의 사회생활에서 지켜져야 할 규범들(법규범·공서양속 등)이 준수되는(지켜지는) 상태를 뜻한다고 하겠다.

인간은 다른 사람들과 더불어 살아가는 사회적 존재이면서 내면에 이기심(利己心)도 갖고 있어서, 인간의 사회생활에서는 개인 상호간이나 단위(單位) 부분사회(집단) 상호간의 갈등과 충돌이 상존(常存)할 수 있다.

법적으로 조직된 국민공동체인 국가는 국민 상호간이나 단위 부분사회 상호간의 갈등·충돌을 방지하고 국민의 안전확보과 공공복리증진, 단위 부분사회의 보호, 국가발전 등을 추구한다.

그런데 질서의 기초위에서 인간의 사회생활이 지탱될 수 있고 국민행복·문화발전 등이 이루어질 수 있으므로, 질서유지는 국가의 기본적 임무라고 하겠다.

국가의 질서는 국가를 구성하는 국민의 생활의 안정과 단위 부분사회의 보호 및 발전에 이바지하기 위한 것이어야 하고, 정의(正義)나 선(善)의 기준에서 올바른 것이어야 한다. 그리고 사회의 변화·발전에 따라 질서의 내적 요소인 사회구성원들이 지켜야 할 규범의 내용도 변화될 수 있는 것이다.

국가가 질서를 유지하기 위하여 취하는 주된 방법은 법의 제정·집행·적용이며,

국가의 법 중에는 국민의 공적(公的)·사적(私적) 생활관계의 궤도(軌道)를 세워주는 질서의 규범이라고 할 수 있는 법들이 많다(물론 오늘날 국가의 기능·과제가 늘어남에 따라 질서의 바탕 위에서 적극적으로 국민의 복리를 증진시키기 위한 법이나 다양한 국가업무를 수행할 기관의 설치를 위한 법 등 질서유지 이외의 다른 직접 목적을 위하여 제정되는 법들도 많다).

헌법·행정법·형법·형사소송법·민법·상법·민사소송법 등 국가의 모든 법들이 질서유지에 기여하며, 국가의 입법기관·행정기관·사법기관들이 모두 그 직무의 일부로서 질서유지업무를 수행한다.

행정기관들이 관계 법률에 따라 행하는 안전·질서행정은 주로 국민의 일상생활과 관련하여 이루어진다.

II. 안전·질서행정의 의의

안전·질서행정은 개인의 안전을 포함한 공공의 안녕·질서 유지, 즉 국민의 생명·신체·재산과 같은 개인적 법익과 국가적 공동체의 존속 및 기능과 같은 국가적 법익이 침해되지 아니하며, 사회생활에서 지켜져야 할 규범들이 준수되는 상태의 유지를 직접 목적으로 하는 행정이라 할 수 있다.

안전·질서행정은 개인적·국가적 법익에 대한 위험·장해를 예방·제거하여 국민생활의 현재의 건전·평온을 유지함을 내용으로 하는, 소극적인 '공공의 안녕·질서 유지'가 그 직접 목적이 되며, 이 점에서 적극적으로 국민의 복지를 증진하기 위한 급부행정(공물행정·공익사업행정·조성행정·사회보장행정)이나 미래의 국민복지 증진을 직접 목적으로 하여 행하는 규제행정(토지행정·환경행정·경제행정) 등과 구별된다.

행정기관들 중 국민의 생명·건강상의 안전을 포함한 공공의 안녕·질서를 위한 업무를 수행하는 주요 국가중앙행정기관으로는 국민안전처(중앙소방본부·해양경비안전본부 포함)·식품의약품안전처·법무부(검찰청 포함)·국방부·행정자치부(경찰청 포함)·산업통상자원부·보건복지부(질병관리본부 포함)·환경부·국토교통부·해양수산부 등을 들 수 있다.

그런데 위의 기관들이 행하는 행정이 모두 안전·질서행정인 것은 아니다. 예로서 보건복지부는 보건위생·방역·의정(醫政) 등에 관한 안전·질서행정을 수행하면서, 적극적으로 국립병원·국립재활원 등을 통한 공익사업행정을 행하기도 하며, 암이나 뇌에 관한 연구사업 등을 특별히 지원·육성하는 조성행정을 행하기도 하고, 노인복지·의료급여 등 다양한 사회보장행정을 수행하기도 한다.

그리하여 보건복지부의 소관 법률들에는 안전·질서행정에 관한 법뿐만 아니라, 후술하는 공익사업행정에 관한 법(제6절), 조성행정에 관한 법(제7절), 사회보장행정에 관한 법(제8절)의 범주에 속하는 법률들도 포함될 수 있다.

국민의 안전과 사회질서유지를 위한 관계 법률들에 따라(또는 근거하여) 일정한 규제(의무부과 등)를 받는 개인·영업자들과 행정주체간의 법률관계는 행정상 공법관계이며, 안전·질서행정에서는 행정상 공법관계(행정법관계)가 흔히 형성된다.

그러나 위의 규제를 받는 관련 영업자 등과 일반 사인(私人) 간에는 공법관계가 아니라 순수한 사법관계(행정상 사법관계가 아님)가 형성되는 것이 원칙이다.

안전·질서행정에 관한 법령에 따라 공공의 안녕과 질서에 대한 위해요인을 야기할 수 있는 사람들의 행위가 규제되며 일정한 영업자 등에게 각종 의무가 과해지고 법위반자(法違反者)에 대하여 일정한 제재가 과해지는 등의 안전·질서행정이 수행됨으로써, 일반 국민들이 일상생활에서 어느 정도 안전과 건전성 등을 유지·향유할 수 있게 되는데, 일반 국민들이 얻는 이러한 생활상의 이익은 원칙적으로 관계 법률의 규정과 그 집행의 결과로 얻게 되는 반사적 이익(反射的 利益)이라 할 수 있다(제3장 제4절 Ⅱ. 참조). 안전·질서행정에 관한 법률들은 안전하고 건전한 국민생활의 여건(사회적 환경)을 형성하는데 크게 기여하는 법률들이기도 하다.

Ⅲ. 안전·질서행정에 관한 법률들

현행 안전·질서행정에 관한 법률들을 소관 행정기관별로 분류하면 다음과 같다.

(1) 국민안전처 소관 법률로서, ① 「재난 및 안전관리 기본법」, ② 위험물안전관리법, ③ 해양경비법, ④ 수난구호법, ⑤ 재해구호법, ⑥ 자연재해대책법, ⑦

「비상대비자원 관리법」, ⑧ 「초고층 및 지하연계 복합건축물 재난관리에 관한 특별법」, ⑨ 「다중이용업소의 안전관리에 관한 특별법」, ⑩ 「급경사지 재해예방에 관한 법률」, ⑪ 「저수지·댐의 안전관리 및 재해예방에 관한 법률」, ⑫ 소하천정비법 , ⑬ 「지진·화산재해대책법」, ⑭ 수상레저안전법, ⑮ 「승강기시설 안전관리법」, ⑯ 「어린이놀이시설 안전관리법」, ⑰ 「연안사고 예방에 관한 법률」, ⑱ 「유선 및 도선 사업법」, ⑲ 「보행안전 및 편의증진에 관한 법률」, ⑳ 민방위기본법, ㉑ 밀항단속법, ㉒ 「경범죄 처벌법」(경찰청 공동소관), ㉓ 「소규모 공공시설 안전관리 등에 관한 법률」(2016.7.25.시행) 등과, ㉔ 후술 3. 항목에 기재하는 소방기본법을 비롯한 소방행정에 관한 여러 법률들이 있다.

(2) 국토교통부 소관 안전행정에 관한 법률로서, ① 교통안전법, ② 「시설물의 안전관리에 관한 특별법」, ③ 철도안전법, ④ 항공보안법, ⑤ 항공안전기술원법, ⑥ 건설기계관리법, ⑦ 자동차관리법, ⑧ 「항공·철도 사고조사에 관한 법률」, ⑨ 공동주택관리법(2016.8.12.시행) 등이 있다.

(3) 산업통상자원부 소관 안전행정에 관한 법률로서, ① 「고압가스 안전관리법」, ② 「전기용품안전 관리법」, ③ 「어린이제품 안전 특별법」, ④ 「액화석유가스의 안전관리 및 사업법」, ⑤ 「송유관 안전관리법」, ⑥ 제품안전기본법, ⑦ 「품질경영 및 공산품안전관리법」, ⑧ 광산보안법, ⑨ 「광산피해의 방지 및 복구에 관한 법률」 등이 있다.

(4) 교육부 소관 안전행정에 관한 법률로서, ① 「학교안전사고 예방 및 보상에 관한 법률」, ② 「학교폭력예방 및 대책에 관한 법률」, ③ 학교보건법 등이 있다.

(5) 농림축산식품부 소관 안전행정에 관한 법률로서, ① 「가축전염병 예방법」, ② 식물방역법 등이 있다.

(6) 원자력안전위원회의 소관 법률로서, ① 「원자력안전위원회의 설치 및 운영에 관한 법률」, ② 원자력안전법, ③ 「생활주변방사선 안전관리법」, ④ 「원자력시설 등의 방호 및 방사능 방재 대책법」, ⑤ 한국원자력안전기술원법 등이 있다.

(7) 해양수산부 소관의 안전·질서행정에 관한 법률로서, ① 해사안전법, ② 선박안전법, ③ 항로표지법, ④ 「국제항해선박 및 항만시설의 보안에 관한 법률」, ⑤ 「선박 및 해상구조물에 대한 위해행위의 처벌 등에 관한 법률」(법무부 공동소

관), ⑥ 「선박평형수(船舶平衡水) 관리법」, ⑦ 수산자원관리법, ⑧ 내수면어업법, ⑨ 「수산생물질병 관리법」, ⑩ 선박법, ⑪ 「선박의 입항 및 출항 등에 관한 법률」, ⑫ 국제선박등록법, ⑬ 선박등기법, ⑭ 선박직원법, ⑮ 선박투자회사법, ⑯ 선원법, ⑰ 도선법, ⑱ 「배타적 경제수역에서의 외국인어업 등에 대한 주권적 권리의 행사에 관한 법률」, ⑲ 해양과학조사법, ⑳ 「4·16세월호참사 진상규명 및 안전사회 건설 등을 위한 특별법」 등이 있다.

(8) 법무부 소관 법률로서, ① 국가보안법, ② 「성매매알선 등 행위의 처벌에 관한 법률」, ③ 「성폭력범죄의 처벌 등에 관한 특례법」, ④ 「성폭력범죄자의 성충동 약물치료에 관한 법률」, ⑤ 「마약류 불법거래 방지에 관한 특례법」, ⑥ 「보건범죄 단속에 관한 특별조치법」, ⑦ 보안관찰법, ⑧ 「보호관찰 등에 관한 법률」, ⑨ 「선박 및 해상구조물에 대한 위해행위의 처벌 등에 관한 법률」(해양수산부 공동소관), ⑩ 「아동학대범죄의 처벌 등에 관한 특례법」, ⑪ 출입국관리법, ⑫ 치료감호법, ⑬ 「특정 범죄자에 대한 보호관찰 및 전자장치 부착 등에 관한 법률」, ⑭ 「특정경제범죄 가중처벌 등에 관한 법률」, ⑮ 「폭력행위 등 처벌에 관한 법률」, ⑯ 「가정폭력범죄의 처벌 등에 관한 특례법」, ⑰ 난민법, ⑱ 「범죄수익은닉의 규제 및 처벌 등에 관한 법률」, ⑲ 「공무원범죄에 관한 몰수 특례법」, ⑳ 공증인법, ㉑ 「교통사고처리 특례법」(경찰청 공동소관), ㉒ 국적법, ㉓ 질서위반행위규제법, ㉔ 특별감찰관법, ㉕ 「특정 금융거래정보의 보고 및 이용 등에 관한 법률」(금융위원회 공동소관), ㉖ 「즉결심판에 관한 절차법」, ㉖ 「사법경찰관리의 직무를 수행할 자와 그 직무범위에 관한 법률」, ㉗ 「벌금 미납자의 사회봉사 집행에 관한 특례법」, ㉘ 「불법정치자금 등의 몰수에 관한 특례법」, ㉙ 「부패재산의 몰수 및 회복에 관한 특례법」, ㉚ 「국내재산 도피 방지법」, ㉛ 「몰수금품 등 처리에 관한 임시특례법」, ㉜ 「군용물 등 범죄에 관한 특별조치법」(국방부 공동소관), ㉝ 「재한외국인 처우 기본법」 등이 있으며, 대통령경호실 소관 법률로서 「대통령 등의 경호에 관한 법률」이 있고, 감사원 소관의 「공공감사에 관한 법률」이 있다.

(9) 행정자치부 소관 법률로서 「옥외광고물 등 관리법」 등이 있으며, 경찰청 소관 법률로서 「경찰관 직무집행법」등 여러 법률들(후술 2. 항목에 기재)이 있다.

(10) 식품의약품안전처 소관 법률로서 약사법·「인체조직안전 및 관리 등에 관

한 법률」·「실험동물에 관한 법률」과 식품위생법 등 국민건강·식품위생상의 안전행정에 관한 법률들(후술 4. 항목에 기재)이 있다.

(11) 보건복지부 소관의 국민보건·위생상의 안전행정에 관한 법률로서 공중위생관리법·의료법 등 여러 법률들(후술 5. 항목에 기재)이 있다.

(12) 여성가족부 소관의 안전·질서행정에 관한 법률로서 청소년보호법 등 청소년보호에 관한 여러 법률들(후술 6. 항목에 기재)이 있다.

위의 법률들 중 「경찰관 직무집행법」, 소방기본법, 식품위생법, 공중위생관리법, 청소년보호법의 개요를 이 절에서 살피기로 한다.

2.「경찰관 직무집행법」

(1) 경찰작용과「경찰관 직무집행법」

행정작용 중에서 행정주체(실제로는 행정기관)가 공공의 안녕과 질서의 유지를 직접 목적으로 하여 행하는 작용을 행정법이론상 질서행정 또는 경찰작용이라 한다. 그런데 이 책에서는 '공공의 안녕'의 내용요소 중의 '국민의 안전'을 특히 중시하는 의도에서 위와 같은 행정작용을 '안전·질서행정'으로 표현하고 있다.

안전·질서행정은 경찰법에 따른 제도상의 경찰기관뿐만 아니라 소방·해양경비·방재(防災)·방역(防疫)·식품·보건·위생·교통·해운·항공·산림행정 등을 수행하는 여러 관계 행정기관들에 의하여도 행해진다. 안전·질서행정에서는 공공의 안녕과 질서를 유지하기 위하여 명령·강제 등의 권력적 수단을 흔히 사용한다.

「경찰관 직무집행법」은 국민의 자유와 권리의 보호 및 사회공공의 질서유지를 위한 경찰관(국가경찰공무원)의 직무수행에 필요한 사항을 규정함을 목적으로 하고 있다(同法 1①).

경찰기관이 있고 경찰공무원들이「경찰관 직무집행법」에 따라 경찰관의 직무를 수행함으로써 국민들은 일상생활에서 일반적으로 생명·신체·자유·재산 등의 위해(危害)에 대한 걱정을 하지 않으면서 편안히 지낼 수 있다.

만약 경찰기관이 없고 경찰작용이 수행되지 아니한다면 국민들은 밤에 잠을 자고 길거리를 걷는 등 일상생활을 하면서 외부로부터 언제 어떤 해악(害惡)을 받을지도 모른다는 불안을 느끼며 살게 될 것이다. 따라서「경찰관 직무집행법」은 국민생활의 안전과 사회질서를 담보(擔保)하기 위한 법의 하나라고 할 수 있다.

「경찰관 직무집행법」은 국민의 생명·신체·재산과 사회질서에 대한 위해요인(危害要因)이 발생하거나 발생할 가능성이 높은 경우에는 그것을 방지·예방하기 위하여 일정한 범위에서 경찰권(警察權)을 행사할 수 있도록 규정하고 있다.

그런데 경찰권이 남용될 경우에는 오히려 국민권익을 침해할 수 있으므로, 이 법은 우선 경찰관의 경찰권 남용을 막기 위하여 제1조 제2항에서 "이 법에 규정된 경찰관의 직권은 그 직무수행에 필요한 최소한도에서 행사되어야 하며 남용되어서는 아니 된다."라고 하여, 경찰작용에서의 비례의 원칙을 규정하고 있다.

위의 경찰작용에서의 비례의 원칙은 경찰권이 사회질서유지를 위하여 묵과(默過)할 수 없는 질서장해(秩序障害)나 그러한 장해의 발생위험을 제거하기 위하여 필요한 경우에 최소한도로만 발동될 수 있으며, '질서장해의 정도'와 '개인의 자유·권리의 제한'과의 사이에 비례관계가 유지되도록 발동되어야 한다는 원칙이고, 이를 경찰비례의 원칙 또는 경찰상 과잉금지의 원칙이라고도 한다.

경찰비례의 원칙은 경찰관 직무집행뿐만 아니라 모든 질서행정작용에 적용된다.

「경찰관 직무집행법」은 경찰관의 직무범위에 관하여, 경찰관은 ① 국민의 생명·신체 및 재산의 보호, ② 범죄의 예방·진압 및 수사, ③ 경비, 주요인사 경호 및 대간첩·대테러작전수행, ④ 치안정보의 수집·작성 및 배포, ⑤ 교통단속과 교통위해의 방지, ⑥ 외국정부기관 및 국제기구와의 국제협력, ⑦ 그 밖에 공공의 안녕과 질서유지의 직무를 행한다고 규정하고 있다(同法 2).

이 법은 불심검문·보호조치·위험발생방지조치 등 경찰관의 표준적인 직무행위(이를 '표준조치'라고도 함)의 근거를 정하고 각 표준조치의 요건을 엄격히 규정하고 있는바, 이는 표준조치에서의 경찰권의 오용(誤用)·남용을 막기 위한 것이다.

경찰작용 중에는 경찰관의 거리질서유지를 위한 계도활동이나 미아보호 등과 같은 비권력적인 사실행위들도 많다. 아래에서 이 법이 규정하고 있는 '경찰관의 표준적인 직무행위'들에 관하여 살피기로 한다.

(2) 불심검문·임의동행요구·흉기소지여부조사

이 법에 따르면, 경찰관은 주위 사정을 합리적으로 판단하여 볼 때 어떠한 죄를 범하였거나 범하려 하고 있다고 의심할 만한 상당한 이유가 있는 사람이나 이미 행하여진 범죄나 행하여지려고 하는 범죄행위에 관한 사실을 안다고 인정되는 사람을 정지시켜 질문(이를 '불심검문'이라 함)할 수 있다(同法 3①. 大判 2014.2.27, 2011도13999. 大判 2012.9.13, 2012도8890. 大判 1997.8.22, 97도1240).

위의 경우에 그 장소에서 질문을 하는 것이 그 사람에게 불리하거나 교통에 방해가 된다고 인정될 때에는 질문하기 위하여 가까운 경찰서·지구대·파출소 또는 출장소(이하 '경찰관서'라 하되, 지방해양경비안전관서를 포함함)에 동행(同行)할 것을 요구(이를 '임의동행요구'라 함)할 수 있으며, 이 때 동행을 요구받은 사람은 그 요구를 거절할 수 있다(同法 3②. 大判 2011.6.30, 2009도6717).

경찰관은 불심검문의 당해인(當該人)에 대하여 질문을 할 때에 그 사람이 흉기를 가지고 있는지를 조사할 수 있으며(同法 3③), 질문하거나 동행을 요구할 경우 경찰관은 자신의 신분을 표시하는 증표를 제시하면서 소속과 성명을 밝히고 질문이나 동행의 목적과 이유를 설명하여야 하며, 동행을 요구하는 경우에는 동행 장소를 밝혀야 한다(同法 3④. 大判 2014.12.11, 2014도7976).

당해인이 동행을 한 경우 경찰관은 동행한 사람의 가족이나 친지 등에게 동행한 경찰관의 신분, 동행장소, 동행목적과 이유를 알리거나 본인으로 하여금 즉시 연락할 수 있는 기회를 부여하여야 하며, 변호인의 조력을 받을 권리가 있음을 고지하여야 한다(同法 3⑤). 경찰관은 동행한 사람을 6시간을 초과하여 경찰관서에 머물게 할 수 없다(同法 3⑥).

위의 불심검문·임의동행요구·흉기소지여부조사의 경우에 당해인은 형사소송에 관한 법률에 따르지 아니하고는 신체를 구속당하지 아니하며, 그 의사에 반하여 답변을 강요당하지 아니한다(同法 3⑦).

(3) 보호조치·임시영치

경찰관은 수상한 행동이나 그 밖의 주위의 사정을 합리적으로 판단해 볼 때 ① 정신착란을 일으키거나 술에 취하여 자기 또는 타인의 생명·신체·재산에 위해를 끼칠 우려가 있는 사람, 자살을 시도하는 사람이거나, ② 미아·병자·부상자 등으로서 적당한 보호자가 없는 사람(다만, 본인이 구호를 거절하는 경우는 제외)에 해당함이 명백하고 응급구호가 필요하다고 믿을 만한 상당한 이유가 있는 사람(이하 '구호대상자'라 함)을 발견하였을 때에는 보건의료기관 또는 공공구호기관에 긴급구호를 요청하거나 경찰관서에 보호하는 등 적절한 조치(이를 '보호조치'라 함)를 할 수 있다(同法 4①. 大判 2012.12.13, 2012도11162. 大判 2012.3.29, 2011도10012. 大判 1994.3.11, 93도958).

위의 긴급구호를 요청받은 보건의료기관이나 공공구호기관은 정당한 이유 없이 긴급구호를 거절할 수 없다(同法 4②). 보호조치를 하는 경우에 구호대상자가 휴

대하고 있는 무기·흉기 등 위험을 야기할 수 있는 것으로 인정되는 물건은 경찰관서에 임시영치(臨時領置)할 수 있다(同法 4③).

경찰관이 위의 보호조치를 한 때에는 지체 없이 이를 구호대상자의 가족·친지 그 밖의 연고자에게 그 사실을 알려야 하고, 연고자가 발견되지 아니할 때에는 구호대상자를 적당한 공공보건의료기관이나 공공구호기관에 즉시 인계하여야 하며(同法 4④), 구호대상자를 공공보건의료기관이나 공공구호기관에 인계하였을 경우 경찰관은 즉시 그 사실을 소속 경찰서장 또는 지방해양경비안전관서의 장에게 보고하여야 한다(同法 4⑤). 구호대상자에 대한 경찰관서에서의 보호는 24시간을, 임시영치는 10일을 초과할 수 없다(同法 4⑦).

위의 경찰관의 불심검문, 흉기소지여부조사, 보호조치, 임시영치나 후술하는 위험발생방지조치, 범죄예방·제지조치 등은 경찰상 즉시강제로서, 이는 국민생활의 안전과 사회질서에 대한 위해(危害)의 방지를 위하여 시급히 공권력을 행사하는 행정상 즉시강제(앞의 제1절 Ⅴ. 참조)에 해당하는 것이다.

(4) **위험발생방지조치 및 범죄예방·제지조치 등**

경찰관은 사람의 생명 또는 신체에 위해를 끼치거나 재산에 중대한 손해를 끼칠 우려가 있는 천재(天災), 사변(事變), 인공구조물의 파손이나 붕괴, 교통사고, 위험물의 폭발, 위험한 동물 등의 출현, 극도의 혼잡, 그 밖의 위험한 사태가 있을 때에는 ① 그 장소에 모인 사람, 사물(事物)의 관리자, 그 밖의 관계인에게 필요한 경고를 하거나, ② 매우 긴급한 경우에는 위해를 입을 우려가 있는 사람을 필요한 한도에서 억류하거나 피난시키고, ③ 그 장소에 있는 사람, 사물의 관리자, 그 밖의 관계인에게 위해를 방지하기 위하여 필요하다고 인정되는 조치를 하게 하거나 직접 그 조치를 할 수 있으며, 이러한 조치(이를 '위험발생 방지조치'라 함)를 한 때에는 지체 없이 이를 소속경찰관서의 장에게 보고하여야 한다(同法 5①③). 위험발생방지조치는 긴급상황에서의 공용부담부과행위(앞의 제1절 Ⅲ. 참조)이기도 하다(大判 1998.8.25, 98다16890).

경찰관서의 장은 대간첩작전의 수행이나 소요(騷擾)사태의 진압을 위하여 필요하다고 인정되는 상당한 이유가 있을 때에는 대간첩작전지역이나 경찰관서·무기고 등 국가중요시설에 대한 접근 또는 통행을 제한하거나 금지할 수 있으며(同法 5②), 이러한 조치를 하거나 위험발생 방지조치의 보고를 받은 경찰관서의 장은 관계기관의 협조를 구하는 등 적절한 조치를 하여야 한다(同法 5④).

경찰관은 범죄행위가 눈앞에서 행하여지려고 하고 있다고 인정될 때에는 이를 예방하기 위하여 관계인에게 필요한 경고를 하고, 그 행위로 인하여 사람의 생명·신체에 위해를 끼치거나 재산에 중대한 손해를 끼칠 우려가 있는 긴급한 경우에는 그 행위를 제지할 수 있다(同法 6. 大判 2013.9.26, 2013도643. 大判 2013.6.13, 2012도9937. 大判 2008.11.13, 2007도9794). 이러한 조치를 '범죄예방·제지조치'라 한다.

(5) 위험방지를 위한 출입 및 사실의 확인 등

경찰관은 위험한 사태가 발생하여 인명·신체·재산에 대한 위해(危害)가 임박한 때에 그 위해를 방지하거나 피해자를 구조하기 위하여 부득이 하다고 인정하면 합리적으로 판단하여 필요한 한도에서 다른 사람의 토지·건물·배 또는 차에 출입할 수 있다(同法 7①).

흥행장·여관·음식점·역 기타 많은 사람이 출입하는 장소의 관리자·관계인은 경찰관이 범죄나 사람의 생명·신체·재산에 대한 위해를 예방하기 위하여 해당 장소의 영업시간이나 해당 장소가 일반인에게 공개된 시간에 그 장소에 출입하겠다고 요구하면 정당한 이유 없이 그 요구를 거절할 수 없다(同法 7②).

경찰관은 대간첩작전수행에 필요할 때에는 작전지역에서 흥행장·여관·음식점·역 기타 다수인이 출입하는 장소 안을 검색할 수 있다(同法 7③).

경찰관은 위험발생방지나 피해자구조, 대간첩작전수행을 위하여 필요한 장소에 출입할 때에는 그 신분을 표시하는 증표를 제시하여야 하며, 함부로 관계인의 정당한 업무를 방해해서는 아니 된다(同法 7④).

경찰관서의 장은 직무수행에 필요하다고 인정되는 상당한 이유가 있을 때에는 국가기관이나 공사(公私) 단체 등에 직무수행에 관련된 사실을 조회할 수 있다. 다만, 긴급한 경우에는 소속 경찰관으로 하여금 현장에 나가 해당 기관 또는 단체의 장의 협조를 받아 그 사실을 확인하게 할 수 있다(同法 8①).

경찰관은 미아(迷兒)를 인수할 보호자 확인, 유실물(遺失物)을 인수할 권리자 확인, 사고로 인한 사상자 확인, 행정처분을 위한 교통사고 조사에 필요한 사실 확인을 위하여 필요하면 관계인에게 출석하여야 하는 사유·일시 및 장소를 명확히 적은 출석요구서를 보내 경찰관서에 출석할 것을 요구할 수 있다(同法 8②).

경찰청장(국민안전처 소속 경찰공무원의 직무에 관한 사항인 경우에는 국민안전처장관을 말함)은 이 법에 따른 경찰관의 직무수행을 위하여 외국 정부기관, 국제기구 등과 자료 교환, 국제협력활동 등을 할 수 있다(同法 8의2).

법률에서 정한 절차에 따라 체포·구속된 사람 또는 신체의 자유를 제한하는 판결이나 처분을 받은 사람을 수용하기 위하여 경찰서와 지방해양경비안전관서에 유치장을 둔다.(同法 9).

(6) 경찰장비의 사용

경찰관은 직무수행 중 경찰장비를 사용할 수 있다. '경찰장비'란 무기, 경찰장구(警察裝具), 최루제(催淚劑)와 그 발사장치, 살수차, 감식기구(鑑識機具), 해안 감시기구, 통신기기, 차량·선박·항공기 등 경찰이 직무를 수행할 때 필요한 장치와 기구를 말한다. 사람의 생명이나 신체에 위해를 끼칠 수 있는 경찰장비(이하 '위해성 경찰장비'라 함)를 사용할 때에는 필요한 안전교육과 안전검사를 받은 후 사용하여야 한다(同法 10①②).

경찰관은 경찰장비를 함부로 개조하거나 경찰장비에 임의의 장비를 부착하여 일반적인 사용법과 달리 사용함으로써 다른 사람의 생명·신체에 위해를 끼쳐서는 아니 된다. 위해성 경찰장비는 필요한 최소한도에서 사용하여야 한다(同法 10③④).

경찰청장은 위해성 경찰장비를 새로 도입하려는 경우에는 대통령령으로 정하는 바에 따라 안전성 검사를 실시하여 그 안전성 검사의 결과보고서를 국회 소관 상임위원회에 제출하여야 한다(同法 10⑤).

경찰관은 ① 현행범이나 사형·무기 또는 장기 3년 이상의 징역이나 금고에 해당하는 죄를 범한 범인의 체포 또는 도주 방지, ② 자신이나 다른 사람의 생명·신체의 방어 및 보호, ③ 공무집행에 대한 항거(抗拒) 제지의 직무를 수행하기 위하여 필요하다고 인정되는 상당한 이유가 있을 때에는 그 사태를 합리적으로 판단하여 필요한 한도에서 경찰장구를 사용할 수 있다(同法 10의2①).

위의 '경찰장구'란 경찰관이 휴대하여 범인 검거와 범죄 진압 등의 직무 수행에 사용하는 수갑, 포승(捕繩), 경찰봉, 방패 등을 말한다(同法 10의2②).

경찰관은 범인의 체포 또는 범인의 도주 방지나 불법집회·시위로 인한 자신이나 다른 사람의 생명·신체와 재산 및 공공시설 안전에 대한 현저한 위해의 발생 억제를 위하여 부득이한 경우에는 현장책임자가 판단하여 필요한 최소한의 범위에서 분사기 또는 최루탄을 사용할 수 있다(同法 10의3).

(7) 무기의 사용

경찰관은 범인의 체포, 범인의 도주 방지, 자신이나 다른 사람의 생명·신체의 방어 및 보호, 공무집행에 대한 항거의 제지를 위하여 필요하다고 인정되는 상당한 이유가 있을 때에는 그 사태를 합리적으로 판단하여 필요한 한도에서 무기(武器)를 사용할 수 있다. 위의 '무기'란 사람의 생명이나 신체에 위해를 끼칠 수 있도록 제작된 권총·소총·도검 등을 말한다(同法 10의4①②).

그런데 경찰관이 무기로써 사람에게 위해를 끼칠 수 있는 경우는 다음과 같이 엄격히 제한되어 있다. 즉 첫째, 형법에 규정된 정당방위와 긴급피난에 해당할 때, 둘째, ㉠ 사형·무기 또는 장기 3년 이상의 징역이나 금고에 해당하는 죄를 범하거나 범하였다고 의심할 만한 충분한 이유가 있는 사람이 경찰관의 직무집행에 항거하거나 도주하려고 할 때, ㉡ 체포·구속영장과 압수·수색영장을 집행하는 과정에서 경찰관의 직무집행에 항거하거나 도주하려고 할 때, ㉢ 제3자가 위 ㉠㉡에 해당하는 사람을 도주시키려고 경찰관에게 항거할 때, ㉣ 범인이나 소요를 일으킨 사람이 무기·흉기 등 위험한 물건을 지니고 경찰관으로부터 3회 이상 물건을 버리라는 명령이나 항복하라는 명령을 받고도 따르지 아니하면서 계속 항거할 때에 그 행위를 방지하거나 그 행위자를 체포하기 위하여 무기를 사용하지 아니하고는 다른 수단이 없다고 인정되는 상당한 이유가 있을 때, 셋째, 대간첩작전 수행과정에서 무장간첩이 항복하라는 경찰관의 명령을 받고도 따르지 아니할 때에 한하여 경찰관은 무기로써 사람에게 위해를 끼칠 수 있다(同法 10의4①단서. 大判 1999.6.22, 98다61470).

이 법이 경찰관의 경찰장구·무기 등의 사용요건을 위와 같이 상당히 엄격하게 규정한 것은 경찰장비의 사용에 따라 야기될 수 있는 국민의 생명·신체상의 위해를 최소화하기 위한 것이며, 경찰비례의 원칙 중 상당성의 원칙을 구체적으로 명문화한 것으로 볼 수 있다(大判 2008.2.1, 2006다6713).

대간첩·대테러작전 등 국가안전에 관련되는 작전을 수행할 때에는 개인화기(個人火器) 외에 공용화기(共用火器)를 사용할 수 있다(同法 10의4③).

경찰관이 살수차·분사기·최루탄·무기를 사용하는 경우 그 책임자는 사용일시·사용장소·사용대상·현장책임자·종류·수량 등을 기록하여 보관하여야 한다(同法 11).

(8) **경찰작용으로 인한 손실의 보상 등**

국가는 경찰관의 적법한 직무집행으로 인하여 ① 손실발생의 원인에 대하여 책임이 없는 자가 재산상의 손실을 입은 경우, ② 손실발생의 원인에 대하여 책임이 있는 자가 자신의 책임에 상응하는 정도를 초과하는 재산상의 손실을 입은 경우에 그 손실을 입은 자에 대하여 정당한 보상을 하여야 한다(同法 11의2①).

위의 손실보상을 청구할 수 있는 권리는 손실이 있음을 안 날부터 3년, 손실이 발생한 날부터 5년간 행사하지 아니하면 시효의 완성으로 소멸한다(同法 11의2②).

위의 손실보상신청 사건을 심의하기 위하여 손실보상심의위원회를 설치하며(同法 11의2③), 손실보상의 기준, 보상금액, 지급절차 및 방법, 손실보상심의위원회의 구성·운영, 기타 필요한 사항은 대통령령으로 정한다(同法 11의2④).

이 법에 규정된 경찰관의 의무를 위반하거나 직권을 남용하여 다른 사람에게 해를 끼친 사람은 1년 이하의 징역이나 금고에 처한다(同法 12).

(9) **경찰권행사에 관한 조리(條理)상의 원칙**

경찰작용에서의 경찰권행사를 제약하는 조리상의 원칙으로서 전술한 경찰상의 비례원칙 외에 ① 경찰소극목적의 원칙 ② 경찰공공의 원칙 ③ 경찰책임의 원칙 ④ 경찰평등의 원칙도 있다. 이들 원칙은 모든 질서행정작용에 적용된다.

1) 경찰소극목적(警察消極目的)의 원칙

경찰소극목적의 원칙은 경찰권이 직접 사회공공의 안녕과 질서유지의 목적으로 사회질서 위해요인(危害要因)의 예방 또는 제거를 위해서만 발동될 수 있고, 적극적으로 공공복리의 증진을 위해서는 발동될 수 없다는 원칙이다.

2) 경찰공공(警察公共)의 원칙

경찰공공의 원칙은 경찰권이 공공의 안녕·질서의 유지를 위해서만 발동될 수 있고, 공공의 안녕·질서와 직접적인 관계가 없는 개인적 생활관계에 대하여는 발동될 수 없다는 원칙이며, ① 사생활불가침(私生活不可侵)의 원칙, ② 사주소불가침(私住所不可侵)의 원칙, ③ 민사관계불간섭(民事關係不干涉)의 원칙으로 세분된다.

3) 경찰책임(警察責任)의 원칙

경찰책임의 원칙은 사회질서에 위해를 끼치는 행위·상태의 발생 또는 발생위험에 대한 책임(이를 '경찰책임'이라 함)이 있는 자에게 경찰권이 발동되어야 한다는 원칙이다. 경찰책임은 행위책임·상태책임·혼합책임으로 분류할 수 있다.

행위책임(行爲責任)은 자기 또는 자기의 지배범위(支配範圍)에 속하는 자의 행위(작위·부작위)로 말미암아 질서위반상태가 발생한 경우에 그에 대하여 지는 책임이다. 행위책임은 경찰위해(공공의 안녕·질서에 대한 위험과 장해)에 대하여 직접적 또는 결정적인 원인을 야기(惹起)한 자에게 귀속된다.

행위책임은 다시 행위자책임과 지배자책임으로 구분할 수 있는데, 행위자책임은 자기 스스로의 행위로 질서위반상태를 발생시킨 자가 지는 책임이며, 지배자책임은 타인을 보호·감독할 지위에 있는 자가 지배자로서 피지배자의 행위로 인하여 발생한 질서위반상태에 대하여 지는 책임이다.

상태책임(狀態責任)은 물건이나 동물의 소유자·점유자 기타 관리자가 그 지배범위에 속하는 물건 또는 동물로 인하여 질서위반상태가 발생한 경우에 지는 책임이다.

혼합책임(混合責任) 또는 다수자책임이란 각각의 행위나 물건 등의 상태로써는 질서위반상태를 야기하지 않지만, 복수(複數)의 행위·상태가 결합됨으로써 질서위반상태가 야기되는 경우에 그 여러 관계자가 지는 경찰책임을 말한다.

혼합책임은 ① 다수인의 집단적 행위로 질서위반상태가 야기되는 경우, ② 여러 시설·물건·동물 등의 상태에 기인하여 질서위반상태가 야기되는 경우, ③ 행위책임과 상태책임의 결합에 기인하여 질서위반상태가 야기되는 경우 등으로 분류될 수 있다.

혼합책임의 여러 관계자 중 누구에게 어느 정도로 경찰위해에 대한 책임을 지울 것인지에 관하여는 경찰기관이 비례의 원칙에 어긋나지 않는 범위에서 질서위반사태를 제거함에 있어서 가장 적합한 상황에 있는 자에게 경찰상의 의무를 부과하여야(경찰책임을 귀속시켜야) 할 것이라고 본다.

그런데 경찰권은 경찰책임의 원칙에 따라 직접 경찰책임이 있는 자에게 발동되어야 하는 것이지만, 질서장해제거(秩序障害除去)를 위한 급박한 필요가 있는 경우에는 예외적으로 경찰책임이 없는 자에게도 법령에 의거하여 경찰권이 발동될 수 있다. 전술한 위험발생 방지조치(同法 5①)나 긴급구조시의 경찰책임이 없는 자에 대한 원조강제(援助强制, 수난구호법 16·29), 화재현장에 있는 자에 대한 소방활동종사명령(소방기본법 24①) 등 긴급상황에서의 공용부담행위가 그 예이다.

4) 경찰평등(警察平等)의 원칙

경찰평등의 원칙은 경찰기관이 경찰권을 행사함에 있어서 정당한 사유 없이 상대방에게 성별·종교·인종·사회적 신분 등을 이유로 불합리한 차별을 하여서는 아니 된다는 원칙이다. 이는 헌법상의 원칙이기도 하다.

5) 경찰권의 적극적 발동의무(경찰개입의무)

오늘날 도시화·산업화의 진전 등으로 인하여 개인의 생명·자유·재산에 대하여 위협을 주는 질서장해요인이 증가함에 따라, 경찰권이 적극적으로 발동되어야 할 경우도 늘어나고 있다.

그리하여 경찰권발동으로써 다른 보호법익(保護法益)을 희생시킴이 없이 중대한 질서장해요인(秩序障害要因)을 제거할 수 있는 특수한 상황에서는 경찰권발동 여부에 대한 경찰기관(또는 경찰관)의 재량이 없어지는 경우가 생길 수 있다(大判 2007.10.25, 2005다23438. 大判 1996.10.25, 95다45927).

즉, 사람의 생명·신체에 절박한 위해가 초래될 우려가 있고 경찰권을 발동하는 것만이 유일한 적법한 재량권 행사로 평가되는, 소위 '재량권이 영(零)으로 수축'된 경우에는 경찰기관에게 경찰권 발동의 의무가 발생하고, 관계 사인(私人)에게는 경찰개입청구권(警察介入請求權)이 인정될 수 있게 된다(大判 2010.8.26, 2010다37479).

(10) **경찰청 소관의 안전·질서행정에 관한 법률들**

안전·질서행정에 관한 경찰청 소관 법률로서, 「경찰관 직무집행법」 외에 ① 경찰법, ② 도로교통법, ③ 「경찰직무 응원법」, ④ 「전투경찰대 설치법」, ⑤ 「집회 및 시위에 관한 법률」, ⑥ 「총포·도검·화약류 등 단속법」, ⑦ 「풍속영업의 규제에 관한 법률」, ⑧ 「화염병 사용 등의 처벌에 관한 법률」, ⑨ 「사격 및 사격장 안전관리에 관한 법률」, ⑩ 「사행행위 등 규제 및 처벌 특례법」, ⑪ 경비업법, ⑫ 청원경찰법, ⑬ 「교통사고처리 특례법」(법무부 공동소관), ⑭ 「경찰제복 및 경찰장비의 규제에 관한 법률」, ⑮ 「경범죄 처벌법」(국민안전처 공동소관), ⑯ 「경찰대학 설치법」 등이 있다.

【大判 2004.9.23, 2003다49009. "경찰은 범죄의 예방·진압 및 수사와 함께 국민의 생명·신체 및 재산의 보호 등과 기타 공공의 안녕과 질서유지도 직무로 하고 있고, 그 직무의 원활한 수행을 위하여 경찰관직무집행법·형사소송법 등 관계 법령에 의하여 여러 가지 권한이 부여되어 있으므로, 구체적인 직무를 수행하는 경찰관으로서는 제반 상황에 대응하여 자신에게 부여된 여러 가지 권한을 적절하게 행사하여 필요한 조치를 취할 수 있는 것이고, 그러한 권한은 일반적으로 경찰관의 전문적 판단에 기한 합리적인 재량에 위임되어 있는 것이나, 경찰관에게 권한을 부여한 취지와 목적에 비추어 볼 때 구체적인 상황에 따라 경찰관이 그 권한을 행사하여 필요한 조치를 취하지 아니하는 것이 현저하게 불합리하다고 인정되는 경우에는 그러한 권한의 불행사는 직무상의 의무를 위반한 것이 되어 위법하게 된다."】

3. 소방기본법

(1) **서설**

뜻밖에 발생할 수 있는 화재(火災)와 위난(危難)으로부터 국민의 생명·건강·재산을 보호하는 것은 국가 및 지방자치단체의 중요한 책무이다.

소방기본법은 화재를 예방·경계·진압하고 화재·재난·재해 그 밖의 위급한 상황에서의 구조·구급 활동 등을 통하여 국민의 생명·신체 및 재산을 보호함으로써 공공의 안녕 및 질서 유지와 복리증진에 이바지함을 목적으로 하고 있다(同法 1).

이 법에서 '소방대상물'이란 건축물, 차량, 선박(항구에 매어둔 선박만 해당), 선박 건조 구조물, 산림, 그 밖의 인공 구조물 또는 물건을 말한다(同法 2ⅰ).

이 법은 특별시·광역시·특별자치시·도·특별자치도(이하 '시·도'라 함)의 화재 예방·경계·진압 및 조사, 소방안전교육·홍보와 화재, 재난·재해, 그 밖의 위급한 상황에서의 구조·구급 등의 업무(이하 '소방업무'라 함)를 수행하는 소방기관의 설치에 필요한 사항은 대통령령으로 정하도록 하고(同法 3①), 소방본부장·소방서장은 그 소재지를 관할하는 특별시장·광역시장·도지사 또는 특별자치도지사(이하 '시·도지사'라 함)의 지휘와 감독을 받도록(同法 3②) 규정하고 있다.

위에서 '소방본부장'이란 시·도에서 화재의 예방·경계·진압·조사 및 구조·구급 등의 업무를 담당하는 부서의 장을 말한다(同法 2ⅳ).

이 법은 신속한 소방활동에 필요한 정보의 수집·전파를 위한 국민안전처장관·소방본부장·소방서장의 종합상황실 설치·운영(同法 4①), 소방박물관·소방체험관의 설립·운영(同法 5), 국민안전처장관의 5년 주기 소방업무에 관한 종합계획의 수립·시행과 同종합계획에 포함될 사항 및 시·도지사에게의 통보, 그 시행에 필요한 매년의 시·도 세부계획 수립과 필요한 경우 국민안전처장관의 세부계획 보완·수정 요청(同法 6①②③④⑤), 소방의 날(매년 11월 9일)의 지정(同法 7①)에 대하여도 규정하였으며, 구조대 및 구급대의 편성·운영과 의용소방대의 설치·운영에 관하여는 별도의 법률로 정하도록 하고 있다(同法 34·37).

(2) 소방장비 및 소방용수시설 등

소방기본법에 따르면, 소방기관이 소방업무를 수행하는 데에 필요한 인력과 장비 등(이하 '소방력'이라 함)에 관한 기준은 총리령으로 정하며, 시·도지사는 위의 소방력(消防力)의 기준에 따라 관할구역의 소방력을 확충하기 위하여 필요한 계획을 수립하여 시행하여야 한다(同法 8①②).

소방자동차 등 소방장비의 분류·표준화와 그 관리 등에 필요한 사항은 총리령으로 정한다(同法 8③). 국가는 소방장비의 구입 등 시·도의 소방업무에 필요한 경비의 일부를 보조한다(同法 9①).

시·도지사는 소방활동에 필요한 소화전(消火栓)·급수탑(給水塔)·저수조(貯水槽)(이하 '소방용수시설'이라 함)를 설치하고 유지·관리하여야 한다(同法 10①). 소방장비의 구입·관리, 소방용수시설의 설치·유지·관리는 사실적 행정작용이다.

이 법은 소방활동상 긴급한 경우의 소방응원(同法 11①②③), 시·도지사 간의 소방응원에 관한 규약(同法 11④), 국민안전처장관의 각 시·도지사에 대한 소방력 동원 요청(同法 11의2①②)과 소방활동의 수행(同法 11의2③④)에 대하여 규정하고, 위의 소방활동을 수행하는 과정에서 발생하는 경비 부담에 관한 사항, 소방활동을 수행한 민간 소방 인력이 사망하거나 부상을 입었을 경우의 보상주체·보상기준 등에 관한 사항, 그 밖에 동원된 소방력의 운용과 관련하여 필요한 사항은 대통령령으로 정하도록 규정하고 있다(同法 11의2⑤).

(3) 화재의 예방과 경계(警戒)

소방본부장이나 소방서장은 화재의 예방상 위험하다고 인정되는 행위를 하는 사람이나 소화(消火) 활동에 지장이 있다고 인정되는 물건의 소유자·관리자·점유자에게 화재예방상 위험하다고 인정되는 행위를 금지·제한할 수 있으며, 화재 위험물이나 불에 탈 수 있는 물건을 옮기거나 치우도록 명령할 수 있다(同法 12①).

소방본부장이나 소방서장은 화재위험물 등의 소유자·관리자 또는 점유자의 주소와 성명을 알 수 없어서 필요한 명령을 할 수 없을 때에는 소속 공무원으로 하여금 그 위험물 등을 옮기거나 치우게 할 수 있고, 옮기거나 치운 위험물 등을 보관하는 경우에는 그 날부터 14일 동안 소방본부 또는 소방서의 게시판에 그 사실을 공고하여야 한다(同法 12②③④).

위의 화재위험행위의 금지·제한이나 화재위험물 등의 이전(移轉)명령은 행정청의 하명처분(의무부과처분)이고, 관계 공무원이 화재위험물 등을 직접 치우는 행위는 행정상 즉시강제(앞의 제1절 V. 참조)에 해당한다.

이 법은 도시의 건물 밀집지역 등 화재가 발생할 우려가 높은 지역에 대한 화재경계지구의 지정(同法 13①), 화재경계지구 안의 소방특별조사 및 관계인에 대한 소방설비 설치명령과 소방교육·훈련(同法 13②③④), 화재에 관한 위험경보발령(同法 14)에 대하여 규정하고, 불을 사용하는 설비 등의 관리와 특수가연물(特殊可燃物)의 저장·취급 기준을 대통령령으로 정하도록 규정하고 있다(同法 15①②).

(4) 소방활동·소방지원활동·생활안전활동 등

국민안전처장관·소방본부장·소방서장은 화재, 재난·재해, 그 밖의 위급한 상황이 발생하였을 때에는 소방대(消防隊)를 현장에 신속하게 출동시켜 화재진압과 인명구조·구급 등 소방에 필요한 활동(이를 '소방활동'이라 함)을 하게 하여야 하며, 누구든지 정당한 사유 없이 출동한 소방대의 소방활동을 방해하여서는 아니 된다(同法 16①②).

위에서 '소방대'란 화재를 진압하고 화재, 재난·재해, 그 밖의 위급한 상황에서 구조·구급 활동 등을 하기 위하여 소방공무원법에 따른 소방공무원, 의무소방대설치법에 따라 임용된 의무소방원(義務消防員), 「의용소방대 설치 및 운영에 관한 법률」에 따른 의용소방대원(義勇消防隊員)의 사람으로 구성된 조직체를 말하며(同法 2ⅴ), 소방대장(消防隊長)은 소방본부장 또는 소방서장 등 화재, 재난·재해, 그 밖의 위급한 상황이 발생한 현장에서 소방대를 지휘하는 사람이 된다(同法 2ⅵ).

국민안전처장관·소방본부장·소방서장은 공공의 안녕질서유지 또는 복리증진을 위하여 필요한 경우 소방대가 소방활동 외에 ① 산불에 대한 예방·진압 등 지원활동, ② 자연재해에 따른 급수·배수 및 제설 등 지원활동, ③ 집회·공연 등 각종 행사시 사고에 대비한 근접대기 등 지원활동, ④ 화재, 재난·재해로 인한 피해복구 지원활동, ⑤ 그 밖에 총리령으로 정하는 활동(이를 '소방지원활동'이라 함)을 하게 할 수 있다(同法 16의2①).

국민안전처장관·소방본부장 또는 소방서장은 신고가 접수된 생활안전 및 위험제거 활동(화재, 재난·재해, 그 밖의 위급한 상황에 해당하는 것은 제외)에 대응하기 위하여 소방대를 출동시켜 ① 붕괴, 낙하 등이 우려되는 고드름, 나무, 위험구조물 등의 제거활동, ② 위해동물, 벌 등의 포획 및 퇴치 활동, ③ 끼임, 고립 등에 따른 위험제거 및 구출 활동, ④ 단전사고 시 비상전원 또는 조명의 공급, ⑤ 그 밖에 방치하면 급박해질 우려가 있는 위험을 예방하기 위한 활동(이를 '생활안전활동'이라 함)을 하게 하여야 하며, 시·도지사는 위의 조치로 인하여 손실을 입은 자가 있으면 그 손실을 보상하여야 한다(同法 16의3①③).

위의 생활안전활동은 119에 접수된 긴급상황에서의 국민생활안전상의 위험·위해를 즉시 제거·예방하기 위한 긴급구조활동에 해당한다.

소방기본법은 유관기관·단체 등의 요청에 따른 소방지원활동에 드는 비용의 부담(同法 16의2③), 소방대원에 대한 교육·훈련(同法 17①), 어린이집·유치원의 어린이, 학교의 학생을 대상으로 한 소방안전에 관한 교육·훈련(同法 17②), 화재발생시 피난 및 행동 방법 등에 대한 홍보(同法 17③)에 관하여 규정하고 있다.

이 법은 소방신호의 종류와 방법을 총리령으로 정하도록 하고(同法 18), 소방안전교육을 위한 소방안전교육사(同法 17의2), 소방안전교육사의 결격사유(同法 17의3), 소방안전교육사의 배치(同法 17의4), 화재 현장 또는 구조·구급이 필요한 사고 현장을 발견한 사람의 통지의무(同法 19①), 일정한 지역 또는 장소에서 화재로 오인할 만한 우려가 있는 불을 피우거나 연막(煙幕) 소독을 하려는 자의 신고의무(同法 19②), 관계인의 소방활동(同法 20), 소방자동차의 우선 통행(同法 21), 소방대의 긴급통행(同法 22), 소방활동구역의 설정 및 출입제한(同法 23)에 대하여도 규정하고 있다.

(5) 소방활동 종사명령과 강제처분 등

소방본부장·소방서장·소방대장은 화재, 재난·재해, 그 밖의 위급한 상황이 발생한 현장에서 소방활동을 위하여 필요할 때에는 그 관할구역에 사는 사람 또는 그 현장에 있는 사람으로 하여금 사람을 구출하는 일 또는 불을 끄거나 불이 번지지 아니하도록 하는 일을 하게 할 수 있는데, 이 경우의 명령을 '소방활동 종사명령'이라 하며, 이 경우 소방본부장·소방서장·소방대장은 소방활동에 필요한 보호장구를 지급하는 등 안전을 위한 조치를 하여야 한다(同法 24①).

시·도지사는 위의 소방활동 종사명령에 따라 소방활동에 종사한 사람이 그로 인하여 사망하거나 부상을 입은 경우에는 보상하여야 하며(同法 24②), 소방활동 종사명령에 따라 소방활동에 종사한 사람(귀책사유 있는 사람 제외)은 시·도지사로부터 소방활동의 비용을 지급받을 수 있다(同法 24③).

소방본부장·소방서장·소방대장은 사람을 구출하거나 불이 번지는 것을 막기 위하여 필요할 때에는 화재가 발생하거나 불이 번질 우려가 있는 소방대상물 및 토지를 일시적으로 사용하거나 소방활동에 필요한 처분(이를 '강제처분'이라 함)을 할 수 있으며, 강제처분으로 인하여 손실을 입은 자가 있는 경우에는 그 손실을 보상하여야 한다(同法 25①④).

위의 소방활동 종사명령이나 강제처분은 긴급상황에서의 인적(人的)·물적(物的) 공용부담부과행위(앞의 제1절 Ⅲ. 참조)라 할 수 있으며, 강제처분은 행정상 즉시강제(제1절 Ⅴ. 참조)작용이기도 하다.

이 법은 소방본부장·소방서장·소방대장이 소방활동을 위하여 긴급하게 출동할 경우에 소방자동차의 통행과 소방활동에 방해가 되는 주차·정차된 차량 및 물건 등을 제거하거나 이동시키고(同法 25③), 화재, 재난·재해, 그 밖의 위급한 상황이 발생한 때에 일정한 구역을 지정하여 그 구역에 있는 사람에게 그 구역 밖으로 피난할 것을 명(이를 '피난 명령'이라 함)할 수 있도록 규정하고 있으며(同法 26①), 위험시설 등에 대한 긴급조치와 그에 대한 보상(同法 27①②③), 소방용수시설의 사용금지 등(同法 28)에 대하여도 규정하고 있다.

위의 소방활동에 방해가 되는 차량·물건 등의 이전(移轉)조치나 위험시설 등에 대한 긴급조치는 이 법에서의 강제처분(同法 25①)의 일종이다.

(6) 화재의 조사

소방기본법은 화재가 발생하였을 경우의 화재원인 및 피해 등에 대한 화재조사(同法 29①), 화재조사를 위한 관계인의 보고·자료제출 명령, 공무원의 관계 장소

출입 및 관계인에 대한 질문(同法 30①), 관계 공무원의 비밀엄수(同法 30③), 방화(放火)·실화(失火) 피의자 또는 압수된 증거물에 대한 조사(同法 31), 소방공무원과 국가경찰공무원의 화재조사에 관한 협력(同法 32), 소방본부·소방서 등 소방기관과 관계 보험회사의 화재조사에 관한 협력(同法 33)에 대하여도 규정하고 있다.

(7) 소방산업의 육성·진흥 및 지원 등

국가는 소방산업(소방용 기계·기구의 제조, 연구·개발 및 판매 등에 관한 일련의 산업을 말함)의 육성·진흥을 위하여 필요한 계획의 수립 등 행정상·재정상의 지원시책을 마련하여야 한다(同法 39의3).

이 법은 소방산업과 관련된 기술(이하 '소방기술'이라 함)의 개발을 촉진하기 위한 자금 지원(同法 39의5①), 국공립 연구기관 등 일정한 기관·단체의 소방기술 연구·개발사업 경비 지원(同法 39의6①②), 소방기술·소방산업의 국제경쟁력 및 국제적 통용성을 높이기 위한 시책(同法 39의7①), 국민안전처장관의 소방기술 및 소방산업의 국제 협력을 위한 조사·연구, 국제 교류, 국외시장 개척 등의 사업 추진(同法 39의7②)에 대하여도 규정하고 있다.

(8) 한국소방안전협회 등

소방기술과 안전관리기술의 향상 및 홍보, 그 밖의 교육·훈련 등 행정기관이 위탁하는 업무의 수행과 소방업계의 건전한 발전 및 소방 관계 종사자의 기술 향상을 위하여 한국소방안전협회를 설립하며, 설립되는 협회는 법인으로 한다(同法 40①②). 이 법은 한국소방안전협회의 업무(同法 41), 회원자격(同法 42), 정관(同法 43), 운영 경비(同法 44), 同협회에 대한 감독(同法 48), 이 법에 따른 권한의 위임(同法 49), 이 법 규정을 위반한 자에 대한 벌칙(同法 50~55), 과태료 부과(同法 56~57)에 관하여도 규정하고 있다.

(9) 소방행정에 관한 법률들

소방행정에 관한 국민안전처 소관 법률로서, 소방기본법 외에 ① 「119구조·구급에 관한 법률」, ② 의무소방대설치법, ③ 「의용소방대 설치 및 운영에 관한 법률」, ④ 「화재예방, 소방시설 설치·유지 및 안전관리에 관한 법률」, ⑤ 「소방산업의 진흥에 관한 법률」, ⑥ 소방시설공사업법 등이 있으며, 산림청 소관 법률로서 「청원산림보호직원 배치에 관한 법률」도 있다.

【大判 2008.4.10, 2005다48994. “소방공무원의 행정권한 행사가 관계 법률의 규정 형식상 소방공무원의 재량에 맡겨져 있다고 하더라도, 소방공무원에게 그러한 권한을 부여한 취지와 목적에 비추어 볼 때 구체적인 상황 아래에서 소방공무원이 그 권한을 행사하지 않은 것이 현저하게 합리성을 잃어 사회적 타당성이 없는 경우에는 소방공무원의 직무상 의무를 위반한 것으로서 위법하게 된다.”】

4. 식품위생법

(1) 서설

국민의 건강은 생존·행복과 인간다운 생활의 전제(前提)이며 필수적인 요소라고 할 수 있다. 그리하여 헌법은 제36조 제3항에서 "모든 국민은 보건에 관하여 국가의 보호를 받는다."라고 하여, 국민건강유지에 필요한 국가적 배려·급부를 받을 권리인 국민의 보건권을 규정하고 있다(憲裁 1998.7.16, 96헌마246).

음식물을 자급자족하지 못하고, 제조·가공·생산된 식품이나 식품재료 등을 구입하여 식사문제를 해결하는 많은 국민들의 생명·건강의 안전을 위하여 인체(人體)에 유해(有害)한 식품·식품첨가물·식품용기 등의 제조·가공·조리(調理)·판매 등을 방지하는 것은 매우 중요한 국가적 과제라고 아니할 수 없다.

식품위생법은 식품으로 인하여 생기는 위생상의 위해(危害)를 방지하고 식품영양의 질적 향상을 도모하며 식품에 관한 올바른 정보를 제공하여 국민보건의 증진에 이바지함을 목적으로 하고 있다(同法 1).

이 법에서 '식품'이란 의약으로 섭취하는 것을 제외한 모든 음식물을 말하며(同法 2ⅰ), '식품 등'이란 식품·식품첨가물·기구 또는 용기·포장을 통칭하는 것이고(同法 3③), '기구'란 음식을 먹을 때 사용하거나 담는 것과 식품 또는 식품첨가물을 채취·제조·가공·조리·저장·소분(小分, 완제품을 나누어 유통을 목적으로 재포장하는 것을 말함)·운반·진열할 때 사용하는 것으로서 식품 또는 식품첨가물에 직접 닿는 기계·기구나 그 밖의 물건을 말한다(同法 2ⅳ).

이 법에서 '영업'이란 식품 또는 식품첨가물을 채취·제조·수입·가공·조리·저장·소분·운반 또는 판매하거나 기구 또는 용기·포장을 제조·수입·운반·판매하는 업을 말하며(同法 2ⅸ), '영업자'란 이 법에 따라 영업허가를 받은 자나 영업신고를 한 자 또는 영업등록을 한 자를 말한다(同法 2ⅹ).

식품위생법에 따르면, 누구든지 판매(불특정 다수인에 대한 제공 포함)를 목적으로 식품 또는 식품첨가물을 채취·제조·가공·사용·조리·저장·소분·운반 또는 진열을 할 때에는 깨끗하고 위생적으로 하여야 하며, 영업에 사용하는 기구 및 용기·포장은 깨끗하고 위생적으로 다루어야 한다(同法 3①②).

식품 등의 위생적인 취급에 관한 기준은 총리령으로 정한다(同法 3③). 이에 따라 식품 등의 위생적 취급 기준에 관하여 제정된 총리령은 위임입법(委任立法)으로서의 법규명령이다.

이 법은 ① 식중독 방지에 관한 사항, ② 농약·중금속 등 유독·유해물질 잔류 허용 기준에 관한 사항, ③ 식품 등의 기준과 규격에 관한 사항 등을 조사·심의하기 위하여 식품의약품안전처에 식품위생심의위원회를 설치하도록 하고(同法 57), 식품위생심의위원회에 식품 등의 국제 기준 및 규격을 조사·연구할 연구위원을 둘 수 있도록 규정하고 있다(同法 58④).

(2) 법규하명에 의한 유해(有害) 식품 등의 제조·판매 등 금지

누구든지 ① 썩거나 상하거나 설익어서 인체의 건강을 해칠 우려가 있는 것, ② 유독(有毒)·유해물질이 들어 있거나 묻어 있는 것 또는 그러할 염려가 있는 것. ③ 병(病)을 일으키는 미생물에 오염되었거나 그러할 염려가 있어 인체의 건강을 해칠 우려가 있는 것, ④ 불결하거나 다른 물질이 섞이거나 첨가(添加)된 것 또는 그 밖의 사유로 인체의 건강을 해칠 우려가 있는 것, ⑤ 이 법에 따른 안전성 평가 대상인 농·축·수산물 등 가운데 안전성 평가를 받지 아니하였거나 안전성 평가에서 식용(食用)으로 부적합하다고 인정된 것, ⑥ 수입이 금지된 것 또는 수입신고를 하지 아니하고 수입한 식품 등이나, ⑦ 영업자가 아닌 자가 제조·가공·소분한 식품 등을 판매하거나 판매할 목적으로 채취·제조·수입·가공·사용·조리·저장·소분·운반 또는 진열하여서는 아니 된다(同法 4. 大判 2015.10.15, 2015도2662. 大判 2014.4.10, 2013도9171).

또한 병든 동물 고기 등의 판매 등도 금지되고(同法 5), 기준·규격이 고시되지 아니한 화학적 합성품 등의 판매 등도 금지되고 있다(同法 6).

누구든지 유독·유해물질이 들어 있거나 묻어 있어 인체의 건강을 해칠 우려가 있는 기구 및 용기·포장을 판매하거나 판매할 목적으로 제조·수입·저장·운반·진열하거나 영업에 사용하여서는 아니 된다(同法 8).

생물의 유전자 중 유용한 유전자만을 취하여 다른 생물체의 유전자와 결합시키는 등의 유전자재조합기술을 활용하여 재배·육성된 농산물·축산물·수산물 등을 주요 원재료로 하여 제조·가공한 식품 또는 식품첨가물(이를 '유전자재조합식품 등'이라 함)은 유전자재조합식품임을 표시하여야 하며, 이 표시를 하여야 하는 유전자재조합식품 등은 그 표시 없이 판매하거나 판매할 목적으로 수입·진열·운반하거나 영업에 사용하여서는 아니 된다(同法 12의2①②).

위와 같이 식품위생법(시행령·시행규칙 포함)이 불특정다수 관계자(영업자 등)의 일정한 행위를 금지하는 것은 행정청의 처분과 달리, 법규가 직접 불특정다수 관계자에게 일정한 부작위의무를 부과하는 법규하명(앞의 제1절 Ⅰ. 참조)이다.

위의 법규하명규정들이나 후술하는 식품 등에 관하여 고시되는 각종 기준의 준수의무규정 등에 따라 발생하는 다수 관계자들의 일정한 의무는 행정주체에 대한 공의무(公義務)이다. 한편, 만약 이 법상의 영업자가 이 법 규정을 위반하여 유해식품 등을 사인에게 제조·판매하고 그로 인해 사인이 건강상의 피해를 입었을 경우에는 그 영업자와 사인 간에 사법관계에서의 손해배상문제가 야기될 수 있다.

이 법은 행정주체와 식품 등의 영업자 간의 여러 가지 행정상 공법관계를 형성·규율하면서, 국민의 안전한 식생활여건의 형성에도 크게 기여하는 법이다.

(3) 식품 등에 대한 각종 기준의 제정·고시

식품위생법은 식품의약품안전처장이 국민보건을 위하여 필요하면 판매를 목적으로 하는 식품 또는 식품첨가물에 관한 제조·가공·사용·조리·보존 방법에 관한 기준과 성분에 관한 규격을 정하여 고시(告示)하도록 규정하고 있다(同法 7①).

이 법은 또한 식품의약품안전처장이 국민보건을 위하여 필요한 경우에는 판매하거나 영업에 사용하는 기구 및 용기·포장에 관한 기준과 규격(同法 9①), 판매를 목적으로 하는 식품 등의 표시에 관한 기준을 정하여 고시할 수 있도록 규정하고 있다(同法 10①). 표시에 관한 기준이 정하여진 식품 등은 그 기준에 맞는 표시 없이 판매하거나 판매할 목적으로 수입·진열·운반하거나 영업에 사용하여서는 아니 된다(同法 10②).

식품의약품안전처장은 총리령으로 정하는 식품의 영양표시에 관하여 필요한 기준을 정하여 고시할 수 있으며, 식품을 제조·가공·소분 또는 수입하는 영업자는 정하여진 영양표시기준을 지켜야 한다(同法 11①②. 大判 2002.6.14, 2001도4633).

위의 규정들에 의하여 고시된 식품·식품첨가물의 제조 등에 관한 기준, 기구·용기·포장에 관한 기준, 식품 등의 표시에 관한 기준이나 식품의 영양표시에 관한 기준 등은 법률의 위임에 의거하여 관계 행정청이 정한 '법령보충적 행정규칙'(앞의 제1절 Ⅱ. 참조)으로서 법규명령과 같은 효력(행정조직 내·외부에 대한 구속력)을 지니며, 관계자는 그에 따라야 할 기속을 받는다(大判 2002.11.26, 2002도2998).

식품에 잔류하는 농약이나 약사법에 따른 동물용 의약품의 잔류허용기준 설정이 필요한 자는 식품의약품안전처장에게 신청하여야 하며, 수입식품에 대한 농약 및 동물용 의약품의 잔류허용기준 설정을 원하는 자는 식품의약품안전처장에게 관련 자료를 제출하여 기준 설정을 요청할 수 있다(同法 7의3①②).

식품의약품안전처장은 관계 중앙행정기관장과의 협의 및 식품위생심의위원회의 심의를 거쳐 '식품 등의 기준 및 규격 관리기본계획'을 5년마다 수립·추진할 수 있으며(同法 7의4①), 위의 관리기본계획에 따라 식품 등에 관한 기준 및 규격을 주기적으로 재평가하여야 한다(同法 7의5①).

식품을 제조·가공하거나 「수입식품안전관리 특별법」에 따라 수입·판매하는 영업자는 총리령으로 정하는 식품의 나트륨 함량을 동일하거나 유사한 유형의 식품의 나트륨 함량과 비교하여 소비자가 알아보기 쉽게 색상과 모양을 이용하여 표시하여야 하며, 식품의약품안전처장은 나트륨 함량 비교 표시 기준 및 방법 등을 정하여 고시하여야 한다(同法 11의2①②. 2017.5.19.시행),

이 법은 영유아식, 체중조절용 조제식품 등 대통령령으로 정하는 식품의 표시·광고에 대한 심의(同法 12의3)와 그에 대한 이의제기(同法 12의4), 식품 등의 명칭·제조방법, 품질·영양 표시, 유전자재조합식품 등 및 식품이력추적관리 표시에 관한 허위·과대·비방의 표시·광고 금지, 과대포장 금지, 식품·식품첨가물의 영양가·원재료·성분·용도에 관한 허위표시 등의 금지(同法 13)도 규정하고 있다.

위에서 '식품이력추적관리'란 식품을 제조·수입·가공단계부터 판매단계까지 각 단계별로 정보를 기록·관리하여 그 식품의 안전성 등에 문제가 발생할 경우 그 식품을 추적하여 원인을 규명하고 필요한 조치를 할 수 있도록 관리하는 것을 말한다(同法 2).

(4) **식품 등의 공전(公典)과 위해평가(危害評價) 및 검사 등**

식품의약품안전처장은 식품 등의 기준과 규격, 표시기준 등을 실은 식품 등의 공전을 작성·보급하여야 한다(同法 14).

식품의약품안전처장은 위해(危害)의 우려가 제기되는 식품 등에 대하여는 그 식품 등의 위해요소를 신속히 평가(이를 '위해평가'라 함)하여 그것이 위해식품 등인지를 결정하여야 하고(同法 15①), 위해평가가 끝나기 전까지 국민건강을 위하여 예방조치가 필요한 식품 등에 대하여는 제조·수입·가공·운반·진열 등을 일시적으로 금지할 수 있으며(同法 15②), 위해평가 결과에 관한 사항을 공표할 수 있다(同法 15의2①).

식품의약품안전처장(대통령령으로 정하는 그 소속 기관의 장 포함), 시·도지사 또는 시장·군수·구청장은 대통령령으로 정하는 일정 수 이상의 소비자, 소비자단체 또는 총리령으로 정하는 시험·검사기관이 식품 등 또는 영업시설 등에 대하여 출입·검사·수거 등(이하 '위생검사 등'이라 함)을 요청하는 경우에는 원칙적으로 이에 따라야 하며(同法 16①), 14일 이내에 위생검사 등을 하고 그 결과를 위생검사 등의 요청을 한 소비자, 소비자단체 또는 시험·검사기관에 알리고 인터넷 홈페이지에 게시하여야 한다(同法 16②).

위의 위생검사 등이나 후술하는 영업소 등의 출입·검사, 영업에 관계되는 장부·서류의 열람 등은 행정기관의 권력적 사실행위로서의 행정조사에 해당한다.

이 법은 판매 목적으로 채취·제조·수입·가공·조리·저장·소분 또는 운반(이하 '제조·판매 등'이라 함)되고 있는 식품 등이 국민건강에 중대한 위해(危害)가 발생하거나 발생할 우려가 있는 경우에 식품의약품안전처장이 긴급대응방안을 마련하고 필요한 조치를 하도록 규정하였으며(同法 17①), 긴급대응방안에 포함될 사항들도 정하고 있다(同法 17②).

식품의약품안전처장은 위의 긴급대응이 필요하다고 판단되는 식품 등에 대하여는 그 위해 여부가 확인되기 전까지 이해관계인의 의견을 들은 후 해당 식품 등의 제조·판매 등을 금지하여야 하며(同法 17③⑤), 영업자는 그 금지조치에 이의가 있는 경우 대통령령으로 정하는 바에 따라 식품의약품안전처장에게 그 금지의 전부 또는 일부의 해제를 요청할 수 있다(同法 17⑥).

이 법은 식품의약품안전처장이 국민건강에 급박한 위해가 발생하거나 발생할 우려가 있다고 인정되는 위해식품에 관한 정보를 국민에게 긴급하게 전달하기 위한 방송·송신의 요청을 할 수 있고(同法 17⑧), 유전자재조합식품 등을 식용(食用)으로 수입·개발·생산하는 자에게 일정한 경우 해당 식품 등에 대하여 안전성 평가를 받게 할 수 있으며(同法 18①), 유전자재조합식품 등의 안전성 평가에 대한 심사를 위하여 식품의약품안전처에 '유전자재조합식품 등 안전성평가자료심사위원회'를 두도록 규정하고 있다(同法 18②).

이 법은 국내외에서 유해물질이 검출된 식품 등이나 국내외에서 위해발생의 우려가 제기되었거나 제기된 식품 등의 제조·가공 등을 하는 영업자에 대한 검사명령(同法 19의4①), 특정 국가 또는 지역에서 위해한 것으로 밝혀졌거나 위해의 우려가 있다고 인정되는 특정 식품 등의 수입·판매 금지(同法 21①), 식품 등의 위해방지·위생관리와 영업질서의 유지를 위한 관계 서류·자료의 제출 요구, 영업소 등의 출입·검사, 식품 등의 무상 수거, 영업에 관계되는 장부·서류의 열람(同法 22①)에 관하여 규정하고 있다.

이 법은 식품 등의 검사 결과 해당 식품 등이 이 법에 따른 기준이나 규격에 맞지 아니한 경우의 해당 영업자에 대한 검사결과 통보(同法 23①), 위의 통보를 받은 영업자의 재검사 요청(同法 23②), 위의 요청에 따른 재검사 및 재검사결과 통보(同法 23③), 식품 등을 제조·가공하는 영업자의 자가품질검사 의무(同法 31①②), 식품위생감시원(同法 32①), 소비자식품위생감시원(同法 33①), 소비자의 위생상태점검 참여(同法 35①)에 대하여도 규정하고 있다.

(5) 식품 등에 관한 영업의 허가와 규제

식품 또는 식품첨가물의 제조업·가공업·운반업·판매업 및 보존업, 기구 또는 용기·포장의 제조업이나 식품접객업을 하려는 자는 총리령으로 정하는 시설기준에 맞는 시설을 갖추어야 한다(同法 36①. 大判 2015.7.9, 2014두47853). 위의 영업의 세부 종류와 그 범위는 대통령령으로 정한다(同法 36②).

위 규정에 따른 식품위생법시행령 제21조는 식품 등에 관한 영업의 종류를 ① 식품제조·가공업, ② 즉석판매제조·가공업, ③ 식품첨가물제조업, ④ 식품운반업, ⑤ 식품소분·판매업, ⑥ 식품보존업, ⑦ 용기·포장류제조업, ⑧ 식품접객업(이는 휴게음식점영업·일반음식점영업·단란주점영업·유흥주점영업·위탁급식영업·제과점영업으로 구분됨)으로 분류하고 있다(大判 2012.6.28, 2011도15097).

위의 영업 중 대통령령으로 정하는 영업을 하려는 자는 대통령령으로 정하는 바에 따라 영업 종류별 또는 영업소별로 식품의약품안전처장 또는 특별자치도지사·시장·군수·구청장의 허가를 받아야 하며, 허가받은 사항 중 대통령령으로 정하는 중요한 사항을 변경할 때에도 또한 같다(同法 37①).

위의 '영업허가'는 행정청이 당사자에게 허가 없이 할 수 없게 되어있는 일정한 부작위의무를 해제하여 주는 처분이며, 허가요건이 충족된 경우에는 허가해야 하는 기속처분이라 할 수 있다(大判 2000.3.24, 97누12532).

영업허가를 받은 자가 폐업하거나 허가받은 사항 중 경미한 사항을 변경할 때에는 식품의약품안전처장 또는 특별자치도지사·시장·군수·구청장에게 신고하여야 한다(同法 37③). 이러한 신고의 수리도 처분이다.

식품의약품안전처장 또는 특별자치도지사·시장·군수·구청장은 영업허가를 하는 때에는 필요한 조건을 붙일 수 있다(同法 37②). 여기서의 조건(條件)은 처분에 붙여지는 부관(附款)을 의미하는 것이라 하겠다.

식품위생법은 대통령령으로 정하는 식품영업의 신고(同法 37④. 大判 2015.1.29, 2014도8448)와 등록(同法 37⑤), 총리령으로 정하는 바에 따른 식품 또는 식품첨가물 제조·가공의 보고(同法 37⑥), 관계 행정청의 신고 또는 등록 사항의 직권말소(同法 37⑦), 관할 세무서장에 대한 영업자의 폐업여부에 관한 정보 제공 요청(同法 37⑨), 영업허가 등의 제한(同法 38①), 영업신고·영업등록의 제한(同法 38②), 영업의 승계(同法 39. 大判 2014.3.13, 2012두18882. 大判 2012.1.12, 2011도6561), 영업자·종업원의 건강진단(同法 40), 식품위생교육(同法 41), 품질관리 및 보고(同法 42), 일정한 경우의 식품접객영업자에 대한 영업제한(同法 43), 영업자 등의 준수사항(同法 44), 위해식품 등의 회수(同法 45), 식품 등의 이물(異物) 발견보고의무(同法 46), 위생관리 상태에 따른 영업소의 위생등급지정(同法

47①), 식품접객업소의 위생등급 지정(同法 47의2. 2017.5.19.시행)에 관하여도 규정하고 있다.

식품의약품안전처장은 식품의 원료관리 및 제조·가공·조리·소분·유통의 모든 과정에서 위해(危害)한 물질이 식품에 섞이거나 식품이 오염되는 것을 방지하기 위하여 각 과정의 위해요소를 확인·평가하여 중점적으로 관리하는 기준(이를 '식품안전관리인증기준'이라 함)을 식품별로 정하여 고시할 수 있으며, 총리령으로 정하는 식품의 제조·판매 등을 하는 영업자는 식품의약품안전처장이 식품별로 고시한 식품안전관리인증기준을 지켜야 한다(同法 48①②). 고시된 식품안전관리인증기준은 법령보충적 행정규칙이다(憲裁 2007.2.22, 2003헌마428·600병합).

이 법은 식품별 식품안전관리인증기준적용업소의 인증 및 증명서류의 발급(同法 48③④), 식품안전관리인증기준적용업소의 영업자·종업원에 대한 교육훈련(同法 48⑤), 식품안전관리인증기준적용업소 식품의 위탁 제조·가공금지(同法 48⑩), 식품안전관리인증기준적용업소의 공정별·품목별 위해요소의 분석, 기술지원 및 인증 등의 업무의 위탁(同法 48⑫), 식품이력추적관리 등록 및 식품이력추적관리기준, 식품이력추적관리의 표시, 식품이력추적관리기준의 준수 여부 등에 대한 식품의약품안전처장의 3년 주기 조사·평가 및 식품이력추적관리 자금의 지원(同法 49①②④⑤⑥), 식품이력추적관리정보의 기록·보관(同法 49의2), 식품이력추적관리시스템의 구축(同法 49의3)에 대하여도 규정하고 있다.

(6) 조리사와 영양사

집단급식소 운영자와 대통령령으로 정하는 식품접객업자는 조리사(調理士)를 두어야 한다. 다만, 집단급식소 운영자 또는 식품접객영업자 자신이 조리사로서 직접 음식물을 조리하는 경우와 1회 급식인원 100명 미만의 산업체인 경우 및 영양사가 조리사의 면허를 받은 경우에는 조리사를 두지 아니하여도 된다(同法 51①).

집단급식소 운영자는 영양사(營養士)를 두어야 한다. 다만, 집단급식소 운영자 자신이 영양사로서 직접 영양 지도를 하는 경우와 1회 급식인원 100명 미만의 산업체인 경우 및 조리사가 영양사의 면허를 받은 경우에는 영양사를 두지 아니하여도 된다(同法 52①).

조리사가 되려는 자는 국가기술자격법에 따라 해당 기능분야의 자격을 얻은 후 특별자치도지사·시장·군수·구청장의 면허를 받아야 한다(同法 53①).

이 법은 조리사의 업무(同法 51②), 영양사의 업무(同法 52②), 조리사의 결격사유(同法 54), 조리사와 영양사의 교육(同法 56) 등에 관하여도 규정하고 있다.

(7) 식품 등의 영업자에 대한 시정명령과 영업허가취소 등

식품의약품안전처장, 시·도지사 또는 시장·군수·구청장은 이 법 규정에 따른 식품 등의 위생적 취급에 관한 기준에 맞지 아니하게 영업하는 자와 이 법을 지키지 아니하는 자에게는 필요한 시정을 명하여야 하며, 시정명령을 한 경우에는 그 영업을 관할하는 관서의 장에게 그 내용을 통보하여 시정명령이 이행되도록 협조를 요청할 수 있고, 이러한 요청을 받은 관계기관의 장은 정당한 사유가 없으면 이에 응하여야 하며, 그 조치결과를 지체 없이 요청한 기관의 장에게 통보하여야 한다(同法 71①②③).

식품의약품안전처장, 시·도지사 또는 시장·군수·구청장은 영업자가 이 법 규정을 위반하여 인체의 건강을 해칠 우려가 있는 식품 등의 제조·판매 등을 하는 경우에는 관계 공무원에게 그 식품 등을 압류·폐기하게 하거나 용도·처리방법 등을 정하여 영업자에게 위해를 없애는 조치를 하도록 명하여야 한다(同法 72①).

이 법은 허가받지 아니하거나 신고 또는 등록하지 아니하고 제조·가공·조리한 식품 등의 압류·폐기(同法 72②), 영업자에 대한 식품 등의 회수·폐기 명령 및 원료·제조방법·성분·배합비율 등의 변경 명령(同法 72③), 위해식품 등의 공표(同法 73①), 영업자에 대한 시설 개수(改修) 명령(同法 74①), 영업허가취소·등록취소·영업정지·영업소폐쇄명령(同法 75①②③)에 대하여도 규정하고 있다(大判 2014.6.12, 2014두2157).

위의 위법 식품 등의 압류·폐기는 행정상 즉시강제(사전에 의무가 부과된 경우는 직접강제)이고, 위법 식품 등의 회수·폐기 명령, 원료·제조방법·성분·배합비율 등의 변경 명령, 시정명령, 시설 개수 명령, 영업허가취소, 영업등록취소, 영업정지, 영업소폐쇄명령 등은 행정청의 처분이다.

이 법은 일정한 경우의 영업자에 대한 일정 품목 제조정지명령(同法 76), 관계 행정기관장에 대한 행정처분의 요청(同法 77), 행정제재처분 효과의 승계(同法 78), 영업소에 대한 폐쇄조치(同法 79), 조리사 등의 면허취소(同法 80), 일정한 제재처분을 할 경우의 청문(同法 81), 영업정지 등의 처분에 갈음하여 부과하는 과징금처분(同法 82), 위해식품 등의 판매 등에 따른 과징금 부과(同法 83), 영업자의 법위반사실 공표(同法 84), 이 법의 시행에 관한 일정한 경비에 대한 국고 보조(同法 85), 식중독에 관한 조사 보고(同法 86), 식중독대책협의기구의 설치(同法 87), 집단급식소의 설치 신고 및 준수사항(同法 88)에 대하여도 규정하고 있다.

위의 일정 품목 제조정지명령, 조리사 등의 면허취소, 과징금 부과 등은 행정청의 처분이고, 영업소에 대한 폐쇄조치는 직접강제이다.

(8) 식품위생단체·식품안전정보원·한국식품안전관리인증원 등

식품위생법은 대통령령으로 정하는 식품영업 또는 식품종류별 동업자조합(同業者組合)의 설립과 설립인가(同法 59①②③), 동업자조합의 사업(同法 60)과 공제회의 설치·운영(同法 60의2), 공제사업의 내용(同法 60의3), 공제회에 대한 감독(同法 60의4), 동업자조합 대의원회(同法 61), 동업자조합의 자율지도원(同法 63)에 관하여 규정하고 있다.

이 법은 한국식품산업협회의 설립(同法 64) 및 사업(同法 65), 식품안전정보원(食品安全情報院)의 설립(同法 67①②) 및 사업(同法 68①)과 사업계획서·예산서의 제출(同法 69①), 한국식품안전관리인증원의 설립·사업·사업계획서제출·감독 및 임직원에 대한 형법규정 적용시의 공무원 의제(同法 70의2·3·4·5·6), 식품진흥기금의 설치(同法 89), 이 법에 위반되는 행위를 신고한 자에 대한 포상금 지급(同法 90), 식품 등의 안전에 관한 정보공개(同法 90의2), 이 법에 따른 행정청의 권한의 위임(同法 91), 일정한 신청을 하는 자가 납부할 수수료(同法 92), 이 법 규정을 위반한 자에 대한 벌칙(同法 93~100)·과태료(101), 과태료에 관한 규정 적용의 특례(同法 102)에 대하여도 규정하고 있다.

(9) 식품위생상의 안전행정에 관한 법률들

국민건강·식품위생 안전행정에 관한 식품의약품안전처 소관 법률로서 식품위생법 외에 ① 식품안전기본법, ②「어린이 식생활안전관리 특별법」, ③「수입식품안전관리 특별법」(2016.2.4.시행), ④「건강기능식품에 관한 법률」, ⑤「농수산물 품질관리법」, ⑥「축산물 위생관리법」, ⑦「식품·의약품분야 시험·검사 등에 관한 법률」, ⑧「마약류 관리에 관한 법률」, ⑨ 화장품법, ⑩「식품·의약품 등의 안전기술 진흥법」 등이 있다.

【大判 2000.3.24, 97누12532. "식품위생법상 일반음식점 영업허가는 성질상 일반적 금지의 해제에 불과하므로 허가권자는 허가신청이 법에서 정한 요건을 구비한 때에는 허가하여야 하고 관계 법령에서 정하는 제한사유 외에 공공복리 등의 사유를 들어 허가신청을 거부할 수는 없고, 이러한 법리는 일반음식점 허가사항의 변경허가에 관하여도 마찬가지이다."】

【大判 2012.6.28, 2011도15097. "일반음식점 영업자인 피고인이 바텐더 형태의 영업장에서 주로 술과 안주를 판매함으로써 구 식품위생법상 준수사항을 위반하였다는 내용으로 기소된 사안에서, 위 준수사항 중 '주류만을 판매하는 행위'에는 일반음식점영업 허가를 받고 안주류와 함께 주로 주류를 판매하는 행위도 포함된다고 해석하여 유죄를 인정한 원심판결에 관계 법령의 해석 및 죄형법정주의에 관한 법리오해의 위법이 있다."】

5. 공중위생관리법

(1) 서설

국민들은 일상생활에서 숙박업소·목욕장·이용업소·미용업소 등 불특정다수의 사람들이 드나드는 시설을 이용하는 경우가 많은데, 이러한 공중이용시설(公衆利用施設)의 위생확보와 관련영업의 건전한 질서유지는 국민건강 및 사회질서를 위하여 필요한 공적 과제라고 아니할 수 없다.

공중위생관리법은 공중이 이용하는 영업과 시설의 위생관리 등에 관한 사항을 규정함으로써 위생수준을 향상시켜 국민의 건강증진에 기여함을 목적으로 하고 있다(同法 1).

공중위생영업자의 준수사항, 공중위생사업에 대한 규제 등을 정하고 있는 이 법의 시행으로써, 공중이 이용하는 시설에서 발생할 수 있는 국민건강·사회질서상의 위해(危害)를 크게 줄일 수 있게 되었다.

이 법에서 '공중위생영업'이란 다수인을 대상으로 위생관리서비스를 제공하는 영업으로서 숙박업·목욕장업·이용업·미용업·세탁업·위생관리용역업을 말한다(同法 2①ⅰ). 위의 숙박업에는 농어촌에 소재하는 민박 등 대통령령이 정하는 경우가 제외되며(同法 2①ⅱ), 목욕장업에는 숙박업 영업소에 부설된 욕실 등 대통령령이 정하는 경우가 제외된다(2①ⅲ).

'위생관리용역업'이란 공중이 이용하는 건축물·시설물 등의 청결유지와 실내공기정화를 위한 청소 등을 대행하는 영업을 말한다(2①ⅶ).

위의 숙박업·목욕장업·이용업·미용업·세탁업·위생관리용역업은 대통령령이 정하는 바에 따라 세분할 수 있다(同法 2②).

(2) 공중위생영업의 신고

공중위생관리법에 따르면, 공중위생영업을 하고자 하는 자는 공중위생영업의 종류별로 보건복지부령이 정하는 시설 및 설비를 갖추고 시장·군수·구청장(자치구의 구청장에 한함)에게 신고하여야 한다. 보건복지부령이 정하는 중요사항을 변경하고자 하는 때에도 또한 같다(同法 3①).

공중위생영업의 신고를 한 자(이하 '공중위생영업자'라 함)는 공중위생영업을 폐업한 날부터 20일 이내에 시장·군수·구청장에게 신고하여야 한다(同法 3②. 大判 2008.3.27, 2008도89).

공중위생영업신고는 신고접수기관이 신고자의 영업시설·설비 등 해당 신고에 필요한 요건을 모두 갖추었는지를 심사하여 신고의 수리(受理) 여부를 결정할 수 있으므로, 자체완결적인 신고가 아니라 '수리를 요하는 신고'이며, 사인(私人)의 공법행위에 해당한다(앞의 제2절 1. Ⅲ. 참조). 위 신고의 수리는 처분이다.

이 법은 공중위생영업자의 영업양도·사망·법인합병이나 관계 법률에 따른 관련 시설·설비 인수로 인한 지위승계(同法 3의2①②), 이용업·미용업의 면허소지자에 한한 지위승계(同法 3의2③), 공중위생영업자 지위승계 신고(同法 3의2④)에 대하여도 규정하고 있다.

(3) **공중위생영업자의 의무**

공중위생영업자는 그 이용자에게 건강상 위해요인이 발생하지 아니하도록 영업 관련 시설 및 설비를 위생적이고 안전하게 관리하여야 한다(同法 4①. 大判 2010. 2.11, 2009다79316).

이 법은 목욕장업을 하는 자의 준수사항(同法 4②), 이용업을 하는 자의 준수사항(同法 4③), 미용업을 하는 자의 준수사항(同法 4④), 세탁업을 하는 자의 준수사항(同法 4⑤), 위생관리용역업을 하는 자의 준수사항(同法 4⑥)을 각각 규정하고 있다. 이들 규정은 법령이 직접 불특정다수의 관련 영업자들에게 일정한 의무를 부과한 법규하명규정들이다.

공중위생영업자가 준수하여야 할 위생관리기준 기타 위생관리서비스의 제공에 관하여 필요한 사항으로서 이 법에 규정된 사항 외의 사항 및 감염병환자 기타 함께 출입시켜서는 아니 되는 자의 범위와 목욕장내에 둘 수 있는 종사자의 범위 등 건전한 영업질서유지를 위하여 영업자가 준수하여야 할 사항은 보건복지부령으로 정한다(同法 4⑦).

이 법은 이용사·미용사의 자격과 면허(同法 6①), 결격사유(同法 6②), 면허취소·면허정지(同法 7), 이용사·미용사의 업무범위(同法 8①)에 관하여도 규정하고 있다.

(4) **공중위생영업에 대한 감독 등**

특별시장·광역시장·도지사(이하 '시·도지사'라 함) 또는 시장·군수·구청장은 공중위생관리상 필요하다고 인정하는 때에는 공중위생영업자에 대하여 필요한 보고를 하게 하거나 소속공무원으로 하여금 영업소·사무소·공중이용시설 등에 출입하여 공중위생영업자의 위생관리의무이행 등에 대하여 검사하게 하거나 필요에 따라 공중위생영업장부나 서류를 열람하게 할 수 있다(同法 9①).

위의 보고요구나 검사 또는 서류열람을 함에 있어서 관광진흥법 규정에 의하여 등록한 관광숙박업의 경우에는 당해 관광숙박업의 관할 행정기관의 장과 사전에 협의하여야 한다. 다만, 보건위생관리상 위해요인을 방지하기 위하여 긴급한 사유가 있는 경우에는 그러하지 아니하다(同法 9③).

이 법은 일정한 경우의 공중위생영업자 및 종사원에 대한 영업시간·영업행위의 제한(同法 9의2), 공중위생영업자에 대한 위생지도 및 개선명령(同法 10), 공중위생영업자에 대한 영업정지·시설사용중지·영업소폐쇄 명령(同法 11①)에 대하여도 규정하고 있다.

시장·군수·구청장은 공중위생영업자가 영업소폐쇄명령을 받고도 계속하여 영업을 하는 때에는 관계공무원으로 하여금 당해 영업소를 폐쇄하기 위하여 ① 당해 영업소의 간판 기타 영업표지물의 제거, ② 당해 영업소가 위법한 영업소임을 알리는 게시물 등의 부착, ③ 영업을 위하여 필수불가결한 기구 또는 시설물을 사용할 수 없게 하는 봉인(封印)의 조치를 하게 할 수 있다(同法 11③). 이는 관계행정청이 실력을 행사하여 직접 행정상 필요한 상태를 실현하는 직접강제에 관한 규정이다.

이 법은 공중위생영업자에 대한 과징금 부과 및 징수(同法 11의2①③④), 행정제재처분의 효과의 승계(同法 11의3①), 행정제재처분 절차의 속행(同法 11의3②)에 대하여 규정하고 있다.

또한 이 법은 「성매매알선 등 행위의 처벌에 관한 법률」·「풍속영업의 규제에 관한 법률」·청소년보호법을 위반하여 폐쇄명령을 받은 자(법인인 경우에는 그 대표자 포함)의 동종영업금지(2년간)에 대하여도 규정하고 있다(同法 11의4①). 이는 관계 공중위생영업자가 공중위생관리법뿐만 아니라 건전한 사회질서유지를 위한 「성매매알선 등 행위의 처벌에 관한 법률」·「풍속영업의 규제에 관한 법률」·청소년보호법 등도 준수하여야 함을 명기한 것이다(大判 2008.8.21, 2008도3975).

시·도지사는 공중위생영업소(관광숙박업의 경우 제외)의 위생관리수준을 향상시키기 위하여 위생서비스평가계획(이하 '평가계획'이라 함)을 수립하여 시장·군수·구청장에게 통보하여야 한다(同法 13①).

시장·군수·구청장은 위의 평가계획에 따라 관할지역별 세부평가계획을 수립한 후 공중위생영업소의 위생서비스수준을 평가(이하 '위생서비스평가'라 함)하여야 하며(同法 13②), 위생서비스평가의 전문성을 높이기 위하여 필요하다고 인정하는 경우에는 관련 전문기관 및 단체로 하여금 위생서비스평가를 실시하게 할 수 있다(同法 13③).

이 법은 위생서비스평가의 결과에 따른 위생관리등급의 통보 및 공표(同法 14①), 위생서비스평가의 결과에 따른 위생관리등급별 위생감시 및 그 기준(同法 14④), 이용업소표시 등의 사용제한(同法 11의5), 이용사 및 미용사의 면허취소·면허정지, 공중위생영업의 정지, 일부 시설의 사용중지 및 영업소폐쇄명령 등의 처분을 하고자 하는 경우의 청문(同法 12)에 대하여도 규정하고 있다.

(5) 공중위생감시원과 공중위생 영업자단체 등

이 법에 따른 공중위생영업자의 위생관리의무이행 확인 등 관계공무원의 업무를 행하게 하기 위하여 특별시·광역시·도 및 시·군·구(자치구에 한함)에 공중위생감시원을 두며, 공중위생감시원의 자격·임명·업무범위 기타 필요한 사항은 대통령령으로 정한다(同法 15①②).

시·도지사는 공중위생의 관리를 위한 지도·계몽 등을 행하게 하기 위하여 명예공중위생감시원을 둘 수 있다(同法 15의2①).

이 법은 영업종류별 공중위생영업자단체의 설립(同法 16), 공중위생영업자에 대한 위생교육(同法 17), 이 법에 의한 보건복지부장관의 권한의 위임·위탁(同法 18), 위생서비스평가를 실시하는 자에 대한 국고보조(同法 19), 이용사 또는 미용사 면허에 대한 수수료(同法 19의2), 이 법 규정 위반자에 대한 벌칙(同法 20~21), 과태료(同法 22), 과태료의 부과·징수절차(同法 23)에 대하여도 규정하고 있다.

(6) 국민보건상의 안전행정에 관한 보건복지부 소관 법률들

국민보건·위생상의 안전행정에 관한 보건복지부 소관 법률로서, 공중위생관리법 외에 ① 보건의료기본법, ② 의료법, ③ 약사법(식품의약품안전처 공동소관), ④ 「감염병의 예방 및 관리에 관한 법률」, ⑤ 의료기기법, ⑥ 검역법, ⑦ 결핵예방법, ⑧ 「응급의료에 관한 법률」, ⑨ 「위생사에 관한 법률」, ⑩ 「의료기사 등에 관한 법률」, ⑪ 「인체조직안전 및 관리 등에 관한 법률」, ⑫ 「생명윤리 및 안전에 관한 법률」, ⑬ 「한국보건의료인국가시험원법」(2015.12.23.시행), ⑭ 환자안전법(2016. 7.29.시행) 등이 있다.

【大判 2013.12.12, 2013도7947. "공중위생관리법(이하 '법'이라고 한다)의 목적, 법 제2조 제1항 제1호, 제2호, 구 「공중위생관리법 시행령」 제2조 제1항의 내용을 종합하여 보면, 영리의 목적으로 손님이 잠을 자고 머물 수 있는 시설 및 설비 등의 서비스를 계속적·반복적으로 제공하는 행위는 법령이 정한 제외규정에 해당되지 않는 이상 법 제2조 제1항 제2호에서 규정한 숙박업에 해당하고, 같은 시설 등에서 복합유통게임 등을 제공한다고 하여 위 숙박업에서 제외되는 것은 아니다."】

6. 청소년보호법

(1) 서설

우리 사회의 미래의 주역인 청소년(19세 미만의 사람)들이 정신면에서 건강한 인격체로 성장할 수 있도록 하기 위하여 국가는 청소년에 대한 교육과 더불어 청소년유해환경(青少年有害環境)으로부터 청소년을 보호·구제하는 일을 소홀히 해서는 아니 될 것이다.

위에서 '청소년유해환경'이란 청소년유해매체물, 청소년유해약물·물건, 청소년유해업소 등과 청소년에 대한 폭력·학대 등 청소년의 건전한 인격형성에 해로운 주변 환경요소들을 말하며, 이들에 대한 규제는 청소년 개개인의 바람직한 인격함양을 위해서뿐만 아니라 건전한 사회질서유지를 위해서도 긴요하다고 하겠다.

청소년보호법은 청소년에게 유해한 매체물(媒體物)과 약물(藥物) 등이 청소년에게 유통되는 것과 청소년이 유해한 업소에 출입하는 것 등을 규제하고 청소년을 유해한 환경으로부터 보호·구제(救濟)함으로써 청소년이 건전한 인격체로 성장할 수 있도록 함을 목적으로 하고 있다(同法 1).

청소년들의 정서(情緖)에 해로운 각종 제품·환경요소들이 범람하고 있는 오늘날의 상황에서, 이 법은 청소년유해요소의 규제를 통한 청소년비행(青少年非行)의 예방과 우리 사회의 밝은 미래를 형성함에 기여할 수 있는 법이라고 하겠다.

그런데 청소년보호법에 정해진 청소년유해환경요소 외에도 청소년의 건전한 인격형성에 해롭고 청소년비행의 원인이 되는 것들이 있으므로, 청소년보호에 있어서는 청소년보호법의 집행과 더불어 청소년유익환경(青少年有益環境)의 조성과 청소년비행의 실태조사·원인파악·예방대책 등에 대한 가정, 학교, 지역사회, 청소년 상담기관, 청소년 복지시설, 관계 행정기관 등의 공동노력이 필요하며, 청소년의 보호·계도에 관한 다른 법률들의 적정한 집행도 요구된다.

청소년보호법의 목적을 달성하기 위해서는 우선 청소년유해매체물·청소년유해약물·청소년유해업소 등 청소년유해환경요소들의 개념부터 분명히 할 필요가 있다.

청소년보호법은 영화·비디오물·게임물·음반·음악영상물·공연, 전기통신을 통한 부호·문언·음향·영상정보, 신문, 잡지, 간행물, 전자출판물, 외국간행물, 옥외광고물, 상업적 광고선전물 등 '매체물'의 개념을 정의하고(同法 2ii). 이 중 청소년보호위원회가 청소년에게 유해한 것으로 결정하거나 확인하여 여성가족부장관이 고시(告示)한 매체물과 다른 법령에 따라 해당 매체물의 윤리성·건전성을 심의할 수 있는 각 심의기관이 청소년에게 유해한 것으로 심의하거나 확인하여 여성가족부장관이 고시한 매체물을 '청소년유해매체물'이라 하고 있다(同法 2iii).

이 법에서 '청소년유해약물'이란 청소년에게 유해한 것으로 인정되는 주류·담배·마약류·환각물질과 그 밖에 중추신경에 작용하여 습관성·중독성·내성 등을 유발하여 청소년의 심신을 심각하게 손상시킬 우려가 있는 약물로서 청소년보호위원회가 결정하고 여성가족부장관이 고시한 것을 말한다.

'청소년유해물건'이란 청소년에게 음란한 행위를 조장하는 성기구 등 청소년의 심신을 심각하게 손상시킬 우려가 있는 성 관련 물건과 청소년에게 음란성·포악성·잔인성·사행성 등을 조장하는 완구류 등 청소년의 심신을 심각하게 손상시킬 우려가 있는 물건으로서 청소년보호위원회가 결정하고 여성가족부장관이 고시한 것을 말한다.

이 법은 청소년유해약물과 청소년유해물건을 포괄하여 '청소년유해약물 등'이라 하고 있다(同法 2iv).

위에서 청소년보호위원회가 결정·확인한 청소년유해매체물·청소년유해약물 등에 대한 여성가족부장관의 고시(告示)는 어떤 매체물·약물 등이 청소년유해매체물·청소년유해약물 등으로 결정되었음을 공표하는 고시(告示)이고, 법령보충적 행정규칙으로서의 고시와는 성질이 다른 것이다.

이 법에서 '청소년유해업소'란 '청소년 출입·고용금지업소'와 '청소년고용금지업소'를 말한다(同法 2v. 大判 2011.1.13, 2010도10029. 大判 2004.2.12, 2003도6282).

'청소년 출입·고용금지업소'란 청소년의 출입과 고용이 금지되는 사행행위영업, 식품접객업 중 대통령령으로 정하는 업소, 무도학원업 및 무도장업 등 이 법 제2조 제5호 가목에 규정된 업을 말한다.

'청소년고용금지업소'란 청소년의 출입은 가능하나 청소년의 고용이 금지되는 숙박업·목욕장업·이용업·식품접객업 중 대통령령으로 정하는 업소, 비디오물소극장업 등 이 법 제2조 제5호 나목에 규정된 업을 말한다.

이 법은 청소년유해매체물·청소년유해업소·청소년유해약물 등에 관한 사항을 심의·결정하기 위하여 여성가족부장관 소속으로 11명 이내의 위원으로 구성되는 청소년보호위원회를 설치하도록 하고(同法 36), 그 위원 선임(同法 37·39), 유해매체물 심의분과위원회의 설치(同法 41의2)에 관하여도 규정하고 있다.

(2) 청소년보호를 위한 가정·사회·국가·지방자치단체의 책무

청소년보호법은 청소년의 친권자를 포함하여 누구든지 청소년을 청소년유해환경에 접할 수 없게 하며, 청소년유해업소에 출입을 하지 못하도록 하고, 청소년의 유해 매체물·약물 이용이나 청소년폭력·학대 등을 알게 되었을 때에는 이를 제지·선도하며, 청소년에게 유해한 매체물·약물 등이 유통되고 있거나 청소년유해업소에 청소년이 고용 또는 출입하고 있음을 알거나 청소년이 폭력·학대 등의 피해를 받고 있음을 알게 되었을 때에는 그 사실을 시장·군수·구청장이나 청소년보호 관련 기관·단체 등에 신고·고발하도록 규정하고 있다(同法 3①·4①·49).

매체물·약물 등의 유통업자나 청소년유해업소 경영자와 이들로 구성된 단체·협회 등은 청소년유해매체물과 청소년유해약물 등이 청소년에게 유통되지 아니하도록 하고, 청소년유해업소에 청소년을 고용하거나 청소년이 출입하지 못하도록 하는 등 청소년 보호를 위하여 자율적인 노력을 다하여야 한다(同法 4②).

국가는 청소년 보호를 위하여 청소년유해환경의 개선에 필요한 시책을 마련하고 시행하여야 하며, 지방자치단체는 해당 지역의 청소년유해환경으로부터 청소년을 보호하기 위하여 필요한 노력을 하여야 한다(同法 5①).

국가와 지방자치단체는 전자·통신기술 및 의약품 등의 발달에 따라 등장하는 새로운 형태의 매체물과 약물 등이 청소년의 정신적·신체적 건강을 해칠 우려가 있음을 인식하고, 이들 매체물과 약물 등으로부터 청소년을 보호하기 위하여 필요한 기술개발과 연구사업의 지원, 국가 간의 협력체제 구축 등 필요한 노력을 하여야 하며, 청소년관련 단체 등 민간의 자율적인 유해환경 감시·고발 활동을 장려하고, 청소년을 보호하기 위하여 청소년유해환경을 규제할 때 그 의무를 충실히 수행하여야 한다(同法 5②③④).

(3) 청소년유해매체물의 결정 및 유통 규제

청소년보호위원회는 매체물이 청소년에게 유해(有害)한지를 심의하여 청소년에게 유해하다고 인정되는 매체물을 청소년유해매체물로 결정하여야 한다. 다만, 다른 법령에 따라 해당 매체물의 윤리성·건전성을 심의할 수 있는 심의기관(이를 '각 심의기관'이라 함)이 있는 경우에는 예외로 한다(同法 7①).

이 법에 따른 청소년유해매체물의 결정·고시나 후술하는 청소년유해약물 등의 결정·고시는 준법률행위적·대물적(對物的) 처분(앞의 제1절 Ⅲ. 참조)이며, 청소년유해매체물·청소년유해약물 등으로 결정·고시된 매체물·약물 등의 유통금지의무는 관련된 불특정다수자가 진다.

이 법은 청소년보호위원회와 각 심의기관의 심의 결과 매체물 내용이 다른 법령에 따라 유통이 금지되는 내용이라고 판단되는 경우의 형사처벌·행정처분의 요청(同法 7④), 청소년이 아닌 자를 상대로 제작·발행된 매체물 등에 대한 청소년유해매체물 결정(同法 7⑤), 청소년유해매체물로 심의·결정하지 아니한 매체물에 대한 이용 청소년의 나이에 따른 등급 구분(同法 8①), 청소년유해매체물의 심의기준(同法 9①), 매체물의 제작자·발행자, 유통행위자 또는 매체물관련 단체의 자율적인 청소년 유해 여부 결정과 그에 대한 청소년보호위원회 또는 각 심의기관의 확인(同法 11①②)에 대하여 규정하고 있다.

매체물의 제작자·발행자, 유통행위자 등은 청소년에게 유해하다고 스스로 판단하는 매체물에 대하여 청소년유해표시·포장에 준하는 표시·포장을 하여야 하며(同法 11④), 청소년보호위원회의 청소년유해매체물에 대한 심의·결정에 이의가 있는 경우 심의·결정의 결과를 통지받은 날부터 30일 이내에 청소년보호위원회에 재심의를 청구할 수 있다(同法 12①).

청소년유해매체물로서 대통령령으로 정하는 매체물을 판매·대여·배포하거나 시청·관람·이용하도록 제공하려는 자는 그 상대방의 나이 및 본인 여부를 확인하여야 하고, 청소년(19세 미만의 사람)에게 판매·대여·배포하거나 시청·관람·이용하도록 제공하여서는 아니 된다(同法 16①).

이 법은 청소년유해매체물을 제작·수입·복제·제공·상영·공연·방송·간행·광고선전하는 자의 청소년유해매체물에 대한 청소년유해표시의무(同法 13①) 및 포장의무(同法 14①), 청소년유해표시·포장의 훼손금지(同法 15), 청소년유해표시·포장해야 할 매체물의 비표시·비포장 상태의 판매·대여·전시·진열 금지(同法 16②), 청소년유해매체물의 구분·격리 및 자동기계장치·무인판매장치에의 전시·진열 금지(同法 17①②), 대통령령으로 정하는 시간외의 방송금지(同法 18), 청소년유해매체물인 옥외광고물의 설치·부착·배포 금지(同法 19①) 등을 규정하고 있는바, 이들은 법규하명규정이다(憲裁 2015.3.26, 2013헌마354).

이 법은 청소년유해매체물의 결정 취소(同法 20), 청소년유해매체물의 결정·확인·결정취소 등의 통보(同法 21①), 청소년유해매체물 목록표의 고시(同法 21②), 외국에서 제작·발행된 청소년유해매체물의 영리를 목적으로 한 유통·소지금지(同法 22), 정보통신망을 통한 청소년유해매체물의 제작·발행·유통행위자 등이 청소년유해매체물임을 표시하지 아니하고 청소년유해매체물을 청소년에게 제공한 경우와 청소년유해매체물의 광고를 청소년에게 전송하거나 청소년 접근을 제한하는 조치 없이 공개적으로 전시한 경우의 해당 업체명·대표자명·위반행위내용 공표(同法 23①②)에 대하여도 규정하고 있다.

(4) 청소년의 인터넷게임 중독 예방

인터넷게임의 제공자는 회원으로 가입하려는 사람이 16세 미만의 청소년일 경우에는 친권자 등의 동의를 받아야 하며(同法 24①), 16세 미만의 회원가입자의 친권자 등에게 해당 청소년과 관련하여 제공되는 게임의 특성·등급·유료화정책 등에 관한 기본적인 사항, 인터넷게임 이용시간, 인터넷게임 이용 등에 따른 결제정보를 알려야 한다(同法 25①. 憲裁 2014.4.24, 2011헌마659·683병합).

이 법은 16세 미만의 청소년에 대한 인터넷게임 제공금지시간 및 심야시간대 제공제한대상 게임물 범위 등의 평가(同法 26), 인터넷게임 중독 등 매체물의 오용·남용으로 신체적·정신적·사회적 피해를 입은 청소년에 대한 상담·치료·재활 등의 서비스 지원(同法 27①)에 대하여도 규정하고 있다. 이들 규정은 일정한 행정목적을 위한 행정상의 비권력적 사실행위에 관한 규정이다.

(5) 청소년유해약물 등에 대한 규제

누구든지 청소년을 대상으로 청소년유해약물 등을 판매·대여·배포·무상제공하거나 청소년의 의뢰를 받아 청소년유해약물 등을 구입하여 청소년에게 제공하여서는 아니 되며, 청소년유해약물 등을 판매·대여·배포하고자 하는 자는 그 상대방의 나이를 확인하여야 한다(同法 28①②③. 大判 2009.4.9, 2008도11282. 大判 2008.7.24, 2008도3211. 大判 2004.9.24, 2004도3999).

주류소매업의 영업자, 담배소매업의 영업자 그 밖에 대통령령으로 정하는 업소의 영업자는 주류나 담배 등을 판매·대여·배포하는 경우 그 업소(자동기계장치·무인판매장치 포함)에 청소년을 대상으로 주류 등의 판매·대여·배포를 금지하는 내용을 표시하여야 한다. 다만, 청소년 출입·고용금지업소는 제외한다(同法 28④).

여성가족부장관은 청소년유해약물 등의 목록표를 작성하여 청소년유해약물 등과 관련이 있는 관계기관 등에 통보하여야 하고, 필요한 경우 약물유통을 업으로 하는 개인·법인·단체에 통보할 수 있으며, 친권자 등의 요청이 있는 경우 친권자 등에게 통지할 수 있다(同法 28⑤).

청소년유해약물을 제조·수입한 자나 청소년유해물건을 제작·수입한 자는 청소년유해약물 등에 대하여 청소년유해표시를 하여야 한다(同法 28⑥).

(6) 청소년유해업소·청소년유해행위 등의 규제

이 법은 청소년유해업소의 청소년 고용금지, 청소년 출입·고용금지업소에의 청소년출입금지(同法 29①②. 大判 2013.9.27, 2013도8385), 청소년유해업소의 청소년 출입·고용 제한의 표시의무(同法 29⑤)를 규정하였으며, 누구든지 영리를 목적으로 청소년으로 하여금 신체적인 접촉행위, 성적 접대행위, 손님과 함께 술을 마시거나 노래·춤 등으로 손님의 유흥을 돋우는 접객행위 등이나 이러한 행위를 알선·매개하는 행위, 청소년학대행위 등 청소년유해행위를 하지 못하도록 하고, 청소년유해행위의 유형들을 규정하고 있다(同法 30).

전술(前述)한 청소년유해매체물의 유통금지, 청소년유해약물 등의 판매 등 금지, 청소년유해표시 의무, 청소년유해업소의 청소년고용 금지, 청소년유해행위 금지 등에 관한 규정들은 모두 법규하명규정들이며, 이들 규정에 의하여 지게 되는 영업자 등 관계자들의 일정한 의무는 공의무(公義務)이므로, 이 법은 행정상 공법관계를 형성·규율하면서, 건전한 청소년생활환경형성에 기여하는 법이라 할 수 있다.

이 법은 청소년유해행위를 한 자가 그 행위와 관련하여 청소년에 대하여 가지는 채권은 그 계약의 형식이나 명목에 관계없이 무효로 규정하고(同法 32①), 청소년 통행금지구역·통행제한구역의 지정(同法 31①②③)에 대하여도 규정하고 있다.

청소년에 대하여 청소년유해행위를 한 자의 채권을 무효화시키는 위의 규정은 행정법규에서는 흔치 않은 규정이다. 이는 행정작용에 관한 법령에 공공목적을 위하여 관계자들에게 일정한 의무를 부과하는 명령(법규하명)규정이나 공익에 해로운 행위들을 단속·규제하는 단속규정(團束規定)들은 많지만, 당사자의 행위의 효력 인정 여부에 관한 효력규정(效力規定)은 드물기 때문이며, 위의 규정은 청소년에게 돈을 꾸어주고 그것을 미끼로 청소년유해행위를 하는 것을 막기 위한 규정이다.

위의 청소년 통행금지구역·통행제한구역의 지정은 행정청이 법령에 의거하여 일정한 공간에서의 불특정 다수 청소년에 대한 부작위의무(통행의 금지·제한)를 부과하는 행위로서 행정법이론상의 일반처분(앞의 제1절 Ⅲ. 참조)에 해당한다.

(7) 청소년보호종합대책의 수립과 청소년 보호 사업의 추진

여성가족부장관은 3년마다 관계 중앙행정기관의 장 및 지방자치단체의 장과 협의하여 청소년유해환경으로부터 청소년을 보호하기 위한 종합대책(이하 '종합대책'이라 함)을 수립·시행하여야 하며(同法 33①), 종합대책의 효과적 수립·시행을 위하여 청소년의 유해환경에 대한 접촉실태 조사를 정기적으로 실시하여야 하고, 관계 중앙행정기관 또는 지방자치단체의 장과 협력하여 청소년유해환경에 대한 종합적인 점검 및 단속 등을 실시할 수 있다(同法 33④). 위의 종합대책은 행정계획의 일종이다.

이 법은 청소년의 유해환경에 대한 대응능력 제고를 위한 사업과 사업위탁 및 지원((同法 34①②), 청소년 환각물질 중독 전문치료기관의 지정·운영(同法 34의 2), 청소년 보호·재활센터의 설치·운영과 그 위탁 및 지원(同法 35①②)에 대하여도 규정하고 있다.

(8) 법령 위반자에 대한 시정명령과 청소년유해매체물 등의 수거명령·파기 등

여성가족부장관 또는 시장·군수·구청장은 이 법에서 정하고 있는 사항의 이행 및 위반 여부를 확인하기 위하여 필요하다고 인정하면 청소년유해매체물·청소년유해약물 등을 유통하는 자와 청소년유해업소의 업주 등에게 대통령령으로 정하는 바에 따라 필요한 보고와 자료의 제출을 요구할 수 있고(同法 42), 소속 공무원으로 하여금 관련된 장부·서류·장소, 그 밖에 필요한 물건을 검사·조사하게 할 수 있다(同法 43①). 이는 권력적 행정조사에 관한 규정이다.

이 법은 청소년유해표시·포장이 되지 아니한 상태로 유통되고 있는 청소년유해매체물·청소년유해약물 등과 각 심의기관의 심의를 받지 아니하고 유통되는 중에 청소년유해매체물로 결정된 매체물 및 청소년유해약물 등에 대한 행정청의 수거명령 및 직접 수거·파기(同法 44①②), 청소년이 소유하거나 소지하는 청소년유해매체물·청소년유해약물 등의 수거·폐기 및 그에 관한 장부 기재(同法 44③④), 청소년유해매체물·청소년유해약물 등에 청소년유해표시·포장을 하지 않거나 청소년유해매체물을 표시·포장하지 아니한 상태에서 판매·대여·전시·진열한 자, 청소년유해매체물을 구분·격리하지 아니한 자, 청소년유해업소에 청소년의 출입과 고용을 제한하는 내용을 표시하지 아니한 자 등에 대한 시정명령(同法 45①)에 대하여 규정하고 있다.

위의 사항들 중 청소년유해매체물 등의 수거명령이나 관계자에 대한 시정명령은 행정청의 의무부과처분(하명처분)에 해당하고, 청소년유해매체물 등의 직접 수거·파기·폐기는 행정상 즉시강제나 직접강제(당사자에게 사전에 일정한 의무가 부과된 경우)에 해당하는 것들이다.

이 법은 청소년유해환경 개선활동을 수행하는 민간단체에 대한 지원 및 증표 발급(同法 48①), 청소년에게 유해매체물·약물 등이 유통되고 있는 것을 발견한 자, 청소년이 유해업소에 고용되어 있거나 출입하고 있는 것 등을 발견한 자의 신고의무(同法 49①②), 친권자 등에 대한 선도·보호조치 대상 청소년의 위법사실 통보(同法 50①②), 지방청소년사무소의 설치(同法 51), 이 법에 따른 여성가족부장관의 일부 권한의 위탁(同法 52), 이 법 규정을 위반하여 일정한 행위를 한 자에 대한 벌칙(同法 55~63)과 과태료(同法 64) 및 과징금(同法 54) 부과에 관하여도 규정하고 있다.

(9) 청소년 보호·계도 등에 관한 법률들

청소년의 보호·계도 등에 관한 여성가족부 소관 법률로서, 청소년보호법 외에 ①「청소년 기본법」, ②「청소년복지 지원법」, ③「청소년활동 진흥법」, ④「학교 밖 청소년 지원에 관한 법률」, ⑤「한국청소년연맹 육성에 관한 법률」, ⑥「스카우트활동 육성에 관한 법률」, ⑦「아동·청소년의 성보호에 관한 법률」등이 있다.

법무부 소관 법률로서 ① 소년법, ②「보호소년 등의 처우에 관한 법률」 등도 있다.

【大判 2007.6.14, 2004두619. "구 청소년보호법에 따른 청소년유해매체물 결정 및 고시처분은 당해 유해매체물의 소유자 등 특정인만을 대상으로 한 행정처분이 아니라 일반 불특정 다수인을 상대방으로 하여 일률적으로 표시의무, 포장의무, 청소년에 대한 판매·대여 등의 금지의무 등 각종 의무를 발생시키는 행정처분으로서, 정보통신윤리위원회가 특정 인터넷 웹사이트를 청소년유해매체물로 결정하고 청소년보호위원회가 효력발생시기를 명시하여 고시함으로써 그 명시된 시점에 효력이 발생하였다고 봄이 상당하고, 정보통신윤리위원회와 청소년보호위원회가 위 처분이 있었음을 위 웹사이트 운영자에게 제대로 통지하지 아니하였다고 하여 그 효력 자체가 발생하지 아니한 것으로 볼 수는 없다."】

제5절

공물행정(公物行政)에 관한 법

1. 개관 2. 도로법 3. 하수도법 4. 문화재보호법

공공복리(公共福利)는 공동으로 사회생활을 영위하는 사회구성원들이 같이 누릴 수 있는 복지와 이익을 의미하는 것이라 할 수 있으며, 공공복리를 증진하기 위한 행정을 복리행정이라 한다. 복리행정의 분야는 다양하다.

이 책에서 복리행정은 공물행정·공익사업행정·조성행정·사회보장행정·토지행정·환경행정·경제행정 등의 분야로 분류하여 서술되고 있으며(제2장 제5~11절), 이들 분야의 행정작용은 모두 헌법 전문(前文) 중의 '국민생활의 균등한 향상'을 위한 것이고, 헌법 제10조에서의 국민의 '인간으로서의 존엄과 가치', '행복을 추구할 권리'를 구현하기 위한 것이라는 공통점이 있다.

이 절(제5절)에서 살피는 도로·하수도를 비롯한 여러 가지 공물(公物)을 행정주체가 설치·지정·관리하면서 국민생활에 편익을 제공하는 공물행정은 후술하는 제6절의 공익사업행정, 제7절의 조성행정, 제8절의 사회보장행정과 더불어 급부행정(給付行政)의 속성을 지닌다.

'급부행정'은 행정법이론상의 개념으로서, 행정주체(행정기관)가 수익적(授益的) 작용을 통하여 국민의 생활수요충족(生活需要充足)이나 이익추구활동에 직접적으로 도움을 줌으로써 공공복리를 증진시키는 행정을 뜻한다.

공물은 일반적으로 국가나 지방자치단체에 의하여 직접 공적 목적에 제공되어 공법적 규율을 받는 유체물(有體物)과 무체물(無體物) 및 물건의 집합체(集合體)를 의미한다(大判 2009.12.10, 2006다87538).

국유재산법과 「공유재산 및 물품관리법」에서는 공물을 '행정재산'으로 표현하고 있다. 공물은 그 용도를 기준으로 일반공중이 사용하는 '공공용물(공공용재산)'과 행정주체나 공기업체가 사용하는 '공용물(공용·기업용재산)' 및 공공목적상 그 물건 자체의 보존을 위해 지정된 '공적 보존물(보존용재산)'로 분류되며, 그 성립과정을 기준으로 인공공물과 자연공물로 분류되기도 한다.

1. 개관

Ⅰ. 공공복리와 복리행정(福利行政)

공공복리는 사회구성원들이 같이 누릴 수 있는 복지와 이익을 의미하는 것이라 할지라도, 실제로 그 내용은 확정되기 어려운 것이다. 이는 공공복리의 향수주체(享受主體)인 사회구성원의 다과(多寡)가 경우에 따라 크게 다를 수 있고, 다수인이 같이 누릴 수 있는 구체적 복리의 가치(價値)도 경제·환경·사회·자연·문화·지역 등의 여러 관점에서 서로 다르게 평가될 수 있기 때문이다.

그리하여 어떤 구체적 사안(예; 시설·사업 등)이 공공복리에 필요한 것인지 여부(與否)나 그 필요 또는 공공복리에의 기여의 정도(程度)는 현실적인 시대·지역·사회적 상황에서 공공적 수요(需要)와 일반적인 가치관에 따라 상충(相衝)될 수 있는 관련된 여러 이익(공익·사익)들을 충분히 고려하여 판단해야 할 것이다.

헌법은 제37조 제2항에서 국민의 기본권을 법률로써 제한할 수 있는 사유(경우)로서 국가안전보장·질서유지·공공복리를 규정하고 있는데, 국가안전보장·질서유지·공공복리는 서로 유기적(有機的) 관계에 있는 개념들이라 하겠다. 이는 국가안전보장·질서유지가 공공복리의 전제적(前提的) 필요요건도 되기 때문이다.

따라서 복리행정이 추구하는 가치로서의 공공복리의 개념에는 국가안전보장이나 질서유지를 직접 목적으로 하는 것도 포함될 수 있다고 하겠다.

공공복리는 '국민생활의 균등한 향상'을 추구하고 국민의 사회적 기본권(헌법 제31~36조)을 보장하고 있는 우리 헌법의 중요한 이념이기도 하다.

그리하여 오늘날 적극적으로 공공복리를 증진하기 위한 행정, 즉 복리행정이 다양하게 전개되고 그의 준거가 되는 법률들이 많이 제정·시행되고 있다.

복리행정의 유형은 크게 행정주체가 국민에게 이익과 편의(便宜) 등을 제공하는 급부행정(공물행정·공익사업행정·조성행정·사회보장행정)과 미래의 공공복리 증진을 위하여 현재의 국민의 일정한 행위·사업 등을 규제하는 규제행정(토지행정·환경행정·경제행정)으로 분류할 수 있다.

복리행정에 관한 법은 위의 복리행정의 분류에 따라 급부행정에 관한 법으로서 공물행정·공익사업행정·조성행정·사회보장행정에 관한 법과, 규제행정에 관한 법으로서 토지행정·환경행정·경제행정에 관한 법으로 분류할 수 있다.

II. 공물행정을 포함한 급부행정(給付行政)의 기본원리

(1) 공물행정(公物行政)과 급부행정

복리행정·급부행정의 일환(一環)으로서, 국가나 지방자치단체는 도로·공원·항만·공항·하수도·저수지·제방(堤防)·경기장·문화시설·쓰레기수거시설·댐 등 각종 인공공물(人工公物)을 설치·관리하고 하천·공유수면 등 자연공물(自然公物)을 관리함으로써 많은 국민들에게 생활편익을 제공하는 행정, 즉 공물행정을 수행한다(大判 2007.9.21, 2005다65678. 大判 2000.5.26, 98다15446).

도로·하수도·공원·제방 등 공물은 그 물적(物的) 요소 자체로서 공적 목적을 위한 본래의 기능을 수행할 수 있는 것들이다.

후술하는 공익사업행정의 대상이 되는 공익사업은 물적 시설과 인적(人的) 구성원을 모두 갖추고 공적 목적 내지 공공복리증진에 필요한 일정한 역무(役務)·자재(資材)·서비스 등을 지속적으로 제공하는 사업을 의미한다.

복리행정 중 공물행정·공익사업행정·조성행정·사회보장행정은 행정주체가 국민에게 편익·생활자재 등을 제공함으로써 국민의 권익을 적극적으로 증진시키는 급부행정으로서의 공통점이 있다. 급부행정은 다다익선(多多益善)의 작용이라 할 수 있으나, 국가·지방자치단체의 재정지출(財政支出)이 수반되는 작용이다.

급부행정에서는 행정주체가 공공복리의 실현을 위하여 공물법(도로법·하천법 등)·공익사업법(우편법·수도법 등)에 의하여 공적(公的) 재산·사업의 관리주체로서 공적 재산·사업을 관리·경영하거나 조성행정·사회보장행정에서 일정한 국민에게 급부·지원·서비스를 제공하는 등의 '비권력적인 사실적 행정작용'을 많이 행하고, 국민과의 관계에서 사법(私法)의 규율을 받는 작용을 행하기도 하며, 공익목적달성에 필요한 한도에서 특별한 공법적(公法的) 규율을 받기도 한다.

공물관리청이나 공익사업주체가 공물·공익사업시설을 설치하는 과정에서 민간

건설업체와 도급(都給)계약을 체결하고, 조성행정과정에서 급부주체와 수급자간에 보조금 등에 관한 협의가 이루어지며, 공물·공익사업시설 등의 이용이 이용자의 뜻에 따라 비권력적으로(임의적으로) 이루어지는 점 등은 급부행정과정에서 행정주체와 국민 간에 '행정상 사법관계'가 형성될 수 있음을 나타내는 것이다.

사회보장적 급부행정이라 할 수 있는 사회보장행정에서는 관계법이 정한 바에 따라 일정한 국민이 행정주체(또는 급부주체)에 대하여 일정한 사회보장수급권을 가지며, 행정주체와 수급(권)자간에 행정상 공법관계가 형성되기도 한다.

일반적으로 급부행정에서는 행정주체가 공물관리·공익사업시행이나 일정한 사업·산업에 대한 지원·육성, 요보호자(要保護者)에 대한 보호·상담·직업지도·서비스제공 등의 다양한 '비권력적인 사실적 행정작용'을 통하여 국민생활편익증진·국민생활여건향상 등의 각종 생활이익을 일반 공중에게 제공한다.

한편, 후술하는 제9절의 토지행정, 제10절의 환경행정, 제11절의 경제행정은 복리행정 중 규제행정(規制行政)의 속성을 지닌다. 규제행정에서는 바람직한 국민생활환경이나 균형적인 경제발전 등을 위하여 행정주체가 개인·기업의 일정한 행위·사업 등을 제한·규제하는 공법적·권력적 작용을 많이 행하고, '행정상 공법관계'가 흔히 형성되며, 비권력적인 행정작용도 부수적으로 행해진다.

(2) 급부행정의 기본원리

공물행정을 포함한 급부행정에는 ① 사회국가원리, ② 합법성의 원칙, ③ 평등의 원칙, ④ 보충성의 원칙, ⑤ 과잉급부금지원칙, ⑥ 부당결부금지원칙, ⑦ 신뢰보호의 원칙 등의 기본원리가 적용된다.

① 사회국가원리(社會國家原理)란 국가가 모든 국민에 대하여 인간다운 생활을 보장하고, 경제적·문화적 수요를 적정하게 충족시켜야 할 의무를 진다는 원리이다. 우리 헌법에 사회국가원리가 직접 명시되고 있지 않지만, 국민생활의 균등한 향상을 기할 것을 규정한 헌법전문(憲法前文), 국민의 행복을 추구할 권리 보장(헌법 10), 국민의 인간다운 생활권 보장 및 국가의 사회복지증진의무(헌법 34), 국민경제의 균형적 성장·안정, 적정한 소득의 분배, 경제주체간의 조화를 통한 경제민주화(헌법 119②) 등이 규정되고 있으므로, 사회국가원리는 우리 헌법에서도

그 내재적 원리가 되고 있다고 할 수 있다.

② 합법성(合法性)의 원칙 또는 법치행정원칙은 법률우위(法律優位)원칙과 법률유보(法律留保)원칙을 그 주요 요소로 하며(앞의 제1장 제2절 Ⅰ. 참조), 급부행정에서도 법률우위원칙은 당연히 적용된다. 그런데 급부행정에 법률유보원칙이 엄격히 적용되어야 하는지에 대하여는 서로 다른 견해가 있다.

즉, 급부행정에 법률유보원칙이 원칙적으로 적용되지만, 이 원칙을 엄격히 적용하는 것이 오히려 국민에게 부정적 효과를 야기할 수도 있기 때문에, 법률유보원칙은 급부행정에 엄격히 적용되지 않는다고 보는 견해가 있다. 그러나 이러한 견해를 취한다 하더라도, 급부와 함께 상대방에게 부담을 과하는 경우(예; 건강보험의 보험료부과, 상하수도 사용료부과 등), 급부 받을 권리를 법률상 공권으로 보호할 필요가 있는 경우(예; 국민기초생활보장을 받을 권리, 의료급여를 받을 권리 등), 급부의 형식 또는 급부주체의 조직을 공법적으로 규율할 필요가 있는 경우, 공공시설 등의 이용자에 대한 이용강제나 급부제공자의 급부제공의무를 규정할 필요가 있는 경우(예; 수도공급 등) 등에는 법률유보원칙이 적용된다고 보아야 할 것이다.

③ 평등의 원칙이란 급부행정이 그 법적 형식의 여하에 관계없이 같은 처지에 있는 모든 국민에 대하여 평등하게 시행되어야 하고, 같은 여건의 모든 국민에게 급부 받을 기회의 균등이 보장되어야 한다는 원칙이다.

따라서 합리적인 사유 없이 특정인에게만 유리한 급부를 행하거나, 부당하게 역무제공을 거부함은 허용되지 않는다고 할 것이다. 그런데 현실적으로는 어떠한 집단의 사람들에게 어느 정도의 사회보장적 급부 등을 받을 수 있게 할 것이냐 하는 것이 평등원칙과 관련하여 중요한 문제로 제기될 수 있다.

④ 보충성(補充性)의 원칙은 개인의 자산과 능력을 최대한 동원·발휘하여도 해결하지 못하는 개인의 생활 및 생산활동상의 부족분(不足分)을 국가가 보충해 주어야 한다는 원칙이다. 즉, 이 원칙은 개인의 생활수단의 확보나 기타 이익추구행위는 원칙적으로 개인이나 기업 또는 하위단위공동체(下位單位共同體)에 우선 맡겨야 하고, 일반 납세자의 부담에 의한 행정주체의 급부활동은 개인들이 스스로의 힘으로 일상생활상의 수요(需要)를 충족시킬 수 없는 경우 또는 그들에게 맡기는 것이 부적당한 경우에만 보충적으로 행해져야 한다는 원칙이다.

⑤ 과잉급부금지원칙(過剩給付禁止原則)은 급부행정의 내용과 정도는 구체적인 경우에 있어서 개인의 생활배려 및 공익추구를 위하여 요구되는 적절한 범위 내의 것이어야 한다는 원칙이다. 이는 급부행정상의 비례원칙이라 할 수 있다.

⑥ 부당결부금지원칙(不當結付禁止原則)은 급부를 함에 있어서 당해 급부와 실질적 관련이 없는 조건이나 별도의 의무 등의 부과로써 수급자(受給者)에게 불이익을 주어서는 아니 된다는 원칙이다. 즉, 수급자에게 급부와 내용적으로 직접 관련되지 아니한 반대급부를 요구해서는 안 된다는 원칙이다.

⑦ 신뢰보호(信賴保護)의 원칙은 급부의 적법성·존속성 등에 대한 상대방의 정당한 신뢰는 보호되어야 한다는 원칙이다. 이 원칙에 기하여 적법한 급부의 철회 제한, 위법한 급부의 취소 제한 등의 법리가 나오기도 한다.

Ⅲ. 공물행정에 관한 법률들

(1) 국토교통부 소관 법률로서 ① 도로법, ② 유료도로법, ③ 「도시공원 및 녹지 등에 관한 법률」, ④ 「용산공원 조성 특별법」, ⑤ 하천법, ⑥ 「댐건설 및 주변지역 지원 등에 관한 법률」, ⑦ 항공법, ⑧ 「수도권신공항건설 촉진법」 등이 있다.

국토교통부 소관의 「국토의 계획 및 이용에 관한 법률」에 의거한 '도시·군관리계획'(同法 2iv)상의 기반시설(同法 2vi)들은 대부분 공물이라 할 수 있으므로(同法시행령 2 참조), 「국토의 계획 및 이용에 관한 법률」은 토지행정에 관한 법이면서도 공물(기반시설)의 설치·정비·개량에 관한 중요한 법이라 할 수 있다.

(2) 해양수산부 소관 법률로서 ① 「공유수면 관리 및 매립에 관한 법률」, ② 항만법, ③ 어장관리법, ④ 국립해양박물관법, ⑤ 「국립해양생물자원관의 설립 및 운영에 관한 법률」, ⑥ 「해수욕장의 이용 및 관리에 관한 법률」, ⑦ 「신항만건설 촉진법」 등이 있다.

(3) 행정자치부 소관 법률로서 ① 「농어촌도로 정비법」, ② 「공중화장실 등에 관한 법률」 등이 있다.

(4) 문화체육관광부 소관 법률로서 ① 도서관법, ② 「박물관 및 미술관 진흥법」, ③ 「체육시설의 설치·이용에 관한 법률」, ④ 「태권도 진흥 및 태권도공원 조성

등에 관한 법률」 등이 있으며(위의 법률들에 의하여 설치되는 국·공립의 도서관·박물관·미술관·체육관 등은 집합체인 공물이고 그 안에 있는 도서·문화재·작품·운동기구 등은 개개의 공물이라 할 수 있음), 문화재청 소관의 문화재보호법 등 문화재의 지정·보호·관리를 위한 법률들(후술 4. 항목에 기재)도 있다.

(5) 환경부 소관의 하수도법, 농림축산식품부 소관의 「방조제 관리법」, 기획재정부 소관의 「사회기반시설에 대한 민간투자법」 등도 공물행정에 관한 법의 범주에 포함될 수 있다.

(6) 국유공물을 포함한 국유재산의 관리에 관하여 규정한 기획재정부 소관의 국유재산법과 지방자치단체 소유 재산(공물 포함)의 관리에 관하여 규정한 행정자치부 소관의 「공유재산 및 물품관리법」은 후술하는 제12절의 재무행정에 관한 법의 범주에 포함되기도 하지만, 공물행정에 관한 법의 범주에도 포함될 수 있다.

위의 (1)~(5)에 기재된 법률들 중 공물 설치의 촉진·지원을 주된 목적으로 하는 법률들은 공물행정에 관한 법이면서 후술하는 제7절의 조성행정에 관한 법의 범주에도 포함될 수 있는 법률들이다.

이 절에서 도로법·하수도법·문화재보호법의 개요를 살피기로 한다.

Ⅳ. 공물의 사용에 따르는 법률관계

공물행정에서는 공물의 사용에 따르는 법률관계도 검토할 필요가 있다. 공물의 사용에 따르는 법률관계를 '공물의 사용관계'라고 한다.

그런데 공물 중에서 행정주체 자신의 사용에 제공되는 공용물은 원칙적으로 일반 국민의 사용에 제공되지 아니하며, 예외적으로 공용(公用)에 지장이 없는 범위 안에서 사인(私人)의 공용물사용이 허용될 수 있다.

공공용물의 사용형태는 크게 일반사용과 특별사용의 유형으로 분류할 수 있다.

(1) 공물(공공용물)의 일반사용

공물(공공용물)의 일반사용은 공물을 그 본래의 목적에 따라 일반인이 자유로이 사용하는 것을 뜻한다. 이를 공물의 자유사용 또는 보통사용이라고도 한다. 도로 통행·공원이용이나 국·공립도서관 등의 이용이 그 예이다.

자유롭게 도로를 통행하고 공원·유원지를 산책하며 국·공립도서관에서 독서하는 등 공공용물의 자유사용에서는, 특별한 사유가 있지 않은 한, 원칙적으로 공물이용자와 공물관리주체 간에 법률관계가 형성되지 아니하며, 공물을 자유롭게 이용하는 자들은 공물의 설치·관리에 따른 반사적 이익을 향유하는 것이라 할 수 있다.

공공용물의 일반사용(자유사용)에도 법령·조례나 공물관리규칙 등으로써 공물사용상의 일정한 제한이 가해지는 경우가 있다(大判 2006.12.22, 2004다68311. 大判 2002.2.26, 99다35300. 大判 1992.9.22, 91누13212).

공물인 공공하수도가 설치된 구역에서 배수구역의 하수를 공공하수도에 유입시켜야 할 의무가 정해진(하수도법 27①) 것과 같이, 공물사용이 의무화된 경우도 있다.

(2) 공물의 특별사용

공물의 특별사용은 일반사용의 범위를 넘어서는 사용을 의미하며 이에 속하는 것으로 허가사용, 특허사용, 관습법상의 특별사용 및 사법상 계약에 의한 사용 등이 있다(大判 2002.10.25, 2002두5795).

국유재산법과 「공유재산 및 물품관리법」에 따르면, 국·공유의 행정재산(공물)은 처분이 금지되며, 그에 사권(私權) 설정을 할 수 없지만(국유재산법 11·27, '공유재산 및 물품관리법' 19), 그 용도나 목적에 장애가 되지 아니하는 범위 안에서 또는 보존목적의 수행에 필요한 범위 안에서 관리청은 그 사용허가를 할 수 있다(국유재산법 30, '공유재산 및 물품관리법' 20. 大判 2001.6.15, 99두509).

공물의 특별사용의 유형 중 공물의 허가사용·특허사용에서는 공물사용자와 공물관리주체 간에 '행정상 공법관계'가 형성된다.

① 공물의 허가사용이란 공물의 자유사용이 부적합하여 일반적으로 자유사용이 금지된 상태에서, 특정한 경우에 그 금지를 해제하여 특정 공물을 사용할 수 있도록 허가받은 자가 그 공물을 사용하는 것을 말한다. 허가받은 자의 문예회관이용 등이 그 예이다. 공물의 허가사용에서는 공물사용료가 부과되기도 한다.

② 공물의 특허사용이란 일반인에게는 허용되지 않는 특별한 공물사용권의 특

허를 받은 자가 그 공물을 사용하는 것을 말한다. 공물의 특허사용에서는 공물사용료가 부과되는 것이 보통이다.

공물의 특허사용은 도로에 전신주를 세우거나 수도관·가스관을 매설하는 경우, 하천에 발전용 댐이나 선착장을 건설하는 경우와 같이 특정 공물의 계속적인 사용이 필요한 경우에 이루어지는 것이 보통이며, 공물의 일반사용을 방해하지 아니하는 범위 내에서 인정된다(大判 2008.7.24, 2007두25930·25947·25954병합. 憲裁 2007.12.27, 2004헌바98. 大判 1990.2.13, 89다카23022). 공물의 특허사용관계에서의 사용자의 권리와 의무의 내용은 법령·조례 또는 특허명령서에 의하여 정하여진다.

③ 공물의 관습법상 특별사용이란 하천·호수·바다 등 일정한 자연공물의 인근지역 주민들이 오랫동안 그 지역에 살아오면서 그 공물에 대하여 관습법상 특별사용권을 취득하고, 그에 기(基)하여 해당 공물을 사용하는 것을 말한다(大判 1999.9.3, 98다8790).

④ 공물의 사법상(私法上) 계약에 의한 사용이란 공물의 목적 달성에 지장이 없는 범위에서 공물관리주체와 공물사용자 간에 공물사용에 관한 사법상 계약이 체결되고 그에 따라 공물을 사용하는 것을 말한다(大判 2000.2.11, 99다61675).

2. 도로법

(1) 서설

도로법은 공물행정에 관한 중요한 법률이면서 복리행정·급부행정에 관한 법률의 하나이기도 하다. 대표적인 인공공물(人工公物)인 도로의 개설(開設)·관리는 국민의 활동공간확대·교통편의증진 등의 공공복리를 위하여 국가 및 지방자치단체가 수행해야 할 중요한 업무 중 하나이다(大判 2000.2.25, 99다54332).

도로법은 도로망의 계획수립, 도로 노선의 지정, 도로공사(道路工事)의 시행과 도로의 시설 기준, 도로의 관리·보전 및 비용 부담 등에 관한 사항을 규정하여 국민이 안전하고 편리하게 이용할 수 있는 도로의 건설과 공공복리의 향상에 이바지함을 목적으로 하고 있다(同法 1).

관계 행정기관의 도로의 건설·개축·보수·유지 등의 '비권력적인 사실적 행정작용'과 도로 개설·관리에 필요한 '법률적 작용'(예; 도로노선의 지정·고시, 도로구역의 결정, 도로점용허가)의 근거 등을 규정하고 있는 도로법에 따라 국민의 교통·보행에 일상적으로 이용되는 많은 도로들이 개설·관리되고 있으므로, 이 법은 국민의 활동·생활여건의 형성·개선에 크게 기여하는 법이라 할 수 있다.

그런데 도로들 중에는 도로법이 아닌 다른 법률에 따라 개설되는 도로들도 있다. 「국토의 계획 및 이용에 관한 법률」에 따른 '도시·군계획시설사업'으로 설치되는 도로, 도시개발법에 따른 기반시설로서의 도로, 「도시 및 주거환경정비법」에 따른 정비기반시설로서의 도로, 「농어촌도로 정비법」에 따른 농어촌도로, 농어촌정비법에 따라 설치된 도로 등이 그 예이며, 이들 도로들 중 해당 도로의 소재지를 관할하는 시·도지사나 시장·군수·자치구청장이 국토교통부령으로 정하는 바에 따라 공고한 도로에 대하여는 도로법의 일부규정이 준용되기도 한다(도로법 108). 유료도로법·사도법(私道法)에 의거하여 설치·유지·관리되는 유료도로·사도도 있다.

위의 사도(私道)란 도로법의 적용·준용을 받는 도로나 시도·군도 이상에 적용되는 도로 구조를 갖춘 「농어촌도로 정비법」·농어촌정비법에 따른 농어촌도로가 아닌 것으로서 이들 도로에 연결되는 길을 말한다(사도법 2).

조세납부 등의 방법으로 원천적으로 도로의 개설·관리비용을 부담하는 국민은 도로를 그 본래의 목적이나 공공질서에 위배되지 않고 타인의 이용을 방해하지 않는 범위에서 자유롭게 이용할 수 있는 것이 원칙이다. 그러나 법령(조례 포함)에 의해 도로의 자유사용이 제한되는 경우도 있다. 교통혼잡으로 인한 일정구간 도로 진입제한이나, 행정청의 허가를 받아 도로점용을 할 수 있는 것 등이 그 예이다.

도로법에 따르면, 도로를 구성하는 부지·옹벽, 그 밖의 시설물에 대해서는 사권(私權)을 행사할 수 없다. 다만, 소유권을 이전하거나 저당권을 설정하는 경우에는 사권을 행사할 수 있다(同法 4. 大判 1989.1.24, 88다카6006).

(2) 도로에 관한 계획의 수립 등

도로법은 국가가 도로망의 건설·관리 및 안전 등에 대한 종합적인 계획과 필요한 시책을 수립·추진하도록 규정하고(同法 3①), 국토교통부장관의 10년 단위 국가도로망종합계획의 수립(同法 5①②), 각 도로관리청의 5년 단위 소관 도로에 대한 '도로건설·관리계획'의 수립(同法 6①②), 국토교통부장관의 5년 단위 권역별 '대도시권 교통혼잡도로 개선사업계획'의 수립(同法 8①)에 관하여 규정하고 있다.

위의 국가도로망종합계획이나 '도로건설·관리계획', '대도시권 교통혼잡도로 개선사업계획' 등은 행정조직 내부에서 구속력을 가지는 행정계획에 해당하는 것들이다.

도로정책에 관하여 국가도로망종합계획의 수립·변경에 관한 사항, '대도시권 교통혼잡도로 개선사업계획'의 수립·변경에 관한 사항, 국토교통부장관이 지정·고시하는 도로의 노선 지정에 관한 사항 등을 심의하기 위하여 국토교통부장관 소속으로 도로정책심의위원회를 둔다(同法 9①).

그런데 최근에 국내 일부지역 도로들에서 도로함몰(道路陷沒) 현상이 발생하여 도로를 이용하는 사람들에게 불안을 주고 있는 사실이 가끔씩 보도되고 있다. 사람들이 눈으로 볼 수 없는 지하는 여러 가지 성분의 흙과 암석·자갈·모래·광물·지하수·공극(孔隙) 등(인조구조물이 포함되기도 함)으로 구성되고 있는데, 어떤 사유로 인하여 지하구성물들의 현상변화가 커지면 그 상부지반(上部地盤)이 약화되어 도로함몰·지반침하 등의 상당한 위해(危害)가 발생할 수 있으므로, 도로건설 등 지상·지하의 각종 시설물의 축조계획을 수립할 경우에는 장기적으로 지하구성물들의 현상변화 가능성도 조사·분석하고 지반약화에 대비한 도로건설 등 각종 건설사업이 이루어져야 할 것이다.

(3) 도로의 종류와 등급 및 도로 노선의 지정·고시

도로법은 각종 도로의 개설·관리의 책임기관(이를 '도로관리청'이라 함)이나 비용부담주체 등을 분명히 하기 위하여, 도로의 종류를 ① 고속국도(지선 포함), ② 일반국도(지선 포함), ③ 특별시도(特別市道)·광역시도(廣域市道), ④ 지방도(地方道), ⑤ 시도(市道), ⑥ 군도(郡道), ⑦ 구도(區道)로 구분하고, 도로의 등급은 위에 열거한 순위에 따르도록 규정하고 있다(同法 10).

이 법은 국토교통부장관의 고속국도(高速國道)·일반국도·일반국도대체우회도로(이를 '우회국도'라 함)·일반국도지정도로(이를 '지정국도'라 함) 및 고속국도·일반국도 지선(支線)의 지정·고시(同法 11~13), 특별시장·광역시장의 특별시도·광역시도 지정·고시(同法 14), 도지사·특별자치도지사의 지방도 지정·고시(同法 15①), 국토교통부장관의 국가지원지방도 지정·고시(同法 15②), 특별자치시장·시장(행정시의 경우에는 특별자치도지사)의 시도 지정·고시(同法 16), 군수의 군도 지정·고시(同法 17), 구청장의 구도 지정·고시(同法 18)에 관하여 규정하고 있다.

고속국도, 일반국도, 지선 및 국가지원지방도의 노선 지정·고시는 관보에 하고, 특별시도·광역시도, 지방도, 시도, 군도 및 구도의 노선 지정·고시는 해당 지방자치단체의 공보에 하여야 한다(同法 19①). 도로 노선의 지정·고시에는 ① 노선번호, ② 노선명, ③ 기점(起點), 종점, ④ 주요 통과지, ⑤ 그 밖에 필요한 사항을 포함하여야 한다(同法 19②. 大判 2000.4.25, 2000다348).

도로법은 특별시장·광역시장·특별자치시장·도지사·특별자치도지사·시장·군수·자치구청장(이하 '행정청'이라 함)의 관할구역 밖의 도로 노선 지정·고시(同法 20), 도로 노선의 변경과 폐지(同法 21), 서로 다른 종류의 도로 노선이 중복되는 도로의 구간에 대한 상급도로에 관한 규정의 적용(同法 22①)에 대하여도 규정하고 있다.

(4) **도로관리청과 도로의 관리**

고속국도·일반국도의 관리청은 국토교통부장관이 되고, 국가지원지방도의 관리청은 도지사·특별자치도지사(특별시·광역시·특별자치시에 있는 구간은 해당 시장)가 되며, 그 밖의 도로의 관리청은 원칙적으로 해당 노선을 인정한 행정청이 된다(同法 23①. 大判 2008.3.13, 2007다29287·29294병합).

이 법은 특별시·광역시·특별자치시·특별자치도·시 관할구역의 동(洞) 지역에 있는 일반국도 및 지방도의 관리청에 대하여 규정하고(同法 23②), 행정구역의 경계에 있는 도로는 관계 행정청이 협의하여 도로관리청과 관리방법을 따로 정할 수 있도록 하고 있다(同法 24①).

도로관리청은 도로 노선의 지정·변경 또는 폐지의 고시가 있으면 지체 없이 해당 도로의 도로구역을 결정·변경 또는 폐지하여야 한다(同法 25①).

도로관리청은 도로구역을 결정·변경 또는 폐지하면 그 사유·위치·면적 등 대통령령으로 정하는 사항을 구체적으로 밝혀 국토교통부령으로 정하는 바에 따라 고시하고, 그 도면을 일반인이 열람할 수 있도록 하여야 한다(同法 25③).

관계 행정청의 도로노선의 지정·고시, 도로구역의 결정·변경·폐지나 후술하는 접도구역, 도로구역 예정지 또는 입체적 도로구역(도로가 있는 지역의 토지를 적절하고 합리적으로 이용하기 위하여 필요한 경우에 지상이나 지하 공간 등 도로의 상하의 범위를 정하여 지정한 도로구역), 도로보전입체구역(입체적 도로구역에서 도로구조 보전이나 교통의 위험 방지를 목적으로 그 도로에 상하의 범위를 정하여 도로를 보호하기 위하여 지정한 구역)의 결정·변경·폐지 및 그 고시는 행정청의 처분이다(大判 2015.6.11, 2015두35215).

도로관리청은 도로구역을 결정·변경 또는 폐지하려는 경우에는 미리 해당 도로구역에 대한 주소·도면·면적 등 대통령령으로 정하는 사항을 공고하여 주민 및 관계 전문가 등의 의견을 들어야 한다. 다만, 대통령령으로 정하는 경미한 사항을 변경하는 경우에는 그러하지 아니하다(同法 26①).

도로구역과 도로구역 예정지에서 건축물의 건축, 공작물의 설치, 토지의 형질변경, 토석(土石)의 채취, 토지의 분할, 물건을 쌓아놓는 행위, 그 밖에 대통령령으로 정하는 행위를 하려는 자는 특별자치시장·특별자치도지사·시장·군수·구청장의 허가를 받아야 한다. 허가받은 사항을 변경하려는 경우에도 또한 같다(同法 27①).

허가권자는 허가를 받지 아니하고 위의 행위를 한 자에 대하여 원상회복을 명할 수 있다. 이 경우 명령을 받은 자가 원상회복을 이행하지 아니하는 때에 허가권자는 행정대집행법에 따라 대집행을 할 수 있다(同法 27④).

이 법에 따른 도로구역과 도로구역 예정지, 후술하는 접도구역, 도로보전입체구역 등에서의 행위제한은 공용제한(후술 제9절 1. Ⅲ. 참조)에 해당한다.

도로관리청은 도로구역을 결정하거나 변경하는 경우 그 도로가 있는 지역의 토지를 적절하고 합리적으로 이용하기 위하여 필요한 때에 지상이나 지하 공간 등 도로의 상하의 범위를 정하여 '입체적 도로구역'으로 지정할 수 있으며, 입체적 도로구역을 지정할 때에는 토지·건물 또는 토지에 정착한 물건의 소유권자 등과 구분지상권(區分地上權)의 설정이나 이전을 위한 협의를 하여야 하며, 지상 공간에 대한 협의가 이루어지지 아니하면 입체적 도로구역을 지정할 수 없다(同法 28①②).

도로법은 도로구역의 결정·변경에 관련된 다른 법률에 따른 인·허가 등의 의제(同法 29①), 도로구역 내의 공원시설, 재활용시설, 생활체육시설 등의 설치(同法 30)에 관하여 규정하고, 도로공사(道路工事), 즉 도로의 신설·개축 및 수선에 관한 공사와 그 유지는 이 법이나 다른 법률에 특별한 규정이 있는 경우 외에는 해당 도로의 관리청이 수행하도록 하고 있다(同法 31①). 도로공사는 사실행위이다.

이 법은 도지사·특별자치도지사의 일반국도 일부 구간의 도로공사·도로관리 업무 대행(同法 31②), 국가지원지방도의 도로공사에 필요한 조사·설계 및 공사 시행(同法 31③④), 상급도로관리청의 도로공사 대행(同法 32), 도로가 타공작물의 효용을 함께 갖추고 있거나 타공작물이 도로의 효용을 함께 갖추고 있는 경우의 타공작물 관리자의 도로공사 시행(同法 33), 도로공사에 따른 부대(附帶)공사의 시행(同法 34), 도로공사가 필요하게 된 원인을 제공한 자에 대한 도로공사 시행명령(同法 35), 도로관리청이 아닌 자의 도로공사에 대한 허가(同法 36), 도로에 관하여 직접 이해관계가 있는 다른 공공단체 또는 사인의 도로공사 시행(同法 37), 도로공사로 설치된 공공시설의 귀속(同法 38)에 대하여도 규정하고 있다.

국가·지방자치단체의 위탁을 받아 한국도로공사(韓國道路公社)가 도로의 설치·관리 업무를 행하는 경우도 많다(한국도로공사법에 따라 유료도로사업 등을 시행하는 한국도로공사는 특수공법인인 공기업체이다).

도로관리청은 도로 구간의 전부 또는 일부의 사용을 개시(開始)하거나 폐지하려면 국토교통부령으로 정하는 바에 따라 이를 공고하고 그 도면을 일반인이 열람할 수 있게 하여야 한다(大判 1994.9.13, 94다12579). 다만, 기존 도로와 중복하여 노선을 지정하였거나 변경하였을 경우 그 중복되는 구간의 도로에 대해서는 그러하지 아니하다(同法 39①).

일반적으로 인공공물(人工公物)은 그 성립에 있어서 공물로서의 형체적(形體的) 요소와 법령에 따라 관계 행정청이 그것을 공물로 인정하는 의사적(意思的) 요소를 필요로 하는데, 위의 규정에 따른 도로관리청의 도로사용 개시 공고행위는 행정청의 처분이면서, 공물로서의 도로의 성립에 필요한 행정청의 의사표시라 할 수 있다(大判 2012.9.13, 2010두11849).

도로관리청은 도로 구조의 파손 방지, 미관(美觀)의 훼손 또는 교통에 대한 위험 방지를 위하여 필요하면 소관 도로의 경계선에서 20미터(고속국도의 경우 50미터)를 초과하지 아니하는 범위에서 대통령령으로 정하는 바에 따라 접도구역(接道區域)을 지정할 수 있으며, 접도구역을 지정하면 지체 없이 이를 고시하고, 국토교통부령으로 정하는 바에 따라 그 접도구역을 관리하여야 한다(同法 40①②).

이 법은 접도구역에서의 행위제한(同法 40③), 접도구역에 있는 토지의 매수청구(同法 41. 憲裁 2014.4.24, 2012헌바332), 위 매수청구의 절차(同法 42), 매수가격의 산정을 위한 감정평가 비용의 부담(同法 43), 협의에 의한 토지의 매수(同法 44)에 대하여 규정하고 있다.

도로법은 지정된 '입체적 도로구역'에서의 도로관리청의 '도로보전입체구역'의 지정(同法 45①②③), 도로보전입체구역에서의 행위제한(同法 46), 고속국도의 통행 방법(同法 47), 고속국도 휴게시설 등에의 도로안전시설 설치 및 관리(同法 47의2), 자동차전용도로의 지정(同法 48), 자동차전용도로의 통행 방법(同法 49), 도로의 구조·시설 기준 등(同法 50), 도로와 다른 시설의 교차 방법(同法 51), 도로와 다른 시설의 연결(同法 52), 진출입로 등의 사용(同法 53), 보도(步道)의 설치 및 관리(同法 54), 도로표지의 설치·관리(同法 55), 도로대장의 작성·보관(同法 56), 도로관리원의 임명(同法 57), 도로와 관련한 연구·개발 사업의 추진(同法

58), 도로의 계획·건설·보수·유지·관리 등에 관한 정보시스템의 개발·보급(同法 59), 도로교통정보체계의 구축·운영(同法 60)에 관하여도 규정하고 있다.

(5) 도로의 점용허가 등

공작물·물건, 그 밖의 시설을 신설·개축·변경 또는 제거하거나 그 밖의 사유로 도로(도로구역 포함)를 점용하려는 자는 도로관리청의 허가를 받아야 한다. 허가받은 기간을 연장하거나 허가받은 사항을 변경하려는 때에도 같다(同法 61①). 위 규정에 따른 도로점용허가는 행정청이 당사자에게 일정 구간의 도로에 대한 일정 기간의 사용권을 설정해주는 특허처분이라 할 수 있다(大判 2014.5.29, 2012두27749. 大判 2010.12.23, 2010두21204).

도로법은 도로점용허가를 받은 자의 도로점용에 따른 안전관리의무(同法 62①②), 도로점용허가의 취소(同法 63), 공익사업을 위한 도로의 점용(同法 64), 도로점용공사의 대행(同法 65), 도로점용료의 징수(同法 66), 도로점용료의 납부 방법(同法 67), 점용료 징수의 제한(同法 68), 점용료의 강제징수(同法 69), 과오납 점용료의 반환(同法 70), 도로점용료에 대한 이의신청(同法 71), 도로 초과점용 등에 대한 변상금의 징수(同法 72), 도로점용자의 도로원상회복의무(同法 73), 무단 도로점용 등에 대한 행정대집행의 적용 특례(同法 74)에 대하여 규정하고 있다.

(6) 도로의 보전 및 긴급상황에서의 공용부담

누구든지 정당한 사유 없이 ① 도로를 파손하는 행위, ② 도로에 토석(土石)·입목(立木)·죽(竹) 등 장애물을 쌓아놓는 행위, ③ 그 밖에 도로의 구조나 교통에 지장을 끼치는 행위를 하여서는 아니 된다(同法 75).

도로법은 도로에 관련된 공사로 인하여 부득이한 일정한 경우의 도로통행의 금지·제한(同法 76), 일정한 경우의 차량의 운행 제한 및 운행 허가(同法 77), 적재량 측정 방해 행위의 금지(同法 78), 차량의 운행제한 및 운행허가를 위한 도로의 성능조사 및 보강(同法 79), 일정한 경우의 차량의 회차 명령(同法 80), 도로공사, 도로에 대한 조사·측량 또는 도로의 유지·관리를 위하여 필요한 경우의 타인의 토지의 출입·사용(同法 81), 도로공사의 시행을 위하여 필요한 경우의 도로

구역에 있는 토지 등의 수용·사용 및 그에 대한 「공익사업을 위한 토지 등의 취득 및 보상에 관한 법률」의 준용(同法 82. 憲裁 2014.1.28, 2012헌바111)에 관하여도 규정하고 있다.

도로관리청은 재해로 인한 도로구조나 교통에 대한 위험을 방지하기 위하여 특히 필요하다고 인정하면 ① 재해 현장에서 구호, 복구 활동을 위하여 필요한 토지, 가옥, 그 밖의 공작물을 일시 사용하는 행위, ② 장애물을 변경 또는 제거하거나 토석·입목·죽·운반기구, 그 밖의 물건(공작물은 제외)을 사용하거나 수용하는 행위, ③ 도로 인근에 거주하는 사람에게 노무(勞務)의 제공을 요청하는 행위를 할 수 있으며, 이러한 도로관리청의 행위로 인하여 발생하는 손실은 「공익사업을 위한 토지 등의 취득 및 보상에 관한 법률」에 따라 보상하여야 한다(同法 83①②).

위와 같이 도로법이 재해가 발생하였을 경우에 일정한 물건의 사용·제거 등(물적 공용부담)을 할 수 있도록 하고, 인근 주민들에게 노무 제공을 요청(인적 공용부담)할 수 있도록 한 것은 긴급상황에 대처하기 위한 공용부담부과행위(앞의 제1절 Ⅲ. 참조)의 근거를 정한 것이다.

위의 규정에 따라 재해현장에서 필요한 토지·가옥 그 밖의 공작물을 일시 사용하고, 장애물을 변경·제거하거나 토석·죽목·운반기구 등을 사용하는 것은 행정상 즉시강제작용이기도 하다.

(7) 도로에 관한 비용과 수익

도로에 관한 비용과 도로에서 생기는 수익의 범위는 대통령령으로 정한다(同法 84). 도로에 관한 비용은 도로법이나 다른 법률에 특별한 규정이 있는 경우 외에는 국토교통부장관이 관리하는 도로에 관한 것은 국고(國庫)에서 부담하고, 그 밖의 도로에 관한 것은 관리청이 속하여 있는 지방자치단체에서 부담한다(同法 85).

우회국도 및 일반국도의 지선의 건설에 필요한 비용은 대통령령으로 정하는 바에 따라 그 일부를 그 도로가 위치한 구역을 관할하는 지방자치단체에 부담시킬 수 있다(同法 86①). 국가지원지방도의 건설 및 보수·유지·관리에 필요한 비용은 대통령령으로 정하는 바에 따라 그 일부를 국고에서 보조하여야 한다(同法 86②).

국토교통부장관은 국가가 부담하는 도로에 관한 비용의 일부를 대통령령으로 정하는 바에 따라 그 도로가 있는 특별자치시·도·특별자치도나 그 도로로 인하여 이익을 얻는 시·도에 부담시킬 수 있다(同法 87①).

특별시·광역시·도가 부담하여야 할 도로에 관한 비용은 대통령령으로 정하는 바에 따라 이익을 얻는 시·군·구에 그 일부를 부담시킬 수 있다(同法 87②).

이 법은 도로 대행공사(代行工事)의 비용부담(同法 88), 타공작물의 관리자에게 도로공사를 시행하도록 한 경우 등의 도로공사 비용부담(同法 89), 부대공사(附帶工事)의 비용부담(同法 90), 도로공사 원인자의 비용 부담(同法 91), 도로관리청이 아닌 자가 시행하는 도로공사 등의 비용부담(同法 92), 이 법에 따른 의무자의 의무이행에 필요한 비용부담(同法 93), 도로에 관한 비용의 징수 방법(同法 94), 도로점용료 등의 귀속(同法 95)에 대하여도 규정하고 있다.

(8) 도로법규 위반자 등에 대한 처분 등

이 법은 이 법의 일정 규정을 위반한 자에 대하여 이 법에 따른 허가나 승인의 취소, 그 효력의 정지, 조건의 변경, 공사의 중지, 공작물의 개축, 물건의 이전, 그 밖에 필요한 처분을 하거나 조치를 명할 수 있도록 규정하고 있으며(同法 96①), 공익상의 필요에 의한 처분(同法 97), 일정한 경우의 국토교통부장관이나 시·도지사의 도로관리청에 대한 처분의 취소·변경, 공사 중지 등의 명령(同法 98), 도로에 관한 공용부담으로 인한 손실보상(同法 99), 이 법에 따른 원상회복 명령 등을 불이행한 자에 대한 이행강제금 부과(同法 100), 도로공사 시행허가취소시의 청문(同法 101), 도로에 관한 조사(同法 102), 도로점용허가 등의 경우의 수수료 징수(同法 103)에 관하여 규정하고 있다.

이 법은 도로의 건설·보수·유지·관리에 관한 국제협력의 촉진(同法 104), 도로협회의 설립(同法 105), 이 법에 따른 허가 또는 승인을 받은 자의 권리·의무의 승계(同法 106), 다른 사업 시행에 따른 협의 또는 승인(同法 107), 도시·군계획시설사업으로 설치된 도로 등에 대한 이 법의 일부규정 준용(同法 108), 도로관련 기관·단체가 위탁받은 업무에 종사하는 해당 기관·단체 임직원에 대한 형법규정 적용시의 공무원 의제(同法 109), 이 법에 따른 국토교통부장관 및 관계 행정청의 권한의 위임·위탁(同法 110), 도로건설을 위한 토지매수 업무 등의 위임(同

法 111), 고속국도에 관한 도로관리청의 업무 대행(同法 112), 이 법의 규정을 위반한 자에 대한 벌칙(同法 113~116), 과태료 부과(同法 117), 도로관리청의 권한의 대행(同法 118)에 대하여도 규정하고 있다.

【大判 2011.5.26, 2010두28106. "도로는 도로의 형태를 갖추고, 도로법에 따른 노선 지정 또는 인정 공고 및 도로구역 결정·고시를 한 때 또는 도시계획법이나 도시재개발법에서 정한 절차를 거쳐야 비로소 도로법 적용을 받는 도로로 되는 것이고, 도로로 실제 사용되었다는 사정만으로는 도로법 적용을 받는 도로라고 할 수 없다."】

【大判 1992.9.22, 91누13212. "일반적으로 도로는 국가나 지방자치단체가 직접 공중(公衆)의 통행에 제공하는 것으로 일반국민은 이를 자유로이 이용할 수 있는 것이기는 하나, 그렇다고 하여 그 이용관계로부터 당연히 그 도로에 관한 특정한 권리나 법령에 의하여 보호되는 이익이 개인에게 부여되는 것이라고까지는 말할 수 없다."】

【大判 2002.10.25, 2002두5795. "도로점용의 허가는 특정인에게 일정한 내용의 공물사용권을 설정하는 설권행위로서, 공물관리자가 신청인의 적격성, 사용목적 및 공익상의 영향 등을 참작하여 허가를 할 것인지의 여부를 결정하는 재량행위이다."】

3. 하수도법

(1) 서설

사람들이 생활하면서 불가피하게 배출하는 하수와 분뇨 등을 제대로 잘 처리하지 못한다면, 국민의 생활공간·생활환경은 그지없이 악화될 것이므로, 하수·분뇨 등의 이송·처리에 필요한 시설인 하수도(下水道)의 설치·관리는 매우 중요한 국가·지방자치단체의 과제라고 아니할 수 없다.

하수도법에 따르면, 공공하수도의 설치·관리는 지방자치단체의 책무(責務)로 되어 있다. 지방자치단체에 의하여 설치·관리되는 공공하수도는 공물(公物)이고, 하수도법은 국민생활에 필수불가결한 공공하수도의 설치·관리에 관한 법이라는 점에서 공물행정법의 범주에 포함된다고 하겠다.

그렇지만 하수도법은 하수도사업 경영에 관한 법이라는 점에서는 후술하는 공익사업행정법의 범주에 포함될 수 있고, 국민생활환경이나 공공수역의 수질개선에 기여하는 법이라는 점에서는 환경행정법의 범주에 포함될 수 있는 법이기도 하다.

하수도법은 하수도의 설치 및 관리의 기준 등을 정함으로써 하수와 분뇨를 적정하게 처리하여 지역사회의 건전한 발전과 공중위생의 향상에 기여하고 공공수역의 수질을 보전함을 목적으로 하고 있다(同法 1).

이 법은 지방자치단체의 공공하수도 설치·관리와 하수·분뇨의 처리 등 '비권력적인 사실적 행정작용'과 그에 대한 국가의 지원 근거 등을 주로 규정하고 있으며, 위생상의 바람직한 국민생활환경형성에 크게 기여하는 법이라 할 수 있다.

이 법에서 '하수도'란 하수와 분뇨를 유출 또는 처리하기 위하여 설치되는 하수관로(下水管路)·공공하수처리시설·간이공공하수처리시설·하수저류시설·분뇨처리시설·배수설비·개인하수처리시설과 기타 공작물·시설의 총체를 말하며, '공공하수도'란 지방자치단체가 설치·관리하는 하수도를 말한다(同法 2).

위에서 '하수관로'란 하수를 공공하수처리시설·간이공공하수처리시설·하수저류시설로 이송하거나 하천·바다 그 밖의 공유수면으로 유출시키기 위하여 지방자치단체가 설치·관리하는 관로와 그 부속시설을 말하며, '공공하수처리시설'이란 하수를 처리하여 하천·바다 그 밖의 공유수면에 방류하기 위하여 지방자치단체가 설치·관리하는 처리시설과 이를 보완하는 시설을 말한다.

'간이공공하수처리시설'이란 강우(降雨)로 인하여 공공하수처리시설에 유입되는 하수가 일시적으로 늘어날 경우 하수를 신속히 처리하여 하천·바다, 그 밖의 공유수면에 방류하기 위하여 지방자치단체가 설치·관리하는 처리시설과 이를 보완하는 시설을 말하며, '하수저류시설'이란 하수관로로 유입된 하수에 포함된 오염물질이 하천·바다 그 밖의 공유수면으로 방류되는 것을 줄이고 하수가 원활하게 유출될 수 있도록 하수를 일시적으로 저장하거나 오염물질을 제거·감소하게 하는 시설을 말한다.

'분뇨처리시설'이란 분뇨를 침전·분해 등의 방법으로 처리하는 시설을 말하고, '배수설비'란 건물·시설 등에서 발생하는 하수를 공공하수도에 유입시키기 위하여 설치하는 배수관과 그 밖의 배수시설을 말하며, '개인하수처리시설'이란 건물·시설 등에서 발생하는 오수를 침전·분해 등의 방법으로 처리하는 시설을 말한다.

(2) 국가 및 지방자치단체의 하수도에 관한 책무와 계획

국가는 하수도의 설치·관리 및 관련 기술개발 등에 관한 기본정책을 수립하고, 지방자치단체가 이 법에 따른 책무를 성실하게 수행할 수 있도록 필요한 기술적·재정적 지원을 하여야 한다(同法 3①).

지방자치단체의 장은 공공하수도의 설치·관리를 통하여 관할구역 안에서 발생하는 하수 및 분뇨를 적정하게 처리하여야 할 책무를 진다(同法 3②).

이 법은 환경부장관의 10년 단위 '국가하수도종합계획'의 수립과 5년 후의 타당성 검토 및 변경(同法 4①⑤), 유역환경청장 또는 지방환경청장의 20년 단위 '유역하수도정비계획'의 수립(同法 4의2①), 환경부장관의 하수도정비중점관리지역의 지정(同法 4의3①), 위 중점관리지역 지정·변경의 요청 및 중점관리지역에 대한 하수도정비대책의 수립과 지원(同法 4의3②③④), 특별시장·광역시장·특별자치시장·특별자치도지사·시장·군수(광역시의 군수는 제외)의 20년 단위 '하수도정비기본계획'의 수립(同法 5①. 大判 2002.5.17, 2001두10578), 하수도정비기본계획 수립절차와 5년 주기의 타당성 검토 및 변경(同法 6①③④), 합류식하수관로와 분류식하수관로의 배치에 관한 사항 등 하수도정비기본계획에 포함되어야 할 사항(同法 5③)에 대하여 규정하고 있다.

위에서 '합류식하수관로'란 오수와 하수도로 유입되는 빗물·지하수가 함께 흐르도록 하기 위한 하수관로를 말하며, '분류식하수관로'란 오수와 하수도로 유입되는 빗물·지하수가 각각 구분되어 흐르도록 하기 위한 하수관로를 말한다(同法 2).

공공하수처리시설·간이공공하수처리시설·분뇨처리시설 및 개인하수처리시설의 방류수수질기준은 환경부령으로 정하며, 특별시·광역시·특별자치시·도·특별자치도(이하 '시·도'라 함)는 필요한 경우에 해당 시·도의 조례로 환경부령으로 정한 기준보다 엄격한 방류수수질기준을 정할 수 있다(同法 7①②).

이 법은 지방자치단체의 장이나 그로부터 위임받은 자가 공공하수도에 관한 조사·측량·공사·유지를 위하여 타인의 토지에 출입하거나 장애물 등을 제거할 수 있게 하고(同法 8①②), 그에 대하여 손실보상을 하도록 하였으며, 공공하수도 설치에 필요한 토지 등을 수용 또는 사용할 수 있도록 규정하고 있다(同法 10①③).

(3) 지방자치단체의 공공하수도 설치·관리

지방자치단체의 장은 하수도정비기본계획에 따라 공공하수도를 설치하여야 한다. 시·도지사는 공공하수도를 설치하고자 하는 때에는 사업시행지의 위치 및 면적, 설치하고자 하는 시설의 종류, 사업시행기간 등을 고시(告示)하여야 하며, 고시한 사항을 변경 또는 폐지하고자 하는 때에도 또한 같다(同法 11①②).

시장·군수·구청장(자치구의 구청장을 말함)은 공공하수도를 설치하려면 시·도지사의 인가를 받아야 하며, 인가받은 사항을 변경하거나 폐지하는 경우에도 시·도지사의 인가를 받아야 한다. 다만, 환경부령으로 정하는 경미한 사항을 변경하려는 경우에는 그러하지 아니하다(同法 11③④).

위의 인가는 하급기관의 행위에 대한 상급감독기관의 승인을 뜻하는 것이고, 행정청이 사인 등에 대하여 행하는 인가처분과는 성질이 다른 것이다.

공공하수도관리청은 공공하수도를 설치하려면 지진에 대한 안전성을 고려하고, 공공하수도의 시설규모 및 배치, 방류 지점 등에 대하여 대통령령으로 정하는 기준을 준수하여야 한다(同法 12①). 공공하수도의 구조에 관한 기술적인 기준은 환경부령으로 정한다(同法 12②).

공공하수도관리청은 공공하수도의 시설이 도로·제방 그 밖의 공공시설 또는 공작물의 효용을 겸할 때에는 당해 공작물 등(이하 '겸용공작물'이라 함)을 관리하는 자(이하 '겸용공작물관리자'라 함)와 협의하여 겸용공작물에 관한 공사 또는 유지를 하거나 겸용공작물관리자로 하여금 공공하수도에 관한 공사 또는 유지를 하게 할 수 있다(同法 13①).

공공하수도관리청은 공공하수도 공사로 인하여 필요하게 된 공공하수도 외의 공사(이하 '타공사'라 함)를 공공하수도에 관한 공사와 함께 시행할 수 있다. 이 경우 타공사는 이 법을 적용함에 있어 이를 공공하수도에 관한 공사로 본다(同法 14).

공공하수도관리청은 공공하수도의 사용을 개시하려는 경우에는 그 사용개시 시기, 배수구역(공공하수도에 의하여 하수를 유출시킬 수 있는 지역), 합류식하수관로 및 분류식하수관로의 현황 그 밖에 대통령령이 정하는 사항을 공고하고, 관계 도면을 일반에게 공람하여야 하며(同法 15①), 하수처리구역(하수를 공공하수처리시설에 유입하여 처리할 수 있는 지역)을 하수관로로부터 직선거리 300미터의 범위에서 정하되, 하수처리구역의 지정범위에 관한 세부 기준은 지방자치단체의 조례로 정할 수 있다(同法 15②).

이 법은 지방자치단체의 장이 아닌 자의 공공하수도에 관한 공사 또는 유지(同法 16①), 지방자치단체의 장이 공공하수도설치에 관한 고시·인가·허가를 한 경우의 해당 공공하수도의 설치에 대한 관계 법률상의 인·허가 의제(同法 17①)에 관하여도 규정하고 있다.

(4) 공공하수도관리청과 관리대행업

공공하수도관리청은 관할 지방자치단체의 장이 되며, 공공하수도에 대한 관리청별 관리범위에 관하여는 환경부령으로 정한다(同法 18①).

공공하수도가 2 이상의 지방자치단체의 장의 관할구역에 걸치거나 그 밖의 특별한 사유가 있을 때에는 대통령령이 정하는 기준에 따른 지방자치단체의 장이 공공하수도관리청이 된다(同法 18②).

공공하수도관리청은 관리하여야 할 공공하수도의 시설 또는 지역 등 대통령령이 정하는 사항을 공고하여야 한다(同法 18③).

이 법은 공공하수도 운영·관리자의 공공하수도 운영·관리기준 마련(同法 19①), 공공하수처리시설·간이공공하수처리시설·분뇨처리시설을 운영·관리하는 자의 금지행위(同法 19②) 및 방류수 등의 수질검사와 그 기록보존(同法 19③), 공공하수도의 기능에 장해를 주는 행위의 금지(同法 19⑤⑥), '공공하수도 관리대행업자'의 공공하수도 운영·관리 업무의 대행(同法 19의2①), 공공하수도 관리대행업자의 준수사항(同法 19의2③), 공공하수도 관리대행업의 등록 및 결격사유(同法 19의3), 관리대행업의 등록취소나 업무정지 등을 할 수 있는 경우(同法 19의4), 공공하수도관리청과 관리대행업자의 공공하수도 운영·관리대행계약 체결 및 계약해지(同法 19의5)에 관하여 규정하고 있다. 공공하수도관리청과 공공하수도 관리대행업자의 '공공하수도 운영·관리대행계약'은 공법상 계약에 해당한다(앞의 제1절 Ⅶ. 참조).

이 법은 공공하수도관리청이 5년마다 소관 공공하수도의 관리상태를 점검하여 불량 공공하수도에 대한 개선계획을 수립·시행하도록 하고(同法 20①②), 한국환경공단법에 따른 한국환경공단 또는 기술진단전문기관으로 등록한 자(이하 '기술진단전문기관'이라 함)의 기술진단 대행, 기술진단전문기관의 등록요건과 등록 및 준수사항(同法 20의2), 기술진단전문기관 등록의 결격사유(同法 20의3), 기술진단전문기관의 등록취소 및 업무정지(同法 20의4)에 관하여 규정하고 있다.

이 법은 부득이한 사유가 있는 경우의 공공하수도 사용의 제한·금지 및 그 구역·기간의 공고·통지(同法 22), 공공하수도 시설의 기능을 현저히 방해하거나 그 시설을 손괴시킬 우려가 있는 수질의 하수 등을 공공하수도에 계속 유입시키는 자에 대한 제해시설의 설치·대체(代替)·수리·이전 등의 명령(同法 23①②), 공공하수도에 영향을 미치는 시설 또는 공작물 설치 등 일정한 점용행위에 대한 허가(同法 24), 공공하수도의 설치공사를 시행하는 자에 대한 공사의 중지·변경 등의 명령을 할 수 있는 경우(同法 25①), 하수도법에 따른 기준 등에 적합하지 아니하게 공공하수도를 설치하거나 유지·관리하는 자에 대한 시설개선명령(同法 25②)에 대하여도 규정하고 있다.

(5) **개인하수도의 설치 및 관리**

개인하수도란 건물·시설 등의 설치자·소유자가 당해 건물·시설 등에서 발생하는 하수를 유출 또는 처리하기 위하여 설치하는 배수설비·개인하수처리시설과 그 부대시설을 말한다.

공공하수도의 사용이 개시된 때에는 배수구역 안의 토지·시설물의 소유자·관리자 또는 국·공유시설물의 관리자는 그 배수구역의 하수를 공공하수도에 유입시켜야 하며, 이에 필요한 배수설비를 설치하여야 한다(同法 27①).

즉, 공공하수도가 설치된 지역에서는 배수구역 안의 시설물 소유자·관리자 등에게 배출되는 하수를 공공하수도에 유입시킬 의무가 과해지고 있다.

공공하수도관리청은 배수설비의 부실시공을 방지하기 위하여 필요한 경우에는 배수설비를 설치하여야 하는 자에게 그 배수설비의 시공을 대통령령이 정하는 요건을 갖춘 자로 하여금 대행하게 하도록 명할 수 있으며(同法 27②), 배수설비를 설치하고자 하는 자는 배수설비의 종류·규모 등 대통령령이 정하는 사항을 공공하수도관리청에 신고하여야 한다(同法 27③).

이 법은 대통령령이 정하는 수질 또는 수량 이상의 하수를 공공하수도에 유입시키는 배수설비를 설치하여야 하는 자의 배수설비 설치신고 및 신고사항(同法 27④), 배수설비 설치공사에 대한 준공검사(同法 27⑤), 설치된 배수설비의 유지·관리(同法 27⑥). 배수설비의 설치 및 구조에 관한 기준(同法 27⑦), 공공하수도의 유입제외(同法 28), 타인의 토지 또는 배수설비의 사용(同法 29①) 및 비용분담·협의·손실보상(同法 29②③), 겸용공작물에 관한 공사의 중지·변경·시행 등의 명령(同法 30①)에 대하여 규정하고 있다.

또한 이 법은 공공하수도관리청이 공공하수도에 관한 공사 또는 유지를 하는 자나 점용허가를 받은 자에 대하여 허가의 취소 또는 공사의 중지·변경·시행 등의 조치를 명할 수 있는 경우(同法 30②), 배수설비를 설치하여야 하는 자에 대한 배수설비의 설치·대체·철거·수리 등의 명령(同法 30③), 배수설비에 장해를 발생시키는 시설의 이전 등의 명령(同法 30④), 배수설비·제해시설(除害施設)의 검사 및 검사를 위한 배수구역 안의 타인의 토지·건축물에의 출입과 그에 따른 피해보상(同法 31), 개인하수처리시설의 설치 등에 대한 국가·지방자치단체의 지원(同法 32①②), 배수설비에 관한 공사의 거부 또는 방해의 금지(同法 32③), 하수의 수질을 현저히 악화시키는 특정 공산품의 제조·수입·판매·사용의 금지·제한 및 그에 관한 고시(同法 33①②)에 대하여도 규정하고 있다.

(6) **개인하수처리시설의 설치**

오수를 배출하는 건물·시설 등(이하 '건물 등'이라 함)을 설치하는 자는 단독 또는 공동으로 개인하수처리시설을 설치하여야 한다. 다만, 일정한 경우에 예외도 인정된다(同法 34①).

이 법은 개인하수처리시설의 설치·변경·폐쇄하려는 자의 신고(同法 34②), 개인하수처리시설의 설치기준(同法 34③), 개인하수도관리지역(개인하수도를 공동으로 관리하는 지역)의 지정(同法 34의2①), 개인하수도관리지역 안의 개인하수도 공동관리 및 처리시설관리업자의 대행(同法 34의2④), 개인하수도 공동관리비용 징수(同法 34의2⑤), 건물 등을 증축하는 경우의 개인하수처리시설 설치 특례(同法 35), 동일한 사업장에서의 오수·폐수 등의 병합처리에 관한 특례(同法 36), 개인하수처리시설의 준공검사(同法 37), 개인하수처리시설의 설계·시공(同法 38), 개인하수처리시설의 운영·관리상의 준수사항(同法 39), 개인하수처리시설에 대한 개선명령(同法 40)에 대하여 규정하고 있다.

(7) **분뇨의 처리 및 하수·분뇨 관련 영업**

특별자치시장·특별자치도지사·시장·군수·구청장은 관할구역 안에서 발생하는 분뇨를 수집·운반 및 처리하여야 하며, 이 경우 당해 지방자치단체의 조례가 정하는 바에 따라 이 법에 따른 '분뇨수집·운반업자'로 하여금 그 수집·운반을 대행하게 할 수 있다(同法 41①). 분뇨의 수집·운반·처리는 사실적 행정작용이다.

이 법은 화장실이 설치되어 있는 차량·선박 또는 항공기를 운행하는 자 및 이동식 화장실을 설치·관리하는 자의 분뇨처리 및 업무대행(同法 41③), 분뇨처리에 따른 수수료 징수(同法 41④), 분뇨의 광역관리(同法 42①), 지방자치단체 간의 분뇨처리시설 설치·운영에 대한 조정(同法 42②), 분뇨의 수집·운반·처리 기준(同法 43①), 분뇨를 수집·운반하는 자의 준수사항(同法 43②)에 관하여도 규정하고 있다.

이 법은 분뇨를 재활용하는 자의 신고 및 환경부령이 정하는 기준에 따른 재활용시설의 설치·관리(同法 44①③), 분뇨재활용시설에 대한 개선명령(同法 44④), 분뇨수집·운반업의 허가제(同法 45①) 및 허가를 받기 위한 사업계획서 제출(同法 45②)과 사업계획서 검토 후의 허가 적합 여부 통보(同法 45③), 적합통보를 받은 사업계획에 따라 시설·장비 및 기술인력 등의 요건을 갖추어 허가신청을 한 경우의 분뇨수집·운반업 허가(同法 45④), 분뇨수집·운반업자의 상호(商號)·허가증의 대여금지(同法 45⑦)에 대하여 규정하고 있다.

또한 이 법은 '분뇨수집·운반업자'의 영업양도·사망·법인합병시의 지위 승계(同法 46), 준수사항(同法 47), 결격사유(同法 48), 분뇨수집·운반업의 허가취소·영업정지(同法 49), '공공하수도 관리대행업자'나 '분뇨수집·운반업자'에 대한 과징금부과(同法 50), '개인하수처리시설설계·시공업'의 등록 및 등록한 사항을 변경하고자 하는 경우의 변경신고(同法 51①), '개인하수처리시설설계·시공업 등록자'의 상호·등록증의 대여금지(同法 51③), 영업양도·사망·법인합병시의 지위 승계 및 결격사유(同法 51④), 준수사항(同法 51⑤), 공공하수처리시설의 설계·시공(同法 51⑦)에 대하여도 규정하고 있다.

개인하수처리시설을 제조하는 영업(이하 '개인하수처리시설제조업'이라 함)을 하고자 하는 자는 대통령령이 정하는 기준에 따른 시설·장비 및 기술인력 등의 요건을 갖추어 관계 행정청에게 등록하여야 하고, 등록한 사항을 변경하고자 하는 때에는 환경부령이 정하는 바에 따라 변경등록 또는 변경신고를 하여야 하며(同法 52①), 등록을 한 '개인하수처리시설제조업자'가 제조할 수 있는 개인하수처리시설의 구조·규격·재질 및 성능에 관한 기준 등에 관하여 필요한 사항은 환경부령으로 정한다(同法 52③).

이 법은 '개인하수처리시설제조업자'가 제조하는 개인하수처리시설의 재질 및 성능에 대한 검사(同法 52④), 개인하수처리시설제조업자의 영업양도·사망·법인합병시의 지위 승계 및 결격사유(同法 52⑥), 준수사항(同法 52⑦), '개인하수처리시설관리업'을 하고자 하는 자의 등록 및 등록한 사항을 변경하는 경우의 변경신고(同法 53①), '개인하수처리시설관리업자'의 영업양도·사망·법인합병시의 지위

승계와 결격사유(同法 53④) 및 준수사항(同法 53⑤)에 대하여 규정하고 있다.

이 법은 행정청이 '개인하수처리시설설계·시공업자', '개인하수처리시설제조업자' 또는 '개인하수처리시설관리업자'에 대하여 등록취소나 영업정지를 할 수 있는 경우(同法 54), 등록취소 또는 영업정지 처분을 받은 '개인하수처리시설설계·시공업자'가 계속 공사를 할 수 있는 경우(同法 55), '분뇨수집·운반업자', '개인하수처리시설설계·시공업자', '개인하수처리시설제조업자' 또는 '개인하수처리시설관리업자'의 휴업·폐업 등의 신고(同法 56), '분뇨수집·운반업자'의 폐업신고시의 지원(同法 56의2)에 대하여도 규정하고 있다.

(8) **공공하수도 설치·관리의 비용 부담 등**

공공하수도에 관한 비용은 하수도법 또는 다른 법률에 특별한 규정이 있는 경우를 제외하고는 당해 공공하수도관리청이 속하는 지방자치단체의 부담으로 한다(同法 57).

이 법은 공공하수도로 인하여 이익을 받는 다른 지방자치단체의 비용분담(同法 58), 도가 공공하수도에 관한 비용을 부담하는 경우 당해 공공하수도로 인하여 이익을 받는 시·군의 비용부담(同法 59), 겸용공작물 공사 등의 비용부담(同法 60), 원인자부담금 부과(同法 61①. 大判 2015.10.29, 2015두40712. 大判 2012.10.11, 2010두7604. 大判 2007.7.26, 2005두2612), 공공하수도의 신설·증설 등을 수반하는 개발행위 등으로 인한 공공하수도 공사비용의 부담(同法 61②. 大判 2014.2.21, 2012다82466), 원인자부담금의 산정기준·징수방법(同法 61③), 징수한 원인자부담금의 사용(同法 61④)에 관하여 규정하고 있다(大判 2008.3.20, 2007두6342. 大判 2007.7.26, 2005두2612).

이 법은 공공하수도 공사로 인하여 필요하게 된 타공사에 소요되는 비용의 부담(同法 62①), 국가의 지방자치단체에 대한 공공하수도 설치비용 등의 보조(同法 63), 공공하수도사업에 필요한 국유지의 무상대여·양여(同法 64), 공공하수도 사용자 등으로부터의 사용료 등의 징수 및 그 수입금의 사용(同法 65②)에 대하여도 규정하고 있다.

(9) **기타 규정**

하수도법은 대통령령이 정하는 규모 이상의 개인하수처리시설을 설치·운영하는 자의 기술관리인 고용(同法 66), 공공하수처리시설 및 분뇨처리시설 등의 운영요원과 기술관리인 등에 대한 교육(同法 67), 공공하수도 관리장부 및 분뇨의 수집장소·수집량·처리상황 기록 장부의 보존(同法 68), 공공하수도 정보시스템의 구축(同法 68의2), 오수·분뇨 유출의 보고·검사 및 개인하수처리시설이 설치된 건물 등에 대한 출입·검사(同法 69), 공공하수도 운영·관리실태점검(同法 69의2)에 관하여 규정하고 있다.

하수도법은 이 법에 의한 허가·등록 또는 검사를 받고자 하는 자의 수수료 납부(同法 70), 관계 행정기관장에게의 영업허가 취소 등의 요청(同法 71), 기술진단전문기관의 등록 취소와 분뇨수집·운반업 허가 취소 등의 경우의 청문(同法 72), 이 법에 따른 사용료·점용료 그 밖의 부담금의 강제징수(同法 73), 이 법에 따른 행정청의 권한 또는 업무의 위임·위탁(同法 74), 공공하수도 운영·관리 업무를 대행하는 기관의 임원 및 직원에 대한 형법규정 적용 시의 공무원 의제(同法 74의2), 이 법 규정 위반자에 대한 벌칙(同法 75~79)과 과태료 부과(同法 80)에 대하여도 규정하고 있다.

4. 문화재보호법

(1) 보존공물행정에 관한 법으로서의 문화재보호법

국가나 지방자치단체가 공적 목적에 제공하는 공물(公物) 중에는 공공목적상 그 물건 자체의 보존을 위해 지정된 '공적 보존물(보존공물)'이 있는데, 그 대표적인 것이 문화재(文化財)이다.

문화재의 보존·관리는 전통문화의 계승과 민족문화의 발전 및 국민의 삶의 질(質)을 향상시키기 위하여 필요한 국가·지방자치단체의 중요한 과제라고 하겠다(憲裁 2003.1.30, 2001헌바64).

문화재보호법은 문화재를 보존하여 민족문화를 계승하고, 이를 활용할 수 있도록 함으로써 국민생활의 문화적 향상을 도모함과 아울러 인류문화의 발전에 기여함을 목적으로 하고 있다(同法 1).

이 법의 시행으로써 오랜 세월에 걸쳐 형성된 우리 국민의 고유한 정신적·물질적·지적·감성적 특성과 생활양식·가치체계 등이 함축된 많은 문화재들을 적정하게 보존·관리할 수 있으므로, 이 법은 민족문화의 전승·발전과 국민의 문화생활 향상에 크게 기여하는 법이라 할 수 있다.

이 법에서 '문화재'란 인위적이거나 자연적으로 형성된 국가적·민족적 또는 세계적 유산으로서 역사적·예술적·학술적 또는 경관적 가치가 큰, 다음의 유형문화재·무형문화재·기념물·민속문화재를 말한다(문화재보호법 2①).

i) 유형문화재(有形文化財): 건조물·전적(典籍)·서적(書跡)·고문서·회화·조각·공예품 등 유형의 문화적 소산으로서 역사적·예술적 또는 학술적 가치가 큰 것과 이에 준하는 고고자료(考古資料).

ii) 무형문화재(無形文化財): 여러 세대에 걸쳐 전승되어 온 무형의 문화적 유산으로서 ㉮ 전통적 공연·예술, ㉯ 공예, 미술 등에 관한 전통기술, ㉰ 한의약, 농경·어로 등에 관한 전통지식, ㉱ 구전 전통 및 표현, ㉲ 의식주 등 전통적 생활관습, ㉳ 민간신앙 등 사회적 의식(儀式), ㉴ 전통적 놀이·축제 및 기예·무예 중 어느 하나에 해당하는 것. 무형문화재는 무체물(無體物)인 공물이라고 할 수 있다.

iii) 기념물(記念物): ㉮ 절터·옛무덤·조개무덤·성터·궁터·가마터·유물포함층 등의 사적지(史蹟地)와 특별히 기념이 될 만한 시설물로서 역사적·학술적 가치가 큰 것. ㉯ 경치 좋은 곳으로서 예술적 가치가 크고 경관이 뛰어난 것. ㉰ 동물(그 서식지, 번식지, 도래지 포함), 식물(그 자생지 포함), 지형, 지질, 광물, 동굴, 생물학적 생성물 또는 특별한 자연현상으로서 역사적·경관적 또는 학술적 가치가 큰 것.

iv) 민속문화재(民俗文化財): 의식주·생업·신앙·연중행사 등에 관한 풍속이나 관습에 사용되는 의복·기구·가옥 등으로서 국민생활의 변화를 이해하는 데 반드시 필요한 것.

이 법은 문화재보호의 기본원칙으로서 "문화재의 보존·관리 및 활용은 원형유지를 기본원칙으로 한다."라고 하여 문화재원형유지원칙을 규정하고 있으며(同法 3), 개인 등이 문화재를 소유·관리할 수 있음을 인정하면서(同法 81), 문화재의 보존·보호·관리를 위한 국가·지방자치단체(관계 행정기관)의 시책·과업과 문화재 소유자의 책무 등을 주로 규정하고 있다.

이 법은 문화재기본계획, 국가지정문화재의 지정과 그 해제에 관한 사항 등을 조사·심의하기 위하여 문화재청에 문화재위원회를 두도록 하고(同法 8①), 문화재의 보호·보존·보급 및 활용과 전통생활문화의 계발을 위하여 문화재청 산하에 한국문화재재단을 설립하도록 규정하고 있다(同法 9①).

이 법에 따르면. ① 국가는 문화재의 보존·관리 및 활용을 위한 종합적인 시책을 수립·추진하여야 하고, ② 지방자치단체는 국가의 시책과 지역적 특색을 고려하여 문화재의 보존·관리 및 활용을 위한 시책을 수립·추진하여야 하며, ③ 국가와 지방자치단체는 각종 개발사업을 계획하고 시행하는 경우 문화재나 문화재의 보호물·보호구역·역사문화환경이 훼손되지 아니하도록 노력하여야 하고, ④ 국민은 문화재의 보존·관리를 위하여 국가와 지방자치단체의 시책에 적극 협조하여야 한다(同法 4①②③④).

위에서 '보호물'이란 문화재를 보호하기 위하여 지정한 건물이나 시설물을 말하며(同法 2⑤), '보호구역'이란 지상에 고정되어 있는 유형물이나 일정한 지역이 문화재로 지정된 경우에 해당 지정문화재의 점유 면적을 제외하고 그 지정문화재를 보호하기 위하여 지정된 구역을 말하며(同法 2④. 大判 2004.4.27, 2003두8821), '역사문화환경'이란 문화재 주변의 자연경관이나 역사적·문화적인 가치가 뛰어난 공간으로서 문화재와 함께 보호할 필요성이 있는 주변 환경을 말한다(同法 2⑥).

이 법에서 '지정문화재(指定文化財)'란 문화재청장이 지정한 국가지정문화재와 시·도지사가 지정한 시·도지정문화재 및 문화재자료를 말하며, '문화재자료'란 국가지정문화재나 시·도지정문화재로 지정되지 아니한 문화재 중 시·도지사가 이 법 제70조 제2항에 따라 지정한 문화재를 말한다(同法 2②).

문화재의 보존·관리 및 활용에 관하여 다른 법률에 특별한 규정이 있는 경우를 제외하고는 이 법에서 정하는 바에 따르며, 지정문화재(가지정문화재 포함)의 수리·실측·설계·감리와 매장문화재의 보호·조사, 무형문화재 보전 및 진흥에 관하여는 따로 법률로 정한다(同法 5①②. 大判 2013.3.28, 2012다203461).

(2) 문화재 보호정책의 수립 및 추진

문화재청장은 시·도지사와의 협의를 거쳐 문화재의 보존·관리 및 활용을 위하여 문화재 보존에 관한 기본방향 및 목표, 문화재 보수·정비·복원에 관한 사항, 문화재의 역사문화환경 보호에 관한 사항, 문화재 안전관리에 관한 사항 등과, 그 밖에 문화재의 보존·관리·활용에 필요한 사항이 포함된 종합적인 기본계획(이를 '문화재기본계획'이라 함)을 5년마다 수립하여야 하며, 문화재기본계획을 수립하면 이를 시·도지사에게 알리고, 관보(官報) 등에 고시하여야 한다(同法 6①③).

문화재청장 및 시·도지사는 문화재기본계획에 관한 연도별 시행계획을 수립·시행하여야 하며, 연도별 시행계획을 수립한 때에는 이를 공표하여야 한다(同法 7①③). 시·도지사는 연도별 시행계획을 수립하거나 시행을 완료한 때에는 그 결과를 문화재청장에게 제출하여야 한다(同法 7②).

이 법은 현존 문화재의 현황·관리실태 등에 대한 조사·기록 및 관련자에 대한 자료제출 요구(同法 10①②), 문화재정보체계의 구축·운영(同法 11①), 건설공사 시의 문화재보호(同法 12. 大判 2013.2.14, 2012두20953), 문화재의 역사문화환경 보존지역의 지정·보호(同法 13①), 역사문화환경 보존지역에서 시행하는 건설

공사에 대한 사전 검토(同法 13②. 大判 2006.3.10, 2004추119), 역사문화환경 보존지역의 범위(同法 13③), 역사문화환경 보존지역에서 지정문화재의 보존에 영향을 미칠 우려가 있는 행위의 기준 고시(同法 13④)에 대하여 규정하고 있다.

문화재청장이나 시·도지사는 지정문화재의 화재 및 재난방지·도난예방을 위하여 필요한 시책을 수립하고 이를 시행하여야 하며, 문화재별 특성에 따른 화재대응 지침서(이하 '지침서'라 함)를 마련하고 이를 지정문화재의 소유자·관리자 또는 관리단체가 사용할 수 있도록 조치하여야 한다. 지침서는 연 1회 이상 정기적으로 점검·보완하여야 하며, 화재대응을 위하여 포함되어야 할 사항 및 지침서를 마련하여야 하는 문화재의 범위는 대통령령으로 정한다(同法 14①②③).

이 법은 지정문화재의 소유자·관리자 및 관리단체의 지정문화재 화재·재난방지 시설설치와 금연구역 지정(同法 14④⑤), 문화재의 보호·보존·보급·선양을 위한 단체의 지원·육성(同法 15), 문화재의 보호·관리 및 수리 등을 위한 전문인력의 양성(同法 16①②), 문화재 관련 국제기구 및 다른 국가와의 협력(同法 17), 남북한 간 문화재분야의 상호교류 및 협력의 증진과 북한의 문화재 관련 정책·제도 및 현황 등에 관한 조사·연구(同法 18①②)에 대하여도 규정하고 있다.

문화재청장은 '세계문화유산 및 자연유산의 보호에 관한 협약', '무형문화유산의 보호를 위한 협약' 또는 유네스코(국제연합교육과학문화기구)의 프로그램에 따라 국내의 우수한 문화재를 유네스코에 세계유산·인류무형문화유산 또는 세계기록유산으로 등재 신청할 수 있으며(同法 19①), 유네스코에 세계유산·인류무형문화유산 또는 세계기록유산으로 등재된 문화재('세계유산 등'이라 함)를 비롯한 인류 문화재의 보존과 문화재의 국외 선양을 위하여 적극 노력하여야 한다(同法 19②).

이 법은 위의 등재된 세계유산 등의 유지·관리 및 지원, 세계유산 등과 그 역사문화환경의 보호조치명령(同法 19③), 외국문화재의 보호(同法 20), 비상시의 문화재보호(同法 21), 비상시의 문화재보호를 위한 지원 요청(同法 22)에 대하여도 규정하고 있다.

(3) 국가지정문화재의 지정 및 관리·보호

문화재청장은 문화재위원회의 심의를 거쳐 유형문화재 중 중요한 것을 보물로 지정할 수 있으며, 보물에 해당하는 문화재 중 인류문화의 관점에서 볼 때 그 가치가 크고 유례가 드문 것을 문화재위원회의 심의를 거쳐 국보로 지정할 수 있다(同法 23①②). 문화재청장 등 관계 행정청이 각종 문화재·기념물이나 보호구역 등을 지정·고시하는 행위는 처분이다.

이 법은 국가무형문화재의 지정(同法 24①), 기념물 중 사적·명승·천연기념물의 지정(同法 25①②), 중요민속문화재의 지정(同法 26①②), 문화재보호를 위한 보호물·보호구역의 지정 및 조정(同法 27①②), 국가지정문화재(보호물·보호구역 포함)의 지정·고시·통지(同法 28①), 국보·보물·중요민속문화재의 지정서 교부(同法 29①), 문화재지정의 효력발생시기(同法 30), 문화재지정의 해제(同法 31), 문화재의 가(假)지정(同法 32)에 대하여 규정하고 있다.

이 법은 문화재 소유자의 선량한 문화재관리·보호의 원칙(同法 33), 문화재 관리단체의 지정 및 관리단체에 의한 문화재관리(同法 34), 국가에 의한 국가지정문화재의 특별관리(同法 34의2. 大判 2005.1.28, 2004두10661), 문화재의 보존에 영향을 미칠 우려가 있는 행위 등에 대한 허가 및 허가기준과 허가사항의 취소(同法 35·36·37. 大判 2006.5.12, 2004두9920), 천연기념물인 동물의 치료(同法 38), 국보·보물·천연기념물·중요민속문화재의 수출·반출 금지(同法 39), 국가지정문화재의 소유자·관리자·관리단체 등의 문화재관리에 관한 신고의무 및 신고사항(同法 40)에 관하여도 규정하고 있다.

이 법은 또한 국가지정문화재 및 역사문화환경 보존지역의 관리·보호를 위한 행정명령(同法 42), 국가지정문화재의 보존·관리·변경에 관한 기록의 작성·보존(同法 43), 국가지정문화재의 현상·관리·수리 그 밖의 환경보전상황 등에 관한 정기적인 조사(同法 44), 문화재청장의 직권에 의한 국가지정문화재 관리실태 조사(同法 45), 문화재 등의 관리·보호를 위한 행정명령이나 조치 등으로 인한 손실의 보상(同法 46), 가지정(假指定)문화재에 대한 이 법의 준용규정(同法 47)에 관하여도 규정하고 있다(大判 2005.2.18, 2003도4158).

국가지정문화재(중요무형문화재는 제외)는 해당 문화재의 공개를 제한하는 특별한 사유가 없으면 원칙적으로 이를 공개하여야 한다. 문화재청장은 국가지정문화재의 보존과 훼손 방지를 위하여 필요하면 해당 문화재의 전부나 일부에 대하여 공개를 제한할 수 있다. 이 경우 문화재청장은 해당 문화재의 소유자(관리단체가 지정되어 있으면 그 관리단체를 말함)의 의견을 들어야 하며, 공개제한사항을 고시하여야 한다(同法 48①②③).

국가지정문화재의 소유자는 그 문화재를 공개하는 경우 관람자로부터 관람료를 징수할 수 있다. 다만, 관리단체가 지정된 경우에는 관리단체가 징수권자가 된다(同法 49①). 이 법은 국가지정문화재의 관리·보호·수리·활용 또는 기록 작성을 위하여 필요한 경비의 보조금(同法 51), 국가지정문화재로서 지방자치단체가 소유하거나 관리하지 아니하는 문화재의 관리·보호·수리·활용 등에 필요한 경비에 대한 지방자치단체의 부담·보조(同法 52)에 대하여도 규정하고 있다.

(4) 등록문화재의 관리

등록문화재란 지정문화재가 아닌 문화재 중에서 문화재청장이 등록한 문화재를 말한다(同法 2③). 문화재청장은 문화재위원회의 심의를 거쳐 지정문화재가 아닌 문화재 중에서 보존과 활용을 위한 조치가 특별히 필요한 것을 등록문화재로 등록할 수 있다. 등록문화재의 등록기준, 절차 및 등록 사항 등은 문화체육관광부령으로 정한다(同法 53①②). 등록문화재의 소유자 등 등록문화재를 관리하는 자는 등록문화재의 원형 보존에 노력하여야 한다(同法 54①).

등록문화재의 소유자나 관리자 또는 등록문화재관리단체는 해당 문화재에 관하여 관리자를 선임하거나 해임한 경우, 소유자가 변경된 경우 등 일정한 사유가 발생하면 대통령령으로 정하는 바에 따라 그 사실과 경위를 문화재청장에게 신고하여야 한다(同法 55).

이 법은 등록문화재(동산에 속하는 문화재는 제외)의 외관변경·이전(移轉)·철거나 동산(動産)에 속하는 문화재의 수리 등의 행위를 하려는 자의 신고의무(同法 56①), 등록문화재인 건축물이 있는 대지 안에서의 건폐율과 용적률의 적용특례(同法 57), 등록문화재의 등록말소(同法 58①②③), 등록문화재의 지정·관리·보조금지급 등에 대한 국가지정문화재 지정 및 관리에 관한 규정의 준용(同法 59)에 대하여도 규정하고 있다.

(5) **일반동산문화재의 관리**

이 법에 따라 지정 또는 등록되지 아니한 문화재 중 동산에 속하는 문화재(이하 '일반동산문화재'라 함)는 국외전시 등 국제적 문화교류를 위하여 문화재청장의 허가를 받은 경우 외에는 국외로의 수출·반출이 금지된다(同法 60①).

문화재청장은 문화재의 불법반출 방지 및 국외 반출 동산에 대한 감정 등에 관한 업무를 수행하기 위하여 공항·무역항·통관우체국 등에 문화재감정위원을 배치할 수 있다(同法 60의2①).

문화재청장은 필요하다고 인정하면 그 소속 공무원으로 하여금 국가기관 또는 지방자치단체가 소장하고 있는 일반동산문화재에 관한 현상·관리·수리 그 밖의 보전상황에 관하여 조사하게 할 수 있다. 이 경우 해당 국가기관 또는 지방자치단체의 장은 조사에 협조하여야 한다(同法 61①).

문화재청장은 위의 조사의 결과 문화재의 보존·관리가 적절하지 아니하다고 인정되면 해당 기관의 장에게 문화재에 관한 보존·관리 방안을 마련하도록 요청할 수 있다(同法 61②).

(6) **국유문화재에 관한 특례**

국유에 속하는 문화재(이하 '국유문화재'라 함)는 국유재산법과 물품관리법의 규정에도 불구하고 문화재청장이 관리·총괄한다. 다만, 국유문화재가 문화재청장 외의 중앙관서의 장이 관리하고 있는 행정재산인 경우 또는 문화재청장 외의 중앙관서의 장이 관리하여야 할 특별한 필요가 있는 것인 경우에는 문화재청장은 관계기관의 장 및 기획재정부장관과 협의하여 그 관리청을 정한다(同法 62①).

국유문화재를 문화재청장이 관리하기 위하여 소속을 달리하는 회계로부터 관리전환을 받을 때에는 국유재산법의 규정에도 불구하고 무상으로 할 수 있다(同法 63).

문화재청장이 그 관리청이 따로 정하여진 국유문화재를 국가지정문화재로 지정 또는 가지정(假指定)하거나 그 지정이나 가지정을 해제하는 경우 이 법에 따라 행하는 해당 문화재의 소유자나 점유자에 대한 통지는 그 문화재의 관리청에 대하여 하여야 한다(同法 64①).

국유문화재(그 부지 포함)는 이 법에 특별한 규정이 없으면 이를 양도하거나 사권(私權)을 설정할 수 없다. 다만, 그 관리·보호에 지장이 없다고 인정되면 공공용(公共用), 공용(公用) 또는 공익사업에 필요한 경우에 한정하여 일정한 조건을 붙여 그 사용을 허가할 수 있다(同法 66).

(7) 국외소재문화재

국외소재문화재란 국외로 반출되어 현재 대한민국의 영토 밖에 소재하는 문화재를 말한다(同法 2⑧). 국가는 국외소재문화재의 보호·환수 및 활용 등을 위하여 노력하여야 하며, 이에 필요한 조직과 예산을 확보하여야 한다(同法 67).

문화재청장은 국외소재문화재의 현황, 보존·관리 실태, 반출 경위 등에 관하여 조사·연구를 실시할 수 있으며, 조사·연구의 효율적 수행을 위하여 박물관·한국국제교류재단·국사편찬위원회 및 각 대학 등 관련 기관에 필요한 자료의 제출과 정보제공 등을 요청할 수 있고, 요청을 받은 관련 기관은 이에 협조하여야 한다(同法 68①②). 문화재청장은 국외소재문화재의 보호 및 환수를 위하여 필요하면 관련 기관 또는 단체를 지원·육성할 수 있다(同法 69).

문화재청장의 국외소재문화재 환수 및 활용에 관한 정책에 대한 자문에 응하기 위하여 문화재청에 '국외소재문화재 환수 및 활용 자문위원회'를 둔다(同法 69의2①). 국외소재문화재의 현황 및 반출 경위 등에 대한 조사·연구, 국외소재문화재 환수·활용과 관련한 각종 전략·정책 연구 등 국외소재문화재와 관련한 제반 사업을 종합적·체계적으로 수행하기 위하여 문화재청 산하에 국외소재문화재재단('국외문화재재단'이라 함)을 설립하며, 그 재단은 법인으로 한다(同法 69의3①②).

(8) 시·도지정문화재의 관리

시·도지사는 그 관할구역에 있는 문화재로서 국가지정문화재로 지정되지 아니한 문화재 중 보존가치가 있다고 인정되는 것을 시·도지정문화재로 지정할 수 있으며(同法 70①), 시·도지정문화재로 지정되지 아니한 문화재 중 향토문화보존상 필요하다고 인정하는 것을 문화재자료로 지정할 수 있다(同法 70②).

이 법은 시·도지사에 대한 문화재청장의 시·도지정문화재, 문화재자료(보호물이나 보호구역 포함)의 지정·보존 권고 및 그에 따른 문화재 지정절차 이행과 보고

(同法 70③), 시·도지정문화재 및 문화재자료의 지정·해제절차·관리·보호·육성·공개 등의 사항에 관한 지방자치단체의 조례 제정(同法 70⑤), 시·도문화재위원회의 설치(同法 71), 시·도지정문화재 등에 관한 경비부담(同法 72), 시·도지정문화재 등의 지정·소재지변경 등의 보고(同法 73), 시·도지정문화재 등의 관리에 대한 국가지정문화재에 관한 규정의 준용(同法 74)에 대하여도 규정하고 있다.

(9) 문화재매매업 등

동산에 속하는 유형문화재나 유형의 민속문화재를 매매 또는 교환하는 것을 업(業)으로 하려는 자는 대통령령으로 정하는 바에 따라 특별자치시장·특별자치도지사·시장·군수·구청장으로부터 문화재매매업 허가를 받아야 한다(同法 75①).

문화재매매업 허가를 받은 자(이하 '문화재매매업자'라 함)는 관계 행정청에게 문화재의 보존 상황, 매매 또는 교환의 실태를 신고하여야 하며, 신고를 받은 관계 행정청은 신고받은 사항을 문화재청장에게 정기적으로 보고하여야 한다(同法 75②③).

문화재보호법은 문화재매매업의 허가를 받으려는 자의 자격 요건(同法 76①), 문화재매매업자의 결격사유(同法 77), 문화재매매업자의 준수 사항(同法 78), 문화재매매업 폐업시의 신고의무(同法 79), 문화재매매업의 허가취소·영업정지(同法 80)에 관하여도 규정하고 있다.

이 법은 국가지정문화재 등의 소유자 변경시의 권리·의무의 승계(同法 81), 이 법에 따른 문화재청장의 권한의 위임·위탁(同法 82), 이 법에 따른 재단이 아닌 자의 한국문화재재단 또는 이와 유사한 명칭의 사용금지(同法 82의2), 문화재의 보존·관리를 위한 토지의 수용 또는 사용(同法 83), 문화재의 보존·관리를 위한 국·공유재산의 대부·사용(同法 84), 문화재 방재의 날(매년 2월 10일)의 지정(同法 85), 문화재에 관한 범죄의 제보자 등에 대한 포상금 지급(同法 86), 이 법과 다른 법률과의 관계(同法 87), 문화재매매업자에 대하여 허가취소·영업정지 처분 등을 할 경우의 청문(同法 88), 문화재의 보존·관리에 관한 일정한 업무를 수행하는 자에 대한 형법규정 적용에서의 공무원 의제(同法 89)에 대하여 규정하고 있다.

또한 이법은 문화재에 관한 무허가수출 등의 죄(同法 90), 허위 지정 등의 유도죄(同法 91), 문화재 손상 또는 은닉 등의 죄(同法 92), 문화재와 관련된 가중죄(同法 93), 문화재인 건조물에 대하여 방화(放火)·일수(溢水) 또는 파괴의 죄를 범한 자에 대한 형법의 준용 및 가중 처벌(同法 94), 사적(史蹟) 등에의 일수죄(同法 95), 지정문화재 또는 가지정문화재나 그 보호구역 등에의 일수죄(同法 96), 문화재에 대한 미수범(同法 97), 문화재에 대한 과실범(同法 98), 허가를 받지 않고 문화재의 현상을 변경하거나 그 보존에 영향을 미칠 우려 있는 행위 등의 죄(同法 99), 문화재에 관한 행정명령 위반 등의 죄(同法 100), 문화재 관리행위 방해의 죄(同法 101) 등에 관한 벌칙, 양벌규정(同法 102), 과태료(同法 103)와 그 부과·징수(同法 104)에 대하여도 규정하고 있다.

(10) **문화재보호에 관한 법률들**

문화재보호를 위한 문화재청 소관 법률로서 문화재보호법 외에 ①「매장문화재 보호 및 조사에 관한 법률」, ②「문화재수리 등에 관한 법률」, ③ 문화재보호기금법, ④「문화유산과 자연환경자산에 관한 국민신탁법」, ⑤「무형문화재 보전 및 진흥에 관한 법률」(2016.3.28.시행) 등이 있다.

제6절
공익사업행정에 관한 법

복리행정·급부행정의 일환으로서, 국가나 지방자치단체는 공익사업(公益事業)에 관한 행정을 수행한다.

공익사업은 다의적(多義的)인 개념이다. 광의의 공익사업은 공적(公的) 목적을 위한 사업과 공공복리·공익 증진에 기여하는 사업이라 할 수 있고, 협의의 공익사업은 「공익사업을 위한 토지 등의 취득 및 보상에 관한 법률」 제4조에 규정된 공익사업이라 할 수 있다.

이 절(제6절)의 '공익사업행정'에서의 공익사업은 광의의 공익사업 중에서 전술한 공물행정과 후술하는 조성행정·사회보장행정·토지행정·환경행정·경제행정·군사행정 등에서의 공적 사업을 제외한 공익사업을 의미한다.

이러한 공익사업은 국가·지방자치단체의 영조물사업 형태로 수행되기도 하고, 국가·지방자치단체가 출연(出捐)하고 개별 법령에 따라 설립된 공사·공단 등 특수법인체(特殊法人體)의 공기업 형태로 실시되기도 하며, 사기업체(私企業體) 등의 민영공익사업(民營公益事業) 형태로 수행되기도 한다.

공익사업행정은 위와 같이 공익사업의 수행주체(遂行主體)를 기준으로 분류되는 국·공영의 영조물사업과 특수법인체의 공기업 및 사기업체 등의 민영공익사업에 따라 그 내용이 서로 다르게 행해진다.

'국·공영의 영조물사업'에서는 국가·지방자치단체의 책임으로 공익사업의 개설·운영·관리에 관한 행정이 이루어지며, '특수법인체의 공기업'은 국가·지방자치단체의 의지에 의하여 개설되고 그에 대한 감독은 관계 행정기관이 행하지만 국가·지방자치단체와는 별개의 법인격을 가진 특수법인체가 그 경영·관리책임을 진다. '민영공익사업'은 그 개설이나 경영·관리를 사기업체 등이 행하고 그에 대한 지도·감독·지원 등을 관계 행정기관이 행한다.

1. 개관

Ⅰ. 공익사업

공익(公益)이란 공공(公共)의 이익, 즉 '국가나 사회의 구성원에게 두루 관계되는 이익'의 준말이라 하겠으며, 이러한 공익에 관련된 사업들은 매우 다양하다.

「공익사업을 위한 토지 등의 취득 및 보상에 관한 법률」은 제4조에서 국방·군사에 관한 사업, 관계 법률에 따라 허가·인가·승인·지정 등을 받아 공익을 목적으로 시행하는 철도·도로·공항·항만 등에 관한 사업, 학교·도서관·박물관·미술관의 건립사업 등 여러 사업들과, 다른 법률에 따라 토지 등을 수용하거나 사용할 수 있는 사업을 공익사업으로 규정하고 있는데, 이는 同法에 따라 토지 등의 수용(공용수용)을 할 수 있는 공익사업들을 규정한 것이다.

그런데 공익에 관련된 사업 중에는 연구사업·문화사업·해상운송사업·정보사업·통신사업 등과 같이 토지 등의 수용의 문제가 필히 수반되지 아니하는 사업들도 많다. 또한 「공기업의 경영구조개선 및 민영화에 관한 법률」은 앞으로 공기업·공익사업의 민영화(民營化)가 점차 늘어날 것임을 시사(示唆)하고 있다.

그리하여 이 책에서는 공익사업을 광의(廣義)로 (사업의 수행주체나 토지의 수용가능성 여부를 가리지 않고) 「공익사업을 위한 토지 등의 취득 및 보상에 관한 법률」 제4조에 규정된 공익사업을 포함하여, 공적 목적을 위한 사업과 공공복리·공익 증진에 기여하는 사업을 뜻하는 것으로 하고 있다.

그런데 이 절(제6절)에서의 공익사업행정이 전술한 안전·질서행정, 공물행정, 후술하는 조성행정, 사회보장행정, 토지행정, 환경행정, 경제행정, 재무행정, 군사행정, 남북교류·외교행정 등과 더불어 행정작용의 직접 목적을 기준으로 하여 분류한 행정분야의 하나로서 상정(想定)된 개념이기 때문에, 이 절에서의 공익사업행정의 대상이 되는 공익사업은 이 책 제2장 제4~5절, 제7~14절의 각 분야 행정작용의 대상인 공적 사업(공적 목적을 위한 사업) 이외의 공익사업을 의미하는 것으로 하지 않을 수 없다.

이 책 제2장 제4~5절, 제7~14절의 행정분야에서 수행되는 공적 목적을 위한 사업들도 궁극적으로 공익사업이라 할 수 있지만, 구체적인 그들 사업의 직접 목적과 사업내용면에서 각각 특수성을 지니고 있다고 하겠다.

II. 공익사업의 유형과 공익사업행정

광의의 공익사업은 국가·지방자치단체의 기관이나 특수법인체, 사인(私人)·사기업·민간단체 등에 의하여 수행될 수 있으며, 이들 각 수행주체들에 의하여 행해지는 영조물사업·공기업·민영공익사업에 관한 행정을 공익사업행정이라 할 수 있다.

(1) 국·공영의 영조물사업(營造物事業)

'영조물'이란 행정법이론상의 개념으로서, 국가·지방자치단체가 특정한 공적 목적에 계속적으로 제공하기 위하여 설립한 인적(人的) 구성원과 물적(物的) 시설의 종합체를 의미한다.

공물(公物)이나 공공시설은 물건·시설 등 물적 요소를 중심으로 구성된 개념으로서 인적 구성원을 그 필수적 요소로 하지 아니하나, 영조물은 인적 구성원(예; 국·공립학교의 교직원, 국·공립의료원의 의사·간호사 등)과 물적 시설을 그 요소로 하여 구성된 개념이다.

흔히 법인격(法人格)이 없는 영조물은 영조물기관(營造物機關)이라 하고, 법인격을 가진 영조물은 영조물법인(營造物法人)이라 한다. 후술하는 공기업을 경영하는 특수법인인 공사(公社) 등도 영조물법인의 개념에 포함될 수 있으나, 공기업 주체로서의 특수법인은 수행하는 사업의 수익성도 중시(重視)하는 특징을 지닌다.

국가나 지방자치단체가 인적 구성원과 물적 시설을 갖춘 영조물을 설치하여 교육사업·연구사업·공공의료사업·수도사업·우편사업·위생사업·문화사업 등 일정한 공익사업을 행하는 경우에 그러한 사업을 '국·공영(國·公營)의 영조물사업'이라 할 수 있다(憲裁 1992.10.1, 92헌마68·76병합).

「공공기관의 운영에 관한 법률」에 따라 준정부기관과 기타 공공기관으로 지정된 기관들(제1장 제4절 참조)이 수행하는 사업 중에는 국영(國營) 영조물사업이라 할 수 있는 것들이 많다.

(2) **특수법인체의 공기업**(公企業)

공익사업 중에는 철도사업·전력사업·수자원사업 등과 같이 특수법인체(特殊法人體)의 공기업 방식으로 경영되는 사업도 많다.

공기업은 일반적으로 국가·지방자치단체나 공사·공단 등 특수법인이 직접 사회공공의 이익을 위하여 비권력적으로 경영하는 수익성을 지닌 사업(기업)을 의미한다(大判 1988.4.12, 88다2). 이는 기업경영의 주체·목적·수단과 수익성을 표준으로 한 공기업의 개념이다.

위와 같은 의미의 공기업은 수익성(收益性)을 하나의 요소로 하는 점에서, 영조물을 통하여 정신적·문화적·위생적 사업 등을 수행하면서도 수익성을 요소로 하지 아니하는 영조물사업과 일단 구별된다고 할 수 있다.

이러한 공기업의 일반적 개념을 기초로 할 경우, 공기업에는 국가·지방자치단체가 직영(直營)하는 우편사업·수도사업이나 서울특별시도시철도공사의 지하철사업 등 지방공기업도 포함될 수 있다고 하겠다.

그런데 「공공기관의 운영에 관한 법률」은 기획재정부장관이 국가·지방자치단체가 아닌 법인·단체·기관으로서, 다른 법률에 따라 직접 설립되고 정부가 출연(出捐)한 법인·단체·기관이거나 정부지원액이 총수입액의 2분의 1을 초과하는 등의 일정한 요건을 갖춘 법인·단체·기관을 공공기관으로 지정하되(同法 4①), 공공기관을 공기업과 준정부기관 및 기타 공공기관으로 구분하여 지정하도록 하고, 이 중 '공기업'은 직원 정원이 50인 이상이며 자체수입액이 총수입액의 2분의 1 이상인 법인·단체·기관 중에서 지정하도록 규정하고 있다(同法 5①②).

즉, 「공공기관의 운영에 관한 법률」상의 공기업은 앞에 기술한 일반적인 공기업의 개념과 달리 개별 법률에 따라 설립되고 정부가 출연한 공사·공단 등, 국가·지방자치단체가 아닌 특수법인·단체·기관이 경영하는 일정한 요건을 갖춘 기업만을 의미하고 있으며, 지방공기업은 그 개념에서 제외하고 있다(그렇지만 지방자치단체가 설립한 지방공사 등의 지방공기업은 이론상 공기업 개념에 포함되며, 그 운영에는 지방공기업법이 적용된다).

위와 같은 「공공기관의 운영에 관한 법률」상의 공기업개념을 고려하여, 이 절에서의 '공기업'은 정부가 출연하고 개별 법률에 따라 설립된 특수법인 등 일정한 요건을 갖춘 기업만을 의미하는 것으로 하고, 우편사업·수도사업 등 국가·지방자치단체가 직영하는 사업은 전술한 영조물사업의 범주에 포함시키기로 한다.

(3) 민영공익사업(民營公益事業)

공익사업은 국가나 지방자치단체 또는 공사·공단 등 특수공법인(特殊公法人)이 시행·경영할 수 있으나, 사인(私人)·사기업체 등이 국가·지방자치단체로부터 허가·면허·인가·승인·지정 등을 받아 경영하는 민영공익사업인 경우도 많다.

국가·지방자치단체로부터 허가·면허·인가·승인·지정 등을 받거나 관계 행정청에 등록하여 공익사업을 경영하는 사기업(私企業)을 행정법이론상 특허기업(特許企業)이라고도 한다. 민영공익사업인 해상운송사업·자동차운수사업·항공운항사업·에너지사업 등이 그 예이다(大判 2014.4.30, 2011두14685).

관계 행정청이 사인·사기업체 등에게 일정한 새로운 권리를 설정해주는 처분을 행정법이론상 '특허(特許)'라 하는데(특허법에서의 특허는 이와 다른 개념임), '특허기업'은 사인·사기업체 등이 관계 행정청으로부터 일정한 공익사업 경영권(經營權)을 설정받아 경영하는 기업을 의미한다.

이러한 특허기업(민영공익사업)은 공기업(公企業)이 아니라 사기업(私企業)이므로 「공공기관의 운영에 관한 법률」이나 지방공기업법의 적용을 받지 아니한다.

국가·지방자치단체는 항만·도로·공항·산업기술연구단지 등 해상운송사업·자동차운수사업·항공운항사업·에너지사업 등 민영공익사업에 필요한 기반시설을 설치·관리하면서 일반 공중의 생활에 상당한 영향을 미치는 특허기업체(민영공익사업체)의 공익사업을 지원하고 관계 법률에 따라 지도·감독한다.

「공익사업을 위한 토지 등의 취득 및 보상에 관한 법률」에 따라 토지 등을 수용할 수 있는 공익사업시설(예; 관계 행정청으로부터 허가·면허·인가·승인·지정 등을 받은 철도·도로·공영차고지·화물터미널·공항·항만·주차장·삭도·궤도·제방·댐·운하·저수지·용수로·수도·하수도·폐기물처리·방조·방수·석유비축·송유·전기·전기통신·방송·가스시설·학교·도서관·박물관·미술관·연구소·시험소·보건시설·문화시설·운동장·공원·수목원·광장·시장·묘지·화장장·도축장 기타 공공용 시설)의 사업들 중에서, 국가·지방자치단체 및 '법률에 의하여 설립되거나 정부·지방자치단체가 출연(出捐)한 법인·단체·기관'이 직접 경영하는 사업이 아닌 것들은 사인·사기업체가 관계 행정청으로부터 허가·면허·인가·승인·지정 등을 받아 경영하는 민영공익사업이 될 수 있으며, 공익사업의 민영화는 점차 늘어날 것으로 보아진다.

(4) **공익사업행정**

공익사업에 관한 행정을 뜻하는 공익사업행정은 위의 공익사업의 유형에 따라 국·공영 영조물사업행정, 공기업행정, 민영공익사업행정으로 분류될 수 있다.

이 중 '국·공영 영조물사업행정'의 경우에는 영조물사업의 수행기관이 일종의 행정기관이며 소요경비가 국비 또는 지방비로 충당되고, 영조물사업경영 자체가 특수한 형태의(특수한 목적의) 행정작용이라 할 수 있다.

'공기업행정'의 경우에는 각 공기업체의 설립·운영에 관한 개별 법률들과 「공공기관의 운영에 관한 법률」에 따른 관계 행정기관의 감독 등이 주로 이루어진다. 공기업행정과 공기업주체의 사업경영(또는 공기업자체행정)은 다른 개념이다.

'민영공익사업행정(또는 특허기업행정)'은 관계 행정청이 민영공익사업에 대하여 관련 법률에 따라 사업의 공공성을 확보하기 위하여 사업경영에 관한 원칙·기준·지침 등을 정하고, 민영공익사업의 물적·인적 요소와 경영 등에 관하여 다른 사익적(私益的) 사업들과 달리 특별히 관리·감독하는 행정을 의미한다(大判 2002.10.25, 2001두4450).

민영공익사업행정에서는 해당 사업의 공익성(公益性)이 사업주체(사기업체 등)의 영리 추구로 인하여 희생되지 않도록 사업의 공공성(公共性)을 확보하는 것이 무엇보다 중요한 과제가 되며, 민영공익사업의 공공성과 자율성의 조화를 위한 심도 있는 연구·검토가 요구된다고 하겠다.

Ⅲ. 공익사업(행정)에 관한 법률들

(1) 공익사업 중 공공의료사업(행정)에 관한 보건복지부 소관 법률로서, ① 「공

공보건의료에 관한 법률」, ② 「국립중앙의료원의 설립 및 운영에 관한 법률」, ③ 「농어촌 등 보건의료를 위한 특별조치법」, ④ 「지방의료원의 설립 및 운영에 관한 법률」, ⑤ 지역보건법, ⑥ 구강보건법, ⑦ 국민건강증진법, ⑧ 국민영양관리법, ⑨ 보건환경연구원법, ⑩ 「대한적십자사 조직법」, ⑪ 한국국제보건의료재단법, ⑫ 혈액관리법, ⑬ 「후천성면역결핍증 예방법」, ⑭ 입양특례법, ⑮ 희귀질환관리법(2016.12.30.시행) 등이 있다.

(2) 공익사업 중 우정사업(郵政事業)에 관한 미래창조과학부 소관 법률로서 ① 우편법, ② 우편환법, ③ 우편대체법, ④ 우체국보험특별회계법, ⑤ 「우체국예금·보험에 관한 법률」, ⑥ 「우체국창구업무의 위탁에 관한 법률」, ⑦ 별정우체국법, ⑧ 「우정사업 운영에 관한 특례법」등이 있다.

(3) 공익사업 중 교육사업에 관한 교육부 소관 법률들은 후술 2. 교육기본법 항목에 기재한다.

(4) 공익사업 중 교통사업에 관한 국토교통부 소관 법률로서 ① 철도사업법, ② 철도건설법, ③ 철도산업발전기본법, ④ 도시철도법, ⑤ 「여객자동차 운수사업법」, ⑥ 「대도시권 광역교통 관리에 관한 특별법」, ⑦ 「역세권의 개발 및 이용에 관한 법률」, ⑧ 「화물자동차 운수사업법」, ⑨ 궤도운송법, ⑩ 항공법 등이 있다.

(5) 공익사업 중 해운사업에 관한 해양수산부 소관 법률로서 ① 해운법, ② 항만운송사업법 등이 있다.

(6) 환경부 소관의 수도법과 행정자치부 소관의 지방공기업법, 「지방자치단체 출자·출연기관의 운영에 관한 법률」도 공익사업에 관한 법률이라 할 수 있다.

(7) 한국철도공사법, 한국수자원공사법, 한국도로공사법, 한국토지주택공사법, 한국공항공사법, 인천국제공항공사법, 한국관광공사법, 한국농수산식품유통공사법, 한국가스공사법, 한국광물자원공사법, 한국석유공사법, 한국전력공사법, 대한석탄공사법, 항만공사법 등, 「공공기관의 운영에 관한 법률」에 따른 공기업 등 공공기관으로 지정된 기관의 설치에 관한 법률들(제1장 제4절 참조)도 공익사업에 관한 법률들이라 할 수 있다.

(8) 전기통신사업법·도시가스사업법·광업법·전기사업법·에너지법·집단에너지사업법·전원개발촉진법·전력기술관리법 등 후술하는 제7절의 조성행정에 관한 법의

범주에 속하는 법률들에도 공익사업(행정)에 관한 법률들이 일부 들어 있다.

(9) 후술하는 사회보장행정·토지행정·환경행정·경제행정에 관한 법의 범주에 속하는 법률들에도 공익사업에 관한 법률들이 일부 들어 있다(사회복지관운영사업 등과 같이 사회보장을 직접 목적으로 하는 사업은 공익사업이면서도 사회보장행정의 대상사업에 포함될 수 있으며, 일정한 산업의 육성·발전을 직접 목적으로 하는 산업단지조성사업은 공익사업이면서도 조성행정 또는 경제행정의 대상사업에 포함될 수 있는 것이다).

이 절에서는 국영 영조물사업에 관한 법으로서 교육기본법, 공영 영조물사업에 관한 법으로서 수도법, 특수법인체의 공기업에 관한 법으로서 한국철도공사법, 민영공익사업에 관한 법으로서 해운법에 관하여서만 그 개요를 살피기로 한다.

2. 교육기본법

(1) 공익사업으로서의 교육사업

복잡하고 부단하게 발전하는 현대사회에서 개개인이 어느 정도의 교양과 직업적 지식을 구비하는 것은 생존을 위한 필수적 조건이며, 인간의 능력개발은 교육을 통하여 촉진되므로 국가는 개개인이 그 능력을 최대한 계발(啓發)할 수 있도록 여건을 마련해야 할 것이다. 국민교육사업은 국가의 중요한 과업이 아닐 수 없다.

헌법은 제31조에서 "모든 국민은 능력에 따라 균등하게 교육을 받을 권리를 가진다."라고 하여 국민의 교육을 받을 권리를 규정하고(제1항), 국민의 자녀에게 교육을 받게 할 의무(제2항), 무상(無償)의 의무교육제(제3항), 교육의 자주성·전문성·정치적 중립성과 대학의 자율성(제4항), 국가의 평생교육진흥의무(제5항), 교육제도의 법정주의(제6항)를 규정하고 있다.

교육을 받을 국민의 권리는 국민 개개인이 능력에 따라 균등하게 교육을 받을 수 있는 수학권(修學權)과 국가에 대하여 국민이 균등하게 교육을 받을 수 있는 교육시설의 설치·운용 등 교육에 필요한 여건을 갖추어 줄 것을 청구할 수 있는 권리라고 할 수 있다(憲裁 2000.4.27, 98헌가16. 憲裁 1999.3.25, 97헌마130).

교육사업은 가장 기본적인 공익사업이면서, 비영리적 사업이다. 교육에 관한 사무는 교육부장관이 총괄한다(大判 2014.2.27, 2012추213. 大判 2013.2.15, 2011두21485).

교육에는 학교교육·가정교육·직업교육, 평생교육을 포함한 사회교육 등 여러 형태가 있으나, 교육의 근간을 이루는 것은 가장 조직적이고 효과적이며 일반적인 교육형태인 학교교육이라 할 수 있다.

학교교육은 국가·지방자치단체가 국·공립의 각급 학교를 설립하여 직접 시행하는 경우와 국가가 정한 학교교육의 목적·지침·교육과정 등에 따라 교육을 시행할 수 있는 사립학교의 설립을 인가하고 그를 통하여 학교교육이 이루어지도록 하는 경우로 구분할 수 있다. 영조물(營造物)인 국·공립의 각급 학교·교육기관에서의 교육은 영조물사업으로서의 공익사업이라 할 수 있고, 사립학교 및 사립교육시설에서의 교육은 민영공익사업이라 할 수 있다.

(2) 교육행정에 관한 법률들

(1) 교육행정(교육사업에 관한 행정)에 관한 교육부 소관 법률로서 ① 교육기본법, ② 「초·중등교육법」, ③ 고등교육법, ④ 평생교육법, ⑤ 사립학교법, ⑥ 유아교육법, ⑦ 교육공무원법, ⑧ 「공교육 정상화 촉진 및 선행교육 규제에 관한 특별법」, ⑨ 학교급식법, ⑩ 「국립대학법인 서울대학교 설립·운영에 관한 법률」, ⑪ 「국립대학법인 인천대학교 설립·운영에 관한 법률」, ⑫ 「법학전문대학원 설치·운영에 관한 법률」, ⑬ 「국립대학병원 설치법」, ⑭ 「국립대학치과병원 설치법」, ⑮ 「지방교육자치에 관한 법률」, ⑯ 지방교육재정교부금법, ⑰ 자격기본법, ⑱ 「독학에 의한 학위취득에 관한 법률」, ⑲ 「학원의 설립·운영 및 과외교습에 관한 법률」, ⑳ 「학점인정 등에 관한 법률」, ㉑ 「동북아역사재단 설립·운영에 관한 법률」, ㉒ 「교육관련기관의 정보공개에 관한 특례법」, ㉓ 「국립대학의 회계 설치 및 재정 운영에 관한 법률」, ㉔ 진로교육법, ㉕ 「서울대학교병원 설치법」, ㉖ 「서울대학교치과병원 설치법」, ㉗ 「국립사범대학 졸업자 중 교원미임용자 임용 등에 관한 특별법」, ㉘ 「대학교원 기간임용제 탈락자 구제를 위한 특별법」, ㉙ 「병역의무 이행 관련 교원미임용자 채용에 관한 특별법」, ㉚ 「학교용지 확보 등에 관한 특례법」, ㉛ 「학교용지부담금 환급 등에 관한 특별법」 등이 있다.

(2) 후술하는 조성행정에 관한 법 분야에 기재된 교육부 소관 법률인 ① 「영재교육 진흥법」, ② 「과학교육 진흥법」, ③ 「학교체육 진흥법」, ④ 「지방대학 및 지역균형인재 육성에 관한 법률」, ⑤ 「직업교육훈련 촉진법」, ⑥ 「장애인 등에 대한 특수교육법」도 교육행정에 관한 법률이라고 할 수 있다.

(3) 농림축산식품부 소관 법률인 「한국농수산대학 설치법」과 재무행정에 관한 법의 범주에 속하는 기획재정부 소관 법률인 교육세법도 교육행정에 관한 법의 범주에 포함될 수 있다.

교육기본법의 개요는 아래와 같다.

(3) 교육기본법의 목적과 기본적인 교육정책

교육기본법은 교육에 관한 국민의 권리·의무 및 국가·지방자치단체의 책임을 정하고 교육제도와 그 운영에 관한 기본적 사항을 규정함을 목적으로 하고 있다

(同法 1).

이 법은 교육이념에 관하여 "교육은 홍익인간의 이념 아래 모든 국민으로 하여금 인격을 도야하고 자주적 생활능력과 민주시민으로서 필요한 자질을 갖추게 함으로써 인간다운 삶을 영위하게 하고 민주국가의 발전과 인류공영(人類共榮)의 이상을 실현하는 데에 이바지하게 함을 목적으로 한다."라고 규정하고 있다(同法 2).

이 법은 총칙에서 모든 국민이 평생에 걸쳐 학습하고, 능력과 적성에 따라 교육받을 권리(同法 3), 교육의 기회균등(同法 4①), 지역 간의 교원수급 등 교육여건 격차의 최소화 시책의 추진(同法 4②), 교육의 자주성·전문성 보장(同法 5①), 학교운영의 자율성 존중과 교직원·학생·학부모 및 지역주민의 학교운영 참여(同法 5②), 교육의 중립성(同法 6), 국·공립학교에서의 종교교육 금지(同法 6②), 교육재정 확보시책(同法 7①)에 대하여 규정하고, 교육재정을 안정적으로 확보하기 위하여 지방교육재정교부금 등에 관하여 필요한 사항은 따로 법률로 정하도록 규정하고 있다(同法 7②). 이에 따른 법률이 지방교육재정교부금법이다.

(4) 의무교육·학교교육·사회교육 등

교육기본법에 따르면, 의무교육은 6년의 초등교육과 3년의 중등교육으로 하며(同法 8①), 모든 국민은 의무교육을 받을 권리를 가진다(同法 8②).

유아교육·초등교육·중등교육 및 고등교육을 하기 위하여 학교를 두고(同法 9①), 학교는 공공성(公共性)을 가지며, 학생의 교육 외에 학술 및 문화적 전통의 유지·발전과 주민의 평생교육을 위하여 노력하여야 한다(同法 9②).

학교교육은 학생의 창의력 계발 및 인성(人性) 함양을 포함한 전인적(全人的) 교육을 중시하여 이루어져야 한다(同法 9③). 학교의 종류와 학교의 설립·경영 등 학교교육에 관한 기본적인 사항은 따로 법률로 정한다(同法 9④). 이에 따른 법률이 「초·중등교육법」·고등교육법 등이다(大判 2010.4.22, 2008다38288).

국민의 평생교육을 위한 모든 형태의 사회교육은 장려되어야 하며, 사회교육의 이수(履修)는 법령으로 정하는 바에 따라 그에 상응하는 학교교육의 이수로 인정될 수 있다(同法 10①②). 사회교육시설의 종류와 설립·경영 등 사회교육에 관한 기본적인 사항은 따로 법률로 정한다(同法 10③). 이에 따른 법률이 평생교육법이다.

국가와 지방자치단체는 학교와 사회교육시설을 설립·경영한다(同法 11①).

법인이나 사인(私人)도 법률로 정하는 바에 따라 학교와 사회교육시설을 설립·경영할 수 있는데(同法 11②), 이에 관한 법률이 사립학교법·유아교육법 등이다(大判 2010.8.19, 2007다41621. 大判 2008.2.1, 2007다9009).

(5) **교육당사자**

학생을 포함한 학습자의 기본적 인권은 학교교육 또는 사회교육의 과정에서 존중되고 보호되며, 교육내용·교육방법·교재 및 교육시설은 학습자의 인격을 존중하고 개성을 중시하여 학습자의 능력이 최대한으로 발휘될 수 있도록 마련되어야 한다(同法 12①②. 大判 2015.5.14, 2013추98).

학생은 학습자로서의 윤리의식을 확립하고 학교의 규칙을 준수하여야 하며, 교원의 교육·연구활동을 방해하거나 학내의 질서를 문란하게 하여서는 아니 된다(同法 12③).

부모 등 보호자는 보호하는 자녀 또는 아동이 바른 인성을 가지고 건강하게 성장하도록 교육할 권리와 책임을 가지며, 보호하는 자녀 또는 아동의 교육에 관하여 학교에 의견을 제시할 수 있고, 학교는 그 의견을 존중하여야 한다(同法 13①②).

학교교육에서 교원(敎員)의 전문성은 존중되며, 교원의 경제적·사회적 지위는 우대되고 그 신분은 보장된다. 교원은 교육자로서 갖추어야 할 품성과 자질을 향상시키기 위하여 노력하여야 하며, 교육자로서의 윤리의식을 확립하고, 이를 바탕으로 학생에게 학습윤리를 지도하고 지식을 습득하게 하며, 학생 개개인의 적성을 계발할 수 있도록 노력하여야 한다(同法 14①②③. 憲裁 1992.11.12, 89헌마88).

교원은 상호 협동하여 교육의 진흥과 문화창달에 노력하며, 교원의 경제적·사회적 지위를 향상시키기 위하여 각 지방자치단체와 중앙에 교원단체를 조직할 수 있다(同法 15①). 「교원의 노동조합설립 및 운영 등에 관한 법률」도 시행되고 있다(憲裁 2015.05.28, 2014헌가21, 2013헌마671병합. 大判 2012.4.19, 2010도6388).

학교와 사회교육시설의 설립자·경영자는 법령으로 정하는 바에 따라 교육을 위한 시설·설비·재정 및 교원 등을 확보하고 운용·관리하며, 학교의 장 및 사회교육시설의 설립자·경영자는 법령으로 정하는 바에 따라 학습자를 선정하여 교육하고 학습자의 학습성과 등 교육의 과정을 기록하여 관리한다(同法 16①②).

학교와 사회교육시설의 교육내용은 학습자에게 미리 공개되어야 한다(同法 16③). 국가와 지방자치단체는 학교와 사회교육시설을 지도·감독한다(同法 17).

(6) **교육의 진흥**

국가와 지방자치단체는 남녀평등정신을 보다 적극적으로 실현할 수 있는 시책을 수립·실시하여야 하며, 그 시책에는 체육·과학기술 등 여성의 활동이 취약한 분야를 중점 육성할 수 있는 교육적 방안이 포함되어야 한다(同法 17의2①③).

학교교육에서 남녀평등을 증진하기 위한 학교교육과정의 기준·내용 등 대통령령으로 정하는 사항에 관한 교육부장관의 자문에 응하기 위하여 남녀평등교육심의회를 둔다(同法 17의2④).

국가와 지방자치단체는 모든 국민이 학업·연구·시험 등 교육의 모든 과정에 요구되는 윤리의식을 확립할 수 있도록 필요한 시책을 수립·실시하여야 하며(同法 17의3), 학생의 존엄한 성(性)을 보호하고 학생에게 성에 대한 선량한 정서를 함양시킬 수 있도록 필요한 시책을 수립·실시하여야 하며(同法 17의4①), 학생 및 교직원의 안전을 보장하고 사고를 예방할 수 있도록 필요한 시책을 수립·실시하여야 한다(同法 17의5).

국가와 지방자치단체는 신체적·정신적·지적 장애 등으로 특별한 교육적 배려가 필요한 자를 위한 학교를 설립·경영하여야 하며, 이들의 교육을 지원하기 위하여 필요한 시책을 수립·실시하여야 한다(同法 18).

이 법은 국가와 지방자치단체가 영재교육(同法 19), 유아교육(同法 20), 직업교육(同法 21), 과학·기술교육(同法 22), 학교체육(同法 22의2), 교육의 정보화(同法 23), 학교 및 교육행정기관 업무의 전자화(同法 23의2)에 필요한 시책을 수립·실시하도록 하고 있으며, 학생정보의 보호원칙(同法 23의3), 학술문화의 진흥시책의 수립(同法 24), 사립학교의 육성(同法 25)에 대하여도 규정하고 있다.

또한 이 법은 학력평가 및 인증제도(同法 26), 교육 관련 정보의 공개(同法 26의2), 학생과 교직원의 보건 및 복지의 증진(同法 27), 경제적 이유로 교육받기 곤란한 자를 위한 장학제도(同法 28), 국제화교육(同法 29)에 관하여도 규정하고 있다.

3. 수도법

(1) 공영공익사업(公營公益事業)에 관한 법으로서의 수도법

사람들은 매일 물을 마시고 생활용수(生活用水)를 쓰면서 살아간다. 수도사업(水道事業)은 국민생활에 필요한 생활용수 등을 수도를 통하여 공급하는 사업으로서, 현재 원칙적으로 지방자치단체가 직영(直營)하는 대표적인 공영공익사업이고 영조물사업(營造物事業)이라 할 수 있으며, 그에 관한 법률이 수도법이다.

수도법은 수도에 관한 종합적인 계획을 수립하고 수도를 적정하고 합리적으로 설치·관리하여 공중위생을 향상시키고 생활환경을 개선하게 하는 것을 목적으로 하고 있다(同法 1).

지방자치단체의 원칙적인 수도시설 설치·관리 및 수돗물 공급과 그에 대한 국가의 지원 등을 규정한 이 법에 따라 지속적인 수돗물의 공급체계가 확립되고 있으므로, 이 법은 국민생활여건의 중요한 형성요소로서 기능하고 있다고 하겠다.

이 법에 따라 지방자치단체가 시행하는 수도시설의 설치·관리나 수돗물의 공급 등은 비권력적인 사실적 행정작용이며, 각 가정에 수도를 설치하고 수돗물을 이용할 것인지 여부는 이용자가 자유롭게 결정할 수 있다.

그리하여 수도사업행정은 원칙적으로 비권력적인 행정이지만, 가정에 수도를 설치하고 수돗물을 이용하는 경우에는 수도사용량에 따라 산정되는 일정액의 수도사용료를 이용자가 납부해야 할 공법상의 의무를 지게 되고 수도사업주체인 지방자치단체는 수도사용료를 징수할 공법상의 권리를 갖게 되며, 수도이용자와 관계 지방자치단체간의 행정상 공법관계(행정법관계)가 성립되고, 수도사용료를 체납하면 권력적인 강제징수도 행해진다.

수도법에 따르면, 국가는 모든 국민이 질 좋은 물을 공급받을 수 있도록 수도에 관한 종합적인 계획을 수립하고 합리적인 시책을 강구하며 수도사업자에 대한 기술 지원 및 재정 지원을 위하여 노력하여야 한다(同法 2①).

이 법은 질 좋은 물의 공급을 위한 특별시장·광역시장·특별자치시장·도지사·특별자치도지사(이하 '시·도지사'라 함), 시장·군수·구청장(자치구의 구청장을 말함)

의 책무(同法 2③. 大判 2001.10.23, 99다36280)와 수도사업자의 의무(同法 2④)를 규정하고, 국가·지방자치단체 및 수도사업자는 빈곤층 등 모든 국민에 대한 수돗물의 보편적 공급에 기여하여야 하며(同法 2⑥), 모든 국민은 국가가 추진하는 수도에 관한 시책에 협력하고 수돗물을 합리적으로 사용하도록 노력하여야 한다고 규정하고 있다(同法 2⑤).

수도법에서 사용되는 주요 용어의 뜻은 다음과 같다(同法 3). 즉, '원수(原水)'란 음용(飮用)·공업용(工業用) 등으로 제공되는 자연 상태의 물을 말하며, '상수원(上水源)'이란 음용·공업용 등으로 제공하기 위하여 취수시설(取水施設)을 설치한 지역의 하천·호소(湖沼)·지하수·해수(海水) 등을 말하고, '광역상수원'이란 둘 이상의 지방자치단체에 공급되는 상수원을 말하며, '정수(淨水)'란 원수를 음용·공업용 등의 용도에 맞게 처리한 물을 말한다.

'수도'란 관로(管路), 그 밖의 공작물을 사용하여 원수나 정수를 공급하는 시설의 전부를 말하고, 일반수도·공업용수도 및 전용수도로 구분한다.

'일반수도'란 광역상수도·지방상수도 및 마을상수도를 말하며, '광역상수도'란 국가·지방자치단체·한국수자원공사 또는 국토교통부장관이 인정하는 자가 둘 이상의 지방자치단체에 원수나 정수를 공급(일반 수요자에게 공급하는 경우 포함)하는 일반수도를 말한다.

'지방상수도'란 지방자치단체가 관할 지역주민, 인근 지방자치단체 또는 그 주민에게 원수나 정수를 공급하는 일반수도로서 광역상수도 및 마을상수도 외의 수도를 말하며, '마을상수도'란 지방자치단체가 대통령령으로 정하는 수도시설에 따라 100명 이상 2천500명 이내의 급수인구에게 정수를 공급하는 일반수도로서 1일 공급량이 20세제곱미터 이상 500세제곱미터 미만인 수도 또는 이와 비슷한 규모의 수도로서 시·도지사 또는 시장·군수가 지정하는 수도를 말한다.

'공업용수도'란 공업용수도사업자가 원수 또는 정수를 공업용에 맞게 처리하여 공급하는 수도를 말하며, '전용수도'란 전용상수도와 전용공업용수도를 말하는데, '전용상수도'는 100명 이상을 수용하는 기숙사·사택·요양소 그 밖의 시설에서 사용되는 자가용의 수도와 수도사업에 제공되는 수도 외의 수도로서 100명 이상 5천명 이내의 급수인구에 대하여 원수나 정수를 공급하는 수도를 의미하고, '전용공업용수도'는 수도사업에 제공되는 수도 외의 수도로서 원수 또는 정수를 공업용에 맞게 처리하여 사용하는 수도를 의미한다.

이 법에서 '수도사업'이란 일반 수요자 또는 다른 수도사업자에게 수도를 이용하여 원수나 정수를 공급하는 사업을 말하며, 일반수도사업과 공업용수도사업을 포함한다(同法 3).

(2) 수도정비기본계획의 수립과 상수원보호구역의 지정 등

국토교통부장관과 시·도지사 및 시장·군수(광역시의 군수 제외)는 일반수도 및 공업용수도를 적정하고 합리적으로 설치·관리하기 위하여 10년마다 ① 국토교통부장관의 경우에는 국가나 한국수자원공사가 설치·관리하는 광역상수도 및 공업용수도에 관한 수도정비기본계획을, ② 시·도지사 및 시장·군수의 경우에는 그 특별시·광역시·특별자치시·특별자치도·시·군이 설치·관리하는 일반수도 및 공업용수도에 관한 수도정비기본계획을 수립하여야 한다(同法 4①). 위의 수도정비기본계획은 행정계획이며, 국민의 권리·의무에 직접 영향을 미치는 내용이 포함되었을 경우에는 처분적(처분성이 있는) 행정계획이 되어 행정쟁송의 대상이 될 수 있다.

시·도지사, 시장·군수는 수도정비기본계획을 수립하려면 미리 일반수도는 환경부장관의 승인을, 공업용수도는 국토교통부장관의 승인을 각각 받아야 한다. 대통령령으로 정하는 중요한 사항을 변경하려는 때에도 또한 같다(同法 4③).

국토교통부장관 또는 시·도지사 및 시장·군수가 수도정비기본계획을 수립하거나 변경하려면 「국토의 계획 및 이용에 관한 법률」에 따른 도시·군기본계획(후술 제9절 4. Ⅲ. 참조)을 기본으로 하여야 하며, 수도정비기본계획을 수립하거나 변경하면 지체 없이 고시하고, 그 내용을 환경부장관에게 통보해야 한다(同法 4④⑤).

이 법은 수도정비기본계획에 포함될 사항(同法 4⑦), 수도정비기본계획 수립에 관한 협의(同法 4⑧), 수도정비기본계획 고시 5년후의 재검토(同法 4⑨), 수도정비기본계획을 바탕으로 하는 환경부장관의 10년 단위 전국수도종합계획 수립(同法 5①), 위 종합계획에 포함될 사항(同法 5②), 종합계획 수립에 관한 협의, 관계기관장에 대한 종합계획의 통보 및 수도정비기본계획의 변경 요청(同法 5④⑤), 종합계획 수립 5년 후의 재검토(同法 5⑥), 종합계획 수립·변경 시 환경부의 인터넷 홈페이지 등을 통한 공개(同法 5⑦)에 대하여 규정하고 있다.

시·도지사는 수도사업의 효율성을 높이고 수돗물의 수요 관리를 강화하기 위하여 1인당 적정 물 사용량 등을 고려하여 관할 시·군·구(자치구를 말함)별 '물 수요 관리 목표'를 정하고 이를 달성하기 위한 종합적인 계획을 5년마다 수립하여 환경부장관의 승인을 받아야 하며, 환경부장관은 위의 종합계획을 승인하기 전에 국토교통부장관과 협의하여야 한다. 수립된 위의 종합계획을 변경하려는 때에도 또한 같다(同法 6①).

이 법은 위의 종합계획을 시행하기 위한 시장·군수·구청장의 시행계획 수립(同法 6②), '물 수요 관리 목표'를 달성하지 못한 시·군·구에 대한 일반수도사업·도시개발사업 및 산업단지·관광지 개발사업 등의 제한(同法 6③), '물 수요 관리 목표'의 추진 성과에 따른 시·도 및 시·군·구에 대한 차등지원(同法 6④), 상수원보호구역 지정 및 상수원보호구역에서의 행위제한(同法 7①②③), 상수원보호구역의 지정절차(同法 7⑤), 상수원보호구역 외의 지역에서의 공장설립의 제한(同法 7의2), 상수원 정보관리체계 구축 및 운영(同法 7의3), 상수원보호구역의 관리(同法 8), 상수원보호구역에 대한 수질관리계획(同法 8의2), 상수원보호구역에 거주하는 주민 또는 상수원보호구역에서 농림·수산업 등에 종사하는 자에 대한 주민지원사업(同法 9), 주민지원사업에 필요한 재원의 조성(同法 10), 상수원보호구역 관리비용 부담(同法 11)에 대하여도 규정하고 있다.

수도사업은 국가·지방자치단체 또는 한국수자원공사가 경영하는 것을 원칙으로 한다. 다만, 지방자치단체 등을 대신하여 민간 사업자에 의하여 수돗물을 공급하는 것이 필요하다고 인정되는 경우에는 그러하지 아니하다(同法 12①). 즉, 이 법에 따라 민간 사업자가 수도사업을 경영하는 경우도 있을 수 있다.

수도법은 합리적인 원가산정에 따른 수도 요금 체계의 확립(同法 12②), 수돗물에 대한 영리행위 금지(同法 13①), 수도용 자재와 제품의 인증(同法 14) 및 인증의 취소(同法 14의2), 절수설비(節水設備) 등의 설치(同法 15), 물절약전문업의 등록(同法 15의2) 및 등록취소(同法 15의3), 물절약전문업의 등록 제한(同法 15의4), 물 사용기기의 물 사용량 표시(同法 16)에 대하여도 규정하고 있다.

(3) 일반수도사업

일반수도사업을 경영하려는 자는 대통령령으로 정하는 바에 따라 아래의 구분에 따른 인가관청의 인가를 받아야 하며, 인가된 사항을 변경하려는 경우에도 또한 같다.

인가관청은 ① 지방자치단체가 설치하는 광역상수도 및 지방상수도와 국토교통부장관이 인가하는 광역상수도의 정수시설에 대하여는 환경부장관, ② 지방자치단체가 설치하는 광역상수도 외의 광역상수도(정수시설은 제외)에 대하여는 국토교통부장관, ③ 도·특별자치도의 관할구역에서 지방자치단체가 설치하는 시설용량 1일 1만톤 이하인 광역상수도 및 지방상수도에 대하여는 도지사 또는 특별자치도지사, ④ 특별시·광역시·특별자치시의 관할구역에서 지방자치단체가 설치하는 시설용량 1일 10만톤 이하인 광역상수도 및 지방상수도에 대하여는 특별시장, 광역시장, 특별자치시장, ⑤ 마을상수도에 대하여는 특별시장, 광역시장, 특별자치시장, 특별자치도지사, 시장, 광역시의 군수를 제외한 군수가 된다(同法 17①).

인가관청은 일반수도사업을 인가하면 지체 없이 고시하여야 한다(同法 17③).

수도법은 매 연도 일반수도사업계획 수립시의 환경부장관과 국토교통부장관의 협의(同法 17④), 일반수도사업자의 수도시설 설치에 따른 의무(同法 18①), 저수조 설치 기준(同法 18③), 수도공사 완공시의 수질검사(同法 19①②), 일반수도의 수도시설 변조·손괴금지(同法 20), 일반수도의 수도시설 관리(同法 21), 수도사업의 민간자본 유치(同法 22), 수도시설 운영·관리 업무의 위탁(同法 23), 수도시설 운영·관리 실태점검(同法 23의2), 정수시설운영관리사(同法 24), 정수시설운영관리사의 자격 취소(同法 25)에 대하여 규정하고 있다.

수도를 통하여 음용을 목적으로 공급되는 물에는 ① 병원성 미생물에 오염되었거나 오염될 우려가 있는 물질, ② 건강에 해로운 영향을 미칠 수 있는 무기물질 또는 유기물질, ③ 심미적(審美的) 영향을 미칠 수 있는 물질, ④ 그 밖에 건강에 해로운 영향을 미칠 수 있는 물질이 함유되어서는 아니 되며(同法 26①), 위의 수질기준에 관하여 필요한 사항은 환경부령으로 정한다(同法 26②).

시·도지사는 주민의 건강보호 등을 위하여 필요한 경우 해당 시·도의 조례로 위의 수질기준 및 '먹는 물 감시항목별 감시기준'의 강화나 그 검사방법을 정할 수 있다. 다만, 둘 이상의 시·도에 원수 또는 정수를 공급하는 광역상수도에 대해서는 그러하지 아니하다(同法 26④).

수도법은 일반수도사업자의 수질기준 위반내용 등의 공지(同法 27), 정수처리기준(同法 28), 병원성 미생물의 분포 실태조사(同法 28의2), 수질검사와 수량분석(同法 29), 수돗물평가위원회(同法 30), 일반수도사업자의 수돗물품질보고서 발간(同法 31), 취수·정수 또는 배수시설에 종사 및 거주하는 자의 건강진단(同法 32), 수도에 관한 위생상의 조치(同法 33), 저수조청소업의 신고(同法 34), 저수조청소업의 영업정지(同法 35), 수도시설의 관리에 관한 교육(同法 36), 건강을 해할 우려가 있는 수돗물 급수의 긴급정지(同法 37)에 대하여 규정하고 있다.

이 법은 일반수도사업자의 수돗물 공급규정(同法 38), 급수 의무(同法 39), 관할 구역 외의 급수(同法 40), 긴급 급수 지원(同法 41), 일반수도사업자의 사업의 폐업 또는 휴업(同法 42), 국가가 설치하는 수도의 특례(同法 43), 지방자치단체 외의 자가 경영하는 일반수도사업시설 등의 매수(同法 44), 공공의 소방을 위한 소화전 설치(同法 45), 일반수도사업 인가를 받은 경우의 관련 법률상의 인·허가 등의 의제(同法 46)에 관하여도 규정하고 있다.

국가와 지방자치단체는 마을상수도의 위생 관리를 위하여 필요한 기술 및 재정 지원을 하여야 하며, 시·도지사 및 시장·군수는 관할 구역의 마을상수도를 적정하게 운영·관리하여야 하고, 마을상수도 관리 실태를 매년 환경부장관에게 보고하여야 한다(同法 47①②③).

(4) 공업용수도와 전용수도의 설치·관리

국가는 「산업입지 및 개발에 관한 법률」에 따른 산업단지에 대하여 공업용수도시설을 설치하여 공업용수를 공급하거나 다른 수도사업자에게 공업용수도시설을 설치하여 공업용수를 공급하게 하여야 하며(同法 48①), 「산업집적활성화 및 공장설립에 관한 법률」에 따른 공장에 대하여 공업용수도시설을 설치하여 공업용수를 공급하거나 다른 수도사업자에게 공업용수도시설을 설치하여 공업용수를 공급하게 할 수 있다(同法 48②).

수도법은 시설용량 1일 1만톤을 초과하는 공업용수도사업에 대한 국토교통부장관의 인가, 시설용량 1일 1만톤 이하인 공업용수도사업에 대한 시·도지사의 인가(同法 49①) 및 위 인가시의 관계 행정청간의 협의(同法 49②), 국가가 설치하는 전용수도에 관한 특례(同法 51), 전용상수도 설치에 대한 인가(同法 52①), 전용상수도 설치자의 전용상수도 폐지 신고(同法 52③). 소규모급수시설에 대한 수질검사(同法 55①), 지방자치단체의 소규모급수시설의 개량·관리를 위한 노력의무(同法 55②), 국가·지방자치단체의 소규모급수시설 설치·위생관리를 위한 지원(同法 55③), 군부대 지역의 급수시설 설치 등에 관한 특례(同法 55의2. 2016.6.2.시행)에 대하여도 규정하고 있다. 위에서 '소규모급수시설'이란 주민이 공동으로 설치·관리하는 급수인구 100명 미만 또는 1일 공급량 20세제곱미터 미만인 급수시설 중 시·도지사 및 시장·군수가 지정하는 급수시설을 말한다(同法 3).

시·도지사 및 시장·군수·구청장은 가축전염병예방법에 따른 가축 사체의 매몰 등으로 인한 소규모급수시설 오염 방지 대책을 수립·시행하고, 소규모급수시설 관리 실태를 매년 환경부장관에게 보고하여야 한다(同法 55④).

(5) **한국상하수도협회와 수도사업에 대한 감독 등**

수도사업자, 하수도법에 따른 공공하수도관리청, 수도(하수도 포함)와 관련된 사업을 경영하는 자, 수도와 관련된 학술·연구 분야에 종사하는 자, 그 밖에 대통령령으로 정하는 자는 수도에 관한 조사 연구, 기술 개발, 그 밖에 수도의 건전한 발전을 꾀하기 위하여 한국상하수도협회를 설립할 수 있으며, 한국상하수도협회는 법인으로 한다(同法 56①).

이 법은 한국상하수도협회의 경비(同法 56④), 임원 및 업무(同法 57), 감독(同法 58), 수도사업의 시행을 위하여 필요한 경우의 「공익사업을 위한 토지 등의 취득 및 보상에 관한 법률」에 따른 토지·물건·권리의 수용·사용(同法 60), 입목·대나무·토석, 그 밖의 장애물의 변경·제거(同法 61), 환경부장관의 수도사업자에 대한 수도사업계획의 변경 요구, 사업운영의 개선 지시, 그 밖에 필요한 조치 명령(同法 62), 법령 위반자 등에 대한 인가취소 등의 조치(同法 63), 기준을 충족하지 못한 수도시설의 개선명령(同法 64), 수돗물공급 조건의 변경명령(同法 65), 수도시설기준 준수여부의 확인을 위한 검사 및 보고의 요구(同法 66), 수도시설의 관할권(同法 67), 수도요금·급수설비비용·원인자부담금 등의 강제징수(同法 68), 수도사업 수입금의 사용 제한(同法 69)에 대하여 규정하고 있다.

이 법은 수도 설치비용의 부담(同法 70. 大判 2006.6.22, 2003두8128), 원인자부담금(同法 71. 大判 2014.1.16, 2011두6264), 수도요금 등의 납부(同法 72. 大判 1996.7.9, 94다31112), 수도에 관한 기술 연구·개발(同法 73), 수도시설에 대한 기술진단(同法 74), 국가수도정보센터의 구축·운영(同法 74의2), 수도사업자에 대한 국고 보조(同法 75), 수도사업용 댐의 수몰민에 대한 지원(同法 76), 수도사업에 필요한 국유지의 매각·임대(同法 77), 이 법에 따른 행정기관의 권한의 위임·위탁(同法 78), 이 법에 따른 인가·등록·자격 등의 취소시의 청문(同法 79), 이 법에 따른 수탁업무에 종사하는 자 등에 대한 형법적용에서의 공무원 의제(同法 80), 벌칙(同法 81~86), 과태료 부과(同法 87)에 대하여도 규정하고 있다.

4. 한국철도공사법

(1) 공기업체인 한국철도공사에 관한 한국철도공사법

공익사업으로서의 공기업을 경영하는 공사·공단 등 특수법인의 설립·사업에 관한 법률들은 많다(제1장 제4절 참조). 이러한 공기업체(公企業體)의 설립·운영에 관한 개별 법률들과 「공공기관의 운영에 관한 법률」 등에 의거하여 관계 행정기관들은 소관 공기업행정을 수행한다.

한국철도공사의 설립·사업에 관한 법률인 한국철도공사법(韓國鐵道公社法)도 공기업체의 설립·운영에 관한 법률의 하나이다. 한국철도공사는 공법인(公法人)으로서 「공공기관의 운영에 관한 법률」상의 공기업에 해당한다.

한국철도공사법은 한국철도공사를 설립하여 철도 운영의 전문성과 효율성을 높임으로써 철도산업과 국민경제의 발전에 이바지함을 목적으로 하고 있다(同法 1).

이 법에 따르면, 한국철도공사(이하 '공사'라 함)의 자본금은 22조원으로 하고, 그 전부를 정부가 출자하며, 자본금의 납입 시기와 방법은 기획재정부장관이 정하는 바에 따른다(同法 4①②).

공사는 주된 사무소의 소재지에서 설립등기를 함으로써 성립하며, 공사의 설립등기와 하부조직의 설치·이전 및 변경 등기에 필요한 사항은 대통령령으로 정한다(同法 5①②). 이 법에 따른 공사가 아닌 자는 한국철도공사 또는 이와 유사한 명칭을 사용하지 못한다(同法 8의2).

(2) 한국철도공사의 사업과 손익금의 처리

한국철도공사는 ① 철도여객사업, 화물운송사업, 철도와 다른 교통수단의 연계운송사업, ② 철도장비·철도용품의 제작·판매·정비·임대사업, ③ 철도 차량의 정비·임대사업, ④ 철도시설의 유지·보수 등 국가·지방자치단체 또는 공공법인 등으로부터 위탁받은 사업, ⑤ 역세권(철도건설법·철도산업발전기본법·도시철도법에 따라 건설 운영되는 철도역과 그 주변지역) 및 공사의 자산을 활용한 개발·운영사업으로서 대통령령으로 정하는 사업, ⑥ 철도건설법 제2조 제6호의 역 시설 개발·운영사업으로서 대통령령으로 정하는 사업, ⑦ 물류정책기본법에 따른 물류사업으로서 대통령령으로 정하는 사업, ⑧ 관광진흥법에 따른 관광사업으로서 대통령령으로 정하는 사업, ⑨ 위의 ①~⑧의 사업과 관련한 조사·연구, 정보화, 기술개발, 인력 양성에 관한 사업, ⑩ 위의 ①~⑨의 사업에 딸린 사업으로서 대통령령으로 정하는 사업을 한다(同法 9①. 大判 1975.10.7, 75다71).

공사는 국외에서 위의 각 호의 사업을 할 수 있다(同法 9②). 공사는 이사회의 의결을 거쳐 예산의 범위에서 공사의 업무와 관련된 사업에 투자·융자·보조 또는 출연할 수 있다(同法 9③).

공사는 매 사업연도 결산 결과 이익금이 생기면 ① 이월결손금의 보전(補塡), ② 자본금의 2분의 1이 될 때까지 이익금의 10분의 2 이상 이익준비금으로 적립, ③ 자본금과 같은 액수가 될 때까지 이익금의 10분의 2 이상 사업확장적립금으로 적립, ④ 국고 납입의 순서로 처리하여야 한다(同法 10①).

공사는 매 사업연도 결산 결과 손실금이 생기면 사업확장적립금으로 보전하고 그 적립금으로도 부족하면 이익준비금으로 보전하되, 보전미달액은 다음 사업연도로 이월(移越)한다. 위의 이익준비금과 사업확장적립금은 대통령령으로 정하는 바에 따라 자본금으로 전입할 수 있다(同法 10②③).

(3) 한국철도공사의 사채발행 및 역세권개발사업

한국철도공사는 이사회의 의결을 거쳐 사채(社債)를 발행할 수 있으며, 사채의 발행액은 공사의 자본금과 적립금을 합한 금액의 5배를 초과하지 못한다(同法 11①②). 국가는 공사가 발행하는 사채의 원리금 상환을 보증할 수 있다(同法 11③). 사채의 소멸시효는 원금은 5년, 이자는 2년이 지나면 완성한다(同法 11④).

공사는 「공공기관의 운영에 관한 법률」 제40조 제3항에 따라 예산이 확정되면 2개월 이내에 해당 연도에 발행할 사채의 목적·규모·용도 등이 포함된 사채발행 운용계획을 수립하여 이사회의 의결을 거쳐 국토교통부장관의 승인을 받아야 한다. 운용계획을 변경하려는 경우에도 또한 같다(同法 11⑤).

국가는 공사의 경영 안정 및 철도 차량·장비의 현대화 등을 위하여 재정 지원이 필요하다고 인정하면 예산의 범위에서 사업에 필요한 비용의 일부를 보조하거나 재정자금의 융자 또는 사채 인수를 할 수 있다(同法 12).

공사는 철도사업과 관련하여 일반업무시설, 판매시설, 주차장, 여객자동차터미널 및 화물터미널 등 철도 이용자에게 편의를 제공하기 위한 역세권 개발사업을 할 수 있고, 정부는 필요한 경우에 행정적·재정적 지원을 할 수 있다(同法 13).

(4) **국유재산의 무상대부 등**

국가는 철도여객사업, 화물운송사업, 철도와 다른 교통수단의 연계운송사업 등 일정한 사업을 효율적으로 수행하기 위하여 국토교통부장관이 필요하다고 인정하면 국유재산법에도 불구하고 공사에 국유재산(물품 포함)을 무상으로 대부(貸付)하거나 사용·수익하게 할 수 있으며(同法 14①), 대부하거나 사용·수익을 허가한 국유재산에 건물이나 그 밖의 영구시설물을 축조하게 할 수 있다(同法 14②).

공사는 공사의 사업을 효율적으로 수행하기 위하여 필요하면 국가로부터 대부받거나 사용·수익을 허가받은 국유재산을 전대(轉貸)할 수 있으며, 전대를 하려면 미리 국토교통부장관의 승인을 받아야 하고, 이를 변경하려는 경우에도 또한 같다(同法 15①②). 위의 전대를 받은 자는 재산을 다른 사람에게 대부하거나 사용·수익하게 하지 못하며(同法 15③), 해당 재산에 건물이나 그 밖의 영구시설물을 축조하지 못한다. 다만, 국토교통부장관이 행정목적 또는 공사의 사업수행에 필요하다고 인정하는 시설물의 축조는 그러하지 아니하다(同法 15④).

국토교통부장관은 공사의 업무 중 ① 연도별 사업계획 및 예산에 관한 사항, ② 철도서비스 품질 개선에 관한 사항, ③ 철도사업계획의 이행에 관한 사항, ④ 철도시설·철도차량·열차운행 등 철도의 안전을 확보하기 위한 사항, ⑤ 그 밖에 다른 법령에서 정하는 사항과 그와 관련되는 업무에 대하여 지도·감독한다(同法 16).

공사는 업무상 필요하다고 인정하면 관계 행정기관이나 철도사업과 관련되는 기관·단체 등에 자료의 제공을 요청할 수 있다(同法 17).

공사가 국가 또는 지방자치단체로부터 위탁받은 사업과 관련하여 국가 또는 지방자치단체가 취득한 부동산에 관한 권리를 등기하여야 하는 경우 공사는 국가 또는 지방자치단체를 대위(代位)하여 등기를 촉탁할 수 있다(同法 18).

공사의 임직원이거나 임직원이었던 사람이 그 직무상 알게 된 비밀을 누설하거나 도용한 경우에는 2년 이하의 징역 또는 2천만원 이하의 벌금에 처하며, 이 법에 따른 한국철도공사가 아닌 자가 한국철도공사 또는 이와 유사한 명칭을 사용한 경우에는 국토교통부장관이 500만원 이하의 과태료를 부과·징수한다(同法 19·20).

철도사업에 관한 법으로서 철도사업법·철도산업발전기본법 등도 있는데, 철도사업이 한국철도공사의 독점사업은 아니다.

5. 해운법

(1) 민영공익사업으로서의 해상운송사업에 관한 해운법

해상(海上)의 교통사업이라 할 수 있는 해상운송사업(海上運送事業)은 중요한 민영(民營)공익사업의 하나이며, 이에 관한 주요 법률로서 해운법(海運法)이 있다.

해운법은 해상운송의 질서를 유지하고 공정한 경쟁이 이루어지도록 하며, 해운업의 건전한 발전과 여객·화물의 원활한 운송을 도모함으로써 이용자의 편의를 향상시키고 국민경제의 발전과 공공복리의 증진에 이바지하는 것을 목적으로 하고 있다(同法 1).

이 법에서 '해운업'이란 해상여객운송사업·해상화물운송사업·해운중개업·해운대리점업·선박대여업·선박관리업을 말하는데(同法 2 i), 해상여객운송사업은 면허제로 되어있고(同法 4), 기타의 해운업은 등록제로 되어있다(同法 24·33).

이 법에서의 해상여객운송사업의 면허나 기타 해운업의 등록은 관계 행정청이 특정인 또는 특정 사기업체에게 일정한 해운업의 경영권을 부여하는 특허처분이고, 위의 등록의 경우에는 면허의 경우에 비하여 관계 행정청이 행사할 수 있는 재량권의 범위가 좁다고 하겠다(大判 2014.7.10, 2013두13440. 大判 2012.11.29, 2011두9812).

이 법에 따른 면허 등을 행하고 사업경영에 관한 감독(개선명령 등)을 행하는 것과 같이, 관계 행정기관이 민영공익사업에 대하여 각종 처분을 행하고 사업경영에 필요한 기준 등을 설정하며 감독·지도·지원 등을 행하는 작용은 민영공익사업행정(民營公益事業行政)이라 할 수 있다.

해상운송의 안전을 확보하기 위한 별개의 법률로서 선박안전법·해사안전법·선박직원법 등도 있다. 해운법의 주요내용은 다음과 같다.

(2) 해상여객운송사업

해상여객운송사업이란 해상이나 해상과 접하여 있는 내륙수로(內陸水路)에서 여객선 또는 선박법에 따른 수면비행선박(이하 '여객선 등'이라 함)으로 사람 또는 사람과 물건을 운송하거나 이에 따르는 업무를 처리하는 사업으로서, 항만운송사업법 제2조 제4항에 따른 항만운송관련사업 외의 것을 말한다(同法 2ii).

해운법은 해상여객운송사업의 종류를 다음과 같이 규정하고 있다(同法 3).

즉, ① 내항 정기 여객운송사업 : 국내항과 국내항 사이를 일정한 항로와 일정표에 따라 운항하는 해상여객운송사업. ② 내항 부정기 여객운송사업 : 국내항과 국내항 사이를 일정한 일정표에 따르지 아니하고 운항하는 해상여객운송사업. ③ 외항 정기 여객운송사업 : 국내항과 외국항 사이 또는 외국항과 외국항 사이를 일정한 항로와 일정표에 따라 운항하는 해상여객운송사업. ④ 외항 부정기 여객운송사업 : 국내항과 외국항 사이 또는 외국항과 외국항 사이를 일정한 항로와 일정표에 따르지 아니하고 운항하는 해상여객운송사업. ⑤ 순항 여객운송사업 : 해당 선박 안에 숙박시설·식음료시설·위락시설 등 편의시설을 갖춘 대통령령으로 정하는 규모 이상의 여객선을 이용하여 관광을 목적으로 해상을 순회하여 운항(국내외 관광지에 기항하는 경우 포함)하는 해상여객운송사업. ⑥ 복합 해상여객운송사업 : 위 ①~④ 중 어느 하나의 사업과 ⑤의 사업을 함께 수행하는 해상여객운송사업.

해운법에 따르면, 해상여객운송사업을 경영하려는 자는 위의 해상운송사업의 종류별로 항로마다 해양수산부장관의 면허를 받아야 한다(同法 4①).

해상여객운송사업 면허를 받으려는 자는 해양수산부령으로 정하는 바에 따라 사업계획서를 첨부한 신청서를 해양수산부장관에게 제출하여야 한다(同法 4③).

해양수산부장관은 해상여객운송사업의 면허를 하려는 때에는 면허를 받으려는 자가 제출한 사업계획서가 여객선 등의 보유량 및 선령(船齡)에 관한 기준 등 해양수산부령으로 정하는 일정한 기준에 적합한지를 심사하여야 한다(同法 5①).

해양수산부장관은 해상여객운송사업 면허를 할 때 해양수산부령으로 정하는 바에 따라 해상여객운송사업의 범위·기간 또는 정원 등을 한정하여 면허(이를 '한정면허'라 함)를 할 수 있다(同法 4②).

해양수산부장관의 해상여객운송사업 면허나 한정면허는 그 면허를 받은 당사자에게 해상여객운송사업을 경영할 수 있는 권리를 설정해주는 특허처분이다(大判 2008.12.11, 2007두18215).

해양수산부장관은 해상여객운송사업 면허를 할 때에 해양수산부령으로 정하는 기간에 일정한 시설 등을 갖출 것을 조건으로 면허를 하거나 그 밖에 여객에 대한 안전강화 및 편의시설 확보 등을 위하여 해양수산부령으로 정하는 바에 따라 필요한 조건을 붙일 수 있다(同法 4④).

해운법은 순항 여객운송사업 또는 복합 해상여객운송사업 면허를 받은 경우의 관광진흥법상의 관광객 이용시설업 등록이 의제되는 사항에 관한 해양수산부장관과 관계 행정기관장의 협의와 관광객 이용시설업 등록 의제(同法 4의2①③), 해상여객운송사업자의 보험 등에의 가입(同法 4의3), 해상여객운송사업의 면허기준(同法 5), 도서민의 교통권 유지 등을 위한 내항여객운송사업의 항로 고시(同法 5의2), 외국의 해상여객운송사업자가 국내항과 외국항 간의 해상여객운송사업을 경영하는 경우의 해양수산부장관의 승인 및 그에 관한 심사(同法 6), 위 승인을 받은 자의 국내지사 설치신고(同法 7), 해상여객운송사업의 면허를 받을 수 없는 결격사유(同法 8), 해상여객운송사업자에 대한 고객만족도 평가(同法 9)에 대하여 규정하고 있다.

이 법은 내항정기여객운송사업자의 선박 최소운항기간(同法 10), 해상여객운송의 운임과 요금 및 그 기준(同法 11), 여객운송사업자의 운송약관 신고(同法 11의2), 여객선 이력관리 및 안전정보의 공개(同法 11의3. 2016.7.1.시행), 여객운송사업자의 사업계획변경의 신고와 일정한 사업계획변경에 대한 인가(同法 12①②), 내항 정기·부정기 여객운송사업면허를 받은 자의 사업계획 변경에 대한 인가(同法 12②), 여객운송사업자의 사업계획에 따른 운항(同法 13)에 대하여도 규정하고 있다.

해양수산부장관은 해상여객운송 서비스의 질을 높이고 공공복리를 증진하기 위하여 필요하다고 인정되면 해상여객운송사업자에게 사업계획의 변경, 독과점 항로에서의 운임이나 요금의 변경, 시설의 개선이나 변경, 선박의 개량·대체(代替) 및 증감에 관한 사항, 선박의 안전운항을 위하여 필요한 사항, 운송약관의 변경에 관한 사항 등을 명령할 수 있다(同法 14). 이 명령은 행정청의 하명처분이다.

해양수산부장관은 도서주민의 해상교통수단을 확보하기 위하여 필요하다고 인정되면 국가가 운항에 따른 결손금액을 보조하는 항로(이하 '보조항로'라 함)를 지정하여 내항여객운송사업자 중에서 보조항로를 운항할 사업자(이하 '보조항로사업자'라 함)를 선정하여 운영하게 할 수 있으며, 보조항로의 운항계획과 운항선박의 관리 등 보조항로의 운영과 관련한 사항은 해양수산부장관이 보조항로사업자와 합의하여 정한다(同法 15①②).

해운법은 보조항로 운영에 대한 평가 및 우수 보조항로사업자에 대한 우대조치(同法 15③), 일정한 경우의 보조항로사업자 선정취소(同法 15④), 보조항로사업자의 선박대여운항(同法 15⑤), 보조항로 지정취소(同法 15⑥), 보조항로운항선박의 건조(建造)에 대한 지원(同法 15의2), 일정한 경우의 여객선의 운항명령과 그에 따른 손실의 보상(同法 16), 여객운송사업자의 사업양도·사망·법인합병시의 사업승계(同法 17), 여객운송사업자의 휴업·폐업신고와 내항정기여객운송사업자에 대한 휴업허가 및 공고(同法 18), 여객운송사업자에 대한 사업면허·승인·인가의 취소와 사업정지명령, 과징금부과(同法 19①②③)에 대하여도 규정하고 있다.

내항여객운송사업자는 여객선 등의 안전을 확보하기 위하여 해양수산부령으로 정하는 바에 따라 운항관리규정을 작성하여 해양수산부장관에게 제출하여야 한다. 운항관리규정을 변경하고자 하거나 운항여건의 변경 등 해양수산부령으로 정하는 사항이 변경되는 경우에도 또한 같다(同法 21①).

해양수산부장관은 운항관리규정을 제출받으면 여객선운항관리규정심사위원회를 구성하여 그 운항관리규정에 대하여 심사를 하여야 하고, 여객선 등의 안전을 확보하기 위하여 운항관리규정을 변경할 필요가 있다고 인정되면 그 이유와 변경요지를 명시하여 해당 내항여객운송사업자에게 운항관리규정의 변경을 요구할 수 있다. 이 경우 내항여객운송사업자는 변경 요구받은 사항을 운항관리규정에 반영하여야 한다(同法 21②). 내항여객운송사업자는 위의 운항관리규정을 준수하여야 한다(同法 21③). 해양수산부장관은 내항여객운송사업자가 운항관리규정을 계속적으로 준수하고 있는지 여부를 정기 또는 수시로 점검하여야 하며, 내항여객선의 안전운항에 위험을 초래할 수 있는 사항이 있는 경우 출항 정지, 시정 명령 등을 할 수 있다(同法 21④⑤).

해운법은 여객선 등의 여객 승선권 발급 및 승선 확인(同法 21의2), 여객의 여객선 안에서의 금지행위(同法 21의3), 차량선적권 및 화물운송장의 발급(同法 21의4), 운항관리규정의 수립·이행 및 여객선의 안전운항을 위한 안전관리책임자의 배치(同法 21의5. 2016.7.1.시행), 해양수산부장관의 내항여객선 안전운항에 관한 시책 수립·시행(同法 22①), 선박안전기술공단이 선임한 선박운항관리자의 내항여객운송사업자에 대한 안전운항에 관한 지도·감독(同法 22②), 선박운항관리자의 책무(同法 22④⑤)에 관하여 규정하고, 선박운항관리자의 임면 방법과 절차·직무 범위와 선박운항관리자에 대한 지도·감독 등에 필요한 사항은 해양수산부령으로 정하도록(同法 22③) 규정하고 있다.

(3) **해상화물운송사업**

해상화물운송사업이란 해상이나 해상과 접하여 있는 내륙수로에서 선박으로 물건을 운송하거나 이에 수반되는 업무(용대선 포함)를 처리하는 사업(수산업자가 어장에서 자기의 어획물이나 그 제품을 운송하는 사업은 제외)으로서, 항만운송사업법 제2조 제2항에 따른 항만운송사업 외의 것을 말한다(同法 2iii).

위에서 용대선(傭貸船)이란 해상여객운송사업이나 해상화물운송사업을 경영하는 자 사이 또는 해상여객운송사업이나 해상화물운송사업을 경영하는 자와 외국인 사이에 사람 또는 물건을 운송하기 위하여 선박의 전부 또는 일부를 용선(傭船)하거나 대선(貸船)하는 것을 말한다(同法 2iv).

해운법은 해상화물운송사업의 종류를 다음과 같이 규정하고 있다(同法 23).

즉, ① 내항 화물운송사업 : 국내항과 국내항 사이에서 운항하는 해상화물운송사업(大判 1982.11.23, 81도1737). ② 외항 정기 화물운송사업 : 국내항과 외국항 사이 또는 외국항과 외국항 사이에서 정하여진 항로에 선박을 취항하게 하여 일정한 일정표에 따라 운항하는 해상화물운송사업. ③ 외항 부정기 화물운송사업 : 위의 ①② 외의 해상화물운송사업.

해운법에 따르면, 내항 화물운송사업과 외항 정기 화물운송사업 및 외항 부정기 화물운송사업을 경영하려는 자는 해양수산부령으로 정하는 바에 따라 해양수산부장관에게 등록하여야 한다. 등록한 사항을 변경하려는 때에도 또한 같다(同法 24①②). 위의 등록을 하려는 자는 해양수산부령으로 정하는 바에 따라 사업계획서를 붙인 신청서를 해양수산부장관에게 제출하여야 한다(同法 24③).

원유·제철원료·액화가스, 그 밖에 대통령령으로 정하는 주요 화물(이하 '대량화물'이라 함)의 화주(貨主)나 대량화물의 화주가 사실상 소유하거나 지배하는 법인이 그 대량화물을 운송하기 위하여 해상화물운송사업의 등록을 신청한 경우에 해양수산부장관은 미리 국내 해운산업에 미치는 영향 등에 대하여 관련 업계·학계·해운전문가 등으로 구성된 정책자문위원회의 의견을 들어 등록 여부를 결정하여야 한다(同法 24④).

위와 같이 관계 행정청이 일정한 심사절차를 거쳐 등록 여부를 결정할 수 있는 해상화물운송사업의 등록은 당사자에게 해상화물운송사업을 경영할 수 있는 경영권을 설정해주는 행정청의 처분이라 할 수 있다.

해운법은 외항정기화물운송사업등록자에 대한 특례(同法 25), 국내항과 외국항 사이 또는 외국항과 외국항 사이에서 해상화물운송사업을 경영하는 외국인의 국내지사 설치신고(同法 26), 내항·외항 화물운송사업의 등록기준(同法 27①②), 화물운송운임의 공표 및 외국인 운송사업자의 운항계획신고 및 그에 대한 조정(同法 28), 외항화물운송사업자와 다른 외항화물운송사업자의 운임 등에 관한 협약과 협약내용의 신고 및 조정 등(同法 29), 해상화물운송사업에 대한 사업개선 명령(同法 30), 외항화물운송사업자의 금지행위(同法 31), 해상화물운송사업에 대한 이 법상의 다른 규정 준용(同法 32)에 관하여도 규정하고 있다.

(4) 해운중개업·해운대리점업·선박대여업·선박관리업

'해운중개업'이란 해상화물운송의 중개, 선박의 대여·용대선 또는 매매를 중개하는 사업을 말하며(同法 2v), '해운대리점업'이란 해상여객운송사업이나 해상화물운송사업을 경영하는 자(외국인 운송사업자 포함)를 위하여 통상(通常) 그 사업에 속하는 거래를 대리(代理)하는 사업을 말한다(同法 2vi).

'선박대여업'이란 해상여객운송사업이나 해상화물운송사업을 경영하지 아니하는 자가 자신이 소유하고 있는 선박을 다른 사람(외국인 포함)에게 대여하는 사업을 말하고(同法 2vii), '선박관리업'이란 선박관리산업발전법 제2조 제1호에 규정된 국내외의 해상운송인, 선박대여업을 경영하는 자, 관공선(官公船) 운항자, 조선소(造船所)·해상구조물 운영자, 그 밖의 선원법상의 선박소유자로부터 기술적·상업적 선박관리, 해상구조물관리 또는 선박시운전 등의 업무의 전부 또는 일부를 수탁(受託)하여 관리활동을 영위하는 업(業)을 말한다(同法 2viii).

해운법은 해운중개업·해운대리점업·선박대여업·선박관리업(이하 '해운중개업 등'이라 함)의 등록 및 변경등록(同法 33①), 해운중개업 등을 경영하려는 자가 갖추어야 할 시설과 경영 형태(同法 33②), 선박대여업을 제외한 해운중개업 등의 등록유효기간(등록일부터 3년)과 등록갱신(同法 33③), 선박관리업을 경영하는 자에 대한 영업보증금의 예치명령(同法 34), 해운중개업 등에 대한 등록취소·영업정지·과징금부과(同法 35), 해운중개업 등에 대한 이 법상의 다른 규정 준용(同法 36)에 대하여도 규정하고 있다.

(5) 해운산업의 건전한 육성과 이용자의 지원

정부는 5년마다 해운산업장기발전계획을 수립하여 공고하여야 하며, 해운산업장기발전계획에는 ① 선박의 수요·공급에 관한 사항, ② 선원의 수요·공급과 복지에 관한 사항, ③ 해운과 관련된 국제협력에 관한 사항, ④ 그 밖에 해운산업의 건전한 발전을 위하여 필요한 사항이 포함되어야 한다(同法 37①②).

해운법은 내항여객선 현대화계획(同法 37의2), 해운업자의 선박확보, 선박 시설의 개량이나 대체, 선박의 보수, 선박현대화지원사업에 따른 선박의 건조(建造) 등을 위한 지원(同法 38), 선박현대화지원사업을 위한 자금조성(同法 39), 해운단체의 육성(同法 40), 해운단체가 행하는 해운에 관한 공제사업과 공동시설의 설치·운영에 대한 재정지원(同法 41①), 내항화물운송사업자의 선박에 대한 유류세 보조금(同法 41②), 보조금 등의 목적 외 사용금지(同法 41의2), 유류세 보조금의 지급정지 및 해당 선박의 운항정지(同法 41의3)에 대하여 규정하고 있다.

위에서 '선박현대화지원사업'이란 정부가 선정한 해운업자가 정부의 재정지원 또는 금융지원을 받아 낡은 선박을 대체하거나 새로이 건조하는 것을 말한다(同法 2).

이 법은 선박담보의 특례(同法 42), 압류선박의 운항에 대한 특례(同法 42의2), 공익사업의 일환으로 시행되는 육지와 도서 간의 연륙교(連陸橋)·연도교(連島橋) 건설에 따라 내항여객운송사업자가 입은 손실의 보상을 위한 조치(同法 43), 여객선 이용자에 대한 운임과 요금의 지원(同法 44)에 대하여도 규정하고 있다.

해운법은 여객선 등의 접안시설 축조, 여객선 항로에 대한 준설(同法 44의2), 운송에 관한 국제협약 등의 이행을 위한 조치(同法 45), 해운업자가 해상운송과 관련한 외국의 정부기관·법인·단체로부터 호혜평등의 원칙에 반하는 일정한 불이익을 받은 경우의 대항조치(同法 46), 이 법에 따라 보조나 융자를 받은 자에 대한 감독(同法 47), 총톤수 5톤 미만의 선박과 노나 돛만으로 운전하는 선박에 대한 이 법의 적용제외(同法 48), 응급환자 등의 이송에 대한 특례(同法 48의2)에 대하여 규정하고 있다.

또한 이 법은 선박의 매매와 용대선의 제한(同法 49), 이 법상의 금지행위를 한 자를 신고·고발한 자에 대한 포상금 지급(同法 49의2), 면허조건이행 여부확인이나 면허취소 사유가 발생한 경우 등 일정한 경우의 해상운송사업자 등에 대한 보고요구 및 조사 등(同法 50), 면허취소·등록취소시의 청문(同法 51), 면허 및 등록에 따른 수수료(同法 52), 이 법에 따른 해양수산부장관의 권한의 위임·위탁과 공무원이 아닌 수탁자에 대한 형법 적용시의 공무원 의제(同法 53), 민원사무의 전산처리(同法 54), 해운업자의 위법사실 및 그에 대한 행정처분의 공표(同法 55), 벌칙(同法 56~58), 과태료 부과(同法 59)에 대하여도 규정하고 있다.

제7절

조성행정(助成行政)에 관한 법

1. 개관　2. 문화기본법　3. 「문화산업진흥 기본법」
4. 관광진흥법　5. 「농업·농촌 및 식품산업 기본법」

헌법은 국가가 전통문화의 계승·발전과 민족문화의 창달(제9조), 농업·어업·중소기업의 보호·육성, 지역경제 육성(제123조), 과학기술 혁신과 정보·인력 개발을 통한 국민경제 발전(제127조) 등에 노력하도록 규정하고 있다.

위와 같은 헌법규정의 취지에 따라 국가·지방자치단체가 문화진흥, 농업·어업·중소기업의 보호·육성, 과학기술개발, 인력개발 등 일정한 산업·사업에 대하여 보호·육성·지원·조장·촉진하는 행정을 조성행정(助成行政)이라 할 수 있다. 조성행정은 복리행정·급부행정의 일부가 된다.

국가·지방자치단체가 시행하는 공익사업행정 등 급부행정은 기본적으로 공익에 필요한 시설·사업 등을 확대·증진하는 성질을 지니는데, 급부행정을 포함한 모든 행정작용에 관한 법 중에서 특별히 일정한 사업·산업의 지원·육성·촉진·조장을 직접 목적으로 하는 법을 이 책에서는 조성행정법(조성행정에 관한 법)으로 분류하고 있다. 「과학교육 진흥법」·「영재교육 진흥법」·「산업교육진흥 및 산학연협력촉진에 관한 법률 」·「뇌연구 촉진법」·「제약산업 육성 및 지원에 관한 특별법」·「첨단의료복합단지 지정 및 지원에 관한 특별법」·「천연물신약 연구개발 촉진법」 등이 그 예이다.

조성행정에 관한 법들은 일반적으로 조성(보호·육성·촉진·조장·지원을 뜻함) 대상인 일정한 사업·산업 등에 대한 국가·지방자치단체의 지원·육성·촉진·보호의 정책·시책을 규정하거나 구체적으로 지원금·사업보조금·연구비 지급 등의 자금지원(大判 1997.5.30, 95다28960), 출자·출연, 국·공유부동산의 양여·대여(貸與), 조세 감면, 기타 재정적·기술적 지원에 관한 규정을 담고 있는 특색이 있다. 미래창조과학부·산업통상자원부·농림축산식품부·해양수산부의 소관 법률들 중에 조성행정에 관한 법률들이 특히 많다.

1. 개관

Ⅰ. 조성행정의 의의

오늘날 국가의 경쟁력을 높이고 국민의 문화적·경제적 생활영역에서의 발전을 촉진하기 위하여 국가·지방자치단체가 일정한 사업·산업 등에 대하여 특별히 보호·육성·지원·조장·촉진하는 조성행정작용과 그에 관한 법률들이 점차 늘어나고 있다. 이는 세계화된 경쟁사회에서 자체성장기반(自體成長基盤)이 취약한 산업 등에 대한 국가적 보호·지원의 필요성과, 어느 정도 경쟁력이 있는 사업·산업분야 등에 대한 국제경쟁력 제고(提高)의 필요성에 따른 것이라 할 수 있다.

조성행정은 궁극적으로 공공복리·공익을 증진시키기 위한 작용이지만, 행정주체의 지원 등을 통하여 일정한 사업·산업체의 상태 등을 구조적으로 개선하고 해당 사업·산업을 육성·발전시키는 것을 직접 목적으로 하는 점에서, 일반 국민(사회보장에서는 일정한 요건의 국민)의 편익·복지를 증진시킴을 직접 목적으로 하는 일반적인 공물행정·공익사업행정·사회보장행정 등과 차이가 있다고 할 수 있다.

조성행정은 조성되는 사업·산업을 기준으로 하여, 첨단과학기술조성·문화예술조성·교육학술조성·정보통신산업조성·농어업(기반)조성·식품산업조성·에너지사업조성·공간정보산업조성·소프트웨어산업조성·산업기술단지사업조성·지역경제조성·중소기업조성에 관한 행정 등 여러 분야로 다시 분류할 수 있다(위의 분류 중 중소기업조성행정은 경제조성행정에 포함될 수 있으므로, 그에 관한 법은 후술하는 제11절에 기재한다).

조성행정의 수행주체는 국가·지방자치단체가 되는 것이 일반적이지만, 국가는 특정 사업·산업을 조성하기 위한 특수공법인(特殊公法人)을 법률로써 설립할 수도 있다(예; '한국농어촌공사 및 농지관리기금법'에 의한 한국농어촌공사의 설립).

다른 법률에 재정지원이나 보조금 지급 등에 관하여 특별히 규정된 경우를 제외하고, 일반적인 보조금교부(補助金交付)에 대하여 규율하는 「보조금 관리에 관한 법률」은 제2조에서 "보조금이란 국가 외의 자가 수행하는 사무 또는 사업에 대하여 국가가 이를 조성(助成)하거나 재정상의 원조(援助)를 하기 위하여 교부하는 보조금, 부담금, 그 밖에 상당한 반대급부를 받지 아니하고 교부하는 급부금(給付金)으로서 대통령령으로 정하는 것을 말한다."라고 규정하고(제1호), 보조금의 교부 대상이 되는 사무 또는 사업을 '보조사업'이라 하고 있다(제2호).

그런데 조성행정의 대상인 사업·산업(이를 조성사업·조성산업이라 함)은 국가적·공공적 관점에서 보아 적극적·선제적(先制的)인 육성·보호·지원 등의 필요성이 인정되어 조성하는 사업·산업인 점에서, 국가 외의 자가 수행하면서 국가로부터 보조금을 지급받는 보조사업과 원칙적으로 구별된다고 할 수 있다. 그러나 지방자치단체나 특수공법인이 수행하는 조성사업에 대하여 「보조금 관리에 관한 법률」에 따라 국고보조금이 지급되는 경우에는 그 사업이 해당 지방자치단체·특수공법인의 입장에서는 조성사업이고, 국가의 입장에서는 보조사업이 될 수 있다.

조성행정에서는 조성되는 사업·산업의 수행주체에 대한 재정지원이나 기술지원 등의 급부(給付)가 이루어지고 비권력적인 사실적 행정작용이 많이 행해진다.

조성행정에는 상당한 재원이 소요되므로, 의원발의입법(議員發議立法)으로 선호할 수 있는 조성행정에 관한 법률들의 입법과정에서 조성대상 사업·산업의 우선순위·시급성·소요재원적정배분 등에 대한 신중한 검토가 필요하며, 사안에 따라 일정한 주기마다 각 조성행정의 비용·효과에 대한 분석·평가도 필요하다고 하겠다.

II. 조성행정에 관한 법률들

(1) 미래창조과학부 소관 법률로서, ① 「지식재산 기본법」, ② 「기초연구진흥 및 기술개발지원에 관한 법률」, ③ 「원자력 진흥법」, ④ 「국가정보화 기본법」, ⑤ 「정보통신산업 진흥법」, ⑥ 「정보통신 진흥 및 융합 활성화 등에 관한 특별법」, ⑦ 「전기통신기본법」, ⑧ 「전기통신사업법」, ⑨ 「이동통신단말장치 유통구조 개선에 관한 법률」, ⑩ 정보통신공사업법, ⑪ 「정보통신기반 보호법」, ⑫ 전파법(방송통신위원회 공동소관), ⑬ 「국가초고성능컴퓨터 활용 및 육성에 관한 법률」, ⑭ 「소프트웨어산업 진흥법」, ⑮ 과학기술기본법, ⑯ 한국과학기술원법, ⑰ 「과학관의 설립·운영 및 육성에 관한 법률」, ⑱ 생명공학육성법, ⑲ 「여성과학기술인 육성 및 지원

에 관한 법률」, ⑳ 광주과학기술원법, ㉑ 대구경북과학기술원법, ㉒ 울산과학기술원법, ㉓ 「국제과학비즈니스벨트 조성 및 지원에 관한 특별법」, ㉔ 「산업기술연구조합 육성법」, ㉕ 「과학기술분야 정부출연연구기관 등의 설립·운영 및 육성에 관한 법률」, ㉖ 「생명연구자원의 확보·관리 및 활용에 관한 법률」, ㉗ 「국가연구개발사업 등의 성과평가 및 성과관리에 관한 법률」, ㉘ 「연구개발특구의 육성에 관한 특별법」, ㉙ 「연구실 안전환경 조성에 관한 법률」, ㉚ 「나노기술개발 촉진법」, ㉛ 「뇌연구 촉진법」, ㉜ 「방사선 및 방사성동위원소 이용진흥법」, ㉝ 「비파괴검사기술의 진흥 및 관리에 관한 법률」, ㉞ 「우주개발 진흥법」, ㉟ 천문법, ㊱ 「첨단의료복합단지 지정 및 지원에 관한 특별법」(보건복지부·산업통상자원부 공동소관), ㊲ 「특정연구기관 육성법」, ㊳ 「핵융합에너지 개발진흥법」, ㊴ 협동연구개발촉진법, ㊵ 「인터넷주소자원에 관한 법률」, ㊶ 기술사법, ㊷ 「국가과학기술 경쟁력 강화를 위한 이공계지원 특별법」, ㊸ 한국연구재단법, ㊹ 「클라우드컴퓨팅 발전 및 이용자 보호에 관한 법률」, ㊺「정보보호산업의 진흥에 관한 법률」, ㊻ 과학기술인공제회법, ㊼ 우주손해배상법, ㊽ 「표준시에 관한 법률」, ㊾ 「한국과학우주청소년단 육성에 관한 법률」, ㊿ 「삼차원프린팅산업 진흥법」(2016.12.23.시행), 51 「과학기술유공자 예우 및 지원에 관한 법률」(2016.12.23.시행) 등이 있다.

(2) 산업통상자원부 소관 법률로서, ① 전원개발촉진법, ② 전력기술관리법, ③ 「지능형전력망의 구축 및 이용촉진에 관한 법률」, ④ 전기공사업법, ⑤ 전기사업법, ⑥ 에너지법, ⑦ 「에너지이용 합리화법」, ⑧ 집단에너지사업법, ⑨ 「신에너지 및 재생에너지 개발·이용·보급 촉진법」, ⑩ 「에너지 및 자원사업 특별회계법」, ⑪ 산업발전법, ⑫ 「산업융합 촉진법」, ⑬ 「산업집적활성화 및 공장설립에 관한 법률」, ⑭ 「산업기술단지 지원에 관한 특례법」, ⑮ 「산업기술의 유출방지 및 보호에 관한 법률」, ⑯ 「산업기술혁신 촉진법」, ⑰ 산업디자인진흥법, ⑱ 광업법, ⑲ 「노후거점산업단지의 활력증진 및 경쟁력강화를 위한 특별법」(국토교통부 공동소관), ⑳ 「농어촌 전기공급사업 촉진법」, ㉑ 도시가스사업법, ㉒ 「민·군기술협력사업 촉진법」(국방부 공동소관), ㉓ 「발전소주변지역 지원에 관한 법률」, ㉔ 「부품·소재전문기업 등의 육성에 관한 특별조치법」, ㉕ 「뿌리산업 진흥과 첨단화에 관한 법률」, ㉖ 「석유 및 석유대체연료 사업법」, ㉗ 석탄산업법, ㉘ 「송·변전설비 주변지역의 보상 및

지원에 관한 법률」, ㉙ 「엔지니어링산업 진흥법」, ㉚ 유통산업발전법, ㉛ 「이러닝(전자학습)산업 발전 및 이러닝 활용 촉진에 관한 법률」, ㉜ 전시산업발전법, ㉝ 「전자무역 촉진에 관한 법률」, ㉞ 「지능형 로봇 개발 및 보급 촉진법」, ㉟ 「첨단의료복합단지 지정 및 지원에 관한 특별법」(보건복지부·미래창조과학부 공동소관), ㊱ 「항공우주산업개발 촉진법」, ㊲ 「해외자원개발 사업법」, ㊳ 「해저광물자원 개발법」, ㊴ 「환경친화적 산업구조로의 전환촉진에 관한 법률」, ㊵ 「환경친화적 자동차의 개발 및 보급 촉진에 관한 법률」, ㊶ 「중·저준위 방사성폐기물 처분시설의 유치지역지원에 관한 특별법」, ㊷ 「해외진출기업의 국내복귀 지원에 관한 법률」, ㊸ 「폐광지역 개발 지원에 관한 특별법」, ㊹ 전기공사공제조합법, ㊺ 「국가균형발전 특별법」(기획재정부 공동소관) 등이 있다.

(3) 교육부 소관 교육학술조성에 관한 법률로서, ① 학술진흥법, ② 「과학교육 진흥법」, ③ 「영재교육 진흥법」, ④ 「학교체육 진흥법」(문화체육관광부 공동소관), ⑤ 인성교육진흥법, ⑥ 대한민국학술원법, ⑦ 「직업교육훈련 촉진법」, ⑧ 「도서·벽지 교육진흥법」, ⑨ 「사료(史料)의 수집·편찬 및 한국사의 보급 등에 관한 법률」, ⑩ 「산업교육진흥 및 산학연협력촉진에 관한 법률」, ⑪ 「인적자원개발 기본법」, ⑫ 「지방대학 및 지역균형인재 육성에 관한 법률」, ⑬ 「교육국제화특구의 지정·운영 및 육성에 관한 특별법」, ⑭ 학교도서관진흥법, ⑮ 「한국학중앙연구원 육성법」, ⑯ 한국사학진흥재단법, ⑰ 한국연구재단법, ⑱ 「한국장학재단 설립 등에 관한 법률」, ⑲ 한국고전번역원법, ⑳ 한국교육학술정보원법, ㉑ 「학교시설사업 촉진법」, ㉒ 「장애인 등에 대한 특수교육법」, ㉓ 「재외국민의 교육지원 등에 관한 법률」, ㉔ 「경제자유구역 및 제주국제자유도시의 외국교육기관 설립·운영에 관한 특별법」, ㉕ 대학도서관진흥법, ㉖ 「퇴직교원 평생교육활동 지원법」, ㉗ 「폐교재산의 활용촉진을 위한 특별법」, ㉘ 「유네스코 활동에 관한 법률」, ㉙ 「교원지위향상을 위한 특별법」, ㉚ 「취업 후 학자금 상환 특별법」, ㉛ 한국대학교육협의회법, ㉜ 한국전문대학교육협의회법, ㉝ 한국교직원공제회법 등이 있다.

(4) 국토교통부 소관 조성행정에 관한 법률로서, ① 건설산업기본법, ② 건설기술 진흥법, ③ 「건축서비스산업 진흥법」, ④ 「항공운송사업 진흥법」, ⑤ 「도시교통정비 촉진법」, ⑥ 「국가통합교통체계 효율화법」, ⑦ 「대중교통의 육성 및 이용촉진에 관

한 법률」, ⑧ 「간선급행버스체계의 건설 및 운영에 관한 특별법」, ⑨ 「건널목 개량촉진법」, ⑩ 「공간정보산업 진흥법」, ⑪ 「국가공간정보 기본법」, ⑫ 「공간정보의 구축 및 관리 등에 관한 법률」, ⑬ 「노후거점산업단지의 활력증진 및 경쟁력강화를 위한 특별법」, ⑭ 「녹색건축물 조성 지원법」, ⑮ 「도청이전을 위한 도시건설 및 지원에 관한 특별법」, ⑯ 「동·서·남해안 및 내륙권 발전 특별법」, ⑰ 「물류시설의 개발 및 운영에 관한 법률」, ⑱ 「산업단지 인·허가 절차 간소화를 위한 특례법」, ⑲ 「산업입지 및 개발에 관한 법률」, ⑳ 「새만금사업 추진 및 지원에 관한 특별법」, ㉑ 「수도권신공항건설 촉진법」, ㉒ 「유비쿼터스도시의 건설 등에 관한 법률」, ㉓ 「장기공공임대주택 입주자 삶의 질 향상 지원법」, ㉔ 「제주특별자치도 설치 및 국제자유도시 조성을 위한 특별법」(행정자치부 공동소관), ㉕ 교통시설특별회계법, ㉖ 「지속가능 교통물류 발전법」, ㉗ 「택시운송사업의 발전에 관한 법률」, ㉘ 「한옥 등 건축자산의 진흥에 관한 법률」, ㉙ 「친수구역 활용에 관한 특별법」, ㉚ 「해외건설 촉진법」, ㉛ 「부동산개발업의 관리 및 육성에 관한 법률」, ㉜ 「토지임대부 분양주택 공급촉진을 위한 특별조치법」, ㉝ 주거기본법, ㉞ 주택도시기금법, ㉟ 「도시재생 활성화 및 지원에 관한 특별법」, ㊱ 물류정책기본법(해양수산부 공동소관), ㊲ 「부도공공건설임대주택 임차인 보호를 위한 특별법」, ㊳ 「건축물의 분양에 관한 법률」, ㊴ 「공사중단 장기방치 건축물의 정비 등에 관한 특별조치법」, ㊵ 「공공주택 특별법」, ㊶ 「민간임대주택에 관한 특별법」, ㊷ 「기업도시개발 특별법」, ㊸ 조경진흥법(2016.1.7.시행), ㊹ 건축사법, ㊺ 공인중개사법, ㊻ 「국토교통과학기술 육성법」(2016.6.30.시행) 등이 있다.

(5) 고용노동부 소관 법률로서, ① 「고용정책 기본법」, ② 숙련기술장려법, ③ 「사회적기업 육성법」, ④ 「근로자직업능력 개발법」, ⑤ 「직업교육훈련 촉진법」, ⑥ 「노사관계 발전 지원에 관한 법률」, ⑦ 「근로자참여 및 협력증진에 관한 법률」, ⑧ 「청년고용촉진 특별법」, ⑨ 「장애인고용촉진 및 직업재활법」, ⑩ 「자유무역협정 체결에 따른 무역조정 지원에 관한 법률」, ⑪ 자격기본법, ⑫ 국가기술자격법, ⑬ 「외국인근로자의 고용 등에 관한 법률」, ⑭ 「경력단절여성 등의 경제활동 촉진법」(여성가족부 공동소관), ⑮ 「고용상 연령차별금지 및 고령자고용촉진에 관한 법률」, ⑯ 「파견근로자보호 등에 관한 법률」, ⑰ 「근로자의 날 제정에 관한 법률」, ⑱ 공

인노무사법 등이 있다.

(6) 보건복지부 소관 법률로서, ① 「보건의료기술 진흥법」, ② 한국보건복지인력개발원법, ③ 「천연물신약 연구개발 촉진법」, ④ 「첨단의료복합단지 지정 및 지원에 관한 특별법」(미래창조과학부·산업통산자원부 공동소관), ⑤ 「제약산업 육성 및 지원에 관한 특별법」, ⑥ 한국보건산업진흥원법, ⑦ 「한의약 육성법」, ⑧ 「효행장려 및 지원에 관한 법률」, ⑨ 「고령친화산업 진흥법」, ⑩ 「공중보건장학을 위한 특례법」, ⑪ 암관리법, ⑫ 「제대혈 관리 및 연구에 관한 법률」, ⑬ 사회복지공동모금회법, ⑭ 「사회복지사 등의 처우 및 지위 향상을 위한 법률」, ⑮ 「장사 등에 관한 법률」, ⑯ 「자살예방 및 생명존중문화 조성을 위한 법률」, ⑰ 「장기 등 이식에 관한 법률」, ⑱ 「시체 해부 및 보존에 관한 법률」, ⑲ 「식품기부 활성화에 관한 법률」, ⑳ 「아동의 빈곤예방 및 지원 등에 관한 법률」, ㉑ 「장애인활동 지원에 관한 법률」, ㉒ 「중증장애인생산품 우선구매 특별법」, ㉓. 「대한노인회 지원에 관한 법률」, ㉔ 「보호시설에 있는 미성년자의 후견 직무에 관한 법률」, ㉕ 「노숙인 등의 복지 및 자립지원에 관한 법률」, ㉖ 「농어촌주민의 보건복지 증진을 위한 특별법」, ㉗ 「외국 민간원조단체에 관한 법률」, ㉘ 「전공의의 수련환경 개선 및 지위 향상을 위한 법률」(2016.12.23.시행), ㉙ 「의료 해외진출 및 외국인환자 유치 지원에 관한 법률」(2016.12.23.시행), ㉚ 「장애인·노인 등을 위한 보조기기 지원 및 활용촉진에 관한 법률」(2016.12.30.시행), ㉛ 「장애인 건강권 및 의료접근성 보장에 관한 법률」(2017.12.30.시행) 등이 있다.

(7) 여성가족부 소관 법률로서, ① 여성발전기본법, ② 「가족친화 사회환경의 조성 촉진에 관한 법률」, ③ 다문화가족지원법, ④ 「아이돌봄 지원법」, ⑤ 「양육비 이행확보 및 지원에 관한 법률」, ⑥ 한부모가족지원법, ⑦ 「건전가정의례의 정착 및 지원에 관한 법률」, ⑧ 「경력단절여성 등의 경제활동 촉진법」(고용노동부 공동소관), ⑨ 「결혼중개업의 관리에 관한 법률」, ⑩ 성별영향분석평가법 등이 있다.

(8) 기획재정부 소관 법률로서, ① 「국가균형발전 특별법」(산업통상자원부 공동소관), ② 「사회기반시설에 대한 민간투자법」, ③ 경제교육지원법 등이 있다.

(9) 행정자치부 소관 법률로서, ① 비영리민간단체지원법, ② 「직능인 경제활동 지원에 관한 법률」, ③ 「자전거 이용 활성화에 관한 법률」, ④ 새마을금고법, ⑤ 「바

르게살기운동조직 육성법」, ⑥ 「새마을운동조직 육성법」, ⑦ 「한국자유총연맹 육성에 관한 법률」, ⑧ 「주한미군 공여구역주변지역 등 지원 특별법」, ⑨ 「접경지역 지원 특별법」, ⑩ 「자원봉사활동 기본법」, ⑪ 민주화운동기념사업회법, ⑫ 「진실·화해를 위한 과거사정리 기본법」, ⑬ 「도서개발 촉진법」, ⑭ 「농어촌도로 정비법」, ⑮ 행정사법 등이 있으며, 경찰청 소관 법률로서 ① 경찰공제회법, ② 대한민국재향경우회법이 있다.

(10) 법무부 소관 법률로서, ① 「한국법학원 육성법」, ② 법교육지원법, ③ 「공익법인의 설립·운영에 관한 법률」, ④ 공익신탁법, ⑤ 교정공제회법, ⑥ 「교정시설경비교도대 설치법」 ⑦ 「교도작업의 운영 및 특별회계에 관한 법률」, ⑧ 범죄피해자보호기금법, ⑨ 「민영교도소 등의 설치·운영에 관한 법률」, ⑩ 정부법무공단법, ⑪ 「디엔에이신원확인정보의 이용 및 보호에 관한 법률」(검찰청·경찰청 공동소관), ⑫ 대한민국재향교정동우회법 등이 있다.

(11) 국방부 소관 법률로서, ① 「민·군기술협력사업 촉진법」(산업통상자원부 공동소관), ② 전쟁기념사업회법, ③ 「주한미군기지 이전에 따른 평택시 등의 지원 등에 관한 특별법」 등이 있다.

(12) 국가보훈처 소관 법률로서, ① 「보훈보상대상자 지원에 관한 법률」, ② 「제대군인지원에 관한 법률」, ③ 「참전유공자예우 및 단체설립에 관한 법률」, ④ 「특수임무유공자 예우 및 단체설립에 관한 법률」, ⑤ 「독도의용수비대 지원법」, ⑥ 독립기념관법, ⑦ 보훈기금법, ⑧ 「국가유공자 등 단체 설립에 관한 법률」, ⑨ 대한민국재향군인회법, ⑩ 「국립묘지의 설치 및 운영에 관한 법률」, ⑪ 「고엽제후유의증 등 환자지원 및 단체설립에 관한 법률」, ⑫ 원호재산특별처리법 등이 있다.

(13) 국민안전처 소관 법률로서, ① 「재해위험 개선사업 및 이주대책에 관한 특별법」, ② 「재해경감을 위한 기업의 자율활동 지원에 관한 법률」, ③ 대한소방공제회법, ④ 대한민국재향소방동우회법, ⑤ 풍수해보험법 등이 있다.

(14) 특허청 소관 법률로서, ① 발명진흥법, ② 특허법, ③ 디자인보호법, ④ 상표법, ⑤ 실용신안법, ⑥ 「반도체집적회로의 배치설계에 관한 법률」, ⑦ 변리사법 등이 있다.

(15) 농촌진흥청 소관 법률로서, ① 농촌진흥법, ② 「한국4에이치활동 지원법」

등이 있다.

(16) 문화재청 소관 법률로서, ① 「고도(古都) 보존 및 육성에 관한 특별법」, ② 「한국전통문화대학교 설치법」 등이 있다.

(17) 산림청 소관 법률로서, ① 산림기본법, ② 「산림문화·휴양에 관한 법률」, ③ 산림보호법, ④ 「산림자원의 조성 및 관리에 관한 법률」, ⑤ 「목재의 지속가능한 이용에 관한 법률」, ⑥ 「산림교육의 활성화에 관한 법률」, ⑦ 산림조합법, ⑧ 「산림조합의 구조개선에 관한 법률」, ⑨ 「소나무재선충병 방제특별법」, ⑩ 「수목원 조성 및 진흥에 관한 법률」, ⑪ 「임업 및 산촌 진흥촉진에 관한 법률」, ⑫ 「산림복지 진흥에 관한 법률」(2016.3.28.시행) 등이 있다.

(18) 기상청 소관 법률로서, ① 기상법, ② 기상산업진흥법, ③ 기상관측표준화법, ④ 「지진·지진해일·화산의 관측 및 경보에 관한 법률」 등이 있다.

(19) 방송통신위원회 소관 법률로서, ① 방송법, ② 「방송통신발전 기본법」, ③ 「인터넷 멀티미디어 방송사업법」, ④ 「지역방송발전지원 특별법」, ⑤ 「방송광고판매대행 등에 관한 법률」, ⑥ 「이동통신단말장치 유통구조 개선에 관한 법률」, ⑦ 방송문화진흥회법, ⑧ 전기통신사업법, ⑨ 「정보통신망 이용촉진 및 정보보호 등에 관한 법률」, ⑩ 전파법 등이 있다(위 ①②③⑥의 법률은 미래창조과학부 공동소관 법률임).

(20) 환경부 소관 법률로서, ① 환경교육진흥법, ② 「환경기술 및 환경산업 지원법」, ③ 「환경개선비용 부담법」 등이 있다.

(21) 금융위원회 소관 법률로서, ① 「금융중심지의 조성과 발전에 관한 법률」, ② 공인회계사법 등이 있다.

(22) 원자력안전위원회 소관 법률로서, ① 「원자력 손해배상법」, ② 「원자력 손해배상 보상계약에 관한 법률」 등이 있다.

(23) 문화체육관광부 소관의 체육조성 법률로는 ① 「스포츠산업 진흥법」, ② 전통무예진흥법, ③ 「국제경기대회 지원법」, ④ 「태권도 진흥 및 태권도공원 조성 등에 관한 법률」, ⑤ 「씨름 진흥법」, ⑥ 「국민체육 진흥법」, ⑦ 「학교체육 진흥법」(교육부 공동소관), ⑧ 「경륜·경정법」, ⑨ 생활체육진흥법, ⑩ 「포뮬러원 국제자동차경주대회 지원법」, ⑪ 「2018 평창 동계올림픽대회 및 장애인동계올림픽대회 지원

등에 관한 특별법」 등이 있으며, 문화기본법·문화산업진흥기본법·관광진흥법 등 문화 및 관광조성 법률들은 후술 2. 3. 4. 항목에 기재한다.

(24) 「농업·농촌 및 식품산업 기본법」 등 농촌·어촌·식품산업의 조성에 관한 농림축산식품부·해양수산부 소관 법률들은 후술 5. 항목에 기재한다.

(25) 중소기업기본법 등 중소기업청 소관의 중소기업 보호·육성에 관한 법률들은 후술 제11절 2. 항목에 기재한다.

위의 많은 법률들 중에서 ① 문화기본법, ② 문화산업진흥기본법, ③ 관광진흥법, ④ 「농업·농촌 및 식품산업 기본법」의 개요를 이 절에서 살피기로 한다. 그런데 위 ①②④의 법률은 주로 국가의 일정한 조성 정책·시책들을 규정하고 있으며, 그 정책·시책들을 구현하기 위한 여러 법률들(후술)이 별도로 제정·시행되고 있다.

2. 문화기본법

(1) 문화조성을 위한 법으로서의 문화기본법

헌법은 제9조에서 "국가는 전통문화의 계승·발전과 민족문화의 창달에 노력하여야 한다."라고 하여, 전통문화의 계승발전, 민족문화의 창달과 문화에 대한 국가적 보호·지원을 중시하는 문화국가주의를 선언하고 있다.

오늘날 문화 가치가 확산되고 국민의 문화생활수요가 증대됨에 따라 국가와 지방자치단체는 문화의 진흥·보호·지원 등의 문화조성(文化助成), 국민의 문화적 자율성·창조성의 보장, 문화적 약자·소외계층에 대한 문화향유기회의 확대, 문화에 대한 자유방임으로 말미암은 모순·불합리성의 극복 등을 위하여 적극적으로 노력하여야 할 것이다.

문화기본법은 문화에 관한 국민의 권리와 국가 및 지방자치단체의 책임을 정하고 문화정책의 방향과 그 추진에 필요한 기본적인 사항을 규정함으로써 문화의 가치와 위상을 높여 문화가 국민의 삶의 질을 향상시키고 국가사회의 발전에 중요한 역할을 할 수 있도록 하는 것을 목적으로 하고 있다(同法 1).

이 법에서 '문화'란 문화예술, 생활양식, 공동체적 삶의 방식, 가치 체계, 전통 및 신념 등을 포함하는 사회나 사회구성원의 고유한 정신적·물질적·지적·감성적 특성의 총체를 말한다(同法 3).

이 법은 문화가 민주국가의 발전과 국민 개개인의 삶의 질 향상을 위하여 가장 중요한 영역 중의 하나임을 인식하고, 문화의 가치가 교육·환경·인권·복지·정치·경제·여가 등 우리 사회영역 전반에 확산될 수 있도록 국가와 지방자치단체가 그 역할을 다하며, 개인이 문화 표현과 활동에서 차별받지 아니하도록 하고, 문화의 다양성·자율성·창조성의 원리가 조화롭게 실현되도록 하는 것을 기본이념으로 하고 있다(同法 2).

(2) 국민의 문화권(文化權)과 국가·지방자치단체의 책무

문화기본법에 따르면, 모든 국민은 성별·종교·인종·세대·지역, 사회적 신분, 경제적 지위나 신체적 조건 등에 관계없이 문화 표현과 활동에서 차별을 받지 아니하고 자유롭게 문화를 창조하고 문화 활동에 참여하며 문화를 향유할 권리(이를 '문화권'이라 함)를 가진다(同法 4).

국가는 국민의 문화권을 보장하기 위하여 문화진흥에 관한 정책을 수립·시행하고, 이를 위한 재원(財源)의 확충과 효율적인 운영을 위하여 노력하여야 하며, 지방자치단체의 문화관련 계획·시책과 자원을 존중하고, 지역 간 문화 격차의 해소를 통하여 균형 잡힌 문화 발전이 이루어지도록 노력하여야 한다(同法 5①②).

국가와 지방자치단체는 경제적·사회적·지리적 제약 등으로 문화를 향유하지 못하는 문화소외계층(文化疏外階層)의 문화 향유 기회를 확대하고 문화 활동을 장려하기 위하여 필요한 시책을 강구하여야 하며, 각종 계획과 정책을 수립할 때에 문화적 관점에서 국민의 삶의 질에 미치는 영향을 평가(이를 '문화영향평가'라 함)하여 문화적 가치가 사회적으로 확산될 수 있도록 하여야 한다. 문화영향평가의 대상·절차·방법 등에 필요한 사항은 대통령령으로 정한다(同法 5③④⑤).

문화에 관한 다른 법률을 제정하거나 개정할 때에는 이 법의 목적과 기본이념에 맞도록 하여야 하며, 국가와 지방자치단체는 문화에 관한 정책을 수립·시행할 때에 다른 법률에 특별한 규정이 있는 경우를 제외하고는 이 법이 정하는 바에 따른다(同法 6①②).

(3) 문화정책의 기본원칙과 문화진흥기본계획

국가와 지방자치단체는 문화정책을 수립하고 시행할 때에는 ① 문화의 다양성과 자율성이 존중되고 문화의 창조성이 확산되도록 할 것, ② 국민과 국가의 문화 역량을 높이기 위한 지원을 하고 여건을 조성할 것, ③ 문화 활동 참여와 문화 교육의 기회가 확대되고, 문화 창조의 자유가 보장되도록 할 것, ④ 차별 없는 문화복지가 증진되도록 할 것, ⑤ 문화의 가치를 존중하고 문화의 역동성을 높일 수 있을 것, ⑥ 문화의 국제 교류·협력을 증진할 것 등의 기본원칙을 충분히 고려하여야 한다(同法 7).

국가는 문화진흥을 위하여 5년마다 문화진흥기본계획(이하 '기본계획'이라 함)을 수립하여야 하며, 기본계획은 대통령령으로 정하는 바에 따라 문화체육관광부장관이 관계 중앙행정기관의 장과 협의하여 수립한다(同法 8①②).

이 법은 국가 문화발전의 목표와 방향, 문화진흥을 위한 문화정책의 기본방향, 문화진흥을 위한 법령·제도의 마련 등 기반조성에 관한 사항, 문화진흥을 위한 분야별 문화정책의 추진사항 등 기본계획에 포함되어야 할 사항도 규정하고 있다(同法 8③).

관계 중앙행정기관의 장은 기본계획에 따라 매년 문화진흥을 위한 시행계획을 수립하여야 하며, 시행계획 수립에 필요한 사항은 대통령령으로 정한다(同法 8④⑤).

(4) 분야별 문화정책의 추진과 문화 인력의 양성 등

국가와 지방자치단체는 문화진흥을 위하여 ① 문화유산·전통문화의 보전과 활용, ② 국어의 발전과 보전, ③ 문화예술의 진흥, ④ 문화산업의 진흥, ⑤ 문화자원의 개발과 활용, ⑥ 문화복지의 증진, ⑦ 여가문화의 활성화, ⑧ 문화경관의 관리와 조성, ⑨ 국제 문화 교류·협력의 활성화, ⑩ 지역문화의 활성화, ⑪ 남북 문화교류 활성화에 관한 문화정책을 수립하고 시행하기 위하여 노력하여야 한다(同法 9).

국가와 지방자치단체는 문화 인력의 양성을 위한 기반을 조성하고, 필요한 시책을 추진하여야 하며, 문화의 가치를 확산하고 문화를 진흥시키기 위한 교육을 실시하여야 한다(同法 10①②).

국가와 지방자치단체는 국민의 삶의 질 향상과 지역 간 문화 격차의 해소를 통한 국민의 문화 향유권의 확대를 위하여 문화 향유와 관련한 실태조사와 관련 조사·연구를 시행하여야 하며, 문화정책의 조사·연구와 개발을 장려하고 그 지원시책을 강구하여야 하며, 대통령령으로 정하는 바에 따라 문화정책을 전문적으로 조사·연구·개발하는 전담기관과 이를 지원하는 문화정보화 전담기관을 지정하여 운영할 수 있다(同法 11①②③).

국민의 문화 의식과 이해를 높이고 문화활동에의 적극적인 참여를 유도하기 위하여 매년 10월을 문화의 달로 하고, 매년 10월 셋째 주 토요일을 문화의 날로 한다(同法 12①).

국가와 지방자치단체는 문화진흥사업에 대하여 예산의 범위에서 필요한 재정지원을 하여야 하며, 국가는 문화진흥을 위한 민간의 재원 조성과 기부문화의 활성화를 위한 제도와 여건을 마련하기 위하여 노력하여야 한다(同法 13①②).

(5) **문화진흥에 관한 법률들**

문화진흥에 관한 문화체육관광부 소관 법률로서, 문화기본법 외에 ① 문화예술진흥법, ② 대한민국예술원법, ③「문화예술교육 지원법」, ④ 국어기본법, ⑤ 지역문화진흥법, ⑥ 지방문화원진흥법, ⑦「아시아문화중심도시 조성에 관한 특별법」, ⑧「문화예술후원 활성화에 관한 법률」, ⑨「문화다양성의 보호와 증진에 관한 법률」, ⑩「전통사찰의 보존 및 지원에 관한 법률」, ⑪「예술인 복지법」과 ⑫ 후술 3. 항목에 기재하는「문화산업진흥 기본법」을 비롯한 문화산업관련 법률들이 있다.

【大判 1997.3.28, 96도3155. "문화예술진흥법에 의하여 입장료와 함께 문화예술진흥기금을 받은 극장 경영자는 한국문화예술진흥원을 위하여 그 기금을 보관하고 있는 자의 지위에 있으므로, 이를 별도로 관리하지 아니하고 자신의 예금통장에 혼합보관하면서 임의로 자신의 극장운영자금 등으로 소비하였다면, 횡령죄의 고의나 불법영득의 의사가 있다고 보아 업무상횡령죄가 성립한다."】

3. 「문화산업진흥 기본법」

(1) 문화산업조성을 위한 법으로서의 「문화산업진흥 기본법」

국민이 인간으로서의 존엄과 가치를 향유하고 삶의 질이 향상된 행복한 생활을 영위하기 위해서는 물질적 궁핍으로부터 벗어나는 것만으로는 부족하고 일정수준의 문화적 생활까지 보장되어야 한다. 따라서 문화의 진흥·보호·발전 등을 위한 문화산업조성(文化産業助成)은 국가의 중요한 과제라고 아니할 수 없다.

「문화산업진흥 기본법」은 문화산업의 지원 및 육성에 필요한 사항을 정하여 문화산업 발전의 기반을 조성하고 경쟁력을 강화함으로써 국민의 문화적 삶의 질 향상과 국민경제의 발전에 이바지함을 목적으로 하고 있다(同法 1).

이 법은 국가와 지방자치단체의 문화산업진흥을 위한 정책·기본계획·시행계획의 수립, 문화산업의 경쟁력을 강화하기 위한 각종 지원, 한국콘텐츠진흥원의 설립, 문화산업단지·문화산업진흥지구의 조성·지원, 문화산업 전문인력 양성, 문화산업의 기반조성·육성을 위한 비권력적인 사실적 행정작용의 근거 등을 규정하고 있으며, 국민의 문화적 생활여건을 향상시킴에 기여할 수 있는 법이다.

이 법에서 '문화산업'이란 문화상품의 기획·개발·제작·생산·유통·소비 등과 이에 관련된 서비스를 하는 산업을 말한다.

문화산업에 포함되는 산업은 ① 영화·비디오물과 관련된 산업, ② 음악·게임과 관련된 산업, ③ 출판·인쇄·정기간행물과 관련된 산업, ④ 방송영상물과 관련된 산업, ⑤ 문화재와 관련된 산업, ⑥ 만화·캐릭터·애니메이션·에듀테인먼트·모바일문화콘텐츠·디자인(산업디자인은 제외)·광고·공연·미술품·공예품과 관련된 산업, ⑦ 디지털문화콘텐츠, 사용자제작문화콘텐츠 및 멀티미디어문화콘텐츠의 수집·가공·개발·제작·생산·저장·검색·유통 등과 이에 관련된 서비스를 하는 산업, ⑧ 대중문화예술산업, ⑨ 전통적인 소재와 기법을 활용하여 상품의 생산과 유통이 이루어지는 산업으로서 의상·조형물·장식용품·소품·생활용품 등과 관련된 산업, ⑩ 문화상품을 대상으로 하는 전시회·박람회·견본시장·축제 등과 관련된 산업(다만, 전시산업발전법상의 전시회·박람회·견본시장과 관련된 산업은 제외), ⑪ 위의

①~⑩의 규정에 해당하는 각 문화산업 중 둘 이상이 혼합된 산업이다(同法 2ⅰ).

위에서 '문화상품'이란 예술성·창의성·오락성·여가성·대중성(이를 '문화적 요소'라 함)이 체화(體化)되어 경제적 부가가치를 창출하는 유형·무형의 재화(문화콘텐츠·디지털문화콘텐츠·멀티미디어문화콘텐츠 포함)와 그 서비스 및 이들의 복합체를 말하며(同法 2ⅱ), '콘텐츠'란 부호·문자·도형·색채·음성·음향·이미지 및 영상 등(이들의 복합체를 포함)의 자료 또는 정보를 말한다(同法 2ⅲ).

'문화콘텐츠'란 문화적 요소가 체화된 콘텐츠를 말하며(同法 2ⅳ). '디지털콘텐츠'란 부호·문자·도형·색채·음성·음향·이미지 및 영상 등(이들의 복합체 포함)의 자료 또는 정보로서 그 보존 및 이용의 효용을 높일 수 있도록 디지털 형태로 제작하거나 처리한 것을 말한다(同法 2ⅴ).

'디지털문화콘텐츠'란 문화적 요소가 체화된 디지털콘텐츠를 말하며(同法 2ⅵ), '에듀테인먼트'란 문화콘텐츠를 유기적으로 복합시켜 기획 및 제작된 것으로 교육적으로 활용될 수 있는 것을 말한다(同法 2ⅸ).

(2) 국가와 지방자치단체의 책무

이 법에 따르면, 국가와 지방자치단체는 문화산업진흥을 위하여 필요한 정책을 수립·시행하고, 기술의 개발과 조사·연구사업의 지원, 외국 및 문화산업관련 국제기구와의 협력체제 구축 등 필요한 노력을 하여야 한다(同法 3①②).

문화체육관광부장관은 문화산업진흥에 관한 기본적이고 종합적인 '중·장기 기본계획'과 문화산업의 각 분야별 및 기간별로 '세부시행계획'을 수립·시행하여야 하며(同法 4②), 정부는 매년 문화산업진흥에 관한 정책과 동향에 대한 보고서를 정기국회 시작 전까지 국회에 제출하여야 한다(同法 5).

문화체육관광부장관은 문화산업에 관한 창업을 촉진하고 창업자의 성장·발전을 위하여 필요한 지원을 할 수 있으며(同法 7), 문화체육관광부장관이나 시·도지사는 문화산업의 경쟁력을 강화하고 우수문화상품의 제작을 촉진하기 위하여 제작자에게 필요한 자금을 융자하거나 그 밖의 지원을 할 수 있다(同法 10①).

정부는 독립제작사의 제작을 활성화하기 위하여 대통령령으로 정하는 바에 따라 필요한 지원을 할 수 있고(同法 11①), 문화상품의 유통활성화 및 유통정보화 촉진에 노력하여야 하며, 대통령령으로 정하는 바에 따라 문화상품에 국제표준바코드를 표시할 수 있고, 문화상품의 불법 복제·유통 방지, 정품(正品)의 문화상품 소비 장려, 관련 교육 실시 등 지식재산권을 보호하기 위하여 노력하여야 하며, 이에 필요한 지원을 할 수 있다(同法 12①②⑦).

문화체육관광부장관, 시·도지사 또는 시장·군수·자치구청장은 우수문화상품을 지정할 수 있다(同法 15①).

문화체육관광부장관은 창작성 및 성공 가능성이 높은 문화상품 제작프로젝트를 우수문화프로젝트로, 경제적·기술적 파급효과가 큰 문화상품 제작자 및 문화기술 개발자를 우수문화사업자로 각각 지정할 수 있으며(同法 15의2①), 일정한 경우에 우수문화프로젝트 또는 우수문화사업자의 지정을 취소할 수 있다(同法 15의3).

(3) 문화산업 기반조성

국가나 지방자치단체는 문화산업진흥에 필요한 전문인력을 양성하기 위하여 노력하여야 한다. 문화체육관광부장관이나 시·도지사는 대통령령으로 정하는 바에 따라 연구소·대학 그 밖의 기관을 문화산업 전문인력 양성기관으로 지정할 수 있고, 국가나 지방자치단체는 지정된 문화산업 전문인력 양성기관에 대하여 대통령령으로 정하는 바에 따라 전문인력 양성에 필요한 경비의 전부 또는 일부를 부담할 수 있다(同法 16①②③).

문화체육관광부장관은 문화상품과 문화기술에 대한 가치평가기관(이하 '평가기관'이라 함)을 지정·지원할 수 있고, 일정한 경우에 지정 취소할 수 있으며(同法 16의2·3·4), 평가기관은 경영·영업상 비밀의 유지 등 대통령령으로 정하는 특별한 사유가 있는 경우 외에는 당해 연도의 가치평가 정보를 다음 연도 1월 말까지 문화체육관광부장관에게 통보하여야 한다(同法 16의2④).

문화체육관광부장관은 문화산업과 관련된 기술 및 문화콘텐츠의 개발(이하 '기술개발사업'이라 함)을 촉진하기 위한 정책을 수립·시행하고 기술개발사업을 수행하는 데에 드는 자금을 예산의 범위에서 지원하거나 출연할 수 있으며, 한국콘텐츠진흥원이나 그 밖에 문화산업과 관련된 법인·기관 또는 단체 중에서 기술개발사업에 관한 업무를 위탁받아 전담할 수 있는 기관(이하 '기술개발사업전담기관'

이라 함)을 지정할 수 있다(同法 17①②).

기술개발사업전담기관은 기술개발사업을 효율적으로 시행하기 위하여 업무의 일부를 문화상품 제작자나 기술개발자(이를 '기술개발사업실시기관'이라 함)로 하여금 실시하게 할 수 있다(同法 17③).

이 법은 기술개발사업실시기관에 대한 지원·출연 기술개발사업으로부터 발생한 수익의 전부 또는 일부에 해당하는 기술료 징수(同法 17의2), 기업부설창작연구소 등의 인정(同法 17의3), 창작중소기업에 대한 「벤처기업육성에 관한 특별조치법」의 준용(同法 17의4)에 대하여도 규정하고 있다.

문화체육관광부장관은 과학기술·디자인·문화예술·인문사회 등 다양한 학문분야들 간의 교류와 융합에 기반을 둔 문화산업 복합기술에 관한 연구·개발을 수행하기 위하여 광주과학기술원법에 따른 광주과학기술원을 문화기술연구 주관기관으로 지정하며, 정부는 지정된 연구주관기관의 운영 등에 필요한 경비를 예산의 범위에서 지원할 수 있다(同法 17의5①③).

정부는 문화상품의 개발·연구를 위하여 인력·시설·기자재·자금·정보 등의 공동활용을 통한 협동개발과 협동연구를 촉진시킬 수 있도록 노력하여야 하며, 문화체육관광부장관은 위의 협동개발과 협동연구를 추진하는 자에 대하여 그 소요되는 비용의 전부 또는 일부를 지원할 수 있다(同法 19①②).

정부는 문화상품의 수출경쟁력 촉진을 위하여 외국과의 공동제작, 방송·인터넷 등을 통한 해외마케팅·홍보활동, 외국인의 투자 유치, 국제영상제·견본시장 참여 및 국내 유치, 수출 관련 협력체계구축 등의 사업을 지원할 수 있다(同法 20①).

이 법은 문화산업진흥시설의 지정·지원·지정해제(同法 21·22), 문화산업진흥시설의 집적화(同法 23), 문화산업단지의 조성(造成)·지원(同法 24·26), 문화산업단지조성계획의 수립(同法 25), 문화산업단지 사업시행자로 지정 받은 자에 대한 관계 법률상의 인·허가 의제(同法 28), 문화산업진흥지구의 지정과 조성지원(同法 28의2·3), 문화산업진흥시설의 확충과 문화산업단지의 조성·운영을 위하여 필요한 경우의 국공유재산의 대부·사용·매각(同法 29)에 관하여 규정하고 있다.

정부는 문화산업진흥을 위하여 문화산업진흥시설, 문화산업단지, 제작자·투자회사·투자조합이 문화산업에 투자하는 경우, 창업자 및 창업을 지원하는 자에 대하여 세법(稅法)에서 정하는 바에 따라 세제 지원을 할 수 있으며, 문화산업진흥시설과 문화산업단지의 조성 및 운영에 직접 사용되는 장비·설비·부품 등에 대하여는 관세법에서 정하는 바에 따라 관세를 감면할 수 있다(同法 30①②).

지방자치단체는 문화산업의 진흥을 위하여 필요한 경우 문화산업진흥시설·문화산업단지 및 문화산업진흥지구를 조성하려는 자와 문화산업관련 사업의 창업을 지원하는 공공단체 등에 대하여 출연하거나 지방재정법에도 불구하고 출자할 수 있다(同法 30의2).

이 법은 문화산업통계의 조사(同法 30의3), 문화산업과 관련되는 소비자의 기본 권익을 보호하기 위한 시책의 수립(同法 30의4), 문화산업의 진흥·발전을 효율적으로 지원하기 위한 한국콘텐츠진흥원의 설립·지원 및 한국콘텐츠진흥원의 사업(同法 31①④⑤)에 대하여도 규정하고 있다.

(4) 문화산업전문회사의 설립 등

이 법에서 '문화산업전문회사'란 회사의 자산을 문화산업의 특정 사업에 운용하고 그 수익을 투자자·사원·주주에게 배분하는 회사를 말하며, '유통전문회사'란 문화상품의 원활한 유통과 물류비용의 절감을 위하여 설립된 회사로서 문화체육관광부장관 또는 시·도지사에게 신고한 회사를 말한다(同法 2).

이 법은 문화산업전문회사의 설립·회사형태·사원총회·겸업제한·업무·회계처리·업무위탁·등록·해산·합병금지·감독·검사·등록취소(同法 43·44·46·47·49·50·51·52·53·54·55·56), 공모문화산업전문회사에 관한 특례(同法 56의2), 유통전문회사의 설립·신고·지원(同法 14)에 대하여 규정하고 있다.

이 법은 이 법에 따른 문화체육관광부장관의 권한의 위임·위탁과 위탁받은 사무에 종사하는 자에 대한 형법규정 적용시의 공무원 의제(同法 57·58), 과태료 부과(同法 59)에 대하여도 규정하고 있다.

(5) 문화산업진흥에 관한 법률들

「문화산업진흥 기본법」상의 문화산업진흥 시책에 관한 문화체육관광부 소관법률로서, ① 영상진흥기본법, ② 대중문화예술산업발전법, ③ 공연법, ④ 「영화 및 비디오물의 진흥에 관한 법률」, ⑤ 「음악산업진흥에 관한 법률」, ⑥ 「콘텐츠산업진흥법」, ⑦ 독서문화진흥법, ⑧ 「작은도서관 진흥법」, ⑨ 저작권법, ⑩ 「출판문화산업 진흥법」, ⑪ 「인쇄문화산업 진흥법」, ⑫ 「신문 등의 진흥에 관한 법률」, ⑬ 「지역신문발전지원 특별법」, ⑭ 「잡지 등 정기간행물의 진흥에 관한 법률」, ⑮ 「뉴스통신 진흥에 관한 법률」, ⑯ 「게임산업진흥에 관한 법률」, ⑰ 「만화진흥에 관한 법률」, ⑱ 「이스포츠(전자스포츠) 진흥에 관한 법률」, ⑲ 「공예문화산업 진흥법」, ⑳ 국민여가활성화기본법 등이 있다.

4. 관광진흥법

(1) 서설

오늘날 국민의 문화생활·여가생활(餘暇生活)에서 중요한 비중을 차지하는 관광을 진흥시키며, 관광사업의 육성을 통하여 국민소득을 증대시키고 지역경제를 발전시키는 것은 국가·지방자치단체의 중요한 과제의 하나라고 하겠다.

관광진흥법은 관광 여건을 조성하고 관광자원을 개발하며 관광사업을 육성하여 관광진흥에 이바지하는 것을 목적으로 하고 있다(同法 1).

이 법은 헌법 제123조 제2항의 "국가는 지역 간의 균형 있는 발전을 위하여 지역경제를 육성할 의무를 진다."는 규정과 관련된 법이며, 「중소기업진흥에 관한 법률」 등과 더불어 경제행정 중 경제조성행정에 관한 법이라고도 할 수 있다.

이 법에서 '관광사업'이란 관광객을 위하여 운송·숙박·음식·운동·오락·휴양 또는 용역을 제공하거나 그 밖에 관광에 딸린 시설을 갖추어 이를 이용하게 하는 업(業)을 말하며(同法 2 i), '관광사업자'란 관광사업을 경영하기 위하여 등록·허가 또는 지정(이하 '등록 등'이라 함)을 받거나 신고를 한 자를 말한다(同法 2ii).

'관광지'란 자연적 또는 문화적 관광자원을 갖추고 관광객을 위한 기본적인 편의시설을 설치하는 지역으로서 이 법에 따라 지정된 곳을 말하며(同法 2vi), '관광단지'란 관광객의 다양한 관광 및 휴양을 위하여 각종 관광시설을 종합적으로 개발하는 관광 거점 지역으로서 이 법에 따라 지정된 곳을 말한다(同法 2vii).

(2) 관광사업의 종류와 관광사업의 등록·허가·신고·지정

1) 관광사업의 종류

관광진흥법은 관광사업의 종류를 다음과 같이 구분하고 있다(同法 3①).

가) 여행업 : 여행자 또는 운송시설·숙박시설, 그 밖에 여행에 딸리는 시설의 경영자 등을 위하여 그 시설 이용 알선이나 계약 체결의 대리, 여행에 관한 안내, 그 밖의 여행 편의를 제공하는 업을 말한다.

나) 관광숙박업 : 호텔업과 휴양 콘도미니엄업을 말한다.

① 호텔업 : 관광객의 숙박에 적합한 시설을 갖추어 이를 관광객에게 제공하거나 숙박에 딸리는 음식·운동·오락·휴양·공연 또는 연수에 적합한 시설 등을 함께 갖추어 이를 이용하게 하는 업.

② 휴양 콘도미니엄업 : 관광객의 숙박과 취사에 적합한 시설을 갖추어 이를 그 시설의 회원이나 공유자, 그 밖의 관광객에게 제공하거나 숙박에 딸리는 음식·운동·오락·휴양·공연 또는 연수에 적합한 시설 등을 함께 갖추어 이를 이용하게 하는 업.

다) 관광객 이용시설업 : 아래에 규정하는 업을 말한다.

① 관광객을 위하여 음식·운동·오락·휴양·문화·예술 또는 레저 등에 적합한 시설을 갖추어 이를 관광객에게 이용하게 하는 업.

② 대통령령으로 정하는 2종 이상의 시설과 관광숙박업의 시설(이하 '관광숙박시설'이라 함) 등을 함께 갖추어 회원이나 그 밖의 관광객에게 이용하게 하는 업.

③ 야영장업 ; 야영에 적합한 시설 및 설비 등을 갖추고 야영편의를 제공하는 시설('청소년활동 진흥법'에 따른 청소년야영장 제외)을 관광객에게 이용하게 하는 업.

라) 국제회의업 : 대규모 관광 수요를 유발하는 국제회의(세미나·토론회·전시회 등 포함)를 개최할 수 있는 시설을 설치·운영하거나 국제회의의 계획·준비·진행 등의 업무를 위탁받아 대행하는 업을 말한다.

마) 카지노업 : 전문 영업장을 갖추고 주사위·트럼프·슬롯머신 등 특정한 기구 등을 이용하여 우연의 결과에 따라 특정인에게 재산상의 이익을 주고 다른 참가자에게 손실을 주는 행위 등을 하는 업을 말한다.

바) 유원시설업(遊園施設業) : 유기시설(遊技施設)이나 유기기구(遊技機具)를 갖추어 이를 관광객에게 이용하게 하는 업을 말한다.

사) 관광 편의시설업 : 위의 가) ~ 바)의 관광사업 외에 관광 진흥에 이바지할 수 있다고 인정되는 사업이나 시설 등을 운영하는 업을 말한다.

위의 관광사업의 종류 중 카지노업을 제외한 관광사업은 대통령령으로 정하는 바에 따라 세분할 수 있다(同法 3②).

2) 관광사업의 등록·허가·신고·지정

관광사업 중 여행업, 관광숙박업, 관광객 이용시설업 및 국제회의업을 경영하려는 자는 특별자치도지사·시장·군수·구청장(자치구의 구청장을 말함)에게 등록하여야 하며(同法 4①), 등록을 하려는 자는 대통령령으로 정하는 자본금·시설 및 설비 등을 갖추어야 하고(同法 4③), 등록한 사항 중 대통령령으로 정하는 중요 사항을 변경하려면 변경등록을 하여야 한다(同法 4④).

관광사업 중 카지노업을 경영하려는 자는 전용영업장 등 문화체육관광부령으로 정하는 시설과 기구를 갖추어 문화체육관광부장관의 허가를 받아야 한다(同法 5①).

대통령령으로 정하는 유원시설업을 경영하려는 자는 문화체육관광부령으로 정하는 시설과 설비를 갖추어 특별자치도지사·시장·군수·구청장의 허가를 받아야 하고(同法 5②), 대통령령으로 정하는 유원시설업 외의 유원시설업을 경영하려는 자는 문화체육관광부령으로 정하는 시설과 설비를 갖추어 특별자치도지사·시장·군수·구청장에게 신고하여야 하며, 신고한 사항 중 문화체육관광부령으로 정하는 중요 사항을 변경하려는 경우에도 또한 같다(同法 5④).

관광사업 중 관광 편의시설업을 경영하려는 자는 문화체육관광부령으로 정하는 바에 따라 특별시장·광역시장·도지사·특별자치도지사(이하 '시·도지사'라 함) 또는 시장·군수·구청장의 지정을 받을 수 있다(同法 6).

위의 각종 관광사업에 대한 관계 행정청의 허가·등록·신고수리·지정(이하 '등록 등'이라 함)은 모두 처분이다.

이 법은 관광사업의 등록 등을 받거나 신고를 할 수 없는 자 및 이 법에 따른 사업계획의 승인을 받을 수 없는 자(同法 7①), 관광사업의 등록 또는 사업계획의 승인을 취소하거나 영업소를 폐쇄하여야 경우(同法 7②), 관광사업의 양수(讓受)나 관광사업을 경영하는 법인의 합병으로 인한 관광사업자의 권리·의무 승계(同法 8①), 관광사업자의 보험 또는 공제 가입, 영업보증금 예치(同法 9), 관광사업자의 관광표지 부착(同法 10①), 관광사업자의 사실과 다른 내용의 관광표지 부착금지, 관광사업자가 아닌 자의 관광표지 부착금지 및 유사상호 사용금지(同法 10②③), 일부 관광시설의 타인 경영 및 위탁 경영(同法 11)에 대하여도 규정하고 있다.

(3) 여행업

여행업의 등록을 한 자(이하 '여행업자'라 함)는 문화체육관광부령으로 정하는 요건을 갖추어 문화체육관광부령으로 정하는 바에 따라 기획여행을 실시할 수 있다(同法 12). '기획여행'이란 여행업을 경영하는 자가 국외여행을 하려는 여행자를 위하여 여행의 목적지·일정, 여행자가 제공받을 운송 또는 숙박 등의 서비스 내용과 그 요금 등에 관한 사항을 미리 정하고 이에 참가하는 여행자를 모집하여 실시하는 여행(소위 '페키지여행')을 말한다(同法 2iii).

여행업자가 내국인의 국외여행을 실시할 경우 여행자의 안전 및 편의 제공을 위하여 그 여행을 인솔하는 자를 둘 때에는 문화체육관광부령으로 정하는 자격요건에 맞는 자를 두어야 하며(同法 13①), 국외여행 인솔자의 자격요건을 갖춘 자가 내국인의 국외여행을 인솔하려면 문화체육관광부장관에게 등록하여야 한다(同法 13②).

이 법은 여행업자가 여행자와 계약을 체결할 경우의 여행지에 대한 안전정보 서면 제공(同法 14①), 여행자와 여행계약을 체결하였을 때의 여행계약서(여행일정표 및 약관 포함) 및 보험 가입 등의 증명서류 교부(同法 14②), 여행일정(선택관광 일정 포함)을 변경할 경우의 여행자의 사전 동의(同法 14③)에 대하여도 규정하고 있다.

문화체육관광부장관은 외국인 의료관광(국내 의료기관의 진료·치료·수술 등 의료서비스를 받는 환자와 그 동반자가 의료서비스와 병행하여 하는 관광)의 활성화를 위하여 대통령령으로 정하는 기준을 충족하는 외국인 의료관광의 유치·지원 관련 기관에 관광진흥개발기금법에 따른 관광진흥개발기금을 대여하거나 보조할 수 있다(同法 12의2).

(4) 관광숙박업 및 관광객 이용시설업 등

관광숙박업을 경영하려는 자는 관광숙박업 등록을 하기 전에 그 사업에 대한 사업계획을 작성하여 특별자치도지사·시장·군수·구청장의 승인을 받아야 하며(同法 15①), 대통령령으로 정하는 관광객 이용시설업이나 국제회의업을 경영하려는 자는 등록을 하기 전에 그 사업에 대한 사업계획을 작성하여 특별자치도지사·시장·군수·구청장의 승인을 받을 수 있다(同法 15②).

이 법은 관광숙박업과 관광객 이용시설업 및 국제회의업의 사업계획 승인을 받은 경우의 일정한 관계법상의 인·허가 의제(同法 16), 특별자치도지사·시장·군수·구청장 소속의 '관광숙박업 및 관광객 이용시설업 등록심의위원회' 설치(同法 17), 同위원회의 심의를 거쳐 등록한 관광사업자에 대한 일정한 관계법상의 인·허가 의제(同法 18), 관광숙박업자의 준수사항(同法 18의2)에 관하여 규정하고 있다.

위의 사업계획 승인 시의 인·허가 의제 등과 관련하여, 승인을 받은 사업계획에 따른 관광숙박시설로서 학교 인근에 위치한 관광숙박시설 설치에 대한 학교보건법상의 일정한 규제를 완화하는 규정이 신설되었다(同法 16⑥⑦⑧⑨. 2016.3.23.시행).

이 법은 관광숙박업 및 야영장업에 대한 등급 결정 및 유효기간(同法 19①②), 우수 숙박시설의 지정 및 지원(同法 19의2①②), 관광사업을 등록한 자 또는 그 사업계획의 승인을 받은 자의 관광사업시설 분양(휴양 콘도미니엄만 해당) 및 회원 모집(同法 20①②), 관광사업을 등록한 자 또는 그 사업계획의 승인을 받은 자로서 분양 또는 회원모집을 하려는 자의 준수사항(同法 20③④⑤), 야영장업자의 준수사항(同法 20의2)에 관하여도 규정하고 있다.

(5) 카지노업

관광진흥법은 문화체육관광부장관의 카지노업 허가 및 허가요건(同法 21①), 허가 제한(同法 21②), 카지노업 허가를 받을 수 없는 결격사유(同法 22①), 카지노업 허가 취소(同法 22②), 카지노업의 시설 및 기구(同法 23①), 카지노업 시설에 대한 검사기관의 검사(同法 23②), 카지노업 시설 및 기구의 유지·관리(同法 23③), 카지노업 허가에 따른 조건(同法 24①), 카지노기구의 공인기준 및 검사(同法 25①②③), 카지노업의 영업 종류별 영업 방법 및 배당금 등에 관한 신고(同法 26①②), 카지노사업자에 대한 지도와 명령(同法 27), 카지노사업자 등의 준수 사항(同法 28), 카지노영업소 이용자의 준수 사항(同法 29)에 대하여 규정하고, 카지노사업자가 총매출액의 100분의 10의 범위에서 일정 비율에 해당하는 금액을 관광진흥개발기금법에 따른 관광진흥개발기금에 내도록 규정하고 있다(同法 30).

(6) 유원시설업

특별자치도지사·시장·군수·구청장은 유원시설업 허가를 할 때 5년의 범위에서 대통령령으로 정하는 기간에 문화체육관광부령으로 정하는 시설과 설비를 갖출 것을 조건으로 허가할 수 있으며, 유원시설업 허가를 받은 자가 정당한 사유 없이 위의 기간에 허가 조건을 이행하지 아니하면 그 허가를 즉시 취소하여야 한다(同法 31①②). 위의 일정한 시설·설비를 갖출 것을 조건으로 한 유원시설업 허가는 정지조건부 허가처분에 해당한다.

유원시설업자 중 물놀이형 유기시설 또는 유기기구를 설치한 자는 문화체육관광부령으로 정하는 안전·위생기준을 지켜야 한다(同法 32).

이 법은 안전성검사 대상 유기시설·유기기구에 대한 안전성검사, 안전성검사 대상이 아닌 유기시설·유기기구에 대한 확인 검사(同法 33①), 안전성검사 대상 유기시설·유기기구에 대한 안전관리자 배치(同法 33②), 안전관리자에 대한 안전교육(同法 33③④), 유원시설업자의 사고보고의무 및 사고조사(同法 33의2), 유원시설업자의 준수사항 및 위법 유기시설·유기기구 또는 유기기구의 부분품(部分品)의 설치·사용 금지(同法 34①②)에 대하여도 규정하고 있다.

(7) 관광영업에 대한 지도와 감독

관광진흥법은 관할 등록기관 등(승인기관·신고수리기관 포함, 이하 같다)의 장이 관광사업의 등록 등을 받거나 신고를 한 자 또는 사업계획의 승인을 받은 자에 대하여 등록 등 또는 사업계획 승인을 취소하거나 6개월 이내의 기간을 정하여 그 사업의 전부 또는 일부의 정지를 명하거나 시설·운영의 개선을 명할 수 있는 경우를 규정하고(同法 35①②), 그 취소·정지처분 및 시설·운영개선명령의 세부적인 기준은 대통령령으로 정하도록 하고 있다(同法 35③).

관할 등록기관 등의 장은 관광사업에 사용할 것을 조건으로 관세법 등에 따라 관세의 감면을 받은 물품을 보유하고 있는 관광사업자로부터 그 물품의 수입면허를 받은 날부터 5년 이내에 그 사업의 양도·폐업의 신고 또는 통보를 받거나 그 관광사업자의 등록 등의 취소를 한 경우에는 관할 세관장에게 그 사실을 즉시 통보하여야 한다(同法 35④).

이 법은 관광사업자에 대한 등록 등의 취소나 사업의 전부 또는 일부의 정지를 명한 경우의 소관 행정기관장(외국인투자기업인 경우에는 기획재정부장관 포함)에 대한 통보(同法 35⑤), 관할 등록기관 등의 장 외의 소관 행정기관장이 관광사업의 정지·취소 또는 시설이용의 금지·제한을 할 경우의 관할 등록기관 등의 장과의 협의(同法 35⑥)에 관하여도 규정하고 있다.

관할 등록기관 등의 장은 허가 또는 신고 없이 영업을 하거나 허가의 취소 또는 사업의 정지명령을 받고 계속하여 영업을 하는 자에 대하여는 그 영업소를 폐쇄하기 위하여 관계 공무원에게 ① 해당 영업소의 간판이나 그 밖의 영업표지물의 제거 또는 삭제, ② 해당 영업소가 적법한 영업소가 아니라는 것을 알리는 게시물 등의 부착, ③ 영업을 위하여 꼭 필요한 시설물 또는 기구 등을 사용할 수 없게 하는 봉인(封印)의 조치를 하게하고, 이를 인터넷 홈페이지 등에 공개할 수 있다(同法 36①②). 위와 같은 조치는 영업을 할 수 없게 하는 데에 필요한 최소한의 범위에 그쳐야 하며(同法 36⑤), 이러한 조치를 하려는 경우에 관할 등록기관 등의 장은 미리 그 사실을 그 사업자나 그 대리인에게 서면으로 알려야 한다. 다만, 급박한 사유가 있으면 그러하지 아니하다(同法 36④).

관할 등록기관 등의 장은 관광사업자에게 사업정지를 명하여야 하는 경우로서 그 사업의 정지가 그 이용자 등에게 심한 불편을 주거나 그 밖에 공익을 해칠 우려가 있으면 사업정지 처분을 갈음하여 2천만원 이하의 과징금(過徵金)을 부과할 수 있다. 과징금을 부과하는 위반 행위의 종류·정도 등에 따른 과징금의 금액과 그 밖에 필요한 사항은 대통령령으로 정한다(同法 37①②).

(8) 관광종사원과 관광사업자 단체

관광진흥법은 일정한 자격을 가진 관광종사원의 관광업무 종사 권고(同法 38①), 관광종사원의 자격 취득 및 등록(同法 38②), 관광종사원의 결격사유(同法 38⑤), 관광종사원에 대한 교육 지원(同法 38⑥), 관광종사원의 자격취소(同法 40)에 관하여도 규정하고 있다.

관광사업자는 지역별 또는 업종별로 그 분야의 관광사업의 건전한 발전을 위하여 대통령령으로 정하는 바에 따라 지역별·업종별 관광협회를 설립할 수 있다. 업종별 관광협회는 문화체육관광부장관의 설립허가를, 지역별 관광협회는 시·도지사의 설립허가를 받아야 한다(同法 45①②).

지역별 관광협회 및 업종별 관광협회의 설립·운영 등에 관하여는 한국관광협회중앙회에 관한 규정을 준용한다(同法 46).

지역별 관광협회 및 업종별 관광협회는 관광사업의 건전한 발전을 위하여 관광업계를 대표하는 한국관광협회중앙회(이하 '협회'라 함)를 설립할 수 있다. 협회를 설립하려는 자는 대통령령으로 정하는 바에 따라 문화체육관광부장관의 허가를 받아야 한다. 협회는 법인으로 하며, 설립등기를 함으로써 성립한다(同法 41①②③④).

이 법은 협회의 정관에 기재할 사항(同法 42)과 협회의 업무(同法 43①)도 규정하고 있으며, 협회의 업무 중 회원의 공제사업은 문화체육관광부장관의 허가를 받도록 하고(同法 43②), 협회에 관하여 이 법에 규정된 것 외에는 민법 중 사단법인(社團法人)에 관한 규정을 준용하도록 하고 있다(同法 44).

(9) 관광의 진흥과 홍보

문화체육관광부장관은 관광에 관한 정보의 활용과 관광을 통한 국제 친선을 도모하기 위하여 관광과 관련된 국제기구와의 협력관계를 증진하여야 하며, 위의 업무를 원활히 수행하기 위하여 관광사업자, 관광사업자 단체 또는 한국관광공사(이하 '관광사업자 등'이라 함)에게 필요한 사항을 권고·조정할 수 있다(同法 47①②).

이 법은 국내외의 관광통계의 작성(同法 47의2①②), 장애인 관광 활동의 지원(同法 47의3), 관광취약계층의 관광복지 증진 시책 강구(同法 47의4), 여행이용권의 지급 및 관리(同法 47의5), 국내외 관광홍보활동의 조정, 관광 선전물 심사, 해외관광시장에 대한 정기적인 조사, 관광 홍보물의 제작, 관광안내소의 운영 등에 대한 권고·지도(同法 48①②), 관광자원을 안내하거나 홍보하는 옥외광고물(屋外廣告物)의 설치(同法 48③)에 대하여 규정하고 있다.

문화체육관광부장관과 지방자치단체의 장은 관광객의 유치, 관광복지의 증진 및 관광 진흥을 위하여 대통령령으로 정하는 바에 따라 ① 문화·체육·레저·산업시설 등의 관광자원화사업, ② 해양관광의 개발사업 및 자연생태의 관광자원화사업, ③ 관광상품의 개발에 관한 사업, ④ 국민의 관광복지 증진에 관한 사업을 추진할 수 있다(同法 48④).

문화체육관광부장관은 지역축제의 체계적 육성 및 활성화를 위하여 지역축제에 대한 실태조사와 평가를 할 수 있으며, 지역축제의 통폐합 등을 포함한 그 발전 방향에 대하여 지방자치단체의 장에게 의견을 제시하거나 권고할 수 있고, 다양한 지역관광자원을 개발·육성하기 위하여 우수한 지역축제를 문화관광축제로 지정하고 지원할 수 있다(同法 48의2①②③).

문화체육관광부장관은 에너지·자원의 사용을 최소화하고 기후변화에 대응하며 환경 훼손을 줄이는 지속가능한 관광자원의 개발을 장려하기 위하여 정보제공 및 재정지원 등 필요한 조치를 강구할 수 있다(同法 48의3).

이 법은 문화관광해설사의 양성·활용계획의 수립(同法 48의4①), 관광객의 규모, 관광자원의 보유 현황, 문화관광해설사에 대한 수요 등을 고려한 문화관광해설사 운영계획의 수립·시행(同法 48의4②), 관광자원과 연계한 체험기회의 제공, 관광체험교육프로그램의 개발·보급, 장애인을 위한 관광체험교육프로그램의 개발(同法 48의5), 문화관광해설사 양성교육과정 등의 인증 및 인증취소(同法 48의6, 48의7), 문화관광해설사의 선발 및 활용(同法 48의8), 지역관광협의회의 설립(同法 48의9)에 관하여도 규정하고 있다.

(10) **관광개발계획과 관광지·관광단지의 조성**

1) 관광개발기본계획과 권역별 관광개발계획

문화체육관광부장관은 관광자원을 효율적으로 개발하고 관리하기 위하여 전국을 대상으로 ① 전국의 관광 여건과 관광 동향(動向)에 관한 사항, ② 전국의 관광 수요와 공급에 관한 사항, ③ 관광자원 보호·개발·이용·관리 등에 관한 기본적인 사항, ④ 관광권역(觀光圈域)의 설정에 관한 사항, ⑤ 관광권역별 관광개발의 기본방향에 관한 사항, ⑥ 그 밖에 관광개발에 관한 사항을 포함하는 관광개발기본계획(이하 '기본계획'이라 함)을 수립하여야 하며(同法 49①), 수립된 기본계획을 확정·공고하려면 관계 부처의 장과 협의하여야 한다(同法 50①②).

시·도지사(특별자치도지사는 제외)는 위의 기본계획에 따라 구분된 권역을 대상으로 권역별 관광개발계획(이하 '권역계획'이라 함)을 수립하여야 하며(同法 49

②), 둘 이상의 시·도에 걸치는 지역이 하나의 권역계획에 포함되는 경우에는 관계되는 시·도지사와의 협의에 따라 수립하되, 협의가 성립되지 아니한 경우에는 문화체육관광부장관이 지정하는 시·도지사가 수립하여야 한다(同法 51①).

시·도지사는 수립한 권역계획을 문화체육관광부장관의 조정과 관계 행정기관장과의 협의를 거쳐 확정하여야 한다. 이 경우 협의요청을 받은 관계 행정기관장은 특별한 사유가 없는 한 그 요청을 받은 날부터 30일 이내에 의견을 제시해야 한다. 시·도지사는 권역계획이 확정되면 그 요지를 공고하여야 한다(同法 51②③).

위의 기본계획이나 권역계획 및 후술하는 관광지 등의 조성계획은 하위(下位)의 시행계획·세부계획을 수립하는 관계 행정기관들을 기속하는 (행정조직 내부에서 기속력을 갖는) 행정계획이라 하겠다.

2) 관광지·관광단지의 조성

관광지 및 관광단지(이하 '관광지 등'이라 함)는 문화체육관광부령으로 정하는 바에 따라 시장·군수·구청장의 신청에 의하여 시·도지사가 지정한다. 다만, 특별자치도의 경우에는 특별자치도지사가 지정한다(同法 52①).

이 법은 관광지 등의 지정절차(同法 52②③)와 지정취소 및 면적변경(同法 52④⑤), 기본계획·권역계획의 수립과 관광지 등의 지정을 위한 조사·측량(同法 53)에 관하여도 규정하고 있다.

관광지 등을 관할하는 시장·군수·구청장은 조성계획(造成計劃)을 작성하여 시·도지사의 승인을 받아야 하며, 이를 변경하려는 경우에도 또한 같다. 다만, 관광단지를 개발하려는 공공기관 등 문화체육관광부령으로 정하는 공공법인 또는 민간개발자(이하 '관광단지개발자'라 함)는 조성계획을 작성하여 대통령령으로 정하는 바에 따라 시·도지사의 승인을 받을 수 있다(同法 54①). '민간개발자'란 관광단지를 개발하려는 개인이나 상법 또는 민법에 따라 설립된 법인을 말한다(同法 2ⅷ).

시·도지사는 위의 조성계획을 승인하거나 변경승인을 하고자 하는 때에는 관계 행정기관장과 협의하여야 하며, 시·도지사가 조성계획을 승인 또는 변경승인한 때에는 지체 없이 이를 고시하여야 한다(同法 54②③).

위의 조성계획을 시행하기 위한 사업(이하 '조성사업'이라 함)은 이 법 또는 다른 법령에 특별한 규정이 있는 경우 외에는 조성계획의 승인을 받은 자(특별자치도지사가 조성계획을 수립한 경우 포함. 이하 '사업시행자'라 함)가 행한다(同法 55①).

이 법은 사업시행자가 아닌 자가 조성사업(造成事業)을 하는 경우의 관계 행정청의 허가 및 관광단지개발자와의 협의(同法 55③), 문화체육관광부령으로 정하는 관광단지개발자의 관할 지방자치단체장에 대한 용지매수 및 손실보상 업무의 위탁(同法 55⑤), 관광지 지정 등의 실효 및 취소(同法 56), 관광지 등의 조성사업과 그 운영에 관련되는 공공시설의 우선 설치(同法 57), 관광단지의 전기시설 설치(同法 57의2), 관광지 등의 조성계획에 대한 시·도지사의 승인 및 변경승인과 특별자치도지사가 관계 행정기관장과 협의하여 조성계획을 수립한 경우의 관계법상의 인·허가 등의 의제(同法 58)에 관하여 규정하고 있다.

이 법은 관광지 등 조성사업의 전부 또는 일부를 완료한 경우의 준공검사(同法 58의2), 관광지 등 조성사업의 시행으로 설치된 공공시설 등의 귀속(同法 58의3), 관광지 등의 처분(同法 59, 조성한 토지·시설의 매각·임대 등을 의미함), 조성계획의 수립과 조성사업의 시행 등에 대한 「국토의 계획 및 이용에 관한 법률」의 준용(同法 60), 조성사업의 시행에 필요한 토지 등의 수용 및 사용(同法 61)에 관하여도 규정하고 있다.

이 법이 관광지·관광단지 조성사업에 필요한 토지 등을 수용·사용할 수 있는 근거를 정한 것은, 위에 서술된 여행업, 관광숙박업, 관광객 이용시설업, 국제회의업, 카지노업, 유원시설업, 관광 편의시설업 등 각 개별 관광사업들이 사익적(私益的) 사업(사익적 사업에는 토지수용 등이 인정될 수 없음)이지만, 각종 관광시설들을 일정구역에 계획적으로 설치하는 관광지·관광단지 조성사업은 공익사업(公益事業)임을 인정한 것이라 하겠다.

사업시행자는 대통령령으로 정하는 바에 따라 그가 개발하는 토지 또는 시설을 분양받거나 시설물을 이용하려는 자로부터 그 대금의 전부 또는 일부('선수금'이라 함)를 미리 받을 수 있으며(同法 63), 지원시설 건설비용의 전부 또는 일부를 그 이용자에게 분담하게 할 수 있고('이용자 분담금'), 지원시설 건설의 원인이 되는 공사 또는 행위가 있으면 그 공사 또는 행위의 비용을 부담하여야 할 자에게 그 비용의 전부 또는 일부를 부담하게('원인자 부담금') 할 수 있다(同法 64①②).

위에서 '지원시설'이란 관광지나 관광단지의 관리·운영 및 기능 활성화에 필요한 관광지 및 관광단지 안팎의 시설을 말한다(同法 2x).

사업시행자는 관광지 등의 안에 있는 공동시설의 유지·관리 및 보수에 드는 비용의 전부 또는 일부를 대통령령으로 정하는 바에 따라 관광지 등에서 사업을 경영하는 자에게 분담('사업자 분담금')하게 할 수 있다(同法 64③).

이 법은 위의 분담금 또는 부담금을 부과받은 자의 사업시행자에 대한 이의신청(同法 64④⑤), 이용자 분담금이나 원인자 부담금 또는 유지·관리 및 보수에 드는 비용을 내야 할 의무가 있는 자가 의무를 이행하지 아니할 경우의 징수위탁(同法 65①), 위탁받은 기관의 지방세 체납처분의 예에 따른 징수(同法 65②), 관광지 등의 조성사업의 시행에 따른 주민 이주대책의 수립·실시(同法 66①②), 관광지 등의 입장료, 관광시설 관람료·이용료 징수(同法 67①②③), 관광지 등의 관리·운영 위탁(同法 69①②)에 대하여도 규정하고 있다.

(11) 관광특구 등

관광특구란 외국인 관광객의 유치 촉진 등을 위하여 관광 활동과 관련된 관계법령의 적용이 배제되거나 완화되고, 관광 활동과 관련된 서비스·안내 체계 및 홍보 등 관광 여건을 집중적으로 조성할 필요가 있는 지역으로 관광진흥법에 따라 지정된 곳을 말한다(同法 2).

관광특구는 외국인 관광객 수가 대통령령으로 정하는 기준 이상일 것, 문화체육관광부령으로 정하는 바에 따라 관광안내시설, 공공편익시설 및 숙박시설 등이 갖추어져 외국인 관광객의 관광수요를 충족시킬 수 있는 지역일 것 등 일정한 요건들을 모두 갖춘 지역 중에서 시장·군수·구청장의 신청(특별자치도의 경우는 제외)에 따라 시·도지사가 지정하며, 관광특구의 지정·취소·면적변경 및 고시에 관하여는 관광지 등의 지정 등에 관한 규정을 준용한다(同法 70①②).

이 법은 특별자치도지사·시장·군수·구청장의 관광특구진흥계획 수립·시행(同法 71), 관광특구 진흥을 위한 지원 및 관광진흥개발기금 대여(同法 72①②), 관광특구에 대한 평가와 우수 관광특구에 대한 지원 및 관광특구의 지정취소·면적조정·개선권고(同法 73), 관광특구 안에서의 일정한 행위에 관한 다른 법률에 대한 특례(同法 74)도 규정하고 있다.

이 법은 관광사업을 하는 지방자치단체나 관광사업자 단체 또는 관광사업자에 대한 재정지원(同法 76①②), 관광지 등의 사업시행자에 대한 국유·공유 재산의 임대료 감면(同法 76③), 관할 등록기관 등의 장이 관광사업 등록취소나 사업계획승인 취소, 관광종사원 자격 취소, 관광지 조성계획 승인 취소 등을 할 경우의 청문(同法 77), 관광진흥정책의 수립·집행에 필요한 사항과 그 밖에 이 법의 시행에 필요한 사항의 보고 및 장부·서류 등의 검사(同法 78), 유원시설업 허가신청 등 관광사업과 관련된 일정한 행위를 하는 자의 수수료 납부(同法 79), 이 법에 따른 권한의 위임·위탁(同法 80), 이 법 규정을 위반한 자에 대한 벌칙(同法 81~85)과 과태료의 부과·징수(同法 86)에 관하여도 규정하고 있다.

('제주특별자치도 설치 및 국제자유도시 조성을 위한 특별법'에는 관광진흥법 규정에 대한 특례들이 많으나, 이 책에서는 그에 관한 서술을 생략한다.)

(12) 관광진흥에 관한 법률들

관광진흥에 관한 문화체육관광부 소관 법률로서, 관광진흥법 외에 ① 관광기본법, ②「관광숙박시설 확충을 위한 특별법」, ③ 관광진흥개발기금법, ④「국제회의산업 육성에 관한 법률」, ⑤ 한국관광공사법 등이 있다.

【大判 2001.7.27, 99두8589. "관광지조성사업시행 허가처분에 오수처리시설의 설치 등을 조건으로 하였으나 그 시설이 설치되더라도 효능이 불확실하여 오수가 확실하게 정화 처리될 수 없어 인접 하천 등의 수질이 오염됨으로써 인근 주민들의 식수 등도 오염되어 주민들의 환경이익 등이 침해되거나 침해될 우려가 있고, 그 환경이익의 침해는 관광지의 개발 전과 비교하여 사회통념상 수인한도를 넘는다고 보이며, 주민들의 환경상의 이익은 관광지조성사업시행 허가처분으로 인하여 사업자나 행락객들이 가지는 영업상의 이익 또는 여가생활향유라는 이익보다 훨씬 우월하다는 이유로, 그 환경적 위해(危害) 발생을 고려하지 않은 관광지조성사업시행 허가처분은 사실오인 등에 기초하여 재량권을 일탈·남용한 것으로서 위법하다."】

5. 「농업·농촌 및 식품산업 기본법」

(1) 서설

헌법은 제123조에서 "국가는 농업 및 어업을 보호·육성하기 위하여 농·어촌종합개발과 그 지원 등 필요한 계획을 수립·시행하여야 한다."(제1항), "국가는 농수산물의 수급균형과 유통구조의 개선에 노력하여 가격안정을 도모함으로써 농·어민의 이익을 보호한다."(제4항)라고 규정하고 있다.

「농업·농촌 및 식품산업 기본법」은 국민의 경제, 사회, 문화의 기반인 농업과 농촌의 지속가능한 발전을 도모하고, 국민에게 안전한 농산물과 품질 좋은 식품을 안정적으로 공급하며, 농업인의 소득과 삶의 질을 높이기 위하여 농업·농촌 및 식품산업이 나아갈 방향과 국가의 정책 방향에 관한 기본적인 사항을 규정함을 목적으로 하고 있다(同法 1).

이 법의 규정들은 2015.6.22. 이전까지는 수산업·어촌 정책에 관한 사항들과 더불어 「농어업·농어촌 및 식품산업 기본법」에 포함되어 있었으나, 2015.6.22. 새로 제정되어 2015.12.23.부터 시행되는 「수산업·어촌 발전 기본법」에서 수산업·어촌 정책의 기본적 사항들이 규정되고, 종전의 「농어업·농어촌 및 식품산업 기본법」은 농업·농촌 및 식품산업 정책에 관한 사항 등을 정한 이 법('농업·농촌 및 식품산업 기본법')으로 개정되었다.

「농업·농촌 및 식품산업 기본법」에 따르면, 국가와 지방자치단체는 농업·농촌의 지속가능한 발전 및 공익적 기능 증진, 안전한 농산물과 품질 좋은 식품의 안정적 공급, 농업인력 육성, 농업인·농촌주민의 소득안정과 삶의 질을 향상시키기 위하여 종합적인 정책을 세우고 시행하여야 하며, 농업인·농촌주민은 농업·농촌의 발전주체로서 안전하고 품질 좋은 농산물을 안정적으로 생산·공급하고, 생산성 향상과 농업경영 혁신 등을 통하여 국가발전에 이바지할 수 있도록 노력하여야 한다(同法 4①②).

이 법에 규정된 농업·농촌·식품산업 발전을 위한 국가 정책과 수산업·어촌의 발전을 위한 여러 시책들의 추진을 위하여 후술 (12)항에 기재한 바와 같이 많은 관련 법률들이 제정·시행되고 있는데, 이 법과 관련 법률들에 의거하여 국가·지방자치단체가 행하는 농어업·농어촌·식품산업 등에 대한 조성행정은 '비권력적인 사실적 행정작용'이 그 주를 이루고 있다.

(2) **농업·농촌 및 식품산업 정책의 기본원칙**

「농업·농촌 및 식품산업 기본법」에 따르면, 국가와 지방자치단체는 농업·농촌 및 식품산업 정책을 세우고 시행할 때에는 시장경제원리를 바탕으로 한 효율성을 추구하되, 농업과 농촌의 공익기능을 최대한 고려하여야 하며, 지역공동체의 유지, 해당 지역의 농업·농촌의 특성을 충분히 반영하여야 한다(同法 6①②).

국가와 지방자치단체는 농업 종사인력, 농업경영, 농지의 소유 및 이용과 농산물의 유통 등을 포함한 농업구조를 개선하고, 식품산업과 농업 자재산업(資材産業) 등을 활성화시킴으로써 농업인의 소득이 안정적으로 증대될 수 있도록 노력하여야 하며, 농업의 환경보전기능을 증진하고 지속가능한 친환경 농업 등을 육성하여야 한다(同法 8①②).

또한, 국가와 지방자치단체는 농촌을 도시와 연계된 산업·생활·휴양공간으로 발전시켜 나가며, 농촌 경관과 지역공동체 유지 등을 통하여 농촌지역의 고유한 전통과 문화를 보전하고 계승하도록 노력하여야 하며, 농촌주민이 의료·교육·주택·상하수도 등 삶의 질 향상과 관련된 복지혜택을 누릴 수 있도록 노력하여야 한다(同法 10①②).

국가와 지방자치단체는 농업·식품산업과 관련된 단체의 설립 및 운영을 지원할 수 있으며, 위의 단체들이 공동의 목적 실현을 위한 사회적 협의기구를 설립·운영하거나 단체의 회원 및 농업인 등에 대한 교육훈련·경영지도·상담 등에 필요한 시설을 설치·운영하려는 경우 이에 필요한 비용을 지원할 수 있다(同法 11①②).

농림축산식품부장관은 농업 인적자원의 육성, 농식품 정보화의 촉진, 농촌 문화의 가치 확산 및 홍보, 농업경영체의 역량 제고, 농산물의 안전정보 제공 등을 효율적으로 추진하기 위하여 농림수산식품교육문화정보원(이하 '농정원'이라 함)을 설립한다. 농정원은 법인으로 하며, 정부는 예산의 범위에서 농정원의 설립·운영 등에 필요한 경비를 출연하거나 보조할 수 있다(同法 11의2①②⑤).

(3) 농업·농촌 및 식품산업 발전계획의 수립·시행

5년마다 농림축산식품부장관은 '농업·농촌 및 식품산업 발전계획'(이를 '기본계획'이라 함)을 세워야 하며, 기본계획을 세운 때에는 지체 없이 국회에 제출하여야 한다(同法 14①④).

광역시장·특별자치시장·도지사 및 특별자치도지사(이하 '시·도지사'라 함)는 기본계획과 그 관할 지역의 특성을 고려하여 광역시·특별자치시·도·특별자치도의 '농업·농촌 및 식품산업 발전계획'(이를 '시·도계획'이라 함)을 수립·시행하여야 한다(同法 14⑤).

시장·군수 및 자치구(특별시의 자치구는 제외)의 구청장은 시·도계획과 그 관할 지역의 특성을 고려하여 시·군·자치구의 '농업·농촌 및 식품산업 발전계획'(이를 '시·군·구계획'이라 함)을 수립·시행하여야 한다(同法 14⑥).

농업·농촌 및 식품산업 발전계획의 수립 및 변경에 관한 사항 등을 심의하기 위하여 농림축산식품부에 '중앙 농업·농촌 및 식품산업 정책심의회'를 두고, 시·도에 '시·도 농업·농촌 및 식품산업 정책심의회'를 두며, 시·군·자치구에 '시·군·구 농업·농촌 및 식품산업 정책심의회'를 둔다(同法 15①②).

국가와 지방자치단체는 확정된 기본계획, 시·도계획 및 시·군·구계획의 효율적 추진을 위하여 매년 예산에 기본계획, 시·도계획 및 시·군·구계획의 시행에 필요한 사업비가 우선적으로 반영될 수 있도록 노력하여야 한다(同法 16①).

정부는 매년 농업·농촌·식품산업의 현황과 정책동향 등에 관한 보고서를 작성하여 국회에 제출하여야 한다(同法 17①).

시·도지사와 시장·군수·자치구의 구청장은 매년 그 지역의 농업·농촌·식품산업의 현황과 정책동향 등에 관한 보고서를 작성하여 해당 지방의회에 제출하여야 한다(同法 17②).

(4) 농산물 안전성 관리와 식품산업 육성을 위한 정책·시책의 수립·시행

국가와 지방자치단체는 식품 원료로 공급되는 농산물이 안전하고 건전하게 생산되도록 농산물 이력 추적, 농산물 우수관리 인증, 축산물의 위해요소(危害要素) 중점관리 등을 위한 정책(同法 19), 농산물과 식품의 품질을 높이고 소비자를 보호하기 위하여 농산물 생산 이후의 관리기술 및 원산지표시와 품질관리 등을 위한 정책(同法 20①. 大判 2015.4.9, 2014도14191), 동식물에 대한 병해충·질병의 예방과 축산물에 대한 위생시책(同法 20②), 농산물 가공식품 및 전통식품 등 식품의 연구개발, 식품산업의 시설 설치 및 확충과 마케팅 등에 관한 지원시책(同法 21)을 세우고 시행하여야 한다.

정부는 수출입 농산물·동식물에 대한 검역과 축산물에 대한 위생검사 등에 필요한 정책(同法 20③), 식량 및 주요 식품을 국내에서 적정하게 생산하여 비축(備蓄)하거나 해외에서 확보하여 적정하게 공급하기 위한 정책(同法 23①), 농지의 효율적 이용에 필요한 정책(同法 23②)을 수립·시행하여야 하며, 예측하기 어려운 요인에 의하여 식량과 주요 식품의 수급위기(需給危機)가 발생한 경우에도 필요한 최소한의 식량과 주요 식품을 안정적으로 공급할 수 있도록 식량증산·유통제한 및 그 밖에 필요한 시책을 강구하여야 한다(同法 23③).

(5) 농업인력 육성을 위한 정책·시책의 수립·시행

국가와 지방자치단체는 지역공동체의 유지 및 농촌사회의 안정을 위하여 가족노동력을 중심으로 하는 가족농가(家族農家)의 생산성향상 및 경영안정과 농가의 특성에 맞는 규모화·전문화·협동화 등에 필요한 정책(同法 24①), 농업 종사자를 적정하게 확보하고 전문인력으로 육성하기 위하여 필요한 정책(同法 24②), 전문농업기술 및 경영능력을 갖추고 농업발전에 중추적이고 선도적인 역할을 할 수 있는 농업인('전업농업인'이라 함)을 육성하는 정책(同法 26①), 여성농업인의 지위향상과 전문인력화를 위하여 필요한 정책(同法 27①)을 수립·시행하여야 한다.

국가와 지방자치단체는 또한 농업의 생산성 향상 등을 위하여 협업적 농업경영을 수행하는 영농조합법인(營農組合法人)과 기업적 농업경영을 수행하는 농업회사법인(農業會社法人)의 육성에 필요한 정책(同法 28), 농업 분야의 첨단과학기술 및 영농(營農)·경영기법의 개발과 벤처농업 등을 지원·육성하는 정책(同法 29), 귀농업인(농촌 이외의 지역에 거주하는 사람이 농업인이 되기 위하여 농촌으로 이주한 사람을 말함)의 성공적인 정착과 경영기반 조성을 위하여 교육·정보제공·창업지원 등 필요한 정책(同法 29의2)을 수립·시행하여야 한다.

농림축산식품부장관은 미래의 농업인력을 지속적으로 확보하기 위하여 후계농업경영인(後繼農業經營人)을 지원하는 등 필요한 시책을 세우고 시행하여야 한다(同法 25).

(6) 농지의 이용 및 보전을 위한 정책의 수립·시행

국가와 지방자치단체는 헌법상의 경자유전원칙(耕者有田原則)이 달성될 수 있도록 농지(農地)의 소유 등에 관한 정책(同法 31①), 농지의 이용 증진에 필요한 정책(同法 31③), 농지의 보전에 필요한 정책(同法 32①)을 수립·시행하여야 하며, 농지의 보전에 필요한 정책을 수립·시행할 때에 농업생산기반이 정비되어 있거나 집단화되어 있는 우량농지가 우선적으로 보전될 수 있도록 하여야 한다(同法 32②).

(7) 농업생산구조의 고도화를 위한 정책·시책의 수립·시행

국가와 지방자치단체는 농업 생산기반의 정비·보강·보전을 위하여 필요한 정책을 수립·시행하여야 하며, 농업용수 수질의 체계적인 관리를 통하여 안전한 농산물의 생산과 친환경농업의 발전을 촉진하여야 한다(同法 33①③).

농림축산식품부장관은 농촌 용수구역단위, 농업생산기반시설 등을 고려하여 위의 정책을 세워야 하며, 이를 기본계획에 반영하여야 한다(同法 33②).

국가와 지방자치단체는 농업기계, 농업자재, 농업시설, 농약·비료·사료·동물약품 등 농업투입재산업(農業投入材產業)의 육성에 필요한 정책(同法 34①), 농업경영비용을 절감하고 농업의 생산성을 높이는 데 필요한 기계화, 시설현대화 등을 촉진하기 위한 정책(同法 34②)을 수립·시행하여야 하며, 농업 생산기술, 농업생산기반 정비기술, 농산물 생산 이후의 관리기술, 농업 경영기법, 농업인 안전작업기술, 농산물 유통기술, 농산물가공·식품제조기술 및 음식물 조리법 등에 관한 연구·개발·보급과 농업 및 식품산업 현장연구, 산학연 공동연구 및 연구평가 관리체제의 확립 등에 관한 종합적인 계획을 세우고 시행하여야 한다(同法 35①).

정부는 농업 유전자원(遺傳資源), 영농기술, 전통 농법, 전통 식품의 생산방법, 상표, 지리적 표시, 동식물 신품종, 생명공학기술 등 농업·농촌 및 식품산업 관련

지식재산권을 보호하기 위하여 필요한 정책을 수립·시행하여야 한다(同法 37①).

국가와 지방자치단체는 농업·농촌·식품산업 관련 향토산업·농촌지역특화산업 등의 보호·육성에 필요한 정책(同法 37②), 친환경농업 등의 생산기반 구축, 생산기술·생산방법의 개발, 친환경 농산물 등의 인증 및 가축분뇨의 자원화 등에 필요한 정책(同法 38), 농업경영체가 지속적인 경영 혁신을 통하여 소득을 높일 수 있도록 농업 경영의 상담, 교육훈련 및 정보 제공 등에 필요한 정책(同法 39①)을 수립·시행하여야 하며, 농업·식품 관련 산업의 기술 등을 신속하게 개발·보급하기 위하여 관련 연구기관·단체 등에 농업·식품 관련 산업의 기술개발 연구를 수행하게 할 수 있고, 관련 연구기관·단체 등에 대하여 필요한 자금을 지원할 수 있다(同法 36①②).

국가와 지방자치단체는 농업경영체의 소득과 경영안정 및 농업의 경영구조 개선 등을 위하여 필요하다고 인정되면 ① 토양 등 환경의 보전과 지구온실가스 감축을 위한 지원, ② 농업 재해 및 농업 활동에 따른 인적 재해 등에 대한 지원, ③ 농업경영의 규모화, 고령 농업인의 농업경영 이양 및 농업 생산자원의 폐기·감축 등을 위한 지원, ④ 농업 여건이 낙후된 지역에 대한 지원, ⑤ 농업 생산과 직접 연계되지 아니하는 소득 보조 및 농업투입재의 비용절감을 위한 지원, ⑥ 특정 품목과 직접 연계되지 아니하는 농가 단위 소득 보조 등의 지원을 한다(同法 39③).

정부는 농업·농촌과 관련된 융자·보조금 등을 지원받거나 받으려는 농업경영체에 대하여 농지·축사·원예시설 등 생산수단, 생산 농산물, 생산방법, 가축사육 마릿수 등에 관한 농업경영관련 정보를 등록하도록 하고, 이를 활용하는 데에 필요한 정책을 수립·시행하여야 한다(同法 40).

국가와 지방자치단체는 한해(旱害)·수해(水害)·풍해(風害)·냉해(冷害)·기후변화 등 농업 재해에 대한 예방·응급대책·복구와 농업 재해보험의 운영 등에 필요한 시책을 마련하여야 한다(同法 41).

국가와 지방자치단체는 농산물과 식품의 생산지·소비지에 도매시장·공판장·종합유통센터·산지유통센터·집하장·가축시장 등의 유통시설과 도축장, 육가공 시설 등의 확충과 그 운영 개선 등에 필요한 정책(同法 43①), 농산물·식품의 표준화

촉진, 다양한 유통정보의 수집·제공 등을 위하여 필요한 정책(同法 43②), 농업경영체·생산자단체·농촌진흥기관·대학 등이 공동으로 또는 연합하여 농산물·식품의 생산·유통·판매 등을 조직적·체계적으로 수행하는 공동 브랜드화에 필요한 정책(同法 43③)을 수립·시행하여야 한다.

이 법은 농업기계·자재·장비의 효율적인 이용·관리·점검·정비와 농업인에 대한 농업기계 등의 수리기술 지도를 위한 기계화영농사(機械化營農士)의 선정·지원(同法 34③), 농업경영체의 사업계획·기술수준·경영능력 등을 고려한 자금지원(同法 39②), 농수산물·식품의 수급 및 가격의 안정을 위한 정책의 수립·시행(同法 42①②)에 대하여도 규정하고 있다.

(8) **농업·농촌의 공익기능 증진을 위한 정책의 수립·시행**

국가와 지방자치단체는 농촌의 자연환경을 보전하고 농촌 경관 및 농업 생태계 보전 등에 필요한 정책(同法 44), 전통 농경문화, 농경유물, 전통 농법, 재래종의 가축·농작물 및 농촌 공동체를 유지·계승시켜 나가고 그와 관련된 농업 박물관·관람시설물 등의 전시, 교육·홍보 등에 필요한 정책(同法 45), 농업·농촌의 공익기능을 최대한 증진하고 국민들이 이를 누릴 수 있도록 하기 위한 연구·조사·교육·홍보 등에 필요한 정책(同法 46①), 지구온실가스 감축 등에 필요한 정책(同法 47①), 바이오에너지에 이용되는 농작물·산림자원을 생산·공급하기 위하여 필요한 정책(同法 47②)을 수립·시행하여야 하며, 농업·농촌의 공익기능을 증진하기 위한 농업인·농업관련단체 지원정책을 수립·시행할 수 있다(同法 46②).

농림축산식품부장관은 지구온난화 등 기후변화가 농업·농촌에 미치는 영향과 기후변화에 따른 취약성을 5년마다 조사·평가(이를 '기후영향평가'라 함)하여 그 결과를 공표하고 정책수립의 기초자료로 활용하여야 한다(同法 47의2①).

(9) **농촌지역의 발전 및 삶의 질 향상을 위한 정책의 수립·시행**

국가와 지방자치단체는 각 지역의 특수성을 고려한 종합적인 농촌지역 발전시책을 세우고 시행하여야 하며, 이 경우 농업·농촌의 공익기능과 농업 생산여건, 농촌 생활여건 등이 불리한 지역을 우선적으로 고려하고, 개발과 보전이 조화되도록 노력하여야 한다(同法 48①②).

국가와 지방자치단체는 농촌주민의 소득 증대 및 삶의 질 향상 등에 필요한 정책(同法 49), 지리적 조건으로 인하여 농업생산 여건이 열악한 지역에 대한 새로운 작물의 도입, 지역 특산물의 생산 및 판매, 주거환경의 개선 등에 필요한 정책(同法 49의2)을 수립·시행하여야 한다.

국가와 지방자치단체는 또한 농촌 산업단지의 조성 및 지역특산품 생산단지 육성과 농산물가공업·전통식품산업·전통놀이산업을 비롯한 농업관련 산업의 육성 등에 필요한 정책(同法 50①), 지역개발에 참여하는 주민, 지방자치단체 공무원, 지역개발 전문가 등에 대한 교육·훈련·컨설팅 등에 필요한 정책(同法 50②), 지역의 특색을 살린 농촌 관광, 농촌 체험, 농업 관련 자연학습 및 휴양자원의 개발 등 도시와 농촌의 교류를 활성화하기 위한 정책(同法 51①), 농업·농촌지역의 정보화 촉진에 필요한 정책(同法 52①), 농업·농촌지역의 정보화를 촉진하기 위한 정보통신매체·프로그램 등을 개발·운영하는 정책(同法 52③)을 수립·시행하여야 한다.

국가와 지방자치단체는 농촌지역 학생의 학습기회 확대, 농촌주민의 교육비 부담 경감 및 농촌지역 교육환경의 개선 등에 필요한 정책을 수립·시행하여야 하며(同法 53), 농촌주민의 주거환경 개선, 의료서비스 확충, 문화생활의 증진, 영세농업인 등에 대한 소득 안정화, 다문화(多文化) 가족의 정착, 고령 농업인의 영농(營農) 활동 및 복지증진 등에 필요한 정책을 수립·시행하여야 한다(同法 54).

(10) 통일 대비 농업·농촌·식품산업 정책과 국제협력 정책의 수립·시행

정부는 통일에 대비하여 북한의 농업 생산체제, 농지제도, 농산물유통제도, 농업 생산기반, 농업 과학기술, 농업 경영지도, 농업인 교육 및 농업 통계 등에 관한 조사·연구를 하여야 하며, 남북한의 농업·농촌·식품산업이 상호 보완적으로 발전하는 데에 필요한 정책을 세우고 시행하여야 한다(同法 55①②).

정부는 우리나라의 농업·농촌·식품산업의 특수성을 고려한 종합적인 통상정책(通商政策)을 수립·시행하며, 국제협력 강화와 국제사회에 대한 기여 등을 위하여 노력하여야 하고, 통상여건의 변화로 인하여 농업·농촌의 공익기능이 약화될 경우 보완대책을 수립·시행하여야 한다(同法 13①③, 56①).

정부는 농업·농촌·식품산업 정책에 관한 정보의 교류, 농업 및 식품산업 인력·기술의 교류, 농업관련 국제기구 활동 참여 등에 필요한 정책(同法 57①), 수입의존도가 높은 식량·식품과 사료 원료를 안정적으로 확보하기 위한 기반을 확대하고, 개발도상국가에 대한 농업·농촌·식품산업 부문의 인적·물적·기술적 지원에 필요한 정책(同法 57②), 농업 및 농업관련 산업의 해외투자에 관한 조사·연구와 농업경영체 등의 해외투자를 지원하는 데에 필요한 정책(同法 58)을 수립·시행하여야 하며, 농산물 및 식품의 수입 증가로 인하여 국내의 농업·농촌·식품산업 등 발전에 미치는 영향이 크다고 인정되는 경우에는 대외무역법 등 관계 법률에 따른 수입 제한 등 필요한 조치를 마련하여야 한다(同法 60).

국가와 지방자치단체는 농산물·식품의 해외시장 개척, 무역정보의 수집·제공 등에 필요한 정책(同法 59①)을 수립·시행하여야 하며, 위 정책을 효과적으로 추진하기 위하여 농업경영체, 생산자단체, 식품산업을 업으로 하는 자와 농산물·식품을 수출하는 자 등에게 필요한 지원을 할 수 있다(同法 59②).

(11) 농업·농촌·준농촌에 대한 지원 등

국가나 지방자치단체는 농업·농촌·식품산업의 발전을 위한 사업을 효율적으로 추진하기 위하여 조세특례제한법과 지방세특례제한법에서 정하는 바에 따라 조세를 감면할 수 있으며(同法 62), 농촌 외의 지역으로서 농지법에 따른 농업진흥지역과 「개발제한구역의 지정 및 관리에 관한 특별조치법」에 따른 개발제한구역에 대하여는 대통령령으로 정하는 바에 따라 이를 농촌으로 보고(이러한 지역을 '준농촌'이라 함) 필요한 지원을 할 수 있다(同法 61).

정부는 농업을 주업(主業)으로 하는 농업인 등에 대한 정부의 융자금·보조금 지원 등 농업 정책자금의 운영·지원에 필요한 시책을 수립·시행하여야 하고(同法 63①), 농림축산식품부장관은 농업인 등에게 지원하는 융자금·보조금 등 농업 정책자금의 운용·관리·감독업무 등을 효율적으로 추진하기 위한 시책을 세우고 필요한 사업을 시행하여야 하며, 농업 정책자금의 운용·관리·감독업무를 대통령령으로 정하는 자에게 위탁할 수 있다(同法 63②③).

(12) **농어업·농어촌·식품산업의 조성(助成)을 위한 법률들**

「농업·농촌 및 식품산업 기본법」과 「수산업·어촌 발전 기본법」에 규정된 여러 정책·시책들은 농어업·농어촌·식품산업의 조성·발전에 관한 것들이며, 그 정책·시책들의 추진을 위한 법률들이 많은바, 그 중에는 농림축산식품부·해양수산부 공동소관 법률들과 농림축산식품부·해양수산부 각각의 소관 법률들이 있다.

1) 농림축산식품부·해양수산부 공동소관의 농어업·농어촌·식품산업 조성행정에 관한 법률로서는 ① 농어촌정비법, ② 「농어업인 삶의 질 향상 및 농어촌지역 개발촉진에 관한 특별법」(2016.1.21.시행), ③ 「도시와 농어촌 간의 교류촉진에 관한 법률」, ④ 「농수산물 유통 및 가격안정에 관한 법률」, ⑤ 「농수산물 품질관리법」, ⑥ 식품산업진흥법, ⑦ 「친환경농어업 육성 및 유기식품 등의 관리·지원에 관한 법률」, ⑧ 「농수산물의 원산지 표시에 관한 법률」, ⑨ 「농수산생명자원의 보존·관리 및 이용에 관한 법률」, ⑩ 「농수산자조금의 조성 및 운용에 관한 법률」, ⑪ 「농림수산식품과학기술 육성법」, ⑫ 「농림수산식품투자조합 결성 및 운용에 관한 법률」, ⑬ 「농어업경영체 육성 및 지원에 관한 법률」, ⑭ 「여성농어업인 육성법」, ⑮ 농어업재해대책법, ⑯ 「농어촌마을 주거환경 개선 및 리모델링 촉진을 위한 특별법」, ⑰ 「자유무역협정 체결에 따른 농어업인 등의 지원에 관한 특별법」, ⑱ 종자산업법, ⑲ 농어업재해보험법, ⑳「식물신품종 보호법」 등이 있다.

2) 농림축산식품부 소관의 조성행정에 관한 법률로서, 「농업·농촌 및 식품산업 기본법」 외에 ① 「농촌융복합산업 육성 및 지원에 관한 법률」, ② 「농업기계화 촉진법」, ③ 「농업생산기반시설 및 주변지역 활용에 관한 특별법」, ④ 「농업소득의 보전에 관한 법률」, ⑤ 「농업인 등의 농외소득 활동 지원에 관한 법률」, ⑥ 「도시농업의 육성 및 지원에 관한 법률」, ⑦ 해외농업개발협력법, ⑧ 「한국농수산대학 설치법」, ⑨ 식생활교육지원법, ⑩ 「외식산업 진흥법」, ⑪ 「김치산업 진흥법」, ⑫ 「쌀가공산업 육성 및 쌀 이용 촉진에 관한 법률」, ⑬ 양곡관리법, ⑭ 농약관리법, ⑮ 「농업협동조합의 구조개선에 관한 법률」, ⑯ 「농어업인의 안전보험 및 안전재해예방에 관한 법률」(2016.1.7.시행), ⑰ 비료관리법, ⑱ 「귀농어·귀촌 활성화 및 지원에 관한 법률」, ⑲ 「농어촌구조개선 특별회계법」, ⑳ 「가축 및 축산물 이력관리에 관한 법률」, ㉑ 「간척지의 농어업적 이용 및 관리에 관한 법률」, ㉒

낙농진흥법, ㉓「기능성 양잠산업 육성 및 지원에 관한 법률」, ㉔「곤충산업의 육성 및 지원에 관한 법률」, ㉕「공중방역수의사에 관한 법률」, ㉖ 축산법, ㉗ 동물보호법, ㉘「말산업 육성법」, ㉙「도축장 구조조정법」, ㉚ 사료관리법, ㉛ 수의사법, ㉜ 동물위생시험소법(2016.6.23.시행), ㉝ 인삼산업법, ㉞「전통 소싸움경기에 관한 법률」, ㉟「한국진도개 보호·육성법」, ㊱ 한국마사회법, ㊲「차산업 발전 및 차문화 진흥에 관한 법률」(2016.1.21.시행), ㊳「농어업인 부채경감에 관한 특별조치법」, ㊴「축산계열화사업에 관한 법률」, ㊵「축산자조금의 조성 및 운용에 관한 법률」, ㊶「전통주 등의 산업진흥에 관한 법률」, ㊷ 농업협동조합법, ㊸「한국농어촌공사 및 농지관리기금법」, ㊹「지역농산물 이용촉진 등 농산물 직거래 활성화에 관한 법률」(2016.6.23.시행), ㊺ 초지법 등이 있다.

3) 해양수산부 소관의 조성행정에 관한 법률로서, ①「수산업·어촌 발전 기본법」, ②「해양수산발전 기본법」, ③ 수산업법, ④「어촌·어항법」, ⑤ 어업자원보호법, ⑥「연근해어업의 구조개선 및 지원에 관한 법률」, ⑦「항만인력공급체제의 개편을 위한 지원특별법」, ⑧ 원양산업발전법, ⑨「어촌특화발전 지원 특별법」, ⑩ 수산업협동조합법, ⑪「수산업협동조합의 구조개선에 관한 법률」, ⑫ 선주상호보험조합법, ⑬「수산직접지불제 시행에 관한 법률」, ⑭ 선박관리산업발전법, ⑮「낚시 관리 및 육성법」, ⑯「독도의 지속가능한 이용에 관한 법률」, ⑰「마리나항만의 조성 및 관리 등에 관한 법률」, ⑱「관상어산업의 육성 및 지원에 관한 법률」, ⑲「소금산업 진흥법」, ⑳「수산과학기술진흥을 위한 시험연구 등에 관한 법률」, ㉑ 물류정책기본법(국토교통부 공동소관), ㉒ 염업조합법, ㉓「유류오염손해배상 보장법」, ㉔「크루즈산업의 육성 및 지원에 관한 법률」, ㉕ 한국해양과학기술원법, ㉖「한국해양소년단연맹 육성에 관한 법률」, ㉗ 한국해양수산연수원법, ㉘ 한국해운조합법, ㉙「해양생명자원의 확보·관리 및 이용 등에 관한 법률」, ㉚「해양심층수의 개발 및 관리에 관한 법률」, ㉛「수산물 유통의 관리 및 지원에 관한 법률」, ㉜「신항만건설 촉진법」, ㉝ 수산종자산업육성법(2016.6.23.시행), ㉟ 어선법, ㊱「여수세계박람회 기념 및 사후활용에 관한 특별법」 등이 있다.

제8절

사회보장행정에 관한 법

사회보장(社會保障)이란 신체장애·질병·노령·실직(失職) 등의 사회적 위험으로 말미암아 요보호상태(要保護狀態)에 있는 국민들에게 국가가 일정한 적극적 급부(給付)와 복지서비스 등을 제공함으로써 그들의 인간다운 생활을 보장하는 것을 말하며, 이에 관한 행정을 사회보장행정이라 한다.

사회보장을 받을 권리, 즉 사회보장수급권(社會保障受給權)은 국민의 사회적 기본권의 하나라고 할 수 있다(憲裁 2002.12.18, 2002헌마52).

'사회적 기본권'이란 국민이 인간다운 생활을 확보하기 위하여 일정한 국가적 급부와 배려를 국가에 대해 요구할 수 있는 권리를 말한다.

헌법은 사회적 기본권으로서 국민의 인간다운 생활권(제34조 제1항), 교육을 받을 권리(제31조), 근로의 권리와 최저임금수령권(제32조), 근로자의 근로3권(제33조), 환경권(제35조), 보건권(제36조 제3항) 등을 규정하고 있다.

위의 '인간다운 생활권'은 모든 사회적 기본권의 이념적 기본권이며, 국민의 인간다운 생활권을 구체적으로 실현하기 위하여, 헌법은 제34조에서 국가의 사회보장·사회복지증진에 노력할 의무(제2항), 여자의 복지와 권익의 향상을 위하여 노력할 의무(제3항), 노인과 청소년의 복지향상을 위한 정책을 실시할 의무(제4항), 신체장애자 및 질병·노령 기타의 사유로 생활능력이 없는 국민을 보호할 의무(제5항), 재해를 예방하고 그 위험으로부터 국민을 보호하기 위하여 노력할 의무(제6항)를 규정함으로써 국가의 사회보장책무를 명확히 하고 있다. 이들 헌법 제34조 제2~6항의 규정은 국민의 '인간다운 생활권'을 실현하기 위한 수단적 기본권으로서 사회보장수급권을 인정한 것이라 하겠다.

1. 개관

Ⅰ. 사회보장수급권

자본주의 발전에 따른 부(富)의 편재, 빈곤·실업(失業), 노사간(勞使間) 대립 등의 사회문제가 상존하는 상황에서, 헌법은 전문(前文)에서 "모든 영역에 있어서 각인(各人)의 기회를 균등히 하고", "국민생활의 균등한 향상을 기"할 것을 선언하였으며, 제10조에서 "모든 국민은 인간으로서의 존엄과 가치를 가지며, 행복을 추구할 권리를 가진다."라고 하여 사회적 기본권 보장의 기본방향을 제시하고 있다(憲裁 1997.5.29, 94헌마33).

모든 국민이 인간다운 생활을 확보할 수 있도록 국가적 급부와 국가적 배려를 요구할 수 있는 사회적 기본권의 핵심적 요소의 하나가 사회보장수급권이다.

사회보장수급권이란 요보호상태(要保護狀態)에 있는 개인이 인간다운 생활을 영위하기 위하여 국가에 대해 일정한 급부와 국가적 보호를 청구할 수 있는 공법상의 권리를 말하며, 국민의 사회보장수급권을 구현하기 위한 사회보장행정은 급부행정(給付行政)의 일부이고, 복리행정의 일환(一環)이 된다.

그런데 사회보장수급권은 국가의 사회보장책무에 관한 헌법규정(제34조 제2~6항)만으로써 그 구체적 내용이 확정되는 것은 아니다.

헌법 제34조 제1항에서의 '인간다운 생활'은 인간의 존엄성유지에 상응하는 건강하고 문화적인 생활이라 할 수 있겠으나, 건강하고 문화적인 생활의 구체적인 수준은 국가의 현실적인 사회·경제·문화적 여건에 따라 다를 수 있는 것이다.

헌법상의 사회보장수급권을 포함한 여러 사회적 기본권이 구체적 내용을 가진 실질적인 국민의 권리가 되려면 관계 법률에 의하여 그것이 구체화되어야 한다.

현재 관계 법률에 의하여 인정되고 있는 구체적인 사회보장수급권 중 중요한 것은 국민연금법에 따른 국민연금수급권, 기초연금법에 따른 기초연금수급권, 국민건강보험법에 따른 건강보험수급권, 산업재해보상보험법에 따른 산업재해보상보험수급권, 고용보험법에 따른 고용보험수급권, 국민기초생활보장법에 따른 기초생활보장수급권, 의료급여법에 따른 의료급여수급권, 장애인연금법에 의한 장애인연금수급권, 긴급복지지원법에 의한 긴급복지지원수급권, 노인복지법·장애인복지법·정신보건법·모자보건법·영유아보육법 등에 따른 각종 사회(복지)서비스수급권 등이다.

관계 법률이 정한 일정한 요건의 사회보장수급권자와 사회보장급여주체인 국가·지방자치단체(또는 사무위임·위탁을 받은 공법인 등) 간에는 행정상의 공법관계(행정법관계)가 형성되며, 그러한 법률관계(권리·의무관계)에서 국가·지방자치단체(행정기관·사무수탁기관 포함)는 각종 사회보장급여신청의 수리와 사회보장급여의 결정·지급 등 여러 가지 공법적(公法的) 행정작용(처분 등)을 행한다.

한편, 사회보장행정에서는 비권력적인 사실적 행정작용도 많이 행해진다. 노인복지관 등 각종 복지시설이나 보건의료시설의 설치·운영을 통한 서비스제공, 요보호자 등에 대한 상담·돌봄·생활지도·역량개발·자립생활지원 등이 그 예이다.

II. 사회보장의 실현방식

사회보장의 실현방식으로서 중요한 것은 사회보험·공공부조·사회서비스이다.

(1) 사회보험(社會保險)

'사회보험'이란 국민에게 발생하는 사회적 위험을 보험의 방식으로 대처함으로써 국민의 건강과 소득을 보장하는 제도를 말한다. 즉, 사회보험은 개인에게 질병·상해(傷害)·노령·실업·사망 등의 사회적 위험이 발생한 경우에, 그에 대비하기 위하여 본인·사업자 등이 평소에 납부한 보험료 등을 재원(財源)으로 하여 일정한 급여를 지급하는 제도이다. 사회보험은 관계 법률이 정한 바에 따라 일정한 국민에게 가입의무가 부과되는 점에서 보험에의 가입 여부가 당사자의 자유로운 의사(意思)에 의하여 결정되는 사보험(私保險)과 다르다.

사회보험은 보험의 대상이 되는 사회적 위험(보험사고)의 종류를 기준으로 연금보험(年金保險)·상병보험(傷病保險)·실업보험(失業保險)·손해보험(損害保險) 등으로 나눌 수 있다. ① 연금보험은 피보험자의 노령·장애·사망 등 보험사고에 대하여 연금 또는 일시금의 급여를 지급하는 제도이며, ② 상병보험은 피보험자의 질병·부상 등의 보험사고에 대하여 의료급부 등을 실시하고, 그 사고로부터 파생하는 생활장해에 대하여 급여를 지급하는 제도이며. ③ 실업보험은 피보험자의 실업이라는 사고에 대하여 일정한 급여를 지급하는 제도이고, ④ 손해보험은 일정한 손해가 발생한 때에 일정한 급여를 지급하는 제도이다.

현재 시행되고 있는 주요한 사회보험으로는 연금보험으로서 국민연금과 특정직업종사근로자의 종합적 보험성격의 공무원연금·군인연금·사립학교교직원연금 등의 제도가 있고, 상병보험으로서 국민건강보험·산업재해보상보험·어선원재해보상보험 제도 등이 있으며, 실업보험적인 것으로 실업근로자의 생활안정과 재취업촉진을 위한 고용보험제도가 있고, 손해보험적인 것으로 어선재해보상보험제도 등이 있다.

(2) 공공부조(公共扶助)

'공공부조'란 국가와 지방자치단체의 책임 하에 현실적으로 생활유지 능력이 없거나 생계유지가 곤란한 사람의 최저생활을 보장하고 자립을 지원하는 제도를 말하며, 이를 '공적 부조'라고도 한다. 공공부조에 드는 비용은 그 전부 또는 일부를 국가와 지방자치단체가 부담한다.

공공부조의 예로는 국민기초생활보장법에 의한 국민기초생활보장, 의료급여법에 의한 의료급여, 장애인연금법에 의한 장애인연금급여, 긴급복지지원법에 의한 긴급복지지원, 소득인정액이 일정금액 이하인 노인에 대한 기초연금법에 의한 기초연금지급 등을 들 수 있다.

공공부조제도와 유사한 특별원호제도로서 「국가유공자 등 예우 및 지원에 관한 법률」·「의사상자 등 예우 및 지원에 관한 법률」등에 따른 순국선열·상이군경·의사상자(義死傷者) 등 국가를 위해서나 타인을 위해서 희생한 자(유족 포함)에 대한 사회보상적(社會報償的)인 원호제도도 있다(憲裁 2015.9.24, 2015헌바48).

(3) 사회서비스

'사회서비스'란 국가·지방자치단체 및 민간부문의 도움이 필요한 사람에게 복지·보건의료·교육·고용·주거·문화·환경 등의 분야에서 인간다운 생활을 보장하고 상담·재활·돌봄·갱생보도, 원호지원, 관련 시설의 이용, 수용보호, 생활지도, 역량개발, 사회참여 지원 등을 통하여 삶의 질이 향상되도록 지원하는 제도를 말하며, 이를 '사회복지서비스'라고도 한다.

사회서비스는 공공부조대상자·신체장애자·노인·아동 기타 요보호자(要保護者)의 생활상의 여러 가지 장애나 불편을 경감시키고 자립의 생활능력을 계발할 수 있도록 하기 위하여 제공하는 모든 사회적 서비스를 의미한다.

사회서비스는 국가와 지방자치단체의 책임으로 행함을 원칙으로 하되, 사회복지법인(社會福祉法人)도 사회서비스사업을 실시할 수 있다.

Ⅲ. 사회보장행정에 관한 법률들

(1) 보건복지부 소관 법률로서, ① 사회보장기본법, ② 기초연금법, ③ 긴급복지지원법, ④ 노인복지법, ⑤ 노인장기요양보험법, ⑥「국민기초생활 보장법」, ⑦ 의료급여법, ⑧「의사상자 등 예우 및 지원에 관한 법률」, ⑨ 국민연금법, ⑩「국민연금과 직역연금의 연계에 관한 법률」, ⑪ 국민건강보험법, ⑫ 치매관리법, ⑬ 영유아보육법, ⑭ 아동복지법, ⑮「실종아동 등의 보호 및 지원에 관한 법률」, ⑯ 장애아동복지지원법, ⑰ 장애인복지법, ⑱「장애인·노인·임산부 등의 편의증진보장에 관한 법률」, ⑲ 장애인연금법, ⑳ 사회복지사업법, ㉑「사회서비스 이용 및 이용권 관리에 관한 법률」, ㉒「사회보장급여의 이용·제공 및 수급권자 발굴에 관한 법률」, ㉓ 모자보건법, ㉔ 정신보건법, ㉕ 건강검진기본법, ㉖「발달장애인 권리보장 및 지원에 관한 법률」, ㉗「장애인차별금지 및 권리구제 등에 관한 법률」, ㉘「의료사고 피해구제 및 의료분쟁 조정 등에 관한 법률」, ㉙「한센인피해사건의 진상규명 및 피해자생활지원 등에 관한 법률」, ㉚「노후준비 지원법」, ㉛ 환자안전법(2016.7.29.시행) 등이 있다.

(2) 고용노동부 소관 법률로서, ① 근로기준법, ② 근로복지기본법, ③ 산업재해보상보험법, ④ 고용보험법, ⑤「고용보험 및 산업재해보상보험의 보험료징수 등에 관한 법률」, ⑥「고용보험·산업재해보상보험의 보험관계 성립신고 등의 촉진을 위한 특별조치법」, ⑦「노동조합 및 노동관계조정법」, ⑧ 산업안전보건법, ⑨

직업안정법, ⑩「진폐의 예방과 진폐근로자의 보호 등에 관한 법률」, ⑪「남녀고용평등과 일·가정 양립 지원에 관한 법률」, ⑫ 최저임금법, ⑬「건설근로자의 고용개선 등에 관한 법률」, ⑭「근로자퇴직급여 보장법」, ⑮ 임금채권보장법, ⑯「기간제 및 단시간근로자 보호 등에 관한 법률」, ⑰「채용절차의 공정화에 관한 법률」 등이 있다.

(3) 국가보훈처 소관 법률로서, ①「국가보훈 기본법」, ②「독립유공자예우에 관한 법률」, ③「국가유공자 등 예우 및 지원에 관한 법률」, ④「5·18민주유공자예우에 관한 법률」 등이 있다.

(4) 행정자치부 소관 법률로서, ① 상훈법, ②「민주화운동관련자 명예회복 및 보상 등에 관한 법률」, ③「5·18민주화운동 관련자 보상 등에 관한 법률」, ④「부마민주항쟁 관련자의 명예회복 및 보상 등에 관한 법률」, ⑤「거창사건 등 관련자의 명예회복에 관한 특별조치법」(국방부 공동 소관), ⑥「노근리사건 희생자 심사 및 명예회복에 관한 특별법」(국방부 공동 소관), ⑦「대일항쟁기 강제동원 피해조사 및 국외강제동원 희생자 등 지원에 관한 특별법」, ⑧「제주 4·3사건 진상규명 및 희생자 명예회복에 관한 특별법」등이 있으며, 경찰청 소관 법률로서 ①「동의대 사건 희생자의 명예회복 및 보상에 관한 법률」, ②「재일교포 북송저지 특수임무수행자 보상에 관한 법률」 등도 있다.

(5) 국방부 소관 법률로서, ① 군인복지기본법, ② 군인복지기금법, ③「6·25 전사자유해의 발굴 등에 관한 법률」, ④「삼청교육피해자의 명예회복 및 보상에 관한 법률」, ⑤「지뢰피해자 지원에 관한 특별법」, ⑥「특수임무수행자 보상에 관한 법률」 등이 있다.

(6) 해양수산부 소관 법률로서, ①「어선원 및 어선 재해보상보험법」, ②「유류오염손해배상 보장법」, ③「4·16세월호참사 피해구제 및 지원 등을 위한 특별법」 등이 있다.

(7) 여성가족부 소관 법률로서, ① 건강가정기본법, ②「가정폭력방지 및 피해자보호 등에 관한 법률」, ③「성폭력방지 및 피해자보호 등에 관한 법률」, ④「성매매방지 및 피해자보호 등에 관한 법률」, ⑤「일제하 일본군위안부 피해자에 대한 생활안정지원 및 기념사업 등에 관한 법률」 등이 있다.

(8) 국토교통부 소관 법률로서, ① 「장애인·고령자 등 주거약자 지원에 관한 법률」, ② 주거급여법, ③ 「교통약자의 이동편의 증진법」 등이 있다.

(9) 문화체육관광부 소관 법률로서, ① 「10·27법난 피해자의 명예회복 등에 관한 법률」, ② 「동학농민혁명 참여자 등의 명예회복에 관한 특별법」 등이 있다.

(10) 인사혁신처 소관 법률로서, ① 공무원연금법, ② 「임용결격공무원 등에 대한 퇴직보상금지급 등에 관한 특례법」, ③ 「1980년 해직공무원의 보상 등에 관한 특별조치법」등이 있다.

(11) 교육부 소관 법률로서 「사립학교교직원 연금법」이 있고, 국민안전처 소관 법률로서 풍수해보험법이 있으며, 농림축산식품부·해양수산부 공동소관 법률로서 농어업재해보험법이 있다. 풍수해보험·농어업재해보험은 보험모집으로 이루어진다.

2. 사회보장기본법

(1) 서설

사회보장기본법은 사회보장에 관한 국민의 권리와 국가 및 지방자치단체의 책임을 정하고 사회보장정책의 수립·추진과 관련 제도에 관한 기본적인 사항을 규정함으로써 국민의 복지증진에 이바지하는 것을 목적으로 하고 있으며(同法 1), 사회보장행정의 기본이 되는 법률이다.

이 법에서 사회보장이란 출산·양육·실업·노령·장애·질병·빈곤·사망 등의 사회적 위험으로부터 모든 국민을 보호하고 국민 삶의 질을 향상시키는 데 필요한 소득·서비스를 보장하는 사회보험·공공부조·사회서비스를 말한다(同法 3ⅰ).

이 법에 따르면, 사회보장은 모든 국민이 다양한 사회적 위험으로부터 벗어나 행복하고 인간다운 생활을 향유할 수 있도록 자립을 지원하며, 사회참여·자아실현에 필요한 제도와 여건을 조성하여 사회통합과 행복한 복지사회를 실현하는 것을 기본 이념으로 한다(同法 2).

이 법은 국가와 지방자치단체가 모든 국민의 인간다운 생활을 유지·증진하는 책임을 지고, 사회보장에 관한 역할을 합리적으로 분담하며, 국가 발전수준에 부응하고 사회환경의 변화에 선제적으로 대응하면서 지속가능한 사회보장제도를 확립하고 매년 이에 필요한 재원을 조달하도록 규정하고 있다(同法 5①②③).

국가는 사회보장제도의 안정적인 운영을 위하여 중장기 사회보장 재정추계를 격년으로 실시하고 이를 공표하여야 한다(同法 5④). 국가와 지방자치단체는 가정이 건전하게 유지되고 그 기능이 향상되도록 노력하여야 하며, 사회보장제도를 시행할 때에 가정과 지역공동체의 자발적인 복지활동을 촉진하여야 한다(同法 6①②).

이 법은 "모든 국민은 자신의 능력을 최대한 발휘하여 자립·자활(自活)할 수 있도록 노력하여야 한다."라고 규정하고 있다(同法 7①. 이는 사회보장에서의 보충성의 원칙을 구현하기 위한 규정이다.

'보충성의 원칙'은 개인의 자산과 능력을 최대한 동원·발휘하여도 해결하지 못하는 생활에서의 부족분(不足分)을 국가가 보충해 주어야 한다는 원칙이다. 즉, 개인의 생활수단의 확보는 개인이나 가족에 우선 맡겨야 하고, 일반 납세자의 부담에 의한 국가·지방자치단체의 급부(給付)는 개인들이 스스로의 힘으로 일상생활의 수요(需要)를 충족시킬 수 없는 경우에만 보충적으로 행하여야 한다는 원칙이다.

이 법은 모든 국민이 요보호상태에 있는 사람에게 지속적인 관심을 가지고 이들이 보다 나은 삶을 누릴 수 있는 사회환경 조성에 노력하며, 관계 법령에서 정하는 바에 따라 사회보장급여에 필요한 비용의 부담, 정보의 제공 등 국가의 사회보장정책에 협력하도록 규정하고(同法 7②③), 사회보장에 관한 다른 법률을 제정·개정하는 경우에는 이 법에 부합되도록 하여야 하며(同法 4), 국내에 거주하는 외국인에게 사회보장제도를 적용할 때에는 상호주의의 원칙에 따르되, 관계 법령에서 정하는 바에 따르도록 규정하고 있다(同法 8).

(2) 사회보장에 관한 국민의 권리

모든 국민은 사회보장관계 법령에서 정하는 바에 따라 사회보장급여를 받을 권리, 즉 사회보장수급권을 가진다(同法 9). 사회보장수급권은 개인적 공권이다.

사회보장수급권자가 받을 각각의 사회보장급여의 내용이 되는 것은 관계 법률이 정하는 바에 따라 노령연금·장애연금·유족연금·휴업급여·직업재활급여·실업급여·육아휴직급여·생계급여·요양급여 등의 금전급부(金錢給付)와 질병치료·건강검진·요양·약제지급·취업보호·선도(善導)·갱생훈련·직업지도, 필요물품 수급, 재가복지서비스, 복지시설·보육시설·보호시설 이용 등 그 종류가 다양하다.

국가와 지방자치단체는 모든 국민이 건강하고 문화적인 생활을 유지할 수 있도록 사회보장급여의 수준 향상을 위하여 노력하여야 하며, 최저보장수준과 최저임금 등을 고려하여 사회보장급여 수준을 결정하여야 한다(同法 10①③). 국가는 관계 법령에서 정하는 바에 따라 최저보장수준과 최저임금을 매년 공표하여야 한다(同法 10②).

사회보장급여를 받으려는 사람은 관계 법령이 정하는 바에 따라 국가나 지방자치단체에 신청하여야 한다. 다만, 관계 법령이 따로 정하는 경우에는 국가나 지방자치단체가 신청을 대신할 수 있다(同法 11①). 신청인이 다른 기관에 신청한 경우에는 그 기관은 지체 없이 이를 정당한 권한이 있는 기관에 이송하여야 한다(同法 11②).

사회보장수급권은 관계 법령에서 정하는 바에 따라 다른 사람에게 양도하거나 담보로 제공할 수 없으며, 이를 압류할 수 없다(同法 12).

사회보장수급권은 제한되거나 정지될 수 없다. 다만, 관계 법령이 따로 정하고 있는 경우에는 그러하지 아니하다(同法 13①). 사회보장수급권이 제한되거나 정지되는 경우에는 제한 또는 정지하는 목적에 필요한 최소한의 범위에 그쳐야 한다(同法 13②). 이는 사회보장급부의 적법성·존속성 등에 대한 당사자의 정당한 신뢰는 보호되어야 한다는 사회보장에서의 신뢰보호원칙을 선언한 것이라 하겠다.

사회보장수급권은 정당한 권한이 있는 기관에 서면으로 통지하여 포기할 수 있으며, 사회보장수급권의 포기는 취소할 수 있다. 사회보장수급권을 포기하는 것이 다른 사람에게 피해를 주거나 사회보장에 관한 관계 법령에 위반되는 경우에는 사회보장수급권을 포기할 수 없다(同法 14①②③).

제3자의 불법행위로 피해를 입은 국민이 그로 인하여 사회보장수급권을 가지게 된 경우 사회보장제도를 운영하는 자는 그 불법행위의 책임이 있는 자에 대하여 관계 법령에서 정하는 바에 따라 구상권(求償權)을 행사할 수 있다(同法 15).

(3) 사회보장 기본계획과 사회보장위원회 등

1) 사회보장 기본계획·시행계획·지역계획

보건복지부장관은 관계 중앙행정기관의 장과 협의하여 사회보장에 관한 기본계획('사회보장기본계획'이라 함)을 5년마다 수립하여야 한다(同法 16①). 이 기본계획은 사회보장위원회와 국무회의의 심의를 거쳐 확정한다(同法 16③).

사회보장기본계획에는 ① 국내외 사회보장환경의 변화와 전망, ② 사회보장의 기본목표 및 중장기 추진방향, ③ 주요 추진과제 및 추진방법, ④ 필요한 재원의 규모와 조달방안, ⑤ 사회보장관련 기금 운용방안, ⑥ 사회보장 전달체계, ⑦ 그 밖에 사회보장정책의 추진에 필요한 사항이 포함되어야 한다(同法 16②).

위에서 '사회보장 전달체계'란 사회보장급여를 수급권자(受給權者)에게 지급하고 사회서비스를 수요자(需要者)에게 제공하는 체계를 의미한다.

사회보장기본계획은 다른 법령에 따라 수립되는 사회보장에 관한 계획에 우선하며 그 계획의 기본이 된다(同法 17). 보건복지부장관 및 관계 중앙행정기관의 장은 사회보장기본계획에 따라 사회보장과 관련된 소관 주요시책의 시행계획(이하 '시행계획'이라 함)을 매년 수립·시행하여야 한다(同法 18①). 관계 중앙행정기관의 장은 수립한 소관 시행계획 및 전년도의 시행계획에 따른 추진실적을 대통령령으로 정하는 바에 따라 매년 보건복지부장관에게 제출하여야 한다(同法 18②).

보건복지부장관은 관계 중앙행정기관 및 보건복지부 소관의 추진실적을 종합하여 성과를 평가하고, 그 결과를 사회보장위원회에 보고하여야 하며(同法 18③), 평가를 효율적으로 하기 위하여 이에 필요한 조사·분석 등을 전문기관에 의뢰할 수 있다(同法 18④). 위 시행계획의 수립·시행 및 추진실적의 평가 등에 필요한 사항은 대통령령으로 정한다(同法 18⑤).

특별시장·광역시장·특별자치시장·도지사 또는 특별자치도지사·시장('제주특별자치도 설치 및 국제자유도시 조성을 위한 특별법'에 따른 행정시장 포함)·군수·구청장(자치구의 구청장을 말함)은 관계법령으로 정하는 바에 따라 사회보장에 관한 지역계획을 수립·시행하여야 한다. 지역계획은 사회보장기본계획과 연계되어야 한다, 지역계획의 수립·시행 및 추진실적의 평가 등에 필요한 사항은 대통령령으로 정한다(同法 19①②③).

국가와 지방자치단체는 사회보장 계획 및 정책을 수립하려는 경우에 공청회·정보통신망 등을 통하여 국민과 관계 전문가의 의견을 충분히 수렴하여야 하며(同法 40), 사회보장 계획 및 정책의 수립·시행, 사회보장통계의 작성 등을 위하여 관련 공공기관·법인·단체 및 개인에게 자료제출 등 필요한 협조를 요청할 수 있고, 사회보장위원회는 사회보장에 관한 자료제출 등 업무에 필요한 경우 관계 행정기관의 장에게 협조를 요청할 수 있으며, 이러한 협조요청을 받은 자는 정당한 사유가 없으면 이에 따라야 한다(同法 41①②③).

2) 사회보장위원회

사회보장기본법은 사회보장에 관한 주요시책을 심의·조정하기 위하여 국무총리 소속으로 사회보장위원회를 두도록 규정하고 있다(同法 20①). 사회보장위원회가 심의·조정하는 사항은 ① 사회보장기본계획, ② 사회보장관련 주요계획, ③ 사회보장제도의 평가 및 개선, ④ 사회보장제도의 신설 또는 변경에 따른 우선순위, ⑤ 둘 이상의 중앙행정기관이 관련된 주요 사회보장정책, ⑥ 사회보장급여 및 비용 부담, ⑦ 국가와 지방자치단체의 역할 및 비용 분담, ⑧ 사회보장의 재정추계 및 재원조달 방안, ⑨ 사회보장 전달체계 운영 및 개선, ⑩ 사회보장통계, ⑪ 사회보장정보의 보호 및 관리, ⑫ 그 밖에 위원장이 심의에 부치는 사항이다(同法 20②).

관계 중앙행정기관의 장과 지방자치단체의 장은 사회보장위원회의 심의·조정 사항을 반영하여 사회보장제도를 운영 또는 개선하여야 한다(同法 20④).

사회보장위원회는 위원장 1명, 부위원장 3명과 행정자치부장관, 고용노동부장관, 여성가족부장관, 국토교통부장관을 포함한 30명 이내의 위원으로 구성하며, 위원장은 국무총리가 되고 부위원장은 기획재정부장관, 교육부장관 및 보건복지부장관이 된다(同法 21①②). 사회보장위원회를 효율적으로 운영하고 이 위원회의 심의사항을 전문적으로 검토하기 위하여 사회보장위원회에 실무위원회를 두며, 실무위원회에 분야별 전문위원회를 둘 수 있고(同法 21⑥), 사회보장위원회의 사무를 효율적으로 처리하기 위하여 보건복지부에 사무국을 둔다(同法 21⑧).

(4) 사회보장정책의 기본방향

국가와 지방자치단체는 모든 국민이 생애 동안 삶의 질을 유지·증진할 수 있도록 평생사회안전망을 구축하여야 하며, 평생사회안전망을 구축·운영함에 있어 사회적 취약계층을 위한 공공부조를 마련하여 최저생활을 보장하여야 한다(同法 22①②). 위에서 '평생사회안전망'이란 생애주기에 걸쳐 보편적으로 충족되어야 하는 기본욕구와 특정한 사회적 위험에 의하여 발생하는 특수욕구를 동시에 고려하여 소득·서비스를 보장하는 맞춤형 사회보장제도를 말한다(同法 3ⅴ).

국가와 지방자치단체는 모든 국민의 인간다운 생활과 자립, 사회참여, 자아실현 등을 지원하여 삶의 질이 향상될 수 있도록 사회서비스에 관한 시책을 마련하여야 하며, 사회서비스 보장과 소득보장이 효과적이고 균형적으로 연계되도록 하여야 한다(同法 23①②).

국가와 지방자치단체는 다양한 사회적 위험 하에서도 모든 국민들이 인간다운 생활을 할 수 있도록 소득을 보장하는 제도를 마련하여야 하며, 공공부문과 민간부문의 소득보장제도가 효과적으로 연계되도록 하여야 한다(同法 24①②).

(5) 사회보장제도의 운영

사회보장기본법은 제25조에서 '사회보장제도의 운영원칙'에 관하여, 국가와 지방자치단체는 ① 사회보장제도를 운영할 때에 이 제도를 필요로 하는 모든 국민에게 적용하여야 하며, ② 사회보장제도의 급여 수준과 비용 부담 등에서 형평성을 유지하여야 하고, ③ 사회보장제도의 정책 결정 및 시행과정에 공익의 대표자 및 이해관계인 등을 참여시켜 이를 민주적으로 결정하고 시행하여야 하며, ④ 사회보장제도를 운영할 때에 국민의 다양한 복지 욕구를 효율적으로 충족시키기 위하여 연계성과 전문성을 높여야 하고, ⑤ 사회보험은 국가의 책임으로, 공공부조와 사회서비스는 국가와 지방자치단체의 책임으로 시행하는 것을 원칙으로 하되, 국가와 지방자치단체의 재정 형편 등을 고려하여 이를 협의·조정할 수 있도록 규정하고 있다.

이 법은 국가와 지방자치단체가 사회보장제도를 신설하거나 변경할 경우의 사전 협의 및 조정(同法 26①), 보건복지부장관과의 협의(同法 26②), 협의가 이루어지지 아니할 경우의 사회보장위원회의 조정(同法 26③)에 관하여 규정하고, 보건복지부장관이 사회보장급여 관련 업무에 공통적으로 적용되는 기준을 마련할 수 있도록 하고 있다(同法 26④).

국가와 지방자치단체는 사회보장에 대한 민간부문의 참여를 유도할 수 있도록 정책을 개발·시행하고 그 여건을 조성하여야 하며(同法 27①), 사회보장에 대한 민간부문의 참여를 유도하기 위한 시책을 수립·시행할 수 있고(同法 27②), 개인·법인 또는 단체가 사회보장에 참여하는 데에 드는 경비의 전부 또는 일부를 지원하거나 그 업무를 수행하기 위하여 필요한 지원을 할 수 있다(同法 27③).

사회보장비용의 부담은 각각의 사회보장제도의 목적에 따라 국가와 지방자치단체 및 민간부문 간에 합리적으로 조정되어야 한다(同法 28①). 사회보험에 드는 비용은 사용자와 피용자(被傭者) 및 자영업자가 부담하는 것을 원칙으로 하되, 관계 법령에서 정하는 바에 따라 국가가 그 비용의 일부를 부담할 수 있다(同法 28②).

공공부조 및 관계 법령에서 정하는 일정 소득 수준 이하의 국민에 대한 사회서비스에 드는 비용의 전부 또는 일부는 국가와 지방자치단체가 부담한다(同法 28③).

부담 능력이 있는 국민에 대한 사회서비스에 드는 비용은 그 수익자가 부담함을 원칙으로 하되, 관계 법령에서 정하는 바에 따라 국가와 지방자치단체가 그 비용의 일부를 부담할 수 있다(同法 28④).

국가와 지방자치단체는 모든 국민이 쉽게 이용할 수 있고 사회보장급여가 적시(適時)에 제공되도록 지역적·기능적으로 균형 잡힌 사회보장 전달체계를 구축하여야 하며, 사회보장 전달체계의 효율적 운영에 필요한 조직·인력·예산 등을 갖추어야 하고, 공공부문과 민간부문의 사회보장 전달체계가 효율적으로 연계되도록 노력하여야 한다(同法 29①②③).

국가와 지방자치단체는 국민의 사회보장수급권의 보장 및 재정의 효율적 운용을 위하여 ① 사회보장수급권자의 권리구제, ② 사회보장급여의 사각지대 발굴, ③ 사회보장급여의 부정·오류 관리, ④ 사회보장급여의 과오지급액의 환수 등 관리에 관한 '사회보장급여 관리체계'를 구축·운영하여야 한다(同法 30①).

보건복지부장관은 사회서비스의 품질기준 마련, 평가 및 개선 등의 업무를 수행하기 위하여 필요한 전담기구를 설치할 수 있으며, 전담기구 설치·운영 등에 필요한 사항은 대통령령으로 정한다(同法 30②③).

국가와 지방자치단체는 사회보장제도의 발전을 위하여 전문인력의 양성, 학술조사 및 연구, 국제 교류의 증진 등에 노력하여야 하고(同法 31), 사회보장에 관한 통계(이를 '사회보장통계'라 함)를 작성·관리하여야 하며, 관계 중앙행정기관의 장과 지방자치단체의 장은 소관 사회보장통계를 대통령령으로 정하는 바에 따라 보건복지부장관에게 제출하여야 하고, 보건복지부장관은 제출된 사회보장통계를 종합하여 사회보장위원회에 제출하여야 한다(同法 32①②③).

국가와 지방자치단체는 사회보장제도에 관하여 국민이 필요한 정보를 관계 법령에서 정하는 바에 따라 공개하고, 이를 홍보하여야 하며(同法 33), 사회보장관계 법령에서 규정한 권리나 의무를 해당 국민에게 설명하도록 노력하여야 하고(同法 34), 사회보장관계 법령에서 정하는 바에 따라 사회보장에 관한 상담에 응하여야 하며(同法 35), 사회보장에 관한 사항을 해당 국민에게 알려야 한다(同法 36).

(6) 사회보장정보의 관리

국가와 지방자치단체는 국민편익의 증진과 사회보장업무의 효율성 향상을 위하여 사회보장업무를 전자적으로 관리하도록 노력하여야 한다(同法 37①). 국가는 관계 중앙행정기관과 지방자치단체에서 시행하는 사회보장수급권자 선정 및 급여 관리 등에 관한 정보를 통합·연계하여 처리·기록 및 관리하는 시스템(이를 '사회보장정보시스템'이라 함)을 구축·운영할 수 있다(同法 37②).

보건복지부장관은 사회보장정보시스템의 구축·운영을 총괄하며, 사회보장정보시스템 구축·운영의 전 과정에서 개인정보보호를 위하여 필요한 시책을 마련하여야 하고, 관계 중앙행정기관, 지방자치단체 및 관련 기관·단체에 사회보장정보시스템의 운영에 필요한 정보의 제공을 요청하고 제공받은 목적의 범위에서 보유·이용할 수 있다. 이 경우 자료의 제공을 요청받은 자는 정당한 사유가 없으면 이에 따라야 한다(同法 37③④⑤).

관계 중앙행정기관 및 지방자치단체의 장은 사회보장정보와 관련하여 사회보장정보시스템의 활용이 필요한 경우 사전에 보건복지부장관과 협의하여야 한다. 이 경우 보건복지부장관은 관련 업무에 필요한 범위에서 정보를 제공할 수 있고 정보를 제공받은 관계 중앙행정기관 및 지방자치단체의 장은 제공받은 목적의 범위에서 보유·이용할 수 있다(同法 37⑥).

사회보장업무에 종사하거나 종사하였던 자는 사회보장업무수행과 관련하여 알게 된 개인·법인 또는 단체의 정보를 관계 법령에서 정하는 바에 따라 보호하여야 하며, 국가와 지방자치단체, 공공기관, 법인·단체, 개인이 조사하거나 제공받은 개인·법인·단체의 정보는 이 법과 관련 법률에 근거하지 아니하고 보유·이용·제공되어서는 아니 된다(同法 38①②).

(7) 사회보장수급권자의 권리구제 등

사회보장관련 개별 법률에 따른 국민연금수급권, 기초연금수급권, 국민기초생활보장수급권, 의료급여수급권 등 구체적인 각 사회보장수급권은 개인이 국가·지방자치단체(또는 사무위임·위탁을 받은 공법인 등)에 대하여 행사할 수 있는 개인적 공권(개인이 갖는 공법상의 권리)이다. 그런데 개인의 구체적인 사회보장수급권은, 관계 기관 등이 적시(適時)에 사회보장급여의 결정·지급을 하지 않거나(부작위), 위법·부당하게 수급자격 확인 또는 급여결정·지급을 하거나(하자있는 처분), 적법하게 신청된 급여결정·지급을 거부함(거부처분)으로써 침해될 수 있다.

사회보장기본법은 사회보장과 관련하여 관계기관 등의 위법 또는 부당한 처분을 받거나 필요한 처분을 받지 못함으로써 권익침해를 받은 국민(사회보장수급권자)이 행정심판법에 따른 행정심판을 청구하거나 행정소송법에 따른 행정소송을 제기하여 침해된 권익을 구제받을 수 있도록 하고 있다(同法 39).

위의 행정심판·행정소송과 관련하여, 일부 사회보장급여의 결정·지급 등을 실제로 수행하는 국민연금공단·국민건강보험공단·근로복지공단 등은 관계 법률에 의하여 주무부장관의 소관사무를 위탁받아 수행하는 기관으로서 사회보장급여를 결정·지급하는 행정청의 지위에 있게 되고, 사회보장관련 사무를 위탁받은 공단 등의 사회보장급여의 결정·지급이나 지급거부 등은 행정청의 처분(또는 거부처분)이 되며, 적시에 지급하여야 할 사회보장급여를 지급하지 아니하는 것은 행정청의 부작위에 해당되어, 행정심판·행정소송의 대상이 된다(행정심판법 2, 행정소송법 2).

이 법에서 정하고 있는 위와 같은 내용의 사회보장에 관한 정책·원칙들은 입법되는 모든 사회보장관련 법률들과 그에 따른 사회보장행정에 적용된다.

3. 국민연금법

(1) 서설

사람은 누구나 나이가 들어 일을 하지 못함으로써 소득이 없어지고 사망하게 되며 경우에 따라 장애를 겪을 수도 있다. 이러한 곤경의 상황에 있는 당사자나 그 유족에게 평소 갹출된 보험료를 재원으로 하여 일정액의 연금급여를 지급함으로써 생활안정에 다소나마 도움을 주려는 사회보험이 국민연금법에 의한 국민연금보험이다.

국민연금법은 국민의 노령·장애·사망에 대하여 연금급여를 실시함으로써 국민의 생활안정과 복지증진에 이바지하는 것을 목적으로 하고 있다(同法 1).

국가는 이 법에 따른 연금급여가 안정적·지속적으로 지급되도록 필요한 시책을 수립·시행하여야 한다(同法 3의2). 이 법에 따른 연금급여 수준과 연금보험료는 국민연금 재정이 장기적으로 균형을 유지할 수 있도록 조정되어야 한다(同法 4①).

국민연금사업은 보건복지부장관이 주관하며(同法 2), 보건복지부장관으로부터 위탁을 받아 연금급여의 결정·지급 등의 업무를 수행하는 국민연금공단이 국민연금보험의 보험자(保險者, 연금급여를 지급할 의무를 지는 자)가 된다(同法 24·25).

보건복지부장관은 대통령령으로 정하는 바에 따라 5년마다 국민연금 재정수지(財政收支)를 계산하고, 국민연금의 재정 전망과 연금보험료의 조정 및 국민연금기금의 운용 계획 등이 포함된 국민연금 운영 전반에 관한 계획을 수립하여 국무회의의 심의를 거쳐 대통령의 승인을 받아야 하며, 승인받은 계획을 국회에 제출하고 대통령령으로 정하는 바에 따라 공시하여야 한다(同法 4②).

이 법에 따른 연금보험료, 연금급여액, 급여의 수급요건 등은 국민연금의 장기재정 균형 유지, 인구구조의 변화, 국민의 생활수준·임금·물가, 그 밖에 경제사정에 뚜렷한 변동이 생기면 그 사정에 맞게 조정되어야 한다(同法 4③).

국민연금제도 및 연금재정 계산에 관한 사항, 연금급여에 관한 사항, 연금보험료에 관한 사항, 국민연금기금에 관한 사항 등을 심의하기 위하여 보건복지부에 국민연금심의위원회를 둔다(同法 5).

(2) 국민연금가입자 및 가입기간

국민연금법에 따르면, 국민연금 가입 대상이 되는 자(피보험자)는 국내에 거주하는 국민으로서 18세 이상 60세 미만인 자이다. 다만, 공무원연금법·군인연금법·사립학교교직원연금법의 적용을 받는 공무원·군인·사립학교교직원과 그 밖에 대통령령으로 정하는 자는 제외한다(同法 6. 憲裁 2015.1.29, 2014헌바221).

국민연금가입자(이하 '가입자'라 함)는 사업장가입자·지역가입자·임의가입자·임의계속가입자로 구분한다(同法 7). 사업장가입자는 사업의 종류, 근로자의 수 등을 고려하여 대통령령으로 정하는 사업장(이를 '당연적용사업장'이라 함)의 18세 이상 60세 미만인 근로자와 사용자이며(同法 8①), 지역가입자는 원칙적으로 사업장가입자가 아닌 자로서 18세 이상 60세 미만인 자이다(同法 9).

임의가입자는 사업장가입자나 지역가입자가 아닌 18세 이상 60세 미만인 자로서 보건복지부령으로 정하는 바에 따라 국민연금공단에 가입을 신청한 자이며(同法 10①), 임의계속가입자는 국민연금가입자 또는 가입자였던 자로서 60세가 된 자 등 일정한 자가 65세가 될 때까지 보건복지부령으로 정하는 바에 따라 국민연금공단에 가입을 신청한 자이다(同法 13①).

국민연금 가입기간은 월 단위로 계산하되, 원칙적으로 가입자의 자격을 취득한 날이 속하는 달의 다음 달부터 자격을 상실한 날의 전날이 속하는 달까지로 한다(同法 17①). 병역법에 따른 현역병과 사회복무요원이나 2 이상의 자녀가 있는 가입자 또는 가입자였던 자가 노령연금 수급권을 취득한 때에는 일정기간을 가입기간에 추가로 산입한다(同法 18①·19①). 가입자의 자격을 상실한 후 다시 그 자격을 취득한 자에 대하여는 전후(前後)의 가입기간을 합산한다(同法 20).

(3) 국민연금공단

보건복지부장관의 위탁을 받아 국민연금법의 목적 사업을 수행하기 위하여 국민연금공단을 설립한다. 국민연금공단은 법인으로 한다(同法 24·26).

국민연금공단은 ① 가입자에 대한 기록 관리·유지, ② 연금보험료 부과, ③ 연금급여 결정·지급, ④ 가입자, 가입자였던 자 및 수급권자를 위한 자금 대여와 복지시설의 설치·운영 등 복지증진사업, ⑤ 가입자 및 가입자였던 자에 대한 기금

증식을 위한 자금 대여사업, ⑥ 국민연금 가입 대상과 수급권자 등을 위한 노후준비서비스 사업, ⑦ 국민연금제도·재정계산·기금운용에 관한 조사연구, ⑧ 국민연금에 관한 국제협력, ⑨ 이 법 또는 다른 법령에 따라 위탁받은 사항, ⑩ 그 밖에 국민연금사업에 관하여 보건복지부장관이 위탁하는 사항의 업무를 수행한다(同法 25).

이 법은 국민연금가입자의 자격 취득·상실 등에 대한 국민연금공단에의 신고(同法 21), 국민연금공단의 가입자 등에 대한 기준소득월액 등의 통지(同法 22·23), 국민연금공단의 사무소(同法 27), 정관(同法 28), 임원(同法 30), 기금이사(同法 31), 임원의 임기와 직무(同法 32·33), 임원 결격사유(同法 35), 이사회(同法 38), 국민연금공단에 대한 감독(同法 41), 국민연금공단의 회계(同法 42~45), 국민연금공단의 복지사업, 대여사업, 수급권자에 대한 노후준비서비스 관련 사업(同法 46, 46의3), 국민연금공단의 복지시설 설치사업 등에 관한 특례(同法 46의2), 국민연금공단의 업무위탁(同法 47), 국민연금공단에 대한 민법의 재단법인에 관한 규정 준용(同法 48), 국민연금연구원(同法 27의2. 2016.6.30.시행)에 대하여도 규정하고 있다.

(4) 국민연금급여

국민연금법에 따른 연금급여는 이를 받을 권리가 있는 자(이하 '수급권자'라 함)의 청구에 따라 국민연금공단이 지급한다. 연금급여에는 ① 노령연금, ② 장애연금, ③ 유족연금, ④ 반환일시금이 있는데(同法 49), 각 연금급여액은 지급사유에 따라 기본연금액과 부양가족연금액을 기초로 산정한다(同法 50①②).

위의 '기본연금액'은 원칙적으로 수급권자의 연금 수급 직전 3년간의 평균소득월액을 연금 수급 전년도의 전국소비자물가변동률에 따라 환산한 금액의 평균액과, 가입자 개인의 가입기간 중의 매년 기준소득월액을 연금 수급 전년도의 현재가치로 환산한 금액의 평균액을 합한 금액에 1천분의 1천200을 곱한 금액이라 할 수 있다(상세한 산정기준은 同法 51①②③ 참조). 다만, 가입기간이 20년을 초과하면 그 초과하는 1년(1년 미만이면 매 1개월을 12분의 1년으로 계산함)마다 위의 금액에 1천분의 50을 곱한 금액을 더한다(同法 51①).

위에서 '평균소득월액'이란 매년 사업장가입자 및 지역가입자 전원(全員)의 기준소득월액을 평균한 금액을 말하고, '기준소득월액'이란 연금보험료와 연금급여를 산정하기 위하여 가입자의 소득월액을 기준으로 하여 정하는 금액을 말하며, '소득'이란 일정한 기간 근로를 제공하여 얻은 수입에서 대통령령으로 정하는 비과세소득을 제외한 금액 또는 사업·자산을 운영하여 얻는 수입에서 필요경비를 제외한 금액을 말한다(同法 3①).

'부양가족연금액'은 가입자의 부양가족에 대한 가족수당의 성격을 가진 것으로서, 원칙적으로 수급권자(유족연금의 경우에는 사망한 가입자 또는 가입자였던 자를 말함)에 의하여 생계를 유지하고 있는 ① 배우자(연 15만원), ② 19세 미만이거나 장애등급 2급 이상인 자녀(각각 연 10만원), ③ 배우자의 부모를 포함한 60세 이상이거나 장애등급 2급 이상인 부모(각각 연 10만원)에 대하여 위 해당 괄호 안의 각각의 금액을 합산한 금액으로 한다(同法 52①).

1) 노령연금

노령연금은 국민연금 가입기간이 10년 이상인 가입자 또는 가입자였던 자에 대하여 60세(특수직종근로자는 55세)가 된 때부터 그가 생존하는 동안 지급하는 연금이다(同法 61①). 수급권자는 노령연금의 지급 연기 신청도 할 수 있다(同法 62).

노령연금액은 가입기간이 20년 이상인 경우에는 기본연금액에 부양가족연금액을 더한 금액으로 하고, 가입기간이 10년 이상 20년 미만인 경우에는 기본연금액의 1천분의 500에 해당하는 금액에 가입기간 10년을 초과하는 1년(1년 미만이면 매 1개월을 12분의 1년으로 계산함)마다 기본연금액의 1천분의 50에 해당하는 금액을 더한 금액에 부양가족연금액을 더한 금액으로 한다(同法 63①).

이 법은 노령연금과 관련하여 조기노령연금(同法 61②), 수급권자의 소득활동에 따른 노령연금액(同法 63의2), 배우자였던 자의 노령연금 분할과 특례(同法 64, 64의2·3, 65), 조기노령연금의 지급 정지(同法 66) 등에 관하여도 규정하고 있다.

2) 장애연금

장애연금은 국민연금 가입 중에 생긴 질병(당해 질병의 초진일이 국민연금 가입 중에 있는 경우로서 가입자가 가입 당시 발병사실을 알지 못한 경우 포함)이나 부상으로 완치된 후에도 신체상 또는 정신상의 장애가 있는 자에 대하여 그 장애가 계속되는 동안 장애 정도에 따라 지급되는 연금이다(同法 67①).

장애 정도에 관한 장애등급은 1급·2급·3급·4급으로 구분하되, 등급 구분의 기준과 장애 정도의 심사에 관한 사항은 대통령령으로 정한다(同法 67⑤).

장애연금액은 장애 등급에 따라 ① 장애등급 1급에 해당하는 자에 대하여는 기본연금액에 부양가족연금액을 더한 금액, ② 장애등급 2급에 해당하는 자에 대하여는 기본연금액의 1천분의 800에 해당하는 금액에 부양가족연금액을 더한 금액, ③ 장애등급 3급에 해당하는 자에 대하여는 기본연금액의 1천분의 600에 해당하는 금액에 부양가족연금액을 더한 금액으로 하며, ④ 장애등급 4급에 해당하는 자에 대하여는 기본연금액의 1천분의 2천250에 해당하는 금액을 일시보상금으로 지급한다(同法 68①②③④. 大判 2012.4.13, 2011두31178).

이 법은 장애연금과 관련하여 장애의 중복 조정(同法 69), 장애연금액의 변경(同法 70), 일시보상금에 대한 평가(同法 71)에 관하여도 규정하고 있다.

3) 유족연금

유족연금은 ① 노령연금 수급권자, ② 가입기간이 10년 이상인 가입자였던 자, ③ 가입자, ④ 장애등급이 2급 이상인 장애연금 수급권자인 자가 사망하였을 경우에 그 유족에게 지급하는 연금이다.

가입기간이 1년 미만인 가입자가 질병이나 부상으로 사망하면 가입 중에 생긴 질병이나 부상으로 사망한 경우에만 유족연금을 지급받을 수 있다(同法 72①).

유족연금액은 가입기간에 따라, 가입기간이 10년 미만이면 기본연금액의 1천분의 400에 해당하는 금액, 가입기간이 10년 이상 20년 미만이면 기본연금액의 1천분의 500에 해당하는 금액, 가입기간이 20년 이상이면 기본연금액의 1천분의 600에 해당하는 금액에 부양가족연금액을 더한 금액으로 한다. 노령연금 수급권자가 사망한 경우의 유족연금액은 사망한 자가 지급받던 노령연금액을 초과할 수 없다(同法 74).

유족연금을 지급받을 수 있는 유족은 가입자 또는 가입자였던 자가 사망할 당시 그에 의하여 생계를 유지하고 있던 ① 배우자, ② 자녀(19세 미만이거나 장애등급 2급 이상인 자만 해당), ③ 부모(배우자의 부모를 포함하며, 60세 이상이거나 장애등급 2급 이상인 자만 해당), ④ 손자녀(19세 미만이거나 장애등급 2급

이상인 자만 해당), ⑤ 조부모(배우자의 조부모를 포함하며, 60세 이상이거나 장애등급 2급 이상인 자만 해당)의 순위에서 최우선 순위자이다(同法 73①②).

이 법은 유족연금과 관련하여 유족연금 수급권의 소멸(同法 75), 일정한 경우의 배우자에 대한 유족연금의 지급 정지(同法 76)에 관하여도 규정하고 있다.

4) 반환일시금

반환일시금은 국민연금 가입자나 가입자였던 자로서 가입기간이 10년 미만인 자가 60세가 된 경우, 가입자나 가입자였던 자가 사망한 경우와 국적을 상실하거나 국외로 이주한 경우에 본인이나 그 유족의 청구에 의하여 일시에 지급하는 금액이다(同法 77①. 憲裁 2014.5.29, 2012헌마248). 반환일시금의 액수는 가입자나 가입자였던 자가 납부한 연금보험료(사업장가입자·사업장가입자였던 자의 경우 사용자의 부담금 포함)에 대통령령으로 정하는 이자를 더한 금액으로 한다(同法 77②).

이 법은 반환일시금과 관련하여 반환일시금을 받은 자가 다시 가입자가 된 경우의 반납금(지급받은 반환일시금에 이자를 더한 금액)의 납부와 가입기간계산(同法 78), 반환일시금 수급권의 소멸(同法 79), 가입자 또는 가입자였던 자가 사망한 때에 이 법상의 유족이 없는 경우 지급되는 사망일시금(同法 80), 유족연금과 사망일시금의 관계(同法 81)에 대하여도 규정하고 있다.

(5) **연금 지급시기 등**

노령연금·장애연금·유족연금은 지급 사유가 생긴 날이 속하는 달의 다음 달부터 수급권이 소멸한 날이 속하는 달까지 지급하며, 매월 25일에 그 달의 금액을 지급하되, 지급일이 토요일이나 공휴일이면 그 전날에 지급한다. 다만, 수급권이 소멸하거나 연금 지급이 정지된 경우에는 그 지급일 전에 지급할 수 있다(同法 54①②).

이 법은 연금액의 최고한도(同法 53), 연금급여수급전용계좌(同法 54의2), 수급권자 사망시의 미지급 급여의 지급(同法 55), 중복급여의 조정(同法 56), 일정한 경우의 급여 환수(同法 57, 57의2), 수급권 보호(同法 58), 미납금의 공제 지급(同法 59), 연금급여의 제한(同法 82), 장애연금액의 변경 제한(同法 83), 유족연금의 지급 제한(同法 84), 연금보험료의 미납에 따른 지급 제한(同法 85), 급여지급의 정지(同法 86)에 관하여도 규정하고, 국민연금법에 따른 급여로 지급된 금액에 대하여는 조세특례제한법이나 그 밖의 법률 또는 조례로 정하는 바에 따라 조세, 그 밖에 국가 또는 지방자치단체의 공과금을 감면하도록 규정하고 있다(同法 60).

(6) **연금보험료 등**

국민연금법에서의 '연금보험료'란 국민연금사업에 필요한 비용으로서 사업장가입자의 경우에는 부담금 및 기여금의 합계액을, 지역가입자·임의가입자 및 임의계속가입자의 경우에는 본인이 내는 금액을 말한다. 위에서 '부담금'이란 사업장가입자의 사용자가 부담하는 금액을 말하고, 사용자란 근로자가 소속되어 있는 사업장의 사업주를 말하며, '기여금'이란 사업장가입자가 부담하는 금액을 말한다(同法 3①).

보건복지부장관은 국민연금사업 중 연금보험료의 징수에 관하여 국민연금법에서 정하는 사항을 국민건강보험공단에 위탁하고, 국민연금공단은 가입자와 사용자에게 가입기간 동안 매월 연금보험료를 부과하며, 국민건강보험공단이 이를 징수한다(同法 88①②). 사업장가입자의 연금보험료 중 기여금은 사업장가입자 본인이, 부담금은 사용자가 각각 부담하되, 그 금액은 각각 기준소득월액의 1천분의 45에 해당하는 금액으로 한다. 지역가입자와 임의가입자 및 임의계속가입자의 연금보험료는 지역가입자와 임의가입자 또는 임의계속가입자 본인이 부담하되, 그 금액은 기준소득월액의 1천분의 90으로 한다(同法 88③④).

국가는 매년 국민연금공단 및 국민건강보험공단이 국민연금사업을 관리·운영하는 데에 필요한 비용의 전부 또는 일부를 부담한다(同法 87).

연금보험료는 납부 의무자가 다음 달 10일까지 내야 한다. 다만, 대통령령으로 정하는 농업·임업·축산업 또는 수산업을 경영하거나 이에 종사하는 자는 본인의 신청에 의하여 분기별 연금보험료를 해당 분기의 다음 달 10일까지 낼 수 있다(同法 89①). 사용자는 사업장가입자가 부담할 기여금을 그에게 지급할 매달의 임금에서 공제하여 내야 한다(同法 90①).

이 법은 국민건강보험공단의 연금보험료 납입 고지(同法 88의2), 연금보험료의 납부 기한(同法 89), 연금보험료의 원천공제 납부(同法 90), 연금보험료의 제2차 납부의무(同法 90의2), 신용카드 등으로 하는 연금보험료 등의 납부(同法 90의3), 연금보험료 납부의 예외(同法 91), 연금보험료의 납기 전 징수(同法 94), 연금보험료 등의 독촉 및 체납처분(同法 95), 연금보험료 등의 납부증명(同法 95의2), 체납보험료의 분할납부(同法 95의3), 서류의 송달(同法 96), 연금보험료 미납자에 대한 연체금부과(同法 97), 고액·상습 체납자의 인적사항 공개(同法 97의2), 연금보험료 징수의 우선순위(同法 98), 일정한 경우의 연금보험료 등의 징수권 소멸(同法 99), 과오납금의 충당과 반환(同法 100), 사용자의 미달납부 보험료에 대한 지역가입자 보험료납부 의제(同法 100의2), 연금보험료의 지원(同法 100의3), 연금보험료 지원금의 환수(同法 100의4), 국민연금의 중복급여의 조정(同法 113), 국민연금공단의 대위권(同法 114), 국민연금원부(同法 118)에 관하여도 규정하고 있다.

이 법은 연금보험료나 환수금 기타 이 법에 따른 징수금을 징수하거나 환수할 권리는 3년간, 급여를 받거나 과오납금을 반환받을 수급권자 또는 가입자 등의 권리는 5년간 행사하지 아니하면 각각 소멸시효가 완성되고, 급여를 지급받을 권리는 그 급여 전액에 대하여 지급이 정지되어 있는 동안은 시효가 진행되지 아니하며, 연금보험료나 기타 이 법에 따른 징수금 등의 납입 고지, 독촉과 급여의 지급 또는 과오납금 등의 반환청구는 소멸시효 중단의 효력을 가진다고 규정하고(同法 115①②③), 반환일시금의 소멸시효에 관한 특례(同法 116)도 규정하고 있다.

(7) 국민연금기금 및 심사청구 등

보건복지부장관은 국민연금사업에 필요한 재원을 원활하게 확보하고, 국민연금 급여에 충당하기 위한 책임준비금으로서 국민연금기금을 설치하여 관리·운용하며(同法 101①·102①), 국민연금기금의 운용에 관한 일정한 사항을 심의·의결하기 위하여 보건복지부에 국민연금기금운용위원회를 두고(同法 103①), 국민연금기금의 운용에 관한 일정한 사항을 심의·평가하기 위하여 국민연금기금운용위원회에 국민연금기금운용실무평가위원회를 둔다(同法 104①).

보건복지부장관은 매년 국민연금기금 운용계획을 세워서 국민연금기금운용위원회 및 국무회의의 심의를 거쳐 대통령의 승인을 받아야 한다(同法 107①).

국민연금가입자의 자격, 기준소득월액, 연금보험료, 그 밖의 국민연금법에 따른 징수금과 급여에 관한 국민연금공단 또는 국민건강보험공단의 처분에 이의가 있는 자는 그 처분을 한 국민연금공단 또는 건강보험공단에 심사청구를 할 수 있으며, 심사청구는 그 처분이 있음을 안 날부터 90일 이내에 문서(전자정부법에 따른 전자문서 포함)로 하여야 하며, 처분이 있은 날부터 180일을 경과하면 이를 제기하지 못한다. 다만, 정당한 사유로 그 기간에 심사청구를 할 수 없었음을 증명하면 그 기간이 지난 후에도 심사 청구를 할 수 있다(同法 108①②).

위의 심사청구사항을 심사하기 위하여 국민연금공단에 국민연금심사위원회를 두고, 건강보험공단에 징수심사위원회를 둔다(同法 109①). 심사청구에 대한 결정에 불복하는 자는 그 결정통지를 받은 날부터 90일 이내에 국민연금재심사위원회에 재심사를 청구할 수 있다(同法 110). 재심사청구사항을 심사하기 위하여 보건복지부에 국민연금재심사위원회(이하 '재심사위원회'라 함)를 둔다(同法 111). 재심사위원회의 재심사와 재결에 관한 절차에 관하여는 행정심판법을 준용한다(同法 112①).

국민연금가입자의 자격, 기준소득월액, 연금보험료, 기타 이 법에 따른 징수금과 연금급여에 관한 국민연금공단 또는 국민건강보험공단의 처분은 행정청의 처분이 되고 행정소송의 대상이 된다.

이 법은 사용자의 근로자 권익 보호(同法 119), 국민연금공단의 장애자에 대한 상태확인(同法 120), 가입자 등의 수급권 발생·변경에 관련된 사항 신고(同法 121), 국민연금사업에 필요한 조사·질문(同法 122), 매년 연간조사계획에 따른 수급자에 대한 확인조사(同法 122의2), 자료의 요청 및 전산망의 이용(同法 123), 소득월액 등의 신고내용 중 탈루자료 등의 통보(同法 125), 이 법의 적용을 받는 사업장에 사용되고 있거나 국내에 거주하는 외국인에 대한 이 법의 적용(同法 126), 외국과의 사회보장협정의 적용(同法 127)에 대하여도 규정하고 있다.

국민연금법은 거짓이나 그 밖의 부정한 방법으로 국민연금급여를 받은 자 등 국민연금법의 규정에 위반되는 행위를 한 자에 대한 벌칙(同法 128·130)과 위법하게 신고나 통지 또는 자료제출 등을 하지 아니하거나 거짓으로 신고한 자 등에 대한 과태료 부과(同法 131)에 관하여도 규정하고 있다.

【大判 2010.1.28, 2008두20444. "구 국민연금법의 입법 목적이 사회적 기본권의 하나인 사회보장수급권을 구체화하여 국민의 생활안정 및 복지증진에 기여하고자 하는 데에 있는 점(제1조), 당연적용사업장의 18세 이상 60세 미만의 근로자 및 사용자는 일부 예외를 제외하고는 사업장가입자로서 당연히 국민연금에 가입하여야 하는 점(제8조 제1항), 사업장가입자 자격의 취득시기는 사업장가입자가 당연적용사업장에 사용된 때 또는 그 사업장의 사용자가 된 때, 혹은 사업장가입자가 당연적용사업장으로 된 때 등으로 객관적으로 정해지는 점(제11조 제1항), 연금보험료를 납부하지 않은 기간은 국민연금 가입기간에 산입되지 않는 점(제17조 제2항 본문), 사용자는 사업장가입자가 부담할 기여금을 그에게 지급할 매월의 임금에서 공제하여 이를 공단에 납부하여야 할 의무가 있는 점(제77조 제1항), 사업장가입자의 사용자는 당연적용사업장에 해당된 사실과 가입자 자격의 취득·상실, 가입자의 소득월액 등에 관한 사항을 국민연금관리공단에 신고하여야 하고(제19조 제1항), 이를 신고하지 않거나 허위 신고를 한 사용자는 50만 원 이하의 벌금에 처해지는 점(제105조 제1호) 등을 종합해 보면, 사업장가입자는 그 자격을 취득한 때부터 연금보험료를 납부하여야 할 의무가 있고, 이에 위반하여 연금보험료를 임의로 납부하지 않을 권리가 있다고 할 수는 없으며, 다만 어떤 사유로 연금보험료가 납부되지 아니한 기간은 국민연금 가입기간에 산입되지 아니할 따름이다."】

【大判 2014.10.15, 2012두15135. "국민연금법상 장애연금은 국민연금 가입 중에 생긴 질병이나 부상으로 완치된 후에도 신체상 또는 정신상의 장애가 있는 자에 대하여 그 장애가 계속되는 동안 장애 정도에 따라 지급되는 것으로서, 치료종결 후에도 신체 등에 장애가 있을 때 지급사유가 발생하고 그때 가입자는 장애연금 지급청구권을 취득한다. 따라서 장애연금 지급을 위한 장애등급 결정은 장애연금 지급청구권을 취득할 당시, 즉 치료종결 후 신체 등에 장애가 있게 된 당시의 법령에 따르는 것이 원칙이다."】

4. 국민건강보험법

(1) 서설

사람은 항상 건강하기를 바라지만, 때로는 질병과 부상의 고통을 겪을 수도 있다. 국민의 질병·부상에 대한 예방·진단·치료·재활과 출산·사망 및 건강증진에 대하여 일정한 보험급여(保險給與)를 실시하는 사회보험으로서, 국민건강보험법에 의한 국민건강보험이 있음은 국민 모두가 주지하는 사실이다.

후술하는 산업재해보상보험이 사업장에서의 업무상 부상·질병 등에 대한 사회보험인데 비하여, 국민건강보험은 사업장에서의 업무와 관계없이 발생한 국민의 질병·부상·출산 등에 대한 사회보험이다.

국민건강보험법에 따른 건강보험사업은 보건복지부장관이 맡아 주관하며(同法 2), 국민건강보험의 보험자는 국민건강보험공단이다(同法 13).

국민건강보험법이 규정하고 있는 국민건강보험제도의 개요는 다음과 같다.

(2) 국민건강보험의 피보험자(가입자·피부양자)

국내에 거주하는 국민으로서 의료급여법에 따라 의료급여를 받는 자와 「독립유공자예우에 관한 법률」 및 「국가유공자 등 예우 및 지원에 관한 법률」에 따라 의료보호를 받는 자(건강보험의 적용을 신청한 자 등은 예외)가 아닌 자는 국민건강보험법에 의한 국민건강보험의 가입자 또는 그 피부양자가 된다(同法 5①). 즉, 국민건강보험의 피보험자(被保險者)는 국민건강보험의 가입자와 가입자의 피부양자이다.

국민건강보험의 가입자는 직장가입자와 지역가입자(地域加入者)로 구분된다.

모든 사업장(사업소나 사무소)의 근로자(다만, 고용기간이 1개월 미만인 일용근로자 등 제외되는 자 있음)와 그 사용자, 공무원 및 교직원(대통령령으로 정하는 자 제외)은 직장가입자가 된다(同法 6①②. 憲裁 2014.5.29, 2011헌바384. 大判 2011.11.24, 2011두15534). 위에서 '사용자'란 ① 근로자가 소속되어 있는 사업장의 사업주, ② 공무원이 소속되어 있는 기관의 장으로서 대통령령으로 정하는 사람,

③ 교직원이 소속되어 있는 사립학교를 설립·운영하는 자를 말한다(同法 3ii).

사업장의 사용자는 직장가입자가 되는 근로자·공무원 및 교직원을 사용하는 사업장(이를 '적용대상사업장'이라 함)이 된 경우나 휴업·폐업 등 보건복지부령으로 정하는 사유가 발생한 경우에는 그 때부터 14일 이내에 보건복지부령으로 정하는 바에 따라 보험자(국민건강보험공단)에게 신고하여야 하며, 신고한 내용이 변경된 경우에도 또한 같다(同法 7).

직장가입자의 피부양자는 ① 직장가입자의 배우자, ② 직장가입자와 그 배우자의 직계존속, ③ 직장가입자와 그 배우자의 직계비속 및 그 배우자, ④ 직장가입자의 형제·자매에 해당하는 사람 중 직장가입자에게 주로 생계를 의존하는 사람으로서 보수나 소득이 없는 사람이다(同法 5②). 직장가입자의 피부양자는 건강보험료를 납부하지 아니한다.

지역가입자는 건강보험가입자 중 직장가입자와 그 피부양자를 제외한 자이다(同法 6③).

국민건강보험 가입자는 ① 지역가입자가 적용대상사업장의 사용자로 되거나, 근로자·공무원 또는 교직원(이하 '근로자 등'이라 함)으로 된 날, ② 직장가입자가 다른 적용대상사업장의 사용자로 되거나 근로자 등으로 된 날, ③ 직장가입자인 근로자 등이 그 사용관계가 끝난 날의 다음 날, ④ 적용대상사업장에 휴업·폐업 등 보건복지부령으로 정하는 사유가 발생한 날의 다음 날, ⑤ 지역가입자가 다른 세대로 전입한 날에 그 자격이 변동된다(同法 9①).

(3) 보험자(국민건강보험공단)

국민건강보험의 보험자(保險者)는 국민건강보험공단이다(同法 13). 국민건강보험공단은 법인으로 하며, 필요하면 정관으로 정하는 바에 따라 분사무소를 둘 수 있다(同法 15①, 16②). 국민건강보험공단은 임원으로서 이사장 1명, 이사 14명 및 감사 1명을 둔다. 이 경우 이사장, 이사 중 5명 및 감사는 상임으로 한다(同法 20①).

국민건강보험공단이 관장하는 업무는 ① 건강보험의 가입자 및 피부양자의 자격 관리, ② 보험료와 그 밖에 이 법에 따른 징수금의 부과·징수, ③ 보험급여의 관리, ④ 가입자 및 피부양자의 건강 유지와 증진을 위하여 필요한 예방사업, ⑤ 보험급여 비용의 지급, ⑥ 자산의 관리·운영 및 증식사업, ⑦ 의료시설의 운영, ⑧ 건강보험에 관한 교육훈련 및 홍보, ⑨ 건강보험에 관한 조사연구 및 국제협력, ⑩ 이 법에서 공단의 업무로 정하고 있는 사항, ⑪ 국민연금법, 「고용보험 및 산업재해보상보험의 보험료징수 등에 관한 법률」, 임금채권보장법 및 석면피해구제법(이들 법률을 '징수위탁근거법'이라 함)에 따라 위탁받은 업무, ⑫ 그 외 이 법 또는 다른 법령에 따라 위탁받은 업무, ⑬ 그 밖에 건강보험과 관련하여 보건복지부장관이 필요하다고 인정한 업무이다(同法 14①). 이 법은 국민건강보험공단의 정관(同法 17), 등기(同法 18), 임원의 임명·직무(同法 20·22), 징수이사(同法 21), 이사회(同法 26), 재정운영위원회(同法 33·34), 회계(同法35~39) 등에 관하여도 규정하고 있다.

(4) **국민건강보험의 보험급여(保險給與)**

국민건강보험의 보험급여란 국민건강보험공단이 일정한 경우에 피보험자(건강보험의 가입자 또는 그 피부양자)에게 지급 또는 실시하는 급여를 말한다. 이러한 급여를 받을 피보험자의 건강보험수급권은 재산권의 보장을 받는 공법상의 권리로서 헌법상의 사회적 기본권의 성격과 재산권의 성격을 아울러 지니고 있다고 할 것이다(憲裁 2003.12.18, 2002헌바1).

국민건강보험의 보험급여에는 ① 요양급여, ② 부가급여, ③ 건강검진이 있다.

1) 요양급여

요양급여는 가입자와 피부양자의 질병, 부상, 출산 등의 경우에 진찰·검사, 약제(藥劑)·치료재료의 지급, 처치·수술 및 그 밖의 치료, 예방·재활, 입원, 간호, 이송(移送) 등을 실시하는 급여이다(同法 41①. 大判 2014.5.16, 2011두16841).

보건복지부장관은 약사법 위반과 관련된 일정한 약제에 대하여는 1년의 범위에서 기간을 정하여 요양급여의 적용을 정지할 수 있다(同法 41의2①).

요양급여는 일정한 요양기관에서 실시한다(同法 42①. 憲裁 2014.4.24, 2012헌마865). 요양급여를 받는 자는 대통령령으로 정하는 바에 따라 비용의 일부(본인일부부담금)를 본인이 부담한다(同法 44).

이 법은 요양급여비용의 산정(同法 45·46. 大判 2014.2.27, 2013다77355)과 청구·지급(同法 47), 요양급여비용의 지급 보류(同法 47의2), 요양급여 대상 여부의 확인(同法 48), 요양비(同法 49), 요양비 등의 지급(同法 56), 요양비 등 수급계좌(同法 56의2), 현역병 등에 대한 요양급여비용의 지급(同法 60), 요양급여비용의 정산(同法 61. 大判 2013.4.26, 2012두8038·8045병합)에 관해서도 규정하고 있다.

위에서 '요양비'란 가입자나 피부양자가 부득이한 사유로 보건복지부령으로 정하는 기관에서 질병·부상·출산 등에 대하여 요양을 받거나 요양기관이 아닌 장소에서 출산한 경우에 국민건강보험공단이 가입자나 피부양자에게 지급하는 요양급여에 상당하는 금액을 말한다.

2) 부가급여

부가급여란 국민건강보험공단이 국민건강보험법에서 정한 요양급여 외에 대통령령으로 정하는 바에 따라 실시하는 임신·출산 진료비, 장제비(葬祭費), 상병수당(傷病手當), 그 밖의 급여를 말한다(同法 50).

국민건강보험공단은 장애인복지법에 따라 등록한 장애인인 가입자 및 피부양자에게는 보장구(補裝具)에 대하여 보험급여를 할 수 있다(同法 51).

3) 건강검진

국민건강보험공단은 가입자와 피부양자에 대하여 질병의 조기 발견과 그에 따른 요양급여를 하기 위하여 건강검진을 실시한다. 건강검진의 대상·횟수·절차와 그 밖에 필요한 사항은 대통령령으로 정한다(同法 52①②).

이 법은 일정한 경우의 보험급여의 제한·정지(同法 53·54), 보험급여를 받는 사람에 대한 확인(同法 55), 속임수나 그 밖의 부당한 방법으로 보험급여를 받은 사람이나 보험급여 비용을 받은 요양기관에 대한 부당이득의 징수(同法 57①. 憲裁2015.7.30, 2014헌바298. 大判 2012.6.18, 2010두27639·27646병합)에 대하여도 규정하고 있다.

국민건강보험공단은 제3자의 행위로 보험급여사유가 생겨 가입자 또는 피부양자에게 보험급여를 실시한 경우에는 그 급여에 들어간 비용의 한도에서 그 제3자에게 손해배상을 청구할 권리를 얻으며, 보험급여를 받은 사람이 제3자로부터 이미 손해배상을 받은 경우에는 그 배상액의 한도에서 보험급여를 하지 아니한다(同法 58①②). 보험급여를 받을 권리(수급권)는 양도하거나 압류할 수 없으며, 요양비 등 수급계좌에 입금된 요양비 등도 압류할 수 없다(同法 59①②).

(5) **보험료**

국민건강보험공단은 건강보험사업에 소요되는 비용에 충당하기 위하여 직장가입자와 지역가입자로부터 매월 보험료를 징수한다(同法 69).

직장가입자의 월별 보험료액은 보수월액에 1천분의 80의 범위에서 대통령령으로 정하는 보험료율을 곱한 '보수월액보험료'와 대통령령으로 정하는 금액을 초과한 보수 외의 소득에 일정 보험료율(보수월액보험료산정에 적용한 보험료율의 100분의 50)을 곱한 '소득월액보험료'를 산정하여 정한다(同法 69④·70·71).

국민건강보험 가입자 중 섬·벽지(僻地)·농어촌 등 대통령령으로 정하는 지역에 거주하는 사람, 65세 이상인 사람, 장애인, 국가유공자, 휴직자, 그 밖에 생활이 어렵거나 천재지변 등의 사유로 보험료를 경감할 필요가 있다고 보건복지부장관이 정하여 고시하는 사람 중 보건복지부령으로 정하는 가입자에 대하여는 그 가입자 또는 그 가입자가 속한 세대의 보험료의 일부를 경감할 수 있다(同法 75).

직장가입자의 보수월액보험료는 직장가입자와 사업주(직장가입자가 공무원인 경우에는 그 공무원이 소속되어 있는 국가 또는 지방자치단체 포함)가 원칙적으로 각각 보험료액의 100분의 50씩(사립학교교직원의 경우에는 학교설립·운영자가 100분의 30, 국가가 100분의 20씩) 부담하고, 직장가입자의 소득월액보험료는 직장가입자가 부담한다(同法 76①②. 大判 2014.5.29, 2011두29403). 사용자는 보수월액보험료 중 직장가입자가 부담하여야 하는 그 달의 보험료액을 그 보수에서 공제하여 납부하여야 한다. 이 경우 직장가입자에게 공제액을 알려야 한다(同法 77③).

지역가입자의 월별 보험료액은 세대 단위로 산정하되, 지역가입자가 속한 세대의 월별 보험료액은 지역가입자의 소득·재산·생활수준·경제활동참가율 등을 고려하여 대통령령으로 정한 기준에 따른 보험료부과점수에 대통령령으로 정한 보험료부과점수당 금액을 곱한 금액으로 한다(同法 69⑤, 72, 73③). 지역가입자의 보험료는 그 가입자가 속한 세대의 지역가입자 전원이 연대하여 부담한다(同法 76③).

보험료 납부의무가 있는 자는 가입자에 대한 그 달의 보험료를 그 다음 달 10일까지 납부하여야 한다. 다만, 직장가입자의 소득월액보험료 및 지역가입자의 보험료는 보건복지부령으로 정하는 바에 따라 분기별로 납부할 수 있다(同法 78①).

이 법은 신용카드 등으로 하는 보험료 등의 납부(同法 79의2), 보험료 연체금의 징수(同法 80), 보험료 등의 독촉 및 체납처분(同法 81), 체납 또는 결손처분 자료의 제공(同法 81의2), 체납보험료의 분할납부(同法 82), 고액·상습체납자의 인적사항 공개(同法 83), 결손처분(同法 84), 체납처분시의 보험료 등의 징수 순위(同法 85), 보험료 등의 충당과 환급(同法 86)에 대하여 규정하고 있다.

이 법은 국민건강보험공단의 국세청장에 대한 소득 축소·탈루 자료의 송부(同法 95), 가입자·피부양자의 자격 관리, 보험료의 부과·징수, 보험급여의 관리 등 건강보험사업의 수행에 필요한 자료의 제공요청(同法 96), 요양급여비용의 청구에 관한 서류의 보존(同法 96의2), 사용자·직장가입자·세대주에게 가입자의 이동·보수·소득이나 그 밖에 필요한 사항에 관한 보고 또는 서류제출 명령, 소속 공무원의 관계인에 대한 질문 및 관계 서류검사(同法 97), 요양기관에 대한 업무정지·과징금부과 및 위반사실의 공표(同法 98·99·100), 의약품제조업자 등의 금지행위(同法 101)에 대하여도 규정하고 있다.

(6) 건강보험정책심의회·건강보험심사평가원 등의 설치와 이의신청 등

건강보험정책에 관한 일정한 사항을 심의·의결하기 위하여 보건복지부장관 소속으로 건강보험정책심의회를 두고(同法 4), 요양급여비용 심사 및 요양급여의 적정성 평가 등을 위하여 건강보험심사평가원(同法 62~65)과 진료심사평가위원회(同法 66~68)을 설치하며, 국민건강보험법에 의한 심판청구를 심리·의결하기 위하여 보건복지부에 건강보험분쟁조정위원회를 둔다(同法 89).

국민건강보험의 가입자 및 피부양자의 자격·보험료·보험급여·보험급여비용에 관한 국민건강보험공단의 처분에 이의가 있는 자는 국민건강보험공단에 이의신청을 할 수 있으며, 요양급여비용 및 요양급여의 적정성 평가 등에 관한 건강보험심사평가원의 처분에 이의가 있는 국민건강보험공단·요양기관 또는 그 밖의 자는 건강보험심사평가원에 이의신청을 할 수 있다(同法 87①②). 위의 이의신청에 대한 결정에 불복하는 자는 건강보험분쟁조정위원회에 심판청구를 할 수 있다(同法 88①).

국민건강보험공단 또는 건강보험심사평가원의 처분에 이의가 있는 자와 위의 이의신청 또는 심판청구에 대한 결정에 불복하는 자는 행정소송법에서 정하는 바에 따라 행정소송을 제기할 수 있다(同法 90).

국민건강보험법은 건강보험공단, 심사평가원 및 대행청구단체에 종사하였던 사람 또는 종사하는 사람의 비밀유지(同法 102), 건강보험공단 등에 대한 감독(同法 103), 속임수나 그 밖의 부당한 방법으로 보험급여 비용을 지급받은 요양기관을 신고한 사람에 대한 포상금 등의 지급(同法 104), 보험재정에 대한 정부지원(同法 108), 외국인 등에 대한 특례(同法 109), 실업자에 대한 특례(同法 110), 이 법에 따른 보건복지부장관의 권한의 위임 및 위탁(同法 111), 건강보험공단의 업무의 위탁(同法 112), 징수위탁보험료 등의 배분 및 납입(同法 113), 출연금의 용도(同法 114), 이 법의 규정에 위반된 행위를 한 자에 대한 벌칙(同法 115~118)과 과태료 부과(同法 119)에 관하여도 규정하고 있다.

5. 산업재해보상보험법

(1) 서설

각종 산업현장에서 일하는 근로자는 사업장에서의 업무로 인한 건강상의 위해(危害)에 노출되기도 한다. 산업재해보상보험(産業災害補償保險)은 일반 사업장 근로자의 업무상의 사유로 인한 부상·질병·장해 또는 사망에 대한 사회보험이다.

산업재해보상보험법은 산업재해보상보험사업을 시행하여 근로자의 업무상의 재해를 신속하고 공정하게 보상하며, 재해근로자의 재활 및 사회복귀를 촉진하기 위하여 이에 필요한 보험시설을 설치·운영하고, 재해예방과 그 밖에 근로자의 복지증진을 위한 사업을 시행하여 근로자 보호에 이바지함을 목적으로 하고 있다(同法 1).

이 법은 일반 근로자에 대한 산업재해보상보험(약칭 '산재보험')을 사회보험화함으로써, 사용자가 과중한 부담을 지지 않으면서도, 업무상 재해를 입은 근로자가 일정한 보상을 받을 수 있도록 하고 있으며, 사업의 위험률·규모 및 사업장소 등을 고려하여 대통령령으로 정하는 사업을 제외하고 원칙적으로 모든 사업 또는 사업장(이하 '사업'이라 함)에 적용된다(同法 6. 大判 2015.3.12, 2012두5176).

이 법의 시행으로써 각종 사업장에서 업무로 인하여 사고를 당하거나 질병을 앓게 되는 근로자들이 곤경의 처지에서 벗어나 재활함에 도움을 받을 수 있는 기초적 여건이 마련되었다고 할 수 있다.

산재보험사업은 고용노동부장관이 관장하며(同法 2①), 근로복지공단(勤勞福祉公團)이 고용노동부장관의 위탁을 받아 산재보험사업을 수행한다(同法 10). 따라서 이 법에 의한 산재보험의 보험자(保險者)는 보험급여의 결정·지급 등의 업무를 수행하는 근로복지공단이 된다(同法 11). 이 법은 근로복지공단의 설치·업무·정관·임원·이사회·회계·감독 등에 관하여 규정하고 있다(同法 10~35).

이 법에 따르면, 원칙적으로 근로자를 사용하는 모든 사업의 사업주는 당연히 산재보험의 가입자가 된다.

이 법에서의 피보험자(被保險者), 즉 산재보험의 수급권자(受給權者)는 보험가입자인 사업주에게 고용되고 있는 자로서, 업무상의 사유로 인한 부상·질병·신체장해 또는 사망 등 업무상 재해를 입은 근로자와 그 유족이다. 산재보험의 수급권자는 보험료를 납부하지 않고도 보험급여를 받을 권리를 가진다.

이 법은 산재보험 및 예방에 관한 중요 사항을 심의하게 하기 위하여 고용노동부에 근로자를 대표하는 자, 사용자를 대표하는 자 및 공익을 대표하는 자로 구성된 '산업재해보상보험 및 예방 심의위원회'를 두도록 규정하고(同法 8), 고용노동부장관이 산재보험사업을 효율적으로 관리·운영하기 위하여 조사·연구 사업 등을 할 수 있도록 규정하고 있다(同法 9).

(2) **업무상 재해 및 그 사유**

산재보험의 급여대상인 '업무상 재해(災害)'는 업무상의 사유에 따른 근로자의 부상·질병·장해 또는 사망을 말하며(同法 5ⅰ. 大判 2015.11.12, 2013두25276), 근로자의 업무와 업무상 재해 사이에는 인과관계(因果關係)가 있어야 한다(同法 37. 憲裁 2015.6.25, 2014헌바269. 大判 2007.9.28, 2005두12572. 大判 2001.7.27, 2000두4538).

위의 업무상 재해의 유형으로는 '업무상 사고'와 '업무상 질병'이 있는데, 이 중 '업무상 사고'는 ① 근로자가 근로계약에 따른 업무나 그에 따르는 행위를 하던 중 발생한 사고, ② 사업주가 제공한 시설물 등을 이용하던 중 그 시설물 등의 결함이나 관리소홀로 발생한 사고, ③ 사업주가 제공한 교통수단이나 그에 준하는 교통수단을 이용하는 등 사업주의 지배관리하에서 출퇴근 중 발생한 사고, ④ 사업주가 주관하거나 사업주의 지시에 따라 참여한 행사나 행사준비 중에 발생한 사고, ⑤ 휴게시간 중 사업주의 지배관리하에 있다고 볼 수 있는 행위로 발생한 사고, ⑥ 그 밖에 업무와 관련하여 발생한 사고이다(同法 37①ⅰ. 大判 2008.9.18, 2007두2173).

한편, '업무상 질병'은 ① 업무수행 과정에서 물리적 인자(因子), 화학물질, 분진(粉塵), 병원체, 신체에 부담을 주는 업무 등 근로자의 건강에 장해를 일으킬 수 있는 요인을 취급하거나 그에 노출되어 발생한 질병, ② 업무상 부상이 원인이 되어 발생한 질병, ③ 그 밖에 업무와 관련하여 발생한 질병이다(同法 37①ⅱ.

大判 2014.11.13, 2012두17070).

근로자의 고의·자해행위·범죄행위 또는 그것이 원인이 되어 발생한 부상·질병·장해 또는 사망은 업무상의 재해로 보지 아니한다. 다만, 그 부상·질병·장해 또는 사망이 정상적인 인식능력 등이 뚜렷하게 저하된 상태에서 한 행위로 발생한 경우로서 대통령령으로 정하는 사유가 있으면 업무상의 재해로 본다(同法 37②).

이 법은 업무상 질병의 인정 여부를 심의하기 위한 근로복지공단 소속의 업무상질병판정위원회의 설치(同法 38), 사고가 발생한 선박 또는 항공기에 있던 근로자의 생사가 밝혀지지 아니한 경우의 사망 추정(同法 39)에 대하여도 규정하고 있다.

(3) 산재보험급여(産災保險給與)

산업재해보상보험급여(약칭 '산재보험급여')에는 ① 요양급여, ② 휴업급여, ③ 장해급여, ④ 간병급여, ⑤ 유족급여, ⑥ 상병보상연금, ⑦ 장의비(葬儀費), ⑧ 직업재활급여 등이 있으며, 이들 보험급여는 수급권자의 청구에 따라 지급한다(同法 36①②. 憲裁 2014.6.26, 2012헌바382·468, 2013헌바21·318, 2014헌바113병합).

① 요양급여는 근로자가 업무상의 사유로 부상을 당하거나 질병에 걸린 경우에 그 근로자에게 진찰 및 검사, 약제 또는 진료재료와 의지(義肢) 그 밖의 보조기의 지급, 처치, 수술, 치료, 재활치료, 입원, 간호 및 간병, 이송, 그 밖에 고용노동부령으로 정하는 사항을 실시 또는 지급하는 급여이다(同法 40①④. 大判 2014.7.24, 2013두27159. 大判 2014.7.10, 2012두20991).

이 법은 요양급여의 신청(同法 41), 요양급여 신청자에 대한 요양급여 결정전의 건강보험 우선 적용(同法 42), 근로자의 요양을 담당할 산재보험 의료기관의 지정 및 지정취소(同法 43), 업무상의 재해와 관련된 사항을 허위로 진단·증명 등을 한 산재보험 의료기관에 대한 과징금(同法 44), 산재보험 의료기관의 진료비 청구(同法 45), 약제비의 청구 및 지급(同法 46), 요양급여를 받고 있는 근로자의 요양기간 연장시의 산재보험 의료기관의 진료계획 제출(同法 47), 요양 중인 근로자의 전원(轉院)요양(同法 48), 추가상병 요양급여의 신청(同法 49), 산재보험 의료기관의 평가(同法 50), 재요양(同法 51), 업무상의 부상 또는 질병이 치유된 자에 대한 합병증 등의 예방관리(同法 77)에 대하여 규정하고 있다.

② 휴업급여는 업무상 사유로 부상을 당하거나 질병에 걸린 근로자에게 요양으로 취업하지 못한 기간에 대하여 1일당 평균임금의 100분의 70에 상당하는 금액을 지급(취업하지 못한 기간이 3일 이내이면 지급하지 아니함)하는 급여이다(同法 52).

이 법은 일정한 경우의 부분휴업급여(同法 53), 저소득 근로자의 휴업급여(同法 54), 고령자의 휴업급여(同法 55), 재요양 기간 중의 휴업급여(同法 56)에 대하여도 규정하고 있다.

③ 장해급여는 근로자가 업무상의 사유로 부상을 당하거나 질병에 걸려 치유된 후 신체 등에 장해가 있는 경우에 그 근로자에게 지급하는 급여이다. 장해급여는 장해등급에 따라 장해보상연금 또는 장해보상일시금으로 하되, 그 장해등급의 기준은 대통령령으로 정한다(同法 57①②. 大判 2015.4.16, 2012두26142). 이 법은 장해보상연금의 수급권이 소멸하는 경우(同法 58), 장해등급의 재판정(同法 59), 재요양에 따른 장해급여(同法 60), 장해특별급여(同法 78)에 대하여도 규정하고 있다.

④ 간병급여(看病給與)는 요양급여를 받은 자 중 치유 후 의학적으로 상시 또는 수시로 간병이 필요하여 실제로 간병을 받는 자에게 지급하는 급여이다(同法 61).

⑤ 유족급여는 근로자가 업무상의 사유로 사망한 경우에 유족에게 지급하는 급여이며, 유족보상연금이나 유족보상일시금으로 하되, 유족보상일시금은 근로자가 사망할 당시 유족보상연금을 받을 수 있는 자격자가 없는 경우에 지급한다(同法 62①②). 이 법은 유족보상연금 수급자격자의 범위(同法 63), 유족보상연금 수급자격자의 자격 상실과 지급 정지(同法 64), 수급권자인 유족의 순위(同法 65), 유족특별급여(同法 79)에 대하여 규정하고 있다.

⑥ 상병보상연금(傷病補償年金)은 요양급여를 받는 근로자가 요양을 시작한 지 2년이 지난 날 이후에 그 부상이나 질병이 치유되지 아니한 상태이고, 그 부상이나 질병에 따른 폐질(廢疾)의 정도가 대통령령으로 정하는 폐질등급 기준에 해당하며, 요양으로 인하여 취업하지 못하는 상태가 계속되는 경우에 그 근로자에게 휴업급여 대신에 지급하는 급여이다(同法 66).

이 법은 저소득 근로자의 상병보상연금(同法 67), 고령자의 상병보상연금(同法

68), 재요양 기간 중의 상병보상연금(同法 69)에 대하여도 규정하고 있다.

⑦ 장의비는 근로자가 업무상의 사유로 사망한 경우에 평균임금의 120일분에 상당하는 금액을 그 장제(葬祭)를 지낸 유족에게 지급하는 급여이다(同法 71①).

⑧ 직업재활급여는 장해급여 또는 진폐보상연금을 받은 자나 장해급여를 받을 것이 명백한 자로서 대통령령으로 정하는 자(이하 '장해급여자'라 함) 중 취업을 위하여 직업훈련이 필요한 자(이를 '훈련대상자'라 함)에 대하여 실시하는 직업훈련에 드는 비용 및 직업훈련수당으로 지급하는 급여와, 업무상의 재해가 발생할 당시의 사업에 복귀한 장해급여자에 대하여 사업주가 고용을 유지하거나 직장적응훈련 또는 재활운동을 실시하는 경우에 각각 지급하는 직장복귀지원금, 직장적응훈련비 및 재활운동비로 지급하는 급여이다(同法 72①). 이 법은 직업훈련비용(同法 73), 직업훈련수당(同法 74), 직장복귀지원금(同法 75)에 대하여도 규정하고 있다.

이 법은 장해보상연금·유족보상연금·진폐보상연금·진폐유족연금의 지급기간 및 지급시기(同法 70), 외국인 근로자의 업무상 재해로 인한 요양 중 출국하는 경우의 신청에 따른 보험급여의 일시지급(同法 76)에 대하여도 규정하고 있다.

(4) 산재보험재정(産災保險財政)

산재보험에서는 다른 사회보험과 달리 보험료 전액을 보험가입자인 사업주가 부담하며, 수급권자는 보험료를 부담하지 아니한다. 근로복지공단은 보험사업에 소요되는 비용에 충당하기 위하여 보험가입자(사업주)로부터 보험료를 징수한다.

산재보험사업에 드는 비용에 충당하기 위하여 징수하는 보험료나 그 밖의 징수금에 관하여는 「고용보험 및 산업재해보상보험의 보험료징수 등에 관한 법률」(약칭 '보험료징수법')에서 정하는 바에 따른다(同法 4).

국가는 회계연도마다 예산의 범위에서 산재보험사업의 사무집행에 소요되는 비용을 일반회계에서 부담하여야 하며, 예산의 범위 안에서 보험사업에 소요되는 비용의 일부를 지원할 수 있다(同法 3①②).

(5) 다른 보상이나 배상과의 관계 등

이 법상의 산재보험 수급권자가 이 법에 따라 보험급여를 받았거나 받을 수 있으면 보험가입자(사업주)는 동일한 사유에 대하여 근로기준법에 따른 재해보상책임이 면제된다(同法 80①).

산재보험 수급권자가 동일한 사유에 대하여 이 법에 따른 보험급여를 받으면 보험가입자는 그 금액의 한도 안에서 민법이나 그 밖의 법령에 따른 손해배상의 책임이 면제된다. 이 경우 장해보상연금 또는 유족보상연금을 받고 있는 자는 장해보상일시금 또는 유족보상일시금을 받은 것으로 본다(同法 80②).

산재보험 수급권자가 동일한 사유로 민법이나 그 밖의 법령에 따라 이 법의 보험급여에 상당한 금품을 받으면 근로복지공단은 그 받은 금품을 대통령령으로 정하는 방법에 따라 환산한 금액의 한도 안에서 이 법에 따른 보험급여를 지급하지 아니한다. 다만, 위의 수급권자가 지급받은 것으로 보게 되는 장해보상일시금 또는 유족보상일시금에 해당하는 연금액에 대하여는 그러하지 아니하다(同法 80③. 大判 2015.1.15, 2014두724).

이 법은 이 법에 따른 보험급여를 지급결정일부터 14일 이내에 지급하도록 규정하고(同法 82), 미지급 보험급여의 지급(同法 81), 보험급여의 지급제한(同法 83), 거짓이나 그 밖의 부정한 방법으로 보험급여를 받은 경우 등의 부당이득의 징수(同法 84. 大判 2014.4.10, 2011두31697), 보험급여 등의 충당(同法 86), 근로복지공단의 제3자에 대한 구상권(同法 87), 수급권의 보호(同法 88), 수급권의 대위(同法 89), 요양급여 비용의 정산(同法 90, 90의2), 보험급여로서 지급된 금품에 대한 공과금의 면제(同法 91), 진폐(塵肺)에 따른 보험급여의 특례(同法 91의2~91의11. 憲裁 2014.2.27, 2013헌바12·60병합. 憲裁 2014.2.27, 2012헌바469), 근로자의 복지증진을 위한 사업(同法 92), 장해급여자의 고용 촉진(同法 94), 국민건강보험 요양급여비용의 본인 일부 부담금의 대부(同法 93), '산업재해보상보험 및 예방 기금'의 설치·관리·운용(同法 95~102)에 대하여도 규정하고 있다.

또한 이 법은 근로복지공단의 보험급여결정 등에 대한 심사청구와 재심사청구(同法 103), 산업재해보상보험심사위원회의 설치(同法 104) 및 심사청구에 대한 심리·결정(同法 105), 재심사청구의 제기(同法 106), 산업재해보상보험재심사위원회의 설치(同法 107), 위원의 제척·기피·회피(同法 108), 재심사청구에 대한 심리·재결(同法 109), 심사청구인 및 재심사청구인의 지위 승계(同法 110), 장해보상연금 등의 수급권자 출국신고(同法 115), 보험급여 청구 등에 대한 사업주의 조력(同法 116), 사업장과 산재보험 의료기관에 대한 조사(同法 117·118), 근로복지공단의 보험급여를 받은 자 또는 이를 받으려는 자에 대한 산재보험 의료기관에서의 진찰 요구(同法 119), 보험급여의 일시중단(同法 120)에 대하여도 규정하고 있다.

이 법은 국외 근무 근로자의 업무상 재해보상에 대한 특례(同法 121), 산업재해보상보험사업과 관련하여 해외파견자와 현장실습생에 대한 특례(同法 122·123), 중·소기업 사업주에 대한 특례(同法 124), 특수형태근로종사자에 대한 특례(同法 125), 국민기초생활보장법상의 수급자에 대한 특례(同法 126), 거짓이나 그 밖의 부정한 방법으로 진료비·약제비를 지급받은 산재보험 의료기관·약국의 종사자나 부정한 방법으로 산재보험급여를 받은 자 등에 대한 벌칙(同法 127·128), 이 법상의 일정한 의무를 위반한 자에 대한 과태료 부과(同法 129)에 관하여도 규정하고 있다.

6. 고용보험법

(1) 서설

각종 사업장에서 일하면서 가족의 생계를 꾸려나가는 근로자가 본인이 원하지 아니한 실직(失職)을 당하였을 경우에 당사자와 그 가족의 낭패감과 곤궁은 심각해지는데, 이러한 어려운 처지의 실직자에게 삶의 용기를 북돋아주기 위한 사회보험이 고용보험법에 의한 고용보험(雇傭保險)이다.

고용보험은 실직자의 생계보장을 목적으로 실업급여(失業給與)를 지급하던 과거의 소극적인 실업보험과는 달리, 실업예방(失業豫防)·고용촉진·직업능력개발 등 선제적(先制的) 고용정책과 연계된 예방적·적극적인 실업보험이라 할 수 있다.

고용보험법은 고용보험의 시행을 통하여 실업의 예방, 고용의 촉진 및 근로자의 직업능력의 개발·향상을 도모하고, 국가의 직업지도·직업소개기능을 강화하며, 근로자가 실업한 경우에 생활에 필요한 급여를 실시하여 근로자의 생활의 안정과 구직활동을 촉진함으로써 경제·사회발전에 이바지함을 목적으로 하고 있다(同法 1).

이 법은 (산업별 특성 및 규모 등을 고려하여 대통령령이 정하는 사업을 제외하고) 근로자를 사용하는 모든 사업 또는 사업장에 적용되며(同法 8), 65세 이상인 자(고용안정·직업능력개발사업 예외)와 소정근로시간이 대통령령이 정하는 시간 미만인 자, 공무원·사립학교교직원 기타 대통령령이 정하는 자 등에 대하여는 적용되지 않는다(同法 10. 憲裁 2014.1.28, 2011헌마501).

국가는 매년 고용보험사업에 소요되는 비용의 일부를 일반회계에서 부담하여야 하며, 예산의 범위에서 보험사업의 관리·운영에 드는 비용을 부담할 수 있다(同法 5①②). 고용보험사업의 보험연도는 정부의 회계연도에 따른다(同法 4②).

(2) 고용보험의 가입자와 피보험자

고용보험은 고용노동부장관이 관장하며(同法 3), 고용보험관계의 성립 및 소멸은 「고용보험 및 산업재해보상보험의 보험료징수 등에 관한 법률」(이하 '보험료징수법'이라 함)이 정하는 바에 따른다(고용보험법 9).

보험료징수법은 제4조에서 고용보험법에 따른 고용보험사업에 관하여 同法에서 정한 사항은 고용노동부장관으로부터 위탁을 받아 근로복지공단이 수행하되, 보험료 등의 고지 및 수납과 보험료 등의 체납관리업무는 국민건강보험공단이 고용노동부장관으로부터 위탁을 받아 수행한다고 규정하고 있다.

보험료징수법 제5조 제1항은 고용보험법의 적용을 받는 사업의 사업주와 근로자는 당연히 고용보험법에 따른 고용보험의 가입자(加入者)가 된다고 규정하고 있다.

고용보험의 피보험자(被保險者)는 ① 보험료징수법의 규정에 따라 고용보험에 가입되거나 가입된 것으로 보는 근로자와 ② 보험료징수법 제49조의2 제1항("근로자를 사용하지 아니하거나 50명 미만의 근로자를 사용하는 사업주로서 대통령령으로 정하는 요건을 갖춘 자영업자는 공단의 승인을 받아 자기를 이 법에 따른 근로자로 보아 고용보험에 가입할 수 있다.") 및 제2항에 따라 고용보험에 가입하거나 가입된 것으로 보는 자영업자(이하 '자영업자인 피보험자'라 함)이다(고용보험법 2 i).

고용보험의 피보험자인 근로자는 원칙적으로 고용보험법이 적용되는 사업에 고용된 날에 피보험자격을 취득한다(同法 13①). 자영업자(自營業者)인 피보험자는 보험료징수법에 따라 보험관계가 성립한 날에 피보험자격을 취득한다(同法 13②).

사업주는 그 사업에 고용된 근로자의 피보험자격의 취득 및 상실 등에 관한 사항을 대통령령으로 정하는 바에 따라 고용노동부장관에게 신고하여야 하며, 사업주가 피보험자격에 관한 사항을 신고하지 아니하면 대통령령으로 정하는 바에 따라 근로자가 신고할 수 있다(同法 15①③). 자영업자인 피보험자는 피보험자격의 취득 및 상실에 관한 신고를 하지 아니한다(同法 15⑦).

보험관계가 성립되어 있는 둘 이상의 사업에 동시에 고용되어 있는 근로자는 고용노동부령으로 정하는 바에 따라 그 중 한 사업의 근로자로서의 피보험자격을 취득한다(同法 18).

(3) 고용보험사업

고용보험법에 따른 고용보험사업으로는 ① 고용안정·직업능력개발사업과 ② 실업급여, ③ 육아휴직급여, ④ 출산전후휴가급여 지급이 있다(고용보험법 4①).

1) 고용안정·직업능력개발사업

'고용안정·직업능력개발사업'은 피보험자 및 피보험자였던 자, 그 밖에 취업할 의사를 가진 자(이하 '피보험자 등'이라 함)에 대한 실업의 예방, 취업의 촉진, 고용기회의 확대, 직업능력개발·향상의 기회제공 및 지원, 그 외에 고용안정과 사업주에 대한 인력 확보를 지원하기 위하여 실시되는 사업을 말한다(同法 19①).

고용노동부장관은 고용안정·직업능력개발사업을 실시할 때에는 근로자의 수, 고용안정·직업능력개발을 위하여 취한 조치 및 실적 등 대통령령으로 정하는 기준에 해당하는 기업을 우선적으로 고려하여야 한다(同法 19②).

고용보험법은 고용안정·직업능력개발사업과 관련하여 고용창출을 위한 지원(同法 20. 大判 2009.6.11, 2009두4272), 고용조정의 지원(同法 21), 지역 고용의 촉진(同法 22), 고령자 등의 고용촉진 지원(同法 23), 건설근로자 등의 고용안정 지원(同法 24), 고용안정 및 취업 촉진(同法 25), 고용촉진시설에 대한 지원(同法 26), 사업주에 대한 직업능력개발 훈련의 지원(同法 27), 피보험자 등에 대한 직업능력개발 지원(同法 29), 직업능력개발훈련시설에 대한 지원(同法 30. 大判 2013.6.13, 2011두7564), 직업능력개발의 촉진(同法 31), 건설근로자 등의 직업능력개발 지원(同法 32), 고용정보의 제공 및 고용 지원 기반의 구축(同法 33), 피보험자 등의 고용안정·고용촉진 및 직업능력개발을 위한 사업을 실시하는 지방자치단체 등에 대한 지원(同法 34), 부정행위에 따른 지원의 제한 및 지원금 반환명령(同法 35), 고용노동부장관의 업무의 대행(同法 36) 등에 대하여 규정하고 있다.

2) 실업급여(失業給與)

'실업급여'는 피보험자인 근로자가 실업을 당한 경우에 그 생활을 일정기간 보장하고 조기재취업을 촉진하기 위하여 지급되는 현금급여이다.

실업급여는 구직급여(求職給與)와 취업촉진수당(就業促進手當)으로 구분하며, 취업촉진수당은 다시 ① 조기(早期)재취업수당, ② 직업능력개발수당, ③ 광역 구직활동비, ④ 이주비로 분류된다(同法 37①②. 大判 2011.12.8, 2009두19892).

실업급여를 받을 권리는 양도 또는 압류하거나 담보로 제공할 수 없으며(同法

38①), 실업급여로서 지급된 금품에 대하여는 국가나 지방자치단체의 공과금을 부과하지 아니한다(同法 38의2).

이 법은 실업급여수급계좌(同法 37의2), 실업급여수급권의 보호(同法 38), 공과금 면제(同法 38의2), 구직급여의 수급요건(同法 40), 피보험 단위기간(同法 41), 실업의 신고(同法 42), 수급자격의 인정(同法 43), 실업의 인정(同法 44), 급여의 기초가 되는 임금일액(同法 45), 구직급여일액(同法 46), 실업인정대상기간 중의 근로 등의 신고(同法 47), 수급기간 및 수급일수(同法 48), 대기기간(同法 49), 소정급여일수 및 피보험기간(同法 50), 직업훈련에 따른 구직급여 연장지급(同法 51), 개별적인 구직급여 연장지급(同法 52), 특별한 구직급여 연장지급(同法 53), 연장급여의 수급기간 및 구직급여일액(同法 54), 연장급여의 상호 조정(同法 55)에 대하여 규정하고 있다.

이 법은 구직급여 지급일 및 지급방법(同法 56), 수급자격자가 사망한 경우의 미지급 구직급여의 지급(同法 57), 이직사유에 따른 수급자격의 제한(同法 58), 훈련 거부 등에 따른 급여의 지급 제한(同法 60), 부정행위에 따른 급여의 지급 제한(同法 61. 大判 2003.9.23, 2002두7494), 지급받은 구직급여의 반환명령(同法 62), 실업의 신고를 한 이후에 질병·부상·출산으로 취업이 불가능하여 실업의 인정을 받지 못한 경우의 특례(同法 63), 자영업자인 피보험자에 대한 실업급여 적용의 특례(同法 69의2~69의9)에 대하여도 규정하고 있다.

또한 이 법은 실업급여 중 취업촉진수당과 관련하여, 조기재취업수당(同法 64), 직업능력개발수당(同法 65), 광역 구직활동비(同法 66), 이주비(同法 67), 취업촉진수당의 지급제한(同法 68), 취업촉진 수당에 대한 준용규정(同法 69)애 대하여 규정하고 있다.

3) 육아휴직급여(育兒休職給與)

'육아휴직급여'는 「남녀고용평등과 일·가정 양립 지원에 관한 법률」 제19조의 규정에 따른 육아휴직을 30일 이상 부여받은 피보험자가 일정한 요건을 갖춘 경우에 지급받는 급여이다(同法 70①). 이 법은 육아휴직급여의 신청(同法 70②), 육아휴직의 확인(同法 71), 피보험자가 육아휴직급여 기간 중에 새로 취업한 경우의 취업의 신고(同法 72), 급여의 지급 제한(同法 73), 육아기 근로시간 단축

급여(同法 73의2)에 대하여도 규정하고 있다.

4) 출산전후휴가급여(出産前後休暇給與)

'출산전후휴가급여'는 「남녀고용평등과 일·가정 양립 지원에 관한 법률」 제18조에 따라 피보험자가 근로기준법 제74조에 따른 출산전후휴가 또는 유산·사산휴가를 받고, 일정한 요건을 갖춘 경우에 지급받는 급여이다(同法 75). 이 법은 출산전후휴가급여 등의 수급권 대위(同法 75의2), 지급기간(同法 76)에 대하여도 규정하고 있다.

(4) **보험료징수법에 따른 보험료**

고용보험사업에 드는 비용에 충당하기 위하여 징수하는 보험료와 그 밖의 징수금에 대하여는 보험료징수법('고용보험 및 산업재해보상보험의 보험료징수 등에 관한 법률')이 정하는 바에 따른다(고용보험법 6①).

보험료징수법은 고용보험가입자로부터 '고용안정·직업능력개발사업의 보험료'와 '실업급여의 보험료'(이하 '고용보험료'라 함)를 징수하도록 규정하고 있다(보험료징수법 13①).

보험료징수법에 따라 징수된 '고용안정·직업능력개발사업의 보험료'와 '실업급여의 보험료'는 각각 그 사업에 드는 비용에 충당하며, 실업급여의 보험료는 육아휴직급여 및 출산전후휴가급여 등에 드는 비용에 충당할 수 있다(고용보험법 6②).

자영업자인 피보험자로부터 징수된 '고용안정·직업능력개발사업의 보험료'와 '실업급여의 보험료'는 각각 자영업자인 피보험자를 위한 해당 사업에 드는 비용에 충당한다(고용보험법 6③).

고용보험 가입자인 근로자가 부담해야 하는 고용보험료는 원칙적으로 자기의 보수총액에 '실업급여 보험료율'의 2분의 1을 곱한 금액으로 하며, 65세 이후에 고용되거나 자영업을 개시한 자에 대하여는 고용보험료 중 '실업급여의 보험료'를 징수하지 아니한다(보험료징수법 13②③).

사업주가 부담하는 고용보험료는 그 사업에 종사하는 고용보험 가입자인 근로자의 개인별 보수총액에 '고용안정·직업능력개발사업 보험료율'을 곱한 금액과 '실업급여 보험료율'의 2분의 1을 곱한 금액을 합한 금액으로 한다(보험료징수법

13④).

근로자의 보수총액에 곱할 위의 '보험료율'은 보험수지의 동향과 경제상황 등을 고려하여 1000분의 30의 범위에서 '고용안정·직업능력개발사업 보험료율'과 '실업급여 보험료율'로 구분하여 대통령령으로 정한다(보험료징수법 14①).

사업주는 고용보험 가입자인 근로자가 부담하는 고용보험료에 상당하는 금액을 대통령령으로 정하는 바에 따라 그 근로자의 보수에서 원천공제할 수 있다(보험료징수법 16①).

자영업자인 피보험자가 납부할 보험료액의 산정에 관하여는 보험료징수법 제49조의2 제3~7항에 규정되어 있다.

보험료는 근로복지공단이 매월 부과하고, 국민건강보험공단이 이를 징수한다(보험료징수법 16의2①).

(5) **고용보험기금과 고용보험위원회**

고용보험법에 따르면, 고용노동부장관은 고용보험사업에 필요한 재원에 충당하기 위하여 고용보험기금(이하 '기금'이라 함)을 설치하며, 기금은 보험료와 이 법에 따른 징수금·적립금·기금운용수익금과 그 밖의 수입으로 조성한다(同法 78①②).

기금은 고용노동부장관이 관리·운용한다. 기금의 관리·운용에 관한 세부 사항은 국가재정법의 규정에 따른다(同法 79①②).

기금은 ① 고용안정·직업능력개발사업에 필요한 경비, ② 실업급여의 지급, ③ 육아휴직급여 및 출산전후휴가급여 등의 지급, ④ 보험료의 반환, ⑤ 일시 차입금의 상환금과 이자, ⑥ 이 법과 보험료징수법에 따른 업무를 대행하거나 위탁받은 자에 대한 출연금, ⑦ 그 밖에 이 법의 시행을 위하여 필요한 경비로서 대통령령으로 정하는 경비와 위 ①②에 따른 사업 수행에 딸린 경비에 사용하여야 한다(同法 80①).

이 법은 고용보험기금과 관련하여, 기금운용 계획(同法 81), 기금계정의 설치(同法 82), 기금의 출납(同法 83), 기금의 적립(同法 84), 잉여금과 손실금의 처리(同法 85), 차입금(同法 86)에 대하여 규정하고 있다.

고용보험법 및 보험료징수법(보험에 관한 사항만 해당)의 시행에 관한 주요 사항을 심의하기 위하여 고용노동부에 고용보험위원회를 둔다(同法 7①).

고용보험위원회는 ① 고용보험제도 및 고용보험사업의 개선에 관한 사항, ② 보험료징수법에 따른 보험료율의 결정에 관한 사항, ③ 고용보험사업의 평가에 관한 사항, ④ 고용보험기금운용계획의 수립 및 기금의 운용 결과에 관한 사항, ⑤ 그 밖에 위원장이 보험제도 및 보험사업과 관련하여 위원회의 심의가 필요하다고 인정하는 사항을 심의한다(同法 7②).

(6) **심사청구와 재심사청구 등**

고용보험의 피보험자격의 취득·상실에 대한 확인, 실업급여 및 육아휴직급여·출산전후휴가급여에 관한 처분에 이의가 있는 자는 당해 확인 또는 처분이 있음을 안 날부터 90일 이내에 고용보험심사관에게 심사청구를 할 수 있고, 그 결정에 이의가 있는 자는 당해 결정이 있음을 안 날부터 90일 이내에 고용보험심사위원회에 재심사를 청구할 수 있다(同法 87①②).

위의 심사청구 및 재심사청구에 관하여 고용보험법에서 정하고 있지 아니한 사항에 대하여는 행정심판법의 규정에 의한다(同法 104②). 재심사청구에 대한 재결에 불복하는 자는 행정소송을 제기할 수 있다(同法 104①).

이 법은 위의 심사청구 및 재심사청구와 관련하여, 심사청구의 심사를 위한 고용보험심사관(同法 89), 심사의 청구(同法 90), 심사청구의 방식(同法 91), 심사청구의 보정 및 각하(同法 92), 원처분 등의 집행정지(同法 93), 심사관의 권한(同法 94), 심사관의 결정(同法 96)과 결정의 효력(同法 98), 재심사청구의 심사를 위한 고용보험심사위원회의 설치와 구성(同法 99), 재심사의 상대방(同法 100), 고용보험심사위원회의 심리(同法 101), 고지(同法 103)에 대하여 규정하고 있다.

이 법은 고용보험관련 조사·연구사업(同法 11), 고용보험사업의 평가(同法 11의 2), 고용보험사업에 관한 국제교류·협력(同法 12), 피보험자격의 취득·상실의 확인을 청구한 것을 이유로 한 사업자의 근로자에 대한 불이익 처우의 금지(同法 105), 이 법에 따른 징수금 징수에 대한 보험료징수법 규정의 준용(同法 106), 보험급여 등을 받을 권리의 소멸시효 및 그 중단(同法 107)에 대하여도 규정하고 있다.

이 법은 또한 사업주 등에 대한 피보험자의 자격 확인, 부정수급(不正受給)의 조사 등 이 법의 시행에 필요한 보고의 요구(同法 108), 피보험자의 자격 확인 등의 조사(同法 109), 관계기관 등에 대한 자료의 요청(同法 110), 진찰명령(同法 111), 포상금의 지급(同法 112), 국민기초생활보장법의 수급자에 대한 특례(同法 113의2), 시범사업의 실시(同法 114), 이 법에 따른 고용노동부장관의 권한의 위임·위탁(同法 115), 이 법에 따라 업무를 대행하거나 위탁받은 업무에 종사하는 자에 대한 형법규정 적용시의 공무원 의제(同法 115의2), 벌칙(同法 116~117), 과태료 부과(同法 118)에 관하여도 규정하고 있다.

【大判 2014.2.13, 2011두6745. "고용보험과 산업재해보상보험의 보험관계는 법령에서 예외로 규정한 사업을 제외하고는 사업 개시로 당연히 성립하고, 보험관계가 성립하면 사업주는 보험료 신고·납부 의무를, 보험자는 보험급여 지급의무를 부담하게 된다. 사업주의 보험료 신고·납부 의무와 보험자의 보험급여 지급 의무는 위와 같이 법령의 규정에 의하여 부담하는 것이므로, 사업주는 보험관계 성립을 인식하지 못하여 보험급여를 청구하지 않았다고 하여 보험료 신고·납부 의무를 면할 수 없고, 보험자도 보험관계 성립에 대한 착오로 보험료를 징수하지 않았다고 하여 보험급여 지급을 거절할 수 없다."】

7. 국민기초생활보장법

(1) 서설

우리 사회에는 스스로의 힘으로 생활을 유지하기 어렵고 그를 부양해줄 수 있는 자도 없는 곤궁한 처지의 사람들이 있는데, 이러한 사람들의 생활을 돕기 위한 법으로서 국민기초생활보장법(國民基礎生活保障法)이 있다.

국민기초생활보장법은 생활이 어려운 사람에게 공공의 재원(財源)으로 필요한 급여를 실시하여 이들의 최저생활을 보장하고 자활을 돕는 것을 목적으로 하고 있으며(同法 1), 사회보장 중 공공부조(公共扶助)에 관한 법이라 할 수 있다.

이 법에서 '수급권자'란 이 법에 따른 급여를 받을 수 있는 자격을 가진 사람을 말하며, '수급품'이란 이 법에 따라 수급자(受給者)에게 지급하거나 대여하는 금전 또는 물품을 말하고, '보장기관'이란 이 법에 따른 급여를 실시하는 국가 또는 지방자치단체(이는 '국가 또는 지방자치단체의 기관'으로 해석해야 할 것임)를 말하며, '최저생계비'란 국민이 건강하고 문화적인 생활을 유지하기 위하여 필요한 최소한의 비용으로서 보건복지부장관이 계측하는 금액을 말한다.

이 법에서 '소득인정액'이란 보장기관이 급여의 결정 및 실시 등에 사용하기 위하여 산출한 개별가구의 소득평가액과 재산의 소득환산액을 합산한 금액을 말하며, '차상위계층'이란 수급권자에 해당하지 아니하는 계층으로서 소득인정액이 대통령령으로 정하는 기준 이하인 계층을 말하고, '기준 중위소득'이란 보건복지부장관이 급여의 기준 등에 활용하기 위하여 중앙생활보장위원회의 심의·의결을 거쳐 고시하는 국민 가구소득의 중위값을 말한다(同法 2).

이 법은 제3조에서 "① 이 법에 따른 급여는 수급자가 자신의 생활의 유지·향상을 위하여 그의 소득·재산·근로능력 등을 활용하여 최대한 노력하는 것을 전제로 이를 보충·발전시키는 것을 기본원칙으로 한다. ② 부양의무자의 부양과 다른 법령에 따른 보호는 이 법에 따른 급여에 우선하여 행하여지는 것으로 한다. 다만, 다른 법령에 따른 보호의 수준이 이 법에서 정하는 수준에 이르지 아니하는 경우에는 나머지 부분에 관하여 이 법에 따른 급여를 받을 권리를 잃지 아니한다."라고 하여 국민기초생활보장에서의 보충성의 원칙을 규정하고 있다.

(2) **기초생활보장급여**

이 법에 따른 기초생활보장급여는 건강하고 문화적인 최저생활을 유지할 수 있는 것이어야 하며, 급여 기준은 수급자의 연령, 가구 규모, 거주지역, 그 밖의 생활여건 등을 고려하여 급여의 종류별로 보건복지부장관이 정하거나 급여를 지급하는 중앙행정기관의 장(이하 '소관 중앙행정기관의 장'이라 함)이 보건복지부장관과 협의하여 정한다(同法 4①②).

보장기관은 이 법에 따른 급여를 개별가구 단위로 실시하되, 특히 필요하다고 인정하는 경우에는 개인 단위로 실시할 수 있으며, 지방자치단체인 보장기관('지방자치단체의 보장기관'을 뜻함)은 해당 지방자치단체의 조례로 정하는 바에 따라 이 법에 따른 급여의 범위 및 수준을 초과하여 급여를 실시할 수 있다. 이 경우 그 보장기관은 보건복지부장관 및 소관 중앙행정기관의 장에게 알려야 한다(同法 4③④).

보건복지부장관 또는 소관 중앙행정기관의 장은 급여의 종류별 수급자 선정기준 및 최저보장수준을 결정하고, 매년 8월 1일까지 중앙생활보장위원회의 심의·의결을 거쳐 다음 연도의 급여의 종류별 수급자 선정기준 및 최저보장수준을 공표하여야 한다(同法 6①②).

이 법은 주거급여·의료급여에 관하여 다른 법률(주거급여법·의료급여법 등)에 특별한 규정이 있는 경우를 제외하고는 이 법이 정하는 바에 따른다고 규정하고(同法 4의2), 외국인에 대한 특례(同法 5의2), 기준 중위소득의 산정(同法 6의2), 소득인정액의 산정(同法 6의3)에 관하여도 규정하고 있다.

이 법이 정하고 있는 기초생활보장급여에는 ① 생계급여, ② 주거급여, ③ 의료급여, ④ 교육급여, ⑤ 해산(解産)급여, ⑥ 장제급여, ⑦ 자활급여가 있다(同法 7①).

수급권자에 대한 급여는 수급자의 필요에 따라 위 ①~⑦의 급여의 전부 또는 일부를 실시하는 것으로 하며, 차상위계층에 속하는 사람(이하 '차상위자'라 함)에 대하여는 보장기관이 차상위자의 가구별 생활여건을 고려하여 예산의 범위에서 위 ②③④⑥⑦의 급여의 전부 또는 일부를 실시할 수 있다. 이 경우 차상위자에 대한 급여의 기준 및 절차 등에 관하여 필요한 사항은 대통령령으로 정한다(同法 7②③).

1) 생계급여

생계급여는 수급자에게 의복, 음식물 및 연료비와 그 밖에 일상생활에 기본적으로 필요한 금품을 지급하여 그 생계를 유지하게 하는 것으로 한다(同法 8①).

생계급여 수급권자는 부양의무자가 없거나, 부양의무자가 있어도 부양능력이 없거나 부양을 받을 수 없는 사람으로서 그 소득인정액이 중앙생활보장위원회의 심의·의결을 거쳐 결정하는 '생계급여 선정기준' 이하인 사람으로 한다. 이 경우 생계급여 선정기준은 기준 중위소득의 100분의 30 이상으로 한다(同法 8②).

생계급여 최저보장수준은 생계급여와 소득인정액을 포함하여 생계급여 선정기준 이상이 되도록 하여야 한다(同法 8③).

이 법에 따른 보장시설에 위탁하여 생계급여를 실시하는 경우에는 보건복지부장관이 정하는 고시(告示)에 따라 그 선정기준 등을 달리 정할 수 있다(同法 8④).

이 법은 부양의무자가 부양능력이 없는 것으로 인정되는 경우도 규정하고 있다(同法 8의2).

생계급여는 금전을 지급하는 것으로 하되, 금전으로 지급할 수 없거나 금전으로 지급하는 것이 적당하지 아니하다고 인정하는 경우에는 물품을 지급할 수 있다(同法 9①). 생계급여는 보건복지부장관이 정하는 바에 따라 수급자의 소득인정액 등을 고려하여 차등지급할 수 있다(同法 9④).

생계급여는 수급자의 주거에서 실시한다. 다만, 수급자가 주거가 없거나 주거가 있어도 그곳에서는 급여의 목적을 달성할 수 없는 경우 또는 수급자가 희망하는 경우에는 수급자를 보장시설이나 타인의 가정에 위탁하여 급여를 실시할 수 있다. 수급자에 대한 생계급여를 타인의 가정에 위탁하여 실시하는 경우에는 거실의 임차료와 그 밖에 거실의 유지에 필요한 비용은 수급품에 가산하여 지급한다. 이 경우 이 법에 따른 주거급여가 실시된 것으로 본다(同法 10①②).

2) 주거급여

주거급여는 수급자에게 주거 안정에 필요한 임차료, 수선유지비, 그 밖의 수급품을 지급하는 것으로 하며, 주거급여에 관하여 필요한 사항은 따로 법률로 정한다(同法 11①②). 주거급여에 관한 법률로서 주거급여법이 있다.

3) 교육급여

교육급여는 교육부장관의 소관으로 하며, 수급자에게 입학금·수업료·학용품비, 그 밖의 수급품을 지급하는 것으로 하되, 학교의 종류·범위 등에 관하여 필요한 사항은 대통령령으로 정한다(同法 12①②).

교육급여 수급권자는 부양의무자가 없거나, 부양의무자가 있어도 부양능력이 없거나 부양을 받을 수 없는 사람으로서 그 소득인정액이 중앙생활보장위원회의 심의·의결을 거쳐 결정하는 '교육급여 선정기준' 이하인 사람으로 한다. 교육급여 선정기준은 기준 중위소득의 100분의 50 이상으로 한다(同法 12③).

교육급여의 신청 및 지급 등에 대하여는 「초·중등교육법」 제60조의4~제60조의9 및 제62조 제3항에 따른 교육비 지원절차를 준용한다(同法 12④). 교육급여의 적용특례(同法 12의2)도 정해져 있다.

4) 의료급여

의료급여는 수급자에게 건강한 생활을 유지하는 데 필요한 각종 검사 및 치료 등을 지급하는 것으로 한다(同法 12의3①).

의료급여 수급권자는 부양의무자가 없거나, 부양의무자가 있어도 부양능력이 없거나 부양을 받을 수 없는 사람으로서 그 소득인정액이 중앙생활보장위원회의 심의·의결을 거쳐 결정하는 '의료급여 선정기준' 이하인 사람으로 한다. 의료급여 선정기준은 기준 중위소득의 100분의 40 이상으로 한다(同法 12의3②).

의료급여에 필요한 사항은 따로 법률에서 정한다(同法 12의3③). 의료급여에 관한 법률로서 의료급여법이 있다(후술 8. 참조).

5) 해산급여(解産給與)

해산급여는 이 법에 따른 생계급여·주거급여·의료급여 중 하나 이상의 급여를 받는 수급자에게 조산(助産)과 분만 전후(前後)에 필요한 조치·보호를 실시하는 것으로 한다(同法 13①). 해산급여는 보건복지부령으로 정하는 바에 따라 보장기관이 지정하는 의료기관에 위탁하여 실시할 수 있다(同法 13②).

해산급여에 필요한 수급품은 보건복지부령으로 정하는 바에 따라 수급자나 그 세대주 또는 세대주에 준하는 사람에게 지급한다. 다만, 해산급여를 의료기관에 위탁하는 경우에는 수급품을 그 의료기관에 지급할 수 있다(同法 13③).

6) 장제급여(葬祭給與)

장제급여는 이 법에 따른 생계급여·주거급여·의료급여 중 하나 이상의 급여를 받는 수급자가 사망한 경우 사체의 검안(檢案)·운반·화장 또는 매장, 그 밖의 장제조치를 하는 것으로 한다(同法 14①). 장제급여는 보건복지부령으로 정하는 바에 따라 실제로 장제를 실시하는 사람에게 장제에 필요한 비용을 지급하는 것으로 한다. 다만, 그 비용을 지급할 수 없거나 비용을 지급하는 것이 적당하지 아니하다고 인정하는 경우에는 물품을 지급할 수 있다(同法 14②).

7) 자활급여(自活給與)

자활급여는 수급자의 자활을 돕기 위하여 ① 자활에 필요한 금품의 지급 또는 대여, ② 자활에 필요한 근로능력의 향상 및 기능습득의 지원, ③ 취업알선 등 정보의 제공, ④ 자활을 위한 근로기회의 제공, ⑤ 자활에 필요한 시설 및 장비의 대여, ⑥ 창업교육, 기능훈련 및 기술·경영지도 등 창업지원, ⑦ 자활에 필요한 자산형성 지원, ⑧ 그 밖에 대통령령으로 정하는 자활을 위한 각종 지원을 실시하는 것으로 한다(同法 15①). 자활급여는 관련 공공기관·비영리법인·시설과 그 밖에 대통령령으로 정하는 기관에 위탁하여 실시할 수 있다. 이 경우 그에 드는 비용은 보장기관이 부담한다(同法 15②).

이 법은 자활급여와 관련하여 수급자 및 차상위자의 자활촉진에 필요한 사업을 수행하기 위한 중앙자활센터(同法 15의2), 시·도의 광역자활센터 지정(同法 15의3), 지역자활센터 지정(同法 16), 자활기관협의체의 구축(同法 17), 수급자 및 차상위자의 자활기업 설립·운영(同法 18), 수급자 및 차상위자의 고용 촉진을 위한 지원(同法 18의2), 이 법에 따른 자활지원사업의 원활한 추진을 위한 자활기금의 적립(同法 18의3), 수급자 및 차상위자의 자활에 필요한 자산의 형성을 위한 재정적 지원(同法 18의4), 수급자 및 차상위자의 자활촉진을 위한 교육(同法 18의5)에 대하여도 규정하고 있다(大判 2013.10.11, 2013다38442).

이 법은 생계급여·주거급여·교육급여·의료급여·해산급여·장제급여·자활급여의 수급권자에 해당하지 아니하여도 생활이 어려운 사람으로서 일정 기간 동안 이 법에서 정하는 급여의 전부 또는 일부가 필요하다고 보건복지부장관 또는 소관 중앙행정기관의 장이 정하는 사람은 수급권자로 보도록 규정하고 있다(同法 14의2).

(3) 기초생활보장급여의 신청과 그에 따른 조사 및 급여결정

수급권자와 그 친족, 그 밖의 관계인은 관할 시장·군수·구청장에게 수급권자에 대한 기초생활보장급여를 신청할 수 있다. 차상위자가 급여를 신청하려는 경우에도 같다(同法 21①). 사회복지 전담공무원은 이 법에 따른 기초생활보장급여를 필요로 하는 사람이 누락되지 아니하도록 하기 위하여 관할지역에 거주하는 수급권자에 대한 급여를 직권으로 신청할 수 있다. 이 경우 수급권자의 동의를 구하여야 하며 수급권자의 동의는 수급권자의 신청으로 볼 수 있다(同法 21②).

위의 급여신청을 할 때나 사회복지 전담공무원이 급여신청을 하는 것에 수급권자가 동의하였을 때에는 수급권자와 부양의무자는 다음 각 호의 자료 또는 정보의 제공에 대하여 동의한다는 서면을 제출하여야 한다(同法 21③). 즉, ① 「금융실명거래 및 비밀보장에 관한 법률」 제2조 제2호 및 제3호에 따른 금융자산 및 금융거래의 내용에 대한 자료 또는 정보 중 예금의 평균잔액과 그 밖에 대통령령으로 정하는 자료 또는 정보('금융정보'라 함). ② 「신용정보의 이용 및 보호에 관한 법률」 제2조 제1호에 따른 신용정보 중 채무액과 그 밖에 대통령령으로 정하는 자료 또는 정보('신용정보'라 함). ③ 보험업법 제4조 제1항 각 호에 따른 보험에 가입하여 낸 보험료와 그 밖에 대통령령으로 정하는 자료 또는 정보('보험정보'라 함)가 제공되어야 한다.

시장·군수·구청장은 위의 급여신청이 있는 경우에는 사회복지 전담공무원으로 하여금 급여의 결정 및 실시 등에 필요한 다음 각 호의 사항을 조사하게 하거나 수급권자에게 보장기관이 지정하는 의료기관에서 검진을 받게 할 수 있다(同法 22①). 즉, ① 부양의무자의 유무 및 부양능력 등 부양의무자와 관련된 사항. ② 수급권자 및 부양의무자의 소득·재산에 관한 사항. ③ 수급권자의 근로능력, 취업상태, 자활욕구 등 이 법 제28조에 따른 자활지원계획 수립에 필요한 사항. ④ 그 밖에 수급권자의 건강상태, 가구 특성 등 생활실태에 관한 사항이 확인되어야 할 사항이다.

시장·군수·구청장은 위의 조사에 필요한 자료를 확보하기 곤란한 경우 보건복지부령으로 정하는 바에 따라 수급권자 또는 부양의무자에게 필요한 자료의 제출을 요구할 수 있으며, 위의 조사를 관계 기관에 위촉하거나 수급권자 또는 그 부양의무자의 고용주, 그 밖의 관계인에게 이에 관한 자료의 제출을 요청할 수 있다(同法 22②③). 보장기관이 위의 조사를 하기 위하여 금융·국세·지방세·토지·건물·건강보험·국민연금·고용보험·출입국·병무·교정 등 관련 전산망 또는 자료를 이용하려는 경우에는 관계 기관의 장에게 협조를 요청할 수 있다. 이 경우 관계 기관의 장은 정당한 사유가 없으면 협조하여야 한다(同法 22④).

보장기관은 위의 조사 결과를 대장으로 작성하여 갖추어 두어야 하며 그 밖에 조사에 필요한 사항은 보건복지부장관이 정한다. 다만, 전산정보처리조직에 의하여 관리되는 경우에는 전산 파일로 대체할 수 있다(同法 22⑦). 보장기관은 수급권자 또는 부양의무자가 위의 조사 또는 자료제출 요구를 2회 이상 거부·방해 또는 기피하거나 검진 지시에 따르지 아니하면 급여신청을 각하(却下)할 수 있다(同法 22⑧).

시장·군수·구청장은 위의 조사를 하였을 때에는 지체 없이 급여 실시 여부와 급여의 내용을 결정하여야 하며(同法 26①), 결정하였을 때에는 그 결정의 요지, 급여의 종류·방법 및 급여의 개시 시기 등을 서면으로 수급권자 또는 신청인에게 원칙적으로 급여 신청일부터 30일 이내에 통지하여야 한다(同法 26③④).

(4) 급여의 실시 및 이의신청 등

이 법에 따른 기초생활보장급여는 수급권자 또는 수급자의 거주지를 관할하는 시·도지사와 시장·군수·구청장(교육급여인 경우에는 시·도교육감을 말함. 이하 같다)이 실시한다. 다만, 주거가 일정하지 아니한 경우에는 수급권자 또는 수급자가 실제 거주하는 지역을 관할하는 시장·군수·구청장이 실시한다(同法 19①).

이 법은 수급자의 보장시설 입소, 보장시설 위탁 급여 실시(同法 19②), 이 법에 따른 보장업무를 수행하게 하기 위한 사회복지 전담공무원 배치(同法 19④), 생활보장위원회의 설치(同法 20①), 기초생활보장 계획의 수립 및 평가(同法 20의2)에 관하여 규정하고 있다.

이 법은 또한 급여의 적정성 확인을 위한 조사(同法 23), 수급권자·부양의무자의 금융정보 조사(同法 23의2), 차상위계층에 대한 조사(同法 24), 조사 결과의 보고(同法 25), 급여의 실시(同法 27), 급여의 지급방법(同法 27의2), 자활지원계획의 수립(同法 28), 급여의 종류·방법 등의 변경 및 통지(同法 29①②), 일정한 경우의 급여 중지(同法 30)에 대하여 규정하고 있다.

이 법은 보장시설(장애인 거주시설, 노인주거복지시설, 노인의료복지시설, 정신질환자사회복귀시설, 정신요양시설 등의 사회복지시설로서 보건복지부령으로 정하는 시설)의 종류(同法 32), 보장시설의 장의 의무(同法 33), 불리한 급여 변경의 금지(同法 34), 수급자에게 지급된 수급품과 이를 받을 권리의 압류금지(同法 35), 수급자의 수급권의 양도금지(同法 36)에 대하여도 규정하고 있다.

이 법은 또한 기초생활보장급여의 결정 등에 대한 이의신청(同法 38), 이의신청에 대한 시·도지사의 결정 처분(同法 39), 보건복지부장관 등에 대한 이의신청(同法 40), 보건복지부장관 등의 이의신청 결정 및 통지(同法 41), 보장비용(同法 42), 보장비용의 부담 구분(同法 43), 교육급여 보장비용 부담의 특례(同法 43의2), 장제급여를 실시하는 경우 사망자에게 부양의무자가 없을 때의 유류금품의 처분(同法 45), 부양능력을 가진 부양의무자로부터의 보장비용징수(同法 46), 과잉지급분의 반환명령(同法 47), 벌칙(同法 48~51)에 대하여도 규정하고 있다.

8. 의료급여법

(1) **의료급여 수급권자(受給權者)**

국민기초생활보장법상의 수급자 등 생활이 어려운 일정한 사람들의 질병·부상·출산 등의 경우에 공공의 재원(財源)으로 필요한 의료급여를 실시하기 위한 법률로서 의료급여법(醫療給與法)이 있다.

의료급여법은 생활이 어려운 사람에게 의료급여를 실시함으로써 국민보건의 향상과 사회복지의 증진에 이바지함을 목적으로 하고 있다(同法 1).

이 법에 의하여 의료급여를 받을 수 있는 사람, 즉 의료급여 수급권자는 ① 국민기초생활보장법에 의한 수급자, ② 재해구호법에 의한 이재민(罹災民)으로서 보건복지부장관이 의료급여가 필요하다고 인정한 사람, ③ 「의사상자 등 예우 및 지원에 관한 법률」에 따라 의료급여를 받는 사람, ④ 입양특례법에 따라 국내에 입양된 18세 미만의 아동, ⑤ 「독립유공자 예우에 관한 법률」·「국가유공자 등 예우 및 지원에 관한 법률」·「보훈보상대상자 지원에 관한 법률」의 적용을 받는 사람과 그 가족으로서 국가보훈처장이 추천한 사람 중에서 보건복지부장관이 의료급여가 필요하다고 인정한 사람, ⑥ 「무형문화재 보전 및 진흥에 관한 법률」에 따라 지정된 국가무형문화재의 보유자(명예보유자 포함)와 그 가족으로서 문화재청장이 추천한 사람 중에서 보건복지부장관이 의료급여가 필요하다고 인정한 사람, ⑦ 「북한이탈주민의 보호 및 정착지원에 관한 법률」의 적용을 받는 사람과 그 가족으로서 보건복지부장관이 의료급여가 필요하다고 인정한 사람, ⑧ 「5·18 민주화운동 관련자 보상 등에 관한 법률」 제8조의 규정에 따라 보상금 등을 받은 사람과 그 가족으로서 보건복지부장관이 의료급여가 필요하다고 인정한 사람, ⑨ 「노숙인 등의 복지 및 자립지원에 관한 법률」에 따른 노숙인 등으로서 보건복지부장관이 의료급여가 필요하다고 인정한 사람, ⑩ 그 밖에 생활유지 능력이 없거나 생활이 어려운 사람으로서 대통령령이 정하는 사람이다(同法 3①).

위의 ②~⑩에 해당하여 수급권자가 되려는 사람은 보건복지부령으로 정하는 바에 따라 특별자치시장·특별자치도지사·시장(특별자치도의 행정시장은 제외)·군수·

구청장(자치구의 구청장을 말하며, 이하 '시장·군수·구청장'이라 함)에게 수급권자 인정 신청을 하여 수급권자 인정을 받아야 한다(同法 3의3).

난민법에 따른 난민 인정자로서 국민기초생활보장법상 수급권자의 범위에 해당하는 사람은 의료급여법상의 수급권자로 본다(同法 3의2).

수급권자가 다른 법령에 따라 의료급여를 받고 있는 경우에는 의료급여법에 의한 의료급여를 행하지 아니한다(同法 4).

(2) 의료급여 보장기관 및 의료급여기관

의료급여법에 따른 의료급여에 관한 업무는 수급권자의 거주지를 관할하는 특별시장·광역시장·도지사·특별자치도지사와 시장·군수·구청장이 행하며, 이들 기관이 의료급여 보장기관이 된다. 주거가 일정하지 아니한 수급권자에 대한 의료급여 업무는 그가 실제 거주하는 지역을 관할하는 시장·군수·구청장이 한다(同法 5①②). 시장·군수·구청장은 수급권자에게 의료급여증(부득이한 경우에는 의료급여증명서)을 발급하여야 한다(同法 8①).

수급권자가 의료급여를 받을 때에는 의료급여증 또는 의료급여증명서를 의료급여기관(의료급여를 실시하는 기관)에 제출하여야 한다. 다만, 천재지변이나 그 밖의 부득이한 사유가 있으면 그러하지 아니하다(同法 8②).

이 법에 따른 의료급여는 ① 의료법에 따라 개설된 의료기관, ② 지역보건법에 따라 설치된 보건소·보건의료원 및 보건지소, ③ 「농어촌 등 보건의료를 위한 특별조치법」에 따라 설치된 보건진료소, ④ 약사법에 따라 개설 등록된 약국 및 한국희귀의약품센터에서 실시하며(同法 9①), 이들 기관을 의료급여기관이라 한다.

이 법에 따른 의료급여사업의 실시에 관한 사항을 심의하기 위하여 보건복지부, 시·도 및 시·군·구에 각각 의료급여심의위원회를 둔다(同法 6①).

(3) 의료급여의 내용과 비용 등

이 법에 따른 수급권자에 대한 의료급여는 ① 진찰·검사, ② 약제·치료재료의 지급, ③ 처치·수술과 그 밖의 치료, ④ 예방·재활, ⑤ 입원, ⑥ 간호, ⑦ 이송과 그 밖의 의료목적 달성을 위한 조치 등이다(同法 7①).

의료급여의 비용은 대통령령이 정하는 바에 따라 그 전부 또는 일부를 의료급여기금(醫療給與基金)에서 부담하되, 의료급여기금에서 일부를 부담하는 경우 그 나머지의 비용은 본인이 부담한다(同法 10). 의료급여기금은 의료급여의 재원(財源)에 충당하기 위하여 시·도에 설치한다. 의료급여기금은 국고보조금, 지방자치단체의 출연금, 상환받은 대지급금(代支給金), 징수한 부당이득금·과징금, 기금의 결산상 잉여금 및 그 밖의 수입금으로 조성한다(同法 25①②).

이 법은 의료급여기관의 급여비용의 청구와 지급(同法 11), 의료급여기관의 급여비용청구에 관한 서류의 보존(同法 11의2. 大判 2013.7.25, 2012두28438), 급여대상 여부의 확인(同法 11의3), 의료급여기관의 비용청구에 관한 금지행위(同法 11의4), 급여비용의 지급 보류(同法 11의5. 2016.6.30.시행), 부득이한 사유로 의료급여기관과 같은 기능을 수행하는 기관에서 의료급여를 받은 경우의 요양비 지급(同法 12), 장애인 및 임산부에 대한 특례(同法 13), 건강검진(同法 14), 의료급여의 제한(同法 15), 의료급여의 변경(同法 16), 의료급여의 중지(同法 17), 의료급여 수급권의 양도·압류금지(同法 18), 제3자의 행위로 인하여 수급권자에게 의료급여를 한 경우의 구상권(同法 19), 급여비용의 대지급(同法 20), 대지급금의 상환(同法 21), 대지급금의 독촉(同法 22), 부당이득의 징수(同法 23), 결손처분(同法 24)에 대하여 규정하고 있다.

이 법은 의료급여기금의 관리 및 운용(同法 26), 급여비용의 예탁(同法 27), 의료급여기관의 업무정지(同法 28. 大判 2012.9.13, 2010두27974), 과징금(同法 29), 의약품·의료기기 제조업자 등의 금지행위(同法 29의2), 수급권자의 자격, 의료급여 및 급여비용에 대한 시장·군수·구청장의 처분에 대한 이의신청(同法 30), 급여비용심사기관의 이의신청에 대한 결정에 불복이 있는 자의 심판청구(同法 30의2. 大判 1999.11.26, 97다42250), 의료급여를 받을 권리, 급여비용을 받을 권리, 대지급금을 상환받을 권리의 소멸시효(同法 31)에 대하여도 규정하고 있다.

이 법은 또한 의료급여기금 및 의료급여 관련사항의 보고·검사(同法 32), 의료급여사업을 위하여 필요한 자료의 요청과 제공(同法 32의2), 부당한 방법으로 급여비용을 받은 의료급여기관을 신고한 사람 등에 대한 포상금 및 장려금의 지급(同法 32의3), 이 법에 따른 보건복지부장관의 권한 및 시장·군수·구청장의 업무 중 일부의 위임 및 위탁(同法 33①②), 속임수나 부정한 방법으로 의료급여를 받은 자 또는 제3자로 하여금 의료급여를 받게 한 자 등 이 법상의 일정 규정을 위반한 자에 대한 벌칙(同法 35~36), 과태료 부과(同法 37)에 대하여도 규정하고 있다.

9. 사회복지사업법

(1) 서설

국민들 중에는 노령·장애 등으로 인하여 거동이 불편하거나, 질환 등으로 사회활동을 못하거나, 일하고 싶지만 직업능력을 갖고 있지 못하거나, 사회복지시설 이용을 필요로 하는 등 사회적 도움이 요구되는 사람들이 많이 있는데, 이러한 사람들에 대한 사회복지사업의 실시에 관한 법으로서 사회복지사업법이 있다.

이 법은 사회복지사업에 관한 기본적 사항을 규정하여 사회복지를 필요로 하는 사람에 대하여 인간의 존엄성과 인간다운 생활을 할 권리를 보장하고 사회복지의 전문성을 높이며, 사회복지사업의 공정·투명·적정을 도모하고, 지역사회복지의 체계를 구축함으로써 사회복지증진에 이바지함을 목적으로 하고 있다(同法 1).

이 법은 노인복지·장애인복지·정신보건사업 등 오늘날 여러 개별법에 의거하여 다양하게 실시되고 있는 각종 사회복지사업과 사회복지서비스의 체계성·효율성을 높이기 위한 법이고, 사회적 온정(溫情)을 돋우는데 기여할 수 있는 법이라 하겠다.

이 법에서 '사회복지사업'이란 ① 국민기초생활보장법, ② 아동복지법, ③ 노인복지법, ④ 장애인복지법, ⑤ 한부모가족지원법, ⑥ 영유아보육법, ⑦ 「성매매방지 및 피해자보호 등에 관한 법률」, ⑧ 정신보건법, ⑨ 「성폭력방지 및 피해자보호 등에 관한 법률」, ⑩ 입양특례법, ⑪ 「일제하 일본군위안부 피해자에 대한 생활안정지원 및 기념사업 등에 관한 법률」, ⑫ 사회복지공동모금회법, ⑬ 「장애인·노인·임산부 등의 편의증진 보장에 관한 법률」, ⑭ 「가정폭력방지 및 피해자보호 등에 관한 법률」, ⑮ 「농어촌주민의 보건복지증진을 위한 특별법」, ⑯ 「식품기부 활성화에 관한 법률」, ⑰ 의료급여법, ⑱ 기초연금법, ⑲ 긴급복지지원법, ⑳ 다문화가족지원법, ㉑ 장애인연금법, ㉒ 「장애인활동 지원에 관한 법률」, ㉓ 「노숙인 등의 복지 및 자립지원에 관한 법률」, ㉔ 「보호관찰 등에 관한 법률」, ㉕ 「장애아동 복지지원법」, ㉖ 「발달장애인 권리보장 및 지원에 관한 법률」에 따른 보호·선도(善導) 또는 복지에 관한 사업, 사회복지상담, 직업지원, 무료 숙박, 지역사회복지, 의료복지, 재가복지(在家福祉), 사회복지관 운영, 정신질환자·한센병력자의 사회복귀에 관한 사업 등 각종 복지사업과 이와 관련된 자원봉사활동 및 복지시설의 운영 또는 지원을 목적으로 하는 사업을 말한다(同法 2 i).

이 법에서 '지역사회복지'란 주민의 복지증진과 삶의 질 향상을 위하여 지역사회 차원에서 전개하는 사회복지를 말하고(同法 2ii), '사회복지시설'이란 사회복지사업을 할 목적으로 설치된 시설을 말하며(同法 2iv), '사회복지관'이란 지역사회를 기반으로 일정한 시설과 전문인력을 갖추고 지역주민의 참여와 협력을 통하여 지역사회의 복지문제를 예방하고 해결하기 위하여 종합적인 복지서비스를 제공하는 시설을 말한다(同法 2v).

'사회복지서비스'란 국가·지방자치단체 및 민간부문의 도움을 필요로 하는 모든 국민에게 상담, 재활, 직업 소개 및 지도, 사회복지시설의 이용 등을 제공하여 정상적인 사회생활이 가능하도록 제도적으로 지원하는 것을 말하며(同法 2vi), '보건의료서비스'란 국민의 건강을 보호·증진하기 위하여 보건의료인이 하는 모든 활동을 말한다(同法 2vii).

이 법에 따르면, 사회복지를 필요로 하는 사람은 누구든지 자신의 의사에 따라 서비스를 신청하고 제공받을 수 있으며, 사회복지법인 및 사회복지시설은 공공성을 가지며 사회복지사업을 시행하는 데 있어서 공공성을 확보하여야 하고, 사회복지사업을 시행하는 데 있어서 사회복지를 제공하는 자는 사회복지를 필요로 하는 사람의 인권을 보장하여야 한다(同法 1의2).

(2) 복지와 인권증진에 대한 국가와 지방자치단체의 책임

이 법은 복지와 인권증진에 대한 국가와 지방자치단체의 책임에 관하여 다음과 같이 규정하고 있다(同法 4).

즉, 국가와 지방자치단체는 ① 사회복지서비스의 증진, 사회복지를 이용하는 사람에 대한 인권침해예방·차별금지·인권옹호, ② 사회복지서비스와 보건의료서비스를 함께 필요로 하는 사람에 대한 사회복지서비스와 보건의료서비스의 연계 제공, ③ 사회복지 수요자에 대한 상담, 작업치료, 직업훈련 등의 실시, ④ 사회복지서비스 수요자 등을 고려한 사회복지시설의 균형 있는 설치, ⑤ 국가·지방자치단체의 사회복지사업과 민간부문의 사회복지 증진활동의 연계, ⑥ 사회복지와 관련된 인권교육 강화, ⑦ 사회복지서비스를 이용하는 사람이 긴급한 인권침해 상황에 놓인 경우의 신속한 대응체계 마련, ⑧ 지역사회보호체계에서의 서비스 제공노력, ⑨ 사회복지서비스 수요자에 대한 사회복지서비스 정보제공 등을 하여야 한다.

복지업무에 종사하는 사람은 업무수행과정에서 사회복지를 필요로 하는 사람을 위하여 인권을 존중하고 차별 없이 최대로 봉사하여야 하며(同法 5), 누구든지 정당한 이유 없이 사회복지시설의 설치를 방해하여서는 아니 되고, 시장(행정시장 포함)·군수·자치구청장은 정당한 이유 없이 사회복지시설의 설치를 지연시키거나 제한하는 조치를 하여서는 아니 된다(同法 6①②).

국가와 지방자치단체는 사회복지업무를 전자적으로 처리할 수 있도록 필요한 시책을 마련하여야 하며, 보건복지부장관은 사회복지업무에 필요한 각종 자료 또는 정보의 효율적 처리와 기록·관리 업무의 전자화를 위하여 정보시스템을 구축·운영할 수 있다(同法 6의2①②).

지방자치단체의 장은 사회복지사업을 수행할 때 관할 복지행정시스템과 정보시스템을 전자적으로 연계하여 활용하여야 하고(同法 6의2④), 사회복지법인의 대표이사와 사회복지시설의 장은 국가와 지방자치단체가 실시하는 사회복지업무의 전자화 시책에 협력하여야 한다(同法 6의2⑤).

보건복지부장관은 정보시스템을 효율적으로 운영하기 위하여 그 운영에 관한 업무를 수행하는 전담기구를 설립할 수 있으며, 전담기구는 법인으로 한다(同法 6의3①②).

(3) 사회복지위원회·사회복지사·복지전담공무원 등

이 법은 사회복지사업에 관한 중요 사항의 심의 등을 위하여 특별시·광역시·도·특별자치도(이하 '시·도'라 함)에 사회복지위원회를 두고(同法 7①), 특별자치도·시(행정시 포함)·군·자치구에 지역사회복지협의체를 두도록 규정하고 있으며(同法 7의2①), 읍·면·동 단위의 복지위원 위촉(同法 8①②), 사회복지 자원봉사활동을 지원·육성하기 위한 사업의 실시 및 사회복지법인·비영리법인·단체에의 위탁(同法 9①②), 사회복지관련 공무원과 사회복지사업에 종사하는 사람에 대한 교육·훈련(同法 10①), 사회복지에 관한 전문지식과 기술을 가진 사람에 대한 사회복지사 자격증 발급(同法 11①②)에 대하여도 규정하고 있다.

사회복지법인 및 사회복지시설을 설치·운영하는 자는 대통령령으로 정하는 바에 따라 사회복지사를 그 종사자로 채용하여야 한다. 다만, 대통령령으로 정하는 사회복지시설은 그러하지 아니하다(同法 13①).

사회복지사업에 관한 업무를 담당하게 하기 위하여 시·도, 시·군·구 및 읍·면·동 또는 복지사무 전담기구에 사회복지 전담공무원(이하 '복지전담공무원'이라 함)을 둘 수 있다. 복지전담공무원은 사회복지사 자격을 가진 사람으로 하며, 그 임용 등에 필요한 사항은 대통령령으로 정한다(同法 14①②).

복지전담공무원은 그 관할지역에서 사회복지를 필요로 하는 사람 등에 대하여 항상 그 생활실태 및 가정환경 등을 파악하고, 사회복지에 관하여 필요한 상담과 지도를 한다. 관계 행정기관과 사회복지시설을 설치·운영하는 자는 복지전담공무원의 업무 수행에 협조하여야 한다(同法 14③④).

사회복지사업에 관한 업무를 효율적으로 운영하기 위하여 필요한 경우 시·군·구 또는 읍·면·동에 복지사무를 전담하는 기구를 따로 설치할 수 있다. 복지사무 전담기구의 사무 범위 및 조직과 그 밖에 필요한 사항은 해당 시·군·구의 조례로 정한다(同法 15①②).

국가는 국민의 사회복지에 대한 이해를 증진하고 사회복지사업 종사자의 활동을 장려하기 위하여 매년 9월 7일을 사회복지의 날로 하고, 사회복지의 날부터 1주간을 사회복지주간으로 한다(同法 15의2①).

(4) 사회복지법인과 사회복지협의회

사회복지법인을 설립하려는 자는 대통령령으로 정하는 바에 따라 시·도지사의 허가를 받아야 하며, 허가를 받은 자는 同법인의 주된 사무소의 소재지에서 설립등기를 하여야 한다(同法 16①②).

이 법은 사회복지법인의 정관에 포함되어야 할 사항(同法 17①), 정관 변경에 대한 인가(同法 17②), 사회복지법인의 임원(同法 18①), 이사 선임의 요건, 임원의 임기(同法 18②③④), 임원의 결격사유(同法 19), 임원의 보충(同法 20), 임원의 겸직 금지(同法 21), 임원의 해임명령(同法 22), 임원의 직무집행 정지(同法

22의2), 임시이사의 선임(同法 22의3), 임시이사의 해임(同法 22의4), 이사회 회의록의 작성 및 공개(同法 25)에 대하여도 규정하고 있다(憲裁 2014.1.28, 2012헌마654. 大判 2008.7.10, 2007다78159).

사회복지법인은 사회복지사업의 운영에 필요한 재산을 소유하여야 한다. 同법인의 재산은 보건복지부령으로 정하는 바에 따라 기본재산과 보통재산으로 구분하며, 기본재산은 그 목록과 가액(價額)을 정관에 적어야 한다(同法 23①②).

사회복지법인은 기본재산에 관하여 매도·증여·교환·임대·담보제공 또는 용도변경을 하려는 경우와 보건복지부령으로 정하는 금액 이상을 1년 이상 장기차입하려는 경우에는 시·도지사의 허가를 받아야 한다. 다만, 보건복지부령으로 정하는 사항에 대하여는 그러하지 아니하다(同法 23③. 大判 2015.10.29, 2015다223350. 大判 2013.9.12, 2012도15453).

사회복지법인이 매수·기부채납(寄附採納), 후원 등의 방법으로 재산을 취득하였을 때에는 지체 없이 이를 同법인의 재산으로 편입조치하여야 한다. 이 경우 同법인은 그 취득 사유, 취득재산의 종류·수량 및 가액을 매년 시·도지사에게 보고하여야 한다(同法 24).

이 법은 사회복지법인의 설립허가를 취소할 수 있는 경우를 규정하고(同法 26①), 해산한 사회복지법인의 남은 재산은 정관으로 정하는 바에 따라 국가 또는 지방자치단체에 귀속되며, 국가 또는 지방자치단체에 귀속된 재산은 사회복지사업에 사용하거나 유사한 목적을 가진 사회복지법인에 무상으로 대여하거나 무상으로 사용·수익하게 할 수 있도록 규정하고 있다(同法 27①②).

사회복지법인은 목적사업의 경비에 충당하기 위하여 필요할 때에는 同법인의 설립 목적 수행에 지장이 없는 범위에서 수익사업을 할 수 있으며, 수익사업에서 생긴 수익을 同법인 또는 同법인이 설치한 사회복지시설의 운영 외의 목적에 사용할 수 없다(同法 28①②. 大判 2008.4.24, 2008두3500).

이 법은 전국 단위의 한국사회복지협의회(이하 '중앙협의회'라 함)와 시·도 단위의 시·도 사회복지협의회(이하 '시·도협의회'라 함)를 두며, 필요한 경우에는 시·군·구 단위의 시·군·구 사회복지협의회(이하 '시·군·구협의회'라 함)를 둘 수 있도록 하고(同法 33①), 중앙협의회, 시·도협의회 및 시·군·구협의회는 이 법에 따른 사회복지법인으로 한다고 규정하고 있다(同法 33②).

(5) **사회복지서비스의 실시**

사회복지서비스를 필요로 하는 사람(이하 '보호대상자'라 함)과 그 친족, 그 밖의 관계인은 관할 시장·군수·구청장에게 보호대상자에 대한 사회복지서비스의 제공(이하 '서비스 제공'이라 함)을 신청할 수 있다(同法 33의2①).

시·군·구 복지담당공무원은 이 법에 따른 보호대상자가 누락되지 아니하도록 하기 위하여 관할지역에 거주하는 보호대상자의 서비스 제공을 직권으로 신청할 수 있다. 이 경우 보호대상자의 동의를 받아야 하며, 동의를 받은 경우에는 보호대상자가 신청한 것으로 본다(同法 33의2②).

시장·군수·구청장은 사회복지서비스 제공 신청을 받으면 복지담당공무원에게 보호(사회복지서비스 제공을 뜻함) 실시 여부를 결정하기 위하여 필요하다고 인정하는 사항을 조사하게 한다. 다만, 상담을 신청받은 경우나 그 밖에 보건복지부령으로 정하는 사유에 해당하는 경우에는 그러하지 아니하다(同法 33의3①).

시장·군수·구청장은 위의 조사를 하였을 때에는 사회복지서비스 제공의 실시 여부와 그 유형을 결정하여야 하며, 서비스 제공의 실시 여부와 그 유형을 결정하였을 때에는 이를 서면이나 전자문서로 신청인에게 알려야 한다(同法 33의4①③).

시장·군수·구청장은 보호대상자에 대하여 서비스 제공을 실시하기로 결정하였을 때에는 필요한 경우 지역사회복지협의체의 의견을 들어 ① 사회복지서비스 및 보건의료서비스의 유형·방법·수량 및 제공기간, ② 서비스를 제공할 기관 또는 단체, ③ 같은 보호대상자에 대하여 서비스를 제공하여야 할 기관 또는 단체가 둘 이상인 경우에는 기관 또는 단체 간의 연계방법이 포함된 '보호대상자별 서비스 제공 계획'을 작성하여야 한다. 이 경우 보호대상자 또는 그 친족의 의견을 고려하여야 한다(同法 33의5①).

시장·군수·구청장은 보호대상자에 대한 사회복지서비스 실시결과를 정기적으로 평가하고 필요한 경우 보호대상자별 서비스 제공 계획을 변경할 수 있다(同法 33의5②).

시장·군수·구청장은 작성된 보호대상자별 서비스 제공 계획에 따라 서비스를 제공하여야 하며, 긴급히 서비스 제공을 실시할 필요가 있는 경우 등 보건복지부장관이 인정하는 경우에는 이 법의 규정에 따른 절차의 일부를 생략할 수 있다(同法 33의6①②).

보호대상자에 대한 서비스 제공은 현물(現物)로 제공하는 것을 원칙으로 하며, 시장·군수·구청장은 국가 또는 지방자치단체 외의 자로 하여금 서비스 제공을 실시하게 하는 경우에 보호대상자에게 사회복지서비스 이용권을 지급하여 국가 또는 지방자치단체 외의 자로부터 그 이용권으로 서비스 제공을 받게 할 수 있다(同法 33의7①②).

(6) **사회복지시설**

국가나 지방자치단체는 사회복지시설을 설치·운영할 수 있다. 국가 또는 지방자치단체 외의 자가 사회복지시설을 설치·운영하려는 경우에는 보건복지부령으로 정하는 바에 따라 시장·군수·구청장에게 신고하여야 한다(同法 34①②).

사회복지시설을 설치·운영하는 자는 보건복지부령으로 정하는 재무·회계에 관한 기준에 따라 시설을 투명하게 운영하여야 한다. 국가나 지방자치단체가 설치한 시설은 필요한 경우 사회복지법인이나 비영리법인에 위탁하여 운영하게 할 수 있다(同法 34③④).

사회복지시설의 운영자는 화재와 화재 외의 안전사고로 인하여 생명·신체에 피해를 입은 보호대상자에 대한 손해배상책임을 이행하기 위하여 손해보험회사의 책임보험에 가입하거나 「사회복지사 등의 처우 및 지위 향상을 위한 법률」에 따른 한국사회복지공제회의 책임공제에 가입하여야 한다(同法 34의3①).

이 법은 사회복지시설의 통합 설치·운영 등에 관한 특례(同法 34의2), 사회복지시설의 안전점검 및 시설의 보완·개수(改修)·보수(同法 34의4①②③), 사회복지관의 사회복지서비스 제공(同法 34의5①②), 사회복지시설의 장의 결격사유(同法 35②), 사회복지법인·사회복지시설의 종사자 및 그 결격사유(同法 35의2. 憲裁 2015.7.30, 2012헌마1030), 사회복지시설 운영위원회(同法 36①). 사회복지시설의 후원금품대장 등의 서류비치(同法 37), 사회복지시설의 휴지·재개·폐지 신고(同法 38), 사회복지시설의 개선, 사업의 정지, 시설의 장의 교체 또는 폐쇄 명령(同

法 40①)에 대하여 규정하고, 각 사회복지시설의 수용인원은 원칙적으로 300명을 초과할 수 없도록 규정하고 있다(同法 41).

(7) **재가복지(在家福祉)서비스 등**

국가나 지방자치단체는 보호대상자가 ① 가정봉사서비스(가사 및 개인활동을 지원하거나 정서활동을 지원하는 서비스), ② 주간·단기 보호서비스(주간·단기 보호시설에서 급식 및 치료 등 일상생활의 편의를 낮 동안 또는 단기간 동안 제공하거나 가족에 대한 교육 및 상담을 지원하는 서비스) 중 어느 하나에 해당하는 재가복지서비스를 제공받도록 할 수 있다(同法 41의2①).

시장·군수·구청장은 보호대상자별 서비스 제공계획에 따라 보호대상자에게 사회복지서비스를 제공하는 경우에 시설 입소에 우선하여 위의 재가복지서비스를 제공하도록 하여야 한다(同法 41의2②).

국가나 지방자치단체는 사회복지서비스 제공이 결정된 보호대상자를 자신의 가정에서 돌보는 사람에 대하여 보건복지부령으로 정하는 바에 따라 그 보호자의 부담을 줄이기 위한 상담을 실시하거나 금전적 지원 등을 할 수 있다(同法 41의3).

국가나 지방자치단체는 재가복지서비스를 필요로 하는 가정 또는 시설에서 보호대상자가 일상생활을 하기 위하여 필요한 각종 편의를 제공하는 가정봉사원을 양성하도록 노력하여야 한다(同法 41의4).

이 법은 사회복지사업을 하는 자에 대한 보조금 지급(同法 42①②), 사회복지법인 또는 사회복지시설에 대한 국유·공유 재산의 우선매각·임대(同法 42의2), 지방자치단체에 대한 지원금(同法 42의3), 사회복지시설의 서비스 최저기준(同法 43), 사회복지시설의 평가(同法 43의2), 이 법에 따른 복지조치에 필요한 비용을 부담한 복지시설 운영자 등의 수혜자 또는 그 부양의무자로부터의 비용 징수(同法 44), 후원금의 관리(同法 45), 한국사회복지사협회(同法 46)에 대하여 규정하고 있다.

이 법은 사회복지사업 또는 사회복지업무에 종사하였거나 종사하고 있는 사람의 비밀누설의 금지(同法 47), 이 법 및 사회복지관계법에 따라 지급된 금품과 이를 받을 권리의 압류 금지(同法 48), 사회복지재단 설립허가의 취소 또는 사회복지시설의 폐쇄시의 청문(同法 49), 사회복지사업 유공자에 대한 포상(同法 50)에 대하여도 규정하고 있다.

이 법은 또한 사회복지사업 운영자에 대한 지도·감독(同法 51), 이 법에 따른 보건복지부장관 또는 시·도지사의 권한의 위임·위탁(同法 52), 이 법의 일정규정을 위반한 자에 대한 벌칙(同法 53~56), 이 법에 따른 수탁(受託)업무를 수행하는 전담기구나 사회복지 관련 기관 또는 단체의 임직원에 대한 형법규정 적용시의 공무원 의제(同法 57), 과태료 부과(同法 58)에 관하여도 규정하고 있다.

제9절

토지행정에 관한 법

1. 개관 2. 국토기본법 3. 토지이용규제기본법
4. 「국토의 계획 및 이용에 관한 법률」
5. 「개발이익환수에 관한 법률」 6. 농지법
7. 「부동산 가격공시 및 감정평가에 관한 법률」

헌법은 제120조 제2항에서 "국토와 자원은 국가의 보호를 받으며, 국가는 그 균형 있는 개발과 이용을 위하여 필요한 계획을 수립한다."라고 규정하고, 제122조에서 "국가는 국민 모두의 생산 및 생활의 기반이 되는 국토의 효율적이고 균형 있는 이용·개발과 보전을 위하여 법률이 정하는 바에 의하여 그에 관한 필요한 제한과 의무를 과할 수 있다."라고 규정하고 있다.

토지행정은 국가나 지방자치단체가 국토의 균형 있는 개발과 합리적인 토지이용질서를 도모하기 위하여 필요한 정책과 계획을 수립·시행하고, 토지의 이용·개발 등에 대하여 일정한 규제를 행하는 작용으로서, 지역정서행정을 포함하는 개념이다. 위에서 '지역정서행정(地域整序行政)'이란 도시지역을 포함한 각 지역의 질서 있는 발전을 도모하고 각 지역공간을 바람직하게 형성하기 위하여 일정한 계획에 따라 토지의 이용·개발행위를 규제하거나 지역주민생활에 필요한 각종 기반시설사업을 실시하는 행정작용을 의미한다.

현재와 미래의 국민복지를 증진하기 위하여 행정주체는 국민의 일정한 토지이용행위·환경오염행위·부당경제행위 등에 대한 규제를 행하는바, 이 절(제9절)에서의 토지행정, 후술하는 제10절에서의 환경행정, 제11절에서의 경제행정에 관한 법은 복리행정 중 규제행정에 관한 법으로서의 성질을 가진다.

토지행정을 포함한 규제행정에서는 행정주체가 개인·기업의 일정한 활동·행위·사업 등을 제한·규제하는 공법적·권력적 작용을 많이 행하고 비권력적인 작용도 부수적으로 행한다. 따라서 규제행정과정에서는 규제를 행하는 행정주체와 규제를 받는 자 간에 행정상 공법관계가 많이 형성된다.

1. 개관

Ⅰ. 토지행정의 의의

토지는 다른 재산들과 달리 인간의 생존과 생산을 위한 불가결한 기초로서, 공익성·경제성·유한성(有限性)·항구성·비대체성(非代替性), 공간적 고정성, 수요(需要)의 증대성 등의 특성을 갖는다.

그리하여 토지는 공공재(公共財)라 할 수 있으며, 토지재산권은 다른 재산권에 비하여 가중된 사회적·공공적 구속(또는 제약)을 받게 된다.

토지재산권에 대한 사회적 구속이란 공공복리 등을 위하여 토지의 위치·성상(性狀) 등에 따라 토지재산권의 주체가 그 재산권행사에 있어서 당연히 받게 되는 제약을 의미하며, '토지재산권의 내재적 제약'이라고도 한다.

토지의 사회적 구속(제약)이 강조되는 것은 토지재산권의 무제약적 행사로 말미암아 초래되는 사회적 폐단을 최소화하고 토지사유제(土地私有制)의 기본이념을 수호하기 위한 것이라 하겠다(憲裁 1998.12.24, 89헌마214, 90헌바16, 97헌바78 병합).

토지행정은 행정주체가 토지의 합리적 이용·개발·보전을 위한 계획을 수립·시행하고 개인 등의 토지이용을 규제하며 바람직한 지역개발·지역정서 등을 행하는 작용, 즉 토지와 직접 관련되는 행정주체의 모든 행정작용을 의미한다.

토지행정에서 토지이용 등에 대한 규제작용은 그것이 공공복리를 적극적으로 증진시키기 위하여 행해지는 것이라는 점에서 소극적으로 사회질서를 유지하기 위하여 행하는 질서행정과 구별될 수 있다.

도시화·산업화의 진전에 따른 국토이용의 무질서를 방지하고 국토의 합리적 이용을 도모하기 위하여 제정·시행되고 있는 토지행정에 관한 법률들은 토지관련 행정계획(국토계획 등)의 수립·시행과 토지의 소유·이용·개발·수익·거래 등의 규제를 그 주요내용으로 하고 있다.

II. 토지이용규제의 유형

토지행정에 관한 법률들에 따라 행정주체가 바람직한 국민생활공간의 형성을 위하여 국민의 토지이용 등에 대하여 행하는 공법적 규제의 유형에는 다음과 같은 것들이 있다.

① 토지의 소유에 대한 규제로서, 농지법에 의한 농지소유상한제도·농지처분의무제도(農地處分義務制度)와 「공익사업을 위한 토지 등의 취득 및 보상에 관한 법률」에 따른 공용수용(公用收用) 등이 그 예이다.

② 토지의 이용에 대한 규제로서, 일정한 구간의 토지를 특정의 지역·지구 등으로 지정하고 그 지역·지구 등의 지정취지에 어긋나는 해당 토지의 이용행위를 제한(이를 '공용제한'이라 함)하는 것이 그 예이다.

「공익사업을 위한 토지 등의 취득 및 보상에 관한 법률」에 의한 공용사용(公用使用)도 토지이용규제의 하나의 유형에 해당한다.

③ 토지의 수익(收益)에 대한 규제로서, 「개발이익환수에 관한 법률」에 따른 개발부담금 징수제도가 그 예이다.

④ 토지의 거래에 대한 규제로서, 「국토의 계획 및 이용에 관한 법률」에 따른 토지거래계약허가제, 선매협의제(先買協議制) 등이 그 예이다.

⑤ 토지의 취득에 대한 규제로서, 농지법에 따른 농지취득자격제도, 도시개발법 등에 의하여 평면적인 토지정리방식으로 토지와 토지를 교환·분합하는 공용환지(公用換地), 「도시 및 주거환경 정비법」에 의하여 일정한 구역 안에서 토지와 건물에 관한 권리를 토지정리 후에 새로이 건축된 건축물과 그 부지에 관한 권리로 변환시키는 공용환권(公用換權) 등이 그 예이다.

⑥ 토지이용규제와 더불어 특히 지상물(地上物)에 대한 규제가 이루어지는 유형으로서, 건축법·주택법·주차장법 등에 의한 토지이용·지상시설물규제(地上施設物規制)가 그 예이다.

III. 공용제한·공용수용·공용사용·공용환지·공용환권

행정주체가 공공복리를 적극적으로 증진하기 위하여 개인 등의 토지 소유·이용 등에 대하여 규제작용을 하는 유형 중 공용제한·공용수용·공용사용·공용환지·공용환권 등은 공적 목적을 위하여 사인(私人)의 재산권 등에 일정한 부담을 과하는 물적(物的) 공용부담(앞의 제1절 Ⅲ. 참조)이기도 하다.

헌법은 제23조 제3항에서 "공공필요에 의한 재산권의 수용·사용 또는 제한 및 그에 대한 보상은 법률로써 하되, 정당한 보상을 지급하여야 한다."라고 규정하여 물적 공용부담의 헌법적 근거를 명시하고 있다.

(1) 공용제한(公用制限)

공용제한이란 특정한 공익사업 등 복리행정상의 목적을 위하여 개인의 재산권에 가해지는 공법상의 제한을 말한다. 「국토의 계획 및 이용에 관한 법률」에 의한 용도지역·용도지구·용도구역 지정, 문화재보호법에 의한 문화재보호구역 지정, 도로법에 의한 접도구역 지정, 수도법에 의한 상수원보호구역 지정에 따른 일정한 토지재산권행사의 제한이 그 예이다.

공용제한은 헌법상 보장된 개인의 재산권에 대한 침해를 가져오는 것이므로 반드시 법률의 근거가 있어야 한다. 공용제한으로 인하여 사회통념상 당연히 수인(受忍)하여야 할 사회적 제약(구속)의 범위를 넘어 상대방에게 특별한 희생을 입힌 경우에는 법률이 정하는 바에 의하여 손실보상을 하여야 할 것이다.

(2) 공용수용(公用收用)

공용수용이란 공익사업을 위하여 공익사업주체가 법률에 의거하여 타인의 토지 등의 재산권을 강제적으로 취득하는 작용을 말하며, 법률의 근거를 요(要)한다.

공용수용에 관한 일반법에 준하는 성격을 가진 법률로서 「공익사업을 위한 토지 등의 취득 및 보상에 관한 법률」이 있으며(제3장 제2절 참조), 그 외에 「국토의 계획 및 이용에 관한 법률」(후술 4. 참조)·도로법(전술 제5절 2. 참조)·하천법·항만법·징발법·광업법 등 여러 개별 법률들도 일정한 경우에 공용수용을 할 수 있는 근거를 규정하고 있다(大判 2011.1.27, 2009두1051).

공용수용은 일반적으로 「공익사업을 위한 토지 등의 취득 및 보상에 관한 법률」

에 의거하여 토지수용위원회 등의 재결에 따라 이루어지며, 그로 인한 손실은 보상한다(大判 1994.1.11, 93누8108).

(3) 공용사용(公用使用)

「공익사업을 위한 토지 등의 취득 및 보상에 관한 법률」에 따라 공익사업을 위한 토지수용 재결의 신청을 받은 토지수용위원회는 그 재결을 기다려서는 공익에 현저한 지장을 줄 우려가 있다고 인정하는 때에, 사업시행자의 신청에 의하여 담보를 제공하게 한 후 즉시 6월을 넘지 아니하는 범위 내에서 당해 토지의 사용을 허가할 수 있는데, 이 경우의 토지 등의 사용을 공용사용이라 한다. 국가 또는 지방자치단체가 사업시행자인 경우에는 담보를 제공하지 아니할 수 있다(同法 39①②).

(4) 공용환지(公用換地)

공용환지란 토지의 이용가치를 전반적으로 증진하기 위하여 일정한 지역 안의 토지의 소유권 또는 기타의 권리를 권리자의 의사 여하에 불구하고 강제적으로 교환·분합(分合)하는 것(평면적인 토지정리)을 말한다.

공용환지는 보통 ① 환지계획, ② 환지예정지지정, ③ 환지처분, ④ 환지청산 등의 절차를 거쳐 행하여진다(大判 2001.10.30, 99두11110. 大判 1999.8.20, 97누6889. 大判 1993.5.27, 92다14878. 大判 1992.11.10, 91누8227. 大判 1991.5.10, 90누3591. 大判 1989.11.10, 88누9923. 大判 1985.4.23, 84누446).

공용환지에 관한 주요 근거법으로는 ① 도시개발구역에서의 체계적인 도시개발을 도모하기 위한 도시개발법과, ② 농수산업생산기반·농어촌생활환경 등을 체계적으로 정비·개발하기 위한 농어촌정비법이 있다.

(5) 공용환권(公用換權)

공용환권이란 토지의 효용을 증진시키기 위하여 일정한 지역 안의 토지의 구획·형질을 변경하여 권리자의 의사에 불구하고 종전의 토지·건축물에 대한 권리를 토지정리 후에 새로 건축된 건축물과 그 부지에 대한 권리로 변환시키는 입체적(立體的)인 환지방법을 말한다(大判 2009.9.17, 2007다2428).

공용환권은 단순히 토지소유권 기타 토지에 대한 권리를 교환·분합하는데 그치지 않고, 변환되는 권리에 건축물에 대한 것도 포함될 수 있으며, 새로이 취득되는 권리가 종전의 권리의 내용과 동질적인 것이 아니라는 점에서 공용환지와 구별된다(大判 2002.12.10, 2001두6333. 大判 2001.12.11, 2001두7541).

공용환권은 「도시 및 주거환경 정비법」에 의한 정비사업(整備事業)의 시행에서 그 예를 볼 수 있다. 「도시 및 주거환경 정비법」에 의하면, 정비사업의 시행자는 사업시행인가의 고시가 있은 날부터 60일 이내에 개략적인 부담금내역 및 분양신청기간 그 밖에 대통령령이 정하는 사항을 '토지 등 소유자'에게 통지하고 분양의 대상이 되는 대지 또는 건축물의 내역 등 대통령령이 정하는 사항을 해당 지역에서 발간되는 일간신문에 공고하여야 하고(同法 46①), 분양신청기간이 종료된 때에는 분양신청의 현황을 기초로 관리처분계획을 수립하여 시장·군수의 인가를 받아야 하며, 관리처분계획을 변경·중지 또는 폐지하고자 하는 경우에도 또한 같다. 다만, 대통령령이 정하는 경미한 사항을 변경하고자 하는 때에는 시장·군수에게 신고하여야 한다(同法 48①. 大判 1989.9.12, 88누9763).

「도시 및 주거환경 정비법」상의 관리처분계획이란 同法상의 정비사업이 완료된 경우에 종전의 토지 또는 건축물의 소유자 등에게 행할 대지 및 건축물의 분양 및 청산금지급에 관한 계획으로서, 이는 공용환권계획(公用換權計劃, 약칭하여 '환권계획'이라 함)이라고 할 수 있다.

그런데 위의 공용환지·공용환권은 공익사업을 위하여 강제적으로 과하는 공법상의 경제적 부담이라는 점에서 물적 공용부담의 일종이라 할 수 있으나, 토지에 대한 다른 물적 공용부담(공용제한·공용수용·공용사용)의 경우에는 공용부담의무자가 재산권의 상실·제한 등의 희생을 당하는 것이 보통인데, 공용환지·공용환권의 경우에는 도시개발사업 등이 시행되는 일정 지역 내의 토지·건물 등의 재산권자(공용부담의무자)가 당해 사업시행에 필요한 비용을 체비지의 확보·매각 등의 방법으로 공동 분담하지만 당해 사업 시행으로 인하여 개발이익도 얻을 수 있는 면이 있다.

Ⅳ. 토지행정에 관한 법률들

(1) 국토교통부 소관 법률로서, ① 국토기본법, ② 토지이용규제기본법, ③「국토의 계획 및 이용에 관한 법률」, ④「도시 및 주거환경정비법」, ⑤ 도시개발법, ⑥「도시공원 및 녹지 등에 관한 법률」, ⑦「도시재생 활성화 및 지원에 관한 특별법」, ⑧「도시재정비 촉진을 위한 특별법」, ⑨ 택지개발촉진법, ⑩「개발제한구역의 지정 및 관리에 관한 특별조치법」, ⑪ 수도권정비계획법, ⑫「신행정수도 후속대책을 위한 연기·공주지역 행정중심복합도시 건설을 위한 특별법」, ⑬「공공기관 지방이전에 따른 혁신도시 건설 및 지원에 관한 특별법」, ⑭「지역 개발 및 지원에 관한 법률」, ⑮「지역균형개발 및 지방중소기업 육성에 관한 법률」, ⑯ 건축기본법, ⑰ 건축법, ⑱ 주택법, ⑲ 주차장법, ⑳「기업도시개발 특별법」, ㉑「하천편입토지 보상 등에 관한 특별조치법」, ㉒「공공토지의 비축에 관한 법률」, ㉓ 사도법, ㉔「개발이익환수에 관한 법률」, ㉕ 골재채취법, ㉖ 외국인토지법, ㉗「산업입지 및 개발에 관한 법률」, ㉘「지적재조사에 관한 특별법」, ㉙「공유토지분할에 관한 특례법」, ㉚「부동산 가격공시 및 감정평가에 관한 법률」, ㉛「부동산 거래신고에 관한 법률」 등이 있다(위의 법률들 중 ④⑤⑥⑦⑧⑨⑪⑫⑬⑭⑮⑳㉗의 법률은 조성행정에 관한 법률로 분류될 수도 있다).

(2) 산림청 소관 법률로서, ①「국유림의 경영 및 관리에 관한 법률」, ②「민간인 통제선 이북지역의 산지관리에 관한 특별법」, ③ 사방사업법, ④ 산지관리법 등이 있다.

(3) 농림축산식품부 소관 법률로서 ① 농지법, ② 초지법 등이 있고, 해양수산부 소관 법률로서「무인도서의 보전 및 관리에 관한 법률」이 있다.

위의 법률들 중 국토기본법, 토지이용규제기본법,「국토의 계획 및 이용에 관한 법률」,「개발이익환수에 관한 법률」, 농지법,「부동산 가격공시 및 감정평가에 관한 법률」의 개요를 이 절에서 살피기로 한다.

2. 국토기본법

(1) 서설

국토기본법(國土基本法)은 국토에 관한 계획 및 정책의 수립·시행에 관한 기본적인 사항을 정함으로써 국토의 건전한 발전과 국민의 복리향상에 이바지함을 목적으로 하고 있다(同法 1).

이 법은 국토관리의 기본이념으로서, "국토는 모든 국민의 삶의 터전이며 후세에 물려줄 민족의 자산이므로, 국토에 관한 계획 및 정책은 개발과 환경의 조화를 바탕으로, 국토를 균형 있게 발전시키고 국가의 경쟁력을 높이며, 국민의 삶의 질을 개선함으로써 국토의 지속가능한 발전을 도모할 수 있도록 수립·집행하여야 한다."라고 규정하고 있다(同法 2).

이 법에 따르면, 국가와 지방자치단체는 국토의 균형 있는 발전을 위하여 ① 각 지역이 특성에 따라 개성 있게 발전하고, 자립적인 경쟁력을 갖추도록 함으로써 국민 모두가 안정되고 편리한 삶을 누릴 수 있는 국토여건을 조성하여야 하며, ② 수도권과 비수도권(非首都圈), 도시와 농촌·산촌·어촌, 대도시와 중소도시 간의 균형 있는 발전을 이룩하고, 생활여건이 현저히 뒤떨어진 지역이 발전할 수 있는 기반을 구축하여야 하며, ③ 지역 간의 교류협력을 촉진시키고 체계적으로 지원함으로써 지역 간의 화합과 공동 번영을 도모하여야 한다(同法 3①②③).

또한 국가와 지방자치단체는 경쟁력 있는 국토여건의 조성을 위하여 ① 도로, 철도, 항만, 공항, 용수(用水)시설, 물류시설, 정보통신시설 등 국토의 기간시설(基幹施設)을 체계적으로 확충하여 국가경쟁력을 강화하고 국민생활의 질적 향상을 도모하여야 하며, ② 농지, 수자원, 산림자원, 식량자원, 광물자원, 생태자원, 해양자원 등 국토자원의 효율적인 이용과 체계적인 보전·관리를 위하여 노력하여야 하고, ③ 국제교류가 활발히 이루어질 수 있는 국토여건을 조성함으로써 대륙과 해양을 잇는 국토의 지리적 특성을 최대한 살리도록 하여야 한다(同法 4①②③).

국가와 지방자치단체는 환경친화적 국토관리를 위하여 ① 국토에 관한 계획 또는 사업을 수립·집행할 때에는 자연환경과 생활환경에 미치는 영향을 사전에 고려하여야 하며, 환경에 미치는 부정적인 영향이 최소화될 수 있도록 하여야 하고, ② 국토의 무질서한 개발을 방지하며 국민생활에 필요한 토지를 원활하게 공급하기 위하여 토지이용에 관한 종합적인 계획을 수립하고 이에 따라 국토 공간을 체계적으로 관리하여야 하며, ③ 산, 하천, 호수, 늪, 연안, 해양으로 이어지는 자연생태계를 통합적으로 관리·보전하고 훼손된 자연생태계를 복원하기 위한 종합적인 시책을 추진함으로써 인간이 자연과 더불어 살 수 있는 쾌적한 국토환경을 조성하여야 한다(同法 5①②③).

(2) **국토계획의 수립**

국토기본법에서의 국토계획(國土計劃)이란 국토를 이용·개발 및 보전할 때 미래의 경제적·사회적 변동에 대응하여 국토가 지향하여야 할 발전방향을 설정하고 이를 달성하기 위한 계획을 말하며, 이는 ① 국토종합계획, ② 도종합계획, ③ 시·군종합계획, ④ 지역계획, ⑤ 부문별계획으로 구분한다(同法 6①②).

이들 계획은 관계 행정청이 수립하는 행정계획으로서, 하위계획(下位計劃)에 대하여 기속력을 발하며, 국민의 권익에 직접적·구체적 영향을 미치는 내용을 담은 계획은 처분성(處分性)이 있는 계획이 된다.

1) 국토종합계획(國土綜合計劃)

국토종합계획은 국토전역을 대상으로 하여 국토의 장기적인 발전방향을 제시하는 종합계획으로서, 도종합계획이나 시·군종합계획 및 다른 법령에 의하여 수립되는 국토에 관한 계획의 기본이 되는 최상위의 국토계획이며, 20년 단위로 국토교통부장관이 수립한다(同法 6②·7①③·8·9①).

국토교통부장관은 국토종합계획을 수립하거나 확정된 계획을 변경하려면 국토정책위원회와 국무회의의 심의를 거친 후 대통령의 승인을 얻어야 하며, 대통령의 승인을 얻은 때에는 지체 없이 그 주요내용을 관보에 공고하고, 관계 중앙행정기관의 장, 시·도지사, 시장 및 군수에게 국토종합계획을 송부하여야 한다(同法 12①④).

중앙행정기관의 장 및 시·도지사는 국토종합계획의 내용을 소관업무와 관련된 정책 및 계획에 반영하여야 하며, 대통령령으로 정하는 바에 따라 국토종합계획을 실행하기 위한 소관별 실천계획을 수립하여 국토교통부장관에게 제출해야 하고, 소관별 실천계획의 추진 실적서를 국토교통부장관에게 제출하여야 한다(同法 18①②).

국토교통부장관은 제출받은 추진실적을 종합하여 국토종합계획의 성과를 정기적으로 평가하며, 그 평가결과와 사회적·경제적 여건변화를 고려하여 5년마다 국토종합계획을 전반적으로 재검토하고 필요하면 이를 정비하여야 한다(同法 18③, 19).

2) 도종합계획(道綜合計劃)

도종합계획은 도 또는 특별자치도의 관할구역을 대상으로 하여 해당 지역의 장기적인 발전방향을 제시하는 종합계획이며, 해당 도의 관할구역 안에서 수립되는 시·군종합계획의 기본이 되는 계획으로서, 도지사가 공청회를 열어 주민 의견을 청취하고 도에 설치된 도시계획위원회의 심의를 거쳐 수립한다(同法 6②, 7②, 13①②, 14). 도지사는 도종합계획을 수립·변경할 때에 국토교통부장관의 승인을 얻어야 하며, 그 승인을 얻은 때에는 지체 없이 그 주요내용을 공보에 공고하고, 관할구역에 있는 시장 및 군수에게 도종합계획을 보내야 한다(同法 15①②④).

3) 시·군종합계획(市·郡綜合計劃)

시·군종합계획은 특별시·광역시·시 또는 군(광역시의 군은 제외)의 관할구역을 대상으로 하여 해당 지역의 기본적인 공간구조와 장기발전방향을 제시하고, 토지이용·교통·환경·안전·산업·정보통신·보건·후생·문화 등에 관하여 수립하는 계획으로서, 「국토의 계획 및 이용에 관한 법률」에 따라 수립되는 도시·군계획(都市·郡計劃)을 말한다(同法 6②iii).

4) 지역계획(地域計劃)

지역계획은 특정 지역을 대상으로 특별한 정책목적을 달성하기 위하여 수립하는 계획이다(同法 6②iv). 중앙행정기관의 장 또는 지방자치단체의 장은 지역 특성에 맞는 정비나 개발을 위하여 필요하다고 인정하면 관계 중앙행정기관의 장과 협의하여 관계 법률에서 정하는 바에 따라 다음 각호의 구분에 따른 지역계획을 수립할 수 있다(同法 16①).

가) 수도권발전계획 : 수도권에 과도하게 집중된 인구와 산업의 분산 및 적정배치를 유도하기 위하여 수립하는 계획.

나) 지역개발계획 : 성장 잠재력을 보유한 낙후지역 또는 거점지역 등과 그 인근지역을 종합적·체계적으로 발전시키기 위하여 수립하는 계획.

다) 그 밖에 다른 법률에 따라 수립하는 지역계획.

중앙행정기관의 장 또는 지방자치단체의 장은 위의 지역계획을 수립하거나 변경한 때에는 이를 지체 없이 국토교통부장관에게 알려야 한다(同法 16②).

5) 부문별계획(部門別計劃)

부문별계획은 국토전역을 대상으로 하여 특정부문에 대한 장기적인 발전방향을 제시하는 계획이다(同法 6②ⅴ).

중앙행정기관의 장은 국토 전역을 대상으로 하여 소관업무에 관한 부문별계획을 수립할 수 있으며, 부문별계획을 수립할 때에는 국토종합계획의 내용을 반영하여야 하고, 이와 상충되지 아니하도록 하여야 하며, 부문별계획을 수립하거나 변경한 때에는 지체 없이 국토교통부장관에게 알려야 한다(同法 17①②③).

(3) 계획 간의 조정 등

국토교통부장관은 도종합계획, 시·군종합계획, 지역계획 및 부문별계획이 서로 상충되거나 국토종합계획에 부합하지 아니하다고 판단되거나 국토계획평가 실시 결과 해당 국토계획을 보완·조정할 필요가 있다고 인정되는 경우 등에는 중앙행정기관의 장 또는 지방자치단체의 장에게 해당 계획을 조정할 것을 요청할 수 있다. 이러한 요청을 받은 중앙행정기관의 장 또는 지방자치단체의 장이 특별한 사유 없이 이를 반영하지 아니하는 경우에는 국토교통부장관이 국토정책위원회의 심의를 거쳐 이를 조정할 수 있다(同法 20①②).

국토교통부장관은 중앙행정기관의 장 또는 지방자치단체의 장이 행하는 국토계획의 시행을 위한 처분이나 사업이 서로 상충되어 국토계획의 원활한 실시에 지장을 줄 우려가 있다고 인정하는 경우에는 국토정책위원회의 심의를 거쳐 그 처분이나 사업을 조정할 수 있으며, 관계 중앙행정기관의 장 또는 지방자치단체의 장은 국토교통부장관에게 그러한 조정을 요청할 수 있다(同法 21①②).

국토기본법은 국토교통부장관 및 지방자치단체장의 지속가능한 국토관리의 평가지표 및 기준의 설정·공고(同法 5의2①②), 국토의 계획 및 이용의 주요 시책에 관한 연차보고서의 작성(同法 24), 국토에 관한 계획 또는 정책의 수립 등을 위한 인구·경제·사회·문화·교통·환경·토지이용 그 밖에 대통령령으로 정하는 사항에 대한 조사(同法 25), 국토계획 및 정책에 관한 중요사항을 심의하기 위한 국무총리 소속의 국토정책위원회의 설립·구성 및 분과위원회·전문위원의 업무(同法 26~28), 국토계획 수립 및 국토조사 비용 부담에 관한 원칙(同法 31), 국토조사 등 일정한 경우의 「공간정보의 구축 및 관리 등에 관한 법률」의 준용(同法 32), 이 법에 따른 국토교통부장관 등의 권한의 위임·위탁(同法 33)에 대하여도 규정하고 있다.

3. 토지이용규제기본법

(1) 서설

토지이용규제기본법은 지역·지구 등의 지정에 의한 토지이용규제에 관한 기본적 법률이다. 이 법은 토지이용과 관련된 지역·지구 등의 지정과 관리에 관한 기본적인 사항을 규정함으로써 토지이용규제의 투명성을 확보하여 국민의 토지이용상의 불편을 줄이고 국민경제의 발전에 이바지함을 목적으로 하고 있다(同法 1).

이 법은 토지관련 법률들이 각종 지역·지구·구역 등을 무분별하게 정함으로 인하여 국민의 토지재산권이 불합리하게 제한되는 것을 방지하고 부적정한 토지이용규제를 개혁하려는 취지를 담고 있다.

이 법에서 '지역·지구 등'이란 지역·지구·구역·권역(圈域)·단지(團地)나 도시·군계획시설 등 명칭에 관계없이 개발행위를 제한하거나 토지이용과 관련된 인가·허가 등을 받도록 하는 등 토지의 이용 및 보전에 관한 제한을 하는 일단(一團)의 토지로서 이 법 제5조 각 호에 규정된 것을 말한다(同法 2ⅰ).

위에서 '이 법 제5조 각호에 규정된 것'이란 ① 이 법 제5조의 [별표]에 규정된 각종 법률에 의하여 지정할 수 있는 지역·지구, ② 다른 법률의 위임에 따라 대통령령에 규정된 지역·지구로서 이 법의 대통령령(시행령)에 규정된 지역·지구, ③ 다른 법령의 위임에 따라 총리령·부령 및 자치법규에 규정된 지역·지구로서 국토교통부장관이 관보에 고시하는 지역·지구를 말한다(同法 5).

그런데 「국토의 계획 및 이용에 관한 법률」 제40조의2의 '입지규제최소구역' 신설(2015.1.6), 「산업집적활성화 및 공장설립에 관한 법률」 제33조 제6항의 '복합구역' 신설(2014.12.30), 「지역균형개발 및 지방중소기업 육성에 관한 법률」 제26조의3의 '특정지역' 및 同法 제38조의2의 '지역종합개발지구'의 폐지(2014.6.3) 등과 같이, 토지이용규제기본법 제5조의 [별표] 등에 규정되는 지역·지구 등은 때로 신설 또는 폐지되기도 한다.

토지이용규제의 투명성을 확보하고 지역·지구 등의 지정이 남발되는 것을 막기 위하여, 이 법은 지역·지구 등을 정하는 법령이나 자치법규가 그 지정목적·지정기준·행위제한내용 등을 구체적이고 명확하게 규정하도록 하고 있다(同法 4).

(2) **토지이용규제심의위원회와 토지이용규제평가단**

이 법은 지역·지구 등의 신설 등에 관한 사항을 심의하기 위하여 국토교통부에 토지이용규제심의위원회를 두도록 규정하고 있다(同法 15①).

토지이용규제심의위원회는 ① 지역·지구 등의 신설에 관한 사항, ② 지역·지구 등의 지정과 운영 실적 등에 대한 평가 결과에 관한 사항, ③ 지역·지구 등에서의 행위제한 내용 및 절차에 대한 평가 결과에 관한 사항, ④ 지역·지구 등에서의 행위제한 강화 등에 관한 사항, ⑤ 그 밖에 위원장이 필요하다고 인정하여 회의에 부치는 사항을 심의한다(同法 15②).

토지이용규제심의위원회는 위원장과 부위원장 각 1명을 포함한 20명 이내의 위원으로 구성하되, 위원장은 국토교통부장관이 되고, 부위원장은 환경부차관이 된다(同法 16①②). 이 법은 토지이용규제심의위원회의 위원의 결격사유(同法 17), 위원장 등의 직무(同法 18), 회의의 소집 및 의결정족수(同法 19), 간사 및 서기(同法 20), 위원회의 운영세칙(同法 21)에 대하여도 규정하고 있다.

중앙행정기관의 장이나 지방자치단체의 장은 지역·지구 등을 신설하는 내용으로 법령 또는 자치법규를 제정하거나 개정하려면 해당 법령안 또는 자치법규안을 입법예고하기 전에 신설될 지역·지구 등이 기존의 지역·지구 등의 지정 목적 또는 명칭과 유사하거나 중복되지 아니해야 하는 등 지역·지구 등의 지정에 관한 일정한 기준에 부합하는지에 대하여 토지이용규제심의위원회의 심의를 국토교통부장관에게 요청하여야 한다(同法 6①).

중앙행정기관의 장이나 지방자치단체의 장은 위의 심의를 요청할 때에는 지역·지구 등의 지정 및 운영계획서를 작성하여 제출하여야 한다(同法 6②). 운영계획서의 작성 및 제출에 필요한 사항은 대통령령으로 정한다(同法 6④).

중앙행정기관의 장이나 지방자치단체의 장은 지역·지구 등에서의 행위제한을 신설 또는 강화(이하 '강화 등'이라 함)하려는 경우에는 해당 법령안 또는 자치법규안을 입법예고하기 전에 ① 지역·지구 등에서의 행위제한 강화 등이 다른 지역·지구 등과 균형을 유지할 것, ② 지역·지구 등에서의 행위제한 강화 등이 해당 목적 달성을 위하여 반드시 필요한 사항일 것, ③ 그 밖에 대통령령으로 정하는 사항에 관한 기준에 부합하는지에 대하여 토지이용규제심의위원회의 심의를 국토교통부장관에게 요청하여야 하며(同法 6의2①), 위의 심의를 요청할 때에는 '행위제한 강화 등 계획서'를 작성하여 제출하여야 한다(同法 6의2②).

토지이용규제심의위원회에 지역·지구 등의 지정과 운영 실태의 점검 및 평가 등의 업무를 수행할 토지이용규제평가단을 설치하여 운영할 수 있다(同法 22①).

(3) 개발사업을 시행하기 위한 지역·지구 등에서의 행위제한

개발사업을 시행하기 위한 지역·지구 등(이하 '사업지구'라 함)을 규정하는 법령 또는 자치법규는 해당 사업지구에서 개발사업에 지장을 초래할 수 있는 ① 건축물의 건축, ② 공작물의 설치, ③ 토지의 형질변경, ④ 토석의 채취, ⑤ 토지분할, ⑥ 물건을 쌓아놓는 행위, ⑦ 그 밖에 위의 ①~⑥의 행위와 유사한 것이면서 개발사업에 지장을 초래할 수 있는 행위로서 관계 행정기관의 장의 허가 또는 변경허가를 받아야 하는 사항을 구체적으로 정하여야 한다(同法 7①).

사업지구를 규정하는 법령이나 자치법규는 허가 또는 변경허가를 받지 아니하고 할 수 있는 행위와 사업지구의 지정·고시 당시에 공사 또는 사업을 시작한 경우 공사·사업의 계속 추진 등에 관한 사항을 구체적으로 정하여야 한다(同法 7②).

(4) 지역·지구 등의 지정

중앙행정기관의 장이나 지방자치단체의 장이 지역·지구 등을 지정 또는 변경하려면 원칙적으로 대통령령으로 정하는 바에 따라 미리 주민의 의견을 들어야 한다(同法 8①).

중앙행정기관의 장이 지역·지구 등을 지정하는 경우에는 원칙적으로 지적(地籍)이 표시된 지형도에 지역·지구 등을 명시한 지형도면(地形圖面)을 작성하여 관보에 고시(告示)하고, 지방자치단체의 장이 지역·지구 등을 지정하는 경우에는 지형도면을 작성하여 그 지방자치단체의 공보(公報)에 고시하여야 한다(同法 8②. 大判 2013.9.13, 2011두25272).

위의 지형도면 등을 고시하여야 하는 지역·지구 등의 지정의 효력은 지형도면 등의 고시를 함으로써 발생한다. 다만, 지역·지구 등을 지정할 때에 지형도면 등의 고시가 곤란한 경우로서 대통령령으로 정하는 경우에는 그러하지 아니하다(同法 8③). 위의 단서에 해당되는 경우에는 지역·지구 등의 지정일부터 2년이 되는 날까지 지형도면 등을 고시하여야 하며, 지형도면 등의 고시가 없는 경우에는 그 2년이 되는 날의 다음 날부터 그 지정의 효력을 잃는다(同法 8④). 지형도면 등의 작성에 필요한 구체적인 기준 및 방법 등은 대통령령으로 정한다(同法 8⑦).

중앙행정기관의 장이나 지방자치단체의 장은 지형도면 등의 고시를 하려면 관계 시장·군수 또는 구청장에게 관련 서류와 고시예정일 등을 미리 통보하여야 한다(同法 8⑧). 위의 통보를 받은 시장·군수 또는 구청장은 그 내용을 '국토이용정보체계'에 등재하여 지역·지구 등의 지정 효력이 발생한 날부터 일반 국민이 볼 수 있도록 하여야 한다(同法 8⑨).

(5) 지역·지구 등의 지정 및 행위제한 내용의 제공 등

국토교통부장관과 지방자치단체의 장은 '국토이용정보체계'를 이용하여 필지별로 지역·지구 등의 지정 여부 및 행위제한 내용을 일반 국민에게 제공하여야 한다(同法 9①). 중앙행정기관의 장은 지역·지구 등이 신설되거나 지역·지구 등에서의 행위제한 내용이 변경되는 경우에는 그 내용을 국토교통부장관에게 통보하여야 한다. 이 경우 국토교통부장관은 '국토이용정보체계'를 통하여 제공되는 내용을 변경하여야 한다(同法 9②).

지방자치단체의 장은 지역·지구 등이 신설되거나 지역·지구 등에서의 행위제한 내용이 변경되는 경우에는 그 내용을 국토교통부장관에게 통보하고 '국토이용정보체계'를 통하여 제공되는 내용을 직접 변경하여야 한다(同法 9③).

시장·군수 또는 구청장은 ① 지역·지구 등의 지정 내용, ② 지역·지구 등에서의 행위제한 내용, ③ 그 밖에 대통령령으로 정하는 사항을 확인하는 서류(이하 '토지이용계획확인서'라 함)의 발급 신청이 있는 경우에는 대통령령으로 정하는 바에 따라 토지이용계획확인서를 발급하여야 한다(同法 10①).

국토교통부장관은 규제안내서를 작성할 수 있으며, 국토교통부장관이 규제안내서를 작성하려면 관계 행정기관의 장과 미리 협의하여야 한다(同法 11①②).

위에서 '규제안내서'란 국민이 주택·공장 등 대통령령으로 정하는 시설을 설치하기 위하여 관계 법령 또는 자치법규에 따라 받아야 하는 인가·허가 등의 기준·절차·구비서류 등을 적은 안내서를 말한다(同法 2ⅱ).

이 법은 규제안내서의 고시 및 '국토이용정보체계'를 이용한 일반 국민에게의 제공(同法 11③), 규제안내서에 포함되어야 할 사항(同法 11④), 고시된 규제안내서에 포함된 내용을 변경하는 경우의 국토교통부장관에게의 통보와 고시(同法 11⑤⑥)에 대하여도 규정하고 있다.

국토교통부장관, 특별시장·광역시장·도지사, 시장·군수 또는 구청장(이하 '정보체계운영자'라 함)은 국토의 이용 및 관리 업무를 효율적으로 추진하기 위하여 '국토이용정보체계'를 구축하여 운영할 수 있다(同法 12①).

정보체계운영자는 '국토이용정보체계'를 통하여 ① 지역·지구 등의 지정 내용, ② 지역·지구 등에서의 행위제한 내용, ③ 규제안내서, ④ 그 밖에 대통령령으로 정하는 사항을 일반 국민에게 제공할 수 있으며(同法 12②), '국토이용정보체계'를 효율적으로 만들어 운영·활용하기 위하여 전담부서를 설치할 수 있다(同法 12③).

지역·지구 등을 관장하는 중앙행정기관의 장 및 지방자치단체의 장은 2년마다 지역·지구 등의 지정과 운영 실적 등을 포함한 토지이용규제보고서를 작성하여 국토교통부장관에게 제출하여야 한다(同法 13①). 토지이용규제보고서의 작성 및 제출에 필요한 사항은 대통령령으로 정한다(同法 13④).

국토교통부장관은 토지이용규제의 적정성을 확보하기 위하여 토지이용규제평가단으로 하여금 제출된 토지이용규제보고서에 기초하여 지역·지구 등의 지정 실태 등을 평가하게 하고, 토지이용규제심의위원회의 심의를 거쳐 국무회의에 보고한 후 중앙행정기관의 장 또는 지방자치단체의 장에게 그 지역·지구 등의 통합·폐합 등 제도개선을 요청할 수 있다(同法 13②).

위의 제도개선을 요청받은 중앙행정기관의 장 또는 지방자치단체의 장은 특별한 사유가 없으면 지역·지구 등의 통합·폐합 등을 위한 법령 또는 자치법규의 개정 방안, 지역·지구 등을 대체할 수 있는 제도의 신설 등의 대책을 마련하여 국토교통부장관과 협의하여야 한다(同法 13③).

국토교통부장관은 매년 대통령령으로 정하는 바에 따라 토지이용규제평가단으로 하여금 지역·지구 등에서의 행위제한 내용 및 절차를 조사하여 평가하게 하고, 평가 결과에 대하여 토지이용규제심의위원회의 심의를 거쳐 중앙행정기관의 장이나 지방자치단체의 장에게 제도개선을 요청할 수 있다(同法 14).

국토이용정보체계운영자는 '국토이용정보체계'의 운영을 대통령령으로 정하는 기관 또는 단체에 위탁할 수 있다(同法 23).

이 법은 토지이용규제심의위원회 위원, 토지이용규제평가단 구성원, '국토이용정보체계'의 운영을 위탁받아 업무를 수행하는 자로서 공무원이 아닌 사람에 대한 형법 규정 적용시의 공무원 의제(擬制)에 관하여도 규정하고 있다(同法 24).

4. 「국토의 계획 및 이용에 관한 법률」

Ⅰ. 서설

토지관련 행정계획의 수립·시행과 토지의 이용·개발·거래 규제 및 지역정서행정(地域整序行政)에 관한 법률로서, 「국토의 계획 및 이용에 관한 법률」이 있다.

「국토의 계획 및 이용에 관한 법률」은 국토의 이용·개발과 보전을 위한 계획의 수립 및 집행 등에 필요한 사항을 정하여 공공복리를 증진시키고 국민의 삶의 질을 향상시키는 것을 목적으로 하고 있다(同法 1). 이 법은 지리·공간적인 면에서 국민의 바람직한 생활여건을 형성하기 위한 대표적인 법률이라 할 수 있다.

이 법은 국토 이용·관리의 기본원칙으로서, 국토는 자연환경의 보전과 자원의 효율적 활용을 통하여 환경적으로 건전하고 지속가능한 발전을 이루기 위하여, ① 국민생활과 경제활동에 필요한 토지 및 각종 시설물의 효율적 이용과 원활한 공급, ② 자연환경 및 경관의 보전과 훼손된 자연환경 및 경관의 개선·복원, ③ 교통·수자원·에너지 등 국민생활에 필요한 각종 기초 서비스 제공, ④ 주거 등 생활환경 개선을 통한 국민의 삶의 질 향상, ⑤ 지역의 정체성과 문화유산의 보전, ⑥ 지역 간 협력 및 균형발전을 통한 공동번영의 추구, ⑦ 지역경제의 발전과 지역 및 지역 내 적절한 기능 배분을 통한 사회적 비용의 최소화, ⑧ 기후변화에 대한 대응 및 풍수해 저감을 통한 국민의 생명과 재산의 보호 등의 목적을 이룰 수 있도록 이용되고 관리되어야 한다고 규정하고 있다(同法 3).

이 법은 도시의 지속가능성 및 생활인프라 수준 평가(同法 3의2), 국가계획, 광역도시계획 및 도시·군계획의 관계(同法 4), 다른 법률에 따른 토지 이용에 관한 구역 등의 지정 제한(同法 8), 다른 법률에 따른 도시·군관리계획의 변경 제한(同法 9)에 관하여도 규정하고 있다.

위의 '국가계획'이란 중앙행정기관이 법률에 따라 수립하거나 국가의 정책적인 목적을 이루기 위하여 수립하는 계획 중 이 법상의 도시·군기본계획의 내용에 포함될 사항이나 도시·군관리계획으로 결정해야 할 사항이 포함된 계획을 말한다

(同法 2).

이 법은 국토교통부 소속의 중앙도시계획위원회의 설치·업무 및 조직(同法 106·107), 同위원회의 위원장 등의 직무, 회의의 소집 및 의결 정족수, 분과위원회, 전문위원, 간사 등(同法 108·109·110·111·112), 시·도 도시계획위원회의 설치(同法 113①), 시·군·구 도시계획위원회의 설치(同法 113②), 중앙도시계획위원회 및 지방도시계획위원회 회의록 공개요청이 있는 경우 대통령령으로 정하는 기간이 지난 후 대통령령으로 정하는 바에 따른 공개(同法 113의2), 위원회 위원의 제척·회피(同法 113의3), 도시·군계획상임기획단(同法 116)에 대하여도 규정하고 있다.

이 법은 행정구역의 명칭이 특별시·광역시·특별자치시·특별자치도·시인 경우에 '도시·군계획'을 '도시계획'으로, '도시·군기본계획'을 '도시기본계획'으로, '도시·군관리계획'을 '도시관리계획'으로, '도시·군계획시설'을 '도시계획시설'로, '도시·군계획시설사업'을 '도시계획시설사업'으로, '도시·군계획사업'을 '도시계획사업'으로, '도시·군계획상임기획단'을 '도시계획상임기획단'으로 각각 그 명칭을 사용하고(同法 5①), 행정구역의 명칭이 군(郡)인 경우 '도시·군계획'을 '군계획'으로, '도시·군기본계획'을 '군기본계획'으로, '도시·군관리계획'을 '군관리계획'으로, '도시·군계획시설'을 '군계획시설'로, '도시·군계획시설사업'을 '군계획시설사업'으로, '도시·군계획사업'을 '군계획사업'으로, '도시·군계획상임기획단'을 '군계획상임기획단'으로 각각 그 명칭을 사용하도록 규정하고 있다(同法 5②).

II. 광역도시계획

이 법에서 '광역도시계획'이란 국토교통부장관 또는 도지사가 둘 이상의 특별시·광역시·특별자치시·특별자치도·시·군의 공간구조 및 기능을 상호 연계시키고 환경을 보전하며 광역시설을 체계적으로 정비하기 위하여 인접한 둘 이상의 특별시·광역시·특별자치시·특별자치도·시·군의 관할 구역의 전부 또는 일부에 대하여 지정한 광역계획권의 장기발전방향을 제시하는 계획을 말한다(同法 2 i).

이 법은 둘 이상의 지방자치단체의 공간구조 및 기능을 상호 연계시키기 위하여 필요한 경우의 국토교통부장관 또는 도지사의 광역계획권의 지정(同法 10①),

중앙행정기관의 장, 시·도지사, 시장·군수의 국토교통부장관·도지사에 대한 광역계획권의 지정·변경 요청(同法 10②), 광역도시계획의 수립권자(同法 11), 광역도시계획의 내용(同法 12), 광역도시계획의 수립을 위한 기초조사(同法 13), 광역도시계획의 수립·변경을 위한 공청회의 개최(同法 14), 광역도시계획을 수립·변경할 경우의 관계 지방자치단체의 의견 청취(同法 15), 광역도시계획의 승인(同法 16), 광역도시계획의 조정(同法 17), 광역도시계획협의회의 구성 및 운영(同法 17의2)에 대하여 규정하고 있다.

Ⅲ. 도시·군계획(도시·군기본계획과 도시·군관리계획)

'도시·군계획(都市·郡計劃)'은 특별시·광역시·특별자치시·특별자치도·시·군(광역시의 관할 구역에 있는 군은 제외, 이하 같다)의 관할 구역에 대하여 수립하는 공간구조·발전방향에 대한 계획이며, 국토기본법상의 시·군종합계획이다.

도시·군계획은 '도시·군기본계획(都市·郡基本計劃)'과 '도시·군관리계획(都市·郡管理計劃)'으로 구분한다(同法 2ii). 도시·군계획은 특별시·광역시·특별자치시·특별자치도·시·군의 관할구역에서 수립되는 다른 법률에 따른 토지의 이용·개발·보전에 관한 계획의 기본이 된다(同法 4①).

(1) 도시·군기본계획(都市·郡基本計劃)

'도시·군기본계획'은 특별시·광역시·특별자치시·특별자치도·시·군의 관할구역에 대하여 기본적인 공간구조와 장기발전방향을 제시하는 종합계획으로서 도시·군관리계획 수립의 지침이 되는 계획이다(同法 2iii. 大判 2007.4.12, 2005두1893. 大判 2002.10.11, 2000두8226).

도시·군기본계획은 원칙적으로 특별시장·광역시장·특별자치시장·특별자치도지사·시장·군수가 토지적성평가와 재해취약성분석을 포함한 기초조사와 공청회를 거치고 지방의회의 의견을 들어 수립하며, 5년마다 그 타당성 여부를 전반적으로 재검토하여 정비하여야 한다(同法 18①, 20, 21, 23①). 시장·군수가 도시·군기본계획을 수립·변경하려면 도지사의 승인을 받아야 한다(同法 22의2①).

도시·군기본계획에는 ① 지역적 특성 및 계획의 방향·목표, ② 공간구조, 생활권의 설정 및 인구의 배분, ③ 토지의 이용 및 개발, ④ 토지의 용도별 수요 및 공급, ⑤ 환경의 보전 및 관리, ⑥ 기반시설, ⑦ 공원·녹지, ⑧ 경관에 관한 사항, ⑨ 기후변화 대응 및 에너지 절약, ⑩ 방재 및 안전, ⑪ 위의 ②~⑩호에 규정된 사항의 단계별 추진에 관한 사항, ⑫ 그 밖에 대통령령으로 정하는 사항에 대한 정책방향이 포함되어야 한다(同法 19①).

(2) 도시·군관리계획(都市·郡管理計劃)

1) 의의와 성질

'도시·군관리계획'이란 특별시·광역시·특별자치시·특별자치도·시·군의 개발·정비·보전을 위하여 수립하는 토지이용·교통·환경·경관·안전·산업·정보통신·보건·복지·안보·문화 등에 관한 계획으로서, ① 용도지역·용도지구의 지정 또는 변경에 관한 계획, ② 개발제한구역·도시자연공원구역·시가화조정구역·수산자원보호구역의 지정 또는 변경에 관한 계획, ③ 기반시설의 설치·정비 또는 개량에 관한 계획, ④ 도시개발사업이나 정비사업에 관한 계획, ⑤ 지구단위계획구역의 지정 또는 변경에 관한 계획과 지구단위계획, ⑥ 입지규제최소구역의 지정 또는 변경에 관한 계획과 입지규제최소구역계획을 말한다(同法 2iv).

위의 '기반시설(基盤施設)'이란 ① 교통시설, ② 공간시설, ③ 유통·공급시설, ④ 공공·문화체육시설, ⑤ 방재시설, ⑥ 보건위생시설, ⑦ 환경기초시설로서, 대통령령으로 정하는 시설을 말한다(同法 2vi).

위에서 '대통령령으로 정하는 시설'이란 다음 각 호의 시설(당해 시설 그 자체의 기능발휘와 이용을 위하여 필요한 부대시설 및 편익시설을 포함)을 말한다. 즉, ① 교통시설: 도로·철도·항만·공항·주차장·자동차정류장·궤도·운하, 자동차 및 건설기계검사시설, 자동차 및 건설기계운전학원, ② 공간시설: 광장·공원·녹지·유원지(遊園地)·공공공지, ③ 유통·공급시설: 유통업무설비, 수도·전기·가스·열공급설비, 방송·통신시설, 공동구(共同溝)·시장, 유류저장 및 송유설비, ④ 공공·문화체육시설: 학교·운동장·공공청사·문화시설·공공필요성이 인정되는 체육시설·도서관·연구시설·사회복지시설·공공직업훈련시설·청소년수련시설, ⑤ 방재시설:

하천·유수지(遊水池)·저수지·방화설비·방풍설비·방수설비·사방설비·방조설비, ⑥ 보건위생시설: 화장시설·공동묘지·봉안시설·자연장지·장례식장·도축장·종합의료시설, ⑦ 환경기초시설: 하수도·폐기물처리시설·수질오염방지시설·폐차장 등이다('국토의 계획 및 이용에 관한 법률 시행령' 2①).

위에서 '공동구'란 전기·가스·수도 등의 공급설비, 통신시설, 하수도시설 등 지하매설물을 공동 수용함으로써 미관의 개선, 도로구조의 보전 및 교통의 원활한 소통을 위하여 지하에 설치하는 시설물을 말한다(同法 2ix).

용도지역·용도지구 등의 지정에 관한 도시·군관리계획은 그에 따라 각 용도지역·지구·구역별로 건축행위 등에 일정한 제한이 가하여지므로, 同계획은 보통 국민에 대하여 직접적인 구속력을 발하는 구속적(拘束的) 행정계획에 해당하고, 그 결정·고시는 처분으로서의 성질을 갖는다고 할 것이다(大判 1982.3.9, 80누105).

2) 도시·군관리계획의 수립절차와 효력발생시기

도시·군관리계획은 특별시장·광역시장·특별자치시장·특별자치도지사·시장·군수가 입안하는데, 지역여건상 인접한 특별시·광역시·특별자치시·특별자치도·시·군의 관할구역의 전부 또는 일부를 포함하여 도시·군관리계획을 입안할 필요가 있을 때에는 관계 지방자치단체의 장이 협의하여 공동으로 입안하거나 입안할 자를 정한다. 일정한 경우에 국토교통부장관이 입안할 수도 있다(同法 24①②③⑤).

도시·군관리계획은 광역도시계획 및 도시·군기본계획에 부합되어야 하며, 계획의 상세(詳細) 정도, 도시·군관리계획으로 결정하여야 하는 기반시설의 종류 등에 대하여 도시 및 농·산·어촌 지역의 인구밀도, 토지이용의 특성 및 주변 환경 등을 종합적으로 고려하여 차등을 두어 입안하여야 한다(同法 25①③).

도시·군관리계획의 수립기준, 도시·군관리계획 도서(圖書) 및 계획설명서의 작성기준·작성방법 등은 대통령령으로 정하는 바에 따라 국토교통부장관이 정한다(同法 25④. 大判 2015.1.29, 2012두11164).

이 법은 일정한 사항에 대한 주민의 도시·군관리계획 입안 제안(同法 26), 도시·군관리계획의 입안을 위한 기초조사(同法 27), 도시·군관리계획안에 대한 주민과 지방의회의 의견 청취(同法 28)에 대하여도 규정하고 있다.

도시·군관리계획은 원칙적으로 시·도지사가 직접 또는 시장·군수의 신청에 따라 결정하며, 서울특별시와 광역시 및 특별자치시를 제외한 인구 50만 이상의 대도시(이하 '대도시'라 함)의 경우에는 해당 대도시 시장이 직접 결정하고, 시장·군수가 입안한 지구단위계획구역의 지정·변경과 지구단위계획의 수립·변경에 관한 도시·군관리계획은 해당 시장 또는 군수가 직접 결정한다(同法 29①). 일정한 경우에 국토교통부장관·해양수산부장관이 도시·군관리계획을 결정할 수도 있다(同法 30). 도시·군관리계획은 5년마다 그 타당성 여부를 전반적으로 재검토하여 정비하여야 한다(同法 34. 大判 2012.1.12, 2010두5806).

특별시장·광역시장·특별자치시장·특별자치도지사·시장·군수는 도시·군관리계획 결정이 고시되면 지적(地籍)이 표시된 지형도(地形圖)에 도시·군관리계획에 관한 사항을 자세히 밝힌 도면을 작성하여야 하며, 시장(대도시 시장 제외)이나 군수는 위의 지형도에 도시·군관리계획에 관한 사항을 자세히 밝힌 도면(이를 '지형도면'이라 함)을 작성하여 도지사의 승인을 받아야 한다(同法 32①②).

국토교통부장관(수산자원보호구역의 경우 해양수산부장관)이나 도지사는 도시·군관리계획을 직접 입안·결정한 경우에는 직접 지형도면(地形圖面)을 작성할 수 있다(同法 32③). 국토교통부장관, 시·도지사, 시장·군수는 직접 지형도면을 작성하거나 지형도면을 승인한 경우에는 이를 고시하여야 한다(同法 32④).

도시·군관리계획결정의 효력은 위의 지형도면을 고시한 날부터 발생한다(同法 31①). 따라서 도시·군관리계획 결정의 효력이 미치는 구체적·개별적 범위는 지형도면의 고시에 의하여 확정된다고 할 것이다(大判 2000.3.23, 99두11851).

도시·군관리계획 결정 당시 이미 사업이나 공사에 착수한 자는 그 도시·군관리계획 결정에 관계없이 그 사업이나 공사를 계속할 수 있다(同法 31②).

3) 도시·군계획시설(都市·郡計劃施設)

'도시·군계획시설'이란 도시의 기본적 수요를 충족시키기 위하여 필요한 기반시설 중 도시·군관리계획으로 결정된 시설을 말한다(同法 2vii).

이 법은 지상(地上)·수상(水上)·공중(空中)·수중(水中) 또는 지하(地下)에 기반시설을 설치하려면 원칙적으로 그 시설의 종류·명칭·위치·규모 등을 미리 도시·군관리계획으로 결정하도록 하고 있다(同法 43①).

도시·군계획시설의 결정·구조 및 설치의 기준 등에 관하여 필요한 사항은 국토교통부령으로 정하고, 그 세부사항은 국토교통부령으로 정하는 범위에서 시·도의 조례로 정할 수 있다. 다만, 다른 법률에 특별한 규정이 있는 경우에는 그 법률에 따른다(同法 43②. 大判 2015.3.26, 2014두42742. 大判 2000.9.8, 98두11854).

도시·군계획시설의 관리에 관하여 관계 법률에 특별한 규정이 있는 경우 외에는 국가가 관리하는 경우에는 대통령령으로, 지방자치단체가 관리하는 경우에는 그 지방자치단체의 조례로 도시·군계획시설의 관리에 관한 사항을 정한다(同法 43③).

이 법은 일정한 지역·지구·구역에서의 공동구의 설치(同法 44), 공동구의 관리·운영(同法 44의2), 공동구의 관리비용(同法 44의3), 광역시설의 설치·관리(同法 45), 도시·군계획시설을 공중·수중·수상·지하에 설치하는 경우의 설치기준과 보상에 대한 별도의 규정(同法 46), 도시·군계획시설 부지의 매수 청구(同法 47), 도시·군계획시설결정의 실효(同法 48), 일정한 경우 토지소유자의 도시·군계획시설결정 해제 신청(同法 48의2. 2017.1.1.시행)에 대하여도 규정하고 있다.

4) 도시·군계획시설사업(都市·郡計劃施設事業)

'도시·군계획시설사업'이란 도시·군계획시설을 설치·정비 또는 개량하는 사업을 말한다(同法 2ⅹ). 특별시장·광역시장·특별자치시장·특별자치도지사·시장·군수는 도시·군계획시설에 대하여 도시·군계획시설 결정의 고시일부터 2년 이내에 대통령령으로 정하는 바에 따라 재원조달계획·보상계획 등을 포함하는 단계별 집행계획을 수립하여야 한다(同法 85①).

이 법이나 다른 법률에 특별한 규정이 있는 경우를 제외하고는 특별시장·광역시장·특별자치시장·특별자치도지사·시장·군수가 관할구역안의 도시·군계획시설사업을 시행한다(同法 86①. 憲裁 2011.6.30, 2008헌바166, 2011헌바35병합).

국토교통부장관은 국가계획과 관련되거나 그 밖에 특히 필요한 때에는 관계 특별시장·광역시장·특별자치시장·특별자치도지사·시장·군수의 의견을 들어 직접 도시·군계획시설사업을 시행할 수 있으며, 도지사는 광역도시계획과 관련되거나 특히 필요하다고 인정되는 경우에는 관계 시장 또는 군수의 의견을 들어 직접 도시·군계획시설사업을 시행할 수 있다(同法 86④. 憲裁 1999.10.21, 97헌바26).

도시·군계획시설사업의 시행자는 대통령령으로 정하는 바에 따라 그 도시·군계획시설사업에 관한 실시계획(이에는 설계도서·자금계획·시행기간 그 밖에 대통령령으로 정하는 사항을 밝히거나 기재해야 함)을 작성하여야 하며, 국토교통부장관이나 시·도지사 또는 대도시 시장이 아닌 시행자는 그 실시계획에 대한 국토교통부장관이나 시·도지사 또는 대도시 시장의 인가를 받아야 한다(同法 88①②⑤. 大判 2015.7.9, 2015두39590. 憲裁 2014.7.24, 2012헌바294, 2013헌바184·185·187병합. 大判 2014.7.10, 2013두7025. 大判 2013.9.12, 2012두12884).

이 법은 도시·군계획시설사업의 분할 시행(同法 87), 도시·군계획시설사업 시행자의 이행보증금 예치(同法 89①②), 도시·군계획시설사업 실시계획 관련서류의 열람(同法 90), 도시·군계획시설사업 실시계획의 고시(同法 91), 위 실시계획을 작성·변경작성하거나 인가·변경인가를 할 때 관계 행정기관의 장과 협의한 사항에 대한 관련 법률에 따른 인·허가 등의 의제(同法 92①), 도시·군계획시설사업 시행자의 관계 서류의 열람(同法 93), 이해관계자에 대한 서류송달이 불가한 경우의 공시(同法 94)에 관하여 규정하고 있다.

이 법은 또한 도시·군계획시설사업에 필요한 토지·건축물 등에 대한 수용·사용(同法 95①②)과 그에 대한 「공익사업을 위한 토지 등의 취득 및 보상에 관한 법률」의 준용(同法 96①), 도시·군계획시설사업에 필요한 국공유지의 처분 제한(同法 97), 도시·군계획시설사업의 공사 완료시의 공사완료 보고서 작성 및 준공검사와 공사완료 공고(同法 98①④), 도시·군계획시설사업에 의하여 설치되거나 대체된 공공시설 등의 귀속(同法 99), 광역도시계획 및 도시·군계획의 수립과 도시·군계획시설사업에 관한 비용 등의 부담(同法 101~104), 취락지구·방재지구에 대한 지원(同法 105, 105의2)에 대하여도 규정하고 있다.

5) 지구단위계획(地區單位計劃)

'지구단위계획'이란 도시·군계획 수립 대상지역의 일부에 대하여 토지이용을 합리화하고 그 기능을 증진시키며 미관을 개선하고 양호한 환경을 확보하며, 그 지역을 체계적·계획적으로 관리하기 위하여 수립하는 도시·군관리계획을 말한다(同法 2ⅴ). 지구단위계획과 그 해당구역은 도시·군관리계획으로 결정한다(同法 50).

지구단위계획은 용도지역·지구제나 도시·군계획만으로는 토지의 합리적 이용, 기반시설의 확보 및 양호한 환경의 보호 등의 목표를 달성할 수 없는 경우에 도시·군계획 수립 대상지역 안의 소규모의 지역에 대하여 보다 구체적인 토지이용계획을 수립하여 보다 체계적이고 구체적인 도시개발을 도모하기 위하여 수립된다.

지구단위계획은 도로, 상하수도 등 대통령령으로 정하는 도시·군계획시설의 처리·공급 및 수용능력이 지구단위계획구역에 있는 건축물의 연면적, 수용인구 등 개발밀도와 적절한 조화를 이룰 수 있도록 하여야 한다(同法 52②).

이 법은 지구단위계획 수립에서 고려할 사항(同法 49), 지구단위계획구역의 지정(同法 51), 지구단위계획에 포함되어야 할 사항(同法 52①), 지구단위계획구역의 지정 및 지구단위계획에 관한 도시·군관리계획결정의 실효(同法 53), 지구단위계획구역에서의 건축규제(同法 54)에 대하여도 규정하고 있다.

Ⅳ. 용도지역·지구·구역제

'용도지역·지구·구역제'란 토지를 그 위치·성상(性狀)·주변환경 등을 감안하여 일정한 용도지역·용도지구·용도구역으로 획정하고, 각 지역·지구·구역 등에 대하여 서로 다른 토지이용상의 특성을 부여하며, 그 특성에 따라 토지이용상 일정한 행위의 제한이나 건축물의 용도·건폐율(대지면적에 대한 건축물 1층 바닥면적의 비율)·용적율(대지면적에 대한 건축물 연면적의 비율) 등을 규제하는 제도를 말한다.

(1) 용도지역(用途地域)

'용도지역'이란 토지의 이용 및 건축물의 용도·건폐율·용적율·높이 등을 제한함으로써 토지를 경제적·효율적으로 이용하고 공공복리의 증진을 도모하기 위하여 서로 중복되지 아니하게 도시·군관리계획으로 결정하는 지역을 말한다(同法 2).

이 법은 토지의 이용실태 및 특성과 장래의 토지이용방향, 지역 간 균형발전 등을 고려하여, 국토를 도시지역·관리지역·농림지역·자연환경보전지역의 4개 용도지역으로 구분하도록 하고 있으며(同法 6), 각 용도지역에 관한 개발·정비 및 보전에 필요한 조치를 국가나 지방자치단체가 마련하도록 규정하고 있다(同法 7).

용도지역은 그 지역에서의 행위규제방식이 건축제한이라는 점에서 후술하는 용도지구와 공통점이 있으나, 용도지역은 용도지구와 달리 중복지정이 허용되지 않는다.

국토교통부장관, 시·도지사 또는 대도시 시장은 다음 각호의 어느 하나에 해당하는 용도지역의 지정 또는 변경을 도시·군관리계획으로 결정한다(同法 36①).

1) 도시지역(都市地域)

도시지역은 인구와 산업이 밀집되어 있거나 밀집이 예상되어 그 지역에 대하여 체계적인 개발·정비·관리·보전 등이 필요한 지역으로서(同法 6 i), 다음 각호의 어느 하나로 구분하여 지정한다.

① 주거지역 : 거주의 안녕과 건전한 생활환경의 보호를 위하여 필요한 지역.

② 상업지역 : 상업 그 밖의 업무의 편익증진을 위하여 필요한 지역.

③ 공업지역 : 공업의 편익증진을 위하여 필요한 지역.

④ 녹지지역 : 자연환경·농지 및 산림의 보호, 보건위생, 보안과 도시의 무질서한 확산을 방지하기 위하여 녹지의 보전이 필요한 지역.

2) 관리지역(管理地域)

관리지역은 도시지역의 인구와 산업을 수용하기 위하여 도시지역에 준하여 체계적으로 관리하거나 농림업의 진흥, 자연환경 또는 산림의 보전을 위하여 농림지역 또는 자연환경보전지역에 준하여 관리가 필요한 지역으로서(同法 6 ii), 다음 각호의 어느 하나로 구분하여 지정한다.

① 보전관리지역 : 자연환경보호·산림보호·수질오염방지·녹지공간확보 및 생태계보전 등을 위하여 보전이 필요하나, 주변의 용도지역과의 관계 등을 고려할 때 자연환경보전지역으로 지정하여 관리하기가 곤란한 지역.

② 생산관리지역 : 농업·임업·어업생산 등을 위하여 관리가 필요하나, 주변의 용도지역과의 관계를 고려할 때 농림지역으로 지정하여 관리하기가 곤란한 지역.

③ 계획관리지역 : 도시지역으로의 편입이 예상되는 지역이나 자연환경을 고려하여 제한적인 이용·개발을 하려는 지역으로서 계획적·체계적 관리가 필요한 지역.

3) 농림지역(農林地域)

농림지역은 도시지역에 속하지 아니하는, 농지법에 따른 농업진흥지역 또는 산지관리법에 따른 보전산지(保全山地) 등으로서 농림업을 진흥시키고 산림을 보전하기 위하여 필요한 지역이다(同法 6iii).

4) 자연환경보전지역(自然環境保全地域)

자연환경보전지역은 자연환경·수자원·해안·생태계·상수원 및 문화재의 보전과 수산자원의 보호·육성 등을 위하여 필요한 지역이다(同法 6iv).

(2) **용도지구(用途地區)**

'용도지구'란 토지의 이용 및 건축물의 용도·건폐율·용적율·높이 등에 대한 용도지역의 제한을 강화하거나 완화하여 적용함으로써 용도지역의 기능을 증진시키고 미관·경관·안전 등을 도모하기 위하여 도시·군관리계획으로 결정하는 지역을 말한다(同法 2).

용도지구는 용도지역의 기능을 보완하는 역할을 하며, 어느 용도지역 위에 지정된다. 용도지구는 용도지역과 달리 국토 전체에 대하여 지정되어야 하는 것은 아니며, 서로 양립할 수 없는 지구가 아닌 한 2 이상의 용도지구가 동일지역에 중복 지정될 수 있다.

국토교통부장관, 시·도지사 또는 대도시 시장은 다음 각호의 어느 하나에 해당하는 용도지구의 지정 또는 변경을 도시·군관리계획으로 결정한다(同法 37①).

① 경관지구 : 경관을 보호·형성하기 위하여 필요한 지구.

② 미관지구 : 미관을 유지하기 위하여 필요한 지구.

③ 고도지구 : 쾌적한 환경조성 및 토지의 효율적 이용을 위하여 건축물의 높이의 최저한도 또는 최고한도를 규제할 필요가 있는 지구.

④ 방화지구 : 화재의 위험을 예방하기 위하여 필요한 지구.

⑤ 방재지구 : 풍수해, 산사태, 지반의 붕괴 그 밖의 재해를 예방하기 위하여 필요한 지구.

⑥ 보존지구 : 문화재, 중요 시설물 및 문화적·생태적으로 보존가치가 큰 지역의 보호와 보존을 위하여 필요한 지구.

⑦ 시설보호지구 : 학교시설·공용시설·항만 또는 공항의 보호, 업무기능의 효율화, 항공기의 안전운항 등을 위하여 필요한 지구.

⑧ 취락지구 : 녹지지역·관리지역·농림지역·자연환경보전지역·개발제한구역 또는 도시자연공원구역의 취락을 정비하기 위한 지구.

⑨ 개발진흥지구 : 주거기능·상업기능·공업기능·유통물류기능·관광기능·휴양기

능 등을 집중적으로 개발·정비할 필요가 있는 지구.

⑩ 특정용도제한지구 : 주거기능 보호나 청소년 보호 등의 목적으로 청소년 유해(有害)시설 등 특정시설의 입지를 제한할 필요가 있는 지구.

⑪ 그 밖에 대통령령으로 정하는 지구.

시·도지사 또는 대도시 시장은 지역여건상 필요하면 대통령령으로 정하는 기준에 따라 그 시·도 또는 대도시의 조례로 용도지구의 명칭 및 지정목적, 건축이나 그 밖의 행위의 금지 및 제한에 관한 사항 등을 정하여 위의 각 용도지구 외의 용도지구의 지정 또는 변경을 도시·군관리계획으로 결정할 수 있다(同法 37③). 이 경우 전술한 토지이용규제기본법이 정한 절차를 거쳐야 한다.

(3) **용도구역(用途區域)**

'용도구역'이란 토지의 이용 및 건축물의 용도·건폐율·용적율·높이 등에 대한 용도지역 및 용도지구의 제한을 강화하거나 완화하여 따로 정함으로써 시가지의 무질서한 확산방지, 계획적이고 단계적인 토지이용의 도모, 토지이용의 종합적 조정·관리 등을 위하여 도시·군관리계획으로 결정하는 지역을 말한다(同法 2).

용도구역제도는 기본적으로 도시의 무계획적인 발전이나 그 과대화·과밀화에 따르는 폐해를 방지하고, 그 균형 있는 발전을 도모하기 위하여 도시계획적 측면에서 토지이용에 제한을 가하는 제도이다.

이 법은 용도구역으로서 개발제한구역·도시자연공원구역·시가화조정구역·수산자원보호구역·입지규제최소구역 등을 정할 수 있도록 하고 있다(同法 38~40의2).

1) 개발제한구역(開發制限區域)

국토교통부장관은 도시의 무질서한 확산을 방지하고 도시주변의 자연환경을 보전하여 도시민의 건전한 생활환경을 확보하기 위하여 도시의 개발을 제한할 필요가 있거나, 국방부장관의 요청이 있어 보안상 도시의 개발을 제한할 필요가 있다고 인정되면 개발제한구역의 지정 또는 변경을 도시·군관리계획으로 결정할 수 있다(同法 38①).

개발제한구역의 지정·변경과 관리 및 개발제한구역에서의 행위제한에 관하여 필요한 사항은 따로 법률로 정하게 되어 있는데(同法 38②, 80), 현재 「개발제한

구역의 지정 및 관리에 관한 특별조치법」이 제정·시행되고 있다(憲裁 2015.11.26, 2014헌바359. 大判 2004.3.25, 2003두12837. 憲裁 2004.2.26, 2001헌바80·84·102·103, 2002헌바26병합).

2) 도시자연공원구역(都市自然公園區域)

시·도지사 또는 대도시 시장은 도시의 자연환경 및 경관을 보호하고 도시민에게 건전한 여가·휴식공간을 제공하기 위하여 도시지역 안의 식생(植生)이 양호한 산지(山地)의 개발을 제한할 필요가 있다고 인정하는 경우에는 도시자연공원구역의 지정 또는 변경을 도시·군관리계획으로 결정할 수 있다.

도시자연공원구역의 지정 또는 변경과 도시자연공원구역에서의 행위제한에 관하여 필요한 사항은 따로 법률로 정한다(同法 38의2①②, 80의2). 이에 따라 「도시공원 및 녹지 등에 관한 법률」이 제정·시행되고 있다.

3) 시가화조정구역(市街化調整區域)

시·도지사는 직접 또는 관계 행정기관의 장의 요청을 받아 도시지역과 그 주변지역의 무질서한 시가화를 방지하고 계획적·단계적인 개발을 도모하기 위하여 대통령령으로 정하는 기간(시가화 유보기간) 동안 시가화를 유보할 필요가 있다고 인정되면 시가화조정구역의 지정 또는 변경을 도시·군관리계획으로 결정할 수 있다. 다만, 국가계획과 연계하여 시가화조정구역의 지정 또는 변경이 필요한 경우에는 국토교통부장관이 직접 시가화조정구역의 지정 또는 변경을 도시·군관리계획으로 결정할 수 있다(同法 39①).

시가화조정구역의 지정에 관한 도시·군관리계획의 결정은 위의 시가화 유보기간이 끝난 날의 다음날부터 그 효력을 잃는다. 이 경우 국토교통부장관 또는 시·도지사는 대통령령으로 정하는 바에 따라 그 사실을 고시하여야 한다(同法 39②).

4) 수산자원보호구역(水産資源保護區域)

해양수산부장관은 직접 또는 관계 행정기관의 장의 요청을 받아 수산자원을 보호·육성하기 위하여 필요한 공유수면이나 그에 인접한 토지에 대한 수산자원보호구역의 지정 또는 변경을 도시·군관리계획으로 결정할 수 있다(同法 40).

5) 입지규제최소구역(立地規制最少區域)

국토교통부장관은 도시지역에서 복합적인 토지이용을 증진시켜 도시 정비를 촉진하고 지역 거점을 육성할 필요가 있다고 인정되면 ① 도시·군기본계획에 따른 도심·부도심 또는 생활권의 중심지역, ② 철도역사·터미널·항만·공공청사·문화시설 등의 기반시설 중 지역의 거점 역할을 수행하는 시설을 중심으로 주변지역을 집중적으로 정비할 필요가 있는 지역, ③ 세 개 이상의 노선이 교차하는 대중교통 결절지로부터 1킬로미터 이내에 위치한 지역, ④ 「도시 및 주거환경정비법」 제2조 제3호에 따른 노후·불량건축물이 밀집한 주거지역 또는 공업지역으로 정비가 시급한 지역, ⑤ 「도시재생 활성화 및 지원에 관한 특별법」 제2조 제1항 제5호에 따른 도시재생활성화지역 중 同法 제2조 제1항 제6호에 따른 도시경제기반형 활성화계획을 수립하는 지역의 어느 하나에 해당하는 지역과 그 주변지역의 전부 또는 일부를 '입지규제최소구역'으로 지정할 수 있다(同法 40의2①).

이 법은 입지규제최소구역계획 수립 등에 대하여도 규정하고 있는데(同法 40의2 ②~⑧), '입지규제최소구역계획'이란 입지규제최소구역에서의 토지의 이용 및 건축물의 용도·건폐율·용적률·높이 등의 제한에 관한 사항 등 입지규제최소구역의 관리에 필요한 사항을 정하기 위하여 수립하는 도시·군관리계획을 말한다(同法 2).

(4) 용도지역·지구·구역 안에서의 행위제한

도시·군관리계획으로 용도지역·용도지구·용도구역이 지정되면 그 지역 안에서의 건축행위 등에 대한 일정한 제한이 이루어지는데, 이는 공용제한(公用制限)이다.

이 법은 용도지역 및 용도지구에서의 건축물의 건축 제한(同法 76), 용도지역의 건폐율(同法 77), 용도지역에서의 용적률(同法 78), 용도지역 미지정 또는 미세분 지역에서의 행위 제한(同法 79), 입지규제최소구역에서의 행위 제한(同法 80의3), 시가화조정구역에서의 행위제한(同法 81), 기존 건축물에 대한 특례(同法 82), 도시지역에서의 다른 법률의 적용 배제(同法 83), 입지규제최소구역에서의 다른 법률의 적용 특례(同法 83의2), 둘 이상의 용도지역·용도지구·용도구역에 걸치는 대지에 대한 적용 기준(同法 84), 공유수면매립지에 관한 용도지역의 지정(同法 41), 다른 법률에 따라 지정된 지역의 용도지역 지정 등의 의제(同法 42)에 관하여도 규정하고 있다.

V. 개발행위허가제와 개발밀도관리구역·기반시설부담구역

(1) 개발행위허가제(開發行爲許可制)

이 법은 도시·군계획사업에 의한 행위를 제외하고, ① 건축물의 건축 또는 공작물의 설치, ② 토지의 형질변경(경작을 위한 토지형질변경은 제외), ③ 토석의 채취, ④ 토지분할(건축물이 있는 대지는 제외), ⑤ 녹지지역·관리지역·자연환경보전지역 안에 물건을 1월 이상 쌓아놓는 행위로서 대통령령으로 정하는 행위를 '개발행위'로 규정하고, 이러한 개발행위를 하거나 개발행위허가를 받은 사항을 변경하는 경우에는 원칙적으로 특별시장·광역시장·특별자치시장·특별자치도지사·시장·군수(이하 '관계 행정청'이라 함)의 허가를 받도록 하고 있다(同法 56①②. 憲裁 2014.6.26, 2013헌바271. 憲裁 2014.2.27, 2012헌바184·354병합. 大判 2013.07.12, 2012두28582).

개발행위를 하려는 자는 그 개발행위에 따른 기반시설의 설치나 그에 필요한 용지의 확보, 위해(危害) 방지, 환경오염 방지, 경관, 조경 등에 관한 계획서를 첨부한 신청서를 관계 행정청에게 제출하여야 한다. 다만, 건축법의 적용을 받는 건축물의 건축 또는 공작물의 설치를 하려는 자는 건축법에서 정하는 절차에 따라 신청서류를 제출하여야 한다(同法 57①).

관계 행정청은 개발행위의 허가나 불허가의 처분을 할 때에는 지체 없이 신청인에게 허가내용이나 불허가처분의 사유를 서면 또는 국토이용정보체계를 통하여 알려야 하며(同法 57③. 2017.1.1.시행), 개발행위허가를 하는 경우에 개발행위에 따른 기반시설의 설치 또는 그에 필요한 용지의 확보, 위해 방지, 환경오염 방지, 경관, 조경 등에 관한 조치를 할 것을 조건으로 개발행위허가를 할 수 있다(同法 57④).

관계 행정청은 개발행위허가의 신청 내용이 ① 용도지역별 특성을 고려하여 대통령령으로 정하는 개발행위의 규모에 적합하며, ② 도시·군관리계획 및 이 법 제58조 제4항에 따른 성장관리방안의 내용에 어긋나지 아니하고, ③ 도시·군계획사업의 시행에 지장이 없으며, ④ 주변지역의 토지이용실태 또는 토지이용계획, 건축물의 높이, 토지의 경사도, 수목(樹木)의 상태, 물의 배수, 하천·호소·습지의 배수 등 주변환경이나 경관과 조화를 이루고, ⑤ 해당 개발행위에 따른 기반시설의 설치나 그에 필요한 용지의 확보계획이 적절한 경우에만 개발행위허가 또는 변경허가를 하여야 한다(同法 58①. 大判 2010.4.15, 2007두16127).

관계 행정청은 난개발 방지와 지역특성을 고려한 계획적 개발을 유도하기 위하여 필요한 경우 대통령령으로 정하는 바에 따라 개발행위의 발생 가능성이 높은 지역을 대상지역으로 하여 기반시설의 설치·변경, 건축물의 용도 등에 관한 관리방안(이를 이 법에서는 '성장관리방안'이라 약칭함)을 수립할 수 있다(同法 58④).

이 법은 개발행위에 대한 도시계획위원회의 심의(同法 59), 개발행위에 따른 기반시설의 설치나 위해 방지, 환경오염 방지 등의 이행을 보증하기 위한 이행보증금 예치(同法 60①), 개발행위허가를 받지 아니하고 개발행위를 하거나 허가내용과 다르게 개발행위를 하는 자에 대한 원상회복 명령 및 행정대집행법에 의한 행정대집행(同法 60③④), 개발행위허가 또는 변경허가에 따른 관계 법률상의 일정한 인·허가의 의제(同法 61①), 개발행위복합민원 일괄협의회의 개최(同法 61의2), 개발행위에 대한 준공검사(同法 62①), 개발행위허가의 제한(同法 63), 도시·군계획시설 부지에서의 개발행위(同法 64), 개발행위에 따른 공공시설 등의 귀속(同法 65)에 대하여도 규정하고 있다(憲裁 2015.3.26, 2014헌바156).

(2) **개발밀도관리구역**

'개발밀도관리구역'이란 개발로 인하여 기반시설이 부족할 것으로 예상되나 기반시설을 설치하기 곤란한 지역을 대상으로 건폐율이나 용적률을 강화하여 적용하기 위하여 지정하는 구역을 말한다(同法 2).

관계 행정청은 주거·상업 또는 공업지역에서의 개발행위로 기반시설(도시·군계획시설 포함)의 처리·공급 또는 수용능력이 부족할 것으로 예상되는 지역 중 기반시설의 설치가 곤란한 지역을 개발밀도관리구역으로 지정할 수 있으며, 개발밀도관리구역에서는 대통령령으로 정하는 범위에서 건폐율 또는 용적률을 강화하여 적용한다(同法 66①②).

관계 행정청은 개발밀도관리구역을 지정하거나 변경한 경우에는 그 사실을 대통령령으로 정하는 바에 따라 고시하여야 하며, 개발밀도관리구역의 지정기준, 개발밀도관리구역의 관리 등에 관하여 필요한 사항은 대통령령으로 정하는 바에 따라 국토교통부장관이 정한다(同法 66④⑤).

(3) 기반시설부담구역

'기반시설부담구역'이란 개발밀도관리구역 외의 지역으로서 개발로 인하여 도로, 공원, 녹지 등 대통령령으로 정하는 기반시설의 설치가 필요한 지역을 대상으로 기반시설을 설치하거나 그에 필요한 용지를 확보하게 하기 위하여 지정·고시하는 구역을 말한다(同法 2).

관계 행정청은 ① 이 법 또는 다른 법령의 제정·개정으로 인하여 행위 제한이 완화되거나 해제되는 지역, ② 관계 법령에 따라 지정된 용도지역 등이 변경되거나 해제되어 행위 제한이 완화되는 지역, ③ 개발행위허가 현황 및 인구증가율 등을 고려하여 대통령령으로 정하는 지역에 대하여는 기반시설부담구역으로 지정하여야 한다. 다만, 개발행위가 집중되어 관계 행정청이 해당 지역의 계획적 관리를 위하여 필요하다고 인정하는 지역은 위의 지역에 해당하지 아니하여도 기반시설부담구역으로 지정할 수 있다(同法 67①).

관계 행정청은 기반시설부담구역이 지정되면 대통령령으로 정하는 바에 따라 기반시설설치계획을 수립하여야 하며, 이를 도시·군관리계획에 반영하여야 한다(同法 67④).

이 법은 기반시설부담구역에서의 기반시설설치비용의 부과대상인 건축행위 및 기반시설설치비용 산정기준(同法 68), 기반시설설치비용의 납부 및 체납처분(同法 69), 기반시설설치비용의 관리 및 사용을 위한 기반시설부담구역별 특별회계의 설치(同法 70)에 대하여도 규정하고 있다.

Ⅵ. 토지거래허가제와 선매협의제

(1) 토지거래허가제(土地去來許可制)

토지거래허가제란 토지의 투기적인 거래로 인한 지가(地價)의 급격한 상승을 억제하기 위하여 국토교통부장관 또는 시·도지사가 지정한 구역 내의 토지의 거래계약을 함에 있어서 시장·군수 또는 구청장의 허가를 받도록 하는 제도를 말한다.

국토교통부장관 또는 시·도지사는 국토의 이용 및 관리에 관한 계획의 원활한 수립과 집행, 합리적인 토지 이용 등을 위하여 토지의 투기적인 거래가 성행하거나 지가(地價)가 급격히 상승하는 지역과 그러한 우려가 있는 지역으로서 대통령령으로 정하는 지역에 대해서는 5년 이내의 기간을 정하여 토지거래계약허가구역(이하 '허가구역'이라 함)으로 지정할 수 있다(同法 117①. 大判 2006.12.22, 2006두12883. 憲裁 1989.12.22, 88헌가13).

허가구역이 둘 이상의 시·군(광역시의 관할 구역에 있는 군 포함) 또는 구의 관할 구역에 걸쳐 있는 경우에는 중앙도시계획위원회의 심의를 거쳐 국토교통부장관이, 허가구역이 동일한 시·군·구 안의 일부지역인 경우에는 시·도 도시계획위원회의 심의를 거쳐 시·도지사가 허가구역을 지정할 수 있다(同法 117②).

이 법은 허가구역 지정시의 공고 및 통지·열람(同法 117③④), 허가구역 지정을 공고한 날부터 5일 후 효력 발생(同法 117⑤), 토지거래계약에 관한 허가 및 예외, 허가시의 허가증 발급, 불허가시의 불허가처분 사유 서면고지, 허가를 받지 않고 체결한 토지거래계약의 무효(同法 118①②④⑥. 大判 1991.12.24, 90다12243), 토지거래계약 허가기준(同法 119), 토지거래계약 불허가처분에 대한 이의신청(同法 120), 국가 등이 하는 토지거래계약에 관한 특례(同法 121)에 대하여 규정하고 있다.

토지거래계약을 허가받은 자는 대통령령으로 정하는 사유가 있는 경우 외에는 5년의 범위에서 대통령령으로 정하는 기간에 그 토지를 허가받은 목적대로 이용해야 하며, 시장·군수·구청장은 해당 토지가 허가받은 목적대로 이용되고 있는지를 국토교통부령으로 정하는 바에 따라 조사하여야 한다(同法 124①②. 大判 2014.11.27, 2013두8653. 大決 2011.7.14, 2011마364).

시장·군수·구청장은 토지를 허가받은 목적대로 이용하지 아니하는 자에 대하여 상당한 기간을 정하여 토지를 허가받은 목적대로 이용하도록 명령할 수 있으며, 이 명령이 이행되지 아니한 경우에는 토지 취득가액의 100분의 10의 범위에서 대통령령으로 정하는 금액의 이행강제금을 부과한다(同法 124의2①②).

(2) **선매협의제(先買協議制)**

선매협의제란 토지거래계약허가구역 안의 토지에 관한 거래계약허가신청이 있는 경우에 공공용지를 확보하기 위한 방안으로서 일정한 공공기관을 사전에 선매자(先買者)로 선정하여 일반인의 거래에 우선하여 협의매수하게 하는 제도를 말한다.

시장·군수·구청장은 토지거래계약에 관한 허가신청이 있는 경우에, 공익사업용 토지 또는 토지거래계약허가를 받아 취득한 토지로서 그 이용목적대로 이용되고 있지 아니한 토지(이하 '선매협의 대상 토지'라 함)에 대하여 국가·지방자치단체·한국토지주택공사 그 밖에 대통령령으로 정하는 공공기관 또는 공공단체가 매수를 원하는 경우에는 이들 중에서 해당 토지를 매수할 자(이하 '선매자'라 함)를 지정하여 협의 매수하게 할 수 있다(同法 122①).

시장·군수·구청장은 위의 선매협의 대상 토지의 거래계약 허가신청이 있는 경우에 그 신청이 있는 날부터 1개월 이내에 선매자(先買者)를 지정하여 토지 소유자에게 알려야 하며, 선매자는 지정 통지를 받은 날부터 1개월 이내에 그 토지 소유자와 선매협의를 끝내야 한다(同法 122②).

이 법은 선매협의 대상 토지의 매수가격(同法 122③), 선매협의가 이루어지지 아니한 경우의 토지거래계약에 대한 허가 여부 결정·통보(同法 122④), 토지거래계약 불허가처분을 받은 토지에 관한 매수 청구(同法 123), 국토교통부장관이나 시·도지사의 지가 동향의 조사(同法 125), 토지거래계약 허가와 관련된 다른 법률과의 관계(同法 126)에 대하여 규정하고 있다.

이 법은 경관·생태·정보통신·과학·문화·관광 그 밖에 대통령령으로 정하는 분야별 시범도시(시범지구나 시범단지 포함)의 지정(同法 127), 국토이용정보체계의 활용(同法 128), 전문기관에의 자문(同法 129), 도시·군계획과 광역도시·군계획에 관한 기초조사, 개발밀도관리구역·기반시설부담구역 및 기반시설설치계획에 관한 기초조사, 지가의 동향 및 토지거래의 상황에 관한 조사, 도시·군계획시설사업에 관한 조사·측량 또는 시행 등을 위하여 필요한 경우의 타인의 토지에의 출입 등과 그에 따른 손실보상(同法 130·131)에 대하여 규정하고 있다.

또한 이 법은 이 법의 일정 규정을 위반한 자에 대한 제재처분(同法 133), 이 법에 따른 도시·군계획시설사업 시행자의 처분에 대한 행정심판(同法 134), 도시·군관리계획에 관한 권리·의무의 승계(同法 135), 이 법에 따른 일정한 불이익처분시의 청문(同法 136), 개발행위허가를 받은 자나 도시·군계획시설사업 시행자에 대한 보고요구 및 검사(同法 137), 도시·군계획의 수립 및 운영에 대한 감독 및 조정(同法 138), 이 법에 따른 국토교통부장관 등의 권한의 위임 및 위탁(同法 139), 벌칙(同法 140~143), 과태료 부과(同法 144)에 대하여도 규정하고 있다.

【大判 2015.3.20, 2011두3746. "행정청이 도시계획시설인 유원지를 설치하는 도시계획시설사업에 관한 실시계획을 인가하려면, 실시계획에서 설치하고자 하는 시설이 국토계획법령상 유원지의 개념인 '주로 주민의 복지향상에 기여하기 위하여 설치하는 오락과 휴양을 위한 시설'에 해당하고, 실시계획이 국토계획법령이 정한 도시계획시설(유원지)의 결정·구조 및 설치의 기준에 적합하여야 한다."】

5.「개발이익환수에 관한 법률」

(1) 서설

국가나 지방자치단체로부터 인가·허가·면허 등을 받아 시행하는 각종 개발사업으로 인하여 토지에서 발생하는 개발이익을 환수하기 위한 법률로서「개발이익환수에 관한 법률」이 있다.

이 법은 토지에서 발생하는 개발이익을 환수하여 이를 적정하게 배분함으로써 토지에 대한 투기를 방지하고 토지의 효율적인 이용을 촉진하여 국민경제의 건전한 발전에 이바지하는 것을 목적으로 하고 있다(同法 1).

이 법은 일정한 개발사업으로 인하여 발생한 개발이익을 개발사업시행자 또는 토지소유자에게 전적으로 귀속시키지 아니하고 사회에 환원(還元)시킴으로써 경제정의구현에 기여할 수 있는 법이라 하겠다.

이 법에서 '개발이익'이란 개발사업의 시행이나 토지이용계획의 변경, 그 밖에 사회적·경제적 요인에 따라 정상지가(正常地價) 상승분을 초과하여 개발사업을 시행하는 자(이하 '사업시행자'라 함)나 토지소유자에게 귀속되는 토지가액의 증가분을 말한다(同法 2ⅰ).

개발부담금의 부과 대상이 되는 '개발사업'이란 국가나 지방자치단체로부터 인가·허가·면허 등(신고를 포함하며, 이하 '인가 등'이라 함)을 받아 시행하는 ① 택지개발사업(주택단지조성사업 포함), ② 산업단지개발사업, ③ 관광단지조성사업(온천 개발사업 포함), ④ 도시개발사업, 지역개발사업 및 도시환경정비사업, ⑤ 교통시설 및 물류시설 용지조성사업, ⑥ 체육시설 부지조성사업(골프장 건설사업 및 경륜장·경정장 설치사업 포함), ⑦ 지목 변경이 수반되는 사업으로서 대통령령으로 정하는 사업, ⑧ 그 밖에 위 ①~⑥의 사업과 유사한 사업으로서 대통령령으로 정하는 사업을 말한다(同法 2ⅱ·5①).

우리나라의 현행법상 토지에서 발생하는 개발이익을 환수하는 방법에는 과세적(課稅的) 방법과 비과세적(非課稅的) 방법이 있는데, 이 중 과세적 방법에 해당하는 것은 재산세·종합부동산세·양도소득세 등의 부과·징수이며, 비과세적 방법에 속하는 것은 이 법에 의한 개발부담금의 부과·징수이다(同法 3).

이 법은 '개발부담금'을 개발이익 중 이 법에 따라 국가가 부과·징수하는 금액으로 정의하고(同法 2iv), 국가는 개발부담금 부과대상사업이 시행되는 지역에서 발생하는 개발이익을 이 법이 정하는 바에 따라 개발부담금으로 징수하도록 규정하고 있다(同法 3. 大判 2014.12.24, 2013두26507. 大判 1997.4.25, 96누9324).

징수된 개발부담금의 100분의 50에 해당하는 금액은 개발이익이 발생한 토지가 속하는 지방자치단체에 귀속되고, 이를 제외한 나머지 개발부담금은 따로 법률로 정하는 지역발전특별회계에 귀속된다(同法 4①).

(2) **개발부담금의 부과대상사업과 납부의무자**

개발부담금의 부과대상사업은 위에 기재된 개발사업이며(同法 5①), 동일인이 연접(連接)한 토지를 대통령령으로 정하는 기간 이내에 사실상 분할하여 개발사업을 시행한 경우에는 전체의 토지에 하나의 개발사업이 시행된 것으로 본다(同法 5②).

개발사업의 시행자는 이 법이 정하는 바에 따라 개발부담금을 납부할 의무가 있다. 다만, ① 개발사업을 위탁하거나 도급한 경우에는 그 위탁이나 도급을 한 자, ② 타인이 소유하는 토지를 임차하여 개발사업을 시행한 경우에는 그 토지의 소유자, ③ 개발사업을 완료하기 전에 사업시행자의 지위나 위 ①②에 해당하는 자의 지위를 승계한 자는 개발부담금을 납부하여야 한다(同法 6①. 大判 2014.9.4, 2012두26166. 大判 2009.3.12, 2008두19321).

개발부담금을 납부하여야 할 자가 대통령령으로 정하는 조합인 경우로서 ① 조합이 해산한 경우, ② 조합의 재산으로 그 조합에 부과되거나 그 조합이 납부할 개발부담금·가산금 등에 충당하여도 부족한 경우에는 그 조합원(조합이 해산한 경우에는 해산 당시의 조합원을 말함)이 분담 비율 등 대통령령으로 정하는 바에 따라 개발부담금을 납부하여야 한다(同法 6②).

이 법은 국가가 시행하는 개발사업과 지방자치단체가 공공의 목적을 위하여 시행하는 사업으로서 대통령령으로 정하는 개발사업에는 개발부담금을 부과하지 않도록 하고(同法 7①), 개발부담금을 경감·면제하는 경우(同法 7②③④), 개발부담금 감면에 대한 임시특례(同法 7의2)도 규정하고 있다.

(3) 개발부담금의 부과기준 및 부담률

개발부담금의 부과기준이 되는 개발이익은 부과종료시점(賦課終了時點, 개발사업 준공인가일)의 부과대상토지 가액(이를 '종료시점지가'라 함)에서 부과개시시점(賦課開始時點, 개발사업인가 등을 받은 날)의 대상토지 가액(이를 '개시시점지가'라 함)과 부과기간(사업시행기간) 중의 정상지가상승분(正常地價上昇分) 및 개발비용을 공제한 금액으로 한다(同法 8·9①③. 憲裁 2014.4.24, 2011헌바179).

개발비용, 즉 개발사업의 시행과 관련하여 지출된 비용은 ① 순 공사비, 조사비, 설계비, 일반관리비, ② 관계 법령이나 인가 등의 조건에 따라 납부 의무자가 공공시설이나 토지 등을 국가나 지방자치단체에 기부체납한 경우에는 그 가액, ③ 납부 의무자가 부담금을 납부하였을 경우에는 그 금액, ④ 해당 토지의 개량비, 제세공과금, 보상비 및 그 밖에 대통령령으로 정하는 금액을 합하여 산출한다(同法 11①).

종료시점지가는 부과종료시점 당시의 부과대상토지와 이용 상황이 가장 비슷한 표준지의 공시지가를 기준으로 「부동산 가격공시 및 감정평가에 관한 법률」 제9조 제2항에 따른 표준지와 지가산정 대상토지의 지가형성 요인에 관한 표준적인 비교표(이를 '토지가격비준표'라 함)에 따라 산정한 가액(價額)에 해당 연도 1월 1일부터 부과종료시점까지의 정상지가상승분을 합한 가액으로 한다(同法 10①).

개시시점지가는 부과개시시점이 속한 연도의 부과대상토지의 개별공시지가(부과개시시점으로부터 가장 최근에 공시된 지가를 말함)에 그 공시지가의 기준일부터 부과개시시점까지의 정상지가상승분을 합한 가액으로 한다(同法 10③). 부과개시시점 후 개발부담금을 부과하기 전에 개발부담금 부과대상토지를 양도하여 발생한 소득에 대하여 양도소득세 또는 법인세가 부과된 경우에는 해당 세액 중 부과개시시점부터 양도시점까지에 상당하는 세액을 개발비용에 계상할 수 있다(同法12①).

납부의무자가 납부하여야 할 개발부담금은 산정된 개발이익에 100분의 20의 부담률을 곱하여 산정하는 경우와 100분의 25의 부담률을 곱하여 산정하는 경우가 있다(同法 13).

(4) **개발부담금의 부과와 징수**

국토교통부장관은 부과종료시점부터 5개월 이내에 개발부담금을 결정·부과하여야 한다(同法 14①. 大判 1994.4.12, 92누10562). 국토교통부장관이 개발부담금을 결정·부과하려면 대통령령으로 정하는 바에 따라 미리 납부의무자에게 그 부과 기준과 개발부담금을 알려야 한다(同法 14②).

국토교통부장관은 이 법에 따라 개발부담금을 부과하기로 결정하면 납부의무자에게 대통령령으로 정하는 바에 따라 납부고지서를 발부하여야 한다. 개발부담금은 부과 고지할 수 있는 날부터 5년이 지난 후에는 부과할 수 없다. 그러나 행정심판이나 소송에 의한 재결이나 판결이 확정된 날부터 1년이 지나기 전까지는 개발부담금을 정정(訂正)하여 부과하거나 그 밖에 필요한 처분을 할 수 있다(同法 15①②).

개발부담금을 징수할 수 있는 권리와 개발부담금의 과오납금을 환급받을 권리는 행사할 수 있는 시점부터 5년간 행사하지 아니하면 소멸시효가 완성된다. 개발부담금 징수권의 소멸시효는 ① 납부고지, ② 납부독촉, ③ 교부 청구, ④ 압류의 어느 하나로써 중단된다(同法 17①②).

개발부담금의 납부의무자는 부과일부터 6개월 이내에 개발부담금을 납부하여야 한다(同法 18①). 개발부담금은 현금 납부를 원칙으로 하되, 해당 부과대상토지 및 그와 유사한 토지로 하는 납부(이를 '물납'이라 함)를 인정할 수 있다. 물납(物納)의 기준·절차, 그 밖에 물납에 필요한 사항은 대통령령으로 정한다(同法 18②③).

이 법은 개발부담금의 일부 환급(同法 18의2), 개발부담금의 납부기일 전 징수(同法 19), 납부의 연기 및 분할 납부(同法 20), 납부 독촉 및 가산금과 체납처분·결손처분(同法 21·22·23), 납부 의무자의 자료제출 의무(同法 24)를 규정하고, 개발부담금의 부과대상 개발사업에 관하여 인가 등을 한 행정청이 인가 등을 한 날부터 15일 이내에 그 사실을 국토교통부장관에게 통보하도록 규정하고 있다(同法 25).

개발부담금의 부과·징수에 이의가 있는 자는 「공익사업을 위한 토지 등의 취득 및 보상에 관한 법률」에 따른 중앙토지수용위원회에 행정심판을 청구할 수 있다(同法 26).

이 법은 이 법에 따른 국토교통부장관의 권한의 위임 및 위임수수료 지급(同法 27①②), 벌칙(同法 28), 과태료부과(同法 29)에 대하여도 규정하고 있다.

「재건축초과이익 환수에 관한 법률」도 시행되고 있다.

6. 농지법

(1) **서설**

헌법은 제121조에서 "① 국가는 농지(農地)에 관하여 경자유전(耕者有田)의 원칙이 달성될 수 있도록 노력하여야 하며, 농지의 소작제도는 금지된다. ② 농업생산성의 제고와 농지의 합리적인 이용을 위하거나 불가피한 사정으로 발생하는 농지의 임대차와 위탁경영은 법률이 정하는 바에 의하여 인정된다."라고 규정하고 있다.

오늘날 도시의 확산과 농업부문의 국제화·세계화 추세, 농업인력의 감소·고령화 등 농업의 국내외적 여건 변화에 따라, 농업생산성을 향상시킬 수 있는 농지제도를 정립하기 위하여 농지법이 제정·시행되고 있다.

농지법(農地法)은 농지의 소유·이용 및 보전 등에 필요한 사항을 정함으로써 농지를 효율적으로 이용하고 관리하여 농업인의 경영 안정과 농업 생산성 향상을 바탕으로 농업 경쟁력 강화와 국민경제의 균형 있는 발전 및 국토 환경 보전에 이바지하는 것을 목적으로 하고 있다(同法 1).

농지법에서 '농지'란 전(田)·답(畓)·과수원, 그 밖에 법적 지목(地目)을 불문하고 실제로 농작물 경작지 또는 다년생식물 재배지로 이용되는 토지(다만, 초지법에 따라 조성된 초지 등 대통령령으로 정하는 토지는 제외)와 이들 토지의 개량시설 및 이들 토지에 설치하는 농축산물 생산시설로서 대통령령으로 정하는 시설의 부지를 말한다(同法 2ⅰ. 大判 2014.6.26, 2013두25894. 大判 2009.4.16, 2007도6703).

농지법은 농지에 관한 기본 이념으로서 "① 농지는 국민에게 식량을 공급하고 국토 환경을 보전(保全)하는 데에 필요한 기반이며 농업과 국민경제의 조화로운 발전에 영향을 미치는 한정된 귀중한 자원이므로 소중히 보전되어야 하고 공공복리에 적합하게 관리되어야 하며, 농지에 관한 권리의 행사에는 필요한 제한과 의무가 따른다. ② 농지는 농업 생산성을 높이는 방향으로 소유·이용되어야 하며, 투기의 대상이 되어서는 아니 된다."라고 규정하고 있다(同法 3).

(2) **경자유전(耕者有田)원칙과 농지소유상한·농지처분의무·농지취득자격**

농지법은 헌법 제121조 제1항의 경자유전의 원칙에 따라 자기의 농업경영에 이용하거나 이용할 자가 아니면 농지를 소유하지 못하도록 하고 있다(同法 6①).

즉, 농지법은 국가나 지방자치단체가 농지를 소유하는 경우 등 자기의 농업경영에 이용하지 아니할지라도 예외적으로 농지를 소유할 수 있는 경우들을 규정하고(同法 6②③), 농지법에서 허용된 경우 외에는 경자유전의 원칙에 위배되는 농지 소유를 금하며, 그에 관한 특례도 규정할 수 없도록 하고 있다(同法 6④).

상속으로 농지를 취득한 자로서 농업경영을 하지 아니하는 자는 그 상속 농지 중에서 총 1만제곱미터까지만 소유할 수 있으며, 대통령령으로 정하는 기간 이상 농업경영을 한 후 이농(離農)한 자는 이농 당시 소유 농지 중에서 총 1만제곱미터까지만 소유할 수 있고, 주말·체험영농을 하려는 자는 총 1천제곱미터(이 경우 면적 계산은 그 세대원 전부가 소유하는 총 면적으로 함) 미만의 농지를 소유할 수 있으며, 예외도 규정되고 있다(同法 7①②③④).

농지를 취득하려는 자는 농지 소재지를 관할하는 시·구·읍·면의 장에게서 농지취득자격증명을 발급받아야 하며(예외 있음), 농지취득자격증명을 발급받으려는 자는 농업경영계획서를 작성하여 농지 소재지를 관할하는 시·구·읍·면의 장에게 발급신청을 하여야 한다(同法 8①②).

농지법은 농지소유자가 소유농지를 위탁경영하지 못하도록 하고, 예외적으로 위탁경영할 수 있는 경우를 정하고 있다(同法 9).

농지 소유자는, 시장(구를 두지 아니한 시의 시장을 말함, 이하 같다)·군수·구청장이 농지 소유자가 농지를 자연재해·농지개량·질병 등 대통령령으로 정하는 정당한 사유 없이 자기의 농업경영에 이용하지 아니하였다고 인정한 경우, 농지 소유 상한을 초과하여 농지를 소유한 것이 판명된 경우, 거짓이나 그 밖의 부정한 방법으로 농지취득자격증명을 발급받아 농지를 소유한 것이 판명된 경우 등 일정한 사유가 발생하면, 그 사유가 발생한 날부터 1년 이내에 농업경영에 이용하지 아니하는 해당 농지를 처분(매각 등을 의미함)하여야 한다(同法 10①).

시장·군수·구청장은 농지의 처분의무가 생긴 농지의 소유자에게 농림축산식품부령으로 정하는 바에 따라 처분 대상 농지, 처분의무기간 등을 구체적으로 밝혀 그 농지를 처분하여야 함을 알려야 한다(同法 10②).

시장·군수·구청장은 위의 처분의무기간에 처분 대상 농지를 처분하지 아니한 농지 소유자에게 6개월 이내에 그 농지를 처분할 것을 명할 수 있으며(同法 11①), 농지 소유자는 농지처분명령을 받으면 「한국농어촌공사 및 농지관리기금법」에 따른 한국농어촌공사에 그 농지의 매수를 청구할 수 있다(同法 11②).

시장·군수·구청장은 위의 처분명령을 받은 후 대통령령으로 정하는 정당한 사유 없이 지정기간까지 그 처분명령을 이행하지 아니한 자에게 해당 농지의 토지가액의 100분의 20에 해당하는 이행강제금을 부과한다(同法 62①). 시장·군수·구청장은 최초로 처분명령을 한 날을 기준으로 하여 그 처분명령이 이행될 때까지 이행강제금을 매년 1회 부과·징수할 수 있다(同法 62④).

위의 이행강제금 부과처분에 불복하는 자는 그 처분을 고지받은 날부터 30일 이내에 시장·군수·구청장에게 이의를 제기할 수 있다. 이행강제금 부과처분을 받은 자가 이의를 제기하면 시장·군수·구청장은 지체 없이 관할 법원에 그 사실을 통보하여야 하며, 그 통보를 받은 관할 법원은 비송사건절차법에 따른 과태료 재판에 준하여 재판을 한다. 이의제기기간에 이의를 제기하지 아니하고 이행강제금을 납부기한까지 내지 아니하면 「지방세외수입금의 징수 등에 관한 법률」에 따라 징수한다(同法 62⑥⑦⑧).

(3) 농지의 이용

시장·군수·자치구청장(그 관할 구역의 농지가 대통령령으로 정하는 면적 이하인 시의 시장 또는 자치구의 구청장은 제외)은 대통령령으로 정하는 바에 따라 지역주민의 의견을 들은 후, 「농업·농촌 및 식품산업 기본법」에 따른 '시·군·구 농업·농촌 및 식품산업 정책심의회'의 심의를 거쳐 관할 구역의 농지를 종합적으로 이용하기 위한 계획(이하 '농지이용계획'이라 함)을 수립하여야 한다. 수립한 계획을 변경하려고 할 때에도 또한 같다(同法 14①).

시장·군수 또는 자치구청장은 농지이용계획을 수립(변경한 경우 포함)하면 관할 시·도지사의 승인을 받아 그 내용을 확정하고 고시하여야 하며, 일반인이 열람할 수 있도록 하고, 농지이용계획대로 농지가 적정하게 이용되고 개발되도록 노력하여야 하며, 필요한 투자와 지원을 하여야 한다(同法 14③④).

시장·군수·자치구청장, 한국농어촌공사, 그 밖에 대통령령으로 정하는 자(이하 '사업시행자'라 함)는 농지이용계획에 따라 농지이용을 증진하기 위하여 ① 농지의 매매·교환·분합 등에 의한 농지소유권 이전을 촉진하는 사업, ② 농지의 장기임대차, 장기 사용대차에 따른 농지 임차권(사용대차에 따른 권리 포함) 설정을 촉진하는 사업, ③ 위탁경영을 촉진하는 사업, ④ 농업인이나 농업법인이 농지를 공동으로 이용하거나 집단으로 이용하여 농업경영을 개선하는 농업경영체 육성사업 등의 '농지이용증진사업'을 시행할 수 있다(同法 15).

농지법은 농지이용증진사업의 요건(同法 16), 농지이용증진사업 시행계획의 수립(同法 17), 농지이용증진사업 시행계획의 고시와 효력(同法 18), 농지이용증진사업에 대한 지원(同法 19), 유휴농지에 대한 대리경작자의 지정(同法 20), 토양의 개량·보전(同法 21), 농지 소유의 세분화 방지(同法 22), 농지이용증진사업 시행계획에 따라 농지를 임대(賃貸)하거나 사용대(使用貸)하는 경우 등 일정한 경우의 농지의 임대차 또는 사용대차 및 그에 관한 계약방법과 확인(同法 23·24), 임대차 기간(同法 24의2), 임대차계약에 관한 조정(同法 24조의3), 임대차계약 갱신(同法 25), 임대인의 지위 승계(同法 26), 국유농지와 공유농지의 임대차 특례(同法 27)에 관해서도 규정하고 있다.

(4) 농지 보전을 위한 농업진흥지역 지정

시·도지사는 농지를 효율적으로 이용하고 보전하기 위하여 '시·도 농업·농촌 및 식품산업 정책심의회'의 심의를 거쳐 농림축산식품부장관의 승인을 받아 농업진흥지역을 지정한다(同法 28①·30①). 시·도지사는 농업진흥지역을 지정하면 이 사실을 고시하고 관계 기관에 통보하여야 하며, 시장·군수·자치구청장으로 하여금 일반인에게 열람하게 하여야 한다(同法 30②).

'농업진흥지역'은 농업진흥구역과 농업보호구역으로 구분하여 지정할 수 있는데, '농업진흥구역'은 농지조성사업 또는 농업기반정비사업이 시행되었거나 시행 중인 지역으로서 농업용으로 이용하고 있거나 이용할 토지가 집단화되어 있는 지역 및 그 외의 지역으로서 농업용으로 이용하고 있는 토지가 집단화되어 있는 지역을 말하며, '농업보호구역'은 농업진흥구역의 용수원(用水源) 확보, 수질 보전 등 농업 환경을 보호하기 위하여 필요한 지역을 말한다(同法 28②).

농업진흥지역 지정은 「국토의 계획 및 이용에 관한 법률」에 따른 녹지지역·관리지역·농림지역 및 자연환경보전지역을 대상으로 한다. 다만, 특별시의 녹지지역은 제외한다(同法 29).

시·도지사는 대통령령으로 정하는 사유가 있으면 농업진흥지역 또는 농업진흥구역·농업보호구역을 위의 지정절차에 따라 변경·해제할 수 있으며(同法 31), 이 경우 원칙적으로 미리 해당 토지의 소유자에게 그 내용을 개별통지하고 해당 지역주민의 의견을 청취하여야 한다(同法 31의2).

지정된 농업진흥구역에서는 원칙적으로 농업생산 또는 농지개량과 직접적으로 관련되지 않은 토지이용행위를 할 수 없으며(同法 32①), 농업보호구역에서도 일정한 토지이용행위가 제한된다(同法 32②). 이는 공용제한이다.

국가와 지방자치단체는 농업진흥지역에 대하여 대통령령으로 정하는 바에 따라 농지 및 농업시설의 개량·정비, 농어촌도로·농산물유통시설의 확충, 그 밖에 농업발전을 위한 사업에 우선적으로 투자하여야 하며, 농업진흥지역의 농지에 농작물을 경작하거나 다년생식물을 재배하는 농업인·농업법인에게 자금지원이나 조세특례제한법에 따른 조세경감 등 필요한 지원을 우선 실시하여야 한다(同法 33①②).

(5) 농지전용허가(農地轉用許可)

농지를 전용(轉用)하려는 자는 대통령령으로 정하는 바에 따라 농림축산식품부장관의 허가를 받아야 하며, 농지전용허가를 받은 농지의 면적 또는 경계 등 대통령령으로 정하는 중요 사항을 변경하려는 경우에도 또한 같다. 다른 법률에 따라 농지전용허가가 의제되는 협의를 거쳐 농지를 전용하는 경우 등 허가를 받지 않고 농지전용을 할 수 있는 경우도 규정되어 있다(同法 34①. 大判 2010.6.24, 2010두6175).

농지를 ① 농업인 주택, 어업인 주택, 농축산업용 시설(농지개량시설·농축산물 생산시설은 제외), 농수산물 유통·가공 시설, ② 어린이놀이터·마을회관 등 농업인 공동생활 편의시설, ③ 농수산관련 연구시설과 양어장·양식장 등 어업용 시설의 부지로 전용하려는 자는 대통령령으로 정하는 바에 따라 시장·군수·자치구청장에게 신고하여야 한다. 신고한 사항을 변경하려는 경우에도 또한 같다(同法 35①). 위의 농지전용신고는 사인의 공법행위이며, 그 신고수리는 행정청의 처분이다.

농지법은 농업진흥지역의 농지매수 청구(同法 33의2), 농지의 타용도 일시사용허가(同法 36), 농지전용허가 등의 제한(同法 37), 농지보전부담금의 부과와 감면 및 가산금(同法 38), 농지전용허가의 취소 사유(同法 39), 농지용도변경의 승인(同法 40), 농지의 지목변경제한(同法 41), 농지의 원상회복(同法 42), 농지전용허가의 특례(同法 43)에 관하여도 규정하고 있다.

(6) **농지원부(農地原簿)**

시·구·읍·면의 장은 농지소유실태와 농지이용실태를 파악하여 이를 효율적으로 이용하고 관리하기 위하여 대통령령으로 정하는 바에 따라 농지원부를 작성하여 갖추어 두어야 하며, 농지원부를 작성·정리하거나 농지이용실태를 파악하기 위하여 필요하면 해당 농지 소유자에게 필요한 사항을 보고하게 하거나 관계 공무원에게 그 상황을 조사하게 할 수 있고, 농지원부의 내용에 변동사항이 생기면 그 변동사항을 지체 없이 정리하여야 한다(同法 49①②③).

시·구·읍·면의 장은 농지원부의 열람신청 또는 등본교부신청을 받으면 농지원부를 열람하게 하거나 그 등본을 내주어야 하며, 자경(自耕)하고 있는 농업인이나 농업법인('농어업경영체 육성 및 지원에 관한 법률' 2ii·16·19 참조)이 신청하면 자경증명(自耕證明)을 발급하여야 한다(同法 50①②).

농림축산식품부장관, 시장·군수 또는 자치구청장은 ① 농업법인, ② 농지의 위탁경영자, ③ 농지의 임대인, ④ 농지의 사용대주(使用貸主), ⑤ 농지전용허가를 받은 자, ⑥ 농지이용증진사업시행자의 농지의 소유·거래·이용 또는 전용 등에 관한 사실을 확인하기 위하여 소속 공무원에게 그 실태를 검사하거나 조사하게 할 수 있다(同法 54①).

농지법은 이 법에 따른 농림축산식품부장관의 권한의 위임·위탁(同法 51), 이 법의 일정 규정 위반자를 신고하거나 고발한 자에 대한 포상금(同法 52), 농업진흥구역과 농업보호구역에 걸치는 한 필지의 토지 등에 대한 행위 제한의 특례(同

法 53), 농지전용허가의 취소 등의 경우의 청문(同法 55), 농지취득자격증명 발급을 신청하는 경우 등의 수수료(同法 56), 벌칙(同法 57~61)에 대하여도 규정하고 있다.

【大判 2012.11.29, 2010다68060. "농지를 취득하려는 자가 농지에 대하여 소유권이전등기를 마쳤다 하더라도 농지취득자격증명을 발급받지 못한 이상 그 소유권을 취득하지 못하고, 이는 공매절차에 의한 매각의 경우에도 마찬가지라 할 것이므로, 공매부동산이 농지법이 정한 농지인 경우에는 매각결정과 대금납부가 이루어졌다고 하더라도 농지취득자격증명을 발급받지 못한 이상 소유권을 취득할 수 없고, 설령 매수인 앞으로 소유권이전등기가 경료되었다고 하더라도 달라지지 않으며, 다만 매각결정과 대금납부 후에 농지취득자격증명을 추완할 수 있을 뿐이다."】

7. 「부동산 가격공시 및 감정평가에 관한 법률」

Ⅰ. 서설

국가·지방자치단체가 개인 등이 소유하는 토지·건물 등 부동산을 대상으로 과세하거나 공익사업시행을 위하여 토지 등을 수용하는 경우 등에 있어서는 해당 부동산의 적정가격 산정이 필요하며, 그에는 부동산의 합리적인 감정평가가 요구된다.

「부동산 가격공시 및 감정평가에 관한 법률」은 토지·주택 등 부동산의 적정가격(適正價格)을 공시(公示)하여 부동산 가격을 평가·산정(算定)하는 데 기준이 되게 하고, 감정평가사와 토지·건물·동산 등 재산·권리의 감정평가(鑑定評價)에 관한 사항 등을 규정하여 재산·권리의 적정한 가격형성과 국민경제의 발전에 이바지함을 목적으로 하고 있다(同法 1).

이 법에서 '토지 등'이란 토지 및 그 정착물, 동산 그 밖에 대통령령이 정하는 재산과 이들에 관한 소유권 외의 권리를 말하고(同法 2ⅰ), '공동주택'이란 주택법 제2조 제2호의 규정에 의한 공동주택을 말하며, 아파트·연립주택·다세대주택으로 구분한다(同法 2ⅲ).

위에서 아파트는 주택으로 쓰이는 층수가 5개층 이상인 주택이며, 연립주택은 주택으로 쓰이는 1개 동의 연면적(지하주차장 면적 제외)이 660제곱미터를 초과하고 층수가 4개층 이하인 주택이며, 다세대주택은 주택으로 쓰이는 1개 동의 연면적(지하주차장 면적 제외)이 660제곱미터 이하이고 층수가 4개층 이하인 주택을 의미한다(同法 2ⅲ).

이 법에서 '적정가격'이란 해당 토지 및 주택에 대하여 통상적인 시장에서 정상적인 거래가 이루어지는 경우 성립될 가능성이 가장 높다고 인정되는 가격을 말한다(同法 2ⅵ).

Ⅱ. 부동산 가격공시

'부동산 가격공시(價格公示)'란 이 법에 의거하여 토지·주택 등 부동산의 적정가격을 평가·공시하는 것을 말하며, 이에는 지가공시와 주택가격공시가 있다.

(1) **지가공시(地價公示)**

지가공시란 이 법에 의하여 일반적인 토지거래의 지표가 되고 공공기관 등이 그 업무와 관련하여 지가를 산정하는 경우에 그 기준이 되도록 하기 위하여 관계 행정청이 토지의 적정가격을 평가·공시하는 것을 말하며, 공시된 토지의 단위면적당 가격을 공시지가(公示地價)라 한다.

공시지가의 결정·공시는 행정청의 확인처분(앞의 제1절 Ⅲ. 참조)에 해당한다.

이 법에 의하여 공시되는 지가, 즉 공시지가에는 표준지공시지가와 개별공시지가의 두 가지가 있다.

1) 표준지공시지가(標準地公示地價)

표준지공시지가란 이 법에 의하여 국토교통부장관이 전국에 걸쳐 토지이용상황이나 주변환경 그 밖의 자연적·사회적 조건이 유사하다고 인정되는 일단의 토지 중에서 선정한 표준지에 대하여 매년 공시기준일 현재의 적정가격을 조사·평가하여 중앙부동산평가위원회의 심의를 거쳐 공시한 표준지의 단위면적당 가격을 말한다(同法 2ⅴ, 3①).

정부는 지가공시의 주요사항에 관한 보고서를 매년 정기국회의 개회 전까지 국회에 제출하여야 한다(同法 3③).

국토교통부장관이 표준지의 적정가격을 조사·평가하는 경우에는 인근 유사토지의 거래가격·임대료 및 당해 토지와 유사한 이용가치를 지닌다고 인정되는 토지의 조성에 필요한 비용추정액 등을 종합적으로 참작하여야 하며, 표준지의 적정가격을 조사·평가하고자 할 때에는 둘 이상의 감정평가업자에게 이를 의뢰하여야 한다(同法 5①②).

표준지공시지가의 공시에는 ① 표준지의 지번, ② 표준지의 단위면적당 가격, ③ 표준지의 면적 및 형상, ④ 표준지 및 주변토지의 이용상황, ⑤ 그 밖에 대통령령이 정하는 사항이 포함되어야 한다(同法 6).

국토교통부장관은 표준지지가를 공시한 때에는 그 내용을 특별시장·광역시장·

도지사를 거쳐 시장·군수·자치구청장에게 송부하여 일반으로 하여금 열람하게 하고, 대통령령이 정하는 바에 따라 이를 도서(圖書)·도표 등으로 작성하여 관계 행정기관 등에 공급하여야 한다(同法 7).

표준지공시지가에 대하여 이의가 있는 자는 표준지공시지가의 공시일부터 30일 이내에 서면으로 국토교통부장관에게 이의를 신청할 수 있으며, 국토교통부장관은 위의 이의신청기간이 만료된 날부터 30일 이내에 이의신청을 심사하여 그 결과를 신청인에게 서면으로 통지하여야 한다. 이 경우 국토교통부장관은 이의신청의 내용이 타당하다고 인정될 때에는 당해 표준지공시지가를 조정하여 다시 공시하여야 한다(同法 8①②. 大判 2008.8.21, 2007두13845. 大判 1998.3.24, 96누6851).

국가 또는 지방자치단체, 「공공기관의 운영에 관한 법률」에 따른 공공기관, 그 밖에 대통령령으로 정하는 공공단체가 공공용지의 매수 및 토지의 수용·사용에 대한 보상이나 국유·공유 토지의 취득 또는 처분, 그 밖에 대통령령으로 정하는 토지가격의 산정의 목적을 위하여 토지가격을 산정할 때에는 그 토지와 이용가치가 비슷하다고 인정되는 하나 또는 둘 이상의 표준지의 공시지가를 기준으로 하여 그 토지의 가격과 표준지공시지가가 균형을 유지하도록 하여야 한다. 다만, 필요하다고 인정할 때에는 산정된 지가를 위의 토지가격 산정 목적에 따라 가감(加減) 조정하여 적용할 수 있다(同法 9①).

국토교통부장관은 위의 토지가격산정목적의 지가산정을 위하여 필요하다고 인정하는 경우에는 표준지와 지가산정대상토지의 지가형성요인에 관한 표준적인 비교표(이를 '토지가격비준표'라 함)를 작성하여 관계 행정기관 등에 제공하여야 하며, 관계 행정기관 등은 이를 사용하여 지가를 산정하여야 한다(同法 9②).

표준지공시지가는 토지시장의 지가정보를 제공하고 일반적인 토지거래의 지표가 되며, 국가·지방자치단체 등의 기관이 그 업무와 관련하여 지가를 산정하거나 감정평가업자가 개별적으로 토지를 감정평가하는 경우에 그 기준이 된다(同法 10).

2) 개별공시지가(個別公示地價)

시장·군수·자치구청장은 시·군·구 부동산평가위원회의 심의를 거쳐 매년 공시지가의 공시기준일 현재 관할구역 안의 개별토지의 단위면적당 가격(이를 '개별공시지가'라 함)을 결정·공시하고, 이를 관계 행정기관 등에 제공하여야 한다. 다만,

표준지로 선정된 토지, 조세 또는 부담금 등의 부과대상이 아닌 토지 그 밖에 대통령령이 정하는 토지에 대하여는 개별공시지가를 결정·공시하지 아니할 수 있다. 이 경우 표준지로 선정된 토지에 대하여는 해당 토지의 공시지가를 개별공시지가로 본다(同法 11①).

시장·군수·자치구청장이 개별공시지가를 결정·공시하는 경우에는 해당 토지와 유사한 이용가치를 지닌다고 인정되는 하나 또는 둘 이상의 표준지의 공시지가를 기준으로 토지가격비준표를 사용하여 지가를 산정하되, 해당 토지의 가격과 표준지공시지가가 균형을 유지하도록 하여야 한다(同法 11③. 大判 2013.11.14, 2012두15364. 大判 2001.7.27, 99두8824).

시장·군수·자치구청장은 개별공시지가를 결정·공시하기 위하여 개별토지의 가격을 산정한 때에는 그 타당성에 대하여 원칙적으로 감정평가업자의 검증을 받고 토지소유자 그 밖의 이해관계인의 의견을 들어야 한다(同法 11④).

개별공시지가에 대하여 이의가 있는 자는 개별공시지가의 결정·공시일부터 30일 이내에 서면으로 시장·군수·자치구청장에게 이의를 신청할 수 있다. 시장·군수·자치구청장은 위의 이의신청기간이 만료된 날부터 30일 이내에 이의신청을 심사하여 그 결과를 신청인에게 서면으로 통지하여야 한다. 이 경우 시장·군수·자치구청장은 이의신청의 내용이 타당하다고 인정될 때에는 당해 개별공시지가를 조정하여 다시 결정·공시하여야 한다(同法 12①②. 大判 1997.4.8, 96누11396. 大判 1994.2.8, 93누111).

이 법은 개별공시지가의 정정(同法 13), 공무원 또는 감정평가업자의 토지가격의 조사·평가·산정 등을 위한 타인의 토지에의 출입(同法 14), 개별공시지가의 결정·공시비용의 국고보조(同法 15), 부동산 가격정보 등의 조사(同法 15의2)에 대하여도 규정하고 있다.

(2) 주택가격공시(住宅價格公示)

주택가격공시란 이 법에 의하여 주택시장의 가격정보를 제공하고 공공기관이 그 업무와 관련하여 주택의 가격을 산정하는 경우에 그 기준으로 활용될 수 있도록 하기 위하여 국토교통부장관 또는 시장·군수·자치구청장이 매년 공시기준일 현재의 주택의 적정가격을 평가·공시하는 것을 말한다.

공시되는 주택가격은 크게 단독주택가격과 공동주택가격으로 분류되고, 단독주택가격은 다시 표준주택가격과 개별주택가격으로 구분된다.

1) 단독주택가격(單獨住宅價格)

가) 표준주택가격(標準住宅價格)

국토교통부장관은 용도지역, 건물구조 등이 일반적으로 유사하다고 인정되는 일단의 단독주택 중에서 선정한 표준주택에 대하여 매년 공시기준일 현재의 적정가격(이를 '표준주택가격'이라 함)을 조사·평가하고, 중앙부동산평가위원회의 심의를 거쳐 이를 공시하여야 한다(同法 16①).

표준주택가격의 공시에는 ① 표준주택의 지번, ② 표준주택가격, ③ 표준주택의 대지면적 및 형상, ④ 표준주택의 용도, 연면적, 구조 및 사용승인일(임시사용승인일 포함), ⑤ 그 밖에 대통령령으로 정하는 사항이 포함되어야 한다(同法 16③).

나) 개별주택가격(個別住宅價格)

시장·군수·자치구청장은 시·군·구 부동산평가위원회의 심의를 거쳐 매년 표준주택가격의 공시기준일 현재 관할구역 안의 개별주택의 가격(이를 '개별주택가격'이라 함)을 결정·공시하고, 이를 관계 행정기관 등에 제공하여야 한다. 다만, 표준주택으로 선정된 단독주택, 그 밖에 대통령령이 정하는 단독주택에 대하여는 개별주택가격을 결정·공시하지 아니할 수 있다(同法 16②).

개별주택가격의 공시에는 ① 개별주택의 지번, ② 개별주택가격, ③ 그 밖에 대통령령으로 정하는 사항이 포함되어야 한다(同法 16④).

시장·군수·구청장은 공시기준일 이후에 토지의 분할·합병이나 건물의 신축 등이 발생한 경우에는 대통령령이 정하는 날을 기준으로 하여 개별주택가격을 결정·공시하여야 한다(同法 16⑥).

시장·군수·자치구청장이 개별주택가격을 결정·공시하는 경우에는 당해 주택과 유사한 이용가치를 지닌다고 인정되는 표준주택가격을 기준으로 주택가격비준표를 사용하여 가격을 산정하되, 당해 주택의 가격과 표준주택가격이 균형을 유지하도록 하여야 한다(同法 16⑦).

2) 공동주택가격(共同住宅價格)

국토교통부장관은 공동주택에 대하여 매년 공시기준일 현재의 적정가격('공동주택가격'이라 함)을 조사·산정하여 중앙부동산평가위원회의 심의를 거쳐 공시하고, 이를 관계 행정기관 등에 제공하여야 한다. 다만, 대통령령이 정하는 바에 따라 국세청장이 국토교통부장관과 협의하여 공동주택가격을 별도로 결정·고시하는 경우는 제외한다(同法 17①).

국토교통부장관은 공동주택가격을 공시하기 위하여 공동주택의 가격을 산정한 때에는 대통령령이 정하는 바에 따라 공동주택소유자 그 밖의 이해관계인의 의견을 들어야 하며(同法 17②), 공시기준일 이후에 토지의 분할·합병이나 건물의 신축 등이 발생한 경우에는 대통령령이 정하는 날을 기준으로 하여 공동주택가격을 결정·공시하여야 한다(同法 17④).

국토교통부장관이 공동주택의 적정가격을 조사·산정하는 경우에는 인근 유사 공동주택의 거래가격·임대료 및 당해 공동주택과 유사한 이용가치를 지닌다고 인정되는 공동주택의 건설에 필요한 비용추정액 등을 종합적으로 참작하여야 한다(同法 17⑤). 국토교통부장관은 공동주택의 적정가격의 조사·산정에 관하여 대통령령이 정하는 부동산 가격의 조사·산정에 관한 전문성이 있는 기관에 이를 의뢰하여 수행하게 할 수 있다(同法 17⑥).

위의 표준주택가격은 국가·지방자치단체 등의 기관이 그 업무와 관련하여 개별주택가격을 산정하는 경우에 그 기준이 되며(同法 18①), 개별주택 및 공동주택의 가격은 주택시장의 가격정보를 제공하고, 국가·지방자치단체 등의 기관이 과세 등의 업무와 관련하여 주택의 가격을 산정하는 경우에 그 기준으로 활용될 수 있다(同法 18②).

Ⅲ. 부동산 감정평가

이 법에서 '감정평가(鑑定評價)'란 토지 등의 경제적 가치를 판정하여 그 결과를 가액으로 표시하는 것을 말하고(同法 2vii), '감정평가업'이란 타인의 의뢰에 의하여 일정한 보수를 받고 토지 등의 감정평가를 업으로 행하는 것을 말하며(同法 2viii), '감정평가업자'란 이 법 제27조에 따라 신고를 한 감정평가사와 제28조에 따라 인가를 받은 감정평가법인을 말한다(同法 2ix).

(1) 부동산평가위원회

국토교통부장관 소속으로 중앙부동산평가위원회를 둔다. 이 위원회의 심의사항은 ① 부동산평가에 관한 법령안 입안(立案)에 관한 사항, ② 표준지의 선정 및 관리지침, ③ 조사·평가된 표준지공시지가, ④ 표준지공시지가에 대한 이의신청에 관한 사항, ⑤ 표준주택의 선정 및 관리지침, ⑥ 조사·평가된 표준주택가격, ⑦ 표준주택가격에 대한 이의신청에 관한 사항, ⑧ 공동주택의 조사 및 산정지침, ⑨ 조사·산정된 공동주택가격, ⑩ 공동주택가격에 대한 이의신청에 관한 사항, ⑪ 감정평가사 자격시험에 관한 사항, ⑫ 감정평가준칙의 제정 또는 개정 및 폐지에 관한 사항, ⑬ 이 법에 따른 수수료의 요율 및 실비의 범위에 관한 사항, ⑭ 그 밖에 부동산정책에 관한 사항 등 국토교통부장관이 회의에 부치는 사항이다(同法 19①).

중앙부동산평가위원회는 위원장을 포함한 20명 이내의 위원으로 구성하며, 위원장은 국토교통부차관이 된다(同法 19②③).

시장·군수·자치구청장 소속하에 ① 개별공시지가의 결정에 관한 사항, ② 개별공시지가에 대한 이의신청에 관한 사항, ③ 개별주택가격의 결정에 관한 사항, ④ 개별주택가격에 대한 이의신청에 관한 사항, ⑤ 그 밖에 시장·군수·구청장이 부의하는 사항을 심의하기 위하여 '시·군·구 부동산평가위원회'를 둔다(同法 20①).

(2) 감정평가

감정평가업자는 타인의 의뢰를 받아 토지를 개별적으로 감정평가할 경우에 원칙적으로 그 토지와 이용가치가 비슷하다고 인정되는 표준지의 공시지가를 기준으로 하여야 하며(同法 21①), 평가 대상 토지와 이용가치가 비슷하다고 인정되는 하나 또는 둘 이상의 표준지와 평가 대상 토지의 위치·지형·환경 등 토지의 객관적 가치에 영향을 미치는 여러 요인을 비교하여 평가 대상 토지의 가격과 표준지의 공시지가가 균형을 유지하도록 감정평가를 하여야 한다(同法 21②. 大判 2014.12.11, 2012두1570).

국가·지방자치단체, 「공공기관의 운영에 관한 법률」에 따른 공공기관 그 밖에 대통령령이 정하는 공공단체가 토지 등의 관리·매입·매각·경매·재평가 등을 위하여 토지 등의 감정평가를 의뢰하고자 하는 경우에는 감정평가업자에게 의뢰하여야 한다(同法 30①).

금융기관·보험회사·신탁회사 그 밖에 대통령령이 정하는 기관이 대출 또는 자산의 매입·매각·관리 또는 재평가 등과 관련하여 토지 등의 감정평가를 의뢰하고자 하는 경우에는 감정평가업자에게 의뢰하여야 한다(同法 30②).

토지 등의 감정평가에 있어서 그 공정성과 합리성을 보장하기 위하여 감정평가업자가 준수하여야 할 원칙과 기준은 국토교통부령으로 정한다(同法 31).

감정평가업자가 감정평가를 의뢰받은 때에는 지체 없이 감정평가를 실시하여 국토교통부령이 정하는 바에 의하여 감정평가 의뢰인에게 감정평가서를 발급하여야 한다(同法 32①).

감정평가서에는 감정평가업자의 사무소 또는 법인의 명칭을 적고, 감정평가를 한 감정평가사가 그 자격을 표시하고 서명과 날인을 하여야 하며, 감정평가법인의 경우에는 대표사원 또는 대표이사도 감정평가서에 서명이나 날인을 하여야 한다(同法 32②).

감정평가업자는 감정평가를 한 소속 감정평가사가 작성한 감정평가서의 적정성을 다른 소속 감정평가사로 하여금 심사하게 한 경우에는 그 적정성을 심사한 감정평가사로 하여금 감정평가서에 그 심사사실을 표시하고 서명과 날인을 하게 할 수 있으며(同法 32③), 감정평가서의 원본과 그 관련 서류를 국토교통부령으로 정하는 기간 이상 보존하여야 하고, 해산하거나 폐업하는 경우에도 대통령령으로 정하는 바에 따라 보존하여야 한다(同法 32④).

국토교통부장관은 감정평가와 관련된 정보를 효율적이고 체계적으로 관리하기 위하여 감정평가정보체계를 구축·운영할 수 있으며, 감정평가정보체계의 구축을 위하여 필요한 경우 관계기관에 대하여 자료를 요청할 수 있다(同法 33①②).

(3) 감정평가사

감정평가사는 타인의 의뢰에 의하여 토지 등을 감정평가함을 그 직무로 한다(同法 22).

이 법은 감정평가사의 자격(同法 23), 감정평가사의 연수교육(同法 23의2), 감정평가사의 결격사유(同法 24), 외국감정평가사(同法 25), 감정평가사 자격의 취소(同法 26), 감정평가사의 등록 및 갱신등록(同法 26의2)과 등록 및 갱신등록의 거부(同法 26의3), 등록의 취소(同法 26의4), 감정평가사사무소 개설신고(同法 27), 감정평가법인의 설립과 회계 등(同法 28), 감정평가법인의 자본금(同法 28의2), 감정평가업자의 업무(同法 29), 감정평가업자의 사무소 명칭(同法 34), 감정평가 수수료(同法 35), 감정평가업자의 손해배상책임 및 보험에의 가입(同法 36)에 대하여 규정하고 있다.

또한 이 법은 감정평가업자의 성실의무, 자격증·등록증·인가증의 양도·대여 금지, 토지 등의 매매업 영위 금지, 비밀 누설 금지(同法 37), 감정평가업자에 대한 법인설립인가취소와 업무정지(同法 38), 감정평가사의 자격취소나 법인설립인가의 취소시의 청문(同法 39), 감정평가협회의 설립(同法 40), 이 법에 따른 국토교통부장관의 업무위탁(同法 41), 감정평가업자 및 협회에 대한 지도·감독(同法 42), 감정평가사에 대한 징계(同法 42의2), 감정평가업자에 대한 과징금의 부과 및 이의신청(同法 42의3·4), 과징금납부기한의 연장과 분할납부(同法 42의5), 과징금의 징수와 체납처분(同法 42의6), 벌칙(同法 43·44·46), 이 법이 정한 일정한 업무를 수행하는 감정평가사와 감정평가법인의 임직원에 대한 형법규정 적용시의 공무원 의제(同法 45), 과태료 부과(同法 47)에 관하여도 규정하고 있다.

【大判 2014.4.10, 2013두25702. "소득세법 시행령 제164조 제1항은 개별공시지가가 없는 토지의 가액을 그와 지목·이용상황 등 지가형성요인이 유사한 인근토지를 표준지로 보고 「부동산 가격공시 및 감정평가에 관한 법률」 제9조 제2항에 따른 비교표(이하 '토지가격비준표'라 함)에 따라 평가하도록 규정함으로써, 납세의무자가 표준지 선정과 토지가격비준표 적용의 적정 여부, 평가된 가액이 인근 유사토지의 개별공시지가와 균형을 유지하고 있는지 여부 등을 확인할 수 있도록 하고 있으므로, 표준지를 특정하여 선정하지 않거나 토지가격비준표에 의하지 아니한 채 개별공시지가가 없는 토지의 가액을 평가하고 기준시가를 정하는 것은 위법하다."】

제10절

환경행정에 관한 법

1. 개관
2. 환경정책기본법
3. 환경영향평가법
4. 폐기물관리법
5. 지하수법

헌법은 제35조 제1항에서 "모든 국민은 건강하고 쾌적한 환경에서 생활할 권리를 가지며, 국가와 국민은 환경보전을 위하여 노력하여야 한다."라고 규정하고 있다. 헌법상의 환경권은 국민이 깨끗한 자연환경, 보다 좋은 생활환경에서 살 수 있는 권리를 의미하지만, 그 구체적 내용은 법률에 의하여 정해진다.

헌법상의 환경권보장 취지에 따라 국민의 건강하고 문화적인 생활에 필요한 쾌적한 자연환경·생활환경의 확보를 위한 환경행정이 다양하게 수행되고 있으며, 그에 관한 다수의 환경행정법들이 제정·시행되고 있다.

환경행정(環境行政)은 현대 산업사회에서 오염된 환경을 개선하고 쾌적한 환경을 조성·유지함으로써 국민의 건강하고 문화적인 생활에 필요한 자연환경·생활환경을 형성하기 위한 행정이라 할 수 있다.

토지행정이 주로 토지의 위치·성상(性狀) 등에 따른 적정한 토지이용규제 등을 통하여 바람직한 국민생활공간을 형성하기 위한 작용임에 비하여, 환경행정은 수질(水質)·대기(大氣)·소음(騷音)·경관(景觀)·생태계 등 환경적 요인을 중시하면서 양호한 국민생활환경을 확보하기 위한 행정작용이다.

환경문제는 모든 산업활동·지역개발·소비생활 등과 관련하여 발생하기 때문에 환경행정의 내용은 광범·다양하고 기술적일 수밖에 없다.

환경행정에 관한 법률들은 환경오염·환경훼손의 방지·제거와 환경위험의 배제·예방 등을 통한 환경보전의 목표를 보다 구체화하고 이들 환경목표를 달성하기 위한 여러 가지 수단들을 정하는 구조를 취하고 있다.

행정주체의 권력적·비권력적인 여러 행위형식으로 행해지는 환경행정에서 환경에 악영향을 미치는 행위나 상태 등에 대한 규제와 더불어 각종 개발행위로 인한 환경영향을 미리 예측하고 대비하는 환경계획은 특히 중요시된다.

1. 개관

Ⅰ. 환경행정의 기본원칙

환경행정은 국민이 건강하고 문화적인 생활을 영위할 수 있는 자연환경·생활환경을 조성·유지·보장하기 위하여 유한(有限)한 환경자원을 적정하게 보존·이용·관리하는 행정이라 할 수 있다.

환경행정의 준거(準據)가 되는 환경행정관련 법률들에는 환경행정상의 여러 원칙들이 규정되어 있는데, 그 중 중요한 기본원칙으로는 다음과 같은 것들을 들 수 있다. 이들 기본원칙들은 환경정책·환경행정에 있어서 서로 선택적·보충적·중복적으로 적용될 수 있다고 하겠다.

(1) 사전배려(事前配慮)의 원칙

사전배려의 원칙은 국가와 사회는 미래를 예측하고 계획성있는 행위를 함으로써, 발생할 우려가 있는 환경오염을 예방하고, 생태계와 자연자원의 관리·보전을 위해 사전에 배려하여야 한다는 원칙이다.

환경정책기본법이 "국가·지방자치단체·사업자 및 국민은 환경을 보다 양호한 상태로 유지·조성하도록 노력하고, 환경을 이용하는 모든 행위를 할 때에는 환경보전을 우선적으로 고려"하도록 한 것과(同法 2), 국가·지방자치단체의 환경보전계획 수립·시행의무(同法 4), 사업자의 환경오염·환경훼손 방지의무(同法 5)를 규정한 것이나, 환경영향평가법에 의한 환경영향평가제도 등은 사전배려의 원칙에 따른 것이라고 할 수 있다.

(2) 존속보호(存續保護)의 원칙

존속보호의 원칙은 환경을 더 이상 악화시켜서는 아니 되며 현존의 상태로 유지해야 한다는 원칙인데, 이를 악화금지(惡化禁止)의 원칙이라고도 한다.

환경정책기본법이 제13조에서 국가나 지방자치단체가 환경에 관계되는 법령을 제정 또는 개정하거나 행정계획의 수립 및 사업의 집행을 할 경우에는 환경악화의 예방과 그 요인의 제거(제1호), 환경오염지역의 원상회복(제2호) 등을 고려하여야 한다고 규정하고, 자연환경보전법이 생태·경관보전지역의 관리, 생물다양성의 보전 등에 관하여 규정하고 있는 것은 이 원칙을 구현하기 위한 것이다.

미래세대(未來世代)의 욕구를 만족시킬 수 있는 환경능력을 손상시키지 아니하고 현재의 욕구를 만족시키는 '개발과 환경보전의 조화원칙'이라고 할 수 있는 '지속가능성의 원칙'은 존속보호의 원칙과 유사한 것이라고 할 수 있다.

(3) 원인자책임(原因者責任)의 원칙

원인자책임의 원칙은 자기의 행위나 자기의 보호·감독 하에 있는 자의 행위 내지 물건으로 인하여 환경오염발생의 원인을 제공한 자는 그 환경오염의 방지·제거 또는 손해전보에 관하여 책임을 져야 한다는 원칙이다(大判 2001.2.9, 99다55434. 大判 1997.6.27, 95다2692).

이 원칙은 오염원인자의 비용부담책임을 규정한 환경정책기본법 제7조와, 대기환경보전법 등에 의한 배출부과금(排出賦課金), 환경개선비용부담법상의 환경개선부담금 부과제도 등에 의하여 구체화되고 있다.

원인자책임의 원칙은 국가·공공단체가 환경오염의 방지·제거를 위한 비용을 부담하도록 하는 공동부담의 원칙에 우선하는 성격을 가진다. 그러나 이 원칙의 적용에 있어서의 원인확정의 곤란성, 책임귀속 및 양정(量定)상의 난점(難點), 국가 등의 환경보호책무 등을 고려하면 실제로는 후술하는 공동부담원칙이 중시되어야 하는 경우도 적지 않다고 할 것이다.

(4) 공동부담(共同負擔)의 원칙

공동부담의 원칙은 국가·지방자치단체가 환경오염의 방지·감소 및 제거를 위한 비용을 부담한다는 원칙이다. 이는 결국 납세자인 국민이 공동으로 환경오염방지 등에 필요한 비용을 부담함을 의미한다.

환경오염은 여러 가지 복합적 요인에 의하여 발생하는 경우가 많고 그 원인자를 확정하는 것이 어려울 수 있기 때문에, 전술한 원인자책임의 원칙을 적용하기가 곤란하거나 비효과적일 때, 그리고 경제적·정책적으로 필요한 때에는 보충적으로 공동부담의 원칙이 적용되지 않을 수 없다.

(5) **협동(協同)의 원칙**

협동의 원칙은 환경보전을 위하여 국가와 사회의 모든 이해관계인이 협동하여야 한다는 원칙이다. 환경보전은 현대국가의 기본적 책무이기는 하나 국가의 힘만으로 실현하기는 불가능하며, 국가와 국민·사업자 등의 협력에 의하여 비로소 이루어질 수 있는 것이다.

헌법은 제35조 제1항에서 "국가와 국민은 환경보전을 위하여 노력하여야 한다."라고 규정하였으며, 환경정책기본법도 국가와 지방자치단체의 책무(同法 4), 사업자의 책무(同法 5)를 규정하고, "모든 국민은 국가 및 지방자치단체의 환경보전시책에 협력하여야 한다."라고 규정하여(同法 6②), 환경보전상의 협동원칙을 명시하고 있다.

이러한 협동의 원칙과 관련하여 국가·지방자치단체의 환경에 관한 정책형성과정·입법과정·행정과정에의 국민·주민의 참여기회 확대, 환경정보에의 국민의 접근 보장이 요구된다고 하겠다.

II. 환경행정의 방식

국가와 지방자치단체는 국민생활에 중대한 영향을 미치는 자연환경·생활환경의 적정한 보전·관리를 위하여 관계 법률에 의거하여 다양한 방법으로 환경행정을 전개하고 있다.

환경관련 법률들이 취하고 있는 환경행정의 구체적 방법으로는 ① 환경계획의 수립·시행, ② 환경기준의 설정, ③ 환경영향평가, ④ 오염물질 배출규제, ⑤ 오염총량규제, ⑥ 배출부과금·과징금 등 공과금 부과, ⑦ 환경보전지역·지구의 지정, ⑧ 환경보전을 위한 지원, 행정지도, 환경기술의 개발·보급 등이 있다.

(1) **환경계획의 수립·시행**

환경계획은 환경을 사전에 배려하고 환경목표를 달성하기 위하여 관련되는 여러 문제와 이해관계를 종합적으로 조정하고 여러 수단을 유기적으로 결합시키는 미래지향적인 환경정책수단이라 할 수 있다.

환경정책기본법에 따르면, 국가는 환경오염 및 환경훼손과 그 위해(危害)를 예방하고 환경을 적정하게 관리·보전하기 위하여 환경보전계획을 수립하여 시행할 책무를 지며, 지방자치단체는 관할 구역의 지역적 특성을 고려하여 국가의 환경보전계획에 따라 그 지방자치단체의 계획을 수립·시행할 책무를 진다(同法 4①②).

환경계획에는 국가환경종합계획·지역환경보전계획, 영향권별(影響圈別) 환경보전계획, 수질(水質)·대기(大氣)·소음·토양·해양 등 영역별 환경보전계획 등과 토지이용규제의 일환으로 수립되는 국토계획, 수도권정비계획, 도시·군계획, 산림계획, 하천정비계획 등이 있다.

(2) 환경기준의 설정·유지

환경기준(環境基準)은 환경행정이 추구하는 지침 또는 목표치(目標値)로서, 이에는 정부가 정하고 전국에 적용되는 국가환경기준 외에, 지역환경의 특수성을 감안하여 지방자치단체의 조례로 정하는 지역환경기준이 있다.

(3) 환경영향평가(環境影響評價)

환경영향평가란 환경에 영향을 미칠 수 있는 사업계획의 허가·인가·승인·면허 또는 결정 등을 할 때에 해당 사업이 환경에 미치는 영향(환경영향)을 미리 조사·예측·평가하여 해로운 환경영향을 피하거나 제거 또는 감소시킬 수 있는 방안(환경보전방안)을 마련하는 것을 말한다. 환경영향평가와 전략환경영향평가 및 소규모 환경영향평가의 대상·절차·방법 등에 관하여 규정하고 있는 환경영향평가법의 주요내용은 후술한다.

(4) 오염물질 배출규제(排出規制)

오염물질 배출규제란 배출기준을 넘는 오염물질의 배출을 억제하는 규제작용을 말하는바, 대기오염·수질오염·토양오염·해양오염 등의 원인이 되는 물질의 배출에 대하여는 관계 법령에 근거하여 행정청이 일정한 규제를 한다. 오염물질 배출 규제는 배출시설에서 배출되는 환경오염물질의 최대허용치인 배출기준 이상의 오염물질의 배출을 억제함으로써 환경보전의 목적을 달성하려는 것이다.

1) 배출시설(排出施設)의 설치허가·신고제

환경오염물질은 원칙적으로 배출시설을 통하여 배출하여야 하며, 배출시설을 설치하고자 하는 자는 관계 행정청의 허가를 받거나 관계 행정청에게 신고하여야 하고, 배출시설의 설치허가를 받거나 신고를 한 자가 배출시설을 설치한 때에는 그 배출시설로부터 배출되는 오염물질이 법정(法定)의 배출허용기준 이하로 배출되게 하기 위하여 방지시설(防止施設)을 설치하여야 한다(대기환경보전법 23·26, '수질 및 수생태계 보전에 관한 법률' 33·35, '소음·진동관리법' 8·9).

2) 개선명령(改善命令)

관계 행정청은 배출시설에서 배출되는 환경오염물질의 정도가 법이 정한 배출허용기준을 초과한다고 인정하는 때에는, 일정한 기간을 정하여 사업자에게 그 오염물질의 정도가 배출허용기준 이하로 내려가도록 필요한 조치를 취할 것을 명령(개선명령)할 수 있다(대기환경보전법 33, '수질 및 수생태계 보전에 관한 법률' 39, '소음·진동관리법' 15).

3) 조업정지(操業停止) 명령

관계 행정청은 위의 개선명령을 받은 자가 개선명령을 이행하지 아니하거나 기간 내에 이행은 하였으나 검사결과가 법이 정한 배출허용기준을 계속 초과할 때에는 당해 배출시설의 전부 또는 일부의 조업정지를 명령할 수 있다(대기환경보전법 34, '수질 및 수생태계 보전에 관한 법률' 40, '소음·진동관리법' 16).

4) 허가취소 등

사업자가 사위(詐僞) 기타 부정한 방법으로 배출시설 설치허가·변경허가를 받았거나 신고·변경신고를 한 경우, 관계 법률 또는 법률에 의한 명령에 위반한 경우에는 관계 행정청이 배출시설의 설치허가·변경허가의 취소 등을 할 수 있다(대기환경보전법 36, '수질 및 수생태계 보전에 관한 법률' 42, '소음·진동관리법' 17).

5) 위법시설에 대한 폐쇄명령(閉鎖命令) 등

허가를 받지 아니하거나 신고를 하지 아니하고 배출시설을 설치하거나 사용한 자에 대하여 관계 행정청은 당해 배출시설의 사용중지 또는 폐쇄를 명령하여야 한다(대기환경보전법 38, '수질 및 수생태계 보전에 관한 법률' 44, '소음·진동관리법' 18).

(5) **오염총량규제(汚染總量規制)**

오염총량규제란 각 지역의 대기나 하천 등의 자연정화능력과 기상·지형 등을 조사하고 그 오염한도량(汚染限度量)을 산출하여 이를 기초로 그 지역에 있는 오염원(공장·사업장 등)에 대하여 오염물질 배출량을 할당하는 제도를 말한다.

예로서, 「낙동강수계 물관리 및 주민지원 등에 관한 법률」은 환경부장관이 하천구간별 목표수질을 달성하기 위하여 오염총량관리기본방침을 수립하고, 시·도지사는 그 기본방침에 따라 오염총량관리기본계획을 수립하며, 광역시장·시장·군수는 그 기본계획에 따라 오염총량관리계획을 수립·시행하고, 환경부장관 또는 광역시장·시장·군수는 필요한 경우에 사업장별 오염부하량(汚染負荷量)을 할당하며, 관계 행정기관의 장은 할당된 오염부하량을 초과하여 도시 및 산업단지의 개발 등에 관한 인·허가 등을 할 수 없도록 규정하고 있다(同法 9~16).

(6) **위반사실의 공표(公表)**

「자원의 절약과 재활용촉진에 관한 법률」(제25조의2 제2항)에 따라 환경부장관은 고시된 재활용지침의 준수를 권고 받고 이를 이행하지 아니한 재활용지정사업자 및 지정부산물배출사업자의 명단과 지침위반내용을 공개할 수 있다. 이와 같이 개별 법률이 환경관계법령을 위반한 자의 명단과 위반사실을 공표할 수 있도록 규정한 경우들이 있다.

(7) **배출부과금(排出賦課金)·과징금·환경개선부담금 등의 부과**

환경부장관은 대기·수질 오염물질을 배출하는 사업자 등에 대하여 원칙적으로 배출허용기준 초과 여부와 오염물질의 종류·배출시간·배출량 등을 고려하여 대통령령이 정하는 산정방법과 산정기준에 따라 배출부과금을 부과·징수한다(대기환경보전법 35, '수질 및 수생태계 보전에 관한 법률' 41).

의료기관의 배출시설, 발전소의 발전시설, 학교의 배출시설, 제조업의 배출시설, 기타 대통령령이 정하는 배출시설을 설치·운영하는 자가 개선명령을 이행하지 않거나 위법행위를 행한 경우에 관계 행정청이 조업정지를 명하여야 하는데, 그 조업정지가 주민의 생활, 대외적인 신용·고용·물가 등 국민경제 기타 공익에 현저한 지장을 초래할 우려가 있다고 인정되는 경우에는 조업정지처분에 갈음하여 과징금을 부과할 수 있다(대기환경보전법 37, '수질 및 수생태계 보전에 관한 법률' 43).

환경오염원인자에게 부과되는 공과금의 일종으로서, 환경개선비용부담법에 의하여 환경부장관이 경유를 연료로 사용하는 자동차의 소유자에게 부과하는 환경개선부담금(環境改善負擔金)도 있다. 이 환경개선부담금은 대기·수질환경개선사업비의 지원, 사업자가 시행하는 대기·수질환경개선사업비의 융자 및 저공해(低公害)기술개발연구비의 지원, 자연환경보전사업이나 그 밖에 대통령령으로 정하는 용도에만 사용한다(환경개선비용부담법 9·11).

(8) 환경보전지역·지구제

환경보전을 위한 지역·지구제(地域·地區制)의 예는 많다. 환경정책기본법상의 '특별대책지역', 자연환경보전법상의 '생태·경관보전지역' 등이 그 예이다.

(9) 환경보전을 위한 자금지원(資金支援)

환경보전사업의 활성화를 위하여 자금지원 등을 규정한 법률들도 있다. 그 예로서 환경정책기본법은 환경보전을 위한 시책·사업 등에 대한 재정적 지원의 근거를 규정하고 있으며(同法 55~57), 폐기물관리법(제56·57조)은 폐기물처리시설을 설치하고자 하는 자에 대한 재정적 지원을, 자연환경보전법(제54조)은 자연환경보전을 위한 사업을 집행하는 지방자치단체·자연보호관련단체에 대한 국고보조를, 「수질 및 수생태계 보전에 관한 법률」(제69조)은 지방자치단체의 수질 및 수생태계 보전사업의 소요경비에 대한 국가의 보조를 규정하고 있다.

(10) 환경기술의 개발·보급

환경오염을 예방하고 치유하기 위해서는 오염요인의 분석과 환경에 미치는 영향의 예측 및 그 예방 등에 관한 환경기술개발이 필요함은 물론이다.

「환경기술 및 환경산업 지원법」에 의하여 환경부장관은 5년마다 환경기술개발 및 환경산업의 육성을 위한 계획을 수립하여야 하며(同法 3), 정부는 연구기관 등의 환경기술 개발사업을 추진하게 할 수 있고 연구기관 등에 출연금을 지급할 수 있다(同法 5①③).

「환경기술 및 환경산업 지원법」은 한국환경산업기술원의 설립(同法 5의3), 환경기술·정보의 보급(同法 9), 기업에 대한 환경기술지원(同法 12), 공공의 환경시설에 대한 기술진단(同法 13) 등에 대하여도 규정하고 있다.

(11) **행정지도, 비공식적 행정작용, 공법상 계약 등**

환경보전을 위한 행정지도는 오염물질처리시설 또는 기술의 개선, 오염물질발생을 저감·배제시키는 생산공정의 개발, 오염다발제품의 사용 억제 등을 위한 권고·요망·지도 등의 형식으로 행해질 수 있는 것인데, 이러한 행정지도에는 내용적으로 규제적·조정적·조성적인 것이 있을 수 있다.

환경행정은 상담·협상 등과 같은 비공식적 행정작용에 의해서도 수행될 수 있다. 비공식적 행정작용은 원칙적으로 법적 근거가 있어야 하는 것은 아니다. 그러나 비공식적 행정작용이 이해관계자의 권익에 큰 영향을 미치는 결과를 야기할 수 있는 점은 특히 유의해야 할 사항이다.

환경행정에 있어서는 행정주체와 환경오염물질 배출업체 간의 공해방지계약(公害防止契約) 등과 같은 공법상 계약(앞의 제1절 Ⅶ. 참조)에 의하여 적절한 환경의 보전·관리를 도모할 수도 있다.

Ⅲ. 환경행정에 관한 법률들

(1) 환경부 소관 법률로서, ① 환경정책기본법, ② 환경영향평가법, ③ 대기환경보전법, ④「수도권 대기환경개선에 관한 특별법」, ⑤「다중이용시설 등의 실내공기질관리법」, ⑥「소음·진동관리법」, ⑦「수질 및 수생태계 보전에 관한 법률」, ⑧「먹는 물 관리법」, ⑨「물의 재이용 촉진 및 지원에 관한 법률」, ⑩「한강수

계 상수원수질개선 및 주민지원 등에 관한 법률」, ⑪ 「금강수계 물관리 및 주민지원 등에 관한 법률」, ⑫ 「낙동강수계 물관리 및 주민지원 등에 관한 법률」, ⑬ 「영산강·섬진강수계 물관리 및 주민지원 등에 관한 법률」, ⑭ 토양환경보전법, ⑮ 폐기물관리법, ⑯ 「폐기물처리시설 설치촉진 및 주변지역지원 등에 관한 법률」, ⑰ 「건설폐기물의 재활용촉진에 관한 법률」, ⑱ 「폐기물의 국가 간 이동 및 그 처리에 관한 법률」, ⑲ 「가축분뇨의 관리 및 이용에 관한 법률」, ⑳ 악취방지법, ㉑ 자연공원법, ㉒ 자연환경보전법, ㉓ 「자원의 절약과 재활용촉진에 관한 법률」, ㉔ 「잔류성유기오염물질 관리법」, ㉕ 「국립 낙동강생물자원관의 설립 및 운영에 관한 법률」, ㉖ 「국립 생태원의 설립 및 운영에 관한 법률」, ㉗ 「남극활동 및 환경보호에 관한 법률」(외교부·해양수산부 공동소관), ㉘ 「녹색제품 구매촉진에 관한 법률」, ㉙ 「독도 등 도서지역의 생태계 보전에 관한 특별법」, ㉚ 「생물다양성 보전 및 이용에 관한 법률」, ㉛ 석면안전관리법, ㉜ 습지보전법(해양수산부 공동소관), ㉝ 「야생생물 보호 및 관리에 관한 법률」, ㉞ 「인공조명에 의한 빛공해 방지법」, ㉟ 「전기·전자제품 및 자동차의 자원순환에 관한 법률」, ㊱ 지속가능발전법, ㊲ 화학물질관리법, ㊳ 「화학물질의 등록 및 평가 등에 관한 법률」, ㊴ 「환경범죄 등의 단속 및 가중처벌에 관한 법률」, ㊵ 환경보건법, ㊶ 「환경분야 시험·검사 등에 관한 법률」, ㊷ 환경분쟁조정법, ㊸ 「환경개선비용 부담법」, ㊹ 「환경기술 및 환경산업 지원법」, ㊺ 「환경오염피해 배상책임 및 구제에 관한 법률」, ㊻ 석면피해구제법, ㊼ 한국환경공단법, ㊽ 한국환경산업기술원법(2016.12.2.시행), ㊾ 「문화유산과 자연환경자산에 관한 국민신탁법」(문화재청 공동소관), ㊿ 「환경오염시설의 통합관리에 관한 법률」(2017.1.1.시행) 등이 있다(위의 ㉓㉘㊱㊹ 등은 조성행정에 관한 법으로 분류될 수도 있다).

(2) 국토교통부 소관 법률로서, ① 「공항소음 방지 및 소음대책지역 지원에 관한 법률」, ② 지하수법, ③ 경관법 등이 있다.

(3) 해양수산부 소관 법률로서, ① 해양환경관리법, ② 연안관리법, ③ 「해양생태계의 보전 및 관리에 관한 법률」, ④ 「허베이 스피리트호 유류오염사고 피해주민의 지원 및 해양환경의 복원 등에 관한 특별법」 등이 있다.

(4) 산업통상자원부 소관 법률로서, ① 「방사성폐기물 관리법」, ② 「오존층 보

호를 위한 특정물질의 제조규제 등에 관한 법률」 등이 있다.

(5) 산림청 소관 법률로서, ①「백두대간 보호에 관한 법률」, ②「탄소흡수원 유지 및 증진에 관한 법률」 등이 있다.

(6) 국무조정실 소관 법률로서, ① 저탄소 녹색성장 기본법, ②「온실가스 배출권의 할당 및 거래에 관한 법률」 등이 있다.

(7) 행정자치부 소관의 온천법과 농림축산식품부 소관의 동물보호법도 환경행정에 관한 법의 범주에 포함될 수 있다.

위의 법률들 중 환경정책기본법, 환경영향평가법, 폐기물관리법, 지하수법의 개요만을 이 절에서 살피기로 한다.

2. 환경정책기본법

(1) 서설

환경정책기본법은 환경보전에 관한 국민의 권리·의무와 국가의 책무를 명확히 하고 환경정책의 기본 사항을 정하여 환경오염과 환경훼손을 예방하고 환경을 적정하고 지속가능하게 관리·보전함으로써 모든 국민이 건강하고 쾌적한 삶을 누릴 수 있도록 함을 목적으로 하고 있다(同法 1).

이 법은 '환경의 질적인 향상과 그 보전을 통한 쾌적한 환경의 조성 및 이를 통한 인간과 환경 간의 조화와 균형의 유지'(同法 2)를 위하여 여러 시책들을 규정하고 있으며, 앞에 기재한 환경행정에 관한 많은 법률들은 이 법에 규정된 환경의 보전·관리를 위한 시책들을 구체적으로 추진하기 위한 법률들이라 할 수 있다.

이 법에서의 '환경'은 자연환경과 생활환경을 말하는데, '자연환경'이란 지하·지표(해양 포함) 및 지상의 모든 생물과 이들을 둘러싸고 있는 비생물적인 것을 포함한 자연의 상태(생태계 및 자연경관 포함)를 말하며, '생활환경'이란 대기·물·토양·폐기물·소음·진동·악취·일조(日照) 등 사람의 일상생활과 관계되는 환경을 말한다(同法 3).

이 법은 일정한 지역에서 환경오염 또는 환경훼손에 대하여 환경이 스스로 수용·정화 및 복원하여 환경의 질을 유지할 수 있는 한계를 '환경용량'으로, 국민의 건강을 보호하고 쾌적한 환경을 조성하기 위하여 국가가 달성하고 유지하는 것이 바람직한 환경상의 조건 또는 질적인 수준을 '환경기준'으로 정의하고 있다(同法 3).

이 법은 환경보전을 위한 국가·지방자치단체·사업자의 책무(同法 4·5·8), 환경에 관한 국민의 권리와 의무(同法 6), 환경오염원인자 책임원칙(同法 7), 국가·지방자치단체의 자원 절약 및 순환적 사용 촉진 시책(同法 10)을 규정하고, 정부가 환경과 경제를 통합적으로 평가할 수 있는 방법을 개발하여 각종 정책을 수립할 때에 이를 활용하며(同法 9), 매년 주요 환경보전시책의 추진상황에 관한 보고서를 국회에 제출하도록 규정하고 있다(同法 11).

(2) **환경기준 설정과 환경보전계획 수립**

국가는 환경기준을 설정하여야 하며, 환경 여건의 변화에 따라 그 적정성이 유지되도록 하여야 한다(同法 12①). 특별시·광역시·도·특별자치도(이하 '시·도'라 함)는 해당 지역의 환경적 특수성을 고려하여 필요하다고 인정할 때에는 해당 시·도의 조례로 위의 환경기준(국가환경기준)보다 확대·강화된 별도의 환경기준(지역환경기준)을 설정 또는 변경할 수 있다(同法 12③. 大判 2015.9.24, 2011다91784).

국가 및 지방자치단체는 환경에 관계되는 법령을 제정 또는 개정하거나 행정계획의 수립 또는 사업의 집행을 할 때에는 위의 환경기준이 적절히 유지되도록 ① 환경 악화의 예방 및 그 요인의 제거, ② 환경오염지역의 원상회복, ③ 새로운 과학기술의 사용으로 인한 환경오염 및 환경훼손의 예방, ④ 환경오염방지를 위한 재원(財源)의 적정 배분 등의 사항을 고려하여야 한다(同法 13).

환경부장관은 관계 중앙행정기관의 장과 협의하여 국가 차원의 환경보전을 위한 종합계획(이하 '국가환경종합계획'이라 함)을 20년마다 수립하여야 하며, 국가환경종합계획을 수립·변경하려면 그 초안을 마련하여 공청회 등을 열어 국민, 관계 전문가 등의 의견을 수렴한 후 국무회의의 심의를 거쳐 확정한다(同法 14①②).

국가환경종합계획에는 ① 인구·산업·경제·토지 및 해양의 이용 등 환경변화 여건에 관한 사항, ② 환경오염원·환경오염도 및 오염물질 배출량의 예측과 환경오염 및 환경훼손으로 인한 환경의 질(質)의 변화 전망, ③ 환경의 현황 및 전망, ④ 환경보전 목표의 설정과 이의 달성을 위한 생물다양성·생태계·경관 등 자연환경의 보전, 토양환경 및 지하수 수질의 보전, 해양환경의 보전, 국토환경의 보전, 대기환경의 보전, 수질환경의 보전, 상하수도의 보급, 폐기물의 관리 및 재활용, 유해(有害)화학물질의 관리, 방사능오염물질의 관리, 그 밖에 환경의 관리, 사업의 시행에 드는 비용의 산정 및 재원 조달 방법에 관한 단계별 대책 및 사업계획 등이 포함되어야 한다(同法 15).

환경부장관은 수립 또는 변경된 국가환경종합계획을 지체 없이 관계 중앙행정기관의 장에게 통보하여야 하며, 관계 중앙행정기관의 장은 국가환경종합계획의 시행에 필요한 조치를 하여야 하고(同法 16①②), 5년마다 국가환경종합계획의 타당성을 재검토하고 필요한 경우 이를 정비하여야 한다(同法 16의2).

환경부장관은 확정된 국가환경종합계획의 종합적·체계적 추진을 위하여 5년마다 환경보전중기종합계획(이하 '중기계획'이라 함)을 수립하여야 하고, 수립 또는 변경된 중기계획(中期計劃)을 관계 중앙행정기관의 장 및 시·도지사에게 통보하여야 하며, 통보를 받은 관계 중앙행정기관의 장 및 시·도지사는 이를 소관 업무계획에 반영하여야 한다(同法 17①④).

환경부장관, 관계 중앙행정기관의 장 및 시·도지사는 수립 또는 변경된 중기계획의 연도별 시행계획을 대통령령으로 정하는 바에 따라 수립·추진하여야 하며, 관계 중앙행정기관의 장 및 시·도지사는 연도별 시행계획의 추진실적을 매년 환경부장관에게 제출하여야 한다(同法 17⑤).

시·도지사는 국가환경종합계획 및 중기계획에 따라 관할 구역의 지역적 특성을 고려하여 해당 시·도의 환경보전계획(시·도 환경계획)을 수립·시행하여야 한다(同法 18①).

시장·군수·구청장(자치구의 구청장을 말함)은 국가환경종합계획, 중기계획 및 시·도 환경계획에 따라 관할 구역의 지역적 특성을 고려하여 해당 시·군·구의 환경보전계획(시·군·구 환경계획)을 수립·시행하여야 한다(同法 19①).

관계 행정청은 수립 또는 변경된 국가환경종합계획, 중기계획, 시·도 환경계획 및 시·군·구 환경계획을 해당 기관의 인터넷 홈페이지 등을 통하여 공개하여야 하며(同法 20), 토지의 이용·개발에 관한 계획을 수립할 때에는 국가환경종합계획, 시·도 환경계획 및 시·군·구 환경계획(이하 '국가환경종합계획 등'이라 함)과 해당 지역의 환경용량을 고려하여야 하고, 토지의 이용 또는 개발에 관한 사업의 허가 등을 하는 경우에는 국가환경종합계획 등을 고려하여야 한다(同法 21①②).

(3) 환경상태의 조사·평가와 환경교육 등

국가 및 지방자치단체는 ① 자연환경 및 생활환경 현황, ② 환경오염 및 환경훼손 실태, ③ 환경오염원 및 환경훼손 요인, ④ 환경의 질의 변화, ⑤ 그 밖에 국가환경종합계획 등의 수립·시행에 필요한 사항을 상시 조사·평가하여야 하며, 위의 조사·평가를 적정하게 시행하기 위한 연구·감시·측정·시험 및 분석체제를 유지하여야 한다(同法 22①②).

정부는 환경에 영향을 미치는 행정계획 및 개발사업이 환경적으로 건전하고 지속가능하게 계획되어 수립·시행될 수 있도록 환경친화적인 계획기법 및 토지이용·개발기준을 작성·보급할 수 있으며, 환경부장관은 국토환경을 효율적으로 보전하고 국토를 환경친화적으로 이용하기 위하여 국토에 대한 환경적 가치를 평가하여 등급으로 표시한 '환경성 평가지도'를 작성·보급할 수 있다(同法 23①②).

이 법은 환경보전에 관한 지식·정보의 원활한 생산·보급 등을 위한 환경정보망의 구축·운영(同法 24①②), 환경보전에 관한 교육과 홍보(同法 25), 민간환경단체 등의 환경보전활동 촉진 및 지원(同法 26①②)에 대하여도 규정하고 있다.

(4) 국제협력 및 환경과학기술의 진흥 등

국가와 지방자치단체는 국제협력을 통하여 환경정보와 기술을 교류하고 전문인력을 양성하며, 지구 전체의 환경에 영향을 미치는 기후변화, 오존층의 파괴, 해양오염, 사막화 및 생물자원의 감소 등으로부터 지구의 환경을 보전하기 위하여 지구환경의 감시·관측 및 보호에 관하여 상호 협력하는 등 국제적인 노력에 적극 참여하여야 한다(同法 27).

국가와 지방자치단체는 환경보전을 위한 실험·조사·연구·기술개발 및 전문인력의 양성 등 환경과학기술의 진흥에 필요한 시책을 마련하여야 한다(同法 28).

국가 및 지방자치단체는 환경오염을 줄이기 위한 녹지대(綠地帶), 폐수·하수 및 폐기물의 처리를 위한 시설, 소음·진동 및 악취의 방지를 위한 시설, 야생동식물 및 생태계의 보호·복원을 위한 시설, 오염된 토양·지하수의 정화를 위한 시설 등 환경보전을 위한 공공시설의 설치·관리에 필요한 조치를 하여야 한다(同法 29).

(5) 환경보전을 위한 규제 및 영향권별 환경관리 등

정부는 환경보전을 위하여 대기오염·수질오염·토양오염 또는 해양오염의 원인이 되는 물질의 배출, 소음·진동·악취의 발생, 폐기물의 처리, 일조의 침해 및 자연환경의 훼손에 대하여 필요한 규제를 하여야 한다(同法 30①).

국가는 관계 법령에 따라 환경오염에 관한 배출허용기준을 정하거나 변경할 때에는 이를 해당기관의 인터넷 홈페이지 등을 통하여 사전에 알려야 한다(同法 31).

정부는 자원의 효율적인 이용을 도모하고 환경오염의 원인을 일으킨 자가 스스로 오염물질의 배출을 줄이도록 유도하기 위하여 필요한 경제적 유인수단을 마련하여야 하며(同法 32), 유해화학물질을 적정하게 관리하기 위한 시책을 마련하여야 한다(同法 33).

정부는 방사성 물질에 의한 환경오염 및 그 방지 등을 위하여 원자력안전법과 그 밖의 관계 법률에서 정하는 바에 따라 적절한 조치를 하여야 하며(同法 34), 과학기술의 발달로 인하여 생태계 또는 인간의 건강에 미치는 해로운 영향을 예방하기 위하여 필요하다고 인정하는 경우 그 영향에 대한 분석이나 위해성평가(危害性評價) 등 적절한 조치를 마련하여야 한다(同法 35).

국가와 지방자치단체는 환경오염으로 인한 국민의 건강상의 피해를 규명하고 환경오염으로 인한 질환에 대한 대책을 마련하여야 하며(同法 36), 환경친화적인 교통체계 구축에 필요한 시책을 마련하여야 하고, 에너지의 합리적·효율적 이용과 환경친화적인 에너지의 개발·보급에 필요한 시책을 마련하여야 하며, 농림어업부문의 환경오염 또는 환경훼손을 최소화하기 위하여 환경친화적인 농림어업의 진흥에 필요한 시책을 마련하여야 한다(同法 37①②③).

환경부장관은 환경오염·환경훼손 또는 자연생태계의 변화가 현저하거나 현저하게 될 우려가 있는 지역과 환경기준을 자주 초과하는 지역을 관계 중앙행정기관의 장 및 시·도지사와 협의하여 환경보전을 위한 특별대책지역으로 지정·고시하고, 해당 지역의 환경보전을 위한 특별종합대책을 수립하여 관할 시·도지사에게 이를 시행하게 할 수 있다(同法 38①).

환경부장관은 환경오염의 상황을 파악하고 그 방지대책을 마련하기 위하여 대기오염의 영향권별 지역, 수질오염의 수계별 지역 및 생태계 권역 등에 대한 환경의 영향권별 관리를 하여야 하며, 지방자치단체의 장은 관할 구역의 대기오염, 수질오염 또는 생태계를 효과적으로 관리하기 위하여 지역의 실정에 따라 환경의 영향권별 관리를 할 수 있다(同法 39①②. 大判 2013.10.11, 2012다111661).

국가와 국민은 자연환경의 보전이 인간의 생존 및 생활의 기본임에 비추어 자연의 질서와 균형이 유지·보전되도록 노력하여야 한다(同法 40).

국가는 환경기준의 적정성을 유지하고 자연환경을 보전하기 위하여 환경에 영향을 미치는 계획 및 개발사업이 환경적으로 지속가능하게 수립·시행될 수 있도록 전략환경영향평가, 환경영향평가, 소규모 환경영향평가를 실시하여야 하며, 전략환경영향평가, 환경영향평가, 소규모 환경영향평가에 관한 사항은 따로 법률로 정한다(同法 41①②). 이에 따라 환경영향평가법(후술)이 제정·시행되고 있다.

(6) 환경분쟁의 조정과 환경개선특별회계의 설치 등

국가 및 지방자치단체는 환경오염 또는 환경훼손으로 인한 분쟁이나 그 밖에 환경관련 분쟁이 발생한 경우에 그 분쟁이 신속하고 공정하게 해결되도록 필요한 시책을 마련하여야 하며(同法 42), 환경오염 또는 환경훼손으로 인한 피해를 원활하게 구제하기 위하여 필요한 시책을 마련하여야 한다(同法 43).

환경오염 또는 환경훼손으로 피해가 발생한 경우에는 해당 환경오염 또는 환경훼손의 원인자가 그 피해를 배상하여야 하며, 환경오염 또는 환경훼손의 원인자가 둘 이상인 경우에 어느 원인자에 의하여 피해가 발생한 것인지를 알 수 없을 때에는 각 원인자가 연대하여 배상하여야 한다(同法 44①②. 大判 2014.9.4, 2011다7437).

이 법은 환경개선사업의 투자확대 및 그 관리·운영을 효율화하기 위한 환경개선특별회계의 설치와 환경부장관의 관리·운용(同法 45①②), 환경개선특별회계의 세입·세출(同法 46·47), 일반회계로부터의 전입(同法 48), 차입금(同法 49), 세출예산의 이월(同法 50), 잉여금의 처리(同法 51), 예비비(同法 52), 초과수입금의 직접사용(同法 53)에 대하여 규정하고 있다.

이 법은 환경보전시책의 실시에 필요한 법제상·재정상·행정상의 조치(同法 54), 지방자치단체의 환경보전사업경비에 대한 국고 지원(同法 55①), 환경관리시범 지방자치단체의 지정·지원(同法 55②), 사업자의 환경보전시설과 자발적 환경관리체제에 대한 행정적·재정적 지원(同法 56①②), 환경보전관련 학술 조사·연구·기술개발에 대한 재정지원(同法 57) 등에 관하여도 규정하고 있다.

이 법은 또한 국가환경종합계획·중기계획의 수립·변경 등에 관한 사항을 심의·자문하는 중앙환경정책위원회의 설치, 시·도 환경정책위원회 및 시·군·구 환경정책위원회의 설치(同法 58①②), 환경보전에 관한 조사연구, 기술개발 및 교육·홍보, 생태복원 등을 위한 법인(法人)인 환경보전협회의 설립(同法 59), 이 법에 따른 환경부장관의 권한의 위임 및 위탁(同法 60)에 대하여도 규정하고 있다.

【大判 2008.8.21, 2008다9358·9365병합. “차량이 통행하는 도로에서 유입되는 소음 때문에 인근 주택의 거주자에게 사회통념상 일반적으로 수인할 정도를 넘어서는 침해가 있는지 여부는, 주택법 등에서 제시하는 주택건설기준보다는 환경정책기본법 등에서 설정하고 있는 환경기준을 우선적으로 고려하여 판단하여야 한다.”】

【大決 2006.6.2, 2004마1148·1149병합. “환경권에 관한 헌법 제35조 제1항이나 자연방위권 등 헌법상의 권리에 의하여 직접 한국철도시설공단에 대하여 고속철도 중 일부 구간의 공사 금지를 청구할 수 없고, 환경정책기본법 등 관계 법령의 규정 역시 그와 같이 구체적인 청구권원을 발생시키는 것으로 해석할 수 없다.”】

3. 환경영향평가법

(1) 서설

일단 훼손된 환경의 원상회복은 매우 어려운 것이 보통이므로, 환경에 영향을 미칠 것으로 예상되는 개발사업 등을 추진할 경우에 환경영향평가를 통하여 환경위해(環境危害)를 제거·감소시킬 필요가 있다.

환경영향평가법은 환경에 영향을 미치는 계획 또는 사업을 수립·시행할 때에 해당 계획·사업의 환경영향을 예측·평가하고 환경보전방안 등을 마련하도록 하여 친환경적이고 지속가능한 발전과 건강하고 쾌적한 국민생활을 도모함을 목적으로 하고 있다(同法 1).

이 법은 전략환경영향평가, 환경영향평가 및 소규모 환경영향평가의 대상·절차·방법과 환경영향평가 대행자(代行者) 등에 관하여 규정하고 있으며, 전략환경영향평가·환경영향평가·소규모 환경영향평가를 포괄하여 '환경영향평가 등'이라 하고 있다(同法 2ⅳ. 大判 2006.6.30, 2005두14363).

이 법에 따르면, 국가·지방자치단체 및 사업자는 정책이나 계획을 수립·시행하거나 사업을 시행할 때에 환경오염과 환경훼손을 최소화하기 위하여 필요한 방안을 마련하여야 하며, 환경부장관은 환경영향평가 등의 객관성·과학성·예측가능성 등을 높이기 위하여 환경영향평가 등의 평가지침·작성기준 및 점검목록 등을 작성·보급하여야 한다(同法 3①③. 大判 2005.5.12, 2004두14229).

(2) 환경영향평가의 기본원칙 등

이 법은 환경영향평가 등의 기본원칙을 다음과 같이 규정하고 있다. 즉, ① 환경영향평가 등은 보전과 개발이 조화와 균형을 이루는 지속가능한 발전이 되도록 하여야 한다. ② 환경보전방안 및 그 대안은 과학적으로 조사·예측된 결과를 근거로 하여 경제적·기술적으로 실행할 수 있는 범위에서 마련되어야 한다. ③ 환경영향평가 등의 대상이 되는 계획 또는 사업에 대하여 충분한 정보 제공 등을 함으로써 환경영향평가 등의 과정에 주민 등이 원활하게 참여할 수 있도록 노력하여야 한다. ④ 환경영향평가 등의 결과는 지역주민 및 의사결정권자가 이해할 수 있도록 간결하고 평이하게 작성되어야 한다. ⑤ 환경영향평가 등은 계획 또는 사업이 특정 지역 또는 시기에 집중될 경우에는 이에 대한 누적적 영향을 고려하여 실시되어야 한다(同法 4).

이 법에 따르면, 환경영향평가 등을 하려는 자는 ① 환경정책기본법에 따른 환경기준, ② 자연환경보전법에 따른 생태·자연도(生態·自然圖), ③ 대기환경보전법, 「수질 및 수생태계 보전에 관한 법률」 등에 따른 지역별 오염총량기준, ④ 그 밖에 관계 법률에서 환경보전을 위하여 설정한 기준, 계획 또는 사업의 성격, 토지이용 및 환경 현황, 계획 또는 사업이 환경에 미치는 영향의 정도, 평가 당시의 과학적·기술적 수준 및 경제적 상황 등을 고려하여 환경보전목표를 설정하고 이를 토대로 환경영향평가 등을 실시하여야 한다(同法 5).

이 법은 환경영향평가 등의 대상지역을 계획의 수립이나 사업의 시행으로 영향을 받게 되는 지역으로서 환경영향을 과학적으로 예측·분석한 자료에 따라 그 범위가 설정된 지역으로 규정하고 있다(同法 6. 大判 2001.7.27, 99두2970).

환경영향평가 등은 계획의 수립이나 사업의 시행으로 영향을 받게 될 자연환경, 생활환경, 사회·경제환경 등의 분야(이를 '환경영향평가분야'라 함)에 대하여 실시하여야 한다(同法 7①). 환경영향평가분야의 세부 평가항목(이를 '환경영향평가항목'이라 함) 및 평가방법 등은 대통령령으로 정한다(同法 7②. 大判 2007.6.28, 2004다54282. 大判 1998.9.22, 97누19571).

환경부장관, 계획수립기관의 장, 사업계획이나 사업에 대하여 승인 등을 하는 기관의 장(이하 '계획승인기관장'이라 함) 및 계획·사업에 대하여 승인 등을 받지 아니하여도 되는 사업자는 환경영향평가 항목·범위의 결정에 관한 사항, 환경영향평가 협의 내용의 조정에 관한 사항 등을 심의하기 위하여 환경영향평가협의회를 구성·운영하여야 한다(同法 8①).

(3) 전략환경영향평가(戰略環境影響評價)

1) 전략환경영향평가의 의의와 대상 계획

이 법에서 '전략환경영향평가'란 환경에 영향을 미치는 상위계획(上位計劃)을 수립할 때에 환경보전계획과의 부합 여부 확인 및 대안의 설정·분석 등을 통하여 환경적 측면에서 해당 계획의 적정성 및 입지의 타당성 등을 검토하여 국토의 지속가능한 발전을 도모하는 것을 말하며(同法 2 i), 종전의 환경정책기본법에서 규정하고 있었던 사전환경성검토제도를 대체하여 새로 도입한 제도라고 할 수 있다.

전략환경영향평가는 ① 도시의 개발, ② 산업입지 및 산업단지의 조성, ③ 에너지개발, ④ 항만의 건설, ⑤ 도로의 건설, ⑥ 수자원의 개발, ⑦ 철도(도시철도 포함)의 건설, ⑧ 공항의 건설, ⑨ 하천의 이용 및 개발, ⑩ 개간 및 공유수면의 매립, ⑪ 관광단지의 개발, ⑫ 산지의 개발, ⑬ 특정 지역의 개발, ⑭ 체육시설의 설치, ⑮ 폐기물처리시설의 설치, ⑯ 국방·군사시설의 설치, ⑰ 토석·모래·자갈·광물 등의 채취, ⑱ 환경에 영향을 미치는 시설로서 대통령령으로 정하는 시설의 설치 등에 관한 계획에 대하여 실시하여야 한다(同法 9①. 大判 2012.7.5, 2011두19239).

위의 전략환경영향평가 대상계획은 그 계획의 성격 등을 고려하여 정책계획과 개발기본계획으로 구분하는데, '정책계획'이란 국토의 전 지역이나 일부 지역을 대상으로 개발 및 보전 등에 관한 기본방향이나 지침 등을 일반적으로 제시하는 계획을 말하며, '개발기본계획'이란 국토의 일부 지역을 대상으로 하는 계획으로서 구체적인 개발구역의 지정에 관한 계획 또는 개별 법령에서 실시계획 등을 수립하기 전에 수립하도록 하는 계획으로서 실시계획 등의 기준이 되는 계획을 말한다(同法 9②).

전략환경영향평가 대상계획과 위의 정책계획·개발기본계획의 구체적인 종류는 대통령령으로 정한다(同法 9③).

국방부장관이 군사상 고도의 기밀보호가 필요하거나 군사작전의 긴급한 수행을 위하여 필요하다고 인정하여 환경부장관과 협의한 계획, 국가정보원장이 국가안보를 위하여 고도의 기밀보호가 필요하다고 인정하여 환경부장관과 협의한 계획에 대하여는 전략환경영향평가를 실시하지 아니할 수 있다(同法 10).

2) 전략환경영향평가서 초안의 작성

전략환경영향평가 대상이 되는 개발기본계획을 수립하는 행정기관의 장은 전략환경영향평가항목(同法 11) 등에 맞추어 전략환경영향평가서 초안을 작성한 후

주민 등의 의견을 수렴하여야 한다. 다만, 행정기관 외의 자가 제안하여 수립되는 개발기본계획의 경우에는 개발기본계획을 제안하는 자가 전략환경영향평가서 초안을 작성하여 개발기본계획을 수립하는 행정기관의 장에게 제출하여야 한다(同法 12①).

개발기본계획을 수립하는 행정기관의 장은 전략환경영향평가서 초안을 환경부장관, 계획승인기관장(승인 등을 받아야 하는 계획만 해당), 그 밖에 대통령령으로 정하는 관계 행정기관의 장에게 제출하여 의견을 들어야 한다(同法 12②).

3) 전략환경영향평가서의 작성 및 협의 요청

승인 등을 받지 아니하여도 되는 전략환경영향평가 대상 계획을 수립하려는 행정기관의 장(예; 개발기본계획 수립 주무부장관)은 해당 계획을 확정하기 전에 전략환경영향평가서를 작성하여 환경부장관에게 협의(協議)를 요청하여야 한다(同法 16①).

승인 등을 받아야 하는 전략환경영향평가 대상 계획을 수립하는 행정기관의 장(예; 개발기본계획을 수립하는 지방자치단체장)은 전략환경영향평가서를 작성하여 계획승인기관장(예; 주무부장관)에게 제출하여야 하며, 계획승인기관장은 해당 계획에 대하여 승인 등을 하기 전에 환경부장관에게 협의를 요청하여야 한다(同法 16②).

4) 전략환경영향평가서의 검토 및 협의 내용의 통보

환경부장관은 위의 협의를 요청받은 경우에는 주민의견 수렴 절차 등의 이행 여부 및 전략환경영향평가서의 내용 등을 검토하여야 한다(同法 17①).

환경부장관은 위의 협의를 요청받은 날부터 원칙적으로 30일 이내에 주관 행정기관의 장에게 협의 내용을 통보하여야 한다. 다만, 부득이한 사정이 있을 때에는 그 기간을 연장할 수 있다(同法 18①, 同法시행령 25).

5) 협의 내용의 이행

주관 행정기관의 장은 위의 통보받은 협의 내용을 해당 계획에 반영하기 위하여 필요한 조치를 하거나 전략환경영향평가 대상 계획을 제안하는 자 등에게 필요한 조치를 할 것을 요구하여야 하며, 그 조치결과 또는 조치계획을 환경부장관에게 통보하여야 하고(同法 19①), 협의 내용을 해당 계획에 반영하기 곤란한 특별한 사유가 있을 때에는 대통령령으로 정하는 바에 따라 환경부장관과 협의한 후 해당 계획을 승인하거나 확정하여야 한다(同法 19②). 전략환경영향평가 대상

계획을 수립하는 자는 위의 조치결과 및 조치계획을 성실히 이행하여야 한다(同法 19③).

(4) **환경영향평가**(環境影響評價)

1) 환경영향평가의 의의와 대상 사업

이 법에서 '환경영향평가'란 환경에 영향을 미치는 사업의 실시계획·시행계획 등의 허가·인가·승인·면허 또는 결정 등(이하 '승인 등'이라 함)을 할 때에 해당 사업이 환경에 미치는 영향을 미리 조사·예측·평가하여 해로운 환경영향을 피하거나 제거 또는 감소시킬 수 있는 방안을 마련하는 것을 말한다(同法 2ⅱ).

이 법이 정하고 있는 환경영향평가의 대상 사업은 ① 도시의 개발사업, ② 산업입지 및 산업단지의 조성사업, ③ 에너지개발사업, ④ 항만의 건설사업, ⑤ 도로의 건설사업, ⑥ 수자원의 개발사업, ⑦ 철도(도시철도 포함)의 건설사업, ⑧ 공항의 건설사업, ⑨ 하천의 이용 및 개발사업, ⑩ 개간 및 공유수면의 매립사업, ⑪ 관광단지의 개발사업, ⑫ 산지의 개발사업, ⑬ 특정 지역의 개발사업, ⑭ 체육시설의 설치사업, ⑮ 폐기물처리시설의 설치사업, ⑯ 국방·군사시설의 설치사업, ⑰ 토석·모래·자갈·광물 등의 채취사업, ⑱ 환경에 영향을 미치는 시설로서 대통령령으로 정하는 시설의 설치사업이다(同法 22①).

환경영향평가 대상 사업의 구체적인 종류·범위 등은 대통령령으로 정한다(同法 22②. 大判 2014.2.27, 2011두14074. 大判 2014.2.27, 2013두3283).

그러나 「재난 및 안전관리기본법」 제37조에 따른 응급조치를 위한 사업, 국방부장관이 군사상 고도의 기밀보호가 필요하거나 군사작전의 긴급한 수행을 위하여 필요하다고 인정하여 환경부장관과 협의한 사업, 국가정보원장이 국가안보를 위하여 고도의 기밀보호가 필요하다고 인정하여 환경부장관과 협의한 사업은 환경영향평가 대상에서 제외한다(同法 23).

환경영향평가 대상 사업과 관련하여 환경영향평가제도에 의하여 보호되는 주민의 환경상의 이익은 행정소송법 제12조상의 '법률상 이익'에 해당하는 것이며, 이를 침해하는 위법한 사업승인 등에 대하여 당해 지역의 주민은 항고소송을 제기하여 다툴 수 있다고 보는 것이 판례의 입장이다(大判 2009.9.24, 2009두2825.

大判 2005.5.12, 2004두14229. 大判 1998.4.24, 97누3286).

2) 환경영향평가 항목·범위 등의 결정과 주민의견 수렴

위의 환경영향평가 대상 사업을 시행하는 자로서, 계획·사업의 승인 등을 받지 아니하여도 되는 사업자는 환경영향평가를 실시하기 전에 평가준비서를 작성하여 대통령령으로 정하는 기간 내에 환경영향평가협의회의 심의를 거쳐 ① 환경영향평가 대상지역, ② 환경보전방안의 대안, ③ 평가 항목·범위·방법 등(이하 '환경영향평가항목 등'이라 함)을 결정하여야 한다(同法 24①).

계획·사업의 승인 등을 받아야 하는 사업자는 환경영향평가를 실시하기 전에 평가준비서를 작성하여 계획승인기관장에게 환경영향평가항목 등을 정하여 줄 것을 요청하여야 하며, 요청을 받은 계획승인기관장이나 환경부장관은 대통령령으로 정하는 기간(30일) 내에 환경영향평가협의회의 심의를 거쳐 환경영향평가항목 등을 결정하여 사업자에게 통보하여야 한다(同法 24②④).

사업자는 결정된 환경영향평가항목 등에 따라 환경영향평가서 초안을 작성하여 주민 등의 의견을 수렴하여야 하며, 주민 등의 의견 수렴 결과와 반영 여부를 대통령령으로 정하는 방법에 따라 공개하여야 한다(同法 25①③).

3) 환경영향평가서의 작성 및 협의 요청과 검토 등

계획승인기관장은 환경영향평가 대상사업에 대한 계획·사업의 승인 등을 하거나 환경영향평가 대상사업을 확정하기 전에 환경부장관에게 협의를 요청하여야 한다. 이 경우 계획승인기관장은 환경영향평가서에 대한 의견을 첨부할 수 있다(同法 27①).

계획·사업의 승인 등을 받지 아니하여도 되는 사업자는 환경부장관에게 협의를 요청할 경우 환경영향평가서를 작성하여야 하며, 계획·사업의 승인 등을 받아야 하는 사업자는 환경영향평가서를 작성하여 계획승인기관장에게 제출하여야 한다(同法 27②).

환경부장관은 위의 협의를 요청받은 경우에는 주민의견 수렴 절차 등의 이행 여부 및 환경영향평가서의 내용 등을 검토하여야 한다. 환경부장관은 환경영향평가서를 검토할 때에 필요하면 관계 전문가의 의견을 듣거나 그에게 현지조사를 의뢰할 수 있고, 사업자 또는 계획승인기관장에게 관련 자료의 제출을 요청할 수

있으며, '한국환경정책·평가연구원'과 해양수산부장관(해양환경에 영향을 미치는 사업으로서 대통령령으로 정하는 사업만 해당)으로부터 그 의견을 들어야 한다(同法 28①②. 大判 2014.3.13, 2012두1006).

환경부장관은 위의 협의를 요청받은 날부터 원칙적으로 45일 이내에 계획승인기관장 등에게 협의 내용을 통보하여야 한다. 다만, 부득이한 사정이 있을 때에는 그 기간을 연장할 수 있다(同法 29①③, 同法시행령 50).

4) 협의 내용의 반영 등

사업자나 계획승인기관장은 위의 협의 내용을 통보받았을 때에는 그 내용을 해당 사업계획 등에 반영하기 위하여 필요한 조치를 해야 한다(同法 30①).

계획승인기관장은 사업계획 등에 대하여 승인 등을 하려면 협의 내용이 사업계획 등에 반영되었는지를 확인하여야 하며, 협의 내용이 사업계획 등에 반영되지 아니한 경우에는 이를 반영하게 하여야 한다(同法 30②).

계획승인기관장은 사업계획 등에 대하여 승인 등을 하거나 확정을 하였을 때에는 협의 내용의 반영 결과를 환경부장관에게 통보하여야 한다(同法 30③).

사업자나 계획승인기관장은 계획·사업에 대한 환경부장관의 협의 통보를 받고 통보받은 협의 내용에 대하여 이의가 있으면 환경부장관에게 협의 내용을 조정하여 줄 것을 요청할 수 있다. 이 경우 계획·사업의 승인 등을 받아야 하는 사업자는 계획승인기관장을 거쳐 조정을 요청하여야 한다(同法 31①).

5) 협의 내용의 이행 등

사업자는 사업계획 등을 시행할 때에 사업계획 등에 반영된 협의 내용을 이행하여야 하며, 협의 내용을 성실히 이행하기 위하여 환경부령으로 정하는 바에 따라 협의 내용을 적은 관리대장에 그 이행 상황을 기록하여 공사현장에 갖추어 두어야 한다(同法 35①②).

사업자는 해당 사업을 착공한 후에 그 사업이 주변 환경에 미치는 영향을 조사(이를 '사후환경영향조사'라 함)하고, 그 결과를 환경부장관과 계획승인기관장(승인 등을 받아야 하는 환경영향평가 대상사업만 해당)에게 통보하여야 한다(同法 36①).

계획승인기관장은 계획·사업의 승인 등을 받아야 하는 사업자가 협의 내용을 이행하지 아니하였을 때에는 그 이행에 필요한 조치를 명하여야 하며, 위의 조치명령을 이행하지 아니하여 해당 사업이 환경에 중대한 영향을 미친다고 판단하는 경우에는 그 사업의 전부 또는 일부에 대한 공사중지명령을 하여야 한다(同法 40①②).

(5) 시·도의 조례에 따른 환경영향평가

특별시·광역시·도·특별자치도 또는 인구 50만 이상의 시(이를 '대도시'라 함)는 환경영향평가 대상 사업의 종류 및 범위에 해당하지 아니하는 사업으로서 대통령령으로 정하는 범위에 해당하는 사업에 대하여 환경영향평가를 실시할 필요가 있다고 인정하면 해당 시·도의 조례로 정하는 바에 따라 그 사업시행자로 하여금 환경영향평가를 실시하게 할 수 있다. 다만, 소규모 환경영향평가 대상사업에 해당하는 경우에는 그러하지 아니하다(同法 42①).

대도시의 경우에는 그 지역을 관할하는 도가 환경영향평가의 실시에 관한 조례를 정하지 아니한 경우에만 해당 시의 조례로 정하는 바에 따라 환경영향평가를 실시할 수 있다(同法 42②).

시·도의 조례에 따른 환경영향평가를 실시하는 경우의 환경영향평가 분야·세부항목, 환경영향평가서의 작성 및 주민의견 수렴과 환경영향평가서의 협의, 협의 내용의 관리 절차, 그 밖에 필요한 사항은 해당 시·도의 조례로 정한다(同法 42③).

(6) 소규모 환경영향평가(小規模 環境影響評價)

이 법에서 '소규모 환경영향평가'란 환경보전이 필요한 지역이나 난개발(亂開發)이 우려되어 계획적 개발이 필요한 지역에서 개발사업을 시행할 때에 입지의 타당성과 환경에 미치는 영향을 미리 조사·예측·평가하여 환경보전방안을 마련하는 것을 말한다(同法 2iii).

소규모 환경영향평가는 환경영향평가 대상 사업에 해당하지 아니하는 개발사업으로서 보전이 필요한 지역과 난개발이 우려되어 환경보전을 고려한 계획적 개발이 필요한 대통령령으로 정하는 지역(이를 '보전용도지역'이라 함)에서 시행되는, 대통령령으로 정하는 개발사업에 대하여 실시한다(同法 43①).

소규모 환경영향평가서의 작성과 협의 요청, 검토 및 통보, 협의 내용의 반영 등에 관하여는 환경영향평가법 제44~46조에 규정되어 있다.

이 법은 위의 협의가 끝나기 전의 소규모 환경영향평가 대상사업의 공사착공 금지 및 사업승인 금지(同法 47), 소규모 환경영향평가 대상사업 착공 등의 통보(同法 48), 협의 내용 이행의 관리·감독(同法 49)에 대하여도 규정하고 있다.

(7) 환경영향평가 등에 관한 특례

개발기본계획과 환경영향평가 대상사업에 대한 계획을 통합하여 수립하는 경우에는 전략환경영향평가와 환경영향평가를 통합하여 검토하되, 전략환경영향평가 또는 환경영향평가 중 하나만을 실시할 수 있으며, 전략환경영향평가 대상계획에 대한 협의시기와 환경영향평가 대상사업에 대한 협의시기가 같은 경우에는 환경영향평가만을 실시할 수 있다(同法 50①②).

사업자는 환경영향평가 대상사업 중 환경에 미치는 영향이 적은 사업으로서 대통령령으로 정하는 사업에 대하여는 대통령령으로 정하는 약식 환경영향평가서를 작성하여 주민의견 수렴과 협의 요청을 함께 할 수 있다(同法 51①). 이는 약식 절차에 따른 환경영향평가이다.

계획·사업의 승인 등을 받지 아니하여도 되는 사업자는 환경영향평가항목 등을 결정할 때에 환경영향평가협의회(同法 8①)의 심의를 거쳐 위의 약식절차에 따른 환경영향평가를 실시할 수 있는지를 결정한다(同法 51②).

사업자는 계획승인기관장 또는 환경부장관에게 환경영향평가항목 등을 결정하여 줄 것을 요청할 때에 약식절차에 따라 환경영향평가를 실시할 수 있는지 여부를 결정하여 줄 것을 함께 요청할 수 있으며, 계획승인기관장이나 환경부장관은 위의 요청을 받으면 환경영향평가협의회의 심의를 거쳐 약식절차에 따른 환경영향평가 실시 여부를 결정하고 대통령령으로 정하는 기간(환경영향평가 대상 사업계획을 수립한 날부터 환경영향평가서 초안 작성을 완료하기 전까지) 내에 그 결과를 사업자에게 통보하여야 한다(同法 51③④).

위의 약식절차에 따른 환경영향평가를 실시할 경우에 계획·사업의 승인 등을 받지 아니하여도 되는 사업자는 주민의견 수렴 절차와 협의 절차를 마치면 제출된 의견과 협의 내용 등이 포함된 약식 환경영향평가서를 다시 작성하여야 한다. 다만, 제출된 의견과 협의 내용이 다른 경우에는 환경부장관의 의견을 들어야 한다(同法 52①).

약식절차에 따른 환경영향평가를 실시할 경우에 계획·사업의 승인 등을 받아야 하는 사업자는 주민의견 수렴 절차와 협의 절차를 마치면 제출된 의견과 협의 내용 등이 포함된 약식 환경영향평가서를 다시 작성하여 계획승인기관장에게 제출하여야 한다. 다만, 제출된 의견과 협의 내용이 다른 경우에는 계획승인기관장을 거쳐 환경부장관의 의견을 들어야 한다(同法 52②).

그런데 위와 같은 여러 가지 환경영향평가제도가 시행되고 있음에도 불구하고, 환경영향평가제도에는 그 적용대상 사업·지역이 제한되는 점, 환경영향평가제도로써 개발과 경제발전과정에서 야기되는 환경위해(環境危害)를 다소 줄일 수는 있어도 국민이 생활하는 모든 지역공간의 환경오염·환경훼손 문제를 완전히 해결하기 어려운 점 등 일정한 한계가 있다고 하지 않을 수 없다.

(8) **환경영향평가의 대행**(代行)

환경영향평가는 개발사업자가 스스로 개발사업이 환경에 미치는 영향을 평가하여 개발사업으로 인한 환경피해를 최소화하기 위해 행해지는 것이다. 그렇지만 환경영향평가에는 고도의 과학적·전문적 지식이 요구되므로, 환경영향평가법은 환경영향평가의 대행을 인정하고 있다.

즉, 환경영향평가 등을 하려는 자는 ① 환경영향평가 등의 평가서 초안 및 평가서, ② 사후환경영향조사서, ③ 약식평가서의 서류(이하 이를 '환경영향평가서 등'이라 함)를 작성할 때에는 이 법 제54조 제1항에 따라 환경영향평가업의 등록을 한 자(이를 '환경영향평가업자'라 함)에게 그 작성을 대행하게 할 수 있다(同法 53①).

환경영향평가 등을 하려는 자가 준수할 것은 ① 다른 환경영향평가서 등의 내용을 복제하여 환경영향평가서 등을 작성하지 아니할 것, ② 환경영향평가서 등과 그 작성의 기초가 되는 자료를 거짓으로 또는 부실하게 작성하지 아니할 것, ③ 환경영향평가서 등과 그 작성의 기초가 되는 자료를 환경부령으로 정하는 기간 동안 보존할 것(환경영향평가서 등을 전자문서로 작성하여 환경부령으로 정하는 바에 따라 정보지원시스템에 입력한 경우는 예외), ④ 환경영향평가업자와 환경영향평가서 등의 작성에 관한 대행계약을 체결하는 경우 해당 환경영향평가 등의 대상이 되는 계획·사업의 수립·시행과 관련되는 계약과 분리하여 체결할 것 등이다(同法 53⑤).

이 법은 환경영향평가업의 등록(同法 54), 환경영향평가업의 등록결격사유(同法 55), 환경영향평가업자의 준수사항(同法 56), 환경영향평가업의 폐업·휴업시의 신고(同法 57), 환경영향평가업 등록의 취소(同法 58), 등록취소나 영업정지 처분을 받은 환경영향평가업자가 업무를 계속할 수 있는 경우(同法 59), 환경영향평가업자에 대한 보고요구 및 조사(同法 60), 환경영향평가 대행 실적의 보고(同法 61), 환경영향평가 등의 대행 비용의 산정기준(同法 62)에 대하여 규정하고 있다.

또한 이 법은 환경영향평가사의 자격시험(同法 63), 환경영향평가사의 준수사항(同法 64), 환경영향평가서 등의 공개(同法 66), '한국환경정책·평가연구원' 또는 관계 전문기관 등의 수행사항(同法 68), 환경영향평가업자, 환경영향평가사, 환경영향평가서의 검토 과정에 참여한 관계 전문가나 전문가이었던 사람 또는 관계 전문기관의 임직원이나 임직원이었던 사람의 비밀 유지 의무(同法 69), 환경영향평가 정보지원시스템의 구축·운영(同法 70), 이 법에 따른 환경부장관의 권한의 위임·위탁(同法 72), 벌칙(同法 73~75), 과태료부과(同法 76)에 관하여도 규정하고 있으며, 환경영향평가업자 및 환경영향평가 등과 관련된 업무에 종사하는 자들이 환경영향평가 등과 관련된 업무의 건전한 발전을 위하여 환경영향평가협회를 설립할 수 있도록 규정하고 있다(同法 71).

4. 폐기물관리법

(1) 서설

사람들이 생활하는 과정에서 불가피하게 생기는 생활폐기물과 각종 사업장에서 배출되는 사업장폐기물을 친환경적으로 처리하는 것은 매우 중요한 국가·지방자치단체의 과제이다.

폐기물관리법은 폐기물의 발생을 최대한 억제하고 발생한 폐기물을 친환경적으로 처리함으로써 환경보전과 국민생활의 질적 향상에 이바지하는 것을 목적으로 하고 있다(同法 1).

지방자치단체의 관할구역 생활폐기물 처리의무와 공영(公營) 폐기물처리시설 및 지정폐기물처리시설을 포함한 광역 폐기물처리시설의 설치·운영, 사업자의 사업장폐기물 적정처리의무, 폐기물처리에 대한 국가의 기술적·재정적 지원 등을 규정하고 있는 이 법은 위생적인 국민생활여건의 형성에 크게 기여하는 법이라 하겠다.

이 법에서 '폐기물'이란 쓰레기·연소재(燃燒滓)·오니(汚泥)·폐유(廢油)·폐산(廢酸)·폐알칼리 및 동물의 사체(死體) 등으로서 사람의 생활이나 사업활동에 필요하지 아니하게 된 물질을 말한다(同法 2ⅰ. 大判 2012.4.13, 2010도16314).

'생활폐기물'이란 사업장폐기물 외의 폐기물을 말하며(同法 2ⅱ), '사업장폐기물'이란 대기환경보전법·「수질 및 수생태계 보전에 관한 법률」·「소음·진동관리법」에 따라 배출시설을 설치·운영하는 사업장이나 그 밖에 대통령령으로 정하는 사업장에서 발생하는 폐기물을 말한다(同法 2ⅲ. 大判 2013.8.22, 2012도7446).

'지정폐기물'이란 사업장폐기물 중 폐유·폐산 등 주변 환경을 오염시킬 수 있거나 의료폐기물(醫療廢棄物) 등 인체에 위해(危害)를 줄 수 있는 해로운 물질로서 대통령령으로 정하는 폐기물을 말한다(同法 2ⅳ).

폐기물의 종류 및 재활용 유형에 관한 세부분류는 폐기물의 발생원, 구성성분 및 유해성 등을 고려하여 환경부령으로 정한다(同法 2의2. 2016.7.21.시행).

이 법은 방사성 물질과 이로 인하여 오염된 물질, 기체상태의 물질, 수질오염

방지시설에 유입되거나 공공수역으로 배출되는 폐수, 가축분뇨, 하수·분뇨, 탄약 등 다른 법률에 따라 처리되는 물질에 대하여는 적용하지 아니하며(同法 3①), 이 법에 따른 폐기물의 해역 배출은 해양환경관리법으로 정하는 바에 따른다(同法 3②).

이 법은 폐기물 관리의 기본원칙을 다음과 같이 규정하고 있다.

즉, ① 사업자는 제품의 생산방식 등을 개선하여 폐기물의 발생을 최대한 억제하고, 발생한 폐기물을 스스로 재활용함으로써 폐기물의 배출을 최소화하여야 한다. ② 누구든지 폐기물을 배출하는 경우에는 주변 환경이나 주민의 건강에 위해(危害)를 끼치지 아니하도록 사전에 적절한 조치를 하여야 한다. ③ 폐기물은 그 처리과정에서 양(量)과 유해성(有害性)을 줄이도록 하는 등 환경보전과 국민건강 보호에 적합하게 처리(수집·운반·보관·재활용·처분을 말함. 이하 같다)되어야 한다. ④ 폐기물로 인하여 환경오염을 일으킨 자는 오염된 환경을 복원할 책임을 지며, 오염으로 인한 피해의 구제에 드는 비용을 부담하여야 한다. ⑤ 국내에서 발생한 폐기물은 가능하면 국내에서 처리되어야 하고, 폐기물의 수입은 되도록 억제되어야 한다. ⑥ 폐기물은 소각·매립 등의 처분을 하기보다는 우선적으로 재활용함으로써 자원생산성의 향상에 이바지하도록 하여야 한다(同法 3의2).

(2) 국가·지방자치단체·국민의 책무와 폐기물처리 기본계획·종합계획

특별자치시장·특별자치도지사, 시장·군수·구청장(자치구의 구청장을 말함. 이하 같다)은 관할 구역의 폐기물의 배출 및 처리상황을 파악하여 폐기물이 적정하게 처리될 수 있도록 폐기물처리시설을 설치·운영하여야 하며, 폐기물의 처리방법의 개선 및 관계인의 자질 향상으로 폐기물 처리사업을 능률적으로 수행하는 한편, 주민과 사업자의 청소의식 함양과 폐기물 발생 억제를 위하여 노력하여야 한다(同法 4①). 위에서 '폐기물처리시설'이란 폐기물의 중간처분시설·최종처분시설 및 재활용시설로서 대통령령으로 정하는 시설을 말한다(同法 2viii).

특별시장·광역시장·도지사는 시장·군수·구청장이 위의 책무를 충실하게 하도록 기술적·재정적 지원을 하고, 그 관할 구역의 폐기물 처리사업에 대한 조정을 하여야 한다(同法 4②).

국가는 지정폐기물의 배출 및 처리 상황을 파악하고 지정폐기물이 적정하게 처리되도록 필요한 조치를 마련하여야 하며(同法 4③), 폐기물 처리에 대한 기술을 연구·개발·지원하고, 특별시장·광역시장·특별자치시장·도지사·특별자치도지사(이하 '시·도지사'라 함) 및 시장·군수·구청장이 위의 책무를 충실하게 하도록 필요한 기술적·재정적 지원을 하며, 특별시·광역시·특별자치시·도·특별자치도(이하 '시·도'라 함) 간의 폐기물 처리사업에 대한 조정을 하여야 한다(同法 4④).

이 법은 광역 폐기물처리시설(지정폐기물 공공 처리시설 포함)의 설치·운영(同法 5①), 폐기물처리시설 설치·운영기관의 폐기물 반입수수료 징수(同法 6①②③), 국민의 폐기물 감량화(減量化)·자원화를 위하여 노력할 의무, 소유·점유·관리하는 토지·건물의 청결유지 노력의무(同法 7①②), 폐기물 투기금지, 폐기물처리시설이 아닌 곳에서의 폐기물 매립·소각금지(同法 8①②. 大判 2013.5.24, 2011도9549), 청결을 유지하지 아니하는 토지나 건물의 소유자·점유자 또는 관리자에 대한 필요한 조치 명령(同法 8③)에 대하여 규정하고 있다.

시·도지사는 관할 구역의 폐기물을 적정하게 처리하기 위하여 환경부장관이 정하는 지침에 따라 10년마다 폐기물처리 기본계획을 세워 환경부장관의 승인을 받아야 한다(同法 9①). 시장·군수·구청장은 10년마다 관할 구역의 폐기물처리 기본계획을 세워 시·도지사에게 제출하여야 한다(同法 9②).

시·도 및 시·군·구의 '폐기물처리 기본계획'에는 ① 관할 구역의 인구, 주거 형태, 산업 구조·분포 및 지리적 환경 등에 관한 개황(概況), ② 폐기물의 종류별 발생량과 장래의 발생 예상량, ③ 폐기물의 처리 현황과 향후 처리 계획, ④ 폐기물의 감량화와 재활용 등 자원화에 관한 사항, ⑤ 폐기물처리시설의 설치 현황과 향후 설치 계획, ⑥ 폐기물의 수집·운반·보관 및 그 장비·용기 등의 개선에 관한 사항, ⑦ 재원(財源)의 확보 계획이 포함되어야 한다(同法 9③).

환경부장관은 국가 폐기물을 적정하게 관리하기 위하여 위의 폐기물처리 기본계획과 폐기물 통계 조사 결과를 기초로 '국가 폐기물관리 종합계획'(이하 '종합계획'이라 함)을 10년마다 세워야 한다. 환경부장관은 종합계획을 세운 날부터 5년이 지나면 그 타당성을 재검토하여 변경할 수 있다(同法 10①②).

위의 종합계획에는 ① 종전의 종합계획에 대한 평가, ② 폐기물관리 여건 및 전망, ③ 종합계획의 기조, ④ 부문별 폐기물관리 정책, ⑤ 재원조달 계획이 포함되어야 한다(同法 10④).

환경부장관, 시·도지사 또는 시장·군수·구청장은 폐기물 정책의 수립에 필요한 기초자료를 확보하기 위하여 폐기물 종류별 발생·처리현황, 폐기물처리업 등 관련 산업 현황, 폐기물 재활용률 등 자원생산성 향상에 관한 사항 등을 조사(이를 '폐기물 통계 조사'라 함)하여야 한다(同法 11①).

(3) 폐기물의 처리

1) 폐기물처리 원칙과 폐기물재활용 제품 등의 유해성기준 고시

누구든지 폐기물을 처리하려는 자는 대통령령으로 정하는 기준과 방법을 따라야 한다. 다만, 용도 또는 방법에 따라 재활용을 하기 쉬운 상태로 만든 폐기물(이를 '중간가공 폐기물'이라 함)에 대하여는 완화된 처리기준과 방법을 대통령령으로 따로 정할 수 있다(同法 13①).

의료폐기물은 이 법(제25조의2 제4항)에 따라 검사를 받아 합격한 '의료폐기물 전용용기'만을 사용하여 처리하여야 한다(同法 13②).

이 법은 폐기물의 재활용 원칙 및 준수사항(同法 13의2), 폐기물의 재활용 시 환경성평가(同法 13의3. 2016.7.21.시행), 재활용환경성평가기관의 지정(同法 13의4. 2016.7.21.시행)에 관하여 규정하고, 폐기물 재활용 제품·물질이 사람의 건강이나 환경에 위해를 줄 수 있다고 판단되는 경우에는 환경부장관이 관계 중앙행정기관의 장과 협의하여 그 재활용 제품·물질에 대한 유해성기준을 정하여 고시하도록 하고(同法 13의5①), 유해성기준에 적합하지 아니한 폐기물 재활용 제품·물질의 제조·유통을 금지하고 있다(同法 13의5②). 고시된 유해성기준은 법령보충적 행정규칙이라 하겠다.

환경부장관은 폐기물을 재활용한 제품 또는 물질이 유해성기준을 준수하는지를 확인하기 위하여 시험·분석을 하거나 그 제품 또는 물질의 제조 또는 유통 실태를 조사할 수 있으며(同法 13의5③), 시험·분석 또는 실태조사 결과 유해성기준을 위반한 제품 또는 물질을 제조·유통한 자에 대하여 해당 제품 또는 물질의 회수·파기 등 필요한 조치를 명할 수 있다(同法 13의5⑤).

환경부장관은 유해성기준이 고시된 제품·물질 중에서 재활용하는 폐기물의 관

리가 필요하다고 인정되는 제품·물질에 대하여는 관할 지방자치단체의 장 및 해당 제품·물질을 제조하는 자 등과 협약을 체결하여 폐기물의 종류별 사용 용도 및 사용량, 폐기물 중의 중금속 함유량 등의 정보를 공개하게 할 수 있다(同法 13의5⑥).

2) 생활폐기물의 처리

특별자치시장·특별자치도지사, 시장·군수·구청장은 관할 구역에서 배출되는 생활폐기물을 처리하여야 하며(同法 14①), 해당 지방자치단체의 조례로 정하는 바에 따라 대통령령으로 정하는 자에게 생활폐기물 처리를 대행하게 할 수 있다(同法 14②). 즉, 이 법은 생활폐기물의 처리를 특별자치시·특별자치도와 기초지방자치단체인 시·군·자치구의 과업으로 규정하고 있다.

지방자치단체의 생활폐기물처리는 기본적으로 비권력적인 사실적 행정작용이라 할 수 있지만, 그 업무의 수행과정에서 이 법에 따라 폐기물처리업의 허가·허가취소나 관계자에 대한 자료제출요구 등 행정청의 법적 행위들도 행하여진다.

이 법은 재활용할 수 있는 폐기물을 수집하고자 하는 자에게 관계 행정청에 신고하여 폐기물의 수집·운반·재활용 등을 할 수 있도록 규정하고 있다.

즉, 이 법은 ① 동·식물성 잔재물 등의 폐기물을 자신의 농경지에 퇴비로 사용하는 등의 방법으로 재활용하는 자로서 환경부령으로 정하는 자, ② 폐지·고철 등 환경부령으로 정하는 폐기물을 수집·운반하거나 환경부령으로 정하는 방법으로 재활용하는 자로서 사업장 규모 등이 환경부령으로 정하는 기준에 해당하는 자, ③ 폐타이어·폐가전제품 등 일정한 폐기물을 수집·운반하는 자로 하여금 환경부령으로 정하는 기준에 따른 시설·장비를 갖추어 시·도지사에게 신고하도록 하고(同法 46①), 이러한 신고를 한 자를 '폐기물처리 신고자'라 하고 있다(同法 14③. 憲裁 2014.7.24, 2012헌바437).

위의 폐기물처리 신고자는 폐기물 수집·운반업의 허가를 받지 아니하고 재활용 대상 폐기물을 스스로 수집·운반할 수 있는데, 신고한 폐기물처리 방법에 따라 폐기물을 처리하는 등 환경부령으로 정하는 준수사항을 지켜야 한다(同法 46⑤⑥).

이 법은 폐기물처리 신고자의 폐지·고철·폐식용유 등 환경부령으로 정하는 생활폐기물의 수집·운반·재활용(同法 14③), 생활폐기물 처리 수수료 및 폐기물 종량제(從量制) 봉투 등의 판매방법에 의한 수수료징수(同法 14⑤), 생활폐기물 수집·운반을 대행하게 할 경우의 관계 행정청의 준수사항(同法 14⑧), 일정한 경우의 생활폐기물 수집·운반 대행자에 대한 과징금 처분(同法 14의2), '음식물류 폐기물 발생 억제 계획'의 수립·시행 및 그 추진성과 평가(同法 14의3①), 생활폐기물 배출자의 자율적 폐기물 처리·감량 노력 및 생활폐기물의 종류·성질·상태별 분리보관 의무(同法 15①②), 다량의 음식물류 폐기물을 배출하는 자의 준수사항(同法 15의2①), 음식물류 폐기물의 발생 억제 및 처리 계획의 신고 및 변경신고(同法 15의2②), 음식물류 폐기물의 수집·운반·재활용의 위탁(同法 15의2③), 음식물류 폐기물의 공동 수집·운반·재활용 및 폐기물처리시설의 공동운영(同法 15의2④)에 대하여도 규정하고 있다.

시·도지사나 시장·군수·구청장은 폐기물의 발생 억제 및 처리를 위하여 관할 구역에서 폐기물을 배출하는 자 또는 이들로 구성된 단체와 협약을 체결할 수 있으며, 해당 지방자치단체와 협약을 체결한 자에게 그 협약의 이행에 필요한 지원을 할 수 있다(同法 16①③). 위의 협약은 공법상 계약(제1절 Ⅶ. 참조)에 해당한다.

3) 사업장폐기물의 처리

사업장폐기물을 배출하는 사업자(이를 '사업장폐기물배출자'라 함)는 ① 사업장에서 발생하는 폐기물 중 유해물질의 함유량에 따라 지정폐기물로 분류될 수 있는 폐기물에 대하여는 폐기물분석전문기관에 의뢰하여 지정폐기물에 해당되는지를 미리 확인해야 하며, ② 사업장에서 발생하는 모든 폐기물을 적정하게 처리하여야 하고, ③ 생산 공정(工程)에서는 폐기물감량화시설의 설치, 기술개발 및 재활용 등의 방법으로 사업장폐기물의 발생을 최대한으로 억제하여야 하며, ④ 폐기물의 처리를 위탁할 경우 수탁자(受託者)가 이 법에 따른 폐기물의 처리 기준과 방법 또는 폐기물의 재활용 용도 또는 방법에 맞게 폐기물을 처리할 능력이 있는지를 환경부령으로 정하는 바에 따라 확인한 후 위탁하여야 한다. 다만, 이 법에 따라 폐기물처리시설을 설치·운영하는 자에게 위탁하는 경우에는 그러하지 아니하다(同法 17①).

이 법은 사업장폐기물배출자의 사업장폐기물의 종류·발생량 등의 신고(同法 17②), 지정폐기물을 배출하는 사업자의 지정폐기물 처리 전의 폐기물처리계획서,

폐기물분석결과서, 위탁처리의 경우 수탁처리자의 수탁확인서 등에 대한 환경부장관의 확인(同法 17③), 폐기물분석전문기관의 지정(同法 17의2), 폐기물분석전문기관의 준수사항(同法 17의3), 폐기물분석전문기관에 대한 평가(同法 17의4), 폐기물분석전문기관 지정의 취소(同法 17의5)에 대하여도 규정하고 있다.

사업장폐기물배출자는 그의 사업장에서 발생하는 폐기물을 스스로 처리하거나 이 법에 따른 폐기물처리업의 허가를 받은 자, 폐기물처리 신고자, 폐기물처리시설을 설치·운영하는 자, 「건설폐기물의 재활용촉진에 관한 법률」에 따라 '건설폐기물 처리업'의 허가를 받은 자 또는 해양환경관리법에 따라 '폐기물 해양 배출업'의 등록을 한 자에게 위탁하여 처리하여야 한다(同法 18①).

환경부령으로 정하는 사업장폐기물을 배출, 수집·운반, 재활용 또는 처분(폐기물의 소각·중화·파쇄·고형화 등의 중간처분과 매립하거나 해역으로 배출하는 등의 최종처분을 말함. 이하 같다)하는 자는 그 폐기물을 배출, 수집·운반, 재활용, 처분할 때마다 폐기물의 인계·인수에 관한 내용을 환경부령으로 정하는 바에 따라 이 법 제45조 제2항에 따른 전자정보처리프로그램에 입력하여야 한다. 다만, 의료폐기물은 환경부령으로 정하는 바에 따라 무선주파수인식방법을 이용하여 그 내용을 전자정보처리프로그램에 입력하여야 한다(同法 18③).

이 법은 사업장폐기물 운반자의 폐기물 인계번호 숙지의무(同法 19①), 폐기물처리 수탁자(受託者)가 사업장폐기물을 처리할 수 없는 경우의 위탁자에 대한 통보의무(同法 19②), 일정한 폐기물 수출·수입자의 폐기물의 종류·양·처리계획의 신고의무(同法 24의2①), 신고한 내용과 다른 폐기물을 수입한 경우 또는 수입된 폐기물이 신고 당시에는 예상할 수 없었던 국민건강상 또는 환경보전상 위해를 유발하거나 유발할 우려가 있는 경우의 해당 폐기물의 반출 등 필요한 조치 명령(同法 24의2③), 수입폐기물의 처리에서의 전자정보처리프로그램 입력, 폐기물 처리기준·방법의 준수 등(同法 24의3)에 대하여도 규정하고 있다.

(4) 폐기물처리업

이 법은 폐기물처리업 허가절차에 관하여 다음과 같이 규정하고 있다. 즉, 폐기물의 수집·운반, 재활용 또는 처분을 업(이를 '폐기물처리업'이라 함)으로 하려는 자(음식물류 폐기물을 제외한 생활폐기물을 재활용하려는 자와 폐기물처리 신고자는 제외)는 환경부령으로 정하는 바에 따라 지정폐기물을 대상으로 하는 경우에는 폐기물처리 사업계획서를 환경부장관에게 제출하고, 그 밖의 폐기물을 대상으로 하는 경우에는 폐기물처리 사업계획서를 시·도지사에게 제출하여야 한다(同法 25①).

환경부장관이나 시·도지사는 제출된 폐기물처리 사업계획서를 ① 허가신청자의 결격사유 해당 여부, ② 폐기물처리시설의 입지 등이 다른 법률에 저촉되는지 여부, ③ 폐기물처리사업계획서상의 시설·장비와 기술능력이 허가기준에 맞는지 여부, ④ 폐기물처리시설의 설치·운영이 사람의 건강이나 주변 환경에 미치는 영향 등에 관하여 검토한 후 그 적합 여부를 폐기물처리 사업계획서를 제출한 자에게 통보하여야 한다(同法 25②).

위의 적합통보를 받은 자는 그 통보를 받은 날부터 2년(폐기물 수집·운반업의 경우에는 6개월, 폐기물처리업 중 소각시설과 매립시설의 설치가 필요한 경우에는 3년) 이내에 환경부령으로 정하는 기준에 따른 시설·장비 및 기술능력을 갖추어 업종, 영업대상 폐기물 및 처리분야별로 지정폐기물을 대상으로 하는 경우에는 환경부장관의, 그 밖의 폐기물을 대상으로 하는 경우에는 시·도지사의 허가를 받아야 한다. 이 경우 환경부장관 또는 시·도지사는 위의 적합통보를 받은 자가 그 적합통보를 받은 사업계획에 따라 시설·장비 및 기술인력 등의 요건을 갖추어 허가신청을 한 때에는 지체 없이 허가하여야 한다(同法 25③. 大判 2013.10.31, 2013두10731).

폐기물처리업의 업종 구분과 영업 내용은 다음과 같다(同法 25⑤).

① 폐기물 수집·운반업 : 폐기물을 수집하여 재활용 또는 폐기물처분 장소로 운반하거나 폐기물을 수출하기 위하여 수집·운반하는 영업.

② 폐기물 중간처분업 : 폐기물 중간처분시설을 갖추고 폐기물을 소각처분, 기계적 처분, 화학적 처분, 생물학적 처분, 그 밖에 환경부장관이 폐기물을 안전하게 중간처분할 수 있다고 인정하여 고시하는 방법으로 중간처분하는 영업.

③ 폐기물 최종처분업 : 폐기물 최종처분시설을 갖추고 폐기물을 매립 등(해역 배출은 제외)의 방법으로 최종처분하는 영업.

④ 폐기물 종합처분업 : 폐기물 중간처분시설 및 최종처분시설을 갖추고 폐기물의 중간처분과 최종처분을 함께 하는 영업.

⑤ 폐기물 중간재활용업 : 폐기물 재활용시설을 갖추고 중간가공 폐기물을 만드는 영업.

⑥ 폐기물 최종재활용업 : 폐기물 재활용시설을 갖추고 중간가공 폐기물을 이 법 제13조의2에 따른 용도 또는 방법으로 재활용하는 영업.

⑦ 폐기물 종합재활용업 : 폐기물 재활용시설을 갖추고 중간재활용업과 최종재활용업을 함께 하는 영업.

이 법은 폐기물처리업의 허가를 받은 자(폐기물처리업자)의 상호·허가증의 대여금지(同法 25⑧), 폐기물처리업자의 준수사항(同法 25⑨), 의료폐기물 전용용기 제조업의 등록(同法 25의2), 폐기물처리업 허가나 의료폐기물 전용용기 제조업 등록의 결격 사유(同法 26), 폐기물처리업의 허가취소·영업정지(同法 27), 의료폐기물 전용용기 제조업 등록의 취소(同法 27의2), 폐기물처리업자에 대한 과징금 처분(同法 28), 폐기물처리시설의 설치(同法 29), 폐기물처리시설의 검사(同法 30), 폐기물처리시설의 관리(同法 31), 다른 법령에 따른 허가·신고 등의 의제(同法 32), 폐기물처리업자 등의 권리·의무의 승계(同法 33)에 관하여도 규정하고 있다.

(5) 폐기물처리업자 등에 대한 지도·감독 등

대통령령으로 정하는 폐기물처리시설을 설치·운영하는 자는 그 시설의 유지·관리에 관한 기술업무를 담당하게 하기 위하여 기술관리인을 임명하거나 기술관리 능력이 있다고 대통령령으로 정하는 자와 기술관리 대행계약을 체결하여야 한다(同法 34①).

이 법은 폐기물처리업에 종사하는 기술요원, 폐기물처리시설의 기술관리인, 그 밖에 대통령령으로 정하는 폐기물처리 담당자에 대한 교육(同法 35), 폐기물처리업자, 폐기물처리시설 설치·운영자, 폐기물처리 신고자, 폐기물 수입업자 등의 폐기물 발생·배출·처리상황 등의 기록 및 그 기록 장부의 보존기간(同法 36①), 폐기물처리업자 등의 휴업·폐업·재개업의 신고(同法 37), 폐기물처리시설 설치·운영자, 폐기물처리업자, 폐기물처리 신고자 등의 매년도 폐기물발생·처리에 관한 보고서 제출(同法 38), 이 법의 시행에 필요한 범위에서 관계인에 대한 보고 및 자료제출의 요구, 관계 공무원의 사무소·사업장, 관세법에 따른 보세구역 등에의 출입·검사(同法 39), 일정한 보관기간을 초과하여 보관하는 사업장폐기물의 배출자에 대한 폐기물 처리명령(同法 39의2), 폐기물처리업자 등에 대한 허가취소·영업정지·폐쇄명령시의 보관폐기물처리명령(同法 39의3)에 대하여도 규정하고 있다.

사업장폐기물을 대상으로 하는 폐기물처리업자와 폐기물처리 신고자는 폐기물의 방치를 방지하기 위하여 영업 시작 전까지 폐기물 처리 공제조합에 분담금 납부 또는 폐기물의 처리를 보증하는 보험 가입의 조치를 취하여야 한다. 다만, 폐기물처리 신고자 중 폐기물 방치 가능성 등을 고려하여 환경부령으로 정하는 자는 그러하지 아니하다(同法 40①).

(6) 폐기물 처리 공제조합과 전산처리기구 등

폐기물 처리사업에 필요한 각종 보증과 방치폐기물의 처리이행을 보증하기 위하여 사업장폐기물을 처리 대상으로 하는 폐기물처리업자와 폐기물처리 신고자는 '폐기물 처리 공제조합'(이하 '조합'이라 함)을 설립할 수 있다. 조합은 법인으로 한다(同法 41①②). 조합은 조합원의 방치폐기물을 처리하기 위한 공제사업과 조합원의 폐기물 처리사업에 필요한 입찰보증·계약이행보증·선급금보증 업무를 수행할 수 있다(同法 42). 조합의 조합원은 공제사업을 하는 데에 필요한 분담금을 조합에 내야 한다(同法 43①).

환경부장관은 폐기물 인계·인수 내용, 음식물류 폐기물 수수료 산정에 필요한 내용 등의 전산기록을 관리할 수 있는 전산처리기구를 설치·운영하여야 하며(同法 45①), 전자정보를 효율적으로 처리하기 위하여 전자정보처리프로그램을 구축·운영하여야 한다. 이 경우 그 전산처리에 필요한 비용의 일부 또는 전부를 전자정보처리프로그램을 이용하는 자로부터 징수할 수 있다(同法 45②).

사업장폐기물배출자 등이 전자정보처리프로그램을 이용하여 보고 등 대통령령으로 정하는 업무에 관한 내용을 환경부령으로 정하는 바에 따라 입력한 경우에는 해당 업무를 이행한 것으로 본다(同法 45③). 환경부장관은 전산기록이 입력된 날부터 3년간 전산기록을 보존하여야 한다(同法 45④).

이 법은 폐기물처리 신고자가 폐기물처리기준·방법 등을 지키지 아니한 경우의 폐기물처리시설 폐쇄명령 또는 6개월 이내 기간의 폐기물처리금지명령(同法 46⑦), 폐기물처리 신고자에 대한 일정한 경우의 과징금 처분(同法 46의2), 일정한 경우의 폐기물의 회수 조치(同法 47), 폐기물이 폐기물처리기준·방법 또는 폐기물의 재활용 원칙 및 준수사항 등에 어긋나게 처리되는 경우의 폐기물처리방법변경, 폐기물 처리·반입 정지 등 필요한 조치명령(同法 48), 사업장폐기물 배출자나 폐기물처리업자 등에 대한 폐기물 처리명령 등 처분 전의 당사자 의견제출(同法 48의2), 이 법에 따른 행정청의 명령을 불이행한 경우의 대집행(同法 49)에 대하여 규정하고 있다.

이 법은 폐기물처리시설의 사후관리(同法 50), 폐기물처리시설의 사후관리이행보증금(同法 51), 사후관리이행보증금의 사전 적립(同法 52), 사후관리이행보증금의 용도(同法 53), 사후관리 대상인 폐기물매립시설의 사용종료 또는 폐쇄 후의 토지이용 제한(同法 54), 폐기물처리사업의 조정(同法 55), 지방자치단체의 폐기물처리시설의 설치에 대한 국고 보조(同法 56), 폐기물처리시설을 설치하려는 자에 대한 재정 지원(同法 57), 폐기물 처리실적의 보고(同法 58)에 관하여도 규정하고 있다.

이 법은 또한 한국폐기물협회의 설립(同法 58의2), 이 법에 따른 허가 등의 수수료(同法 59), 이 법 또는 이 법에 따른 명령을 위반한 행위에 대한 행정처분의 기준(同法 60), 행정처분전 청문(同法 61), 이 법에 의한 환경부장관이나 지방자치단체의 장의 권한·업무의 위임·위탁(同法 62), 이 법에 따라 위탁받은 업무를 하는 자 중 공무원이 아닌 자에 대한 형법규정 적용시의 공무원 의제(同法 62의2), 재활용 대상 폐기물의 승인 또는 승인취소에 대한 규제의 재검토(同法 62의3), 이 법 규정을 위반한 자에 대한 벌칙(同法 63~67)과 과태료 부과(同法 68)에 대하여도 규정하고 있다.

5. 지하수법

(1) 서설

지하수(地下水)는 지하에 부존(賦存)하는 물로서, 토지를 굴착하여 양수(揚水)하지 않으면 목격할 수 없는 것이며, 일반적으로 수질(水質)이 양호하고 일단 지하수관정(地下水管井, 이를 '지하수공' 또는 '지하수개발·이용시설'이라고도 함)을 설치한 후에는 그 채수(採水)가 매우 간편하다.

그리하여 오늘날 지하수는 음용(飮用) 기타 생활용수(生活用水)·농업용수·공업용수 등으로 많이 이용되고 있으며, 그 용수수요(用水需要) 및 사회·경제적 가치는 앞으로 더욱 증대될 것으로 전망되고 있다.

지하수관정을 설치하지 않고 우물을 파서 지하수를 이용했던 과거에는 지하수가 토지의 일구성부분(一構成部分)으로서 토지소유자의 사유물(私有物)이고, 토지소유자가 토지 속의 지하수를 자유롭게 개발·이용할 수 있는 것으로 인식되었었다.

그러나 동력장치(動力裝置)가 부착된 지하수관정을 통하여 다량 취수(取水)될 수 있는 지하수는 대체로 넓은 범위에 걸쳐있는 지하 대수층(帶水層)에 함유된 물로서 구획·분속(分屬)이 불가능하고, 일정한 토지 속에 정지상태로 존재하는 것이 아니라 유입지대로부터 유출지대로 수문적(水文的) 요인에 따른 속도로 유동하는 것이며, 규모가 큰 대수층위의 지표(地表)에서는 5㎡의 토지에서 하루에 1만톤 이상의 지하수채취도 가능한 것이어서 지하수와 토지의 분리성은 인정될 수 있는 것이다.

지하수는 흙·돌·모래·광물·공극(孔隙) 등과 더불어 지하구성물의 하나로서, 그 현상변화 가능성이 크고 현상변화에 따른 사회적·경제적 영향력이 가장 큰 지하구성물이다.

지하수가 오염되거나 과다채수(過多採水)로 인한 고갈 또는 지하수위(地下水位)의 대폭저하현상(大幅低下現象)이 나타날 경우에는 국민복지 및 산업발전의 어려움과 지반침하(地盤沈下) 등 사회적 위해(危害)도 생길 수 있으므로, 지하수의 적정한 보전·관리는 중요한 공적(公的) 과제라고 아니할 수 없다.

적정한 지하수 관리의 요체(要諦)는 과다채수를 막고 지하수오염예방을 위한 각종 조치를 강구하는 것이라 할 수 있다.

공공자원인 지하수의 적정한 개발·이용을 도모하고 지하수오염을 예방하며 효율적으로 지하수를 보전·관리하기 위한 법률로서 지하수법이 제정·시행되고 있다.

지하수법은 지하수의 개발·이용의 측면을 중시할 경우에 하천법·「공유수면관리 및 매립에 관한 법률」 등과 더불어 공물(자연공물)행정법의 범주에 포함될 수 있으며, 지하수의 오염예방과 그 수질관리의 측면을 중시할 경우에는 환경행정법의 범주에 포함될 수 있는 법이라고 하겠다.

지하수법은 지하수의 적절한 개발·이용과 효율적인 보전·관리에 관한 사항을 정함으로써 적정한 지하수개발·이용을 도모하고 지하수오염을 예방하여 공공의 복리증진과 국민경제의 발전에 이바지함을 목적으로 하고 있다(同法 1).

이 법은 '지하수'를 '지하의 지층(地層)이나 암석 사이의 빈틈을 채우고 있거나 흐르는 물'로 정의하고(同法 2 i), 지하수를 효율적으로 보전·관리함으로써 모든 국민이 양질의 지하수를 이용할 수 있도록 지하수에 관한 종합적인 계획을 수립하고 합리적인 시책을 마련하는 것을 국가의 책무로 규정하고 있다(同法 3①. 大判 2009.12.24, 2008추87).

(2) 지하수의 조사

국토교통부장관은 대통령령으로 정하는 바에 따라 전국의 지하수에 대하여 부존(賦存) 특성 및 개발 가능량 등에 관한 기초적인 조사를 하여야 하며, 기초적인 조사를 완료한 지역에 대한 보완조사를 주기적으로 실시하여야 한다(同法 5①②).

이 법은 관계 중앙행정기관의 장이나 시·도지사 및 시장·군수·자치구청장의 지하수 개발·이용·보전·관리를 위한 조사, 조사를 위한 국토교통부장관과의 협의 및 국토교통부장관에 대한 조사결과의 통보(同法 5③④), 지하수조사전문기관의 지하수 조사업무 대행(同法 5⑤), 지하수정보체계의 구축·운영(同法 5의2①), 지하수조사전문기관의 지하수정보체계의 구축·운영업무 대행(同法 5의2⑤)에 대하여도 규정하고 있다.

(3) 지하수관리 기본계획 및 지역지하수관리계획의 수립 등

국토교통부장관은 지하수의 체계적인 개발·이용 및 효율적인 보전·관리를 위하여 ① 지하수의 부존 특성 및 개발 가능량, ② 지하수 이용실태, ③ 지하수 이용계획, ④ 지하수 보전계획, ⑤ 지하수의 수질관리 및 정화계획, ⑥ 그 밖에 지하수 관리에 관한 사항이 포함된 10년 단위의 지하수관리 기본계획(이하 '기본계획'이라 함)을 수립하여야 한다. 위의 '지하수의 수질관리 및 정화계획'은 환경부장관이 수립하여 국토교통부장관에게 통보하여야 한다(同法 6①③).

위의 기본계획에는 온천법에 따른 온천수, 농어촌정비법에 따른 농어촌용수(지하수만 해당), 「먹는 물 관리법」에 따른 먹는 샘물과 먹는 염지하수(鹽地下水) 및 「제주특별자치도 설치 및 국제자유도시 조성을 위한 특별법」에 따른 제주특별자치도지역 지하수에 관한 사항이 포함되어야 하며, 이와 관련하여 행정자치부장관·농림축산식품부장관 및 환경부장관은 각각 관계 법률에 따른 지하수 관리의 실태 및 계획 등을 미리 국토교통부장관에게 통보하여야 한다(同法 6④).

그런데 지하수는 「농업·농촌 및 식품산업 기본법」과 「수산업·어촌 발전 기본법」에 따라 농어업을 영위할 목적으로 개발·이용되는 경우도 있고, 수도법 제3조 제19호에 따른 일반수도사업의 목적으로 개발·이용되는 경우도 있다.

국토교통부장관은 위의 기본계획을 수립하려면 미리 시·도지사의 의견을 듣고 관계 중앙행정기관의 장과 협의하여야 하며, 기본계획을 수립하였을 때에는 대통령령으로 정하는 바에 따라 지체 없이 이를 공고하고 관계 기관에 통보하여야 한다. 수립한 기본계획을 변경(경미한 사항의 변경은 제외)하는 경우에도 또한 같다(同法 6⑤⑥). 관계 중앙행정기관의 장은 관계 법률에 따라 지하수의 개발·이용 및 보전·관리를 할 때 기본계획에 적합하도록 하여야 한다(同法 6⑦).

국토교통부장관은 기본계획이 수립된 날부터 5년마다 그 타당성을 검토하여 필요한 경우에는 이를 변경하여야 한다(同法 6②).

시·도지사는 기본계획에 따라 관할구역의 지역지하수관리계획(이하 '지역관리계획'이라 함)을 수립하여 국토교통부장관의 승인을 받아야 한다. 수립한 지역관리계획을 변경하려는 경우에도 또한 같다. 다만, 대통령령으로 정하는 경미한 사항을 변경하려는 경우에는 그러하지 아니하다(同法 6의2①).

시장·군수·구청장은 관할구역에서 지하수의 수위저하(水位低下), 수질오염 등 대통령령으로 정하는 지하수장해가 발생하는 경우에 시·도지사와 협의한 후 지역관리계획을 수립하여 국토교통부장관에게 승인을 요청할 수 있다(同法 6의2②).

국토교통부장관은 지역관리계획을 승인하려면 미리 환경부장관과 협의하여야 한다. 시·도지사 또는 시장·군수·구청장은 지역관리계획의 승인을 받았을 때에는 대통령령으로 정하는 바에 따라 지체 없이 이를 공고하고 시·도지사는 관계 행정기관의 장 및 시장·군수·구청장에게, 시장·군수·구청장은 시·도지사에게 이를 통보하여야 한다. 수립된 지역관리계획을 변경(경미한 사항의 변경은 제외)하는 경우에도 또한 같다(同法 6의2③④).

(4) 지하수개발·이용의 허가 및 신고

지하수를 개발·이용하려는 자는 대통령령으로 정하는 바에 따라 미리 시장(특별자치시장 포함)·군수·구청장의 허가('지하수개발·이용허가')를 받아야 한다. 다만, ① 자연히 흘러나오는 지하수 또는 다른 법률에 따른 허가·인가 등을 받거나 신고를 하고 시행하는 사업 등으로 인하여 부수적으로 발생하는 지하수를 이용하는 경우, ② 동력장치를 사용하지 아니하고 가정용 우물 또는 공동우물을 개발·이용하는 경우, ③ 대통령령으로 정하는 규모 이하로 지하수를 개발·이용하는 경우로서 신고대상(同法 8①)에 해당하는 경우에는 그러하지 아니하다(同法 7①. 大判 2000.11.14, 99두5870).

위의 허가를 신청하려는 자는 지하수영향조사기관이 실시하는 지하수영향조사를 받은 후 지하수영향조사기관이 작성한 지하수영향조사서를 제출하여야 하며, 시장·군수·구청장은 대통령령으로 정하는 바에 따라 지하수영향조사서를 심사하여 그 결과를 허가 내용에 반영하여야 한다. 이 경우 시장·군수·구청장은 기본계획 및 지역관리계획을 고려하여 심사하여야 한다(同法 7②).

시장·군수·구청장은 ① 지하수 채취로 인하여 인근 지역의 수원(水源)의 고갈 또는 지반침하를 가져올 우려가 있거나 주변 시설물의 안전을 해칠 우려가 있는 경우, ② 지하수를 오염시키거나 자연생태계를 해칠 우려가 있는 경우, ③ 지하수의 적정 관리 또는 「국토의 계획 및 이용에 관한 법률」에 따른 도시·군관리계획, 기타 공공사업에 지장을 줄 우려가 있는 경우, ④ 그 밖에 지하수를 보전하기 위하여 필요하다고 인정되는 경우로서 대통령령으로 정하는 경우에는 지하수개발·이용의 허가를 하지 아니하거나 지하수취수량을 제한할 수 있다(同法 7③).

시장·군수·구청장은 지하수개발·이용 허가를 할 때 하천구역의 경계로부터 대통령령으로 정하는 범위 내의 지역에서 지하수를 개발·이용하는 경우에는 지하수영향조사서를 첨부하여 국토교통부장관과 미리 협의하여야 한다(同法 7의2①②).

지하수개발·이용허가의 유효기간은 5년으로 하며, 시장·군수·구청장은 지하수개발·이용허가를 받은 자가 신청하면 유효기간의 연장을 허가할 수 있다. 이 경우 그 연장기간은 5년으로 한다(同法 7의3①②).

위의 지하수개발·이용허가를 받지 않고, 관계 행정청에 신고(申告)를 하여 지하수를 개발·이용할 수 있는 경우도 있다.

즉, ① 「국방·군사시설사업에 관한 법률」에 따른 국방·군사시설사업에 의하여 설치된 시설에서 지하수를 개발·이용하는 경우, ② 「농업·농촌 및 식품산업 기본법」에 따른 농업과 「수산업·어촌 발전 기본법」에 따른 어업을 영위할 목적으로 대통령령으로 정하는 규모 이하로 지하수를 개발·이용하는 경우, ③ 재해나 그 밖의 천재지변으로 인하여 긴급히 지하수를 개발·이용할 필요가 있다고 시장·군수·구청장이 인정하는 경우, ④ 전쟁이나 그 밖의 비상사태 발생에 대비하여 국가 또는 지방자치단체가 비상급수용(非常給水用)으로 지하수를 개발·이용하는 경우, ⑤ 그 외에 대통령령으로 정하는 규모 이하로 지하수를 개발·이용하는 경우에는 대통령령이 정하는 바에 따라 미리 시장·군수·구청장에게 신고('지하수개발·이용신고')하고 지하수를 개발·이용할 수 있다(同法 8①).

시장·군수·구청장은 위의 '신고'를 하고 행하는 지하수개발·이용에 대하여 일정한 경우에 지하수 취수량 및 취수기간을 제한할 수 있고, 대통령령으로 정하는 바에 따라 지하수이용에 관한 시정명령·이용중지명령·공동이용명령 등 필요한 조치를 할 수 있으며, 정당한 사유 없이 이를 이행하지 아니한 자에게는 해당 지하수개발·이용시설(지하수관정)의 폐쇄를 명할 수 있다(同法 8③).

그런데 지하수개발·이용을 하고자 하는 자들이 허가 또는 신고절차를 거쳐 지하수공(地下水孔, 지하수관정)을 많이 설치하는 것보다, 공공자산(公共資產)인 지하수의 오염방지 등을 위하여 적은 수의 지하수공을 통하여 다수인이 지하수를 이용할 수 있도록 하는 것이 훨씬 바람직하므로, '지하수개발·이용허가'를 받고 설치하였거나 설치할 사설(私設) 지하수관정들에 대하여 주변의 지하수 수요자(需要者)들과 공동으로 비용을 부담하고 공동으로 지하수를 이용할 수 있도록 하는 제도를 마련(소급입법문제의 해소논리 필요)하는 것이 요구된다고 하겠다.

(5) 지하수개발·이용시설 공사의 준공 신고 및 토지굴착 신고 등

허가를 받거나 신고를 하고 지하수개발·이용을 할 자가 지하수개발·이용시설 공사(工事)를 준공하였을 때에는 대통령령으로 정하는 바에 따라 시장·군수·구청장에게 신고하여야 하며, 시장·군수·구청장은 준공 신고한 내용 중 지하수개발·이용시설의 위치 등 대통령령으로 정하는 사항이 지하수개발·이용의 허가·신고 내용과 다르게 준공된 경우에는 대통령령으로 정하는 바에 따라 그 시정을 명하거나 필요한 조치를 할 수 있고, 정당한 사유 없이 이를 이행하지 아니하는 자에게는 해당 개발·이용시설의 폐쇄를 명할 수 있다(同法 9①②).

지하철·터널 등의 지하시설물을 설치하려는 자 또는 국토교통부령으로 정하는 규모 이상의 건축물이나 그 밖의 시설물을 설치하려는 자는 이로 인하여 일정한 기준 이상으로 지하수가 유출되는 경우 이를 감소시킬 수 있는 대책을 수립하여 시장·군수·구청장에게 신고하고, 그 대책을 시행하여야 한다(同法 9의2①).

지하수의 조사, 지하수영향조사, 수질측정, 그 밖에 지하수의 수량 또는 수질에 영향을 미치는 행위로서 대통령령으로 정하는 행위를 하기 위하여 토지를 굴착하려는 자는 국토교통부령으로 정하는 바에 따라 그 내용을 미리 시장·군수·구청장에게 신고('토지굴착신고')를 하여야 한다. 신고한 사항 중 대통령령으로 정하는 중요한 사항을 변경하려 하거나 해당 행위를 종료한 경우에도 또한 같다(同法 9의4①).

시장·군수·구청장은 위의 토지굴착신고를 한 자에게 토지의 굴착에 따른 지질·수량, 그 밖에 지하수 관리에 필요한 자료를 요청할 수 있으며, 그 요청을 받은 자는 특별한 사유가 없으면 요청에 따라야 한다(同法 9의4②).

(6) 지하수개발·이용시설의 관리 및 지하수자원확보시설의 설치 등

지하수법 또는 다른 법률에 따른 허가·인가 등을 받거나 신고를 하고 지하수를 개발·이용하는 자('지하수개발·이용자'라 함)는 지하수 수질보전 등을 위하여 지하수개발·이용시설의 정비 등 사후관리를 하여야 하며, 지하수개발·이용자가 사후관리를 이행하려는 때에는 국토교통부령으로 정하는 바에 따라 시장·군수·구청장에게 신고하여야 한다. 해당 행위를 종료한 때에도 또한 같다(同法 9의5①②).

시장·군수·구청장은 지하수개발·이용시설의 정비 등 사후관리를 이행하지 아니하거나 거짓으로 신고한 자에게는 대통령령으로 정하는 바에 따라 시정명령 또는 이용중지 등 필요한 조치를 할 수 있다. 사후관리의 대상시설·용도·검사주기, 그 밖에 필요한 사항은 대통령령으로 정한다(同法 9의5③④).

국토교통부장관 및 지방자치단체의 장은 안정적인 수자원의 확보와 가뭄 등에 대비하여 ① 수자원의 확보가 어려운 도서·해안 지역, ② 가뭄 등에 취약하여 비상시에 대비한 수자원 확보가 필요한 지역, ③ 그 밖에 지하수 수위가 불안정하거나 대체수원(代替水源)을 필요로 하는 등 지하수자원확보를 위하여 대통령령으로 정하는 지역에 지하수자원확보시설을 설치·관리할 수 있다. 위의 '지하수자원확보시설'이란 국가 또는 지방자치단체가 지하수자원을 확보하기 위하여 설치·관리하는 지하수댐, 지하수 함양시설 등을 말한다(同法 9의6①).

그런데 근래에 시멘트 등으로 포장되는 지면(地面)이 늘어나고, 우기(雨期)에 침수피해를 막기 위한 배수로·배수관 설치가 늘어나면서 빗물이 지하로 스며드는 양(量)이 과거에 비하여 크게 줄어들 수 있는 점을 고려하여, 가뭄에 대비한 보다 적극적인 지하수 함양시책을 강구할 필요가 있다고 하겠다.

국토교통부장관은 지하수를 냉난방에너지원으로 이용하는 데 필요한 지하수의 적정한 개발·이용 및 보전·관리를 위한 시책을 강구하여야 한다(同法 9의7①).

시장·군수·구청장은 부정한 방법으로 지하수개발·이용의 허가를 받은 경우 등 일정한 경우에 지하수개발·이용의 허가를 취소할 수 있으며, 허가를 취소하기 전에 대통령령으로 정하는 바에 따라 기간을 정하여 그 시정을 명하거나 필요한 조치를 할 수 있다(同法 10①③).

(7) 지하수보전구역의 지정

시·도지사는 지하수의 보전·관리를 위하여 필요한 경우에는 ① 지하수를 이용하는 하류지역과 수리적으로 연결된 지하수의 공급원(供給源)이 되는 상류지역, ② 주된 용수공급원이 되는 지하수가 상당히 부존된 지층이 있는 지역, ③ 지하수의 지나친 개발·이용으로 인하여 지하수의 고갈현상, 지반침하 또는 하천이 마르는 현상이 발생하거나 발생할 우려가 있는 지역, ④ 지하수의 개발·이용으로 인하여 주변 생태계에 심각한 악영향을 미치거나 미칠 우려가 있는 지역 등 일정한 지역을 지하수보전구역으로 지정할 수 있다(同法 12①).

시·도지사는 지하수보전구역을 지정하거나 그 지정을 변경하려면 주민의 의견을 들어야 하며, 그 의견이 타당하다고 인정할 때에는 이를 반영하여야 한다. 다만, 국방상 또는 국가안전보장상 기밀을 요하는 사항(관계 중앙행정기관의 장이 요청하는 것으로 한정함)이거나 대통령령으로 정하는 경미한 사항인 경우에는 그러하지 아니하다(同法 12의2①).

시·도지사는 지하수보전구역을 지정하거나 변경하였을 때에는 지체 없이 이를 고시하고, 국토교통부장관에게 보고하여야 하며, 시장(특별자치시장은 제외)·군수·구청장에게 알려야 한다. 시장·군수·구청장은 지하수보전구역의 지정 또는 지정변경 사실 및 그 내용을 일반인이 열람할 수 있도록 하여야 한다(同法 12⑤⑥).

지하수보전구역에서 지하수의 수위저하·수질오염 또는 지반침하 등 명백한 위험을 가져오는 행위로서 대통령령으로 정하는 행위를 하거나 일정한 유해물질을 배출·제조 또는 저장하는 시설(관계 법률에 따라 승인·허가를 받아 설치하는 시설 제외)을 설치하려는 자는 시장·군수·구청장의 허가를 받아야 한다(同法 13①).

시장·군수·구청장은 대통령령으로 정하는 바에 따라 지하수보전구역에서 새로운 지하수의 개발·이용을 금지할 수 있다(同法 13②).

(8) **지하수개발·이용시설 및 토지의 원상복구**

지하수법 또는 다른 법률에 따른 허가·인가 등을 받거나 신고를 하고 지하수를 개발·이용하는 자는 ① 지하수의 개발·이용의 허가·인가 등이 취소된 경우, ② 허가·인가 등에 의한 지하수개발·이용기간이 끝난 경우, ③ 지하수의 개발·이용을 위하여 굴착한 장소에서 지하수가 채취되지 아니한 경우, ④ 수질불량으로 지하수를 개발·이용할 수 없는 경우, ⑤ 지하수의 개발·이용을 종료한 경우, ⑥ 신고대상인 지하수개발·이용에서의 신고의 효력이 상실된 경우, ⑦ 그 밖에 원상복구가 필요한 경우로서 대통령령으로 정하는 경우 등에는 해당 지하수개발·이용시설 및 토지를 원상복구하여야 한다. 다만, 원상복구할 필요가 없는 경우로서 대통령령으로 정하는 경우에는 그러하지 아니하다(同法 15①). 지하수개발·이용시설 및 토지의 원상복구명령을 해야 하는 경우도 정해져 있다(同法 15②③).

지하수법 또는 다른 법률에 따른 허가·인가 등을 받거나 신고를 하고 지하수를 개발·이용하는 자 또는 굴착행위 신고를 하고 토지를 굴착하는 자는 원상복구의 이행을 담보하기 위하여 이행보증금을 예치하여야 한다. 다만, 국가·지방자치단체 또는 「공공기관의 운영에 관한 법률」에 따른 공공기관이 지하수를 개발·이용하는 경우나 굴착행위신고를 하고 토지를 굴착하는 경우와 그 밖에 원상복구가 확실시되는 경우로서 대통령령으로 정하는 경우에는 그러하지 아니하다(同法 14①).

위와 같이 불용(不用) 지하수관정의 원상복구나 일정 목적을 위하여 이루어진 토지굴착의 원상복구를 의무화하는 것은 폐기된 지하수관정 및 토지굴착지점을 통하여 지상(地上)의 각종 오염물질이 지하수로 유입되는 것을 막기 위한 것이다.

(9) **지하수 오염방지조치 등**

지하수법 또는 다른 법률에 따라 허가·인가 등을 받거나 신고를 하고 지하수를 개발·이용하는 자는 대통령령으로 정하는 바에 따라 지하수 오염방지를 위한 시설의 설치 등 필요한 조치를 하여야 한다(同法 16①).

환경부장관 또는 시장·군수·구청장은 지하수 오염방지를 위하여 특히 필요하다고 인정할 때에는 대통령령으로 정하는 바에 따라 지하수를 오염시키거나 현저하게 오염시킬 우려가 있는 시설의 설치자 또는 관리자에게 지하수 오염방지를 위한 조치를 하도록 명할 수 있다(同法 16②).

지하수를 오염시키거나 현저하게 오염시킬 우려가 있는 시설로서, 환경부령으로 정하는 지하수보전구역에 설치된 시설 및 지하수의 오염방지를 위하여 오염 여부에 대한 지속적인 관측이 필요하다고 인정되는 시설(이하 '지하수오염유발시설'이라 함)의 설치자 또는 관리자(이하 '지하수오염유발시설관리자'라 함)는 대통령령으로 정하는 바에 따라 지하수 오염방지를 위한 조치를 하고, 지하수오염 관측정

(觀測井)을 설치하여 수질측정을 하여야 하며, 그 측정 결과를 시장·군수·구청장에게 보고하여야 한다(同法 16의2①).

지하수오염유발시설관리자는 해당 시설을 운영하는 과정에서 대통령령으로 정하는 지하수오염이 우려되거나 지하수오염이 발생하였을 때에는 지체 없이 적절한 조치를 하고 이를 시장·군수·구청장에게 신고하여야 한다. 이 경우 시장·군수·구청장은 신고 내용을 조사·확인하여 오염방지 등 적절한 대책을 마련하여야 한다(同法 16의2②).

환경부장관 또는 시장·군수·구청장은 수질측정 결과 지하수의 수질이 환경부령으로 정한 기준에 적합하지 아니하게 된 경우에는 대통령령으로 정하는 바에 따라 그 오염의 원인을 제공한 지하수오염유발시설관리자에게 지하수의 수질을 복원할 수 있는 정화작업과 그 밖에 필요한 조치를 하도록 명령('지하수정화명령')하여야 한다(同法 16의3①).

환경부장관 또는 시장·군수·구청장은 지하수오염유발시설관리자가 위의 지하수정화명령을 이행하지 아니하거나 이행 후 해당 부지와 그 주변지역의 지하수오염 정도가 환경부령으로 정하는 오염지하수 정화기준 이내로 감소되지 아니할 경우에는 해당 지하수오염유발시설의 운영 및 사용을 중지하게 하거나 지하수오염유발시설 폐쇄·철거·이전명령을 할 수 있다(同法 16의3②).

지하수오염유발시설관리자는 오염된 지하수를 정화하거나 정화명령을 받았을 때에는 환경부령으로 정하는 오염지하수 정화기준에 맞도록 하여야 하며, 대통령령으로 정하는 바에 따라 오염지하수 정화계획을 작성한 후 시장·군수·구청장에게 제출하여 승인을 받아야 한다. 승인을 받은 사항 중 환경부령으로 정하는 중요한 사항을 변경하려는 경우에도 또한 같다(同法 16의4①).

(10) 지하수의 관측시설·수질측정시설의 설치

국토교통부장관은 전국적인 지하수관측시설('국가관측망'이라 함)을 설치하여 대통령령으로 정하는 바에 따라 지하수 수위변동실태조사를 하여야 한다(同法 17①).

시장·군수·구청장은 관할구역의 지하수수위(地下水水位) 등의 변동실태를 파악·분석하기 위하여 국가관측망을 보완하는 지역지하수관측시설('보조관측망')을 설치하고 대통령령으로 정하는 바에 따라 지하수수위 등의 변동실태를 조사하여 그 결과를 국토교통부장관에게 보고하여야 하며(同法 17②), 지하수의 수량·수질 등 이용실태를 조사하여 국토교통부장관 및 관계 시·도지사에게 보고하여야 하고, 국토교통부장관은 보고받은 내용을 환경부장관에게 통보하여야 한다(同法 17⑥⑦).

관계 중앙행정기관의 장 또는 지방자치단체의 장이 관계 법률에 따라 지하수개발·이용을 허가 또는 인가하거나 신고를 받았을 때에는 지하수의 수량·수질 등 이용실태 조사를 위하여 국토교통부령으로 정하는 바에 따라 관계 시장·군수·구청장에게 이를 통보하여야 한다(同法 17⑧).

국토교통부장관 및 시장·군수·구청장은 지하수의 수위변동실태조사 결과 지하수의 수위가 지속적으로 낮아지는 것으로 판단되는 경우에는 지하수보전구역으로 지정하여 줄 것을 요청하는 등 대통령령으로 정하는 바에 따라 필요한 조치를 하여야 한다(同法 17⑨). 지하수관측망의 설치기준, 관측망의 수, 관측방법 등에 관하여 필요한 사항은 대통령령으로 정한다(同法 17⑩).

환경부장관은 지하수의 수질보전을 위하여 지하수 수질측정시설('수질측정망')을 설치하여 전국의 지하수에 대한 수질오염실태를 측정하여야 하며, 측정을 완료하였을 때에는 그 결과를 국토교통부장관에게 통보하여야 한다. 수질측정망의 설치기준·설치구역 등에 관하여 필요한 사항은 환경부령으로 정한다(同法 18①②).

국토교통부장관, 환경부장관 또는 시장·군수·구청장은 지하수관측시설 및 수질측정망의 설치를 위하여 필요한 경우에는 해당 지역의 토지 또는 그 토지에 정착된 물건을 수용하거나 사용할 수 있다(同法 18의2①).

허가를 받거나 신고하고 지하수를 개발·이용하는 자로서 대통령령으로 정하는 자는 정기적으로 지하수관련 검사전문기관의 수질검사를 받아야 하며, 환경부장관 또는 시장·군수·구청장은 위의 수질검사결과 그 수질이 환경부령으로 정하는 수질기준에 적합하지 아니한 경우에는 대통령령으로 정하는 바에 따라 지하수의 이용중지 또는 수질개선 등 필요한 조치를 명할 수 있다(同法 20①②).

시장·군수·구청장은 허가를 받거나 신고를 하고 지하수를 개발·이용하는 자와 지하수오염유발시설관리자로 하여금 1개월 이내의 기간을 정하여 수질검사이행 여부, 수질검사결과서, 지하수개발·이용상황 또는 지하수오염방지 조치상황 등에 대한 자료를 제출하게 하거나 보고하게 할 수 있으며, 제출자료 및 보고내용을 검토한 결과 조사목적을 달성하기 어려운 경우에는 관계 공무원이 해당 사업장 등에 출입하여 해당 사항을 조사하게 할 수 있다(同法 21①②).

(11) 지하수이용부담금의 부과·징수 등

시장·군수·구청장은 지하수의 적정한 개발·이용과 보전·관리에 필요한 재원(財源)을 조성하기 위하여 허가를 받거나 신고하고 지하수를 개발·이용하는 자에게 지하수이용부담금을 부과·징수할 수 있다. 다만, 농어업을 영위할 목적으로 지하수를 개발·이용하는 경우나 일반수도사업을 할 목적으로 지하수를 개발·이용하는 경우 등과 대통령령으로 정하는 용도와 규모로 지하수를 개발·이용하는 경우에는 그러하지 아니하다(同法 30의3①).

위의 지하수이용부담금은 「한강수계 상수원수질개선 및 주민지원 등에 관한 법률」 제19조에 따른 물이용부담금 상당액의 100분의 50의 범위에서 지하수의 취수량·용도 등을 고려하여 시·군·자치구의 조례로 정한다(同法 30의3②).

지하수법은 이외에 지하수개발·이용시공업의 등록(同法 22), 지하수개발·이용시공업의 양도·양수(同法 24), 지하수개발·이용시공업의 등록취소(同法 25), 지하수개발·이용시공업자의 명의대여 금지(同法 26), 지하수개발·이용관련업체 및 전문가단체의 설립(同法 26의2), 지하수영향조사기관의 등록(同法 27), 지하수정화업의 등록(同法 29의2), 지하수영향조사기관의 명의대여 금지(同法 30)에 대하여 규정하고 있다.

지하수법은 시·군·자치구 지하수관리특별회계의 설치(同法 30의2), 지하수개발·이용시공업자, 지하수영향조사기관, 지하수정화업자에 대한 자료제출·보고요구(同法 34), 지하수개발·이용관련업계 종사자 및 기술자에 대한 교육(同法 34의2), 이 법에 따른 국토교통부장관·환경부장관의 권한의 위임(同法 36), 지하수개발·이용시설의 폐쇄명령, 지하수개발·이용시설 및 토지의 원상복구명령, 지하수정화명령을 받은 자가 그 명령을 이행하지 아니하는 경우의 대집행(同法 36의2), 허가를 받지 아니하거나 부정한 방법으로 허가를 받아 지하수를 개발·이용하는 자, 오염방지조치 또는 관측정의 설치를 하지 아니하거나 수질측정을 하지 아니한 자,

취수량의 제한을 준수하지 아니한 자 등에 대한 벌칙(同法 37, 37의2, 37의3), 지하수 유출감소대책의 신고를 하지 아니한 자, 굴착신고를 하지 아니하고 토지를 굴착한 자, 수질검사결과서를 갖추어 두지 아니한 자 등에 대한 과태료 부과·징수(同法 39~41)에 관하여도 규정하고 있다.

(「제주특별자치도 설치 및 국제자유도시 조성을 위한 특별법」은 제377~393조에서 제주특별자치도 지역 지하수관리에서의 지하수법 규정에 대한 특례들을 규정하고 있으나, 이 책에서는 그 특례들에 관한 서술을 생략한다.)

【大判 2001.10.23, 99두7470. "자연히 용출하는 지하수나 동력장치를 사용하지 아니한 가정용 우물 또는 공동우물 및 기타 경미한 개발·이용 등 공공의 이해에 직접 영향을 미치지 아니하는 범위에 속하는 지하수의 이용은 토지소유권에 기한 것으로서 토지소유권에 부수(附隨)하여 인정되는 권리로 보아야 할 것이지만, 그 범위를 넘어선 지하수 개발·이용은 토지소유권에 부수되는 것이 아니라 지하수의 공적 수자원으로서의 성질과 기능 등을 고려하여 행정청의 허가·감시·감독·이용제한·공동이용명령·허가취소 등 공적 관리방법에 의한 규제를 받게 하고 있다고 할 것이고, 따라서 이러한 규제의 범위에 속하는 지하수 개발·이용권은 토지소유권의 범위에 속하지 않는 것이므로 지하수의 개발·이용허가를 받은 후 그 토지소유권이 이전된다고 하여 허가에 의한 지하수 개발·이용권이 새로운 토지소유자에게 당연히 이전되는 것은 아니다."】

제11절
경제행정에 관한 법

1. 개관 2. 중소기업기본법 3.「물가안정에 관한 법률」
4. 소비자기본법 5.「독점규제 및 공정거래에 관한 법률」
6. 외국인투자촉진법 7. 대외무역법

헌법은 제119조에서 "① 대한민국의 경제질서는 개인과 기업의 경제상의 자유와 창의를 존중함을 기본으로 한다. ② 국가는 균형 있는 국민경제의 성장 및 안정과 적정한 소득의 분배를 유지하고, 시장의 지배와 경제력의 남용을 방지하며, 경제주체간의 조화를 통한 경제의 민주화를 위하여 경제에 관한 규제와 조정을 할 수 있다."라고 하여, 경제상의 자유·창의 존중원칙과 국민경제에 대한 국가개입의 헌법적 근거를 규정하고, 제120조~제127조에서 주요 경제부문별 국가의 책무를 규정하고 있다.

이에 따라 국가나 지방자치단체가 국민의 생산·유통·소비 등의 경제활동을 규제 또는 조성함으로써, 국민경제를 바람직한 방향으로 발전시켜 나가는 행정작용을 경제행정이라 하고, 그에 관한 법을 경제행정법이라 할 수 있다.

경제행정은 균형 있는 국민경제의 성장과 개별경제주체간의 조화를 통한 경제의 민주화를 구현하기 위하여 국가·지방자치단체가 개별경제주체의 경제활동을 규제(規制)·조정(調整)·조성(助成)하고 거시적 경제정책이나 각종 경제계획을 수립·시행하는 작용이 그 주요 내용이 된다.

위의 작용 중 국가·지방자치단체가 개별경제주체의 경제활동을 규제·조정하는 작용은 행정주체가 국민경제에 개입하여 경제를 바람직한 방향으로 유도(誘導)해나가는 작용으로서의 의미를 지닌다.

한편, 국가·지방자치단체가 국민경제활동을 조성하는 작용은 제7절에 서술된 조성행정(助成行政)의 일부이고, 이는 경제분야의 조성행정작용이라 할 수 있다. 따라서 중소기업의 육성을 위한 중소기업기본법 등 경제조성관련법들은 앞의 제7절의 '조성행정에 관한 법'의 범주에 포함될 수도 있다고 할 것이다.

1. 개관

Ⅰ. 경제행정의 내용

경제행정의 내용에는 경제규제(경제조정 포함), 경제조성, 거시적 경제정책과 각종 경제계획의 수립·시행 작용이 포함된다.

(1) 경제규제(經濟規制)

경제규제란 국가·지방자치단체가 바람직한 경제질서의 형성을 위하여 개별경제주체(사인·사기업 등)의 경제활동 등을 규제·조정하는 작용을 말한다. 이에는 개별경제주체의 경제활동에 대한 규제와 경제자원(經濟資源)의 개발·이용에 대한 규제 등이 포함된다.

'개별경제주체의 경제활동에 대한 규제'는 건전하고 조화된 경제질서와 자유롭고 공정한 경제활동의 기반을 확립하기 위한 규제로서, 이를 경제질서규제(經濟秩序規制)라 할 수 있다. 기업공개·부정경쟁방지·불공정거래방지·독과점규제·소비자보호·물가규제·외국환관리(大判 1987.2.10, 86다카1288) 등이 그 예이며, 후술하는 3. 4. 5. 항목의 「물가안정에 관한 법률」·소비자기본법·「독점규제 및 공정거래에 관한 법률」에는 경제질서규제를 위한 규정들이 많이 들어있다.

경제질서규제에는 국가·지방자치단체가 개인·기업 등 개별경제주체들이 경제관련 법령에 위배되는 영업·기업활동 등을 하는 것을 단속·통제·시정(是正)하는 경제감독(經濟監督)작용이 따른다.

경제감독에는 경영감독·생산감독·거래(판매)감독·시설감독 등이 있으며, 관계행정청이 개별경제주체들에 대하여 일정 사항의 신고·보고의무 부과, 일정한 경제활동 금지(사업허가의 취소·철회, 조업중지, 거래·원료사용 금지 등), 표시의무(제품특성표시의무·경고표시의무 등) 부과, 불량품회수처리의무 부과 등을 행하는 것은 경제감독이기도 하다.

'경제자원의 개발·이용에 대한 규제'는 헌법 제120조 제1항의 "광물 기타 중요한 지하자원·수산자원·수력과 경제상 이용할 수 있는 자연력은 법률이 정하는 바에 의하여 일정한 기간 그 채취·개발 또는 이용을 특허할 수 있다."는 규정에 따라, 지하자원·수자원·수산자원·산림자원 기타 자원의 개발·채취·이용의 적정성을 확보하기 위하여 행하는 규제로서, 이를 경제자원규제(經濟資源規制)라 할 수 있다.

(2) **경제조성(經濟助成)**

경제조성이란 국가나 지방자치단체가 직접적 또는 간접적으로 개별경제주체의 사업이나 일정한 산업을 보호·지원·진흥·육성하는 작용을 말하며, 사인·사기업에 대한 창업지원·중소기업지원·기술개발지원·조세감면·산업구조개선지원·자금지원·융자, 산업기술단지조성, 영업용지 저가임대 등이 그 예이다. 후술하는 2. 6. 항목의 중소기업기본법·외국인투자촉진법에는 경제조성을 위한 규정들이 많다.

(3) **거시적 경제정책시행**

거시적 경제정책시행이란 국가·지방자치단체가 조세정책·재정투융자정책·금융통화정책 등 거시적 경제정책을 수립·시행함으로써 경제질서를 바람직한 방향으로 유도하고 개별경제주체의 경제활동을 간접적으로 규제·조성하는 작용을 말한다.

국가·지방자치단체는 특정산업에 대한 조세감면정책으로써 해당 산업을 간접적으로 조성·지원할 수 있고, 부동산양도소득 등 불노소득(不勞所得)에 대한 중과세(重課稅)나 근로소득에 대한 조세경감 등의 조세정책을 통하여 개별경제주체의 경제활동을 간접적으로 촉진 또는 억제시켜 나갈 수 있으며, 국가·지방자치단체의 예산 및 각종 경제사회계획에 관한 재정투융자정책의 실시로 경기(景氣)를 조절해 나갈 수 있고, 화폐발행량 조절, 이자율·재할인율·지급준비율 조정 등에 관한 금융통화정책을 통하여 기업과 개인의 투자활동을 조절해 나갈 수 있다.

II. 경제행정의 방식

1) 직접 법령에 의한 규율

경제관련 법령이 구체적인 조치인 행정청의 처분(행정행위) 등을 거치지 않고 개인·기업 등에 대하여 직접적으로 경제적 규율을 하는 경우가 많다. 이에는 법령이 ① 일정한 요건에 해당하는 개인·기업에게 직접 경제활동과 관련된 일정한 작위·부작위·급부·수인의 의무를 부과(법규하명)하는 경우, ② 법령을 위반한 사인(私人) 등의 사법상의 경제행위를 무효화시키는 경우 등이 있다.

위 ①의 법규하명의 예로는 기업의 시장지배적 지위 남용금지, 기업결합의 신고의무, 주식보유현황 등의 신고의무, 부당한 공동행위 및 불공정거래행위의 금지('독점규제 및 공정거래에 관한 법률' 3의2, 12, 13, 19, 23), 매점매석행위금지('물가안정에 관한 법률' 7), 불공정약관조항의 금지('약관의 규제에 관한 법률' 17), 이자의 제한(이자제한법 2), 기준환율에 따른 외국환거래의무(외국환거래법 5②), 관련 법률에 의한 각종 사업자에 대한 등록의무부과 등을 들 수 있으며, 이들 법령의 위반행위는 일반적으로 행정벌의 대상이 된다.

위 ②의 예로는 사업자 간의 부당한 공동행위에 관한 계약을 무효화시키는 경우와('독점규제 및 공정거래에 관한 법률' 19④), 토지거래계약허가구역에서 허가를 받아야 하는 것임에도 불구하고 허가를 받지 않고 체결한 토지거래계약을 무효화시키는 경우('국토의 계획 및 이용에 관한 법률' 118⑥) 등을 들 수 있다.

2) 행정처분에 의한 규제

경제행정의 대상·범위의 유동성과 고도의 전문성 등으로 인하여, 경제에 대한 규제는 법령에 근거하여 행정청이 개인·사기업 등에게 행하는 일정한 의무부과처분(하명처분)이나 허가·인가·특허 등의 처분형식으로 행하여지는 경우가 많다.

경제행정상의 ① 의무부과처분(하명처분)의 예로는 「물가안정에 관한 법률」에 따른 가격표시명령이나 매점매석금지명령, 소비자기본법에 따른 물품의 수거·파기명령 등을, ② 허가처분의 예로는 대외무역법에 따른 전략물자의 수출허가, 각종 영업 관계법에 따른 영업허가 등을, ③ 인가처분의 예로는 은행법에 따른 은행업인가, 여객자동차운수사업법에 따른 여객자동차운송사업양도인가 등을, ④ 특허처분의 예로는 도시가스사업법에 따른 도시가스사업의 허가, 전기사업법에 따른 전기사업의 허가, 여객자동차운수사업법에 따른 여객자동차운수사업의 면허, 해운법에 따른 해상여객운송사업의 면허 등을 들 수 있다.

3) 경제계획

경제계획은 행정기관이 장래의 일정한 경제상의 목적을 달성하기 위하여 필요한 수단들을 종합·조정한 경제행정의 기준지침으로서, 중요한 경제행정수단의 하나가 된다. 경제계획에는 그 내용상 경제발전 5개년계획과 같은 종합적 계획과 수출진흥계획·중소기업진흥계획 등과 같은 부문별 계획이 있다.

4) 공법상 계약

경제행정주체와 개별경제주체 간의 반대방향의 의사표시의 합치로써 공법적 효과가 야기되는 공법상 계약도 구체적 경제사정에 부응할 수 있는 탄력적인 경제행정수단이 될 수 있다.

5) 사법적(私法的) 행위형식

경제행정주체가 개별경제주체와 대등한 입장에서 생산 또는 역무(役務)제공을 하거나 유통과정에 참여하고 사법상 계약 등 비권력적 방법으로 활동을 하는 경우도 있다. 국가·지방자치단체(실제로는 행정기관) 등이 사무용품 등을 매입하고 양곡(糧穀)의 수급(需給) 및 가격조절을 위한 매입·교환을 하는 경우 등이 그 예이다. 이러한 경우에 국고작용(國庫作用)을 행하는 국가·지방자치단체 등은 경제과정에서 가장 큰 생산자 또는 소비자가 되는 것으로 볼 수 있다.

그런데 교통·전기·수도·가스·통신·오물처리 등 국민생활에 필수적인 공익적 사업들이 비권력적인 사실행위나 사법적(私法的) 경제행위형식으로도 많이 수행되고 있는바, 이러한 국민생활배려적 공익사업의 수행에는 그 공익성·공공성을 확보하기 위하여 필요한 범위에서 공법규정·공법원리가 적용되기도 한다.

6) 행정지도

경제행정에서의 행정지도는 행정기관이 일정한 경제행정상의 목적을 달성하기 위하여 상대방의 임의적 협력을 기대하면서 행하는 권고·조언·기술지도·정보제공 등의 비권력적 사실행위로서, 중소기업에 대한 경영 및 기술의 지도·연수, 집단화·협동화지도(중소기업기본법 6·8) 등이 그 예이다.

7) 자금 등의 지원

경제조성행정에서는 국가·지방자치단체가 개별경제주체의 특정한 경제활동(사업)이나 일정한 산업의 지원·육성·진흥·조성을 위하여 사인·기업 등에게 자금 기타 경제적 원조를 제공하는 경우가 많으며, 보조금 교부, 자금의 대부, 채무의 지급보증, 국가·지방자치단체의 출자, 국·공유재산의 양여·대여 등이 그 예이다.

Ⅲ. 경제행정에 관한 법률들

(1) 기획재정부 소관 법률로서, ① 「물가안정에 관한 법률」, ② 「사회기반시설에 대한 민간투자법」, ③ 한국은행법, ④ 「한국은행 통화안정증권법」, ⑤ 「공공기관의 운영에 관한 법률」, ⑥ 「공기업의 경영구조개선 및 민영화에 관한 법률」, ⑦ 외국환거래법, ⑧ 국민경제자문회의법, ⑨ 「국제금융기구에의 가입조치에 관한 법률」, ⑩ 「협동조합 기본법」, ⑪ 엽연초생산협동조합법, ⑫ 담배사업법 등이 있다.

(2) 산업통상자원부 소관 법률로서, ① 「외국인투자 촉진법」, ② 대외무역법, ③ 「무역거래기반 조성에 관한 법률」, ④ 무역보험법, ⑤ 「세계무역기구협정의 이행에 관한 특별법」, ⑥ 「자유무역협정 체결에 따른 무역조정 지원에 관한 법률」, ⑦ 「통상조약의 체결절차 및 이행에 관한 법률」(외교부 공동소관), ⑧ 「대·중소기업 상생협력 촉진에 관한 법률」, ⑨ 「기업활동 규제완화에 관한 특별조치법」, ⑩ 「불공정무역행위 조사 및 산업피해구제에 관한 법률」, ⑪ 「자유무역지역의 지정 및 운영에 관한 법률」, ⑫ 「경제자유구역의 지정 및 운영에 관한 특별법」, ⑬ 「가맹사업 진흥에 관한 법률」, ⑭ 「기술의 이전 및 사업화 촉진에 관한 법률」, ⑮ 「원전비리 방지를 위한 원자력발전사업자 등의 관리·감독에 관한 법률」, ⑯ 「유전자변형생물체의 국가간 이동 등에 관한 법률」, ⑰ 「화학무기·생물무기의 금지와 특정화학물질·생물작용제 등의 제조·수출입 규제 등에 관한 법률」, ⑱ 「계량에 관한 법률」, ⑲ 국가표준기본법, ⑳ 산업표준화법, ㉑ 「산업기술의 유출방지 및 보호에 관한 법률」, ㉒ 「산업융합 촉진법」, ㉓ 「산업집적활성화 및 공장설립에 관한 법률」, ㉔ 유통산업발전법, ㉕ 「산업기술혁신 촉진법」, ㉖ 「산업기술단지 지원에 관한 특례법」 등이 있다(위의 ①③⑧⑨⑪⑫⑬⑭㉑㉒㉓㉔㉕㉖의 법률은 조성행정에 관한 법률로 분류될 수도 있다).

(3) 금융위원회 소관 법률로서, ① 「금융산업의 구조개선에 관한 법률」, ② 「금융실명거래 및 비밀보장에 관한 법률」, ③ 「자본시장과 금융투자업에 관한 법률」, ④ 「전자단기사채 등의 발행 및 유통에 관한 법률」, ⑤ 「기업구조조정 촉진법」,

⑥ 기업구조조정투자회사법, ⑦「자산유동화에 관한 법률」, ⑧「공적자금관리 특별법」, ⑨ 공적자금상환기금법, ⑩ 금융지주회사법, ⑪ 기술신용보증기금법, ⑫「농림수산업자 신용보증법」, ⑬「농어가목돈마련저축에 관한 법률」, ⑭ 담보부사채신탁법, ⑮「대부업 등의 등록 및 금융이용자 보호에 관한 법률」, ⑯ 보험업법, ⑰ 신용보증기금법, ⑱ 예금자보호법, ⑲「유사수신행위의 규제에 관한 법률」, ⑳「이중상환청구권부 채권 발행에 관한 법률」, ㉑「전기통신금융사기 피해 방지 및 피해금 환급에 관한 특별법」, ㉒「주식회사의 외부감사에 관한 법률」, ㉓「공사채 등록법」, ㉔「특정 금융거래정보의 보고 및 이용 등에 관한 법률」, ㉕「화재로 인한 재해보상과 보험가입에 관한 법률」, ㉖「공중 등 협박목적 및 대량살상무기 확산을 위한 자금조달행위의 금지에 관한 법률」, ㉗ 은행법, ㉘ 한국산업은행법, ㉙ 상호저축은행법, ㉚ 중소기업은행법, ㉛ 신용협동조합법, ㉜ 여신전문금융업법, ㉝「휴면예금관리재단의 설립 등에 관한 법률」, ㉞「금융회사의 지배구조에 관한 법률」(2016.8.1.시행) 등이 있다.

(4) 공정거래위원회 소관 법률로서, ①「독점규제 및 공정거래에 관한 법률」, ②「하도급거래 공정화에 관한 법률」, ③「대규모유통업에서의 거래 공정화에 관한 법률」, ④「가맹사업거래의 공정화에 관한 법률」, ⑤「대리점거래의 공정화에 관한 법률」(2016.12.23.시행) 등이 있다.

(5) 고용노동부 소관 법률로서, ① 노동위원회법, ② 경제사회발전노사정위원회법, ③「사회적기업 육성법」 등이 있다.

(6) 행정자치부 소관 법률로서, ①「기부금품의 모집 및 사용에 관한 법률」, ②「본인서명사실 확인 등에 관한 법률」, ③ 인감증명법 등이 있다.

(7) 국토교통부 소관 법률로서, ①「산업입지 및 개발에 관한 법률」, ②「지역균형개발 및 지방중소기업 육성에 관한 법률」, ③「건축서비스산업 진흥법」 등이 있다(이들 법률은 조성행정에 관한 법의 범주에 포함될 수도 있음).

(8) 문화체육관광부 소관 법률로서 사행산업통합감독위원회법이 있으며, 법무부 소관 법률로서 이자제한법이 있다.

(9) 조달청 소관 법률로서, ①「조달사업에 관한 법률」, ②「국가를 당사자로 하는 계약에 관한 법률」 등이 있으며, 통계청 소관 법률로서 통계법이 있고, 특허

청 소관 법률로서 「부정경쟁방지 및 영업비밀보호에 관한 법률」이 있다.

(10) 중소기업청 소관 법률인 중소기업기본법을 비롯한 중소기업진흥에 관한 법률들은 후술 2. 항목에 기재한다.

(11) 소비자기본법을 비롯한 소비자보호에 관한 법률들은 후술 4. 항목에 기재한다.

위의 법률들 중 중소기업기본법,「물가안정에 관한 법률」, 소비자기본법, 「독점규제 및 공정거래에 관한 법률」, 외국인투자촉진법, 대외무역법의 개요는 다음과 같다.

2. 중소기업기본법

(1) 서설

헌법은 제123조 제3항에서 "국가는 중소기업을 보호·육성하여야 한다."라고 규정하고 있다.

위의 헌법규정의 취지를 구현하기 위하여 제정된 중소기업기본법은 중소기업이 나아갈 방향과 중소기업을 육성하기 위한 시책의 기본적인 사항을 규정하여 창의적이고 자주적인 중소기업의 성장을 지원하는 것을 목적으로 하고 있다(同法 1).

중소기업기본법에서 '중소기업'이란 ① 영리를 목적으로 사업을 하는 기업으로서 업종별로 매출액 또는 자산총액 등이 대통령령으로 정하는 기준에 맞고 지분 소유나 출자관계 등 소유와 경영의 실질적인 독립성이 대통령령으로 정하는 기준에 맞는 기업, ② 「사회적 기업 육성법」에 따른 사회적 기업 중에서 대통령령으로 정하는 기업, ③ 「협동조합 기본법」에 따른 협동조합·협동조합연합회 중 대통령령으로 정하는 협동조합·협동조합연합회를 말한다(同法 2①. 大判 2010.5.13, 2009두23747).

중소기업은 대통령령으로 정하는 구분기준에 따라 소기업과 중기업으로 구분한다(同法 2②. 大判 2010.4.29, 2008두14296. 大判 1989.12.26, 89누5157).

중소기업시책에 참여하려는 중소기업자(중소기업을 영위하는 자)는 중소기업자에 해당하는지를 확인할 수 있는 자료를 중소기업시책을 실시하는 중앙행정기관 및 지방자치단체(중소기업시책실시기관)에 제출하여야 하며, 중소기업청장은 중소기업자에 해당하는지를 확인하기 위하여 필요하다고 인정하는 경우에는 금융위원회·국세청 등 관계 중앙행정기관 및 지방자치단체·공공단체 등에 대하여 그 확인에 필요한 자료의 제출을 요청할 수 있다(同法 27①②).

(2) 정부와 지방자치단체 및 중소기업자의 책무

정부는 중소기업의 혁신역량과 경쟁력수준 및 성장성 등을 고려하여 지원대상의 특성에 맞도록 기본적이고 종합적인 중소기업시책을 세워 실시하여야 하며,

지방자치단체는 정부의 중소기업시책에 따라 관할 지역의 특성을 고려하여 그 지역의 중소기업시책을 세워 실시하여야 한다(同法 3①②).

중소기업자는 기술개발과 경영혁신을 통하여 경쟁력을 확보하고 투명한 경영과 기업의 사회적 책임을 다하여 국가경제의 발전과 국민의 후생 증대에 이바지할 수 있도록 노력하여야 한다(同法 4①).

정부는 중소기업의 설립을 촉진하고 중소기업을 설립한 자가 그 기업을 성장·발전시킬 수 있도록 필요한 시책을 실시하여야 하며, 중소기업자나 창업을 준비하는 자가 건전한 기업가정신과 자긍심을 가질 수 있도록 필요한 시책을 실시하여야 한다(同法 5①②).

정부는 중소기업의 경영·기술의 지도·연수, 기술개발의 촉진·표준화, 생산시설의 현대화·정보화 촉진 시책(同法 6), 중소기업제품의 판로 확대를 위한 유통 효율화 시책(同法 7②), 정부·지방자치단체·공공단체·정부투자기관 등이 물품·용역을 조달할 경우의 중소기업자의 수주(受注)기회를 증대시키기 위한 시책(同法 7①), 중소기업의 집단화·협동화 등 중소기업 사이의 협력에 필요한 시책(同法 8), 중소기업의 법인전환, 사업전환이나 중소기업 사이의 합병 등을 원활히 할 수 있는 시책(同法 9), 중소기업이 다른 기업과의 공정경쟁과 협력 및 동반성장을 촉진할 수 있는 시책(同法 10), 중소기업 규모로 경영하는 것이 적정한 분야에서 중소기업자의 사업영역이 원활히 확보될 수 있는 시책(同法 11)을 실시하여야 한다.

(3) 공제제도 및 중소기업협동조합 등

정부는 중소기업자가 서로 도와 도산(倒產)을 막고 공동 구매 및 판매 사업 등의 기반을 조성할 수 있도록 하기 위한 공제(共濟)제도의 확립에 필요한 시책(同法 12), 중소기업협동조합 등 단체의 조직 촉진과 그 운영의 합리화를 위한 시책(同法 13), 중소기업의 수출입진흥과 외국 기업과의 협력증진을 위한 시책(同法 14①), 중소기업이 국내외 경제환경의 변화에 능동적으로 대응할 수 있도록 중소기업에 대한 정보제공 시책(同法 14②), 중소기업이 필요한 인력을 원활히 확보할 수 있도록 인력양성과 공급, 근로환경개선과 복지수준향상, 중소기업에 대한 인식개선을 위한 시책(同法 15), 소기업의 경영개선과 발전을 위하여 필요한 시책(同法 16), 지방에 있는 중소기업을 육성하고, 여성과 장애인의 중소기업 활동을 촉진하기 위하여 필요한 시책(同法 17)을 실시하여야 한다.

(4) **중소기업지원시책 등**

정부는 중소기업시책을 실시하기 위하여 필요한 법제(法制) 및 재정(財政)상의 조치를 하여야 하며(同法 18), 중소기업자에 대한 자금 공급을 원활히 하기 위하여 재정 및 금융자금 공급의 적정화(適正化)와 신용보증제도의 확립 등 필요한 시책을 실시하여야 하고(同法 19①), 중소기업시책을 효율적으로 실시하기 위하여 조세에 관한 법률에서 정하는 바에 따라 세제(稅制)상의 지원을 할 수 있다(同法 19①②).

정부는 매년 정부와 지방자치단체가 중소기업을 육성하기 위하여 추진할 중소기업시책에 관한 계획(이하 '육성계획'이라 함)을 수립하여 관련 예산과 함께 3월까지 국회에 제출하여야 하며, 중소기업청장은 전년도 육성계획의 실적과 성과를 평가하고, 그 평가결과를 반영하여 중소기업정책에 관한 연차보고서를 정기국회 개회 전까지 국회에 제출하여야 한다(同法 20①②).

중소기업청장은 중소기업 지원사업에 대한 중소기업의 신청·접수 현황, 지원이력 등의 자료·정보를 통합 관리하기 위하여 '중소기업 지원사업 통합관리시스템'(이하 '통합관리시스템'이라 함)을 구축·운영할 수 있고, 이에 필요한 자료 등을 관계기관 등에 요청할 수 있으며(同法 20의2①②), 통합관리시스템을 통하여 관리하는 중소기업 지원사업에 대한 분석 및 효율화를 위하여 ① 중소기업 지원사업의 범위, 분류 및 분석기준의 마련, ② 중소기업 지원사업 간 역할분담 및 연계성 강화, ③ 분석 및 효율화에 따른 제도 개선 및 예산반영 의견 제시, ④ 중소기업 지원사업 간 중복성 검토 및 개선방안 마련, ⑤ 중소기업 지원사업을 위탁받아 수행하는 기관 및 단체에 대한 성과분석, ⑥ 중소기업 지원사업에 대한 만족도 조사, ⑦ 그 밖에 분석 및 효율화를 위하여 필요한 사항을 추진하여야 한다(同法 20의3①).

정부는 중소기업의 활동현황·자금·인력·경영 등 실태를 파악하기 위하여 매년 정기적으로 실태조사를 실시하고 그 결과를 공표하여야 하며, 실태조사를 중소기업중앙회·중소기업관련단체·중소기업관련기관에 위탁할 수 있다(同法 21①②).

(5) **중소기업 옴부즈만 등**

중소기업에 영향을 주는 기존규제의 정비 및 중소기업 애로사항의 해결을 위하여 중소기업청장 소속으로 '중소기업 옴부즈만'을 둔다. 중소기업 옴부즈만은 ① 중소기업에 영향을 미치는 규제의 발굴·개선, ② 정부, 지방자치단체, 「공공기관의 운영에 관한 법률」에 따른 공공기관, 중소기업정책자금 운용기관과 관련하여 제기되는 애로사항의 해결, ③ 그 밖에 규제의 정비 및 중소기업 애로사항의 해결을 위하여 필요한 업무로서 대통령령으로 정하는 업무를 독립하여 수행한다(同法 22①②).

중소기업 옴부즈만은 중소기업 및 규제 분야의 학식과 경험이 많은 자 중에서 중소기업청장의 추천과 행정규제기본법에 따른 규제개혁위원회의 심의를 거쳐 국무총리가 위촉한다. 중소기업 옴부즈만은 업무에 관한 활동결과보고서를 작성하여 매년 1월말까지 규제개혁위원회와 국무회의 및 국회에 보고하여야 한다(同法 22③④).

중소기업 옴부즈만은 업무처리 결과에 따라 필요한 경우 업무기관의 장에게 관련사항의 개선을 권고할 수 있으며, 개선권고에 대한 이행실태를 점검하고, 권고를 받은 업무기관이 정당한 사유 없이 권고를 이행하지 아니하는 경우에 그 내용 등을 공표할 수 있다. 중소기업 옴부즈만의 업무처리와 활동을 지원하기 위하여 중소기업청에 사무기구를 둔다(同法 22⑥⑦⑧).

이 법은 중소기업자·이해관계자 등이 중소기업 옴부즈만에게 의견제출하는 절차(同法 23①), 중소기업 옴부즈만의 운영에 대한 행정적·재정적 지원(同法 24①②), 중소기업시책 수립 등에 필요한 조사·연구를 수행하는 전문연구기관의 지정운영과 그에 대한 경비출연·보조(同法 25①②), 1년 중 1주간의 중소기업주간 지정(同法 26), 중소기업 확인자료 제출(同法 27), 거짓자료를 제출하여 중소기업시책에 참여한 자에 대한 500만원 이하의 과태료 부과(同法 28)에 대하여도 규정하고 있다.

(6) **중소기업의 지원·육성·진흥 등에 관한 법률들**

이 법에 규정된 중소기업 육성을 위한 여러 시책들을 구체적으로 추진하기 위한 중소기업청 소관 법률로서, ① 「중소기업진흥에 관한 법률」, ② 「중소기업창업 지원법」, ③ 「중소기업 기술혁신 촉진법」, ④ 「중소기업 인력지원 특별법」, ⑤ 「중소기업기술 보호 지원에 관한 법률」, ⑥ 「중소기업 사업전환 촉진에 관한 특별법」, ⑦ 「중소기업제품 구매촉진 및 판로지원에 관한 법률」, ⑧ 중소기업협동조합법, ⑨ 「1인 창조기업 육성에 관한 법률」, ⑩ 「도시형소공인 지원에 관한 특별법」, ⑪ 「벤처기업육성에 관한 특별조치법」, ⑫ 「소기업 및 소상공인 지원을 위한 특별조치법」⑬ 「여성기업지원에 관한 법률」, ⑭ 「장애인기업활동 촉진법」, ⑮ 「전통시장 및 상점가 육성을 위한 특별법」, ⑯ 「중견기업 성장촉진 및 경쟁력 강화에 관한 특별법」, ⑰ 지역신용보증재단법, ⑱ 「지역특화발전특구에 대한 규제특례법」 등이 있다.

3. 「물가안정에 관한 법률」

(1) 서설

국민의 경제생활의 안정성을 확보하기 위하여 국가는 물자수급(物資需給)상의 불균형이나 기타의 사유로 인하여 물가(物價)가 폭등하거나 인플레가 발생하지 않도록 각종 물가의 안정을 도모할 필요가 있다.

「물가안정에 관한 법률」은 물가를 안정시킴으로써 소비자의 권익을 보호하고 국민생활과 국민경제의 안정 및 발전에 이바지함을 목적으로 하고 있다(同法 1). 이러한 목적을 위하여 이 법은 일정한 물품에 대한 최고가격 지정, 가격표시, 공공요금의 협의 결정, 물품 공급이 부족할 경우의 긴급수급조정조치, 폭리를 목적으로 한 매점매석행위의 금지 등에 관하여 규정하고 있다.

(2) 최고가격의 지정과 가격표시제

정부는 국민생활과 국민경제의 안정을 위하여 필요하다고 인정할 때에는 특히 중요한 물품의 가격, 부동산 등의 임대료 또는 용역의 대가에 대하여 최고가액을 지정할 수 있으며, 최고가격은 생산단계·도매단계·소매단계 등 거래단계별 및 지역별로 지정할 수 있다(同法 2①②).

정부는 지정한 최고가격을 계속 유지할 사유가 없어졌다고 인정할 때에는 지체 없이 폐지하여야 하고, 최고가격을 지정하거나 폐지하였을 때에는 지체 없이 그 사실을 고시하여야 한다(同法 2③④).

기획재정부장관은 정부가 지정한 최고가격을 초과하여 거래를 함으로써 부당한 이득을 얻은 자에게는 과징금을 부과하며, 과징금은 실제로 거래한 가격·임대료 또는 요금에서 최고가격을 뺀 금액으로 한다. 기획재정부장관은 과징금 징수업무를 국세청장에게 위임할 수 있다(同法 2의2①②③).

주무부장관은 소비자의 보호 또는 공정한 거래를 위하여 필요하다고 인정할 때에는 물품을 생산·판매하거나 물품의 매매를 업(業)으로 하는 자 또는 용역의 제공을 업으로 하는 자(이하 '사업자'라 함)에게 대통령령으로 정하는 바에 따라 해당 물품의 가격 또는 용역의 대가를 표시할 것을 명할 수 있다(同法 3. 大判 1979.10.10, 79누241).

(3) **공공요금 결정과 긴급수급조정조치 및 매점매석행위금지**

주무부장관은 다른 법률에서 정하는 바에 따라 결정·승인·인가·허가하는 사업이나 물품의 가격 또는 요금(이하 '공공요금'이라 함)을 정하거나 변경하려는 경우에는 미리 기획재정부장관과 협의하여야 한다(同法 4①).

국가 또는 국가로부터 위탁받은 기관이 다른 법률에서 정하는 바에 따라 제공하는 행정서비스, 시설이용 및 특정한 권리 부여 등에 대한 보상으로 징수하는 대가(이를 '수수료'라 함)를 정하거나 변경하려는 경우에 주무부장관은 미리 기획재정부장관과 협의하여야 한다(同法 4②).

정부는 물가가 급격히 오르고 물품공급이 부족하여 국민생활의 안정을 해치고 국민경제의 원활한 운영을 현저하게 저해할 우려가 있을 때에는 해당 물품의 사업자나 수출입·운송·보관을 업으로 하는 자에 대하여 대통령령으로 정하는 바에 따라 5개월 이내의 기간을 정하여 ① 생산계획의 수립·실시 및 변경에 관한 지시, ② 공급 및 출고에 관한 지시, ③ 수출입의 조절에 관한 지시, ④ 운송·보관 또는 양도에 관한 지시, ⑤ 유통조직의 정비, 유통단계의 단순화 및 유통시설의 개선에 관한 지시 등의 조치(이를 '긴급수급조정조치'라 함)를 할 수 있다(同法 6①).

정부는 긴급수급조정조치를 한 후 그 조치를 한 사유가 없어졌다고 인정할 때에는 지체 없이 해제하여야 하며, 긴급수급조정조치를 하려는 경우나 해제하려는 경우에는 국무회의의 심의를 거쳐 대통령의 승인을 받아야 한다(同法 6②③).

사업자는 폭리를 목적으로 물품을 매점하거나 판매를 기피하는 행위로서 기획재정부장관이 물가의 안정을 해칠 우려가 있다고 인정하여 매점매석행위(買占賣惜行爲)로 지정한 행위를 하여서는 아니 된다(同法 7. 大判 2001.5.29, 2001다1782).

주무부장관은 매점매석행위를 하고 있는 사업자에 대하여는 그 행위의 시정 또는 중지를 명하여야 한다(同法 9).

(4) 원가·경영상황에 관한 보고 요구와 검사 및 이의신청 등

기획재정부장관 또는 주무부장관은 필요하다고 인정할 때에는 대통령령으로 정하는 바에 따라 사업자에 대하여 원가 및 경영상황에 관한 보고 또는 관계자료의 제출을 명하거나 그 소속공무원으로 하여금 사업자의 사무소나 사업장에서 장부·서류, 그 밖의 물건을 검사하게 할 수 있다(同法 16).

이 법에 따른 처분을 받은 자가 그 처분에 불복할 때에는 주무부장관에게 이의신청을 할 수 있으며, 이의신청은 그 처분이 있은 것을 안 날부터 15일 이내, 그 처분이 있은 날부터 30일 이내에 하여야 하고, 주무부장관은 이의신청을 받았을 때에는 10일 이내에 처리결과를 통보하여야 한다(同法 18①②③).

이 법에서 규정한 주무부장관의 권한 중 소관이 불분명한 사항에 대하여는 기획재정부장관이 그 권한을 행사할 수 있으며(同法 19), 이 법에 따른 주무부장관의 권한은 대통령령으로 정하는 바에 따라 그 일부를 소속 기관의 장이나 특별시장·광역시장·도지사 또는 특별자치도지사에게 위임할 수 있다(同法 20).

이 법은 긴급수급조정조치를 위반한 자, 매점매석행위를 한 자, 사무소나 사업장의 장부·서류, 그 밖의 물건에 대한 검사를 거부·방해 또는 기피한 자 등에 대한 벌칙(同法 25~28, 30)과, 이 법에 의한 일정한 의무의 위반자에 대한 과태료 부과(同法 29)에 관해서도 규정하고 있다.

4. 소비자기본법

(1) 서설

복잡한 제조과정을 거쳐 만들어진 다양한 제품(製品)들을 구입·사용·소비하는 국민들이 제품의 안전성·품질·가격·판매방법 등 여러 가지 측면에서 예기치 못한 피해를 입지 않도록 보호하는 것도 오늘날 국가의 중요한 과제가 되고 있다.

헌법은 제124조에서 "국가는 건전한 소비행위를 계도하고 생산품의 품질향상을 촉구하기 위한 소비자보호운동을 법률이 정하는 바에 의하여 보장한다."라고 규정하고 있다.

소비자기본법은 소비자의 권익을 증진하기 위하여 소비자의 권리와 책무, 국가·지방자치단체 및 사업자의 책무, 소비자단체의 역할 및 자유시장경제에서 소비자와 사업자 사이의 관계를 규정함과 아울러 소비자정책의 종합적 추진을 위한 기본적인 사항을 규정함으로써 소비생활의 향상과 국민경제의 발전에 이바지함을 목적으로 하고 있다(同法 1).

이 법의 시행으로써 각종 물품 등을 구매(購買)하여 생활하는 국민의 소비자로서의 권익이 보호될 수 있는 기초적 여건이 형성되었다.

이 법에서 '소비자'란 사업자가 제공하는 물품 또는 용역(시설물 포함)을 소비생활을 위하여 사용하는 자 또는 생산활동을 위하여 사용하는 자를 말하고, '사업자'란 물품을 제조(가공 또는 포장 포함)·수입·판매하거나 용역을 제공하는 자를 말하며, '소비자단체'란 소비자의 권익을 증진하기 위하여 소비자가 조직한 단체를 말하고, '사업자단체'란 2 이상의 사업자가 공동의 이익을 증진할 목적으로 조직한 단체를 말한다(同法 2).

소비자의 권익에 관하여 다른 법률에서 특별한 규정을 두고 있는 경우를 제외하고는 이 법이 적용된다(同法 3).

이 법에서 규정하고 있는 소비자보호시책을 구체적으로 추진하고 일정 부문에서 소비자의 권익을 보호하기 위한 여러 개별 법률들은 후술 (10)항에 기재한다.

(2) 소비자의 기본적 권리와 책무

소비자는 기본적 권리로서 ① 물품 또는 용역(이하 '물품 등'이라 함)으로 인한 생명·신체 또는 재산에 대한 위해(危害)로부터 보호받을 권리(소비자의 안전권), ② 물품 등을 선택함에 있어서 필요한 지식 및 정보를 제공받을 권리(소비자의 알 권리), ③ 물품 등을 사용함에 있어서 거래상대방·구입장소·가격 및 거래조건 등을 자유로이 선택할 권리(소비자의 선택권), ④ 소비생활에 영향을 주는 국가 및 지방자치단체의 정책과 사업자의 사업활동 등에 대하여 의견을 반영시킬 권리(소비자의 의견반영권), ⑤ 물품 등의 사용으로 인하여 입은 피해에 대하여 신속·공정한 절차에 따라 적절한 보상을 받을 권리(소비자의 피해보상수급권), ⑥ 합리적인 소비생활을 위하여 필요한 교육을 받을 권리(소비자의 수학권), ⑦ 소비자 스스로의 권익을 증진하기 위하여 단체를 조직하고 이를 통하여 활동할 수 있는 권리(소비자의 단체활동권), ⑧ 안전하고 쾌적한 소비생활 환경에서 소비할 권리(소비자의 쾌적한 소비환경권)를 가진다(同法 4. 大判 2012.11.29, 2012도10392).

소비자는 사업자 등과 더불어 자유시장경제를 구성하는 주체임을 인식하여 물품 등을 올바르게 선택하고, 소비자의 기본적 권리를 정당하게 행사하여야 하고, 스스로의 권익을 증진하기 위하여 필요한 지식과 정보를 습득하도록 노력하여야 하며, 자주적이고 합리적인 행동과 자원절약적이고 환경친화적인 소비생활을 함으로써 소비생활의 향상과 국민경제의 발전에 적극적인 역할을 다하여야 한다(同法 5①②③).

(3) 국가·지방자치단체 및 사업자의 책무

1) 국가 및 지방자치단체의 책무 등

국가와 지방자치단체는 소비자의 기본적 권리가 실현되도록 하기 위하여 ① 관계 법령 및 조례의 제정·개정·폐지, ② 필요한 행정조직의 정비 및 운영 개선, ③ 필요한 시책의 수립·실시, ④ 소비자의 건전하고 자주적인 조직활동의 지원·육성의 책무를 진다(同法 6).

국가는 지방자치단체의 소비자권익과 관련된 행정조직의 설치·운영 등에 관하여 대통령령이 정하는 바에 따라 필요한 지원을 할 수 있다(同法 7).

국가는 사업자가 소비자에게 제공하는 물품 등으로 인한 소비자의 생명·신체 또는 재산에 대한 위해(危害)를 방지하기 위하여 ① 물품 등의 성분·함량·구조 등 안전에 관한 중요한 사항, ② 물품 등을 사용할 때의 지시사항이나 경고 등 표시할 내용과 방법, ③ 그 밖에 위해방지를 위하여 필요하다고 인정되는 사항에 관하여 사업자가 지켜야 할 기준을 정하여야 한다(同法 8①).

위의 규정은 현실적으로 사업자들이 제공하는 물품 등이 워낙 다양하기 때문에, 물품 등의 안전성 등에 관한 기준의 제정의무주체를 국가로 규정하고, 각종 물품 등의 안전성확보를 위하여 사업자가 지켜야 할 기준을 관계 법률·법규명령이나 법령보충적 행정규칙(앞의 제1절 Ⅱ. 참조)으로 규정하도록 한 것이며, 위 규정에 따라 물품 등의 안전성 기준 등은 다른 법률·법규명령이나 법령보충적 행정규칙으로 정해질 수 있다.

국가와 지방자치단체는 소비자가 사업자와의 거래에 있어서 계량으로 인하여 손해를 입지 아니하도록 물품 등의 계량에 관하여 필요한 시책을 강구하여야 하며, 물품 등의 품질개선 및 소비생활의 향상을 위하여 물품 등의 규격을 정하고 이를 보급하기 위한 시책을 강구하여야 한다(同法 9①②).

국가는 소비자가 사업자와의 거래에 있어서 표시나 포장 등으로 인하여 물품 등을 잘못 선택하거나 사용하지 아니하도록 물품 등에 대하여 ① 상품명·용도·성분·재질·성능·규격·가격·용량·허가번호 및 용역의 내용, ② 물품 등을 제조·수입 또는 판매하거나 제공한 사업자의 명칭(주소 및 전화번호 포함) 및 물품의 원산지, ③ 사용방법, 사용·보관할 때의 주의사항 및 경고사항, ④ 제조연월일, 품질보증기간 또는 식품이나 의약품 등 유통과정에서 변질되기 쉬운 물품의 유효기간, ⑤ 표시의 크기·위치 및 방법, ⑥ 물품 등에 따른 불만이나 소비자피해가 있는 경우의 처리기구(주소·전화번호 포함) 및 처리방법, ⑦ 시각장애인을 위한 표시방법 등에 관한 표시기준을 정하여야 한다(同法 10①. 大判 2008.2.28, 2007다52287).

위의 표시기준이나 아래의 물품 광고 내용·방법에 관한 기준, 개인정보보호기준 등의 제정에 관한 규정들도 (앞의 물품 등의 안전성 기준과 같이) 해당 기준들의 제정주체를 (어느 중앙행정기관장이 아니라) 국가로 정하고 있는바, 이에 따라 제정되는 기준들은 관계 법령(법률·법규명령이나 법률의 위임에 따른 법령보충적 행정규칙)으로 정해질 수 있다.

국가는 물품 등의 잘못된 소비 또는 과다한 소비로 인하여 발생할 수 있는 소비자의 생명·신체 또는 재산에 대한 위해를 방지하기 위하여 광고의 내용 및 방법에 관한 기준을 정하야야 하며(同法 11), 사업자의 불공정한 거래조건이나 거래방법으로 인한 소비자피해의 방지를 위한 시책을 수립·실시하여야 하고(同法 12①), 소비자에게 손해를 끼칠 우려가 있는 사업자의 부당한 행위를 지정·고시할 수 있다(同法 12②).

이 법은 약관에 따른 거래 및 방문판매·다단계판매·할부판매·통신판매·전자거래 등 특수한 형태의 거래에 대한 소비자권익보호시책(同法 12③), 소비자의 권익과 관련된 주요시책 및 주요결정사항의 홍보, 물품 등의 거래조건·거래방법·품질·안전성 및 환경성 등에 관련되는 사업자의 정보제공에 관한 시책(同法 13①②), 소비자교육, 소비자의 능력 향상을 위한 프로그램개발, 소비자교육과 학교교육·평생교육의 연계시책(同法 14①②③), 소비자의 개인정보를 보호하기 위한 시책 및 기준설정(同法 15①②), 소비자의 불만이나 피해가 신속·공정하게 처리될 수 있도록 관련기구의 설치 및 소비자분쟁해결기준의 제정(同法 16①②), 물품 등의 규격·품질 및 안전성 등에 대한 시험·검사기관이나 한국소비자원의 시험·검사·조사 및 그 결과 공표, 시험·검사시설에 대한 지원(同法 17①②③④)에 대하여도 규정하고 있다.

2) 사업자의 책무 등

사업자는 국가 및 지방자치단체의 소비자권익 증진시책에 적극 협력하여야 하고, 소비자단체 및 한국소비자원의 소비자권익증진과 관련된 업무의 추진에 필요한 자료 및 정보제공 요청에 적극 협력하여야 하며, 안전하고 쾌적한 소비생활 환경을 조성하기 위하여 물품 등을 제공함에 있어서 환경친화적인 기술의 개발과 자원의 재활용을 위하여 노력하여야 한다(同法 18①②③).

사업자는 물품 등으로 인하여 소비자에게 생명·신체 또는 재산에 대한 위해가 발생하지 아니하도록 필요한 조치를 강구하여야 하고, 물품 등을 공급함에 있어서 소비자의 합리적인 선택이나 이익을 침해할 우려가 있는 거래조건이나 거래방법을 사용하여서는 아니 되며, 소비자에게 물품 등에 대한 정보를 성실하고 정확하게 제공하여야 한다(同法 19①②③).

사업자는 소비자의 개인정보가 분실·도난·누출·변조 또는 훼손되지 아니하도록 그 개인정보를 성실하게 취급하여야 하고, 물품 등의 하자로 인한 소비자의 불만이나 피해를 해결하거나 보상하여야 하며, 채무불이행 등으로 인한 소비자의 손해를 배상하여야 한다(同法 19④⑤).

사업자는 국가가 정한 소비자의 안전을 위한 기준에 위반되는 물품 등을 제조·수입·판매하거나 제공하여서는 아니 되며, 국가가 정한 표시기준·광고기준이나 개인정보의 보호기준을 위반하여서는 아니 되고(同法 20①②③⑤), 국가가 지정·고시한 사업자의 부당한 행위를 하여서는 아니 된다(同法 20④).

(4) 소비자정책의 추진체계

1) 소비자정책의 수립

「독점규제 및 공정거래에 관한 법률」에 의거하여 설립된 공정거래위원회는 소비자정책위원회(후술)의 심의·의결을 거쳐 소비자정책 기본계획(이하 '기본계획'이라 함)을 3년마다 수립하여야 한다(同法 21①).

이 법은 소비자정책의 목표, 어린이 위해방지를 위한 연령별 안전기준의 작성, 소비자정책의 추진과 관련된 재원의 조달방법, 그 밖에 소비자정책의 수립과 추진에 필요한 사항 등, 위의 기본계획에 포함되어야 할 사항도 규정하고 있다(同法 21②).

관계 중앙행정기관의 장은 위의 기본계획에 따라 매년 10월 31일까지 소관 업무에 관하여 다음 연도의 소비자정책에 관한 시행계획(이하 '중앙행정기관별 시행계획'이라 함)을 수립하여야 하며(同法 22①), 시·도지사는 기본계획과 중앙행정기관별 시행계획에 따라 매년 11월 30일까지 소비자정책에 관한 다음 연도의 시·도별 시행계획을 수립하여야 한다(同法 22②).

공정거래위원회는 매년 12월 31일까지 중앙행정기관별 시행계획 및 시·도별 시행계획을 취합·조정하여 소비자정책위원회의 심의·의결을 거쳐 종합적인 시행계획(이하 '종합시행계획'이라 함)을 수립하여야 하며, 관계 중앙행정기관의 장 및 시·도지사는 종합시행계획이 실효성 있게 추진될 수 있도록 매년 소요비용에 대한 예산편성 등 필요한 재정조치를 강구하여야 한다(同法 22③④).

2) 소비자정책위원회

소비자의 권익증진 및 소비생활의 향상에 관한 기본적인 정책을 심의·의결하기 위하여 공정거래위원회에 소비자정책위원회를 둔다(同法 23).

소비자정책위원회는 ① 기본계획 및 종합시행계획, ② 소비자정책의 종합적 추진에 관한 사항, ③ 소비자정책의 평가 및 제도개선에 관한 사항, ④ 그 밖에 위원장이 소비자의 권익증진 및 소비생활의 향상을 위하여 토의에 부치는 사항을 심의·의결한다(同法 25①).

3) 국제협력

국가는 소비자문제의 국제화에 대응하기 위하여 국가 사이의 상호협력방안을 마련하는 등 필요한 대책을 강구하여야 하며, 공정거래위원회는 관계 중앙행정기관의 장과 협의하여 국제적인 소비자문제에 대응하기 위한 정보의 공유, 국제협력창구 또는 협의체의 구성·운영 등 관련 시책을 수립·시행하여야 한다(同法 27①②).

(5) 소비자단체

소비자단체는 ① 국가 및 지방자치단체의 소비자권익과 관련된 시책에 대한 건의, ② 물품 등의 규격·품질·안전성·환경성에 관한 시험·검사 및 가격 등을 포함한 거래조건이나 거래방법에 관한 조사·분석, ③ 소비자문제에 관한 조사·연구, ④ 소비자의 교육, ⑤ 소비자의 불만 및 피해를 처리하기 위한 상담·정보제공 및 당사자 사이의 합의 권고 등의 업무를 행한다(同法 28①).

일정한 요건을 갖춘 소비자단체는 대통령령이 정하는 바에 따라 공정거래위원회 또는 지방자치단체에 등록할 수 있으며(同法 29①), 공정거래위원회 또는 지방자치단체의 장은 소비자단체가 거짓 그 밖의 부정한 방법으로 등록을 한 경우에는 등록을 취소하여야 한다(同法 30①).

공정거래위원회에 등록한 소비자단체의 협의체는 소비자의 불만 및 피해를 처리하기 위하여 자율적 분쟁조정을 할 수 있다. 다만, 다른 법률의 규정에 따라 설치된 전문성이 요구되는 분야의 분쟁조정기구로서 대통령령이 정하는 기구에서 관장하는 사항에 대하여는 그러하지 아니하다(同法 31①).

국가 또는 지방자치단체는 등록된 소비자단체의 건전한 육성·발전을 위하여 필요하다고 인정될 때에는 보조금을 지급할 수 있다(同法 32).

(6) 한국소비자원(韓國消費者院)

소비자권익 증진시책의 효과적인 추진을 위하여 한국소비자원을 설립한다. 한국소비자원은 법인으로 하며, 공정거래위원회의 승인을 얻어 필요한 곳에 그 지부를 설치할 수 있다. 한국소비자원은 그 주된 사무소의 소재지에서 설립등기를 함으로써 성립한다(同法 33①②③④).

이 법은 한국소비자원의 정관에 기재하여야 할 사항(同法 34), 소비자의 권익 증진을 위하여 필요한 경우 물품 등의 규격·품질·안전성·환경성에 관한 시험·검사 및 가격 등을 포함한 거래조건이나 거래방법에 대한 조사·분석 등 한국소비자원이 수행할 업무와 그 업무에서 제외되는 사항(同法 35①②)에 대하여도 규정하고 있다(大判 1998.5.22, 97다57689).

한국소비자원에 원장·부원장 및 소비자안전센터의 소장 각 1인을 포함한 10인 이내의 이사와 감사 1인을 두며, 임원의 임기는 3년으로 한다(同法 38①⑥).

공정거래위원회는 한국소비자원(소비자안전센터 포함)을 지도·감독하고, 필요하다고 인정되는 때에는 한국소비자원에 대하여 그 사업에 관한 지시 또는 명령을 할 수 있으며, 한국소비자원은 매년 업무계획서와 예산서를 작성하여 공정거래위원회의 승인을 얻어야 하며, 매년 결산보고서와 이에 대한 감사의 의견서를 작성하여 공정거래위원회에 보고하여야 한다(同法 42①②).

(7) 소비자 안전

국가 및 지방자치단체는 어린이·노약자·장애인 등 안전취약계층에 대하여 우선적으로 보호시책을 강구하여야 하며, 사업자는 어린이·노약자·장애인 등 안전취약계층에 대하여 물품 등을 판매·광고 또는 제공하는 경우에는 그 취약계층에게 위해(危害)가 발생하지 아니하도록 하는 안전조치와 더불어 필요한 예방조치를 취하여야 한다(同法 45①②).

공정거래위원회는 사업자가 제공한 물품 등으로 인하여 소비자에게 위해발생이 우려되는 경우에는 관계 중앙행정기관의 장에게 다른 법령에서 별도로 정하고 있는 경우의 해당 안전 조치나 물품 등의 수거·파기 등의 권고나 명령, 과태료 처분, 그 밖에 물품 등에 대한 위해방지대책의 강구 등의 조치를 요청할 수 있다(同法 46. 大判 2014.2.13, 2011다38417).

사업자는 소비자에게 제공한 물품 등에 소비자의 생명·신체 또는 재산에 위해를 끼치거나 끼칠 우려가 있는 제조·설계·표시 등의 중대한 결함이 있는 사실을 알게 된 때에는 그 결함의 내용을 소관 중앙행정기관의 장에게 보고(전자적 보고 포함)하여야 한다(同法 47①).

위의 보고를 받은 중앙행정기관의 장은 사업자가 보고한 결함의 내용에 관하여 시험·검사기관 또는 한국소비자원 등에 시험·검사를 의뢰하고, 시험·검사의 결과 그 물품 등이 소비자의 생명·신체 또는 재산에 위해를 끼치거나 끼칠 우려가 있다고 인정되는 경우에는 사업자에게 물품의 수거·파기 등의 권고나 명령 등 필요한 조치를 취하여야 한다(同法 47②).

이 법은 사업자의 위해물품(危害物品) 등의 수거·파기·수리·교환·환급 또는 제조·수입·판매·제공의 금지(同法 48), 사업자에 대한 위해물품 등의 수거·파기 등의 권고(同法 49①)와 명령(同法 50①), 한국소비자원에 설치되는 소비자안전센터의 업무(同法 51①③), 소비자안전센터 소장의 직무(同法 52②), 소비자안전센터의 위해정보 수집을 위한 위해정보제출기관의 지정·운영(同法 52④)에 대하여도 규정하고 있다.

(8) **소비자피해구제(消費者被害救濟)**

1) 사업자·사업자단체의 소비자상담

사업자와 사업자단체는 소비자로부터 제기되는 의견이나 불만 등을 기업경영에 반영하고, 소비자의 피해를 신속하게 처리하기 위한 기구(이를 '소비자상담기구'라 함)의 설치·운영에 적극 노력하여야 하며, 소비자의 불만 또는 피해의 상담을 위하여 국가기술자격법에 따른 관련 자격이 있는 자 등 전담직원을 고용·배치하도록 적극 노력하여야 한다(同法 53①②).

중앙행정기관의 장은 사업자 또는 사업자단체에게 소비자상담기구의 설치·운영을 권장하거나 그 설치·운영에 필요한 지원을 할 수 있다(同法 54①).

2) 한국소비자원에 의한 소비자피해구제

소비자는 물품 등의 사용으로 인한 피해의 구제를 한국소비자원에 신청할 수 있으며, 국가·지방자치단체 또는 소비자단체는 소비자로부터 피해구제의 신청을 받은 때에는 한국소비자원에 그 처리를 의뢰할 수 있고, 사업자도 소비자로부터 피해구제의 신청을 받아 스스로 해결하지 못하는 일정한 경우에 한국소비자원에 그 처리를 의뢰할 수 있다(同法 55①②③).

한국소비자원장은 피해구제신청사건을 처리함에 있어서 당사자 또는 관계인이 법령을 위반한 것으로 판단되는 때에는 관계기관에 이를 통보하고 적절한 조치를 의뢰하여야 하며(同法 56), 피해구제신청의 당사자에 대하여 피해보상에 관한 합의를 권고할 수 있다(同法 57).

3) 소비자분쟁조정위원회에 의한 소비자피해구제

한국소비자원장은 피해구제의 신청을 받은 날부터 30일 이내에 당사자의 합의가 이루어지지 아니하는 때에는 지체 없이 소비자분쟁조정위원회에 분쟁조정을 신청하여야 한다. 다만, 피해의 원인규명 등에 상당한 시일이 요구되는 피해구제신청사건으로서 대통령령이 정하는 사건에 대하여는 60일 이내의 범위에서 처리기간을 연장할 수 있다(同法 58).

소비자와 사업자 사이에 발생한 분쟁을 조정하기 위하여 한국소비자원에 소비자분쟁조정위원회(이하 '조정위원회'라 함)를 둔다. 조정위원회는 ① 소비자분쟁에 대한 조정결정, ② 조정위원회의 의사(議事)에 관한 규칙의 제정 및 개정·폐지, ③ 그 밖에 조정위원회의 위원장이 토의에 부치는 사항을 심의·의결한다(同法 60).

소비자와 사업자 사이에 발생한 분쟁에 관하여 다른 관련 기구에서 소비자분쟁이 해결되지 아니하거나 당사자 간의 합의가 이루어지지 아니한 경우, 당사자나 그 기구 또는 단체의 장은 조정위원회에 분쟁조정을 신청할 수 있다(同法 65①).

조정위원회는 분쟁조정을 신청받으면 지체 없이 분쟁조정절차를 개시하여야 하며(同法 65②), 분쟁조정절차에 앞서 이해관계인·소비자단체 또는 관계기관의 의견을 들을 수 있고(同法 65④), 분쟁조정을 신청 받은 날부터 30일 이내(부득이 한 사정이 있을 경우 연장 가능)에 분쟁조정을 마쳐야 한다(同法 66①②).

이 법은 조정위원회위원장의 당사자에 대한 분쟁조정내용의 통지 및 당사자의 분쟁조정내용 수락 여부 통보(同法 67①②), 당사자가 분쟁조정내용을 수락한 경우 조정위원회의 조정조서 작성 및 분쟁조정내용의 재판상 화해와 같은 효력인정(同法 67③④)에 대하여도 규정하고 있다.

4) 집단분쟁조정을 통한 소비자피해구제

국가·지방자치단체·한국소비자원 또는 소비자단체·사업자는 소비자의 피해가 다수의 소비자에게 같거나 비슷한 유형으로 발생하는 경우로서 대통령령이 정하는 사건에 대하여는 조정위원회에 일괄적인 분쟁조정(이하 '집단분쟁조정'이라 함)을 의뢰 또는 신청할 수 있다(同法 68①).

집단분쟁조정을 의뢰받거나 신청받은 조정위원회는 조정위원회의 의결로써 집단분쟁조정의 절차를 개시할 수 있고, 이 경우 조정위원회는 대통령령이 정하는 기간(14일 이상) 동안 그 절차의 개시를 공고하여야 한다(同法 68②).

조정위원회는 집단분쟁조정의 당사자가 아닌 소비자 또는 사업자로부터 그 분쟁조정의 당사자에 추가로 포함될 수 있도록 하는 신청을 받을 수 있다(同法 68③).

조정위원회는 사업자가 조정위원회의 집단분쟁조정의 내용을 수락한 경우에는 집단분쟁조정의 당사자가 아닌 자로서 피해를 입은 소비자에 대한 보상계획서를 작성하여 조정위원회에 제출하도록 권고할 수 있으며, 집단분쟁조정의 당사자인 다수의 소비자 중 일부의 소비자가 법원에 소를 제기한 경우에는 그 절차를 중지하지 아니하고, 소를 제기한 일부의 소비자를 그 절차에서 제외한다(同法 68⑤⑥).

집단분쟁조정은 집단분쟁조정 절차의 개시 공고기간이 종료된 날의 다음 날부터 30일 이내에 마쳐야 한다. 다만, 부득이한 사유로 해당 기간 내에 분쟁조정을 마칠 수 없는 경우에는 2회에 한하여 각각 30일의 범위에서 그 기간을 연장할 수 있으며, 이 경우 그 사유와 기한을 구체적으로 밝혀 당사자 및 그 대리인에게 통지하여야 한다(同法 68⑦). 집단분쟁조정의 절차 등에 관하여 필요한 사항은 대통령령으로 정한다(同法 68⑧).

집단분쟁조정에 이해관계가 있는 당사자들은 그 중 3명 이하를 대표당사자로 선임할 수 있고, 조정위원회는 당사자들이 대표당사자를 선임하지 아니한 경우에 당사자들에게 대표당사자를 선임할 것을 권고할 수 있으며, 대표당사자는 자기를 선임한 당사자들을 위하여 그 사건의 조정에 관한 모든 행위를 할 수 있다. 다만, 조정신청의 철회 및 조정안의 수락·거부는 자기를 선임한 당사자들의 서면에 의한 동의를 받아야 한다(同法 68의2①②③).

대표당사자를 선임한 당사자들은 대표당사자를 통하여서만 그 사건의 조정에 관한 행위를 할 수 있으며, 필요하다고 인정하는 경우에는 대표당사자를 해임하거나 변경할 수 있다. 이 경우 당사자들은 그 사실을 지체 없이 조정위원회에 통지하여야 한다(同法 68의2④⑤).

조정위원회의 운영 및 조정절차에 관하여 이 법에서 규정하지 아니한 사항에 대하여는 민사조정법을 준용한다(同法 69).

5) 소비자단체소송(消費者團體訴訟)을 통한 소비자피해구제

국가가 정한 기준 등에 위반되는 물품 등의 제조·수입·판매·제공을 금지한 이 법 제20조의 규정을 사업자가 위반하여 소비자의 생명·신체 또는 재산에 대한 권익을 직접적으로 침해하고 그 침해가 계속되는 경우에 일정한 요건을 갖춘 단체는 법원에 소비자권익침해행위의 금지·중지를 구하는 소송(이를 '소비자단체소송'이라 함)을 제기할 수 있다.

위의 일정한 요건을 갖춘 단체란 ① 공정거래위원회에 등록 후 3년이 경과한 소비자단체로서 정관에 따라 소비자의 권익증진을 주된 목적으로 하고, 단체의 정회원수가 1천명 이상인 단체, ② 대한상공회의소, 중소기업협동조합중앙회 및 전국 단위의 경제단체로서 대통령령이 정하는 단체와, ③ 비영리민간단체지원법상의 비영리민간단체로서 정관에 소비자의 권익증진을 단체의 목적으로 명시한 후 최근 3년 이상 이를 위한 활동실적이 있으며, 단체의 상시 구성원수가 5천명 이상이고, 중앙행정기관에 등록되어 있으며, 법률상 또는 사실상 동일한 침해를 입은 50인 이상의 소비자로부터 단체소송의 제기를 요청받은 단체를 말한다(同法 70).

소비자단체소송의 소(訴)는 피고의 주된 사무소 또는 영업소가 있는 곳, 주된 사무소나 영업소가 없는 경우에는 주된 업무담당자의 주소가 있는 곳의 지방법원 본원 합의부의 관할에 전속(專屬)한다(同法 71①).

소비자단체소송의 원고는 변호사를 소송대리인으로 선임하여야 한다(同法 72).

소비자단체소송을 제기하는 단체는 소장(訴狀)과 함께 ① 원고 및 그 소송대리인, ② 피고, ③ 금지·중지를 구하는 사업자의 소비자권익 침해행위의 범위를 기재한 소송허가신청서를 법원에 제출하여야 한다(同法 73①).

위의 소송허가신청서에는 ① 소를 제기한 단체가 소비자단체소송을 제기할 수 있는 요건을 갖춘 단체임을 소명하는 자료, ② 소제기(訴提起)단체가 사업자에게 소비자권익 침해행위를 금지·중지할 것을 요청한 서면 및 이에 대한 사업자의 의견서(다만, 서면으로 요청한 후 14일 내에 사업자의 응답이 없을 경우에는 사업자의 의견서를 생략할 수 있음)를 첨부하여야 한다(同法 73②).

법원은 ① 물품 등의 사용으로 인하여 소비자의 생명·신체 또는 재산에 피해가 발생하거나 발생할 우려가 있는 등 다수 소비자의 권익보호 및 피해예방을 위한 공익상의 필요가 있으며, ② 소송허가신청서의 기재사항에 흠결이 없고, ③ 소제기단체가 사업자에게 소비자권익 침해행위를 금지·중지할 것을 서면으로 요청한 후 14일이 경과하였을 경우에 한하여 결정으로 소비자단체소송을 허가한다(同法 74①). 소비자단체소송을 허가하거나 불허가하는 결정에 대하여는 즉시항고할 수 있다(同法 74②).

소비자단체소송에서 원고의 청구를 기각하는 판결이 확정된 경우 이와 동일한 사안에 관하여는 ① 판결이 확정된 후 그 사안과 관련하여 국가 또는 지방자치단체가 설립한 기관에 의하여 새로운 연구결과나 증거가 나타난 경우이거나, ② 기각판결이 원고의 고의로 인한 것임이 밝혀진 경우가 아니면 소비자단체소송을 제기할 수 없다(同法 75).

소비자단체소송에 관하여 소비자기본법에 특별한 규정이 없는 경우에는 민사소송법을 적용하며(同法 76①), 법원의 소비자단체소송 허가결정이 있는 경우에는 민사집행법 제4편의 규정에 따른 보전처분을 할 수 있다(同法 76②). 소비자단체소송의 절차에 관하여 필요한 사항은 대법원규칙으로 정한다(同法 76③).

(9) 조사절차 등

중앙행정기관의 장은 ① 소비자에게 정보제공을 하기 위하여 필요한 경우, ②

소비자의 불만 및 피해를 처리하기 위하여 필요한 경우, ③ 소비자기본법의 위반 여부를 확인하기 위하여 필요한 경우에는 대통령령이 정하는 바에 따라 소속공무원으로 하여금 사업자의 물품·시설 및 제조공정 그 밖의 물건을 검사하게 하거나 그 사업자에게 그 업무에 관한 보고 또는 관계 물품·서류 등의 제출을 명할 수 있다(同法 77①).

중앙행정기관의 장은 물품 등의 안전성을 의심할 만한 정당한 이유가 있는 경우로서 대통령령이 정하는 사유가 있는 때에는 소속 공무원으로 하여금 사업자의 영업장소·제조장소·창고 등 저장소, 사무소 그 밖의 이와 유사한 장소에 출입하여 검사 등을 하게 할 수 있다(同法 77②).

소비자단체가 요청하는 자료 및 정보의 범위·사용목적·사용절차에 관한 사항과 그 밖에 대통령령이 정하는 사항을 협의·조정하기 위하여 한국소비자원에 소비자정보요청협의회를 둔다(同法 79①).

일정한 요건을 갖춘 소비자단체는 소비자정보요청협의회의 협의·조정을 거쳐 사용목적·사용절차 등을 미리 알리고 사업자 또는 사업자단체에 필요한 자료 및 정보의 제공을 요청할 수 있다. 이 경우 그 사업자 또는 사업자단체는 정당한 사유가 없는 한 이에 응하여야 한다(同法 78①②③④).

중앙행정기관의 장은 국가가 정한 일정한 기준 등을 위반하는 행위를 한 사업자에게 그 행위의 중지 등 시정에 필요한 조치를 명할 수 있으며, 사업자에게 위의 시정명령을 받은 사실을 공표하도록 명할 수 있다(同法 80①②).

국가 및 지방자치단체는 국가가 정한 소비자의 안전을 위한 기준, 물품 등의 표시기준, 물품 등의 광고기준, 개인정보의 보호기준, 사업자의 부당행위규정 등을 사업자가 위반하는지 여부를 판단하기 위하여 필요한 경우에는 등록소비자단체 또는 한국소비자원에 조사를 의뢰할 수 있으며(同法 81①), 공정거래위원회는 사업자가 위의 기준 등을 위반하는 행위를 한 사실을 알게 된 때에는 그 물품 등을 주관하는 중앙행정기관의 장에게 위반행위의 시정에 필요한 적절한 조치를 요청할 수 있다(同法 81②).

이 법은 벌칙(同法 84·85)과 과태료부과(同法 86)에 관하여도 규정하고 있다.

(10) **소비자보호에 관한 법률들**

1) 공정거래위원회 소관의 소비자보호에 관한 법률로서, 소비자기본법 외에 ① 「방문판매 등에 관한 법률」, ② 「표시·광고의 공정화에 관한 법률」, ③ 「할부거래에 관한 법률」, ④ 「전자상거래 등에서의 소비자보호에 관한 법률」, ⑤ 소비자생활협동조합법, ⑥ 「약관의 규제에 관한 법률」, ⑦ 「제조물 책임법」 등이 있다.

2) 식품의약품안전처 소관의 소비자보호(소비자안전)에 관한 법률로서, ① 식품안전기본법, ② 식품위생법, ③ 「어린이 식생활안전관리 특별법」, ④ 「수입식품안전관리 특별법」, ⑤ 「건강기능식품에 관한 법률」, ⑥ 「농수산물 품질관리법」, ⑦ 「축산물 위생관리법」, ⑧ 의료기기법, ⑨ 화장품법 등이 있다.

3) 산업통상자원부 소관의 소비자보호(소비자안전)에 관한 법률로서, ① 「고압가스 안전관리법」, ② 「액화석유가스의 안전관리 및 사업법」, ③ 「어린이제품 안전 특별법」, ④ 「전기용품안전 관리법」, ⑤ 「송유관 안전관리법」, ⑥ 「제품안전기본법」, ⑦ 「품질경영 및 공산품안전관리법」 등이 있다.

위의 법률들 중 식품의약품안전처와 산업통상자원부의 소관 법률들은 소비자의 생명·건강·위생 면에서의 안전을 확보하기 위한 법률들로서 전술한 제4절 안전·질서행정에 관한 법의 범주에 포함될 수도 있는 법률들이다.

5. 「독점규제 및 공정거래에 관한 법률」

(1) 서설

국가는 자본주의의 고도화에 따라 나타날 수 있는 기업결합과 경쟁제한적인 각종 협정·거래방법 등을 통한 기업의 시장지배력독점(市場支配力獨占) 등의 폐해를 방지·배제하고 경제적 약자도 보호되는 바람직한 경제질서를 형성해야 할 것이다.

헌법은 제119조 제2항에서 국가가 '시장의 지배와 경제력의 남용을 방지'하기 위하여 경제에 관한 규제와 조정을 할 수 있다고 규정하고 있는바, 이에 따른 법률로서 「독점규제 및 공정거래에 관한 법률」이 제정·시행되고 있다.

「독점규제 및 공정거래에 관한 법률」은 사업자의 시장지배적 지위의 남용과 과도한 경제력 집중을 방지하고, 부당한 공동행위 및 불공정거래행위를 규제하여 공정하고 자유로운 경쟁을 촉진함으로써 창의적인 기업활동을 조장하고 소비자를 보호함과 아울러 국민경제의 균형있는 발전을 도모함을 목적으로 하고 있다(同法 1).

이 법에서 '사업자'란 제조업·서비스업·기타 사업을 행하는 자를 말하며, '시장지배적 지위'란 일정한 거래분야에서 단독으로 또는 다른 사업자와 함께 상품이나 용역의 가격·수량·품질 기타의 거래조건을 결정·유지 또는 변경할 수 있는 공급자나 수요자의 시장지위(市場地位)를 말하고, '시장지배적 사업자'란 시장지배적 지위를 가진 사업자를 말한다. '기업집단'이란 동일인이 대통령령이 정하는 기준에 의하여 사실상 그 사업내용을 지배하는 회사의 집단(동일인이 회사인 경우 그 동일인과 그 동일인이 지배하는 하나 이상의 회사의 집단, 동일인이 회사가 아닌 경우 그 동일인이 지배하는 2 이상의 회사의 집단)을 말하며, 2이상의 회사가 동일한 기업집단에 속하는 경우에 이들 회사는 서로 상대방의 '계열회사'라 한다(同法 2).

시장지배적 사업자를 판단함에 있어서는 시장 점유율, 진입장벽의 존재 및 정도, 경쟁사업자의 상대적 규모 등을 종합적으로 고려한다(大判 2007.11.22, 2002두8626).

이 법에 의한 사무를 독립적으로 수행하기 위하여 국무총리소속하에 공정거래위원회(후술)를 둔다(同法 35①). 공정거래위원회는 합의제 행정청이다.

공정거래위원회는 독과점적(獨寡占的) 시장구조가 장기간 유지되고 있는 상품이나 용역의 공급 또는 수요시장에 대하여 경쟁을 촉진하기 위한 시책을 수립·시행하여야 한다(同法 3①).

(2) 사업자의 시장지배적 지위의 남용금지

이 법에 따르면, 시장지배적 사업자는 ① 상품의 가격이나 용역의 대가(이하 '가격'이라 함)를 부당하게 결정·유지 또는 변경하는 행위, ② 상품의 판매 또는 용역의 제공을 부당하게 조절하는 행위, ③ 다른 사업자의 사업활동을 부당하게 방해하는 행위, ④ 새로운 경쟁사업자의 참가를 부당하게 방해하는 행위, ⑤ 부당하게 경쟁사업자를 배제하기 위하여 거래하거나 소비자의 이익을 현저히 저해할 우려가 있는 행위(이들 행위를 '남용행위'라 함)를 하여서는 아니 된다(同法 3의2 ①. 大判 2001.12.24, 99두11141). 이 규정은 사업자의 시장지배적 지위 남용을 금지하는 법규하명규정이다.

이 법은 위의 시장지배적 지위의 남용행위의 유형 또는 기준을 대통령령으로 정할 수 있도록 하고(同法 3의2②), 일정한 거래분야에서 1 사업자의 시장점유율이 100분의 50 이상이거나, 3 이하의 사업자의 시장점유율의 합계가 100분의 75 이상(다만, 시장점유율이 100분의 10 미만인 자는 제외)인 사업자(일정한 거래분야에서 연간 매출액 또는 구매액이 40억원 미만인 사업자는 제외)는 시장지배적 사업자로 추정하도록 규정하고 있다(同法 4).

공정거래위원회는 위의 시장지배적 지위 남용금지 규정(同法 3의2)에 위반하는 행위가 있을 때에는 그 시장지배적 사업자에 대하여 가격의 인하, 당해 행위의 중지, 시정명령을 받은 사실의 공표 기타 시정을 위한 필요한 조치를 명할 수 있으며(同法 5), 시장지배적 사업자가 남용행위를 한 경우에는 일정액의 과징금을 부과할 수 있다(同法 6).

(3) 기업결합의 규제 및 경제력집중의 억제

누구든지 직접 또는 대통령령이 정하는 특수 관계인을 통하여 ① 다른 회사의 주식의 취득·소유, ② 다른 회사의 임원겸임, ③ 다른 회사와의 합병, ④ 다른 회사의 영업양수, ⑤ 새로운 회사설립에 참여(예외 있음)하는 행위(이들 행위를 '기업결합'이라 함)로서 일정한 거래분야에서 경쟁을 실질적으로 제한하는 행위를 하여서는 아니 된다. 다만, 자산총액 또는 매출액의 규모가 대통령령이 정하는 규모에 해당하는 회사(이를 '대규모회사'라 함) 외의 임원·종업원이 다른 회사의 임원을 겸임하는 경우에는 그러하지 아니하다(同法 7①. 大判 2008.5.29, 2006두6659).

위에서 '일정한 거래분야'란 거래의 객체별·단계별 또는 지역별로 경쟁관계에 있거나 경쟁관계가 성립될 수 있는 분야를 말하며, '경쟁을 실질적으로 제한하는 행위'란 일정한 거래분야의 경쟁이 감소하여 특정 사업자 또는 사업자단체의 의사에 따라 어느 정도 자유로이 가격·수량·품질 기타 거래조건 등의 결정에 영향을 미치거나 미칠 우려가 있는 상태를 초래하는 행위를 말한다(同法 2).

이 법은 위의 기업결합 규제규정(同法 7①)이 적용되지 아니하는 경우와 기업결합이 일정한 거래분야에서 경쟁을 실질적으로 제한하는 것으로 추정되는 경우도 규정하고 있다(同法 7②④).

이 법의 규정에 의한 주식의 취득 또는 소유는 취득이나 소유의 명의와 관계없이 실질적인 소유관계를 기준으로 하며(同法 7의2), 지주회사를 설립하거나 지주회사로 전환한 자는 대통령령이 정하는 바에 의하여 공정거래위원회에 신고하여야 한다(同法 8).

이 법에서 '지주회사'란 주식(지분 포함)의 소유를 통하여 국내회사의 사업내용을 지배하는 것을 주된 사업으로 하는 회사로서 자산총액이 대통령령으로 정하는 금액이상인 회사를 말하며, '자회사'란 지주회사에 의하여 대통령령이 정하는 기준에 따라 그 사업내용을 지배받는 국내회사를 말하고, '손자회사'란 자회사에 의하여 대통령령으로 정하는 기준에 따라 사업내용을 지배받는 국내회사를 말하며, '증손회사'란 손자회사가 주식을 소유하고 있는 회사를 말한다(同法 2).

이 법은 지주회사가 하여서는 아니 되는 행위(同法 8의2②), 일반지주회사의 자회사가 하여서는 아니 되는 행위(同法 8의2③), 일반지주회사의 손자회사·증손회사가 하여서는 아니 되는 행위(同法 8의2④⑤), 당해 지주회사·자회사·손자회사·증손회사(이하 '지주회사 등'이라 함)의 주식소유현황·재무상황 등 사업내용에 관한 보고서를 공정거래위원회에 제출하여야 할 지주회사의 의무(同法 8의2⑦)에 대하여 규정하고 있다.

이 법은 채무보증제한기업집단의 지주회사 설립제한(同法 8의3), 상호출자제한 기업집단에 속하는 회사의 상호출자의 금지(同法 9), 순환출자의 금지(同法 9의 2), 계열회사에 대한 채무보증의 금지(同法 10의2), 상호출자제한기업집단에 속하는 금융회사 또는 보험회사의 의결권 제한(同法 11), 내부거래공시대상회사의 대규모내부거래에 대한 이사회 의결 및 공시(同法 11의2), 비상장회사 등의 중요사항 공시(同法 11의3), 상호출자제한기업집단에 속하는 회사 중 자산총액 등이 대통령령으로 정하는 기준에 해당하는 회사의 기업집단현황 등에 관한 공시(同法 11의4), 기업결합신고대상회사 등의 기업결합 신고 및 신고절차(同法 12), 기업결합 신고절차 등의 특례(同法 12의2), 상호출자제한기업집단·채무보증제한기업집단에 속하는 회사의 공정거래위원회에 대한 당해 회사 주주의 주식소유현황·재무상황 및 다른 국내회사 주식의 소유현황 등의 신고(同法 13①②), 공정거래위원회의 상호출자제한기업집단·채무보증제한기업집단 지정 및 통지(同法 14①), 상호출자제한기업집단·채무보증제한기업집단의 계열회사 편입·제외(同法 14의2①. 大判 2015.3.20, 2012두27176), 계열회사의 편입·통지일의 의제(同法 14의3)에 대하여 규정하고 있다.

공정거래위원회는 상호출자의 금지, 금융회사 또는 보험회사의 의결권 제한, 주식소유현황 등의 신고, 계열회사의 편입 및 제외 등에 관한 이 법의 규정의 시행을 위하여 필요하다고 인정하는 경우에는 금융감독원이나 국내 금융기관 등 관련기관에 대하여 상호출자제한기업집단 등의 국내계열회사 주주의 주식소유현황, 채무보증 관련자료, 가지급금·대여금 또는 담보의 제공에 관한 자료, 부동산의 거래 또는 제공에 관한 자료 등 필요한 자료의 확인 또는 조사를 요청할 수 있으며(同法 14의4), 과도한 경제력 집중을 방지하고 기업집단의 투명성 등을 제고하기 위하여 상호출자제한기업집단에 속하는 회사의 일반현황·지배구조 등 일정한 정보를 공개할 수 있고, 정보시스템을 구축·운영할 수 있다(同法 14의5).

누구든지 이 법상의 기업결합의 제한, 지주회사 등의 행위제한, 채무보증제한기업집단의 지주회사 설립제한, 상호출자의 금지, 순환출자의 금지, 계열회사에 대한 채무보증의 금지, 금융회사 또는 보험회사의 의결권 제한 등에 관한 규정의 적용을 면탈하려는 행위를 하여서는 아니 된다(同法 15①).

위 규정을 포함한 이 법의 일정한 규정에 위반하거나 위반할 우려가 있는 행위가 있는 때에 공정거래위원회는 당해 사업자 또는 위반행위자에 대하여 ① 당해 행위의 중지, ② 주식의 전부 또는 일부의 처분, ③ 임원의 사임, ④ 영업의 양도, ⑤ 채무보증의 취소, ⑥ 기업결합에 따른 경쟁제한의 폐해를 방지할 수 있는 영업방식 또는 영업범위제한, ⑦ 공시의무의 이행 또는 공시내용의 정정, ⑧ 기타 법위반상태를 시정하기 위하여 필요한 조치를 명할 수 있다(同法 16①).

공정거래위원회는 이 법 제7조 제1항(기업결합의 제한), 제8조의3(채무보증제한 기업집단의 지주회사 설립제한), 제12조 제8항(기업결합 신고자의 금지행위)을 위반한 회사의 합병 또는 설립이 있는 경우에 시정조치를 명할 수 있고, 당해 회사의 합병 또는 설립무효의 소(訴)를 제기할 수 있다(同法 16①②).

공정거래위원회는 상호출자·순환출자의 금지에 관한 규정을 위반하여 주식을 취득 또는 소유한 회사에 대하여 위반행위로 취득 또는 소유한 주식의 취득가액에 100분의 10을 곱한 금액을 초과하지 아니하는 범위 안에서 과징금을 부과할 수 있으며(同法 17①), 계열회사에 대한 채무보증 금지 규정을 위반하여 채무보증을 한 회사에 대하여 당해 법위반 채무보증액의 100분의 10을 곱한 금액을 초과하지 아니하는 범위 안에서 과징금을 부과할 수 있다(同法 17②).

공정거래위원회는 지주회사 등의 행위제한 규정을 위반한 자에 대하여 일정액의 과징금을 부과할 수 있고(同法 17④), 기업결합 제한 규정을 위반하여 시정조치를 받은 후 그 정한 기간 내에 이행을 하지 아니하는 자에 대하여 일정액의 이행강제금을 부과할 수 있다(同法 17의3①).

공정거래위원회의 시정조치로서 주식처분명령을 받은 자는 그 명령을 받은 날부터 당해 주식에 대하여 그 의결권을 행사할 수 없으며, 상호출자 금지 규정을 위반하여 상호출자를 한 주식에 대하여는 그 시정조치 명령을 받은 날부터 법위반상태가 해소될 때까지 당해 주식 전부에 대하여 의결권을 행사할 수 없다(同法 18①②).

(4) **사업자의 부당한 공동행위의 제한**

사업자는 계약·협정·결의 기타 어떠한 방법으로도 다른 사업자와 공동으로 부당하게 경쟁을 제한하는 ① 가격의 결정·유지 또는 변경행위, ② 상품 또는 용역의 거래조건이나 그 대금 또는 대가의 지급조건을 정하는 행위, ③ 상품의 생산·출고·수송 또는 거래의 제한이나 용역의 거래를 제한하는 행위, ④ 거래지역 또는 거래상대방을 제한하는 행위 등 일정한 행위를 할 것을 합의(이를 '부당한 공동행위'라 함)하거나 다른 사업자로 하여금 이를 행하도록 하여서는 아니 된다(同法 19①. 大判 2015.7.9, 2013두26804, 大判 2015.6.11, 2013두1676. 大判 2015.2.12, 2013두6169. 大判 2014.12.24, 2012두6216. 大判 2012.11.29, 2010다93790. 大判 2008.5.29, 2006도6625).

그러나 위의 부당한 공동행위가 ① 산업합리화, ② 연구·기술개발, ③ 불황의 극복, ④ 산업구조의 조정, ⑤ 거래조건의 합리화, ⑥ 중소기업의 경쟁력향상의 목적을 위하여 행하여지는 경우로서 대통령령이 정하는 요건에 해당하고 공정거래위원회의 인가를 받은 경우는 예외이다(同法 19②).

공정거래위원회는 국가·지방자치단체 또는 「공공기관의 운영에 관한 법률」에 따른 공기업이 발주하는 입찰과 관련된 부당한 공동행위를 적발하거나 방지하기 위하여 중앙행정기관·지방자치단체 또는 「공공기관의 운영에 관한 법률」에 따른 공기업의 장(이하 '공공기관의 장'이라 함)에게 입찰 관련 자료의 제출과 그 밖의 협조를 요청할 수 있다(同法 19의2①).

대통령령으로 정하는 공공기관의 장은 입찰공고를 하거나 낙찰자가 결정된 때에는 입찰 관련 정보를 공정거래위원회에 제출하여야 한다(同法 19의2②).

공정거래위원회는 부당한 공동행위 금지 규정(同法 19①)을 위반하는 행위가 있을 때에는 당해 사업자에 대하여 당해 행위의 중지, 시정명령을 받은 사실의 공표 기타 시정을 위한 필요한 조치(시정조치)를 명할 수 있고(同法 21), 당해 사업자에 대하여 대통령령이 정하는 매출액에 100분의 10을 곱한 금액을 초과하지 아니하는 범위 안에서 과징금을 부과할 수 있다. 다만, 매출액이 없는 경우 등에는 20억원을 초과하지 아니하는 범위 안에서 과징금을 부과할 수 있으며(同法 22), 부당한 공동행위의 사실을 자진신고한 자 또는 증거제공 등의 방법으로 조사에 협조한 자에 대하여는 시정조치나 과징금을 감경 또는 면제할 수 있고, 고발을 면제할 수 있다(同法 22의2①).

(5) 불공정거래행위 및 특수관계인에 대한 부당한 이익제공의 금지

사업자는 ① 부당하게 거래를 거절하거나 거래의 상대방을 차별하여 취급하는 행위, ② 부당하게 경쟁자를 배제하는 행위, ③ 부당하게 경쟁자의 고객을 자기와 거래하도록 유인하거나 강제하는 행위, ④ 자기의 거래상의 지위를 부당하게 이용하여 상대방과 거래하는 행위, ⑤ 거래의 상대방의 사업활동을 부당하게 구속하는 조건으로 거래하거나 다른 사업자의 사업활동을 방해하는 행위 등 공정한 거래를 저해할 우려가 있는 일정한 행위(이를 '불공정거래행위'라 함)를 하거나, 계열회사 또는 다른 사업자로 하여금 이를 행하도록 하여서는 아니 된다(同法 23①. 大判 2015.9.10, 2012두18325. 大判 2015.1.29, 2014두36112).

사업자 또는 사업자단체는 부당한 고객유인을 방지하기 위하여 자율적으로 규약(이를 '공정경쟁규약'이라 함)을 정할 수 있다(同法 23⑤).

일정규모 이상의 자산총액 등 대통령령으로 정하는 기준에 해당하는 기업집단에 속하는 회사는 특수관계인(동일인 및 그 친족에 한정함)이나 특수관계인이 대통령령으로 정하는 비율 이상의 주식을 보유한 계열회사와 정상적인 조건보다 상당히 유리한 조건으로 거래하는 행위 등 일정한 행위를 통하여 특수관계인에게 부당한 이익을 귀속시키는 행위를 하여서는 아니 된다(同法 23의2①).

불공정행위와 관련하여 분쟁조정 신청, 신고, 공정거래위원회의 조사에 대한 협조를 한 자에 대한 사업자의 보복조치도 금지되고 있다(同法 23의3).

공정거래위원회는 위의 불공정거래행위 금지 규정과 특수관계인에 대한 부당한 이익제공 금지 규정 및 사업자의 보복조치 금지규정에 위반하는 행위가 있을 때에는 해당 사업자에 대하여 해당 불공정거래행위 또는 특수관계인에 대한 부당한 이익제공행위의 중지 및 재발방지를 위한 조치, 보복조치의 중지, 계약조항의 삭제, 시정명령을 받은 사실의 공표 기타 시정을 위한 필요한 조치를 명할 수 있으며(同法 24), 일정한 경우에 그 사업자에 대하여 일정한 범위 안에서 과징금을 부과할 수 있다(同法 24의2①②. 大判 2015.10.29, 2013두23935. 大判 2004.4.9,

2001두6197. 憲裁 2003.7.24, 2001헌가25. 大判 2001.2.9, 2000두6206).

(6) 사업자단체

이 법에서 '사업자단체'란 그 형태 여하를 불문하고 2 이상의 사업자가 공동의 이익을 증진할 목적으로 조직한 결합체 또는 그 연합체를 말하며(同法 2iv), 사업자의 이익을 위한 행위를 하는 임원·종업원·대리인 기타의 자는 이 법의 사업자단체에 관한 규정의 적용에 있어서는 이를 사업자로 본다(同法 2 i).

이 법에 따르면, 사업자단체는 부당하게 경쟁을 제한하는 행위, 일정한 거래분야에 있어서 현재 또는 장래의 사업자수를 제한하는 행위, 구성사업자(사업자단체의 구성원인 사업자)의 사업내용 또는 활동을 부당하게 제한하는 일정한 불공정거래행위 또는 재판매가격유지행위를 하게 하거나 이를 방조하는 행위를 하여서는 아니 된다(同法 26①).

위에서 '재판매가격유지행위'란 사업자가 상품 또는 용역을 거래함에 있어서 거래상대방인 사업자 또는 그 다음 거래단계별 사업자에 대하여 거래가격을 정하여 그 가격대로 판매 또는 제공할 것을 강제하거나 이를 위하여 규약 기타 구속조건을 붙여 거래하는 행위를 말한다(同法 2vi).

공정거래위원회는 위의 사업자단체의 행위금지 규정(同法 26①)에 위반하는 행위가 있을 때에는 그 사업자단체(필요한 경우 관련 구성사업자 포함)에 대하여 당해 행위의 중지, 시정명령을 받은 사실의 공표 기타 시정을 위한 필요한 조치를 명할 수 있으며(同法 27), 그 사업자단체나 참가한 사업자에 대하여 일정한 범위 안에서 과징금을 부과할 수 있다(同法 28①②).

(7) 사업자의 재판매가격유지행위의 제한

사업자는 재판매가격유지행위를 하여서는 아니 된다. 다만, 상품이나 용역을 일정한 가격 이상으로 거래하지 못하도록 하는 최고가격유지행위로서 정당한 이유가 있는 경우에는 그러하지 아니하며, 대통령령이 정하는 저작물과 일정한 요건을 갖춘 상품으로서 사업자가 그 상품에 대하여 재판매가격유지행위를 할 수 있도록 공정거래위원회로부터 미리 지정을 받은 경우는 예외로 한다(同法 29①②).

공정거래위원회는 재판매가격유지행위를 할 수 있는 상품을 지정한 때에는 이를 고시하여야 하며(同法 29④), 공정거래위원회가 지정·고시한 상품을 생산 또는 판매하는 사업자가 당해 상품의 재판매가격을 결정하고 유지하기 위하여 체결한 계약이 소비자의 이익을 현저히 저해할 우려가 있는 경우에는 계약내용의 수정을 명할 수 있고(同法 30), 재판매가격유지행위의 제한 규정에 위반하는 행위가 있는 때에는 당해 사업자에 대하여 그 행위의 중지, 시정명령을 받은 사실의 공표 기타 시정을 위한 필요한 조치를 명할 수 있으며(同法 31), 일정한 범위 안에서 과징금을 부과할 수 있다(同法 31의2).

(8) 국제계약의 체결제한

사업자 또는 사업자단체는 부당한 공동행위, 불공정거래행위 및 재판매가격유지행위에 해당하는 사항을 내용으로 하는 것으로서 대통령령이 정하는 국제적 협정(協定)이나 계약(이하 '국제계약'이라 함)을 체결하여서는 아니 된다. 다만, 당해 국제계약의 내용이 일정한 거래분야에 있어서 경쟁에 미치는 영향이 경미하거나 기타 부득이한 사유가 있다고 공정거래위원회가 인정하는 경우에는 그러하지 아니하다(同法 32①).

사업자 또는 사업자단체는 국제계약을 체결함에 있어 그 국제계약이 위의 부당한 국제계약의 체결제한 규정(同法 32①)에 위반하는지 여부에 관하여 대통령령이 정하는 바에 따라 공정거래위원회에 심사를 요청할 수 있다(同法 33).

공정거래위원회는 부당한 국제계약의 체결제한 규정에 위반하거나 위반할 우려가 있는 국제계약이 있는 때에는 당해 사업자 또는 사업자단체에 대하여 계약의 취소, 계약내용의 수정·변경 기타 시정을 위한 필요한 조치를 명할 수 있으며(同法 34), 부당한 국제계약을 체결한 경우에는 당해 사업자단체에 대하여는 5억원의 범위 안에서, 당해 사업자에 대하여는 대통령령이 정하는 매출액에 100분의 2를 곱한 금액을 초과하지 아니하는 범위 안에서 과징금을 부과할 수 있다. 다만, 사업자의 경우에 매출액이 없는 경우 등에는 5억원을 초과하지 아니하는 범위 안에서 과징금을 부과할 수 있다(同法 34의2).

(9) 공정거래위원회와 한국공정거래조정원의 설립 등

1) 공정거래위원회

공정거래위원회는 위원장 1인 및 부위원장 1인을 포함한 9인의 위원으로 구성하며, 그중 4인은 비상임위원으로 한다. 위원장과 부위원장은 국무총리의 제청으로 대통령이 임명하고 기타 위원은 위원장의 제청으로 대통령이 임명 또는 위촉한다. 이 경우 위원장은 국회의 인사청문을 거쳐야 한다. 위원장과 부위원장은 정무직으로 하고, 기타 상임위원은 고위공무원단에 속하는 일반직공무원으로서 임기제공무원으로 보한다(同法 37①②③). 공정거래위원회의 위원장, 부위원장 및 다른 위원의 임기는 3년으로 하고, 1차에 한하여 연임할 수 있다(同法 39).

공정거래위원회의 소관사무는 ① 시장지배적 지위의 남용행위 규제, ② 기업결합의 제한 및 경제력집중의 억제, ③ 부당한 공동행위 및 사업자단체의 경쟁제한행위 규제, ④ 불공정거래행위 및 재판매가격유지행위 규제, ⑤ 부당한 국제계약의 체결 제한, ⑥ 경쟁제한적인 법령 및 행정처분의 협의·조정 등 경쟁촉진정책에 관한 사항, ⑦ 기타 법령에 의하여 공정거래위원회의 소관으로 규정된 사항이다(同法 36).

정부는 대한민국의 법률 및 이익에 반하지 않는 범위 안에서 외국정부와 이 법의 집행을 위한 협정을 체결할 수 있으며, 공정거래위원회는 그 체결한 협정에 따라 외국정부의 법집행을 지원할 수 있다(同法 36의2①②).

공정거래위원회의 회의는 위원전원으로 구성하는 회의(이하 '전원회의'라 함)와 상임위원 1인을 포함한 위원 3인으로 구성하는 회의(이하 '소회의'라 함)로 구분한다(同法 37의2).

이 법은 전원회의와 소회의의 심의·의결사항(同法 37의3①②), 공정거래위원회의 위원장·위원임기·위원의 신분보장(同法 38·39·40), 위원의 정치운동 금지(同法 41), 전원회의와 소회의의 주재 및 의결정족수(同法 42①②), 공정거래위원회의 심리·의결의 공개 및 합의의 비공개(同法 43), 심판정의 질서유지(同法 43의2), 공정거래위원회 위원의 제척·기피·회피(同法 44), 이 법의 규정에 위반되는 사항에 대하여 의결하는 경우의 공정거래위원회의 의결서 작성(同法 45①), 법위반행위의 판단시점(同法 46), 공정거래위원회 사무처의 설치(同法 47), 공정거래위원회 조직에 관한 규율(同法 48)에 대하여도 규정하고 있다.

2) 한국공정거래조정원 및 공정거래분쟁조정협의회

이 법의 불공정거래행위금지 규정을 위반한 혐의가 있는 행위와 관련된 분쟁의 조정, 시장 또는 산업의 동향과 공정경쟁에 관한 조사 및 분석, 사업자의 거래 관행과 행태의 조사·분석, 그 밖에 공정거래위원회로부터 위탁받은 사업을 수행하기 위하여 한국공정거래조정원(이하 '조정원'이라 함)을 설립한다. 조정원은 법인으로 하며, 조정원의 장은 공정거래위원회 위원장이 임명한다(同法 48의2①②③).

불공정거래행위금지 규정을 위반한 혐의가 있는 행위와 관련된 분쟁을 조정하기 위하여 조정원에 공정거래분쟁조정협의회(이하 '협의회'라 함)를 둔다(同法 48의3①). 협의회는 협의회 위원장 1인을 포함한 7인 이내의 협의회 위원으로 구성하며, 협의회 위원장은 조정원의 장이 겸임한다. 협의회 위원의 임기는 3년으로 하되, 연임할 수 있다(同法 48의3②③⑤).

이 법은 협의회의 회의(同法 48의4), 협의회 위원의 제척·기피·회피(同法 48의5), 조정의 신청(同法 48의6), 협의회의 분쟁조정(同法 48의7), 협의회의 조정조서 작성과 그 효력(同法 48의8), 협의회의 조직·운영(同法 48의9)에 관하여 규정하고 있다.

(10) **공정거래위원회의 조사 등**

공정거래위원회는 이 법의 규정에 위반한 혐의가 있다고 인정할 때에는 직권으로 필요한 조사를 할 수 있다. 누구든지 이 법의 규정에 위반되는 사실이 있다고 인정할 때에는 그 사실을 공정거래위원회에 신고할 수 있다. 공정거래위원회는 위의 조사를 한 경우에는 그 결과(조사결과 시정조치명령 등의 처분을 하고자 하는 경우에는 그 처분의 내용 포함)를 서면으로 당해 사건의 당사자에게 통지하여야 한다(同法 49①②③. 大判 2001.5.8, 2000두10212).

공정거래위원회는 이 법의 시행을 위하여 필요하다고 인정할 때에는 그 소속공무원(권한의 위임을 받은 기관의 소속공무원 포함)으로 하여금 사업자 또는 사업자단체의 사무소 또는 사업장에 출입하여 업무 및 경영상황, 장부·서류, 전산자료·음성녹음자료·화상자료 그 밖에 대통령령이 정하는 자료나 물건을 조사하게 할 수 있으며, 대통령령이 정하는 바에 의하여 지정된 장소에서 당사자, 이해관계인 또는 참고인의 진술을 듣게 할 수 있고, 조사를 하는 공무원은 대통령령이 정하는 바에 따라 사업자·사업자단체 또는 이들의 임직원에 대하여 조사에 필요한 자료나 물건의 제출을 명하거나 제출된 자료나 물건의 영치를 할 수 있다(同法 50②③).

이 법은 위 조사공무원의 조사권 남용금지(同法 50의2), 조사 등의 연기신청(同法 50의3)에 대하여도 규정하고 있다.

공정거래위원회는 이 법의 규정에 위반하는 행위가 있는 경우에 당해 사업자 또는 사업자단체에 대하여 시정방안을 정하여 이에 따를 것을 권고(시정권고)할 수 있고, 그 권고를 받은 자는 시정권고를 통지받은 날부터 10일 이내에 당해 권고를 수락하는지의 여부에 관하여 공정거래위원회에 통지하여야 하며, 시정권고를 받은 자가 당해 권고를 수락한 때에는 이 법의 규정에 의한 시정조치가 명하여진 것으로 본다(同法 51①②③).

공정거래위원회의 조사나 심의를 받고 있는 사업자 또는 사업자단체는 일정한 경우에 그 조사나 심의의 대상이 되는 행위로 인한 경쟁제한상태 등의 자발적 해소, 소비자 피해구제, 거래질서의 개선 등을 위하여 공정거래위원회에 동의의결을 하여 줄 것을 신청할 수 있다(同法 51의2①). 이 경우 공정거래위원회의 동의의결 절차(同法 51의3), 동의의결의 취소(同法 51의4), 동의의결을 이행하지 아니한 자에 대한 이행강제금 부과(同法 51의5)에 대하여도 이 법은 규정하고 있다.

이 법은 공정거래위원회의 시정조치 또는 과징금 납부명령 등과 관련하여 당사자 또는 이해관계인의 의견진술(同法 52), 자료열람요구(同法52의2), 이의신청(同法 53), 시정조치명령의 집행정지(同法 53의2), 문서의 송달(同法 53의3), 소(訴)의 제기(同法 54·55)에 관하여도 규정하고 있다.

이 법에 의한 공정거래위원회의 처분에 대하여 불복의 소를 제기하고자 할 때에는 처분의 통지를 받은 날 또는 이의신청에 대한 재결서의 정본을 송달받은 날부터 30일 이내에 공정거래위원회의 소재지를 관할하는 서울고등법원에 제기하여야 한다(同法 54①, 55). 즉, 이 법에 의한 공정거래위원회의 처분에 불복하여 제기하는 소송의 제1심 관할법원은 공정거래위원회의 소재지를 관할하는 서울고등법원으로 규정되어 있다.

이 법은 이 법의 규정에 위반하는 사건의 처리절차(同法 55의2), 공정거래위원회가 이 법의 규정에 의한 과징금을 부과함에 있어서 참작하여야 할 사항(同法 55의3), 과징금 납부기한의 연장 및 분할납부(同法 55의4), 과징금의 연대납부의무(同法 55의5), 과징금 징수 및 체납처분(同法 55의6), 과징금 환급가산금(同法 55의7), 이 법에 따른 징수금 등의 결손처분(同法 55의8), 사업자·사업자단체의 이 법 규정 위반으로 인한 피해자에 대한 손해배상책임(同法 56①. 大判 2015.4.9, 2014다84824·84831병합), 위 손해배상청구의 소의 수소법원(受訴法院)의 공정거래위원회에 대한 사건기록 송부요구(同法 56의2), 이 법의 일정 규정을 위반한 자에 대한 공정거래위원회의 고발(同法 71)에 관하여도 규정하고 있다.

이 법은 국외에서 이루어진 행위라도 국내시장에 영향을 미치는 경우에는 적용되며(同法 2의2), 사업자·사업자단체가 다른 법률 또는 그 법률에 의한 명령에 따라 행하는 정당한 행위나 적법한 무체재산권의 행사행위, 소규모의 사업자 또는 소비자의 상호부조를 목적으로 하는 일정한 조합의 행위 등에 대하여는 이 법의 규정을 적용하지 아니한다(同法 58·59·60).

이 법은 이 법에 의한 직무에 종사하거나 종사하였던 자의 비밀엄수의무(同法 62), 관계 행정기관장의 경쟁제한적인 법령 제정 등에 관한 공정거래위원회와의 협의(同法 63), 이 법 시행을 위한 관계기관장 등의 협조(同法 64), 이 법 위반행위를 신고·제보한 자 등에 대한 포상금의 지급(同法 64의2), 포상금의 환수(同法 64의3), 이 법에 따른 공정거래위원회의 권한의 위임·위탁(同法 65), 공무원이 아닌 공정거래위원회 위원에 대한 형법 기타 벌칙 적용시의 공무원 의제(同法 65의2), 이 법의 규정에 위반된 행위를 한 자 등에 대한 벌칙(同法 66~69), 과태료 부과(同法 69의2), 위법 행위자 외의 법인 등에 대한 벌금(同法 70), 공정거래위원회의 고발(同法 71)에 대하여도 규정하고 있다.

【大判 2014.11.13, 2009두20366. "특정 사업자가 시장지배적 지위에 있는지를 판단하기 위해서는, 우선 경쟁관계가 문제 될 수 있는 일정한 거래 분야에 관하여 관련시장이 구체적으로 정해져야 하고, 그 다음에 그 시장에서 지배가능성이 인정되어야 한다. 관련시장 중 관련상품시장은 일반적으로 시장지배적 사업자가 시장지배력을 행사하는 것을 억제하여 줄 경쟁관계에 있는 상품들의 범위를

말하는 것으로서, 구체적으로는 거래되는 상품의 가격이 상당기간 어느 정도 의미 있는 수준으로 인상 또는 인하될 경우 그 상품의 대표적 구매자 또는 판매자가 이에 대응하여 구매 또는 판매를 전환할 수 있는 상품의 집합을 의미하고, 그 시장의 범위는 거래에 관련된 상품의 가격, 기능 및 효용의 유사성, 구매자들의 대체가능성에 대한 인식 및 그와 관련한 구매행태는 물론, 판매자들의 대체가능성에 대한 인식 및 그와 관련한 경영의사의 결정행태, 사회적·경제적으로 인정되는 업종의 동질성 및 유사성 등을 종합적으로 고려하여 판단하여야 하며, 그 외에도 기술발전의 속도, 그 상품의 생산을 위하여 필요한 다른 상품 및 그 상품을 기초로 생산되는 다른 상품에 관한 시장의 상황, 시간적·경제적·법적 측면에서의 대체의 용이성 등도 함께 고려하여야 한다."】

【大判 2014.9.4, 2013다215843. "사업자들은 계약·협정·결의 기타 어떠한 방법으로도 공동으로 부당하게 경쟁을 제한하는 가격 결정·변경의 합의를 하여서는 아니 되고, 이와 같은 합의의 실행에 의하여 피해를 입은 자가 있는 경우에는 당해 피해자에 대하여 손해배상의 책임을 진다(독점규제 및 공정거래에 관한 법률 제56조 제1항 본문). 위 규정에 의한 손해배상책임은 위와 같이 금지된 행위에 의하여 시장이 왜곡되고 그로 인하여 부당한 가격이 형성됨으로써 그 가격으로 거래를 한 시장참여자에게 손해가 발생한 경우 이를 배상하도록 한 것으로서, 사업자가 고의·과실이 없음을 입증하지 아니하는 한 사업자가 책임을 부담하고, 특별한 사정이 없는 한 위와 같이 부당하게 경쟁을 제한하는 합의를 함으로써 위법성이 인정되며, 위와 같은 부당한 공동행위 및 실행이 없었더라면 존재하였을 가정적 이익상태와 그러한 부당한 공동행위 및 실행으로 불이익하게 변화된 현재의 이익상태의 차이가 손해가 된다. 그리고 부당한 공동행위를 한 사업자로부터 직접 상품을 구입한 직접구매자뿐만 아니라 그로부터 다시 그 상품 또는 그 상품을 원재료로 한 상품을 구입한 이른바 간접구매자도 부당한 공동행위와 자신의 손해 사이에 상당인과관계가 인정되는 한 부당한 공동행위를 한 사업자에 대하여 손해배상청구를 할 수 있는데, 이러한 법리는 부당한 공동행위를 한 사업자에게 용역을 공급하는 자를 상대로 다시 그 용역의 일부를 공급하는 이른바 간접적인 용역공급자에게도 마찬가지로 적용된다."】

6. 외국인투자촉진법

(1) 서설

산업발전·고용창출·경제성장 등을 위해서는 외국인의 국내투자를 촉진할 필요가 있다. 외국인투자촉진법은 외국인투자를 지원하고 외국인투자에 편의를 제공하여 외국인투자 유치를 촉진함으로써 국민경제의 건전한 발전에 이바지함을 목적으로 하고 있다(同法 1).

이 법에서 '외국인투자'란 ① 외국인이 이 법에 따라 대한민국법인(설립 중인 법인 포함) 또는 대한민국국민이 경영하는 기업과 지속적인 경제관계를 수립할 목적으로 대통령령으로 정하는 바에 따라 그 법인이나 기업의 주식 또는 지분(이하 '주식 등'이라 함)을 소유하는 것, ② 외국투자가나 외국인투자기업의 해외 모기업(母企業) 등이 해당 외국인투자기업에 대부하는 5년 이상의 차관, ③ 외국인이 이 법에 따라 과학기술 분야의 대한민국법인(설립 중인 법인 포함)으로서 연구인력·시설 등에 관하여 대통령령으로 정하는 기준에 해당하는 비영리법인과 지속적인 협력관계를 수립할 목적으로 그 법인에 출연(出捐)하는 것, ④ 그 밖에 외국인의 비영리법인에 대한 출연으로서, 비영리법인의 사업내용 등에 관하여 외국인투자위원회(후술)가 외국인투자로 인정한 것 중 어느 하나에 해당하는 것을 말한다(同法 2iv).

위에서 '외국투자가'란 이 법에 따라 주식 등을 소유하고 있거나 출연을 한 외국인을 말한다(同法 2v).

이 법을 적용할 때 대한민국의 국적을 가지고 외국에 영주하고 있는 개인에 대하여는 이 법 중 외국인에 대한 규정을 함께 적용한다(同法 2②).

(2) 외국인투자의 보호와 외국인투자 촉진시책의 수립 등

외국투자가가 취득한 주식 등으로부터 생기는 과실, 주식 등의 매각 대금, 외국투자가 등이 외국인투자기업에 대부하는 5년 이상의 차관계약에 의하여 지급되는 원리금 및 수수료와 기술도입계약에 의하여 지급되는 대가는 송금 당시 외국인투자·기술도입계약의 허가내용 또는 신고내용에 따라 그 대외송금이 보장되며, 외국투자가와 외국인투자기업은 법률에 특별한 규정이 있는 경우 외에는 그 영업에 관하여 대한민국국민 또는 대한민국법인과 같은 대우를 받는다(同法 3①②).

위에서 '기술도입계약'이란 대한민국국민 또는 대한민국법인이 외국인으로부터 산업재산권이나 그 밖에 기술을 양수하거나 그 사용에 관한 권리를 도입하는 계약을 말한다(同法 2ⅹ).

대한민국국민 또는 대한민국법인에 적용되는 조세에 관한 법률 중 감면에 관한 규정은 법률에 특별한 규정이 있는 경우 외에는 외국투자가, 외국인투자기업, 장기(5년 이상의) 차관계약에 따른 차관의 대주(貸主) 및 대통령령으로 정하는 기술도입계약에 따라 기술을 제공한 자에 대하여도 같이 적용된다(同法 3③).

외국인은 법률에 특별한 규정이 있는 경우 외에는 제한을 받지 아니하고 국내에서 외국인투자업무를 수행할 수 있으며, ① 국가의 안전과 공공질서의 유지에 지장을 주는 경우, ② 국민의 보건위생 또는 환경보전에 해를 끼치거나 미풍양속에 현저히 어긋나는 경우, ③ 대한민국의 법령을 위반하는 경우 외에는 이 법에 따른 외국인투자를 제한받지 아니한다(同法 4①②).

산업통상자원부장관은 외국인투자를 촉진하기 위하여 매년 관계 중앙행정기관의 장 및 특별시장·광역시장·특별자치시장·도지사·특별자치도지사(이하 '시·도지사'라 함)가 제출한 외국인투자 촉진계획을 종합·조정하여 외국인투자 촉진시책(이하 '촉진시책'이라 함)을 수립하며, 외국인투자위원회의 심의를 거쳐 이를 확정한다(同法 4의2①).

위의 촉진시책에는 ① 외국인투자 촉진의 기본방향, ② 국내 기업의 해외진출 동향과 국내의 산업구조 등 외국인투자 여건의 분석, ③ 외국인투자 유치방안, ④ 외국인투자 유치활동 수행기관에 대한 지원방안이 포함되어야 한다(同法 4의2②).

관계 중앙행정기관의 장 및 시·도지사는 매년 12월 31일까지 다음 해 외국인투자 촉진계획을 산업통상자원부장관에게 제출하여야 한다(同法 4의2③).

산업통상자원부장관과 관계 중앙행정기관의 장 및 시·도지사는 다음 해 2월 말까지 전년도의 외국인투자촉진관련 추진실적을 외국인투자위원회에 제출하여야 하고, 외국인투자위원회는 이를 평가한다(同法 4의2④).

(3) **외국인투자 절차**

외국인은 대한민국법인(설립 중인 법인 포함) 또는 대한민국국민이 경영하는 기업이 새로 발행하는 주식 등의 취득에 의하여 외국인투자를 하려는 경우에는 산업통상자원부령으로 정하는 바에 따라 미리 산업통상자원부장관에게 신고하여야 한다. 신고한 내용 중 외국인투자금액, 외국인투자비율(외국인투자기업의 주식 등에 대한 외국투자가 소유 주식 등의 비율을 말함) 등 대통령령으로 정하는 사항을 변경할 때에도 또한 같다(同法 5①).

외국인(대통령령으로 정하는 특수 관계인 포함)은 대한민국국민 또는 대한민국법인이 경영하는 기업이 이미 발행한 주식 또는 지분(이하 '기존주식 등'이라 함)의 취득에 의하여 외국인투자를 하려는 경우에는 산업통상자원부령으로 정하는 바에 따라 미리 산업통상자원부장관에게 신고하여야 한다. 신고한 내용 중 외국인투자금액, 외국인투자비율 등 대통령령으로 정하는 사항을 변경할 때에도 또한 같다. 다만, 「자본시장과 금융투자업에 관한 법률」에 따른 주권상장법인이 발행한 기존주식 등을 취득하는 경우에는 취득 후 30일 이내에 신고 또는 변경신고를 할 수 있다(同法 6①).

외국인은 대통령령으로 정하는 방위산업체를 경영하는 기업의 기존주식 등의 취득에 의한 외국인투자를 하려는 경우에는 미리 산업통상자원부장관의 허가를 받아야 한다. 허가받은 내용 중 외국인투자금액, 외국인투자비율 등 대통령령으로 정하는 사항을 변경할 때에도 또한 같다(同法 6③).

외국인은 외국인투자기업이 다른 기업과 합병하거나 장기차관의 방식 등 일정한 방법으로 외국인투자를 하는 경우에는 산업통상자원부장관에게 신고하여야 하며(同法 7①, 8), 비영리법인에 대한 출연 등 일정한 방식으로 외국인투자를 하려는 경우에도 산업통상자원부령으로 정하는 바에 따라 미리 산업통상자원부장관에게 신고하여야 한다. 신고한 내용 중 출연금액·출연조건 등 대통령령으로 정하는 사항을 변경할 때에도 또한 같다(同法 8의2①).

(4) **외국인투자에 대한 지원 및 외국인투자옴부즈만 등**

1) 외국인투자에 대한 지원

외국인투자에 대하여는 조세특례제한법에서 정하는 바에 따라 법인세·소득세·취득세·등록세·재산세 및 종합토지세 등의 조세를 감면할 수 있다(同法 9).

기획재정부장관, 국유재산의 관리청, 지방자치단체의 장, 「공공기관의 운영에 관한 법률」에 따른 공공기관(이하 '공공기관'이라 함)의 장 또는 지방공기업법에 따른 지방공기업(지방직영기업 제외)의 장은 국가·지방자치단체·공공기관 또는 지방공기업이 소유하는 토지·공장 또는 그 밖의 재산(이하 '토지 등'이라 함)을 수의계약으로 외국인투자기업 또는 외국인투자환경개선시설 운영자에게 사용·수익 또는 대부(이하 '임대'라 함)하거나 매각할 수 있다(同法 13①).

위에서 '외국인투자환경개선시설 운영자'란 외국인을 위한 학교 및 의료기관 등 외국인투자환경을 개선하기 위한 시설로서 대통령령으로 정하는 시설을 운영하는 자를 말한다(同法 2vii).

토지 등을 사용·수익 또는 대부받거나 매입할 수 있는 외국인투자기업은 대통령령으로 정하는 최저 외국인투자비율을 충족한 기업에 한하며, 수의계약 후에는 대통령령으로 정하는 기간 동안 최저 외국인투자비율을 유지하여야 한다. 다만, 고용창출 규모, 외국인투자금액 및 기술이전 효과 등 국민경제에 대한 기여도가 큰 외국인투자기업으로서 대통령령으로 정하는 기준을 갖춘 경우에는 그러하지 아니하다(同法 13②).

국가·지방자치단체·공공기관 또는 지방공기업이 소유하는 토지 등을 임대하는 경우 임대기간은 50년의 범위 내로 할 수 있으며(同法 13③), 임대료는 대통령령으로 정하는 바에 따르되, 필요하면 이를 외화로 표시할 수 있고(同法 13⑤), 임대료를 감면할 수 있는 경우도 있다(同法 13⑦).

국가는 지방자치단체가 외국인투자지역의 조성, 외국인투자기업 등에 임대할 용지매입비의 융자, 토지 등의 임대료 감면 및 분양가액 인하, 교육훈련보조금 등 각종 보조금의 지급, 그 밖에 외국인투자유치사업에 필요한 자금지원을 요청하는 경우에는 최대한 지원하여야 한다(同法 14①).

지방자치단체는 외국인투자유치를 촉진하거나 외국인투자환경의 개선을 위하여 필요하면 대통령령으로 정하는 고용보조금 등을 조례로 정하는 바에 따라 외국인투자기업 등에 지급할 수 있다(同法 14④).

국가와 지방자치단체가 외국인투자의 고도기술수반여부 및 기술이전효과, 고용창출규모, 국내투자와의 중복여부, 입지지역의 적정성 등을 고려하여 그 외국인에게 공장시설의 신축 등 대통령령으로 정하는 용도에 필요한 자금을 현금으로 지원할 수 있는 일정한 외국인투자의 경우도 규정되어 있다(同法 14의2①).

지방자치단체의 장이나 공공기관의 장은 외국인투자 유치에 이바지한 공이 크다고 인정되는 자에게 일정한 절차와 기준에 따라 외국인투자의 유치실적에 따른 포상금을 지급할 수 있다(同法 14의3①②).

외국인투자와 관련된 상담·안내·홍보·조사·연구와 민원사무의 처리 및 대행, 창업보육, 그 밖에 외국투자가 및 외국인투자기업에 대한 지원업무를 종합적으로 수행하기 위하여 대한무역투자진흥공사에 외국인투자지원센터를 둔다(同法 15①).

2) 외국인투자옴부즈만과 외국인투자진흥관실

외국투자가 및 외국인투자기업의 애로사항을 처리하기 위하여 외국인투자업무에 관하여 학식과 경험이 풍부한 사람 중에서 외국인투자옴부즈만을 위촉한다. 외국인투자옴부즈만은 산업통상자원부장관의 제청과 외국인투자위원회의 심의를 거쳐 대통령이 위촉한다(同法 15의2①②).

외국인투자옴부즈만은 외국투자가 및 외국인투자기업의 애로사항을 처리하기 위하여 필요하면 관계 행정기관 등의 장에게 관계 행정기관 등에 대한 설명 또는 대통령령으로 정하는 기준에 따른 자료의 제출, 관련 직원·이해관계인 등의 의견진술, 현장방문 협조 등을 요청할 수 있으며(同法 15의2③), 외국투자가 및 외국인투자기업의 애로사항 처리결과에 따라 필요하면 해당 관계 행정기관 및 공공기관의 장에게 관련사항의 개선을 권고할 수 있고, 개선권고를 받은 관계 행정기관 및 공공기관의 장은 대통령령으로 정하는 기간(개선권고를 받은 날부터 30일) 내에 그 처리결과를 외국인투자옴부즈만에게 문서로 통보하여야 한다(同法 15의2④⑤).

외국인투자옴부즈만은 외국투자가 및 외국인투자기업의 애로사항과 관련된 규제의 개선을 체계적으로 추진하기 위하여 대통령령으로 정하는 바에 따라 외국인투자를 저해하는 규제·제도의 현황과 그 개선실적 등 정비활동에 관한 연차보고서를 작성하여 외국인투자위원회에 보고하여야 한다(同法 15의2⑦).

외국인투자옴부즈만의 업무를 지원하기 위하여 대한무역투자진흥공사에 고충처리기구를 둔다(同法 15의2⑩).

외국인투자와 관련된 허가·인가·면허·승인·지정·해제·신고·추천·협의 등에 관한 민원사무의 원활한 처리를 독려하고, 외국투자가 및 외국인투자기업의 애로사항에 대한 신속한 처리를 지원하며, 관계기관 간의 협조체제를 구축하는 등 외국인투자를 효율적으로 지원하기 위하여, 중앙행정기관, 특별시·광역시·특별자치시·도·특별자치도 및 시·군·자치구의 외국인투자업무를 담당하는 부서를 외국인투자진흥관실로 지정하거나 외국인투자진흥관실을 설치할 수 있다(同法 16①).

외국인투자 지원을 위하여 외국투자가 등의 민원사무처리에 관한 특례도 규정되어 있다(同法 17).

(5) 외국인투자지역

시·도지사는 대통령령으로 정하는 기준에 해당하는 외국인투자를 하는 외국투자가가 투자를 희망하는 지역 등 일정한 지역을 외국인투자위원회의 심의를 거쳐 외국인투자지역으로 지정할 수 있다(同法 18①).

시·도지사는 외국인투자지역을 지정할 때에는 ① 외국인투자지역의 명칭·위치 및 면적, ② 개발 또는 관리 방법, ③ 외국인투자지역에 입주할 외국인투자기업의 투자내용, 고용규모 및 사업내용, ④ 해당 외국인투자지역을 일반산업단지 및 도시첨단산업단지로 개발하는 경우 「산업입지 및 개발에 관한 법률」 제7조의4에 따른 고시사항, ⑤ 그 밖에 대통령령으로 정하는 사항을 고시하여야 한다(同法 18④).

이 법은 외국인투자지역의 관리(同法 18⑤), 외국인투자지역의 일반산업단지 및 도시첨단산업단지로의 개발(同法 18⑥), 외국인투자지역의 지정 해제(同法 18의2), 외국인투자지역에 대한 지원(同法 19), 외국인투자지역에서의 토지분할과 입주하는 외국인투자기업에 대한 특례(同法 20)에 대하여도 규정하고 있다.

(6) 외국인투자의 사후 관리

외국투자가 또는 외국인투자기업은 ① 출자목적물의 납입을 마친 경우, ② 기존주식 등을 취득(기존주식 등의 대금을 정산한 것을 말함)한 경우, ③ 주식 등을 취득하는 경우, ④ 비영리법인에의 출연을 마친 경우에는 대통령령으로 정하는 바에 따라 외국인투자기업의 등록을 하여야 한다(同法 21①).

외국투자가 또는 외국인투자기업이 관세 등을 면제받아 도입한 자본재를 양도 또는 대여하거나 신고된 목적 외의 용도로 사용하려는 때에는 대통령령으로 정하는 경우 외에는 미리 산업통상자원부장관에게 신고하여야 한다(同法 22①).

위에서 '자본재'란 산업시설(선박·차량·항공기 등 포함)로서의 기계·기자재·시설품·기구·부분품·부속품 및 농업·임업·수산업의 발전에 필요한 가축·종자·수목(樹木)·어패류, 그 밖에 주무부장관이 해당 시설의 첫 시험운전(시험사업 포함)에 필요하다고 인정하는 원료·예비품 및 이의 도입에 따르는 운임·보험료와 시설을 하거나 조언을 하는 기술 또는 용역을 말한다(同法 2ix).

이 법은 등록된 외국인투자기업의 행위제한(同法 22③④), 외국투자가의 주식양도 등의 신고(同法 23), 외국인투자에 관한 통계자료의 수집·작성(同法 24)에 대하여도 규정하고 있다.

(7) 기술도입계약

대한민국국민 또는 대한민국법인이 외국인과 대통령령으로 정하는 기술도입계약을 체결하였을 때에는 산업통상자원부령으로 정하는 바에 따라 산업통상자원부장관에게 신고하여야 한다. 신고한 기술도입계약 내용을 변경하였을 때에도 또한 같다(同法 25①). 산업통상자원부장관은 위의 신고를 받으면 대통령령으로 정하는 기간에 신고인에게 신고증명서를 발급하여야 한다(同法 25②).

기술도입이 ① 국가의 안전과 공공질서의 유지에 지장을 주는 경우, ② 국민의 보건위생 또는 환경보전에 해를 끼치거나 미풍양속에 현저히 어긋나는 경우, ③ 대한민국의 법령을 위반하는 경우에는 기술도입을 할 수 없다(同法 25④). 기술도입계약에 대하여는 조세특례제한법에서 정하는 바에 따라 법인세 또는 소득세 등의 조세를 감면할 수 있다(同法 26).

(8) 외국인투자위원회 등

외국인투자에 관한 기본정책과 제도에 관한 중요 사항, 외국인투자환경의 개선에 관한 소관 부처별 대책의 종합 및 조정에 관한 사항, 외국인투자기업에 대한 조세감면의 기준에 관한 사항 등 외국인투자유치에 관한 중요 사항을 심의하기 위하여 산업통상자원부에 외국인투자위원회를 둔다(同法 27①).

외국인투자위원회는 산업통상자원부장관이 위원장이 되고, 위원은 기획재정부차관, 교육부차관, 미래창조과학부차관, 외교부차관, 행정자치부차관, 문화체육관광부차관, 농림축산식품부차관, 환경부차관, 고용노동부차관, 국토교통부차관, 해양수산부차관, 금융위원회 부위원장과 외국인투자위원회의 회의에 부치는 안건과 관련된 중앙행정기관의 차관·부위원장 또는 차장, 서울특별시 부시장, 시·도지사(서울특별시장 제외) 또는 대한무역투자진흥공사의 장이 된다(同法 27②).

외국인투자위원회에서 심의할 안건을 검토·조정하고 대통령령으로 정하는 바에 따라 외국인투자위원회가 위임한 안건을 심의하기 위하여 외국인투자실무위원회를 둔다(同法 27③).

산업통상자원부장관 및 주무부장관은 이 법에 따른 외국인투자 및 기술도입과 관련하여 필요하다고 인정되는 사항에 관하여 외국투자가, 외국인투자기업, 기술도입자, 대한무역투자진흥공사의 장, 관계 금융기관의 장, 그 밖의 이해관계인으로 하여금 보고를 하게 할 수 있다(同法 28①). 산업통상자원부장관은 이 법의 운영과 관련하여 필요하다고 인정되면 소속 공무원 또는 관계 행정기관의 장으로 하여금 ① 외국인이 투자한 자금(출자목적물 포함) 및 자본재의 도입·사용·처분에 관한 사항, ② 기술도입에 관한 상황, ③ 이 법에 따라 허가받은 내용 또는 신고한 내용의 이행에 관한 사항을 조사하게 할 수 있다(同法 28②).

(9) 이 법과 다른 법률 및 국제조약과의 관계 등

이 법 중 외국환 및 대외거래에 관한 사항에 관하여는 이 법에 특별한 규정이 없으면 외국환거래법에서 정하는 바에 따른다(同法 30①). 외국인투자기업은 상법 제434조에 따른 특별 결의가 있는 경우에는 이익배당총액에 상당하는 금액까지 새로 발행하는 주식으로 이익을 배당할 수 있다(同法 30②). 외국투자가가 이 법상의 자본재를 현물출자하는 경우에는 관세청장이 현물출자의 이행과 그 목적물의 종류·수량·가격 등을 확인한 현물출자완료 확인서를 검사인의 조사보고서로 본다. 회사설립 후 자본재를 현물출자하는 경우에도 또한 같다(同法 30③).

이 법은 일반지주회사의 손자회사가 외국인과 함께 공동출자법인의 주식을 소유할 수 있는 요건(同法 30⑥)과 외국인투자위원회의 승인(同法 30⑦)에 대하여 규정하고, 이 법에서 사용하는 '일반지주회사', '손자회사', '공동출자법인' 등의 정의는 「독점규제 및 공정거래에 관한 법률」에서 정하는 바에 따른다고 규정하고 있다(同法 30⑧).

이 법은 이 법에 따른 산업통상자원부장관, 주무부장관 또는 시·도지사의 권한의 위임·위탁(同法 31), 벌칙(同法 32~36), 과태료부과(同法 37)에 대하여도 규정하고, "이 법은 대한민국이 체결·공포한 국제조약의 내용을 수정하거나 제한하는 것으로 해석되지 아니한다."라고도 규정하고 있다(同法 30⑨).

(10) 외국인 투자여건의 향상을 위한 기타 법률

외국인투자기업의 경영환경과 외국인의 생활여건·교육여건을 향상시키기 위하여 「경제자유구역의 지정 및 운영에 관한 특별법」과 「경제자유구역 및 제주국제자유도시의 외국교육기관 설립·운영에 관한 특별법」도 시행되고 있다.

7. 대외무역법

(1) **서설**

헌법은 제125조에서 "국가는 대외무역을 육성하며, 이를 규제·조정할 수 있다." 라고 규정하고 있다. 이에 따라 제정된 대외무역법은 대외무역(對外貿易)을 진흥하고 공정한 거래질서를 확립하여 국제수지(國際收支)의 균형과 통상(通商)의 확대를 도모함으로써 국민경제의 발전에 이바지함을 목적으로 하고 있다(同法 1).

대외무역법에서 '물품'이란 외국환거래법에서 정하는 지급수단·증권 및 채권을 화체(化體)한 서류를 제외한 동산(動産)을 말하며(同法 2ii), '무역'이란 물품이나 대통령령으로 정하는 용역 또는 대통령령으로 정하는 전자적 형태의 무체물(이들을 '물품 등'이라 함)의 수출과 수입을 말한다(同法 2i).

'무역거래자'란 수출 또는 수입을 하는 자, 외국의 수입자 또는 수출자에게서 위임을 받은 자 및 수출과 수입을 위임하는 자 등 물품 등의 수출행위와 수입행위의 전부 또는 일부를 위임하거나 행하는 자를 말한다(同法 2iii).

대외무역법은 제3조에서 자유롭고 공정한 무역 조장의 원칙을 선언하고(제1항), "정부는 이 법이나 다른 법률 또는 헌법에 따라 체결·공포된 무역에 관한 조약과 일반적으로 승인된 국제 법규에 무역을 제한하는 규정이 있는 경우에는 그 제한하는 목적을 달성하기 위하여 필요한 최소한의 범위에서 이를 운영하여야 한다." 라고 하여(제2항) '최소한의 무역제한 원칙'을 규정하고 있다.

산업통상자원부장관은 무역의 진흥을 위하여 필요하다고 인정되면 대통령령으로 정하는 바에 따라 물품 등의 수출과 수입을 지속적으로 증대하기 위한 조치를 할 수 있으며, 대통령령으로 정하는 바에 따라 ① 무역의 진흥을 위한 자문·지도, 대외 홍보, 전시·연수·상담·알선 등을 업(業)으로 하는 자, ② 무역전시장이나 무역연수원 등의 무역 관련 시설을 설치·운영하는 자, ③ 과학적인 무역업무 처리 기반을 구축·운영하는 자에게 필요한 지원을 할 수 있다(同法 4①②).

산업통상자원부장관은 ① 교역상대국이 조약과 일반적으로 승인된 국제법규에서 정한 우리나라의 권익을 인정하지 아니하거나 우리나라의 무역에 대하여 부당하거나 차별적인 부담 또는 제한을 가할 경우, ② 국제평화와 안전유지를 위한 국제공조에 따른 교역여건의 급변으로 교역상대국과의 무역에 관한 중대한 차질이 생기거나 생길 우려가 있는 경우, ③ 인간의 생명·건강·안전, 동물·식물의 생명 및 건강, 환경보전 또는 국내 자원보호를 위하여 필요할 경우 등 일정한 경우에는 대통령령으로 정하는 바에 따라 물품 등의 수출·수입을 제한하거나 금지할 수 있다(同法 5).

무역에 관하여는 이 법에서 정하는 바에 따르며, 관계 행정기관의 장은 물품 등의 수출 또는 수입을 제한하는 법령이나 훈령·고시 등(이를 '수출·수입요령'이라 함)을 제정하거나 개정하려면 미리 산업통상자원부장관과 협의하여야 한다. 이 경우 산업통상자원부장관은 관계 행정기관의 장에게 그 수출·수입요령의 조정을 요청할 수 있다(同法 6①②).

(2) 통상의 진흥

산업통상자원부장관은 무역과 통상을 진흥하기 위하여 매년 다음 연도의 통상진흥시책을 세워야 한다(同法 7①). 통상진흥시책에는 통상진흥시책의 기본 방향, 국제통상 여건의 분석과 전망, 무역·통상 협상 추진 방안과 기업의 해외 진출 지원 방안 등이 포함되어야 한다(同法 7②).

산업통상자원부장관은 무역·통상 관련 기관·단체가 교역상대국의 정부·지방정부·기관·단체와 통상·산업·기술·에너지 등에서 협력활동을 추진하는 경우 대통령령으로 정하는 바에 따라 필요한 지원을 할 수 있다(同法 8①).

산업통상자원부장관은 기업의 해외 진출에 대한 지원 업무를 종합적으로 수행하기 위하여 대한무역투자진흥공사에 해외진출지원센터를 두며(同法 8④), 신시장 개척, 신제품 발굴 및 중소기업·중견기업의 수출확대를 위하여 수출실적 및 중소기업 제품 수출비중 등을 고려하여 무역거래자 중에서 전문무역상사를 지정하고 지원할 수 있다(同法 8의2①).

산업통상자원부장관은 우리나라가 체결한 무역에 관한 조약의 이행을 위하여 필요한 때에는 대통령령으로 정하는 바에 따라 관련 공공기관, 기업 및 단체 등으로부터 필요한 자료의 제출을 요구할 수 있다(同法 9①).

(3) 수출입 거래

물품 등의 수출입과 이에 따른 대금을 받거나 지급하는 것은 이 법의 목적의 범위에서 자유롭게 이루어져야 한다. 무역거래자는 대외신용도 확보 등 자유무역질서를 유지하기 위하여 자기 책임으로 그 거래를 성실히 이행하여야 한다(同法 10).

산업통상자원부장관은 헌법에 따라 체결·공포된 조약과 일반적으로 승인된 국제법규에 따른 의무의 이행, 생물자원의 보호 등을 위하여 필요하다고 인정하면 물품 등의 수출 또는 수입을 제한하거나 금지할 수 있다(同法 11①).

산업통상자원부장관이 지정하는 일정한 물품 등을 수출하거나 수입하려는 자는 산업통상자원부장관의 승인을 받아야 한다. 다만, 긴급히 처리하여야 하는 물품 등과 그 밖에 수출·수입 절차를 간소화하기 위한 물품 등으로서 대통령령으로 정하는 기준에 해당하는 물품 등의 수출·수입은 그러하지 아니하다(同法 11②).

이 법은 위의 수출·수입 승인의 유효기간을 원칙적으로 1년으로 하고(同法 11③), 수출·수입 승인의 유효기간의 연장(同法 11④), 수출·수입 승인사항의 변경승인과 경미한 사항 변경의 신고(同法 11⑤), 수출·수입 승인 대상 물품 등의 품목별 수량·금액·규격 및 수출·수입지역 등의 한정과 수출·수입의 제한·금지·승인 등의 공고(同法11⑥⑦), 수출·수입요령의 통합공고(同法 12①②), 특정 거래 형태의 인정(同法 13①), 수출입 승인 면제의 확인(同法 14), 과학적 무역업무의 처리기반 구축(同法 15) 등에 관하여도 규정하고 있다.

1) 외화획득용 원료·기재의 수입과 구매

산업통상자원부장관은 원료·시설·기재(機材) 등 외화획득을 위하여 사용되는 물품 등(이하 '원료·기재'라 함)의 수입에 대하여는 품목별 수량·금액·규격 및 수출·수입지역 한정 규정(同法 11⑥)을 적용하지 아니할 수 있다. 다만, 국산 원료·기재의 사용을 촉진하기 위하여 필요한 경우에는 그러하지 아니하다(同法 16).

외화획득용 원료·기재를 수입한 자는 그 수입한 원료·기재 또는 그 원료·기재로 제조된 물품 등을 부득이한 사유로 인하여 당초의 목적 외의 용도로 사용하려면 산업통상자원부장관의 승인을 받아야 한다. 다만, 대통령령으로 정하는 원료·기재 또는 그 원료·기재로 제조된 물품 등에 대하여는 그러하지 아니하다(同法 17①).

산업통상자원부장관은 외화획득용 원료·기재를 구매하려는 자가 부가가치세법 제24조에 따른 영(零)의 세율을 적용받기 위하여 확인을 신청하면 외화획득용 원료·기재를 구매하는 것임을 확인하는 구매확인서를 발급할 수 있으며, 구매확인서를 발급받은 자에 대하여는 외화획득용 원료·기재의 구매 여부를 사후관리하여야 한다(同法 18①②).

2) 전략물자의 수출입

산업통상자원부장관은 관계 행정기관의 장과 협의하여 대통령령으로 정하는 국제수출통제체제의 원칙에 따라 국제평화 및 안전유지와 국가안보를 위하여 수출허가 등 제한이 필요한 물품 등(대통령령으로 정하는 기술 포함)을 지정하여 고시하여야 한다(同法 19①).

위의 지정·고시된 물품 등(이하 '전략물자'라 함)을 수출하려는 자는 대통령령으로 정하는 바에 따라 산업통상자원부장관이나 관계 행정기관의 장의 수출허가를 받아야 한다. 다만, 방위사업법 제57조 제2항에 따라 허가를 받은 방위산업물자 및 국방과학기술이 전략물자에 해당하는 경우에는 그러하지 아니하다(同法 19②).

전략물자에는 해당되지 아니하나 대량파괴무기와 그 운반수단인 미사일(이하 '대량파괴무기 등'이라 함)의 제조·개발·사용·보관 등의 용도로 전용될 가능성이 높은 물품 등을 수출하려는 자는 그 물품 등의 수입자나 최종 사용자가 그 물품 등을 대량파괴무기 등의 제조·개발·사용·보관 등의 용도로 전용할 의도가 있음을 알았거나 그 수출물품 등의 용도에 의심되는 점이 있는 일정한 경우에는 대통령령으로 정하는 바에 따라 산업통상자원부장관이나 관계 행정기관의 장의 허가(이를 '상황허가'라 함)를 받아야 한다(同法 19③).

산업통상자원부장관이나 관계 행정기관의 장은 수출허가 신청이나 상황허가 신청을 받으면 국제평화 및 안전유지와 국가안보 등 대통령령으로 정하는 기준에 따라 수출허가나 상황허가를 할 수 있다(同法 19④).

물품 등의 무역거래자는 대통령령으로 정하는 바에 따라 산업통상자원부장관이나 관계 행정기관의 장에게 수출하려는 물품 등이 전략물자 또는 상황허가 대상인 물품 등에 해당하는지에 대한 판정을 신청할 수 있다. 이 경우 산업통상자원부장관이나 관계 행정기관의 장은 전략물자관리원장 또는 대통령령으로 정하는 관련 전문기관에 판정을 위임하거나 위탁할 수 있다(同法 21②).

이 법은 전략물자의 수출입과 관련하여, 전략물자 수입목적확인서의 발급(同法 22), 전략물자 등에 대한 이동중지명령(同法 23), 전략물자 등의 중개(同法 24), 전략물자 수출허가 등의 취소(同法 24의3), 전략물자 자율준수무역거래자(同法 25), 전략물자 수출입 고시(同法 26), 전략물자 관계자의 비밀 준수 의무(同法 27), 전략물자 수출입관리 정보시스템의 구축·운영(同法 28), 전략물자관리원(戰略物資管理院)의 설립(同法 29), '전략물자 수출입통제 협의회'의 구성(同法 30), 전략물자 등의 수출입 제한(同法 31)에 대하여도 규정하고 있다.

3) 플랜트수출

산업통상자원부장관은 농업·임업·어업·광업·제조업, 전기·가스·수도사업, 운송·창고업 및 방송·통신업을 경영하기 위하여 설치하는 기재·장치 및 대통령령으로 정하는 설비 중 산업통상자원부장관이 정하는 일정 규모 이상의 산업설비의 수출이나, 산업설비·기술용역 및 시공을 포괄적으로 행하는 수출(이를 '일괄수주방식에 의한 수출'이라 함)에 해당하는 수출(이를 '플랜트수출'이라 함)을 하려는 자가 신청하는 경우에는 대통령령으로 정하는 바에 따라 그 플랜트수출을 승인할 수 있다. 승인한 사항을 변경할 때에도 또한 같다(同法 32①).

산업통상자원부장관이 일괄수주방식에 의한 수출에 대하여 승인 또는 변경승인하려는 때에는 미리 국토교통부장관의 동의를 받아야 한다(同法 32③).

산업통상자원부장관은 일괄수주방식에 의한 수출로서 건설용역 및 시공부문의 수출에 관하여는 해외건설촉진법에 따른 해외건설업자에 대하여만 승인 또는 변경승인을 할 수 있다(同法 32④).

산업통상자원부장관은 플랜트수출의 승인 또는 변경승인을 한 경우에는 이를 관계 행정기관의 장에게 지체 없이 알려야 하며(同法 32⑤), 플랜트수출을 촉진하기 위하여 그에 관한 제도개선, 시장조사, 정보교류, 수주 지원, 수주질서 유지, 전문인력의 양성, 금융지원, 우수기업의 육성 및 협동화사업을 추진할 수 있다. 이 경우 산업통상자원부장관은 플랜트수출관련 기관 또는 단체를 지정하여 이들 사업을 수행하게 할 수 있다(同法 32⑥).

(4) 정부간 수출계약

'정부간 수출계약'이란 외국 정부의 요청이 있을 경우, 정부간 수출계약 전담기관(대한무역투자진흥공사를 말함, 同法 32의3① 참조)이 대통령령으로 정하는 절차에 따라 국내 기업을 대신하여 또는 국내 기업과 함께 계약의 당사자가 되어 외국 정부에 물품 등(방위사업법에 따른 방산물자 등은 제외)을 유상(有償)으로 수출하기 위하여 외국 정부와 체결하는 수출계약을 말한다(同法 2ⅳ).

정부는 국내 기업의 원활한 정부간 수출계약을 지원하기 위하여 대통령령으로 정하는 보증·보험기관으로 하여금 국내 기업의 외국 정부에 대한 정부간 수출계약 이행 등을 위한 보증사업을 하게 할 수 있다(同法 32의2①).

정부는 정부간 수출계약과 관련하여 어떠한 경우에도 경제적 이익을 갖지 아니하며, 보증채무 등 경제적 책임 및 손실을 부담하지 아니한다(同法 32의2②).

정부간 수출계약 전담기관은 정부간 수출계약과 관련하여 ① 정부간 수출계약에서 당사자 지위 수행, ② 외국 정부의 구매요구 사항을 이행할 국내 기업의 추천, ③ 그 밖에 정부간 수출계약 업무의 수행을 위하여 산업통상자원부장관이 필요하다고 인정하는 업무를 수행한다(同法 32의3①②).

이 법은 정부간 수출계약 전담기관의 권한과 책임(同法 32의3③④), 전담기관 소속의 '정부간 수출계약 심의위원회'의 설치 및 구성(同法 32의4), 정부간 수출계약이 체결된 경우의 국내 기업의 책임(同法 32의5)에 대하여도 규정하고 있다.

(5) 원산지의 표시 등

산업통상자원부장관이 공정한 거래 질서의 확립과 생산자 및 소비자 보호를 위하여 원산지를 표시하여야 하는 대상으로 공고한 물품 등(이를 '원산지표시대상물품'이라 함)을 수출하거나 수입하려는 자는 그 물품 등에 대하여 원산지를 표시하여야 한다(同法 33①).

수입된 원산지표시대상물품에 대하여 대통령령으로 정하는 단순한 가공활동을 거침으로써 해당 물품 등의 원산지 표시를 손상하거나 변형한 자는 그 단순 가공한 물품 등에 당초의 원산지를 표시하여야 한다. 이 경우 다른 법령에서 단순한 가공활동을 거친 수입 물품 등에 대하여 다른 기준을 규정하고 있으면 그 기준에 따른다(同法 33②).

무역거래자 또는 물품 등의 판매업자는 원산지를 거짓으로 표시하거나 원산지를 오인(誤認)하게 표시하는 행위나 원산지의 표시를 손상하거나 변경하는 행위 등을 하여서는 아니 된다(同法 33④).

이 법은 원산지 표시의무 위반에 대한 시정명령 및 과징금부과(同法 33의2), 원산지 판정(同法 34), 수입원료를 사용한 국내생산 물품 등의 원산지 판정 기준(同法 35), 수출 물품의 원산지증명서의 발급(同法 37), 외국산 물품 등을 국산 물품 등으로 가장하는 행위의 금지(同法 38)에 관하여도 규정하고 있다(大判 2010.10.14, 2009도8874).

(6) 수입수량제한조치

산업통상자원부장관은 특정 물품의 수입 증가로 인하여 같은 종류의 물품 또는 직접적인 경쟁 관계에 있는 물품을 생산하는 국내산업이 심각한 피해를 입고 있거나 입을 우려(이하 '심각한 피해 등'이라 함)가 있음이 「불공정무역행위 조사 및 산업피해구제에 관한 법률」에 따른 무역위원회의 조사를 통하여 확인되고 심각한 피해 등을 구제하기 위한 조치가 건의된 경우로서 그 국내산업을 보호할 필요가 있다고 인정되면, 그 물품의 국내산업에 대한 심각한 피해 등을 방지하거나 치유하고 조정을 촉진하기 위하여 필요한 범위에서 물품의 수입수량을 제한하는 조치(이를 '수입수량제한조치'라 함)를 시행할 수 있다(同法 39①).

산업통상자원부장관은 무역위원회의 건의, 해당 국내산업 보호의 필요성, 국제통상 관계, 수입수량제한조치의 시행에 따른 보상수준 및 국민경제에 미치는 영향 등을 검토하여 수입수량제한조치의 시행 여부와 내용을 결정한다(同法 39②).

정부는 수입수량제한조치를 시행하려면 이해 당사국과 수입수량제한조치의 부정적 효과에 대한 적절한 무역보상에 관하여 협의할 수 있으며, 수입수량제한조치는 조치 시행일 이후 수입되는 물품에만 적용하고, 수입수량제한조치의 적용기간은 4년을 넘어서는 아니 되며, 산업통상자원부장관이 수입수량제한조치의 대상 물품, 수량, 적용기간 등을 공고하여야 한다(同法 39③④⑤⑥).

산업통상자원부장관은 수입수량제한조치의 대상이었거나 관세법 제65조에 따른 긴급관세 또는 같은 법 제66조에 따른 잠정긴급관세의 대상이었던 물품에 대하여는 그 수입수량제한조치의 적용기간, 긴급관세의 부과기간 또는 잠정긴급관세의 부과기간이 끝난 날부터 그 적용 기간 또는 부과기간에 해당하는 기간(적용기간 또는 부과기간이 2년 미만인 경우에는 2년)이 지나기 전까지는 원칙적으로 다시 수입수량제한조치를 시행할 수 없다(39⑧).

이 법은 수입수량제한조치의 연장(同法 40)과 특정국 물품에 대한 특별 수입수량제한조치의 시행(同法 41)에 관하여도 규정하고 있다.

(7) **수출입의 질서 유지 등**

이 법은 무역거래자가 외화도피의 목적으로 물품 등의 수출 또는 수입가격을 조작하는 것을 금지하고(同法 43), 무역거래자 간 무역분쟁의 신속한 해결의무를 규정하고 있으며(同法 44①), 국제조약·국제법규에 따른 의무 이행을 위하여 필요한 경우나 물품 등의 수출의 공정한 경쟁을 교란할 우려가 있거나 대외신용을 손상하는 행위를 방지하기 위하여 필요한 경우 등에는 산업통상자원부장관이 무역거래자에게 수출하는 물품 등의 가격·수량·품질 기타 거래조건 또는 그 대상지역 등에 관하여 필요한 조정을 명할 수 있도록 하고 있다(同法 46①).

이 법은 선적전(船積前) 검사와 관련한 분쟁 조정(同法 45), 조정명령 등 일정한 처분을 할 경우의 청문(同法 47), 일정한 물품 등에 대한 보고와 검사(同法 48), 수출허가나 상황허가를 받지 아니하고 수출한 자 등에 대한 교육명령(同法 49), 이 법에 따른 산업통상자원부장관의 권한의 위임·위탁(同法 52), 벌칙(同法 53~57), 이 법에 따른 업무를 수행하는 자에 대한 형법규정 적용 시의 공무원 의제(同法 58), 과태료부과(同法 59)에 대하여도 규정하고 있다.

「자유무역협정 체결에 따른 무역조정 지원에 관한 법률」도 시행되고 있다.

제12절

재무행정에 관한 법

1. 개관
2. 「국세와 지방세의 조정 등에 관한 법률」
3. 국세기본법
4. 지방세기본법

재무행정(財務行政)이란 국가나 지방자치단체가 그의 업무수행에 필요한 재원(財源)을 취득·관리하는 작용을 말하며, 이를 흔히 재정(財政)이라 한다.

재무행정은 후술하는 군사행정(제13절), 남북협력·외교행정(제14절)과 더불어 국가의 존립·기능유지를 직접 목적으로 하는 행정이라 할 수 있다.

재무행정은 재정권력작용과 재정관리작용으로 나눌 수 있다.

재정권력작용(財政權力作用)은 국가나 지방자치단체의 재원확보 등을 목적으로 개인 등에게 명령·강제하는 작용으로서, 세무(稅務)행정이 그 예이다. 그런데 국가나 지방자치단체의 재원취득이 항상 권력적으로만 이루어지는 것은 아니며, 철도사업·우정사업(郵政事業) 등 비권력적인 사업경영에 의하는 경우도 있고, 국·공채(國·公債)·차입금(借入金) 등에 의하는 경우도 있다.

위의 철도사업·우정사업 등 비권력적인 사업경영은 본래 국가의 재원취득을 목적으로 하는 것이 아니라 공공복리증진을 직접 목적으로 행해지는 것이고 수입은 부수적으로 발생되는 것이므로 재정권력작용과 구별될 수 있다.

재정관리작용(財政管理作用)은 국가나 지방자치단체가 비권력적 수단으로 재산을 관리하고 수입·지출을 경리하는 작용이며, 이를 회계라고도 한다.

헌법은 재정권력작용에 관하여 제38조에서 국민의 납세의무, 제59조에서 조세법률주의를 규정하고, 재정관리작용에 관하여 제54~58조에서 국가 예산안 등에 대한 국회의 의결제도를 규정하고 있다.

재정(재무행정)은 그 주체를 기준으로 국가재정과 지방재정(지방자치단체의 재정)으로 분류되기도 한다.

조세관계법 등 재정권력작용에 관한 법과 국가재정법·국유재산법·지방재정법 등 재정관리작용에 관한 법을 모두 포괄하여 광의의 재정법이라 한다.

1. 개관

Ⅰ. 재무행정의 기본원칙

재정권력작용과 재정관리작용을 포함한 재무행정의 기본원칙으로는 다음과 같은 것을 들 수 있다.

(1) 재정의회주의(財政議會主義)

재정의회주의는 국가의 재정작용이 의회(국회)의 감독과 통제 아래에 놓이도록 하는 원칙이다. 재정의회주의의 구체적인 원칙으로는 조세법률주의·예산의결원칙·결산심사원칙 등이 있다.

① 조세법률주의(租稅法律主義)란 조세의 부과는 반드시 법률이 정하는 바에 의하여야 한다는 원칙을 말한다. 이에 관하여 헌법은 제59조에서 "조세의 종목과 세율은 법률로 정한다."라고 규정하고 있다(大決 1994.9.30, 94부18).

② 예산의결원칙(豫算議決原則)은 한 회계연도의 세입·세출을 정한 예산이 국회의 심의·의결을 거쳐야 한다는 원칙이다. 이에 관하여 헌법은 제54조 제1항에서 "국회는 국가의 예산안을 심의·확정한다."라고 규정하고, 동조 제2항에서 "정부는 회계연도마다 예산안을 편성하여 회계연도 개시 90일전까지 국회에 제출하고, 국회는 회계연도 개시 30일전까지 이를 의결하여야 한다."라고 규정하고 있다.

③ 결산심사원칙(決算審查原則)은 예산의 집행결과인 결산도 감사원의 결산검사보고에 따라 국회의 심사(또는 지방의회의 심사)를 받아야 한다는 원칙이다. 이에 관하여 헌법은 제99조에서 "감사원은 세입·세출의 결산을 매년 검사하여 대통령과 차년도(次年度) 국회에 그 결과를 보고하여야 한다."라고 규정하고 있다.

(2) 엄정관리주의(嚴正管理主義)

엄정관리주의는 국가 또는 지방자치단체가 소유한 재원(財源)이나 행정목적에 제공한 재산은 국민전체 또는 주민전체의 공동재산으로서의 성격을 갖는 것이므로 본래의 목적에 쓰일 수 있도록 엄정하게 관리되어야 한다는 원칙이다. 국가재정법이 국고채무부담행위에 대하여 미리 예산으로써 국회의 의결을 얻도록 한 것이나(同法 25) 국세감면을 제한하도록 한 것(同法 88) 등은 이러한 원칙의 표현이라 하겠다.

(3) **건전재정주의**(健全財政主義)

건전재정주의는 국가 또는 지방자치단체의 재정이 수입과 지출 간에 균형을 이루어 적자(赤字)가 되는 것을 방지해야 한다는 원칙이다. 국가의 세출은 국채·차입금 외의 세입을 재원으로 하며, 다만, 부득이한 경우에는 국회의 의결을 얻은 금액의 범위 안에서 국채 또는 차입금으로써 충당할 수 있다(국가재정법 18).

헌법은 제58조에서 "국채를 모집하거나 예산외에 국가의 부담이 될 계약을 체결하려 할 때에는 정부는 미리 국회의 의결을 얻어야 한다."라고 규정하고 있다.

II. 재정권력작용

재정권력작용은 국가나 지방자치단체가 재정목적을 위하여 개인 등에게 명령·강제 등을 하는 작용(예; 국세·지방세의 부과·징수)으로서, 이에는 행정의 행위형식면에서 재정하명·재정허가·재정면제·재정조사와 재정강제·재정벌 기타 재정상 의무이행확보작용 등이 포함된다.

1) 재정하명(財政下命)

재정하명이란 재무행정청이 재정상의 목적을 위하여 일반통치권에 기하여 개인 등에게 일정한 의무를 과하는 처분(행정행위)을 말한다.

재정하명은 그에 의하여 과하여지는 의무의 내용에 따라 작위하명(예; 소득신고의무·장부기재의무 부과 등), 부작위하명(예; 전매물품의 임의제조금지 등), 급부하명(예; 조세부과 등), 수인하명(예; 장부검사를 수인할 의무 부과 등)으로 나눌 수 있다(大判 2012.10.18, 2010두12347. 大判 1980.10.14, 78누345).

재정하명은 그것을 받은 특정인에게 그 하명의 내용을 이행할 공법상의 의무를 발생시키며, 이 재정상 의무를 불이행하는 경우에는 강제집행이 이루어질 수 있고, 의무위반자에 대하여는 재정벌이 과해질 수 있다.

2) 재정허가(財政許可)

재정허가란 재무행정청이 재정상의 목적을 위하여 과해진 일반적 금지를 특정한 경우에 해제하여 상대방(재정허가를 받은 당사자)으로 하여금 적법하게 일정한 사실행위 또는 법률행위를 할 수 있도록 하는 처분이다(예; 주세법에 의한 주류의 제조·판매허가).

3) 재정면제(財政免除)

재정면제는 재정상의 목적을 위하여 일반적으로 과하여진 작위 또는 급부의 의무를 특정한 경우에 소멸시키는 처분이다. 조세면제가 그 대표적인 예이다.

4) 재정조사(財政調査)

재정조사 또는 재정상 조사란 재정목적을 적정하게 실현하기 위하여 필요한 자료·정보 등을 수집하는 활동을 말한다(예; 세무조사). 재정조사는 그 대상에 따라 대인적 조사, 대물적 조사, 대가택 조사의 세 가지로 나누어진다.

권력적 재정조사는 법적 근거가 있어야 한다.

5) 재정강제(財政强制)

재정강제는 재정상의 목적을 위하여 개인 등의 신체 또는 재산에 실력을 가하여 재정상 필요한 상태를 실현하는 작용으로서, 이에는 재정상 강제집행과 재정상 즉시강제가 있다.

재정상 강제집행은 재정상 의무불이행의 경우에 관계법에 의거하여 그 의무자의 신체·재산에 실력을 가하여 의무가 이행된 것과 같은 상태를 실현하는 작용이며, 이에는 재정상의 대집행·강제징수·직접강제·이행강제금부과가 있을 수 있다.

재정상 즉시강제는 의무를 명할 시간적 여유가 없거나 그 성질상 의무를 명하여서는 목적을 달성하기 어려운 때에 사전에 의무를 명하지 않고 직접 국민의 신체 또는 재산에 실력을 가하여 재정목적을 실현하는 작용이다. 이는 법률의 근거가 있는 경우에 주로 조세의 포탈(逋脫)을 방지하기 위하여 행해진다. 그 예로서 관세법위반행위에 관련된 물건의 압수·보관 또는 그 폐기 등을 들 수 있다.

6) 재정벌(財政罰)

재정벌이란 법률에 근거하여 재정상의 의무위반에 대한 제재로서 일반통치권에 의해 과하는 벌을 말한다.

재정벌은 이미 이루어진 재정상의 의무위반에 대하여 제재를 과함으로써 재정법규의 실효성을 보장하는 것을 직접 목적으로 하지만, 간접적으로 의무자에 대해 심리적 압박을 가함으로써 그의 의무이행을 확보하는 수단이 되기도 한다.

재정벌은 재정형벌과 재정질서벌로 나누어지는데, 전자는 재정상 의무위반에 대하여 형법에 형명(刑名)이 있는 벌이 과하여지는 제재(制裁)이고, 후자는 과태료가 과하여지는 벌이다.

재정벌이 과하여지는 범죄(자)를 재정범(財政犯)이라 하며, 재정범은 보통 포탈범(逋脫犯)과 재정질서범(財政秩序犯)의 두 가지로 나누어진다.

포탈범은 사기 기타 부정한 행위로써 국가나 지방자치단체에 대하여 현실적으로 재정상의 손해를 입힌 경우에 성립하는 범죄이며, 재정형벌의 대상이 된다(大判 2008.1.10, 2007도8369).

재정질서범은 국가 등의 수입확보를 위한 각종의 재정하명을 위반(신고의무 불이행, 장부기재의 해태 등)하는 등 재정상의 질서를 위반함으로써 국가 또는 지방자치단체에 재정상 손해를 입힐 우려가 있는 행위이며, 재정형벌이나 과태료의 부과대상이 된다. 조세범·관세범에 대하여는 원칙적으로 관계 기관의 고발이 없으면 검사는 공소를 제기하지 못한다(조세범처벌법 21, 관세법 284).

7) 재정상의 기타 의무이행확보작용

재정분야에서 위의 재정강제와 재정벌 외에, 재정상의 의무이행을 확보하기 위하여 법규상 근거가 있는 경우에 가산금·가산세·위법사실공표·관허사업제한 등이 행해지고, 수익처분의 정지나 철회도 행해질 수 있다.

Ⅲ. 재정관리작용

재정관리작용이란 국가나 지방자치단체가 그의 재산과 수입·지출을 관리하는 작용을 말한다. 재정관리작용은 그 내용에 따라 국가·지방자치단체의 수입·지출관리와 국가·지방자치단체가 소유하는 재산의 관리로 구분되는데, 전자를 현금회계(現金會計), 후자를 재산관리(財産管理)라 한다. 재산관리는 그 관리하는 재산의 종류에 따라 부동산관리·증권관리·동산(물품)관리·채권관리 등으로 나눌 수 있다.

현금회계는 그 주체에 따라 국가의 회계와 지방자치단체의 회계로 구분할 수 있으며, 그 목적이 일반적인 목적을 위한 것인지 특별한 목적을 위한 것인지에 따라 일반회계와 특별회계로 나눌 수 있다.

(1) 현금회계(現金會計)

현금회계란 국가 또는 지방자치단체의 현금의 수입·지출에 관한 예산과 출납 및 결산을 총칭하는 것이다. 현금회계의 목적은 국가나 지방자치단체의 수입·지출의 균형을 확보하고 그 명료·확실을 기하여 회계문란을 미연에 방지하려는데 있다.

1) 현금회계의 일반원칙

현금회계의 일반원칙으로서 예산총계주의, 회계총괄의 원칙, 회계연도독립의 원칙, 회계기관분립의 원칙 등이 있다.

가) 예산총계주의(豫算總計主義)는 세입과 세출은 모두 예산에 계상되어야 한다는 원칙이다(국가재정법 17). 예산총계주의에 대한 예외로서 국가 또는 지방자치단체가 현물로 출자하는 경우와 외국차관을 도입하여 전대(轉貸)하는 경우 등이 있다(국가재정법 53).

나) 회계총괄(會計總括)의 원칙은 정부 또는 지방자치단체의 모든 수입을 하나의 국고(國庫) 또는 지정수납기관에 납입시키고, 모든 지출은 하나의 국고 또는 지정수납기관에서 지출하게 하는 원칙이다(국고금관리법 7). 이 원칙에 대한 예외로서 수입대체경비(收入代替經費, 지출이 직접수입을 수반하는 경비로서 대통령령이 정하는 경비)의 경우(국가재정법 53①)와 재외공관수입금 직접사용의 경우(재외공관수입금 등 직접사용에 관한 법률 2) 등이 있으며, 국가 또는 지방자치단체가 사업을 경영하면서 특별회계를 설치하는 경우도 있다.

다) 회계연도독립(會計年度獨立)의 원칙이란 각 회계연도(매년 1월 1일부터 12월 31까지)의 경비는 그 연도의 세입으로써 충당하여야 한다는 원칙을 말한다(국가재정법 2·3). 회계연도독립의 원칙에 대한 예외로서 계속비(同法 23), 명시이월

비(同法 24), 국고채무부담행위(同法 25), 지난 연도 지출(국고금관리법 28), 지난 연도 수입(국고금관리법 14) 등이 있다.

라) 회계기관분립(會計機關分立)의 원칙은 회계상의 비위방지와 공정성확보를 위하여 수입·지출을 명하는 기관과 현금출납을 관장하는 기관을 분립시키는 원칙이다(국고금관리법 13). 재무관(지출원인행위자)·지출관(지출을 명하는 자)·출납공무원의 직무가 분리(국고금관리법 22·27)되는 것은 이 원칙에 따른 것이다.

2) 예산(豫算)

예산이란 실질적으로는 국가 또는 지방자치단체의 세입·세출의 예정표를 말하는 것이나, 형식적으로는 정부에 의하여 편성되고 국회의 심의·의결로 성립되는 1 회계연도 중의 세입·세출의 예정표를 의미한다. 국가재정법상의 예산(同法 제16~55조)은 위의 형식적 의미의 예산을 뜻한다.

예산은 본예산과 보정(추가경정)예산(헌법 54①②, 56), 확정예산과 준예산(헌법 54③), 일반회계예산과 특별회계예산(국가재정법 21②) 등으로 분류할 수 있다.

국가재정법에 따르면, 예산의 내용은 예산총칙·세입세출예산·계속비·명시이월비 및 국고채무부담행위로 이루어진다(同法 19).

가) 예산총칙(豫算總則)에는 ① 세입세출예산·계속비·명시이월비와 국고채무부담행위에 관한 총괄적 규정을 두는 이외에, ② 국채발행 및 차입금의 한도액, ③ 재정증권의 발행과 일시차입금의 최고액, ④ 기타 예산집행에 관하여 필요한 사항을 정한다(同法 20①).

나) 세입세출예산(歲入歲出豫算)은 ① 필요한 때에 계정(計定)으로 구분할 수 있고, ② 독립기관 및 중앙관서의 소관별로 구분한 후, 소관 내에서 일반회계·특별회계로 구분하며, ③ 세입예산은 위 ②의 구분에 따라 그 내용을 성질별로 관(款)·항(項)으로 구분하고, 세출예산은 위 ②의 구분에 따라 그 내용을 기능별·성질별 또는 기관별로 장(章)·관·항으로 구분한다(同法 21①②③). 세입세출예산에는 예측할 수 없는 예산 외의 지출 또는 예산초과지출에 충당하기 위하여 일반회계예산총액의 100분의 1 이내의 금액을 예비비로 계상(計上)할 수 있다(同法 22①).

다) 계속비(繼續費)는 수년도(數年度)에 걸쳐 계속하여 지출할 수 있는 경비이다. 그 완성에 수년도를 요하는 공사(工事)나 제조 및 연구개발사업은 경비의 총

액과 연부액(年賦額)을 정하여 미리 국회의 의결을 얻은 범위 안에서 수년도에 걸쳐 지출할 수 있다. 계속비를 지출할 수 있는 연한은 그 회계연도부터 5년 이내이며, 사업규모 및 국가재원 여건상 필요한 경우에는 예외적으로 10년 이내로 할 수 있고, 기획재정부장관은 필요하면 국회의 의결을 거쳐 위의 지출연한을 연장할 수 있다(同法 23①②③).

라) 명시이월비(明示移越費)란 세출예산 중 경비의 성질상 연도 내에 그 지출을 끝내지 못할 것이 예측되는 때에 그 취지를 세입세출예산안에 명시하여 미리 국회의 승인을 얻은 것을 말한다(同法 24).

마) 국고채무부담행위(國庫債務負擔行爲)란 법률에 의한 것과 세출예산금액 또는 계속비의 총액의 범위안의 것 이외에 국가가 채무를 부담하는 행위를 말하며, 이러한 국고채무부담행위를 할 때에는 미리 예산으로서 국회의 의결을 얻어야 한다(同法 25).

3) 결산(決算)

결산은 한 회계연도의 세입과 세출의 확정적 계수(計數)를 표시하는 행위이다. 국가의 결산절차는 국가재정법 제3장(제56~61조)에 규정되어 있다.

(2) 재산관리(財產管理)

국·공유 재산의 관리에 관한 사항을 정하고 있는 법률로서 국유재산법·물품관리법·국가채권관리법·「공유재산 및 물품관리법」·지방재정법 등이 있다.

국유재산법에 따르면, 국유재산(國有財產)이란 국가의 부담, 기부채납이나 법령 또는 조약에 따라 국가 소유로 된 재산을 말하며, 이에는 ① 부동산과 그 종물(從物), ② 선박, 부표(浮標), 부잔교(浮棧橋), 부선거(浮船渠) 및 항공기와 그들의 종물, ③ 정부기업예산법에 따른 정부기업이나 정부시설에서 사용하는 기계와 기구 중 대통령령으로 정하는 것, ④ 지상권·지역권·전세권·광업권, 그 밖에 이에 준하는 권리, ⑤ 「자본시장과 금융투자업에 관한 법률」 제4조에 따른 증권, ⑥ 특허법·실용신안법·디자인보호법·상표법에 따라 등록된 특허권·실용신안권·디자인권·상표권, 저작권법에 따른 저작권, 저작인접권, 데이터베이스제작자의 권리 및 한국저작권위원회에 등록된 권리, 「지식재산 기본법」 제3조 제3호에 따른 지식재산권, 「식물신품종 보호법」 제2조 제4호에 따른 품종보호권 등이 포함된다(同法 2①, 5①).

국유재산법은 국유재산 관리·처분의 기본원칙으로서, ① 국가전체의 이익에 부합되도록 할 것, ② 취득과 처분이 균형을 이룰 것, ③ 공공가치와 활용가치를 고려할 것, ④ 경제적 비용을 고려할 것, ⑤ 투명하고 효율적인 절차를 따를 것을 규정하고 있다(同法 3).

국유재산은 그 용도에 따라 행정재산(行政財産)과 일반재산(一般財産)으로 구분되는데, 국유재산법상의 행정재산은 공물행정에서의 국유공물(國有公物)에 해당하는 것으로서, 다시 공용재산(公用財産)·공공용재산(公共用財産)·기업용재산(企業用財産)·보존용재산(保存用財産)으로 나누어진다. 일반재산이란 행정재산 외의 모든 국유재산을 말한다(同法 6①②③).

국유재산법에 따르면, 국유재산에 관한 사무는 기획재정부장관(총괄청, 同法 2 x)이 총괄하고, 각 중앙관서의 장(관리청)은 그 소관에 속하는 국유재산을 관리한다(同法 8①③). 총괄청인 기획재정부장관은 관리청이 없거나 분명하지 못한 국유재산에 대하여 그 관리청을 지정한다(同法 24). 총괄청은 그 사무의 일부를 조달청장 또는 지방자치단체의 장 등에게 위임할 수 있다(同法 25).

중앙관서의 장 등은 국유재산의 구분과 종류에 따라 그 소관에 속하는 국유재산의 대장·등기사항증명서와 도면을 갖추어 두어야 하며(국유재산의 대장은 전산자료로 대신할 수 있음), 매년 그 소관에 속하는 국유재산의 실태를 조사하여 국유재산의 대장을 정비하여야 한다(同法 66①②). 국유재산의 가격평가 등 회계처리는 국가회계법 제11조에 따른 국가회계기준에서 정하는 바에 따른다(同法 68).

중앙관서의 장은 그 소관에 속하는 국유재산에 관하여 국유재산관리운용보고서를 작성하여 다음 연도 2월 말일까지 총괄청에 제출하여야 한다. 이 경우 국유재산관리운용보고서에 포함되어야 할 사항은 대통령령으로 정한다(同法 69①).

총괄청은 위의 국유재산관리운용보고서를 통합하여 국유재산관리운용총보고서를 작성하여야 하며, 국유재산관리운용총보고서를 다음 연도 4월 10일까지 감사원에 제출하여 검사를 받아야 하고, 감사원의 검사를 받은 국유재산관리운용총보고서와 감사원의 검사보고서를 다음 연도 5월 31일까지 국회에 제출하여야 한다

(同法 69②③④).

행정재산은 원칙적으로 처분하지 못한다(同法 27①). 일반재산(잡종재산)은 대부(貸付) 또는 처분할 수 있으며(同法 41①), 시효취득의 대상이 되기도 한다(憲裁 1991.5.13, 89헌가97).

1) 국유재산법에 따른 부동산관리(不動產管理)

부동산관리란 국가 또는 지방자치단체가 그의 부동산을 관리하는 작용을 말한다.

국유재산법에 따르면, 총괄청이나 중앙관서의 장은 소유자가 없는 부동산을 국유재산으로 취득하는데, 이 경우 대통령령으로 정하는 바에 따라 6개월 이상의 기간을 정하여 그 기간에 정당한 권리자나 그 밖의 이해관계인이 이의를 제기할 수 있다는 뜻을 공고하여야 하며, 이 기간에 이의가 없는 경우에만 위의 공고를 하였음을 입증하는 서류를 첨부하여 「공간정보의 구축 및 관리 등에 관한 법률」에 따른 지적소관청(地籍所管廳)에 소유자 등록을 신청할 수 있다(同法 12①②③).

총괄청이나 중앙관서의 장은 국유재산을 취득한 경우 대통령령으로 정하는 바에 따라 지체 없이 등기·등록, 명의개서(名義改書), 그 밖의 권리보전에 필요한 조치를 하여야 한다(同法 14①). 등기·등록이나 명의개서가 필요한 국유재산인 경우 그 권리자의 명의는 국(國)으로 하되 소관 중앙관서의 명칭을 함께 적어야 한다(同法 14②).

2) 증권(證券)의 관리

국유재산법에 따르면, 총괄청이나 중앙관서의 장 등은 증권('자본시장과 금융투자업에 관한 법률' 4)을 한국은행이나 대통령령으로 정하는 법인(이하 '한국은행 등'이라 함)으로 하여금 보관·취급하게 하여야 한다(同法 15①). 한국은행 등은 증권의 보관·취급에 관한 장부를 갖추어 두고 증권의 수급을 기록하여야 한다. 이 경우 장부와 수급의 기록은 전산자료로 대신할 수 있다(同法 15②). 한국은행 등은 증권의 수급에 관한 보고서 및 계산서를 작성하여 총괄청과 감사원에 제출하되, 감사원에 제출하는 수급계산서에는 증거서류를 붙여야 하며, 증권의 수급에 관하여 감사원의 검사를 받아야 하고, 증권의 보관·취급과 관련하여 국가에 손해를 끼친 경우에는 민법과 상법에 따라 그 손해를 배상할 책임을 진다(同法 15③④⑤).

3) 물품관리법에 따른 물품관리(物品管理)

물품관리란 국가 또는 지방자치단체가 그 재산 중 동산인 물품을 관리하는 작용을 말한다. 국가의 물품관리에 관한 기본적인 사항을 정하고 있는 법률로서 물품관리법이 있다. 물품관리법의 적용을 받는 '물품'은 국가가 소유하는 동산(動産)과 국가가 사용하기 위하여 보관하는 동산 중 현금과 한국은행에 기탁하여야 할 유가증권 및 국유재산법의 적용을 받는 동산(예; 국유부동산의 종물, 국유의 선박·부표 등, 국영사업 또는 그 시설에서 사용하는 기계 등)을 제외한 동산이다(同法 2①).

국유물품의 관리에 관하여 다른 법령에 특별한 규정이 있는 경우에는 물품관리법의 적용이 배제되는데(同法 4), 문화재보호법의 적용을 받는 국유문화재의 관리 등이 그 예이다. 군수품(軍需品)은 별도로 군수품관리법에 의하여 관리된다.

물품관리법상의 물품관리의 총괄기관은 기획재정부장관과 조달청장이 된다. 기획재정부장관은 물품관리의 제도와 정책에 관한 사항을 관장하며, 조달청장은 각 중앙관서의 장이 수행하는 물품 관리에 관한 업무를 총괄·조정한다(同法 7①②).

물품관리법에 따르면, 각 중앙관서의 장은 그 소관 국유물품을 관리한다(同法 8). 각 중앙관서의 장은 그 소관 국유물품의 관리에 관한 사무를 소속공무원 등에게 위임할 수 있는데, 그 위임받은 공무원을 물품관리관이라 한다(同法 9①②).

물품관리관은 대통령령으로 정하는 바에 따라 그가 소속하는 관서의 공무원에게 그 관리하는 물품의 출납 및 보관에 관한 사무를 위임하여야 하며, 그 위임받은 공무원을 물품출납공무원이라 한다(同法 10①②). 물품관리관은 대통령령으로 정하는 바에 따라 그가 소속하는 관서의 공무원에게 국가의 사무 또는 사업과 용도에 따라서 물품을 사용하게 하거나 사용 중인 물품의 관리에 관한 사무를 위임하여야 하며, 그 위임받은 공무원을 물품운용관이라 한다(同法 11①②).

각 중앙관서의 장은 그 소관 물품을 기관별·사업별·성질별로 분류하여 효율적이고 적정하게 관리하여야 하며(同法 5①), 해당 관서와 그 소속기관에서만 사용하는 주요물품에 관하여 그 표준을 정하고, 조달청장은 정부 각 기관에서 공통적으로 사용하는 주요물품에 관하여 그 표준을 정하여야 한다(同法 6①).

조달청장은 매년 물품수급관리계획작성지침을 정하여 각 중앙관서의 장에게 통보하고, 각 중앙관서의 장은 이 지침에 따라 매년 그 소관 물품수급관리계획을 수립하여 조달청장에게 제출하며, 이를 종합하여 조달청장이 정부종합물품수급관리계획을 작성하여 기획재정부장관에게 제출하고, 각 중앙관서의 장은 물품수급관리계획에 따라 그 소관 물품을 관리하여야 한다(同法 15①②③④).

4) 「국가채권 관리법」에 따른 채권관리(債權管理)

채권관리란 국가 또는 지방자치단체가 그의 채권을 관리하는 작용을 말한다. 국가의 채권관리에 법률로서 국가채권관리법이 있고, 지방자치단체의 채권관리에 관한 법률로서 지방재정법이 있다. 위에서 채권이란 금전의 지급을 목적으로 하는 국가나 지방자치단체의 권리를 말한다. 다만, 벌금·과료·형사추징금·과태료, 증권으로 되어 있는 채권, 국가의 예금 및 예탁금에 관한 채권, 기부금에 관한 채권 등 일정한 채권은 국가채권관리법의 적용대상에서 제외된다(국가채권관리법 2①, 3).

「국가채권 관리법」에 따르면, 기획재정부장관이 채권관리에 관한 제도정비, 채권관리사무에 관한 통일적인 기준설정·조정·성과관리 등의 사무를 수행하며, 각 중앙관서의 장은 그 소관에 속하는 국가채권을 관리하고 채권관리관의 사무를 감독한다(同法 5①②). 각 중앙관서의 장은 그 소관에 속하는 채권관리사무를 소속공무원 등에게 위임할 수 있으며(同法 6①), 그 위임을 받아 채권관리에 관한 사무를 담당하는 자를 채권관리관이라 한다(同法 2ⅳ).

채권관리관은 채권에 대하여 국가가 채권자로서 점유하여야 할 담보물이나 채권 또는 채권의 담보에 속하는 사항의 입증에 필요한 서류 기타 물건을 선량한 관리자의 주의로써 다루고 보존하여야 하며(同法 19①), 채권의 관리사항을 기재할 장부를 비치하고, 채권발생의 통지를 받은 때 또는 채권의 인계를 받은 때에는 그 통지나 인계된 사항을 지체 없이 조사·확인하여 장부에 기재하여야 한다(同法 12).

Ⅳ. 재무행정에 관한 법률들

(1) 재무행정 중 재정권력작용에 관한 기획재정부 소관 법률로서, ① 국세기본법, ② 국세징수법, ③ 「국세와 지방세의 조정 등에 관한 법률」, ④ 소득세법, ⑤ 법인세법, ⑥ 「상속세 및 증여세법」, ⑦ 종합부동산세법, ⑧ 부가가치세법, ⑨ 개별소비세법, ⑩ 「교통·에너지·환경세법」, ⑪ 주세법, ⑫ 인지세법, ⑬ 증권거래세

법, ⑭ 교육세법, ⑮ 농어촌특별세법, ⑯ 자산재평가법, ⑰ 관세법, ⑱ 임시수입부가세법, ⑲ 「증권에 의한 세입납부에 관한 법률」, ⑳ 「수입인지에 관한 법률」, ㉑ 「자유무역협정의 이행을 위한 관세법의 특례에 관한 법률」, ㉒ 「수출용 원재료에 대한 관세 등 환급에 관한 특례법」, ㉓ 「과세자료의 제출 및 관리에 관한 법률」, ㉔ 「조세범 처벌법」, ㉕ 「조세범 처벌절차법」, ㉖ 「국제조세조정에 관한 법률」, ㉗ 조세특례제한법(행정자치부 공동 소관) 등이 있다.

(2) 재무행정 중 재정관리작용에 관한 기획재정부 소관 법률로서, ① 국가재정법, ② 국가회계법, ③ 「예산회계에 관한 특례법」, ④ 「국고금 관리법」, ⑤ 공공자금관리기금법, ⑥ 「공공차관의 도입 및 관리에 관한 법률」, ⑦ 「보조금 관리에 관한 법률」, ⑧ 「부담금관리 기본법」, ⑨ 「정부보관금에 관한 법률」, ⑩ 정부기업예산법, ⑪ 「복권 및 복권기금법」, ⑫ 국유재산법, ⑬ 국유재산특례제한법, ⑭ 물품관리법, ⑮ 「국가채권 관리법」, ⑯ 국채법, ⑰ 귀속재산처리법, ⑱ 「독립공채상환에 관한 특별조치법」, ⑲ 「녹색기후기금의 운영지원에 관한 법률」, ⑳ 대외경제협력기금법, ㉑ 「회계관계직원 등의 책임에 관한 법률」, ㉒ 세무사법, ㉓ 관세사법, ㉔ 「국가를 당사자로 하는 계약에 관한 법률」(조달청 공동 소관), ㉕ 「조달사업에 관한 법률」(조달청 공동 소관) 등이 있다.

(3) 행정자치부 소관의 재정권력작용에 관한 법률로서 ① 지방세기본법, ② 지방세법, ③ 지방세특례제한법, ④ 「지방세외수입금의 징수 등에 관한 법률」이 있으며, 재정관리작용에 관한 법률로서 ① 지방재정법, ② 지방교부세법, ③ 「공유재산 및 물품관리법」, ④ 「지방자치단체 기금관리기본법」, ⑤ 「지방자치단체를 당사자로 하는 계약에 관한 법률」, ⑥ 한국지방재정공제회법 등이 있다.

(4) 재정관리작용에 관한 법률로서, 조달청 소관의 「물품목록정보의 관리 및 이용에 관한 법률」등이 있고, 외교부 소관의 「재외공관 수입금 등 직접사용에 관한 법률」이 있으며, 문화체육관광부 소관의 향교재산법도 있다.

2. 「국세와 지방세의 조정 등에 관한 법률」

(1) 「국세와 지방세의 조정 등에 관한 법률」개설

조세(租稅)란 국가나 지방자치단체가 그의 각종 경비에 충당할 수입을 얻기 위한 목적으로 법률에 의거하여 과세요건에 해당하는 모든 자에게 일방적·권력적으로 부과하여 징수하는 금전(金錢) 등을 말한다.

우리나라에서 현재 국가와 지방자치단체가 부과·징수하는 모든 조세의 세목(稅目, 조세종목)을 정한 법률로서 「국세와 지방세의 조정 등에 관한 법률」이 있다. 이 법은 국세와 지방세의 조정(調整) 등에 필요한 사항을 규정함을 목적으로 하고 있다(同法 1).

조세는 그 부과·징수주체를 기준으로 국세(國稅)와 지방세(地方稅)로 분류되는데, 국세는 국가가 부과·징수하는 조세이며, 지방세는 지방자치단체가 부과·징수하는 조세이다.

「국세와 지방세의 조정 등에 관한 법률」은 모두 4개 조(條)로 구성되어 있다.

이 법은 제2조에서 국가는 국세로서 ① 소득세, ② 법인세, ③ 상속세와 증여세, ④ 종합부동산세, ⑤ 부가가치세, ⑥ 개별소비세, ⑦ 교통·에너지·환경세, ⑧ 주세(酒稅), ⑨ 인지세(印紙稅), ⑩ 증권거래세, ⑪ 교육세, ⑫ 농어촌특별세, ⑬ 재평가세, ⑭ 관세, ⑮ 임시수입부가세를 과세(課稅)한다고 규정하고 있다.

그런데 위의 국세 중 재평가세의 근거법인 「자산재평가법」은 2000년 12월 31일까지 재평가신고를 한 분에 대하여 적용된다(同法 41).

「국세와 지방세의 조정 등에 관한 법률」은 제3조에서 지방자치단체는 지방세로서 보통세(普通稅)인 ① 취득세, ② 등록면허세, ③ 레저세, ④ 담배소비세, ⑤ 지방소비세, ⑥ 주민세, ⑦ 지방소득세, ⑧ 재산세, ⑨ 자동차세와, 목적세(目的稅)인 ① 지역자원시설세, ② 지방교육세를 과세한다고 규정하고 있다.

위에서 보통세는 일반경비에 충당하기 위한 조세이며, 목적세는 특정한 목적을 달성하기 위한 경비에 충당하기 위한 조세이다.

이 법은 제4조에서 "국가와 지방자치단체는 이 법에서 규정한 것을 제외하고는 과세물건(課稅物件)이 중복되는 어떠한 명목의 세법도 제정하여서는 아니 된다." 라고 하여 중복과세금지원칙을 규정하고 있다.

그런데 우리나라의 국세와 지방세간의 세원(稅源, 조세원천) 불균형의 문제는 상존(尙存)하고 있다.

「국세와 지방세의 조정 등에 관한 법률」에 규정된 국세의 각 세목별 과세요건 등을 정한 여러 세법(稅法)들(앞의 1. Ⅳ. 참조)과 지방세의 각 세목별 과세요건 등을 정한 지방세법이 시행되고 있는바, 아래에서 일반적인 과세요건의 개념과 그 요소 등을 살펴보기로 한다.

(2) 과세요건(課稅要件)

과세요건이란 조세를 부과할 수 있는 요건을 말한다. 과세요건은 납세의무자·과세대상·과세표준·세율로 이루어진다.

과세권자는 관계 법률이 정한 납세의무자와 과세대상이 있을 경우 관계 법률에 따른 과세표준과 세율을 적용하여 조세를 부과한다.

1) 납세의무자(納稅義務者)

납세의무자란 국가 또는 지방자치단체에 대하여 조세를 납부할 의무를 지는 자를 말한다. 자연인·법인·내국인·외국인(치외법권을 가진 자 제외)을 막론하고 국가통치권의 지배 아래에 있는 자는 모두 납세의무자가 될 수 있다. 납세의무자와 실제상 조세부담자가 일치하는 경우도 있고, 일치하지 아니하는 경우도 있다.

법률상의 납세의무자와 조세의 실질적 부담자가 일치하는 조세를 흔히 직접세(直接稅)라 한다. 소득세·법인세·상속세 등이 그 예이다. 이는 담세력(擔稅力)을 직접 나타내는 소득이나 재산 등에 대하여 과하는 조세라고 할 수 있다.

법률상의 납세의무자와 실질적 조세부담자가 다르며, 납세의무자가 그 조세부담을 사실상 타인에게 전가(轉嫁)할 것이 예상되는 조세를 간접세(間接稅)라 한다. 주세·부가가치세·개별소비세 등이 그 예이다. 이는 담세력을 간접적으로 추정할 수 있는 소비·거래행위 등의 사실에 대하여 과하는 조세이다.

납세의무는 대체적(代替的) 금전급부의무이므로, 원칙적으로 의무자의 일신(一身)에 전속되지 않고, 법인합병이나 납세의무자의 사망 등에 의하여 타인(他人)에게 승계(承繼)될 수 있다.

납세의무를 승계할 수 있는 자로서 제2차 납세의무자가 있다. 제2차 납세의무자란 납세자가 납세의무를 이행할 수 없는 경우에 그 납세자를 대신하여 납세의무를 지는 자를 말한다(大判 1998.10.27, 98두4535).

2) 과세대상(課稅對象)

과세대상이란 세법상 과세의 목적물로 정하여진 것, 즉 조세부과의 대상을 말한다. 과세대상으로 들 수 있는 것은 소득, 재산, 경제적 거래행위, 소비행위 등이다(大判 2001.6.29, 2000다17339).

과세대상의 성질을 기준으로 한 조세분류에서, 수익세는 소득이나 기타 수익을 과세대상으로 하는 조세이고, 재산세는 일정한 소유 재산을 과세대상으로 하는 조세이며, 거래세는 담세력이 추측되는 경제적 거래행위를 과세대상으로 하는 조세이고, 소비세는 소비자의 담세력을 나타내는 특정한 소비 또는 금전지출을 과세대상으로 하여 부과되는 조세이다.

과세대상을 정함에 있어서는 과세의 적정·공평을 기하기 위하여 동일한 과세대상에 대한 이중과세(二重課稅)를 피하여야 한다. 그리하여 조세관련 법률들(이를 흔히 세법 또는 조세법이라 함)은 입법정책상 조세를 인세(人稅)·물세(物稅)·행위세(行爲稅)로 나누어, 원칙적으로 인세는 납세의무자의 주거지에서, 물세는 물건의 소재지에서, 행위세는 행위지에서 과세하도록 하고 있다.

위의 인세는 소득·재산 등이 귀속하는 사람을 중심으로 특정인의 생존·거주·소득 등 인적 측면에 주안점을 두어 과하는 조세이며, 소득세·주민세 등이 그 예이다.

물세는 특정 물건의 소유·취득·제조·매매·수입 또는 특정물건으로부터 생기는 수익에 대하여 과하는 조세이며, 재산세·주세·관세 등이 그 예이다.

행위세는 직접 물건을 대상으로 하지 않고 법률적·경제적 행위에 대하여 과하는 조세이며, 등록면허세·인지세 등이 그 예이다.

과세대상의 단위를 정하는 요소로서는 ① 시간(법인세의 사업연도별 부과 등), ② 장소(부가가치세의 사업장소별 부과 등), ③ 원천(소득세의 퇴직소득·양도소득·종합소득별 부과 등)의 3가지가 있다.

과세대상의 귀속을 결정함에 있어서는 명목과세주의와 실질과세주의가 있는데,

국세기본법은 실질과세주의를 취하고 있다.

3) 과세표준(課稅標準)

과세표준이란 세법에 따라 직접적으로 세액산출의 기초가 되는 과세대상의 수량(중량·용적·개수·품질 등) 또는 가액(價額)을 말한다. 소득세에서의 소득액, 주세에서의 주류의 양 등이 그 예이다.

물량(物量)이 과세표준이 되는 조세를 종량세(從量稅)라 하고, 금액(金額)이 과세표준이 되는 조세를 종가세(從價稅)라 한다.

과세표준은 법률에 의하여 명백하게 정하여져 있는 경우(예; 인지세)를 제외하고는, 일반적으로 세무행정청이 이를 결정하는 것이 보통이며, 신고납세의 경우에는 납세의무자가 스스로 계산하여 정부에 신고함으로써 구체적으로 확정되기도 한다.

과세표준의 결정시기는 경상세(정기세)와 수시세(임시세)에 따라 다르다.

수시세(隨時稅)에서는 과세원인이 생길 때마다 수시로 과세표준을 결정하게 되며, 경상세(經常稅)의 경우에는 특별한 사유가 없는 한 매년 일정한 시기에 결정하게 된다(大判 1986.1.21, 82누236).

4) 세율(稅率)

세율이란 세액산정을 위하여 과세표준에 곱하여야 할 비율, 즉 과세표준에 대한 세액의 비율을 말한다.

세율은 과세표준에 따른 일정금액으로 정하여지는 경우(종량세의 경우)와 백분비(百分比) 또는 천분비(千分比)로 정하여지는 경우(종가세의 경우)가 있다.

세율은 그것을 정하는 방법에 따라 비례세율과 누진세율로 분류된다.

비례세율(比例稅率)은 과세표준이 되는 수량·가액의 크기에 관계없이 동일한 세율이 적용되는 경우의 세율이며(예; 주세의 세율), 누진세율(累進稅率)은 과세표준이 되는 수량·가액이 증가함에 따라 누진적으로 높은 세율을 적용하는 경우의 세율이다.

누진세율에는 ① 과세표준의 가액·수량이 증가함에 따라 그 과세표준 전체에 대하여 그에 상당하는 계층의 세율을 적용하는 단순누진세율과, ② 과세표준의 가액·수량이 증가함에 따라 그 과세표준을 여러 단계로 분할하여 높은 단계로 올라감에 따라 누진되는 다른 세율을 적용하는 초과누진세율(예; 소득세·법인세·상속세의 세율)이 있다.

3. 국세기본법

(1) 개설

국가는 국가안전보장·질서유지·공공복리증진 등을 위한 여러 가지 활동에 소요되는 경비에 충당하기 위하여 국민으로부터 각종 국세를 징수하지 않을 수 없다.

국세기본법은 국세(國稅)에 관한 기본적이고 공통적인 사항과 위법 또는 부당한 국세처분에 대한 불복 절차를 규정함으로써 국세에 관한 법률관계를 명확하게 하고, 과세(課稅)를 공정하게 하며, 국민의 납세의무의 원활한 이행에 이바지함을 목적으로 하고 있다(同法 1).

이 법에서 '국세'란 국가가 부과하는 조세 중 ① 소득세, ② 법인세, ③ 상속세와 증여세, ④ 종합부동산세, ⑤ 부가가치세, ⑥ 개별소비세, ⑦ 교통·에너지·환경세, ⑧ 주세, ⑨ 인지세, ⑩ 증권거래세, ⑪ 교육세, ⑫ 농어촌특별세를 말한다(同法 2ⅰ).

국세기본법상의 각 종목별 국세에 관하여 과세요건 등을 정한 여러 세법들, 즉 소득세법, 법인세법,「상속세 및 증여세법」, 종합부동산세법, 부가가치세법, 개별소비세법, 「교통·에너지·환경세법」, 주세법, 인지세법, 증권거래세법, 교육세법, 농어촌특별세법 등이 제정·시행되고 있다.

국세기본법에서 사용되는 주요 용어의 뜻은 다음과 같다(同法 2).

'가산세(加算稅)'란 세법에서 규정하는 의무의 성실한 이행을 확보하기 위하여 세법에 따라 산출한 세액에 가산하여 징수하는 금액을 말하며, 법정신고기한까지 과세표준 신고를 하지 아니한 경우의 가산세(同法 47의2)가 그 예이다.

'가산금(加算金)'이란 국세를 납부기한까지 납부하지 아니한 경우에 국세징수법에 따라 고지세액(告知稅額)에 가산하여 징수하는 금액과 납부기한이 지난 후 일정 기한까지 납부하지 아니한 경우에 그 금액에 다시 가산하여 징수하는 금액(중가산금)을 말한다(同法 2⑤). 가산금은 부과된 국세 등을 체납(滯納)한 경우에 과해진다.

'과세표준신고서'란 국세의 과세표준과 국세의 납부 또는 환급에 필요한 사항을 적은 신고서를 말하고, '법정신고기한'이란 세법에 따라 과세표준신고서를 제출할 기한을 말하며, '보증인'이란 납세자의 국세·가산금 또는 체납처분비의 납부를 보증한 자를 말한다.

'정보통신망'이란 전기통신기본법에 따른 전기통신설비를 활용하거나 전기통신설비와 컴퓨터 및 컴퓨터의 이용기술을 활용하여 정보를 수집·가공·저장·검색·송신·수신하는 정보통신체계를 말하며, '전자신고'란 과세표준신고서 등 이 법 또는 세법에 따른 신고관련 서류를 국세청장이 정하여 고시하는 정보통신망(이하 '국세정보통신망'이라 함)을 이용하여 신고하는 것을 말한다(同法 2).

이 법은 세법(稅法)에 대한 이 법의 원칙적인 우선 적용(同法 3), 세법에서 규정하는 기간의 계산(同法 4) 및 기한의 특례(同法 5), 과세표준신고서 등의 우편신고 및 전자신고(同法 5의2), 천재 등으로 인한 신고 등의 기한 연장(同法 6), 납부기한 연장의 취소(同法 6의2), 송달 지연에 따른 납부기한의 연장(同法 7), 세법에서 규정하는 서류의 송달(同法 8), 송달받을 장소의 신고(同法 9), 서류 송달의 방법(同法 10), 공시송달(同法 11. 大判 2015.10.29, 2015두43599), 서류 송달의 효력 발생(同法 12), 법인으로 보는 단체(同法 13)에 대하여 규정하고 있다.

(2) 국세부과·세법적용에 관한 원칙 등

국세기본법은 국세 부과의 원칙으로서, 실질과세의 원칙(同法 14), 신의성실의 원칙(同法 15), 근거과세의 원칙(同法 16)에 관하여 규정하고 있다.

'실질과세(實質課稅)의 원칙'은 과세의 대상이 되는 소득·수익·재산·행위·거래의 귀속이 명의(名義)일 뿐이고 사실상 귀속되는 자가 따로 있을 때에는 사실상 귀속되는 자를 납세의무자로 하여 과세한다는 원칙이다. 즉, 세법 중 과세표준의 계산에 관한 규정은 소득·수익·재산·행위·거래의 명칭이나 형식에 관계없이 그 실질 내용에 따라 적용한다는 원칙이다(同法 14①②. 大判 2012.1.19, 2008두8499. 大判 2010.11.25, 2009두19564. 大判 1987.5.12, 86누602).

이 법에서의 '신의성실의 원칙'은 납세자가 그 의무를 이행할 때에나 세무공무원이 직무를 수행할 때에는 신의에 따라 성실하게 하여야 한다는 원칙이다(同法 15. 大判 1988.3.8, 87누156).

'근거과세의 원칙'은 납세의무자가 세법에 따라 장부를 갖추어 기록하고 있는 경우에는 해당 국세 과세표준의 조사와 결정은 그 장부와 이에 관계되는 증거자료에 의하여야 한다는 원칙이다.

이 법에 따르면, 국세를 조사·결정할 때 장부의 기록 내용이 사실과 다르거나 장부의 기록에 누락된 것이 있을 때에는 그 부분에 대해서만 정부가 조사한 사실에 따라 결정할 수 있다(同法 16①②. 大判 1987.3.10, 86누721).

국세기본법은 세법의 해석·적용에 관한 다음과 같은 원칙도 규정하고 있다. 즉, 세법을 해석·적용할 때에는 과세의 형평(衡平)과 해당 조항의 합목적성에 비추어 납세자의 재산권이 부당하게 침해되지 아니하도록 하여야 한다(同法 18①).

국세를 납부할 의무가 성립한 소득·수익·재산·행위·거래에 대해서는 그 성립 후의 새로운 세법에 따라 소급하여 과세하지 아니한다(同法 18②). 이는 '소급과세금지의 원칙'이다(大判 2011.9.2, 2008두17363. 大判 1997.9.5, 97누7493. 大判 1993.5.14, 93누5895).

세법의 해석이나 국세행정의 관행이 일반적으로 납세자에게 받아들여진 후에는 그 해석이나 관행에 의한 행위 또는 계산은 정당한 것으로 보며, 새로운 해석이나 관행에 의하여 소급하여 과세되지 아니한다(同法 18③). 이는 세무행정에서의 '신뢰보호의 원칙'이다.

세무공무원이 재량으로 직무를 수행할 때에는 과세의 형평과 해당 세법의 목적에 비추어 일반적으로 적당하다고 인정되는 한계를 엄수하여야 한다(同法 19). 이는 세무공무원의 재량행사의 한계를 규정한 것이다.

세무공무원이 국세의 과세표준을 조사·결정할 때에는 해당 납세의무자가 계속하여 적용하고 있는 기업회계의 기준 또는 관행으로서 일반적으로 공정·타당하다고 인정되는 것은 존중하여야 한다. 다만, 세법에 특별한 규정이 있는 것은 그러하지 아니하다(同法 20).

세법 해석에 관한 사항 등을 심의하기 위하여 기획재정부에 국세예규심사위원회를 두며, 그 설치·구성 및 운영방법, 세법 해석에 관한 질의회신의 처리절차 및 방법 등에 관하여 필요한 사항은 대통령령으로 정한다(同法 18의2①②).

국세기본법에 따르면, 기획재정부장관은 효율적인 조세정책의 수립과 조세부담의 형평성 제고를 위하여 매년 해당 연도부터 5개 연도 이상의 기간에 대한 중장기 조세정책운용계획을 수립하여야 한다. 이 경우 중장기 조세정책운용계획은 국가재정법상의 국가재정운용계획과 연계되어야 한다(同法 20의2①).

기획재정부장관은 중장기 조세정책운용계획을 수립할 때에는 관계 중앙관서의 장과 협의하여야 하며, 수립한 중장기 조세정책운용계획을 국회 소관 상임위원회에 보고하여야 한다(同法 20의2③④).

(3) **납세의무**

이 법은 소득세·법인세·상속세·증여세·종합부동산세·부가가치세·개별소비세·주세·「교통·에너지·환경세」·인지세·증권거래세·교육세·농어촌특별세·가산세별로 납세의무의 성립시기를 규정하고(同法 21①), 원천징수·예정신고납부·중간예납·수시부과(隨時賦課)하는 경우의 납세의무성립시기도 규정하고 있으며(同法 21②), 납세의무의 확정(同法 22), 세액의 증감 경정 등의 효력(同法 22의2), 법인의 합병으로 인한 납세의무의 승계(同法 23), 상속으로 인한 납세의무의 승계(同法 24)에 대하여도 규정하고 있다. 납세의무자에게 스스로 과세표준과 세액을 계산하여 신고하여야 하는 의무를 부과하는 경우에는 신고의무 이행에 필요한 기본적인 사항과 신고의무불이행 시 납세의무자가 입게 될 불이익 등은 납세의무를 구성하는 기본적·본질적 내용으로서 법률로 정하여야 할 것이다(大判 2015.8.20, 2012두23808).

이 법은 공유자 또는 공동사업자의 공유물·공동사업 또는 그 공동사업에 속하는 재산에 관계되는 국세·가산금과 체납처분비의 연대납세의무(同法 25①), 법인이 분할되거나 분할합병되는 경우 등의 연대납세의무(同法 25②③④), 연대납세의무에 관한 민법의 준용(同法 25의2), 국세·가산금 또는 체납처분비 납부의무의 소멸(同法 26), 국세 부과의 제척기간(同法 26의2), 국세징수권의 소멸시효(同法 27), 소멸시효의 중단과 정지(同法 28), 납세담보의 종류(同法 29), 납세담보의 평가(同法 30), 납세담보의 제공 방법(同法 31), 납세담보의 변경과 보충(同法 32), 납세담보에 의한 납부와 징수(同法 33), 납세담보의 해제(同法 34)에 관하여도 규정하고 있다. 위에서 납세담보란 납세의무의 이행이 유예되는 경우에 제공되는 담보를 말한다.

(4) 국세와 일반채권의 관계

이 법은 국세·가산금 또는 체납처분비를 다른 공과금이나 그 밖의 채권에 우선하여 징수하도록 하고, 일정한 경우의 예외도 인정하고 있으며(同法 35①), 체납처분에 의해 재산 압류한 경우 등의 징수순위(同法 36), 납세담보 있는 국세의 우선징수(同法 37)에 대하여 규정하고 있다.

이 법은 법인이 해산한 경우의 청산인 등의 제2차 납세의무(同法 38), 법인이 납부할 국세·가산금·체납처분비에 대한 출자자의 제2차 납세의무(同法 39), 출자자가 납부할 국세·가산금·체납처분비에 대한 법인의 제2차 납세의무(同法 40), 양도사업에 관한 국세·가산금·체납처분비에 대한 사업양수인의 제2차 납세의무(同法 41), 양도담보권자의 물적 납세 의무(同法 42)에 대하여도 규정하고 있다.

(5) 국세의 부과·징수

국세를 포함한 조세의 부과·징수방법에는 신고납부·보통징수·특별징수 등의 방법이 있다. '신고납부'란 납세의무자가 그 납부할 조세의 과세표준과 세액을 조세징수기관에 신고하고 그 신고한 세금을 납부하는 것이며, '보통징수'란 조세징수기관이 납세고지서를 해당 납세의무자에게 발급하고 그 정해진 기한에, 지정된 장소에서 납세의무자가 납부하는 세액을 징수하는 것을 말한다.

'특별징수'란 조세를 징수할 때 편의상 징수할 여건이 좋은 자로 하여금 징수하게 하고 그 징수한 세금을 납부하게 하는 것을 말하는데, 특별징수의 일종인 '원천징수(源泉徵收)'란 세법에 따라 원천징수의무자가 조세를 징수하는 것을 뜻한다.

이 법은 국세의 신고납부에 관하여 다음과 같은 사항들을 규정하고 있다. 즉, 과세표준신고서는 신고 당시 해당 국세의 납세지를 관할하는 세무서장에게 제출하여야 한다. 다만, 전자신고를 하는 경우에는 지방국세청장이나 국세청장에게 제출할 수 있다. 과세표준신고서가 관할 세무서장 외의 세무서장에게 제출된 경우에도 그 신고의 효력에는 영향이 없다(同法 43①②).

국세의 과세표준과 세액의 결정·경정결정은 그 처분 당시 그 국세의 납세지를 관할하는 세무서장이 한다(同法 44).

이 법은 과세표준신고서의 수정신고(同法 45), 과세표준 경정 등의 청구(同法 45의2), 법정신고기한 후의 과세표준 신고(同法 45의3), 추가자진납부(同法 46), 신용카드 등으로 하는 국세납부(同法 46의2), 가산세의 부과(同法 47)에 대하여도 규정하고 있다.

납세의무자가 법정신고기한까지 세법에 따른 국세의 과세표준 신고(예정신고 및 중간신고 포함)를 하지 아니한 경우에는 산출세액의 100분의 20에 상당하는 금액을 가산세로 하며(同法 47의2①), 부정행위로 법정신고기한까지 세법에 따른 국세의 과세표준 신고를 하지 아니한 경우에는 원칙적으로 산출세액 등의 100분의 40에 상당하는 금액을 가산세로 한다(同法 47의2②).

이 법은 과소신고·초과환급신고가산세(同法 47의3), 납부불성실·환급불성실가산세(同法 47의4), 원천징수납부 등 불성실가산세(同法 47의5), 가산세 감면(同法 48), 각종 가산세의 한도(同法 49)에 대하여도 규정하고 있다(大判 2015.1.15, 2014두11618).

(6) 과오납금반환청구·국세환급금·국세환급가산금 등

과오납금반환청구란 납세자가 국가 또는 지방자치단체에 대하여 정당한 법률상의 원인 없이 납부한 세액(협의의 과오납금)의 환급을 청구하는 것을 말한다.

세금의 과오납은 ① 위법·부당한 과세처분에 의하여 납세한 후에 그 과세처분이 취소·변경된 경우, ② 납세 후 과세처분이 무효가 된 경우, ③ 납세자의 착오로 초과납세한 경우, ④ 체납처분의 종료 등에 의하여 발생한다.

넓은 의미의 과오납금은 협의의 과오납금과 세법이 정하는 바에 의하여 환급하여야 할 환급세액(還給稅額)을 포함한다. 환급세액은 징세기술상 이유로 조세납부 후 최종적으로 세액이 확정되는 경우에 확정된 세액을 초과하는 납부세액을 말한다(大判 1991.7.9, 91다13342).

국세기본법은 이러한 넓은 의미의 과오납금을 국세환급금이라 하여, 과오납부한 금액 또는 세법에 의하여 환급하여야 할 환급세액이 있을 때에는 이를 반환하도록 규정하고 있다. 즉, 이 법에 따르면, 납세자가 국세·가산금 또는 체납처분비로서 납부한 금액 중 과오납부한 금액이 있거나 세법에 의하여 환급하여야 할 환급세액이 있는 때에는 세무서장이 즉시 그 과오납액·초과납부액 또는 환급세액을 국세환급금으로 결정하도록 하고 있다(同法 51①. 大判 2014.1.16, 2013두17305).

이렇게 결정된 국세환급금은 납세고지에 의하여 납부하는 국세, 체납된 국세·가산금·체납처분비, 세법에 의하여 자진 납부하는 국세 등에 충당하고(同法 51②), 충당되고 남은 잔여금은 국세환급금의 결정을 한 날부터 30일 이내에 납세자에게 지급하여야 하는데, 한국은행이 세무서장의 소관수입금 중에서 이를 지급한다(同法 51⑤⑥⑦). 환급금에 관한 권리는 타인에게 양도할 수 있다(同法 53). 과오납금 등의 환급청구권의 소멸시효기간은 5년이다(同法 54①).

이 법은 상속세·증여세·소득세·법인세·종합부동산세를 물납(物納)한 경우의 물납재산의 환급(同法 51의2), 국세환급가산금(同法 52), 국세환급금에 관한 권리의 양도(同法 53), 국세환급금의 소멸시효(同法 54)에 대하여도 규정하고 있다.

(7) 위법·부당한 조세부과·징수에 대한 구제제도(救濟制度)

위법·부당한 국세부과처분에 대하여는 심사청구와 심판청구 중 택일(擇一)하여 구제를 신청할 수 있으며, 동일한 처분에 대하여는 심사청구와 심판청구를 중복하여 제기할 수 없다(同法 55①⑨). 다만, 납세자가 원하는 경우에는 심사청구·심판청구에 앞서 세무서장에게 이의신청을 할 수 있다(同法 55③).

이 법에 따른 이의신청·심사청구와 과세전적부심사청구를 심의하기 위하여 세무서, 지방국세청 및 국세청에 각각 국세심사위원회를 둔다(同法 66의2①).

심사청구·심판청구는 행정소송의 제기에 앞서 거쳐야 하는 필요적 전심절차(前審節次)이다. 즉, 국세의 부과·징수처분에 대하여 행정소송을 제기하려면 심사청구 또는 심판청구 중 어느 하나는 반드시 거쳐야 한다(同法 56②).

1) 이의신청(異議申請)

국세의 부과와 징수에 관한 처분(거부처분 포함)에 이의가 있는 자는, 국세청장이 조사·결정 또는 처리하거나 하였어야 할 것인 경우를 제외하고, 처분의 통지를 받은 날(또는 처분이 있었던 것을 안 날)부터 90일 내에 세무서장(또는 세무서장을 거쳐 지방국세청장)에게 이의신청을 할 수 있는데(同法 55③, 66①), 이는 임의적(任意的)인 불복절차이다.

이의신청이 있을 때에는 처분청인 세무서장 또는 지방국세청장은 이의신청을 받은 날부터 30일 이내에 그에 대하여 결정하여야 한다(同法 66⑥).

이의신청에 대한 결정에 불복하거나 법정기간 내에 결정이 없는 때에는 심사청구 또는 심판청구를 제기할 수 있으며, 이의신청절차를 거치지 않고도 조세처분에 불복하는 자는 심사청구 또는 심판청구를 제기할 수 있다.

2) 심사청구(審査請求)

위법·부당한 국세부과처분을 받았거나 필요한 처분을 받지 못함으로써 권익의 침해를 받은 자는, 처분이 있은 것을 안 날(처분의 통지를 받은 때에는 그 받은 날)부터 90일 내에, 당해 처분을 하였거나 하였어야 할 세무서장을 거쳐 국세청장에게 심사청구를 할 수 있다. 다만, 이의신청을 거친 후 심사청구를 하고자 할 때에는 이의신청에 대한 결정의 통지를 받은 날부터 90일 내에 제기하여야 한다(同法 61①②, 62①). 심사청구가 있는 때에는 국세청장은 심사청구를 받은 날부터 90일 이내에 국세심사위원회의 심의를 거쳐 결정을 하여야 한다(同法 64①, 65②).

심사청구를 한 날부터 90일 내에 그 결정의 통지가 없는 경우에는 신청인의 선택에 따라 바로 행정소송을 제기하거나 결정을 기다린 후 결정의 통지를 받은 날부터 90일 내에 행정소송을 제기할 수 있다(同法 56③).

3) 심판청구(審判請求)

심판청구는 국세의 부과와 징수에 관한 처분(거부처분 포함)이 있은 것을 안 날(처분의 통지를 받은 때에는 그 받은 날)부터 90일 이내에 그 처분을 하였거나 하였어야 할 세무서장을 거쳐 조세심판원장에게 하여야 한다. 다만, 이의신청을 거쳐 심판청구를 하는 경우에는 이의신청에 대한 결정의 통지를 받은 날부터 90일 내에 제기하여야 한다(同法 68①②, 69①).

심판청구에 대한 결정을 하기 위하여 국무총리 소속으로 조세심판원을 둔다. 조세심판원은 그 권한에 속하는 사무를 독립적으로 수행한다. 조세심판원에 원장과 조세심판관을 둔다(同法 67①②③).

심판청구서를 제출받은 세무서장은 이를 받은 날부터 10일 이내에 그 청구서에 답변서를 첨부하여 조세심판원장에게 송부하여야 한다. 답변서가 제출되면 조세심판원장은 지체 없이 그 부본(副本)을 심판청구인에게 송부하여야 한다(同法 69③⑤). 심판청구인은 송부 받은 답변서에 대한 항변(抗辯)을 위하여 조세심판원장에게 증거서류나 증거물을 제출할 수 있다(同法 71).

조세심판원장은 심판청구를 받은 때에는 이에 관한 조사와 심리를 담당하게 하기 위하여 주심(主審)조세심판관 1명과 배석(陪席)조세심판관 2명 이상을 지정하여 조세심판관회의를 구성하며, 심판청구에 대하여는 조세심판관회의의 심리를 거쳐 심판청구를 받은 날부터 90일 이내에 결정한다(同法 72①③, 81).

심판청구에 대한 결정에 있어서는 불고불리(不告不理) 및 불이익변경금지의 원칙이 적용되며(同法 79), 그 결정은 관계 행정청을 기속한다(同法 80).

4) 조세행정소송(세무소송)

조세행정소송이란 조세에 관한 분쟁에 대하여 법원이 정식의 소송절차에 따라 행하는 재판을 말한다.

국세기본법·관세법·지방세기본법에 따르면, 조세의 부과·징수 처분에 대한 행정소송을 제기하려는 자는 행정소송을 제기하기 전에 관계법에 의한 심사청구 또는 심판청구절차를 거쳐야 한다(大判 2014.12.11, 2012두20618. 大判 2000.9.26, 99두1557). 제소기간은 심사청구 또는 심판청구에 대한 결정통지를 받은 날(또는 결정기간이 경과한 날)부터 90일 이내이다(同法 56②③).

(8) 납세자의 권리 등

국세청장은 납세자의 권리보호에 관한 사항을 포함하는 납세자권리헌장을 제정하여 고시하여야 하며, 세무공무원은 사업자등록증을 발급하는 경우 등 일정한 경우에는 납세자권리헌장의 내용이 수록된 문서를 납세자에게 내주어야 한다(同法 81의2①②).

세무공무원은 납세자가 이 법이 정한 특별한 사유가 없는 한 납세자가 성실하며 납세자가 제출한 신고서 등이 진실한 것으로 추정하여야 하고(同法 81의3), 적정하고 공평한 과세를 실현하기 위하여 필요한 최소한의 범위에서 세무조사를 하여야 하며, 다른 목적 등을 위하여 조사권을 남용해서는 아니 된다(同法 81의4①).

누구든지 세무공무원으로 하여금 법령을 위반하게 하거나 지위 또는 권한을 남용하게 하는 등 공정한 세무조사를 저해하는 행위를 하여서는 아니 된다(同法 81의4③. 大判 2015.2.26, 2014두12062). 납세자는 세무조사를 받는 경우에 변호사·공인회계사·세무사로 하여금 조사에 참여하게 하거나 의견을 진술하게 할 수 있다(同法 81의5. 大判 2014.6.26, 2012두911).

이 법은 세무조사 관할 및 대상자 선정(同法 81의6), 세무조사의 사전통지와 연기신청(同法 81의7), 세무조사 기간(同法 81의8), 세무조사 범위 확대의 제한(同法 81의9), 납세자의 장부·서류 등의 세무관서 보관 금지(同法 81의10), 통합조사의 원칙(同法 81의11), 세무조사의 결과 통지(同法 81의12), 세무공무원의 비밀유지의무(同法 81의13), 납세자의 권리 행사에 필요한 정보의 제공(同法 81의14), 과세전적부심사(同法 81의15)에 대하여 규정하고 있다.

위에서 과세전적부심사(課稅前適否審査)란 일종의 사전적(事前的) 행정구제제도로서, 과세할 내용을 미리 통지받은 자가 납세의무가 확정되기 전에 그 과세의 적부심사를 청구하여 그 적법성 여부를 가리는 것을 말한다.

과세전적부심사를 청구할 수 있는 자는 세무조사결과에 대한 서면통지나 기타 대통령령이 정하는 과세예고통지를 받은 자이며, 청구기간은 위 통지를 받은 날부터 30일 이내이다. 과세전적부심사청구는 당해 세무서장 또는 지방국세청장에게 하되, 법령과 관련하여 국세청장의 유권해석을 변경하여야 하거나 새로운 해석이 필요한 경우 등에는 국세청장에게 청구할 수 있다(同法 81의15①).

과세전적부심사청구를 받은 세무서장·지방국세청장 또는 국세청장은 각각 국세심사위원회의 심사를 거쳐 결정을 하고, 그 결정결과를 적부심사청구를 받은 날부터 30일 이내에 청구인에게 통지하여야 한다(同法 81의15③).

국세청장은 직무를 수행함에 있어 납세자의 권리가 보호되고 실현될 수 있도록 성실하게 노력하여야 한다. 납세자의 권리보호를 위하여 국세청에 납세자 권리보호업무를 총괄하는 납세자보호관을 두고, 세무서 및 지방국세청에 납세자 권리보호업무를 수행하는 담당관 각 1인을 둔다(同法 81의16①②).

이 법은 납세자의 협력의무(同法 81의17), 납세자보호위원회(同法 81의18), 납세자가 국내에 주소 또는 거소를 두지 아니한 경우의 납세관리인(同法 82), 고지할 국세 등 금액의 최저한도(同法 83), 다른 기관의 국세행정에 대한 협조(同法

84), 체납자의 은닉재산을 신고한 자 등에 대한 포상금의 지급(同法 84의2), 과세자료의 제출과 그 수집에 대한 협조(同法 85), 이자소득 또는 배당소득에 대한 지급명세서 자료의 이용(同法 85의2), 납세자의 장부 등의 비치와 보존(同法 85의3), 납세자 등이 제출한 서류 등의 접수증 발급(同法 85의4), 고액·상습체납자 등의 명단 공개(同法 85의5), 과세정보를 분석·가공한 통계자료의 작성 및 공개(同法 85의6), 심사청구·심판청구 및 과세전적부심사 업무를 처리할 경우의 가족관계등록 전산정보의 공동이용(同法 86)에 관하여도 규정하고 있다.

【大判 2014.7.24, 2011두14227. "과세관청이 과세처분에 대한 이의신청절차에서 납세자의 이의신청 사유가 옳다고 인정하여 과세처분을 직권으로 취소하였음에도, 특별한 사유 없이 이를 번복하고 종전 처분을 되풀이하여서 한 과세처분은 위법하다."】

【大判 2014.5.16, 2011두9935. "과세요건사실의 존부 및 과세표준에 관하여는 원칙적으로 과세관청이 증명할 책임을 부담하는바, 이는 거래 등의 귀속 명의와 실질적인 귀속주체가 다르다고 다투어지는 경우에도 증명책임을 전환하는 별도의 법률 규정이 있는 등의 특별한 사정이 없는 한 마찬가지이다. 다만 과세관청이 사업명의자를 실사업자로 보아 과세를 한 이상 거래 등의 귀속 명의와 실질이 다르다는 점은 과세처분을 받은 사업명의자가 주장·증명할 필요가 생기는데, 이 경우에 증명의 필요는 법관으로 하여금 과세요건이 충족되었다는 데 대하여 상당한 의문을 가지게 하는 정도면 족하다. 그 결과 거래 등의 실질이 명의자에게 귀속되었는지 여부가 불분명하게 되고 법관이 확신을 가질 수 없게 되었다면 그로 인한 불이익은 궁극적인 증명책임을 부담하는 과세관청에 돌아간다."】

4. 지방세기본법

(1) 서설

일정지역 주민들의 법적 공동체인 지방자치단체는 지역의 공공적 사무를 처리하고 주민복지사업 등에 소요되는 경비에 충당하기 위하여 관계 법률이 정한 바에 따라 주민으로부터 여러 세목(조세종목)의 지방세를 징수한다.

지방세는 지방자치단체의 가장 중요한 수입원(收入源)이 된다. 지방자치단체의 수입은 크게 지방세수입(地方稅收入)과 세외수입(稅外收入)으로 분류할 수 있다.

지방자치단체의 세외수입에는 관광진흥법 제37조에 따른 과징금 등 각종 지방세외수입관계법규 및 「지방세외수입금의 징수 등에 관한 법률」에 따라 징수하는 과징금·이행강제금·부담금·사용료·수수료·분담금·과태료·재산수입·사업수입·잡수입(기부채납·재산매각대금·징수교부금·기타 수입) 등의 '협의의 세외수입'이 있고, 이 외에 지방교부세·보조금·지방채(地方債)·일시차입금(一時借入金) 등이 있는데, 이들을 모두 통틀어 지방자치단체의 '광의의 세외수입'이라 한다.

지방세기본법은 지방세에 관한 기본적 사항과 부과·징수에 필요한 사항 및 위법·부당한 처분에 대한 불복절차와 지방세 범칙행위 처벌에 관한 사항 등을 규정함으로써 주민의 납세의무의 원활한 이행에 기여함을 목적으로 하고 있다(同法 1).

지방세는 과세주체에 따라 ① 특별시세·광역시세, ② 도세, ③ 구세(지방자치단체인 구의 구세를 말함), ④ 시·군세로 구분되고, 세수금(稅收金)의 지출목적이 특정되어 있는지의 여부에 따라 보통세(普通稅)와 목적세(目的稅)로 구분된다.

이 법에서 '표준세율'이란 지방자치단체가 지방세를 부과할 경우에 통상 적용하여야 할 세율로서 재정상의 사유 또는 그 밖의 특별한 사유가 있는 경우에는 이에 따르지 아니할 수 있는 세율을 말하며, '지방세정보통신망'이란 전자정부법에 따른 정보통신망으로서 행정자치부장관이 고시하는 지방세에 관한 정보통신망을 말하고, '전자신고'란 과세표준신고서 등 이 법 또는 지방세관계법에 따른 신고관련 서류를 지방세정보통신망을 통하여 신고하는 것을 말한다(同法 2①).

지방세기본법 또는 지방세관계법에 별도의 규정이 있는 경우를 제외하고는 이 법의 도(道)에 관한 규정은 특별시와 광역시에, 시·군에 관한 규정은 구(區)에 각각 준용한다(同法 2②). 지방자치단체는 지방세의 세목(稅目)·과세대상·과세표준·세율, 그 밖에 부과·징수에 필요한 사항을 정할 때에는 이 법 또는 지방세관계법에서 정하는 범위에서 조례로 정하여야 한다(同法 5①).

(2) **지방세의 세목(稅目)**

지방세의 세목은 다음과 같다(同法 8).

[서울특별시세·광역시세(9세목)] (단, 광역시의 군지역에서는 아래의 도세를 광역시세로 징수함)

* 보통세(7세목) ; 취득세·레저세·담배소비세·지방소비세·주민세·지방소득세·자동차세

* 목적세(2세목) ; 지역자원시설세·지방교육세

[도세(6세목)]

* 보통세 (4세목) ; 취득세·등록면허세·레저세·지방소비세

* 목적세 (2세목) ; 지역자원시설세·지방교육세

[구세(2세목)]

* 보통세(2세목) ; 등록면허세·재산세

[시·군(광역시의 군포함)세(5세목)]

* 보통세(5세목) ; 담배소비세·주민세·지방소득세·재산세·자동차세

위의 각 세목별 지방세의 과세요건(과세대상·납세의무자·과세표준·세율) 등에 대하여는 지방세법이 규정하고 있다.

지방세기본법은 특별시의 관할구역 재산세의 특별시분·구분 재산세 공동과세(同法 9), 특별시분 재산세의 교부(同法 10), 주민세의 특례(同法 11), 관계 지방자치단체의 장의 의견이 서로 다른 경우의 조치(同法 12. 憲裁 2014.3.27, 2012헌라4), 시·군을 폐지·설치·분리·병합한 경우의 과세권 승계(同法 13), 시·군의 경계변경시의 과세권 승계(同法 14), 도의 경계변경시의 과세권 승계(同法 15)에 관하여 규정하고, 위의 과세권 승계 외에 시·군의 경계변경 또는 폐지·설치·분리·병합을 한 경우와 이로 인하여 도의 경계변경을 한 경우의 과세권의 승계에

필요한 사항은 대통령령으로 정하도록 규정하고 있다(同法 16).

(3) 지방세 부과원칙 등

지방세기본법은 지방세 부과에 관하여 실질과세원칙(同法 17), 신의성실의 원칙(同法 18. 大判 2013.12.26, 2011두5940), 근거과세의 원칙(同法 19), 지방세관계법의 해석기준(同法 20), 세무공무원의 재량의 한계(同法 21), 과세표준·세액을 조사·결정할 경우의 기업회계 존중원칙(同法 22)을 규정하고 있다.

이 법은 지방세관련 기간의 계산(同法 23), 기한의 특례(同法 24), 우편신고·전자신고(同法 25), 천재지변 등으로 인한 기한 연장(同法 26), 납부기한 연장의 취소(同法 27), 지방세관련 서류 송달(同法 28), 송달받을 장소의 신고(同法 29), 서류송달 방법(同法 30), 송달지연으로 인한 납부기한 연장(同法 31), 송달의 효력 발생(同法 32), 공시송달(同法 33), 지방세 세목별 납세의무의 성립시기(同法 34), 지방세 납세의무의 확정(同法 35), 지방세액 경정 등의 효력(同法 36), 납부의무의 소멸(同法 37), 지방세 부과의 제척기간(同法 38. 大判 2014.5.16, 2011두29168), 지방세징수권의 소멸시효(同法 39), 시효의 중단과 정지(同法 40)에 관하여도 규정하고 있다.

또한 이 법은 법인의 합병으로 인한 지방세 납세의무의 승계(同法 41), 상속으로 인한 납세의무의 승계(同法 42), 상속재산의 관리인(同法 43), 지방세 연대납세의무(同法 44), 제2차 납세의무자에 대한 납부고지(同法 45), 청산인 등의 제2차 납세의무(同法 46), 출자자의 제2차 납세의무(同法 47), 법인의 제2차 납세의무(同法 48), 사업양수인의 제2차 납세의무(同法 49)에 대하여도 규정하고 있다.

(4) 지방세 부과·징수 및 충당·환급

지방세기본법은 지방세 부과에 관한 사항으로서, 지방세 과세표준신고서의 제출 및 수정신고서 제출(同法 50. 大判 2014.1.16, 2012다23382), 지방세 과세표준신고서 경정청구(同法 51), 기한 후 과세표준신고서 제출(同法 52), 가산세의 부과(同法 53), 무신고가산세(同法 53의2), 과소신고가산세(同法 53의3), 납부불성실가산세(同法 53의4. 大判 2014.4.24, 2013두27128), 특별징수납부 등 불성실가산세(同法 53의5), 가산세의 감면(同法 54)에 대하여 규정하고 있다.

이 법은 지방세의 과세연도·세목·세액·산출근거·납부기한·납부장소를 구체적으로 밝힌 문서(전자문서 포함)에 의한 지방세 납세고지(同法 55①②), 납세고지서의 발급시기(同法 56), 지방자치단체의 징수금의 납부기한 지정(同法 57), 지방세 부과취소 및 변경(同法 58), 가산금(同法 59), 중가산금(同法 60), 지방세 납부독촉과 최고(同法 61)에 대하여도 규정하고 있다.

이 법은 지방세의 징수에 관한 사항으로서, 지방자치단체의 징수금 중의 우선순위(同法 62), 납세증명서의 제출 및 발급(同法 63), 미납 지방세 등의 열람(同法 64), 지방세를 체납한 경우의 관허사업의 제한(同法 65), 5천만원 이상의 지방세 체납자 중 대통령령으로 정하는 자에 대한 출국금지 요청(同法 65의2), 체납 또는 결손처분 자료의 제공(同法 66)에 대하여도 규정하고 있다.

지방세기본법에 따르면, 시장·군수는 그 시·군 내의 도세를 징수하여 도에 납입할 의무를 진다. 다만, 필요할 때에는 도지사는 납세자에게 직접 납세고지서를 발급할 수 있다(同法 67①). 위의 도세 징수의 비용은 시·군의 부담으로 하고, 대통령령으로 정하는 교부율과 교부기준에 따라 도의 조례로 정하는 바에 따라 그 처리비용으로 시·군에 징수교부금을 교부하여야 한다. 다만, 해당 지방세와 함께 징수하는 도세와 특별시 관할구역에서 특별시분 재산세를 해당 지방세의 고지서에 병기하여 징수하는 경우에는 징수교부금을 교부하지 아니한다(同法 67②).

이 법은 지방자치단체의 징수금을 납부할 자의 주소 또는 재산이 다른 지방자치단체에 있을 경우의 징수 촉탁(同法 68), 지방세 특별징수의무자의 불가피한 사고로 인한 징수금 분실의 경우의 납부의무 면제(同法 69), 지방자치단체 징수금의 제3자 납부(同法 70), 지방세에 관한 상계금지(同法 71), 채권자나 납세자 등에게 교부할 금전의 예탁(同法 72), 납기 전 징수(同法 73), 신용카드에 의한 지방세 납부(同法 74), 자동계좌이체에 의한 지방세 납부(同法 74의2), 끝수 계산에 관한 국고금관리법의 준용(同法 75), 지방세환급금의 충당과 환급(同法 76), 물납재산의 환급(同法 76의2), 지방세환급가산금(同法 77), 지방세환급금에 관한 권리의 양도(同法 78), 지방세환급금의 소멸시효(同法 79), 지방세 징수유예 등의 요건(同法 80), 송달불능으로 인한 징수유예 등과 부과 철회(同法 81), 징수유예 등에 관한 담보(同法 82), 징수유예 등의 효과(同法 83), 징수유예 등의 취소(同法 84), 납세담보의 종류(同法 85), 납세담보의 평가(同法 86), 납세담보의 제공방법(同法 87), 납세담보의 변경과 보충(同法 88), 납세담보에 따른 납부와 징수(同法 89), 납세담보의 해제(同法 90)에 대하여도 규정하고 있다.

(5) **체납처분**

국세의 체납처분에 관하여 국세징수법이 규정하고 있으므로, 국세기본법은 국세의 체납처분에 관하여 규정하고 있지 않지만, 지방세의 체납처분에 관한 별도의 법률이 없기 때문에 지방세기본법은 지방세에 관한 체납처분에 대하여도 규정하고 있다.

즉, 지방세기본법은 지방세 체납처분에서의 재산압류의 요건(同法 91), 재산압류 등에서의 세무공무원의 신분증 제시, 세무공무원의 수색의 권한과 방법 및 체납처분에 따른 질문·검사권, 참여자 설정, 압류조서, 사해행위(詐害行爲)의 취소 및 원상회복, 압류금지 재산, 조건부 압류금지 재산, 급여채권의 압류 제한, 초과압류의 금지, 질권이 설정된 재산의 압류, 가압류·가처분 재산에 대한 체납처분의 효력, 과실에 대한 압류의 효력, 상속·합병의 경우에 대한 체납처분의 효력, 동산과 유가증권의 압류, 압류 동산의 사용·수익, 유가증권에 관한 채권의 추심, 채권의 압류, 부동산의 압류, 무체재산권의 압류, 국유·공유 재산에 관한 권리의 압류에 관하여 규정하고(同法 91의2~91의30), 압류해제의 요건(同法 92), 압류의 해제(同法 93), 부동산 등기 수수료의 면제(同法 93의2. 2018.1.1.시행), 교부청구, 참가압류, 참가압류의 효력, 압류 해제에 관한 규정의 준용, 교부청구의 해제, 공매, 수의계약, 공매대상 재산에 대한 현황조사, 매각예정가격의 결정, 공매 장소, 공매보증금, 매수인의 제한, 공매의 방법과 공고, 공매공고에 대한 등기·등록의 촉탁, 공매 통지, 배분요구, 공매재산명세서의 작성·비치, 공매의 취소 및 공고, 공매공고 기간, 공매의 중지, 공매공고의 등기·등록 말소, 공매참가의 제한, 입찰과 개찰, 공유자의 우선매수권, 차순위 매수신고, 재공매, 매각결정 및 매수대금의 납부기한, 매수대금의 납부최고, 매수대금 납부의 효과, 매각결정의 취소, 매각재산의 권리이전 절차, 배분금전의 범위, 배분기일의 지정, 배분 방법, 국유·공유 재산 매각대금의 배분, 배분계산서의 작성, 배분계산서에 대한 이의(異議)에 대하여 규정하고 있다(同法 93의3~93의39).

이 법은 체납처분의 중지(同法 94), 체납처분 유예(同法 95), 결손처분(同法 96), 체납처분에 관한 국세징수법의 준용(同法 98), 지방세의 우선징수와 예외(同法 99), 직접 체납처분비의 우선징수(同法 100), 압류에 따른 우선징수(同法 101), 담보가 있는 지방세의 우선(同法 102), 양도담보권자의 물적 납세의무(同法 103), 양도담보권자로부터의 징수절차(同法 104)에 대하여도 규정하고 있다.

(6) 납세자의 권리와 이의신청·심사청구·심판청구 등

이 법은 지방세에 관하여 납세자권리헌장의 제정 및 교부(同法 105), 납세자 권리보호와 납세자보호관의 배치(同法 106), 납세자의 성실성 추정(同法 107), 납세자의 협력의무(同法 107의2), 세무조사권 남용 금지(同法 108), 납세자에 대한 세무조사 시 세무사 등의 조력을 받을 권리(同法 109), 세무조사 대상자 선정(同法 110), 세무조사의 사전통지와 연기신청(同法 111), 세무조사 기간(同法 112), 세무조사의 결과통지(同法 113), 납세자가 이 법 또는 지방세관계법에서 정한 납세의무를 이행하기 위하여 제출한 자료(이를 '과세정보'라 함)나 지방세 과세자료 등에 대한 세무공무원의 비밀유지의무(同法 114), 납세자의 권리 행사에 필요한 정보의 제공(同法 115), 과세전적부심사(同法 116)에 관하여 규정하고 있다.

이 법 또는 지방세관계법에 따른 처분으로서 위법·부당한 처분을 받았거나 필요한 처분을 받지 못함으로써 권리·이익을 침해당한 자는 이 법에 따라 이의신청(임의적 절차), 심사청구 또는 심판청구를 할 수 있다(同法 117①).

이 법은 지방세에 관한 이의신청(同法 118)에 관하여 규정하고, 이의신청을 거친 후에 심사청구 또는 심판청구를 할 때에는 이의신청에 대한 결정 통지를 받은 날부터 90일 이내에, 도지사의 결정에 대하여는 조세심판원장에게 심판청구를, 시장·군수의 결정에 대하여는 도지사에게 심사청구를 하거나 조세심판원장에게 심판청구를 하여야 한다고 규정하고 있다(同法 119①).

이 법은 이의신청인·심사청구인·심판청구인의 관계 서류 열람 및 의견진술권(同法 120), 이의신청 등의 대리인(同法 120의2), 이의신청·심사청구·심판청구기한의 연장(同法 121), 이의신청·심사청구에 대한 보정요구(同法 122), 이의신청·심사청구에 대한 결정(同法 123) 및 결정의 경정(同法 124), 이 법에 따른 이의신청·심사청구의 대상이 되는 처분에 대한 행정심판법의 적용 제외(同法 125), 이의신청·심사청구·심판청구시의 처분의 집행부정지원칙(同法 126), 이의신청·심사청구·심판청구에 관한 국세기본법의 준용(同法 127)에 대하여 규정하고 있다.

또한 이 법은 이 법 또는 지방세관계법을 위반한 자에 대한 처벌(同法 128), 지방세의 포탈범에 대한 벌칙(同法 129), 체납처분 면탈범에 대한 벌칙(同法 130), 장부 등을 소각·파기한 자에 대한 벌칙(同法 130의2), 성실신고 방해 행위자에 대한 벌칙(同法 130의3), 명의대여행위자에 대한 벌칙(同法 130의4), 특별징수(원천징수) 불이행범에 대한 벌칙(同法 131), 명령사항 위반 등에 대한 과태료 부과(同法 131의2), 범칙행위자와 그 소속 법인 등에 대한 양벌 규정(同法 131의3), 범칙행위자에 대한 형법 적용의 일부 배제(同法 131의4)에 관하여 규정하고 있다.

이 법은 지방세관련 범칙사건조사공무원의 고발(同法 132), 범칙행위의 공소시효의 기간(同法 133), 범칙혐의자 등에 대한 심문·압수·수색, 압수·수색영장, 압수·수색과 압수·수색영장에 관한 형사소송법의 준용, 심문조서의 작성, 범칙사건의 관할 및 인계, 국가기관 등에의 협조 요청, 범칙처분의 종류 및 보고, 통고처분, 공소시효의 중단, 일사부재리의 원칙, 통고처분 불이행시의 고발의무, 압수물건의 인계, 무혐의 통지 및 압수의 해제(同法 133의2~133의14)에 대하여도 규정하고 있다.

(7) 지방세 과세자료의 제출 및 관리 등

'지방세 과세자료'란 과세자료제출기관이 직무상 작성하거나 취득하여 관리하는 자료로서 지방세의 부과·징수와 납세의 관리에 필요한 자료를 말한다(同法 134의2).

이 법은 지방세 과세자료 제출기관의 범위, 과세자료의 범위, 과세자료의 제출방법, 과세자료의 수집에 관한 협조 요청, 과세자료 제출기관의 책임, 제출받은 과세자료에 대한 비밀유지의무, 과세자료 비밀유지의무 위반에 대한 처벌 및 징역·벌금의 병과에 대하여 규정하고 있다(同法 134의3~134의10).

이 법은 납세자가 국내에 주소 또는 거소를 두지 아니한 경우 등의 납세관리인(同法 135), 세무공무원의 질문·검사권(同法 136), 매각·등기·등록 관계 서류의 열람(同法 137), 체납자의 은닉재산을 신고한 자 등에 대한 포상금의 지급(同法 138), 제출받은 지방세관련 서류의 접수증 교부(同法 139), 지급명세서 자료의 이용(同法 139의2), 장부 등의 비치와 보존(同法 139의3), 고액·상습체납자의 명단공개(同法 140)에 관하여도 규정하고 있다.

이 법은 또한 지방세심의위원회의 설치·운영(同法 141), 지방세 업무의 정보화(同法 142), 지방세 수납정보시스템 운영계획의 수립·시행(同法 142의2), 지방세입 정보관리 전담기구의 설치(同法 142의3), 전자송달·전자납부 등에 대한 우대(同法 143), 지방세관련 통계의 작성 및 공개(同法 144), 지방세 운영에 대한 지도(同法 144의2), 지방세연구기관의 설립·운영(同法 145), 지방세발전기금의 설치·운용(同法 146), 지방세의 부과·징수에 관한 국세기본법·국세징수법의 준용(同法 147)에 대하여도 규정하고 있다.

제13절

군사행정에 관한 법

1. 국군조직법
2. 「군사기지 및 군사시설 보호법

군사행정(軍事行政, 약칭 '군정')이란 국가가 국방목적을 위하여 병력(兵力)을 취득·유지·관리하며 일정한 경우에 국민에게 부담을 과하는 작용(이를 '협의의 군정'이라 함)과, 병력을 지휘·통솔하고 출병(出兵)·용병작전(用兵作戰) 등을 수행하는 작용(이를 '군령'이라 함)을 말한다.

국민생활의 안전·질서유지, 공공복리증진, 산업·경제발전, 사회보장확대, 문화향상 등의 국가적 과제들은 국가의 안전한 존립의 토대위에서 추진되는 것이므로, 군사행정은 국가의 가장 기본적·필수적인 행정분야라고 하겠다.

우리나라에서는 군령(軍令)작용도 협의의 군정(軍政)작용과 같이 일반행정작용의 일환으로 행해지도록 하는 병정통합주의(兵政統合主義)를 취하여(헌법 73·74·77), 대통령이 국군통수권(國軍統帥權), 선전(宣戰)·강화권(講和權), 계엄선포권을 가지고, 대통령의 통할을 받는 국방부장관이 군정과 군령에 관한 사무를 관장하고 있다.

군사행정에 관한 국방부 소관 법률로서 ① 국군조직법, ② 「국방·군사시설 사업에 관한 법률」, ③ 「국방개혁에 관한 법률」, ④ 「군사기밀 보호법」, ⑤ 「군사기지 및 군사시설 보호법」, ⑥ 「국방정보화 기반조성 및 국방정보자원관리에 관한 법률」, ⑦ 군수품관리법, ⑧ 군용전기통신법, ⑨ 「군용항공기 운용 등에 관한 법률」, ⑩ 방어해면법, ⑪ 방위사업법, ⑫ 통합방위법, ⑬ 「국방대학교 설치법」, ⑭ 「사관학교 설치법」, ⑮ 「육군3사관학교 설치법」, ⑯ 「국군간호사관학교 설치법」, ⑰ 「공군항공과학고등학교 설치법」, ⑱ 국방과학연구소법, ⑲ 계엄법, ⑳ 「군 책임운영기관의 지정·운영에 관한 법률」, ㉑ 군인사법, ㉒ 「군법무관 임용 등에 관한 법률」, ㉓ 군무원인사법, ㉔ 「군복 및 군용장구의 단속에 관한 법률」, ㉕ 군사법원법, ㉖ 군형법, ㉗ 한국국방연구원법, ㉘ 징발법 등이 있다(다른 법률들은 후술함).

1. 국군조직법

(1) 국군의 조직과 각 군의 임무

국군조직법은 국방의 의무를 수행하기 위한 국군의 조직과 편성의 대강(大綱)을 규정함을 목적으로 하고 있다(同法 1).

국군조직법에 따르면, 국군은 육군, 해군 및 공군(이하 '각 군'이라 함)으로 조직하며, 해군에 해병대를 둔다. 각 군의 전투를 주임무로 하는 작전부대에 대한 작전지휘·감독 및 합동작전·연합작전을 수행하기 위하여 국방부에 합동참모본부를 둔다. 군사상 필요할 때에는 대통령령으로 정하는 바에 따라 국방부장관의 지휘·감독하에 합동부대와 그 밖에 필요한 기관을 둘 수 있다(同法 2①②③).

육군은 지상작전을 주임무로 하고 이를 위하여 편성되고 장비를 갖추며 필요한 교육·훈련을 한다(同法 3①).

해군은 상륙작전을 포함한 해상작전을 주임무로, 해병대는 상륙작전을 주임무로 하며, 이를 위하여 편성되고 장비를 갖추며 필요한 교육·훈련을 한다(同法 3②).

공군은 항공작전을 주임무로 하며 이를 위하여 편성되고 장비를 갖추며 필요한 교육·훈련을 한다(同法 3④).

국군은 군기(軍旗)를 사용한다. 군기의 종류와 규격 및 그 밖에 필요한 사항은 대통령령으로 정한다(同法 5①②).

(2) 군사에 관한 권한

대통령은 헌법, 국군조직법 및 그 밖의 법률에서 정하는 바에 따라 국군을 통수한다(同法 6). 국방부장관은 대통령의 명을 받아 군사에 관한 사항을 관장하고 합동참모의장과 각 군 참모총장을 지휘·감독한다(同法 8).

합동참모본부에 합동참모의장을 둔다. 합동참모의장은 군령(軍令)에 관하여 국방부장관을 보좌하며, 국방부장관의 명을 받아 전투를 주임무로 하는 각 군의 작전부대를 작전지휘·감독하고, 합동작전 수행을 위하여 설치된 합동부대를 지휘·감독한다. 다만, 평시 독립전투여단급 이상의 부대이동 등 주요 군사사항은 국방부장관의 사전승인을 받아야 한다. 전투를 주임무로 하는 각 군의 작전부대 및 합동부대의 범위와 작전지휘·감독권의 범위는 대통령령으로 정한다(同法 9①②③).

육군에 육군참모총장, 해군에 해군참모총장, 공군에 공군참모총장을 둔다. 각 군 참모총장은 국방부장관의 명을 받아 각각 해당 군을 지휘·감독한다. 다만, 전투를 주임무로 하는 작전부대에 대한 작전지휘·감독은 제외한다. 해병대에 해병대사령관을 두며, 해병대사령관은 해군참모총장의 명을 받아 해병대를 지휘·감독한다(同法 10①②③).

각 군의 부대 또는 기관의 장은 편제(編制) 또는 작전지휘·감독 계통상의 상급부대 또는 상급기관의 장의 명을 받아 그 소속 부대 또는 소관 기관을 지휘·감독한다(同法 11).

(3) 합동참모본부

합동참모본부에 합동참모의장 외에 소속 군이 다른 3명 이내의 합동참모차장과 필요한 참모 부서를 둔다. 합동참모차장은 합동참모의장을 보좌하며, 합동참모의장이 부득이한 사유로 직무를 수행할 수 없을 때에는 서열 순으로 그 직무를 대행한다. 합동참모본부의 직제는 대통령령으로 정하되, 각 군의 균형 발전과 합동작전 수행을 보장할 수 있도록 하여야 한다(同法 12①②③).

군령에 관하여 국방부장관을 보좌하며, 주요 군사사항과 그 밖에 법령에서 정하는 사항을 심의하기 위하여 합동참모본부에 합동참모회의를 둔다. 합동참모회의는 합동참모의장과 각 군 참모총장으로 구성하며, 합동참모의장이 그 의장이 된다. 다만, 해병대와 관련된 사항을 심의할 때에는 해병대사령관도 구성원으로 한다. 합동참모회의는 특정 작전부대와 관련된 사항을 심의할 때에는 해당 작전사령관을 배석시킬 수 있다. 합동참모회의는 월 1회 이상 정례화하며 합동참모회의의 운영에 필요한 사항은 국방부장관이 정한다(同法 13①②③④).

(4) 육군·해군·공군

육군에 육군본부, 해군에 해군본부, 공군에 공군본부를 두고, 해병대에 해병대사령부를 둔다. 각 군 본부에 참모총장 외에 참모차장 1명과 필요한 참모 부서를 두고, 해병대사령부에 사령관 외에 부사령관 1명과 필요한 참모 부서를 둔다. 각 군 참모차장은 해당 군 참모총장을, 해병대부사령관은 해병대사령관을 각각 보좌하며, 해당 군 참모총장 또는 해병대사령관이 부득이한 사유로 직무를 수행할 수 없을 때에는 그 직무를 대행한다. 각 군 본부 및 해병대사령부의 직제와 그 밖에 필요한 사항은 대통령령으로 정한다(同法 14①②③⑤).

각 군의 소속으로 필요한 부대와 기관을 설치할 수 있으며, 부대와 기관의 설치에 필요한 사항은 법률이나 대통령령으로 정한다. 다만, 대통령령으로 정하는 단위 이하의 부대 또는 기관의 설치에 필요한 사항은 국방부장관이 정하되, 국방부장관은 그 권한의 일부를 대통령령으로 정하는 바에 따라 각 군 참모총장에게 위임할 수 있다. 위의 단서에 따라 해군참모총장에게 위임된 사항 중 해병대에 관하여는 해병대사령관에게 권한을 재위임할 수 있다(同法 15①②③).

이 외에 이 법은 군인의 신분(同法 4. 大判 2013.12.12, 2013도4555. 大判 1991.4.23, 90누4839), 군무원(同法 16)에 대하여도 규정하고, 이 법에 따라 제정되는 명령(행정입법을 의미함)으로서 군 기밀상 필요하다고 인정하는 것은 공표하지 아니할 수 있다고 규정하고 있다(同法 17).

(5) 국방부 소관의 기타 법률들

국방부 소관 법률로서, 앞의 서두에 기재한 법률들 외에, ① 「국방·군사시설이전 특별회계법」, ② 「군 공항 이전 및 지원에 관한 특별법」, ③ 「군보건의료에 관한 법률」, ④ 「군에서의 형의 집행 및 군수용자의 처우에 관한 법률」, ⑤ 「군용물 등 범죄에 관한 특별조치법」, ⑥ 「군용항공기 비행안전성 인증에 관한 법률」(방위사업청 공동소관), ⑦ 「민·군기술협력사업 촉진법」, ⑧ 「삼청교육피해자의 명예회복 및 보상에 관한 법률」, ⑨ 「주한미군기지 이전에 따른 평택시 등의 지원 등에 관한 특별법」, ⑩ 「지뢰 등 특정 재래식무기 사용 및 이전의 규제에 관한 법률」, ⑪ 「지뢰피해자 지원에 관한 특별법」, ⑫ 「징발재산정리에 관한 특별조치법」, ⑬ 국방전직교육원법, ⑭ 「특수임무수행자 보상에 관한 법률」, ⑮ 「향토예비군 설치법」, ⑯ 「국군포로의 송환 및 대우 등에 관한 법률」, ⑰ 전쟁기념사업회법, ⑱ 군인공제회법, ⑲ 군인보수법, ⑳ 군인복지기금법, ㉑ 군인복지기본법, ㉒ 군인연금법, ㉓ 「5·18민주화운동 등에 관한 특별법」(법무부 공동소관), ㉔ 「노근리사건 희생자 심사 및 명예회복에 관한 특별법」, ㉕ 「거창사건 등 관련자의 명예회복에 관한 특별조치법」, ㉖ 「방위산업기술 보호법」(2016.6.30.시행), ㉗ 「군인의 지위 및 복무에 관한 기본법」(2016.6.30.시행) 등이 있다. 병무청 소관 법률인 ① 병역법, ② 「공직자 등의 병역사항 신고 및 공개에 관한 법률」도 있다.

2. 「군사기지 및 군사시설 보호법」

(1) **서설**

「군사기지 및 군사시설 보호법」은 군사기지 및 군사시설을 보호하고 군사작전을 원활히 수행하기 위하여 필요한 사항을 규정함으로써 국가안전보장에 이바지함을 목적으로 하고 있다(同法 1).

이 법에서 '군사기지'란 군사시설이 위치한 군부대의 주둔지·해군기지·항공작전기지·방공(防空)기지·군용전기통신기지, 그 밖에 군사작전을 수행하기 위한 근거지를 말한다(同法 2ⅰ. 大判 2010.10.14, 2008다86249).

위의 '해군기지'란 군의 해상작전의 근거지로서 군항(해군 주세력의 근거지)과 해군작전기지(함대별 작전근거지)를 말하며(同法 2ⅲ), '항공작전기지'란 군의 항공작전의 근거지로서 ① 전술항공작전기지(군의 전술항공기를 운용할 수 있는 기지), ② 지원항공작전기지(군의 지원항공기를 운용할 수 있는 기지), ③ 헬기전용작전기지, ④ 예비항공작전기지(전시·사변 또는 이에 준하는 비상시에 항공작전기지로 활용할 수 있는 비상활주로, 헬기예비작전기지 및 민간비행장)를 말한다(同法 2ⅳ).

'군사시설'이란 전투진지, 군사목적을 위한 장애물, 폭발물 관련 시설, 사격장, 훈련장, 군용전기통신설비, 그 밖에 군사목적에 직접 공용(供用)되는 시설을 말한다(同法 2ⅱ).

이 법에서 '군사기지 및 군사시설 보호구역'(이하 '보호구역'이라 함)이란 군사기지 및 군사시설을 보호하고 군사작전을 원활히 수행하기 위하여 국방부장관이 지정하는 구역으로서 통제보호구역과 제한보호구역을 말한다.

위의 '통제보호구역'이란 보호구역 중 고도의 군사활동 보장이 요구되는 군사분계선의 인접지역과 중요한 군사기지 및 군사시설의 기능보전이 요구되는 구역을 말하며, '제한보호구역'이란 보호구역 중 군사작전의 원활한 수행을 위하여 필요한 지역과 군사기지 및 군사시설의 보호 또는 지역주민의 안전이 요구되는 구역을 말한다(同法 2ⅵ).

(2) 보호구역 등의 지정

보호구역, 민간인통제선, 비행안전구역 및 대공방어협조구역(이하 '보호구역 등'이라 함)은 군사기지 및 군사시설의 보호, 군사작전의 원활한 수행 및 군용항공기의 비행안전에 필요한 최소한의 범위 안에서 지정되어야 한다(同法 3). 위에서 '민간인통제선'이란 고도의 군사활동 보장이 요구되는 군사분계선의 인접지역에서 군사작전상 민간인의 출입을 통제하기 위하여 국방부장관이 지정하는 선을 말하며(同法 2vii), '비행안전구역'이란 군용항공기의 이착륙에 있어서의 안전비행을 위하여 국방부장관이 지정하는 구역을 말하고(同法 2viii), '대공방어협조구역'이란 대공(對空)방어작전을 보장하기 위하여 국방부장관이 지정하는 구역을 말한다(同法 2ix).

국방부장관은 합동참모의장(이하 '합참의장'이라 함)의 건의(관계 행정기관장과 미리 협의한 후 관계 행정기관장의 의견서를 첨부하여야 함)에 따라 보호구역 등을 지정하거나 이를 변경 또는 해제할 수 있으며, 군사기지의 용도 해제, 군사시설의 철거, 작전환경의 변화, 그 밖의 사유로 보호구역 등을 유지할 필요가 없게 된 때에는 지체 없이 이를 해제하여야 한다(同法 4①②).

국방부장관은 보호구역 등을 지정·변경·해제하려는 때에는 '국방부 군사기지 및 군사시설 보호 심의위원회'의 심의를 거쳐야 하며, 보호구역 등을 지정·변경·해제한 때에는 이를 지체 없이 관계 행정기관의 장에게 통보하여야 한다(同法 4③④).

이 법은 보호구역(통제보호구역·제한보호구역) 및 민간인통제선의 지정범위(同法 5), 비행안전구역의 지정범위(同法 6), 대공방어협조구역의 지정범위(同法 7), 보호구역 등의 고시 및 표지(同法 8)에 대하여도 규정하고 있다.

(3) 보호구역에서의 행위의 금지 또는 제한

누구든지 보호구역 안에서 다음 ①~⑫의 어느 하나에 해당하는 행위를 하여서는 아니 된다. 다만, 다음 ①③⑦⑧⑪⑫의 경우 미리 관할부대장 등(①의 경우에는 주둔지부대장 포함)의 허가를 받은 자에 대하여는 그러하지 아니하다(同法 9①).

위에서 '관할부대장'이란 작전책임지역 안의 군사기지 및 군사시설을 보호·관리하거나 비행안전 또는 대공방어 등에 관한 사항을 관장하는 대통령령으로 정하는 부대의 장을 말한다. 보호구역에서 제한되는 행위는 다음과 같다.

① 통제보호구역이나 울타리 또는 출입통제표찰이 설치된 구역·군사기지 및 군사시설에의 출입. 다만, 군사작전상 장애가 되지 아니하는 범위에서 대통령령으로 정하는 지역의 경우에는 허가를 받지 아니하고 출입할 수 있다.

② 통제보호구역 안에서의 건축물의 신축. 다만, 군사작전에 지장이 없는 범위에서 대통령령으로 정하는 사항은 그러하지 아니하다.

③ 통제보호구역 안에서의 수산동식물의 포획 또는 채취.

④ 군사기지 또는 군사시설의 촬영·묘사·녹취·측량 또는 이에 관한 문서나 도서 등의 발간·복제. 다만, 국가기관 또는 지방자치단체, 그 밖의 공공단체가 공공사업을 위하여 미리 관할부대장 등의 승인을 받은 경우는 그러하지 아니하다(大判 2011.10.13, 2009도320).

⑤ 보호구역 등의 표지(보호구역 등임을 나타내는 표본·표석·부표·출입통제표찰 또는 수중부설물 포함)의 이전 또는 훼손.

⑥ 군함의 항로 방해.

⑦ 표류물·침몰물의 습득 또는 군사작전이나 항해에 장애가 될 우려가 있는 대통령령으로 정하는 유해물(有害物)의 유기(遺棄).

⑧ 군용항공기를 제외한 항공기의 항공작전기지에의 착륙.

⑨ 군사시설 또는 군용항공기를 손괴하거나 그 기능을 손상시키는 행위.

⑩ 군용항공기를 향하여 물건을 던지거나 군용항공기 운항에 위험을 일으킬 우려가 있는 행위.

⑪ 이 법 제5조 제1항 제2호 라목에 따른 제한보호구역 안에서의 각종 총포의 발사, 폭발물의 폭발 등의 행위.

⑫ 이 법 제5조 제1항 제2호 마목에 따른 제한보호구역 안에서의 군용통신에 장애가 되는 것으로서 대통령령으로 정하는 건축물의 건축, 공작물·매설물 등(이하 '장애설비 등'이라 함)의 설치.

위의 행위제한 중 이 법에 따라 지정된 보호구역 등에서의 일정한 행위를 금지 또는 제한하는 것은 법규하명(앞의 제1절 Ⅰ. 참조)이면서, 국방상의 목적을 위하여 보호구역 등에서 관계자들에게 일정한 의무(부작위의무 등)를 부과하는 공용부담부과행위(제1절 Ⅲ. 참조)의 일종인 군사제한(軍事制限)에 해당한다.

국방부장관 또는 관할부대장 등은 보호구역 안에서 군용통신에 장애가 되는 장애설비 등의 사용을 제한할 수 있다(同法 9②).

이 법은 비행안전구역에서 금지·제한되는 행위(同法 10), 행위의 제한·금지규정을 위반한 자에 대한 퇴거 및 장애물 등에 대한 제거조치 등(同法 11), 선박의 정박지 제한과 입항시 선박명 표시(同法 12), 보호구역 안에서 행정기관이 건축물의 신축·증축 또는 공작물의 설치, 도로·철도·교량·운하·터널·수로·매설물 등과 그 부속 공작물의 설치·변경, 통신시설의 설치·사용, 해운(海運)의 영위, 어업권 설정 등에 관한 허가나 기타 처분 등을 하려는 경우의 국방부장관 또는 관할부대장 등과의 협의 및 그 절차(同法 13), 도시지역 안의 보호구역, 농공단지 등 작전에 미치는 영향이 경미하면서 지역사회발전 및 주민 편익을 도모할 수 있는 지역으로서 대통령령으로 정하는 일정한 보호구역, 비행안전구역 또는 대공방어협조구역에서의 협의업무의 위탁(同法 14)에 대하여도 규정하고 있다.

(4) 군사기지 및 군사시설 보호 심의위원회 및 관리기본계획 등

보호구역 등의 지정·변경·해제 및 관리기본계획의 수립·변경에 관한 사항 등과 군사기지 및 군사시설 보호와 관련된 중요한 사항으로서 국방부장관이 심의에 부치는 사항을 심의하기 위하여 국방부장관 소속으로 '국방부 군사기지 및 군사시설 보호 심의위원회'(이하 '국방부심의위원회'라 함)를 둔다(同法 15①).

군사기지 및 군사시설의 보호와 관련된 중요한 사항으로서 합참의장이 심의에 붙이는 사항 등을 심의하기 위하여 합참의장 소속으로 '합동참모본부 군사기지 및 군사시설 보호 심의위원회'(이하 '합참심의위원회'라 함)를 둔다(同法 15②).

작전책임지역 또는 관리책임지역과 관련된 군사기지 및 군사시설 보호에 관한 중요 사항으로서 관할부대장 등이 심의에 붙이는 사항 등을 심의하기 위하여 관할부대장 등 소속으로 관할부대 또는 관리부대 군사기지 및 군사시설 보호 심의위원회(이하 '관할부대심의위원회'라 함)를 둔다(同法 15③).

국방부심의위원회, 합참심의위원회 및 관할부대심의위원회의 구성 및 운영 등에 관하여 필요한 사항은 대통령령으로 정한다(同法 15⑤).

국방부장관은 보호구역 등을 체계적으로 관리하기 위하여 군사기지 및 군사시설 보호에 관한 기본방향, 보호구역 등의 관리에 관한 사항 등이 포함된 '보호구역 등 관리기본계획'을 5년마다 수립하여야 한다(同法 16①).

이 법은 위 기본계획의 수립절차(同法 16②), 관할부대장의 소관 관할부대의 '보호구역 등 관리계획'의 수립·추진(同法 16③)에 대하여도 규정하고 있다.

(5) 토지 매수 청구 및 손실보상청구 등

이 법에 따른 보호구역 등의 지정으로 인하여 그 구역 안의 토지를 종래의 용도로 사용할 수 없어 그 효용이 현저하게 감소한 토지 또는 당해 토지의 사용·수익이 사실상 불가능한 토지(이하 '매수대상토지'라 함)의 소유자로서, 보호구역 등의 지정 당시부터 당해 토지를 계속 소유한 자나, 토지의 사용·수익이 사실상 불가능하게 되기 전에 당해 토지를 취득하여 계속 소유한 자 및 이들로부터 당해 토지를 상속받아 계속 소유한 자는 국방부장관에게 당해 토지의 매수를 청구할 수 있다(同法 17①). 국방부장관은 매수청구를 받은 토지가 위의 기준에 해당되는 때에는 예산의 범위 내에서 매수하여야 한다(同法 17②).

매수대상토지의 범위 및 구체적인 판정기준은 대통령령으로 정한다(同法 17③).

매수청구를 받은 토지의 매수가격은 공시지가를 기준으로 당해 토지의 위치·형상·환경 및 이용 상황 등을 고려하여 평가한 금액으로 한다(同法 17④).

토지를 매수하는 경우 매수가격의 산정시기, 방법 및 매수청구의 절차, 그 밖에 필요한 사항은 대통령령으로 정한다(同法 17⑤).

이 법은 매수가격의 산정을 위한 감정평가 등의 비용 부담(同法 18), 토지소유자와의 협의에 따른 토지 등의 매수(同法 19), 토지소유자 및 그 밖의 권리를 가진 자의 귀책사유 없이 이루어진 장애설비 등의 사용제한이나 장애물 제거로 인하여 발생한 손실의 보상(同法 20), 이 법에 따른 처분에 대한 이의신청(同法 21), 군이 상주하지 아니하는 군사기지 및 군사시설의 관리를 위한 관할 경찰서장의 협조(同法 22), 대한민국에 주류(駐留)하는 외국군 군사기지 및 군사시설에 대한 이 법의 적용(同法 23), 이 법 규정을 위반한 자에 대한 벌칙(同法 24), 허가를 받지 않고 통제보호구역 안에서 수산동식물을 포획·채취한 자의 어획물·제품·어선·어구의 몰수(同法 25)에 대하여도 규정하고 있다.

【大判 2012.12.26, 2011다73144. "국가가 특정 토지 위에 군사시설 등을 설치하여 그 부지 등으로 계속적, 배타적으로 점유·사용하는 경우에는, 국가가 그 토지를 점유·사용할 수 있는 정당한 권원(權原)이 있음을 주장·증명하지 아니하는 이상, 그 토지에 관하여 차임 상당의 이익을 얻고 이로 인하여 원고에게 동액 상당의 손해를 주고 있다고 봄이 타당하므로, 국가는 토지소유자에게 차임 상당의 이득을 부당이득금으로 반환할 의무가 있다."】

제14절

남북협력·외교행정에 관한 법

1. 「남북교류협력에 관한 법률」

2. 「통상조약의 체결절차 및 이행에 관한 법률」

우리나라에서는 튼튼한 안보를 바탕으로 한반도 평화를 정착시키고 남북간의 교류·협력·신뢰형성을 통하여 조국통일의 기반을 구축하는 남북협력에 관한 행정과, 경제·문화·안보·인류발전·재외국민보호 등 여러 분야에서의 외국과의 협력에 관한 외교행정도 중요시된다.

남북협력행정에 관한 통일부 소관 법률로서 ① 「남북관계 발전에 관한 법률」, ② 「남북교류협력에 관한 법률」, ③ 남북협력기금법, ④ 「북한이탈주민의 보호 및 정착지원에 관한 법률」, ⑤ 「통일교육 지원법」, ⑥ 「6·25전쟁 납북피해 진상규명 및 납북피해자 명예회복에 관한 법률」, ⑦ 「개성공업지구 지원에 관한 법률」, ⑧ 「겨레말 큰사전 남북공동편찬사업회법」, ⑨ 「군사정전에 관한 협정 체결 이후 납북피해자의 보상 및 지원에 관한 법률」, ⑩ 「남북 이산가족 생사확인 및 교류 촉진에 관한 법률」 등이 있다.

외교행정에 관한 외교부 소관 법률로서 ① 「영해 및 접속수역법」, ② 「배타적 경제수역법」, ③ 「국제연합 평화유지활동 참여에 관한 법률」, ④ 외무공무원법, ⑤ 한국국제교류재단법, ⑥ 한국국제협력단법, ⑦ 국제개발협력기본법(국무조정실 공동소관), ⑧ 국립외교원법, ⑨ 「대한민국 재외공관 설치법」, ⑩ 여권법, ⑪ 「재외공관 공증법」, ⑫ 「재외공관 수입금 등 직접사용에 관한 법률」, ⑬ 「재외공관용 재산의 취득·관리 등에 관한 특례법」, ⑭ 재외국민등록법, ⑮ 재외동포재단법, ⑯ 「정부대표 및 특별사절의 임명과 권한에 관한 법률」, ⑰ 「해외긴급구호에 관한 법률」, ⑱ 해외이주법, ⑲ 「고려인동포 합법적 체류자격 취득 및 정착 지원을 위한 특별법」, ⑳ 「통상조약의 체결절차 및 이행에 관한 법률」(산업통상자원부 공동소관), ㉑ 「남극활동 및 환경보호에 관한 법률」(환경부·해양수산부 공동소관) 등이 있다.

1. 「남북교류협력에 관한 법률」

(1) 서설

「남북교류협력에 관한 법률」은 군사분계선 이남지역과 그 이북지역 간의 상호 교류와 협력을 촉진하기 위하여 필요한 사항을 규정함으로써 한반도의 평화와 통일에 이바지하는 것을 목적으로 하고 있다(同法 1).

이 법에서 '출입장소'란 군사분계선 이북지역(이하 '북한'이라 함)으로 가거나 북한으로부터 들어올 수 있는 군사분계선 이남지역(이하 '남한'이라 함)의 항구·비행장, 그 밖의 장소로서 대통령령으로 정하는 곳을 말한다(同法 2ⅰ).

'교역'이란 남한과 북한 간의 물품, 대통령령으로 정하는 용역 및 전자적 형태의 무체물(이하 '물품 등'이라 함)의 반출·반입을 말한다(同法 2ⅱ).

'반출·반입'이란 매매·교환·임대차·사용대차·증여·사용 등을 목적으로 하는 남한과 북한 간의 물품 등의 이동(단순히 제3국을 거치는 물품 등의 이동을 포함. 이하 같다)을 말한다(同法 2ⅲ).

'협력사업'이란 남한과 북한의 주민(법인·단체를 포함)이 공동으로 하는 문화·관광·보건의료·체육·학술·경제 등에 관한 모든 활동을 말한다(同法 2ⅳ).

남한과 북한의 왕래·접촉·교역·협력사업 및 통신 역무(役務)의 제공 등 남한과 북한 간의 상호 교류와 협력(이하 '남북교류·협력'이라 함)을 목적으로 하는 행위에 관하여는 이 법률의 목적 범위에서 다른 법률에 우선하여 이 법을 적용한다(同法 3).

(2) 남북교류협력 추진협의회

이 법은 남북교류·협력에 관한 정책을 협의·조정하고, 중요 사항을 심의·의결하기 위하여 통일부에 남북교류협력 추진협의회(이하 '협의회'라 함)를 두도록 규정하고 있다(同法 4).

협의회는 위원장 1명을 포함한 18명 이내의 위원으로 구성하며, 위원장은 통일부장관이 되며, 협의회의 업무를 총괄한다(同法 5①②). 위원은 차관 또는 차관급

공무원과 남북교류·협력에 관한 전문지식과 경험을 갖춘 민간전문가(3명 이상) 중에서 국무총리가 임명하거나 위촉한다(同法 5③). 위원장이 부득이한 사유로 직무를 수행할 수 없을 때에는 위원장이 미리 지정한 위원이 직무를 대행한다. 차관 또는 차관급 공무원인 위원이 회의에 출석하지 못할 부득이한 사유가 있을 때에는 대통령령으로 정하는 바에 따라 그가 소속된 기관의 다른 공무원으로 하여금 회의에 대리출석하여 그의 권한을 대행하게 할 수 있다. 협의회에는 위원장이 지명하는 간사 1명을 둔다(同法 5④⑤⑥).

협의회는 ① 남북교류·협력에 관한 정책의 협의·조정 및 기본원칙의 수립(大判 1999.7.23, 98두14525), ② 남북교류·협력에 관한 승인이나 그 취소 등에 관한 중요 사항의 협의·조정, ③ 반출·반입 승인대상 물품 등의 공고에 관한 사항, ④ 협력사업에 대한 총괄·조정, ⑤ 남북교류·협력 촉진을 위한 지원, ⑥ 관계 부처 간의 협조가 필요한 남북교류·협력과 관련된 중요 사항, ⑦ 그 밖에 위원장이 회의에 붙이는 사항을 심의·의결한다(同法 6).

협의회의 회의는 위원장이 소집하며, 재적위원 과반수의 출석과 출석위원 과반수의 찬성으로 의결한다. 협의회의 운영에 필요한 사항은 대통령령으로 정한다(同法 7①②③).

협의회에는 협의회에 상정할 의안(議案)을 준비하고, 협의회의 위임을 받은 사무를 처리할 실무위원회를 둔다. 실무위원회의 구성과 운영 등에 필요한 사항은 대통령령으로 정한다(同法 8①②).

(3) 남북한 방문

남한의 주민이 북한을 방문하거나 북한의 주민이 남한을 방문하려면 대통령령으로 정하는 바에 따라 통일부장관의 방문승인을 받아야 하며, 통일부장관이 발급한 증명서(이하 '방문증명서'라 함)를 소지하여야 한다(同法 9①).

방문증명서는 유효기간을 정하여 북한방문증명서와 남한방문증명서로 나누어 발급하며, 한 차례만 사용할 수 있는 방문증명서와 유효기간이 끝날 때까지 여러 차례 사용할 수 있는 방문증명서(이하 '복수방문증명서'라 함)를 구분하고(同法 9②), 복수방문증명서의 유효기간은 5년 이내로 하며, 5년의 범위에서 연장할 수 있다(同法 9③).

통일부장관은 방문승인을 하는 경우 대통령령으로 정하는 범위에서 북한 또는 남한에 머무를 수 있는 방문기간(이하 '방문기간'이라 함)을 부여하여야 하고, 남북교류·협력의 원활한 추진을 위하여 대통령령으로 정하는 바에 따라 북한방문결과보고서 제출 등 조건을 붙일 수 있다(同法 9④).

방문승인을 받은 사람은 방문기간 내에 한 차례에 한하여 북한 또는 남한을 방문할 수 있다(同法 9⑤).

복수방문증명서를 발급받은 사람 중 외국을 거치지 아니하고 북한 또는 남한을 직접 방문하는 사람 등 대통령령으로 정하는 사람은 방문기간 내에 횟수에 제한 없이 북한 또는 남한을 방문할 수 있다. 다만, 방문기간 내에라도 방문 목적이나 경로를 달리하여 방문할 경우에는 통일부장관의 방문승인을 별도로 받아야 한다(同法 9⑥).

통일부장관은 방문승인을 받은 사람이 ① 거짓이나 그 밖의 부정한 방법으로 방문승인을 받은 경우, ② 방문 조건을 위반한 경우, ③ 남북교류·협력을 해칠 명백한 우려가 있는 경우, ④ 국가안전보장, 질서유지 또는 공공복리를 해칠 명백한 우려가 있는 경우의 어느 하나에 해당하는 경우에는 그 승인을 취소할 수 있다. 다만, 거짓이나 그 밖의 부정한 방법으로 방문승인을 받은 경우에는 그 승인을 취소하여야 한다(同法 9⑦).

외국정부로부터 영주권을 취득하였거나 이에 준하는 장기체류허가를 받은 사람이나 외국에 소재하는 외국법인 등에 취업하여 업무수행의 목적으로 북한을 방문하는 사람(이하 '재외국민'이라 함)이 외국에서 북한을 왕래할 때에는 통일부장관이나 재외공관(在外公館)의 장에게 신고하여야 한다. 다만, 외국을 거치지 아니하고 남한과 북한을 직접 왕래할 때에는 통일부장관이 발급한 방문증명서를 소지하여야 한다(同法 9⑧). 위의 방문 신고절차 등에 관하여 필요한 사항은 대통령령으로 정한다(同法 9⑨).

(4) 남북한 주민 접촉

남한의 주민이 북한의 주민과 회합·통신, 그 밖의 방법으로 접촉하려면 통일부장관에게 미리 신고하여야 한다. 다만, 대통령령으로 정하는 부득이한 사유에 해당하는 경우에는 접촉한 후에 신고할 수 있다(同法 9의2①).

방문증명서를 발급받은 사람이 그 방문 목적의 범위에서 당연히 인정되는 접촉을 하는 경우 등 대통령령으로 정하는 경우에 해당하면 위의 접촉신고를 한 것으로 본다(同法 9의2②).

통일부장관은 위의 접촉에 관한 신고를 받은 때에는 남북교류·협력을 해칠 명백한 우려가 있거나 국가안전보장, 질서유지 또는 공공복리를 해칠 명백한 우려가 있는 경우에만 신고의 수리(受理)를 거부할 수 있다(同法 9의2③).

위의 접촉신고를 받은 통일부장관은 남북교류·협력의 원활한 추진을 위하여 대통령령으로 정하는 바에 따라 북한주민접촉결과보고서 제출 등 조건을 붙이거나, 3년 이내의 유효기간을 정하여 수리할 수 있다. 다만, 대통령령으로 정하는 가족인 북한주민과의 접촉을 목적으로 하는 경우에는 5년 이내의 유효기간을 정할 수 있다(同法 9의2④).

통일부장관은 필요하다고 인정할 경우 위의 신고수리 유효기간을 3년의 범위에서 연장할 수 있다(同法 9의2⑤). 위의 신고의 절차 등에 관하여 필요한 사항은 대통령령으로 정한다(同法 9의2⑥).

외국 국적을 보유하지 아니하고 대한민국의 여권을 소지하지 아니한 외국 거주동포가 남한을 왕래하려면 여권법 제14조 제1항에 따른 여행증명서를 소지하여야 한다(同法 10).

(5) 남북한 방문에 대한 심사와 남북한 간의 거래

북한을 직접 방문하는 남한주민과 남한을 직접 방문하는 북한주민은 출입장소에서 대통령령으로 정하는 바에 따라 심사를 받아야 한다(同法 11).

남한과 북한 간의 거래는 국가 간의 거래가 아닌 민족내부의 거래로 본다(同法 12).

물품 등을 반출하거나 반입하려는 자는 대통령령으로 정하는 바에 따라 그 물품 등의 품목, 거래형태 및 대금결제 방법 등에 관하여 통일부장관의 승인을 받아야 한다. 승인을 받은 사항 중 대통령령으로 정하는 주요 내용을 변경할 때에도 또한 같다(同法 13①. 大判 2004.3.26, 2003도7878. 大判 1995.5.23, 93도

1750).

통일부장관은 위의 승인 또는 변경승인을 할 때에는 중요하다고 인정되는 사항은 미리 관계 행정기관의 장과 협의하여야 한다(同法 13②).

통일부장관은 물품 등의 반출이나 반입을 승인하는 경우 남북교류·협력의 원활한 추진을 위하여 대통령령으로 정하는 바에 따라 반출·반입의 목적 등 조건을 붙이거나, 승인의 유효기간을 정할 수 있으며, 반출이나 반입을 승인할 때에는 물품 등의 품목, 거래형태 및 대금결제 방법 등에 관하여 일정한 범위를 정하여 포괄적으로 승인할 수 있다(同法 13③④).

통일부장관은 물품 등의 반출이나 반입을 승인받은 자(이하 '교역당사자'라 함)가 ① 거짓이나 그 밖의 부정한 방법으로 반출이나 반입을 승인받은 경우, ② 물품 등의 반출이나 반입 조건을 위반한 경우, ③ 이 법 제14조에 따라 공고된 사항을 위반한 경우, ④ 이 법 제15조 제1항에 따른 조정명령을 따르지 아니한 경우, ⑤ 이 법 제15조 제3항에 따른 보고를 하지 아니하거나 거짓으로 보고한 경우, ⑥ 남북교류·협력을 해칠 명백한 우려가 있는 경우, ⑦ 국가안전보장, 질서유지 또는 공공복리를 해칠 명백한 우려가 있는 경우에는 그 승인을 취소할 수 있다. 다만, 거짓이나 그 밖의 부정한 방법으로 반출이나 반입을 승인받은 경우에는 그 승인을 취소하여야 한다(同法 13⑤).

통일부장관은 물품 등의 반출이나 반입에 관하여 협의회의 의결을 거쳐 ① 반출이나 반입에 관한 승인이 필요한 물품 등 또는 금지 물품 등의 구분, ② 반출이나 반입에 관한 승인이 필요한 물품 등에 관한 제한 내용 및 승인 절차를 미리 공고하여야 한다. 공고한 사항을 변경할 때에도 또한 같다(同法 14).

(6) 교역에 관한 조정명령 등

통일부장관은 ① 조약이나 일반적으로 승인된 국제법규 또는 「남북관계 발전에 관한 법률」에 따라 체결·발효된 남북합의서의 이행을 위하여 필요한 경우, ② 국제 평화 및 안전유지를 위한 국제적 합의에 이바지할 필요가 있는 경우, ③ 이 법 또는 관련 법령을 위반한 경우, ④ 반출 또는 반입 시 공정한 경쟁을 해칠 우려가 있는 경우, ⑤ 신용을 손상하는 행위를 방지하기 위하여 필요한 경우 중 어느 하나에 해당하는 경우에는 교역당사자에게 반출하거나 반입하는 물품 등의 가격·수량·품질, 그 밖의 거래조건 등에 관하여 필요한 조정을 명할 수 있다. 다만, 중요하다고 인정되는 사항은 미리 관계 행정기관의 장과 협의하여야 한다(同法 15①).

통일부장관은 위의 조정을 명하는 경우에는 그 목적달성에 필요한 정도를 넘지 아니하도록 하여야 하며, 교역당사자에게 물품 등의 반출·반입 실적 등 대통령령으로 정하는 교역에 관한 사항을 보고하게 할 수 있다. 위의 조정명령의 절차 및 보고의 절차 등에 관하여 필요한 사항은 대통령령으로 정한다(同法 15②③④).

(7) **협력사업의 승인 등**

협력사업을 하려는 자는 협력사업마다 ① 협력사업의 내용이 실현 가능하고 구체적일 것, ② 협력사업으로 인하여 남한과 북한 간에 분쟁을 일으킬 사유가 없을 것, ③ 이미 시행되고 있는 협력사업과 심각한 경쟁을 하게 될 가능성이 없을 것, ④ 협력사업을 하려는 분야의 사업실적이 있거나 협력사업을 추진할 만한 자본·기술·경험 등을 갖추고 있을 것, ⑤ 국가안전보장, 질서유지 또는 공공복리를 해칠 명백한 우려가 없을 것의 요건을 모두 갖추어 통일부장관의 승인을 받아야 한다. 승인을 받은 협력사업의 내용을 변경할 때에도 또한 같다(同法 17①).

통일부장관은 협력사업의 승인을 하려면 미리 관계 행정기관장과 협의하여야 하며, 변경승인을 하려면 중요하다고 인정되는 경우에 미리 관계 행정기관장과 협의하여야 하고, 협력사업의 승인을 하는 경우 남북교류·협력의 원활한 추진을 위하여 대통령령으로 정하는 바에 따라 사업범위 등 조건을 붙이거나 승인의 유효기간을 정할 수 있다(同法 17②③).

통일부장관은 협력사업의 승인을 받은 자가 ① 거짓이나 그 밖의 부정한 방법으로 협력사업의 승인을 받은 경우, ② 위의 협력사업의 승인 요건을 갖추지 못하게 된 경우, ③ 변경승인을 받지 아니하고 협력사업의 내용을 변경한 경우, ④ 협력사업의 승인 조건을 위반한 경우, ⑤ 협력사업 정지기간 중에 협력사업을 한 경우, ⑥ 협력사업의 조정명령을 따르지 아니한 경우, ⑦ 협력사업의 시행 내용의 보고를 하지 아니하거나 거짓으로 보고한 경우, ⑧ 협력사업운영 상황에 대한 조사를 정당한 사유 없이 거부·기피하거나 방해한 경우, ⑨ 협력사업의 승인을 받고 최근 3년간 계속하여 협력사업의 실적이 없는 경우, ⑩ 협력사업의 시행 중 남북교류·협력을 해칠 명백한 우려가 있는 행위를 한 경우, ⑪ 국가안전보장, 질서유지 또는 공공복리를 해칠 명백한 우려가 있는 경우의 어느 하나에 해당하면 관계 행정기관장과 협의하여 6개월 이내의 기간을 정하여 협력사업의 정지를 명하거나 그 승인을 취소할 수 있다. 다만, 위의 ① 및 ⑤의 경우에는 그 승인을 취소하여야 한다(同法 17④).

통일부장관은 협력사업의 정지를 명하거나 승인을 취소하려면 청문을 실시하여야 한다(同法 17⑤). 협력사업의 승인, 협력사업 정지, 승인취소의 절차 등에 관하여 필요한 사항은 대통령령으로 정한다(同法 17⑥).

소액투자 등 대통령령으로 정하는 협력사업을 하려는 자는 ① 협력사업으로 인하여 남한과 북한 간에 분쟁을 일으킬 사유가 없을 것, ② 국가안전보장·질서유지 또는 공공복리를 해칠 명백한 우려가 없을 것의 요건을 모두 갖추어 대통령령으로 정하는 바에 따라 통일부장관에게 신고하고 협력사업을 할 수 있다. 신고한 협력사업의 내용을 변경할 때에도 또한 같다(同法 17의2①).

위의 신고를 받은 통일부장관은 남북교류·협력의 원활한 추진을 위하여 대통령령으로 정하는 바에 따라 사업범위 등 조건을 붙이거나 유효기간을 정하여 수리할 수 있다(同法 17의2②).

통일부장관은 ① 조약이나 일반적으로 승인된 국제법규 또는 「남북관계 발전에 관한 법률」에 따라 체결·발효된 남북합의서의 이행을 위하여 필요한 경우, ② 국제평화 및 안전유지를 위한 국제적 합의에 이바지할 필요가 있는 경우, ③ 이 법 또는 관련 법령을 위반한 경우, ④ 협력사업의 공정한 경쟁을 해칠 우려가 있는 경우, ⑤ 신용을 손상하는 행위를 방지하기 위하여 필요한 경우의 어느 하나에 해당하면 협력사업을 하는 자에게 협력사업의 내용·조건 또는 승인의 유효기간 등에 관하여 필요한 조정을 명할 수 있다. 다만, 중요하다고 인정되는 사항은 미리 관계 행정기관장과 협의하여야 한다(同法 18①).

통일부장관은 위의 협력사업에 대한 조정을 명하는 경우에는 그 목적 달성에 필요한 정도를 넘지 아니하도록 하여야 하며, 협력사업을 하는 자에게 북한측 상대자와의 사업 약정 또는 계약의 체결 등 대통령령으로 정하는 협력사업의 시행

내용을 보고하게 할 수 있다. 위의 조정명령의 절차와 협력사업의 시행 내용 보고의 절차 등에 관하여 필요한 사항은 대통령령으로 정한다(同法 18②③④).

(8) **결재업무 취급기관의 지정과 수송장비 운행 승인 등**

통일부장관은 남북교류·협력에 필요하다고 인정할 때에는 기획재정부장관과 협의하여 결제 업무를 취급할 기관을 지정할 수 있다. 결제 업무 취급기관이 하는 결제의 범위·방법 및 절차 등에 관하여 필요한 사항은 대통령령으로 정한다(同法 19①②).

남한과 북한 간에 선박·항공기·철도차량 또는 자동차 등(이하 '수송장비'라 함)을 운행하려는 자는 통일부장관의 승인을 받아야 한다(同法 20①).

통일부장관은 수송장비의 운행을 승인하는 경우 남북교류·협력의 원활한 추진을 위하여 대통령령으로 정하는 바에 따라 운행노선 등 조건을 붙이거나, 5년 이내의 유효기간을 정할 수 있다(同法 20②).

통일부장관은 수송장비의 운행 승인을 받은 자가 ① 거짓이나 그 밖의 부정한 방법으로 운행 승인을 받은 경우, ② 수송장비 운행 조건을 위반한 경우, ③ 남북교류·협력을 해칠 명백한 우려가 있는 경우, ④ 국가안전보장, 질서유지 또는 공공복리를 해칠 명백한 우려가 있는 경우의 어느 하나에 해당하면 그 승인을 취소할 수 있다. 다만, 위 ①의 경우에는 그 승인을 취소하여야 한다(同法 20③).

수송장비 운행 승인의 기준 및 절차와 유효기간의 설정 등에 관하여 필요한 사항은 대통령령으로 정한다(同法 20④).

수송장비와 그 승무원이 출입장소에 드나들 때에는 출입국관리법 제69조부터 제73조까지, 제73조의2 및 제74조부터 제76조까지의 규정을 준용한다(同法 21).

남북교류·협력을 촉진하기 위하여 우편 및 전기통신 역무를 제공할 수 있다. 남한과 북한 간에 제공되는 우편 및 전기통신 역무의 제공자·종류·요금·취급절차 등에 관하여 필요한 사항은 대통령령으로 정한다(同法 22①②).

북한에서 오는 수송장비와 화물 및 사람은 검역조사(檢疫調査)를 받아야 한다. 검역조사에는 검역법 제9조부터 제28조까지, 제34조, 제35조 및 제39조부터 제41조까지의 규정을 준용한다. 다만, 통일부장관이 필요하다고 인정하는 경우에는 관계 행정기관장과 협의하여 검역조사 또는 그 절차의 일부를 생략할 수 있다(同法 23①②).

(9) **남북교류·협력의 지원 등**

정부는 남북교류·협력을 증진시키기 위하여 필요하다고 인정하면 이 법에 따라 행하는 남북교류·협력을 위한 사업을 시행하는 자에게 보조금을 지급하거나 그 밖에 필요한 지원을 할 수 있다(同法 24).

통일부장관은 남북교류·협력을 증진시키고 관련 정책을 수립하기 위하여 필요하다고 인정하면 관계 행정기관장에게 남북한 간에 이동하는 인원, 물품 등 및 수송장비에 대한 통계자료 등 정보의 제공을 요청할 수 있으며(이 경우 관계 행정기관장은 이에 협조하여야 함), 관계 전문가와 남북교류·협력의 경험이 있는 자에게 의견의 진술 등 필요한 협조를 요청할 수 있다(同法 25①②).

통일부장관은 대통령령으로 정하는 바에 따라 ① 정부와 북한 당국 간에 합의한 사업의 추진, ② 남북교류·협력의 촉진을 위하여 필요한 업무, ③ 그 밖에 이 법에 따른 통일부장관의 업무 중 일부를 남북교류·협력사업 지원을 받은 자 또는 관련 법인·단체에 위탁할 수 있다(同法 25의2①).

통일부장관은 위의 업무위탁을 받은 관련 법인·단체가 해당 업무를 원활하게 수행할 수 있도록 필요한 지원을 할 수 있다(同法 25의2②).

(10) **남북교류·협력의 전자적 처리기반 구축 등**

통일부장관은 남북교류·협력을 증진시키고 관련 정책을 수립하기 위하여 남한과 북한을 이동하는 인원·물품 등, 수송장비 등의 통계유지와 정보의 수집·분석을 위한 전자적 관리체제를 개발·운영하여야 한다. 위의 전자적 관리체제의 운영 등에 필요한 사항은 대통령령으로 정한다(同法 25의3①②).

통일부장관은 남북교류·협력의 원활한 추진을 위하여 협력사업을 하는 자, 이 법에 따른 보조금을 받거나 그 밖에 필요한 지원을 받은 자에 대하여 지도·감독을 하며, 필요한 경우 사업운영 상황에 대하여 조사를 할 수 있고, 조사를 위하여 관계 행정기관장에게 인원 지원이나 그 밖의 필요한 협조를 요청할 수 있다(同法

25의4①②).

통일부장관은 위의 조사 결과 위법 또는 부당한 사실을 발견한 경우에는 그 시정을 명하거나 그 밖에 필요한 조치를 할 수 있다. 위 조사의 대상·방법 및 절차 등은 대통령령으로 정한다(同法 25의4③④).

교역에 관하여 이 법에 특별히 규정되지 아니한 사항에 대하여는 대통령령으로 정하는 바에 따라 대외무역법 등 무역에 관한 법률을 준용한다(同法 26①).

물품 등의 반출이나 반입과 관련된 조세에 대하여는 대통령령으로 정하는 바에 따라 조세의 부과·징수·감면 및 환급 등에 관한 법률을 준용한다. 다만, 원산지가 북한인 물품 등을 반입할 때에는 관세법에 따른 과세 규정과 다른 법률에 따른 수입부과금(輸入賦課金)에 관한 규정은 준용하지 아니한다(同法 26②).

남한과 북한 간의 투자, 물품 등의 반출이나 반입, 그 밖에 경제에 관한 협력사업과 이에 따르는 거래에 대하여는 대통령령으로 정하는 바에 따라 ① 외국환거래법, ② 「외국인투자 촉진법」, ③ 한국수출입은행법, ④ 무역보험법, ⑤ 대외경제협력기금법, ⑥ 법인세법, ⑦ 소득세법, ⑧ 조세특례제한법, ⑨ 「수출용원재료에 대한 관세 등 환급에 관한 특례법」, ⑩ 그 밖에 대통령령으로 정하는 법률을 준용한다(同法 26③).

위의 다른 법률의 준용규정에도 불구하고 관계 행정기관의 장은 남북교류협력 추진협의회의 의결을 거쳐 그 특례를 정할 수 있다(同法 26④).

이 법은 남북교류협력 추진협의회의 위원 중 공무원이 아닌 위원과 이 법에 따라 위탁받은 업무에 종사하는 법인이나 단체의 임직원에 대한 형법 그 밖의 법률에 따른 벌칙 적용 시의 공무원 의제(同法 26의2), 이 법 규정을 위반한 자에 대한 벌칙(同法 27·28. 大判 2012.5.9, 2012도635), 과태료(同法 28의2), 이 법의 일부 규정이 정한 죄의 자수자에 대한 형의 감경(同法 29)에 대하여 규정하고 있다.

이 법은 또한 이 법 제9조 제1항(남한주민이 북한을 방문하거나 북한주민이 남한을 방문할 경우에 통일부장관의 방문승인을 받도록 한 규정)과 제11조(북한을 직접 방문하는 남한주민과 남한을 직접 방문하는 북한주민은 출입장소에서 심사를 받도록 한 규정)를 제외하고, 이 법의 적용에서 북한의 노선에 따라 활동하는 국외단체의 구성원을 북한의 주민으로 보도록 규정하고 있다(同法 29).

2. 「통상조약의 체결절차 및 이행에 관한 법률」

(1) **서설**

「통상조약의 체결절차 및 이행에 관한 법률」은 통상조약 체결 절차의 투명성을 제고하고, 효율적인 통상협상을 추진하며, 통상조약의 이행과정에서 우리나라의 권리와 이익을 확보하여 국민경제의 건전한 발전에 이바지함을 목적으로 하고 있다(同法 1).

이 법에서 '통상조약'이란 우리나라가 세계무역기구 등 국제기구 또는 경제연합체에 가입하거나 다른 국가 등과 체결하는 ① 세계무역기구 등 국제기구 차원에서 체결되어 포괄적인 대외 시장개방을 목적으로 하는 조약, ② 지역무역협정 또는 자유무역협정 등 지역적 또는 양자 차원에서 체결되어 포괄적인 대외 시장개방을 목적으로 하는 조약, ③ 그 밖에 경제통상 각 분야의 대외 시장개방으로 인하여 국민경제에 중요한 영향을 미치는 조약 중 대한민국헌법 제60조 제1항에 따른 국회동의 대상인 조약을 말한다(同法 2ⅰ).

'통상협상'이란 통상조약의 체결을 위하여 우리나라가 다른 국가 등과 하는 협상을 말한다(同法 2ⅱ).

이 법은 통상조약의 체결절차와 이행에 관하여 다른 법률보다 우선하여 적용한다(同法 3).

정부는 통상조약 체결절차 및 이행에 관한 정보의 공개가 청구된 경우 「공공기관의 정보공개에 관한 법률」에 따라 관련 정보를 청구인에게 공개하여야 하며, 통상협상의 진행을 이유로 공개를 거부하여서는 아니 된다(同法 4①).

그러나 통상협상에 관한 정보가 ① 통상협상의 상대방이 자국의 이해와 관계되는 정보라는 이유로 비공개를 요청한 경우, ② 통상협상의 구체적 진행과 관련되어 그 공개가 국익을 현저히 침해하거나 통상협상에 지장을 가져올 우려가 있는 것으로 판단되는 경우, ③ 그 밖에 「공공기관의 정보공개에 관한 법률」 제9조 제1항 단서 각 호(비공개 대상 정보)의 어느 하나에 해당되는 경우에는 공개하지 아니할 수 있다. 다만, 국회 교섭단체 간의 합의를 거쳐 국회의장의 요구가 있는 경우에는 정부는 공개를 거부할 수 없다(同法 4②).

정부는 통상협상에 관한 정보를 공개하지 아니하기로 결정한 경우에 그 사실을 청구인에게 지체 없이 문서로 통지하여야 한다. 이 경우 비공개이유·불복방법 및 불복절차를 구체적으로 명시하여야 한다(同法 4③).

정부는 국회 외교통일위원회·산업통상자원위원회 및 통상관련 특별위원회의 요구가 있을 때에는 진행 중인 통상협상 또는 서명이 완료된 통상조약에 관한 사항을 보고하거나 서류를 제출하여야 한다. 위의 보고 또는 서류제출에 관하여는 「국회에서의 증언·감정 등에 관한 법률」 제4조를 준용한다(同法 5①②).

(2) 통상조약체결계획의 수립

산업통상자원부장관은 통상협상 개시 전에 ① 통상협상의 목표 및 주요내용, ② 통상협상의 추진일정 및 기대효과, ③ 통상협상의 예상 주요쟁점 및 대응방향, ④ 통상협상과 관련된 주요국 동향, ⑤ 그 밖에 산업통상자원부장관이 필요하다고 인정하는 사항을 포함하여 통상조약의 체결에 관한 계획(이하 '통상조약체결계획'이라 함)을 수립하여야 한다(同法 6①).

산업통상자원부장관이 통상조약체결계획을 수립한 때에는 지체 없이 국회 산업통상자원위원회에 보고하여야 한다(同法 6②). 국회는 진행 중인 협상이 통상협상에 해당된다고 판단할 경우 산업통상자원부장관에게 통상조약체결계획의 수립 등 이 법에서 규정한 절차를 준수할 것을 요구할 수 있다(同法 6③).

산업통상자원부장관은 통상조약체결계획을 수립하기에 앞서 이해관계자와 관계 전문가의 의견을 수렴하기 위하여 공청회를 개최하여야 한다. 위 공청회의 개최에 관하여는 행정절차법 제38조, 제38조의2, 제38조의3, 제39조 및 제39조의2를 준용한다(同法 7①②).

국민은 누구든지 정부에 대하여 통상협상 또는 통상조약에 관한 의견을 제출할 수 있다. 이 경우 정부는 제출된 의견이 상당한 이유가 있다고 인정하는 때에는 이를 정책에 반영하도록 노력하여야 한다(同法 8).

산업통상자원부장관은 통상협상 개시 이전에 통상조약 체결의 경제적 타당성 등을 검토하여야 한다. 다만, 이미 발효된 통상조약을 포함한 그 밖의 조약의 이행에 따라 요구되는 통상협상의 경우는 제외한다(同法 9①).

산업통상자원부장관은 위의 경제적 타당성 등의 검토를 관계 중앙행정기관의 장에게 요청하거나 정부출연연구기관을 포함한 관계 연구기관에 의뢰하여 실시할 수 있다. 이 경우 요청 또는 의뢰를 받은 관계 중앙행정기관 및 관계 연구기관의 장은 특별한 사유가 없으면 이에 따라야 한다(同法 9②).

(3) 통상협상의 진행

정부는 통상조약체결계획에 따라 통상협상을 진행하여야 한다(同法 10①).

산업통상자원부장관은 ① 통상조약체결계획의 중요 사항을 변경한 경우, ② 국내 산업 또는 경제적 파급효과 등에 중대한 변화가 예상되는 경우, ③ 그 밖에 협상의 진행과 관련하여 중대한 변화가 발생한 경우에는 이를 즉시 국회 산업통상자원위원회에 보고하여야 한다. 다만, 협상의 급박한 진행 등 즉시 보고가 어려운 불가피한 사유가 있는 경우에는 사후에 보고할 수 있다(同法 10②).

국회 산업통상자원위원회는 위의 보고받은 통상협상에 대하여 정부에 의견을 제시할 수 있다. 이 경우 정부는 특별한 사유가 없는 한 이를 반영하도록 노력하여야 한다(同法 10③).

산업통상자원부장관은 가서명 등 통상조약의 문안에 대하여 협상 상대국과 합의가 이루어진 때에는 ① 통상조약이 국내 경제에 미치는 전반적 영향, ② 통상조약이 국가의 재정에 미치는 영향, ③ 통상조약이 국내 관련 산업에 미치는 영향, ④ 통상조약이 국내 고용에 미치는 영향을 포함하는 영향평가를 실시하여야 한다(同法 11①).

산업통상자원부장관은 제1항에 따른 영향평가를 관계 중앙행정기관의 장에게 요청하거나 정부출연연구기관을 포함한 관계 연구기관에 의뢰하여 실시할 수 있다. 이 경우 요청 또는 의뢰를 받은 관계 중앙행정기관 및 관계 연구기관의 장은 특별한 사유가 없으면 이에 따라야 한다(同法 11②).

산업통상자원부장관은 통상조약의 서명을 마친 때에는 그 경과 및 주요내용 등을 지체 없이 국회 산업통상자원위원회에 보고하여야 하며, 위의 보고내용을 지체 없이 국민에게 알려야 한다(同法 12①②).

정부는 통상조약의 서명 후 헌법 제60조 제1항에 따라 국회에 비준동의를 요청하여야 하며, 국회에 비준동의를 요청할 때에는 ① 통상조약의 영향평가결과, ② 통상조약의 시행에 수반되는 비용에 관한 추계서와 이에 따른 재원조달방안, ③ 통상조약에 따른 국내산업의 보완대책, ④ 통상조약의 이행에 필요한 법률의 제정 또는 개정 사항, ⑤ 그 밖에 산업통상자원부장관이 필요하다고 인정하는 사항을 함께 제출하여야 한다(同法 13①②).

국회는 서명된 조약이 통상조약에 해당한다고 판단할 경우 정부에 비준동의안의 제출을 요구할 수 있다(同法 13③).

산업통상자원부장관은 통상조약의 발효 및 이행에 앞서 설명회를 개최하여 이해관계자에게 통상조약 이행의 주요사항 등에 대하여 설명하고, 이해관계자의 협력을 구하는 등 통상조약의 원활한 이행을 위한 홍보 등의 노력을 기울여야 한다(同法 14).

(4) 통상조약의 이행상황 평가

산업통상자원부장관은 발효 후 10년이 경과하지 아니한 통상조약에 대하여 ① 발효된 통상조약의 경제적 효과, ② 피해산업 국내대책의 실효성 및 개선방안, ③ 상대국 정부의 조약상 의무 이행상황 등 통상조약에 따라 구성된 공동위원회에서의 주요 논의사항, ④ 그 밖에 산업통상자원부장관이 필요하다고 인정하는 사항을 포함한 이행상황을 평가하고 그 결과를 국회 산업통상자원위원회에 보고하여야 한다(同法 15①).

산업통상자원부장관은 위의 통상조약 이행상황 평가를 위하여 필요하다고 인정하면 관계 중앙행정기관 및 정부출연연구기관을 포함한 관계 연구기관의 장에게 협조를 요청할 수 있다. 이 경우 협조 요청을 받은 관계 중앙행정기관 및 관계 연구기관의 장은 특별한 사유가 없으면 이에 따라야 한다(同法 15②).

통상조약의 이행상황 평가의 주기·방법 등에 관한 사항은 대통령령으로 정한다(同法 15③).

통상조약의 어느 조항도 우리나라의 정당한 경제적 권익을 침해하는 것을 인정하는 것으로 해석될 수 없다(同法 16).

정부는 통상조약상의 의무이행으로 인하여 특정 품목의 국내 피해가 회복하기 어려울 정도로 크다고 판단하는 경우 통상조약의 개정 추진 등 다양한 대책을 강구하여야 한다(同法 17).

통상조약의 체결 절차 및 이행과정에서 남한과 북한 간의 거래는 「남북교류협력에 관한 법률」 제12조에 따라 국가 간의 거래가 아닌 민족내부의 거래로 본다(同法 18).

(5) 농·축·수산업의 보호·육성과 통상교섭민간자문위원회 등

정부는 통상조약의 이행을 이유로 헌법 제123조에 따른 농업·축산업·수산업의 보호·육성, 지역 간 균형발전, 중소기업 보호·육성 등의 의무를 훼손하여서는 아니 된다(同法 19).

상대국이 통상조약의 의무를 이행하지 아니하거나 이를 위반하는 경우 정부는 상대국에 대하여 이에 상응하는 조치를 취할 수 있다(同法 20).

통상정책 수립 및 통상협상 과정에서 ① 통상정책 및 통상협상의 기본방향, ② 특정 통상조약의 추진 및 체결의 타당성, ③ 통상조약의 체결이 국내경제에 미치는 영향 및 국내 보완대책, ④ 통상협상에 관한 대국민 공감대 형성을 위한 홍보대책, ⑤ 통상조약체결계획의 수립, ⑥ 그 밖에 통상정책 및 통상협상과 관련하여 산업통상자원부장관이 자문하는 사항에 관하여 산업통상자원부장관의 자문에 응하기 위하여 산업통상자원부장관 소속으로 통상교섭민간자문위원회(이하 '민간자문위원회'라 함)를 둔다(同法 21①).

민간자문위원회는 위원장 1명을 포함한 30명 이내의 위원으로 구성하며, 위원장은 위원 중에서 호선한다. 민간자문위원회의 구성 및 운영 등에 필요한 사항은 대통령령으로 정한다(同法 21②③④).

공무원은 재직 중은 물론 퇴직 후에도 이 법과 관련된 직무수행과정에서 알게 된 비밀을 공개하거나 타인에게 누설하여서는 아니 된다. 공무원이 아닌 사람으로서 통상협상 또는 통상조약과 관련한 자문 또는 보조를 제공하는 사람이 비공개정보를 공유하고자 하는 경우 대통령령에 따라 비밀엄수서약을 하여야 한다. 위의 비밀엄수서약을 한 사람은 형법 제127조에 따른 벌칙의 적용에서는 공무원으로 본다(同法 22①②③).

제3장 행정구제(行政救濟)에 관한 법

헌법은 국민의 청구권적 기본권으로서 국가배상청구권(제29조), 국가보상청구권(제23조 제3항, 제28조), 재판청구권(제27조, 제107조 제1항, 제111조 제1항), 범죄피해자구조청구권(제30조), 청원권(제26조) 등을 규정하고, 행정소송(제107조 제2항)과 행정심판(제107조 제3항)에 대하여도 규정하고 있다.

위에서 '청구권적 기본권'이란 국민이 국가에 대하여 일정한 행위를 적극적으로 청구할 수 있는 공권(公權)을 말하며, 청구의 대상이 되는 국가적 행위는 입법·집행·사법 등 국가작용일 수도 있고 경제적 급부(給付)일 수도 있다. 청구권적 기본권은 침해되거나 침해당할 우려가 있는 국민의 권리나 이익을 확보하기 위한 수단적 권리이기도 하므로, 이를 국민의 '기본권보장을 위한 기본권'이라고도 하며, 그 행사절차에 관한 구체적인 입법(立法)이 있을 경우에 비로소 행사할 수 있는 권리이다. 행정구제법은 국민의 청구권적 기본권을 구현하기 위한 법이라 할 수 있다.

일반적으로 행정구제(行政救濟)란 행정작용으로 인하여 권리·이익을 침해받거나 침해받을 우려가 있는 사람이 손해전보(損害塡補)나 처분의 취소 등 행정과 관련된 분쟁의 해결을 청구하고, 이에 대하여 관계 행정기관이나 사법기관(司法機關)이 이를 심리하여 피해자의 권익보호 등에 관한 판정을 내리는 것을 말하며, 행정구제에 관한 여러 법률들을 포괄하여 행정구제법이라 한다.

법치행정원칙에 따라 모든 행정은 적법하게 행해져야 하는데, 실제에 있어서는 위법·부당한 행정이 행하여져서 국민의 권익이 침해될 수 있으며, 법률에 의거한 적법한 행정작용에 의해서도 개인에게 특별한 손실이 발생하여 국민의 권익이 침해될 수 있다. 이와 같이 행정작용으로 인하여 침해될 수 있는 국민의 권익을 보호하기 위한 행정구제제도는 헌법상의 국민의 여러 가지 기본권을 보장하고 실질적 법치주의를 실현하기 위하여 필요·불가결한 것이다.

행정구제제도에는 행정작용으로 인하여 피해를 입은 개인 등에게 일정한 절차를 거쳐 그 피해를 전보(塡補, 메워줌)해주는 행정상 손해전보제도(損害塡補制度)와, 주로 위법·부당한 행정처분 등으로 인하여 권익을 침해당한 자의 청구에 따라 행정심판기관이나 법원이 일정한 절차를 거쳐 그 처분 등의 취소·변경·무효확인 등의 재결·판결을 하는 행정쟁송제도(行政爭訟制度) 등이 있다.

행정상 손해전보제도는 위법한 행정작용으로 인하여 발생한 손해의 전보제도인 행정상 손해배상제도와, 적법한 행정작용으로 인하여 발생한 특별한 희생의 전보제도인 행정상 손실보상제도로 나누어진다. 행정상 손해배상에 관한 법률로는 국가배상법이 있으며, 행정상 손실보상에 관한 법률로는 「공익사업을 위한 토지 등의 취득 및 보상에 관한 법률」과 그 밖의 개별법들이 있다.

행정쟁송제도는 행정청의 처분 등이나 행정상의 법률관계에 관한 분쟁을 행정심판위원회 등 행정기관이 심리·판단하는 광의의 행정심판제도와, 법원이 심리·판단하는 행정소송제도로 나누어진다. 행정심판에 관한 법률로는 행정심판법과 조세심판·특허심판·공무원인사소청·토지수용재결 등 특별행정심판제도를 규정한 개별법들이 있으며, 행정소송에 관한 법률로는 행정소송법이 있다.

청원법·「민원 처리에 관한 법률」·「부패방지 및 국민권익위원회의 설치와 운영에 관한 법률」·「공공기관의 정보공개에 관한 법률」·개인정보보호법 등도 행정작용과 관련하여 침해되거나 침해당할 우려가 있는 국민의 권리나 이익을 보호하기 위한 법률들이라 할 수 있다.

제1절

국가배상법

헌법은 제29조 제1항에서 "공무원의 직무상 불법행위로 손해를 받은 국민은 법률이 정하는 바에 의하여 국가 또는 공공단체에 정당한 배상(賠償)을 청구할 수 있다. 이 경우 공무원 자신의 책임은 면제되지 아니한다."라고 규정하고 있다.

위의 헌법규정에 따라 국가 등이 공무원의 직무상 위법행위나 공물·영조물의 설치·관리의 하자(瑕疵)로 인하여 개인 등에게 발생한 손해를 배상하는 것을 '행정상 손해배상' 또는 국가배상이라 하고, 이러한 배상을 청구할 수 있는 권리를 행정상 손해배상청구권 또는 국가배상청구권이라 한다.

헌법 제29조 제1항에 의하여 보장되는 행정상 손해배상청구권은 헌법 제23조 제1항의 재산권과는 구별되는 청구권적 기본권이며, 청구권적 기본권은 개인 등을 위한 주관적 공권(公權)이므로, 행정상 손배배상청구권은 공권적 청구권이라고 할 수 있다.

행정상 손해배상(損害賠償)은 국가나 지방자치단체의 잘못된 행정작용(공무원의 위법한 직무행위나 공물·영조물의 설치·관리의 하자)으로 인하여 개인 등에게 발생한 손해를 국가 등(이 절에서 '국가 등'이란 국가 또는 지방자치단체를 의미함)이 배상하는 것이며, 잘못된 행정작용에 따른 배상이라는 점에서 적법(適法)한 작용으로 인하여 야기된 특별한 희생을 보상하는 행정상 손실보상(損失補償)과 구별된다.

행정상 손해배상에 관한 일반법으로서 국가배상법이 제정·시행되고 있다.

국가배상법은 '공무원의 직무상 위법행위로 인한 손해'와 '공공의 영조물의 설치·관리의 하자(흠)로 인한 손해'에 대한 국가·지방자치단체의 배상책임을 규정한 일반법이라고 할 수 있다.

그런데 국가나 지방자치단체의 손해배상 책임에 관하여는 국가배상법에 규정된 사항 외에는 민법에 따르며, 민법 외의 법률에 다른 규정이 있을 때에는 그 규정에 따른다(국가배상법 8).

Ⅰ. 공무원의 위법한 직무행위로 인한 손해배상

국가배상법은 국가나 지방자치단체의 손해배상책임과 배상절차를 규정함을 목적으로 하고 있다(同法 1). 이 법은 국가나 지방자치단체의 손해배상책임을 '공무원의 위법한 직무행위(職務行爲)로 인한 손해배상책임'과 '영조물의 설치·관리의 하자로 인한 손해배상책임'으로 구분하여 규정하고 있다.

이 중 '공무원의 위법한 직무행위로 인한 손해배상책임'에 대하여, 국가배상법은 제2조에서 "국가나 지방자치단체는 공무원 또는 공무를 위탁받은 사인(이하 '공무원'이라 한다)이 직무를 집행하면서 고의 또는 과실로 법령을 위반하여 타인에게 손해를 입히거나, 자동차손해배상보장법에 따라 손해배상의 책임이 있을 때에는 이 법에 따라 그 손해를 배상하여야 한다."라고 규정하고(제1항 본문), "공무원에게 고의 또는 중대한 과실이 있으면 국가나 지방자치단체는 그 공무원에게 구상(求償)할 수 있다."라고 규정하고 있다(제2항).

위 규정에 따른 공무원의 위법한 직무행위로 인한 손해에 대한 국가 등의 배상책임·손해배상액·손해배상절차 등의 내용을 분설(分說)하면 다음과 같다.

(1) 배상책임의 성립요건

위의 국가배상법 제2조 제1항에 따르면, 공무원의 위법한 직무행위로 인하여 발생한 손해에 대한 국가 등의 배상책임이 성립되기 위해서는, ① 타인에게 손해를 발생시킨 행위가 공무원이 직무를 집행하면서 행한 행위일 것, ② 그 행위가 위법할 것, ③ 그 행위가 공무원의 고의나 과실에 기인(起因)한 것일 것, ④ 타인에게 손해가 발생하였을 것 등의 요건이 충족되어야 한다.

1) 공무원

국가 등이 배상책임을 지는 손해는 공무원이 직무를 집행하면서 타인에게 발생시킨 것이어야 한다. 여기서의 '공무원'은 국가공무원·지방공무원뿐만 아니라, 공무수탁사인(公務受託私人) 등 널리 공무를 위탁받아 처리하는 자까지 포함하여, 실질적으로 공무에 종사하는 모든 자를 의미한다(大判 2001.1.5, 98다39060. 大判 1991.7.9, 91다5570).

그런데 국가 등이 배상책임을 지는 손해를 발생시킨 공무원이 반드시 특정되어야 하는 것은 아니며, 다수 공무원의 위법적인 공동행위 또는 합의제 행정청의 위법한 처분·부작위로 인하여 타인에게 발생한 손해를 국가 등이 배상해야 할 경우도 있을 수 있다. 국가배상법 제2조상의 공무원에 기관 자체도 포함되는 것으로 봐야 할 경우도 있다(大判 1980.2.26, 79다2341).

2) 직무행위

국가배상법 제2조 제1항 중 '공무원이 직무를 집행하면서'에서의 직무(職務)의 범위에 관하여는 공무원의 권력작용만을 뜻한다는 협의설(狹義說), 권력작용과 비권력적 공행정작용을 포함한다는 광의설(廣義說), 사경제적 작용(국고작용)까지 포함한다는 최광의설(最廣義說)이 대립하고 있으나, 이 중 광의설이 다수설이다(大判 2004.4.9, 2002다10691. 大判 1999.6.22, 99다7008. 大判 1998.7.10, 96다38971).

위에서 '비권력적 공행정작용'이란 행정주체(실제로는 행정기관)가 공물법(도로법·하천법 등)이나 공익사업법(우편법·수도법 등) 등에 의하여 공적(公的) 재산·사업의 관리·경영주체의 지위에서 공공복리의 실현을 위하여 비권력적으로 공적인 재산·사업을 관리·경영하거나 급부·서비스를 제공하는 작용을 말하며, 공익목적달성에 필요한 한도 내에서 특별한 공법적 규율을 받는다.

공무원의 직무행위의 내용에는 원칙적으로 작위·부작위 또는 법률행위·사실행위 등이 모두 포함되며(大判 2012.7.26, 2010다95666. 大判 2005.3.10, 2004다65121. 大判 2001.3.9, 99다64278. 大判 1996.10.25, 95다45927. 大判 1993.9.28, 93다17546), 국가의 입법·행정·사법(司法)의 모든 작용이 포함된다(大判 2008.5.29, 2004다33469. 大判 2003.7.11, 99다24218. 大判 2001.4.24, 2000다16114).

타인에게 손해를 발생시킨 공무원의 행위가 공무원의 직무행위에 해당되는지의 여부를 판단함에 있어서는 공무원이 주관적으로 직무행위의 의사(意思)를 가졌는지 또는 정당한 권한 내의 것인지 여부와 관계없이 객관적으로 직무행위의 외형(外形)을 갖추고 있으면 직무행위로 보아야 할 것이다.

3) 직무를 집행하면서

국가배상법 제2조 제1항 중의 '공무원이 직무를 집행하면서'는 과거의 국가배상법상 '공무원이 그 직무를 집행함에 당하여'로 표현되었던 부분이다(大判 2005.1.14, 2004다26805).

공무원이 직무를 집행하면서 행한 행위에는 공무원의 직무행위 자체는 물론, 객관적으로 직무의 범위 내에 속하는 행위라고 인정되거나, 공무원의 직무와 밀접하게 관련된 행위라고 인정되는 경우도 포함된다(大判 1994.5.27, 94다6741).

4) 공무원의 고의(故意)·과실(過失)

국가배상법 제2조에 의한 국가나 지방자치단체의 배상책임은 타인에게 손해를 발생시킨 공무원의 위법한 직무행위가 공무원의 고의 또는 과실에 기인한 것일 때에 인정된다(憲裁 2015.4.30, 2013헌바395).

일반적으로 고의란 자기의 행위로 인하여 위법한 결과가 발생할 것을 인식하면서 그 행위를 행하는 행위자의 심리상태를 뜻하며, 과실이란 자기의 행위로 인한 위법한 결과의 발생을 부주의(不注意)로 인식하지 못하고 그 행위를 하는 심리상태로서, 통상인(通常人)으로서의 주의의무를 게을리 한 경우를 의미한다(大判 2014.8.20, 2012다54478).

그런데 가해(加害)공무원의 고의·과실을 엄격하게 해석하고 그 입증을 전적으로 피해자에게 맡길 경우에 피해자가 구제받기 어려워질 수도 있으므로, 공무원의 과실을 공무원 개인의 심리적 상태로 보지 아니하고 공무원의 직무상 요구되는 일반적인 식견이나 객관적인(해당 직종의 평균적 공무원들에게 통상적으로 요구되는) 주의의무에 위반되는 상태로 보기도 한다(大判 2001.3.13, 2000다20731. 大判 2001.2.9, 98다52988. 大判 1987.9.22, 87다카1164).

5) 공무원의 행위의 위법성

국가배상법 제2조 제1항 중 '법령을 위반하여'는 공무원의 행위가 성문법(成文法)과 불문법(不文法)을 위반한 경우뿐만 아니라 널리 행위가 객관적으로 정당성을 상실하거나 현저하게 불합리하다고 인정되는 경우도 포함하는 것으로 봐야 할 것이다(大判 2014.10.15, 2012다100395. 大判 2012.7.26, 2010다95666. 大判 2010.9.9, 2008다77795. 大判 2006.7.28, 2004다759. 大判 2000.5.12, 99다70600. 大判 1999.3.23, 98다30285).

재량처분에서의 재량권의 일탈·남용도 위법이 된다. 국가배상법상의 공무원의 직무상 행위의 위법 여부의 판단시점은 그 행위가 행해진 당시(當時)가 된다.

국가배상법상의 위법성과 행정소송(취소소송)에서의 위법성이 같은 것인지에 관하여는 국가배상법상의 법령위반의 내용이 가해(加害)행위의 성질(행정작용·입법작용·사법작용·법적행위·사실행위 등)에 따라 일률적인 것이 아니기 때문에, 국가배상법상의 위법성은 처분 등의 취소를 구하는 취소소송에서의 위법성의 관념보다 넓은 의미의 것이 될 수 있고, 양자를 단순 대비할 수는 없을 것이다(大判 1998.10.13, 98다18520. 大判 1993.2.12, 91다43466).

국가배상법상의 법령위반행위를 처분에 한정하는 경우에도 취소소송에서의 위법성과 공무원의 고의나 과실을 전제로 하는 국가배상소송에서의 위법성은 다르다고 할 것이며, 처분의 취소를 구하는 취소소송이 제기되어 판결이 확정된 후에 그 처분으로 인한 국가배상청구소송이 제기되었을 때 취소소송판결의 기판력이 국가배상청구소송에 미치는지는 아니한다고 할 것이다(大判 2004.6.11, 2002다31018. 大判 2003.11.27, 2001다33789·33796·33802·33819병합. 大判 2000.5.12, 99다70600).

6) 타인의 손해 발생

타인에게 발생한 손해는 재산적·정신적인 모든 손해를 포함하며, 공무원의 직무상 위법행위와 상당인과관계(相當因果關係)가 있는 것이어야 한다(大判 2004.9.23, 2003다49009). 위에서 상당인과관계란 사회생활상의 경험법칙상 어떤 원인이 있으면 어떤 결과가 발생하는 것이 일반적이라고 생각되는, 상호 관련된 원인과 결과의 관계를 말한다. 상당인과관계의 유무 판단에 있어서는 일반적인 결과발생의 개연성은 물론 직무행위의 목적이나 가해(加害)행위의 태양(態樣) 및 피해의 정도 등을 종합적으로 고려하여야 할 것이다(大判 2006.4.14, 2003다41746. 大判 1998.2.10, 97다49534).

(2) 손해배상액

공무원의 직무상 위법행위로 인하여 피해를 입은 사람에게 국가나 지방자치단체가 배상해야 할 금액에 관하여, 국가배상법은 생명·신체의 침해에 대한 손해배상액 산정기준(算定基準)과 물건의 멸실·훼손으로 인한 손해배상의 기준을 정하고, 그 밖의 손해에 대하여는 공무원의 불법행위와 상당한 인과관계가 있는 범위에서 배상하도록 하고 있다(同法 3④).

즉, i) '타인을 사망하게 한 경우(타인의 신체에 해를 입혀 그로 인하여 사망하게 한 경우 포함)'에는 피해자의 유족에게 ① 사망 당시(신체에 해를 입고 그로 인하여 사망한 경우에는 신체에 해를 입은 당시)의 월급액이나 월실수입액(月實收入額) 또는 평균임금에 장래의 취업가능기간을 곱한 금액('유족배상')과, ② 대통령령으로 정하는 장례비를 기준으로 배상한다(同法 3①).

ii) '타인의 신체에 해를 입힌 경우'에는 피해자에게 ① 필요한 요양을 하거나 이를 대신할 요양비와, ② 그 요양으로 인하여 월급액이나 월실수입액 또는 평균임금의 수입에 손실이 있는 경우 요양기간 중 그 손실액('휴업배상')과, ③ 피해자가 완치 후 신체에 장해가 있는 경우 그 장해로 인한 노동력 상실 정도에 따라 피해를 입은 당시의 월급액이나 월실수입액 또는 평균임금에 장래의 취업가능기간을 곱한 금액('장해배상')을 기준으로 배상한다(同法 3②).

iii) '타인의 물건을 멸실·훼손한 경우'에는 피해자에게 ① 피해를 입은 당시의 그 물건의 교환가액 또는 필요한 수리를 하거나 이를 대신할 수리비와, ② 그 수리로 인하여 수입에 손실이 있는 경우 수리기간 중 그 손실액('휴업배상')을 기준으로 배상한다(同法 3③).

국가배상법은 "사망하거나 신체의 해를 입은 피해자의 직계존속·직계비속 및 배우자, 신체의 해(害)나 그 밖의 해를 입은 피해자에게는 대통령령으로 정하는 기준 내에서 피해자의 사회적 지위, 과실의 정도, 생계 상태, 손해배상액 등을 고려하여 그 정신적 고통에 대한 위자료를 배상"하도록 규정하고 있다(同法 3⑤. 大判 2013.5.16, 2012다202819. 大判 1990.12.21, 90다6033).

한편, 피해자가 손해를 입은 동시에 이익을 얻은 경우에는 손해배상액에서 그 이익에 상당하는 금액을 공제(控除)하도록 하고 있다(同法 3의2①). 그러나 손해를 배상하는 제도와는 그 취지나 목적을 달리하는 다른 법규에 의하여 지급되는 금액은 손해배상액에서 공제할 수 없다(大判 2001.2.23, 2000다46894. 大判 1999.8.24, 99다24997).

(3) **손해배상청구권의 양도·압류금지 등**

생명·신체의 침해로 인한 국가배상을 받을 권리는 양도하거나 압류하지 못한다(同法 4). 사법(私法)상의 손해배상청구권(사권)은 원칙적으로 양도나 압류의 대상이 될 수 있지만, 청구권적 기본권(공권)의 성질을 지닌 국가배상청구권은 원칙적으로 양도나 압류의 대상이 되지 아니한다.

한편, 국가배상법에 의한 손해배상청구권의 소멸시효에 관하여는 이 법에서 특별히 규정하고 있지 않으므로 민법에 의하게 되며(同法 8), 따라서 손해 및 그 가해자(加害者)를 안 날부터 3년이 지나면 손해배상청구권은 시효로 소멸한다(민법 766). 위에서 손해를 안 것이라 함은 단순히 손해발생사실을 안 것만으로는 부족하고 그 손해가 공무원의 위법행위로 인하여 발생한 것까지도 알았음을 요하는 것이며, 이 같은 손해를 안 시기에 관한 입증책임은 시효의 이익을 주장하는 자에게 있다(大判 2012.4.13, 2009다33754. 大判 2003.11.28, 2002다72156).

그런데 국가배상법은 손해배상청구소송을 제기하기 전에 배상심의회에 배상신청을 할 수도 있도록 하였는바(임의적 결정전치주의), 同심의회에 대한 손해배상금지급신청은 시효중단사유가 되므로, 그 신청에 대한 同심의회의 결정이 있은 때부터 다시 소멸시효기간이 진행된다고 할 것이다(大判 1995.6.30, 94다13435).

(4) **배상책임**

1) 배상책임자

행정상 손해배상의 책임자는 원칙적으로 직무상 위법행위를 행한 공무원이 소속하는 국가 또는 지방자치단체이다.

국가 또는 지방자치단체가 공무원의 위법행위로 인한 손해의 배상책임을 짐에 있어서는 그 공무원의 선임·감독상의 과실의 유무를 불문한다.

위법행위를 행한 공무원의 선임·감독주체와 봉급·급여 기타의 비용을 부담하는 주체가 같지 않을 때에는 비용부담주체도 배상책임을 지며(同法 6①), 피해자는 위 양쪽 중 한쪽에 대하여 선택적으로 손해배상청구를 할 수 있다(大判 1994.12.9, 94다38137). 이 경우에 손해를 배상한 자는 내부관계에서 그 손해를 배상할 책임이 있는 자에게 구상(求償)할 수 있다(同法 6②).

배상책임자와 관련하여 국가 또는 광역지방자치단체의 사무가 기초지방자치단체의 장에게 기관위임된 경우에, 기초지방자치단체장은 국가 또는 광역지방자치단체의 산하 행정기관의 지위에서 그 사무를 처리하는 것이므로, 기초지방자치단체장이나 그를 보조하는 공무원이 그 위임받은 사무를 처리하는 과정에서 위법행위로 타인에게 손해를 입힌 경우에는 원칙적으로 그 사무의 귀속주체인 국가 또는 광역지방자치단체가 일차적인 배상책임을 진다(大判 1996.11.8, 96다21331. 大判 1991.12.24, 91다34097).

2) 피해자의 선택적 배상청구 문제(공무원 개인의 불법행위책임 문제)

공무원의 직무상 위법행위로 인하여 피해를 입은 자가 국가나 지방자치단체에 대해서뿐만 아니라 위법행위를 행한 공무원에 대하여 직접적으로 배상청구를 할 수 있는지에 관하여는 견해가 갈린다.

이에 관하여 피해자는 국가(또는 지방자치단체)와 당해 공무원 중 어느 쪽에나 선택적으로 배상청구를 할 수 있다는 견해와, 피해자가 국가나 지방자치단체에 대해서만 배상청구를 할 수 있을 뿐 공무원에게 직접 배상청구를 할 수 없다는 견해도 있으나, 공무원에게 고의나 중과실(重過失)이 있었을 경우에는 피해자의 선택적 배상청구를 긍정하고, 공무원에게 경과실만 있었을 경우에는 피해자의 선택적 배상청구를 부정하는 것이 타당할 것이다(大判 2014.4.24, 2012다36340·36357병합. 大判 2011.9.8, 2011다34521. 大判 2007.11.15, 2005다16034. 大判 1996.2.15, 95다38677).

(5) 구상권(求償權)

구상권이란 변상(辨償)요구권, 즉 타인의 행위로 인하여 발생한 손해를 배상한 자가 그 타인에 대하여 가지는 변상청구권을 말한다. 국가나 지방자치단체가 피해자에게 손해를 배상한 때에는 그 손해의 원인이 되는 위법행위를 행한 당해 공무원에게 고의나 중과실이 있는 경우에 한하여 그 변상을 요구할 수 있다(同法 2②).

위에서 공무원의 중과실이란 공무원에게 통상 요구되는 정도의 상당한 주의를 하지 않더라도 약간의 주의를 한다면 손쉽게 위법·유해(有害)한 결과를 예견할 수 있는 경우임에도 만연히 이를 간과함과 같은, 거의 고의에 가깝게 현저히 주의를 결여한 상태를 의미한다.

국가배상법이 경과실(輕過失)의 경우에 공무원의 면책(免責)을 규정한 것은 공무원의 집무의욕의 저하(低下)와 업무정체(業務停滯)를 방지하기 위한 정책적 고려의 결과라고 할 수 있다.

(6) **손해배상의 청구절차**

1) 배상심의회에 의한 배상결정

국가배상법은 제9조에서 "이 법에 따른 손해배상의 소송은 배상심의회에 배상신청을 하지 아니하고도 제기할 수 있다."라고 규정하고 있다. 그러므로 국가 등의 행정작용으로 인하여 손해를 입은 국민은 배상심의회의 배상결정을 거쳐 손해배상청구소송을 제기할 수도 있고, 배상심의회의 배상결정을 거치지 않고 손해배상청구소송을 제기할 수도 있다.

배상심의회는 행정상 손해배상에 관하여 심의·결정하는 권한을 가진 합의제 행정청으로서, 국가나 지방자치단체에 대한 손해배상신청사건을 심의·결정하기 위하여 설치된 일종의 행정위원회라고 할 수 있다.

배상심의회로는 법무부에 본부배상심의회가 있고, 군인이나 군무원이 타인에게 입힌 손해에 대한 배상신청사건을 심의하기 위하여 국방부에 특별심의회가 설치되어 있다(同法 10①).

또한 본부배상심의회 소속으로 고등검찰청 소재지에는 고등검찰청에, 그 외의 지역에는 지방검찰청에 지구(地區)심의회가 있으며, 특별심의회 소속으로 일정 군부대에 지구심의회가 있다(同法 10②, 同法시행령 8).

각 지구심의회는 그 관할에 속하는 국가나 지방자치단체에 대한 배상신청사건을 심의·처리하며(同法 11②), 배상신청사건을 심의한 결과 배상금의 개산액(概算額)이 5천만원 이상인 사건이나 기타 대통령령이 본부배상심의회 또는 특별심의회에서 심의·결정하도록 한 사건에 해당한다고 인정될 때에는 지체 없이 사건기록에 심의결과를 첨부하여 본부배상심의회 또는 특별심의회에 송부하여야 한다(同法 13⑥, 同法시행령 20).

본부배상심의회와 특별심의회는 지구심의회로부터 송부 받은 사건과 재심신청

사건, 그 밖에 법령에 따라 그 소관에 속하는 사항을 심의·처리한다(同法 11①).

피해자가 배상심의회를 통하여 배상금의 지급을 받고자 할 경우에는 그 주소지·소재지 또는 배상원인 발생지를 관할하는 지구심의회에 배상신청을 하여야 한다(同法 12①).

지구심의회는 배상신청을 받으면 지체 없이 증인신문(證人訊問)·감정·검증 등 증거조사를 한 후 심의를 거쳐 4주일 이내에 배상금지급이나 기각(棄却) 또는 각하(却下)의 결정을 하여야 하며(同法 13①), 그 결정을 한 날부터 1주일 이내에 그 결정정본을 신청인에게 송달하여야 한다(同法 14①).

지구심의회에서 배상신청이 기각(일부기각 포함) 또는 각하된 경우에, 신청인은 결정정본이 송달된 날부터 2주일 이내에 그 심의회를 거쳐 본부배상심의회나 특별심의회에 재심(再審)을 신청할 수 있다. 재심신청을 받은 지구심의회는 1주일 이내에 배상신청에 관한 기록 일체를 본부배상심의회 또는 특별심의회에 송부하여야 하며, 본부배상심의회나 특별심의회는 재심신청사건에 대하여 심의를 거쳐 4주일 이내에 다시 배상결정을 하여야 하고, 그 결정 후 1주일 이내에 결정정본을 신청인에게 송달하여야 한다(同法 15의2①③⑥).

배상심의회의 배상결정은 신청인의 동의가 있어야 효력이 발생한다. 심의회의 결정에 동의하는 신청인은 지체 없이 그 결정에 대한 동의서를 첨부하여 국가나 지방자치단체에 배상금 지급을 청구하여야 한다(同法 15①).

배상결정을 받은 신청인이 배상금 지급의 청구를 하지 아니하거나 지방자치단체가 대통령령이 정하는 기간(배상금 지급 청구를 받은 때부터 2주일) 내에 배상금을 지급하지 아니하면 그 결정에 동의하지 아니한 것으로 본다(同法 15③).

2) 소송절차에 의한 손해배상

행정상 손해배상의 청구소송은 법리적으로는 행정소송의 일종인 당사자소송(當事者訴訟, 후술 제4절 V. 참조)으로 제기해야 할 것이지만 실제로는 민사소송으로 제기되는 경우가 많은 실정이다. 그런데 이러한 상황에서 위법한 처분으로 인하여 발생한 손해에 대하여 먼저 그 위법한 처분의 취소를 구하는 행정소송을 제기하지 않고 바로 국가나 지방자치단체에 대한 손해배상청구소송을 민사소송(民事訴訟)으로 제기할 수 있느냐의 문제가 야기될 수 있다.

이에 관하여 민사법원이 당해 처분이 무효가 아닌 한 처분의 효력을 직접 부인할 수는 없으나 국가배상책임의 인정여부를 가리기 위한 선결문제(先決問題)로서 처분의 위법성을 심사할 수 있다는 것이 판례(大判 1972.4.28, 72다337)의 입장이므로, 미리 행정소송을 제기하여 그 처분의 취소판결을 얻을 필요는 없다고 할 것이다(大判 1992.4.28, 91누13441).

(7) 군인 등에 대한 특례

국가배상법은 제2조 제1항 단서에서 "다만, 군인·군무원·경찰공무원 또는 향토예비군대원이 전투·훈련 등 직무집행과 관련하여 전사(戰死)·순직하거나 공상(公傷)을 입은 경우에 본인이나 그 유족이 다른 법령에 따라 재해보상금·유족연금·상이연금(傷痍年金) 등의 보상을 지급받을 수 있을 때에는 이 법 및 민법에 따른 손해배상을 청구할 수 없다."라고 규정하여, 특별히 위험성이 높은 직무에 종사하는 자가 그 직무집행과 관련하여 받은 손해에 대하여 별도의 보상을 받을 수 있는 경우에는 국가배상법 및 민법에 따른 손해배상을 청구할 수 없도록 하고 있다(大判 2001.2.15, 96다42420. 大判 1997.2.14, 96다28066).

II. 영조물의 설치·관리의 하자로 인한 손해배상

'영조물(營造物)의 설치·관리의 하자로 인한 손해배상'이란 공물(公物)이나 영조물의 설치·관리상의 하자(瑕疵)로 인하여 타인에게 손해가 발생한 경우에 국가나 지방자치단체가 그 손해를 배상하는 것을 말한다.

이에 관하여 국가배상법은 제5조에서 "① 도로·하천, 그 밖의 공공의 영조물의 설치나 관리에 하자가 있기 때문에 타인에게 손해를 발생하게 하였을 때에는 국가나 지방자치단체는 그 손해를 배상하여야 한다. 이 경우 제2조 제1항 단서, 제3조 및 제3조의2를 준용한다. ② 제1항을 적용할 때 손해의 원인에 대하여 책임을 질 자가 따로 있으면 국가나 지방자치단체는 그 자에게 구상(求償)할 수 있다."라고 규정하고 있다.

(1) 배상책임의 요건

국가배상법 제5조에 의한 영조물의 설치·관리의 하자로 인한 손해의 배상책임 요건을 분설(分說)하면 다음과 같다.

1) 공공(公共)의 영조물

영조물(營造物)이란 원래 행정주체에 의하여 공공목적에 제공된 인적(人的)·물적(物的) 종합시설을 말하는데, 국가배상법 제5조상의 '공공의 영조물'은 행정주체에 의하여 공적 목적에 제공된 유체물(有體物), 즉 행정법이론상의 공물(公物)과 영조물을 모두 포함하는 개념이다.

따라서 인공공물(예; 도로·상하수도·관공청사 등의 공공시설)·자연공물(예; 하천·호소 등)·동산(예; 소방차 등)·동물(예; 경찰견 등)을 모두 포함한다(大判 1995.1.24, 94다45302).

그러나 국가나 지방자치단체의 소유에 속하는 유체물이라도 공적 목적에 제공된 공물이 아닌 일반재산(잡종재산)은 공공의 영조물이 아니며, 그 관리상의 하자는 국가배상법이 아니라 민법상의 배상책임을 야기(惹起)한다.

2) 영조물의 설치·관리의 하자(흠)

'영조물의 설치·관리의 하자'란 공물·영조물의 설치·유지·보관·수선 또는 관리 등에 불완전한 점이 있어서 사회통념상 일반적으로 갖추어야 할 물적 안전성을 결여하고 있는 상태를 말한다(大判 2005.1.27, 2003다49566. 大判 2001.7.27, 2000다56822. 大判 1992.9.22, 92다30139).

공물·영조물의 설치·관리상의 하자의 인정 여부는 그 공물·영조물의 구조, 용법, 이용상황과 본래의 이용목적 등 제반사정(諸般事情)과 물적 결함의 위치·형상 등을 종합하여 사회통념에 따라 개별적·구체적으로 판단하여야 할 것이다(大判 2014.4.24, 2014다201087. 大判 2007.9.21, 2005다65678. 大判 1997.4.22, 97다3194).

하자의 발생원인은 자연력에 의한 것이든 인력(人力)에 의한 것이든 불문하지만, 공물·영조물이 통상의 안전성을 갖추고 있는 이상, 지진이나 낙뢰 또는 이례적인 집중폭우 등과 같은 불가항력에 의하여 손해가 발생한 경우에는 국가배상책임은 인정되지 않는다고 할 것이다(大判 2001.2.23, 99다61316).

한편, 천재지변에 의한 것이라 하더라도, 공무원의 과실 또는 영조물의 관리하자가 존재함으로써 손해가 발생·확대되었다면, 그 한도 내에서 국가배상책임이 인정된다고 하겠다(大判 1993.6.8, 93다11678).

국가나 지방자치단체의 재정상의 제약으로 인하여 영조물이 갖추어야 할 안전성을 확보하지 못한 경우에도 국가 등의 배상책임이 면제되는 것은 아니며, 재정상의 제약문제는 영조물의 안전성의 요구에 대한 판단에 있어서 참작사유가 될 뿐이다(大判 1967.2.21, 66다1723).

3) 손해의 발생

국가배상법 제5조에 의한 국가 등의 배상책임이 인정되려면 공물·영조물의 설치·관리의 하자로 인하여 타인에게 손해가 발생하여야 한다.

손해는 재산적 손해이든 비재산적 손해이든, 또는 적극적 손해이든 소극적 손해이든 불문하며, 그 손해와 영조물의 설치·관리의 하자 사이에 상당인과관계(相當因果關係)가 있어야 한다(同法 5①, 3④, 8).

공물·영조물의 설치·관리의 하자와 손해발생 사이에 상당인과관계가 있는 한 자연현상 또는 제3자나 피해자의 행위가 그 손해의 원인으로 가세(加勢)되었더라도 행정주체의 손해배상책임은 성립한다.

(2) **배상액**

국가배상법상 공무원의 위법한 직무집행으로 인한 손해배상에 적용되는 배상기준 규정이 영조물의 설치·관리의 하자로 인한 손해배상에도 준용된다(同法 5①후단).

그리하여 국가나 지방자치단체는 원칙적으로 공물·영조물의 설치·관리의 하자와 상당인과관계가 있는 범위 내의 모든 손해를 배상하여야 하는데, 생명·신체를 침해한 경우와 물건을 멸실·훼손한 경우에는 일정한 배상기준이 정해져 있다(同法 3①②③④).

피해자가 손해를 입은 동시에 이익을 얻은 경우에는 손해배상액에서 그 이익에 상당하는 금액을 공제하여야 한다(同法 5①, 3의2①).

(3) **배상책임자**

영조물의 설치·관리의 하자로 인하여 발생한 손해의 배상책임자는 당해 공물·영조물의 관리주체인 국가나 지방자치단체이다(大判 2014.6.26, 2011다85413).

영조물의 설치·관리를 맡은 자(주체)와 영조물의 설치·관리의 비용을 부담하는 자가 동일하지 아니한 경우에는 그 비용부담자도 배상책임을 질 수 있으며(同法 6①), 피해자는 영조물의 관리주체와 비용부담자에 대하여 선택적으로 배상청구를 할 수 있다(大判 1999.6.25, 99다11120. 大判 1995.2.24, 94다57671).

위의 경우 피해자에게 손해를 배상한 자는 내부관계에서 그 손해를 배상할 책임이 있는 자(궁극적 배상책임자는 영조물의 설치·관리주체라는 것이 다수설임)에게 변상청구를 할 수 있다(同法 6②). 이는 영조물의 설치·관리자와 비용부담자가 다를 경우의 구상(求償)문제이다.

(4) 구상권(求償權)

영조물의 설치·관리의 하자로 인하여 발생한 손해를 국가나 지방자치단체가 배상하였는데, 그 손해의 원인에 대하여 책임을 질 자(예; 공공시설건축공사의 부실시공자, 하자있게 공물을 관리한 공무원 등)가 따로 있을 경우, 국가나 지방자치단체는 그 자에 대하여 구상(求償)할 수 있다(同法 5②).

위의 경우 공무원에 대한 구상권 행사는 국가배상법 제2조와의 균형을 고려하여, 영조물의 하자발생에 있어 공무원에게 고의 또는 중과실이 있는 경우에 한정되는 것으로 보는 것이 타당할 것이다.

(5) 손해배상의 청구절차

영조물의 설치·관리의 하자로 인한 손해배상의 청구절차는 공무원의 위법한 직무행위로 인한 손해배상의 청구절차와 같다.

그런데 국가배상법 제2조에 의한 '공무원의 직무상 위법행위로 인한 손해배상책임'은 과실책임(過失責任)이고, 제5조에 의한 '영조물의 설치·관리의 하자로 인한 손해배상책임'은 기본적으로 무과실책임(無過失責任)이지만, 공무원의 직무행위에 영조물의 관리행위도 포함되므로, 국가배상법 제2조에 의한 책임과 제5조에 의한 책임이 경합되는 경우도 있을 수 있다.

공무원의 고의·과실에 의한 위법행위와 영조물 관리의 하자가 경합하여 손해를 발생케 한 경우에는 국가배상법 제2조와 제5조의 요건을 동시에 충족시키므로, 피해자는 양조(兩條) 중 어느 것에 의해서도 손해배상을 청구할 수 있을 것이다.

「원자력 손해배상법」과 「원자력손해배상 보상계약에 관한 법률」도 있다.

【大判 2004.4.9, 2002다10691. "국가배상법이 정한 손해배상청구의 요건인 '공무원의 직무'에는 국가나 지방자치단체의 권력적 작용뿐만 아니라 비권력적 작용도 포함되지만, 단순한 사경제(私經濟)의 주체로서 하는 작용은 포함되지 않는다."】

【大判 2005.1.14, 2004다26805. "국가배상법 제2조 제1항의 '직무를 집행함에 당하여'라 함은 직접 공무원의 직무집행행위이거나 그와 밀접한 관련이 있는 행위를 포함하고, 이를 판단함에 있어서는 행위 자체의 외관을 객관적으로 관찰하여 공무원의 직무행위로 보여질 때에는, 비록 그것이 실질적으로 직무행위가 아니거나 또는 행위자로서는 주관적으로 공무집행의 의사가 없었다고 하더라도 그 행위는 공무원이 '직무를 집행함에 당하여' 한 것으로 보아야 한다."】

【大判 2006.7.28, 2004다759. "시장·군수·구청장이 부랑인선도시설 및 정신질환자요양시설의 업무에 관하여 지도·감독을 하고, 필요한 경우 그 시설에 대하여 그 업무의 내용에 관하여 보고하게 하거나 관계 서류의 제출을 명하거나 소속공무원으로 하여금 시설에 출입하여 검사 또는 질문하게 할 수 있는 등 형식상 시장·군수·구청장에게 재량에 의한 직무수행권한을 부여한 것처럼 되어 있더라도, 시장·군수·구청장에게 그러한 권한을 부여한 취지와 목적에 비추어 볼 때 구체적인 사정에 따라 시장·군수·구청장이 그 권한을 행사하여 필요한 조치를 취하지 아니하는 것이 현저하게 불합리하다고 인정되는 경우에는 그러한 권한의 불행사는 직무상의 의무를 위반하는 것이 되어 위법하게 된다."】

【大判 1995.1.24, 94다45302. "국가배상법 제5조 제1항 소정의 '공공의 영조물'이라 함은 국가 또는 지방자치단체에 의하여 특정 공공의 목적에 공여된 유체물 내지 물적 설비를 지칭하며, 특정 공공의 목적에 공여된 물(物)이라 함은 일반공중의 자유로운 사용에 직접적으로 제공되는 공공용물에 한하지 아니하고, 행정

주체 자신의 사용에 제공되는 공용물도 포함하며, 국가 또는 지방자치단체가 소유권·임차권 그 밖의 권한에 기하여 관리하고 있는 경우뿐만 아니라 사실상의 관리를 하고 있는 경우도 포함한다."】

【大判 2001.7.27, 2000다56822. "국가배상법 제5조 제1항에 정해진 영조물의 설치 또는 관리의 하자라 함은 영조물이 그 용도에 따라 통상 갖추어야 할 안전성을 갖추지 못한 상태에 있음을 말하는 것이며, 다만 영조물이 완전무결한 상태에 있지 아니하고 그 기능상 어떠한 결함이 있다는 것만으로 영조물의 설치 또는 관리에 하자가 있다고 할 수 없는 것이고, 위와 같은 안전성의 구비 여부를 판단함에 있어서는 당해 영조물의 용도, 그 설치장소의 현황 및 이용상황 등 제반 사정을 종합적으로 고려하여, 설치·관리자가 그 영조물의 위험성에 비례하여 사회통념상 일반적으로 요구되는 정도의 방호조치의무를 다하였는지 여부를 기준으로 삼아야 하며, 만일 객관적으로 보아 시간적·장소적으로 영조물의 기능상 결함으로 인한 손해발생의 예견가능성과 회피가능성이 없는 경우, 즉 그 영조물의 결함이 영조물의 설치·관리자의 관리행위가 미칠 수 없는 상황 아래에 있는 경우임이 입증되는 경우라면 영조물의 설치·관리상의 하자를 인정할 수 없다."】

【大判 2000.1.14, 99다24201. "도로교통법 제3조 제1항에 의하여 특별시장·광역시장 또는 시장·군수의 권한으로 규정되어 있는 도로에서의 신호기 및 안전표지의 설치·관리에 관한 권한은 같은 법 시행령 제71조의2 제1항 제1호에 의하여 지방경찰청장 또는 경찰서장에게 위탁되었으나, 이와 같은 권한의 위탁은 이른바 기관위임으로서 경찰서장 등은 권한을 위임한 시장 등이 속한 지방자치단체의 산하 행정기관의 지위에서 그 사무를 처리하는 것이므로, 경찰서장 등이 설치·관리하는 신호기의 하자로 인한 국가배상법 제5조 소정의 배상책임은 그 사무의 귀속 주체인 시장 등이 속한 지방자치단체가 부담한다."】

제2절

「공익사업을 위한 토지 등의 취득 및 보상에 관한 법률」

오늘날 자유민주주의국가에서 개인의 재산권은 헌법상 보장되고 있지만, 그것은 절대적인 것이 아니며, 그에는 일정한 제약·제한이 따른다.

헌법 제23조 제1항의 "모든 국민의 재산권은 보장된다. 그 내용과 한계는 법률로 정한다."는 규정과, 제2항의 "재산권의 행사는 공공복리에 적합하도록 하여야 한다."는 규정은 위와 같은 기본원리를 표현한 것이라고 할 수 있다.

헌법은 제23조 제3항에서 "공공필요에 의한 재산권의 수용·사용 또는 제한 및 그에 대한 보상은 법률로써 하되, 정당한 보상을 지급하여야 한다."라고 규정하고 있다. 위 규정에서의 수용(收用)은 재산권의 공용취득(公用取得)을, 사용(使用)은 사유재산의 일시적 사용을, 제한(制限)은 소유자 기타 권리자의 재산에 대한 이용·수익 등의 제한을 뜻한다.

공공목적을 위한 사유재산권의 수용·사용·제한을 각각 공용수용·공용사용·공용제한이라고도 하는데, 이들은 공공목적을 위하여 사유재산권을 침해하는 공통점을 지니고 있어서 공용침해(公用侵害)로 통칭되기도 한다.

사유재산권을 보장하는 헌법 아래서 공용침해로 인하여 재산권의 내재적 제약을 넘어서 사유재산권에 가해진 특별한 희생을 부담의 사회화를 통하여 조절함으로써, 평등부담의 이상을 실현하고 공익과 사익을 조절하기 위하여 행하는 보상을 '행정상 손실보상'이라고 한다. 위에서 '특별한 희생'이란 특정인 또는 일부의 사람에게만 발생한 손실이고, 그것을 방치하면 평등의 원리에 어긋나게 되는 것으로서, 재산권에 일반적으로 내재하는 사회적 제약을 넘어선 손실을 의미한다. 행정상 손실보상청구권은 청구권적 기본권의 하나이다.

「공익사업을 위한 토지 등의 취득 및 보상에 관한 법률」은 일정한 공익사업의 시행에 필요한 토지 등을 협의매수하지 못하는 경우의 토지 등의 수용·사용과 그에 따른 손실보상의 기준·방법·절차 등을 규정하고 있으며, 다른 개별 법률이 특정 공익사업의 시행에 필요한 토지 등의 수용 및 손실보상의 근거를 규정하는 경우도 있다(예; 도로법 82, '국토의 계획 및 이용에 관한 법률' 95·96 등).

(1) 공용수용과 행정상 손실보상

공용수용(公用收用)이란 공익사업을 위하여 공익사업주체(국가·지방자치단체 또는 공익사업시행자)가 법률에 의거하여 타인의 토지 등의 재산권을 강제적으로 취득하는 작용을 의미한다. 공익사업을 위한 사유재산권의 강제적 취득작용인 공용수용에는 행정상 손실보상이 따른다.

행정상 손실보상(損失補償)이란 공공의 필요에 의한 적법한 공권력행사로 인해 사유재산권에 야기된 특별한 희생에 대하여 전체적인 평등부담의 견지에서 행하는 재산적 보상을 말한다. 행정상 손실보상은 공공필요에 따른 재산권의 수용·사용·제한 등으로 인하여, 사유재산권에 사회적(내재적) 제약을 넘는 특별한 희생이 야기된 때에 이루어지는 것이다(憲裁 2006.3.30, 2005헌바110. 憲裁 2005.9.29, 2002헌바84·89, 2003헌마678·943병합).

공용수용이나 그에 따른 행정상 손실보상은 법적 근거가 있어야 하는데, 헌법 제23조 제3항과 「공익사업을 위한 토지 등의 취득 및 보상에 관한 법률」이 주요 근거법이며, 「국토의 계획 및 이용에 관한 법률」·도로법·하천법·항만법·징발법·광업법 등 여러 개별 법률들도 일정한 경우의 공용수용과 그에 따른 손실보상에 관하여 규정하고 있다.

행정상 손실보상을 청구할 수 있는 권리의 성질에 관하여는 사권설(私權說)과 공권설(公權說)이 있으나, 행정상 손실보상이 적법한 공권력의 행사로 인하여 야기된 특별한 희생에 대한 보상으로서, 권력작용의 결과로서 문제되는 것이고 공법관계에 특유한 제도이기 때문에, 손실보상청구권은 공법상의 권리(공권)라 할 것이며, 손실보상금의 지급을 구하거나 손실보상청구권의 확인을 구하는 소송은 원칙적으로 행정소송법 제3조 제2호 소정의 당사자소송이 될 것이다(大判 2012.10.11, 2010다23210. 大判 2011.10.13, 2009다43461. 大判 2006.5.18, 2004다6207. 大判 2002.2.5, 2000다69361).

헌법은 제23조 제3항에서 "보상은 법률로써 하되, 정당한 보상을 지급하여야 한다."라고 규정하여, 공용침해로 인한 손실에 대하여 정당한 보상을 지급토록 하고 구체적인 보상의 기준과 방법의 정립은 법률에 유보하였는데, 손실보상이 재산권보장의 원칙 아래서 공익실현을 위하여 특정인의 재산권에 발생한 특별한 손실을 전보하여 주는 것이라는 점을 감안하면, 헌법상의 '정당한 보상'은 완전보상을 의미하는 것이며, 완전보상의 내용은 피침해재산(被侵害財産)의 객관적 가치에 한정되지 않고, 부대적(附帶的) 손실에 대한 보상까지 포함하는 것이라 할 것이다(憲裁 2001.4.26, 2000헌바31).

「공익사업을 위한 토지 등의 취득 및 보상에 관한 법률」은 공익사업에 필요한 토지 등을 협의(協議) 또는 수용(收用)에 의하여 취득하거나 사용함에 따른 손실의 보상에 관한 사항을 규정함으로써 공익사업의 효율적인 수행을 통하여 공공복리의 증진과 재산권의 적정한 보호를 도모하는 것을 목적으로 하고 있다(同法 1).

이 법은 손실보상의 원칙으로서, ① 사업시행자보상원칙(同法 61), ② 사전(事前)보상원칙(同法 62), ③ 현금보상원칙(同法 63①), ④ 개인별 보상원칙(同法 64. 大判 2000.1.28, 97누11720), ⑤ 일괄보상원칙(同法 65), ⑥ 사업시행이익과의 상계금지원칙(同法 66), ⑦ 시가보상원칙(同法 67①), ⑧ 개발이익배제원칙(同法 67②), ⑨ 감정평가업자 평가원칙(同法 68①)을 규정하고 있다.

이 법은 토지 등의 수용과 사용에 관한 재결을 하기 위하여 국토교통부에 중앙토지수용위원회를, 특별시·광역시·도·특별자치도(이하 '시·도'라 함)에 지방토지수용위원회를 두도록 하고(同法 49), 토지수용위원회의 재결사항(同法 50), 관할(同法 51), 중앙토지수용위원회의 구성(同法 52), 지방토지수용위원회의 구성(同法 53), 위원의 결격사유(同法 54), 임기(同法 55), 신분 보장(同法 56), 위원의 제척·기피·회피(同法 57), 토지수용위원회의 심리·조사상의 권한(同法 58) 등에 관하여 규정하고 있다.

이 법에 따라 공용수용을 할 수 있는 공익사업과 이 법이 규정하고 있는 공용수용절차, 손실보상 및 환매권의 내용은 다음과 같다.

(2) 공용수용을 할 수 있는 공익사업과 공용수용의 목적물

1) 공용수용을 할 수 있는 공익사업

「공익사업을 위한 토지 등의 취득 및 보상에 관한 법률」에 따라 토지 등을 수용(공용수용) 또는 사용(공용사용)할 수 있는 공익사업은 ① 국방·군사에 관한 사업, ② 관계 법률에 따라 허가·인가·승인·지정 등을 받아 공익을 목적으로 시행하는 철도·도로·공항·항만·주차장·공영차고지·화물터미널·궤도·하천·제방(堤防)·댐·운하·수도·하수도·하수종말처리·폐수처리·사방(砂防)·방풍(防風)·방화(防火)·방조(防潮)·방수·저수지·용수로·배수로·석유비축·송유·폐기물처리·전기·전기통신·방송·가스 및 기상 관측에 관한 사업, ③ 국가나 지방자치단체가 설치하는 청사·공장·연구소·시험소·보건시설·문화시설·공원·수목원·광장·운동장·시장·묘지·화장장·도축장 또는 그 밖의 공공용 시설에 관한 사업, ④ 관계 법률에 따라 허가·인가·승인·지정 등을 받아 공익을 목적으로 시행하는 학교·도서관·박물관 및 미술관의 건립에 관한 사업, ⑤ 국가, 지방자치단체, 「공공기관의 운영에 관한 법률」 제4조에 따른 공공기관, 지방공기업법에 따른 지방공기업 또는 국가나 지방자치단체가 지정한 자가 임대나 양도의 목적으로 시행하는 주택 건설 또는 택지 및 산업단지 조성에 관한 사업, ⑥ 위의 ① 내지 ⑤의 사업을 시행하기 위하여 필요한 통로·교량·전선로·재료적치장 또는 그 밖의 부속시설에 관한 사업, ⑦ 위의 ① 내지 ⑤의 사업을 시행하기 위하여 필요한 주택, 공장 등의 이주단지 조성에 관한 사업, ⑧ 그 밖에 이 법 [별표]에 규정된 법률에 따라 토지 등을 수용하거나 사용할 수 있는 사업 중 어느 하나에 해당하는 사업이다(同法 4).

이 법은 이 법에 따라 토지 등을 수용하거나 사용할 수 있는 사업은 위의 이 법 제4조 또는 [별표]에 규정된 법률에 따르지 아니하고는 정할 수 없도록 하고, 이 법의 [별표]는 다른 법률로 개정할 수 없도록 규정하고 있다(同法 4의2①②).

이 법 부칙의 [별표]에는 2016.1.1. 현재 도시개발법에 따른 도시개발사업, 수도법에 따른 수도사업 등 110개의 법률에 따른 사업들이 규정되고 있다.

2) 공용수용의 목적물(目的物)

이 법에 따르면, 공익사업에 필요한 것으로서 공익사업시행자가 이 법에 의하여 취득할 수 있는 것, 즉 공용수용의 목적물(공용수용대상)은 ① 토지 및 이에 관한 소유권 외의 권리, ② 토지와 함께 공익사업을 위하여 필요한 입목(立木)·건물 그 밖에 토지에 정착된 물건 및 이에 관한 소유권 외의 권리, ③ 광업권·어업권 또는 물의 사용에 관한 권리, ④ 토지에 속한 흙·돌·모래 또는 자갈에 관한 권리이다(同法 3). 이 법에서는 이들을 '토지 등'으로 표현하고 있다(同法 2 i).

그런데, 물건 자체의 성질상 공용수용이 불가(不可)하거나 제한되는 것이 있다.

즉, 치외법권(治外法權)이 인정된 외국대사관·영사관 등의 부지·건물은 공용수용을 할 수 없으며, 공물이나 공익사업에 수용 또는 사용되고 있는 토지 등은 특별히 필요한 경우가 아니면 이를 다른 공익사업을 위하여 수용할 수 없다(同法 19②).

수용할 목적물의 범위는 원칙적으로 특정한 공익사업을 위하여 필요한 최소한도에 그쳐야 하나(大判 1994.1.11, 93누8108), 예외적으로 그 한도를 넘어서 수용하는 것이 피수용자의 권리보호나 당해 사업의 목적에 비추어 필요한 경우에는 예외적으로 수용의 대상을 확장할 수 있다.

위와 같이 수용의 대상(목적물)을 확장시켜 행하는 확장수용(擴張收用)의 유형으로는 잔여지(殘餘地)수용과 완전수용(完全收用) 및 '이전(移轉)에 갈음하는 수용'이 있다(大判 2010.8.19, 2008두822. 大判 2005.1.28, 2002두4679. 大判 2004.9.24, 2002다68713).

'잔여지수용'이란 동일 소유자에 속하는 토지의 일부만이 수용되고 그 잔여지만으로는 종래의 이용목적에 계속 이용하는 것이 현저히 곤란한 경우에, 소유자의 청구에 의하여 그 잔여지도 함께 수용하는 것을 말한다(同法 74①).

'완전수용'이란 공익사업시행자가 토지를 수용하지 아니하고 토지를 사용하고자 하는 경우에, 토지사용기간이 3년 이상인 때나 토지의 사용으로 인하여 토지의 형질이 변경되는 때, 또는 사용하려는 토지에 그 토지소유자의 건축물이 있는 때에 당해 토지소유자의 청구에 의하여 그 토지를 수용하는 것을 말한다(同法 72).

'이전에 갈음하는 수용'이란 수용·사용할 토지 위에 있는 건축물·입목·공작물 기타 토지에 정착한 물건의 이전(移轉)이 어렵거나 이전으로 인하여 종래의 목적대로 사용할 수 없게 되는 경우, 또는 이전비가 물건의 가격을 넘는 경우 등에 그 이전에 갈음하여 당해 물건을 수용하는 것을 말한다(同法 75①).

(3) 공용수용절차

이 법은 공익사업시행자가 공익사업의 수행을 위하여 필요한 때에는 이 법이 정하는 바에 따라 토지 등을 수용 또는 사용할 수 있도록 하고 있는데(同法 19①), 이 법이 정하고 있는 공용수용의 보통절차는 ① 사업인정, ② 토지조서·물건조서의 작성 및 보상계획의 공고, ③ 협의, ④ 재결의 4단계로 나누어진다.

1) 사업인정(事業認定)

공익사업시행자는 토지 등을 수용 또는 사용하고자 하는 때에는 대통령령이 정하는 바에 따라 국토교통부장관의 사업인정을 받아야 한다(同法 20①).

위에서 '사업인정'이란 특정한 사업이 이 법 제4조상의 공익사업임을 인정하여, 사업시행자에게 일정한 절차를 거칠 것을 조건으로 그 사업에 필요한 토지 등을 수용 또는 사용할 권리를 설정하여 주는 행위를 말하며, 행정청의 특허처분(제2장 제1절 Ⅲ. 참조)이고, 재량처분에 속한다고 할 수 있다(大判 2005.4.29, 2004두14670. 大判 1992.11.13, 92누596. 大判 1987.9.8, 87누395).

이 법에서는 "사업인정이란 공익사업을 토지 등을 수용하거나 사용할 사업으로 결정하는 것을 말한다."라고 규정하고 있다(同法 2vii).

사업인정은 사업시행자의 신청에 의하여 국토교통부장관이 관계 중앙행정기관의 장 및 시·도지사와 협의하고 중앙토지수용위원회 및 이해관계자의 의견청취 등의 절차를 거쳐서 행한다(同法 20·21).

국토교통부장관이 사업인정을 한 때에는 지체 없이 그 뜻을 사업시행자와 토지소유자 및 관계인, 관계 시·도지사에게 통지하고, 사업시행자의 성명 또는 명칭, 사업의 종류, 사업지역과 수용 또는 사용할 토지의 세목을 관보에 고시(告示)하여야 한다(同法 22①. 大判 2000.10.13, 2000두5142).

사업인정은 사업인정 고시일부터 효력을 발생한다(同法 22③).

사업인정 고시의 효과로서, 수용 목적물의 범위가 확정되고, 수용권자는 그 목적물에 대한 현재 및 장래의 권리자에게 대항할 수 있는 일종의 공법상의 권리를 갖게 된다(大判 1987.9.8, 87누395). 또한, 사업인정 고시가 있은 후에는 누구든지 고시된 토지에 대하여 사업에 지장을 초래할 우려가 있는 형질(形質)의 변경이나 토지와 함께 공익사업에 필요한 물건을 손괴(損壞) 또는 수거(收去)하지 못한다.

사업인정 고시가 있은 후에 고시된 토지에 건축물의 건축·대수선, 공작물의 설치 또는 물건의 부가(附加)·증치(增置)를 하고자 하는 자는 특별자치도지사·시장·군수 또는 구청장의 허가를 받아야 한다(同法 25①②).

사업인정 고시가 있은 날부터 1년 이내에 사업시행자가 관할 토지수용위원회에 토지수용재결을 신청하지 아니한 때에는 그 기간만료일의 다음날에 사업인정은 효력을 상실한다(同法 23①).

2) 토지조서(土地調書)·물건조서(物件調書)의 작성 및 보상계획의 공고

토지조서·물건조서는 사업시행자가 공익사업을 위해 수용 또는 사용할 필요가 있는 토지 및 그 토지 위에 있는 물건의 내용을 기재하는 문서이다.

토지조서와 물건조서는 토지수용절차의 개시 전에 사업시행자로 하여금 미리 토지 등에 대하여 필요한 사항을 확인하게 하고, 또한 토지소유자 및 관계인에게도 이를 확인하게 하여 토지의 상황에 관한 당사자 사이의 분쟁을 예방하며, 토지수용위원회의 심리·재결의 절차를 용이하게 하고 신속 원활을 기하려는 데에 그 작성의 목적이 있는 것이다(大判 1993.9.10, 93누5543).

사업인정을 받은 사업시행자는 토지조서·물건조서를 작성하고, 공익사업의 개요와 토지조서·물건조서의 내용 및 보상의 시기·방법·절차 등을 기재한 보상계획을 공고·통지하며 일반인이 열람할 수 있도록 하여야 한다(同法 26①).

3) 협의(協議)

이 법상의 협의란 사업시행자가 수용할 토지 등에 대한 손실보상 등에 관하여 토지소유자 및 관계인과 행하는 교섭행위를 말한다.

이 법은 사업인정을 받은 사업시행자로 하여금 후술하는 수용재결의 신청을 하기 전에 토지소유자 및 관계인과 협의하도록 규정하고 있다(同法 16, 26①).

이와 같이 협의절차는 의무적인 것이므로, 협의절차를 거치지 않고 토지수용 등의 재결을 신청하는 것은 위법이다. 그러나 사업인정 이전에 협의절차를 거쳤으나 협의가 성립되지 아니하여 사업인정을 받은 사업으로서 토지조서 및 물건조서의 내용에 변동이 없는 때에는 협의절차를 거치지 아니할 수 있다(同法 26②).

협의가 성립된 경우에 사업시행자는 (사업인정의 고시가 있은 날부터 1년 이내에) 토지소유자 및 관계인의 동의를 얻어, 관할 토지수용위원회에 협의성립의 확인을 신청할 수 있다(同法 29①).

관할 토지수용위원회에 의한 협의성립의 확인은 토지수용위원회의 재결로 간주되고, 사업시행자·토지소유자 및 관계인은 그 확인된 협의의 성립이나 내용에 대하여 다툴 수 없다(同法 29④. 大判 1992.9.14, 92다21319).

4) 수용에 관한 재결(裁決)

수용에 관한 재결은 협의의 불성립 또는 협의불능의 경우에 토지수용위원회가 행하는 공용수용의 마지막 절차로서, 수용권 자체의 행사가 아니라, 사업시행자에게 부여된 수용권의 구체적인 내용을 결정하고 그 실행을 가능하게 하는 재단(裁斷)행위이다(大判 2007.1.11, 2004두8538).

국가 또는 시·도가 사업시행자인 사업과 수용할 토지가 2 이상의 시·도에 걸쳐 있는 사업에 대한 재결은 국토교통부에 설치된 중앙토지수용위원회가 행하며, 그 외의 사업에 관하여는 시·도에 설치된 지방토지수용위원회가 공용수용·사용에 관하여 재결한다(同法 49, 51①②).

협의(協議)의 불성립 또는 협의불능의 경우에 사업시행자는 사업인정의 고시가 있은 날부터 1년 이내에 관할 토지수용위원회에 수용에 관한 재결을 신청할 수 있다(同法 28①).

토지소유자 및 관계인은 협의가 성립되지 아니한 때에 사업시행자에게 서면으로 수용에 관한 재결의 신청을 할 것을 청구할 수 있으며(大判 2011.7.14, 2011두2309. 大判 2000.10.27, 98두18381), 이 경우 사업시행자는 60일 이내에 재결신청을 하여야 하고(同法 30①②. 大判 2015.4.9, 2014두46669), 그 기간을 경과한 경우에는 지연가산금(遲延加算金)을 지급하여야 한다(同法 30③. 大判 1997.10.24, 97다31175).

토지수용위원회가 재결신청서를 받은 때에는 지체 없이 이를 공고하고, 공고일부터 14일 이상 관계 서류의 사본(寫本)을 일반인이 열람할 수 있도록 하여야 한다. 이 열람기간 중에 토지소유자 및 관계인은 의견을 제시할 수 있다(同法 31①②).

위의 열람기간이 경과한 후 토지수용위원회는 지체 없이 당해 재결신청에 대한 조사 및 심리를 하여야 하며(同法 32), 심리 개시일부터 14일 이내에 재결을 하여야 한다. 다만, 특별한 사유가 있을 때에는 1차에 한하여 14일의 범위 안에서 이를 연장할 수 있다(同法 35).

토지수용위원회는 심리를 함에 있어서 필요하다고 인정하는 때에는 사업시행자·토지소유자 및 관계인을 출석시켜 그 의견을 진술하게 할 수 있으며, 감정인·참고인 등에 대하여 감정평가의뢰·진술요구·자료제출요구 등을 할 수 있다(同法

32②, 58①).

토지수용위원회의 재결사항은 ① 수용 또는 사용할 토지의 구역 및 사용방법, ② 손실의 보상, ③ 수용 또는 사용의 개시일과 기간, ④ 그 밖에 관계 법률에서 규정한 사항이다. 토지수용위원회는 사업시행자·토지소유자 또는 관계인이 신청한 범위 안에서 재결하여야 하는데, 손실의 보상에 있어서는 신청범위에 구애받지 않고 증액재결(增額裁決)을 할 수 있다(同法 50①②. 憲裁 2014.7.24, 2012헌바294, 2013헌바184·185·187병합).

재결은 서면(재결서)으로 하되, 주문(主文)·이유·재결일을 적고, 토지수용위원회 위원장과 출석위원이 기명 날인한 후에, 재결서 정본을 사업시행자·토지소유자 및 관계인에게 송달하여야 한다(同法 34).

토지수용위원회의 재결의 효과로서, 피수용자는 수용의 개시일까지 수용목적물(토지나 물건 등)을 사업시행자에게 인도(引導)·이전(移轉)할 의무를 지게 되고(同法 43), 손실보상청구권 및 일정한 경우의 환매권을 갖게 된다(同法 70·91. 大判 2001.1.16, 98다58511).

한편, 사업시행자는 보상금의 지급 또는 공탁(供託)을 조건으로(同法 40①②) 수용의 시기(始期)에 토지 등에 관한 권리를 원시취득(原始取得)하고(大判 1987.3.10, 84누158), 만약 피수용자가 목적물의 인도의무(引導義務)를 이행하지 않는 경우에는 아래와 같은 행정청에 대한 대행(代行) 신청권을 갖게 된다(同法 89).

특별자치도지사·시장·군수·구청장은 ① 토지나 물건을 인도하거나 이전하여야 할 자가 고의나 과실 없이 그 의무를 이행할 수 없을 때, ② 사업시행자가 과실 없이 토지나 물건을 인도하거나 이전하여야 할 의무가 있는 자를 알 수 없을 때에는, 사업시행자의 청구에 의하여 토지나 물건의 인도 또는 이전을 대행하여야 한다(同法 44①).

특별자치도지사·시장·군수·구청장이 토지나 물건의 인도 또는 이전을 대행하는 경우 그로 인한 비용은 그 의무자가 부담한다(同法 44②).

토지수용위원회의 재결은 수용·사용의 개시일까지 사업시행자가 보상금을 지급 또는 공탁하지 않으면 그 효력을 상실한다(同法 42).

5) 재결에 대한 불복

지방토지수용위원회의 재결에 이의(異議)가 있는 자는 재결서 정본을 송달받은 날부터 30일 이내에 지방토지수용위원회를 거쳐 중앙토지수용위원회에, 중앙토지수용위원회의 재결에 대하여 이의가 있는 자는 재결서의 정본이 송달된 날부터 30일 이내에 중앙토지수용위원회에 이의신청(異議申請)을 할 수 있다(同法 83①②③).

이러한 이의신청이 있는 경우 중앙토지수용위원회는 원재결(元裁決)이 위법 또는 부당하다고 인정하는 때에 그 재결의 전부 또는 일부를 취소하거나 보상액을 변경할 수 있는데, 여기서 보상금의 증액재결이 있으면 사업시행자는 그 재결서 정본을 받은 날부터 30일 이내에 보상금을 받을 자에게 그 증액된 보상금을 지급(수령거부 등의 경우에는 공탁)하여야 한다(同法 84①②).

사업시행자·토지소유자·관계인은 지방 또는 중앙토지수용위원회의 재결에 대하여 불복이 있는 때에는 재결서를 받은 날부터 60일 이내에, 이의신청을 거친 때에는 이의신청에 대한 재결서를 받은 날부터 30일 이내에 각각 행정소송을 제기할 수 있다. 이 경우 사업시행자는 행정소송을 제기하기 전에 이의신청에 대한 재결에 의하여 증액된 보상금을 공탁하여야 하며, 보상금을 받을 자는 공탁된 보상금을 소송종결시까지 수령할 수 없다(同法 85①).

위와 같이 이 법은 이의신청을 임의적(任意的) 절차로 하여, 당사자가 토지수용위원회의 재결에 대하여 이의신청을 거치거나 또는 거치지 않고도 행정소송을 제기할 수 있도록 하고 있다(大判 2010.1.28, 2008두1504. 大判 2008.2.15, 2006두9832).

토지수용위원회의 재결에 대한 행정소송은 ① 수용재결 또는 이의재결 자체의 취소 변경을 구하는 취소소송이나 무효확인 등을 구하는 무효등확인소송과, ② 재결의 내용 중 보상금의 증감(增減)만을 청구하는 당사자소송으로 분류할 수 있다(후술 제4절 Ⅱ. Ⅲ. Ⅴ. 참조).

당사자소송의 경우, 지방토지수용위원회나 중앙토지수용위원회의 보상금 결정에 불복할 때에 토지소유자나 관계인은 재결청인 토지수용위원회를 피고로 하지 않고 사업시행자를 피고로 하여 보상금의 증액을, 사업시행자는 토지소유자나 관계인을 피고로 하여 보상금의 감액을 청구하는 소(訴)를 제기할 수 있다(同法 85②).

토지수용위원회의 재결이 있은 후, 그에 대하여 법정출소기간(法定出訴期間)

이내에 소송이 제기되지 아니하거나 그 밖의 사유로 재결이 확정된 때에는 민사소송법상의 확정판결이 있은 것으로 보며, 재결서 정본은 집행력있는 판결의 정본과 동일한 효력을 가진다(同法 86①).

(4) **손실보상 내용**

「공익사업을 위한 토지 등의 취득 및 보상에 관한 법률」이 정하고 있는 손실보상의 내용을 공익사업으로 인하여 침해될 수 있는 권리·법익(法益)의 차이에 따라 ① 재산권보상, ② 생활권보상, ③ 사업손실(간접손실)보상으로 구분하여 살펴보면 다음과 같다.

1) 재산권보상(財産權補償)

재산권보상은 공용침해로 인한 개별적·구체적인 재산적 손실에 대한 보상을 의미하는데, 이 법상의 재산권보상은 취득·사용하는 토지에 대한 보상, 취득·사용하는 토지 이외의 재산권보상, 실비변상적(實費辨償的) 보상, 일실손실보상(逸失損失補償) 등으로 분류할 수 있으며, 각각의 보상기준은 다음과 같다.

가) 취득하는 토지의 보상기준

이 법은 협의 또는 재결에 의하여 취득하는 토지에 대하여 협의성립 또는 재결당시의 가격을 기준으로 보상액을 산정할 것을 원칙으로 하고 있다(同法 67①).

그러나 이 경우의 토지가격은 협의성립 또는 재결 당시의 현실적인 가격이 아니라, 당해 공익사업의 시행으로 인한 지가상승분(개발이익)을 배제하기 위하여 「부동산 가격공시 및 감정평가에 관한 법률」에 의한 공시지가(公示地價)를 기준으로 하되(憲裁 2013.12.26, 2011헌바162), 그 공시기준일부터 가격시점(보상액 산정의 기준이 되는 시점)까지의 관계 법령에 의한 당해 토지의 이용계획, 당해 공익사업으로 인한 지가의 영향을 받지 아니하는 지역의 지가변동률, 생산자물가상승률 그 밖에 당해 토지의 위치·형상·환경·이용상황 등을 고려하여 평가한 적정가격으로 하여야 한다(同法 70①).

그리고 토지에 대한 보상액은 가격시점에 있어서의 토지의 현실적인 이용상황과 일반적인 이용방법에 의한 객관적 상황을 고려하여 산정하되, 일시적인 이용상황과 토지소유자 또는 관계인이 갖는 주관적 가치 및 특별한 용도에 사용할 것을 전제로 한 경우 등은 이를 고려하지 아니한다(同法 70②. 大判 2005.2.18, 2003두14222).

나) 사용하는 토지의 보상기준

협의 또는 재결에 의하여 사용하는 토지에 대하여는 그 토지와 인근 유사(類似)토지의 지료(地料)·임대료·사용방법·사용기간 및 그 토지의 가격 등을 고려하여 평가한 적정가격으로 보상하여야 한다(同法 71①).

다) 토지 이외의 지상물건(地上物件) 등에 대한 보상기준

a) 건축물·입목(立木)·공작물 기타 토지에 정착한 물건(이하 '건축물 등'이라 함)에 대하여는 이전(移轉)에 필요한 비용(이하 '이전비'라 함)으로 보상하여야 한다. 다만, ① 건축물 등의 이전이 어렵거나 그 이전으로 인하여 건축물 등을 종래의 목적대로 사용할 수 없게 된 경우나, ② 건축물 등의 이전비가 그 물건의 가격을 넘는 경우, ③ 사업시행자가 공익사업에 직접 사용할 목적으로 취득하는 경우에는 당해 물건의 가격으로 보상하여야 한다(同法 75①).

b) 농작물에 대한 손실은 농작물의 종류와 성장의 정도 등을 종합적으로 참작하여 보상하여야 한다(同法 75②).

c) 토지에 속한 흙·돌·모래·자갈(흙·돌·모래·자갈이 당해 토지와 별도로 취득 또는 사용의 대상이 되는 경우에 한함)에 대하여는 거래가격 등을 고려하여 평가한 적정가격으로 보상하여야 한다(同法 75③).

d) 분묘에 대하여는 이장(移葬)에 소요되는 비용 등을 산정하여 보상하여야 한다(同法 75④).

e) 위의 a)~d)항의 규정에 따른 물건 및 그 밖의 물건에 대한 보상액의 구체적인 산정 및 평가방법과 보상기준은 국토교통부령으로 정한다(同法 75⑥).

라) 토지 이외의 권리에 대한 보상기준

광업권·어업권 및 물(용수시설을 포함) 등의 사용에 관한 권리에 대하여는 투자비용·예상수익 및 거래가격 등을 고려하여 평가한 적정가격으로 보상하여야 한다(同法 76①).

마) 잔여지(殘餘地) 및 잔여 건축물에 대한 보상

잔여지 및 잔여 건축물에 대한 보상은 공익사업지외(公益事業地外)에 미치는

손실에 대한 보상, 즉 후술하는 사업손실(간접손실)보상으로서의 성질도 지니지만, 그것이 공익사업으로 인한 개별적·구체적인 재산적 손실에 대한 보상으로서의 성질도 지니기 때문에 재산권보상의 일종이 될 수도 있다(大判 2001.9.4, 99두11080).

잔여지에 대한 보상에는 잔여지가격하락보상·잔여지수용보상 및 잔여지공사비보상 등이 있다(同法 73①, 74①).

잔여 건축물에 대한 보상은 동일한 건축물소유자에 속하는 일단의 건축물의 일부가 취득 또는 사용됨으로 인하여 발생한 잔여 건축물의 가격감소 그 밖의 손실(보수비 등)에 대한 보상을 의미한다(同法 75의2①. 大判 2015.11.12, 2015두2963).

잔여 건축물에 대한 매수청구·수용청구도 인정된다(同法 75의2②).

바) 실비변상적(實費辨償的) 보상

실비변상적 보상이란 공익사업으로 인한 재산권의 상실·이전(移轉) 등에 부대(附帶)하여 지출을 요하는 비용에 대한 보상을 말한다.

이 법에서 실비변상적 보상에 해당하는 것으로는, ① 위의 취득·사용하는 토지 이외의 재산권보상 중 토지에 정착한 물건에 대한 보상으로서 그 이전에 필요한 비용(예; 수용·사용할 토지 등에 정착한 입목·건물 기타의 물건의 이전에 대한 이전료, 과수 등의 이식료)의 보상(同法 75①), 분묘에 대한 이장비보상(同法 75④)과, ② 공익사업의 시행으로 인하여 주거용 건물의 거주자가 주거이전을 하여야 할 경우 주거이전에 필요한 비용과 가재도구 등 동산의 운반에 필요한 비용에 대한 보상(同法 78⑤), ③ 잔여지 공사비보상(同法 73①후단), ④ 잔여 건축물 보수비보상(同法 75의2①), ⑤ 인근지 공사비보상(同法 79①) 등을 들 수 있다.

사) 일실손실보상(逸失損失補償)

일실손실보상이란 토지 등의 재산권의 수용·사용에 부수하여 일정한 사업을 폐업 또는 휴업하게 되는 경우에, 폐업·휴업기간 중에 사업경영으로 얻을 수 있는 이익(利益)을 일실함으로써 입게 되는 손실에 대한 보상을 말한다.

일실손실보상에 속하는 것으로서, 이 법은 영업의 폐지·휴업에 따르는 영업손실의 보상, 농업의 손실에 대한 보상, 근로자의 임금손실에 대한 보상 등에 관하여 규정하고 있는바, 그 내용은 다음과 같다.

즉, ① 영업을 폐지하거나 휴업함에 따른 영업손실에 대하여는 영업이익과 시설의 이전비용 등을 고려하여 보상하여야 하며(同法 77①), ② 농업의 손실에 대하여는 농지의 단위면적당 소득 등을 고려하여 실제 경작자에게 보상하여야 하고(同法 77②), ③ 휴직 또는 실직하는 근로자의 임금손실에 대하여는 근로기준법에 의한 평균임금 등을 고려하여 보상하여야 한다(同法 77③).

2) 생활권보상(生活權補償)

생활권보상(또는 생활보상)은 공익사업으로 인하여 침해된 재산권의 객관적 가치를 보상함으로써도 회복되지 않은 피수용자(被收用者) 등의 종전(공용수용 以前)의 생활상의 이익을 회복할 수 있도록 하기 위하여 행하는 보상이라고 할 수 있다(大判 2006.4.27, 2006두2435).

이 법에서의 생활권보상은 크게 ① 피수용자 등의 생활재건을 위하여 (보상금 지급이 아닌) 필요한 조치를 강구하는 생활재건조치(生活再建措置)와, ② 사업시행자가 피수용자 등의 생활보장을 위하여 피수용자 등에게 일정액의 보상금을 지급하는 생활권보상으로 나눌 수 있다(大判 2014.12.24, 2013두19486).

이 법은 제78조에서 공익사업으로 인하여 생활근거지를 떠나야 하는 주민들을 위한 이주대책(移住對策)의 수립에 관하여 규정하고 있으며, 이주대책의 내용에는 피수용자 등의 이주정착지에 대한 도로·급수시설·배수시설 등 생활기본시설의 설치도 포함되도록 하고 있다(同法 78④). 이는 피수용자 등을 위한 생활재건조치의 일종이라 하겠다(憲裁 2015.10.21, 2013헌바10. 大判 2007.2.22, 2004두7481. 憲裁 2006.2.23, 2004헌마19).

한편, 이 법은 이주정착금(移住定着金)의 지급에 관해서도 규정하고 있으며(同法 78①), 공익사업으로 인하여 이주하는 농·어민에게 국토교통부령이 정하는 일정액의 보상금을 지급할 것을 전제로 하고 있는바(同法 78⑥), 이러한 이주정착금 지급이나 이농(離農)·이어(離漁) 보상금의 지급은 사업시행자가 피수용자 등에게 일정액의 보상금을 직접 지급하는 생활권보상이라 할 수 있다(大判 2008.5.29, 2007다8129).

3) 사업손실(간접손실)보상

사업손실보상(事業損失補償)은 공익사업의 시행 또는 완성 후의 시설이나 사업이 공익사업지 외(外)에 야기하는 손실에 대한 보상을 뜻하며, 간접손실보상(間接損失補償)이라고도 한다(大判 2001.2.9, 99다55434).

이 법상의 잔여지가격하락보상·잔여지공사비보상(同法 73①)과 인근지공사비보상(同法 79①) 등은 공익사업지 외에 미치는 손실에 대한 보상이기 때문에 사업손실보상으로서의 성질도 지닌다.

이 법은 제79조 제2항에서 "공익사업이 시행되는 지역 밖에 있는 토지 등이 공익사업의 시행으로 인하여 본래의 기능을 다할 수 없게 되는 경우에는 국토교통부령으로 정하는 바에 따라 그 손실을 보상하여야 한다."라고 하여 사업손실보상의 근거를 규정하고 있다.

「공익사업을 위한 토지 등의 취득 및 보상에 관한 법률 시행규칙」은 사업손실(간접손실)에 대한 보상으로서, 공익사업시행지구 밖의 대지 등과 건축물·공작물 등에 대한 보상(同시행규칙 59·60·62), 소수잔존자보상(少數殘存者補償, 同시행규칙 61), 공익사업시행지구 밖의 농업·어업의 피해보상(同시행규칙 63·65), 공익사업시행지구 밖의 영업손실보상(同시행규칙 64) 등에 관하여 규정하고 있다.

(5) 환매권(還買權)

환매권이란 공용수용의 목적물인 토지의 전부 또는 일부가 당해 공익사업에 불필요하게 되거나, 수용 후 오랫동안 그 공익사업에 현실적으로 이용되지 않은 경우에, 수용 당시의 토지소유자 또는 그 포괄승계인(包括承繼人)이 보상금에 상당하는 금액을 지급하고 원소유권을 다시 취득할 수 있는 권리를 말한다.

이 법은 토지의 협의취득일 또는 수용의 개시일(이하 '취득일'이라 함)부터 10년 이내에 당해 사업의 폐지·변경 그 밖의 사유로 인하여 취득한 토지의 전부 또는 일부가 필요 없게 된 경우, 취득일 당시의 토지소유자 또는 그 포괄승계인은 당해 토지의 전부 또는 일부가 필요 없게 된 때부터 1년 또는 그 취득일부터 10년 이내에 당해 토지에 대하여 지급받은 보상금에 상당한 금액을 사업시행자에게 지급하고 그 토지를 환매할 수 있다고 규정하여 환매권을 인정하고 있다(同法 91①. 憲裁 2005.5.26, 2004헌가10. 大判 2001.5.29, 2001다11567).

위에서 포괄승계인이란 자연인인 상속인 및 합병 후의 신법인(新法人)을 말한다. 따라서 토지소유권자가 아닌 자(지상권자 등)는 환매권을 갖지 못하며, 환매권은 성질상 제3자에게 양도할 수 없다.

환매의 목적물은 토지소유권이다. 따라서 토지에 대한 소유권 이외의 권리 및 토지 이외의 물건 등은 환매의 대상이 되지 못한다.

환매권자(취득일 당시의 토지소유자 또는 그 포괄승계인)가 환매권을 행사하기 위해서는 다음의 두 가지 요건 중 어느 하나가 충족되어야 한다. 즉 ① 취득일부터 10년 이내에 사업의 폐지·변경 그 밖의 사유로 인하여 취득한 토지의 전부 또는 일부가 필요 없게 되거나(同法 91①. 大判 1998.3.27, 97다39766), ② 취득일부터 5년 이내에 취득한 토지의 전부를 당해 공익사업에 이용하지 아니한 경우에 환매할 수 있다(同法 91②). 다만, 국가·지방자치단체 또는 대통령령으로 정하는 공공기관이 사업인정을 받아 공익사업에 필요한 토지를 협의취득 또는 수용한 후 당해 공익사업이 다른 공익사업으로 변경된 경우의 환매권 행사기간은 관보에 당해 공익사업의 변경을 고시한 날부터 기산(起算)한다(同法 91⑥. 大判 1994.1.25, 93다11760·11777·11784병합).

환매권의 행사에는 제척기간(除斥期間)이 있어서, 위의 ①의 경우에는 당해 토지의 전부 또는 일부가 필요 없게 된 때부터 1년, 또는 취득일부터 10년 이내에, ②의 경우에는 취득일부터 6년 이내에 환매권을 행사할 수 있다(同法 91①②. 憲裁 2011.3.31, 2008헌바26. 大判 2010.9.30, 2010다30782).

환매가격은 당해 토지에 대하여 지급받은 보상금에 상당한 금액이다(同法 91①). 다만, 토지의 가격이 취득일 당시에 비하여 현저히 변동된 경우 사업시행자 및 환매권자는 환매금액에 대하여 서로 협의하되, 협의가 성립되지 아니한 때에는 그 금액의 증감을 법원에 청구할 수 있다(同法 91④).

사업시행자는 환매할 토지가 생긴 때에는 지체 없이 이를 환매권자에게 통지하여야 하며, 사업시행자가 과실(過失) 없이 환매권자를 알 수 없는 때에는 이를 공고하여야 한다(同法 92①. 大判 2006.11.23, 2006다35124. 大判 2000.11.14, 99다45864).

환매권자는 사업시행자의 통지 또는 공고에 관계없이 환매의 의사표시와 함께 환매가격을 사업시행자에게 지급함으로써 환매권을 행사할 수 있으며, 환매권의 행사에는 사업시행자의 동의를 요하지 아니한다(大判 1999.4.9, 98다46945. 大判 1992.11.24, 92다6501). 환매권은 그 제척기간의 경과로 소멸하는 외에, 위의 통지를 받은 날 또는 공고한 날부터 6월을 경과함으로써 소멸한다(同法 92②).

이 법은 거짓이나 그 밖의 부정한 방법으로 보상금을 받은 자 또는 그 사실을 알면서 보상금을 지급한 자나 이 법의 일정 규정을 위반한 자에 대한 벌칙(同法 93~98)과 감정평가를 의뢰받거나 출석 또는 진술을 요구받고 정당한 사유 없이 이에 따르지 아니한 자 등에 대한 과태료부과(同法 99)에 대하여도 규정하고 있다.

행정상 손실보상에 관한 법률로서 「하천편입토지 보상 등에 관한 특별조치법」도 있다.

【大判 2005.4.29, 2004두14670. "「공익사업을 위한 토지 등의 취득 및 보상에 관한 법률」의 규정에 의한 사업인정처분이라 함은 공익사업을 토지 등을 수용 또는 사용할 사업으로 결정하는 것으로서(같은 법 제2조 제7호) 단순한 확인행위가 아니라 형성행위이므로, 당해 사업이 외형상 토지 등을 수용 또는 사용할 수 있는 사업에 해당된다 하더라도 행정주체로서는 그 사업이 공용수용을 할 만한 공익성이 있는지의 여부와 공익성이 있는 경우에도 그 사업의 내용과 방법에 대하여 사업인정처분에 관련된 자들의 이익을 공익과 사익 간에서는 물론, 공익 상호간 및 사익 상호간에도 정당하게 비교·교량하여야 하고, 그 비교·교량은 비례의 원칙에 적합하도록 하여야 한다."】

【大判 2012.10.11, 2010다23210. "구「공익사업을 위한 토지 등의 취득 및 보상에 관한 법률」 제79조 제2항, 「공익사업을 위한 토지 등의 취득 및 보상에 관한 법률 시행규칙」 제57조에 따른 사업폐지 등에 대한 보상청구권은 공익사업의 시행 등 적법한 공권력의 행사에 의한 재산상 특별한 희생에 대하여 전체적인 공평부담의 견지에서 공익사업의 주체가 손해를 보상하여 주는 손실보상의 일종으로 공법상 권리임이 분명하므로 그에 관한 쟁송은 민사소송이 아닌 행정소송절차에 의하여야 한다."】

제3절

행정심판법

헌법은 제107조 제3항에서 "재판의 전심절차(前審節次)로서 행정심판을 할 수 있다. 행정심판의 절차는 법률로 정하되, 사법절차(司法節次)가 준용되어야 한다."라고 하여 행정심판의 근거를 규정하고 있다.

행정심판이란 넓은 의미로는 행정청의 위법·부당한 처분·부작위로 인하여 권익을 침해당한 자나 공법상의 분쟁당사자가 제기한 행정쟁송(行政爭訟)에 대하여 행정기관이 심리·판정함으로써 침해된 국민의 권익을 구제하는 제도를 말한다. 이러한 의미의 행정심판에는 행정심판법에 의한 행정심판(협의의 행정심판)뿐만 아니라 여러 개별법상의 특별행정심판도 포함된다.

특별행정심판의 예로는 공무원소청심사(국가공무원법 9, 지방공무원법 13 등), 선거소청심사(공직선거법 219), 주민투표소청심사(주민투표법 25①), 조세심판(국세기본법 제7장 제3절), 특허심판(특허법 제7·8장), 해양안전심판('해양사고의 조사 및 심판에 관한 법률' 제2·4·5·6장), 토지수용위원회의 토지수용재결('공익사업을 위한 토지 등의 취득 및 보상에 관한 법률' 51) 등을 들 수 있으며, 행정심판법상의 심리절차가 이들에 준용되기도 한다.

행정심판법은 일반적 행정심판제도에 관하여 규정하고 있는데, 이 법에 의한 행정심판은 행정청의 위법 또는 부당한 처분이나 부작위에 대하여 행정심판법상의 행정심판위원회가 심리·재결하는 절차를 말한다. 행정심판법은 사안의 전문성과 특수성을 살리기 위하여 특히 필요한 경우 외에는 행정심판법에 의한 행정심판을 갈음하는 특별행정심판이나 행정심판법상의 행정심판절차에 대한 특례를 다른 법률로 정할 수 없도록 규정하고 있다(同法 4①).

행정심판은 원칙적으로 처분 등의 취소를 구하는 행정소송에 앞서 임의적(任意的)으로 제기할 수 있다. 그러나 국가공무원법(제16조)·지방공무원법(제20조의 2)·국세기본법(제56조)·도로교통법(제142조) 등과 같이 개별법에서 명시적으로 행정심판전치주의(行政審判前置主義)를 규정하고 있는 경우에는 행정심판절차를 거친 후에 처분 등에 대한 행정소송을 제기할 수 있다.

(1) **행정심판전치주의(行政審判前置主義)**

행정청의 처분 등에 불복(不服)하는 사람은 그 처분 등의 취소·변경 등을 구하는 행정소송(취소소송 등)을 제기할 수 있는데, 이 경우 취소소송 등의 제기에 앞서 먼저 행정심판절차을 필히 거치도록 하는 원칙을 (필요적) 행정심판전치주의라 하며, 소송제기자가 임의적으로 제소전(提訴前)에 행정심판절차를 거칠 수 있도록 하는 원칙을 '임의적 행정심판전치주의'라고 한다(憲裁 2002.10.31, 2001헌바40).

위에서의 행정심판은 행정심판법상의 행정심판뿐만 아니라, 이의신청·소청·심사청구 기타 명칭 여하에 불구하고 법령이 행정청의 처분 등에 대한 불복수단(不服手段)으로 인정하고 있는 모든 행정심판을 의미한다(大判 2014.4.24, 2013두10809).

행정심판전치주의의 취지는 흠 있는 처분 등에 대하여 행정청 스스로 시정(是正)할 수 있는 기회를 갖게 함으로써 행정기관의 자기통제를 확보하며, 사법재판(司法裁判)에서는 기대하기 어려운 행정기관의 전문지식활용을 도모하고, 법원의 부담을 줄이며, 시간·경비·노력 등이 절감된 간이·신속한 국민권익구제를 도모하려는 데 있다(憲裁 2002.10.31, 2001헌바40. 憲裁 2001.6.28, 2000헌바30).

그런데 행정소송법은 제18조 제1항에서 "취소소송은 법령의 규정에 의하여 당해 처분에 대한 행정심판을 제기할 수 있는 경우에도 이를 거치지 않고 제기할 수 있다. 다만, 다른 법률에 당해 처분에 대한 행정심판의 재결을 거치지 아니하면 취소소송을 제기할 수 없다는 규정이 있을 때에는 그러하지 아니하다."라고 하여, 임의적(任意的) 행정심판전치주의를 채택하고 있다(大判 2006.4.14, 2005두10170. 大判 2000.6.9, 98두2621. 大判 1988.2.23, 87누704).

현행법상 다른 법률에서 필요적(必要的) 행정심판전치주의를 정하고 있는 예로는 국가공무원법·지방공무원법·교육공무원법 등에서 불이익처분을 받은 공무원이 소청절차를 거쳐야만 소송을 제기할 수 있도록 하고, 국세기본법·관세법 등에서 조세관련 소송은 사전에 심사청구 또는 심판청구절차를 거쳐야 제기할 수 있도록 하고, 도로교통법이 同法에 의한 처분에 대하여는 행정심판재결을 거쳐야만 행정소송(취소소송)을 제기할 수 있도록 규정하고 있는 것 등을 들 수 있다.

위와 같이 개별 법률이 필요적 행정심판전치주의를 규정하고 있는 경우를 제외하고는, 일반적으로 행정청의 처분 등에 불복하는 사람은 행정심판절차를 거쳐서나 또는 거치지 않고서도 취소소송을 제기할 수 있다.

행정심판은 행정청의 위법·부당한 처분 등으로 인한 국민권익침해에 대한 종국적인 구제수단은 아닐지라도 간이(簡易)한 절차와 적은 부담으로 침해된 국민권익의 구제를 도모할 수 있는 제도로서 그 의의가 적지 않다고 하겠다.

(2) 행정심판법의 목적과 同法상의 행정심판 대상

일반적인 행정심판제도에 관하여 규정하고 있는 행정심판법은 행정심판절차를 통하여 행정청의 위법 또는 부당한 처분이나 부작위로 침해된 국민의 권리 또는 이익을 구제함을 목적으로 하고 있다(同法 1).

행정심판법은 다른 법률에 특별한 규정이 있는 경우를 제외하고는 모든 위법·부당한 '행정청의 처분 또는 부작위'에 대하여 행정심판을 청구할 수 있도록 하고 있으므로(同法 3①), 이 법에 의한 행정심판의 대상은 행정청의 처분과 부작위이다.

다만, 대통령의 처분 또는 부작위에 대하여는 다른 법률에서 행정심판을 청구할 수 있도록 정한 경우 외에는 행정심판을 청구할 수 없으며(同法 3②), 다른 법률에서 특별한 절차에 의해 심사하도록 규정된 처분(예; 조세부과처분) 등은 행정심판법에 의한 행정심판의 대상이 되지 않는다.

행정심판법에 의한 행정심판('협의의 행정심판')은 행정청에 의한 공권력의 행사 또는 불행사에 해당하는 처분 또는 부작위에 대하여 다투는 것이므로, 행정소송법상의 항고소송(후술 제4절 Ⅰ. 참조)과 더불어 항고쟁송(抗告爭訟)의 하나가 된다(광의의 행정심판에 포함되는 특별행정심판 중에는 선거소청심사·주민투표소청심사 등과 같이 항고쟁송이 아닌 것들도 있다). 행정심판절차에 관한 행정심판법의 규정들이 다른 특별행정심판에 준용되는 경우도 있다.

1) 처분(處分)

행정심판법은 '처분'을 '행정청이 행하는 구체적 사실에 관한 법집행으로서의 공권력의 행사 또는 그 거부, 그 밖에 이에 준하는 행정작용'이라 정의하고(同法 2ⅰ), 처분을 행할 수 있는 '행정청'을 '행정에 관한 의사를 결정하여 표시하는 국가 또는 지방자치단체의 기관, 그 밖에 법령 또는 자치법규에 따라 행정권한을 가지고 있거나 위탁을 받은 공공단체나 그 기관 또는 私人'이라고 하여(同法 2

iv), 행정절차법에서의 처분 및 행정청의 개념과 같게 규정하고 있다(제2장 제2절 1. Ⅱ. 참조).

위의 처분 개념에서 공권력행사의 거부란 소극적인 공권력행사로서, 일정한 처분 등에 대한 신청이 있는 경우에 그 신청에 따르는 처분 등을 할 것을 거부하는 것, 즉 거부처분을 말하며, '공권력행사나 그 거부에 준하는 행정작용'이란 공권력의 행사 또는 그 거부와 같은 성질을 지닌 작용을 뜻한다(大判 2012.11.15, 2010두8676).

2) 부작위(不作爲)

행정심판법은 행정심판의 대상이 되는 '부작위'를 '행정청이 당사자의 신청에 대하여 상당한 기간 내에 일정한 처분을 하여야 할 법률상 의무가 있는데도 처분을 하지 아니하는 것'이라고 정의하고 있다(同法 2ii). 따라서 이 법상의 부작위에 해당하기 위해서는 ① 일정한 처분에 대한 당사자의 적법한 신청이 있어야 하고, ② 사회통념상 당해 신청을 처리하는 데 소요될 것으로 판단되는 상당한 기간이 지나야 하며, ③ 신청된 처분을 해야 할 법률상의 의무가 행정청에 있어야 하고, ④ 행정청이 어떠한 처분(인용 또는 거부처분)도 하지 아니한 상태가 존재하여야 한다.

(3) 행정심판의 종류

행정심판법은 행정심판의 종류로서 취소심판·무효등확인심판·의무이행심판을 인정하고 있다(同法 5).

1) 취소심판(取消審判)

취소심판이란 행정청의 위법 또는 부당한 처분을 취소하거나 변경하는 행정심판을 말한다(同法 5 i). 행정심판위원회는 취소심판청구가 이유 있다고 인정하면 계쟁(係爭) 처분을 직접 취소 또는 변경하거나 피청구인인 처분청에게 다른 처분으로 변경할 것을 명한다(同法 43③).

2) 무효등확인심판(無效等確認審判)

무효등확인심판이란 행정청의 처분의 효력 유무 또는 존재 여부를 확인하는 행정심판을 말한다(同法 5ii). 이에는 무효확인심판·유효확인심판·실효확인심판·존재확인심판·부존재확인심판이 포함된다. 행정심판위원회는 무효등확인심판의 청구가 이유 있다고 인정하면 처분의 효력 유무 또는 존재 여부를 확인한다(同法 43④).

3) 의무이행심판(義務履行審判)

의무이행심판이란 당사자의 신청에 대한 행정청의 위법·부당한 거부처분이나 부작위에 대하여 행정청에게 일정한 처분을 하도록 하는 행정심판을 말한다(同法 5iii). 행정심판위원회는 의무이행심판의 청구가 이유 있다고 인정하면 지체 없이 신청에 따른 처분을 하거나, 처분을 할 것을 피청구인에게 명한다(同法 43⑤).

(4) **행정심판위원회**

행정심판법은 행정심판청구사건을 심리·재결하는 행정심판위원회를 다음과 같이 분류하고 있다.

1) 처분청소속의 행정심판위원회

① 감사원, 국가정보원장, 그 밖에 대통령령으로 정하는 대통령소속기관의 장, ② 국회사무총장·법원행정처장·헌법재판소사무처장 및 중앙선거관리위원회사무총장, ③ 국가인권위원회, 진실·화해를 위한 과거사정리위원회, ④ 그 밖에 지위·성격의 독립성과 특수성 등이 인정되어 대통령령으로 정하는 행정청과 이들 기관의 소속 행정청의 처분·부작위에 대한 행정심판청구는 이들(위 각호의) 행정청에 설치된 행정심판위원회에서 심리·재결한다(同法 6①).

2) 중앙행정심판위원회

① 위의 1)에 적힌 행정청 외의 국가행정기관의 장 또는 그 소속 행정청(대통령령으로 정하는 기관 제외), ② 광역지방자치단체의 장(교육감 포함) 또는 광역지방의회, ③ 지방자치단체조합 등의 처분·부작위에 대한 행정심판청구에 대하여는 국민권익위원회에 두는 중앙행정심판위원회에서 심리·재결한다(同法 6②).

3) 시·도지사소속 행정심판위원회

① 시·도소속 행정청, ② 시·도 관할구역에 있는 시·군·자치구의 장과 소속 행정청 또는 시·군·자치구 의회, ③ 시·도 관할구역에 있는 둘 이상의 기초지방자치단체·공공법인 등이 공동으로 설립한 행정청의 처분·부작위에 대한 행정심판청구에 대하여는 시·도지사소속 행정심판위원회에서 심리·재결한다(同法 6③).

4) 처분청의 직근 상급행정기관소속 행정심판위원회

대통령령으로 정하는 국가행정기관소속 특별지방행정기관의 장의 처분 또는 부작위에 대한 행정심판청구에 대하여는 해당 행정청의 직근 상급행정기관에 두는 행정심판위원회에서 심리·재결한다(同法 6④).

(5) **행정심판위원회의 권한과 의무**

1) 행정심판위원회의 권한

행정심판위원회의 가장 중요한 권한은 행정심판청구사건에 대한 심리권과 재결권이다(同法 6). 행정심판위원회의 심리권이란 행정심판재결의 기초가 되는 사실관계 및 법률관계를 명백히 하기 위하여 문서 또는 구술(口述)에 의한 당사자 및 관계인의 주장과 반박을 듣고, 그것을 뒷받침하는 증거 기타의 자료 등을 수집·조사할 수 있는 권한을 말한다.

행정심판위원회는 이러한 심리권에 부수된 권한으로서, 증거조사권(同法 36), 관계 행정기관에 대한 자료제출요구권(同法 35①), 청구인이 다수인 경우의 대표자선정권고권(同法 15②), 청구인지위승계허가권(同法 16⑤), 대리인선임허가권(同法 18①ⅴ), 피청구인경정결정권(同法 17②), 청구변경허가권(同法 29⑥), 행정심판청구가 부적법한 경우의 보정요구권(同法 32①), 이해관계인의 심판참가허가권 및 요구권(同法 20⑤, 21①) 등을 가진다.

행정심판위원회의 재결권은 행정심판위원회가 행정심판청구사건에 대한 심리를 마친 후에 그 사건에 관하여 법적 판단을 하는 권한이다.

행정심판위원회는 행정심판청구사건에 대한 재결권과 더불어 집행정지결정(및 취소)권(同法 30②④)과 임시처분 결정권(同法 31①)도 가진다.

2) 행정심판위원회의 의무

행정심판위원회는 행정심판청구서를 받으면 지체 없이 그 부본(副本)을 피청구인에게 보내고, 피청구인으로부터 답변서가 제출되면 그 부본을 청구인에게 송달하여야 하며, 제3자가 행정심판청구를 한 때에는 당해 처분의 상대방에게 그 사실을 알리고 행정심판청구서 사본을 보내야 한다(同法 26①②, 24②).

행정심판위원회는 행정심판법이 정한 재결기간(행정심판청구서를 받은 날부터 원칙적으로 60일) 내에 심판청구에 대하여 심리·재결하여야 한다(同法 45①).

행정심판위원회는 심판청구사건에 대하여 재결을 한 후에 당사자의 신청이 있는 때에는 당사자가 행정심판위원회에 제출하였던 문서·장부·물건 그 밖에 증거자료의 원본(原本)을 지체 없이 제출자에게 반환하여야 한다(同法 55).

(6) 행정심판의 당사자 및 관계인

행정심판법은 행정심판절차에 있어서 청구인과 피청구인이 당사자로서 서로 주장과 반대주장을 할 수 있는 대심주의(對審主義)를 취하고 있다.

1) 청구인(請求人)

행정심판의 청구인이란 행정청의 처분 또는 부작위에 불복하여 행정심판을 제기하는 자를 말한다. 청구인은 원칙적으로 자연인 또는 법인이어야 하나, 법인 아닌 사단 또는 재단으로서 대표자 또는 관리인이 정하여져 있는 경우에는 그 이름으로 행정심판을 청구할 수 있다(同法 14). 특정한 행정심판에 있어서 청구인이 되어 행정심판재결을 받을 수 있는 법적 자격을 청구인적격(請求人適格)이라 한다.

행정심판법에 의한 행정심판에 있어서는 행정심판의 종류에 따라, 취소심판의 경우에는 처분의 취소·변경을 구할 법률상 이익이 있는 자가, 무효등확인심판의 경우에는 처분의 효력 유무 또는 존재 여부의 확인을 구할 법률상 이익이 있는 자가, 의무이행심판의 경우에는 처분을 신청한 자로서 행정청의 거부처분 또는 부작위에 대하여 일정한 처분을 구할 법률상 이익이 있는 자가 청구인적격을 가진다(同法 13①②③). 처분의 효과가 기간의 경과, 처분의 집행 그 밖의 사유로 인하여 소멸된 뒤에도 그 처분의 취소로 회복되는 법률상 이익이 있는 자는 청구인적격을 가진다(同法 13①). 위에서 '법률상 이익'이란 권리로서의 이익뿐만 아니라 행정처분의 근거가 된 실정법규에 의하여 보호되고 있는 이익을 의미한다.

여러 명의 청구인이 공동으로 행정심판청구를 하는 때에는 청구인들 중 3명 이하의 대표자를 선정할 수 있으며(이 경우 선정된 대표자를 '선정대표자'라 함), 다수의 청구인이 대표자를 선정하지 아니한 경우에 행정심판위원회는 필요하다고 인정할 경우 청구인들에게 대표자를 선정할 것을 권고할 수 있다(同法 15①②).

선정대표자(選定代表者)가 선정된 때에는 다른 청구인들은 그 선정대표자를 통하여서만 당해 심판청구사건에 관한 행위를 할 수 있다. 선정대표자가 심판청구를 취하(取下)할 때에는 다른 청구인들의 동의를 얻어야 하며, 이 경우 동의 받은 사실을 서면으로 소명하여야 한다. 선정대표자를 선정한 청구인들은 필요하다고 인정할 때에는 선정대표자를 해임하거나 변경할 수 있는데, 이 경우 청구인들은 그 사실을 지체 없이 행정심판위원회에 서면으로 알려야 한다(同法 15③④⑤).

행정심판청구인의 지위는 일정한 경우에 타자(他者)에게 승계(承繼)될 수 있다. 즉, 청구인인 자연인이 사망하거나 청구인인 법인이 합병(合併)된 때에는 상속인이나 합병법인이 그 청구인의 지위를 승계한다. 한편, 심판청구의 대상인 처분에 관계되는 권리 또는 이익을 양수(讓受)한 자는 행정심판위원회의 허가를 받아 청구인의 지위를 승계할 수 있다(同法 16①②⑤).

2) 피청구인(被請求人)

행정심판의 피청구인은 행정심판청구의 상대방인 당사자를 뜻하며, 당해 심판청구의 대상인 처분이나 부작위를 행한 처분청 또는 부작위청이 피청구인이 된다. 다만, 행정청의 처분이나 부작위가 있은 후 그에 관한 권한이 법령에 의하여 다른 행정청에 승계된 때에는 이를 승계 받은 행정청이 피청구인이 된다(同法 17①).

청구인이 행정심판청구를 함에 있어서 피청구인을 잘 못 지정한 경우, 행정심판위원회는 당사자의 신청 또는 직권에 의하여 결정으로써 피청구인을 경정(更正)할 수 있다. 행정심판위원회가 피청구인경정결정을 한 때에는 그 결정서 정본(正本)을 원래의 당사자 쌍방과 새로운 피청구인에게 송달하여야 한다(同法 17②③).

행정심판위원회의 피청구인경정결정이 있은 때에는 종전의 피청구인에 대한 심판청구는 취하되고, 종전의 피청구인에 대한 행정심판이 청구된 때에 새로운 피청구인에 대한 행정심판이 청구된 것으로 본다(同法 17④).

3) 참가인(參加人)

행정심판의 결과에 이해관계가 있는 제3자 또는 행정청은 행정심판위원회의 허가를 받아 그 사건에 참가할 수 있다. 행정심판위원회는 필요하다고 인정할 때에는 그 심판결과에 이해관계가 있는 제3자나 행정청에게 그 사건에 참가할 것을 요구할 수 있다. 행정심판위원회로부터 이러한 참가요구를 받은 제3자나 행정청은 지체 없이 그 사건에 참가하거나 참가하지 아니할 뜻을 행정심판위원회에 통지하여야 한다(同法 20①, 21①②). 위에서 심판결과에 이해관계가 있는 자란 행정심판의 재결주문(裁決主文)에 의하여 직접 자기의 법률상 이익을 침해받을 자를 말한다.

행정심판의 참가인은 행정심판절차에서 당사자가 할 수 있는 심판절차상의 행위를 할 수 있다. 당사자가 행정심판위원회에 서류를 제출할 때에는 참가인의 수만큼 부본(副本)을 제출하여야 하고, 행정심판위원회가 당사자에게 통지를 하거나 서류를 송달할 때에는 참가인에게도 통지하거나 송달하여야 한다(同法 22①②).

4) 대리인(代理人)

행정심판청구의 당사자, 즉 청구인과 피청구인은 대리인을 선임하여 당해 심판청구에 관한 행위를 하게 할 수 있다. 행정심판의 청구인은 청구인의 배우자, 사촌 이내의 혈족, 청구인인 법인의 임직원, 변호사, 다른 법률에 따라 심판청구의 대리를 할 수 있는 자, 그 밖에 행정심판위원회의 허가를 받은 자 등을 대리인으로 선임할 수 있으며, 피청구인은 그 소속직원, 변호사, 행정심판위원회의 허가를 받은 자 등을 대리인으로 선임할 수 있다(同法 18①②).

대리인은 심판청구의 취하를 제외하고는 청구인 또는 피청구인을 위하여 당해 사건에 관한 모든 행위를 할 수 있다. 한편, 대리인이 선임된 경우에도 청구인 또는 피청구인은 그 사건에 관한 행위를 할 수 있으며, 이는 선정대표자의 경우와 다른 점이다(同法 18③).

(7) 행정심판청구

1) 행정심판청구의 요건

행정심판을 청구하려면 ① 청구인적격이 있는 자가, ② 행정청의 위법·부당한 처분 또는 부작위를 대상으로 하여, ③ 심판청구기간 내에, ④ 소정의 형식을 갖춘 행정심판청구서를 작성하여, ⑤ 행정심판위원회 또는 피청구인인 행정청에 행정심판청구서를 제출하여야 한다.

행정심판청구서에는 ① 청구인의 이름과 주소 또는 사무소, ② 피청구인인 행정청과 행정심판위원회, ③ 심판청구의 대상이 되는 처분의 내용, ④ 처분이 있음을 알게 된 날, ⑤ 심판청구의 취지와 이유, ⑥ 행정심판 제기가능 여부 등에 관한 처분청의 고지(告知) 유무와 그 내용을 기재하여야 한다(同法 28①②).

행정청의 부작위에 대한 심판청구의 경우에는 위의 ①②⑤와 부작위의 전제가 되는 신청의 내용과 날짜를 기재하여야 한다(同法 28③).

2) 행정심판청구기간

행정심판은 청구인이 처분이 있음을 안 날부터 90일 이내에 청구하여야 하며, 천재(天災)·지변·전쟁·사변 그 밖의 불가항력으로 인하여 위의 기간 내에 행정심판청구를 할 수 없을 때에는, 그 사유가 소멸한 날부터 14일(國外에서는 30일) 이내에 행정심판을 청구할 수 있는데, 이들 기간은 불변기간이다(同法 27①②④).

행정심판은 정당한 사유가 없는 한 처분이 있었던 날부터 180일이 지나면 청구하지 못한다(同法 27③). 행정청이 처분을 할 때에 행정심판청구기간을 법정(法定) 기간보다 긴 기간으로 잘못 알린 경우에는 그 잘못 알린 긴 기간 내에, 심판청구기간을 알리지 아니한 경우에는 처분이 있었던 날부터 180일 이내에 행정심판청구를 할 수 있다(同法 27⑤⑥).

이러한 행정심판청구기간은 취소심판과 거부처분에 대한 의무이행심판에만 적용되는 것이며, 무효등확인심판과 부작위에 대한 의무이행심판에는 적용되지 아니한다(同法 27⑦. 大判 1992.11.10, 92누1629).

3) 행정심판청구서의 제출과 수리기관의 의무

행정심판청구서는 피청구인인 행정청 또는 행정심판위원회에 제출하여야 한다(同法 23①). 심판청구서가 피청구인인 행정청(처분청·부작위청)에 제출된 경우, 이를 받은 행정청은 그 심판청구가 이유 있다고 인정하면 심판청구의 취지에 따라 직권으로 처분을 취소·변경 또는 확인을 하거나 신청에 따른 처분을 할 수 있고, 이 경우 그 사실을 서면으로 청구인에게 알려야 하며, 청구인이 심판청구를 취하한 경우가 아니면 그 사실을 증명하는 서류를 행정심판위원회에 심판청구서·답변서를 보낼 때 함께 제출하여야 한다(同法 25①②).

행정심판청구서를 제출받은 피청구인인 행정청은, 심판청구서를 받은 날부터 10일 이내에 심판청구서와 답변서를 행정심판위원회에 보내야 하며(同法 24①), 처분의 상대방이 아닌 제3자가 심판청구를 한 경우에는 지체 없이 처분의 상대방에게 그 사실을 알리고 심판청구서 사본을 함께 송달하여야 한다(同法 24②).

청구인이 행정심판청구서를 행정심판위원회에 제출한 경우, 이를 받은 행정심판위원회는 지체 없이 그 부본(副本)을 피청구인에게 송부하고, 피청구인은 행정심판청구서 부본을 받은 날부터 10일 이내에 답변서를 행정심판위원회에 제출하여야 한다(同法 26①, 24①).

피청구인의 답변서에는 당해 처분이나 부작위의 근거와 이유, 심판청구의 취지와 이유에 대응하는 답변을 명확하게 적어야 하고, 제3자가 청구한 행정심판인 경우에는 처분의 상대방의 이름·주소·연락처와 상대방에의 통지 여부를 기재하여야 하며, 청구인의 수(數)만큼 답변서 부본을 첨부하여야 한다(同法 24④).

행정심판법에 의한 행정심판절차를 밟는 자는 행정심판청구서와 그 밖의 서류를 전자문서화하고 이를 정보통신망을 이용하여 행정심판위원회에서 지정·운영하는 전자정보처리조직(행정심판 절차에 필요한 전자문서를 작성·제출·송달할 수 있도록 하는 하드웨어·소프트웨어·데이터베이스·네트워크·보안요소 등을 결합하여 구축한 정보처리능력을 갖춘 전자적 장치)을 통하여 제출할 수 있다. 이렇게 제출된 전자문서는 행정심판법에 따라 제출된 것으로 보며, 부본을 제출할 의무는 면제된다(同法 52①②).

피청구인 또는 행정심판위원회는 전자정보처리조직을 통하여 행정심판을 청구하거나 심판참가를 한 자에게 전자정보처리조직과 그와 연계된 정보통신망을 이용하여 재결서나 행정심판법에 따른 각종 서류를 송달할 수 있다. 다만, 청구인이나 참가인이 동의하지 아니하는 경우에는 그러하지 아니하다(同法 54①).

전자정보처리조직을 이용한 행정심판청구서 등의 접수와 처리 등에 관한 사항이나 송달의 방법, 그 밖에 필요한 사항은 국회규칙·대법원규칙·헌법재판소규칙·중앙선거관리위원회규칙 또는 대통령령으로 정한다(同法 52⑤, 54⑦).

4) 청구변경과 청구취하

청구인은 청구의 기초에 변경이 없는 범위 안에서, 청구취지 또는 청구이유를 변경할 수 있으며, 행정심판청구 후에 피청구인이 심판청구 대상인 처분을 변경하거나 새로운 처분을 한 경우에 청구인은 변경된 처분이나 새로운 처분에 맞추어 청구취지 또는 청구이유를 변경할 수 있다(同法 29①②).

청구변경은 서면으로 신청하여야 하고, 그 부본을 피청구인과 참가인에게 송달하여야 한다. 행정심판위원회는 청구변경 신청에 대하여 허가 여부를 결정하고, 지체 없이 신청인에게는 그 결정서 정본을, 당사자 및 참가인에게는 결정서 등본을 송달하여야 한다(同法 29③④⑥).

행정심판의 청구인은 행정심판청구에 대한 행정심판위원회의 의결이 있을 때까지 서면으로 심판청구를 취하(取下)할 수 있다(同法 42①).

5) 집행부정지원칙(執行不停止原則)과 집행정지결정(執行停止決定)

행정심판이 청구되면 행정심판위원회는 이를 심리·재결하여야 한다(同法 6·45). 행정심판청구가 제기되었다고 하더라도 그것이 계쟁(係爭) 처분(심판대상이 된 처분)의 효력이나 그 집행 또는 절차의 속행(續行)을 정지시키지 못하는데(同法 30①), 이러한 원칙을 집행부정지원칙이라 한다.

행정심판위원회는 처분이나 그 집행 또는 절차의 속행 때문에 중대한 손해가 생기는 것을 예방할 필요성이 긴급하다고 인정할 때에는, 직권으로 또는 당사자의 신청에 의하여 계쟁 처분의 효력이나 그 집행 또는 절차의 속행의 전부 또는 일부의 정지를 결정할 수 있는데(同法 30②), 이러한 결정을 집행정지결정이라 한다. 집행정지결정은 공공복리에 중대한 영향을 미칠 우려가 있으면 할 수 없다(同法 30③).

집행정지결정에 있어서 정지의 대상은 처분의 효력, 처분의 집행 또는 절차의 속행(續行)이며, 정지범위(停止範圍)는 그 전부 또는 일부이다.

처분의 효력정지란 처분의 내용에 따르는 구속력·공정력·집행력 등을 잠정적으로 정지시킴으로써 장래에 향하여 처분 자체가 존속하지 않은 것과 같은 상태에 두는 것을 말한다. 처분의 집행정지란 처분의 내용을 실현하는 집행력의 행사를 정지시키는 것으로, 처분의 내용이 실현되지 아니한 상태로 두는 것을 말한다. 절차의 속행정지란 심판대상인 처분에 뒤따르는 후속절차를 정지시키는 것을 말한다.

처분의 효력정지는 처분의 집행을 정지하거나 절차의 속행을 정지함으로써 그 목적을 달성할 수 있을 때에는 허용되지 아니한다(同法 30②但書).

행정심판위원회는 집행정지를 결정한 후에 집행정지가 공공복리에 중대한 영향을 미치거나 집행정지사유가 없어진 때에는, 당사자의 신청 또는 직권에 의하여 집행정지결정을 취소할 수 있다(同法 30④).

집행정지결정이나 그 취소에 대한 행정심판위원회의 심리·결정을 기다릴 경우 중대한 손해가 생길 우려가 있다고 인정되면 행정심판위원회 위원장은 직권으로 행정심판위원회의 심리·결정을 갈음하는 결정을 할 수 있다. 이 경우 위원장은 지체 없이 행정심판위원회에 그 사실을 보고하고 추인(追認)을 받아야 하며, 행정심판위원회의 추인을 받지 못하면 위원장은 집행정지 또는 집행정지취소에 관한 결정을 취소하여야 한다(同法 30⑥).

행정심판위원회는 집행정지 또는 집행정지의 취소에 관하여 심리·결정한 때에는 지체 없이 당사자에게 결정서 정본을 송달하여야 한다(同法 30⑦).

6) 임시처분(臨時處分)

행정심판위원회는 계쟁 처분 또는 부작위가 위법·부당하다고 상당히 의심되는 경우로서, 처분 또는 부작위 때문에 당사자가 받을 우려가 있는 중대한 불이익이나 당사자에게 생길 급박한 위험을 막기 위하여 임시지위를 정하여야 할 필요가 있는 경우에는 직권으로 또는 당사자의 신청에 의하여 임시처분을 결정할 수 있다.

이러한 임시처분은 공공복리에 중대한 영향을 미칠 우려가 있을 때에는 허용되지 아니하며, 임시처분을 결정한 후에 임시처분이 공공복리에 중대한 영향을 미치거나 임시처분 사유가 없어진 때에는, 당사자의 신청 또는 직권에 의하여 임시처분 결정을 취소할 수 있다(同法 31①②).

임시처분의 결정이나 그 취소에 대한 행정심판위원회의 심리·결정을 기다릴 경우 중대한 불이익이나 급박한 위험이 생길 우려가 있다고 인정되면 행정심판위원회 위원장은 직권으로 행정심판위원회의 심리·결정을 갈음하는 결정을 할 수 있다. 이 경우 위원장은 지체 없이 행정심판위원회에 그 사실을 보고하고 추인을 받아야 하며, 행정심판위원회의 추인을 받지 못하면 위원장은 임시처분 또는 임시처분취소에 관한 결정을 취소하여야 한다(同法 31②).

행정심판위원회는 임시처분 또는 임시처분의 취소에 관하여 심리·결정한 때에는 지체 없이 당사자에게 결정서 정본을 송달하여야 한다(同法 31②). 임시처분은 위의 집행정지로 목적을 달성할 수 있는 경우에는 허용되지 아니한다(同法 31③).

(8) 행정심판의 심리(審理)

행정심판의 심리란 당해 심판청구사건에 대한 재결의 기초가 될 사실관계 및 법률관계를 명백히 하기 위하여 당사자와 관계인의 주장과 반박(反駁)을 듣고, 증거 등 자료를 수집·정리하는 절차를 말하며, 행정심판위원회가 담당한다.

1) 심리의 내용

가) 요건심리(要件審理)

요건심리란 행정심판청구가 그 청구에 필요한 요건을 구비하고 있는지의 여부에 대하여 심리하는 것을 말한다. 요건심리의 결과, 행정심판청구가 제기요건을 갖추지 못하여 부적법한 것인 때에 행정심판위원회는 그 심판청구를 각하(却下)한다.

행정심판위원회는 행정심판청구가 부적법하지만 보정(補正)할 수 있다고 인정하는 경우, 청구인에게 상당한 기간을 정하여 그 보정을 요구할 수 있으며, 경미한 것은 직권으로 보정할 수 있다(同法 32①).

나) 본안심리(本案審理)

본안심리란 행정심판청구가 이유 있는지의 여부에 대하여 심리하는 것으로서, 행정심판청구가 적법하게 이루어졌을 경우에 그 심판청구의 본안, 즉 당해 심판청구 취지의 인용(認容) 여부에 대하여 심리하는 것을 말한다.

2) 심리의 범위

행정심판법은 행정심판의 행정구제적 기능을 중시하여 행정심판의 재결에서 불고불리(不告不理)의 원칙과 불이익변경금지(不利益變更禁止)의 원칙을 채택하고 있는데(同法 47①②), 이러한 원칙들은 행정심판의 심리과정에도 당연히 적용된다.

행정심판의 심리에 있어서는 행정심판청구의 대상인 처분이나 부작위의 적법·위법의 문제뿐만 아니라 당·부당의 문제 및 사실문제까지도 심리할 수 있다.

3) 심리절차상의 기본원칙

행정심판의 심리절차에는 다음과 같은 기본원칙들이 적용된다.

가) 대심주의(對審主義)

대심주의란 심리에 있어서 당사자 쌍방에게 공격·방어를 할 수 있는 대등한 기회를 보장하는 원칙을 말하며, 쌍방심리주의(雙方審理主義)라고도 한다.

행정심판법은 행정심판에서의 당사자를 청구인과 피청구인으로 하여, 이들 당사자가 각각 공격·방어를 할 수 있게 하고, 원칙적으로 당사자로부터 제출된 공격·방어내용을 기초로 하여 심리·재결하는 대심주의를 취하고 있다.

나) 처분권주의(處分權主義)

처분권주의란 쟁송의 개시, 쟁송의 대상과 범위 및 쟁송의 종료에 대하여 당사자가 처분권을 가지고 이들에 대하여 자유로이 결정할 수 있는 원칙을 말한다.

행정심판은 청구인의 행정심판청구에 의하여 개시되고, 심판대상과 범위를 당사자가 결정하며, 청구인이 심판청구를 취하함으로써 행정심판절차를 종료시킬 수 있으므로, 처분권주의에 입각하고 있다.

다) 구술심리주의(口述審理主義)·서면심리주의(書面審理主義)

행정심판법은 제40조 제1항에서 "행정심판의 심리는 구술심리나 서면심리로 한다. 다만, 당사자가 구술심리를 신청한 경우에는 서면심리만으로 결정할 수 있다고 인정되는 경우 외에는 구술심리를 하여야 한다."라고 규정하고 있다.

이 규정의 취지는 행정심판의 심리는 서면심리를 원칙으로 하되, 구체적인 사안별로 서면심리만으로 결정할 수 없다고 인정될 때에 행정심판위원회는 직권으로 구술심리를 할 수 있으며, 당사자가 구술심리를 신청한 때에는 행정심판위원회가 이를 원칙적으로 받아들여 구술심리를 하여야 한다는 것이라 할 것이다.

라) 직권심리주의(職權審理主義)의 가미

직권심리주의는 심리의 진행을 심리기관의 직권으로 함과 동시에, 심리에 필요한 자료를 당사자가 제출하는 것 만에 의존하지 아니하고 행정심판위원회가 직권으로 수집·조사할 수 있도록 하는 원칙이며, 당사자주의에 대비(對比)되는 것이다.

행정심판법은 심리의 간이·신속과 행정운영의 적정화를 위하여 행정심판위원회가 필요하면 당사자가 주장하지 아니하는 사실에 대하여도 심리할 수 있도록 하고 있다(同法 39).

행정심판위원회는 사건을 심리하기 위하여 필요하면 당사자의 신청 또는 직권에 의하여 ① 당사자나 관계인의 신문, ② 당사자 또는 관계인이 소지(所持)하는 문서·장부·물건 그 밖의 증거자료의 제출 요구 및 그 영치, ③ 특별한 학식과 경험을 가진 제3자에 대한 감정 요구, ④ 당사자 또는 관계인의 주소·거소·사업장이나 그 밖의 필요한 장소에 출입하여 증거조사를 할 수 있으며, 필요하면 행정심판위원회가 소속된 행정청의 직원이나 다른 행정기관에 촉탁하여 증거조사를 하게 할 수 있다(同法 36①②).

마) 비공개주의(非公開主義)

비공개주의란 행정심판의 심리와 재결과정을 일반에게 공개하지 아니하는 원칙을 말하며, 공개주의란 심리와 재결을 일반인이 방청할 수 있는 상태에서 행하는 원칙을 말한다.

행정심판법은 이에 관하여 직접 규정하고 있지 않지만, "위원회에서 위원이 발언한 내용이나 그 밖에 공개되면 위원회의 심리·재결의 공정성을 해칠 우려가 있는 사항으로서 대통령령으로 정하는 사항은 공개하지 아니 한다."는 규정(同法 41)과, 직권심리주의·서면심리주의 등을 채택한 이 법의 전체적인 구조로 보아, 비공개주의를 취하고 있다고 할 수 있다.

4) 심리절차에서의 당사자의 권리

행정심판의 심리절차에서 청구인과 피청구인은 다음과 같은 권리를 갖는다.

가) 행정심판위원회 위원·직원에 대한 기피(忌避) 신청권

당사자는 행정심판위원회의 위원이나 직원에게 공정한 심리·의결을 기대하기 어려운 사정이 있는 때에는 그 위원 등에 대한 기피신청을 할 수 있다(同法 10②⑦).

나) 구술심리 신청권

행정심판의 심리과정에서 당사자는 행정심판위원회에 구술심리를 신청할 수 있다(同法 40②).

다) 보충서면(補充書面) 제출권

당사자는 행정심판청구서·보정서·답변서·참가신청서 등에서 주장한 사실을 보충하고 다른 당사자의 주장을 다시 반박하기 위하여 필요하면 행정심판위원회에 보충서면을 제출할 수 있다(同法 33①).

라) 물적(物的) 증거 제출권

당사자는 심판청구서·보정서·답변서·참가신청서·보충서면 등에 덧붙여 그 주장을 뒷받침하는 증거서류나 증거물을 제출할 수 있다(同法 34①).

마) 증거조사 신청권

당사자는 행정심판위원회에 관계인 신문(訊問), 증거자료의 제출요구, 감정·검

증 등 증거조사를 신청할 수 있다(同法 36①).

5) 관련청구의 병합(倂合)과 분리(分離)

행정심판위원회는 필요하면 관련되는 행정심판청구를 병합하여 심리하거나 병합된 관련 청구를 분리하여 심리할 수 있는바(同法 37), 이는 심리의 능률성·경제성·신속성을 확보하기 위한 것이라 할 수 있다.

(9) **행정심판의 재결(裁決)**

1) 재결의 의의 및 판단기준시점

행정심판의 재결이란 심판청구사건에 대하여 행정심판위원회가 심리를 거쳐 법적 판단을 하는 행위를 말한다.

행정심판의 재결에 있어서, 행정심판의 대상인 처분 또는 부작위가 행하여진 후에 재결할 때까지 그 근거 법령의 개폐(改廢)가 이루어진 경우에는, 처분의 위법·부당 여부는 원칙적으로 처분 당시의 법령 등을 기준으로 판단하여야 하며, 의무이행심판에서 이행재결을 함에 있어서는 재결 당시를 기준으로 행정청의 부작위에 대한 위법·부당 여부를 판단하여야 할 것이다(大判 2001.7.27, 99두5092).

2) 재결기간

재결은 피청구인인 행정청 또는 행정심판위원회가 심판청구서를 받은 날부터 60일 이내에 하여야 하나, 부득이한 사정이 있을 때에는 행정심판위원회 위원장이 직권으로 30일을 연장할 수 있으며, 재결기간을 연장한 때에는 재결기간이 끝나기 7일전까지 당사자에게 이를 통지하여야 한다(同法 45①②).

3) 재결방식과 재결범위

행정심판의 재결은 요식행위로서 서면으로 하되, 재결서에는 ① 사건번호와 사건명, ② 당사자·대표자 또는 대리인의 이름과 주소, ③ 재결 주문(主文), ④ 청구의 취지, ⑤ 재결 이유, ⑥ 재결한 날짜 등을 기재하여야 한다. 재결서에 적는 이유에는 재결 주문 내용이 정당하다는 것을 인정할 수 있는 정도의 판단을 표시하여야 한다(同法 46①②③).

행정심판위원회는 심판청구의 대상이 되는 처분이나 부작위 외의 사항에 대하여는 재결하지 못하는데, 이러한 원칙을 불고불리(不告不理)의 원칙이라 한다(同法 47①).

또한 행정심판위원회는 심판청구의 대상이 되는 처분보다 청구인에게 불리한 재결을 하지 못하는데, 이러한 원칙을 불이익변경금지(不利益變更禁止)의 원칙이라 한다(同法 47②).

4) 재결의 종류

가) 각하재결(却下裁決)

각하재결이란 요건심리의 결과 행정심판청구의 요건을 충족하지 못한 부적법한 심판청구에 대하여 본안(本案)에 대한 심리를 거절하는 재결을 말한다(同法 43①).

나) 기각재결(棄却裁決)

기각재결이란 본안심리의 결과 청구인의 청구가 이유 없다고 인정하여, 청구인의 청구를 배척하고 원처분(原處分)의 효력을 인정하는 재결을 말한다(同法 43②).

다) 인용재결(認容裁決)

인용재결이란 본안심리의 결과 청구인의 청구가 이유 있고, 계쟁(係爭) 처분이나 부작위가 위법 또는 부당하다고 인정하여 청구인의 청구취지를 받아들이는 재결을 말한다. 이는 심판청구의 내용에 따라 다음과 같이 구분할 수 있다.

① 취소·변경재결 : 이는 취소심판의 청구가 이유 있다고 인정하여 행정심판위원회가 스스로 계쟁 처분을 취소 또는 변경하거나 처분청에 대하여 당해 처분의 변경을 명하는 재결이다(同法 43③). 취소재결에는 전부취소 또는 일부취소의 재결이 포함된다.

② 무효등확인재결 : 이는 무효등확인심판의 청구가 이유 있다고 인정하여 행정심판위원회가 계쟁 처분의 효력 유무, 존재 여부를 확인하는 재결이다(同法 43④).

③ 의무이행재결 : 이는 의무이행심판의 청구가 이유 있다고 인정하여 행정심판위원회가 신청에 따른 처분을 하거나 피청구인에게 처분을 할 것을 명하는 재결이다(同法 43⑤).

라) 사정재결(事情裁決)

행정심판위원회는 행정심판청구에 대한 심리의 결과 그 심판청구가 이유 있다고 인정하는 경우에도 이를 인용하는 것이 공공복리에 크게 위배된다고 인정하면 그 심판청구를 기각하는 재결을 할 수 있는데(同法 44①), 이러한 경우의 재결을 사정재결이라 한다.

행정심판위원회는 피청구인의 신청이 없어도 직권으로 사정재결을 할 수 있다.

행정심판위원회는 사정재결을 할 때에 그 재결의 주문에서 계쟁 처분이나 부작위가 위법 또는 부당하다는 것을 구체적으로 밝혀야 하며(同法 44①), 직접 청구인에 대하여 상당한 구제방법을 취하거나, 상당한 구제방법을 취할 것을 피청구인에게 명할 수 있다(同法 44②).

사정재결은 취소심판 및 의무이행심판에만 인정되고, 무효등확인심판에는 인정되지 않는다(同法 44③).

5) 재결의 송달과 공고

행정심판위원회가 재결한 때에는 지체 없이 재결서의 정본(正本)을 당사자에게 송달하여야 한다. 이 경우 중앙행정심판위원회는 재결 결과를 소관 중앙행정기관의 장에게도 알려야 한다(同法 48①).

재결은 재결서 정본이 청구인에게 송달되었을 때에 그 효력이 생긴다. 행정심판청구에 참가인이 있는 경우에 행정심판위원회는 재결서의 등본(謄本)을 지체 없이 참가인에게 송달하여야 한다. 처분의 상대방이 아닌 제3자가 행정심판청구를 한 경우 행정심판위원회는 재결서의 등본을 지체 없이 피청구인을 거쳐 처분의 상대방에게 송달하여야 한다(同法 48②③④).

6) 재결의 효력

행정심판법은 재결의 효력에 대하여 기속력에 관한 규정만을 두고 있으나, 재결은 쟁송재단행위(爭訟裁斷行爲)로서 그것이 당연 무효가 아닌 한 불가쟁력(不可爭力)·불가변력(不可變力)·공정력(公定力)·형성력(形成力) 등의 효력을 발생한다.

가) 기속력(羈束力)

재결의 기속력이란 당해 행정심판청구사건의 피청구인인 행정청과 그 밖의 관계 행정청으로 하여금 그 재결의 취지에 따르도록 기속하는 재결의 효력을 말한다.

행정심판법은 "심판청구를 인용하는 재결은 피청구인과 그 밖의 관계 행정청을 기속한다."라고 하여(同法 49①), 재결의 기속력을 명시적으로 규정하고 있다(憲裁 2014.6.26, 2013헌바122).

그런데 이러한 기속력은 인용재결에만 인정되고 각하재결이나 기각재결에는 인정되지 않는다. 따라서 각하 또는 기각의 재결이 있은 후에도 처분청은 일정한 사유가 있는 경우에 직권으로 처분을 취소·변경·철회할 수 있다.

재결의 기속력은 청구인에게는 미치지 않고, 피청구인인 행정청과 관계 행정청에게만 미치며(재결의 기속력의 주관적 범위), 계쟁 처분에 관하여 재결 주문 및 그 전제가 된 요건사실의 인정과 판단에만 미친다(재결의 기속력의 객관적 범위).

재결의 기속력에 의거하여 처분청에 대한 동일처분반복금지효(同一處分反復禁止效)와 행정청의 재처분의무(再處分義務)·원상회복의무(原狀回復義務)가 발생한다(大判 2005.12.9, 2003두7705. 大判 1998.2.27, 96누13972).

동일처분반복금지효란 처분의 취소재결 또는 무효확인재결에 의하여 처분이 취소 또는 무효확인된 경우에 처분청이 동일한 사실관계 아래서는 동일한 내용의 처분을 다시 할 수 없도록 하는 효력을 말한다(大判 1997.2.25, 96누14784).

재처분의무란 당사자의 신청을 거부하거나 부작위로 방치한 처분의 이행을 명하는 재결(의무이행재결)이 있는 경우에 피청구인인 행정청이 지체 없이 그 재결의 취지에 따라 이전의 신청에 대한 처분을 하여야 하는 의무를 말한다(同法 49②. 大判 1988.12.13, 88누7880).

위와 같은 재처분의무가 있음에도 불구하고 당해 행정청이 처분을 하지 아니하는 경우에는, 당사자가 신청하면 행정심판위원회는 기간을 정하여 서면으로 시정을 명하고 그 기간에 이행하지 아니하면 직접 처분을 할 수 있으며(同法 50①), 행정심판위원회가 직접 처분을 하였을 때에는 그 사실을 해당 행정청에게 통보하여야 하고, 그 통보를 받은 행정청은 행정심판위원회가 행한 처분을 자기가 한 처분으로 보아 관계 법령에 따라 관리·감독 등 필요한 조치를 하여야 한다(同法 50②).

원상회복의무(또는 결과제거의무)란 행정심판에서 처분의 취소재결 또는 무효확인재결이 있는 경우에, 당해 처분과 관련하여 행해진 후속처분(後續處分)이나 사실상의 조치 등에 의거한 법률관계·사실관계를 (이는 위법한 것이 되므로) 행정청이 원상으로 회복하여야 할 의무를 말한다.

나) 형성력(形成力)

재결의 형성력이란 확정된 재결의 내용에 따라 일정한 권리·의무의 발생·변경·

소멸이 이루어지는 효력을 말한다(大判 1988.4.24, 97누17131).

다) 공정력(公定力)

재결은 당연 무효가 아닌 한 소정의 절차에 따라 취소·변경될 때까지는 일응 적법한 것으로 추정되는 공정력을 갖는다.

라) 확정력(불가쟁력과 불가변력)

행정심판의 재결은 청구인이 불복할 경우에 그에 대한 행정소송의 제기가 가능하나, 제소기간(提訴期間)이 경과하면 그 효력을 다툴 수 없게 되는 불가쟁력(不可爭力)이 발생한다.

또한 행정심판의 재결은 쟁송절차에 따라 행하여진 준사법적(準司法的) 행위이므로, 일단 재결을 한 이상 재결기관 스스로 이를 취소·변경하지 못하는 불가변력(不可變力)이 생긴다. 행정심판재결의 불가쟁력과 불가변력을 합쳐 행정심판재결의 확정력(確定力)이라 한다.

심판청구에 대한 재결이 있으면 그 재결 및 같은 계쟁 처분 또는 부작위에 대하여 다시 행정심판을 청구할 수 없다(同法 51). 다만, 국세기본법 등 개별 법률이 다단계(多段階)의 행정심판을 인정하고 있는 경우는 예외이다.

(10) 행정심판재결에 대한 불복

행정심판의 재결에 불복(不服)할 경우, 청구인은 재결서 정본의 송달을 받은 날부터 90일 이내에 재결이 아니라 원처분(元處分)을 대상으로 하여 행정소송을 제기할 수 있다. 다만, 재결 자체에 고유한 위법이 있는 경우에는 재결의 취소를 구하는 행정소송의 제기가 허용된다(행정소송법 19). 행정심판의 피청구인인 행정청은 인용재결의 기속을 받으므로 원칙적으로 그 재결에 불복하지 못한다.

(11) 행정심판 고지제도

행정심판 고지제도(告知制度)란 행정청이 처분을 함에 있어서 그 상대방 또는 이해관계인에게 당해 처분에 대한 행정심판의 제기 가능 여부 및 행정심판을 청구함에 있어서의 필요사항을 알려주는 제도를 말한다.

행정청이 처분을 할 때에는 처분의 상대방에게 해당 처분에 대하여 행정심판을 청구할 수 있는지의 여부와 행정심판을 청구하는 경우의 심판청구절차 및 심판청구기간을 알려야 한다(同法 58①).

행정청은 이해관계인으로부터 해당 처분이 행정심판의 대상이 되는 처분인지의 여부와 행정심판의 대상이 되는 경우에 소관 행정심판위원회 및 심판청구기간에 관하여 알려줄 것을 요구받은 때에는 지체 없이 이를 알려야 하고, 이 경우 서면으로 알려줄 것을 요구받은 때에는 서면으로 알려야 한다(同法 58②).

행정청이 위와 같은 고지를 하지 아니하거나 잘못 알려서 청구인이 행정심판청구서를 소정의 행정기관이 아닌 다른 행정기관에 제출한 경우에는 그 행정기관은 그 심판청구서를 지체 없이 정당한 피청구인에게 보내야 하며, 그 보낸 사실을 곧 청구인에게 알려야 한다. 이 경우의 심판청구기간을 계산할 때에는 최초의 행정기관에 심판청구서가 제출되었을 때에 행정심판이 청구된 것으로 본다(同法 23②③④).

제4절

행정소송법

행정소송이란 행정상 공법관계에서의 분쟁사건에 대하여 당사자의 소(訴)의 제기에 의하여 법원이 심리·판단하는 정식쟁송을 말한다. 여기서 정식쟁송은 독립적인 사법(司法)기관이 신중한 소송절차를 거쳐 행하는 재판을 의미한다.

행정소송은 공법관계에서의 분쟁을 심리·판단하는 소송이라는 점에서, 사법(私法)관계에서의 분쟁을 심리·판단하는 민사소송이나 국가형벌권의 발동에 관한 소송인 형사소송과 다르다. 행정소송에 관한 법률로서 행정소송법이 있다.

행정소송은 분쟁당사자가 제소(提訴)한 소송사건에 대하여 법원이 심리·판결하는 작용이라는 점에서, 그 본질이 국가의 입법·행정·사법작용 중 사법작용(司法作用)이라 할 수 있고, 그에 관한 법인 행정소송법도 사법법(司法法)으로서의 성격을 지닌다고 할 수 있다. 그러나 행정소송법은 행정과정에서 침해된 국민권익을 구제하기 위한 중요한 법률이라는 점에서 행정법의 하나가 된다.

행정소송법은 제1조에서 "이 법은 행정소송절차를 통하여 행정청의 위법한 처분 그 밖에 공권력의 행사·불행사 등으로 인한 국민의 권리 또는 이익의 침해를 구제하고, 공법상의 권리관계 또는 법적용에 관한 다툼을 적정하게 해결함을 목적으로 한다."라고 규정하고 있다. 따라서 행정소송은 위법한 행정작용에 의하여 침해된 국민의 권익을 구제·보호하는 기능(행정구제기능)을 수행하며, 행정소송을 통해 위법한 처분 등의 취소·변경·무효확인 등을 할 수 있기 때문에 행정을 통제하는 기능(행정의 적법성확보기능)도 수행한다고 할 수 있다.

행정소송법은 행정소송을 항고소송·당사자소송·민중소송·기관소송으로 구분하고, 항고소송을 다시 그 내용에 따라 취소소송·무효등확인소송·부작위위법확인소송으로 구분하고 있다. 이들 각각의 소송들은 소송대상·당사자·관할법원·제소기간 등 여러 가지 면에서 차이점이 있기도 하므로, 행정소송제도의 내용을 이해함에 있어서는 행정소송의 종류부터 분명히 파악할 필요가 있다.

행정소송법은 제8조 제2항에서 행정소송에 관하여 행정소송법에 특별한 규정이 없는 사항에 대하여는 법원조직법과 민사소송법 및 민사집행법의 규정을 준용하도록 규정하고 있다.

Ⅰ. 서설

행정소송법은 제1조에서 전술한 바와 같이 이 법의 목적을 규정하고, 제2조에서 '처분 등'과 부작위의 개념을 정의(定義)한 후, 제3조에서 행정소송의 종류를 항고소송·당사자소송·민중소송·기관소송으로 구분하고, 제4조에서 항고소송을 취소소송·무효등확인소송·부작위위법확인소송으로 구분하고 있다. 이들 각 소송의 의의는 다음과 같으며, 각 소송에 관하여는 후술 Ⅱ.~Ⅶ.에서 상술한다.

(1) **항고소송(抗告訴訟)**

항고소송이란 행정청에 의한 공권력의 행사(처분 등) 또는 불행사(부작위)의 위법 여부를 다투는 소송을 말한다. 즉, 항고소송은 행정청의 위법한 공권력의 행사 또는 불행사로 인하여 권익을 침해당한 자가 침해된 권익을 구제받기 위하여 제기하는 소송으로서, 행정소송법 제3조 제1호에서의 '행정청의 처분 등이나 부작위에 대하여 제기하는 소송'이 그것이다(大判 1989.1.24, 88누3116).

항고소송과 행정청의 처분·부작위에 대하여 제기하는 행정심판을 포괄하여 항고쟁송(抗告爭訟)이라 한다.

현행 행정소송법 제4조는 항고소송으로서 취소소송·무효등확인소송·부작위위법확인소송을 정하고 있으며, 의무이행소송(義務履行訴訟)이나 예방적 금지소송(豫防的 禁止訴訟, 不作爲請求訴訟) 등은 항고소송으로서 인정하고 있지 않다(大判 2006.5.25, 2003두11988. 大判 1997.9.30, 97누3200. 大判 1990.11.23, 90누3553).

1) 취소소송(取消訴訟)

취소소송은 행정청의 위법한 처분 등을 취소 또는 변경하는 소송이다(同法 4 ⅰ). 취소소송은 가장 전형적인 행정소송이며 행정소송의 중심을 이루고 있다. 그리하여 행정소송법은 취소소송에 관하여 상세히 규정하고, 기타의 소송에 대하여는 특별히 규정하는 것을 제외하고 취소소송에 관한 규정의 일부를 준용하도록 하고 있다.

취소소송에서는 원고가 특정한 처분 등의 위법을 주장하고, 당해 처분 등의 위법성(違法性)이 심리의 대상이 되며, 처분 등에 대한 원고의 위법성 주장의 당부(當否)가 판결에 의하여 가려진다. 따라서 취소소송에서 심판의 대상, 즉 소송물(訴訟物)은 처분 등의 위법성이라고 하겠다.

2) 무효등확인소송(無效等確認訴訟)

무효등확인소송은 행정청의 처분 등의 효력 유무 또는 존재 여부를 확인하는 소송이다(同法 4ii). 행정소송법이 '무효등확인소송'이라고 규정한 것은 행정처분의 무효확인소송 뿐만 아니라 유효확인소송·존재확인소송·부존재확인소송·실효확인소송 등이 이에 포함됨을 나타내기 위한 것이다. 무효등확인소송의 소송물은 구체적인 처분 등의 무효성·유효성 또는 존재·부존재이다.

3) 부작위위법확인소송(不作爲違法確認訴訟)

부작위위법확인소송은 행정청의 부작위가 위법하다는 것을 확인하는 소송이다(同法 4iii). 즉, 부작위위법확인소송은 행정청이 상대방의 처분신청에 대하여 상당기간 내에 일정한 처분을 하여야 할 법률상 의무가 있음에도 불구하고 이를 하지 아니하는 경우에 그 행정청의 부작위 자체가 위법하다는 것을 확인받기 위한 소송이다. 부작위위법확인소송의 소송물은 계쟁(係爭) 부작위의 위법성이다.

(2) 당사자소송(當事者訴訟)

당사자소송이란 '행정청의 처분 등을 원인으로 하는 법률관계에 관한 소송 그 밖에 공법상의 법률관계에 관한 소송으로서 그 법률관계의 한쪽 당사자를 피고로 하는 소송'을 말한다(同法 3ii). 위의 공법상의 법률관계란 행정상 공법관계를 뜻한다.

행정에 관한 법률관계(행정상 법률관계)에는 국가 등 행정주체가 국고(國庫)의 지위에서 사법(私法)의 규율을 받으면서 행정작용을 하는 경우의 행정상 사법관계(私法關係)와, 행정주체가 공권력주체의 지위에서 공공목적을 위하여 공법의 규율을 받으면서 행정작용을 하는 경우의 행정상 공법관계(公法關係)가 있는데(제1장 제2절 Ⅸ. 참조), 이 중 전자(前者)에 관한 분쟁은 민사소송의 대상이 되고 후자(後者)에 관한 분쟁은 당사자소송의 대상이 된다.

항고소송과 당사자소송은 개인적인 권리·이익의 보호를 목적으로 하는 점에서는 같지만, 소송의 대상과 당사자에서 차이가 있다. 즉, 항고소송은 공법상의 법률관계에서 발생한 분쟁사건에 대한 소송이지만, 공법상의 법률관계 자체를 소송대상으로 하지 않고 행정청의 고권적(高權的)인 공권력의 행사(처분·재결)·불행사(부작위)를 대상으로 하며, 관계 행정청(처분청·재결청·부작위청)을 피고로 하는 소송인데 비하여, 당사자소송은 행정청의 공권력행사의 결과로서 생긴(처분 등을 원인으로 하는) 법률관계 및 그 밖의 공법상의 법률관계를 대상으로 하며, 행정주체(국가·지방자치단체 등)를 피고로 하는 소송이다.

(3) 민중소송(民衆訴訟)

민중소송이란 국가 또는 지방자치단체의 기관이 법률에 위반되는 행위를 한 때에 직접 자기의 법률상 이익과 관계없이 그 시정(是正)을 구하기 위하여 제기하는 소송을 말한다(同法 3iii). 이는 공익목적을 위한 소송이어서 공익소송(公益訴訟)이라 할 수 있다.

민중소송은 원고 자신의 구체적인 권리·이익의 침해와는 관계없이, 행정법규의 적정한 적용·집행을 확보하기 위한 소송이며, 법률에 명시적 근거규정이 있는 경우에만 허용된다. 공직선거법상의 선거소송, 지방자치법상의 주민소송이 그 예이다.

(4) 기관소송(機關訴訟)

기관소송이란 국가 또는 지방자치단체의 기관 상호간의 권한의 존부(存否) 또는 그 행사에 관한 다툼이 있을 때에 이에 대하여 제기하는 소송을 말한다. 다만, 헌법재판소법 제2조의 '국가기관 상호간, 국가기관과 지방자치단체 및 지방자치단체 상호간의 권한쟁의에 관한 심판'은 기관소송에서 제외된다(행정소송법 3iv).

기관소송은 행정기관의 권리보호를 위한 것이 아니라 행정법규의 적정한 적용을 확보하기 위하여 인정되는 것이며, 법률에 명시적 근거규정이 있는 경우에 한하여 허용된다.

(5) 주관적 소송과 객관적 소송

행정소송은 그 목적을 기준으로 하여, 소송제기자(訴訟提起者)의 개인적인 권리·이익의 보호를 목적으로 하는 주관적 소송(主觀的 訴訟)과, 개인의 권익보호와는 무관하게 행정법규의 적정한 적용·집행 확보 및 일반 공공의 이익보호를 목적으로 하는 객관적 소송(客觀的 訴訟)으로 나눌 수 있다.

객관적 소송은 개인의 구체적·주관적 권리보호를 직접 목적으로 하지 않기 때문에 개인적 권익을 침해받지 아니한 일반국민·선거인 또는 행정기관도 특별히 법이 정한 경우에 제기할 수 있는 소송이다.

행정소송법상의 항고소송과 당사자소송은 주관적 소송이라 할 수 있고, 민중소송과 기관소송은 객관적 소송이라 할 수 있다.

민중소송과 기관소송의 원고·피고·재판관할·제소기간·소송절차 등에 관하여는 민중소송과 기관소송을 규정한 개별 법률에서 각각 특별히 정해지기도 한다.

II. 취소소송

(1) 취소소송(取消訴訟)의 제기

소송의 제기(提起)란 원고(原告)가 피고(被告)를 상대방으로 하여 계쟁(係爭)사건에 관한 법원의 심리·판결을 요구하는 행위 또는 절차를 말한다.

개인이 소송을 제기하여 자신의 청구에 대한 법원의 판결(判決)을 받기 위해서는 소송제기에 필요한 요건(소송요건)을 모두 충족해야 한다.

취소소송의 소송요건(訴訟要件)은 ① 소송의 대상인 처분 등이 존재하고, 원고가 그 처분 등이 위법한 것이라고 주장하며 처분 등의 취소 또는 변경을 구하는 것이어야 하고, ② 그 취소·변경을 구할 법률상 이익이 있는 자(원고적격자)가, ③ 처분 등을 행한 행정청(피고적격자)을 피고로 하여, ④ 관계 법률이 행정심판절차를 먼저 거치도록 규정하고 있는 경우에는 행정심판절차를 거쳐, ⑤ 제소기간(提訴期間) 내에, ⑥ 소장(訴狀)을 작성하여, ⑦ 관할법원에 소장을 제출하여야 하는 것이다. 이에 관하여 분설(分說)하면 다음과 같다.

1) 행정청의 처분 등(취소소송의 대상)의 존재

행정소송법은 제19조에서 "취소소송은 처분 등을 대상으로 한다. 다만, 재결취소소송의 경우에는 재결 자체에 고유한 위법이 있음을 이유로 하는 경우에 한한다."라고 규정하였으며, 제2조 제1항 제1호에서 "처분 등이라 함은 행정청이 행하는 구체적 사실에 관한 법집행으로서의 공권력의 행사 또는 그 거부와 그 밖에 이에 준하는 행정작용(이하 '처분'이라 한다) 및 행정심판에 대한 재결을 말한다."라고 규정하고 있다. 따라서 취소소송의 대상은 처분과 재결이다.

가) 처분(處分)

행정소송법상의 '처분'은 '행정청이 행하는 구체적 사실에 관한 법집행으로서의 공권력의 행사 또는 그 거부와 그 밖에 이에 준하는 행정작용'이며, 행정절차법·행정심판법에서의 처분 개념과 같다. 처분을 행하는 '행정청'의 개념도 행정절차법·행정심판법에서의 행정청의 개념과 같다(同法 2①②).

처분은 행정청의 공법상 행위로서 특정사항에 대하여 법규에 의한 권리의 설정 또는 의무의 부담을 명하거나, 기타 법률상 효과를 발생하게 하는 등 국민의 권리·의무에 직접 관계가 있는 행위이며, 상대방 또는 기타 관계자들의 법률상 지위에 직접적인 영향을 미치지 않는 행위는 항고소송의 대상이 되는 처분이 되지 아니한다(大判 2015.3.26, 2014두42742. 大判 2007.11.15, 2007두10198).

행정청의 어떤 행위를 처분으로 볼 것이냐의 문제는 구체적인 경우에 행정청이 공권력의 주체로서 행하는 구체적 사실에 관한 법집행으로서 국민의 권리·의무에 직접적으로 영향을 미치는 행위에 해당하는지 여부 등을 판단하여 개별적으로 결정하여야 할 것이다(大判 2010.11.18, 2008두167. 大判 2007.10.11, 2007두1316).

처분은 행정청이 행하는 '구체적 사실에 관한 법집행행위'이므로, 일반적·추상적 규범인 법령이나 규칙 등은 원칙적으로 처분이 아니다. 다만, 국민의 권리·의무에 직접적인 영향을 미치는 처분적 법령·규칙·조례는 예외적으로 항고소송의 대상이 될 수 있는 것으로 본다(大判 2006.9.22, 2005두2506. 大判 1996.9.20, 95누8003. 大判 1995.1.12, 94누2602).

행정계획도 그것이 일반적·추상적 내용의 것인 한 처분이 아니지만, 특정 개인의 권리·이익을 규제하는 개별적·구체적 규율을 그 내용에 담고 있을 때에는 처분이 된다. 도시·군관리계획결정(大判 1982.3.9, 80누105), 택지개발예정지구의 지정(大判 1992.8.14, 91누11582), 도시재개발법상의 재개발조합의 관리처분계획(大判 2002.12.10, 2001두6333) 등이 처분이 되는 것은 이 까닭이다. 한편, 대법원은 정부의 수도권 소재 공공기관의 지방이전시책을 추진하는 과정에서 도지사가 도 내 특정시를 공공기관이 이전할 혁신도시 최종입지로 선정한 행위는 항고소송의 대상이 되는 행정처분이 아니라고 판시한바 있다(大判 2007.11.15, 2007두10198).

행정소송법상의 처분개념에서의 '공권력의 행사'란 행정청이 행정의 상대방에 대하여 우월한 지위에서 행하는 권력적 행위를 뜻하며(大判 2005.7.8, 2005두487. 大判 2005.2.17, 2003두14765), 이에는 컴퓨터·교통신호기 등 자동기계장치에 의한 행정결정도 포함될 수 있다.

그러나 행정청의 공권력 행사가 아닌 사법상 계약 등 사법행위(私法行爲)나 행정지도·권유, 공법상 계약 등은 처분이 아니다(大判 2014.12.11, 2012두28704).

행정소송법 제2조 제1항의 '처분'개념에서의 공권력행사의 거부란 '거부처분'을 의미하는 것으로서, 개인이 행정청에 대하여 구체적 사실에 관한 법집행으로서의 공권력행사를 해 줄 것을 신청한 경우에 행정청이 그 신청에 따르는 공권력행사를 거부하는 것을 말한다(大判 2004.4.22, 2000두7735. 大判 2003.9.23, 2001두10936).

나) 재결(裁決)

취소소송의 대상이 되는 '재결'이란 행정심판에 대한 재결을 말한다. 여기서 말하는 행정심판은 행정심판법에 의한 행정심판에 한정되지 않고 널리 행정기관이 행정쟁송에 대하여 판단·결정하는 행위(광의의 행정심판)를 의미한다.

그런데 행정소송법은 취소소송의 대상에 관하여 원처분주의(原處分主義)를 취하고 있다. '원처분주의'란 행정청의 처분에 대하여 행정심판의 재결을 거쳐 항고소송을 제기하는 경우에 항고소송의 대상을 행정심판재결이 아니라 처음의 행정청의 처분(원처분)으로 하는 원칙을 말한다.

그러나 취소소송의 대상에 관하여 원처분주의에 대한 예외로서 개별법이 재결주의(裁決主義)를 채택하고 있는 경우가 있다. '재결주의'란 행정청의 처분에 대하여 행정심판의 재결을 거쳐 항고소송을 제기하는 경우에 재결에 대하여 소송을 제기할 수 있도록 하되, 재결 자체의 위법뿐만 아니라 원처분의 위법도 재결취소소송에서 주장할 수 있게 하는 원칙을 말한다(憲裁 2001.6.28, 2000헌바77).

재결주의를 취하고 있는 예로서, 감사원법은 감사원의 재심의판정에 대하여 감사원을 당사자로 하여 행정소송을 제기할 수 있도록 하고 있으며(同法 40②), 노동위원회법은 지방노동위원회 또는 특별노동위원회의 처분에 대하여 중앙노동위원회에 재심을 신청할 수 있게 하고(同法 26), 중앙노동위원회의 재심처분에 대하여 중앙노동위원회위원장을 피고로 하여 소(訴)를 제기할 수 있도록 하고 있다(同法 27①).

재결취소소송은 원칙적으로 재결 자체에 고유한 위법이 있음을 이유로 하는 경우에 한하여 제기할 수 있다(同法 19 但書. 大判 2001.7.27, 99두2970).

2) 처분 등의 위법 주장과 취소·변경의 소구(訴求)

취소소송은 원고가 행정청이 행한 처분 등의 위법을 주장하면서 그 처분 등의 취소 또는 변경을 구하는 것이어야 한다. 여기서 처분 등의 위법이란 당해 처분 등이 실정법령(實定法令)이나 평등원칙·비례원칙 등 행정법의 일반원칙 및 불문법원리에 객관적으로 위반됨을 의미하며, 행정청이 재량처분을 행함에 있어서 재량권을 남용하거나 재량권의 범위를 일탈(逸脫)한 경우도 위법이 된다.

3) 당사자(當事者)

취소소송에서도 민사소송에서처럼 당사자, 즉 원고와 피고 사이의 공격·방어 절차를 거쳐 법원이 판결로써 분쟁을 해결한다.

소송에 있어서 당사자가 될 수 있는 능력, 즉 당사자능력은 원래 권리능력이 있는 자연인 또는 법인(法人)에게 인정되며, 법인이 아닌 사단(社團)이나 재단(財團)도 대표자 또는 관리인이 있는 경우에는 그 사단이나 재단의 이름으로 당사자가 될 수 있다(행정소송법 8②, 민사소송법 52).

그런데 항고소송(취소소송·무효등확인소송·부작위위법확인소송)의 피고는 국가·지방자치단체 등 권리능력자인 행정주체가 아니라 실체법상의 권리능력이 없는 (권리주체가 아닌) 행정청(처분청·재결청·부작위청)이 된다(행정소송법 13·38).

당사자능력이 구비된 자일지라도 특정한 소송사건에 있어서 당사자로서 소송을 수행하고 본안판결을 받으려면 그에 적합한 자격을 가져야 하는데, 이러한 자격을 당사자적격(當事者適格)이라 하며, 당사자적격이 있는 자를 보통 '정당한 당사자'라고 한다.

당사자적격 중 소송상의 원고가 될 수 있는 자격을 원고적격(原告適格)이라 하고, 피고가 될 수 있는 자격을 피고적격(被告適格)이라 한다. 취소소송은 정당한 원고적격을 가진 자가 피고적격을 가진 자를 상대로 제기하여야 한다.

가) 원고(原告)

행정소송법은 제12조 전단(前段)에서 "취소소송은 처분 등의 취소를 구할 법률상 이익이 있는 자가 제기할 수 있다."라고 규정하고 있다. 따라서 취소소송에 있어서 원고적격을 갖는 자, 즉 취소소송을 제기할 수 있는 자는 행정청의 위법한 처분이나 재결의 취소 또는 변경을 구할 법률상 이익(法律上 利益)이 있는 자이다.

처분 등의 취소·변경을 구할 법률상 이익이 있기만 하면 당해 처분 등의 직접 상대방인지 제3자인지, 자연인인지 법인(법인격 없는 단체 포함)인지 묻지 아니하고 원고적격이 인정되나, 단순한 반사적 이익(反射的 利益) 내지 사실상 이익을 침해당한 자는 원고적격을 갖지 못한다(大判 2014.11.13, 2013두6824. 大判 2007.1.25, 2006두12289. 大判 2006.12.22, 2006두14001. 大判 2002.8.23, 2002추61).

위에서 '법률상 이익'은 관계 법률이 직접 개인 등에게 보장한 법적 권리뿐만 아니라 처분의 근거법규에 의하여 보호되고 있는 이익(법적 보호이익)도 포함하는 것으로 보는 법적 보호이익설(또는 법률상 보호이익설, 법률상 이익구제설, 법률상 보호되고 있는 이익구제설)이 다수설이다(大判 2015.7.23, 2012두19496).

행정법규가 보호하는 이익이 직접 개인을 위한 것인 때에는, 개인이 자기의 이익을 위하여 행정주체에 대하여 일정한 청구권을 갖고 행정쟁송수단을 통하여 이를 보장받을 수 있게 된다.

한편, '반사적 이익'이란 공익을 위한 행정법규의 규율이나 그 집행의 반사적 효과로서 관계 개인 등이 얻게 되는 이익을 말한다. 관계 법규가 보호하려고 하는 이익이 개인적 이익이 아닌 사회적 공익인 경우에, 그 법규의 시행·집행의 결과로 관계 개인이 어떤 이익을 얻을 수도 있으며, 이 때에 관계 개인이 얻는 이익은 권리로서의 이익이 아닌 반사적 이익이고, 그 반사적 이익이 침해된 경우에 관계 개인은 법적으로 구제를 청구하는 소송을 제기하기가 어렵게 된다.

그런데 최근에는 종래에 판례상 반사적 이익으로 보았던 것도, 관계 법규의 취지를 공익과 동시에 개인적 이익도 보호하려는 것으로 해석함으로써, 당해 이익을 법적으로 보호되는 이익으로 보아, 그에 대한 사법적(司法的) 구제를 인정하는 예가 늘어가고 있다(大判 2010.6.10, 2009두10512. 大判 1982.7.27, 81누271).

즉, 과거에 법률상 이익에 관한 권리회복설의 견지에서 반사적 이익만을 갖는 자로 인정될 수 있었던, 복효적 처분에서의 제3자인 경업자(서로 경쟁관계에 있는 영업자)·경원자(서로 경쟁관계에 있는 출원자)·인근주민 등에게도 원고적격이 인정되어(大判 2005.3.11, 2003두13489), 소위 경업자소송(競業者訴訟, 大判 2008.3.27, 2007두23811)·경원자소송(競願者訴訟, 大判 2015.10.29, 2013두27517. 大判 1998.9.8, 98두6272)·인인소송(隣人訴訟, 大判 2006.3.16, 2006두330) 등의 소송도 등장하고 있다.

행정소송법은 제12조 후단(後段)에서 '처분 등의 효과가 기간의 경과, 처분 등의 집행 그 밖의 사유로 인하여 소멸된 뒤에도 그 처분 등의 취소로 인하여 회복되는 법률상 이익이 있는 자'는 취소소송을 제기할 수 있도록 규정하고 있다. 이는 분쟁을 재판에 의하여 해결할만한 현실적인 필요성(협의의 '소익')이 있으면 행정소송을 제기할 수 있도록 한 것이다(大判 2012.2.23, 2011두5001. 大判 2007.7.19, 2006두19297. 大判 2006.7.28, 2004두13219. 大判 2006.6.22, 2003두1684. 大判 2005.9.9, 2003두5402·5419병합. 大判 1996.2.9, 95누14978. 大判 1991.8.27, 91누3512).

나) 피고(被告)

행정소송법 제13조 제1항은 "취소소송은 다른 법률에 특별한 규정이 없는 한 그 처분 등을 행한 행정청을 피고로 한다."라고 규정하고 있다. 따라서 취소소송의 피고는 원칙적으로 소송대상이 된 처분이나 재결을 행한 행정청(처분청·재결청)이다(大判 2014.9.26, 2013두2518).

취소소송은 행정청의 공권력행사인 처분 등의 취소를 구하는 소송이어서 처분 등을 행한 행정청이 그 피고가 되는 것이며, 행정청의 위법한 직무행위로 행해진 처분 등으로 인하여 손해를 입은 자는 행정상 법률관계에서의 권리주체인 국가 또는 지방자치단체를 피고로 하여 손해배상을 청구하는 당사자소송이나 민사소송을 별도로 제기할 수 있다.

행정청의 권한이 위임(委任)·위탁(委託)된 경우(제1장 제2절 Ⅵ. 참조)에는 수임(受任)행정청이 피고가 되고, 권한의 내부위임(內部委任) 또는 위임전결(委任專決)의 경우에는 처분권한 자체가 이전된 것이 아니므로 본래의 권한을 가지는 행정청이 피고가 되는 것이 원칙이다. 다만, 내부위임의 경우에 내부위임을 받은 행정기관이 잘못하여 자신의 명의로 처분을 행한 경우에는 당해 처분명의기관(處分名義機關)이 피고가 된다(大判 1994.6.14, 94누1197).

공공단체 및 그 기관 또는 공무수탁사인(예; 경찰사무를 집행하는 선장, 별정우체국지정을 받아 체신업무를 수행하는 자 등)도 법령에 의하여 행정권한의 위임 또는 위탁을 받게 되면 그 범위 내에서 행정청이 되고 취소소송의 피고적격을 가진다(大判 2005.6.24, 2003두6641. 大判 2004.7.8, 2002두7852. 大判 1997.2.28, 96누1757).

국가공무원에 대한 징계처분 기타 불이익처분의 처분청이 대통령인 경우에는 소속장관이 피고가 되며, 중앙선거관리위원회위원장인 경우에는 중앙선거관리위원회사무총장이 피고가 되고(국가공무원법 16②), 대법원장이 행한 처분에 대한 행정소송의 피고는 법원행정처장이 된다(법원조직법 70).

처분 등이 있은 뒤에 그 처분 등에 관계되는 권한이 다른 행정청에 승계된 때에는 이를 승계 받은 행정청이 피고가 되며(행정소송법 13①단서), 처분 등을 행한 행정청이 없어진 때에는 그 처분 등에 관한 사무가 귀속되는 국가 또는 공공단체가 피고가 된다(同法 13②. 大判 2000.11.14, 99두5481).

취소소송에서 원고가 피고를 잘못 지정한 때에는 법원은 원고의 신청에 의하여 결정으로써 피고의 경정(更正)을 허가할 수 있다(同法 14①). 피고경정신청을 각하(却下)하는 결정에 대하여는 즉시항고(卽時抗告)할 수 있다(同法 14②③).

취소소송이 제기된 후에 처분 등에 관한 권한이 다른 행정청에 승계된 경우 또는 행정조직의 개편으로 처분행정청이 없어진 경우에는 법원이 당사자의 신청 또는 직권에 의하여 권한을 승계한 행정청 또는 처분 등에 관한 사무가 귀속되는 국가나 지방자치단체로 피고를 경정한다(同法 14⑥. 大決 2006.2.23, 2005부4).

취소소송을 당사자소송으로 변경한 경우와 같이 소의 변경이 있는 때에도 피고의 경정이 인정된다(同法 21①②). 법원의 피고경정결정이 있는 때에는 새로운 피고에 대한 소송은 처음에 소를 제기한 때에 제기된 것으로 보며, 종전의 피고에 대한 소는 취하된 것으로 본다(同法 14④⑤).

4) 제소기간(提訴期間)

취소소송은 처분 등이 있음을 안 날부터 90일 이내에 제기하여야 하며, 행정심판의 재결을 거쳐 제기하는 경우에는 그 재결서 정본(正本)의 송달을 받은 날부터 90일 이내에 제기하여야 한다(大判 2011.11.24, 2011두18786. 大判 2007.4.27, 2004두9302). 이는 불변기간(不變期間)이다(同法 20①③). 위에서 '처분 등이 있음을 안 날'이란 통지·공고 기타의 방법에 의하여 당해 처분이 있었다는 사실을 현실적으로 안 날을 의미한다(大判 2006.4.28, 2005두14851. 大判 2005.1.13, 2004두9951. 大判 2002.8.27, 2002두3850. 大判 2002.5.24, 2000두3641. 大判 2000.9.8, 99두11257).

취소소송은 처분 등이 있은 날부터 1년 이내에 제기하여야 하는데, 이는 불변기간이 아니며 정당한 이유가 있는 경우에는 예외가 인정된다(同法 20②).

5) 전심절차(前審節次)

행정소송법은 다른 법률이 당해 처분에 대한 행정심판의 재결을 거치지 아니하면 취소소송을 제기할 수 없다고 규정하고 있는 경우 외에는 처분에 대한 행정심판을 제기하지 않고도 취소소송을 제기할 수 있도록 하는 임의적 행정심판전치주의를 취하고 있다(同法 18①. 大判 2001.5.8, 2000두6916). 위의 행정심판은 법령이 행정청의 처분 등에 대한 불복수단으로 인정하고 있는 모든 행정심판을 의미한다.

행정소송법은 다른 법률에서 행정심판전치주의를 규정하고 있어도 행정심판을 제기하되 그 재결을 기다릴 것 없이 직접 행정소송을 제기할 수 있는 경우(同法 18②)와, 행정심판을 제기함이 없이 행정소송을 제기할 수 있는 경우(同法 18③)도 규정하고 있다.

6) 소장(訴狀)

취소소송의 제기는 일정한 형식을 갖춘 서면인 소장을 작성하여 법원에 제출함으로써 한다. 소장에 관하여는 행정소송법 제8조 제2항에 의하여 민사소송법규정이 준용된다. 그리하여 소장에는 당사자와 법정대리인, 청구의 취지와 원인을 적어야 한다(민사소송법 249).

7) 관할법원(管轄法院)

취소소송의 제1심 관할법원은 피고의 소재지를 관할하는 행정법원이다(同法 9①). 중앙행정기관, 중앙행정기관의 부속기관과 합의제행정기관 또는 그 장이나 국가의 사무를 위임 또는 위탁받은 공공단체 또는 그 장에 해당하는 피고에 대하여 취소소송을 제기하는 경우에는 대법원소재지를 관할하는 행정법원에 제기할 수 있다(同法 9②). 토지의 수용 기타 부동산 또는 특정의 장소에 관계되는 처분등에 대한 취소소송은 그 부동산 또는 장소의 소재지를 관할하는 행정법원에 제기할 수 있다(同法 9③).

위와 같이 취소소송의 제1심 관할법원을 지방법원급의 행정법원으로 하고, 위의 규정들을 무효등확인소송·부작위위법확인소송·당사자소송에도 준용토록 함으로써(同法 38·40), 항고소송과 당사자소송의 원칙적인 3심제(三審制)가 취해지고 있다(민중소송과 기관소송에서는 3심제가 취해지지 않기도 한다).

그런데 「각급법원의 설치와 관할구역에 관한 법률」과 법원조직법 규정에 의하여 행정법원은 1998년 3월 1일부터 서울특별시에 설치되고, 기타 지역에서는 행정법원의 권한에 속하는 사건을 행정법원이 설치될 때까지 해당 지방법원본원이 관할하게 되어 있다.

취소소송사건 중에는 개별법에 의하여 제1심이 고등법원으로 되어 있는 것도 있다. 공정거래위원회의 처분에 대한 불복소송은 공정거래위원회의 소재지를 관할하는 서울고등법원의 전속관할로 되어 있는 것이 그 예이다('독점규제 및 공정거래에 관한 법률' 55).

취소소송이 관할권 없는 법원에 잘못 제기된 경우나, 소송의 전부 또는 일부가 그 관할에 속하지 않는다고 인정할 때에는 수소법원(受訴法院)은 이를 각하할 것이 아니라 결정으로 관할법원에 이송하여야 한다(행정소송법 8②, 민사소송법 34①).

8) 소(訴)의 변경

소의 변경이란 소송의 계속(係屬) 중에 원고가 소송상의 청구의 일부나 전부를 변경하는 것을 말하며, '청구의 변경'이라고도 한다. 소의 변경이 인정됨으로써 당초의 소에 의하여 개시된 소송절차가 유지되고, 소의 변경시까지의 소송자료가 신소(新訴)에 승계될 수 있다.

행정소송법은 소의 변경에 관하여 '소의 종류의 변경'과 '처분변경으로 인한 소의 변경'의 두 가지를 규정하고 있다(大判 1999.11.26, 99두9407).

가) 소의 종류의 변경

법원은 취소소송을 당해 처분 등에 관계되는 사무가 귀속하는 국가 또는 공공단체에 대한 당사자소송 또는 취소소송 외의 항고소송으로 변경하는 것이 상당하다고 인정할 때에는 청구의 기초에 변경이 없는 한 사실심의 변론종결시까지 원고의 신청에 의하여 결정으로써 소의 변경을 허가할 수 있다. 법원은 소의 변경을 허가함에 있어 소의 변경으로 인하여 피고를 달리하게 될 때에는 새로이 피고로 될 자의 의견을 들어야 한다(同法 21①②).

법원은 피고의 변경이 있는 경우에는 소의 변경허가결정의 정본을 새로운 피고에게 송달하여야 한다. 소의 변경을 허가하는 법원의 결정이 있으면, 종래의 소는 취하(取下)된 것으로 보고 새로운 소는 종래의 소가 처음 제기된 때에 제기한 것으로 본다. 법원의 소의 변경 허가결정에 대하여 구소(舊訴) 또는 신소(新訴)의 피고는 즉시항고(卽時抗告)할 수 있다(同法 21③④).

나) 처분변경으로 인한 소의 변경

'처분변경으로 인한 소의 변경'이란 행정소송이 제기된 후 행정청이 당해 소송의 대상인 처분을 변경한 때에 원고가 법원의 허가를 얻어 청구의 취지 또는 원인을 변경하는 것을 말한다. 법원은 행정청이 소송의 대상인 처분을 소가 제기된 후 변경한 때에는 원고의 신청에 의하여 결정으로써 청구의 취지 또는 원인의 변경을 허가할 수 있다(同法 22①).

처분변경으로 인한 소의 변경은 청구의 기초에 변경이 없을 것을 요건으로 하지 않으며, 그 신청은 원고가 처분의 변경이 있음을 안 날부터 60일 이내에 하여야 하고(同法 22②), 구소(舊訴)가 계속(係屬) 중이며 사실심변론종결 전에 신청하여야 하고, 신소(新訴)가 적법하여야 한다.

소의 변경을 허가하는 법원의 결정이 있으면 신소는 구소가 제기된 때에 제기된 것으로 보며, 구소는 취하된 것으로 본다. 행정심판전치주의가 적용되는 경우에, 변경된 청구는 별도의 행정심판을 거치지 않더라도 행정심판전치의 요건을 갖춘 것으로 본다(同法 22③).

처분변경으로 인한 소의 변경에 관한 규정은 무효등확인소송·당사자소송에도 적용된다. 부작위를 대상으로 하는 부작위위법확인소송의 경우에는 처분변경으로 인한 소의 변경이 인정될 여지가 없다.

9) 처분사유의 추가·변경

소의 변경은 원고가 행하는 것이지만, 피고인 행정청도 취소소송의 진행 중에 당초 처분의 이유로 제시된 법적 또는 사실적 사유(또는 근거)를 추가하거나 변경할 수 있는지가 문제되기도 한다.

이에 대하여는 피고인 행정청이 계쟁 처분의 동일성을 해치지 않는 범위 내에서만 처분사유의 추가·변경을 할 수 있고, 당초 처분의 근거로 삼은 사유와 기본적 사실관계에서 동일성이 인정되지 않는 별개의 사실을 들어 처분사유로 주장하는 것은 상대방의 방어권 보장을 어렵게 하므로 허용되지 않는다고 할 것이다(大判 2014.10.27, 2012두11959. 大判 2012.9.13, 2012두3859. 大判 2005.3.10, 2002두9285. 大判 2004.11.26, 2004두4482. 大判 2003.12.11, 2001두8827).

10) 취소소송제기의 효과

가) 법원 등에 대한 효과

취소소송이 제기되면 당해 사건은 법원에 계속(係屬)되며, 법원은 이를 심리하고 판결할 구속을 받는다. 그리고 당사자는 동일 사건에 대하여 다시 소를 제기하지 못한다.

나) 처분에 대한 효과(집행부정지원칙과 집행정지결정)

행정소송법은 제23조 제1항에서 "취소소송의 제기는 처분 등의 효력이나 그 집행 또는 절차의 속행(續行)에 영향을 주지 아니 한다."라고 규정하여, 집행부정지원칙(執行不停止原則)을 채택하였다.

그런데 취소소송이 제기된 경우에 처분 등이나 그 집행 또는 절차의 속행으로 인하여 생길 회복하기 어려운 손해를 예방하기 위하여 긴급한 필요가 있다고 인정할 때에, 본안(本案)이 계속(係屬)되고 있는 법원은 예외적으로 당사자의 신청 또는 직권에 의하여 처분 등의 효력이나 그 집행 또는 절차의 속행의 전부 또는 일부의 정지를 결정할 수 있는데(同法 23②), 이러한 결정을 집행정지결정(執行

停止決定)이라 한다(大決 2014.1.23, 2011무178. 大決 2011.4.21, 2010무111. 大決 2010.11.26, 2010무137. 大決 2003.4.25, 2003무2).

집행정지는 취소소송이나 무효등확인소송에만 허용되고, 부작위위법확인소송에는 허용되지 않는다(同法 38①②).

법원이 집행정지결정을 하는 경우에도 처분 등의 효력정지는 처분 등의 집행을 정지시키거나 또는 후속절차의 속행을 정지함으로써 목적을 달성할 수 없는 경우에만 허용된다(同法 23②但書. 大決 2000.1.8, 2000무35).

당사자가 집행정지의 결정을 신청함에 있어서는 그 이유에 대한 소명이 있어야 한다(同法 23④. 大決 2000.10.10, 2000무17).

집행정지결정의 효력은 신청인과 피고인 행정청뿐만 아니라 그 밖의 관계 행정청 및 제3자에게도 미친다(同法 23⑥, 29②). 집행정지결정이 확정된 후 집행정지가 공공복리에 중대한 영향을 미치거나 그 정지사유가 없어진 때에는 법원은 당사자의 신청 또는 직권에 의하여 결정으로써 집행정지결정을 취소할 수 있다(同法 24①. 大決 2010.5.14, 2010무48. 大決 2004.5.12, 2003무41).

법원의 집행정지결정이나 기각결정, 집행정지취소결정 또는 그 기각결정에 대하여는 즉시항고할 수 있다. 이 경우 집행정지결정이나 그 취소결정에 대하여 즉시항고가 제기되어도 결정의 집행은 정지되지 않는다(同法 23⑤, 24②).

(2) 취소소송의 심리

1) 심리의 내용

소송의 심리란 법원이 소송사건에 대한 판결을 하기 위하여 그 기초가 되는 자료를 수집하는 절차를 말한다.

취소소송의 심리는 그 내용에 따라 요건심리(要件審理)와 본안심리(本案審理)로 나누어진다. 요건심리란 당해 소(訴)가 소송요건을 갖춘 적법한 것인지의 여부에 대하여 심리하는 것을 말한다. 요건심리의 결과 소송요건을 다 갖추지 못하고 그 보정(補正)도 불가능하다고 인정되면 그 소는 부적법한 것으로서 각하(却下)된다.

요건심리사항은 제소기간·전심(前審)절차·재판관할권·피고의 지정 등 주로 형식적 요건에 관한 것으로서 법원의 직권조사사항들이다. 소송요건 충족 여부를 판정하는 시기(時期)는 소송을 제기하는 당시이나, 제소(提訴) 당시에 소송요건이 결여되었지만 사실심의 변론종결시까지 이를 구비하면 적법한 소로 인정되기도 한다.

본안심리란 요건심리의 결과 적법한 것으로 인정된 소에 있어서 원고의 청구가 이유 있는지의 여부를 판단하기 위하여 사건의 실체적 내용을 심리하는 것을 말한다. 본안심리의 결과 원고의 청구가 이유 있을 때에는 인용(認容)판결을, 이유 없을 때에는 기각(棄却)판결을 한다. 아래의 심리의 범위, 심리상의 원칙, 주장책임과 입증책임에 관한 서술은 주로 본안심리에 관련된 것들이다.

2) 심리의 범위

취소소송의 심리의 범위 문제는 법원이 구체적인 소송사건을 어느 정도까지 심사할 수 있는가의 문제이다.

가) 불고불리(不告不理)의 원칙

법원은 당사자의 주장·입증을 바탕으로 취소소송의 대상인 처분 등의 위법 여부를 가리는 범위 내에서만 심리할 수 있는 것이 원칙이다. 취소소송에서도 민사소송에서처럼 불고불리(不告不理)의 원칙이 적용된다.

즉, 법원은 소제기(訴提起)가 없는 사건에 대하여 심리·판단할 수 없으며, 소제기가 있는 경우에도 당사자의 청구의 범위를 넘어 심리·판단할 수 없다. 취소소송에서 불이익변경금지(不利益變更禁止)의 원칙은 인정되지 않는다.

나) 법률문제·사실문제·재량문제

법원의 심리권은 소송의 대상인 처분 등의 실체적·절차적인 적법·위법의 법률문제뿐만 아니라 사실문제에도 미친다. 재량문제는 행정청의 재량권행사가 당·부당의 범주에 있는 한 취소소송의 심리의 대상이 아니지만, 재량권이 일탈·남용된 경우는 취소소송의 대상이 된다(同法 27).

3) 심리상의 원칙

행정소송의 심리에 관해서 행정소송법에 특별한 규정이 없는 한 민사소송법과 법원조직법이 준용된다(同法 8②). 따라서 취소소송의 심리에도 민사소송의 심리에 관한 일반원칙인 처분권주의·공개심리주의·구술심리주의·변론주의 등이 적용되나, 행정소송의 특수성으로 인하여 일정한 범위 안에서 직권심리주의가 가미되는 등 민사소송에 대한 특칙이 인정되고 있다.

가) 처분권주의(處分權主義)

처분권주의란 당사자가 분쟁대상 및 소송절차의 개시(예; 제소)와 종료(예; 소의 취하)에 대하여 처분권을 가지고 결정할 수 있다는 원칙을 말한다. 이 원칙에 따라 행정소송은 당사자의 소의 제기가 있어야 심리를 개시할 수 있으며, 원고가 소를 취하하면 심리를 종결하여야 한다.

나) 공개심리주의(公開審理主義)

공개심리주의란 재판의 심리와 판결의 선고를 일반인이 방청할 수 있는 상태에서 행하는 원칙을 말한다. 헌법이 재판의 심리와 판결을 원칙적으로 공개하도록 하고 있기 때문에(헌법 109), 행정소송에 있어서도 공개심리주의가 적용된다.

다) 쌍방심리주의(雙方審理主義)

쌍방심리주의는 심리에 있어서 당사자 쌍방에게 주장을 진술할 기회를 평등하게 부여하여야 한다는 원칙이다.

라) 변론주의(辯論主義)와 직권심리주의(職權審理主義)

변론주의란 소송의 심리·재판을 당사자에 의한 주장과 증거에 기하여 행하는 원칙을 말한다. 변론주의 하에서는 재판의 기초가 되는 소송자료의 수집·제출책임을 당사자가 지게 되고, 법원은 당사자 간에 다툼이 없는 사실을 그대로 판결의 기초로 해야 하며, 당사자 간에 다툼이 있는 사실을 인정함에 있어서는 당사자가 제출한 증거에 의하여야 한다.

그런데 행정소송법은 공익과 밀접한 관련을 가지는 행정소송판결의 공정성·타당성을 확보하기 위하여, 변론주의를 원칙으로 하면서도 보충적으로 직권심리주의를 가미시키고 있다. 즉, 행정소송법은 제26조에서 "법원은 필요하다고 인정할 때에는 직권으로 증거조사를 할 수 있고, 당사자가 주장하지 아니한 사실에 대하여도 판단할 수 있다."라고 규정하고 있다(大判 2012.6.18, 2010두27639·27646병합. 大判 2012.3.29, 2011두26886. 大判 2010.2.11, 2009두18035. 大判 1999.5.25, 99두1052).

취소소송에 있어서 직권주의가 가미되어 있다고 하여도 여전히 당사자주의·변론주의를 그 기본구조로 하는 이상, 행정처분의 위법을 들어 그 취소를 청구함에 있어서는 직권조사사항을 제외하고는 그 위법인 구체적 사실을 원고가 먼저 주장하여야 하며, 계쟁 처분의 적법성에 관하여는 피고인 처분청이 이를 주장·입증하여야 할 것이다(大判 2000.3.23, 98두2768. 大判 1984.7.24, 84누124).

마) 행정심판기록제출명령제도

행정소송법은 취소소송에 있어서 원고의 주장과 입증을 용이하게 하기 위하여 행정심판기록제출명령제도를 인정하고 있다. 즉, 법원은 당사자의 신청이 있을 때에는 결정으로써 행정심판의 재결기관에 대하여 행정심판에 관한 기록의 제출을 명할 수 있으며, 이 제출명령을 받은 행정심판재결기관은 지체 없이 당해 행정심판에 관한 기록을 법원에 제출하여야 한다(同法 25).

4) 관련청구소송(關聯請求訴訟)의 이송·병합

취소소송과 관련청구소송이 병합제소(併合提訴)되지 아니하고 각각 다른 법원에 계속(係屬)되고 있는 경우에, 관련청구소송이 계속된 법원은 상당하다고 인정하는 때에 직권 또는 당사자의 신청에 의하여 관련청구소송을 취소소송이 계속된 법원에 이송할 수 있다(同法 10①). 이 규정은 다른 항고소송은 물론 당사자소송·민중소송·기관소송에도 준용된다(同法 38·44·46).

위에서 '관련청구소송'이란 당해 처분 등과 관련되는 손해배상·부당이득반환·원상회복 등의 청구소송(예; 영업정지처분취소소송과 영업정지처분으로 인한 손해배상청구소송)과 당해 처분 등과 관련되는 다른 취소소송을 말한다(大判 2000.11.16, 98다22253. 大判 2000.10.27, 99두561. 大判 1999.8.20, 97누6889).

관련청구소송의 이송결정과 이송신청의 기각결정에 대하여는 즉시항고를 할 수 있다(민사소송법 39). 관련청구소송의 이송결정이 확정된 때에는 당해 관련청구소송은 이송을 받은 법원에 처음부터 계속된 것으로 본다(민사소송법 40①).

5) 소송참가(訴訟參加)

소송참가란 소송의 계속(係屬) 중에 제3자가 소송의 결과에 따라 자기의 법률상 이익을 침해받게 될 경우에 자기의 이익을 보호하기 위하여 그 소송에 참가하는 것을 말한다. 행정소송법은 취소소송에 대한 참가제도로서, 소송의 결과에 의하여 권리를 침해받을 제3자가 계속 중인 소송절차에 참가하는 '제3자의 소송참가'와, 취소소송의 피고 이외의 행정청이 소송절차에 참가하는 '행정청의 소송참가'의 두 가지를 규정하고 있다.

가) 제3자의 소송참가

행정소송법은 제16조 제1항에서 "법원은 소송의 결과에 따라 권리 또는 이익의 침해를 받을 제3자가 있는 경우에는 당사자 또는 제3자의 신청 또는 직권에 의하여 결정으로써 그 제3자를 소송에 참가시킬 수 있다."라고 규정하고 있다. 법원이 제3자를 소송에 참가시키는 결정을 하고자 할 때에는 미리 당사자 및 제3자의 의견을 들어야 한다. 참가신청을 한 제3자는 그 신청이 각하(却下)된 경우에 즉시항고할 수 있다(同法 16②③).

소송에 참가하는 제3자는 소송당사자 이외의 자를 말하며, 국가·공공단체도 그에 포함될 수 있다(大判 2003.5.30, 2002두11073. 大判 2000.9.8, 99다26924).

제3자의 소송참가 규정은 취소소송 이외의 항고소송과 당사자소송·민중소송·기관소송에 준용된다(同法 38, 44①, 46).

나) 행정청의 소송참가

행정소송법은 제17조 제1항에서 "법원은 다른 행정청을 소송에 참가시킬 필요가 있다고 인정할 때에는 당사자 또는 당해 행정청의 신청 또는 직권에 의하여 결정으로써 그 행정청을 소송에 참가시킬 수 있다."라고 규정하고 있다.

위에서 '다른 행정청'은 피고인 행정청 이외의 행정청으로서 계쟁 처분·재결과 관계있는 행정청(예; 계쟁 처분·재결에 관하여 피고인 행정청을 지휘·감독하는 상급청)이라 할 것이고, 피고인 행정청측에만 참가할 수 있다(大判 2002.9.24, 99두1519). 법원이 행정청의 소송참가결정을 하고자 할 때에는 당사자 및 당해 행정청의 의견을 들어야 한다(同法 17②).

(3) 취소소송의 판결(判決)

1) 판결의 의의와 위법판단의 기준시(基準時)

판결이란 소송사건에 대하여 법원이 심리를 거쳐서 그에 대한 법적 판단을 선언하는 행위를 말한다. 취소소송의 판결에 있어서 법원은 처분시(處分時)의 법규와 상태 등을 기준으로 계쟁(係爭) 처분의 위법 여부를 판단해야 할 것이다(大判 2010.1.14, 2009두11843. 大判 2007.5.11, 2007두1811).

판결서에는 당사자와 법정대리인, 주문, 청구취지나 상소의 취지, 이유, 판결을 선고한 날자, 법원 등을 기재하고 판결한 법관이 서명·날인하여야 한다(大判 2006. 9.28, 2006두8334).

판결은 선고로 그 효력이 발생하며, 판결을 선고함에는 재판장이 판결원본에 따라 주문을 읽어 선고하고, 필요한 때에는 이유를 간단히 설명할 수 있다.

2) 판결의 종류

취소소송의 판결은 다음과 같이 분류할 수 있다.

가) 중간판결(中間判決)과 종국판결(終局判決)

중간판결이란 종국판결을 할 준비로서 소송 진행 중에 제기된 당사자 간의 개개의 쟁점을 해결하기 위하여 내리는 확인적 성질의 판결을 말한다.

종국판결이란 소송사건의 전부 또는 일부에 관하여 그 심급에서의 심리를 완결시키는 판결을 말한다. 종국판결 중 동일 소송절차로 심판되는 사건의 전부를 동시에 종료시키는 판결을 전부판결(全部判決)이라 하고, 동일 소송절차로 심판되는 사건의 일부를 다른 부분으로부터 분리하여 종료시키는 판결을 일부판결(一部判決)이라 한다. 종국판결은 소송판결(각하판결)과 본안판결로 나눌 수 있다.

나) 소송판결(訴訟判決)과 본안판결(本案判決)

소송판결은 요건심리의 결과 당해 소(訴)가 소송요건을 결여하고 있다고 인정되는 경우에 그 부적법한 소를 각하하는 판결로서, 이를 각하판결(却下判決)이라고도 한다. 각하판결은 처분의 취소청구 그 자체에 대하여 판단하는 것이 아니므로, 계쟁 처분의 효과를 확정하는 효력은 없다.

본안판결은 본안심리를 한 후 원고의 청구의 당부에 관해 판단하는 판결이며, 이는 다시 인용판결·기각판결·사정판결로 나눌 수 있다. 본안판결의 판결주문은 청구를 인용하고 배척하는 범위를 명확하게 하여야 한다.

다) 인용판결(認容判決)·기각판결(棄却判決)·사정판결(事情判決)

인용판결이란 원고의 주장을 이유 있다고 인정하여 그 청구의 전부 또는 일부를 받아들이는 판결을 말한다. 취소소송에서의 인용판결은 위법한 처분 등을 취소 또는 변경하는 판결로서 처분의 효력을 소멸시키는 의미에서의 형성력을 수반함이 원칙이다. 위의 '변경'은 새 처분으로 대체(代替)시키는 적극적 변경이 아니라 ‘처분의 일부취소’의 의미를 가진 소극적 변경을 뜻하는 것이라 하겠다(大判 2004.10.14, 2001두2881. 大判 2004.7.22, 2002두11233).

기각판결이란 본안심리의 결과 원고의 청구가 이유 없다고 인정하여 그 청구를 배척하는 판결을 말한다. 취소소송에서 계쟁 처분 등이 적법하거나 부당에 그치거나 또는 소제기 후에 소의 대상인 처분 등이 소멸된 경우에 법원은 기각판결을 하게 된다.

취소소송에서 원고의 청구가 이유 있다고 인정하는 경우에도 계쟁 처분 등을 취소하는 것이 현저히 공공복리에 적합하지 아니하다고 인정하는 때에, 법원은 이유 있는 원고의 청구를 기각하는 판결을 할 수 있는데(同法 28①), 이러한 경우의 판결을 사정판결이라 한다(大判 2006.9.22, 2005두2506. 大判 2001.8.24, 2000두7704).

사정판결을 하기 위해서는 원고의 청구가 이유 있다고 인정되어야 하고, 원고의 청구를 인용하는 것이 현저히 공공복리에 적합하지 않다고 인정되어야 한다.

행정소송법은 법원이 사정판결을 함에 있어서는 “미리 원고가 그로 인하여 입게 될 손해의 정도와 배상방법 그 밖의 사정을 조사하여야 한다.”라고 하여(同法 28②), 공공복리를 이유로 원고에게 일방적인 희생을 강요할 수 없도록 하고 있다.

사정판결을 하는 경우에 법원은 판결 주문(主文)에서 처분이 위법함을 명시하여야 한다(同法 28①). 이는 사정판결이 계쟁 처분 등의 효력지속만을 인정하는 것일 뿐, 처분 등의 위법성을 제거하는 것이 아님을 분명히 해야 하기 때문이다.

사정판결에 따르는 주장입증책임 및 소송비용은 피고가 부담한다(同法 32). 사정판결에 불복하는 당사자는 상고할 수 있다. 사정판결은 취소소송에만 인정된다(大判 1996.3.22, 95누5509).

3) 판결의 효력

소송의 판결은 그에 대한 불복기간이 경과하거나 상소절차가 끝남으로써 확정된다. 취소소송의 판결의 효력으로서 행정소송법은 기속력만을 명기하고 있으나, 취소소송의 판결에는 판결의 일반적 효력인 기판력·형성력도 당연히 발생한다.

가) 기판력(既判力)

판결의 기판력이란 법원의 판결이 확정된 때에 후소(後訴)의 재판에서 동일한 사항에 대하여 당사자가 확정판결의 내용과 모순되는 주장을 할 수 없고 법원도 확정판결에 저촉되는 판단을 할 수 없게 되는 효력을 말한다(大判 1989.10.10, 89누1308. 大判 1987.6.9, 86다카2756).

사정판결에서는 원고의 청구가 기각되지만 처분의 위법이 판결주문에 명시되므로 처분이 위법하다는 점에 관하여 기판력이 생긴다.

기판력은 사실심의 변론종결시를 기준으로 하여 발생한다. 이는 당사자가 사실심의 변론종결시까지 소송자료를 제출할 수 있고, 종국판결도 그때까지 제출된 자료를 기초로 하는 것이기 때문이다.

따라서 청구기각판결이 확정되면, 당사자나 법원은 사실심변론종결시 이전에 생긴 사유를 내세워 당해 처분이 위법하다는 주장을 할 수 없게 된다. 취소소송의 기각판결의 기판력은 무효확인소송에도 미친다(大判 2003.5.16, 2002두3669).

취소소송판결의 기판력이 국가배상(행정상 손해배상)청구소송의 수소법원(受訴法院)에 영향을 미치는지 여부에 관하여, 판례는 취소소송에서의 처분의 위법성과 공무원의 고의나 과실 등을 전제로 하는 국가배상소송에서의 공무원의 직무행위의 위법성의 범위가 다르기 때문에, 처분의 위법에 대한 취소소송판결의 기판력이 국가배상청구소송에서 공무원의 직무행위의 위법성 판단에는 미치지 않는 것으로 보고 있다(大判 2004.6.11, 2002다31018. 大判 2003.11.27, 2001다33789·33796·33802·33819병합. 大判 2000.5.12, 99다70600).

나) 형성력(形成力)

판결의 형성력이란 취소소송의 인용판결(처분의 취소판결)이 확정되면 판결의 취지에 따라 법률관계의 발생·변경·소멸을 가져오는 효력을 말한다. 즉, 처분의 취소판결이 확정되면, 계쟁 처분은 행정청이 이를 취소하지 않아도 소급적으로 효력을 상실하며, 그 처분으로 말미암아 발생했던 위법한 법률상태(권리·의무상태)가 제거되고 처음부터 그러한 처분이 없었던 것과 같은 상태로 되게 하는 것이 판결의 형성력이다(大判 1989.5.9, 88다카16096).

행정소송법은 "처분 등을 취소하는 확정판결은 제3자에 대하여도 효력이 있다."라고 규정하여(同法 29①), 취소판결의 형성력이 소송의 당사자뿐만 아니라 소송에 관여하지 아니한 제3자에게도 미치는 효력, 즉 취소판결의 제3자효(第三者效)

를 인정하고 있다(大判 1986.8.19, 83다카2022).

취소판결의 형성력이 소송의 직접당사자가 아닌 제3자에게도 미치기 때문에, 행정소송법은 제3자의 소송참가(同法 16) 및 제3자의 재심청구(同法 31) 제도를 마련하여 제3자의 권리가 보호될 수 있도록 하고 있다.

다) 기속력(羈束力)

판결의 기속력이란 확정판결이 소송당사자인 행정청과 관계 행정청에게 판결의 취지에 따라 행동할 실체법적 의무를 발생시키는 효력을 말하며, 이를 판결의 구속력(拘束力)이라고도 한다.

판결의 기속력은 항고소송 일반에 있어 인용판결이 확정되었을 때에 인정된다. 행정소송법은 제30조 제1항에서 "처분 등을 취소하는 확정판결은 그 사건에 관하여 당사자인 행정청과 그 밖의 관계 행정청을 기속한다."라고 규정하여, 취소판결의 기속력을 명시하고 있다.

기판력은 인용판결 및 기각판결의 경우에 원고·피고 모두에 대하여 발생하지만, 기속력은 인용판결의 경우에만, 그것도 피고인 행정청 및 관계 행정청에 대하여만 발생한다. 즉, 확정된 취소판결의 기속력이 미치는 주관적 범위는 당사자인 행정청뿐만 아니라 그 밖의 모든 관계 행정청이다(同法 30①).

취소판결의 기속력은 객관적 범위 면에서 판결주문 및 그 전제가 된 요건사실의 인정과 효력의 판단에만 미친다는 것이 통설이다(大判 2001.3.23, 99두5238).

판결의 기속력에 위반된 행정청의 처분은 그 하자가 중대하고 명백한 것으로 인정되어 무효가 된다(大判 1990.12.11, 90누3560. 大判 1989.9.12, 89누985).

취소판결의 기속력은 시간적 범위 면에서 처분 당시를 기준으로 그 당시까지 존재하였던 사유에만 미치고 그 이후에 발생한 사유에는 미치지 아니한다(大決 1998.1.7, 97두22).

확정된 취소판결의 기속력에 기하여 행정청의 반복금지효·재처분의무·결과제거의무 등이 발생한다.

'반복금지효(反復禁止效)'란 취소소송에서의 인용판결이 확정되면 행정청(처분청 및 관계 행정청)이 동일한 사실관계 아래서 동일한 당사자에 대하여 동일한 내용의 처분을 다시 하지 못하게 되는 판결의 효력을 말한다(大判 1989.2.28, 88

누6177).

그런데 취소판결의 기속력은 구체적 위법사유에 대하여 생기는 것이므로, 처분이유에 흠이 있는 때에는 다른 이유에 따라, 절차 또는 형식에 흠이 있는 때에는 절차 또는 형식상의 흠을 시정하여 행정청이 동일한 처분을 다시 하는 것은 허용된다고 하겠다(大判 1992.5.26, 91누5242).

'재처분의무(再處分義務)'란 거부처분의 취소판결이 확정되었을 경우에, 당해 거부처분을 한 행정청이 판결의 취지에 따라 이전의 신청에 대한 처분을 해야 할 의무를 말한다. 행정소송법 제30조 제2항은 "판결에 의하여 취소되는 처분이 당사자의 신청을 거부하는 것을 내용으로 하는 경우에는 그 처분을 행한 행정청은 판결의 취지에 따라 다시 이전의 신청에 대한 처분을 하여야 한다."라고 규정하여, 거부처분이 취소된 경우의 행정청의 재처분의무를 명시하고 있으며, 위 규정을 부작위위법확인소송의 경우에 준용하도록 하고 있다(同法 38②. 大判 2011.10.27, 2011두14401. 大判 2005.1.14, 2003두13045. 大決 2002.12.11, 2002무22).

'결과제거의무(結果除去義務, 원상회복의무)'란 처분의 취소판결 또는 처분무효확인판결이 확정되었을 경우에 본래의 처분에 의하여 초래된 위법상태를 제거해야 하는 행정청의 의무를 말한다. 압류처분 취소판결이 확정되었을 경우에 행정청이 지는 압류해제·압류재산반환의무가 그 예이다.

라) 간접강제(間接强制)

행정소송법은 거부처분취소판결에 따른 간접강제에 관하여 규정하고 있다. 즉, 거부처분취소판결이 확정된 경우에 행정청이 판결의 취지에 따른 처분을 하지 아니하는 때에는, 제1심 수소법원(受訴法院)은 당사자의 신청에 의하여 결정으로써 처분을 하여야 할 상당한 기간을 정하고, 행정청이 그 기간 내에 처분을 하지 않는 경우에는 그 지연기간(遲延期間)에 따라 일정한 배상을 할 것을 명하거나 즉시 손해배상을 할 것을 명할 수 있다(同法 34①. 憲裁 2015.12.23, 2013헌바194).

위의 경우 법원은 행정청을 심문(審問)한 후 변론 없이 결정할 수 있고, 배상명령의 효력은 피고인 행정청이 소속하는 국가 또는 공공단체에도 미친다(同法 34②, 민사집행법 262). 이러한 거부처분취소판결에 따른 간접강제에 관한 규정은 부작위위법확인소송에도 준용된다(大判 2004.1.15, 2002두2444).

4) 명령·규칙의 위헌·위법판결의 공고

행정소송에 대한 대법원판결에 의하여 명령·규칙이 헌법 또는 법률에 위반된다는 것이 확정된 경우에는 대법원은 지체 없이 그 사유를 행정자치부장관에게 통보하여야 하며, 이러한 통보를 받은 행정자치부장관은 지체 없이 이를 관보에 게재하여야 한다(同法 6①②). 이는 위헌·위법으로 판단된 명령·규칙이 행정청에 의하여 더 이상 적용되는 것을 막음으로써 일반 국민들의 피해를 방지하기 위한 것이다.

(4) 상소(上訴) 및 제3자의 재심청구

1) 상소(항소와 상고)

상소는 법원의 판결에 불복하는 소송당사자가 상급법원에 재심판(再審判)을 신청하는 소송행위인데, 취소소송의 제1심 관할법원인 행정법원(또는 지방법원 본원)의 종국판결에 대하여는 고등법원에 항소(抗訴)할 수 있으며, 항소심의 종국판결에 대하여는 법률심(法律審)으로서의 상소로서 대법원에 상고(上告)할 수 있다.

상고심에서는 상고인의 상고이유에 관한 주장이 「상고심절차에 관한 특례법」이 정한 상고이유를 포함하지 아니한다고 인정되는 때에는 심리를 하지 아니하고 판결로 상고를 기각할 수 있다. 행정소송의 판결에 대한 헌법소원은 원칙적으로 허용되지 아니한다(憲裁 2001.2.22, 99헌마409. 憲裁 1998.6.25, 95헌바24).

2) 항고와 재항고

행정법원(또는 지방법원 본원)의 결정·명령에 대하여 불복하는 당사자는 고등법원에 항고(抗告)할 수 있고, 항고법원 또는 항소법원의 결정·명령에 대하여 재판에 영향을 미친 헌법·법률·명령 또는 규칙의 위반이 있음을 이유로 불복할 경우 대법원에 재항고(再抗告)할 수 있다.

3) 제3자의 재심청구(再審請求)

행정소송법은 일정한 요건 하에 확정된 종국판결에 대한 제3자의 재심청구를 인정하고 있다(同法 31①). 제3자에 의한 재심청구의 원고는 취소소송의 인용판결에 의하여 권리 또는 이익의 침해를 받은 제3자가 되며, 피고는 확정판결에 나타난 원고와 피고가 함께 공동피고가 된다.

제3자가 확정된 종국판결에 대하여 재심청구를 하기 위해서는, 제3자가 자기에게 책임 없는 사유로 소송에 참가하지 못하였어야 하며, 소송에 참가하지 못함으로써 판결의 결과에 영향을 미칠 공격 또는 방어방법을 제출하지 못하였어야 한다.

자기에게 책임 없는 사유에 대한 입증책임은 제3자 본인에게 있다(大判 1995. 9.15, 95누6762). 제3자의 재심청구는 확정판결이 있음을 제3자가 안 날부터 30일 이내에, 판결이 확정된 날부터 1년 이내에 제기하여야 하는데, 이 기간은 불변기간이다(同法 31②③).

(5) **소송비용**

소송비용은 패소자(敗訴者)가 부담하는 것이 원칙이다. 원고의 청구의 일부가 인용되었을 경우에 소송비용은 각 소송당사자가 분담하는데, 당사자들이 부담할 소송비용은 법원이 정한다. 원고의 청구가 사정판결에 의하여 기각되거나, 행정청이 처분 등을 취소 또는 변경함으로 인하여 청구가 각하 또는 기각된 경우에 소송비용은 피고가 부담한다(同法 32). 소송비용에 관한 재판이 확정된 때에는 피고 또는 참가인이었던 행정청이 소속하는 국가 또는 공공단체에 그 효력이 미친다(同法 33).

Ⅲ. 무효등확인소송

(1) **의의·대상·재판관할·당사자**

무효등확인소송(無效等確認訴訟)은 '행정청의 처분 등의 효력 유무 또는 존재 여부를 확인하는 소송'이다(同法 4ⅱ). 무효등확인소송의 대상은 행정청의 처분 또는 재결이다. 즉, 무효등확인소송과 취소소송은 그 대상이 같고, 청구의 취지가 다를 뿐이다(大判 2008.3.20, 2007두6342).

무효등확인소송에는 처분이나 재결의 무효확인소송·유효확인소송·존재확인소송·부존재확인소송·실효(失效)확인소송 등이 포함된다.

행정소송법이 무효등확인소송을 취소소송과 함께 항고소송의 일종으로 규정한 것은, 무효등확인소송이 행정청의 공권력 행사에 불복하여 제기하는 소송으로서,

처분 등의 무효 등을 확정하고 넓은 의미에서 그 효력의 배제를 목적으로 하는 것이라는 점에서 취소소송과 유사하기 때문이라 하겠다.

그리하여 행정소송법은 취소소송에 관한 대부분의 규정을 무효등확인소송에 준용하도록 하고 있는데(同法 38①), 다만, 임의적 행정심판전치주의(同法 18)·제소기간(同法 20)·사정판결(同法 28)에 관한 규정 등은 준용하지 않도록 하고 있다.

무효등확인소송의 재판관할에는 취소소송의 관할에 관한 규정이 준용되어, 그 제1심 관할법원은 피고의 소재지를 관할하는 행정법원(또는 지방법원 본원)이다. 무효등확인소송이 관할권 없는 법원에 잘못 제기된 경우에는, 그것이 원고의 고의·과실에 기인한 것이 아니면, 수소법원(受訴法院)은 정당한 관할법원에 이송하여야 한다(同法 8②, 민사소송법 34①).

무효등확인소송은 처분 등의 효력 유무 또는 존재 여부 등의 확인을 구할 법률상 이익이 있는 자가 제기할 수 있다(同法 35. 大判 2014.9.4, 2014두2164. 大判 2007.2.8, 2005두7273. 大判 2005.12.23, 2005두3554. 大判 2001.7.10, 2000두2136).

무효등확인소송의 피고는 계쟁 처분 등을 행한 행정청이 된다. 처분 등이 있은 후에 그 권한이 다른 행정청에 승계된 때에는, 이를 승계한 행정청이 피고가 된다(同法 38①, 13①).

피고의 경정(同法 14), 공동소송(同法 15), 제3자의 소송참가(同法 16), 행정청의 소송참가(同法 17) 등 취소소송의 당사자에 관한 규정들이 무효등확인소송에도 준용된다(同法 38①. 大判 1998.12.24, 98무37).

(2) 소의 제기·심리·판결

1) 소의 제기

무효등확인소송을 제기함에 있어서는 관련 법률이 행정심판전치주의를 규정하고 있는 경우에도 그 적용을 받지 아니하며, 제소기간제한규정도 적용되지 아니한다.

행정소송법은 취소소송이 제기되어도 원칙적으로 당해 처분의 효력이 정지되지 아니하는 것으로 규정하고 있는데, 이러한 집행부정지원칙(執行不停止原則)이나 예외적인 집행정지결정에 관한 규정은 무효등확인소송에도 준용된다(同法 38①).

취소소송에서의 관련 청구의 이송·병합에 관한 규정도 무효등확인소송에 준용된다(同法 38①). 취소소송에서의 소의 변경에 관한 규정(同法 21)은 무효등확인소송을 취소소송 또는 당사자소송으로 변경하는 경우에 준용된다(同法 37).

즉, 법원은 무효등확인소송을 취소소송 또는 당사자소송으로 변경하는 것이 상당하다고 인정할 때에는, 청구의 기초에 변경이 없는 한 사실심의 변론종결시까지 원고의 청구에 의하여 결정으로써 소의 변경을 허가할 수 있다.

2) 심리

무효등확인소송의 심리에서 법원은 필요하다고 인정할 때에 직권으로 증거조사를 할 수 있으며, 당사자가 주장하지 아니한 사실에 대하여도 판단할 수 있다(同法 26, 38①).

행정소송법 제11조는 처분 등의 효력 유무 또는 존재 여부가 민사소송의 선결문제(先決問題)로 되어 당해 민사소송의 수소법원(受訴法院)이 이를 심리·판단하는 경우에 취소소송에서의 행정청의 소송참가(同法 17), 행정심판기록제출명령(同法 25), 직권심리(同法 26) 및 소송비용에 관한 재판의 효력(同法 33)에 관한 규정을 준용하도록 하고 있다. 위에서 선결문제란 민사소송에 있어서 본안에 대한 판단의 전제(前提)가 된 처분 등의 효력 유무 또는 존재 여부에 관한 다툼을 말한다.

처분 등에 관한 선결문제를 민사법원이 심판하는 경우, 그것은 실질적으로는 처분 등의 무효등확인소송과 유사한 것이 된다. 민사소송의 수소법원이 처분 등의 효력 유무 또는 존재 여부의 선결문제를 심리·판단하는 경우에는, 그 처분 등을 행한 행정청에 그 선결문제로 된 사실을 통지하여야 한다(同法 11②).

3) 판결

무효등확인소송에서도 처분시를 기준으로 처분의 무효 등을 판단해야 한다. 취소판결의 제3자효 및 기속력에 관한 규정이 무효등확인판결에 준용된다(同法 38①·29·30). 따라서 확정된 무효확인판결은 제3자에 대하여도 효력을 미치고, 당사자인 행정청과 그 밖의 관계 행정청을 기속하므로, 이들 행정청으로서는 같은 처분을 반복할 수 없으며, 무효확인된 처분이 신청을 거부하는 것을 내용으로 하는 것인 때에는 처분청이 판결의 취지에 따라 이전의 신청에 대한 처분을 할 의무를 진다.

무효 또는 부존재인 처분에 있어서는 처분의 효력이 처음부터 발생하지 않으므로, 취소소송에 있어서의 사정판결에 관한 규정은 적용될 여지가 없다. 무효등확인판결은 제3자에 대하여도 효력이 미치므로, 취소소송에서의 제3자의 소송참가 및 재심청구에 관한 규정이 무효등확인소송에 준용된다(同法 38①, 16, 31).

무효등확인소송의 판결에도 기판력이 발생한다. 무효등확인소송의 불복(不服)제도는 취소소송에서와 같다.

Ⅳ. 부작위위법확인소송

(1) 의의·대상·재판관할·원고적격

부작위위법확인소송(不作爲違法確認訴訟)은 행정청의 부작위가 위법하다는 것을 확인하는 소송으로서(同法 4iii), 그 대상은 행정청의 부작위(不作爲)이다.

위에서 행정청의 '부작위'란 행정청이 당사자의 신청에 대하여 상당한 기간 내에 일정한 처분을 하여야 할 법률상 의무가 있음에도 불구하고 이를 하지 아니하는 것을 말한다(同法 2①ii. 大判 2002.6.28, 2000두4750).

행정청의 부작위가 성립되기 위하여는 ① 일정한 처분에 대한 당사자의 적법한 신청이 있어야 하고, ② 사회통념상 당해 신청에 따른 처분을 하는데 소요될 것으로 판단되는 상당한 기간이 지나야 하며, ③ 행정청이 일정한 처분을 해야 할 법률상 의무가 있어야 하고, ④ 행정청이 어떠한 처분도 하지 아니한 상태가 존재하여야 한다(大判 2005.4.14, 2003두7590. 大判 2000.2.25, 99두11455).

부작위위법확인소송은 당사자의 신청이 있음에도 불구하고 행정청이 해야 할 일정한 처분을 적기(適期)에 하지 않음으로써 개인이나 기업 등의 권익이 침해되는 경우에 제기될 수 있는 소송이라 하겠다.

부작위위법확인소송에서 법원은 단지 행정청이 일정한 처분의무를 이행하지 않는 것(부작위)이 위법임을 확인할 수 있을 뿐이고 적극적으로 행정청에 대하여 일정한 처분을 할 의무를 직접 명할 수는 없다고 할 것이다.

행정소송법은 부작위위법확인소송의 실효성을 확보하기 위하여, 부작위위법확인판결이 확정되면 판결의 기속력에 의하여 행정청이 이전의 신청에 대한 처분을 할 의무를 지게하고 있으며(同法 30②, 38②), 행정청이 처분의무를 이행하지 않는 경우의 간접강제방법에 관하여도 규정하고 있다(同法 34, 38②).

부작위위법확인소송의 제1심 관할법원은 취소소송과 같이 피고인 행정청, 즉 부작위청(不作爲廳)의 소재지를 관할하는 행정법원 또는 지방법원 본원이다(同法 9, 38②). 관할권 없는 법원에 취소소송이 잘못 제기된 경우의 소송이송이나 관련청구소송의 이송에 관한 규정들이 부작위위법확인소송에도 준용된다.

부작위위법확인소송은 행정청에 대하여 일정한 처분의 신청을 한 자로서, 그 신청에 대한 행정청의 부작위의 위법의 확인을 구할 법률상 이익이 있는 자가 제기할 수 있다(同法 36. 大判 1989.5.23, 88누8135).

부작위위법확인소송의 피고는 당해 부작위를 행한 행정청(부작위청)이다. 피고경정, 공동소송, 제3자의 소송참가, 행정청의 소송참가 등 취소소송의 당사자에 관한 규정들이 부작위위법확인소송에 준용된다(同法 38②).

(2) 소의 제기 및 소의 변경

부작위위법확인소송을 제기함에 있어서, 관련 법률이 행정심판전치주의(行政審判前置主義)를 규정하고 있는 경우에는 먼저 의무이행심판(義務履行審判)을 거쳐야 한다(同法 18①, 38②. 大判 2009.7.23, 2008두10560).

전심절차(前審節次)를 거칠 경우의 부작위위법확인소송의 제소기간에는 취소소송의 제소기간규정이 준용된다(同法 20, 38②).

부작위위법확인소송은 취소소송이나 당사자소송으로 변경할 수 있다(同法 37·21). 즉, 법원은 청구의 기초에 변경이 없는 한, 사실심의 변론종결시까지 원고의 신청에 의하여 소의 변경을 허가할 수 있다.

따라서 부작위위법확인소송의 계속(係屬) 중에 행정청이 처분을 할 경우에 원고는 부작위위법확인소송을 취소소송으로 변경신청할 수 있다.

취소소송에서의 관련청구의 병합에 관한 규정이 부작위위법확인소송에도 준용된다(同法 38②). 취소소송에서의 집행정지제도에 관한 규정은 부작위위법확인소송에 준용되지 아니한다.

(3) **부작위위법확인소송의 심리와 판결**

부작위위법확인소송은 행정청의 부작위가 위법임을 확인하는 소송으로서, 법원의 심판대상은 계쟁 부작위의 위법성이다. 취소소송에서의 행정심판기록 제출명령 및 직권심리주의에 관한 규정이 부작위위법확인소송에도 준용된다(同法 38②).

부작위위법확인소송에서 행정청에 대하여 적법하게 일정한 처분을 신청하였다는 것과 상당한 기간이 경과한 것 및 원고에게 부작위의 위법확인을 구할 법률상 이익이 있다는 것 등에 대한 주장·입증책임은 원고가 지며, 상당한 기간이 경과한 것에 대하여 이를 정당화할 특별한 사유가 존재하는 것에 대한 입증책임은 피고인 행정청에게 있다고 할 것이다.

부작위위법확인소송에서는 엄격한 의미의 처분이 존재하지 아니하므로, 부작위 위법판단의 기준시(基準時)는 판결시(구두변론종결시)가 되어야 할 것이다.

부작위위법확인소송에서는 행정청의 부작위 상태가 판결시까지 계속되어야 하며, 소제기 후 판결시까지 신청에 따른 행정청의 처분이나 거부처분이 있으면 원고의 소익(訴益)은 없어지게 된다.

부작위위법확인소송에서 판결의 종류는 취소소송에서의 판결의 종류와 같다. 다만, 부작위위법확인소송에서는 사정판결(事情判決)에 관한 규정이 준용되지 아니한다. 부작위위법확인소송에 대한 불복제도는 취소소송에서의 불복제도와 같다. 제3자에 의한 재심청구제도도 마찬가지이다.

(4) **판결의 기속력과 재처분의무·간접강제**

부작위위법확인소송의 판결에도 기판력(旣判力)과 기속력이 인정된다. 행정소송법은 부작위위법확인소송의 판결에 취소판결의 기속력으로서의 재처분의무(再處分義務) 및 간접강제에 관한 규정을 준용하도록 하고 있다(同法 38, 30②, 34).

따라서 부작위위법확인소송에서 인용판결이 확정되면 행정청은 판결의 취지에 따라 상대방의 신청에 대하여 어떠한 처분을 하여야 한다.

그런데 부작위위법확인소송에서 인용판결이 확정되었을 경우에 피고인 행정청은 원고의 신청대로 처분해야만 하는 것은 아니며, 거부처분도 가능하다. 이 때 거부처분에 불복하는 상대방은 거부처분을 대상으로 하는 쟁송을 제기하여 다툴 수 있다.

부작위위법확인판결이 확정된 후 상당한 기간 내에 행정청이 어떠한 처분(인용 또는 거부처분)도 하지 않는 경우, 법원은 간접강제 규정에 의거하여 일정한 배상을 명할 수 있다(同法 34①). 부작위위법확인소송 판결의 제3자효도 인정된다.

Ⅴ. 당사자소송

(1) 의의

당사자소송(當事者訴訟)이란 행정청의 처분 등을 원인으로 하는 법률관계에 관한 소송 그 밖에 공법상의 법률관계에 관한 소송으로서 그 법률관계의 한쪽 당사자를 피고로 하는 소송을 말한다(同法 3ⅱ). 즉, 공법상의 법률관계에 관하여 다툼이 있는 경우에 그 공법관계의 한쪽 당사자가 상대방 당사자를 피고로 하여 제기하는 소송이 당사자소송이다.

당사자소송의 대상(對象)은 '공법상의 법률관계'이다. 공법상의 법률관계란 '행정상 공법관계'로서, 행정상 법률관계 중에서 공법의 규율을 받는 권리·의무관계를 말한다. 이러한 공법상의 법률관계는 행정청의 처분 등을 원인으로 하여 성립될 수도 있는데, 이 경우의 그 처분 등의 위법 여부는 당사자소송의 선결문제(先決問題)가 됨에 불과하고, 당사자소송의 직접적인 대상이 되는 것은 아니다.

당사자 소송은 서로 대립하는 대등한 당사자 사이의 법률관계에 관한 소송이라는 점에서는 민사소송과 같지만, 공법상의 법률관계에 관한 소송이라는 점에서 사법상의 법률관계에 관한 소송인 민사소송과 구별된다.

당사자소송의 소송물은 공법상의 법률관계 또는 공권의 주장이라고 할 수 있다(大判 2006.5.18, 2004다6207. 大判 2003.9.5, 2002두3522. 大判 2001.9.4, 99두10148. 大判 1997.5.30, 95다28960. 大判 1996.5.31, 95누10617. 大判 1996.2.15, 94다31235).

당사자소송의 예로는 ① 처분 등을 원인으로 하는 법률관계에 관한 소송으로서, 공무원의 직무상 위법처분으로 인한 국가배상청구소송, 공무원 면직처분의 무효를 원인으로 하는 공무원보수청구소송, 과세처분 등의 무효·취소를 원인으로 하는 공법상의 부당이득반환청구소송 등, ② 공법상의 신분·지위 등의 확인소송으로서, 공무원이나 국·공립학교 학생 등의 신분·지위 등의 확인을 구하는 소송, 도시재개발법에 의한 재개발조합의 조합원지위확인소송 등, ③ 법령의 규정 자체에 의하여 손실보상청구권이 발생하는 경우(예; 수산업법 81, 징발법 19 등)에 제기될 수 있는 손실보상금지급청구소송, ④ 관계 법령에 의하여 공법상의 급부청구권이 발생하는 경우의 사회보장급부청구소송(社會保障給付請求訴訟)으로서 「5·18 민주화운동관련자보상 등에 관한 법률」에 의한 보상금청구소송, 석탄산업법에 의한 석탄가격안정지원금청구소송(大判 1997.5.30, 95다28960) 등, ⑤ 국가·지방자치단체 등 행정주체 상호간, 또는 행정주체와 私人 사이에 체결되는 공법상 계약과 관련하여 야기되는 분쟁에 관한 소송, ⑥「공익사업을 위한 토지 등의 취득 및 보상에 관한 법률」상의 환매권행사에 관한 소송(大判 2002.6.14, 2001다24112) 등을 들 수 있다.

위의 소송들과 같이 공법상의 법률관계 그 자체를 대상으로 하는 대등한 권리주체 사이의 소송을 행정법이론상 '실질적 당사자소송'이라 한다.

그런데 행정법이론상 형식적 당사자소송이라는 것이 있다. '형식적 당사자소송'이란 행정청의 처분이나 재결에 의하여 형성된 법률관계에 관하여 다툼이 있는 경우에, 그 원인이 되는 당해 처분 등의 효력을 직접 다투지 아니하고, 그 처분 등에 의하여 형성된 법률관계에 대하여 그 법률관계의 한쪽 당사자를 피고로 하여 제기하는 소송을 말한다.

즉, 형식적 당사자소송은 소송형태상 당사자소송의 형식을 취하고 있지만 실질적으로는 처분 등의 효력을 다투는 항고소송의 성질을 가지는 소송이다. 토지수용에 있어서 토지수용위원회의 보상금액에 대한 재결에 불복(不服)하는 자가 그 재결의 취소를 구하는 소송(항고소송)을 제기함이 없이 바로 상대방 당사자를 피고로 하여 제기하는 보상금액의 증감(增減)을 청구하는 소송('공익사업을 위한 토지 등의 취득 및 보상에 관한 법률' 85②)이 그 예이다.

이러한 형식적 당사자소송은 실질적으로는 처분·재결 등의 효력을 다투는 항고소송의 성질을 가지는 것이나, 형식적으로는 당해 처분·재결을 행한 행정청을 피고로 하지 아니하고, 그 법률관계의 한쪽 당사자를 피고로 하여 그 법률관계의 존부(存否)·내용 등을 다투는 당사자소송의 형식을 취하는 점에 특색이 있다.

형식적 당사자소송은, 당사자가 다투고자 하는 것이 처분·재결 그 자체가 아니라 처분 등에 의하여 이루어진 법률관계인 경우에, 처분청·재결청을 소송당사자로 하지 않고 실질적인 이해관계자를 소송당사자로 하는 것이 신속한 권리구제를 도모하고 소송절차를 간소화할 수 있다는 점에서 그 인정 필요성이 있다.

형식적 당사자소송이 처분이나 재결의 공정력을 부인하지 않은 채 그에 의하여 형성된 법률관계를 다투는 소송이기 때문에, 이러한 소송은 행정소송법상의 규정만에 의거하여 일반적으로 허용될 수 없고, 그에는 개별법상의 명시적 근거규정이 있어야 한다.

(2) 취소소송에 관한 규정의 당사자소송에 대한 준용(準用)과 비준용(非準用)

행정소송법은 제3조 제2호에서 행정소송의 종류의 하나로서 당사자소송을 규정한 것 외에, 당사자소송의 피고적격(同法 39), 재판관할(同法 40), 제소기간(同法 41), 소의 변경(同法 42), 가집행선고의 제한(同法 43), 취소소송에 관한 규정의 준용(同法 44) 등에 관하여 규정하고 있다.

취소소송에 관한 규정 중 당사자소송에 준용되는 것들은 관련청구의 이송·병합(同法 10), 피고경정(同法 14), 공동소송(同法 15), 소의 변경(同法 21·37·42), 제3자·행정청의 소송참가(同法 16·17), 행정심판기록제출명령(同法 25), 직권심리주의(同法 26), 판결의 기속력(同法 30①), 소송비용부담(同法 32) 등, 주로 소송의 신속한 처리나 실체적 진실의 발견, 재판의 적정 등을 도모하기 위한 규정들이다(同法 44).

한편, 취소소송에 관한 규정 중 당사자소송에 준용되지 않는 것은 원고적격(同法 12), 피고적격(同法 13), 행정심판전치주의(同法 18), 소송대상(同法 19), 집행정지(同法 23), 사정판결(同法 28), 제3자의 재심청구(同法 31) 등에 관한 규정들이다.

위의 행정소송법상의 규정들을 기초로 하여 이하에서 당사자소송의 소송요건·심리·판결에 관한 사항들을 살피면서 당사자소송의 특색을 확인해보기로 한다.

(3) 당사자소송의 소송요건상의 특수성

1) 당사자

당사자소송의 당사자, 즉 원고와 피고가 될 수 있는 자는 공법상 법률관계의 권리주체이다. 이 중 당사자소송의 원고가 될 수 있는 자격, 즉 원고적격에 관하여는 행정소송법에 규정된바 없으므로 민사소송법상의 원고적격에 관한 규정이 준용된다(同法 8②). 그리하여 공법상 법률관계에 있어서 권리보호의 이익(법률상 이익)이 있는 자는 당사자소송의 원고적격을 가진다고 할 것이다.

당사자소송의 피고는 국가·지방자치단체 등 행정주체가 되는데(同法 39), 이는 행정청이 피고가 되는 항고소송과 다른 점이다. 국가가 피고인 때에는 법무부장관이 국가를 대표하고('국가를 당사자로 하는 소송에 관한 법률' 2), 지방자치단체가 피고인 때에는 그 지방자치단체의 장이 지방자치단체를 대표한다(지방자치법 101).

2) 재판관할

당사자소송의 재판관할에 관하여는 취소소송의 재판관할에 관한 규정이 준용되므로(행정소송법 40), 당사자소송의 제1심 관할법원은 행정법원(또는 지방법원 본원)이 된다. 이는 민사소송과 다른 점이다.

그런데 행정소송법이 "국가 또는 공공단체가 피고인 경우에는 관계 행정청의 소재지를 피고의 소재지로 본다."라고 규정하고(同法 40 단서) 있으므로, 국가나 공공단체를 피고로 하는 당사자소송에 있어서는 당해 소송과 구체적인 관계가 있는 행정청의 소재지를 관할하는 행정법원(또는 지방법원 본원)이 제1심 관할법원이 된다. 이 경우 그 행정청이 중앙행정기관 또는 그 장(長)인 때에는 대법원 소재지의 행정법원의 관할이 된다.

토지의 수용 기타 부동산 또는 특정의 장소에 관계되는 처분 등에 관한 당사자소송은 그 부동산 또는 장소의 소재지를 관할하는 행정법원 또는 지방법원 본원에 제소할 수 있다(同法 40).

3) 제소기간(提訴期間)

취소소송의 제소기간에 관한 규정은 당사자소송에 적용되지 않는다. 따라서 당사자소송의 제소기간은 원칙상 제한이 없고, 공법상의 권리가 시효(時效) 등에 의하여 소멸되지 않은 한 당사자소송을 제기할 수 있다고 할 것이며, 이는 취소소송과 다른 점이다. 그런데 행정소송법은 제41조에서 "당사자소송에 관하여 법령에 제소기간이 정하여져 있는 때에는 그 기간은 불변기간으로 한다."라고 규정하고 있다. 이 규정은 다른 법률에서 형식적 당사자소송에 관하여 규정하고 있는 경우를 상정(想定)한 것이라 할 수 있다.

4) 전치절차(前置節次)

취소소송에서의 임의적(任意的) 행정심판전치주의는 당사자소송에 준용되지 않는다. 그러나 손실보상청구소송에 있어서 전심(前審)절차를 규정하고 있는 경우가 있다(예; 징발법 24의2).

5) 피고경정(被告更正)과 공동소송

취소소송에서의 피고경정·공동소송에 관한 규정은 당사자소송에 준용된다(행정소송법 14, 15, 44①).

(4) 당사자소송의 심리상의 특수성

당사자소송은 민사소송과 유사한 형태의 소송이므로 그 심리는 원칙적으로 민사소송의 예에 의한다(同法 8②).

따라서 민사소송법상의 처분권주의, 변론주의, 구술심리주의, 쌍방심문주의, 법관의 석명의무, 입증책임분배에 관한 원칙 등이 당사자소송에도 적용된다.

그러나 당사자소송은 그 소송물이 공법상의 법률관계에 관한 것이고 소송의 결과가 공익에 영향을 미칠 수 있기 때문에, 심리에 있어서 취소소송에 관한 규정의 일부가 준용되어, 다음과 같은 민사소송에 대한 특례가 인정된다.

1) 관련청구의 이송(移送)·병합(併合)

당사자소송과 이에 관련된 소송이 각각 다른 법원에 계속(係屬)되어 있는 경우에, 관련청구소송이 계속된 법원은 당사자의 신청 또는 직권에 의하여 그 관련청구소송을 당사자소송이 계속된 법원으로 이송할 수 있으며, 사실심의 변론종결시까지 당사자소송에 관련청구소송을 병합할 수 있다(同法 10①②, 44②).

2) 소의 변경

법원은 당사자소송을 항고소송으로 변경하는 것이 상당하다고 인정할 때에는 청구의 기초에 변경이 없는 한 사실심의 변론종결시까지 원고의 신청에 의하여 결정으로써 소의 변경을 허가할 수 있다. 이 경우에 법원은 새로이 피고가 될 자의 의견을 들어야 한다(同法 21·42).

3) 제3자·행정청의 소송참가

법원은 이해관계가 있는 제3자나 법률관계의 원인이 되는 처분·재결을 행한 행정청 등을 당사자소송에 참가시킬 수 있다(同法 16, 17, 44①).

4) 행정심판기록의 제출명령

취소소송에서와 같이 당사자소송에서 법원은 당사자의 신청이 있는 때에는 결정으로써 행정심판재결을 행한 기관에 대하여 행정심판에 관한 기록의 제출을 명할 수 있으며, 그 제출명령을 받은 기관은 지체 없이 당해 행정심판에 관한 기록을 법원에 제출하여야 한다(同法 25, 44①).

5) 직권심리

당사자소송의 심리도 기본적으로 변론주의에 의하지만, 당사자의 소송추행(訴訟追行)이 불비(不備)·불충분하여 법원이 충분한 심증을 얻을 수 없는 경우에 대비하기 위하여, 행정소송법은 취소소송의 직권심리에 관한 규정을 당사자소송에 준용하도록 하고 있다. 즉, 당사자소송에서 법원은 필요하다고 인정할 때에는 직권으로 증거조사를 할 수 있고, 당사자가 주장하지 아니한 사실에 대하여도 판단할 수 있다(同法 26, 44①).

(5) 당사자소송의 판결상의 특수성

1) 판결의 종류

당사자소송의 판결의 종류는 기본적으로 취소소송의 경우와 같으며, 각하(却下)판결·기각(棄却)판결·인용(認容)판결의 구분이 가능하다. 그러나 당사자소송에는 사정판결(事情判決)이 인정되지 않는다는 점에서 취소소송의 판결과 차이가 있다. 당사자소송에서의 불복제도는 취소소송에서의 불복제도와 같다.

2) 판결의 효력

당사자소송의 확정판결에는 취소소송의 확정판결에 인정되는 기속력과 기판력·형성력 등이 인정된다. 그러나 취소판결의 제3자효(同法 29)나 행정청의 재처분의무(同法 30②③) 및 간접강제효(間接强制效, 同法 34)는 성질상 항고소송의 판결에만 고유한 효력이므로 당사자소송의 판결에 인정될 수 없다.

당사자소송 중 이행소송(履行訴訟)의 성격을 띤 것(예; 부당이득반환·손해배상청구소송 등)은 그 인용판결이 확정되면 집행력이 생긴다고 할 것이다. 그런데 행정소송법은 제43조에서 "국가를 상대로 하는 당사자소송의 경우에는 가집행선고를 할 수 없다."라고 규정하고 있다.

Ⅵ. 민중소송

(1) 민중소송(民衆訴訟)의 의의

민중소송이란 국가 또는 공공단체의 기관이 법률에 위반되는 행위를 한 때에 직접 자기의 법률상 이익과 관계없이 그 시정(是正)을 구하기 위하여 제기하는 소송을 말하며(同法 3iii), 공익목적의 소송(공익소송)이라고 할 수 있다.

민중소송은 보통의 법률적 쟁송(당사자 사이의 구체적인 권리·의무에 관한 다툼으로서 법령의 적용에 의하여 해결될 수 있는 쟁송)에는 속하지 아니하며, 법률의 명시적 규정이 있는 경우에 법률이 정한 자만이 이를 제기할 수 있다(同法 45).

민중소송의 대상은 일률적으로 말할 수 없고 관계 법률이 정하는 바에 따라 다를 수 있다. 즉, 민중소송 중 선거에 관한 소송(선거무효소송·당선무효소송)의 대상은 선거 또는 당선의 효력이나 당선인결정처분이 되고, 국민투표에 관한 소송(국민투표무효소송)의 대상은 국민투표의 효력이 되며, 주민투표소송의 대상은 주민투표의 효력이 된다.

민중소송의 당사자·관할법원·제소기간·전심절차(前審節次) 등도 민중소송의 종류에 따라 다를 수 있다.

(2) 민중소송의 종류

우리나라의 현행법상 인정되는 민중소송으로는 국민투표법이 정한 국민투표소송(同法 92·93·97)과 주민투표법이 정한 주민투표소송(同法 25①②), 공직선거법에서 규정하고 있는 선거소송(同法 222①, 219①, 222②)·당선소송(同法 223①②. 大判 2015.2.12, 2014수39), 그리고 지방자치법이 정한 주민소송(同法 17) 등이 있다.

Ⅶ. 기관소송

(1) 기관소송(機關訴訟)의 의의

기관소송이란 국가 또는 공공단체의 기관 상호간의 권한의 존부(存否) 또는 그 행사에 관한 분쟁(이러한 분쟁을 '권한쟁의' 또는 '주관쟁의'라 함)에 대하여 법원에 제기하는 소송을 말한다. 다만, 헌법재판소법 제2조의 규정에 의한 헌법재판소의 관장(管掌)사항인 사건(국가기관 상호간, 국가기관과 지방자치단체 및 지방자치단체 상호간의 권한쟁의)은 행정소송으로서의 기관소송에서 제외된다(행정소송법 3ⅳ).

기관소송의 당사자는 특별히 법률이 정한 기관만이 될 수 있다(同法 45). 권리주체이면서 행정주체인 국가나 지방자치단체는 기관이 아니므로 기관소송의 당사자가 될 수 없다.

기관소송의 대상은 국가기관 또는 공공단체의 기관 간의 권한의 존재 여부 및 권한의 행사에 관한 다툼이다.

그런데 일반 행정기관 사이의 권한쟁의는 공통의 상급행정청이 해결하며, 국가중앙기관 상호간에 일어나는 권한쟁의는 최종적으로는 행정각부 간의 권한획정의 문제로서, 국무회의의 심의를 거쳐 대통령이 이를 해결하게 되므로, 국가행정조직 내에서는 기관소송의 방법으로 권한쟁의를 해결할 여지가 거의 없다고 할 수 있다.

기관소송은 주로 지방자치행정의 영역에서 인정되고 있다.

기관소송은 객관적 소송으로서, 법률의 명시적 규정이 있는 경우에 한하여 인정되므로, 그 소송의 대상은 일률적으로 말할 수 없고, 관계 법률이 정하는 바에 따라 개별적으로 파악될 수 있다. 기관소송 중 지방자치단체의 장이 지방의회를 상대로 제기하는 기관소송에서는 지방의회의 의결이 소송대상이 된다.

(2) 기관소송의 종류

현행법상 인정되는 기관소송은 크게 지방의회의 의결에 대한 무효확인소송과 주무부장관·상급(광역)지방자치단체장의 감독처분·이행명령에 대한 이의소송(異議訴訟)으로 나눌 수 있다.

1) 지방의회의 의결에 대한 무효확인소송

지방자치단체의 장은 지방의회의 의결이 월권(越權) 또는 위법이거나 공익을 현저히 해친다고 인정되는 때에는 먼저 지방의회에 재의를 요구하고, 재의결된 사항이 법령에 위반된다고 인정되는 때에는 재의결된 날부터 20일 이내에 대법원에 그 무효확인의 소(訴)를 제기할 수 있다(지방자치법 107③).

광역지방의회의 의결에 대하여 당해 지방자치단체의 장이 소를 제기하지 아니하는 경우 행정자치부장관이, 기초지방의회의 의결에 대하여 당해 지방자치단체의 장이 소를 제기하지 아니하는 경우 시·도지사가 직접 제소할 수도 있다(지방자치법 172①④).

교육감과 교육부장관이 교육·학예사무에 관한 시·도의회의 의결에 대하여 일정한 절차를 거쳐 제소할 수도 있다('지방교육자치에 관한 법률' 28①③④⑤).

2) 감독처분·이행명령에 대한 이의소송(異議訴訟)

지방자치단체의 사무에 관한 그 장의 명령이나 처분이 법령에 위반되거나 현저히 부당하여 공익을 해친다고 인정될 때에 시·도지사에 대하여는 주무부장관이, 시·군·자치구의 장에 대하여는 시·도지사가 기간을 정하여 서면으로 시정(是正)을 명하고, 그 기간 내에 이행하지 아니할 때에는 이를 취소하거나 정지할 수 있는데(자치사무에 관한 명령이나 처분에 있어서는 법령에 위반하는 것에 한함), 이 경우 해당 지방자치단체장은 자치사무에 관한 감독청의 명령이나 처분의 취소 또는 정지에 대하여 이의가 있는 때에는 그 취소 또는 정지처분을 통보받은 날부터 15일 이내에 대법원에 소를 제기할 수 있다(지방자치법 169①②).

지방자치단체의 장이 법령의 규정에 의하여 그 의무에 속하는 국가 또는 상급(광역)지방자치단체의 위임사무의 관리·집행을 명백히 해태하고 있다고 인정되면, 광역지방자치단체에 대하여는 주무부장관이, 기초지방자치단체에 대하여는 시·도지사가 기간을 정하여 서면으로 이행할 사항을 명령할 수 있는데, 이에 이의가 있는 해당 지방자치단체의 장은 그 이행명령서를 접수한 날부터 15일 이내에 대법원에 소를 제기할 수 있다(지방자치법 170①③. 大判 2007.9.20, 2005두6935).

「지방교육자치에 관한 법률」 제3조의 지방자치법 준용규정에 의하여, 교육감의 명령·처분을 교육부장관이 취소·정지한 것에 대하여 교육감이 대법원에 제소할 수도 있다(憲裁 2013.12.26, 2012헌라3, 2013헌라1병합).

【大判 1989.1.24, 88누3116. “행정소송은 행정청의 위법한 처분, 그 밖에 공권력의 행사·불행사 등으로 인한 국민의 권리 또는 이익의 침해를 구제하고 공법상의 권리관계 또는 법적용에 관한 다툼을 적정하게 해결함을 목적으로 하고 있으므로, 행정청의 공권력의 행사로서 구체적인 권리의무에 관한 분쟁이 아닌 단순한 사실행위는 행정소송의 대상이 되지 아니한다.”】

【大判 1992.11.27, 92누3618. “대한주택공사의 설립목적, 취급업무의 성질, 권한과 의무 및 택지개발사업의 성질과 내용 등에 비추어 같은 공사가 관계법령에 따른 사업을 시행하는 경우 법률상 부여받은 행정작용권한을 행사하는 것으로 보아야 할 것이므로, 같은 공사가 시행한 택지개발사업 및 이에 따른 이주대책에 관한 처분은 항고소송의 대상이 된다.”】

【大判 2006.9.22, 2005두2506. “어떠한 고시(告示)가 일반적·추상적 성격을 가질 때에는 법규명령 또는 행정규칙에 해당할 것이지만, 다른 집행행위의 매개 없이 그 자체로서 직접 국민의 구체적인 권리의무나 법률관계를 규율하는 성격을 가질 때에는 행정처분에 해당한다. 보건복지부 고시인 약제급여·비급여목록 및 급여상한금액표(보건복지부 고시 제2002-46호로 개정된 것)는 다른 집행행위의 매개 없이 그 자체로서 국민건강보험가입자, 국민건강보험공단, 요양기관 등의 법률관계를 직접 규율하는 성격을 가지므로 항고소송의 대상이 되는 행정처분에 해당한다.”】

【大判 2001.9.28, 99두8565. “행정처분에 대한 취소소송에서의 원고적격이 있는지 여부는 해당 처분의 상대방인지 여부에 따라 결정되는 것이 아니라 그 취소를 구할 법률상의 이익이 있는지 여부에 따라 결정되는 것이고, 여기서 말하는 법률상 이익이라 함은 당해 처분의 근거법률에 의하여 보호되는 직접적이고 구체적인 이익이 있는 경우를 가리키며, 간접적이거나 사실적·경제적 이해관계를 가지는데 불과한 경우는 포함되지 아니한다.”】

제5절

기타 국민권익의 보호·구제에 관한 법

1. 청원법
2. 「민원 처리에 관한 법률」
3. 「부패방지 및 국민권익위원회의 설치와 운영에 관한 법률」
4. 「공공기관의 정보공개에 관한 법률」
5. 개인정보보호법

헌법은 모든 국민의 인간으로서의 존엄·가치와 행복추구권(헌법 10), 평등권(헌법 11), 자유권적 기본권(헌법 12·14·16·17·18·19·20·21·22), 사회적 기본권(헌법 31·32·33·34·35·36), 경제적 기본권(헌법 15·23①·119①·124), 정치적 기본권(헌법 8·24·25), 청구권적 기본권(헌법 23③·26·27·28·29·30) 등 여러 가지 기본권을 보장하고, 이들 헌법상의 국민의 기본권을 구현하기 위한 각종 행정관련 법률들에 따라 정부와 지방자치단체 등이 다양한 활동을 하고 있지만, 재원 부족 등으로 인하여 현실적으로 모든 국민의 기본권 보장에 불충분한 부분이 있는 것이 사실이다.

행정구제에서도 사각지대가 있을 수 있다. 앞에서 살핀 행정구제에 관한 법률들 외에 ① 청원법, ②「민원 처리에 관한 법률」, ③「부패방지 및 국민권익위원회의 설치와 운영에 관한 법률」 ④「공공기관의 정보공개에 관한 법률」, ⑤ 개인정보보호법, ⑥ 국가인권위원회법, ⑦ 인신보호법, ⑧ 법률구조법, ⑨「범죄피해자 보호법」, ⑩「언론중재 및 피해구제 등에 관한 법률」, ⑪「환경오염피해 배상책임 및 구제에 관한 법률」, ⑫「형사보상 및 명예회복에 관한 법률」, ⑬「형의 집행 및 수용자의 처우에 관한 법률」, ⑭「환경분쟁 조정법」, ⑮ 석면피해구제법 등도 국민권익의 보호·구제에 기여하는 법률들이다.

이 중 「부패방지 및 국민권익위원회의 설치와 운영에 관한 법률」은 국민의 고충민원 처리와 공직자·공공기관의 부패방지에 관하여, 「공공기관의 정보공개에 관한 법률」은 국민의 행정정보공개청구권과 공공기관의 정보공개의무 등에 관하여 규정하고 있다.

1. 청원법

헌법은 제26조에서 “① 모든 국민은 법률이 정하는 바에 의하여 국가기관에 문서로 청원할 권리를 가진다. ② 국가는 청원에 대하여 심사할 의무를 진다.”라고 하여 국민의 청원권(請願權)을 보장하고 있다. 청원권이란 국민이 관계기관에 대하여 원하는 바를 개진하고 일정한 사항을 실시해주기를 요구할 수 있는 권리이다.

청원법은 국민의 청원권행사의 절차와 청원의 처리에 관한 사항을 규정함을 목적으로 하고 있다(同法 1).

이 법에 따라 국민이 청원을 제출할 수 있는 기관은 ① 국가기관, ② 지방자치단체와 그 소속기관, ③ 법령에 의하여 행정권한을 가지고 있거나 행정권한을 위임 또는 위탁받은 법인·단체 또는 그 기관이나 개인이다(同法 3).

청원은 ① 피해의 구제, ② 공무원의 위법·부당한 행위에 대한 시정(是正)이나 징계의 요구, ③ 법률·명령·조례·규칙 등의 제정·개정 또는 폐지, ④ 공공의 제도 또는 시설의 운영, ⑤ 그 밖에 국가기관 등의 권한에 속하는 사항에 대하여 할 수 있다(同法 4).

청원이 ① 감사·수사·재판·행정심판·조정·중재 등 다른 법령에 의한 조사·불복 또는 구제절차가 진행 중인 때, ② 허위의 사실로 타인으로 하여금 형사처분 또는 징계처분을 받게 하거나 국가기관 등을 중상 모략하는 사항인 때, ③ 사인간의 권리관계 또는 개인의 사생활에 관한 사항인 때, ④ 청원인의 성명·주소 등이 불분명하거나 청원내용이 불명확한 때에는 이를 수리하지 아니한다(同法 5①). 위와 같은 사유로 청원을 수리하지 아니하는 때에는 청원서를 접수한 기관은 그 사유를 명시하여 청원인에게 통지하여야 한다(同法 5②).

청원은 청원인의 성명(법인인 경우에는 명칭 및 대표자의 성명을 말함)과 주소 또는 거소를 기재하고 서명한 문서(전자정부법에 의한 전자문서 포함)로 하여야 한다. 다수인이 공동으로 청원을 하는 때에는 그 처리결과를 통지받을 3인 이하의 대표자를 선임하여 이를 청원서에 표시하여야 한다. 청원서에는 청원의 이유와 취지를 밝히고, 필요한 때에는 참고자료를 첨부할 수 있다(同法 6①②③).

청원서는 청원사항을 관장하는 기관에 제출하여야 한다. 청원서를 접수한 기관은 청원서에 미비한 사항이 있다고 판단할 때에는 청원인에게 보완하여야 할 사항 및 기간을 명시하여 이를 보완할 것을 요구할 수 있으며, 청원사항이 그 기관이 관장하는 사항이 아니라고 인정되는 때에는 그 청원사항을 관장하는 기관에 청원서를 이송하고 이를 청원인에게 통지하여야 한다(同法 7①②③).

동일인이 동일한 내용의 청원서를 동일한 기관에 2건 이상 제출하거나 2 이상의 기관에 제출한 때에는 나중에 접수된 청원서는 이를 반려할 수 있다(同法 8).

청원을 수리한 기관은 성실하고 공정하게 청원을 심사·처리하여야 하며, 청원을 접수한 때부터 특별한 사유가 없는 한 90일 이내에 그 처리결과를 청원인에게 통지하여야 하고, 부득이한 사유로 위의 처리기간 내에 청원을 처리하기 곤란하다고 인정하는 경우에는 60일의 범위 내에서 1회에 한하여 그 처리기간을 연장할 수 있다. 이 경우 그 사유와 처리예정기한을 지체 없이 청원인에게 통지하여야 한다(同法 9①②③. 憲裁 2000.10.25, 99헌마458). 청원이 위의 처리기간 이내에 처리되지 아니하는 경우 청원인은 청원을 관장하는 기관에 이의신청을 할 수 있다(同法 9의2).

청원을 관장하는 기관은 청원의 처리 등 필요한 사항에 관하여 이 법에 위반되지 아니하는 범위 내에서 규칙을 제정할 수 있다(同法 10).

누구든지 타인을 모해(謀害)할 목적으로 허위의 사실을 적시한 청원을 하여서는 아니되며(同法 11), 이를 위반한 자는 5년 이하의 징역 또는 1천만원 이하의 벌금에 처한다(同法 13). 누구든지 청원을 하였다는 이유로 차별대우를 받거나 불이익을 강요당하지 아니한다(同法 12).

【大判 2009.9.10, 2009도6027. "국민이 가지는 청원권은 국가기관에 대하여 자신의 의견이나 관심사를 전달할 자유를 보장하는 동시에 이를 통하여 공적인 국가의사의 형성에 영향을 미칠 수 있도록 하는 헌법상의 권리로서 중요한 의미를 가지므로, 이를 제한하여 국민의 청원권 행사가 위축되도록 법을 운용하는 것은 이러한 청원권의 기본취지에 맞는다고 할 수 없다."】

2.「민원 처리에 관한 법률」

(1) 서설

행정의존도(行政依存度)가 높아진 국민의 일상생활에서 국민이 행정기관에 제기하는 다양한 민원(民願)을 공정하고 신속하게 처리하기 위한 법률로서 「민원 처리에 관한 법률」이 있다.

2016.1.1. 현재 「민원사무처리에 관한 법률」이 시행되고 있으나, 이 법률은 2015. 8.11. 「민원 처리에 관한 법률」로 전부 개정되었으며, 이 개정 법률은 2016.2.12.부터 시행된다. 아래에서는 「민원 처리에 관한 법률」을 개설한다.

「민원 처리에 관한 법률」은 민원 처리에 관한 기본적인 사항을 규정하여 민원의 공정하고 적법한 처리와 민원행정제도의 합리적 개선을 도모함으로써 국민의 권익을 보호함을 목적으로 하고 있다(同法 1).

이 법에서 '민원'이란 민원인이 행정기관에 대하여 처분 등 특정한 행위를 요구하는 것을 말하며, 그 종류는 일반민원과 고충민원으로 구분하는데, '일반민원'에는 법정민원(法定民願)·질의민원·건의민원·기타민원이 포함된다(同法 2ⅰ).

위에서 '법정민원'이란 법령·훈령·예규·고시·자치법규 등(이하 '관계법령 등'이라 함)에서 정한 일정 요건에 따라 인가·허가·승인·특허·면허 등을 신청하거나 장부·대장 등에 등록·등재를 신청 또는 신고하거나 특정한 사실 또는 법률관계에 관한 확인 또는 증명을 신청하는 민원을 말하며, '질의민원'이란 법령·제도·절차 등 행정업무에 관하여 행정기관의 설명이나 해석을 요구하는 민원을 말한다.

'건의민원'이란 행정제도 및 운영의 개선을 요구하는 민원을 말하고, '기타민원'이란 법정민원·질의민원·건의민원 및 고충민원 외에 행정기관에 단순한 행정절차 또는 형식요건 등에 대한 상담·설명을 요구하거나 일상생활에서 발생하는 불편사항에 대하여 알리는 등 행정기관에 특정한 행위를 요구하는 민원을 말한다.

'고충민원'이란 「부패방지 및 국민권익위원회의 설치와 운영에 관한 법률」 제2조 제5호에 따른 고충민원을 말하며, 同法에 의하여 처리될 수 있는 민원이다.

「민원 처리에 관한 법률」에서 '민원인'이란 행정기관에 민원을 제기하는 개인·

법인·단체를 말하는데, 다만, 행정기관(사경제 주체로서 제기하는 경우 제외), 행정기관과 사법(私法)상 계약관계(민원과 직접 관련된 계약관계만 해당)에 있는 자, 성명·주소 등이 불명확한 자 등 대통령령으로 정하는 자는 제외한다(同法 2ii).

이 법에서 '행정기관'이란 ① 국회·법원·헌법재판소·중앙선거관리위원회의 행정사무를 처리하는 기관, 중앙행정기관(대통령 소속기관과 국무총리 소속기관 포함)과 그 소속기관, 지방자치단체와 그 소속기관, ② 「공공기관의 운영에 관한 법률」 제4조에 따른 법인·단체 또는 기관, 지방공기업법에 따른 지방공사 및 지방공단, 특별법에 따라 설립된 특수법인, 「초·중등교육법」·고등교육법 및 다른 법률에 따라 설치된 각급 학교, 그 밖에 대통령령으로 정하는 법인·단체 또는 기관, ③ 법령 또는 자치법규에 따라 행정권한이 있거나 행정권한을 위임 또는 위탁받은 법인·단체 또는 그 기관이나 개인을 말한다(同法 2iii).

'복합민원'이란 하나의 민원 목적을 실현하기 위하여 관계법령 등에 따라 여러 관계 기관(민원과 관련된 단체·협회 등 포함) 또는 관계 부서의 인가·허가·승인·추천·협의 또는 확인 등을 거쳐 처리되는 법정민원을 말하며(同法 2v), '다수인관련민원'이란 5세대(世帶) 이상의 공동이해와 관련되어 5명 이상이 연명으로 제출하는 민원을 말한다(同法 2vi).

'무인민원발급창구'란 행정기관의 장이 행정기관 또는 공공장소 등에 설치하여 민원인이 직접 민원문서를 발급받을 수 있도록 하는 전자장비를 말한다(同法 2viii).

(2) 민원을 신청하고 응답받을 민원인의 권리 등

민원에 관하여 다른 법률에 특별한 규정이 있는 경우를 제외하고는 이 법에서 정하는 바에 따른다(同法 3①). 민원을 처리하는 담당자는 담당 민원을 신속·공정·친절·적법하게 처리하여야 한다(同法 4).

민원인은 행정기관에 민원을 신청하고 신속·공정·친절·적법한 응답을 받을 권리를 가지며, 민원을 처리하는 담당자의 적법한 민원처리를 위한 요청에 협조하여야 하고, 행정기관에 부당한 요구를 하거나 다른 민원인에 대한 민원 처리를 지연시키는 등 공무를 방해하는 행위를 하여서는 아니 된다(同法 5①②).

행정기관의 장은 관계법령 등에서 정한 처리기간이 남아 있다거나 그 민원과 관련 없는 공과금 등을 미납하였다는 이유로 민원 처리를 지연시켜서는 아니 되며(다른 법령에 특별한 규정이 있는 경우에는 그에 따름), 법령의 규정 또는 위임이 있는 경우를 제외하고는 민원 처리의 절차 등을 강화하여서는 아니 된다(同法 6①②).

행정기관의 장은 민원 처리와 관련하여 알게 된 민원 내용과 민원관련 개인정보 등이 누설되지 아니하도록 필요한 조치를 강구하여야 하며, 수집된 정보가 민원 처리의 목적 외의 용도로 사용되지 아니하도록 하여야 한다(同法 7).

(3) **민원의 신청과 접수 등**

민원의 신청은 문서(전자정부법에 따른 전자문서 포함)로 하여야 한다. 다만, 기타민원은 구술(口述) 또는 전화로 할 수 있다(同法 8).

행정기관의 장은 민원의 신청을 받았을 때에는 다른 법령에 특별한 규정이 있는 경우를 제외하고는 그 접수를 보류하거나 거부할 수 없으며, 접수된 민원문서를 부당하게 되돌려 보내서는 아니 되고(同法 9①), 민원을 접수하였을 때에는 원칙적으로 해당 민원인에게 접수증을 내주어야 한다(同法 9②).

행정기관의 장은 민원을 접수·처리할 때에 민원인에게 관계법령 등에서 정한 구비서류 외의 서류를 추가로 요구하여서는 아니 되며, 원래의 민원의 내용 변경 또는 갱신 신청을 받았을 때에는 특별한 사유가 없으면 이미 제출되어 있는 관련 증명서류 또는 구비서류를 다시 요구하여서는 아니 되고(同法 10①④), 민원의 신청 및 접수·처리 과정에서 장애인·임산부·노약자 등에 대한 편의를 제공하기 위하여 노력하여야 한다(同法 11).

행정기관의 장은 민원을 접수·처리할 때에 ① 민원인이 소지한 주민등록증·여권·자동차운전면허증 등 행정기관이 발급한 증명서로 그 민원의 처리에 필요한 내용을 확인할 수 있는 경우, ② 해당 행정기관의 공부(公簿) 또는 행정정보로 그 민원의 처리에 필요한 내용을 확인할 수 있는 경우, ③ 전자정부법에 따른 행정정보의 공동이용을 통하여 그 민원의 처리에 필요한 내용을 확인할 수 있는 경우에는 민원인에게 관련 증명서류 또는 구비서류의 제출을 요구할 수 없으며, 그 민원을 처리하는 담당자가 직접 이를 확인·처리하여야 한다(同法 10③).

이 법은 행정기관의 장의 민원실 설치(同法 12), 민원편람의 비치 등 신청편의의 제공(同法 13), 다른 행정기관 등을 이용한 민원의 접수·교부(同法 14), 정보통신망을 이용한 다른 행정기관 소관 민원의 접수·교부(同法 15), 접수한 민원이 다른 행정기관의 소관인 경우의 민원문서의 이송(同法 16)에 대하여도 규정하고 있다.

(4) 민원의 처리기간·처리방법 및 처리결과의 통지

행정기관의 장은 법정민원을 신속히 처리하기 위하여 행정기관에 법정민원의 신청이 접수된 때부터 처리가 완료될 때까지 소요되는 처리기간을 법정민원의 종류별로 미리 정하여 공표하여야 하며, 민원의 처리기간은 접수기관·경유기관·협의기관(다른 기관과 사전협의가 필요한 경우만 해당) 및 처분기관 등 각 기관별로 구분하여 정하고, 처리기간을 민원편람에 수록하여야 한다(同法 17①②③).

질의민원·건의민원·기타민원 및 고충민원의 처리기간 및 처리절차 등에 관하여는 대통령령으로 정한다(同法 18). 이 법은 민원 처리기간의 계산(同法 19), 민원처리에 대한 관계 기관·부서 간의 협조(同法 20), 민원 처리의 예외와 그 사유의 통지(同法 21), 민원문서의 보완·취하(同法 22. 大判 2004.10.15, 2003두6573), 반복·중복되는 민원의 처리(同法 23)에 대하여 규정하고 있다.

다수인관련민원을 신청하는 민원인은 연명부(連名簿)를 원본으로 제출하여야 한다(同法 24①).

행정기관의 장은 민원 처리상황의 확인·점검 등을 위하여 소속 직원 중에서 민원심사관을 지정하여야 하며(同法 25①), 처리한 민원에 대하여 민원인의 만족여부 및 개선사항 등을 조사하여 업무에 반영할 수 있다(同法 26).

행정기관의 장은 접수된 민원에 대한 처리를 완료한 때에는 그 결과를 민원인에게 문서로 통지하여야 한다. 다만, 기타민원의 경우와 통지에 신속을 요하거나 민원인이 요청하는 등 대통령령으로 정하는 경우에는 구술 또는 전화로 통지할 수 있다. 민원의 처리결과를 통지할 때에 민원의 내용을 거부하는 경우에는 거부이유와 구제절차를 함께 통지하여야 한다(同法 27①②).

이 법은 무인민원발급창구를 이용한 민원문서의 발급(同法 28), 민원수수료 등의 납부방법(同法 29)에 대하여도 규정하고 있다.

(5) 민원에 대한 사전심사 청구제도

민원인은 법정민원 중 신청에 경제적으로 많은 비용이 수반되는 민원 등 대통령령으로 정하는 민원에 대하여는 행정기관의 장에게 정식으로 민원을 신청하기 전에 미리 약식의 사전심사를 청구할 수 있다(同法 30①).

행정기관의 장은 위의 사전심사가 청구된 법정민원이 다른 행정기관의 장과의 협의를 거쳐야 하는 사항인 경우에는 미리 그 행정기관의 장과 협의하여야 하고, 사전심사 결과를 민원인에게 문서로 통지하여야 하며, 가능한 것으로 통지한 민원의 내용에 대하여는 민원인이 나중에 정식으로 민원을 신청한 경우에도 동일하게 결정을 내릴 수 있도록 노력하여야 한다. 다만, 민원인의 귀책사유 또는 불가항력이나 그 밖의 정당한 사유로 이를 이행할 수 없는 경우에는 그러하지 아니하다(同法 30②③). 행정기관의 장은 위의 사전심사 제도를 효율적으로 운영하기 위하여 필요한 법적·제도적 장치를 마련하여 시행하여야 한다(同法 30④).

그런데 위와 같은 대규모의 경제적 비용이 드는 민원에 대한 사전심사청구제도는 행정기관과 국민간의 민주적 의사소통의 길을 열어주고 국민의 행정에 대한 예측가능성과 신뢰를 확보하게 하는 행정법상 확약(確約, 처분 등의 약속)으로서의 순기능을 수행할 수 있는 제도라고 할 수 있다. 이러한 사전심사청구제도를 통하여 대규모의 경제적 비용을 들여서 사업준비를 하였으나 행정청으로부터 사업허가 등을 받지 못하는 경우에 야기되는 당사자의 막대한 피해를 막을 수 있는 것이다.

위의 사전심사청구제도는 행정청의 처분 등의 공정성·투명성을 높이고, 개인 등이 신청하는 사업의 인·허가 등과 관련된 부조리(不條理)를 예방하는 효과도 낼 수 있으므로, 국민이나 행정기관이 적극적으로 이를 활용할 필요가 있다고 하겠다. 따라서 이 법에 의한 사전심사청구 대상 민원을 더욱 확대하고 명확히 하며, 이 제도의 실효성을 확보할 수 있도록 내실화하는 것이 요구된다(大判 2014.4.24, 2013두7834).

(6) 복합민원일괄처리제(複合民願一括處理制), 민원 1회방문 처리제 등

행정기관의 장은 복합민원을 처리할 주무부서를 지정하고 그 부서로 하여금 관계 기관·부서 간의 협조를 통하여 민원을 한꺼번에 처리하게 할 수 있다(同法 31

①). 이는 복합민원일괄처리제를 규정한 것이다(大判 2000.3.24, 98두8766).

행정기관의 장은 복합민원을 처리할 때에 그 행정기관의 내부에서 할 수 있는 자료의 확인, 관계 기관·부서와의 협조 등에 따른 모든 절차를 담당 직원이 직접 진행하도록 하는 '민원 1회방문 처리제'를 확립함으로써 불필요한 사유로 민원인이 행정기관을 다시 방문하지 아니하도록 하여야 하며, 민원 1회방문 처리에 관한 안내와 상담의 편의를 제공하기 위하여 민원 1회방문 상담창구를 설치하여야 한다(同法 32①②). 이 법은 민원 1회방문 처리제의 운영절차(同法 32③), 민원 1회방문 처리제의 운영을 위한 민원후견인의 지정·운영(同法 33), 민원조정위원회의 설치·운영(同法 34)에 대하여도 규정하고 있다.

법정민원에 대한 행정기관장의 거부처분에 불복하는 민원인은 그 거부처분을 받은 날부터 60일 이내에 그 행정기관의 장에게 문서로 이의신청을 할 수 있다(同法 35①). 행정기관의 장은 이의신청을 받은 날부터 10일 이내에 그 이의신청에 대하여 인용 여부를 결정하고 그 결과를 민원인에게 지체 없이 문서로 통지하여야 한다. 다만, 부득이한 사유로 정하여진 기간 이내에 인용 여부를 결정할 수 없을 때에는 그 기간의 만료일 다음 날부터 기산(起算)하여 10일 이내의 범위에서 연장할 수 있으며, 연장 사유를 민원인에게 통지하여야 한다(同法 35②. 大判 2012.11.15, 2010두8676). 민원인은 위의 이의신청 여부와 관계없이 행정심판법에 따른 행정심판 또는 행정소송법에 따른 행정소송을 제기할 수 있다(同法 35③).

(7) 민원제도의 개선 등

행정자치부장관은 민원인의 편의를 위하여 관계법령 등에 규정되어 있는 민원의 처리기관·처리기간·구비서류·처리절차·신청방법 등에 관한 사항을 종합한 민원처리기준표를 작성하여 관보에 고시하고 전자정부법에 따른 통합전자민원창구에 게시하여야 한다(同法 36①).

행정기관의 장은 관계법령 등의 제정·개정 또는 폐지 등으로 위의 고시된 민원처리기준표를 변경할 필요가 있으면 즉시 그 내용을 행정자치부장관에게 통보하여야 하며, 행정자치부장관은 그 내용을 관보에 고시하고 통합전자민원창구에 게시한 후 민원처리기준표에 반영하여야 하며(同法 36②), 관계 행정기관장에 대하여 관계법령 등에 규정되어 있는 처리기간·구비서류·처리절차·신청방법 등의 개정을 요청할 수 있다(同法 36③).

행정자치부장관은 민원처리기준표를 작성·고시할 때에 민원의 간소화를 위하여 필요하다고 인정하는 경우에는 관계 행정기관의 장과 협의를 거쳐 관계법령 등이 개정될 때까지 잠정적으로 관계법령 등에 규정되어 있는 처리기간·구비서류를 줄이거나 처리절차·신청방법을 변경할 수 있다(同法 37①).

행정기관의 장은 위의 민원처리기준표가 조정·고시된 경우에는 이에 따라 민원을 처리하여야 하며, 중앙행정기관의 장은 민원처리기준표의 조정·변경된 내용에 따라 관계법령 등을 지체 없이 개정·정비하여야 한다(同法 37②).

행정자치부장관은 매년 민원행정 및 제도개선에 관한 기본지침을 작성하여 행정기관의 장에게 통보하여야 하며, 행정기관의 장은 위의 기본지침에 따라 그 기관의 특성에 맞는 민원행정 및 제도개선 계획을 수립·시행하여야 한다(同法 38①②).

행정기관의 장은 민원제도에 대한 개선안을 발굴·개선하도록 노력하여야 하며, 개선한 내용을 대통령령으로 정하는 바에 따라 행정자치부장관에게 통보하여야 한다(同法 39①②). 행정기관의 장과 민원을 처리하는 담당자는 민원제도에 대한 개선안을 행정자치부장관 또는 그 민원의 소관 행정기관의 장에게 제출할 수 있으며, 행정자치부장관은 제출받은 개선안을 검토하여 필요한 경우에는 그 소관 행정기관의 장에게 통보하여 검토하도록 하여야 한다(同法 39③④).

여러 부처와 관련된 민원제도 개선사항을 심의·조정하기 위하여 국무총리 소속으로 민원제도개선조정회의를 둔다(同法 40①).

중앙행정기관의 장은 매년 그 기관이 관장하는 민원의 처리 및 운영 실태를 조사하여야 하며, 조사 결과에 따라 소관 민원의 구비서류·처리절차 등의 간소화 방안을 마련하여야 한다(同法 41①②).

행정자치부장관은 민원행정 및 제도의 개선을 위하여 행정기관에 대하여 민원의 개선 상황과 운영 실태를 확인·점검·평가할 수 있으며, 확인·점검·평가 결과 민원의 개선에 소극적이거나 이행 상태가 불량하다고 판단되는 경우 국무총리에게 이를 시정하기 위하여 필요한 조치를 건의할 수 있다(同法 42①②).

이 법은 행정자치부장관이 실시하는 민원 관련 자료수집과 민원제도 개선사업에 대한 관계 행정기관장의 협조(同法 43), 민원행정에 관한 여론 수집 및 민원행정제도개선 등에의 반영(同法 44①)에 대하여도 규정하고 있다.

중앙행정기관장 등 대통령령으로 정하는 행정기관의 장은 정부시책이나 행정제도 및 그 운영의 개선에 관한 국민제안을 접수·처리하여야 하며, 국민제안의 운영과 그 절차 등에 필요한 사항은 대통령령으로 정한다(同法 45①②).

(8) 민원사무에 관한 기타의 법률들

민원사무에 관한 법무부 소관 법률로서 ① 혼인신고특례법, ②「가족관계의 등록 등에 관한 법률」, ③「재외국민의 가족관계등록 창설, 가족관계등록부 정정 및 가족관계등록부 정리에 관한 특례법」, ④「재외동포의 출입국과 법적 지위에 관한 법률」, ⑤ 재외국민등록법 등도 있다.

3. 「부패방지 및 국민권익위원회의 설치와 운영에 관한 법률」

(1) 고충민원처리제도와 옴부즈만제도

행정작용으로 인하여 침해된 국민의 권익을 구제·보호하기 위한 제도의 하나로서 고충민원처리제도(苦衷民願處理制度)가 있다.

고충민원처리제도란 법령에 의한 고충민원처리기관이 행정작용으로 인하여 불이익을 받은 개인으로부터 신청을 받아 관계 기관에 구제조치(救濟措置)를 권고·알선하거나 고충민원을 처리함으로써 행정운영의 적정(適正)과 합리적인 민원해소를 도모하는 제도를 말한다.

여러 나라들에서 국민의 고충민원을 처리하기 위한 제도로서 채택하고 있는 옴부즈만(Ombudsman)제도는 1809년 스웨덴 헌법에서 창시되었는데, 이는 의회(議會)가 임명한 옴부즈만이 직무상 독립하여 직권 또는 개인의 신청에 의하여 행정작용의 위법 여부를 조사하고, 관계기관에게 시정조치(是正措置)를 권고 또는 알선함으로써 국민의 권익을 보호하는 제도이다.

스웨덴의 옴부즈만제도는 핀란드(1919), 덴마크(1953), 노르웨이(1962), 뉴질랜드(1962), 영국(1967), 프랑스(1973), 오스트리아(1976), 오스트레일리아(1977), 스페인(1978) 등 여러 국가에서 헌법 또는 법률로 도입·채택되고 있다.

북유럽에서 발달해 온 전형적인 의회옴부즈만제도의 특징으로는 다음과 같은 것들을 들 수 있다. 즉, 옴부즈만은 ① 의회에 의하여 임명되고, ② 의회에 의하여 임명된 후에는 공평하고 중립적인 조사관(調査官)으로서 의회에 대하여도 정치적으로 독립된 지위에 있으며, ③ 당사자나 이해관계인의 신청이 있을 때는 물론이고 신청이 없어도 사건의 조사에 착수할 수 있으며, ④ 사건처리방법이 직접적·경제적·비요식적(非要式的)이고 신속하며, ⑤ 특정 행정작용이 위법 또는 부당한 것으로 판단되는 경우에도 이를 직접 취소·변경·시정(是正)할 수는 없고 관계기관에 대하여 그 시정 등을 권고할 수 있을 뿐이며, 이 경우 해당 행정기관이 그 권고에 따르지 않을 때에는 의회에 대한 보고서에서 그 사실을 지적하거나 또는 그 사실을 언론에 공표할 수 있는 점 등이 그 특징이다. 옴부즈만제도의 장점은 적은 비용과 간편한 절차로 고충해결을 도모할 수 있는 점이다.

「부패방지 및 국민권익위원회의 설치와 운영에 관한 법률」에 의하여 설치된 국민권익위원회·시민고충처리위원회는 옴부즈만으로서의 기능을 수행하기도 한다.

「부패방지 및 국민권익위원회의 설치와 운영에 관한 법률」은 국민권익위원회를 설치하여 고충민원의 처리와 이에 관련된 불합리한 행정제도를 개선하고, 부패의 발생을 예방하며 부패행위를 효율적으로 규제함으로써 국민의 기본적 권익을 보호하고 행정의 적정성을 확보하며 청렴한 공직 및 사회풍토의 확립에 이바지함을 목적으로 하고 있다(同法 1). 이 법의 주요내용은 다음과 같다.

(2) 공직자·공공기관의 부패방지

「부패방지 및 국민권익위원회의 설치와 운영에 관한 법률」에서 '부패행위'란 ① 공직자가 직무와 관련하여 그 지위 또는 권한을 남용하거나 법령을 위반하여 자기 또는 제3자의 이익을 도모하는 행위, ② 공공기관의 예산사용, 공공기관 재산의 취득·관리·처분 또는 공공기관을 당사자로 하는 계약의 체결 및 그 이행에 있어서 법령에 위반하여 공공기관에 대하여 재산상 손해를 가하는 행위, ③ 위의 ①②의 행위나 그 은폐를 강요·권고·제의·유인하는 행위 중 어느 하나에 해당하는 행위를 말한다(同法 2ⅳ).

위에서 '공직자'란 국가공무원법 및 지방공무원법에 따른 공무원과 그 밖의 다른 법률에 따라 그 자격·임용·교육훈련·복무·보수·신분보장 등에 있어서 공무원으로 인정된 자와 공직유관단체의 장 및 그 직원을 말하며(同法 2ⅲ), '공공기관'이란 ① 정부조직법에 따른 각급 행정기관과 지방자치단체의 집행기관 및 지방의회, ② 교육감, 교육청 및 교육위원회, ③ 국회, 각급 법원, 헌법재판소, 각급 선거관리위원회, 감사원, ④ 공직자윤리법 제3조 제1항 제12호에 따른 공직유관단체 중 어느 하나에 해당하는 기관·단체를 말한다(同法 2ⅰ).

이 법은 공공기관의 책무에 관하여, 공공기관은 ① 건전한 사회윤리를 확립하기 위하여 부패방지에 노력할 책무를 지고, ② 부패를 방지하기 위하여 법령상·제도상·행정상의 모순이 있거나 그 밖에 개선할 사항이 있다고 인정할 때에는 즉시 이를 개선·시정하여야 하며, ③ 교육·홍보 등 적절한 방법으로 소속 직원과 국민의 부패척결에 대한 의식을 고취하기 위하여 적극 노력하여야 하고, ④ 부패방지를 위한 국제적 교류와 협력에 적극 노력하여야 한다고 규정하고 있다(同法 3).

이 법에 따르면, 정당법에 따라 등록된 정당과 소속 당원은 깨끗하고 투명한 정치문화를 만들기 위하여 노력하여야 하며, 올바른 선거문화를 정착하게 하고 정당운영 및 정치자금의 모집과 사용을 투명하게 하여야 하고(同法 4), 기업은 건전한 거래질서와 기업윤리를 확립하고 일체의 부패를 방지하기 위하여 필요한 조치를 강구하여야 하며(同法 5), 모든 국민은 공공기관의 부패방지시책에 적극 협력하여야 한다(同法 6).

공직자는 법령을 준수하고 친절·공정하게 집무하여야 하며 일체의 부패행위와 품위를 손상하는 행위를 하여서는 아니 되고(同法 7), 업무처리 중 알게 된 비밀을 이용하여 재물 또는 재산상의 이익을 취득하거나 제3자로 하여금 취득하게 하여서는 아니 된다(同法 7의2).

대통령령·국회규칙·대법원규칙·헌법재판소규칙·중앙선거관리위원회규칙 또는 공직유관단체의 내부규정으로 공직자가 준수하여야 할 '공직자 행동강령'을 정하며(同法 8①), '공직자 행동강령'은 ① 직무관련자로부터의 향응·금품 등을 받는 행위의 금지·제한에 관한 사항, ② 직위를 이용한 인사관여·이권개입·알선·청탁행위의 금지·제한에 관한 사항, ③ 공정한 인사 등 건전한 공직풍토 조성을 위하여 공직자가 지켜야 할 사항, ④ 그 밖에 부패의 방지와 공직자의 직무의 청렴성 및 품위유지 등을 위하여 필요한 사항을 규정한다(同法 8②).

공직자가 '공직자 행동강령'을 위반한 때에는 징계처분을 할 수 있으며, 징계의 종류·절차·효력 등은 당해 공직자가 소속된 기관 또는 단체의 징계관련 사항을 규정한 법령 또는 내부규정이 정하는 바에 따른다(同法 8③④).

(3) 국민권익위원회와 시민고충처리위원회

이 법은 국민의 고충민원(苦衷民願)을 처리하기 위한 기관으로서 국민권익위원회·시민고충처리위원회의 설치와 그 업무 등에 관하여도 규정하고 있다.

위에서 고충민원이란 행정기관 등의 위법·부당하거나 소극적인 처분(사실행위 및 부작위 포함) 또는 불합리한 행정제도로 인하여 국민의 권리를 침해하거나 국민에게 불편·부담을 주는 사항에 관한 민원을 말한다(同法 2ⅴ).

1) 국민권익위원회

고충민원의 처리와 이에 관련된 불합리한 행정제도를 개선하고, 부패의 발생을 예방하며 부패행위를 효율적으로 규제하도록 하기 위하여 국무총리 소속으로 국민권익위원회를 둔다(同法 11).

이 법은 국민권익위원회의 업무로서 국민의 권리보호·권익구제 및 부패방지를 위한 정책의 수립 및 시행, 고충민원의 조사와 처리 및 이와 관련된 시정권고 또는 의견표명, 행정심판법에 따른 중앙행정심판위원회의 운영에 관한 사항 등을 규정하고 있다(同法 12). 국민권익위원회는 합의제 행정청이다.

국민권익위원회는 위원장 1명을 포함한 15명의 위원(부위원장 3명과 상임위원 3명 포함)으로 구성한다. 이 경우 부위원장은 각각 고충민원, 부패방지 업무 및 중앙행정심판위원회의 운영업무로 분장하여 위원장을 보좌한다. 다만, 중앙행정심판위원회의 구성에 관한 사항은 행정심판법에서 정하는 바에 따른다(同法 13①).

국민권익위원회는 매년 고충민원과 관련하여 同위원회의 운영상황을 대통령과 국회에 보고하고 이를 공표하여야 하며(同法 26①), 필요하다고 인정하는 경우 공공기관의 장에게 부패방지를 위한 제도의 개선을 권고할 수 있다(同法 27①).

2) 시민고충처리위원회

지방자치단체 및 그 소속 기관에 관한 고충민원의 처리와 행정제도의 개선 등을 위하여 각 지방자치단체에 시민고충처리위원회를 둘 수 있다(同法 32①).

시민고충처리위원회는 지방자치단체 및 그 소속 기관에 관한 고충민원의 조사와 처리, 고충민원과 관련된 시정권고 또는 의견표명, 민원사항에 관한 안내, 상담 및 민원처리 지원 등의 업무를 수행한다(同法 32②).

시민고충처리위원회는 매년 同위원회의 운영상황을 지방자치단체의 장과 지방의회에 보고하고 이를 공표하여야 한다(同法 37①). 이 법에 규정된 사항 외에 시민고충처리위원회의 조직 및 운영에 관하여 필요한 사항은 해당 지방자치단체의 조례로 정한다(同法 38).

(4) 고충민원처리절차

1) 고충민원의 신청 및 접수

누구든지(국내에 거주하는 외국인 포함) 국민권익위원회 또는 시민고충처리위원회(이하 이 두 위원회를 '권익위원회'라 함)에 고충민원을 신청할 수 있다. 이 경우 하나의 권익위원회에 대하여 고충민원을 제기한 신청인은 다른 권익위원회에 대하여도 고충민원을 신청할 수 있다(同法 39①).

권익위원회에 고충민원을 신청하고자 하는 자는 ① 신청인의 이름과 주소(법인 또는 단체의 경우에는 그 명칭 및 주된 사무소의 소재지와 대표자의 이름), ② 신청의 취지·이유와 고충민원신청의 원인이 된 사실내용, ③ 그 밖에 관계 행정기관의 명칭 등 대통령령으로 정하는 사항을 기재하여 문서(전자문서 포함)로 이를 신청하여야 한다. 다만, 문서에 의할 수 없는 특별한 사정이 있는 경우에는 구술로 신청할 수 있다(同法 39②). 권익위원회는 고충민원의 신청이 있는 경우에는 다른 법령에 특별한 규정이 있는 경우를 제외하고는 그 접수를 보류하거나 거부할 수 없으며, 접수된 고충민원서류를 부당하게 되돌려 보내서는 아니 된다(同法 39④).

권익위원회는 접수된 고충민원 중 관계 행정기관 등에서 처리하는 것이 타당하다고 인정되는 사항은 이를 관계 행정기관 등에 이첩(移牒)할 수 있다. 이 경우 이첩 받은 관계 행정기관 등의 장(長)은 권익위원회의 요청이 있는 때에는 그 처리결과를 권익위원회에 통보하여야 한다(同法 40①).

권익위원회는 ① 고도의 정치적 판단을 요하거나 국가기밀 또는 공무상 비밀에 관한 사항, ② 국회·법원·헌법재판소·선거관리위원회·감사원·지방의회에 관한 사항, ③ 수사 및 형집행에 관한 사항으로서 그 관장기관에서 처리하는 것이 적당하다고 판단되는 사항 또는 감사원의 감사가 착수된 사항, ④ 행정심판, 행정소송, 헌법재판소의 심판이나 감사원의 심사청구 그 밖에 다른 법률에 따른 불복구제절차가 진행 중인 사항 등 일정한 사항에 대한 고충민원은 각하(却下)하거나 관계기관에 이송할 수 있다(同法 43①). 권익위원회는 고충민원을 각하 또는 이송한 경우에는 지체 없이 그 사유를 명시하여 신청인에게 통보하여야 한다(同法 43②).

2) 고충민원의 조사

권익위원회는 고충민원을 접수한 경우에는 지체 없이 그 내용에 관하여 필요한 조사를 하여야 한다. 다만, ① 위의 각하사유에 해당하는 사항, ② 고충민원의 내용이 거짓이거나 정당한 사유가 없다고 인정되는 사항, ③ 그 밖에 고충민원에 해당하지 아니하는 경우 등 권익위원회가 조사하는 것이 적절하지 아니하다고 인정하는 사항의 경우에는 조사를 하지 아니할 수 있다. 권익위원회는 접수된 민원에 관하여 조사를 하지 아니하거나 조사를 중지 또는 중단한 경우에는 지체 없이 그 사유를 신청인에게 통보하여야 한다(同法 41①③).

권익위원회는 조사 중이거나 조사가 끝난 고충민원에 대한 공정한 해결을 위하여 필요한 조치를 당사자에게 제시하고 합의를 권고할 수 있으며(同法 44), 다수인이 관련되거나 사회적 파급효과가 크다고 인정되는 고충민원의 신속하고 공정한 해결을 위하여 필요하다고 인정하는 경우에는 당사자의 신청 또는 직권에 의하여 조정을 할 수 있다. 조정은 당사자가 합의한 사항을 조정서에 기재한 후 당사자가 기명날인하고 권익위원회가 이를 확인함으로써 성립하며, 성립된 조정은 민법상의 화해와 같은 효력이 있다(同法 45①②③).

3) 고충민원의 결정

권익위원회는 고충민원에 대한 조사결과 처분 등이 위법·부당하다고 인정할 만한 상당한 이유가 있는 경우에는 관계 행정기관 등의 장에게 적절한 시정을 권고할 수 있으며(同法 46①), 고충민원에 대한 조사결과 신청인의 주장이 상당한 이유가 있다고 인정되는 사안에 대하여는 관계 행정기관 등의 장에게 의견을 표명할 수 있다(同法 46②). 권익위원회는 고충민원의 결정내용을 지체 없이 신청인 및 관계 행정기관 등의 장에게 통지하여야 한다(同法 49). 즉, 권익위원회는 행정청의 처분 등이 위법·부당하다고 인정하는 경우에도 그 처분 등을 취소하거나 직접 시정하지 못하고, 관계 행정청에게 시정권고나 의견표명만을 할 수 있다.

권익위원회로부터 위의 권고 또는 의견을 받은 관계 행정기관 등의 장은 이를 존중하여야 하며, 그 권고 또는 의견을 받은 날부터 30일 이내에 그 처리결과를 권익위원회에 통보하여야 한다. 권익위원회의 권고를 받은 관계 행정기관 등의 장이 그 권고내용을 이행하지 아니하는 경우에는 그 이유를 권익위원회에 문서로 통보하여야 한다. 이러한 통보를 받은 경우에 권익위원회는 신청인에게 그 내용을 지체 없이 통보하여야 한다(同法 50①②③).

고충민원의 조사·처리과정에서 관계 행정기관 등의 직원이 고의 또는 중대한 과실로 위법·부당하게 업무를 처리한 사실을 발견한 경우 국민권익위원회는 감사원에, 시민고충처리위원회는 해당 지방자치단체에 감사를 의뢰할 수 있다(同法 51).

권익위원회는, 다른 법률의 규정에 의하여 공표(公表)가 제한되거나 개인의 사생활의 비밀이 침해될 우려가 있는 경우를 제외하고, 권익위원회가 관계 행정기관 등의 장에게 표명한 권고 또는 의견의 내용과 관계 행정기관 등의 장의 처리결과 및 권고내용의 불이행사유를 공표할 수 있다(同法 53).

(5) 부패행위 신고 및 신고자 등의 보호

누구든지 부패행위를 알게 된 때에는 이를 국민권익위원회에 신고할 수 있다(同法 55). 공직자는 그 직무를 행함에 있어 다른 공직자가 부패행위를 한 사실을 알게 되었거나 부패행위를 강요 또는 제의받은 경우에는 지체 없이 이를 수사기관·감사원 또는 국민권익위원회에 신고하여야 한다(同法 56).

부패행위를 신고하고자 하는 자는 신고자의 인적사항과 신고취지 및 이유를 기재한 기명의 문서로써 하여야 하며, 신고대상과 부패행위의 증거 등을 함께 제시하여야 한다(同法 58).

국민권익위원회는 접수된 신고사항에 대하여 신고자를 상대로 신고자의 인적사항, 신고의 경위 및 취지 등 신고내용의 특정(特定)에 필요한 사항 등 일정한 사항을 확인할 수 있으며(同法 59①), 접수된 신고사항에 대하여 조사가 필요한 경우 이를 감사원, 수사기관 또는 해당 공공기관의 감독기관(이하 '조사기관'이라 함)에 이첩하여야 한다. 다만, 국가기밀이 포함된 신고사항에 대하여는 대통령령으로 정하는 바에 따라 처리한다(同法 59③). 국민권익위원회는 접수된 신고사항을 그 접수일부터 원칙적으로 60일 이내에 처리하여야 한다(同法 59⑥).

신고를 이첩받은 조사기관은 신고를 이첩받은 날부터 60일 이내에 감사·수사·조사를 종결하여야 한다. 다만, 정당한 사유가 있는 경우에는 그 기간을 연장할 수 있으며, 국민권익위원회에 그 연장사유 및 연장기간을 통보하여야 하고, 감사·수사·조사결과를 감사·수사·조사 종료 후 10일 이내에 국민권익위원회에 통보하여야 한다. 이 경우 국민권익위원회는 통보를 받은 즉시 신고자에게 감사·수사·조사결과의 요지를 통지하여야 한다(同法 60①②).

누구든지 이 법에 따른 신고나 이와 관련한 진술 그 밖에 자료 제출 등을 한 이유로 소속기관·단체·기업 등으로부터 징계조치 등 어떠한 신분상 불이익이나 근무조건상의 차별을 받지 아니한다(同法 62①).

이 법은 이 법에 따른 신고를 한 자에 대한 신분보장조치(62②), 경제적·행정적 불이익을 당한 경우의 원상회복 등(同法 62③), 신고자의 동의 없이 그 신분의 암시·공개 금지(同法 64①), 신고자 자신과 그 친족 등의 신변보호조치 등(同法 64②), 신고자에 대한 포상금(同法 68①), 보상금의 지급(同法 68②)에 대하여 규정하고, 국민권익위원회에 위의 포상금 및 보상금의 지급에 관한 사항을 심의·의결하기 위하여 보상심의위원회를 두도록 규정하고 있다(同法 69①).

(6) **국민감사청구 등**

19세 이상의 국민은 공공기관의 사무처리가 법령위반 또는 부패행위로 인하여 공익을 현저히 해하는 경우 대통령령으로 정하는 일정한 수(300명) 이상의 국민의 연서로 감사원에 감사(이를 '국민감사'라 함)를 청구(이를 '국민감사청구'라 함)할 수 있다. 다만, 국회·법원·헌법재판소·선거관리위원회·감사원의 사무에 대하여는 국회의장·대법원장·헌법재판소장·중앙선거관리위원회위원장·감사원장(이를 '당해 기관의 장'이라 함)에게 국민감사를 청구하여야 한다(同法 72①).

이 법은 국민감사청구 대상에서 제외되는 사항도 규정하고 있다(同法 72②).

국민감사청구를 하고자 하는 자는 대통령령으로 정하는 바에 따라 청구인의 인적사항과 감사청구의 취지 및 이유를 기재한 기명의 문서로 하여야 한다(同法 73). 국민감사청구된 사항에 대하여는 감사원규칙으로 정하는 국민감사청구심사위원회에서 감사실시 여부를 결정하여야 한다(同法 74).

감사원 또는 당해 기관의 장은 국민감사를 실시하기로 결정한 날부터 60일 이내에 감사를 종결하여야 한다. 다만, 정당한 사유가 있는 경우에는 그 기간을 연장할 수 있다. 감사원 또는 당해 기관의 장은 국민감사가 종결된 날부터 10일 이내에 그 결과를 감사청구인에게 통보하여야 한다(同法 75①②).

이 법은 국민권익위원회의 제도개선에 대한 제안(同法 77), 고충민원사무의 정보보호(同法 78), 고충민원 신청사항의 게시(同法 79), 관계 행정기관 등의 협조

요청(同法 80), 침해된 국민권익의 구제를 위한 교육과 홍보(同法 81), 비위면직자의 취업제한(同法 82), 비위면직자 취업시의 해임요구(同法 83), 국회 등의 자체적인 부패방지 업무추진(同法 84), 벌칙으로서 공직자의 업무상 비밀이용의 죄(同法 86), 업무상 비밀누설죄(同法 87), 인적사항 공개 등 금지 위반의 죄(同法 88), 비위면직 공직자의 취업제한 위반의 죄(同法 89), 조치요구에 대한 불이행의 죄(同法 90)에 대한 벌(罰)을 규정하고, 과태료부과(同法 91)에 관하여도 규정하고 있다.

국민권익위원회 소관 법률인 「공익신고자 보호법」과 「부정청탁 및 금품 등 수수의 금지에 관한 법률」(2016.9.28.시행)도 있다.

【大判 1997.4.11, 96추138. "합의제 행정기관인 옴브즈만(Ombudsman)을 집행기관의 장인 도지사소속으로 설치하는데 있어서는 (구)지방자치법 제107조 제1항의 규정에 따라 당해 지방자치단체의 조례로 정하면 되는 것이지, 헌법이나 법령상으로 별도의 설치근거가 있어야 되는 것은 아니다."】

4. 「공공기관의 정보공개에 관한 법률」

(1) 서설

민주국가에서는 국민의 국정참여(國政參與)·국정통제나 행정의 민주성·투명성 확보를 위하여 공공기관이 보유·관리하는 각종 행정정보를 국민에게 바르게 공개할 필요가 있으며, 국민생활 전반에 걸쳐 불가결한 정보에 대한 국민의 '알 권리'를 보장해야 할 것이다(憲裁 1991.5.13, 90헌마133).

「공공기관의 정보공개에 관한 법률」은 공공기관이 보유·관리하는 정보에 대한 국민의 공개 청구 및 공공기관의 공개 의무에 관하여 필요한 사항을 정함으로써 국민의 알 권리를 보장하고 국정에 대한 국민의 참여와 국정 운영의 투명성을 확보함을 목적으로 하고 있다(同法 1).

이 법은 "정보의 공개에 관하여는 다른 법률에 특별한 규정이 있는 경우를 제외하고는 이 법이 정하는 바에 따른다."고 규정하여(同法 4①), 이 법이 공공기관이 보유·관리하는 정보의 공개에 관한 일반법임을 명시하고 있다(憲裁 2015.6.25, 2011헌마769, 2012헌마209·536병합. 大判 2014.4.10, 2012두17384. 大判 2007.6.1, 2007두2555). 그러나 국가안전보장에 관련되는 정보 및 보안업무를 관장하는 기관에서 국가안전보장과 관련된 정보의 분석을 목적으로 수집하거나 작성한 정보에 대하여는 원칙적으로 이 법을 적용하지 아니한다(同法 4③).

이 법은 ① 정보공개에 관한 정책수립 및 제도개선에 관한 사항, ② 정보공개에 관한 기준수립에 관한 사항, ③ 공공기관의 정보공개 운영실태 평가 및 그 결과 처리에 관한 사항, ④ 그 밖에 정보공개에 관하여 대통령령으로 정하는 사항을 심의·조정하기 위하여 행정자치부장관 소속으로 정보공개위원회를 두도록 규정하고 있다(同法 22).

행정자치부장관은 이 법에 따른 정보공개제도의 정책수립 및 제도개선사항 등에 관한 기획·총괄 업무를 관장하며, 정보공개에 관하여 필요할 경우에 공공기관(국회·법원·헌법재판소 및 중앙선거관리위원회는 제외)의 장에게 정보공개 처리실태의 개선을 권고할 수 있다. 이 경우 권고를 받은 공공기관은 이를 이행하기 위하여 성실하게 노력하여야 하며, 그 조치 결과를 행정자치부장관에게 알려야 한다(同法 24①④). 행정자치부장관은 전년도의 정보공개 운영에 관한 보고서를 매년 정기국회 개회 전까지 국회에 제출하여야 한다(同法 26①).

(2) **공개대상정보**

이 법에 의한 정보공개는 공공기관이 직무상 작성 또는 취득하여 관리하고 있는 문서·도면(圖面) 등에 기록된 사항(이를 '정보'라 함)을 개인의 청구에 의하여 열람하게 하거나 그 사본·복제물(複製物)을 제공하는 것 또는 정보통신망을 통하여 정보를 제공하는 것 등을 의미한다(同法 2).

이 법에서 '공공기관'이란 국가기관(국회·법원·헌법재판소·중앙선거관리위원회 및 「행정기관 소속 위원회의 설치·운영에 관한 법률」에 따른 위원회 포함)·지방자치단체·「공공기관의 운영에 관한 법률」 제2조에 따른 공공기관 그 밖에 대통령령이 정하는 기관(각급 학교와 지방공사·지방공단·정부산하기관 및 특별법에 의하여 설치된 특수법인과 국가·지방자치단체로부터 보조금을 받는 사회복지법인 등)을 말한다(同法 2iii. 大判 2006.8.24, 2004두2783).

이 법은 "공공기관이 보유·관리하는 정보는 국민의 알권리 보장 등을 위하여 이 법에서 정하는 바에 따라 적극적으로 공개하여야 한다."라고 하여 정보공개의 원칙을 규정하고 있다(同法 3. 大判 2010.2.11, 2009두6001. 大判 2003.12.11, 2001두8827).

이 법은 "공공기관이 보유·관리하는 정보는 공개 대상이 된다."라고 규정하면서도, 다른 법률 또는 법률에서 위임한 명령에 따라 비밀이나 비공개사항으로 규정된 정보, 국가안전보장·국방·통일·외교관계 등에 관한 국익관련정보, 공개될 경우 국민의 생명·신체·재산의 보호에 현저한 지장을 초래할 우려가 있다고 인정되는 정보 등 일정한 정보에 대하여는 공개하지 아니할 수 있도록 하고 있다(同法 9①. 大判 2013.1.24, 2010두18918. 大判 2012.10.11, 2010두18758. 大判 2012.6.18, 2011두2361. 大判 2010.2.25, 2007두9877. 大判 2006.12.7, 2005두241. 大判 2006.5.25, 2006두3049. 大判 2003.8.22, 2002두12946. 大判 2003.3.14, 2000두6114. 大判 2000.5.30, 99추85). 공공기관은 해당 공공기관의 업무 성격을 고려하여 위의 비공개 대상 정보의 범위에 관한 세부 기준을 수립하고 이를 공개하여야 한다(同法 9③).

공개청구된 정보가 위의 공개하지 아니할 수 있는 정보에 해당하는 부분과 공개가 가능한 부분이 혼합되어 있는 경우로서 공개 청구의 취지에 어긋나지 아니하는 범위에서 두 부분을 분리할 수 있는 경우에는 공개하지 아니할 수 있는 정보에 해당하는 부분을 제외하고 공개하여야 한다(同法 14. 大判 2004.12.9, 2003두12707).

(3) **공공기관의 정보공개의무**

1) 국민의 정보공개청구권

이 법은 "모든 국민은 정보의 공개를 청구할 권리를 가진다."라고 규정하여(同法 5①) 모든 국민에게 정보공개청구권을 인정하였으며(大判 2006.8.24, 2004두2783. 大判 2003.12.12, 2003두8050), 공공기관에 대하여는 정보의 공개를 청구하는 국민의 권리가 존중될 수 있도록 이 법을 운영하고 소관 관련법령을 정비하며, 정보의 적절한 보존과 신속한 검색이 이루어지도록 정보관리체계를 정비하고, 정보공개 업무를 주관하는 부서 및 담당하는 인력을 적정하게 두며, 정보통신망을 활용한 정보공개시스템 등을 구축하도록 노력할 의무를 과하고 있다(同法 6①②).

2) 공공기관의 정보공개의무

공공기관은 국민생활에 매우 큰 영향을 미치는 정책에 관한 정보, 국가의 시책으로서 시행하는 공사 등 대규모의 예산이 투입되는 사업에 관한 정보, 예산집행의 내용과 사업평가 결과 등 행정감시를 위하여 필요한 정보, 그 밖에 공공기관의 장이 정하는 정보에 대하여 공개의 구체적 범위, 공개의 주기·시기·방법 등을 미리 정하여 공표하고, 이에 따라 정기적으로 공개하여야 하며, 국민이 알아야 할 필요가 있는 다른 정보를 국민에게 공개하도록 적극적으로 노력하여야 한다(同法 7①②. 大判 2006.12.7, 2005두241. 憲裁 2004.12.16, 2002헌마579. 大判 2003.12.11, 2001두8827).

또한 공공기관은 당해 기관이 보유·관리하는 정보에 대하여 국민이 쉽게 알 수 있도록 정보목록을 작성·비치하고, 그 목록을 정보통신망을 활용한 정보공개시스템 등을 통하여 공개하여야 하며, 정보의 공개에 관한 사무를 신속하고 원활하게 수행하기 위하여 정보공개장소를 확보하고 공개에 필요한 시설을 갖추어야 한다(同法 8①②).

공공기관 중 중앙행정기관 및 대통령령으로 정하는 기관은 전자적 형태로 보유·관리하는 정보 중 공개대상으로 분류된 정보를 국민의 정보공개청구가 없더라도 정보통신망을 활용한 정보공개시스템 등을 통하여 공개하여야 한다(同法 8의2). 이에 따라 정부의 '정보공개 포털'이 구축·운영되고 있다.

(4) **정보공개절차**

1) 정보공개청구방법

정보의 공개를 청구하는 자(청구인)는 해당 정보를 보유하거나 관리하고 있는 공공기관에 청구인의 성명·주민등록번호·주소·연락처와 공개를 청구하는 정보의 내용 및 공개방법을 기재한 정보공개청구서를 제출하거나 말로써 정보의 공개를 청구할 수 있다(同法 10①. 大判 2007.6.1, 2007두2555).

청구인이 말로써 정보의 공개를 청구할 때에는 담당 공무원 또는 담당 임직원(이하 '담당공무원 등'이라 함)의 앞에서 진술하여야 하고, 담당공무원 등은 정보공개 청구조서를 작성하여 이에 청구인과 함께 기명날인하여야 한다(同法 10②).

2) 정보공개 여부 결정 및 통지

공공기관은 정보공개의 청구를 받으면 그 청구를 받은 날부터 10일 이내에 공개여부를 결정하여야 하며, 부득이한 사유가 있는 경우에는 공개여부 결정기간이 끝나는 날의 다음날부터 기산(起算)하여 10일의 범위에서 공개여부 결정기간을 연장할 수 있다(同法 11①②).

공공기관은 공개청구된 공개대상정보의 전부 또는 일부가 제3자와 관련이 있다고 인정할 때에는 공개청구된 사실을 제3자에게 지체 없이 통지하여야 하며, 필요한 경우에는 그의 의견을 들을 수 있다(同法 11③).

국가기관, 지방자치단체 및 「공공기관의 운영에 관한 법률」 제5조에 따른 공기업(이하 '국가기관 등'이라 함)은 공개청구된 정보의 공개여부 등을 심의하기 위하여 정보공개심의회를 설치·운영한다. 정보공개심의회는 위원장 1명을 포함하여

5명 이상 7명 이하의 위원으로 구성한다(同法 12①②).

공공기관은 정보의 공개를 결정한 경우에는 공개의 일시 및 장소 등을 분명히 밝혀 청구인에게 통지하여야 하며, 청구인이 사본 또는 복제물의 교부를 원하는 경우에는 이를 교부하여야 한다. 다만, 공개 대상 정보의 양이 너무 많아 정상적인 업무수행에 현저한 지장을 초래할 우려가 있는 경우에는 정보의 사본·복제물을 일정 기간별로 나누어 제공하거나 열람과 병행하여 제공할 수 있고, 정보를 공개하는 경우에 그 정보의 원본이 더럽혀지거나 파손될 우려가 있거나 그 밖에 상당한 이유가 있다고 인정할 때에는 그 정보의 사본·복제물을 공개할 수 있다(同法 13①②③).

공공기관은 정보의 비공개 결정을 한 경우에는 그 사실을 청구인에게 지체 없이 문서로 통지하여야 한다. 이 경우 비공개 이유와 불복(不服)의 방법 및 절차를 구체적으로 밝혀야 한다(同法 13④).

3) 청구인의 의무와 부담

정보의 공개 및 우송 등에 소요되는 비용은 실비(實費)의 범위에서 청구인이 부담하는데, 공개를 청구하는 정보의 사용목적이 공공복리의 유지·증진을 위하여 필요하다고 인정되는 경우에는 위의 비용을 감면할 수 있다(同法 17①②).

(5) 불복구제절차

1) 이의신청

청구인이 정보공개와 관련한 공공기관의 비공개 결정 또는 부분 공개 결정에 대하여 불복이 있거나 정보공개 청구 후 20일이 경과하도록 정보공개 결정이 없는 때에는 공공기관으로부터 정보공개 여부의 결정 통지를 받은 날 또는 정보공개 청구 후 20일이 경과한 날부터 30일 이내에 해당 공공기관에 문서로 이의신청을 할 수 있다(同法 18①).

국가기관 등은 위의 이의신청이 있는 경우에는 정보공개심의회를 개최하여야 한다. 다만, ① 정보공개심의회의 심의를 이미 거친 사항, ② 단순·반복적인 청구, ③ 법령에 따라 비밀로 규정된 정보에 대한 청구에 해당하는 경우에는 개최하지 아니할 수 있다(同法 18②).

공공기관은 이의신청을 받은 날부터 7일 이내에 그 이의신청에 대하여 결정하고 그 결과를 청구인에게 지체 없이 문서로 통지하여야 한다. 다만, 부득이한 사유로 정하여진 기간 이내에 결정할 수 없을 때에는 그 기간이 끝나는 날의 다음 날부터 기산하여 7일의 범위에서 연장할 수 있으며, 연장 사유를 청구인에게 통지하여야 한다(同法 18③).

공공기관은 이의신청을 각하(却下) 또는 기각(棄却)하는 결정을 한 경우에는 청구인에게 행정심판 또는 행정소송을 제기할 수 있다는 사실을 이의신청에 대한 결정 결과의 통지와 함께 알려야 한다(同法 18④).

2) 행정심판 및 행정소송

청구인이 정보공개와 관련한 공공기관의 결정에 대하여 불복이 있거나 정보공개 청구 후 20일이 경과하도록 정보공개 결정이 없는 때에는 행정심판법에서 정하는 바에 따라 행정심판을 청구할 수 있다(同法 19①). 청구인은 위의 이의신청 절차를 거치지 아니하고 행정심판을 청구할 수도 있다(同法 19②).

청구인이 정보공개와 관련한 공공기관의 결정에 대하여 불복이 있거나 정보공개 청구 후 20일이 경과하도록 정보공개 결정이 없는 때에는 행정소송법에서 정하는 바에 따라 행정소송을 제기할 수 있다. 정보공개에 관한 행정소송에서 재판장은 필요하다고 인정하면 당사자를 참여시키지 아니하고 제출된 공개청구 정보를 비공개로 열람·심사할 수 있다(同法 20①②. 大判 2010.12.23, 2008두13101).

재판장은 행정소송의 대상이 국가안전보장·국방 또는 외교관계에 관한 정보의 비공개 또는 부분 공개 결정처분인 경우에 공공기관이 그 정보에 대한 비밀 지정의 절차, 비밀의 등급·종류 및 성질과 이를 비밀로 취급하게 된 실질적인 이유 및 공개를 하지 아니하는 사유 등을 입증하면 해당 정보를 제출하지 아니하게 할 수 있다(同法 20③).

자신과 관련된 정보의 공개청구에 대하여 공공기관으로부터 공개 청구된 사실을 통지받은 제3자는, 그 통지를 받은 날부터 3일 이내에 해당 공공기관에 대하여 자신과 관련된 정보를 공개하지 아니할 것을 요청할 수 있으며(同法 21①), 이러한 비공개요청에도 불구하고 공공기관이 공개결정을 할 때에는 공개결정 이유와 공개 실시일(實施日)을 분명히 밝혀 지체 없이 문서로 그 제3자에게 통지하여야 하며, 제3자는 해당 공공기관에 문서로 이의신청을 하거나 행정심판 또는 행정소송을 제기할 수 있다. 이 경우 이의신청은 통지를 받은 날부터 7일 이내에 하여야 한다(同法 21②). 공공기관은 위의 공개 결정일과 공개 실시일 사이에 최소한 30일의 간격을 두어야 한다(同法 21③).

이 법은 행정자치부장관 소속으로 두는 정보공개위원회의 구성(同法 23), 행정자치부장관의 정보공개제도 총괄(同法 24), 국회사무총장·법원행정처장·헌법재판소사무처장·중앙선거관리위원회사무총장 및 행정자치부장관의 관계 공공기관에 대한 정보공개자료 제출 등의 협조요청(同法 25), 국회에의 행정자치부장관의 전년도 정보공개 운영보고서 제출(同法 26), 이 법 시행에 필요한 사항의 위임규정(同法 27), 이 법에 따른 정당한 정보공개를 이유로 한 불이익처분의 금지(同法 28) 등에 대하여도 규정하고 있다.

(6) 공공기관의 정보에 관한 기타의 법률들

공공기관의 정보관련 법률로서 ①「공공데이터의 제공 및 이용 활성화에 관한 법률」, ②「공공기록물 관리에 관한 법률」, ③「대통령기록물 관리에 관한 법률」, ④「교육관련기관의 정보공개에 관한 특례법」 등도 있다.

【憲裁 1989.9.4, 88헌마22. "'알 권리'는 민주국가에 있어서 국정의 공개와도 밀접한 관련이 있는데, 우리 헌법에 보면 입법의 공개(제50조 제1항), 재판의 공개(제109조)에는 명문규정을 두고 행정의 공개에 관하여는 명문규정을 두고 있지 않으나, '알 권리'의 생성기반을 살펴볼 때 이 권리의 핵심은 정부가 보유하고 있는 정보에 대한 국민의 알 권리, 즉, 국민의 정부에 대한 일반적 정보공개를 구할 권리(청구권적 기본권)라고 할 것이며, 또한 자유민주적 기본질서를 천명하고 있는 헌법 前文과 제1조 및 제4조의 해석상 당연한 것이라고 봐야 할 것이다."】

【大判 2010.2.11, 2009두6001. "「공공기관의 정보공개에 관한 법률」에 의한 정보공개제도는 공공기관이 보유·관리하는 정보를 그 상태대로 공개하는 제도이지만, 전자적 형태로 보유·관리되는 정보의 경우에는, 그 정보가 청구인이 구하는 대로는 되어 있지 않다고 하더라도, 공개청구를 받은 공공기관이 공개청구대상정

보의 기초자료를 전자적 형태로 보유·관리하고 있고, 당해 기관에서 통상 사용되는 컴퓨터 하드웨어 및 소프트웨어와 기술적 전문지식을 사용하여 그 기초자료를 검색하여 청구인이 구하는 대로 편집할 수 있으며, 그러한 작업이 당해 기관의 컴퓨터 시스템 운용에 별다른 지장을 초래하지 아니한다면, 그 공공기관이 공개청구대상정보를 보유·관리하고 있는 것으로 볼 수 있고, 이러한 경우에 기초자료를 검색·편집하는 것은 새로운 정보의 생산 또는 가공에 해당한다고 할 수 없다."】

【大判 2010.12.23, 2008두13101. "국민의 정보공개청구권은 법률상 보호되는 구체적인 권리이므로, 공공기관에 대하여 정보의 공개를 청구하였다가 공개거부처분을 받은 청구인은 행정소송을 통하여 그 공개거부처분의 취소를 구할 법률상의 이익이 있고, 공개청구의 대상이 되는 정보가 이미 다른 사람에게 공개되어 널리 알려져 있다거나 인터넷 등을 통하여 공개되어 인터넷검색 등을 통하여 쉽게 알 수 있다는 사정만으로는 소의 이익이 없다거나 비공개결정이 정당화될 수 없다."】

5. 개인정보보호법

(1) 서설

각종 정보매체가 발달된 오늘날, 행정주체는 행정작용의 효율적 수행을 위하여 방대한 개인정보를 수집·관리하고 있으며, 그 과정에서 때로는 부정확한 정보에 의하여 또는 정보의 부당한 공개로 인하여 국민이 불이익을 받게 되는 경우도 생길 수 있다. 그리하여 국민의 프라이버시권 등을 보호하기 위한 개인정보의 적절한 수집·관리가 중요한 과제로 대두되고 있다.

개인정보보호란 개인이 자신에 관한 정보를 관리하고 외부에의 공개 여부를 스스로 결정할 수 있게 하며, 개인정보를 본인의 의사에 어긋나게 함부로 조사·수집·보관·처리·이용하지 못하게 하는 것을 말한다.

개인이 자신에 관한 정보를 관리하고 통제하며, 외부에의 공개 여부를 스스로 결정할 수 있는 권리를 '개인정보자기결정권'이라 한다. 개인정보보호의 헌법적 근거는 헌법 제17조의 "모든 국민은 사생활의 비밀과 자유를 침해받지 아니 한다."는 규정이며, 헌법 제10조의 인간의 존엄과 행복추구권, 제16조의 주거의 자유, 제18조의 통신의 비밀에 관한 규정 등에 의해서도 개인정보는 보호를 받는다.

개인정보보호법은 개인정보의 처리 및 보호에 관한 사항을 정함으로써 개인의 자유와 권리를 보호하고, 나아가 개인의 존엄과 가치를 구현함을 목적으로 하고 있다(同法 1).

이 법에서 '개인정보'란 살아 있는 개인에 관한 정보로서 성명·주민등록번호 및 영상 등을 통하여 개인을 알아볼 수 있는 정보를 말하며(同法 2ⅰ), '개인정보의 처리'란 개인정보의 수집·생성·연계·연동·기록·저장·보유·가공·편집·검색·출력·정정(訂正)·복구·이용·제공·공개·파기(破棄) 그 밖에 이와 유사한 행위를 말하고(同法 2ⅱ), '정보주체'란 처리되는 정보에 의하여 알아볼 수 있는 사람으로서 그 정보의 주체가 되는 사람을 말한다(同法 2ⅲ).

'개인정보처리자'란 업무를 목적으로 개인정보파일을 운용하기 위하여 스스로 또는 다른 사람을 통하여 개인정보를 처리하는 공공기관·법인·단체 및 개인 등을 말하며(同法 5v), '개인정보파일'이란 개인정보를 쉽게 검색할 수 있도록 일정한 규칙에 따라 체계적으로 배열하거나 구성한 개인정보의 집합물을 말한다(同法 2iv).

이 법은 개인정보처리자가 준수하여야 할 개인정보보호원칙을 다음과 같이 규정하고 있다. 즉, 개인정보처리자는 ① 개인정보의 처리 목적을 명확하게 하여야 하고 그 목적에 필요한 범위에서 최소한의 개인정보만을 적법하고 정당하게 수집하여야 한다. ② 개인정보의 처리 목적에 필요한 범위에서 적합하게 개인정보를 처리하여야 하며, 그 목적 외의 용도로 활용하여서는 아니 된다. ③ 개인정보의 처리 목적에 필요한 범위에서 개인정보의 정확성·완전성 및 최신성이 보장되도록 하여야 한다. ④ 개인정보의 처리 방법 및 종류 등에 따라 정보주체의 권리가 침해받을 가능성과 그 위험 정도를 고려하여 개인정보를 안전하게 관리하여야 한다. ⑤ 개인정보 처리방침 등 개인정보의 처리에 관한 사항을 공개하여야 하며, 열람청구권 등 정보주체의 권리를 보장하여야 한다. ⑥ 정보주체의 사생활 침해를 최소화하는 방법으로 개인정보를 처리하여야 한다. ⑦ 개인정보의 익명처리가 가능한 경우에는 익명에 의하여 처리될 수 있도록 하여야 한다. ⑧ 이 법 및 관계 법령에서 규정하고 있는 책임과 의무를 준수하고 실천함으로써 정보주체의 신뢰를 얻기 위하여 노력하여야 한다(同法 3).

(2) 정보주체의 권리와 국가 등의 책무

정보주체는 자신의 개인정보 처리와 관련하여 ① 개인정보의 처리에 관한 정보를 제공받을 권리, ② 개인정보의 처리에 관한 동의 여부, 동의 범위 등을 선택하고 결정할 권리, ③ 개인정보의 처리 여부를 확인하고 개인정보에 대하여 열람(사본의 발급 포함)을 요구할 권리, ④ 개인정보의 처리 정지, 정정(訂正)·삭제 및 파기를 요구할 권리, ⑤ 개인정보의 처리로 인하여 발생한 피해를 신속하고 공정한 절차에 따라 구제받을 권리를 가진다(同法 4. 大判 2012.12.26, 2011다59834).

국가와 지방자치단체는 개인정보의 목적 외 수집, 오용·남용 및 무분별한 감시·추적 등에 따른 폐해를 방지하여 인간의 존엄과 개인의 사생활 보호를 도모하기 위한 시책을 강구하여야 하며, 정보주체의 권리를 보호하기 위하여 법령의 개선 등 필요한 시책을 마련하여야 하고, 개인정보의 처리에 관한 불합리한 사회적 관행을 개선하기 위하여 개인정보처리자의 자율적인 개인정보보호활동을 존중하고 촉진·지원하여야 하며, 개인정보의 처리에 관한 법령 또는 조례를 제정하거나 개정하는 경우에는 이 법의 목적에 부합되도록 하여야 한다(同法 5).

(3) **개인정보보호위원회와 개인정보 보호정책의 수립 등**

개인정보보호에 관한 사항을 심의·의결하기 위하여 대통령 소속으로 개인정보보호위원회(이하 '보호위원회'라 함)를 둔다. 보호위원회는 그 권한에 속하는 업무를 독립하여 수행한다(同法 7①). 보호위원회는 위원장 1명, 상임위원 1명을 포함한 15명 이내의 위원으로 구성하되, 상임위원은 정무직 공무원으로 임명한다. 위원장은 위원 중에서 공무원이 아닌 사람으로 대통령이 위촉한다(同法 7②③).

이 법은 보호위원회의 심의·의결사항과 심의·의결에 필요한 경우의 관계자로부터의 의견청취, 관계기관 등에 대한 자료제출이나 사실조회 요구, 심의·의결한 경우의 관계기관에 대한 개선 권고(同法 8①②④), 보호위원회의 개인정보 침해요인 평가(同法 8의2. 2016.7.25.시행), 보호위원회의 3년 주기 개인정보보호 기본계획의 수립 및 기본계획에 포함될 사항(同法 9①②), 보호위원회, 행정자치부장관, 관계 중앙행정기관장 의 개인정보처리자 등에 대한 개인정보관리 관련 자료의 제출 요구(同法 11)에 대하여도 규정하고 있다.

중앙행정기관의 장은 위 기본계획에 따라 매년 개인정보보호를 위한 시행계획을 작성하여 보호위원회에 제출하고, 보호위원회의 심의·의결을 거쳐 시행하여야 하며(同法 10①), 행정자치부장관은 개인정보의 처리에 관한 기준, 개인정보 침해의 유형 및 예방조치 등에 관한 '표준개인정보보호지침'을 정하여 개인정보처리자에게 그 준수를 권장할 수 있다(同法 12①).

행정자치부장관은 개인정보처리자의 자율적인 개인정보보호활동을 촉진하고 지원하기 위하여 ① 개인정보보호에 관한 교육·홍보, ② 개인정보보호와 관련된 기관·단체의 육성·지원, ③ 개인정보보호 인증마크의 도입·시행 지원, ④ 개인정보처리자의 자율적인 규약의 제정·시행 지원, ⑤ 그 밖에 개인정보처리자의 자율적 개인정보보호활동을 지원하기 위하여 필요한 시책을 마련하여야 한다(同法 13).

정부는 국제적 환경에서의 개인정보보호 수준을 향상시키기 위하여 필요한 시책을 마련하여야 하며, 개인정보 국외이전(國外移轉)으로 인하여 정보주체의 권리가 침해되지 아니하도록 관련 시책을 마련하여야 한다(同法 14①②).

(4) 개인정보의 수집·이용

개인정보처리자는 다음 각 호의 어느 하나에 해당하는 경우에는 개인정보를 수집할 수 있으며 그 수집 목적의 범위에서 이용할 수 있다. 즉, ① 정보주체의 동의를 받은 경우, ② 법률에 특별한 규정이 있거나 법령상 의무를 준수하기 위하여 불가피한 경우, ③ 공공기관이 법령 등에서 정하는 소관 업무의 수행을 위하여 불가피한 경우, ④ 정보주체와의 계약의 체결 및 이행을 위하여 불가피하게 필요한 경우, ⑤ 정보주체 또는 그 법정대리인이 의사표시를 할 수 없는 상태에 있거나 주소불명 등으로 사전(事前) 동의를 받을 수 없는 경우로서 명백히 정보주체 또는 제3자의 급박한 생명·신체·재산의 이익을 위하여 필요하다고 인정되는 경우, ⑥ 개인정보처리자의 정당한 이익을 달성하기 위하여 필요한 경우로서 명백하게 정보주체의 권리보다 우선하는 경우에 개인정보를 수집·이용할 수 있다(同法 15①. 憲裁 2005.7.21, 2003헌마282·425병합).

한편, 개인정보처리자는 위의 수집·이용이 가능한 경우의 어느 하나에 해당하여 개인정보를 수집하는 경우에는 그 목적에 필요한 최소한의 개인정보를 수집하여야 하며, 정보주체의 동의를 받아 개인정보를 수집하는 경우에 필요한 최소한의 정보 외의 개인정보 수집에는 동의하지 아니할 수 있다는 사실을 정보주체에게 구체적으로 알리고 개인정보를 수집하여야 하며, 정보주체가 필요한 최소한의 정보 외의 개인정보 수집에 동의하지 아니한다는 이유로 정보주체에게 재화 또는 서비스의 제공을 거부하여서는 아니 된다(同法 16①②③).

이 법은 개인정보처리자가 정보주체의 개인정보를 제3자에게 제공(공유 포함)할 수 있는 경우(同法 17①), 개인정보의 목적 외 이용·제공 제한(同法 18①), 개인정보를 제공받은 자의 이용·제공 제한(同法 19), 정보주체 이외로부터 수집한 개인정보의 수집 출처 등의 고지(同法 20①), 개인정보 보유기간의 경과, 개인정보의 처리 목적 달성 등 그 개인정보가 불필요하게 되었을 경우의 개인정보 파기(同法 21①), 개인정보처리에 대하여 정보주체의 동의를 받는 방법(同法 22①②

③)에 관하여도 규정하고 있다.

(5) **민감정보(敏感情報)·고유식별정보(固有識別情報)의 처리 제한**

개인정보처리자는 원칙적으로 사상·신념, 노동조합·정당의 가입·탈퇴, 정치적 견해, 건강, 성생활 등에 관한 정보, 그 밖에 정보주체의 사생활을 현저히 침해할 우려가 있는 개인정보로서 대통령령으로 정하는 정보(이를 '민감정보'라 함)를 처리하여서는 아니 된다(同法 23).

개인정보처리자는 이 법의 규정(제15조 제2항 각 호 또는 제17조 제2항 각 호)에 따라 정보주체에게 알려야 할 사항을 알리고 다른 개인정보의 처리에 대한 동의와 별도로 동의를 받은 경우와 법령에서 구체적으로 고유식별정보의 처리를 요구하거나 허용하는 경우를 제외하고는 법령에 따라 개인을 고유하게 구별하기 위하여 부여된 식별정보로서 대통령령으로 정하는 정보(이를 '고유식별정보'라 함)를 처리할 수 없다(同法 24①). 개인정보처리자가 고유식별정보를 처리하는 경우에는 그 고유식별정보가 분실·도난·유출·변조 또는 훼손되지 아니하도록 대통령령으로 정하는 바에 따라 암호화 등 안전성 확보에 필요한 조치를 하여야 한다(同法 24③).

개인정보처리자는 법령에서 구체적으로 주민등록번호의 처리를 요구하거나 허용한 경우, 정보주체 또는 제3자의 급박한 생명·신체·재산의 이익을 위하여 명백히 필요하다고 인정되는 경우, 주민등록번호 처리가 불가피한 경우로서 행정자치부령으로 정하는 경우를 제외하고는 주민등록번호를 처리할 수 없다(同法 24의2①. 大判 2014.2.27, 2013도10461).

개인정보처리자는 위 규정에 따라 주민등록번호를 처리하는 경우에도 정보주체가 인터넷 홈페이지를 통하여 회원으로 가입하는 단계에서는 주민등록번호를 사용하지 아니하고도 회원으로 가입할 수 있는 방법을 제공하여야 하며(同法 24의2③), 행정자치부장관은 이에 필요한 관계 법령의 정비, 계획의 수립, 필요한 시설 및 시스템의 구축 등 제반 조치를 마련·지원할 수 있다(同法 24의2④).

개인정보처리자는 주민등록번호가 분실·도난·유출·변조 또는 훼손되지 아니하도록 암호화 조치를 통하여 안전하게 보관하여야 한다. 이 경우 암호화 적용 대상 및 대상별 적용 시기 등에 관하여 필요한 사항은 개인정보의 처리 규모와 유출 시 영향 등을 고려하여 대통령령으로 정한다(同法 24의2②).

이 법은 영상정보처리기기(일정한 공간에 지속적으로 설치되어 사람 또는 사물의 영상 등을 촬영하거나 이를 유·무선망을 통하여 전송하는 장치로서 대통령령으로 정하는 장치)의 설치·운영 제한(同法 25①②), 영상정보처리기기운영자의 개인정보 분실·도난·유출·위조·변조·훼손 방지를 위한 안전성확보 조치(同法 25⑥), 개인정보처리자의 개인정보처리 업무 위탁에 따른 개인정보 처리 제한과 그에 대한 감독(同法 26), 개인정보처리자의 영업양도 등에 따른 개인정보의 이전 제한(同法 27), 개인정보취급자에 대한 감독과 교육(同法 28①②)에 대하여도 규정하고 있다.

(6) 개인정보의 안전한 관리

개인정보처리자는 개인정보가 분실·도난·유출·변조·훼손되지 아니하도록 내부 관리계획 수립, 접속기록 보관 등 대통령령으로 정하는 바에 따라 안전성 확보에 필요한 기술적·관리적 및 물리적 조치를 하여야 한다(同法 29).

개인정보처리자는 개인정보의 처리 목적, 개인정보의 처리 및 보유기간 등 일정한 사항이 포함된 '개인정보처리방침'을 정하여야 한다. 이 경우 공공기관은 등록대상이 되는 개인정보파일에 대하여 개인정보처리방침을 정한다(同法 30①).

개인정보처리자가 개인정보처리방침을 수립하거나 변경하는 경우에는 정보주체가 쉽게 확인할 수 있도록 대통령령으로 정하는 방법에 따라 공개하여야 한다(同法 30②). 개인정보처리방침의 내용과 개인정보처리자와 정보주체 간에 체결한 계약의 내용이 다른 경우에는 정보주체에게 유리한 것을 적용한다(同法 30③).

이 법은 개인정보처리자의 개인정보 보호책임자 지정(同法 31), 공공기관장의 개인정보파일 등록 및 공개(同法 32), 개인정보처리자의 개인정보 처리 등에 대한 행정자치부장관의 개인정보 보호 인증(同法 32의2. 2016.7.25.시행)에 관하여 규정하고, 대통령령으로 정하는 기준에 해당하는 개인정보파일의 운용으로 인하여 정보주체의 개인정보 침해가 우려되는 경우에는 공공기관의 장이 그 위험요인의 분석과 개선사항 도출을 위한 평가('개인정보 영향평가'라 함)를 하여 그 결과를 행정자치부장관에게 제출하도록 하고, 이 경우 공공기관의 장은 개인정보 영향평가를 행정자치부장관이 지정하는 평가기관 중 어느 기관에게 의뢰하도록 규정하고 있다(同法 33①).

이 법은 개인정보처리자의 개인정보 유출 통지(同法 34), 개인정보처리자가 처리하는 주민등록번호가 분실·도난·유출·변조 또는 훼손된 경우의 과징금 부과(同法 34의2)에 대하여도 규정하고 있다.

(7) 정보주체의 권리 보장

정보주체는 개인정보처리자가 처리하는 자신의 개인정보에 대한 열람을 해당 개인정보처리자에게 요구할 수 있으며, 정보주체가 자신의 개인정보 열람을 공공기관에 요구하고자 할 때에는 공공기관에 직접 열람을 요구하거나 대통령령으로 정하는 바에 따라 행정자치부장관을 통하여 열람을 요구할 수 있다(同法 35①②).

개인정보처리자는 정보주체로부터 열람을 요구받았을 때에는 대통령령으로 정하는 기간(10일, 同法시행령 41③) 내에 정보주체가 해당 개인정보를 열람할 수 있도록 하여야 한다. 이 경우 위의 기간 내에 열람할 수 없는 정당한 사유가 있을 때에는 정보주체에게 그 사유를 알리고 열람을 연기할 수 있으며, 그 사유가 소멸하면 지체 없이 열람하게 하여야 한다(同法 35③).

자신의 개인정보를 열람한 정보주체는 개인정보처리자에게 그 개인정보의 정정(訂正) 또는 삭제를 요구할 수 있다. 다만, 다른 법령에서 그 개인정보가 수집 대상으로 명시되어 있는 경우에는 그 삭제를 요구할 수 없다(同法 36①).

개인정보처리자는 정보주체의 개인정보 정정 또는 삭제 요구를 받았을 때에는 개인정보의 정정 또는 삭제에 관하여 다른 법령에 특별한 절차가 규정되어 있는 경우를 제외하고는 지체 없이 그 개인정보를 조사하여 정보주체의 요구에 따라 정정·삭제 등 필요한 조치를 한 후 그 결과를 정보주체에게 알려야 한다(同法 36②).

정보주체는 개인정보처리자에 대하여 자신의 개인정보 처리의 정지를 요구할 수 있다. 이 경우 공공기관에 대하여는 등록 대상이 되는 개인정보파일 중 자신의 개인정보에 대한 처리의 정지를 요구할 수 있다(同法 37①). 개인정보처리자는 개인정보 처리 정지 요구를 받았을 때에는 원칙적으로 지체 없이 정보주체의 요구에 따라 개인정보 처리의 전부를 정지하거나 일부를 정지하여야 한다(同法 37②).

이 법은 개인정보의 열람, 정정·삭제, 처리정지 등의 요구 방법 및 절차(同法 38), 개인정보처리자의 이 법 위반행위로 인한 손해배상책임(同法 39), 정보주체의 법정손해배상 청구(同法 39의2. 2016.7.25.시행)에 대하여도 규정하고 있다. 위에서 '법정손해배상 청구'란 정보주체가 개인정보처리자의 고의·과실로 인한 개인정보 분실·도난·유출·위조·변조·훼손의 경우 300만원 이하의 범위에서 상당한 금액을 손해액으로 하여 배상을 청구하는 것을 말한다. 이 경우 해당 개인정보처리자는 고의 또는 과실이 없음을 입증하지 아니하면 책임을 면할 수 없다(同法 39의2①).

이 법에 따라 행정주체와 개인정보처리자 간에는 행정상 공법관계가, 정보주체와 개인정보처리자 간에는 사안에 따라 공법관계 또는 사법관계가 형성될 수 있다.

(8) 개인정보 분쟁조정위원회의 분쟁조정 등

개인정보에 관한 분쟁의 조정을 위하여 '개인정보 분쟁조정위원회'(이하 '분쟁조정위원회'라 함)를 둔다. 분쟁조정위원회는 위원장 1명을 포함한 20명 이내의 위원으로 구성하며, 위원은 당연직위원과 위촉위원으로 구성하는데, 위촉위원은 보호위원회 위원장이 위촉하고, 대통령령으로 정하는 국가기관 소속 공무원은 당연직위원이 된다(同法 40①②③).

개인정보와 관련한 분쟁의 조정을 원하는 자는 분쟁조정위원회에 분쟁조정을 신청할 수 있으며, 분쟁조정위원회는 당사자 일방으로부터 분쟁조정 신청을 받았을 때에는 그 신청내용을 상대방에게 알려야 한다. 공공기관이 분쟁조정의 통지를 받은 경우에는 특별한 사유가 없으면 분쟁조정에 응하여야 한다(同法 43①②③).

분쟁조정위원회는 분쟁조정 신청을 받은 날부터 60일 이내에 이를 심사하여 조정안을 작성하여야 한다. 다만, 부득이한 사정이 있는 경우에는 분쟁조정위원회의 의결로 처리기간을 연장할 수 있다(同法 44①).

분쟁조정위원회는 분쟁조정 신청을 받았을 때에는 당사자에게 그 내용을 제시하고 조정 전 합의를 권고할 수 있다(同法 46).

분쟁조정위원회는 ① 조사 대상 침해행위의 중지, ② 원상회복, 손해배상, 그 밖에 필요한 구제조치, ③ 같거나 비슷한 침해의 재발을 방지하기 위하여 필요한 조치 중 어느 하나의 사항을 포함하여 조정안을 작성할 수 있으며, 조정안을 작성하면 지체 없이 각 당사자에게 제시하여야 한다(同法 47①②). 조정안을 제시받은 당사자가 제시받은 날부터 15일 이내에 수락 여부를 알리지 아니하면 조정을 거부한 것으로 보며, 당사자가 조정내용을 수락한 경우 분쟁조정위원회는 조정서를 작성하고 분쟁조정위원회의 위원장과 각 당사자가 기명날인하여야 하며, 이 경우 조정의 내용은 재판상 화해와 동일한 효력을 갖는다(同法 47③④⑤).

이 법은 분쟁조정위원회 위원의 신분보장과 제척·기피·회피(同法 41·42), 분쟁조정위원회의 분쟁당사자에 대한 자료 요청 등(同法 45), 분쟁조정위원회의 조정의 거부 및 중지(同法 48), 정보주체의 피해 또는 권리침해가 다수의 정보주체에게 같거나 비슷한 유형으로 발생하는 경우로서 대통령령으로 정하는 사건에 대한 집단분쟁조정(同法 49), 분쟁조정위원회의 운영 및 조정절차(同法 50), 이 법의 일부 규정을 적용하지 아니하는 정보(同法 58), 개인정보를 처리하거나 처리하였던 자의 금지행위(同法 59), 일정한 업무에 종사하거나 종사하였던 자의 비밀유지의무(同法 60), 개인정보보호에 영향을 미치는 내용이 포함된 법령이나 조례에 대한 행정자치부장관의 의견제시 및 개선권고(同法 61), 개인정보에 관한 권리 또는 이익을 침해받은 사실의 신고(同法 62), 행정자치부장관의 개인정보처리자에 대한 자료제출 요구·검사 및 개인정보 보호실태 점검 등(同法 63), 이 법 위반자에 대한 시정조치(同法 64)에 대하여도 규정하고 있다.

(9) **개인정보 단체소송 등**

이 법은 소비자기본법에 따라 공정거래위원회에 등록한 소비자단체와 「비영리민간단체 지원법」에 따른 비영리민간단체로서 일정한 요건을 갖춘 단체는 개인정보처리자가 개인정보 분쟁조정위원회의 집단분쟁조정을 거부하거나 집단분쟁조정의 결과를 수락하지 아니한 경우에는 법원에 권리침해행위의 금지·중지를 구하는 소송을 제기할 수 있도록 규정하고 있는데(同法 51), 이 경우의 소송을 '개인정보 단체소송'이라 한다. 위 단체소송은 피고의 주된 사무소 또는 영업소가 있는 곳, 주된 사무소나 영업소가 없는 경우에는 주된 업무담당자의 주소가 있는 곳의 지방법원 본원 합의부에 제기하여야 하며(同法 52), 위 단체소송의 원고는 변호사를 소송대리인으로 선임하여야 한다(同法 53).

위 단체소송을 제기하는 단체는 소장(訴狀)과 함께 원고 및 그 소송대리인, 피고, 정보주체의 침해된 권리의 내용을 기재한 소송허가신청서를 법원에 제출하여야 하며, 소송허가신청서에는 단체소송을 제기하는 단체가 단체소송제기에 필요한 요건을 갖추고 있음을 소명하는 자료 및 개인정보처리자가 조정을 거부하였거나 조정결과를 수락하지 아니하였음을 증명하는 서류를 첨부하여야 한다(同法 54①②).

법원은 개인정보처리자가 분쟁조정위원회의 조정을 거부하거나 조정결과를 수락하지 아니하였고 위의 소송허가신청서의 기재사항에 흠결이 없을 경우에 한하여 결정으로 단체소송을 허가한다(同法 55①). 개인정보 단체소송에 관하여 이 법에 특별한 규정이 없는 경우에는 민사소송법을 적용한다(同法 57).

이 법은 이 법 등 개인정보보호와 관련된 법규의 위반에 따른 범죄혐의가 있다고 인정되는 개인정보처리자에 대한 행정자치부장관의 고발 및 징계권고(同法 65), 개선권고, 시정조치 명령, 고발, 징계권고, 과태료 부과내용, 결과 등의 공표(同法 66), 개인정보 보호위원회의 연차보고서 국회 제출(同法 67), 이 법에 따른 행정자치부장관 또는 관계 중앙행정기관장의 권한의 위임·위탁(同法 68), 이 법에 따른 수탁(受託)업무에 종사하는 관계기관의 임직원에 대한 형법규정 적용 시의 공무원 의제(同法 69), 벌칙(同法 70~74), 이 법상의 일정한 죄를 지은 자에 대한 몰수·추징(同法 74의2), 과태료(同法 75), 과태료에 관한 규정 적용의 특례(同法 76)에 관하여도 규정하고 있다.

(10) 개인정보보호를 위한 기타의 법률들

개인정보보호를 위한 법률로서 개인정보보호법 외에, ① 「정보통신망 이용촉진 및 정보보호 등에 관한 법률」, ② 「신용정보의 이용 및 보호에 관한 법률」, ③ 「금융실명거래 및 비밀보장에 관한 법률」, ④ 「통신비밀보호법」, ⑤ 「위치정보의 보호 및 이용 등에 관한 법률」, ⑥ 「부정경쟁방지 및 영업비밀보호에 관한 법률」 등이 있으며, 형법도 비밀침해죄(형법 316)·업무상비밀누설죄(형법 317) 등의 규정으로 일정한 개인정보를 보호하고 있다.

【憲裁 2005.5.26, 99헌마513, 2004헌마190병합. "개인정보자기결정권은 자신에 관한 정보가 언제 누구에게 어느 범위까지 알려지고 또 이용되도록 할 것인지를 그 정보주체가 스스로 결정할 수 있는 권리이다. 즉 정보주체가 개인정보의 공개와 이용에 관하여 스스로 결정할 권리를 말한다. - 인류사회는 20세기 후반에 접어들면서 컴퓨터와 통신기술의 비약적인 발전에 힘입어 종전의 산업사회에서 정보사회로 진입하게 되었고, 이에 따른 정보환경의 급격한 변화로 인하여 개인정보의 수집·처리와 관련한 사생활보호라는 새로운 차원의 헌법문제가 초미의 관심사로 제기되었다. 현대에 들어와 사회적 법치국가의 이념 하에 국가기능은 점차 확대되어 왔고, 이에 따라 국가의 급부에 대한 국민의 기대도 급격히 높아지고 있다. 국가가 국민의 기대에 부응하여 복리증진이라는 국가적 과제를 합리적이고 효과적으로 수행하기 위해서는 국가에 의한 개인정보의 수집·처리의 필요성이 증대된다. 오늘날 현대사회는 개인의 인적 사항이나 생활상의 각종 정보가 정보주체의 의사와는 전혀 무관하게 타인의 수중에서 무한대로 집적(集積)되고 이용 또는 공개될 수 있는 새로운 정보환경에 처하게 되었고, 개인정보의 수집·처리에 있어서의 국가적 역량의 강화로 국가의 개인에 대한 감시능력이 현격히 증대되어 국가가 개인의 일상사를 낱낱이 파악할 수 있게 되었다. 이와 같은 사회적 상황 하에서 개인정보자기결정권을 헌법상 기본권으로 승인하는 것은 현대의 정보통신기술의 발달에 내재된 위험성으로부터 개인정보를 보호함으로써 궁극적으로는 개인의 결정의 자유를 보호하고, 나아가 자유민주체제의 근간이 총체적으로 훼손될 가능성을 차단하기 위하여 필요한 최소한의 헌법적 보장장치라고 할 수 있다."】

著者의 略歷과 著書

略歷 : 법학박사
전직 제주대학교 법정대학·법학전문대학원 교수
제주대학교 법정대학장·행정대학원장 역임
현재 제주대학교 법학전문대학원 명예교수

著書 : 「行政法槪論」[제1판(2000)~제6판(2011)]
「地方自治法과 濟州特別自治道法」(2007)
「行政法 一般理論」(2009)
e-book 「행정법개론」 上·中·下권 [제1판(2013)~제2판(2014)]

생활 행정법 (2016년판)

2016년 1월 20일 인쇄
2016년 1월 30일 발행

저 자 _ 윤양수(尹良洙)
펴낸곳 _ 온누리디앤피
등 록 _ 1995년 8월 31일(제51호)
주 소 _ 제주특별자치도 제주시 신성로 12길 21-2
전 화 _ (064) 722-0086
팩 스 _ (064) 755-3380
E-mail _ on21@hanmail.net

값 40,000원
ISBN 978-89-94495-41-5 93360

이 도서의 국립중앙도서관 출판예정도서목록(CIP)은 서지정보유통지원시스템 홈페이지(http://seoji.nl.go.kr)와 국가자료공동목록시스템(http://www.nl.go.kr/kolisnet)에서 이용하실 수 있습니다.(CIP제어번호: CIP2016000987)